项目成果

教育部人文社会科学研究"海上丝绸之路文献目录搜集、整理与研究"（15YJC870001）青年项目资助

出版资助

福建省高校特色新型智库"海丝文化传承发展研究院"（泉州师范学院）资助出版

泉州海上丝绸之路历史文献汇编：初编

（上册）

陈彬强　陈冬珑　主　编
戴雪文　邵剑彬　刘文波　林丽珍　苏韶文　副主编

泉州市文化广电和旅游局
泉州师范学院中国史重点学科
海丝文化传承发展研究院（泉州师范学院）　编
中国社会科学院文化研究中心闽南文化研究基地

图书在版编目(CIP)数据

泉州海上丝绸之路历史文献汇编:初编/陈彬强,陈冬珑主编.—厦门:厦门大学出版社,2020.12

ISBN 978-7-5615-7940-4

Ⅰ.①泉… Ⅱ.①陈… ②陈… Ⅲ.①海上运输—丝绸之路—史料—汇编—泉州 Ⅳ.①K295.7

中国版本图书馆 CIP 数据核字(2020)第 252898 号

出 版 人	郑文礼
责任编辑	薛鹏志　林　灿

出版发行 厦门大学出版社

社　　址　厦门市软件园二期望海路 39 号
邮政编码　361008
总　　机　0592-2181111　0592-2181406(传真)
营销中心　0592-2184458　0592-2181365
网　　址　http://www.xmupress.com
邮　　箱　xmup@xmupress.com
印　　刷　厦门兴立通印刷设计有限公司

开本　720 mm×1 000 mm　1/16
印张　47
插页　4
字数　800 千字
版次　2020 年 12 月第 1 版
印次　2020 年 12 月第 1 次印刷
定价　188.00 元(全二册)

本书如有印装质量问题请直接寄承印厂调换

厦门大学出版社
微信二维码

厦门大学出版社
微博二维码

海丝文献整理与研究丛书
编 委 会

主　编：王万盈

顾　问：郑学檬　陈明光

主　任：朱世泽　屈广清

副主任：杨晓翔

编　委（按姓氏音序排列）：

　　陈彬强　陈明光　戴聪杰　屈广清　王　锋

　　王万盈　王勇卫　杨晓翔　郑学檬　朱世泽

序

林华东

  海上丝绸之路是我国古代与世界其他国家和地区开展商贸交往和文化交流的海上通道,以中国东南沿海为起点,东非和欧洲为终点,途中经过中南半岛和南海诸国。宋元时期的泉州刺桐港,凭借其得天独厚的航海条件,成为联系东西方国际贸易的重要支点,成为当时世界性的经济文化中心,与埃及的亚力山大港并称为"世界第一大港"。

  然而,历史上曾经辉煌的泉州,此后却沉寂500多年。因为从15世纪开始,刺桐港已经走向衰落,隐姓埋名5个多世纪。世界航海史文献中曾经记录着的中国古代闻名于世的刺桐港,究竟在何处?欧洲人中世纪以来在南海认识的中国人是谁?他们为何能执世界航海之牛耳?对世界而言,这一切都成为一个谜。直到20世纪初,中外学者联袂到泉州考古调查,方才证实西方文献中的刺桐港原来就在泉州,这里的史迹至今还在诉说着精彩的往事,遗落的明珠依然焕发着光彩。泉州再次受到世界的瞩目。历史上,泉州的先民以爱拼敢赢的精神创造了宋元400年辉煌历史。他们敞开胸怀迎纳来泉交流的不同文化,留下了千年古迹。舟船为马梯航万国开辟世界航海通道,展示了"和合共赢、坚韧进取"的中华海洋文明,为东西方的海上交流做出不可估量的贡献。在刺桐港衰落之后,泉州人仍然继续他们的耕海牧洋,继续开辟新路,坚定地走向世界,把象征海洋文明的海神天后信仰远播到海丝沿线各国,把和而不同、互惠友善的中华文化展现给世界人民,为侨居地的经济和文化建设做出了卓越的贡献。这些极具价值的历史经历,在中外文献资料中都有丰富的记载。

  今天的泉州已经是公认的首个东亚文化之都、世界多元文化展示中心和世界宗教博物馆,泉州的历史史迹已经是世界遗产的重要组成部分。人们特想知道,泉州历史上经历了什么?历史给后人留下了什么?

给了今天什么样的启示——当时为何能如此鼎盛,今天是否能更加辉煌?所有这一切,需要我们从物质遗迹中寻找,从文献典籍中挖掘,从人文现象中考察,从闽南族群传承的精神中推演。这其中,文献典籍是最不可忽略的部分。文献的存在可以证明许多历史过程,可以解开许多历史疑云。正如后人知晓成汤灭夏,是因为可以从殷商先人记载的历史典籍中得知(《尚书》说:"惟尔知,惟殷先人有典有册,殷革夏命")。至今解不开玛雅文明之谜,是因为看不懂据说是硕果仅存的三部天书一样的玛雅典籍。

20世纪90年代初,泉州被联合国教科文组织认定为海上丝绸之路的起点,这其中不乏有诸多因素存在。一是泉州有利的地理因素。据文献记载,历史上的海上丝绸之路最早起于广东的徐闻和广西的合浦。隋唐以降,逐渐移至闽南泉州。宋元之时,泉州刺桐港北承宁波、南京,西接广东、广西,构建了以泉州为中心的港海航线,一跃成为中国向世界商贸交流的第一大港。二是泉州先民始终不渝的耕海欲望。背山面海的环境培育了泉州人向海而生的精神和共生共荣意识。一千多年来,他们敢于冒险、敢于抗争,把航海事业和商贸活动玩于股掌之间,向世界展示了魅力四射的中华海洋文明。三是泉州独树一帜的鲜活史迹。在泉州,你随时可以与阿拉伯人的后裔亲密接触,可以体验中国现存最古老的清净寺,可以观赏世界唯一留存的摩尼光佛造像,可以在伊斯兰教圣迹前玩历史穿越,可以回味九日山祈风石刻的历史盛景,可以在天后宫感悟海航的艰辛和闽南族群的期盼。泉州在中世纪作为国际化大都市,拥有世界级港口地位,保留世界各地少有的丰厚的海丝史迹,其前世今生都可以从文献资料中获得佐证。联合国教科文组织把泉州确认为海上丝绸之路的起点,一点都不为过!

陈彬强、陈冬珑主编的《泉州海上丝绸之路历史文献汇编》正是在这种学术需求的背景下产生的。泉州师范学院拥有中国社会科学院文化研究中心闽南文化研究基地和台盟中央闽南文化交流研究基地,福建省高校新型特色智库"海丝文化传承发展研究院",同时还是"海丝文化国际青年学者联盟论坛"召集单位。近年来配合国家发展战略,全力以赴开展闽南文化和海上丝绸之路的研究,先后出版了"闽南文化研究丛书"和"闽台与海丝文化研究丛书"。陈彬强是基地和论坛的学术秘书,海丝文化传承发展研究院兼职研究员,闽南文化研究团队的骨干,两套丛书的积极参与者,与我在学术上共事十多年。他以世界史的专业背景,以图书馆的岗位优势,以泉州人的使命意识,编纂了《泉州海上丝绸之路历史文献汇编》,对历史上泉州与海外各国的政治关系、商贸往来、海防体系、港口航线、航海技术等中外相关文献做了全面梳理。相信本书的出版,将进一步为泉州的海上丝绸之路的重要起点,以及在海上丝绸之路中独特的作用和地位提供充分的书证,将对"泉州:宋元中国的世界海洋商贸中心"申报世界文化遗产起到积极的支撑作用,将为探索21世纪海上丝绸之路的建设提供宝贵的文献支持。

乐以为序。

凡　例

一、本书为"海丝文献整理与研究丛书"之一，也是中国2020年申报世界文化遗产项目"泉州：宋元中国的世界海洋商贸中心"的一项文献基础性工作。本书分为正史类、政书和诏令奏议类、编年史类、地志类、其他史类、笔记和诗文集类、民间文献类、外国文献类等八大类，以类别为经，以年代为纬，分别予以辑录汇编。所收录的文献史料年代下限一般截至民国，重点收录反映宋元史实的文献，以期为泉州申遗提供更为翔实、全面的佐证史料。

二、本书所辑录的史料，凡需要略过的，以……表示。本书在编撰过程中，吸取了前人点校整理的成果，凡可确认原文错讹或异体字者，则直接写入正确的文字。为避免产生歧义或误解，适当加以注释，或在某些字、词后加（　）。

三、为保留史料原貌，一般不加评论性按语。如需对史料进行特别说明，则使用脚注形式予以注解。

四、由于历史上同安县很长一段时间归属泉州府管辖（如清代同安县县辖范围包括现在的厦门岛、大小金门岛、同安区、翔安区、集美区、海沧大部分地区以及漳州龙海角美镇的部分地区），为全面反映史实，本书亦择录部分包含同安县的史料。

五、本书所辑录的文献史料，均予以标注出处信息，包括题名、作者、出版社、出版时间、页码等，以方便研究人员按图索骥，快速查找所需文献。书中标有下划线的部分，乃提示此部分为与泉州关系较直接紧密之内容。书后附录从各类文献中辑出诗文篇目索引、泉州海丝人物索引、外来物种索引和出口商品索引，以方便读者查找使用。

六、因篇幅所限，22个申遗点的相关史料无法全部辑录，只选取部分跟"海丝"主题较相关者。此外，由于泉州的石刻文献史料极为丰富，本书酌情选录部分与主题相关内容，余者可参看由吴文良原著、吴幼雄增订的《泉州宗教石刻（增订本）》（科学出版社，2005年）。

目　录

一、正史类

(宋)宋祁、欧阳修撰,《新唐书》……………………………………………… 1
(元)脱脱等撰,《宋史》………………………………………………………… 1
(明)宋濂、王祎撰,《元史》…………………………………………………… 9
(民国)柯劭忞撰,《新元史》………………………………………………… 29

二、政书、诏令奏议类

(宋)《李充公凭》……………………………………………………………… 37
(宋)《徐谓礼文书》…………………………………………………………… 39
(宋)李心传撰,《建炎以来朝野杂记》……………………………………… 39
(宋)马端临撰,《文献通考》………………………………………………… 40
(宋)宋敏求编,《唐大诏令集》……………………………………………… 43
(宋)王溥撰,《唐会要》……………………………………………………… 44
(元)拜柱等纂修,《大元圣政国朝典章》…………………………………… 44
(元)完颜纳丹撰,《通制条格》……………………………………………… 50
(明)胡我琨撰,《钱通》……………………………………………………… 54
(明)黄淮、杨士奇编,《历代名臣奏议》…………………………………… 54
(清)嵇璜、曹仁虎撰,《钦定续文献通考》………………………………… 57
(清)嵇璜、刘墉等撰,《续通志》…………………………………………… 61
(清)徐松辑,《宋会要辑稿》………………………………………………… 64

三、编年史类

(宋)李焘撰,《续资治通鉴长编》…………………………………………… 92

（宋）李心传撰，《建炎以来系年要录》 ………………………… 95
（清）毕沅撰，《续资治通鉴》 …………………………………… 103
（清）徐乾学撰，《资治通鉴后编》 ……………………………… 107

四、地志类

（宋）陈耆卿纂，《嘉定赤城志》 ………………………………… 109
（宋）乐史撰，《太平寰宇记》 …………………………………… 110
（宋）梁克家撰，《淳熙三山志》 ………………………………… 110
（宋）罗濬等撰，《宝庆四明志》 ………………………………… 114
（宋）王象之撰，《舆地纪胜》 …………………………………… 115
（宋）魏岘撰，《四明它山水利备览》 …………………………… 116
（宋）吴自牧撰，《梦梁录》 ……………………………………… 116
（宋）徐兢撰，《宣和奉使高丽图经》 …………………………… 117
（宋）张淏修纂，《宝庆会稽续志》 ……………………………… 118
（宋）赵汝适撰，《诸蕃志》 ……………………………………… 118
（宋）周去非撰，《岭外代答》 …………………………………… 127
（宋）祝穆撰、祝洙增订，《方舆胜览》 ………………………… 128
（元）陈大震撰，《大德南海志》 ………………………………… 128
（元）汪大渊撰，《岛夷志略》 …………………………………… 129
（元）俞希鲁编纂，《（至顺）镇江志》 ………………………… 139
（元）周达观撰，《真腊风土记》 ………………………………… 139
（元）周致中撰，《异域志》 ……………………………………… 140
（明）陈懋仁撰，《泉南杂志》 …………………………………… 140
（明）高岐辑，《福建市舶提举司志》 …………………………… 143
（明）巩珍撰，《西洋番国志》 …………………………………… 149
（明）何乔远编撰，《闽书》 ……………………………………… 149
（明）黄省曾撰，《西洋朝贡典录》 ……………………………… 181
（明）黄仲昭修纂，《八闽通志》 ………………………………… 181
（明）李正儒修纂，《藁城县志》 ………………………………… 198
（明）罗曰聚撰，《咸宾录》 ……………………………………… 199
（明）马欢撰，《瀛涯胜览》 ……………………………………… 200
（明）澎泽、江舜民纂修，《（弘治）徽州府志》 ……………… 200

（明）释元贤撰,《泉州开元寺志（民国重刻本）》 …… 201
（明）屠本畯撰,徐燉补疏,《闽中海错疏》 …… 203
（明）王鏊撰,《姑苏志》 …… 204
（明）王世懋撰,《闽部疏》 …… 204
（明）严从简撰,《殊域周咨录》 …… 205
（明）阳思谦等修纂,《（万历重修）泉州府志》 …… 205
（明）喻政主修,《（万历）福州府志》 …… 211
（明）张燮撰,《东西洋考》 …… 212
（明）张岳等纂,《（嘉靖）惠安县志》 …… 212
（明）周瑛、黄仲昭修纂,《（弘治）兴化府志》 …… 216
（清）杜昌丁等修纂,《（乾隆）永春州志》 …… 217
（清）顾祖禹撰,《读史方舆纪要》 …… 219
（清）郭柏苍撰,《闽产录异》 …… 225
（清）怀荫布等修纂,《（乾隆）泉州府志》 …… 232
（清）柯琮璜等修纂,《安平志》 …… 246
（清）刘佑等修纂,《（康熙）南安县志》 …… 257
（清）鲁鼎梅等修纂,《（乾隆）德化县志》 …… 259
（清）区作霖等纂修,《（同治）余干县志》 …… 261
（清）孙尔準等修纂,《（道光重纂）福建通志》 …… 261
（清）王棻等纂修,《（光绪）仙居志》 …… 277
（清）周学曾等修纂,《（道光）晋江县志》 …… 278
（清）庄成等修纂,《（乾隆）安溪县志》 …… 317
（民国）乔纯修等修纂,《重修原武县志》 …… 319

五、其他史类

（宋）刘宰撰,《京口耆旧传》 …… 321
（宋）佚名撰,《五国故事》 …… 322
（清）杜臻撰,《粤闽巡视纪略》 …… 322
（清）吴任臣撰,《十国春秋》 …… 324

六、笔记、诗文集类

(一)唐　代 …… 326
　(唐)释道宣撰,《续高僧传》 …… 326
(二)宋　代 …… 329
　(宋)包恢撰,《敝帚稿略》 …… 329
　(宋)蔡戡撰,《定斋集》 …… 331
　(宋)蔡絛撰,《铁围山丛谈》 …… 331
　(宋)蔡襄撰,《蔡襄集》 …… 332
　(宋)蔡襄撰,《荔枝谱》 …… 333
　(宋)曹勋撰,《松隐文集》 …… 334
　(宋)晁补之撰,《鸡肋集》 …… 335
　(宋)陈淳撰,《北溪先生大全文集》 …… 335
　(宋)陈傅良撰,《止斋集》 …… 335
　(宋)陈敬撰,《陈氏香谱》 …… 336
　(宋)陈宓撰,《复斋先生龙图陈公文集》 …… 338
　(宋)陈善撰,《扪虱新话》 …… 343
　(宋)陈思编,(元)陈世隆补,《两宋名贤小集》 …… 343
　(宋)陈文蔚撰,《克斋集》 …… 344
　(宋)程俱撰,《北山小集》 …… 344
　(宋)崔敦诗撰,《崔舍人玉堂类稿》 …… 345
　(宋)戴复古撰,《石屏诗集》 …… 345
　(宋)戴复古撰,《石屏集》 …… 346
　(宋)董嗣杲撰,《庐山集》 …… 346
　(宋)方大琮撰,《宋忠惠铁庵方公文集》 …… 347
　(宋)方大琮撰,《铁庵集》 …… 347
　(宋)方勺撰,《泊宅编》 …… 348
　(宋)方岳撰,《秋崖集》 …… 348
　(宋)葛胜仲撰,《丹阳集》 …… 349
　(宋)郭彖撰,《睽车志》 …… 349
　(宋)郭祥正撰,《青山集》 …… 350
　(宋)韩元吉撰,《南涧甲乙稿》 …… 350

(宋)洪迈撰,《夷坚志》 …… 354
(宋)洪适撰,《盘洲文集》 …… 357
(宋)洪咨夔撰,《平斋文集》 …… 358
(宋)胡寅撰,《斐然集》 …… 358
(宋)黄仲元撰,《四如集》 …… 359
(宋)惠洪撰,《石门文字禅》 …… 360
(宋)黎靖德编,《朱子语类》 …… 361
(宋)李昉编,《文苑英华》 …… 362
(宋)李昉等编,《太平广记》 …… 363
(宋)李复撰,《潏水集》 …… 363
(宋)李纲撰,《李纲全集》 …… 364
(宋)李光撰,《庄简集》 …… 365
(宋)李昂英撰,《文溪集》 …… 365
(宋)李廌撰,《济南集》 …… 366
(宋)林希逸撰,《竹溪鬳斋十一稿续集》 …… 367
(宋)林之奇撰,《拙斋文集》 …… 368
(宋)刘攽撰,《彭城集》 …… 371
(宋)刘克庄撰,《后村集》 …… 372
(宋)刘克庄撰,《后村先生大全集》 …… 373
(宋)刘宰撰,《漫塘集》 …… 380
(宋)楼钥撰,《攻愧集》 …… 380
(宋)陆游撰,《渭南文集》 …… 385
(宋)吕颐浩撰,《忠穆集》 …… 385
(宋)马廷鸾撰,《碧梧玩芳集》 …… 386
(宋)庞元英撰,《文昌杂录》 …… 386
(宋)彭乘撰,《续墨客挥犀》 …… 387
(宋)丘葵撰,《丘钓矶集》 …… 387
(宋)蒲寿宬撰,《心泉学诗稿》 …… 388
(宋)秦观撰,《淮海集》 …… 389
(宋)沈括撰,《梦溪笔谈》 …… 389
(宋)释道元撰,《景德传灯录》 …… 391
(宋)释赞宁撰,《宋高僧传》 …… 391
(宋)司马光撰,《涑水记闻》 …… 392

(宋)苏轼撰,《苏轼全集》	392
(宋)孙觌撰,《鸿庆居士集》	397
(宋)孙应时撰,《烛湖集》	398
(宋)孙应时撰,《烛湖集附编》	399
(宋)汪应辰撰,《文定集》	399
(宋)汪藻撰,《浮溪集》	400
(宋)王辟之撰,《渑水燕谈录》	401
(宋)王迈撰,《臞轩集》	401
(宋)王十朋撰,《梅溪集》	406
(宋)卫泾撰,《后乐集》	410
(宋)魏齐贤、叶芬辑,《五百家播芳大全文粹》	411
(宋)吴处厚撰,《青箱杂记》	413
(宋)吴潜撰,《履斋遗稿》	413
(宋)谢采伯撰,《密斋笔记》	414
(宋)谢枋得撰,《叠山集》	414
(宋)熊禾撰,《勿轩集》	415
(宋)许应龙撰,《东涧集》	416
(宋)叶适撰,《水心集》	416
(宋)叶廷珪撰,《海录碎事》	419
(宋)佚名撰,《百宝总珍集》	419
(宋)俞德邻撰,《佩韦斋集》	421
(宋)袁燮撰,《絜斋集》	421
(宋)岳珂撰,《桯史》	422
(宋)曾巩撰,《元丰类稿》	424
(宋)曾几撰,《茶山集》	424
(宋)张方平撰,《乐全集》	425
(宋)张纲撰,《华阳集》	426
(宋)张栻撰,《南轩集》	426
(宋)张世南撰,《游宦纪闻》	427
(宋)张守撰,《毗陵集》	428
(宋)赵彦龙著撰,《云麓漫钞》	429
(宋)真德秀撰,《西山文集》	430
(宋)郑侠撰,《西塘集》	447

(宋)郑元祐撰,《侨吴集》 …………………………………… 448
(宋)周必大撰,《文忠集》 …………………………………… 448
(宋)周密撰,《志雅堂杂钞》 ………………………………… 450
(宋)周密撰,《癸辛杂识》 …………………………………… 450
(宋)周紫芝撰,《太仓稊米集》 ……………………………… 452
(宋)朱熹撰,《晦庵集》 ……………………………………… 453
(宋)朱彧撰,《萍洲可谈》 …………………………………… 457

(三)元　代 ……………………………………………………… 458
(元)程端礼撰,《畏斋集》 …………………………………… 458
(元)戴良撰,《九灵山房集》 ………………………………… 459
(元)方回撰,《桐江集》 ……………………………………… 459
(元)方回撰,《桐江续集》 …………………………………… 460
(元)龚璛撰,《存悔斋稿》 …………………………………… 461
(元)贡师泰撰,《玩斋集》 …………………………………… 461
(元)黄溍撰,《黄文献集》 …………………………………… 464
(元)黄溍撰,《金华黄先生文集》 …………………………… 464
(元)金元素撰,《寄大兴明寺元明列班》 …………………… 465
(元)李士瞻撰,《经济文集》 ………………………………… 465
(元)刘敏中撰,《中庵集》 …………………………………… 466
(元)刘仁本撰,《羽庭集》 …………………………………… 467
(元)钱惟善撰,《江月松风集》 ……………………………… 468
(元)苏天爵编,《元文类》 …………………………………… 468
(元)唐元撰,《筠轩集》 ……………………………………… 469
(元)陶宗仪撰,《南村辍耕录》 ……………………………… 470
(元)王翰撰,《友石山人遗稿》 ……………………………… 471
(元)王礼撰,《麟原后集》 …………………………………… 471
(元)王义山撰,《稼村类稿》 ………………………………… 472
(元)王恽撰,《秋涧集》 ……………………………………… 472
(元)吴澄撰,《吴文正集》 …………………………………… 473
(元)吴海撰,《闻过斋集》 …………………………………… 473
(元)姚桐寿撰,《乐郊私语》 ………………………………… 475
(元)姚燧撰,《牧庵集》 ……………………………………… 475
(元)虞集撰,《道园学古录》 ………………………………… 476

(元)元明善撰,《清河集》……478
(元)张养浩撰,《张文忠公文集》……478
(元)张翥撰,《蜕庵集》……479

(四)明　代 ……480
(明)程敏政辑撰,《新安文献志》……480
(明)凌迪知撰,《万姓统谱》……483
(明)方以智撰,《物理小识》……483
(明)高启撰,《大全集》……485
(明)胡翰撰,《胡仲子集》……485
(明)黄景昉撰,《温陵旧事》……486
(明)李光缙撰,《景璧集》……487
(明)林弼撰,《林登州集》……492
(明)僧宗泐撰,《全室外集》……492
(明)宋濂撰,《文宪集》……493
(明)孙作撰,《沧螺集》……495
(明)陶安撰,《陶学士集》……496
(明)王绂撰,《王舍人诗集》……496
(明)王恭撰,《白云樵唱集》……497
(明)王恭撰,《草泽狂歌》……498
(明)王慎中撰,《遵岩集》……499
(明)王彝撰,《王常宗集》……502
(明)解缙等撰,《永乐大典》(残卷)……503
(明)解缙等撰,《永乐大典·常州府》(清钞本)……506
(明)谢肃撰,《密庵集》……506
(明)徐一夔撰,《始丰稿》……506
(明)叶盛撰,《水东日记》……507
(明)殷奎撰,《强斋集》……508
(明)郁逢庆编,《书画题跋记》……508
(明)袁华撰,《耕学斋诗集》……509
(明)赵琦美编,《赵氏铁网珊瑚》……510
(明)周嘉胄撰,《香乘》……514

(五)清　代 ……515
(清)蔡永蒹撰,《西山杂志》……515

(清)龚显曾撰，《亦园脞牍》 ⋯⋯⋯⋯⋯⋯⋯⋯⋯⋯⋯⋯⋯⋯⋯⋯ 525
(清)顾嗣立编，《元诗选》 ⋯⋯⋯⋯⋯⋯⋯⋯⋯⋯⋯⋯⋯⋯⋯⋯⋯ 526
(清)郭柏苍撰，《海错百一录》 ⋯⋯⋯⋯⋯⋯⋯⋯⋯⋯⋯⋯⋯⋯⋯ 527
(清)彭定求等编撰，《全唐诗》 ⋯⋯⋯⋯⋯⋯⋯⋯⋯⋯⋯⋯⋯⋯⋯ 529
(清)沈季友编，《槜李诗系》 ⋯⋯⋯⋯⋯⋯⋯⋯⋯⋯⋯⋯⋯⋯⋯⋯ 530
(清)王韬编撰，《淞隐漫录》 ⋯⋯⋯⋯⋯⋯⋯⋯⋯⋯⋯⋯⋯⋯⋯⋯ 531
(清)王沄撰，《漫游纪略》 ⋯⋯⋯⋯⋯⋯⋯⋯⋯⋯⋯⋯⋯⋯⋯⋯⋯ 531
(清)佚名撰，《天妃显圣录》 ⋯⋯⋯⋯⋯⋯⋯⋯⋯⋯⋯⋯⋯⋯⋯⋯ 532
(清)郑杰等辑，《全闽诗录》 ⋯⋯⋯⋯⋯⋯⋯⋯⋯⋯⋯⋯⋯⋯⋯⋯ 533
(清)周亮工撰，《书影》 ⋯⋯⋯⋯⋯⋯⋯⋯⋯⋯⋯⋯⋯⋯⋯⋯⋯⋯ 535

七、民间文献

(一)石刻、碑刻文献 ⋯⋯⋯⋯⋯⋯⋯⋯⋯⋯⋯⋯⋯⋯⋯⋯⋯⋯⋯⋯ 536
1.开元寺 ⋯⋯⋯⋯⋯⋯⋯⋯⋯⋯⋯⋯⋯⋯⋯⋯⋯⋯⋯⋯⋯⋯⋯⋯ 536
(唐)黄滔撰，《泉州开元寺佛殿碑记》 ⋯⋯⋯⋯⋯⋯⋯⋯⋯⋯⋯ 536
(南唐)王继勋撰，《开元寺陀罗尼经幢题刻》 ⋯⋯⋯⋯⋯⋯⋯⋯ 537
2.文　庙 ⋯⋯⋯⋯⋯⋯⋯⋯⋯⋯⋯⋯⋯⋯⋯⋯⋯⋯⋯⋯⋯⋯⋯⋯ 538
(宋)张读撰，《泉州重建州学记》 ⋯⋯⋯⋯⋯⋯⋯⋯⋯⋯⋯⋯⋯ 538
3.伊斯兰教圣墓 ⋯⋯⋯⋯⋯⋯⋯⋯⋯⋯⋯⋯⋯⋯⋯⋯⋯⋯⋯⋯⋯ 540
(元)《重修圣墓阿拉伯文碑》 ⋯⋯⋯⋯⋯⋯⋯⋯⋯⋯⋯⋯⋯⋯⋯ 540
(明)《郑和下西洋行香碑》 ⋯⋯⋯⋯⋯⋯⋯⋯⋯⋯⋯⋯⋯⋯⋯⋯ 540
(清)《夏必第重修圣坟碑》 ⋯⋯⋯⋯⋯⋯⋯⋯⋯⋯⋯⋯⋯⋯⋯⋯ 541
(清)《郭拔萃重修圣坟碑》 ⋯⋯⋯⋯⋯⋯⋯⋯⋯⋯⋯⋯⋯⋯⋯⋯ 541
(清)马建纪撰，《重修温陵圣墓碑记》 ⋯⋯⋯⋯⋯⋯⋯⋯⋯⋯⋯ 541
(清)江长贵撰，《重修圣墓碑记》 ⋯⋯⋯⋯⋯⋯⋯⋯⋯⋯⋯⋯⋯ 542
4.清净寺 ⋯⋯⋯⋯⋯⋯⋯⋯⋯⋯⋯⋯⋯⋯⋯⋯⋯⋯⋯⋯⋯⋯⋯⋯ 543
(元)吴鉴撰，《重立清净寺碑记》 ⋯⋯⋯⋯⋯⋯⋯⋯⋯⋯⋯⋯⋯ 543
(元)《阿拉伯文纪年石刻》 ⋯⋯⋯⋯⋯⋯⋯⋯⋯⋯⋯⋯⋯⋯⋯⋯ 544
(元)《清净寺伊斯兰教碑1号墓碑》 ⋯⋯⋯⋯⋯⋯⋯⋯⋯⋯⋯⋯ 545
(元)《清净寺伊斯兰教碑2号墓碑》 ⋯⋯⋯⋯⋯⋯⋯⋯⋯⋯⋯⋯ 545
(元)《清净寺伊斯兰教碑3号墓碑》 ⋯⋯⋯⋯⋯⋯⋯⋯⋯⋯⋯⋯ 546
(元)《清净寺伊斯兰教碑4号墓碑》 ⋯⋯⋯⋯⋯⋯⋯⋯⋯⋯⋯⋯ 547

(元)《清净寺伊斯兰教碑 5 号墓碑》 ································· 547
(宋)《清净寺伊斯兰教碑 6 号墓碑》 ································· 548
(元)《清净寺伊斯兰教碑 7 号墓碑》 ································· 548
(元)《清净寺伊斯兰教碑 8 号墓碑》 ································· 548
(元)《清净寺伊斯兰教碑 9 号墓碑》 ································· 549
(元)《清净寺伊斯兰教碑 10 号墓碑》 ······························· 549
(元)《清净寺伊斯兰教碑 11 号墓碑》 ······························· 549
(元)《清净寺伊斯兰教碑 12 号墓碑》 ······························· 550
(元)《清净寺伊斯兰教碑 13 号墓碑》 ······························· 550
(元)《清净寺伊斯兰教碑 14 号墓碑》 ······························· 551
(元)《清净寺伊斯兰教碑 15 号墓碑》 ······························· 551
(元)《清净寺伊斯兰教碑 16 号墓碑》 ······························· 551
(元)《清净寺伊斯兰教碑 17 号墓碑》 ······························· 552
(元)《清净寺伊斯兰教碑 18 号墓碑》 ······························· 552
(元)《清净寺伊斯兰教碑 19 号墓碑》 ······························· 552
(元)《清净寺伊斯兰教碑 20 号墓碑》 ······························· 553
(明)《〈永乐敕谕〉》碑 ·· 553
(明)李光缙撰,《重修清净寺碑记》 ······································ 554

5. 真武庙 ··· 556

(明)《吞海碑》 ··· 556
(明)《三蟹龙泉碑》 ·· 556
(清)《法石真武殿示禁碑》 ··· 556

6. 九日山市舶石刻与祈风石刻 ································· 557

(宋)《方正叔等有关市舶石刻》 ··· 557
(宋)《林遹等有关市舶石刻》 ·· 557
(宋)《林枅等祈风石刻》 ··· 558
(宋)《倪思等祈风石刻》 ··· 558
(宋)《程祐之等有关市舶石刻》 ··· 558
(宋)《虞仲房等祈风石刻》 ·· 558
(宋)《司马伋等祈风石刻》 ·· 559
(宋)《章栋等祈风石刻》 ··· 559
(宋)《颜颐仲等祈风石刻》 ·· 560
(宋)《赵师耕祈风石刻》 ··· 560

  (宋)《谢埴等祈风石刻》 …… 560
  (宋)《方澄孙等祈风石刻》 …… 560
  (宋)《赵希侘等祈风石刻》 …… 561

7. 天后宫 …… 561
  (清)《妈祖宫碑》 …… 561
  (清)徐汝澜撰,《重修天后宫碑记》 …… 562

8. 草 庵 …… 563
  (元)《草庵纪事崖刻》 …… 563
  (明)《草庵摩崖石刻》 …… 563
  (民国)演音撰,《重兴草庵碑》 …… 564

9. 安平桥 …… 565
  (宋)赵令衿撰,《石井镇安平桥记》 …… 565
  (明)陈弘撰,《重修安平桥记》 …… 566
  (明)郑芝龙撰,《水心亭记》 …… 566
  (清)陈万策撰,《重修安平桥记》 …… 567
  (清)张无咎撰,《重修安平西桥碑记》 …… 568
  (清)《重修西桥碑记》 …… 569

10. 洛阳桥(万安桥) …… 570
  (宋)蔡襄撰,《洛阳桥记》 …… 570
  (宋)万安桥石刻 …… 571
  (明)陈濂撰,《邑侯复所宁公洛阳筑桥生祠碑记》 …… 571
  (明)姜志礼撰,《重修万安桥记》 …… 572
  (明)李光缙撰,《万安桥记》 …… 574
  (明)王慎中撰,《泉州府修万安桥记》 …… 574
  (明)萧元吉撰,《赠陇西李公俊育重修洛阳桥序》 …… 576
  (清)沈汝瀚撰,《重修万安桥记》 …… 577
  (清)李庆霖撰,《重修万安桥碑记》 …… 578

11. 万寿塔(关锁塔) …… 579
  (清)《重修塔峰记》 …… 579

12. 其他石刻、碑刻 …… 579
  (唐)许元简撰,《许氏故陈夫人墓志铭》 …… 579
  (宋)《蕃客墓碑》 …… 580
  (宋)《万安祝圣放生石刻》 …… 581

（宋）方略撰，《有宋兴化军祥应庙记》…… 581
（宋）郭晞宗撰，《宋故迪功郎晋陵县主簿陈公济远墓铭并序》…… 583
（宋）黄缵撰，《宋进士杨公墓志铭》…… 584
（宋）李邴撰，《水陆堂记》…… 584
（宋）吕防撰，《宋故富春县君孙氏墓志铭》…… 585
（宋）上官均撰，《宋故承议郎朱君墓志铭》…… 586
（宋）沈忠撰，《宋朝散中奉大夫吏部侍郎秘阁修撰知漳州军事兼管内河劝农使朴乡吕先生墓志铭》…… 587
（宋）曾会撰，《修延福寺碑铭》…… 587
（宋）赵崇镇撰，《宋赵汝适圹志》…… 589
（元）《奉使波斯使者墓碑》…… 590
（元）《管领江南诸路明教秦教的失里门主教墓碑》…… 590
（元）《兴明寺也里可温石碑》…… 591
（元）《泰米尔文石碑》…… 591
（元）盛师度撰，《盛柔善墓志铭》…… 592
（元）释用平撰，《重建清源纯阳洞记》…… 592
（元）许天泽撰，《先君侍郎许公墓志铭》…… 594
（元）亦黑迷失刻立，《一百大寺看经记》…… 594
（元）赵济撰，《故竹所县尹王公墓志铭》…… 597
（明）傅凯撰，《唐相姜公墓碑记》…… 598
（清）曾式冕撰，《云麓禅寺暨三翁宫记》…… 599

（二）宗谱族谱 …… 600
泉州《闽泉吴兴分派卿田尤氏族谱》…… 600
泉州《南外天源赵氏族谱》…… 601
晋江《陈埭丁氏族谱》…… 606
晋江《龚氏族谱》…… 611
晋江《平安星塔吴氏族谱》…… 611
晋江《清源金氏族谱》…… 612
晋江安海《李庄焦内李氏房谱》…… 617
永春《达埔蒲氏族谱》…… 621
永春《清源留氏族谱》…… 622
浙江仙居《（咸丰丙辰年重修）乐安郭氏宗谱》…… 623
江苏《（民国）汪氏族谱》…… 623

（三）其他民间文献 ·· 625
　　（明）佚名撰，《顺风相送》 ······································ 625
　　（清）佚名撰，《指南正法》 ······································ 627

八、外国文献

（一）东亚、东南亚地区文献 ·· 630
　　（朝鲜）《蔡仁范墓志铭》 ·· 630
　　（朝鲜）尹伊锡撰，《刘载墓志铭》 ································ 631
　　（朝鲜）郑麟趾等撰，《高丽史》 ·································· 632
　　（琉球）蔡温撰，《蔡氏祖源宗德总考》 ···························· 634
　　（日本）德川光圀撰，《日本史记》 ································ 636
　　（日本）释成寻原撰，《参天台五台山记》 ·························· 636
　　（日本）真人元开撰，《唐大和上东征传》 ·························· 636
　　（越南）黎崱撰，《安南志略》 ···································· 637
　　（文莱）《有宋泉州判院蒲公之墓碑》 ······························ 638
（二）阿拉伯、中东等地文献 ·· 638
　　（阿拉伯）伊本·胡尔达兹比赫著，《道里邦国志》 ·················· 638
　　（阿拉伯）伊本·赛义德著，《西班牙属马格里布人
　　　　阿里·伊本·赛义德对托勒密关于七个
　　　　气候区的地理书的汇集和摘要》 ······························ 639
　　（奥斯曼·土耳其）西迪·阿里·赛赖比著，《海洋》 ················ 639
　　（萨法维王朝）阿布尔—法兹尔，《阿克巴尔纪年》 ·················· 640
　　（波斯）拉施特编，《史集》 ······································ 640
　　（波斯）约翰·科拉著，《大汗国记》 ······························ 642
　　（摩洛哥）伊本·白图泰著，《伊本·白图泰游记》 ·················· 642
（三）欧洲文献 ·· 644
　　（意大利）鄂多立克著，《鄂多立克东游录》 ························ 644
　　（意大利）马可·波罗著，《马可波罗行纪》 ························ 645
　　（意大利）约翰·马黎诺里著，《约翰·马黎诺里游记》 ·············· 648
　　（意大利）雅各·德安科纳著，《光明之城》 ························ 648
　　《方济各会纪事概要》 ·· 671
　　安德烈·佩鲁贾著，《致佩鲁贾修道院沃登神甫的

　　　　信(1326年)》 …………………………………………………… 671
　　帕莱格林著,《寄回教廷的书信(1318年)》 …………………… 672

附　录　泉州市舶司大事记 ……………………………………… 673
索　引 ……………………………………………………………… 684
　　一、文献中辑出诗文篇目索引 …………………………………… 684
　　二、泉州海丝人物索引 …………………………………………… 702
　　三、外来物种索引 ………………………………………………… 722
　　四、出口商品索引 ………………………………………………… 725

后　　记 …………………………………………………………… 726

一、正史类

（宋）宋祁、欧阳修撰，《新唐书》

志第三十一

地理五

泉州清源郡，上。本武荣州，圣历二年析泉州之南安、莆田、龙溪置，治南安，后治晋江。三年，州废，县还隶泉州。久视元年复置。景云二年更名。土贡：绵、丝、蕉、葛。户二万三千八百六，口十六万二百九十五。<u>县四：（自州正东海行二日至高华屿，又二日至䵄屿，又一日至流求国。）</u>晋江、（上。开元八年析南安置。北一里有晋江，开元二十九年，别驾赵颐贞凿沟通舟楫至城下；东一里有尚书塘，溉田三百余顷，贞元五年刺史赵昌置，名常稔塘，后昌为尚书，民思之，因更名；西南一里有天水塘，灌田百八十顷，大和二年刺史赵棨开。有盐。）……（第4册，第652页）

欧阳修，宋祁撰，《新唐书》，岳麓书社，1997年

（元）脱脱等撰，《宋史》

卷二十四　本纪第二十四

高宗一

（建炎元年六月）丁卯，<u>省诸路提举常平司，两浙、福建提举市舶司。</u>（第2册，第446页）

卷二十五　本纪第二十五

高宗二

（建炎二年五月）<u>丁未，复置两浙、福建提举市舶司。</u>（第2册，第456页）

卷二十六 本纪第二十六

高宗三

(建炎四年七月)己未,禁闽、广、淮、浙海舶商贩山东,虑为金人乡导。(第2册,第480页)

卷二十七 本纪第二十七

高宗四

(绍兴二年秋七月)甲子,罢福建提举市舶司。
九月庚辰,命福建提举茶盐官兼领市舶司。(第2册,第499页)

卷四十七 本纪四十七

瀛国公(二王赵昰、赵昺附)

二王者,度宗庶子也。长建国公昰,母淑妃杨氏;季永国公昺,母修容俞氏。度宗崩,谢太后召贾似道等入宫议所立,众以为昰长当立,似道主立嫡,乃立㬎而封昰为吉王、昺信王。德祐二年正月,文天祥尹临安,请以二王镇闽、广,不从,始命二王出阁。大元兵迫临安,宗亲复以请,乃徙封昰为益王、判福州、福建安抚大使,昺为广王、判泉州兼判南外宗正,以驸马都尉杨镇及杨亮节、俞如珪为提举。……(德祐二年)五月乙未朔,宜中等乃立昰于福州,以为宋主,改元景炎,册杨淑妃为太后,同听政。封信王昺为卫王。宜中为左丞相兼都督,李庭芝为右丞相,陈文龙、刘黻为参知政事,张世杰为枢密副使,陆秀夫为签书枢密院事。命吴浚、赵溍、傅卓、李珏、翟国秀等分道出兵。改福州为福安府,温州为瑞安府。……(德祐二年十月)癸丑,大军至福安州,知府王刚中以城降。昰欲入泉州,招抚蒲寿庚有异志。初,寿庚提举泉州舶司,擅蕃舶利者三十年。昰舟至泉,寿庚来谒,请驻跸,张世杰不可。或劝世杰留寿庚,则凡海舶不令自随,世杰不从,纵之归。继而舟不足,乃掠其舟并没其资,寿庚乃怒杀诸宗室及士大夫与淮兵之在泉者。(第3册,第942页)

卷一百六十四 志第一百一十七

职官四
大宗正司

崇宁三年,置南外宗正司于南京,西外宗正司于西京,各置敦宗院。初,讲议司言:"宗室疏属愿居两京辅郡者,各置敦宗院,其两京各置外宗正司。"从之。仍诏各择宗室之贤者一人为知宗,掌外居宗室,诏复定宗学博士、正录员数。大观四年罢,政和二年复旧。又诏敦宗院宗子有文艺、行实众所共知者,许外宗正官考察以闻。

中兴后,以位高属尊者为判大宗正事,其知及同知如旧制。又置知大宗正丞一员,以文臣充,掌纠合宗室而检防训饬之。凡南班宗室磨勘、迁转、袭封、请给,核其当否;嫁娶房奁、分析财产,酌厚薄多寡而订其议。凡宗室除合该赐名外,皆大宗正定名而后报宗正寺。其余迁授官资、支给钱米,考核以诏予夺。其不率教者以法拘之,岁久知悔,则除其过名。复直南外宗正司、西外宗正司,以处宗室之在外者。各仍旧制设敦宗院,皆设知宗,所在通判职官兼丞、簿,其纠合、检防、训饬如大宗正司。西、南外两司阙知宗,间令大宗正司选择保明而后授之。又各置教授以课其行艺。南渡初,先徙宗室于江、淮,于是大宗正司移江宁,南外移镇江,西外移扬州。其后屡徙,后西外止于福州,南外止于泉州。又置绍兴府宗正司,盖初随其所寓而分管辖之。乾道七年,尝欲移绍兴府宗司于蜀,不果,后并归行在。嘉定间,用臣僚言,乞凡除授知宗,须择老成更练之人。诏知宗正丞照百司例每日入局所,以示增重宗盟之意。(第12册,第3889~3890页)

卷一百六十七　志第一百二十

职官七
提举市舶司

掌蕃货海舶征榷贸易之事,以来远人,通远物。元祐初,诏福建路于泉州置司。大观元年,复置浙、广、福建三路市舶提举官。明年,御史中丞石公弼请以诸路提举市舶归之转运司,不报。建炎初,罢闽、浙市舶司归转运司,未几复置。绍兴二十九年,臣僚言:"福建、广南各置务于一州,两浙市舶乃分建于五所。"乾道初,臣僚又言两浙提举市舶一司抽解搔扰之弊,且言福建、广南皆有市舶,物货浩瀚,置官提举实宜,惟两浙冗蠹可罢。从之。仍委逐处知州、通判、知县、监官同检视,而转运司总之。(第12册,第3971页)

卷一百八十　志第一百三十三

食货下二(钱币)

(庆历)五年,泉州青阳铁冶大发,转运使高易简不俟诏,置铁钱务于泉,欲移铜钱于内地。(第13册,第4380页)

<u>又自置市舶于浙、于闽、于广，舶商往来</u>，钱宝所由以泄，是以自临安出门，下江海，皆有禁。淳熙九年，<u>诏广、泉、明、秀漏泄铜钱，坐其守臣</u>。嘉定元年，三省言："自来有市舶处，不许私发番船。绍兴末，臣僚言：<u>泉、广二舶司及西、南二泉司，遣舟回易，悉载金钱</u>。四司既自犯法，郡县巡尉其能谁何？至于淮、楚屯兵，月费五十万，见缗居其半，南北贸易缗钱之入敌境者，不知其几。于是沿边皆用铁钱矣。"（第13册，第4396～4397页）

卷一百八十三　志第一百三十六

食货下五　盐下茶上

<u>（淳熙）八年，福建市舶陈岘言</u>："福建自元丰二年转运使王子京建运盐之法，不免有侵盗科扰之弊，且天下州县皆行钞法，独福建膺运盐之害。绍兴初，赵不己尝措置钞法，而终不可行者，盖漕司则藉盐纲为增盐钱，州县则藉盐纲以为岁计，官员则有卖盐食钱、糜费钱，胥吏则有发遣交纳常例钱，公私龃龉，无怪乎不可行也。钞法未成伦序，而纲运遽罢，百姓率无食盐，故漕运乘此以为不便，请抱引钱而罢钞法。钞法罢而纲运兴，官价高而私价贱，民多食私盐而官不售，科抑之弊生矣。"于是诏岘措置。岘请从权货务自立五十斤至百斤，分为五等，造大小钞给买，仍预措置卖钞，先以本钱界三仓买盐，以备商旅请买。九年正月，以福建盐自来运卖，近为钞法敷扰害民，于是诏福建转运司，诸州盐纲依旧官般官卖。三月，诏转运傅自得、杨由义廉察官卖盐未便者，措置以闻。（第13册，第4464页）

卷一百八十五　志第一百三十八

食货下七（香）

宋之经费，茶、盐、矾之外，惟香之为利博，故以官为市焉。<u>建炎四年，泉州抽买乳香一十三等，八万六千七百八十斤有奇</u>。诏取赴榷货务打套给卖，陆路以三千斤、水路以一万斤为一纲。绍兴元年，诏："广南市舶司抽买到香，依行在品答成套，召人算请，其所售之价，每五万贯易以轻货输行在。"<u>六年，知泉州连南夫奏请，诸市舶纲首能招诱舶舟、抽解物货、累价及五万贯十万贯者，补官有差。大食蕃客啰辛贩乳香直三十万缗，纲首蔡景芳招诱舶货</u>，收息钱九十八万缗，各补承信郎。闽、广舶务监官抽买乳香每及一百万两，转一官。又招商入蕃兴贩，舟还在罢任后，亦依此推赏。然海商入蕃，以兴贩为招诱，侥幸者甚众。（第13册，第4537页）

卷一百八十六　志第一百三十九

食货下八　互市舶法

太宗时，置榷署于京师，诏诸蕃香药宝货至广州、交阯、两浙、泉州，非出官库者，无得私相贸易。其后乃诏："自今惟珠贝、玳瑁、犀象、镔铁、鼊皮、珊瑚、玛瑙、乳香禁榷外，他药官市之余，听市于民。"（第13册，第4559页）

熙宁五年，诏发运使薛向曰："东南之利，舶商居其一。比言者请置司泉州，其创法讲求之。"七年，令舶船遇风至诸州界，亟报所隶，送近地舶司榷赋分买。泉、福濒海舟船未经赋买者，仍赴司勘验。（第13册，第4560页）

元祐三年，鄂等复言："广南、福建、淮、浙贾人，航海贩物至京东、河北、河东等路，运载钱帛丝绵贸易，而象犀、乳香珍异之物，虽尝禁榷，未免欺隐。若板桥市舶法行，则海外诸物积于府库者，必倍于杭、明二州。使商舶通行，无冒禁罹刑之患，而上供之物，免道路风水之虞。"乃置密州板桥市舶司。而前一年，亦增置市舶司于泉州。（第13册，第4561页）

旧法，细色纲龙脑、珠之类，每一纲五千两，其余犀象、紫矿、乳檀香之类，为粗色，每纲一万斤。凡起一纲，遣衙前一名部送，支脚乘赡家钱一百余缗。大观以后，张大其数，象犀、紫矿皆作细色起发，以旧日一纲分为三十二纲，多费脚乘赡家钱三千余贯。至于乾道七年，诏广南起发粗色香药物货，每纲二万斤，加耗六百斤，依旧支破水脚钱一千六百六十二贯有奇。淳熙二年，户部言："福建、广南市舶司粗细物货，并以五万斤为一全纲。"（第13册，第4566页）

卷三百三十　列传第八十九

杜纯，字孝锡，濮州鄄城人。少有成人之操，伯父没官南海上，其孤弱，柩不能还。纯白父请往，如期而丧至。以荫为泉州司法参军。泉有蕃舶之饶，杂货山积。时官于州者私与为市，价十不偿一，惟知州关咏与纯无私买，人亦莫知。后事败，狱治多相牵系，独两人无与。咏犹以不察免，且檄参对。纯愤懑，陈书使者为讼冤，咏得不坐。（第30册，第10631～10632页）

卷三百三十一　列传第九十

罗拯，字道济，祥符人。第进士，历官知荣州。州介两江间，每江涨，辄犯城郭，拯作东西二堤除其患。选知秀州，为江西转运判官、提点福建刑狱。泉州兴化军水坏庐舍，拯请勿征海运竹木，经一年，民居皆复其旧。迁转运使。……拯使闽时,泉商黄谨往高丽,馆之礼宾省,其王云自天圣后职贡绝,欲命使与谨俱来。至是,拯以闻,神宗许之,遂遣金悌和主贡。高丽复通中国自兹始。加天章阁待制。居职七年,徙知永兴军、青、颍、秦三州,卒,年六十五。(第30册,第10645~10646页)

卷四百一十三　列传第一百七十二

赵汝谠,字蹈中,少俶傥有轶材,智略出人上。龙泉叶适尝过其家,汝谠年少,衣短后衣,不得避。适劝之曰:"名门子安可不学。"汝谠惭,自是终身不衣短后衣。折节读书,与兄汝谈齐名,天下称为"二赵"。以祖遗恩补承务郎,历泉州市舶务、利州大军仓属。从臣荐宗室之贤者,监行在右藏西库。(第35册,第12397页)

卷四百二十三　列传第一百八十二

李韶,字元善,弥逊之曾孙也。父文饶,为台州司理参军,每谓人曰:"吾司臬多阴德,后有兴者。"……绍定四年,行都灾,韶应诏言事。提举福建市舶。会星变,又应诏言事。入为国子监丞,改知泉州兼市舶。端平元年,召。明年,转太府寺丞,迁都官郎官,迁尚左郎官。……(第36册,第12628~12629页)

卷四百二十四　列传第一百八十三

孙梦观,字守叔,庆元府慈溪人。宝庆二年进士。调桂阳军教授、浙西提举司干办公事,差主管吏部架阁文字,为武学谕。……出知泉州兼提举市舶,改知宁国府。蠲逋减赋,无算泛入者尽籍于公帑。……(第36册,第12654页)

卷四百三十三　列传第一百九十二

儒林三

林之奇,字少颖,福州侯官人。紫微舍人吕本中入闽,之奇甫冠,从本中学。时将试礼部,行次衢州,以不得事亲而反。学益力,本中奇之,由是学者踵至。中绍兴二十一年进士第,调莆田簿,改尉长汀,召为秘书省正字,转校书郎。……以痹疾乞外,由宗正丞提举闽舶,参帅议,遂以祠禄家居,自称拙斋。东莱吕祖谦尝受学焉。淳熙三年卒,年六十有五。有《书》《春秋》《周礼说》、《论》、《孟》《杨子讲义》《道山记闻》等书行于世。(第37册,第12861~

12862页）

卷四百三十七　列传第一百九十六

儒林七

真德秀，字景元，后更为希元，建之浦城人。四岁受书，过目成诵。十五而孤，母吴氏力贫教之。同郡杨圭见而异之，使归共诸子学，卒妻以女。登庆元五年进士第，授南剑州判官。继试，中博学宏词科，入闽帅幕，召为太学正，嘉定元年迁博士……德秀以右文殿修撰知泉州。番舶畏苛征，至者岁不三四，德秀首宽之，至者骤增至三十六艘。输租令民自概，听讼惟揭示姓名，人自诣州。泉多大家，为闾里患，痛绳之。有讼田者，至焚其券不敢争。海贼作乱，将逼城，官军败衄，德秀祭兵死者，乃亲授方略，禽之。复遍行海滨，审视形势，增屯要害处，以备不虞。……五年，进徽猷阁，知泉州。迎者塞路，深村百岁老人亦扶杖而出，城中欢声动地。诸邑二税法预借至六七年，德秀入境，首禁预借。诸邑有累月不解一钱者，郡计赤立不可为。或咎宽恤太骤，德秀谓民困如此，宁身代其苦。决讼自卯至申未已。或劝啬养精神，德秀谓郡弊无力惠民，仅有政平、讼理事当勉。建炎初置南外宗正司于泉，公族仅三百人，漕司与本州给之，而朝廷岁助度牒。已而不复给，而增至二千三百余人，郡坐是愈不可为。德秀请于朝，诏给度牒百道。……（第37册，第12957～12963页）

卷四百八十一　列传第二百四十

南汉刘氏

先是晟因湖南马氏之乱，袭取桂、郴、贺等州。开宝初，鋹又举兵侵道州，刺史王继勋上言。鋹为政昏暴，民被其毒，请讨之。太祖难其事，令江南李煜遣使以书谕鋹使称臣，归湖南旧地。鋹不从。煜又遣其给事中龚慎仪遗书曰："煜与足下叨累世之睦，继祖考之盟，情若弟兄，义敦交契，忧戚之患，曷尝不同。……一旦缘边悉举，诸道进攻，岂可俱绝其运粮，尽保其城壁？若诸险悉固，诚善莫加焉。苟尺水横流，则长堤虚设矣。其次曰，或大朝用吴越之众，自泉州泛海以趣国都，则不数日至城下矣。当其人心疑惑，兵势动摇，岸上舟中皆为敌国，忠臣义士能复几人？怀进退者步步生心，顾妻子者滔滔皆是。变故难测，须臾万端，非惟暂乖始图，实恐有误壮志，又非巨舟之可及，沧海之可游也。……又念臣子之情，尚不逾于三谏，煜之极言，于此三矣，是为臣者可以逃，为子者可以泣，为交友者亦惆怅而遂绝矣。"鋹

得书,遂囚慎仪,驿书答煜,言甚不逊。煜上其书。(第 40 册,第 13924 页)

卷四百八十七　　列传第二百四十六

外国三　高丽

熙宁二年,其国礼宾省移牒福建转运使罗拯云:"本朝商人黄真①、洪万来称,运使奉密旨,令招接通好。奉国王旨意,形于部述。当国僻居旸谷,邈恋天朝,顷从祖祢以来,素愿梯航相继。蕞尔平壤,迩于大辽,附之则为睦邻,疏之则为勍敌。虑边骚之弗息,蓄陆贽以靡遑。久困羁縻,难图携贰,故违述职,致有积年。屡卜云祥,虽美圣辰于中国;空知日远,如迷旧路于长安。运属垂鸿,礼稽展庆。大朝化覃无外,度豁包荒,山不谢乎纤埃,海不辞于支派。谨当遵寻通道,遄赴槁街,但兹千里之传闻,恐匪重霄之纤眷。今以公状附真、万西还,俟得报音,即备礼朝贡。"徽又自言尝梦至中华,作诗纪其事。三年,拯以闻,朝廷议者亦谓可结之以谋契丹。神宗许焉,命拯谕以供拟腆厚之意。徽遂遣民官侍郎金悌等百十人来,诏待之如夏国使。

往时高丽人往反皆自登州,七年,遣其臣金良鉴来言,欲远契丹,乞改涂由明州诣阙,从之。郡县供顿无旧准,颇扰民,诏立式颁下,费悉官给。又以其不迩华言,恐规利者私与交关,令所至禁止。徽问遗二府甚厚,诏以付市易务售缣帛答之。又表求医药、画塑之工以教国人,诏罗拯募愿行者。……<u>王城有华人数百,多闽人因贾舶至者,密试其所能,诱以禄仕,或强留之终身</u>,朝廷使至,有陈牒来诉者,则取以归。(第 40 册,第 14046～14053 页)

卷四百八十九　　列传第二百四十八

外国五　占城　真腊　蒲甘　邈黎　三佛齐
阇婆(南毗附)　勃泥　注辇　丹眉流

占城国……乾道三年,子邹亚娜嗣,掠大食国方物遣人来贡,以求封爵,为其国人所诉。诏却之,遂不议其封。<u>七年,闽人有浮海之吉阳军者,风泊其舟抵占城。其国方与真腊战,皆乘大象,胜负不能决。闽人教其王当习骑射以胜之,王大说,具舟送之吉阳,市得马数十匹归,战大捷。</u>明年复来,琼州拒之,愤怒大掠而归。淳熙二年,严马禁,不得售外蕃。三年,占城归所掠生口八十三人,求通商,诏不许。四年,占城以舟师袭真腊,传其国都。

---

① 史料中黄真、黄谨、黄慎当为同一人,参阅朱溢:《北宋外交机构的形成与演变——以官僚体制和周边局势的变动为线索》,载《史学月刊》2013 年第 12 期,第 33～42 页。

庆元以来,真腊大举伐占城以复仇,杀戮殆尽,俘其主以归,国遂亡,其地悉归真腊。(第40册,第14086页)

三佛齐国,盖南蛮之别种,与占城为邻,居真腊、阇婆之间,所管十五州。……绍兴二十六年,其王悉利麻霞啰陀遣使入贡。帝曰:"远人向化,嘉其诚耳,非利乎方物也。"其王复以珠献宰臣秦桧,时桧已死,诏偿其直而收之。淳熙五年,复遣使贡方物,诏免赴阙,馆于泉州。(第40册,第14090页)

南毗国,在大海之西南,由三佛齐风帆月余可至。其国王每巡行,先期遣兵百余人持水洒地上,以防飓风扬沙尘;列鼎百以进食,日一易之,置翰林官供王饮食。俗喜战斗,习刀矟,善射。凿杂白银为钱。产真珠、番布。其国最远,番舶罕到。时罗巴、智力干父子,其种类也,居泉之城南。自是舶舟多至其国矣。(第40册,第14093页)

勃泥国,在西南大海中,去阇婆四十五日程,去三佛齐四十日程,去占城与摩逸各三十日程,皆计顺风为则。其国以版为城,城中居者万余人,所统十四州。其王所居屋覆以贝多叶,民舍覆以草。在王左右者为大人。……元丰五年二月,其王锡理麻喏复遣使贡方物,其使乞从泉州乘海舶归国,从之。(第40册,第14094～14095页)

(元)脱脱等撰,《宋史》,中华书局,1977年

(明)宋濂、王祎撰,《元史》

卷九

本纪第九,世祖六

(至元十三年二月)辛酉,巴延遣本布、周青招泉州蒲寿庚、寿晟兄弟。(第292册,第115页)

(至元十四年三月)乙未,福建漳、泉二郡蒲寿庚、印德傅、李珏、李公度皆以城降。(第292册,第121页)

(至元十四年七月)戊申,置行中书省于江西,以参知政事、行江西宣慰使达春(塔出)为右丞,参知政事、行江西宣慰使敏珠尔丹为左丞,淮东宣慰使彻尔特穆尔、江东宣慰使张荣实、江西宣慰使李恒、招讨使页特密实、万户实勒们、荆湖路宣抚使程鹏飞、闽广大都督兵马招讨使蒲寿庚并参知政事,行江西省事。(第292册,第123页)

卷十

本纪第十，世祖七

（至元十五年八月）辛未，制封泉州神女号"护国明著灵惠协正善庆显济天妃"。（第292册，第131页）

（至元十五年八月）辛巳……诏行中书省索多、蒲寿庚等曰："诸蕃国列居东南岛屿者，皆有慕义之心，可因蕃舶诸人宣布朕意，诚能来朝，朕将宠礼之。其往来互市，各从所欲。"诏谕军前及行省以下官吏，抚治百姓，务农乐业，军民官毋得占据民产，抑良为奴。以中书左丞董文炳签书枢密院事，参知政事索多、蒲寿庚并为中书左丞。（第292册，第131页）

（至元十六年二月）甲申，平章阿里布乞行中书省检核行御史台文案，且请行台呈行省，比御史呈中书省例，从之。以征日本，敕扬州、湖南、赣州、泉州四省造战船六百艘。（第292册，第134页）

（至元十六年五月）辛亥，蒲寿庚请下诏招海外诸蕃，不允。（第292册，第136页）

卷十一

本纪第十一，世祖八

（至元十七年五月）癸丑……福建行省移泉州。甲寅，汀、漳叛贼廖得胜等伏诛。造船三千①艘，敕耽罗发材木给之。（第292册，第145页）

（至元十七年六月）丁丑，索多部下顾总管聚党于海道劫夺商货，范文虎招降之。复议置于法，命文虎等集议处之。（第292册，第145页）

（至元十八年二月）己丑……福建省左丞蒲寿庚言："诏造海船二百艘，今成者五十，民实艰苦。"诏止之。（第292册，第150页）

（至元十八年九月）癸酉，商贾市舶物货已经泉州抽分者，诸处贸易，止令输税。益耽罗戍兵，仍命高丽国给战具。（第292册，第152页）

（至元十八年十一月）己巳，敕军器监给兵仗付高丽沿海等郡。奉使占城孟庆元、孙胜夫并为广州宣慰使，兼领出征调度。高丽国、金州等处置镇边万户府，以控制日本。高日新及其弟鼎新等至阙，以日新两为叛首，授山北路民职。文庆之属，遣还泉州。（第292册，第153页）

---

① 四库全书本原文为"三十艘"，似有误。据中华书局1976年点校版《元史》第224页，改为三千艘。

卷十二

本纪第十二,世祖九

(至元十九年六月)戊戌,以占城既服复叛,发淮、浙、福建、湖广军五千、海船百艘、战船二百五十,命索多为将讨之。(第292册,第158页)

(至元十九年九月)壬申,敕平滦、高丽、耽罗及扬州、隆兴、泉州共造大小船三千艘。(第292册,第160页)

(至元二十年)三月丁巳,诸王星纳噶图设王府官三员。以万户布都玛勒镇守金齿。罢女直造日本出征船,罢河西行御史台,立巩昌等处行工部。罢福建市舶总管府,存提举司,并泉州行省入福建行省,免福建归附后未征苗税。(第292册,第164页)

(至元二十年六月)庚寅,定市舶抽分例,舶货精者取十之一,粗者十五。(第292册,第167页)

卷十三

本纪第十三,世祖十

(至元二十一年)二月辛巳,以福建宣慰使管如德为泉州行省参知政事,征缅。浚扬州漕河。罢高丽造征日本船。(第292册,第172页)

(至元二十一年)九月甲申,京师地震。并市舶司入盐运司,立福建等处盐课市舶都转运司。中书省言:"福建行省军饷绝少,必于扬州转输,事多迟误。若并两省为一,分命省臣治泉州为便。"诏以中书右丞、行省事孟古岱为江淮等处行中书省平章政事,其行省左丞呼喇珠、蒲寿庚,参政管如德分省泉州。(第292册,第175~176页)

(至元二十一年十一月)癸卯,福建行省遣使人巴噶鲁斯招降南巫里、别里剌、理伦、大力等四国,各遣其相奉表以方物来贡。(第292册,第176~177页)

(至元二十二年春正月)壬午,诏立市舶都转运司。(第292册,第177页)

(至元二十二年六月)庚午,诏减商税,罢牙行,省市舶司入转运司。(第292册,第181页)

(至元二十二年八月)戊辰,罢禁海商。(第292册,第182页)

卷十四

本纪第十四,世祖十一

(至元二十三年八月)己亥……以市舶司隶泉府司。(第292册,第193页)

(至元二十三年十二月)乙卯……复置泉州市舶提举司。(第292册,第194页)

(至元二十四年闰二月)乙酉……改福建市舶都漕运司为都转运盐使司。(第292册,第197页)

卷十五

本纪第十五,世祖十二

(至元二十五年夏四月)辛酉,从行泉府司沙布鼎、乌玛喇请,置镇抚司、海船千户所、市舶提举司。(第292册,第205页)

(至元二十六年春正月)辛卯……沙布鼎上市舶司岁输珠四百斤、金三千四百两,诏贮之以待贫乏者。(第292册,第181页)

(至元二十六年二月)丙寅,尚书省臣言:"行泉府所统海船万五千艘,以新附人驾之,缓急殊不可用。宜招集纳延及星纳噶尔流散户为军,自泉州至杭州立海站十五,站置船五艘、水军二百,专运番夷贡物及商贩奇货,且防御海道为便。"从之。(第292册,第211页)

卷十六

本纪第十六,世祖十三

(至元二十八年八月)己巳……罢泉州至杭州海中水站十五所。(第292册,第231页)

(至元二十八年九月)壬子……命海船副万户杨祥、哈玛尔、张文虎并为都元帅,将兵征琉求。置左右两万户府,官属皆从祥选辟。既又用福建吴志斗言"祥不可信,宜先招谕之",乃以祥为宣抚使,佩虎符,阮鉴兵部员外郎,志斗礼部员外郎,并银符,赍诏往琉求。明年,杨祥、阮鉴果不能达琉求而还,志斗死于行,时人疑为祥所杀,诏福建行省按问,会赦不治。(第292册,第232页)

卷十七

本纪第十七，世祖十四

（至元二十九年春正月）庚子……禁商贾私以金银航海。（第292册，第238页）

（至元二十九年二月）乙亥，立总管高丽女直汉军万户府，颁银印，总军六千人。以泉府太卿伊克穆苏、邓州旧军万户史弼、福建行省右丞高兴并为福建行中书省平章政事，将兵征爪哇，用海船大小五百艘、军士二万人。（第292册，第239页）

（至元二十九年六月）癸未，以征爪哇，暂禁两浙、广东、福建商贾航海者，俟舟师发后，从其便。（第292册，第242页）

（至元二十九年闰六月）壬寅……罢福建岁造象齿鏧带。（第292册，第242页）

（至元二十九年八月）丁未，伊克穆苏乞与高兴等同征爪哇，帝曰："伊克穆苏惟熟海道，海中事当付之，其兵事则委之史弼可也。"以史弼为福建等处行中省平章政事，统领出征军马。（第292册，第243页）

（至元三十年）夏四月己亥，行大司农燕公楠、翰林学士承旨留梦炎言："杭州、上海、澉浦、温州、庆元、广东、泉州置市舶司凡七所，唯泉州物货三十取一，余皆十五抽一，乞以泉州为定制。"从之。（第292册，第248页）

（至元三十年八月）庚寅……敕福建行省，放爪哇出征军归其家。（第292册，第249页）

卷十八

本纪第十八，成宗一

（元贞元年闰四月）壬戌……诏禁行省、行泉府司抽分市舶货，而同匿其珍细者。（第292册，第261页）

卷十九

本纪第十九，成宗二

（元贞二年）八月丁酉朔，禁舶商毋以金银过海，诸使海外国者不得为商。（第292册，第268页）

（大德元年二月）己未，改福建省为福建平海等处行中书省，徙治泉州。平章政事高兴言泉州与琉求相近，或招或取，易得其情，故徙之。减福建提

举司岁织段三千匹,其所织者加文绣,增其岁输衲服二百,其车渠带工别立提举司掌之。(第292册,第271页)

(大德元年十一月)癸亥……福建行省遣人觇琉求国,俘其傍近百人以归。(第292册,第274页)

卷二十

本纪第二十,成宗三

(大德三年二月)壬申,加解州盐池神(曰)惠康王曰广济,资宝王曰永泽,泉州海神曰护国庇民明著天妃。(第292册,第282页)

(大德三年六月)戊午,申禁海商以人马兵仗往诸番贸易者。以福建州县官类多色目、南人,命自今以汉人参用。(第292册,第283页)

卷二十一

本纪第二十一,成宗四

(大德七年二月)壬午……禁诸人毋以金银丝线等物下番。(第292册,第295页)

卷二十二

本纪第二十二,武宗一

(至大元年九月)壬戌,太尉托克托(脱脱)奏:"泉州大商哈苏台吉噜进异木沉檀可构宫室者。"敕江浙行省驿致之。

(至大元年九月)戊寅,泉州大商玛哈丹达尔进珍异及宝带、西域马。(第292册,第331页)

卷二十三

本纪第二十三,武宗二

(至大二年二月)癸亥……罢行泉府院,以市舶归之行省。(第292册,第336页)

(至大二年九月)庚辰……金银私相买卖及海舶兴贩金、银、铜钱、绵丝、布帛下海者,并禁之。(第292册,第339页)

卷二十五

本纪第二十五,仁宗二

(延祐元年秋七月)庚午……诏开下番市舶之禁。(第292册,第372页)

卷二十六

本纪第二十六，仁宗三

（延祐）七年春正月辛巳朔，日有食之。帝斋居损膳，辍朝贺。壬午，御史台臣言："比赐布尔罕丹山场、鄂哲布哈海舶税，会计其钞，皆数十万锭，诸王军民贫者，所赐未尝若是，苟不撙节，渐致帑藏虚竭，民益困矣。"中书省臣进曰："台臣所言良是，若非振理朝纲，法度愈坏。臣等乞赐罢黜，选任贤者。"帝曰："卿等不必言，其各共乃事。"（第292册，第390页）

卷二十七

本纪第二十七，英宗一

（延祐七年四月）己巳……罢市舶司，禁贾人下番。（第292册，第395页）

卷二十八

本纪第二十八，英宗二

（至治二年三月）丙戌……复置市舶提举司于泉州、庆元、广东三路，禁子女、金银、丝绵下番。（第292册，第407页）

卷三十二

本纪第三十二，文宗一

（致和元年十一月）庚午……日本舶商至福建博易者，江浙行省选廉吏征其税。（第292册，第472页）

卷四十六

本纪第四十六，顺帝九

（至正二十二年）五月乙巳朔，泉州赛富珠据福州路，福建行省平章政事扬珠布哈击败之，余众航海还据泉州。（第292册，第631页）

卷六十二

志第十四，地理五

泉州路。唐置武荣州，又改泉州。宋为平海军。元至元十四年，立行宣慰司，兼行征南元帅府事。十五年，改宣慰司为行中书省，升泉州路总管府。

十八年,迁行省于福州路。十九年,复还泉州。(第293册,第255~256页)

卷九十一

志第四十一上,百官七

福建等处都转运盐使司,秩正三品。使二员,同知二员,运判二员,经历、知事各一员,照磨一员。至元十四年,始置市舶司,领煎盐征课之事。二十四年,改立盐运使司。二十九年罢,立提举司。大德四年,复为运司。九年复罢,并入元帅府兼掌之。十年,复立都提举司。至大四年,复升运司,经隶行省。(第293册,第747页)

市舶提举司,至元二十三年,立盐课市舶提举司,隶广东宣慰司。三十年,立海南博易提举司。至大四年罢之,禁下番船只。延祐元年,弛其禁,改立泉州、广东、庆元三市舶提举司。每司提举二员,从五品;同提举二员,从六品;副提举二员,从七品;知事一员。(第293册,第748页)

卷九十三

志第四十二,食货一 海运

凡运粮,每石有脚价钞。至元二十一年,给中统钞八两五钱,其后递减至于六两五钱。至大三年,以福建、浙东船户至平江载粮者,道远费广,通增为至元钞一两六钱,香糯一两七钱。四年,又增为二两,香糯二两八钱,稻谷一两四钱。延祐元年,斟酌远近,复增其价。福建船运糙粳米每石一十三两,温、台、庆元船运糙粳、香糯每石一十两五钱,绍兴、浙西船每石一十一两,白粳价同,稻谷每石八两,黑豆每石依糙白粮例给焉。(第293册,第776~777页)

卷九十四

志第四十三,食货二 盐法

福建之盐:至元十三年,始收其课,为盐六千五十五引。十四年,立市舶司,兼办盐课。二十年,增至五万四千二百引。二十四年,改立福建等处转运盐使司,岁办盐六万引。……(第293册,第793页)

市舶,互市之法,自汉通南粤始,其后历代皆尝行之,至宋置市舶司于浙、广之地,以通诸番货易,则其制为益详矣。

元自世祖定江南,凡邻海诸郡与番国往还互易舶货者,其货以十分取一,粗者十五分取一,以市舶官主之。其发舶回帆,必著其所至之地,验其所易之物，给以公文，为之期日，大抵皆因宋旧制而为之法焉。

于是至元十四年，立市舶司一于泉州，令孟古岱领之。立市舶司三于庆元、上海、澉浦，令福建安抚使杨发督之。每岁招集舶商，于番邦博易珠翠香货等物。及次年回帆，依例抽解，然后听其货卖。

时客舶自泉、福贩土产之物者，其所征亦与番货等，上海市舶司提控王楠以为言，于是定双抽、单抽之制。双抽者番货也，单抽者土货也。十九年，又用耿左丞言，以钞易铜钱，令市舶司以钱易海外金珠货物，仍听舶户通贩抽分。二十年，遂定抽分之法。是年十月，孟古岱言，舶商皆以金银易香木，于是下令禁之，唯铁不禁。

二十一年，设市舶都转运司于杭、泉二州，官自具船、给本，选人入番，贸易诸货。其所获之息，以十分为率，官取其七，所易人得其三。凡权势之家，皆不得用己钱入番为贾，犯者罪之，仍籍其家产之半。其诸番客旅就官船卖买者，依例抽之。

二十二年，并福建市舶司入盐运司，改曰都转运司，领福建漳、泉盐货市舶。二十三年，禁海外博易者，毋用铜钱。二十五年，又禁广州官民，毋得运米至占城诸番出粜。二十九年，命市舶验货抽分。是年十一月，中书省定抽分之数及漏税之法。凡商旅贩泉、福等处已抽之物，于本省有市舶司之地卖者，细色于二十五分之中取一，粗色于三十分之中取一，免其输税。其就市舶司买者，止于卖处收税，而不再抽。漏舶物货，依例断没。三十年，又定市舶抽分杂禁，凡二十一条，条多不能尽载，择其要者录焉。泉州、上海、澉浦、温州、广东、杭州、庆元市舶司凡七所，独泉州于抽分之外，又取三十分之一以为税。自今诸处，悉依泉州例取之，仍以温州市舶司并入庆元，杭州市舶司并入税务。凡金银铜铁男女，并不许私贩入番。行省行泉府司、市舶司官，每年于回帆之时，皆前期至抽解之所，以待舶船之至，先封其堵，以次抽分，违期及作弊者罪之。……

大德元年，罢行泉府司。二年，并澉浦、上海入庆元市舶提举司，直隶中书省。是年，又置制用院，七年，以禁商下海罢之。至大元年，复立泉府院，整治市舶司事。二年，罢行泉府院，以市舶提举司隶行省。四年，又罢之。延祐元年，复立市舶提举司，仍禁人下番，官自发船贸易，回帆之日，细物十分抽二，粗物十五分抽二。七年，以下番之人收丝银细物易于外国，又并提举司罢之。至治二年，复立泉州、庆元、广东三处提举司，申严市舶之禁。三年，听海商贸易，归征其税。泰定元年，诸海舶至者，止令行省抽分。其大略如此。

若夫中买宝货之制,泰定三年命省臣依累朝呈献例给价。天历元年,以其蠹耗国财,诏加禁止,凡中献者以违制论云。(第293册,第798~800页)

卷一百二十九

列传第十六

索多(唆都),扎剌儿氏。骁勇善战,入宿卫,从征花马国有功。……(至元)十四年,升福建道宣慰使,行征南元帅府事,听参政达春(塔出)节制。<u>达春(塔出)令索多取道泉州,泛海会于广州之富场</u>。……十五年,至广州,达春(塔出)令还攻潮。发城守益备,索多塞堑填濠,造云梯、鹅车,日夜急攻。发潜遣人焚之,二十余日不能下,索多令于众曰:"有能先登者拜爵,已仕者增秩。"总管乌兰噶尔先登,诸将继之,战至夕,宋兵溃,潮州平。进参知政事,行省福州。征入见,<u>帝以江南既定,将有事于海外,升左丞,行省泉州,招谕南夷诸国</u>。十八年,改右丞,行省占城。……

子伯嘉努(百家奴)……(至元十三年)<u>张世杰军于泉州</u>,(伯嘉努)俄领诸军乘战船入海,追逐张世杰于惠州甲子门。进至同安县答关寨,濒海县镇悉招谕下之。白望丹、王虎陈以战船三十余艘来降。冬十二月,宋二王遣倪宙奉表诣军门降,遂进兵至广州,诸郡县以次降附。明年春正月,振旅而还,复攻下德胜等寨。至蒲仙江,聂文庆复败走。攻潮州,破之,诛马发等数人,广东遂平。三月,引宙奉降表来朝,未至,授昭勇大将军,赐虎符,管军万户。七月,遂朝于上都,升镇国上将军、海外诸蕃宣慰使、兼福建道市舶提举,仍领本翼军守福建,俄兼福建道长司宣慰使都元帅。是时,福建多水灾,伯嘉努出私钱市米以赈,贫民全活者甚众。十七年,朝京师,加正奉大夫、宣慰使、都元帅。<u>二十二年,从父索多征交趾,索多力战死之,伯嘉努遂与脱欢引兵薄交趾境</u>,水陆转战,战辄有功。二十五年,驿召至南京宣慰司,命括五路民马。二十七年,除建康路总管。武宗即位,迁镇江路总管。至大四年,金疮发,卒于家。(第294册,第357~360页)

卷一百三十一　列传第十八

孟古岱(忙兀台)①,蒙古塔塔儿氏。祖塔斯和尔齐,从太宗定中原有功,为东平路达噜噶齐,位在严实上。孟古岱事世祖,为博州路鄂啰总管。至元

---

①　孟古岱,又名忙兀台、忙古觯,或忙古带,至元十四年(1277年)以闽广大都督行都元帅府事兼泉州市舶提举司提举。

七年，又为监战万户，佩金虎符。八年，改邓州新军蒙古万户，治水军于万山南岸。……

十四年，改闽广大都督，行都元帅府事。时宋二王逃遁入海，孟古岱奉旨率诸军，与江西右丞达春（塔出）会兵收之，次漳州，谕降宋守将何清。十五年，师还福州，拜参知政事，诏与索多等行省于福，镇抚濒海八郡。十月，召赴阙，升左丞。十六年七月，沙县盗起，诏孟古岱复行省事，讨平之。初，孟古岱北还，左丞索多行省福建。一日，帝命召索多，李庭言："若召索多，则行省无人，宜令建康阿喽罕往。"帝曰："何必阿喽罕，其命孟古岱即往，候索多还，则令移潭州可也。"未几，中书言："索多在福建，麾下扰民，致南剑等路往往杀长吏叛。及孟古岱至，招来七十二寨，建宁、漳、汀稍获安集，若移之他处，而索多复往，恐重劳民。"有旨，孟古岱仍镇闽。十八年，转右丞。时宣慰使王刚中以土人饶资，颇擅作威福，孟古岱虑其有变，奏移之他道。

二十一年，拜江淮行省平章政事。初，宋降将五虎陈义尝助张弘范擒文天祥，助鄂勒哲图讨陈大举，又资安塔哈征日本战舰三千艘。福建省臣言其有反侧意，请除之。帝使孟古岱察之。至是孟古岱携义入朝，保其无事，且乞宠以官爵，丞相巴颜亦以为言。乃授义同知广东道宣慰使事，授明珠虎符，其从林雄等十人并上百户。……

二十六年，朝廷以中原民转徙江南，令有司遣还，孟古岱言其不可，遂止。闽、越盗起，诏与博啰默色哈雅等合兵讨之，御史大夫伊苏特穆儿奏宜选将，帝曰："孟古岱已往，无虑也。"未几，悉平之。屡以病，上疏乞骸骨，乃召还。二十七年，以江西平章鄂啰齐不称职，特命为丞相，兼枢密院事，出镇江西。谨约束，锄强暴，尊卑殊服，军民安业，威德并著，在官四十日卒。

孟古岱之在江浙，专复自用，又易置戍兵，平章布琳齐达言其变更巴延、阿珠成法，帝每戒敕之。既死，台臣劾郎中张斯立罪状，而孟古岱迫死刘宣及其屯田无成事，始闻于帝云。

子三人：特穆尔布哈；布呼齐，袭万户；伊拉齐，中书参知政事。（第294册，第381~383页）

伊克穆苏（亦黑迷失）①，辉和尔人也。至元二年，入备宿卫。九年，奉世祖命使海外八罗孛国。十一年，偕其国人以珍宝奉表来朝，帝嘉之，赐金虎符。十二年，再使其国，与其国师以名药来献，赏赐甚厚。十四年，授兵部侍郎。十八年，拜荆湖占城等处行中书参知政事，招谕占城。二十一年，召还。复命使海外僧迦剌国，观佛钵舍利，赐以玉带、衣服、鞍辔。二十一年，自海上还，以参知政事管领镇南王府事，复赐玉带。与平章阿尔哈雅、右丞索多征占城，战失利，索多死焉。伊克穆苏言于镇南王，请屯兵大浪湖，观衅而后动。王以闻，诏从之，竟全军而归。二十四年，使马八儿国，取佛钵舍利，浮海阻风，行一年乃至。得其良医善药，遂与其国人来贡方物，又以私钱购紫檀木殿材并献之。尝侍帝于浴室，问曰："汝逾海者凡几？"对曰："臣四逾海矣。"帝悯其劳，又赐玉带，改资德大夫，遥授江淮行尚书省左丞，行泉府太卿。

二十九年，召入朝，尽献其所有珍异之物。时方议征爪哇，立福建行省，伊克穆苏与史弼、高兴并为平章。诏军事付弼，海道事付伊克穆苏，仍谕之曰："汝等至爪哇，当遣使来报。汝等留彼，其余小国即当自服，可遣招徕之。彼若纳款，皆汝等之力也。"军次占城，先遣郝成、刘渊谕降南巫里、速木都剌、不鲁不都、八剌剌诸小国。三十年，攻葛郎国，降其主合只葛当。又遣郑珪招谕木由来诸小国，皆遣其子弟来降。爪哇主婿土罕必阇耶既降，归国复叛，事并见《弼传》。诸将议班师，伊克穆苏欲如帝旨，先遣使入奏，弼与兴不从，遂引兵还，以所俘及诸小国降人入见。帝罪其与弼纵土罕必阇耶，没家资三之一。寻复还之。以荣禄大夫、平章政事为集贤院使，兼会同馆事，告老家居。仁宗念其屡使绝域，诏封吴国公，卒。（第294册，第388～389页）

卷一百四十三

库库（巙巙），字子山，喀喇氏。父博古密，有传。祖雅克章，事世祖，从

---

① 伊克穆苏，又作伊克默色、亦黑迷失，元代航海家。据陈丽华考证，亦黑迷失在至元二十八年（1291年）以泉府司左丞的特殊身份派驻泉州，作为主管海外贸易的主要人物，曾在一段时间内实际掌管了泉州港的海外贸易事务。他在泉州娶妻生女，落户于此，泉州成为亦黑迷失的第二故乡。亦黑迷失的第三、四次奉使海外都是从泉州港起航的，并且在他乘坐的船上满载了从泉州采购的各类海外畅销商品，作为商使在海外贸易中，获得巨大利润。除此之外，亦黑迷失随史弼、高兴远征爪哇之后，回到泉州，在成宗、武宗、仁宗朝中仍继续发挥积极作用。参阅陈丽华：《元代畏吾尔航海家亦黑迷失与泉州港——以三方碑刻为中心》，载《海交史研究》2017年第1期，第121～138页。

征有功。库库幼肄业国学，博通群书，其正心修身之要得诸许衡及父兄家传。长袭宿卫，风神凝远，制行峻洁，望而知其为贵介公子。其遇事英发，掀髯论辨，法家拂士不能过之。始授承直郎、集贤待制，迁兵部郎中，转秘书监丞。<u>奉命往核泉舶，芥视珠犀，不少留目</u>。改同佥太常礼仪院事，拜监察御史，升河东廉访副使。未上，迁秘书太监，升侍仪使。……（第294册，第525页）

卷一百五十六　列传第四十三

董文炳，字彦明，俊之长子也。父殁时年始十六，率诸幼弟事母李夫人。夫人有贤行，治家严，笃于教子。文炳师侍其先生，警敏善记诵，自幼俨如成人。岁乙未，以父任为藁城令。……时张世杰奉吉王昰据台州，而闽中亦为宋守。敕文炳进兵，所过禁士马无敢履践田麦，曰："在仓者吾既食之，在野者汝又践之，新邑之民何以续命？"是以南人感之，不忍以兵相向。次台州，世杰遁。诸将先俘州民，文炳下令曰："台人首效顺于我，我不暇有，故世杰据之，其民何罪？敢有不纵所俘者，以军法论！"得免者数万口。至温州，温州未下，令曰："毋取子女，毋掠民有。"众曰："诺。"其守将火城中逃，文炳亟命灭火，追擒其将，数其残民之罪，斩以徇。<u>逾岭，闽人扶老来迎，漳、泉、建宁、邵武诸郡皆送款来附。凡得州若干、县若干、户口若干。闽人感文炳德最深，庙而祀之</u>。……（至元）十四年，帝在上都，适北边有警，欲亲将北伐。正月，急召文炳。……文炳避谢，不许，因奏曰："臣在临安时，阿勒巴奉诏检括宋诸藏货宝，追索没匿甚细，人实苦之。宋人未洽吾德，遽苦之以财，恐非安怀之道。"即诏罢之。又曰：<u>"昔者泉州蒲寿庚以城降，寿庚素主市舶，谓宜重其事权，使为我捍海寇，诱诸蛮臣服，因解所佩金虎符佩寿庚矣，惟陛下恕其专擅之罪。"</u>帝大嘉之，更赐金虎符。（第295册，第120～121页）

卷一百六十二　列传第四十九

史弼，字君佐，一名塔尔珲，蠡州博野人。……（至元）二十六年，平台州盗杨镇龙，拜尚书左丞，行淮东宣慰使。冬，入朝，时世祖欲征爪哇，谓弼曰："诸臣为吾腹心者少，欲以爪哇事付汝。"对曰："陛下命臣，臣何敢自爱！"二十七年，遥授尚书省左丞，行浙东宣慰使，平处州盗。<u>二十九年，拜荣禄大夫，福建等处行中书省平章政事，往征爪哇，以伊克默色、高兴副之，付金符百五十、币帛各二百，以待有功。十二月，弼以五千人合诸军，发泉州。风急涛涌，舟掀簸，士卒皆数日不能食</u>。过七洲洋、万里石塘，历交趾、占城界，明年正月至东董西董山、牛崎屿,入混沌大洋橄榄屿,假里马答、勾阑等山,驻兵伐木,造小舟以入。时爪哇与邻国葛郎构怨,爪哇主哈只葛达那加剌已为葛郎主哈只葛当所杀,其婿土罕必阇耶攻哈只葛当,不胜,退保麻喏八歇。闻弼等至,遣使以其国山川、户口及葛郎国地图迎降,求救。弼与诸将进击葛郎兵,大破之,哈只葛当走归国。高兴言:"爪哇虽降,倘中变,与葛郎合,则孤军悬绝,事不可测。"弼遂分兵三道,与兴及伊克默色各将一道,攻葛郎。至答哈城,葛郎兵十余万迎敌,自旦至午,葛郎兵败,入城自守,遂围之。哈只葛当出降,并取其妻子官属以归。土罕必阇耶乞归易降表,及所藏珍宝入朝,弼与伊克默色许之,遣万户敦珠卜丹、甘珠尔布哈以兵二百护之还国。土罕必阇耶于道杀二人以叛,乘军还,夹路攘夺。<u>弼自断后,且战且行,行三百里,得登舟。行六十八日夜,达泉州,土卒死者三千余人</u>。有司数其俘获金宝香布等,直五十余万,又以没理国所上金字表及金银犀象等物进,事具高兴及爪哇国传。于是朝廷以其亡失多,杖十七,没家资三之一。

元贞元年,起同知枢密院事,阿尔娄奏:"弼等以五千人,渡海二十五万里,入近代未尝至之国,俘其王及谕降傍近小国,宜加矜怜。"遂诏以所籍还之,拜荣禄大夫、江西等处行中书省右丞。三年,升平章政事,加银青荣禄大夫,封鄂国公。卒于家,年八十六。(第295册,第199~201页)

高兴,字功起,蔡州人也。其先自蓟徙汴。曾祖拱之,祖子洵,世以农为业。金末兵乱,父青又徙蔡而生兴。兴少慷慨,多大节,力挽二石弓。……<u>(至元)二十九年,复立福建行省,拜右丞。爪哇黥使者孟琪,诏兴为平章政事,与史弼、伊克默色帅师征之,赐玉带、锦衣、甲胄、弓矢、大都良田千亩。三十年春,浮海抵爪哇</u>。伊克默色将水军,兴将步军,会八节涧,爪哇主婿土罕必阇耶降。进攻葛郎国,降其主哈只葛当,事见弼传。又谕降诸小国。哈只葛当子昔刺八的、昔刺丹不合逃入山谷,兴独帅千人深入,掳昔刺丹不合。还至答哈城,史弼、伊克默色已遣使护土罕必阇耶归国,具入贡礼。兴深言其失计。土罕必阇耶果杀使者以叛,合众来攻,兴等力战,却之,遂诛哈只葛当父子以归。诏治纵爪哇者,弼与伊克默色皆获罪,兴独以不预议,且功多,赐金五十两。

成宗即位,复拜福建行省平章政事,赐玉带。大德三年,汀州总管府同知阿里挟怨告兴不法,召入对,尽得其诬状,阿里伏诛。改江浙行省平章政事,赐海东青鹘,命其子巴延入宿卫。四年,遣使赐海东白鹘、蒲萄酒、良药。八年,授枢密副使。十年,进同知枢密院事,皆兼平章。改河南行省平章政事,武宗即位,召见,拜左丞相,商议河南省事,赐以先朝御服。仁宗宠眷勋旧,赐与尤厚。皇庆二年秋九月,卒,年六十九。赠太师、开府仪同三司、上柱国,追封梁国公,谥武宣。元统三年,加封南阳王。

<u>子久住,泉州总管</u>。长寿,同知建宁路总管府事。孟古台,袭万户。巴延,同知宁国路总管府事。鄂勒哲图,辰州路总管。宝哥,治书侍御史。(第295册,第201~203页)

卷一百六十三　列传第五十

乌克逊泽(乌古孙泽),字润甫,临潢人。其先女真乌古部,因以为氏。……世祖将取江南,泽以选输钞至淮南饷军,丞相阿术见而奇之,补淮东大都督府掾。至元十四年,元帅索多下兵闽、越,见泽,与语而合,即辟元帅府提控案牍。时宋广王据福州,改元炎兴,度我军且至,遂入于海,复聚兵甲子门。<u>其将张世杰攻泉州,兴化守臣陈瓒举郡应之</u>。文天祥置都督府于南剑州,守臣张清行都督府事,谋复建宁。闽中郡县往往复从宋,江东大扰。索多时军浙东,建、信告急,索多谋于众曰:"我军当何先?"泽曰:"彼据闽、广,而我往浙右,非策之善。譬之伐木,务除其根,当先向南。"会行省檄索多,与左丞达春(塔出)会兵甲子门,遂度兵闽关,八战而至南剑,杀其守臣张清,宋师遂退。冬十月,收福州,进攻兴化,拔之。索多怒其民反覆,下令屠城,泽屡谏不听,复前说曰:"<u>世杰不虞我军遽至,方急攻泉州,谋固其植。我新得泉州,民志未固,旦暮且失守。比我定兴化,整兵而南,彼树植将日固矣。莫若开其遗民,使走泉南扇动之,世杰将胆落而走。是我不战而完泉州,捷于吾兵之驰救也。</u>"索多喜,开南门纵民去,因得脱死者甚众。世杰得逃民,知兴化已破,乃解泉州围去。<u>索多至泉州,部署别将,装大舰趣甲子门,自将下漳州,军于海丰,引精骑与达春(塔出)会。十二月,入广州。</u>……(第295册,第219页)

卷一百七十五　列传第六十二

张珪,字公端,弘范之子也。……泰定元年六月,车驾在上都。先是帝以灾异,诏百官集议,珪乃与枢密院、御史台、翰林、集贤两院官,极论当世得失,与左右司员外郎宋文瓒诣上都奏曰:……中卖宝物,世祖时不闻其事,自成宗以来,始有此弊。分珠寸石,售直数万,当时民怀愤怨,台察交言。且所酬之钞,率皆天下生民膏血,锱铢取之,从以捶挞,何其用之不吝!夫以经国有用之宝,易此不济饥寒之物,又非有司聘要和买,大抵皆时贵与鄂拓克中宝之人,妄称呈献,冒给回赐,高其直且十倍,蚕蠹国财,暗行分用。如沙布鼎之徒，顷以增价中宝事败，具存吏牍。陛下即位之初，首知其弊，下令禁止，天下欣幸。臣等比闻中书乃复奏给累朝未酬宝价四十余万锭，较其元直，利已数倍，有事经年远者三十余万锭，复令给以市舶番货，计今天下所征包银差发，岁入止十一万锭，已是四年征入之数，比以经费弗足，急于科征。臣等议：番舶之货，宜以资国用、纾民力，宝价请俟国用饶给之日议之。……（第295册，第366～370页）

卷一百九十二　列传第七十九，良吏二

王艮，字止善，绍兴诸暨人。尚气节，读书务明理以致用，不苟事言说。……再调峡州总管府知事，又辟江浙行省掾史。<u>会朝廷复立诸市舶司，艮从省官至泉州</u>，建言："若买旧有之船以付舶商，则费省而工易集，且可绝官吏侵欺掊克之弊。"中书省报如艮言。凡为船六艘，省官钱五十余万缗。（第295册，第557页）

卷二百五　列传第九十二，奸臣

卢世荣，大名人也。阿哈玛特专政，世荣以贿进，为江西榷茶运使，后以罪废。阿哈玛特死，廷臣讳言财利事，皆无以副世祖裕国足民之意。……世荣奏："古有榷酤之法，今宜立四品提举司，以领天下之课，岁可得钞千四百四十锭。自王文统诛后，钞法虚弊，为今之计，莫若依汉、唐故事，括铜铸至元钱，及制绫券，与钞参行。"因以所织绫券上之。世祖曰："便益之事，当速行之。"又奏："<u>于泉、杭二州立市舶都转运司，造船给本，令人商贩，官有其利七，商有其三</u>。禁私泛海者，拘其先所蓄宝货，官买之；匿者，许告，没其财，半给告者。今国家虽有常平仓，实无所畜。臣将不费一钱，但尽禁权势所擅产铁之所，官立炉鼓铸为器鬻之，以所得利合常平盐课，籴粟积于仓，待贵时粜之，必能使物价恒贱，而获厚利。国家虽立平准，然无晓规运者，以致钞法虚弊，诸物踊贵。宜令各路立平准周急库，轻其月息，以贷贫民，如此则贷者众，而本且不失。又随朝官吏增俸，州郡未及，可于各都立市易司，领诸牙侩人，计商人物货，四十分取一，以十为率，四给牙侩，六为官吏俸。国家以兵得天下，不藉粮馈，惟资羊马，宜于上都、隆兴等路，以官钱买币帛易羊马于北方，选蒙古人牧之，收其皮毛、筋角、酥酪等物，十分为率，官取其八，二与牧者。马以备军兴，羊以充赐予。"帝曰："汝先言数事皆善，固当速行。此事亦善，祖宗时亦欲行之而不果，朕当思之。"世荣因奏曰："臣之行事，多为人所怨，后必有谮臣者，臣实惧焉，请先言之。"世祖曰："汝言皆是，惟欲人无言

者,安有是理。汝无防朕,饮食起居间可自为防。疾足之犬,狐不爱焉,主人岂不爱之?汝之所行,朕自爱也,彼奸伪者则不爱耳。汝之职分既定,其毋以一二人从行,亦当谨卫门户。"遂谕丞相安图增其从人,其为帝所倚眷如此。……(第295册,第671~673页)

僧格(桑哥),胆巴国师之弟子也。能通诸国言语,故尝为西蕃译史。为人狡黠豪横,好言财利事,世祖喜之。……<u>僧格尝奏以沙布鼎(沙不丁)遥授江淮行省左丞,乌玛喇(乌马儿)为参政,依前领泉府、市舶两司,贝降福建行省平章。</u>既得旨,乃言于世祖曰:"臣前言,凡任省臣与行省官,并与丞相安童共议。今奏用沙布鼎、乌玛喇等,适丞相还大都,不及通议,臣恐有以前奏为言者。"世祖曰:"安童不在,朕,若主也。朕已允行,有言者,其令朕前言之。"……(第295册,第676页)

卷二百十　列传第九十六　外夷三

占城

(至元)十七年二月,占城国王保宝旦拏啰耶邛南諴占把地啰耶遣使贡方物,奉表降。十九年十月,朝廷以占城国主孛由补剌者吾曩岁遣使来朝,称臣内属,遂命右丞索多等即其地立省以抚安之。<u>既而其子补的专国,负固弗服,万户何子志、千户皇甫杰使暹国,宣慰使尤永贤①、亚阑等使马八儿国,舟经占城,皆被执,故遣兵征之。</u>帝曰:"老王无罪,逆命者乃其子与一蛮人耳。苟获此两人,当依曹彬故事,百姓不戮一人。"……(第295册,第732页)

爪哇

<u>爪哇在海外,视占城益远。自泉南登舟海行者,先至占城而后至其国。</u>其风俗土产不可考,大率海外诸番国多出奇宝,取贵于中国,而其人则丑怪,情性语言与中国不能相通。世祖抚有四夷,其出师海外诸番者,惟爪哇之役为大。

至元二十九年二月,诏福建行省除史弼、伊克穆苏、高兴平章政事,征爪哇。会福建、江西、湖广三行省兵凡二万,设左右军都元帅府二、征行上万户四,发舟千艘,给粮一年、钞四万锭,降虎符十、金符四十、银符百、金衣段百端,用备功赏。伊克穆苏等陛辞。帝曰:"卿等至爪哇,明告其国军民,朝廷初与爪哇通使往来交好,后刺诏使孟右丞之面,以此进讨。"九月,军会庆元。弼、伊克穆苏领省事,赴泉州;兴率辎重自庆元登舟涉海。十一月,福建、江

---

① 尤永贤,泉州永春人。

西、湖广三省军会泉州。十二月,自后渚启行。

　　三十年正月,至构栏山议方略。二月,伊克穆苏、孙参政先领本省幕官并招谕爪哇等处宣慰司官库春哈雅、杨梓、全忠祖,万户张达喇斋等五百余人,船十艘,先往招谕之。大军继进于吉利门。弼、兴进至爪哇之杜并足,与伊克穆苏等议,分军下岸,水陆并进。弼与孙参政帅都元帅诺海、万户宁居仁等水军,自杜并足由戎牙路港口至八节涧。兴与伊克穆苏帅都元帅郑镇国、万户托欢等马步军,自杜并足陆行。以万户申元为前锋,遣副帅图古德埒克,万户褚怀远、李忠等乘钻风船,由戎牙路,于麻喏巴歇浮梁前进,赴八节涧期会。

　　招谕爪哇宣抚司官言:爪哇主婿土罕必阇耶举国纳降,土罕必阇耶不能离军,先令杨梓、甘珠尔布、全忠祖引其宰相昔剌难答吒耶等五十余人来迎。三月一日,会军八节涧。涧上接杜马班王府,下通莆奔大海,乃爪哇咽喉必争之地。又其谋臣希宁官沿河泊舟,观望成败,屡招谕不降。行省于涧边设偃月营,留万户王天祥守河津,图古德埒克、李忠等领水军,郑镇国、省都镇抚伦信等领马步军水陆并进。希宁官惧,弃船宵遁,获鬼头大船百余艘。令都元帅诺海、万户宁居仁、郑珪、高德诚、张受等镇八节涧海口。

　　大军方进,土罕必阇耶遣师来告,葛郎王追杀至麻喏巴歇,请官军救之。伊克穆苏、张参政先往安慰土罕必阇耶,郑镇国引军赴章孤接援。兴进至麻喏巴歇,却称葛郎兵未知远近,兴回八节涧。伊克穆苏寻报贼兵今夜当至,召兴赴麻喏巴歇。

　　七日,葛郎兵三路攻土罕必阇耶。八日黎明,伊克穆苏、孙参政率万户李明迎贼于西南,不遇。兴与托欢由东南路与贼战,杀数百人,余奔溃山谷。日中,西南路贼又至,兴再战至晡,又败之。十五日,分军为三道伐葛郎,期十九日会答哈,听炮声接战。图古德埒克等军溯流而上,伊克穆苏等由西道,兴等由东道进,土罕必阇耶军继其后。十九日,至答哈。葛郎国主以兵十余万交战,自卯至未,连三战,贼败奔溃,拥入河死者数万人,杀五千余人。国主入内城拒守,官军围之,且招其降。是夕,国主哈只葛当出降,抚谕令还。

　　四月二日,遣土罕必阇耶还其地,具入贡礼,以万户鼐珠卜丹、甘珠尔布哈率兵二百护送。十九日,土罕必阇耶潜叛去,留军拒战。鼐珠卜丹、甘珠尔布哈、省掾冯祥皆遇害。二十四日,军还。得哈只葛当妻子官属百余人,及地图户籍、所上金字表以还。事见史弼、高兴传。(第295册,第735~736页)

琉求

琉求，在南海之东。漳、泉、兴、福四州界内彭湖诸岛，与琉求相对，亦素不通。天气清明时，望之隐约若烟若雾，其远不知几千里也。西南北岸皆水，至彭湖渐低，近琉求则谓之落漈。漈者，水趋下而不回也。凡西岸渔舟到彭湖已下，遇飓风发作，漂流落漈，回者百一。琉求，在外夷最小而险者也。汉、唐以来，史所不载，近代诸番市舶不闻至其国。

世祖至元二十八年九月，海船副万户杨祥请以六千军往降之，不听命则遂伐之，朝廷从其请。继有书生吴志斗者上言生长福建，熟知海道利病，以为若欲收附，且就彭湖发船往谕，相水势地利，然后兴兵未晚也。冬十月，乃命杨祥充宣抚使，给金符，吴志斗礼部员外郎，阮鉴兵部员外郎，并给银符，往使琉求。诏曰："收抚江南已十七年，海外诸番罔不臣属。惟琉求迩闽境，未曾归附。议者请即加兵。朕惟祖宗立法，凡不庭之国，先遣使招谕，来则按堵如故，否则必致征讨。今止其兵，命杨祥、阮鉴往谕汝国。果能慕义来朝，存尔国祀，保尔黎庶。若不效顺，自恃险阻，舟师奄及，恐贻后悔。尔其慎择之。"

二十九年三月二十九日，自汀路尾澳舟行，至是日巳时，海洋中正东望见有山长而低者，约去五十里。祥称是琉求国，鉴称不知的否。祥乘小舟至低山下，以其人众，不亲上，令军官刘闰等二百余人以小舟十一艘，载军器，领三屿人陈辉者登岸。岸上人众不晓三屿人语，为其杀死者三人，遂还。四月二日，至彭湖。祥责鉴、志斗"已至琉求"文字，二人不从。明日，不见志斗踪迹，觅之无有也。先，志斗尝斥言祥生事要功，欲取富贵，其言诞妄难信，至是疑祥害之。祥顾称志斗初言琉求不可往，今祥已至琉求而还，志斗惧罪逃去。志斗妻子诉于官。有旨，发祥、鉴还福建置对。后遇赦，不竟其事。

成宗元贞三年，福建省平章政事高兴言，今立省泉州，距琉求为近，可伺其消息，或宜招宜伐，不必它调兵力，兴请就近试之。九月，高兴遣省都镇抚张浩、福州新军万户张进赴琉求国，禽生口一百三十余人。（第295册，第737～738页）

三屿

三屿国，近琉求。世祖至元三十年，命选人招诱之。平章政事巴延等言："臣等与识者议，此国之民不及二百户，时有至泉州为商贾者。去年入琉求，军船过其国，国人饷以粮食，馆我将校，无它志也。乞不遣使。"帝从之。（第295册，第738页）

马八儿等国

海外诸番国,惟马八儿与俱蓝足以纲领诸国,而俱蓝又为马八儿后障,自泉州至其国约十万里。……

世祖至元间,行中书省左丞索多等奉玺书十通,招谕诸番。未几,占城、马八儿国俱奉表称藩,余俱蓝诸国未下。行省议遣使十五人往谕之。帝曰:"非索多等所可专也,若无朕命,不得擅遣使。"十六年十二月,遣广东招讨司达噜噶斋(达鲁花赤)杨庭璧招俱蓝。十七年三月,至其国。国主必纳的令其弟肯那却不剌木省书回回字降表,附庭璧以进,言来岁遣使入贡。十月,授噶扎尔哈雅(哈撒儿海牙)俱蓝国宣慰使,偕庭璧再往招谕。十八年正月,自泉州入海,行三月,抵僧伽耶山,舟人郑震等以阻风乏粮,劝往马八儿国,或可假陆路以达俱蓝国,从之。四月,至马八儿国新村马头,登岸。其国宰相马因的谓:"官人此来甚善,本国船到泉州时官司亦尝慰劳,无以为报。今以何事至此?"庭璧等告其故,因及假道之事,马因的乃托以不通为辞。与其宰相不阿里相见,又言假道。不阿里亦以它事辞。五月,二人衋至馆,屏人,令其官者为通情实:"乞为达朝廷,我一心愿为皇帝奴。我使札马里丁入朝,我大必阇赤赴算弹(华言国主也)告变,算弹籍我金银田产妻孥,又欲杀我,我诡辞得免。今算弹兄弟五人皆聚加一之地,议与俱蓝交兵,及闻天使来,对众称本国贫陋。此是妄言。凡回回国金珠宝贝尽出本国,其余回回尽来商贾。此间诸国皆有降心,若马八儿既下,我使人持书招之,可使尽降。"时噶扎尔哈雅与庭璧以阻风不至俱蓝,遂还。噶扎尔哈雅入朝计事,期以十一月俟北风再举。至期,朝廷遣使令庭璧独往。十九年二月,抵俱蓝国。国主及其相马合麻等迎拜玺书。三月,遣其臣祝阿里沙忙里八的入贡,时也里可温兀咱儿撒里马及木速蛮主马合麻等亦在其国,闻诏使至,皆相率来告愿纳岁币,遣使入觐。会苏木达国亦遣人因俱蓝主乞降,庭璧皆从其请。四月,还至那旺国。庭璧复说下其主忙昂比。至苏木都剌国,国主土汉八的迎使者。庭璧因喻以大义,即日纳款称藩,遣其臣哈散、速里蛮二人入朝。

二十年,马八儿国遣僧撮及班入朝。五月,将至上京,帝即遣使迓诸途。二十三年,海外诸番国以杨庭璧奉诏招谕,至是皆来降。诸国凡十:曰马八儿,曰须门那,曰僧急里,曰南无力,曰马兰丹,曰那旺,曰丁呵儿,曰来来,曰急兰亦觲,曰苏木都剌,皆遣使贡方物。(第295册,第738~739页)

《影印文渊阁四库全书》,台湾商务印书馆,1986年

(民国)柯劭忞撰,《新元史》

卷九　本纪第九　世祖三

(至元十三年)十二月甲子,宋益王昰奔惠州,遣使奉表请降。丁卯,置元江府,以羁縻麻阿梗诸蛮。戊辰,宋泉州提举市舶司蒲寿庚及知泉州田真子以城降。(第20页)

卷十　本纪第十　世祖四

(至元十五年八月)乙丑……封泉州神女为护国明著灵惠协正善庆显济天妃。己卯,初立提刑按察司于畏兀儿。辛巳,招行省唆都、蒲寿庚等曰:"诸番居东南海岛者,皆有慕义之心,可因番舶商人,宣布朕意。诚能来朝,朕将宠礼之。其往来互市,各从所欲。"(第21页)

卷十一　本纪第十一　世祖五

(至元二十年)三月丁巳,罢河西行御史台。立巩昌等处行工部。罢泉州行中书省及福建市舶总管府。(第22页)

(二十一年)九月甲申,京师地震。置福建盐课市舶都转运司。并福建、江淮两行省为一,中书右丞、行省事忙兀带为江淮等处行中书省平章政事,左丞呼剌出、蒲寿庚参知政事,管如德分省泉州。(第23页)

卷十四　本纪第十四　成宗下

(大德三年二月)壬申,加号解州盐池神惠康王曰广济,资宝王曰永泽,泉州海神曰护国民明著天妃,盐官州海神曰灵感宏祐公,吴大夫伍员曰忠孝威惠显圣王。(第27页)

卷六十二　志第二十九　百官志八

市舶提举司。秩从五品。提举二员,从五品。……延祐三年,改立泉州、广东、庆元三所市舶提举司。至元二十年,罢福建市舶总管府。建置年分未详。《元典章》:市舶提举司七处,曰杭州、庆元、泉州、广州、上海、温州、澉浦,提举俱从五品。(第154页)

卷七十二　志第三十九　食货志五

酒醋课　茶课　市舶课

世祖定江南。凡江浙、闽、粤滨海之地，与外番互市，以市舶官主之，大抵因宋之旧法。其货以十分取一，粗者十五分取一。至元十四年，立市舶司于泉州，以福州行省忙古鯑领之。立市舶司于庆元、上海、澉浦，以安抚使杨发领之。每岁招集舶商贸易。次年回帆，依例抽解，然后听其货卖。

十七年，上海市舶司招船提控王楠上言："泉、福等路商船，贩吉布条铁等物，其税额不宜与番货等。"乃定双抽、单抽之法，番货双抽，土货单抽。十九年，又用中书左丞耿仁言，以钞易钢钱，令市舶可以钱易海外金珠货物，仍听舶户通贩抽分。二十年，复定抽分之法。是年，忙古鯑言，舶商皆以金银易香木。乃下令禁之，惟铁不禁。

二十八年，令市舶验货抽分。是年，中书省定抽分之数及漏税法，凡商贾贩泉、福等路，已抽之物，于本省有市舶司之地卖者，细色于二十五分之中取一，粗色于三十分之中取一，免其纳税。其就市舶司买者，止于卖处收税，而不再抽。漏舶货物，依例断没。

三十年，中书省臣奏：旧纪三十年，行大司农司燕公楠、翰林学士承旨留梦炎言："杭州、上海、澉浦、温州、庆元、广东、泉州置市舶司，惟泉州物货三十分抽一，余皆十五抽一。乞以泉州为例。"从之。错误殊甚，今不取。访闻有留状元称知市舶事例，又前行大司农司丞李壇颜报到亡宋抽分市舶则例，今会集各处行省官、行泉府司官并留状元及李壇颜同议，拟整治市舶司条律，奏请施行：

一、定例抽分，粗货十五分取一分，细货十分取一分，并依泉州现行体例，从市舶司司更于抽讫货物内，以三十分为率，抽舶税一分，听舶商住便贸易。

二、权豪富户入番贸易者，与商贾一例抽分。匿者罪之，钱物断没，以三分之一与首告人充赏。

三、行省、行泉府司、市舶诸官吏，交舶商捎带私钱贸易。匿不抽分者，与上同。

四、市舶内如有进呈贵细货物，应由行省移咨中书省奏闻，不得影射隐瞒，违者罪之。

五、僧、道、也里可温、答失蛮人夹带商贾过番贩卖，如无许免抽分明谕，仍依例抽分，违者罪之。

六、舶商所领公凭，明填所往何国，不许越投他处。如因风浪打往他国，就贩卖货物者，至回帆时，取间别无虚诳，依例抽分。

至治二年，复立泉州、庆元、广东提举司，申明市舶之禁。三年，听海商贸易，归征其税。（第173页）

卷八十七　志第五十四　礼志七

泉州神女灵惠夫人，至元十五年，加号护国明著灵惠协已善庆显济天妃。天历元年，加号护国庇民广济福惠明著天妃，赐庙号曰灵慈。直沽、平江、周泾、泉、福、兴化等处皆有庙。皇庆以来，岁遣使赍香遍祭，金幡一，合银一锭，付平江漕司及本府官，用柔毛酒醴，便服行事。祝文云："维年月日，皇帝特遣某官等致祭于护国庇民广济福惠明著天妃。"（第204页）

卷一百四十一　列传第三十八

董文炳，字彦明，俊之长子也。父卒，年始十六。……（宪宗）十四年，帝在上都，适北边有警，欲亲征，急召文炳。四月，又奏："昔者泉州蒲寿庚以城降，寿庚素主市舶，臣欲重其事权，使为我捍海寇，诱诸蛮臣服，因解所佩金虎符佩寿庚矣。惟陛下恕其专擅之罪。"帝嘉之，赐金虎符。（第296页）

卷一百七十七　列传第七十四

蒲寿庚，本西域人，与兄寿晟成以互市至泉州。宋咸淳末，御海寇有功。寿庚授闽广招抚使，以全军来降。宋幼主过泉州，众欲应之，寿庚闭门不纳。及张世杰回军攻城，宋宗室在城内者又谋应世杰。寿庚置酒，延其人议城守事，酒半，尽杀之。世杰攻城三阅月不下，遂解去。世祖嘉其功，进昭勇大将军、兵马招讨使。十四年，拜江西行省参知政事。子孙并为显仕。（第361页）

卷一百八十　列传第七十七

唆都，扎剌儿氏。骁勇善射，宿卫世祖潜邸。从征大理。……（至元）十四年，迁福建道宣慰使，行征南元帅府事，听右丞相塔出节制。塔出令唆都取道泉州，泛海会于广州之富场。（第364页）

卷一百八十一　列传第七十八

史弼，字君佐，一名塔剌浑，蠡州博野人。……（至元）二十九年，拜荣禄大夫、福建等处行中书省平章政事,率诸将征爪哇,以亦黑迷失、高兴副之。付金符百五十、币帛各二百匹,以待有功。十二月,弼以五千人发泉州,风急,舟掀簸,士卒皆数日不能食。过七洲洋、万里石塘,历交趾、占城界,明年正月,至东董西董山、牛崎屿,入混沌大洋橄榄屿,假里马答、勾阑等山,伐木造小舟以入。(第366页)

土罕必阇耶乞归易降表,及所藏珍宝入朝,弼与亦黑迷失许之,遣万户担只不丁、甘州不花,以兵二百人护之归国。土罕必阇耶于道杀二人以叛,乘军还,夹路攘夺。弼自断后,且战且行三百里,得登舟,历六十八日夜,达泉州,士卒死者三千余人。有司数其俘获金宝香布等,直五十余万,又以没理国所上金字表,及金银犀象等物进。朝廷以弼亡失多,杖十七,没家资三之一。(第365～366页)

高兴,字功起,蔡州人。少慷慨,多大节。……二十九年,复立福建行省,拜右丞。爪哇黥使者孟祺,诏兴为平章政事,与史弼、亦黑迷失讨之,赐玉带、锦衣、甲胄、弓矢、大都良田千亩。三十年春,浮海抵爪哇。亦黑迷失将水军,兴将步军,会八节涧,爪哇酋婿土罕必阇耶降。进攻葛郎国,降其酋哈只葛当。又谕降诸小国。哈只葛当子昔剌八的、昔剌丹不合,遁入山谷,兴独帅千人深入,虏昔剌丹不合。还至答哈城,史弼、亦黑迷失已遣使护土罕必阇耶归国,具入贡礼。兴深言其失计。土罕必阇耶果杀使者以叛,合众来攻,兴等力战却之,遂诛哈只葛当父子以归。诏治纵爪哇者,弼与亦黑迷失皆获罪,兴独以不预议,且功多,赐金五十两。……(第366页)

亦黑迷失,畏吾儿人。至元二年,入备宿卫。九年,奉世祖命使海外,入八罗国。十一年,偕其国人,以珍宝奉表来朝,帝嘉之,赐金虎符。十二年,再使其国,与其国师以名药来献,赏赐甚厚。十四年,授兵部侍郎。

十八年,拜荆湖、占城等处中书参知政事,招谕占城。二十一年,召还,复命使海外僧迦剌国,观佛钵舍利,赐以玉带、衣服、鞍辔。二十二年,自海上还,以湖广行省参知政事管领镇南王府事,复赐玉带。与行省右丞唆都征占城,亦黑迷失言于镇南王,请屯兵大浪湖,观衅而后动。王以闻,诏从之。竟全军而归。

二十四年,使马八儿国,取佛钵舍利,浮海阻风,行一年乃至。得其良医善药,遂与其国人来贡方物,又以私钱购紫檀木殿材并献之。尝侍帝于浴室,问曰:"汝逾海者凡几?"对曰:"臣四逾海矣。"帝悯其劳,又赐玉带,改资德大夫,遥授江淮行尚书省左丞,行泉府太卿。

二十九年,召入朝,尽献其所有珍异。时方议征爪哇,立福建行省,亦黑迷失与史弼、高兴并为平章政事。诏军事付弼,海道事付亦黑迷失,仍谕之曰:"汝等至爪哇,当遣使来报。汝等留彼,其余小国即当自服,可遣使招徕之。彼若纳款,皆汝等之力也。"军次占城,先遣郝成、刘渊谕降南巫里、速木都刺、不鲁不都、八剌剌诸小国。

三十年,攻葛郎国,降其酋哈只葛当。又遣郑珪招谕木由来诸小国,皆遣子弟来降。爪哇酋婿土罕必阇耶既降,归国复叛。诸将议班来师,亦黑迷失欲如帝旨,先遣使入奏,弼不从,遂引兵还,以所俘及诸小国降人入见。帝罪其与弼纵土罕必阇耶,没家资三之一,杖十七。寻还其家资。以荣禄大夫、平章政事为集贤院使,兼会同馆事,告老家居。仁宗念其屡使绝域,诏封吴国公。卒。(第366页)

卷二百零三　　列传第一百

陈端,字正卿,汴梁原武人。由掾吏累迁工部员外郎,擢左司都事,占对详敏,成宗大器之,敕中书省,凡事必与陈都事俱。……英宗即位,出为湖广行省参知政事,进中奉大夫。至治元年,奉旨理算盐政于海南、北两道。<u>二年,又理算市舶于泉州</u>。(第401页)

卷二百十九　　列传第一百十五

陈有定,字安国,汀州清流人。初病痝,及壮,仪表魁梧。家贫,佣于同里罗氏。翁奇其貌,欲妻之,媪不可,乃分资助之。有定不能居积益困,投身明溪寨为兵,人多服其勇略。……(至正十七年)是年春,义兵万户赛补丁、阿达黑丁据泉叛。蝗年,遣礼部员外郎姜硕自海道宣慰有定,遇寇而没。未几,他使至,拜有定延平总管。……(至元二十二年)安抚使李国凤表有定功,授福建行省参知政事,有定辞。尚书李士赡以使事在闽,劝之,乃受命。福清路宣慰使陈端孙不附有定,临以兵,端孙拒战被执。有定胁之附己,端孙不从,杀之。未几,<u>平章普化帖木儿与泉州万户赛补丁构兵。普化帖木儿起前平章三旦八、前总管安童,分省于兴化,以为己援,复略泉州</u>。亦思八夷酋阿迷里丁袭陷兴化,执三旦八,安童遁去。阿迷里丁遂大掠而还。初,浦田林德隆与惠安陈从仁并御寇有功,朝廷以德隆为兴化总管,从仁为兴化同知。二人素有隙,从仁乃计杀德隆,德隆党复杀从仁。从仁之弟同及其戚柳柏顺,与德隆子珙部将许瑛治兵相攻,同乞援于漳州罗良珙,又乞援于阿边里丁、赛补丁,兵迭至,兴化遂大乱。五月朔,赛补丁入福州,平章燕只不花败之。<u>赛补丁率余众航海返泉州</u>。而阿巫那复杀阿迷里丁,败同等,杀戮尤甚。皇太子闻乱，使孙观为左丞，分省于泉州，阿巫那将听令。观处分乘刺，阿巫那益桀骜不可制。顷之，柳伯顺与琪合，以兵拒阿巫那。阿巫那遣其将白牌马合谋金阿里击杀许瑛，且暴兵海滨。伯顺乘虚入兴化。白牌诸酋闻之，即还师攻城。围既合，独不向宁真门。

时兵乱既久，朝廷檄有定讨之。有定使其子宗海将兵，夜从宁真门入，外寇不知也。诘朝，宗海令开西南二城门。寇骤见门开，已惧，须臾城中整师而出，愈惶惑。宗海乃直前薄之，夷兵大败，死以千计，追擒白牌诸酋斩之。有定寻至，收抚残兵，势益振，伯顺、琪同受约束，各率所部听命。遂进讨泉州，州人执阿巫那、赛补丁迎降，有定斩之。兴、泉罹寇祸殆十余年，至是乃平，故二路之民皆深德有定。

漳州罗良，先以左丞据漳，自以亦思八夷不敢犯其境，素不下有定。有定愤良不附己，攻之，良战败入城，城陷，良巷战死。其妻陈氏亦赴水死。于是九路之地，悉归有定矣。

朝廷闻兴、泉平，进有定为福建行省平章政事，其将佐皆拜官有差。有定以延平城险固，自居之，而以宗海镇将乐，又使其族弟子琦守建宁，尽以部将控制诸路，吏事则听朝廷所命官治之。有定不修威仪，常如为布衣时。为政有威惠，岁修贡赋，括闽中废寺田租由海道输于京师。惠宗嘉其忠，赐赉稠叠。时朝命独通于闽，故臣、相帅及江右之士思勤国事者多入闽，有定皆礼而用之。初，宗海至泉，访士人赵应嘉，应嘉说之曰："夷狄为中国患，宜共驱之，奈何更为之用！"宗海然之，以告有定。有定乃聘至延平，咨以时务，应嘉多迂论，且劝有定立宗庙。有定笑其迂，而罢之。……（第423～424页）

卷二百二十三 列传第一百二十

卢懋，字世荣，以字行，大名人。阿合马专政，世荣以贿进，为江西榷茶运使，后以罪免。……又奏："于泉、杭二州立市舶都转运司，造船给本，令人商贩，官有其利七，商有其三。禁私泛海者，拘其先所蓄宝货，官卖之；匿者，许告，没其财半给告者。今国家虽有常平仓，实无所蓄。臣将不费一钱，但尽禁权势所擅产铁之所，官立炉鼓采为器鬻之，以所得利合常平盐课，籴粟积于仓，待时粜之，必能均物价，而获最利。国家虽立平准，然无晓规运者，以致钞法虚弊，诸物踊贵。宜令各路立平准周急库，轻其月息，以贷贫民，如此则贷者众，而本且不失。又随朝官吏增俸，州郡未及，可于各都立市铁司，领诸牙侩计物货，四十分取一，以十为率，四给牙侩，六为官吏俸，国家以兵得天下，不藉粮馈，惟资羊马，宜于上都、隆兴等路，以官钱买币帛易羊马于北方,选蒙古人牧之,收其皮毛、筋角、酥酪等物,十分为率,官取其八,二与牧者。马以备军兴,羊以充赐予。"帝曰:"汝先言数事皆善,宜速行。此事亦善,祖宗时亦欲行之而不果,朕当思之。"世荣因奏曰:"臣之行事,多为人所怨,后必有潜臣者,臣实惧焉,请先言之。"帝曰:"汝言皆是,惟欲人无言,安有是理。疾足之犬,狐不爱焉,主人岂不爱之。朕自爱汝,彼奸伪者则不爱汝耳。汝之职分既定,其毋以一二人从行。"遂谕丞相安童增其导从以为护卫。(第428页)

卷二百五十三　列传第一百五十　外国五

爪哇,在海外,视占城益远。其名为诸史所不载。<u>自泉南航海者,先至占城而后抵其国。</u>(第479页)

(至元)二十九年二月,诏史弼、高兴、亦黑迷失,并为福建行省平章,会福建、江西、湖广三省兵凡二万,发海舟千艘,赍粮一年,降虎符、金符、银符以百计,用备功赏。<u>大军会泉州,自后渚启行。风急涛涌,舟掀簸,士卒数日不能食。</u>过七洲洋、万里石塘,历交趾、占城界。(第479页)

土罕必阇耶求归,具降表,兼贡所获珍器,遣万户捏只丁、甘州不花率兵护送之。至中途,杀二使叛去,且合众来攻。<u>弼等且战且行三百里,得登舟,行六十八日夜,达泉州,士卒亡者三千余人。</u>(第479页)

琉求,亦海中岛也,当泉州东,水行五日而至。(第479页)

宋淳熙间,<u>琉求巨豪率数百人猝至泉州水澳、围头等村杀掠,人闭户则免</u>,刓其门圈以去。掷以匙箸,则纵拾之。见铁骑,争刲其甲。官军追袭之,泅水而遁。其境在漳、泉、福、兴界,与彭湖诸岛相对,西、南、北岸皆水,水至澎湖渐低,近琉求则谓之落漈。漈者,水趋下而不回也。凡西岸,渔舟到澎湖以下,遇飓风漂流落漈,回者百一,故其地小而最险。(第479页)

海外岛夷之族,澎湖最近,分三十六岛,有七澳介其间。<u>其地属泉州晋泉县。</u>土人煮海为盐,酿秫为酒,采鱼虾为食。至元初,设巡检司,东为琉求,与澎湖相对。

自琉求以南,曰三岛,居大崎山之东,又名三屿,其人常附海舶至泉州贸易。世祖至元三十年,选人招抚之。平章政事伯颜等言:"臣等与识者议,<u>此国之民不及二百户,时有至泉州为商贾者。</u>入琉求军船,过其国,国人馈以粮食,馆我将校,无他意。乞不遣使。"世祖从之。(第479页)

马八儿屿,在加将门之右,濒山而居,俗淫气热,男女散发。其地产珠,民以涂黑为美,裸而居。曰拔忽,曰里达那,曰骨里傍,曰安其,曰伽忽,皆附庸于马八儿。海外诸国,惟马八儿与俱蓝为之纲领,而俱蓝又为马八儿后障。其地产黄金、苏方木及椒,气热而俗淫。至元间,行省左丞唆都等奉玺书往招诸番,马八儿、占城降,俱蓝不降。复遣广东招讨使杨庭璧招之,行三月,至其国,国王必讷的遣其弟首那本不剌木奉表降,约来岁入贡。寻授哈撒儿海牙为俱蓝宣慰使,偕庭璧再往。自泉州入海,复行三月,抵僧伽耶山,舟人以阻风乏粮,劝往马八儿,或可假陆路达俱蓝。(第480页)

柯劭忞撰,《新元史》,开明书店,1935年

二、政书、诏令奏议类

(宋)《李充公凭》

提举两浙路市舶司：

据泉州客人李充状，今将自己船一只，请集水手，欲往日本国，博买回货，经赴明州市舶务抽解，乞出给公验前去者。

二、人船货物：

自己船一只

纲首　李充，梢工　林养，杂事　庄权，部领　兵弟。

第一甲：梁富、蔡依、唐祐、陈富、林和、郡滕、阮祐、杨元、陈从、注珠、顾再、王进、郭宜、阮昌、林旺、黄生、强寄、关从、吴满、陈祐、潘祚、毛京、阮聪；

第二甲：尤直、吴添、陈贵、李成、翁生、陈珠、陈德、陈新、蔡原、陈志、顾章、张太、吴太、何来、朱有、陈先、林弟、李添、杨小、彭事、陈钦、张五、小陈珠、陈海、小林弟；

第三甲：唐才、林太、阳光、陈养、陈荣、林足、林进、张泰、萨有、张式、林泰、小陈贵、王有、林念、生荣、王德、唐兴、王春。

物货

象眼四十匹，生绢十匹，白绫二十匹，瓷碗二百床，瓷碟一百床。

一防船家事：锣一面，鼓一面，旗五口；

一石刻本州物力户：郑裕、郑敦仁、陈佑三人委保；

一本州令：给杖一条，印一颗；

一今捻坐，敕条下项。

诸商贾于海道典贩，经州投状，州为验实，条送愿发舶州，置簿抄上，仍给公据，方听行。回日，公据纳任舶州市舶司。即不请公据而擅行，或乘船自海道入界河，及往登、莱州界者徒二年(不请公据而未行者减贡等)，往大辽国者徒三年，仍奏裁。并许人告捕，给船物半价充赏。(内不请公据未行者，减擅行之半。其已行者，给赏外船物仍没官)。其余在船人虽非船物主，各杖八十已上,保人并减犯人三等。

　　勘会:旧市舶法,商客前虽许至三佛齐等处,至于高丽、日本、大食诸蕃,皆有法禁不许。缘诸蕃国远隔大海,岂能窥伺中国,虽有法禁,亦不能断绝,不免冒法私去。今欲除此界交趾外,其余诸蕃国未尝为中国客者,并许前去。虽不许典贩兵甲器杖,及将带女口、奸细并逃亡军人,如建应一行所有之物并没官,仍捡所出引内外明声说。

　　勘会:诸蕃船州商客,愿往诸国者,官为检校所去之物及一行人口之数,所诣诸国,给予引牒,付次捺印。其随船防盗之具,兵器之数,并量历抄上,俟回日照点,不得少欠。如有损坏散失,亦须具有照验一船人保明文状,方得免罪。

　　勘会:商贩人前去诸国,并不得妄称作奉使名目,及妄作表章,妄有称呼,并共以商贩为名。如合行移文字,只依陈诉州县体例,具状陈述。如蕃商首领随船来诸国者,听从便。诸商贾贩诸蕃间(贩海南州贩及海南州贩人贩到同)应抽买辄隐避者(谓曲避诈匿,托故曰石,前期传送,私自贸易之类),纲首、杂事、部领、梢公(令亲戚管押同)各徒二年,配本城。即雇募人管押,而所雇募人倩人避免,及所倩人,准比邻州编管。若引领停藏、负载交易,并贩客减一等。余人又减二等,蕃国人不坐。即在船人私自犯,准纲法坐之,纲首、部领、梢公、同保人不觉者,杖一百以上,船物(不分纲首,余人及蕃国人,一人有犯,同住人虽不知情及余人知情并准此)给赏外,并没官(不知情者,以己物三分没官)。诸海商舶货避抽买舶物应没官而已,货易转卖者,计值于犯人者,名不近理不足,同保人备偿。即应以船物给赏,而同于令转卖者,转买如法。诸商贾由海道贩诸蕃者,海南州县曲于非元发舶州舶者,抽买讫,报原元发州,验实销籍。诸海商冒越至所禁国者,徒三年,配千里。即冒至所禁州者,徒二年,配五百里。若不请公验物籍者,准行者徒一年,邻州编管。即买易物货而辄不注籍者,杖一百,同保人减一等。

　　钱帛案手分　供(在判)　注(在判)

　　押案宣(在判)万(在判)　勾抽所供(在判)孔目所捡(在判)　权都勾十(在判)　都孔目所(在判)

　　右(上)出给公凭,付纲者李充收执,禀前项敕牒指挥,前去日本国。经他回,赴本州市舶务抽解,不得隐匿透越,如违,即当依法根治施行。

　　(当长治二年)

　　崇宁四年六月日给

　　朝奉郎通判明州军州管勾学事兼市舶谢　(在判)

宣德郎权发遣明州军州管勾学事提举市舶彭　（在判）
宣德郎权发遣提举市易等事兼提举市舶徐承议郎权提举市舶郎　（第453～455页）

（日）三上为康：《朝野群载》卷20,《异国》,（日）黑板胜美编：《新订增补国史大系》第29卷上,东京：吉川弘文馆,1938年

(宋)《徐渭礼文书》

淳祐十二年六月□日,知信州零考成录白印纸第十二卷,图三至图六。
承朝散大夫、前宜差权知信州军州兼管内劝农营田事徐　公文："昨准授前件差遣,替徐士龙阙,已于淳祐八年十二月十八日到任,交割职事管干。至淳祐九年十二月十七日终,成第一考。……尚书省札：<u>"备奉圣旨,徐　除福建市舶,兼知泉州。"</u>具申朝廷辞免。……（第265～266页）

包伟民、郑嘉励编,《武义南宋徐渭礼文书》,中华书局,2012年

(宋)李心传撰,《建炎以来朝野杂记》

甲集卷十五

市舶司本息

市舶司者,祖宗时有之,未广也。神宗时始分闽广浙三路,各置提举官一员,本钱亡虑千万缗,海货上供者山积。宣和后,悉归应奉。建炎初,李伯纪为相,省其事,归转运司。明年夏,复闽浙二司,赐度牒直三十万缗为博易本(元年七月己亥,废。二年五月丁未,复)。四年春,复置广司(二月)。绍兴二年,废闽司(七月甲子)。寻并广浙,提举官皆罢(八月),已而重废复置。<u>六年冬,福建市舶司言,自建炎二年至绍兴四年,收息钱九十八万缗。</u>诏官其纲首(十二月乙巳)。十四年,命蕃商以香药至者,十取其四。十七年,诏于沉香、豆蔻、龙脑之属号细香药者,十取其一。<u>至绍兴末,两舶司抽分及和买,岁得息钱二百万缗,隶版漕。然所谓乳香者,户部常以分数下诸路鬻之。</u>(第608册,第380页)

乙集卷十五

四提辖

四提辖谓榷货务都茶场、杂买务杂卖场、文思院、左藏东西库是也。

……乾道八年十二月,權貨王裎除福建市舶,左藏王揖除九路铸钱司。……(第608册,第573页)

《影印文渊阁四库全书》,台湾商务印书馆,1986年

(宋)马端临撰,《文献通考》

卷九　钱币考二

历代钱币之制

祖宗内帑岁收新钱一百五万(江、池、饶、建四监),而每年退却六十万,三年一郊,又支一百万赴三司,是内帑每年才得十一万六千余缗,而左藏得九十三万三千余缗也。今岁额止十五万,而隶封桩者半,内藏者半,左藏咸无焉。又自国家置市舶于浙,于闽,于广,舶商往来,钱宝所由以泄。是以自临安出门有禁,下江有禁,入海有禁。凡舶船之方发也,官必点视,及遣巡捕官监送放洋。然商人先期以小舟载钱离岸,及官司之点、巡捕之送,一为虚文。于是许人内告,以其物货之半充赏;又或以装发,则舶回日亦许告首,尽以回货充赏。沿海州军以铜钱入海船者有罚。淳熙五年五月,诏蕃商往来夹带铜钱五百文,随离岸五里外依出界法。……臣僚言:"泉、广二舶司及西、南二宗司,遣州回易,悉载金钱。四司既自犯法,郡县巡尉其能谁何?至淮、楚屯兵,月费五十万,见钱居其半,南北贸易,缗钱之入敌境者,不知其几。于是沿边皆用铁钱矣。"所以淮南旧铸铜钱,乾道初,诏两淮、京西悉用铁钱,荆门隶湖北,以地接襄、岘,亦用铁钱,而淮西鼓铸铁钱未办。议者欲取之蜀,事既行,参政洪造以为不便,上然之,但即蜀中取十五万缗,行之庐、和而已。(第244页)

卷二十　市籴考一

均输市易和买

开宝四年,置市舶司于广州,以知州兼使,通判兼判官。

止斋陈氏曰:"是时,市舶虽始置司,而不以为利。淳化二年,始立抽解二分,然利殊薄。元丰始委漕臣觉察拘拦,已而又置官望舶,而泉、杭、密州皆置司。崇宁置提举,九年之间,收置一千万矣。政和四年,施述奏:市舶之设,元符以前虽有,而所收物货十二年间至五百万。崇宁经画详备,九年之内收至一千万。其后废置不常,今惟泉、广州提举官如故。"北蕃在太祖时,

虽听缘边市易,而未有官署。太平兴国二年,始令镇、易、雄、霸、沧州各置榷务,命常参官与内侍同掌,辇香药、犀象及茶与交市。后有范阳之师,乃罢不与通。(第588页)

卷六十二　职官考十六

提举市舶

唐有市舶使,以右威卫中郎将周泽为之(见柳泽劾庆立疏)。唐代宗广德元年,有广州市舶使吕太一。

宋开宝四年下广南,以同知广州潘美、尹崇珂并兼市舶使,通判谢处玭兼市舶判官。咸平二年九月庚子,令杭州、明州各置市舶,听蕃官从便。熙宁中,始变市舶法,泉人贾海外者,往复必使东诣广,否则没其货。海道回远,窃还家者过半,岁抵罪者众。太守陈偁奏疏,愿置市舶于泉,不报。哲宗即位之二年,始诏泉置市舶(偁,子斋之父也。《偁傅·延平志》)。蕃制虽有市舶司,多州郡兼领。元丰中,始令转运司兼提举,而州郡不复预矣(三年,尚书省言,广州市舶条已修定,乞专委官催行。诏广东以转运使孙迥,广西以运召陈伯,两浙以转运副使周直孺,福建以转运判官王子京。迥、直孺兼提举催行,倩、子京兼觉察拘拦。其广东路安抚使更不带市舶)。后专置提举,而转运亦不复预矣。后尽罢提举官,至大观元年续置。明年,御史中丞石公弼请归之转运司,不报。建炎中兴,诏罢两浙、福建市舶司归转运司。明年夏,复闽、浙二司,赐度牒直三十万缗为博易本(元年六月废,二年五月复)。四年春,复置广司(尚书省言,并废以来,工人不便,亏失数多,于是诏依旧复置)。绍兴二年,废福建提举市舶,初令提刑兼领,旋委提举茶事。十二年,朝廷欲措置福建蜡茶(时欲发蜡茶至行在,置局出卖),吕斌上言,于是茶事司归建州,而提举市舶以次复矣。十四年,命番商以香药至者,十取其四。十七年,诏于沉香、豆蔻、龙脑之属号细香药者,十取其一。乾道二年,诏罢两浙提举市舶,逐处职事委知、通、知、县、监官同行检视,而总其数,令转运司提督(绍兴二十九年,张阐①言:"福建、广南各置务于一州,两浙舶务乃分建于五所。"至乾道初,臣僚言:"两浙惟临安、明州、秀州、温州、江阴军凡五处有市舶。祖宗旧制,有市舶处知州兼提举市舶务,通判带主管,知县带监,而逐务又各有监官。市舶置司,乃在华亭。近年,过明州舶船到,提举

---

① 原文为"张闽",应为"张阐"之误;"绍兴十九年",应为"绍兴二十九年"之误。见刘云军:《〈文献通考〉刊误一则》,《中国典籍与文化》2007年第3期,第88页。

带一司吏人留明州数月,名为抽解,其实搔扰。且福建、广南皆有市舶,物货浩瀚,置官提举,诚所当宜。惟是两浙置官,委是冗蠹,乞赐废罢。"从之)。(第1868~1869页)

卷一百五十八　兵考十

舟师水战

孝宗隆兴元年九月,诏诸州召募水手,于手上刺某州水军字,以革冒代之弊。四年,枢密院言,潮州守臣傅自修①欲于本军禁军阙额人数内拨三指挥二百人,专防海道,以谙识水势人充。

《建炎以来朝野杂记》:"平江许浦水军,本明州定海水军也。旧隶沿海制置司,防捍海道。乾道中,改隶殿前司,以三千人为额。五年冬,又改为御前水军。八年春,并归许浦镇,置副都统制统之。淳熙四年冬,诏以七千人为额。五年秋,又增额五百人,江阴水军,旧自泉州调发。乾道三年,陈正献在枢管,以其劳费,奏留屯二千人于江阴军,而沿海制置司又别屯千人。"(第4744页)

卷三百二十七　四裔考四　琉球

琉球

琉球国居海岛,在泉州之东,有岛曰彭湖,烟火相望,水行五日而至。……宋淳熙间,其国之酋豪尝率数百辈猝至泉之水澳、围头等村,多所杀掠。喜铁器及匙箸,人闭户则免,但取其门环而去。掷以匙箸则俯拾之,可缓数步。官军擒捕,见铁骑则竞刓其甲,遂骈首就僇。临敌用镖,镖以绳十余丈为操纵,盖爱其铁不忍弃。不驾舟楫,惟以竹筏从事,可折叠如屏风,急则群昇之浮水而逃。(第9001~9003页)

卷三百三十二　四裔考九

三佛齐国,盖南蛮之别种,与占城为邻,间于真腊、阇婆之间,所管十五州。……泛海便风二十日至广州,如泉州舟行顺风月余亦可到。国人多姓蒲。习水陆战,临敌敢死,伯于诸国。其国在海中,扼诸蕃舟车往来之咽喉,若商舶过不入,即出船合战,期以必死,故诸国之舟辐凑焉。……淳熙五年,来贡方物,乞比占城进奉例回赐,从之。诏免到阙,令泉州管待。章表递奏,

---

① 傅自修,曾任福建市舶提举。

其子称乾道四年承袭,乞依旧封爵。诏袭其父旧封,仍赐袭衣、金带、鞍马、币帛有差。(第9163～9165页)

勃泥国,在京都之西南大海中,去阇婆四十五日,去三佛齐四十日程,去占城与摩逸各三十日程,皆计顺风为则。其国以板为城,城中居者万余人,所统十四州。……<u>元丰五年二月,其王锡理麻喏复遣使贡方物,其使乞从泉州乘海舶归国,从之</u>。(第9165～9166页)

南毗国,在西南,自三佛齐便风月余可到。……其国最远,番舶罕到。有时罗巴智力干父子,其种类也。<u>入居泉之城南,自是舶舟多至其国矣</u>。(第9170页)

卷三百三十九　四裔考十六　大食

大食,唐永徽中,遣使朝贡云。其国在波斯之西。……<u>其国在泉州西北,自泉州发船四十余日至蓝里博易,住冬</u>。……绍兴元年、六年,俱以船舶入贡。乾道四年,进贡方物。<u>初遣使赍宝贝、象牙、乳香等入贡,舟至占城为所夺,诉于福建市舶,上令以礼遣回</u>。开禧间遣使入贡。(第9393～9397页)

上海师范大学古籍研究所,华东师范大学古籍研究所点校,
《文献通考》,中华书局,2011年

(宋)宋敏求编,《唐大诏令集》

卷十

太和八年疾愈德音　李昂(唐文宗)撰

朕祗若天命,缵承睿图,正统纪以清庶方,序彝伦以贞百度,栗栗寅畏,于兹九年。虽俭己饬躬,推诚育物,惧有未至,不遑宴宁。属节气交时,疾恙婴体,列圣垂佑,涉旬复初。既上庆于两宫,宜覃恩于兆姓,庶与寰宇同兹福祥。……南海蕃舶,本以慕化而来,固在接以恩仁,使其感悦。如闻比年长吏,多务征求,嗟怨之声,达于殊俗。况朕方宝勤俭,岂爱遐琛,深虑远人未安,率税犹重,思有矜恤,以示绥怀。<u>其岭南、福建及扬州蕃客,宜委节度观察使,除舶脚收市进奉外,任其来往,自为交易,不得重加率税</u>。天下诸州府,如有冤滞未申,宜委御史台及出使郎官察访闻奏。于戏!朕百灵所获遂痊和,虔奉神休,敢忘昭报。其五岳四渎,天下名山大川,各委所在长吏致

祭,仍加丰洁,以副精诚。朕以寡德,上奉丕构,宗社流庆,元穹叶灵,微恙愈和,旋就康复。渥泽恩及于人瘼,儆戒先自于朕躬,俾我华夷,共欢富寿,中外臣庶,宜体予怀。(第426册,第98~99页)

《影印文渊阁四库全书》,台湾商务印书馆,1986年

(宋)王溥撰,《唐会要》

卷一百

归降官位

(昭宗)天祐元年六月,授福建道佛齐国入朝进奉使都番长蒲诃粟宁远将军。(第607册,第438页)

《影印文渊阁四库全书》,台湾商务印书馆,1986年

(元)拜柱等纂修,《大元圣政国朝典章》

户部卷之八　典章二十二　课程

市舶
市舶则法二十三条
至元三十年八月二十五日,福建行省准中书省咨:
至元二十八年八月二十六日奏过事内一件:南人燕参政说有市舶司的勾当哏是国家大得济的勾当有。在先亡宋时分,海里的百姓每舡只做买卖来呵,他每根底客人一般敬重看呵,咱每这田地里无用的伞、磨合罗、磁器、家事、帘子这般与了,博换他每中用的物件来。近来忙兀台、沙不丁等自己根寻利息上头,舡每来呵,教军每看守着,将他每的舡封了,好细财物选拣要了。为这般奈何上头,那壁的舡只不出来有,咱每这里入去来的每些小来。为那上头,市舶司的勾当坏了有。如今亡宋时分理会的市舶司勾当的人每有也,委付着那的每市舶司勾当,教整治呵,得济有。留状元也说来:市舶司的勾当,亡宋时分哏大得济来,如今坏了有。那时分理会的市舶司勾当那个根底问着行呵,大得济有。么道,说有。奏呵,是那般也者,那人每根底说话者。是呵,行者。么道,圣旨了也。钦此。访闻得留状元称旧知市舶人员李晞颜。移淮江浙行省咨:根访到前行大司农司丞李晞颜,报到亡宋抽分市舶

则例,合设司存、关防情节备细,令行泉府司比照目今抽分则例,逐一议拟于后。及令知会市舶人李晞颜前去。咨请照验事。准此。令李晞颜报到亡宋市舶则例。会集到各处行省官、行泉府司官并留状元,及知市舶人李晞颜议,拟到下项事理。于至元三十年四月十三日,奏过事内:为江南地面里有的市舶司上头,去年赛因囊加歹、状元等题说:在先亡宋时分,市舶司的钱物多出办来。自归附之后,权豪富户每坏了市舶司的勾当,出办的钱物入官哏少有。道是呵,亡宋时分市舶司勾当里行来的蛮子李晞颜小名的人,他根底教来商量呵,怎生?奏呵,那般者,圣旨了来。那人根底教来了,众人与理会得的每一处商量来。如今合整治市舶司勾当的,有二十三件勾当,商量来。奏呵,那般者,行者。圣旨了也。钦此。都省今将合行逐项事理,开坐前去,咨请钦依禁治施行。

一、议得:市舶抽分则例,若依亡宋例抽解,切恐舶商生受。比及定夺以来,止依目今定例抽分,粗货十五分中一分,细货十分中一分。所据广东、温州、澉浦、上海、庆元等处市舶司,舶商回帆,已经抽解讫物货,并依泉州见行体例,从市舶司更于抽讫物货内,以三十分为率,抽要舶税线一分,通行结课。般贩客人,从便请给文遣,买到已抽经税物货,于杭州等处货卖,即于商税务内投税。凭所赍文遣数目,依例收税,验至元二十九年,杭州市舶司实抽办物货价钱,于杭州商税务课额上依数添加,作额恢办。将杭州市舶司革罢,将元管钱帛等物,行泉府司明白交收为主。为此,于至元三十年四月十三日,奏过事内一件:"江南地面里,泉州、上海、澉浦、温州、庆元、广东、杭州七处市舶司。这市舶司里要抽分呵,粗货十五分中要一分,细货十分中要一分有。泉州市舶司里这般抽分了的后头,又三十分里官要一分税来。然后不拣那地面里卖去呵,又要税有。其余市舶司里,似泉州一般三十分要一分税的无有。如今其余市舶司依泉州的体例里要者。温州的市舶司并入庆元,杭州市舶司并入杭州税务里的,怎生?商量来。奏呵,那般者,圣旨了也。

一、议得:拘该市舶司去处行省、行泉府司、市舶司、权豪势要之家、兴贩舶舡不依体例抽分,恃势隐瞒作弊。为此,于至元三十年四月十三日奏过事内一件:行省官人每、行泉府司官人每、市舶司官人每。不拣什么官人每、权豪富户每,自己的舡只里做买卖去呵,依着百姓每的体例,与抽分者。私下隐藏着不与抽分呵,不拣是谁,首告出来呵,那钱物都断没,做官的每根底重要了罪过,勾当里教出去。于那断没来的钱物内,三分中一分与首告人充赏呵,怎生?商量来。奏呵,是也,拟定那般者。圣旨了也。

一、议得：拘该市舶司去处行省官、行泉府司官、市舶司官，在先生往勒令舶商户计梢带钱本，下番回舶时，将贵细物货贱估价钱准折，重取利息，及不依例抽解，官课又通同隐瞒，亏损公私。为此，于至元三十年四月十三日奏过事内一件：行省官人每、行泉府司官人每、市舶司官人每，百姓每的做买卖去的舡里，交梢带着自己的钱物去。回来呵，那钱物内不与官司抽分，私下要有那舡每也，则他每占着抽分全不交与官有。今后这般百姓的舡里梢带去的，禁治呵，怎生？不拣是谁，别了这言语梢带将钱物去呵，有人告呵，将那钱物断没了，把他每重要了罪过，教勾当里出去了。首告的人根底，断没了的钱内三分中一分充赏与呵。怎生，商量来。奏呵，是也，那般者，圣旨了也。

一、议得：使臣并大小官吏军民人等，因公往海外诸番勾当，皆是官司措办气力舡只前去，却有因而做买卖之人。今后回舡之时，应有市舶物货，并仰市舶司照例抽分纳官。如有进呈希罕贵细之物，亦仰经由市舶司见数，泉府司具呈行省，行省开坐，移咨中书省闻奏。仍仰今后应有过番使臣，却不得以进呈物货为名，隐瞒抽分。如违，并以漏舶治罪，物货没官。为此，于至元三十年四月十三日奏过事内一件：或是这里差去的使臣每，那里拜见上来的么道，因着那般，夹带着百姓每的钱物，不与官司抽分，那般行的多有。今后但那来的，依着百姓每的体例里要抽分。若有拜见的物呵，那里行泉府司里。行省里，明白这些个物件拜见上去么道，写了数目，把那写来的数目与将这里来者。似在前一般不与抽分，背地里隐藏上来的，有罪过者。商量来，奏呵，是也，那般者圣旨了也。

一、议得：和尚、先生、也里可温、答失蛮人口，多是夹带俗人，过番买卖，影射避免抽分。今后和尚、先生、也里可温、答失蛮人口等过番兴贩，如无执把圣旨许免抽分明文，仰市舶司依例抽分。如违，以漏舶论罪断没。为此，于至元三十年四月十三日奏过事内一件：和尚、先生、也里可温、答失蛮每，但做买卖去呵，依着百姓每的体例里与抽分者。商量来。奏呵，这的言语不曾了来那甚么？拟定那般者，圣旨了也。

一、诸处市舶司舶商，每遇冬讯北风发时，从舶商经所在舶司陈告，请领总司衙门元发下公据公凭，并依在先旧行关防体例填付。舶商大舡请公验，柴水小舡请公凭。愿往番邦，明填所往是何国土经纪，不许越过他国。至次年夏讯南风回帆，止赴元请验凭发舡舶司抽分，不许越投他处舶司，各舶司亦不许互指他处舶司舶商。如本处舶司依见定例抽税讫，从舶商发卖与搬贩客人，亦依旧例就于所在舶司请给公遣，从便于各处州县依例投税货卖。

其元指所往番邦国土，如有不能得到所指去处，委因风水打往别国，就博到别国物货。至回帆抽分时，取问同伴在舡人等相同，别无虚诳，依例抽分。如中间诈妄，欺瞒官司，许诸人首告是实，依例断没，告人给赏。

一、舶商请给公验，依旧例召保舶牙人，保明牙人招集到人伴几名下舡收买物货，往某处经纪。公验开具本舡财主某人、纲首某人、直库某人、梢工某人、杂事等某人、部领等某人、人伴某人，舡只力胜若干，樯高若干，舡面阔若干，舡身长若干。每大舡一只，止许带小舡一只，名曰柴水舡，合给公凭。如大小舡所给公验、公凭，各仰在舡随行。如有公验或无公凭，即是私贩，许诸人告捕，给赏断罪。所载柴水舡于公凭内备细开写，亦于公验内该写力胜若干、樯高若干、舡面阔若干、舡身长若干，不到物力户某人委保，及与某人结为一甲，互相作保。如将带金银违禁等物下海，并将奸细、歹人回舶，并元委保人及同结甲人一体坐罪。公验后空纸八张，泉府司用讫印信，于上先行开写贩去物货各各名件、斤重若干，仰纲首某人亲行填写。如到彼国博易物货，亦仰纲首于空纸内，就地头即时日逐批写所博到物货名件、色数、斤重，至舶司以凭照数点秤抽分。如曾停泊他处，将贩到物货转变渗泄作弊，及抄填不尽，或因事发露到官，即从漏舶法断没。保明人能自首告将，犯人名下物货以三分之一给与充赏。如舶司官吏容庇，或觉察得知，或因事发露到官，定将官吏断罢不叙，所给公验，行泉府司置半印勘合文簿，立定字号，付纲主某人收执，前去某处经纪，须要遵依前项事理。所有公凭小舡，并照公验一体施行。

一、番舡、南舡请给公凭、公验，回帆或有遭风被劫事故，合经所在官司陈告。体问的实，移文市舶司，转申总府衙门，再行合属体覆。如委是遭风被劫事故，方与消落元给凭验字号。若妄称遭风等，搬拽舡货，送所属究问，断没施行。或有沿途山屿、滩屿、海岸停泊，汲水取柴，恐有梢碇、水手、搭客等人乘时怀袖偷藏贵细货物，上岸博易物件；或有舶商之家，回帆，将市舶司私用小舡推送食米接应舶舡，却行辄取贵细货物，不行抽解，即是渗泄，并许诸人告捕，全行断没，犯人杖一百七下，告捕人于没官物内三分之一给赏。仍行下沿海州县，出榜晓谕屿嶴等处，责在官吏、巡检人等常切巡捉，催赶舡只，随即起离彼处，不许久停。直至年例停泊，如东门山等，具申各处市舶司廉能官封堵坐押，赴元发舡市舶司，又行差官监搬上舶，检空舡只，搜检在舡人等怀空，方始放令上岸。如在番阻风，住冬不还者，次年回帆，取问同舡或同伴舡只人等是实，依例抽分。若使妄称风水不便，转指买卖，许诸人首告，依例断没，告人给赏。

一、海商不请验凭，擅自发舶舡，并许诸人告捕，犯人断罪，舡物没官，于没官物内以三分之一充赏，犯人一百七下。如已离舶司，即于沿河所在官司告捕，依上追断给赏。

一、海商所用兵器并铜锣作具，随住舶处具数申所属，依例寄库，起舶日给。

一、海商每舡募纲首、直库、杂事、部领、梢工、碇手，各从便具名呈市舶司申给文凭。舡请公印为托，人结五名为保。

一、海商贸易物货，以舶司给籍用印关防，具注名件斤数，纲首、杂事、部领、梢工、书押，回日以物籍公验纳市舶司。

一、海商自番国及海南买贩物货到中国，虽赴市舶司抽分，而在舡巧为藏匿者，即系漏舶，并行没官，仍许诸人告首，依例给赏，犯人断罪。

一、金银铜钱铁货、男子妇女人口，并不许下海私贩诸番。物如到番国，不复前来，亦于元资去公验空纸内明白开除，附写缘故。若有一切违犯，止坐舶商舡主。

一、市舶司招集舶商舡只，行省行下衙门无得差占。及有新造成舶舡之家，本欲过番兴贩经纪，亦是抽取课程。并仰籍定数目，今后并不得将上项舡只差占，有妨舶商兴贩经纪，永为定例，以示招徕安集之意。

一、各处市舶司每年办到舶货，除合起解贵细之物外，据其余物色必须变卖者，附近杭州各司舶货，每年不过当年十二月终，起解赴杭州行泉府司官库交割。舶司尽时开数具呈行省，令有司随即估体时价比，至次年正月终，须要估体完备，行省预为选收。

一、见令舶商去来不定，多在海南州县走泄细货。仰籍定姓名，仍令海南、海北、广东道沿海州县镇市地面官司，用心关防。如遇回舶船只到岸，常切催赶起离，前赴市舶司抽分。如官吏知情受赂容纵，如或觉察得知，定是依条断罪。

一、舶商、梢水人等，皆是赶办课程之人。落后家小合示优恤，所在州县并与除免杂役。

一、夹带南番人将带舶货者，仰从本国地头于公验空纸内，明白备细填附姓名、物货、各件斤重，至市舶司照数依例抽税。如番人回还本国，亦于所坐番船公验内，附写将去物货，不致将带违禁之物，仍差谙练钱谷廉干正官发卖。其应卖物货，将民间必用，并不系急用物色验分数，互相配答，须要一并通行发卖。管限四月终了毕，并不许见任官府、权豪势要人等，诡名请买，违者许令诸人首告，得实将见获物价尽数没官断罪。于没官价内，一半付告人充赏。仍令拘该肃政廉访司体察外,有泉府、广东两处市舶司,相离杭州地里,写远依上差官,就彼一体发卖。

一、行省、行泉府司、市舶司官,每岁若至舶舡回帆时月,预期前去抽解处所,以待舶舡到来,依例封堵,检次先后,随时抽收,不得因而走透作弊。其监抽官员,亦不得违期,前去停滞舶商人难。

一、舶商下海开舡之际,合令市舶司轮差正官一员,于舶舡开岸之日,亲行检视各各大小舡内有无违禁之物,如无夹带,即时开洋,仍取检视官结罪文状。如将来有人告发,或因事发露,但有违禁之物,及因而非理骚扰舶商,取受作弊者,检视官并行断罪,肃政廉访司临时体察。

一、抽分市舶关防节目,若有该载不尽合行事理,行省、行泉府司就便斟酌事宜,从长施行。

一、定到舶法抽分则例关防节目,仰行省、行泉府司、各处市舶司所在官员奉行谨守,不得灭裂违犯。行御史台廉访司,常加体察,毋致因循废弛。

泉福物货单抽分

至元十七年二月二十日,行中书省来呈:

"上海市舶司招舡提控王楠状告:'凡有客舡自泉、福等郡短贩土产吉布、条铁等货物到舶抽分,却非番货,蒙官司照元文凭番货体例双抽,为此客少。参详,吉布、条铁等货,即系本处土产物货。若依番货例双抽,似乎太重,客旅生受。今后兴贩泉、福物货,依数单抽。乞明降。"省府准呈,合下仰照验施行。(第787册,第266~268页)

刑部卷之十九　典章五十七　诸禁

禁下番人口等物

大德七年三月,江浙行省照得:先准中书省咨御史台呈、行台咨福建廉访司申:

金银人口弓箭军器马匹,累奉圣旨禁约,不许私贩赌番。非不严切,缘有一等下海使臣,并贪之徒,往往违禁。本船事头稍手人等,容隐不首,通同私贩番邦。莫若明立罪赏,庶革前弊。具呈照详。送刑部拟到罪赏事理,仍令廉访司常加体察,相应。都省逐一区处于后,咨请依上施行。

一、下番船只,先钦奉奏准市舶法则内一款节,该金银、男子、妇女、人口,并不许下海私贩诸番。

又一款:舶商下海,开船之际,合令市舶司轮差正官一员,于舶岸开岸之日,亲行检视,各各大小船内有无违禁之物。如无夹带,即时放与开洋前去。

仍取检视官结罪文状。如将来有告发，或因事发露，但有违禁之物，及因而非理搔扰舶商，取受作弊者，检视官并行断罪，廉访司临将体察。钦此。除外，体知得一等不畏公法之人，往往将蒙古人口贩入番邦博易。若有违犯者，严行断罪。今后下番船只，开洋之际，仰市舶司官用心搜检。如有将带蒙古人口，随即拘留，发付所在官司，解省。

一、马匹若有私贩番邦者，将马给付告人充赏。若搜检得见马，与搜检之人，犯人杖一百七下。市舶司官吏故纵者同罪，罢职不叙。（第787册，第557~558页）

《续修四库全书》（影印本），上海古籍出版社，2002年

（元）完颜纳丹撰，《通制条格》

卷十八　关市

市舶

延祐元年七月十九日钦奉圣旨节该中书省奏，在前设立市舶下番博易，非图利国，本以便民。比闻禁止以来，香货药物销用渐少，价直陡增，民用阙乏，乞开禁事。准奏，仰于广东、泉州、庆元复立市舶提举司，杭州依旧设立市舶库，知专市舶公事，直隶行省管领诸人不得搅扰沮坏。所有法则开列于后：

一、金、银、铜钱、铁货、男子妇女人口、丝绵、段匹、销金、绫罗、米粮、军器，并不许下海私贩诸番。违者，舶商、船主、纲首、事头、火长，各决一百七下，船物俱行没官。若有人首告得实，于没官物内一半充赏。重者，从重论。发船之际，仰本道廉访司严加体察。

一、抽分则例：粗货拾伍分中抽贰分，细货拾分中抽贰分。据舶商回帆已经抽解讫物货，市舶司并依旧例，于抽讫物货内，以拾分为率，抽要舶税壹分，通行结课，不许非理刁蹬舶商，取受钱物。违者，计赃，以枉法论罪。

一、诸王、驸马、权豪、势要、僧、道、也里可温、荅失蛮诸色人等下番博易到物货，并仰依例抽解。如有隐匿，不行依理抽解，许诸人首告，取问是实，钱物没官，犯人杖一百七下，有官者罢职，仍于没官物内一半付首告人充赏。若有执把免抽圣旨懿旨，仰行省、宣慰司、廉访司就便拘收。

一、拘该市舶去处，行省官、宣慰司官、市舶司官不得拘占舶船，梢带钱物，下番买卖。如违，许诸人首告，取问是实，犯人杖一百七下，罢职不叙，钱

物没官，没官物内壹半付告人充赏。船主、事头不举首者同罪。

一、下番使臣在前托以采取药材根买希罕宝货，巧取名分，徒费廪给，今后并行禁止。果有必合遣使者，从中书省闻奏差遣，其余诸衙门近侍人等不得干预。朝廷若有宣索诸物，责令顺便番船纲首博易纳官。

一、诸处舶商每遇冬汛北风发舶，从舶商经所在舶司陈告，请领总司衙门元发公验公凭，并依在先旧行关防体例填付。舶商大船请公验，柴水小船请公凭。愿往番邦，明填所往是何国土经纪，不得诡写管下洲岛别名，亦不许越过他国。至次年夏汛南风回帆，止赴元请给验凭发船舶司抽分，不许越投他处舶司。各处市舶司，如不系本司元发船只，亦不得信从风水不便，巧说事故，一面抽分。违者，决伍拾柒下，解见任；因而受财者，以枉法论。如本舶司依见定例抽解讫，从舶商发卖与般贩客人，亦依旧例就于所在舶司请给公遣，从便于各处州县依例投税货卖。如不于元指所往番邦经纪，转投别国博易物货，虽称风水不便，并不凭准，船物尽行没官，舶商、船主、纲首、事头、火长各杖一百七下。若有告首者，于没官物内壹半付告人充赏。

一、舶商请给公据，照旧例召保舶牙人，保明某人招集人伴几名，下舶船收买物货，往某处经纪。公验开具本船财主某人，直库某人，梢工某人，杂事等某人，部领等某人，碇手某人，作伴某人，船只力胜若干，樯高若干，船面阔若干，船身长若干。每大船壹只止许带柴水船壹只、捌橹船壹只，余上不得将带。所给大小船公验公凭，各仰在船随行。如有公验或无公凭，及数外多余将带，即是私贩，许诸人告捕，得实，犯人壹伯柒下，船物俱没官，没官物内壹半付告人充赏。所载柴水、捌橹小船，于公凭内备细开写，亦于公验内该写力胜若干，樯高若干，船面阔若干，船身长若干，召到物力户某人委保，及与某人结为壹甲，互相作保。如将带金银违禁等物下海，或将奸细歹人回舶，并元委保人及同结甲人一体坐罪。公验后空纸捌张，行省用讫缝印于上。先行开写贩去货物各各名件斤重若干，仰纲首某人亲行填写。如到彼国博易物货，亦仰纲首于空纸内就于地头即时日逐批写所博到物货名件色数，点秤抽分。如曾停泊他处，将贩至物货转变渗泄作弊，及抄填不尽，或因事败露到官，即从漏舶法，杖壹伯柒下，财物没官，保内人能自告首，将犯人名下物货一半充赏。如舶司官吏容庇，或觉察得因事发露到官，定将官吏断罢不叙。所给公验，行中书省置半印勘合文簿，立定字号，付纲首某人收执。前去某处经纪，须要遵依前项事理。所有公凭小船并照公验一体施行。

一、海商不请验凭，擅自发船，并许诸人告捕，舶商、船主、纲首、事头、火长各杖一百七下，船物俱行没官，于没官物内壹半付告人充赏。如已离舶司,即于沿路所在官司告捕,依上追断给赏。

一、海商自番国及海南收贩物货到国,已赴市舶司抽分而在船巧为藏匿者,即系漏舶,并行没官。仍许人告首,依例于没官物内壹半充赏。犯人杖一百七下。

一、舶商去来不定,多在海南州县走泄细货。仰籍定姓名,仍令海南海北广东道沿海州县镇市地面军民官司用心关防。如遇回舶船只到岸,严切催赶起离,前赴市舶司抽分。如官吏知情容纵,伍拾柒下;受赂者,计赃,以枉法论罪。

一、市舶司招集舶商船只,行省以下衙门不得差占,及有新造成舶船之家,并仰籍定数目,今后亦不得差占,有妨舶商兴贩经纪。其有运粮船只,不得因而夹带夺占,失误海运。

一、各处市舶司每年办到舶货,除合起解贵细之物外,据其余物色必须变卖者,所委监抽官监临有司,随即估计实直价钱,再令不干碍官司委廉干正官复估相同,别无亏官损民,将民间必用并不系急用物色,验分数互相配答,须要一并通行发卖作钞解纳。并不许见任官府权豪势要人等诡名请买。违者,许诸人首告,得实,将见获物价尽数没官,于没官价内壹半付告人充赏,犯人决杖六十七下。仍仰监察御史、肃政廉访司严行体察。

一、番船南船请给公验公凭回帆,或有遭风被劫事故,合经所在官司陈告,体问的实,移文市舶司转申总司衙门,再行合属体覆。如委是遭风被劫事故,方许销落元给验凭字号,若妄称遭风被劫事故,私般物货,欺谩官司,送所属勘问是实,舶商、船主、纲首、事头、火长,各决一百七下,同船梢水人等各决七十七下,船物尽行没官。若有人首告,于没官物内一半充赏。或有沿途山屿滩岸停泊,漏水取柴,恐有梢碇、水手、搭客等人乘时怀袖偷藏贵细物货,上岸博易物件;或着商舶之家回帆将到舶司,私用小船推送食米接应舶船,却行般取贵细物货,不行抽解,即是渗泄,并听诸人告捕,全行断没,犯人杖一百七下,告捕人于没官物内一半充赏。仍仰沿海州县出榜晓谕屿嶴等处镇守军官巡尉人等,常切巡捉,催赶船只,随即起离彼处,不许久停,直至年例停泊去处,划时具申。各处市舶司差廉能官封堵坐押,赴元发市舶司,又行差官监般入库,检空船只,搜检在船人等怀空,方始放令上岸。如在番阻风住冬不还者,次年回帆,取问同船或同伴船只人等是实,依例抽分。若是妄称风水不便,转折买卖,许诸人首告,得实,舶商、船主、纲首、事头、火长各决一百七下,同船梢水人等各决柒拾柒下,船物尽行没官,没官物内一半付告人给赏。

一、海商所用兵器并铜锣作具，随舶泊处具数申所属依例寄库，起舶司给付。除外多余将带，同私贩法。

一、海商每船募纲首、直库、杂事、部领、梢工、碇手，各从便具名呈市舶司申给文凭。船请火印为记，人结伍名为保。

一、海商贸易物货，以舶司给籍用印关防，具注名件斤数，纲首、杂事、部领、梢工书押，回日以物籍公验纳市舶司。

一、行省、市舶司官每岁斟酌舶船回帆之时，本省预为选差廉干官员，比之四月巳里，须到抽解处所，等待舶船到来，随即依例封堵，挨次先后抽分。不得因而迟延，走泄物货。其所差监抽官亦不得违期前去，停滞舶商人难。

一、定到舶法、抽分则例、关防节目，仰行省、各处市舶司所在官员奉行谨守，不得灭裂违犯。行御史台、廉访司常加体察，毋致因而看徇废弛。

一、番国遣使赍擎礼物赴阙朝见，仰具所赍物色报本处市舶司秤盘检验，别无夹带，开申行省移咨都省。如隐藏不报，或夹带他人物货，不与抽分者，并以漏舶论罪断没，仍于没官物内一半付告人充赏。其舶船果有顺带南番人番物者，从本国地头于元给舶船公验空纸内明白填付姓名并物货名件觔重，至舶司照数依例抽解。番人回还本国，亦于所在番船公验内附写将去物货，不许夹带违法之物。如到番国不复回程，却于元赍公验空纸内开除，附写缘故。若有一切违犯，并依前罪，止坐舶商、船主。

一、舶商下海开船之日，仰市舶司轮差正官一员，亲行检视各各大小船内有无违禁之物。如无夹带，即时放令开洋，仍取本司检视官重甘罢职结罪文状。如将来有人告发，或因事发露，但有违禁之物，决杖八十七下，解见任，降贰等。受财容纵者，以枉法论。却不得因而非理搔扰舶商。本道肃政廉访司严加体察。

一、舶商、梢水人等落后家小，所在州县常加优恤。

一、抽分、市舶、关防节目，若有该载不尽合行事理，行省就便斟酌事宜，从长施行。（第230～237页）

卷二十　赏令

平反冤狱

皇庆元年七月，中书省江浙行省咨：<u>泉州路备市舶司提举杨天瑞呈</u>，前任建宁路判官，有建杨县贼人葛令史作耗，本路总管马谋与镇守张万户领军因往收捕。回至建宁路瓯宁县界，马谋知得吉阳里张重九弟张重七有室女月娘幼美，欲问为妾。本妇已许他人，不从所说。本官率领军马到于张重九家安下,织罗张重七、张重九曾受贼人札付,拷打逼寻月娘得见,强行奸污女身,及将各家资财人口尽数房掠。为恐称冤,将张重七等九名游街打死,张重九等五人悬命在地。当职亲诣张重九等于本路公厅引问,说出马谋强奸室女,妄行房掠人口财物。具经监察御史并本道按察司力言,救活张重九等五人性命,及于马谋总管、张万户名下追到月娘,并送与上下官吏撒花男女计一百一十九名,尽数放还各家,父子夫妇完聚。御史台奏奉圣旨,将马谋明正典刑。今连廉访司的本牒文在前。都省议得:杨天瑞平反冤狱五人,追回人口一百一十九名给亲完聚,理宜优升,于本官应得品级上量升一等。(第257页)

卷二十七　杂令

蒙古男女过海

至元二十八年六月初一日,钦奉圣旨:泉州那里每海船里,蒙古男子妇女人每,做买卖的往回回田地里忻都田地里将去的有,么道听得来。如今行文书禁约者,休教将去者。将去人有罪过者,么道圣旨了也。钦此。(第285页)

黄时鉴点校:《通制条格》,浙江古籍出版社,1986年

(明)胡我琨撰,《钱通》

卷九

臣僚言:"泉、广二舶司,及西南二宗司,遣州回易,悉载金钱。四司既自犯法,郡县巡尉其能谁何?至淮、楚屯兵,月费五十万,见缗居其半,南北贸易,缗钱之入易境者,不知其几。于是沿边皆用铁钱矣。"(第662册,第507页)

《影印文渊阁四库全书》,台湾商务印书馆,1986年

(明)黄淮、杨士奇编,《历代名臣奏议》

卷二百七十二

论透漏铜钱札子　(宋)范成大撰

知静江府范成大论透漏铜钱札子曰:"臣闻东南蕃夷舶船,岁至中国,旧

止以物货博易,近年颇以见钱为贵。广、泉、四明及并海州郡,钱之去者,不可胜计。绍兴三十年,尝大立法禁,五贯之罪死,随行钱物,全给告人。罪赏之重,至此极矣,而终弗败获。盖溟渤荒渺,客程飘忽,诚有法禁所不能及者。访闻一舶所迁,或以万计,泉司岁课积聚艰窘,而散落异国终古不还,诚可为痛惜而深恨也。今法禁既不可制,盍亦循其本而抹之乎?臣愚欲望明诏,试令有司条具,每岁市舶所得,除官吏糜费外,实裨国用者几何?所谓蕃货中国不可一日无者何物?若资国用者无几,又多非吾之急须,则何必广开招接之路!且以四明论之,蕃舶所赍,止于青瓷、铜器、螺头、松实及板木之类而已,皆非中国不可无之物,而诱吾泉宝以去,利害轻重,不辨而判。臣尝试妄议,以为明州一处蕃舶,岂不可以权住,姑塞漏钱之一穴,其他可以类举。此拔本塞源、不争而善胜之道。今无法以必禁,又以为蕃货不可无,则当坐视泉宝四散而去,勿惜恨可也。惟陛下与大臣熟计而图之。"(第440册,第674页)

卷三百三十

上神宗论李宪讨交趾 （宋）杨绘撰

翰林学士杨绘论李宪讨交趾上疏曰:"臣伏闻交趾猖狂,上负圣化,方议讨伐,虽神谋睿算已决胜于千里之外,而臣不度愚昧,敢陈刍荛,出于爱君之切然也。伏乞采其狂言。臣闻军志有之,善攻者,攻其所不守;善守者,守其所不攻。今侧闻潭、广易帅修饬守备,而南闽泉、福之守未闻议焉。虽越广然后抵闽,然虑泛海使便风,或有出其不意,亦未宜忽于守其所不攻也。交蛮扰于南方,其于出师命将,及偏裨之选,皆西边北边之官,素号能者在行。然臣亦虑国家锐意南讨,而忽于西边北边之备设,万一有乘虚掩不备之寇,则其忧又大矣,则亦非所谓守其所不攻之义也。……"(第442册,第255~256页)

卷三百四十八

乞差人至高丽探报金人事宜状 （宋）叶梦得撰

梦得为两浙西路安抚使《乞差人至高丽探报金人事宜状》奏曰:"……臣所部浙西并浙东路并外连海道,与高丽跨海相望,去敌境不远,尝闻敌有妄窥东南之意。若北至登、莱,东假高丽,扬帆而来,或出于二浙,皆远不过二十日,近五七日可至。臣自到任,常有私忧于此。本州舶船旧许与高丽为市,间有得与其国人贸易者,往往能道其山川形势,道里远近。因令舶主张绶，招致大商柳悦、黄师舜问之。二人皆泉州人，世从本州给凭，贾贩高丽。岁一再至，留高丽者，率尝经岁。因为臣图海道大略言：'敌境旧与契丹苏州，正直登、莱，高丽东北与敌接界，有关门为限，敌旧事高丽，每岁入关即遣使进奉。崇宁三年，始与高丽称兵。大观元年，高丽遂取其六洞于南境，以筑九城，实以甲兵粮食。后复为敌，以沈罗黑水堆洞人夺之，自是与高丽绝。……"（第442册，第702～703页）

卷三百四十九

轮对札子　（宋）林光朝撰

光朝直宝谟阁轮对札子曰："臣闻古之为关也，盖以御暴，惟讥异言，察异服，不使奇邪之人变乱于国中，此为关之本意也。是故蛮夷猾夏，寇贼奸宄，舜尝以是命皋陶，岂唐虞所都与北人相近，深恐群敌变乱边方，而为是寇贼奸宄之事，此不可不责之治狱者。天下衅端，常生于所忽。衅之未萌，以简书治之为有余，及其已甚，以甲兵取之为不足。唐虞盛时，所以治荒服者如此，是治之于其早，未尝攻之于末流也。东南有海道，所以捍隔诸蕃，如三佛齐、大食、占城、阇婆等数国，每听其往来，相为互市。遂于岭南之广州，福建之泉州，各置市舶一司，诸蕃通货举积于此。荆、淮、湖外及四川之远，商贾络绎，非泉即广，百货所出，有无相易，此亦生人大利也。臣昨在岭外，见诸蕃之货，近年以来，多是蕃人以厚资停塌，而责商贾以数倍之息。所以如是者，谓其自有货卖之处。近闻蕃客十十五五，尝在都下自卖蕃物，而以金银为回货，今又闻转而之他。中国禁令如此阔疏，非所以待远人也。夫金银可贵，吾之所宝，以涂金销金为服用，则坐罪为不轻，若之何弃其所可贵者于化外穷发之乡？此物一去，即不复相流通，岂不重可惜也！然中国所得蕃物，往往可以充耳目之玩，若用之于救水旱，行军旅，一皆为无用之物。至如金银可贵，自古而然，岂可使之日蠹月耗，而不加恤焉。臣之过计又不特此一事，如前年于吉阳军买马，今年复于泉州买马及器仗，此衅渐生，乌可纵而不问？往时海外有一种落俗，呼为毗舍耶，忽然至泉州之平湖，此尚在一绝岛，续又至北镇，去州治无二十里之远。其视兵刃，一无所畏。啖食生人，乃如刍豢。每得尺铁，争先收拾。所过之处，刀斧钩凿为之一空。及散走岭外，杀人为粮，挟舟而行，出没水中，犹履平地。潮、惠一带，莫不戒严。此曹叵测也，初不知所托在何等处，尚能为吾民之害，况所谓熟蕃往来中都者乎？臣愿圣慈戒敕岭外及福建一路所有蕃客，止令于广州、泉州相与贸易，不得辄出二州之界，庶几他处金银可贵之物，不至泄之界外，且无往日意外之患，

不胜幸甚。"(第442册,第732～733页)

影印文渊阁《四库全书》,台湾商务印书馆,1986年

(清)嵇璜、曹仁虎撰,《钦定续文献通考》

卷二十六　市籴考　市舶互市

宋宁宗开禧三年住博买乳香。初茶、盐、矾之外,惟香之为利博,故以官为市。高宗建炎四年,泉州抽买乳香一十三等,八万六千七百八十斤有奇。诏取赴榷货务打套给卖,陆路以三千斤、水路以一万斤为一纲。……又《儒林传》曰:"番舶至泉州者,畏苛征,岁不三四。嘉定中,真德秀以右文殿修撰知泉州,首宽之,至者骤增,至三十六艘。"(第626册,第610页)

孝宗时,大猷知泉州毗舍耶尝掠海滨居民,岁遣戍兵防之,戍兵以真腊大贾为毗舍耶犯境,大猷曰:"毗舍耶面目黑如漆,语言不通,此岂毗舍邪耶?"遂遣之。故事番商与人争斗,非伤折罪,皆以牛赎,大猷曰:"安有中国用岛夷俗者,苟在吾境,当用吾法。"三佛齐请铸铜瓦三万,诏泉、广二州守臣督造付之。大猷奏:"法,铜不下海。中国方禁销铜,奈何为其所役?"卒不与。皆系宁宗以前互市事,马端临考所未载,今附记之。(第626册,第611页)

(至元)十四年四月置榷场于碉门黎州,与吐番贸易,是年立泉州等处市舶司。……至是始立市舶司,一于泉州,令孟古岱领之。立市舶司三于庆元、上海、澉浦,令福建安抚司杨发督之。……时客船自泉福贩土产之物者,其所征亦与番货等。……《宋史·瀛国公纪》:初,蒲寿庚提举泉州舶司,擅番舶利者三十年。景炎元年十一月,端宗欲入泉州,诏抚寿庚,而寿庚有异志。及舟至泉,寿庚来谒,请驻跸,张世杰不可。或劝世杰留寿庚,则凡海舶不令自随,世杰不从,纵之归。既而舟不足,乃掠其舟并没其资,寿庚乃怒杀诸宗室及士大夫与淮兵之在泉者。十二月,遂以城降元。又考元世祖纪,至元十五年(即宋景炎三年)三月,诏孟古岱、索多、蒲寿庚行中书省事于福州,镇抚平海诸郡。故至八月复诏之如此,此蒲寿庚畔宋入元之始末也。

(至元)十八年九月,诏:"商贾市舶物货已经泉州抽分者,诸处贸易,止令输税。"

十九年,令以钱易海外金珠货物。用中书左丞耿仁言,以钞易铜钱,令市舶司以钱易海外金珠货物,仍听舶户通贩抽分。十月,泉州市舶司孟古岱

言:"舶商皆以金钱易香木,于是下令禁之,惟铁不禁。"

二十年六月,定市舶抽分例,舶货精者取十之一,粗者取十五①。

二十一年,设市舶都转运司于杭、泉二州。

九月,并市舶入盐运司,立福建等处盐课市舶都转运司。

至二十二年正月,又诏立市舶都转运司;六月,又省市舶司入转运司。二十三年八月,以市舶司隶泉府司。十一月,改广东转运市舶提举司为盐课市舶提举司。十二月,复置泉州市舶提举司。二十四年闰二月,改福建市舶都转运司为都转运盐使司。(第626册,第616~618页)

《食货志》云:(至元)二十二年,并福建市舶司入于盐运司,改曰都转运使,领福建漳泉盐货市舶。考《元典章》,又作二十三年三月合并市舶转运司,俱与纪异。(第626册,第618页)

行大司农燕公楠、翰林学士承旨留梦炎言:泉州、上海、澉浦、温州、广东、杭州、庆元市舶司,凡七所,上海等皆十五取一,独泉州三十分取一。自今诸处宜悉依泉州为定制。从之,仍以温州市舶司并入庆元,杭州市舶司并入税务。凡金银铜铁男女,并不许私贩入番。行省、行泉府司、市舶司官,每年于回帆之日,皆前期至抽解之所,以待舶船之至,先封其堵,以次抽分,违期及作弊者罪之。(第626册,第619页)

(元)英宗至治二年三月,复置市舶提举司于泉州、庆元、广东三路,禁子女金银丝绵下番。(第626册,第621页)

明太祖洪武初,设市舶司于太仓黄渡。寻改于浙江、福建、广东三市舶司。

三年二月,罢太仓黄渡市舶司。凡番船至太仓者,命军卫、有司封籍其数,送赴京师。八月,琼州海商以香货入京,道溺死,有司请验,数征其什一入官,帝曰:"其人既不幸死,将谁征?"令同行者与鬻之,而归所货资于其家。寻复设市舶司于宁波、泉州、广州。宁波通日本,泉州通琉球,广州通占城、暹罗、西洋诸国。(第626册,第622页)

四年,谕福建行省,占城海舶货物,皆免征,以示怀柔之意。

是年九月,户部言高丽及三佛齐入贡。其高丽海舶至太仓,三佛齐海舶至泉州海口,并请征其税。诏勿征。

丘濬《大学衍义补》曰:"明虽沿前代市舶司之名,而无抽分之法,惟浙、

---

① 原文为"十之五",误。据《元史》卷十二"(至元二十年六月)庚寅,定市舶抽分例,舶货精者取十之一,粗者取十五",粗货应是取十五分之一。

闽、广三处设官,以待海外诸番之进贡者。盖怀柔远人,实无所利其入也。"(第626册,第622页)

卷六十　职官考　茶都转运使司

市舶提举司三,每司提举、副提举各二人,知事一人。至元二十三年,立盐课市舶提举司,隶广东宣慰司。三十年,立海南博易提举司。至大四年罢之,禁下番船只。延祐元年,弛其禁,改立泉州、广东、庆元三市舶提举司。(第627册,第640~641页)

市舶提举司掌海外诸番朝贡市易之事,辨其使人表文、勘合之真伪,禁通番,征私货,平交易,闲其出入而慎馆谷之。

吴元年(元至正十二年)置,洪武三年,罢太仓黄渡市舶司。七年,罢福建之泉州、浙江之明州、广东之广州三市舶司。永乐元年复置,设官如洪武初制,寻命内臣提督之。世宗嘉靖元年,给事中夏言奏倭祸起于市舶,遂革福建、浙江二市舶司,惟存广东市舶司。(第627册,第643页)

卷一百三十一　兵考　舟师水战

先是二月尚书省臣言行泉(按:元于泉州府立行中书省,升泉州路总管府,故云行泉府,史误判作臬)府所统海船万五千艘,以新附人驾之,缓急殊不可用。宜招集纳颜及星纳噶尔流散户为军,自泉州至杭州立海站十五,站置船五艘,水军二百,专运番夷贡物及商贩奇货,且防御海道为便。从之。(第629册,第633页)

卷二百三十七　四裔考

日本(鸡笼山附)

王圻曰:"倭之入寇,随风所之。东北风猛,则由萨摩或五岛,至大小琉球,而仍视风之变迁,北多则犯广,东多则犯闽(彭湖岛分舶或之泉州等处,或之梅花所、长乐县等处)。若正东风猛,则必由五岛,历天堂官渡水,而视风之变迁:东北多则至乌沙门分艍,或过韭山海闸门而犯温州,或由舟山之南而犯定海(经大猫洋入金塘蛟门)……其次则大隅、筑后、博多、日向、摄摩、津州、伊纪等岛,而丰前、丰后、和泉之人亦间有之。皆因商于萨摩而附行者。盖日本之民,有贫、有富、有淑、有慝。富而淑者,或附贡舶,或因商舶而来。其在寇舶,率皆贫而恶。(第631册,第545~546页)

三十六年,宗宪遣蒋洲招汪直等,十月,丰后太守源义镇等遣其属随直等抵舟山之岑港。既入见宗宪,厚礼之。令谒巡按御史王本固于杭州,本固以属吏。其党王激等遂焚舟登山,据岑港坚守。逾年,新倭大至,屡寇浙东三郡。其在岑港者,徐移之柯梅,造新船出海,宗宪亦不之追。<u>十一月,贼扬帆南去,泊泉州之浯屿,掠同安诸县,攻福宁州,破福安、宁德。</u>明年四月遂围福州,经月不解。福清、永福诸城皆被攻毁,蔓延于兴化,奔突于漳州。其患尽移于福建,而潮、广间亦纷纷以倭警闻矣。(第631册,第548页)

鸡笼山

《明史·鸡笼山传》曰:"世宗嘉靖末,倭寇扰闽;大将戚继光败之,倭遁居于鸡笼山之淡水洋。其党林道乾从之。……崇祯八年,给事中何楷陈靖海之策,言:'自袁进、李忠、杨禄、杨策、郑芝龙、李魁奇、钟斌、刘香相继为乱,海上岁无宁息;今欲靖寇氛,非墟其窟不可。其窟维何?台湾是也。<u>台湾在彭湖岛外,距漳、泉止两日夜程</u>;地广而腴。初,贫民时至其地,规鱼盐之利;后见兵威不及,往往聚而为盗。'……"又曰:"<u>鸡笼山,在彭湖屿东北,故名北港、又名东番</u>;<u>去泉州甚迩</u>。地多深山大泽,聚落星散;无君长。有十五社,社多者千人,少或五六百人,无徭赋;以子女多者为雄,听其号令。虽居海中,酷畏海,不善操舟;老死不与邻国往来。永乐时,郑和遍历东西洋,靡不献琛恐后;独东番远避不至。(第631册,第550~551页)

卷二百三十八　四裔考

东南夷　琉球(三屿附)

马端临考载琉球事,仅见于隋大业时。《元史·外国传》谓:汉、唐以来,史所不载。近代诸番市舶,不闻至其国者。琉球,在南海之东,漳、泉、兴、福四州界内。彭湖诸岛与彼相对,天气清明时,望之隐约若烟若雾。西南北岸皆水,至彭湖渐低;近琉球,则谓之落漈。漈者,水趋下而不回也。凡西岸渔舟到彭湖以下,遇飓风发,漂流落漈,回者百一。盖琉球在外夷最小而险云。

又《元史·外国传》曰:"三屿国,近琉球。世祖至元三十年,命选人招诱之。平章政事巴延等言:'<u>此国之民不及二百户,时有至泉州为商贾者。去年军船入琉球过其国,国人饷以粮食,馆我将校,无他志也。乞不遣使</u>,'从之。"(第631册,第557~558页)

爪哇(阇婆、苏吉丹、日罗夏冶、重迦罗诸国附)

元世祖至元二十九年二月诏出师征爪哇。

先是,遣使臣右丞孟琪往,黥其面,乃大举兵西征。<u>十二月,福建、江西、湖广三省军会泉州,自后渚启行。</u>明年正月,水陆并进,破其国而还。

按:《元史·爪哇传》:在海外,视占城益远。自泉南登舟海行者,先至占城而后至其国。其风俗土产不可考,大率海外诸番国多出奇宝,取贵于中国,而其人情性语言与中国不能相通。(第631册,第565~566页)

三佛齐(文郎马神、买哇柔附)

明太祖洪武三年遣使诏谕三佛齐。明年,其王马哈剌札八剌卜遣使奉表入贡。……爪哇,其地狭小,非故时三佛齐比也。二十二年,进卿死,许其子济孙嗣。洪熙元年,诉旧印为火毁,命重给之。嘉靖末,广东大盗张琏作乱,官军已报克获。万历五年,商人诣旧港者,见琏列肆为番船长,漳、泉人多附之,犹中国市舶官云。(第631册,第566~567页)

《影印文渊阁四库全书》,台湾商务印书馆,1986年

(清)嵇璜、刘墉等撰,《续通志》

卷三十四　宋纪十

(高宗五年正月)甲子,鄜琼复光州。庚午,海贼朱聪犯广州,又犯泉州。(第392册,第419页)

卷四十　宋纪十六

(德祐二年)冬十月壬戌,文天祥入江州。……癸丑,元兵至福安州,知州王刚中以城降。益王欲入泉州招蒲寿庚,而寿庚有异志。初,寿庚提举泉州舶司,擅蕃舶利者三十年。至是王舟至泉,寿庚来谒,请驻跸,张世杰不可。或劝世杰留寿庚,则凡海舶,可不令自随也,世杰不从,纵之归。继而舟不足,乃掠其舟并没其资,寿庚怒,乃杀诸宗室从官及淮兵之在泉者而降于元,益王遂移潮州。(第392册,第546~547页)

卷六十　元纪四

(至元十八年)九月癸亥朔,畋于近郊。甲子,增大都巡兵千人,赈上都饥民。癸酉,定市舶商货已经泉州抽分者,诸处止令输税。(第393册,第58页)

卷六十一　元纪五

(至元二十六年)二月丙寅,诏自泉州至杭州立海站十五,专运番夷贡物

61

及商贩奇货。(第393册,第78页)

(至元三十年)夏,四月己亥,行大司农燕公楠、翰林学士承旨留梦炎言:"杭州、上海、澉浦、温州、庆元、广东、泉州,置市舶司凡七所,唯泉州物货三十取一,余皆十五抽一,乞以泉州为定制。"从之,仍并温州舶司入庆元,杭州舶司入税务。(第393册,第87~88页)

卷六十三　元纪七

(武宗至大元年)九月……壬戌,太尉托克托奏:"泉州大商哈苏台吉噜进异木沈檀可构宫室者。"敕江浙行省驿致之。……戊寅,泉州大商玛哈丹达尔进珍异及宝带西域马。(第393册,第115页)

(武宗至大二年)二月癸亥,罢行泉府院以市舶,归行省。(第393册,第117页)

卷六十五　元纪九

(英宗至治二年)复置市舶提举司于泉州、庆元、广东三路,禁子女、金银、丝绵下番。(第393册,第148页)

卷七十　元纪十四

(至正二十二年)五月乙巳朔,泉州赛富鼎据福州路,福建平章杨珠布哈击败之,余众航海还据泉州。福建参政陈友定复汀州路。(第393册,第236页)

卷一百五十五　食货略

(至元)二十四年,始立行泉府司,专掌海运,增置万户府二,总为四府。(第394册,第442页)

卷四百四　列传二百四

赵汝谠,字蹈中,少俶傥有轶,材智略出人上,龙泉叶适尝过其家劝之学,汝谠折节读书,与兄汝谈齐名天下,称为二赵,以祖遗恩补承务郎,历泉州市舶务,利州大军仓属,从臣荐宗室之贤者。(第398册,第578页)

卷四百十五　列传二百四十五

孙梦观,字守叔,庆元府慈溪人。宝庆二年进士。调桂阳军教授、浙西提举司干办公事,差主管吏部架阁文字,为武学谕。……出知泉州兼提举市舶,改知宁国府。蠲逋减赋,无算泛入者尽籍于公帑。户部遣官督赋,急若星火,阖郡皇骇,莫知为计。梦观曰:"吾宁委官以去,毋宁病民以留。"力丐祠,且将以府印牒所遣官,所遣官闻之夜遁。他日梦观去宁国,人言之为之流涕。(第398册,第707页)

卷四百七十六　列传二百七十六

史弼……(至元)二十九年,拜福建行省平章政事,往征爪哇,以伊克默色、高兴副之,弼以五千人合诸军,发泉州,风急涛涌,舟掀簸,士卒皆数日不能食。过七洲洋、万里石塘,历交趾、占城界。明年,至东董、西董山、牛崎屿,入混沌大洋、橄榄屿、假里马答、勾阑等山,驻兵伐木,造小舟以入。……弼自断后,且战且行,行三百里,得登舟。行六十八日夜,达泉州,士卒死者三千余人。有司数其俘获金宝香布等,直五十余万,又以没理国所上金字表及金银犀象等物进,于是朝廷以其亡失多,杖十七,没家资三之一。元贞元年,起同知枢密院事,阿尔娄奏:"弼等以五千人,渡海二十五万里,入近代未尝至之国,俘其王及谕降旁近小国,宜加矜怜。"遂诏以所籍还之,拜江西行省右丞。(第399册,第568~569页)

卷五百四十九　儒林传十二

真德秀……以右文殿修撰知泉州。番舶畏苛征,至者岁不三四,德秀首宽之,骤增三十六艘。输租令民自概,听讼惟揭示姓名,人自诣州。泉多大家,为闾里患,痛绳之。海贼作乱,将逼城,官军败衄,德秀祭兵死者,乃亲授方略,禽之。后遍行海滨,审视形势,增屯要害处,以备不虞。(第400册,第539页)

卷六百三十五　四夷传一

流求国,亦曰瑠求,在南海之东,与漳、泉诸州相对。西、南、北岸皆水,至彭湖渐低;近其国,谓之落漈。漈者,水趋下而不回也。国小而险。堑栅三重,环以流水,植棘为藩。以刀稍、刀矢、剑鼓为兵器。沃壤,无赋敛。视月盈亏以纪时。无他奇货,故商贾不通。

宋淳熙间,其酋豪尝率数百人猝至泉之水澳、围头等村肆掠。喜铁器,人闭户,则刓其门圈而去。缚竹为筏,急则群异之,泅以遁。元世祖至元二十八年,以海船副万户杨祥充宣抚使,持诏往谕,竟不能达。

其旁有毗舍邪国,亦语言不通。又有三屿国,亦近流求;居民不及二百户,时有至泉州为商贾者。(第401册,第521页)

卷六百三十八　四夷传四

阇婆国,在南海中,唐曰诃陵,又曰社婆,社与阇土音同,故亦名阇婆。地平坦,宜种植。煮海为盐,其他物产制度略与占城同。唐贞观中,与堕和罗、堕婆登皆遣使者入贡。至上元间,国人推女子为王,号"悉莫",威令整肃,道不举遗。大历中,使者尝三至。……元丰五年,复遣使贡,其使乞从泉州乘海舶归国从之,元绝不通。(第401册,第548页)

爪哇,在海外,视占城益远。海行者,先至占城而后至其国。元初通使,至元二十九年,以其刺诏使孟右丞之面,诏除史弼等平章政事,会福建、江西、湖广三行省兵,征爪哇。十二月,自泉州后渚启行,三十年至爪哇之杜并足,水陆进军,爪哇主婿土罕必阇耶举国纳降。(第401册,第550页)

《影印文渊阁四库全书》,台湾商务印书馆,1986年

(清)徐松辑,《宋会要辑稿》

礼二○　诸祠庙　杂神祠

广福王祠。在泉州府南安县,旧号灵岳显应王。神宗熙宁八年六月封崇应公。徽宗政和四年二月赐庙额"昭应"。宣和三年九月封通远王。高宗绍兴二十四年六月封通远善利王。孝宗乾道四年正月加封通远善利广福王。(第2册,第1058页)

崇儒七

《圣政》:绍兴二十五年十二月丁酉,上曰:"舶司及都大茶马司,诸处进贡珍珠、文犀等,此物何所用? 当批出禁止。"(第5册,第2918~2919页)

二十四日,上谓辅臣曰:"近日两浙、闽、广市舶司及四川茶马司诸处收买进贡真珠、文犀等,此物何所用? 当批出禁止。"魏良臣等奏曰:"陛下勤俭,不贵珠玉,恭承圣训,降旨行下。"(第5册,第2919页)

职官二○

大宗正司

绍兴元年十月九日,中书门下省言:"大宗正司见在广州,西外宗正司已移司湖州,南外宗正司见在泉州置司,所有行在宗子见今无官管辖。"诏行在权置宗正一司,差赵仲湜权行主管。(第6册,第3575页)

绍兴三十一年二月二十一日,诏令大宗正司选择保明宗室二员,代西、南外两司见任人。先是,臣寮言:"西、南外宗置司泉、福,所以纠合天支、训饬同姓也。比有漳州百姓黄琼商贩南番,其父客死异乡,物货并已干没,空舟来归。所有逋负,官司追索,估卖其舟。知宗士衎借名承买,必有委曲。小民迫切不能诉于州县、监司,此所以不远数千里,衔冤抱柱,投匦而赴诉。比闻朝廷行下本路提刑,虽先给还其舟,而前人所负倍称之息,盖有未易偿者。如此则是舟必折而入于知宗之家,臣恐小民无以自免。乞令有司立法,如两宗司今后兴贩番舶,并有断罪之文,并画降每岁往泉南议事指挥,亦乞寝罢。况两司知宗在任年深,欲乞别选宗英往代其任。故也"。

三月六日,臣寮言:"近诏大宗正司选择保明宗室二员,代西、南外两宗司见任人。臣切谓两外宗司本以训饬同姓,使知礼义而表率,今闻贪冒不止,是岂置司之本意？今日南班至少,昨亦尽令居内,以奉朝请。今虽保明二员,若专于南班,则不过见在十余人。以臣管见,择内外文臣宗室之廉正者。况文臣宗室之除自有故事,所宜遵守,不必拘于近例。"诏令三省选差文臣宗室一次。(第6册,第3579~3580页)

外宗正司

崇宁元年,蔡京申请:"宗室既许分居两京、辅郡,乞于两京置外宗正司,择宗室贤者管干,逐处一人。仍于本州通判、职官内选二人兼领丞、簿。凡外任宗室事不干州县者,外宗正受理。"大观三年罢,政和二年复置。中兴南渡后,南外置司泉州,西外置司福州,丞系倅兼,簿系金判兼。绍兴府亦有宗正司,乾道七年省绍兴府宗司隶行在。

绍兴二年六月七日,知西外宗正事士衎言:"西、南两外宗司相去不远,钤束训导,事体一同,有未便者,理合商议,望许两司宗官每年一次往来商议职事。"从之。

隆兴元年,刑部言:"大宗正司奏,犯罪宗子双月送西外,只月送南外。本部看详,欲依所乞。"从之。(第6册,第3580~3581页)

敦宗院

高宗建炎元年八月一日,知南外宗正事赵士㣊言:"近往淮甸措置就粮去处,今来唯有扬州宽广,粗可安集。缘本州路当冲要,又所管止有三县,素号阙乏,窃恐缓急难以应办。契勘扬州与润州对岸相去止隔一水,若于润州置司安存宗室,不独淮甸财用咫尺,兼亦良便。"诏南外宗室往镇江府,西外宗室往扬州,东京宗室往江宁府。

三年六月六日,诏:"宗室女、宗妇散漫无依,仰州县长贰支给钱米,津发赴所属。有官人发赴吏部，无官人发赴西、南两京敦宗院。如州县奉行灭裂，即许越诉。"

十二月二十日，知南外宗正事士樽言："昨被旨，许缓急将带一行宗子官吏等从便迁徙州郡，就请钱粮。<u>今来本司已自雇海船般载宗室等，移司前去泉州就钱粮，所有宗室、官吏请给等，乞下泉州应副</u>。"从之。

绍兴元年九月十九日，中书舍人胡交修等言："嗣濮王仲湜乞权将南外宗正司与西外宗正司合为一司，裁减官吏等事，今具申请画一：<u>一、南外宗正司见在泉州置司</u>，即今见受宗子一百二十二人，宗女一百二十六人，宗妇<u>七十八人，所生母一十三人</u>。官属知宗令应，主受财用官韩协、陆机先，财用司指使贺琮、孙康。主受财用官并指使乞并罢，主受敦宗院官等邵圹、李泳只乞存留一员，敦宗院指使智修靖兼监亲睦库，敦宗院监门官王德，一员见阙，只乞差一员，兼检察宗子钱米，余一员减罢。兼监亲睦库系财用司指使，已罢。人吏宗正司六人，财用司四人，敦宗院二人，亲睦库子二人，只乞留书吏一名，副书吏一名，贴司一名，财用司人吏并罢，敦宗院留手分一名，亲睦库子留一名。西外宗正司即今见受宗子九十五人，宗女四十九人，宗妇三十人，所生母二人。官属知宗士持，主受财用官二员，已差下张世才，即今未到任，一员见阙。主受敦宗院胡宗懿、王子浚，敦宗院教授侯文仲，监亲睦仓库刘升，监敦宗院门路辟，财用司指使曹釉、张察。人吏宗正司六人，敦宗院二人，财用司六人，敦宗院监门下军典一名，亲睦仓亦攒司一名，库子二人，财用司两指使下军典各一名。若将西外宗子并入南外宗正司，其西外宗正司官吏各并罢。又臣僚上言，合罢宗正司财用官，其宗室请给系转运司将上件钱物应付。今来财用一司官吏合行减罢，所有逐月检察宗室钱米，乞令敦宗院监门官兼行检察施行。交修等契勘：南外宗正司见在泉州置司，其口见受宗子等人数，本处钱粮已是赡养不给。若便将西外宗正司并为一司，显见钱粮无可应付，兼所受宗子等无处安泊。所有南外宗正司乞减官吏等欲并依所乞外，其西外宗正司旧置司内本司官吏等，欲比附南外宗正司裁减官吏等事理施行。"从之。

二年三月四日，臣僚言："伏观旧制，置西、南外敦宗院，为孤遗无官宗子属籍，敦宗院每一口月给米一硕、钱二贯。有出官或随侍者，申所属。离敦宗院，落籍住支。伏见建炎初登极大赦数内，西、南两京无官宗子往往收执敦宗院所请孤遗券历，任所勘给，显是冒滥。今欲乞行下诸路州郡，若见任人以此冒滥者，并仰截日住支，候任满日申所属勘给。户部勘当："见任差遣之人自有本任合得请给，其本房人口月给钱米，依条自合支给。"从之。

四月二十二日，两浙转运判官梁汝家言："应宗室文历并经由南、西两宗正司，召同宗有服人两员保明，宗正司核实批上，州县方得勘支。"户部勘当："欲下诸路州军，依已降指挥召本官尊长或无服纪宗室大使臣两员，如无大使臣，即召宗室小使臣三员结除名之罪，批书印纸及官告了当，批上请受文历，及乞委逐州长史验实，方得放行。"从之。

闰四月二十日，知南外宗正事赵令旷言："敦宗院许置教授一员教导宗子，昨缘前宗室士樽申明，得旨更不差注，止就州学教授兼领。契勘本司所管宗子人数众多，比缘兵火之后，全乏教导。契勘西外宗正司所管宗子全少，见依旧法专置教官一员。今来本司人数既多，往往听从劝率，务学向善。欲望依西外宗正司见行旧法，置敦宗院教授一员，庶几教导宗子，不致失学。请给、人从，乞依州学教授条例施行。"诏依西外敦宗院许置教官。

三年五月十二日，知泉州谢克家言："泉州赋入素为微薄，不足支用，南外宗子支费尤为急阙。缘本路止有提刑、市舶、常平司钱物，各有专法，不许他用。其南外宗室等请受，虽被旨令转运司支拨上供银价钱二万贯应付，自去年七月支到十一月终外，自十二月至今年终尚阙钱六万二千四百余贯，欲乞给降。"诏令礼部给降福建路空名度牒二百五十道，专充前项支使。

三月三日，诏："西外敦宗院赴任宗子，虽不般家属前去，如至住所在十程之内，亦便行住罢本房人口钱米。如在十程之外，即计程限一月内般取。如违限，更不得支给钱米。南外宗正司依此。

六年三月二十六日，南外宗正司言："检准崇宁《外宗正司令》，诸外宗正丞以本州岛通判、簿以职官兼领，又令诸丞、簿取旨差。契勘本司见阙宗簿一员，已牒左朝请郎、就差签书平海军节度判官厅公事朱岊权行主管，本官委是协力，欲望朝廷正行差注兼领。"从之。

十六年十一月二十四日，上谕辅臣曰："南外宗正司士㴖将满，可与合得恩泽，别选差替人。宗官得人则宗室皆循理，不得其人则纲纪废弛，遂致侵扰州县，宜在谨择之。"

十八年七月五日，大宗正司言："据南外宗正司敦宗院都尊长赵子㟜并宗子等一百一十六人状，伏观知南外宗正事、泉州观察使赵士珸到任近及一年，克立恩威，革去旧弊，孤遗老幼，各循义方。子㟜等窃虑朝廷别有峻擢，使宗子等有失依赖，乞候今任满日，许令再任一次。"诏令再任。

二十六年三月二十八日，诏："西、南两外司不限文武，如有忠义孝友，文行廉谨，政事刚明，可以立治功，可以为时用，荐之于朝，以备顾问。"先是，安定郡王令衿奏请故也。

七月二日，保宁军承宣使、知西外宗正事士衎言："西、南两外宗司相去不远，凡所申请及钤束训导宗子事体一同。其间有未便于事者，理合商议，欲望许两司宗官每年一次往来商议职事。"从之。

孝宗绍兴三十二年未改元。十月十三日，知南外宗正事赵子游奏："检照绍兴元年九月十九日敕，嗣濮王仲湜奏裁减南外宗正司官吏，数内主管敦宗院官二员，监门官二员，各留一员，余并罢。"

隆兴元年七月四日，南外宗正司言："违限未嫁宗女，乞特与展一年。如限满未嫁，依旧支钱米。所有归宗之人，亦乞宽限一年出嫁，庶可从容议亲。"从之。

十月二十四日，刑部言："大宗正司奏，应宗子犯罪锁闭，依已降指挥分送西、南两外宗正司。今诸路州军勘奏犯罪宗子，得旨令本司庭训讫锁闭。若令本处差人押赴本司，却行差人管押分送两外司，亦恐往复经涉，道路不便。欲乞今后原奏州军承降指挥到日，径自差人管押前去，双月送西外司，只月送南外司。本部看详，欲依所乞。"从之。

乾道二年正月二十五日，户部、礼部言："知南外宗正事赵不猷奏，诸州宗室尊长不过检察伪冒请受，至于犯法，莫敢谁何。欲乞将在外宗子应有罪犯，并听本州尊长量行训治。本部勘当，除宗子所犯情理深重合取旨外，余欲依所乞施行。"从之。（第6册，第3584~3588页）

职官三五　四方馆

（绍兴二十五年十一月）二十七日，诏："<u>引伴占城进奉人使臣韩全等八人，并译语二人，自泉州引伴并伴送前去，特与等第犒设一次。</u>使臣韩全一百贯，与占射差遣一次，令吏部给据。译语二人各五十贯，衙前一名五十贯，手分一名三十贯，军兵五人各一十五贯，并令户部支给。"（第7册，第3881页）

职官四四　市舶司

市舶司，掌市易南蕃诸国物货航舶而至者。初于广州置司，以知州为使，通判为判官，及转运使司掌其事，又遣京朝官、三班、内侍三人专领之。后又于杭州置司。淳化中，徙置于明州定海县，命监察御史张肃主之。明年，肃上言非便，复于杭州置司。咸平中，又命杭、明州各置司，听蕃客从便。若舶至明州定海县，监官封船苫堵送州。凡大食、古逻、阇婆、占城、勃泥、麻逸、三佛齐、宾同胧、沙里亭、丹流眉，并通货易，以金、银、缗钱、铅、锡、杂色帛、精粗瓷器市易香药、犀象、珊瑚、琥珀、珠琲、宾铁、鼍皮、玳瑁、玛瑙、车渠、水晶、蕃布、乌樠、苏木之物。<u>太平兴国初，京师置榷易院，乃诏诸蕃国香</u>

药宝货至广州、交趾、泉州、两浙，非出于官库者，不得私相市易。后又诏："民间药石之具恐或致阙，自今惟珠贝、瑇瑁、犀牙、宾铁、鼊皮、珊瑚、玛瑙、乳香禁榷外，他药官市之余，听市货与民。"其后二州知州领使如劝农之制，通判兼监，而罢判官之名，每岁止三班、内侍专掌，转运使亦总领其事。大抵海舶至，十先征其一，其价直酌蕃货轻重而差给之。……（第 7 册，第 4203 页）

太平兴国七年闰十二月，诏："闻在京及诸州府人民或少药物食用，令以下项香药止禁榷广南、漳、泉等州舶船上，不得侵越州府界，紊乱条法；如违，依条断遣。其在京并诸处即依旧官场出卖，及许人兴贩。凡禁榷物八种：玳瑁、牙犀、宾铁、鼊皮、珊瑚、玛瑙、乳香。放通行药物三十七种：木香、槟榔、石脂、硫黄、大腹、龙脑、沉香、檀香、丁香、丁香皮、桂、胡椒、阿魏、莳萝、荜澄茄、诃子、破故纸、豆蔻花、白豆蔻、鹏沙、紫矿、胡芦芭、芦荟、荜拨、益智子、海桐皮、缩砂、高良姜、草豆蔻、桂心、苗没药、煎香、安息香、黄熟香、乌楠木、降真香、琥珀。后紫矿亦禁榷。"（第 7 册，第 4203 页）

雍熙四年五月，遣内侍八人，赍敕书、金帛，分四纲，各往海南诸蕃国勾招进奉，博买香药、犀牙、真珠、龙脑。每纲赍空名诏书三道，于所至处赐之。（第 7 册，第 4204 页）

熙宁七年正月一日，诏："诸舶船遇风信不便，飘至逐州界，速申所在官司，城下委知州，余委通判或职官，与本县令、佐躬亲点检。除不系禁物税讫给付外，其系禁物即封堵，差人押赴随近市舶司勾收抽买。诸泉、福缘海州有南蕃海南物货船到，并取公据验认，如已经抽买，有税务给到回引，即许通行。若无照证及买得未经抽买物货，即押赴随近市舶司勘验施行。诸客人买到抽解下物货，并于市舶司请公凭引目，许往外州货卖。如不出引目，许人告，依偷税法。"（第 7 册，第 4205~4206 页）

元丰三年八月二十七日，中书言："广州市舶条已修定，乞专委官推行。"诏广东以转运使孙迥，广西以转运使陈倩，两浙以转运副使周直孺，福建以转运判官王子京。迥、直孺兼提举推行，倩、子京兼觉察拘拦。其广南东路安抚使更不带市舶使。

哲宗元祐二年十月六日，诏泉州增置市舶。（第 7 册，第 4207 页）

元祐五年十一月二十九日，刑部言："商贾许由海道往来，蕃商兴贩，并具入舶物货名数、所诣去处申所在州，仍召本土物力户三人委保，州为验实，牒送愿发舶州置簿，给公据听行。回日许于合发舶州住舶，公据纳市舶司，即不请公据而擅乘舶自海道入界河及往高丽、新罗、登、莱州界者，徒二年，五百里编管，往北界者加二等，配一千里。并许人告捕，给舶物半价充赏。其余在船人虽非船物主，并杖八十。即不请公据而未行者徒一年，邻州编管，赏减擅行之半，保人并减犯人三等。"从之。

元符二年五月十二日，户部言："蕃舶为风飘着沿海州界，若损败及舶主不在，官为拯救，录物货，许其亲属召保认还，及立防守盗纵诈冒断罪法。"从之。

崇宁三年五月二十八日，诏："应蕃国及土生蕃客愿往他州或东京贩易物货者，仰经提举市舶司陈状，本司勘验诣实，给与公凭，前路照会。经过官司常切觉察，不得夹带禁物及奸细之人。其余应有关防约束事件，令本路市舶司相度，申尚书省。"先是，广南路提举市舶司言："自来海外诸国蕃客将宝货渡海赴广州市舶务抽解，与民间交易，听其往还，许其居止。今来大食诸国蕃客乞往诸州及东京买卖，未有条约。"故有是诏。

大观元年三月十七日，<u>诏广南、福建、两浙市舶依旧复置提举官</u>。

政和二年五月二十四日，<u>诏两浙、福建路依旧复置市舶</u>，从福建路提点刑狱邵涛请也。

四年五月十八日，诏："诸国蕃客到中国居住已经五世，其财产依海行无合承分人及不经遗嘱者，并依户绝法，仍入市舶司拘管。"

五年七月八日，礼部奏："福建提举市舶司状：'<u>昨自兴复市舶，已于泉州置来远驿，与应用家事什物等并足，并立定犒设、馈送则例，及以置使臣一员监市舶务门，兼充接引，干当来远驿</u>。及本司已出给公据付刘著等收执，前去罗斛、占城国说谕招招纳，许令将宝货前来投进外，今照对慕化贡奉诸蕃国人使等到来，合用迎接、犒设、津遣、差破当直人从与押伴官等，有合预先措置申明事件。今措度，欲乞诸蕃国贡奉使、副、判官、首领所至州军，乞用妓乐迎送，许乘轿或马至知、通或监司客位，候相见罢赴客位上马。其余应干约束事件，并乞依蕃蛮入贡条例施行。如更有未尽事件，取自朝旨。'本部寻下鸿胪寺勘会，据本寺状称：'契勘福建路市舶司依崇宁二年二月六日朝旨，招纳到占城、罗斛二国前来进奉。内占城先累赴阙，系是广州解发外，有罗斛国自来不曾入贡，市舶司自合依政和令询问其远近、大小、强弱，与已入贡何国为比奏。'本部勘会，今来本司并未曾勘会、依条比奏及申明合用迎接等事，今欲下本司勘会，依条比奏施行。"诏从之。（第7册，第4208页）

五年八月十三日，<u>诏提举福建路市舶施述与转一官，以招诱抽买宝货增羡也招</u>。

宣和元年十二月十四日，诏："<u>福建提举市舶蔡栢职事修举，可特转一</u>

官;勾当公事赵寔转一官,令再任。"

三年十一月二十六日,诏诸路市舶本钱并依茶盐钱已得指挥。

四年五月九日,诏:"应诸蕃国进奉物,依元丰法更不起发,就本处出卖。倘敢违戾,市舶司官以自盗论。"

七年三月十八日,诏降给空名度牒,广南、福建路各五百道,两浙路三百道,付逐路市舶司充折博本钱,仍每月具博买并抽解到数目申尚书省。

高宗建炎元年六月十三日,诏:"市舶司多以无用之物枉费国用,取悦权近。自今有以笃耨香、指环、玛瑙、猫儿眼睛之类博买前来,及有亏蕃商者,皆重置其罪。令提刑司按举闻奏。"

十四日,诏:"两浙、福建路提举市舶司并归转运司,令逐司将见在钱谷、器皿等拘收,具数申尚书省。"

十月二十三日,承议郎李则言:"闽、广市舶旧法,置场抽解,分为粗细二色般运入京。其余粗重难起发之物,本州打套出卖。自大观以来,乃置库收受,务广帑藏,张大数目,其弊非一。旧系细色纲只是真珠、龙脑之类,每一纲五千两。其余如犀牙、紫矿、乳香、檀香之类,尽系粗色纲,每纲一万斤。凡起一纲,差衙前一名管押,支脚乘、赡家钱约计一百余贯。大观已后,犀牙、紫矿之类皆变作细色,则是旧日一纲分为之十二纲,多费官中脚乘、赡家钱三千余贯。乞将前项抽解粗色并令本州依时价打套出卖,尽作见钱桩管。许诸客人就行在中纳见钱,赍执兑便关子,前来本州支请。"诏依旧,余依所乞。

二年五月二十四日,诏依旧复置两浙、福建路提举市舶司。尚书省言并废以来土人不便,亏失数多,故复置之。

六月十日,诏给度牒、师号,二十万贯付福建路,十万贯付两浙路,专充市舶本钱。

七月八日,诏两浙路市舶司:"以降指挥,减省冗费。每遇海商住舶,依旧例支送酒食,罢每年燕犒。其上供细色物货并遵旧制团纲起发,罢步担雇人。广南、福建路市舶司准此。"

十月十七日,司农卿黄锷奏:"臣闻元祐间,故礼部尚书苏轼奏乞依祖宗编敕,杭、明州并不许发船往高丽,违者徒二年,没入财货充赏,并乞删除元丰八年九月内创立许海舶附带外夷入贡及商贩一条,并蒙朝廷一一施行。臣近具海舶擅载外国入贡条约,禀之都省,蒙札付臣戒谕。臣已取责舶户陈志、蔡周迪状,称今后不得擅载,如违,徒二年、财物没官之罪。欲望特降处分,下诸路转运、市舶司等处依应遵守,不许违戾。"从之。(第7册,第4209

页）

四年六月二十二日，诏："诸路市舶司钱物，今后并不许诸司官划刷。如违，以徒二年科罪。"

绍兴二年七月六日，福建路安抚、转运、提举司奏："准绍兴二年四月十一日德音：'勘会本路地狭民贫，官吏猥众。访闻市舶只是泉州一处，旧来系守臣兼领，今既有提举设属置吏，费耗禄廪，其利之所入徒济奸私，而公上所得无几。仰本路帅臣、监司同共相度，可与不可废罢，条具闻奏。'逐司今相度到未置提举官已前，只是本路转运或提刑司官兼领，比置官后所收课额元无漏落。兼每岁自八月以后至六月以前，风信不顺，即无贩蕃及海南回船到岸，其提举司官吏于上项月分并各端闲，委是可以废还逐司。"诏依，仍委本路提刑司兼领。（第7册，第4210~4211页）

八月六日，诏："市舶司废罢，其本司银器、钱物并令起赴行在左藏库送纳。旧管人吏以入仕年月日先后，三分中存留一分。官吏请给旧费，令提刑司取见元支窠名每月支数，依元窠名桩收讫，具状申尚书省。"寻诏市舶司属官不罢。

九月二十五日，诏旧市舶司职事令福建提举茶事兼领，前降令提刑司兼领指挥更不施行。

十月四日，诏："福建提举茶事司权移往泉州，就旧提举市舶司置司，将今来兼管市舶司职务系衔。"（第7册，第4211页）

三年十一月十二日，户部言："诸路收买市舶司博易物色本钱，欲依旧用坊场钱应副。"从之。

十二月十七日，户部言："勘会三路市舶除依条抽解外，蕃商贩到乳香一色及牛皮、筋、角堪造军器之物，自当尽行博买。其余物货，若不权宜立定所起发窠名，窃虑枉费脚乘。欲令三路市舶司，将今来立定名色计置起发。下项名件，欲令起发赴行在送纳：金、银、真珠、玉乳香、牛皮筋角、象牙、犀、脑子、麝香、沉香、上中次笺香、檀香、乌文木、鹏砂、朱砂、木香、人参、丁香、琉璃、珊瑚、苏合油、白豆蔻、牛黄、腽肭脐、龙涎香、藤黄、血碣、荜澄茄、安息香、缩砂、降真香、肉豆蔻、诃子、舶上茴香、茯苓、菩萨香、鹿茸、黑附子、油脑、苁蓉、琥珀、上等螺犀、中等螺犀、下等螺犀、水银、上等药犀、中等药犀、下等药犀、鹿速香、赤仓脑、米脑、脑泥、木扎脑、夹杂银、石碌、白附子、铜器、银珠、茴子、南蕃苏木、高州苏木、随风子、青木香、干姜、川芎、红花、雄黄、川椒、石钟乳、硫黄、白木、夹杂黄熟香头、上等生香、茴香、乌牛角、白牛角、沙鱼皮、上等鹿皮、鱼胶、海南苏木、熟速香、画黄、龟、鼍皮、鱼鳔、椰心簟、蕃小花狭簟、菱牙簟、蕃显布、海南棋盘布、海南吉贝布、海南青花棋盘被单、下色瓶香、海南白布、海南白布被单、楝香、上色瓶乳香、中色瓶香、次下色瓶香、上色袋香、中色袋香、下色袋香、乳香、塌香、黑塌香、水湿黑塌香、青棋盘布绸、生速香、斫削拣选低下水湿黑塌香、黄蜡、松子、榛子、夹煎黄熟香头、白芜荑、山茱萸、茅术、防风、杏仁、五苓脂、黄耆、土牛膝、毛绝布、高丽小布、占城速香、生孰香、夹煎香、上黄熟香、中黄熟香、下笺香、石斛。下项名件,欲令本处一面变卖:蔷薇水、御碌香、芦荟、阿魏、荜拨、史君子、豆蔻花、肉桂、桂花、指环脑、丁香、母扶律膏、大风油、加路香、火丹子、紫藤香、笃芹子、豆蔻、黑笃耨、龟童、没药、天南星、青桂头、秦皮、橘皮、鳖甲、莳萝、官桂、榆甘子、益智、高良姜、甲香、天竺黄、草豆蔻、藿香、红豆、草果、大腹子肉、破故纸、苓苓香、蓬莪术、木鳖子、石决明、木兰皮、丁香皮壳、豆蔻、乌药、柳桂、桂皮、檀香皮、姜黄、相思子、苍术、青椿香、幽香、桂心、大片香、姜黄、熟缠末、潮脑、三赖子、龟头、枝实、密木、檀香、缠丁香、枝白胶香、椿香头、鸡骨香、龟同香、白芷、亚湿香、木兰茸、乌黑香、粗熟香、下等丁香、下等冒头香、下等粗香头、下等青桂、片香、麝香、木蕃、槟榔肉连皮、槟榔旧香连皮、大腹、粗熟香头、海桐皮、松搭子、犀蹄土、半夏、常山、薤仁、远志、暂香、下速香、下黄熟香。"诏依。(第7册,第4212~4213页)

五年闰二月八日,诏:"市舶务监官并见任官诡名买市舶司及强买客旅舶货,以违制论,仍不以赦降原减。许人告,赏钱一百贯。提举官、知、通不举劾,减犯人罪二等。"

(绍兴)六年十二月十三日,诏蕃舶纲首蔡景芳特与补承信郎。以福建路提举市舶司言景芳招诱贩到物货,自建炎元年至绍兴四年,收净利钱九十八万余贯,乞推恩故也。

二十九日,户部言:"两浙市舶司申,看详到泉州相度,乞今后蕃商贩到诸杂香药除抽解外,取愿不以多少博买外,其抽解将细色直钱之物依法十分抽解一分,其余粗色并以十五分抽解一分。若依所乞,即于本路委是利便等事。"送户部勘当,本部言:"欲下三路市舶司更切契勘,如委实可行,不致亏损课息,即依所乞施行。仍仰今后博买物货,照应前后节次已降指挥博买施行,毋致枉有占压本钱。除象牙、乳香、真珠、犀系是实宝货之物,合依旧分数抽解外,其诸杂香药物货,欲依已勘当事理施行。"诏依。(第7册,第4213~4214页)

七年七月二日,三省言:"绍兴七年三月二十一日敕节文:监司、大藩节镇知州差初任通判资序以上人,军事州、军、监第二任知县资序以上人。检准绍兴敕,诸称监司,谓转运、提点刑狱,其提点坑冶铸钱、茶盐、市舶未有该载。"诏提举坑冶铸钱依监司,茶盐、市舶依军州事已降指挥施行。

闰十月三日,上曰:"市舶之利最厚,若措置合宜,所得动以百万计,岂不胜取之于民!朕所以留意于此,庶几可以少宽民力尔。"先是,诏令知广州连南夫条具市舶之弊,南夫奏至,其一项:市舶司全藉蕃商来往货易,而大商蒲亚里者既至广州,有右武大夫曾纳利其财,以妹嫁之,亚里因留不归。上令委南夫劝诱亚里归国,往来干运蕃货,故圣谕及之。

八年七月十六日,臣寮言:"广南、福建、两浙市舶司抽买到市舶香药、物货,依绍兴六年四月九日朝旨,立定合起发本色,并令本处一面变转价钱,赴行在送纳名件,缘合起发内尚有民间使用稀少等名色,若行起发,窃虑枉费脚乘及亏损官钱。"诏令逐路市舶司,如抽买到和剂局无用并临安府民间使用稀少物货,更不起发本色,一面变转价钱,赴行在库务送纳。内广南、福建路仍起轻赍。

十一年十一月,户部言:"重行裁定市舶香药名色,仰依合起发名件,须管依限起发前来。所是本处变卖物货,除将自来条格内该载合充循环本钱外,其余遵依已降指挥计量起发施行,不管违戾。合赴行在送纳、可以出卖物色:细色:呵子、中笺香、没药、破故纸、丁香、木香、茴香、茯苓、玳瑁、鹏砂、荸荠、紫矿、玛瑙、水银、天竺黄、末朱砂、人参、鼍皮、银子、下笺香、芹子、铜器、银珠、熟速香、带梗丁香、桔梗、泽泻、茯神、金箔、舶上茴香、中熟速香、玉乳香、麝香、夹杂金、夹杂银、沉香、上笺香、次笺香、鹿茸、珊瑚、苏合油、牛黄、血竭、膃肭脐、龙涎香、荜澄茄、安息香、琥珀、雄黄、锺乳石、蔷薇水、芦荟、阿魏、黑笃耨、鳖甲、笃耨香、皮笃耨香、没石子、雌黄、鸡舌香、香螺奄、葫芦芭、翡翠、金颜香、画黄、白豆蔻、龙脑。有九等:熟脑、梅花脑、米脑、白苍脑、油脑、赤苍脑、脑泥、鹿速脑、木扎脑。粗色:胡椒、檀香、夹笺香、黄蜡、黄熟香、吉贝布、袜面布、香米、缩砂、干姜、蓬莪术、生香、断白香、藿香、荜拨、益智、木鳖子、降真香、桂皮、木绵、史君子、肉豆蔻、槟榔、青橘皮、小布、大布、白锡、甘草、荆三棱、碎笺香、防风、蒟酱、次黄熟香、乌里香、苓苓香、中黄熟香、冒头香、三赖子、青苎布、下生香、丁香、海桐皮、蕃青班布、下等冒头香、下等乌里香、苓牙簟、修割香、中生香、白附子、白熟布、白细布、山桂皮、暂香、带枝檀香、铅土、茴香、乌香、牛齿香、半夏、芎裤布、石碌、紫藤香、官桂、桂花、花藤、粗香、红豆、高良姜、藤黄、黄熟香头、钗藤、黄熟香、片螺头、斩剉香、生香片、水藤皮、苍术、红花、片藤、琉琉、水盘头、赤鱼鳔、香缠、小片水盘头、杏仁、红橘皮、二香、大片香、糖霜、天南星、松子、粗小布、大片水盘香、中水盘香、獐脑、青桂香、斧口香、白苎布、鞋面布、丁香皮、草果、生苎布、土檀香、青花蕃布、苁蓉、螺犀、随风子、绸丁、海母、龟同、亚湿香、菩提子、鹿角、蛤蚧、洗银珠、花梨木、琉璃珠、椰心簟、犀蹄、蕃糖、师子绥、枝实。粗重枉费脚乘：窊木、大苏木、小苏木、硫磺、白藤棒、修截香、青桂头香、蕃苏木、次下苏木、海南苏木、镬铁、白藤、粗铁、水藤坯子、大腹子、姜黄、麝香、木跳子、鸡骨香、大腹、檀香皮、把麻、倭板、倭枋板头、薄板、板掘、短板肩、椰子长薄板合簟、火丹子、蛙蚰、干倭合山、枝子、白檀木、黄丹、麝檀木、苎麻、苏木、稍靸、相思子、倭梨木、樆藤子、滑皮、松香、螺壳、连皮、大腹、吉贝花布、吉贝纱、琼枝菜、砂黄、粗生香、硫黄、泥黄、木柱、短小零板杉枋、厚板松枋、海松板木枋、厚板令赤藤厚枋、海松枋、长小零板板头、松花小螺壳、粗黑小布、杉板狭小枋、令团合杂木柱、枝条苏木、水藤篾、三抄香团、铁脚珠、苏木脚、生羊梗、黄丝火枕煎盘、黑附子、油脑、药犀、青木香、白术、蕃小花狭簟、海南白布单、青蕃棋盘小布、白芜荑、山茱萸、茅术、五苓脂、黄耆、毛施布、生熟香、石斛、大风油、秦皮、草豆蔻、乌药香、白芷、木兰茸、蕤仁、远志、海螺皮、生姜、黄芩、龙骨草、枕头土、琥珀、冷瓶、密木、白眼香、脔香、铁熨斗、土锅、豆蔻花、砂鱼皮、拍还脑、香柏皮、黄漆、滑石、蔓荆子、金毛狗脊、五加皮、榆甘子、菖蒲、土牛膝、甲香、加路香、石花菜、粗丝趼头、大价香、五倍子、细辛、韶脑、旧香、御碌香、大风子、檀香皮、缠香皮、缠末、大食芎仑梅、熏陆香、召亭枝、龟头犀香、豆根、白脑香、生香片、舶上苏木、水盘头幽香、蕃头布、海南棋盘布、海南青花布被单、长木、长倭条、短板肩。"（第 7 册，第 4214～4215 页）

二十三日，臣寮言："广东、福建路转运司遇舶船起发，差本司属官一员临时点检，仍差不干碍官一员觉察。至海口，俟其放洋，方得回归。如所委官或纵容般载铜钱，并乞显罚，以为慢令之戒。"诏下刑部立法，刑部立到法：诸舶船起发，贩蕃及外蕃进奉人使回蕃船同。所属先报转运司，差不干碍官一员躬亲点检，不得夹带铜钱出中国界。仍差通判一员谓不干预市舶职事者，差独员或差委清强官覆视，候其船放洋，方得回归。诸舶船起发，贩蕃及外蕃进奉人使回蕃船同。所委点检官覆视官同。容纵夹带铜钱出中国界首者，依知情引领、停藏、负载人法，失觉察者减三等。即覆视官不候其船放洋而辄回者徒一年。从之。

（绍兴）十二年十二月十八日，诏："福建路提举市舶令见任官专一提举，其已差下替人令疾速赴任，专一提举茶事。"福建路提举市舶司昨自绍兴二年废罢，遂令提举茶事司兼领，就泉州置司。时朝廷措置福建腊茶，欲就行在置局给卖，于是通判临安府吕斌言，乞将福建路茶事司依旧复归建州，专一主管买发腊茶。而户部言,今将提举市舶司未废并以前官吏令量减孔目官、手分各一名外,每月约支钱止三百九十贯,米止十七硕。比之茶事司见请钱米,其钱岁减二千四百六十贯,米减一百二十六硕。故有是诏。(第7册,第4215~4216页)

十四年九月六日,提举福建路市舶楼璹言:"臣昨任广南市舶司,每年于十月内依例支破官钱三百贯文排办筵宴,系本司提举官同守臣犒设诸国蕃商等。今来福建市舶司每年止量支钱委市舶监官备办宴设,委是礼意与广南不同。欲乞依广南市舶司体例,每年于遣发蕃舶之际,宴设诸国蕃商,以示朝廷招徕远人之意。"从之。

十六年四月十日,提举福建路市舶曹泳言:"乞今后本路沿海令、佐、巡尉批书内,添入本地分内无透漏市舶物货一项,所属得本司保明,方得批书。及州县有承勘市舶透漏公事,如或灭裂,许本司奏劾。"从之。

十七年十一月四日,诏三路市舶司:"今后蕃商贩到龙脑、沉香、丁香、白豆蔻四色,并依旧抽解一分,余数依旧法施行。"先是,绍兴十四年,一时措置抽解四分,以市舶司言蕃商陈诉抽解太重,故降是旨。

二十一年闰四月四日,右中奉大夫、直显谟阁、知抚州李庄除提举福建市舶。上曰:"提举市舶官委寄非轻,若用非其人,则措置失当,海商不至矣。庄可发来赴阙禀议,然后之任。"(第7册,第4216页)

二十九年九月二日,宰执进呈御史台检法官张阐论市舶事,上曰:"广南、福建、两浙三路市舶条法恐各不同,宜令逐司先次开具来上,当委官详定。朕尝问阐市舶司岁入几何,阐奏抽解与和买以岁计之,约得二百万缗。如此,即三路所入固已不少,皆在常赋之外,未知户部如何收附及如何支使。卿等宜取见实数以闻。"汤思退奏曰:"谨当遵依圣训,行下逐路舶司抄录条法,并令取见收支实数。俟到,条数闻奏。"以御史台检法官张阐言:"比者叨领舶司,仅及二载,窃尝求其利害之灼然者,无若法令之未修。何者?福建、广南各置务于一州,两浙市舶务乃分建于五所,三路市舶相去各数千里,初无一定之法。或本于一司之申请而他司有不及知,或出于一时之建明而异时有不可用,监官之或专或兼,人吏之或多或寡,待夷夏之商或同而或异,立赏刑之制或重而或轻。以至住舶于非发舶之所,有禁有不禁;买物于非产物之地,有许有不许。若此之类,不可概举。故官吏无所遵守,商贾莫知适从,奸吏舞文,远人被害,其为患深。欲望有司取前后累降指挥及三路节次申请,厘析删修,著为一司条制。故上谕及之。"

孝宗隆兴元年十二月十三日,臣寮言:"舶船物货已经抽解,不许再行收税,系是旧法。缘近来州郡密令场务勒商人将抽解余物重税,却致冒法透漏,所失倍多。宜行约束,庶官私无亏,兴贩益广。"户部看详:"在法,应抽解物不出州界货卖更行收税者,以违制论,不以去官、赦降原减。欲下广州、福建、两浙转运司并市舶司,钤束所属州县场务,遵守见行条法指挥施行。"从之。

二年七月二十五日,臣寮言:"熙宁初,创立市舶一司,所以来远人、通物货也。旧法,抽解既有定数,又宽期纳税,使之待价,此招致之方也。迩来州郡官吏趣办抽解之外,又多名色,兼迫其输纳,货滞则减价求售,所得无几,恐商旅自此不行。欲望戒敕州郡,推明神宗皇帝立法之意,使商贾懋迁,以助国用。"从之。继而户部欲行广南、福建、两浙路转运司并市舶司,钤束所属州县场务遵守见行条法施行,毋致违戾。(第7册,第4217页)

乾道二年六月三日,诏罢两浙路提举市舶司,所有逐处抽解职事,委知、通、知县、监官同行检视而总其数,令转运司提督。先是,臣僚言:"两浙路惟临安府、明州、秀州、温州、江阴军五处有市舶。祖宗旧制,有市舶处,知州带兼提举市舶务,通判带主管,知县带监,而逐务又各有监官。市舶置司,乃在华亭,近年遇明州舶船到,提举官者带一司公吏留明州数月,名为抽解,其实搔扰。余州瘠薄处,终任不到,可谓素餐。今福建、广南路皆有市舶司,物货浩瀚,置官提举,诚所当宜。惟是两浙路置官,委是冗蠹,乞赐废罢。"故有是命。

乾道三年四月二十二日,诏:"广南、两浙市舶司所发船回日,内有妄托风水不便、船身破漏、樯柂损坏,即不得拘截抽解。若有别路市舶司所发船前来泉州,亦不得拘截,即委官押发离岸,回元来请公验去处抽解。"从福建路市舶程祐之请也。

十二月二十三日,诏:"令福建市舶司于泉、漳、福州、兴化军应合起赴左藏西库上供银内,不以是何窠名,截拨二十五万贯,专充抽买乳香等本钱。"从工部侍郎、提领左藏南库姜诜请也。(第7册,第4218～4219页)

淳熙元年十月十日,提举福建路市舶司言:"舶司素有鬻纲之弊,部纲官皆求得之,换易、偷盗、折欠、稽迟,无所不有。今乞将细色步担纲运,差本路司户、丞、簿合差出官押;粗色海道纲运,选差诸州使臣谙晓海道之人管押。其得替待阙官不许差。"从之。二年,市舶张坚有请,以见任官可差出者少,乞依旧差待阙官。从之。

二年二月二十七日,户部言:"市舶司管押纲运官推赏,今措置,欲令福建、广南路市舶司粗细物货并以五万斤为一全纲,福建限三月程,广南限六月程,到行在无欠损,与比仿押钱帛指挥推赏。如不及全纲,以五万斤为则作十分纽计,亦依押钱帛纲地里格法等第推赏。"从之。

十二月五日,提举福建路市舶苏岘言:"近降指挥,蕃商止许于市舶置司所贸易,不得出境。此令一下,其徒有失所之忧。乞自今诸蕃物货既经征榷之后,有往他者,召保经舶司陈状,疏其名件,给据付之,许令就福建路州军兴贩。"从之。(第7册,第4219页)

十一年十二月十四日,中书门下省检会淳熙十年九月四日已降指挥:"今后与蕃商博易解盐之人徒二年,二十斤加一等。徒罪皆配邻州,流罪皆配五百里,知情引领、停藏人为同罪,许人捕;若知情负载,减犯人罪一等,仍依犯人所配地里编管,许人告。透漏官司及巡察人各杖一百。获犯人并知情引领、停藏人,徒罪赏钱二百贯,流罪三百贯;如告获知情负载人,减半。其提举官并守令失觉察,并取旨重作施行。"诏令逐路提举官并州军守臣各照应已降指挥,常切觉察禁止,毋令违犯,每季检举,多出文榜晓谕。(第7册,第4220页)

绍熙元年三月八日,臣僚言:"福建市舶司每岁所发纲运有粗细色陆路纲,有粗色海道纲,其押纲官并无酬赏。至于海纲,人畏风涛,多不愿行。每差副尉、小使臣,多有侵欺贸易之弊。窃见饶州钱监起发钱纲,纲官押及二万三千贯,地满三千里,例减磨勘二年。钱宝与香货皆所以助国家经常之费,况钱由江行,香由海行。乞今后市舶司纲官押海道粗色纲及十万斤,委无少欠,乞纽计价直,比附钱纲推赏。"从之。

开禧元年八月九日,提辖行在榷货务都茶场赵善谲言:"泉、广招买乳香,缘舶司阙乏,不随时支还本钱,或官吏除克,致有规避博买,诈作飘风,前来明、秀、江阴舶司,巧作他物抽解收税私卖,搀夺国课。乞下广、福市舶司多方招诱,申给度牒变卖,给还价钱。仍下明、秀、江阴三市舶,遇蕃船回舶,乳香到岸,尽数博买,不得容令私卖。"从之。

十月十一日,诏:"泉、广市舶司将逐年博买蕃商乳香,自开禧二年为始,权住博买。"

三年正月七日,前知南雄州聂周臣言:"泉、广各置舶司以通蕃商,比年蕃船抵岸,既有抽解,合许从便货卖。今所隶官司择其精者,售以低价,诸司官属复相嘱托,名曰和买。获利既薄,怨望愈深,所以比年蕃船颇疏,征税暗损。乞申饬泉、广市舶司,照条抽解和买入官外,其余货物不得毫发拘留,巧作名色,违法抑买。如违,许蕃商越诉,犯者计赃坐罪。仍令比近监司专一觉察。"从之。

嘉定六年四月七日，两浙转运司言："临安府市舶务有客人于泉、广蕃名下转买已经抽解胡椒、降真香、缩砂、豆蔻、藿香等物，给到泉、广市舶司公引，立定限日，指往临安府市舶务住卖，从例系市舶务收索公引，具申本司，委通判、主管官点检，比照元引色额数目一同，发赴临安府都税务收税放行出卖。如有不同并引外出剩之数，即照条抽解，将收到钱分隶起发上供。今承指挥，舶船到临安府不得抽解收税，差人押回有舶司州军，即未审前项转贩泉、广已经抽解有引物货船只，合与不合抽解收税。"诏令户部，今后不得出给兴贩海南物货公凭，许回临安府抽解。如有日前已经出给公凭客人到来，并勒赴庆元府住舶。应客人日后欲陈乞往海南州军兴贩，止许经庆元府给公凭，申转运司照条施行。自余州军不得出给。其自泉、广转买到香货等物，许经本路市舶司给引，赴临安府市舶务抽解住卖，即不得将元来船只再贩物货往泉、广州军。仍令临安府转运司一体禁戢。从之。（第7册，第4221页）

职官六九　　黜降官（六）

靖康元年三月二十三日，诏："江南转运使曾纡，福建转运使赵岍、唐绩，提举市舶张祐，提举广东盐香黄昌衡，提举京畿常平陆寀并罢，送吏部，内有职者夺之。"以言者论皆缘交结权幸，躐取名位，邪佞凶狡，素无廉声，皆不足以当一道之寄故也。（第8册，第4909页）

职官七二　　黜降官（九）

淳熙十三年八月七日，朝奉大夫、提举福建市舶潘冠英降一官。以发纳犀角、象牙多短小不堪用，故有是命。（第8册，第4992页）

十四年正月十一日，提举福建市舶潘冠英放罢。言者按其苛敛诛求，诱致无术，蕃商海舶畏避不来，故有是命。（第8册，第4993页）

职官七四　　黜降官（一一）

嘉泰三年九月二十三日，江东提举常平刘述、福建提举市舶曹格并放罢。以监察御史林行可言，述借法济贪，格移易乳香。（第9册，第5049页）

开禧元年闰八月一日，新广南提举市舶陈实、新福建提举市舶黄敏德、杨樗年并与祠禄，理作自陈。以臣僚言，实庸暗巽懦，敏德贪饕鄙猥，樗年癃老疾病。（第9册，第5051页）

嘉定二年八月二日，新提举福建市舶徐大节、新知新州韦翌、新知浔州高可行并罢新任。以臣僚言大节诛求边民，翌屡经弹劾，可行贿赂公行。（第9册，第5061页）

五年二月三日，新提举福建市舶黄士宏罢新任。以臣僚言其顷知沅州，

政以贿成,民冤莫伸。(第9册,第5066页)

职官七五　黜降官(一二)

嘉定六年十月二十二日,提举福建市舶赵不熄更降一官。先因臣僚言其多抽番舶,抄籍诬告,得旨降两官放罢。既而给事中曾从龙复乞更行镌降,永不得与监司、郡守差遣。(第9册,第5071页)

选举三〇举官(四)

绍兴十九年九月二十五日,诏广南东路市舶司属官今后许与福建路市舶司属官互举。从吏部请也。(第10册,第5823页)

选举三三

政和八年闰九月二十三日,诏泉州市舶官纲应奉有劳,提举福建市舶蔡栲可除直秘阁。(第10册,第5899页)

宣和四年四月十六日,朝请大夫、直秘阁、河东路转运使陈知质直龙图阁,朝请大夫、直龙图阁、陕西路转运副使钱盖为右文殿修撰,宣教郎、提举福建路市舶张祐直秘阁。(第10册,第5903页)

选举三四

乾道四年八月五日,诏:"提举福建路市舶程佑之职事修举,可除直秘阁、权广南东路提点刑狱公事。"(第10册,第5920页)

九年闰正月二十四日,诏提举福建路市舶张坚除直秘阁。以坚职事修举,故有是命。(第10册,第5924页)

食货一七

(元丰三年)十二月二日,琼管体量朱初平言:"海南收税,用船之丈尺量纳,谓之'格纳'。其法分为三等。假如五丈三尺为第二等,则是五丈二尺遂为第三等。所减才一尺,而纳钱多少,相去十倍。加之客人所来州郡物货贵贱不同,自泉、福、两浙、湖广来者,一色载金银匹帛,所值或及万余贯;自高、化来者,唯载米包、瓦器、牛畜之类,所值或不过二三百贯。其不等如此,而用丈尺概收税,甚非理也。以故泉、福客人多方规利,而高、化客人不至,以此海南少有牛、米之类。今欲立法,使客船须得就泊琼、崖、儋、万四州,不用丈尺,止据物货收税讫,官中出与公凭,方得于管下出卖。其偷税之人,并不就海口收税者,许人告,并以船货充赏。"从之。(第11册,第6359~6360页)

食货二七

乾道八年正月二十五日,新提举福建路市舶陈岘言:"福建路海口、岭口、涵头三仓祖额,岁买盐一千九百七十六万七千五百斤。自元丰三年转运使王子京建般运盐纲之法,后来州县奉行,积渐生弊,一则侵盗而损公,二则科买而扰民,至今犹甚。且天下州县皆行钞法,于官则可计所入而无侵渔之弊,于民则便于兴贩而免科买之患,公私之利甚博。今独福建受此运盐之害,岂可不行钞法以革之乎?……"诏委陈岘措置。(第11册,第6600页)

食货三六
榷易
太宗太平兴国二年三月,监在京出卖香药场大理寺丞乐冲、著作佐郎陶邴言:"乞禁止私贮香、药、犀、牙。"诏:"自今禁买广南、占城、三佛齐、大食国、交州、泉州、两浙及诸蕃国所出香、药、犀、牙,其余诸州府土产药物,即不得随例禁断。与限令取便货卖,如限满破货未尽,并令于本处州府中卖入官;限满不中卖,即逐处收捉勘罪,依新条断遣。诸回纲运并客旅见在香、药、犀、牙,与限五十日,行铺与限一百日,令取便货卖,如限满破货不尽,即令于逐处中卖入官。官中收买香、药、犀、牙,价钱折支,仍不得支给金、银、匹段。所折支物并价例,三司定夺支给。应犯私香、药、犀、牙,据所犯物处时估价纽足陌钱,依定罪断遣,所犯私香、药、犀、牙并没官。如外国蕃客、公私人违犯,收禁勘罪奏裁,不得依新条例断遣。应干配役人,并刺面配逐处重役,纵遇恩赦,如年限未满,不在放免之限。应有犯者,令遂处勘鞫,当日内断遣,不得淹延。禁系妇人与免刺面,配本处针工充役,依所配年限满日放。二千以下、百文已上,决臂杖十五;百文已下,逐处量事科断;二千已上,决臂杖二十;四千已上,决臂杖十五,配役一年;六千已上,决脊杖十七,配役一年半;八千已上,决脊杖十八,配役二年;十千已上,决脊杖二十,配役三年;十五千已上至二十千,决脊杖二十,大刺面配沙门岛;二十千已上,决脊杖二十,大刺面押来赴阙引见。应诸处进奉香、药、犀、牙,即令于界首州军纳下,具数闻奏,其专人即赍表赴阙。"先是,外国犀、象、香、药充牣京师,置官以鬻之,因有司上言,故有是诏。

雍熙四年六月,诏:"两浙、漳、泉等州自来贩舶商旅藏隐违禁香、药、犀、牙,惧罪未敢将出。与限陈首,官场收买。"(第11册,第6785~6786页)

食货三八
嘉定十二年十二月二十三日,臣僚言:"泉、广舶司日来蕃商浸少,皆缘克剥太过,既已抽分和市,提举监官与州税务又复额外抽解和买,宜其惩创消折,悭于此来。乞严饬泉、广二司及诸州舶务,今后除依条抽分和市外,不得衷私抽买。如或不悛,则以赃论。"从之。(第11册,第6839~6840页)

食货四四
嘉泰三年五月十八日,前知崇庆府林会言:"下闽、广舶司,每岁部押纲运,不得用杂流及小小武弁,须通差文武见任及待阙有顾藉者,仰舶司籍定姓名,不许私相转售。发纲日,严立程限,预申省部照府,庶免谷滞。如违,舶臣连坐。"从之。(第12册,第7001页)

嘉定六年十二月七日,臣僚言:"纲运之弊,至今日极矣,盖缘权奸专政,请托公行。起纲之初,以粗易精,以伪易真。纲与所差官司分受在道,则盗将官物非理破用。沿路虽有催纲官司,反与为市。逮至交纳,则又夤缘嘱托,逼胁仓库交受。至于泉、广舶司纲运,奸弊尤甚。今左帑积压香货,有同柴薪,虽痛裁价直,无人愿售。此皆押纲与交纲通同作弊,重为公家之蠹。……"从之。(第12册,第7002页)

嘉定十一年正月二十五日,户部言:"左藏东、西库指定福建市舶司遵依指挥,条具装发纲运事理下项:一、纲运交装之初,监官不能皆廉,下逮专库,各有常例,隐瞒斤两,以高为次,弊幸百端。照得本司递年纲运,并于未支装前唤上舶务合干人等重立罪赏,不得就纲官乞觅,方差官吏监视行人,先次分色额等第。伺交装日,提举官同本司官属公共下库,再监无干碍行人重验色额,仍差泉州无干碍官监视。以省降铜陶法物对纲官两平秤制觔两,当官封角。每包作封头两个:一系印提举官阶位,小书,用本司铜朱印记;一系监装官名衔印记。外檀香凩木,并数计条截两头,各用提举官押字雕皮记,责付纲官下船。仍差近上吏人、军员各一名防察,随纲前去,责限两月到行在所属库分交纳。今准指挥,本司除已遵禀,严行约束,日后合干人辄乞纲官钱物,将香货以高为次,定行根究决配。或监装官属容情隐庇,致因觉察得知,定申朝廷施行。此项,库司今从本司所申事理,常切遵守,毋致废弛,务在久远施行。一、精选畏谨之人以充部押纲运。照得本司近降指挥,选差见任、寄居大使臣堪倚仗畏谨之人,近来本司起发纲运,移文泉州选差。况聚泉州见任、寄居大使臣少,纵有员额,又系归明不厘务官,委是于条有碍。间差见任官,又复推避,正缘日前管押纲运有冒涉鲸波,而依限到库者往往不蒙推赏,所以多有不愿管押之人。欲今后差官部押,如依程限到库,委无欺弊少欠,乞与优加推赏。及防纲公吏,亦从本司犒劳,升补名次。此项,逐库检准《庆元重修令》,诸纲运以本州岛县见任合差出官,各籍定姓名,从上轮差,不许辞避;无官可差,即募官管押。窃缘先来本司不与照条差募,或差无藉之官,致有在路故作稽违,交卸又有欠损,其押纲官遂不敢乞赏。今乞下舶司,须管照条选差可倚仗谨畏之人。如所押官物无欠损、违程,即与照条推赏。一、纲官将官给之物换易变卖,沿途商贩,经岁滞留。照得本司每遇差官押发纲运,并从条关报本司以至行在。凡所经由州县及沿海巡尉官迭

二、政书、诏令奏议类

递催赶,防护出界。其经由州县与沿海巡尉官司更不用心差人赶发,是致逗留作弊。缘本司与州县初无统摄,文牒视为具文。今乞下纲运所经由郡县及沿海巡尉官司,如纲运逗留界分之,不即差人起发过界,并许本司移文所属郡县根究,如稍有违戾,申取指挥施行。此项乞朝廷行下所隶监司,严督催纲巡尉,遇有纲运到界,继时催赶,防护出界,及于本纲行程分明批凿起离时日。如有违戾,许从监司、属郡根究,重作施行。一、交装纲运,先以色样申解户部,不许随纲将带,以防换易。本司今遵禀,日后起发纲运,只发各色香样一项,前期专差人赍发赴户部投下,伺纲运到日,照样交纳,更不出给随纲香样,庶革侵欺移易之弊。此项欲从本司申请。日后起纲,于所发香货逐件抽取色样封角,专人先次赍赴户部投下寄留,候到库,唤集行众当官开拆封样,看验一同,即与交收。一、起发纲运,除细色香药物货遵陆前去不以时月,有可稽考外,其粗色物货系雇船乘载泛海,直是四五月间支装,赶趁南风顺便发离,庶免飓风海洋阻滞。缘本司逐时遵奉省部行下催发严峻,逐色于秋冬时月装发,致纲官以阻风为词,公然抛泊湾澳,逗留作弊。今准指挥,后起粗色物货纲运预期支装,候四月、五月南风顺便,方赶趁风信发离,及责日限,到所属库分交纳。如有违限,即乞根究住滞情弊,重作施行。此项乞下市舶司。应有蕃船到舶,抽收香货,将合解数目按月具申,遇便起发,照立定程限行运。如所押官物至交卸出违限日,将纲官从条根究,亦不推赏。一、纲运至左帑交卸,牙侩看验,帑吏经由,莫不岁有定价,几类执券取偿。常例之需既足,则交收指日了办。今乞严行约束左帑合干人等,今后纲运到库,如看验委无欺弊,即交秤给钞,不许多方需索常例。此项逐库照得纲运到库交卸,自有元降指挥板榜立定官脚等则例,充雇夫脚剩之费。今来本司所请纲运,乞指挥下日,重立罪赏,严行约束施行。本部今勘当,欲从指定到逐项事理施行。"从之。(第12册,第7003~7004页)

食货五〇

绍兴二年八月十一日,侍御史江跻言:"福建路海船,频年召募把隘,多有损坏,又拘縻岁月,不得商贩,缘此民家以有船为累,或低价出卖与官户,或往海外不还,甚者至自沉毁,急可悯念。乞令本路沿海州县籍定海船,自面阔一丈二尺以上,不拘只数,每县各分三番应募把隘,分管三年,周而复始。过当把隘年分,不得出他路商贩。使有船人户三年之间,得二年逐便经纪,不失本业,公私俱济。其当番年分辄出他路,及往海外不肯归回之人,重坐其罪,仍没船入官。如本州岛县纲运,即轮差不及一丈二尺海船,其系籍把隘船户,本州县纲并不得差使。"诏权令官户并同编民,仍委帅臣、监司自绍兴三年,将本路海船轮定番次。其当番年分辄出他路,并从杖一百科罪,其船仍没官。所有今年募到人,与理充一次。(第12册,第7128页)

食货五六

绍兴八年五月二十六日,诏:"三路市舶司:香药物货,并诸州军起到无用赃物等,系左藏东、西库收纳。先经编估局编拣,定等第、色额,估价,申金部下所属复估审验了当,本部连降估帐,行下打套局施行。"详见打套局门。(第12册,第7285页)

绍兴九年六月二十一日,诏:"三路市舶司香药物货,并诸州军起到无用赃罚衣物等纳讫,牒报编估局官吏,将带合用行、牙人,前去就库编拣等第、色额讫,差南纲牙人等,同市舶司看估时直价钱,供申尚书金部,符下太府寺,请寺丞一员覆估讫,径申金部提振郎中厅审验了当,申金部施行。"详见编估局门。(第12册,第7285页)

刑法二

元祐八年四月十二日,御史中丞李之纯言:"愿降明诏,禁广南东、西路人户采珠,止绝官司不得收买外,海南诸蕃贩真珠至诸路市舶司者,抽解一二分入官外,其余卖与民间。欲乞如国初之制,复行禁榷,珠贝抽解之外,尽数中卖入官,以备乘舆、宫掖之用。申行法禁,命妇、品官、大姓、良家许依旧例装饰者,令就官买,杂户不得服用。及民间服用诸般金饰之物,浮侈尤甚,而条贯止禁销金,其缕金、贴金之类,皆至糜坏至宝,僭拟宫掖。往年条禁甚多,亦乞修立,如销金之法。"诏缕金、贴金之类,令礼部检举旧条,珠子令户部相度以闻。(第14册,第8304~8305页)

政和二年六月二十二日,臣僚言:"访闻入蕃海商自元祐后来押贩海船人,时有附带曾经赴试士人及过犯停替胥吏过海入蕃。或名为住冬,留在彼国,数年不回,有二十年者,取妻养子,转于近北蕃国,无所不至。元丰年中,停替编配人自有条禁,不许过海。及今岁久,法在有司,未常检举。又有远僻白屋士人,多是占户为商,趋利过海,未有法禁。欲乞睿断指挥,检会元丰编配人不许过海条,重别增修,及创立今日已后曾预贡解及州县有学籍士人不得过海条赏,明示诸路沿海、次海州军。"诏依。有条令者坐条申明行下,其曾预贡解及学籍士人不得过海一节,于元条内添入。(第14册,第8314页)

绍兴二十二年八月二十六日,禁泉州商人泛海私贩。上宣谕曰:"累有约束禁止私泛海商人,闻泉州界尚多有之,宜令沿海守臣常切禁止,无致生事。"(第14册,第8340页)

二、政书、诏令奏议类

淳熙九年十一月二十一日,诏:"广东经略司晓谕大奚山民户,各依元降指挥,只许用八尺面船采捕为生,不得增置大船。仍递相结甲,不得停着他处逃亡人。如有逃亡人,令澳长民户收捉,申解经略司,重与支赏。"以枢密院言:"大观间曾降指挥,大奚山民户所置船面不得过八尺,近年多有兴化、漳、泉等州逋逃之人聚集其处,易置大船,创造兵器,般贩私盐,剽劫商旅。"故有是命。(第14册,第8349页)

嘉定五年九月二十八日,臣僚言:"窃见漳、泉、福、兴化,凡滨海之民所造舟船,乃自备财力兴贩牟利而已。朝廷以备边之务不可弛,间籍定其数,更番以备防托。奈何州县创例科取,胥吏并缘搔扰百出,利归于下,怨归于上。乞行下漳、泉、福、兴化等郡禁戢,沿海诸邑凡大小海船除防托差使外,应干科敛无名色钱并行蠲免。如温、台、明等有海船去处,亦一例禁戢,毋得非法科取。若水居小船,不应丈尺,不得拘籍骚扰。如违,许船户越诉,官吏计赃,重寘典宪。"从之。(第14册,第8365页)

七年五月十六日,嘉兴府状,乞令倭舶前来本部住泊趁岁计。诏:"权令嘉兴府行下华亭县住泊海南船只抽解,如客人陈给公据,仰本府具申户部出给,及不得住泊高丽倭船。其客人起发前往海南州军,仰本府县严行觉察,不得容令夹带铜钱,申提刑司委官搜检,亦不许将元船再贩物货往广、泉州军。如辄有夹带铜钱到于别处,官司败获,守臣、知县并行镌责。仍行下两浙转运司、庆元府照会,及浙西提刑司专一觉察施行。"(第14册,第8367页)

十年十一月二十九日,臣僚言:"臣闻楮币之折阅,原于铜钱之消耗;铜钱之消耗,原于透漏之无涯。乞行下庆元、泉、广诸郡,多于舶船离岸之时差官检视之外,令纲首重立罪状。舟行之后,或有告首败露,不问缗钱之多寡,船货悉与拘没。仍令沿海州郡多出榜示于湾奥泊舟去处,重立赏格,许人缉捕。每获到下海铜钱一贯,酬以十贯之赏,仍将犯人重与估籍,庶几透漏之弊少革。"从之。(第14册,第8370页)

十二年六月二十八日,都省言:"勘会见钱稀少,会价渐至低减,访闻日来皆由铜钱下江并番舶偷载,与夫越界贩卖出外。已札下诸路提刑、提举、转运、市舶司,日下各严切行下所部州军,差人严行搜检船户,不许偷载铜钱下船。如有违犯之人,许同舟徒伴并诸色人告首,即将犯人送狱根勘,仍于名下重与追赏,犯人并船户与所贩物货并船尽籍没入官,一体决配断罪。仍仰州县分明重立罪赏,多出文榜晓谕,常切从公缉捕,无使透漏。仍仰所部监司觉察州县违慢去处,切待取旨,重行镌责施行。"(第14册,第8370~8371页)

十五年十月十一日,臣僚言:"国家置舶官于泉、广,招徕岛夷,阜通货贿。彼之所阙者如瓷器、茗、醴之属,皆所愿得,故以吾无用之物易彼有用之货,犹未见其害也。今积习玩熟,来往频繁,金银、铜钱、铜器之类,皆以充斥外国。顷年泉州尉官尝捕铜铤千余斤,光烂如金,皆精铜所造,若非销钱,何以得此颇闻舶司拘于岁课,每冬津遣富商请验以往,其有不愿者,照籍点发。夫既驱之而行,虽有禁物,人不敢告,官不暇问。铜日以耗,职此之由。臣愚谓宜戒饬舶司,俾之从长措置,至冬不必遣船,只如初制,听其自至。彼既习用中国之物,一岁不通,必至乏用,势不容不求市于我。吾以客主之势坐制其出入,机察其违犯,较夫津遣豪民卖物求售、坐视其弊而莫之禁者,得失有间矣。乞亟赐行下,是亦禁戢铜钱、称提官会之一助也。"又言:"泉、广每岁起纲,所谓粗色,虽海运以达中都,然水脚之费亦自不赀。今外帑香货充斥,积压陈腐,几为无用之物,臣以为当令舶司就地头变卖,止以官券来输左帑。乞并赐行下,其于称提官会亦非小补。"又言:"蕃夷得中国钱,分库藏贮,以为镇国之宝。故入蕃者非铜钱不往,而蕃货亦非铜钱不售,利源孔厚,趋者日众。今则沿海郡县寄居不论大小,凡有势力者则皆为之,官司不敢谁何,且为防护出境。铜钱日寡,弊或由此。傥不行严行禁戢,痛加惩治,中国之钱将尽流入化外矣。乞亟赐行下,应兴贩铜钱下海入蕃者,别立赏格,许人指告。命官追官勒停,永不叙理;百姓籍没家财,重行决配。"并从之。(第14册,第8372~8373页)

乾道七年三月十一日,知明州兼沿海制置使赵伯圭言:"伏详铜钱出界,法禁甚严,缘海界南自闽、广通化外诸国,东接高丽、日本,北接山东,一入大洋,实难拘检。乞自今应官司铜钱不得辄载入海船,如有违犯人,重作施行。"从之。(第14册,第8387页)

刑法三

(乾道八年)十二月八日,诏大理寺正潘景珪前往泉州根勘提举市舶陆沉不法公事。以沉在任赃污狼藉故也。(第14册,第8441页)

兵一三

隆兴元年十一月十二日,臣僚言:"窃见二广及泉、福州多有海贼啸聚,其始皆由居民停藏资给,日月既久,党众渐炽,遂为海道之害。如福州山门、潮州沙尾、惠州潭落、广州大奚山、高州碙州,皆是停贼之所。官兵未至,村民为贼耳目者,往往前期告报,遂至出没不常,无从擒捕。乞行下沿海州县,严行禁止,以五家互相为保,不得停隐贼人及与贼船交易。一家有犯,五家均受其罪,所贵海道肃清,免官司追捕之劳。"从之。(第14册,第8862~

8863页）

蕃夷四　占城

政和五年八月八日，礼部言："福建路提举市舶司状：'本路昨自兴复市舶，已于泉州置来远驿，及已差人前去罗斛、占城国说谕招纳，许令将宝货前来投进外，今相度，欲乞诸蕃国贡奉使、副、判官、首领所至州军，并用妓乐迎送，许乘轿或马至知、通或监司客位，俟相见罢，赴客位上马。其余应干约束事件，并乞依蕃蛮入贡条例施行。'本部寻下鸿胪寺勘会。据本寺契勘：'福建路市舶司依崇宁二年二月六日朝旨，纳到占城、罗斛二国前来进奉。内占城先累赴阙进奉，系是广州解发，福建路市舶申到外，有罗斛国自来不曾入贡，市舶司自合依《政和令》询问其国远近大小强弱，与已入贡何国为比，奏本部勘会。今来本司并未曾勘会施行。'"诏依本司所申，其礼部并不勘当郎官降一官，人吏降一资。（第16册，第9814页）

绍兴二十五年八月二十一日，提举福建市舶郑震奏："占城国遣使赍到进奉表章、方物，并书信上宰相，见听候指挥缴纳。"礼部、太常寺讨论到占城国进奉典故："天圣八年十月，遣使贡献礼物，入见于崇政殿；皇祐五年四月，遣使来贡。今欲依罗殿国王罗部贡已降指挥，令近上二十三人赴阙，仍令本司差熟事使臣引伴前来。"宰臣秦桧奏："欲依所请。内献宰臣等物，乞说谕不当创例。"上曰："可依讨论典故施行。其书信，宛顺说谕，不须创开新例。"（第16册，第9815页）

绍兴二十五年十一月二十八日，礼部言："占城国入贡回答敕书制度，乞依学士院检坐到交趾国进奉方物给降敕书体例。"从之。《中兴礼书》：十月二日，礼、户、兵部言："准都省札：'勘会占城国已降指挥许入贡，其使、副已到泉州，窃虑非晚到阙，所有合回赐钱物及应合行事件，札付礼部等处检具付，申取朝廷指挥。'逐部勘会：除就怀远驿安泊，及令客省定赐例物等项目并依得交趾体例施行外，所有其余合行事件开具下项：一、《鸿胪寺条》：'诸蕃夷进奉人回，乞差檐擎、防护兵士，并相度合用人数，关步军司差。'今来占城国入贡，到阙、回程合差檐擎、防护兵士，欲依条下步军司差拨三十人。内节级一名，赴本驿交割，俟至临安府界，即令以次州军差人交替，令押伴所于未起发已前预报沿路州军，差人在界首祗备交替。一、《主客条例》：占城国进奉回赐外，别赐翠毛细法锦夹袄子一领、二十两金腰带一条、银器二百两、衣着绢三百匹、白马一匹、八十两闹装银鞍辔一副。下户、工部令所属计料制造，送客省桩办，依自来条例回赐。其马令骐骥院给赐。"诏依。（第16册，第9816页）

绍兴二十五年十一月二十一日，户部言：太府寺申："占城人使到阙，所有回赐钱物，准绍兴二十五年十月二日指挥，候见得所进物色价直，划刷参酌应副。其人使虽到行在，缘所进物色尚在泉州，并未起发。依熙宁六年指挥：'今后诸番进奉如有进贡物色，令本寺看估计价，下所属回赐下。'今将所进香货名色下所属看估，纽计得香货等钱十万七千余贯。本寺刷回赐物帛数目，乞下所属支给，关报客省回赐。今具下项：一、占城进奉到物：沉香九百五十六斤，附子沉香一百五十斤，笺香四千五百二十八斤，速香四千八百九十斤，象牙一百六十八株，三千五百二十六斤，澳香三百斤，犀角二十株，玳瑁六十斤，暂香一百二十斤，细割香一百八十斤，翠毛三百六十只，番油一十埕，乌里香五万五千二十斤。一、回答数目：锦三百五十匹，生川绫二百匹、生川压罗四十匹，生樗蒲绫四十匹，生川尪丝一百匹，杂色绫一千匹，杂色罗一千匹，熟樗蒲绫五百匹，江南绢三千匹，银一万两。"诏依。二十二日，客省言："占城进奉人到阙，别赐国信物色翠毛细法锦夹袄子、金腰带、银器等，已下所属制造讫，乞送祗候库打角，学士院封题请宝讫宝，附客省关送押伴所。"诏依。同日，客省言："福建市舶司差到使臣韩全等八人押伴占城进奉人到阙，回日，可就差伴送前去。"诏依。（第16册，第9818页）

寿皇圣帝乾道元年六月八日，制邹时芭兰加食邑五百户，食实封二百户。《中兴礼书》：乾道三年十一月二十八日，提举福建路市舶司程祐之言："本司元劝发占城番兴贩纲首陈应祥等船已回舶，分载正、副使杨卜萨达麻等并随行人计一十二名，已照应入贡体例，差官引伴，于来远驿安泊。其附到进贡乳香、象牙、沉笺香等数目，合无依绍兴二十五年指挥，许令将所贡物货计纲随逐进奉人使赴阙？及据使、副萨达麻等赍到本番首邹亚娜表章，番字一本，唐字一本，及唐字物货数一本。又据大食国乌师点等状：'本国得财主佛记、霞啰池各备宝贝、乳香、象牙等赴大宋进奉，到占城国外洋暂驻。有占城番首差土生唐人及番人打驾小船，招引佛记、霞啰池等入占城国拘管，将进奉宝货尽数般上，只拨得乳香、象牙与乌师点等，却差他国番人作己物前来进奉，又将人命杀害，委实痛伤。欲乞备申朝廷施行。'候指挥。"勘会已降指挥，据所贡物以十分为率，许进奉一分，余数依条例抽买。奉圣旨："进奉一物物色既有争讼，难以收受，可给还，令程祐之说谕，以理遣回。所有其余物货，令市船司斟量依条抽买。"（第16册，第9819页）

乾道四年三月四日，诏礼部开具绍兴二十五年答占城诏书制度送尚书省。先是，占城番首邹亚娜遣使杨卜萨达麻等贡方物，诏受其献十分之一，使人免到阙。既而福建市舶司言："大食国人乌师点等诉，占城所贡即所夺本国。"上以争讼,却之。至是,宰执进呈答占城国诏书,直学士院答敕洪迈奏,宜用崇宁故事,白背金花绫纸匣襈。而李焘引绍兴二十五年尝受其贡,答诏只用麻纸;况今进贡非诚,却而不受,岂宜更优其礼。上曰:"李焘之论有理,可检二十五年案沓。如有可据,即用近例。"(第 16 册,第 9819~9820 页)

九日,中书门下省言:"勘会提举市舶程祐之乞降诏旨开谕占城:'备悉入贡向化之意,所进物货以大食有词,不欲收受,已尽收买,优支价钱。见拘大食人,宜尽放还本国。'令学士院降诏。既而臣寮言:'占城故王既死,邹亚娜承袭,若以礼入贡,则当议封爵。既大食争讼,难即降诏。'乞令程祐之以大食争讼,从市舶司牒报其因,俟再贡如礼,然后赐敕书降告命。"从之。(第 16 册,第 9820 页)

乾道七年,闽人有泛海官吉阳军者飘至占城,见其国与真腊乘象以战,无大胜负,乃说王以骑战,教之弓弩骑射。其王大悦王大,具舟送之吉阳,厚赍。随以买马,得数十匹,以战则克。(第 16 册,第 9820 页)

淳熙元年七月三日,诏:"占城国使人免到阙,令泉州如法管待,表章令先次入递前来。候到,令学士院降敕书回答。"福建路市舶张坚言:"占城国进奉使杨卜萨达麻翁毕顿、副使教领离力星翁令、判官霞罗日加益王迟恻到本司,赍出蕃首邹亚娜表章一通,并进奉物数一本,共一银筒,称愿赴朝见。"故有是诏。既而十二月二十三日,学士院言:"乾道三年,占城邹亚娜进奉,称为'占城嗣王'。今邹亚娜既未曾正授,朝廷封册难以便称国王。"有旨:"令学士院以'占城嗣国王'称呼回答。"(第 16 册,第 9820 页)

三年三月五日,福建路提举市舶司奏:"占城蕃主事官馆宁赍到蕃首邹亚娜表章一牙匣。"诏学士院降敕书回答。(第 16 册,第 9820 页)

蕃夷四　大食

(绍兴)六年八月二十三日,提举福建路市舶司上言:"大食蕃客蒲啰辛造船一只,般载乳香投泉州市舶,计抽解价钱三十万贯,委是勤劳,理当优异。"诏:"蒲啰辛特补承信郎,仍赐公服、履笏,仍开谕以朝廷存恤远人、优异推赏之意。候回本国,令说喻蕃商广行般贩乳香前来。如数目增多,依此推恩。余人除犒设外,更与支给银、綵。"

寿皇圣帝乾道四年,大食进贡方物。初,大食遣乌师点等赍宝贝、象牙、乳香等入贡,舟至占城,为贼所夺,诉于福建路市舶,上令以理遣回。(第 16 册,第 9829 页)

蕃夷七　朝贡

（建隆元年）十二月二十三日，伪泉州节度使留从效遣其橼黄禹锡间道奉表称藩，贡獬豸犀带一、龙脑香数十斤。（第16册，第9933页）

（开宝九年）七月十三日，泉州节度使陈洪进遣其子漳州刺史文颢奉表乞朝觐，贡瓶香万斤、象牙二千斤、白龙脑五斤。

太平兴国二年四月，陈洪进进银千两、香二千斤、干姜万斤、葛万匹、生黄茶万斤、龙脑、腊面茶等。

八月五日，陈洪进来朝，对于崇德殿，进朝见银万两、绢万匹，谢允朝觐绢千匹、香千斤，谢降使远加劳问绢千匹、香千斤，谢远赐茶药绢千匹、香千斤，谢迎春苑赐宴绢千匹、香千斤，谢差人船绢千匹、香千斤、币帛二千匹、涂金鞍勒马一匹、钱二百万。其子文颢进绢千匹。又进贺登极香万斤、牙二千斤，又乳香三万斤、牙五千斤、犀二十株共重四十斤、苏木五万斤、白檀香万斤、白龙脑十斤、木香千斤、石膏脂九百斤、阿魏二百斤、麒麟竭二百斤、没药二百斤、胡椒五百斤。又进贺纳后银千两、绫千匹，又谢赐都亭驿安下乳香千斤，谢追封祖考及男已下加恩乳香万三千斤。又进通犀带一、金匣百两，白龙脑十斤、金合五十两，通牯犀一株、金合百两，牯犀四株、金合二百两，真珠五斤，玳瑁五斤，水晶棋子五副、金合六十两，乳香万斤。

九月六日，陈洪进贡助宴银五千两、乳香万斤、泉州土产葛二万匹、干姜二万斤、金银器皿二千二百两、绫二千匹。

十三日，陈洪进进银万两、钱万贯、绢万匹、谢恩乳香二万斤、牙二千斤。

十一月，陈洪进贡贺开乐乳香五千斤、象牙千斤。（第16册，第9936～9938页）

绍兴六年八月二十三日，提举福建路市舶司言："大食蕃客蒲啰辛状：本蕃系出产乳香，自就蕃造船一只，广载迤逦入泉州市舶，进奉、抽解，乞比附纲首推恩。"诏蒲啰辛特补承信郎，余人依例犒设外，更量支给银、绫之类，优加存恤。（第16册，第9965页）

乾道三年十月一日，福建路市舶司言："本土纲首陈应祥等昨至占城蕃，蕃首称欲遣使，副恭赍乳香、象牙等前诣大宋进贡。今应祥等船五只，除自贩物货外，各为分载乳香、象牙等并使、副人等前来。继有纲首吴兵船人赍到占城蕃首邹亚娜开具进奉物数：白乳香二万四百三十五斤、混杂乳香八万二百九十五斤、象牙七千七百九十五斤、附子沉香二百三十七斤、沉香九百九十斤、沉香头九十二斤八两、笺香头二百五十五斤、加南木笺香三百一斤、黄熟香一千七百八十斤。"诏："使人免到阙，令泉州差官以礼管设。章表先入递前来,候到,令学士院降敕书回答。据所贡物,许进奉十分之一,余依条例抽买。如价钱阙,申朝廷先次取拨,俟见实数估价定,市舶司发纳左藏南库,听旨回赐。"

十一月二十八日,市舶司言:"纲首陈应祥等船回,分载正、副使杨卜萨达麻等并随行人计一十二人,赍到蕃首邹亚娜表章蕃字一本、唐字一本,及唐字物货数一本,差人译写,委官临对无增减外,又据大食国乌师点等诉:本国财主佛记、霞啰池各备宝贝、乳香、象牙等驾船赴大宋进奉,至占城国外洋暂驻候风,其占城蕃首差土生唐人及蕃人招引佛记、霞啰池等船入国,及拘管乌师点等船众,尽夺乳香、象牙等作己物进贡。"诏:"进奉物色既有争讼,难以收受,可给还,令说谕以理遣回。其余物货,市舶司斟酌,依条抽买。"

四年二月八日,市舶司言:"准已降旨,给还占城国进贡一分物色,余令本司斟量依条抽买。缘本司未承指挥以前,将一分进奉物色先已起发,乞改拨作抽买数,照降本钱,并以给还。仍乞特降诏旨开谕占城:已并令优价收买,及令尽释见拘大食人还本国。"从之,令学士院降诏。

三月九日,臣寮言:"占城故王既死,邹亚娜承袭,若以礼入贡,则当议封爵。今既有大食争讼,难以降诏。乞令市舶司以争讼事理牒报其国,俟再遣使人修贡如礼,然后赐敕书、降告命。"从之。(第16册,第9968页)

刘琳等校点,《宋会要辑稿》,上海古籍出版社,2014年

三、编年史类

(宋)李焘撰,《续资治通鉴长编》

卷一百三十七

(庆历二年六月)己巳,以泉州民邵保为下班殿侍、三班差使,监南剑州昌顺县酒税。保本海商,尝至占城国,见军贼鄂邻,归而言之。及朝廷命使臣赍诏赴占城,保与俱往,获邻等还,故录之。(第10册,第3287页)

卷二百六十一

(熙宁八年三月)丙午,江、淮发运司罗拯言,泉州商人傅旋持高丽礼宾省帖,乞借乐艺等人。上批:"已令教坊按试子弟十人,可借。呼第四部给色衣、装钱,作拯意奉诏遣往。传习毕,早令还朝。画塑工俟使人入朝遣往。"枢密院再进呈,乃罢不遣。(朱史以为无足书,删去,新史从之。今从旧史。)(第19册,第6360页)

卷二百六十九

(熙宁八年十月)壬寅,新管勾福建路常平等事、常州团练推官曾旼[①]罢为潭州州学教授。初,旼乞朝辞上殿,阁门以前此无选人入辞上殿例。诏特引对,旼因自言愿得闲官,而有是命。其实上恶旼交斗王安石、吕惠卿,故黜之。曾旼小人,当与外任。上语见六月十七日。旼以八月十六日除福建仓司,蔡承禧奏议已附见本月日。(第19册,第6601页)

---

① 曾旼,元祐中以转运副使兼福建市舶提举。见杨文新:《宋代市舶司研究》,厦门大学出版社,2013年,第261页。

卷二百七十三

（熙宁九年三月）壬申，诏："福建、广南人因商贾至交趾，或闻有留于彼用事者，自今许其亲戚于所在自陈，令招讨司招谕，如能自归者与班行。"（第19册，第6601页）

卷三百十

（元丰三年十二月）庚申，又言："海南收税，定舟船之丈尺量纳，谓之'格纳'。其法，分为三等，假如五丈三尺为第二等，则是五丈二尺遂为第三等。所减才一尺，而纳钱多少相去十倍。加之客人所来州郡物货，贵贱不同，<u>自泉、福、两浙、湖、广来者，一色载金银匹帛，所直或及万余贯</u>；自高、化来者，惟载米包、瓦器、牛畜之类，所直或不过一二百贯。其不等如此，而用丈尺概收税，甚非理也。<u>以故泉、福客人，多方规利，而高、化客人不至。</u>以此海南少有牛米之类。今欲立法，使客船须得就泊琼、崖、儋、万四州水口，不用丈尺，止据货物，收税讫，官中出与公凭，方得于管下出卖。其偷税之人，并不就海口收税者，许人告，并以船货充赏。"（第21册，第7522页）

卷三百三十一

（元丰五年十一月）己卯，<u>勃泥国进奉使言，乞自泉州乘船归国，从之。</u>（去年八月末，入贡。）（第23册，第7968页）

卷三百四十一

（元丰六年十一月）甲子，京东路转运司言："<u>问得泉州知海道商人言，两番奉使，若至楚州傲船，泛海至密州板桥镇，不过三二日。</u>"诏："新差津致两番国信等物内臣，速治舟依此路起发，仍令转运司那官缘路照管。"（第23册，第8201页）

卷三百五十

（元丰七年十二月）丁亥，礼部言："钱勰等昨在高丽国，闻女真四十余人在彼，<u>尝密谕泉州商人郭敌往招诱首领，令入贡及与中国贸易。</u>仍谕敌：如得女真语言，即至明州知州马玹处传达。乞下玹候招诱到女真言语，即具以闻。"诏从之。其后女真卒不至。（第24册，第8395页）

93

卷四百六

(元祐二年十月)甲辰,泉州增置市舶,从户部尚书李常请也。(常本传云"请复舒、鄂诸州钱冶与泉州市舶"。泉州市舶已见,余当考。)(第28册,第9889页)

卷四百九

(元祐三年三月)乙丑,户部状:"朝请郎、金部员外郎范锷同京东路转运司奏:'准朝旨,前去京东路计会转运司同共相度密州市舶,保明闻奏。询访得本镇自来广南、福建、淮、浙商旅乘海船贩到香药诸杂税物,乃至京东、河北、河东等路商客般运见钱、丝绵、绫绢往来交易,买卖极为繁盛。然海商之来,凡乳香、犀、象、珍宝之物,虽于法一切禁榷,缘小人逐利,梯山航海,巧计百端,必不能无欺隐透漏之弊。积弊既久,而严刑重赏所不能禁者,亦其势然也。故上下议论,皆以为与其禁榷,用幸隐匿,归之于私室,莫若公然设法招诱,俾乐输于官司,则公私两便。……今相度板桥镇委堪兴置市舶司。'户部勘当欲依范锷等奏。"从之,改板桥镇为胶西县,军额以"临海军"为名。(实录(四):密州板桥置市舶司,仍改镇为胶西县,军为临海军。今以法册增入。泉、密市舶皆李常建请,常传可考。)(第28册,第9957页)

卷四百三十五

(元祐四年十一月)甲午,杭僧有净源者,旧居海滨,与舶客交通牟利,舶客至高丽,交誉之。元丰末,其王子义天来朝,因往拜焉。至是,源死,其徒窃其画像,附舶客往告,义天亦使其徒寿介等附舶来祭,祭讫,乃言国母使以金塔二祝皇帝、太皇太后寿。知杭州苏轼不纳,具言:……[①]诏皆从之。未几,高丽使果至,轼按旧例,使之所至,吴越七州实费二万四千余缗,而民间之费不在此数,乃令诸郡量事裁损。比至,民获交易之利,而无侵挠之害。(第29册,第10493页)

(宋)李焘撰,《续资治通鉴长编》,中华书局,1985—1993年

---

① 见苏轼:《论高丽进奉状》。

(宋)李心传撰,《建炎以来系年要录》

卷七

(建炎元年七月)己亥,诏省台省寺监官,减学官、馆职之半。(三年四月庚申又减)。以常平事归提刑(绍兴八年十二月复),市舶事归转运司(三年五月复)。(第325册,第144页)

卷九

(建炎元年九月)己丑,建州军乱。先是,调建卒往守滑州,为金人攻退,故例当得卸甲钱,转运司不时与。是日大阅,军校张员等作乱,杀福建转运副使毛奎[①]。(第325册,第167页)

卷十

(建炎元年十月)己卯,承议郎李则言:"旧制,闽、广市舶司抽解舶货,以其贵细者计纲上京,余本州打套出卖。大观后始尽,令计纲费多而弊众,望复旧法,仍许商人赴行在纳钱执,据往本州偿其数,从之。(第325册,第186页)

卷十五

(建炎二年五月)丁未,复置两浙、福建路提举市舶司,赐度牒直三十万缗为博易本。以尚书省言,市舶公私兼利,非取于民,自并归漕司,亏失数多,市井萧索,土人以并废为不便,故有是旨,其后遂并广司复之。(第325册,第254页)

卷二十九

(建炎三年十一月)丙寅,诏海舶擅载外国入贡者,徒三年,财物没官(此据庆元随赦申明)。(第325册,第443页)

[①] 毛奎,以转运副使兼福建市舶提举,建炎元年(1127年)九月二日在任被杀。见杨文新:《宋代市舶司研究》,厦门大学出版社,2013年,第265页。

卷三十

（建炎三年十二月）己卯，上次明州。提领海船张公裕奏已得千舟，上甚喜。王绹曰："岂非天邪！"先是监察御史林之平，自春初遣诣泉、福召募闽、广海舟，为防托之计。事见二月辛酉，故大舟自闽中至者二百余艘，遂获善济。时闽、广大舶皆委之诸司，而右文殿修撰广东转运使赵亿所募舟先至，上手诏嘉赏。（第325册，第448页）

卷三十一

（建炎四年正月）丙辰，命福建市舶司悉载所储金帛见钱自海道赴行在。（第325册，第460页）

卷四十

（建炎四年十二月）庚午，朝奉郎、添差通判福州宇文师瑗，提举福建路市舶。师瑗，虚中子，特录之。（第325册，第570页）

卷五十一

（绍兴二年二月）甲戌，福建转运副使陈□、广东提点刑狱公事徐端本、江西转运判官赵公竑、浙西、江东、广东提举茶盐黄昌衡、陈铸、王鈇、章仪、福建提举茶事孙恭，两浙、福建提举市舶鲍存、陈鼎等十人并罢。（第325册，第692页）

卷五十六

（绍兴二年七月）甲子，罢福建提举市舶司，依旧法令宪臣兼领。以每岁海舶不至，虚费官吏廪禄故也。（第325册，第747页）

卷五十八

（绍兴二年九月）庚辰，诏福建市舶司职事令提举茶盐官兼领，仍移司泉州。移司在十月辛卯，务要招徕蕃商课额增羡。（第325册，第772页）

卷七十一

(绍兴三年十二月)丙午,福建提盐李承迈①本假女谒交通权臣……此十余人所为大略如此。今乃玷一路之重寄,岂特不足以镇服,州郡生灵受毙当不少矣。伏望并赐罢黜庶,使四方渐有澄清之期。于是大亨等十三人皆罢。(第326册,第25页)

卷七十三

(绍兴四年二月)乙未。殿中侍御史常同言近尝论列监司之不才者:"已蒙放罢,臣今再体访得……新福建提举茶事赵公达②,赃吏也。尝和籴小麦自盗,为仓吏所告,倍偿而去。……此六人者皆有罪状,不可以表帅一路,理宜罢斥。"诏并罢。(第326册,第39~40页)

卷七十八

(绍兴四年七月)辛未,高丽罗州岛人光金与其徒十余人泛海诣泉州,风折其樯,泊泰、楚州境上。诏付沿海制置使郭仲荀养赡,伺便舟还之。(第326册,第95页)

卷八十七

(绍兴五年三月)壬辰,诏广东、福建路招捕海贼朱聪。时商舶且来,而海道未可涉。提举广南市舶姚焯言:"近有海南纲首,结领艎伴前来,号为东船,贼亦素惮,乞优立赏典,同力掩捕。"乃命福建、广西帅臣疾速措置。(第326册,第227页)

卷八十八

(绍兴五年四月)戊午,诏福建、广东帅臣,措置团结濒海居民为社,擒捕海贼。时宝文阁直学士连南夫论海寇之患,以谓:"国家每岁市舶之入数百万,今风信已顺,而舶船不来,闻有乘黄屋而称侯王者,臣恐未易招也。愿明

---

① 李承迈,绍兴二年(1132年)九月二十五日至三年(1133年)十二月二十六日以提举茶盐兼市舶,后罢。见杨文新:《宋代市舶司研究》,厦门大学出版社,2013年,第266页。

② 赵公达,绍兴四年(1134年)二月十五日在提举茶盐兼市舶提举任上罢。见杨文新:《宋代市舶司研究》,厦门大学出版社,2013年,第266页。

下信令,委州县措置,团结濒海居民,五百人结为一社,不及三百人以下,附近社。推材勇物力人为社首,其次为副社首,备坐圣旨,给帖差捕。盖滨海之民,熟知海贼所向,平时无力往擒尔。今既听其会合,如擒获近上首领,许保奏优与补官,其谁不乐为用?"乃下张守、曾开相度如所请。(第326册,第251页)

卷一百四

(绍兴六年八月)戊午,大食蕃客蒲罗辛特补承信郎,仍赐公服履笏。<u>以福建市舶司言:罗辛所贩乳香直三十万缗,理宜优异推恩故也</u>。(第326册,第434页)

卷一百七

(绍兴六年十二月)丁未,福建市舶司言:"<u>蕃舶纲首蔡景芳招诱舶货,自建炎元年至绍兴四年,共收息钱九十八万缗</u>。"诏补景芳承信郎。(第326册,第469页)

卷一百十二

(绍兴七年七月)丙寅,<u>秘书郎张戒提举福建路茶事</u>[①]。上因论馆中人材,以为戒好资质而未更事任,可令在外作一任,复召用之。戒闻,请补外。(第326册,第524页)

(绍兴七年七月)己卯,<u>右承事郎、新提举福建茶事陈正同</u>[②]罢用,铨量诏书也,初命郎官,已上免铨量,正同尝除尚书郎,以资浅而罢。乃自言在放久例亦同经历,言者以为不可,以一人之私,遂废天下公法。故卒罢焉。(第326册,第528页)

卷一百十九

(绍兴八年五月)丙戌,将作监丞<u>吕弸中</u>为驾部员外郎。弸中,好问子,

---

① 张戒,绍兴七年(1137年)七月六日始以福建提举茶盐兼市舶提举。见杨文新:《宋代市舶司研究》,厦门大学出版社,2013年,第268页。

② 陈正同,绍兴七年(1137年)七月十九日在以福建提举茶盐兼市舶提举任上罢。见杨文新:《宋代市舶司研究》,厦门大学出版社,2013年,第267~268页。

观复平江人,赵鼎所荐也。后旬日,以彌中提举福建茶事①。彌中补外,在是月戊戌。(第326册,第613页)

卷一百三十三

(绍兴九年十一月)戊子,初命侍从两史官各举所知二人……左宣议郎、新提举福建茶事吕用中②……等三十二人,诏三省量材任使。(第326册,第786页)

卷一百四十七

(绍兴十二年十月)丁亥,诏福建专置提举茶事官一员,置司建州。先是,建州岁贡片茶二十余万斤(省额凡二十一万一千斤)。叶浓之乱,园丁亡散,遂罢之。(建炎二年)以市舶官兼茶事。上祀明堂于临安,始命市五万斤,为大礼费。(第327册,第55页)

卷一百五十

(绍兴十三年十二月)己酉……初,申严淮海铜钱出界之禁,而闽、广诸郡多不举行。于是泉州商人夜以小舟载铜钱十余万缗入洋,舟重风急遂沉于海,官司知而不敢问。此据汤鹏举义附入。二十六年五月甲子,再降旨申严。(第327册,第100页)

卷一百五十三

(绍兴十五年二月)庚寅,直秘阁福建路转运判官徐琛③为两浙西路提点刑狱公事。琛,南昌人也。王明清《挥麈录》云:"徐献之琛,王氏甥,与秦桧之妻为中表,而师川之族弟也。会之知高宗眷念师川不替,一日奏事,启上云:'徐俯身后伶俜可怜,有弟琛能承兄之业,愿陛下录用之。'上从其请。其后献之为贰卿。会之并缘罔上,率皆类此。(第327册,第134页)

---

① 吕彌中,绍兴八年(1138年)五月十四日始以福建提举茶盐兼市舶提举。见杨文新:《宋代市舶司研究》,厦门大学出版社,2013年,第268页。

② 吕用中,绍兴九年(1139年)十一月十一日至十年十二月,以福建提举茶盐兼市舶提举。见杨文新:《宋代市舶司研究》,厦门大学出版社,2013年,第268页。

③ 徐琛,绍兴间以福建提举茶盐兼市舶提举。见杨文新:《宋代市舶司研究》,厦门大学出版社,2013年,第267页。

卷一百五十四

（绍兴十五年十一月）丙午，右朝请大夫赵士鹏①提举两浙路市舶。士鹏，秦桧友婿，自江阴军代还而有是命。绍兴二十七年十一月戊寅，王圭论士鹏再任提舶，凡珍异之物，专以奉秦桧，而盗取其半，以为私藏。当考。（第327册，第153页）

（绍兴十五年十一月）丙寅……右朝散郎、添差通判秀州曹泳提举福州路舟舶。（第327册，第156页）

卷一百五十五

（绍兴十六年九月）壬辰……初，三佛齐国王以书遗广南市舶官，言近年商贩乳香颇有亏损。上曰："市舶之法，颇足国用，宜循旧制，以招徕远人。"（第327册，第172页）

卷一百五十六

（绍兴十七年十一月）甲子，诏三路市舶司，自今蕃商所贩于沉香、龙脑、白豆蔻四色，各止抽一分。先是十取其四，朝廷闻商人病其重也，故裁损焉。（第327册，第194页）

（绍兴十七年十一月）丁亥，右朝奉大夫、提举福建路市舶曹泳为两浙路转运判官。（第327册，第195页）

卷一百六十二

（绍兴二十一年闰四月）甲戌，秦桧奏以直显谟阁知抚州李庄提举福建市舶。上曰：市舶委寄非轻，可令庄赴阙禀议，然后之任。（第327册，第265页）

卷一百六十三

（绍兴二十二年八月）乙丑，右朝请郎、添差通判平江府张子华提举福建路市舶。子华，叔献子也。右迪功郎吴曾充敕令所删定官。（第327册，第290页）

---

① 赵士鹏，绍兴间任福建市舶提举。见杨文新：《宋代市舶司研究》，厦门大学出版社，2013年，第270页。

（绍兴二十二年八月）戊子，上谓大臣曰：比累禁私商泛海，闻泉州界尚多有之，宜令沿海守臣常切禁止，毋致生事。（第327册，第291页）

卷一百六十九

（绍兴二十五年八月）丙申，宰执进呈直秘阁提举福建路市舶郑震札子："占城国遣使赍到进奉表章方物，并书信上宰相，见听候指挥缴纳。"礼部欲令近上二十三人到阙，仍令本司差熟事使臣引伴前来。宰臣秦桧奏："欲依所请。内献宰臣等物，乞说谕不当创例。"上曰："可依典故。其书信，婉顺说谕，不须创开新例。"（第327册，第367页）

（绍兴二十五年九月）辛亥，降授左奉议郎、知遂宁府李文会知泸州，直秘阁、提举福建路市舶郑震知严州，左朝散大夫、直秘阁杨揆特降一官，仍落职。（第327册，第368页）

卷一百七十

（绍兴二十五年十一月）辛未，直秘阁知太平州王晌、右朝请郎知宣州王铸、直秘阁知庐州郑侨年、直秘阁新知严州郑震、直敷文阁知明州方滋并罢，亦用汤鹏举劾疏也。鹏举言："晌附势作威，寡廉鲜耻。铸专事谄谀，出官未久，遽得监司郡守。侨年不通世务，沉湎贪饕。震不历州县，骤躐监司，顷为福建市舶，每有货物，半入私帑。滋阴狠恣横，奸赃狼藉。自楚州移桂府，自广帅移福州，其所出珠翠犀象，尽入于权贵之家，复得明州优厚之处，此诚公议不行，私恩特甚。高官美禄，一家有暖衣饱食之幸，而孤寒远官，数年不得差遣，终身有号寒啼饥之忧，其怨将何归耶？伏望将晌等特赐罢黜，以慰臣下孤寒之心。"故皆黜之。（第327册，第381页）

（绍兴二十五年十二月）丁酉……上又曰："近日，两浙、闽、广市舶司及四川茶马诸处进贡真珠、文犀等，此物何所用？当批出禁止。"（第327册，第394页）

卷一百七十三

（绍兴二十六年九月）丁未，殿中侍御史周方崇言："知抚州张子华目不识字。初以玩好结托时相，遂迁福建、广南两路市舶，贪污之声传于化外。"（第327册，第439页）

卷一百七十六

(绍兴二十七年三月)己巳,左朝奉郎陈之渊提举福建路市舶。(第327册,第481页)

卷一百七十八

(绍兴二十七年十月)乙巳,右通直郎、新福建提举市舶司干办公事、权知衢州江山县陈鼎特转一官。堂除繁剧,知县俟任满,与升擢差遣。江山阙令久,鼎摄事不数月,士民列状诣部使者举留之,故有是命。(第327册,第507页)

卷一百八十一

(绍兴二十九年三月)辛亥,右朝请大夫、知濠州鲍仔①移知南剑州。(第327册,第567页)

卷一百八十三

(绍兴二十九年十二月)壬午,诏委官详定闽、浙、广三路市舶司条法,用御史台主簿张阐请也。旧蕃商之以香药至者,十取其四。十四年,诏旨即贵细者十取其一。十七年十一月,诏丁香、沉香、龙脑皆十分抽一。阐前提举两浙市舶,还朝,为上言,三舶司岁抽及和买,约可得二百万缗。上谓辅臣曰:"此皆在常赋之外,未知户部如何收支,可取见实数以闻。"(第327册,第598页)

卷一百八十六

(绍兴三十年十月)己酉……言者论:"国家之利,莫盛于市舶,比年商贩日疏,南库之储半归私室,盖商贾之受弊有四,官中之亏损有二。旧法,抽解十五之中泛取其一,今十半之中尽择良者;向来舶贾率皆土人,事力相敌,初无攘夺相倾之患,其后将帅贵近各自遣舟,既有厚资,专利无厌,商贾为之束手;旧舶舟之行,惟给符引,财货盈缩,事止一身,其后附以官钱,或遇风涛,人溺舟覆,捕系妻子,籍产追偿,故海滨之民冒万死一生之利而得不偿费,人人失业,于是私切相戒,不敢发舟;官司又追捕纠告而遣发之,此四毙也。旧

---

① 此处之鲍仔与卷五十一福建提举市舶鲍存似为同一人。

海贾既多，物货山积，故抽解所入不可以数计，今权豪之家势足自免，县官岁入坐损其半；往岁土人入蕃之货不过瓷器、绢帛而已，今权豪冒禁，公以铜钱出海，一岁所失，不知其几千万，此二损也。市舶一司，自唐以来恃此以为富国裕民之本，今其弊至此。愿诏将帅贵近之家，毋得岁发舶舟，攘夺民利，亏损国课，仍诏有司讲究，除去宿弊，以便公私，其于国计，诚非小补。"户部奏："复抽解旧法，违者许商人陈诉。应命官以钱物附舶舟，或遣人过海者，依已得旨，徒二年。"二十二年十二月二十日敕广州见任官将钱物寄附纲首客旅过蕃收买物色，依敕徒二年科罪。其发舶州军毋得抑勒，仍检铜钱出中国界条约行下，从之。（第327册，第658页）

卷一八八

（绍兴三十一年二月）甲子，皇叔崇庆军节度使知西外宗正事士街、建宁军节度使知南外宗正事士𠇔并罢。士街等置司泉、福二州，会士街强市海舟，为人所诉。右谏议大夫何溥奏其事，因请申严两宗司兴贩蕃舶之禁，不惟官课增而民业广，庶几铜钱出界之令可以必行。仍乞择宗英往代其任。（第327册，第689页）

《影印文渊阁四库全书》，台湾商务印书馆，1986年

（清）毕沅撰，《续资治通鉴》

宋纪

卷八十

（元祐二年十月）甲辰，泉州增置市舶，从户部尚书李常请也。（第344册，第256页）

卷一百六

（建炎三年十二月）己卯，帝次明州。提领海船张公裕奏已得千舟，帝甚喜。王绹曰："岂非天邪！"先是监察御史林之平，自春初遣诣泉、福召募闽、广海舟，为防托之计，故大舟自闽中至者二百余艘，遂获善济。（第344册，第607页）

（建炎三年十二月）甲午，右监门卫大将军、眉州防御使、知南外宗正事

103

士樽言："自镇江募海舟，载宗子及其妇女三百四十余人至泉州避兵，乞下泉州应副请给。"许之。（第344册，第608页）

卷一百一十四

（绍兴四年十月）戊戌，帝登舟，发临安府，奉天章阁祖宗神御以行，主管殿前司公事刘锡、神武中军统制杨沂中皆以其军从。帝不以玩好自随，御舟三十余艘，所载书籍而已。帝既发，乃命六宫自温州泛海往泉州。晚，泊临平镇。（第345册，第36页）

卷一百四十八

（淳熙十年三月）己丑，知福州赵汝愚，奏海贼姜太獠寇泉南，兵马都监姜特立以一舟先进，擒之，已诛其凶党，释其余。（第345册，第472页）

卷一百七十

（淳祐三年八月）戊午，令福建安抚司，照沿海例，团结福、泉、漳、兴化民船，以备分番遣戍；从帅臣项寅孙请也。癸亥，以寅孙言，并福州延祥、荻芦二寨，置武济水军，摘本州厢禁习水者补充，凡一千五百人。（第346册，第90页）

元纪

卷一百八十三

（至元十三年宋景炎元年十一月）甲辰……宋主行至泉州，舟泊于港，招抚使蒲寿庚来谒，请驻跸，张世杰不可。初，寿庚提举市舶，擅利者三十年，或劝世杰留寿庚不遣，凡海舶不令自随，世杰不从，纵之归。继而舟不足，乃掠其舟，并没其资。寿庚怒，杀诸宗室及士大夫与淮兵之在泉州者，宜中等乃奉宋主趣潮州。寿庚遂与知泉州田子真以城降。（第346册，第249页）

（至元十四年宋景炎二年九月）戊申，页特密实破邵武军，入福安。宋主舟次广之浅湾。命达春与李恒、吕师夔等以步卒入大庾岭，蒙古岱、索多、蒲寿庚及元帅刘深等以舟师下海，合追宋二王。宋张世杰使谢洪永进攻泉州南门，不利。蒲寿庚复阴赂畲军，攻城不力，得间道求救于索多。至是索多来援，世杰解围，还浅湾。刘深言王积翁尝通书于张世杰，积翁亦上言兵单弱，若不暂从，恐为合郡生灵之患，帝原其罪。（第346册，第254页）

(至元十四年宋景炎二年十一月)达春(塔出)令索多取道泉州泛海,会于广之富场。(第346册,第254页)

卷一百八十六

(至元十九年九月)辛酉,俱蓝国入贡。海外诸蕃,惟俱蓝尤远,自泉州至其境约十万里。招讨使杨廷璧三往招之,遂遣使贡宝货及黑猿一。(第346册,第281页)

(至元十九年九月)壬申,敕:"平滦、高丽、耽罗及扬州、隆兴、泉州,其造大小船三千艘。"(第346册,第281页)

卷一百八十七

(至元二十二年正月)壬午,诏立市舶都转运司及诸路常平盐铁坑冶都转运司。

(至元二十二年二月)壬戌,又奏:"于泉、杭二州立市舶都转运司,给民钱,令商贩诸番,官取其息七,民取其三。禁私贩海者,拘其先所蓄宝货,官卖之;匿者许告,没其财,以其半给告者。(第346册,第294页)

(至元二十二年八月)己未,诏复立泉府司,以达实曼领之。初,和尔果斯以泉府司商贩者,所至官给饭食,遣兵防卫,民实厌苦水便,奏罢之。至是,达实曼复奏立之。(第346册,第297页)

卷一百九十

(至元二十九年二月)乙亥,以泉府太卿伊克穆苏、邓州旧军万户史弼、福建行省左丞高兴并为福建行省平章政事,将兵征爪哇,用海船大小五百艘,军士二万人。(第346册,第332页)

卷一百九十一

(至元三十年四月)己亥,行大司农燕公楠、翰林学士承旨留梦炎言:"杭州、上海、澉浦、温州、庆元、广东、泉州,置市舶司凡七所,唯泉州货物三十取一,余皆十五抽一,请以泉州为定制。"从之。仍并温州舶司入庆元,杭州舶司入税务。(第346册,第341页)

(至元三十年四月)是月,史弼等之征爪哇也,以上年十二月合诸军发泉州,风急涛涌,舟掀簸,士卒皆数日不能食。(第346册,第341页)

(至元三十年四月)罕必阇耶乞归易降表及所藏珍宝入朝,弼与伊克密实许之,兴力言其失计,弗听,遣万户二人以兵护送。土罕必阇耶果于道杀二人以叛,乘军还,夹路攘夺。兴力战以出,弼自断后,且战且行,行三百里,得登舟。行六十八日夜,达泉州,士卒死者三千人,以所得金字表及金银、犀象等进。(第 346 册,第 342 页)

卷一百九十二

(大德元年二月)己未,改福建省为福建、平海等处行中书省,徙治泉州。平章高兴言泉州与琉球相近,或招或取,易得其情,故徙之。(第 346 册,第 357 页)

卷一百九十六

(至大元年九月)壬戌,太慰托克托奏:"泉州大商进异木沉檀可构宫室者。"敕江浙行省驿致之。未几,泉州商复进珍异及宝带、西域马。(第 346 册,第 397 页)

(至大二年二月)罢行泉府院,以市舶归之行省。(第 346 册,第 399 页)

卷二百一

(至治二年三月)丙戌,复置市舶提举司于泉州、庆元、广东三路,禁子女、金银、丝绵下番。(第 346 册,第 448 页)

卷二百六

(至顺元年正月)庚辰,陞群玉署为群玉内司,仍隶奎章阁学士院,以礼部尚书库库兼监群玉内司事。库库尝以秘书监丞奉命往核泉舶,芥视珠犀,不少留目。国制,大乐诸坊,咸隶礼部,遇公宴,众伎毕陈。库库视之泊如,僚佐以下皆肃然。(第 346 册,第 497 页)

《续修四库全书》(影印本),上海古籍出版社,2002 年

(清)徐乾学撰,《资治通鉴后编》

宋纪·哲宗

卷八十八

(元祐二年十月)甲辰,泉州增置市舶,从户部尚书李常请也。(第343册,第626页)

宋纪·端宗

卷一百五十二

(景炎二年九月)元诏达实与李恒、吕师夔等以步卒入大庾岭,蒙固岱、索多、蒲寿庚及元帅刘深等以舟师下海,合追二王。张世杰使谢洪永进攻泉州南门,不利。蒲寿庚复阴赂畲军,攻城不力,得间道求救于索多。至是索多来援,世杰解围,还浅湾。元刘深言王积翁尝通书于张世杰,积翁亦上言兵力单弱,若不暂从,恐为合郡生灵之患,元主原其罪。(第345册,第72页)

(至元十六年二月)元以征日本,敕扬州、湖南、赣州、泉州造战船六百艘。(第345册,第81页)

元纪·世祖

卷一百五十四

(至元十九年九月)辛酉,俱蓝国入贡。海外诸蕃,惟俱蓝尤远,自泉州至其境约十万里。招讨使杨廷璧三往招之,遂遣使贡宝货及黑猿一。(第345册,第103页)

卷一百五十四

(至元十九年九月)壬申,敕平滦、高丽、耽罗及扬州、隆兴、泉州共造大小船三千艘。(第345册,第103页)

卷一百五十八

(至元三十年四月)史弼征爪哇,以上年十二月,将五千人合诸军,发泉州,风急涛涌,舟掀簸,士卒皆数日不能食。过七洲洋、万里石塘,历交趾、占城界。是月入混沌大洋,至橄榄等山,驻兵伐木,造小船以入。……弼自断后,且战且行,行三百里,得登舟。历六十八日夜,始达泉州。士卒死者三千余人,有司数其俘获金宝香布等,直五十余万。(第345册,第177页)

(至元三十年四月)己亥,行大司农燕公楠、翰林学士承旨留梦炎言:"杭州、上海、澉浦、温州、庆元、广东、泉州置市舶司凡七所,唯泉州物货三十取一,余皆十五抽一,乞以泉州为定制。"从之。(第345册,第178页)

元纪·成宗

卷一百六十

(大德元年二月)己未,改福建省为福建平海等处行中书省,徙治泉州。平章高兴言泉州与瑠求相近,或招或取,易得其情,故徙之。(第345册,第197页)

元纪·武宗

卷一百六十三

(至大元年九月)壬戌,太尉托克托奏:"泉州大商进异木沉檀可构宫室者。"敕江浙行省驿致之。……戊寅,泉州大商玛哈丹达尔进珍异及宝带西域马。(第345册,第242页)

元纪·英宗

卷一百六十六

(至治二年三月)丙戌,复置市舶提举司于泉州、庆元、广东三路,禁子女、金银、丝绵下番。(第345册,第301页)

《影印文渊阁四库全书》,台湾商务印书馆,1986年

四、地志类

(宋)陈耆卿纂,《嘉定赤城志》

卷三十三　人物门三

仕进　本朝

(绍兴二十七年王十朋榜)彭椿年,黄岩人,字大老,龟年之弟,历国子监主簿、编修官,提举福建市舶,知处州,太常丞,吏部郎中,国子司业,江东转运副使,终右文殿修撰事,见商侍郎飞卿所为行状,有杂稿藏于家。(第7533页)

(嘉泰二年傅行简榜)谢采伯,临海人,字元若,棐伯之兄,历知广德军、湖州,监六部门大理寺丞,今为大理正。(第7537页)

(淳熙五年姚颖榜)郭晞宗,仙居人,字宗之,历通判处州,知道州,提举福建路市舶,除琼管安抚,未行卒。事见何参政澹所为铭。(第7535页)

卷三十四　人物门三

本朝仕进特科　嘉泰二年

诸葛若,黄岩人,字钦之,终泉州市舶。(第7543页)

侨寓

虞似良,余杭人,字仲房,淳熙中为兵部侍郎,官终成都府路转运判官。建炎中以父浚分教于此,因寓黄岩,自号横溪真逸。(第7550页)

《宋元方志丛刊》(影印本)第7册,中华书局,1990年

(宋)乐史撰,《太平寰宇记》

卷一百二　江南东道十四　泉州

风俗

泉郎,即州之夷户,亦曰游艇子,即卢循之余。晋末,卢循寇暴,为刘裕所灭,遗种逃叛,散居山海,至今种类尚繁。唐武德八年,都督王义童遣使招抚,得其首领周造、麦细陵等,并授骑都尉,令相统摄,不为寇盗。贞观十年,始输半课。其居止常在船上,结兼庐海畔,随时移徙,不常厥所。船头尾尖高,当中平阔,冲波逆浪,都无畏惧,名曰了乌船。……

土产

蠲符纸、生蕉、白藤箱、蚺蛇胆、红花、蕉、茜绯、葛、海舶、香药、天门冬、铁、盐、枇杷、再熟蹈、橄榄、荔枝、龙眼、甘蔗、茉莉。(第2031页)

卷一百七十二　四夷一　东夷一

朝鲜、辽东,其南则越门、晋安(泉州)之东,(今泉州滨海极望,海中诸夷国皆见焉)皆其域也。(第3296页)

王文楚等点校,《太平寰宇记》,中华书局,2007年

(宋)梁克家撰,《淳熙三山志》

卷四　地理类四　外城

嘉祐元年,蔡密学襄奏:"本路建、剑、汀、邵,地连两浙,江南乘舟下水至州城,不过三二日。东南边海,温、莆、泉、漳诸郡,船皆可至。今城墙高止数尺。顷侬贼之变,尝诏本路修葺城垒,近曹颖叔复只筑数十丈,愿计度卒城之。"(第484册,第145页)

卷八　公廨类二　庙学

有先贤堂。庆历、皇祐间,陈先生襄、郑先生穆、刘先生彝,皆已登仕籍,乡人尊师之,与周先生希孟、陈先生烈同号五先生。绍圣初,贤良陈旸始与提举陈敦夫请置祠于学,郡守温公益从之,遂立五先生祠。(第484册,第

四、地志类

185页）

陆祐,字亦颜。刻意学问。为莆田簿,荆湖广南路宣抚司准备差遣,福建茶事司干办公事。所至有惠爱,察识冤枉,于茶法讲究,尤不苟。每谓："榷,无良法。能以仁恕存心,宽其禁网,使公家不失大利之源,足矣。"与使者论辩不屈。<u>泉南当海舶运输之冲,使者欲复市易。</u>公曰："此渔夺之术。"言之切至,乃出。尽心职事,不求荣进。或劝以治生,笑不答。读《论语》《尚书》《中庸》《大学》,反复玩味,究其旨归。居母忧,终丧不忍去坟墓。不随俗之好尚,亦不顾人之是非,率以《礼经》从事。既老,里居。士大夫状其质德,乞添差教授本州。时叶公梦得以闻。从之。命下而卒。（第484册,第187页）

卷十九　兵防类二　诸寨土军

<u>福、兴化、泉、漳于一道为控带山海之国,往往依险为守。</u>（第484册,第278页）

卷二十五　秩官类六　提刑司官

刘峤①,左朝奉大夫、直徽猷阁,绍兴二年六月二十七日到任,至四年九月初五日罢。（第484册,第347页）

卷二十六　人物类一　科名　本朝

（嘉祐六年辛丑王俊民榜）陈敦夫②,襄之侄,字中裕,提举本路常平,终朝散大夫、秦凤路提刑。（第484册,第359页）

卷二十七　人物类二　科名　本朝

（大观三年己丑贾安宅榜）张穆③,字应和,侯官人。尝中上舍出身,中书右正字,知邵武、兴化军,召为左司郎官。建炎初,为本路转运副使,移司本州,主一路类省试,终朝议郎。（第484册,第371页）

黄邦达,字兼善,长乐人。<u>终朝请郎、提举本路市舶。</u>（第484册,第372

---

① 刘峤,绍兴二年（1132年）七月六日至九月二十五日以提刑使兼福建市舶提举。见杨文新：《宋代市舶司研究》,厦门大学出版社,2013年,第261页。
② 陈敦夫,元祐七年（1092年）,以泉州知州兼福建市舶提举。
③ 张穆,建炎元年九月至建炎二年以转运副使兼福建市舶提举。见杨文新：《宋代市舶司研究》,厦门大学出版社,2013年,第266页。

111

页)

卷二十八　人物类三　科名　本朝

(绍兴十五年乙丑刘章榜)潘冠英,师孔之侄,字仲举。(第484册,第389页)

(绍兴二十一年辛未赵逵榜)林之奇,字少颖,侯官人。召试为(正字),迁校书郎。以病,除大宗正丞,提举本路市舶,再任本路参议官,终朝奉郎。(第484册,第391页)

卷二十九　人物类四　科名　本朝

(乾道二年丙戌萧国梁榜)黄士宏,字时用,闽清人。(第484册,第405页)

卷三十一　人物类六　科名　本朝

(庆元五年己未曾从龙榜进士)李大有,字景温,纲之孙,夔之曾孙,经之侄孙,终奉议郎。(第484册,第435页)

卷三十二　人物类七　科名　本朝

(绍定二年己丑黄朴榜)黄朴,状元,字成父,侯官人,历馆阁吏部郎,终朝请郎、广东漕。(第484册,第458页)

卷四一　土俗类三　物产

谷

稻,《周礼·职方氏》:"扬州谷宜稻。"州,古扬州南境也,故稻之名亦不一。今州倚郭三县两熟:早种曰献台,曰金州,曰林;晚种曰占城,曰白香,曰白芒;通谓之稻。至外县,名色尤多。按《闽清图经》:"早稻之种有六:曰早占城、乌羊、赤城、圣林、清甜、半冬,而乌羊最佳;晚稻之种有十:曰晚占城、白荚、金黍、冷水香、栉仓、奈肥、黄矮、银城、黄香、银朱。而白荚、冷水香最甘香;奈肥,独宜卑湿最腴之地。糯米之种十有一:曰金城、白秫、黄秫、魁秫、黄苞秫、马尾秫、寸秫、腊秫、牛头秫、胭脂秫,而寸秫颗粒最长,盖诸邑亦或通有之。占城,相传其种自占城国来。大中祥符五年,淮浙微旱,遣使福建,取种三万斛分给,令种莳之。今土俗谓之"百日黄"是也。已上名色虽多,不过有二:秫曰糯稻,余皆粳稻。《尔雅》所谓"粘"与"不粘"之异。粳,古

名稌;糯,古名黍。(第484册,第585~586页)

麻,有胡麻,有大麻。胡麻即油麻也,有白、黑二种,相传其种得之大宛,故名胡麻;以其压油,以油麻名之。今长溪者佳。大麻,牝麻之子也,诸邑皆有之。(第484册,第586页)

铁

宁德、永福等县有之。其品有三:初炼去矿,用以铸冶器物者为生铁;再三销拍,又以作鐷者为鑐铁,亦谓之熟铁;以生柔相杂和,用以作刀剑锋刃者为刚铁。商贾通贩于浙间,皆生铁也。庆历三年,发运使杨吉乞下福建严禁法,除民间打造农器锅釜等外,不许贩下海。两浙运司奏:"当路州处自来不产铁,并是泉、福等州转海兴贩。逐年商税课利不少,及官中抽纳、折税收买,打造军器。乞下福建运司晓示,许令有物力客人兴贩。仍令召保,出给长引,只得诣浙路去处贩卖。"本州今出给公据。(第484册,第586页)

菜蔬

莴苣,《遁斋闲览》载:"王舜求云莴菜,出呙国。有毒,百虫不近。"

雍菜,蔓生,花白,堪为菜。南人先食雍菜,后食野葛,二物相伏,自然无苦。取汁滴野葛即死,张司空云:"魏武帝啖野葛至一尺"。应是先食此菜也。一名瓮菜,《遁斋闲览》:"瓮菜本生东夷。人用瓮载其种归,故以为名。"

菠薐,《刘禹锡嘉话录》云:"菠薐,出西国中,有自彼将其子来。如苜蓿、蒲萄,由张骞而至也。"(第484册,第589页)

花

末丽,此花独闽中有之。夏开,白色,妙丽而香。方言谓之"末利"。佛经曰:"末丽花香"。又有番末丽,藤生,亦香。

素馨,蔓生,白色,露裛愈香。蔡公襄诗:"素馨出南海,万里来商舶。团圆末丽丛,繁香暑中折。"(第484册,第590页)

阇提,南海种,商人传之。花皆白而香胜如素馨,盖岩桂之流品也。《仙书》曰:"阇提花香"。(第484册,第591页)

卷四十二　土俗类四

木

樟,高大,叶似楠叶而尖长,弥辛烈者佳,为大舟多用之。(第484册,第594页)

加条,叶似朴,磨犀角、象牙用之。(第484册,第595页)

禽族

舶鸰,似鸠而差小。谚谓"千鸠不如一鸰"。言美也。编角如笙系其尾,

高飞云端,声似鸣镝而委蛇。善识主人之居,舶人笼以泛海,有故,系书放之以归。(第484册,第600页)

《影印文渊阁四库全书》,台湾商务印书馆,1986年

(宋)罗濬等撰,《宝庆四明志》

卷四　郡志四　叙水

日月二湖,皆源于四明山。……(嘉定)十四年,泉使魏岘①以乡郡为念,请于朝,得祠牒十,委里人曰朱、曰王,按渠堰碶闸之废湮者,重加修筑。……(第487册,第57~58页)

卷六　郡志六　市舶　高句丽国

在唐及五代皆有传,本扶余别种,以高为氏。……熙宁二年,前福建路转运使罗拯言:"据泉州商人黄慎所具状,慎尝以商至高丽,高丽舍之礼宾省,见其情意,欣慕圣化。兼云祖祢以来,贡奉朝廷,天圣遣使之后,久违述职,便欲遣人与慎同至,恐非仪例,未敢发遣。兼得礼宾省文字具在,乞详酌行。"时拯已除发运使,诏拯谕慎许之。高丽欲因慎由泉州路入贡。诏就明、润州发来。自是王徽、王运、王熙修职贡尤谨,朝廷遣使亦密。往来率道于明,来乘南风,去乘北风,风便不逾五日即抵岸,明州始困供顿。(第487册,第82~83页)

海南、占城、西平、泉、广州船,不分纲首、杂事、梢工、贴客、水手,例以一十分抽一分,般贩铁船二十五分抽一分。(第487册,第85页)

卷十　徐人下　进士

(庆元二年邹应龙榜进士)赵汝适(善待子)。(第487册,第160页)

《影印文渊阁四库全书》,台湾商务印书馆,1986年

---

①　魏岘,曾任福建市舶提举。见杨文新:《宋代市舶司研究》,厦门大学出版社,2013年,第283页。

（宋）王象之撰，《舆地纪胜》

卷一三　福建路

泉州

哲宗即位之二年，始诏泉置市舶。……《建炎时政记》云：建炎中兴诏罢福建市舶司，归之转运司。《中兴小历》云：建炎二年，复置福建市舶。《系年录》云：绍兴二年罢福建市舶，令宪臣兼领，又云：二年，诏福建市舶，令提举兼领。十月，诏福建市舶，仍移司泉州。《中兴小历》云：十二年，茶事司归建州，而提举市舶以次复矣。《中兴会要》云：绍兴二十一年，李庄除福建市舶，又云：高宗问张阐舶司岁入几何？阐对：抽解与和买以岁计之，约岁入二百万缗。（第3731页）

维闽之泉近接三吴、远连两广，万骑貔貅，千艘犀象。（连南夫《修城记》）

泉距京城五十有四驿，连海外之国三十有六岛，城内画坊八十，生齿无虑五十万。（陆守《修城记》）（第3733页）

绕城植桐，故曰桐城。

环岛三十六　自泉晋江东出海间，舟行三日抵彭湖屿，在巨浸中。施肩吾诗云：腥臊海边多鬼市，岛夷居处无乡里，黑皮年少学采珠，手把生犀照咸水。（第3734页）

海道　唐志云：自泉州正东海行二日，至高华屿。又二日至句䱩屿，又二日至流求国。（第3736页）

刺桐城

吕造诗云：闽海云霞绕刺桐，往年城郭为谁封。鹧鸪啼困悲前事，豆蔻香销减旧容。（第3739页）

傍海皆荒服，分符重汉臣。云山百越路，市井十洲人。执玉来朝远，还珠入贡频。连年不见雪，到处即行春。（包何《送李使君赴泉州》）（第3752页）

蛇冈蹑龟背，虾屿踞龙头。岸隔诸番国，江通百粤舟。（谢履《泉南诗》）

苍官影里三州路，涨海声中万国商。（李文敏《清源集》）

泉州人稠山谷瘠，虽欲就耕无地辟。州南有海浩无穷，每岁造舟通异域。（谢履《泉南歌》）（第3753页）

况今闽粤莫盛于泉山,外宗分建于维城,异国悉归于互市。(第3758页)

泉号佛国而风俗素淳,舶交岛夷而财赋本裕。(陈说《贺黄左史》)

眷此清源,实今巨镇,舟车走集,繁华特盛于瓯闽。山水逶迤,气象宛同于伊洛。(李僎老《贺赵相知泉州》)

清源紫帽素标图牒之传,石狗金鸡屡谶衣冠之盛。水陆据七闽之会,梯航通九译之重。(谯楼上梁文)(第3759页)

《舆地纪胜》,中国古代地理总志丛刊本,中华书局,1992年

(宋)魏岘撰,《四明它山水利备览》

下卷

四明重建乌金碣记

出城南五十五里,有堰曰它山。唐鄞令王侯讳元暐所建。水自越之上虞,历四明山,万壑争流,演迤砰湃,南注于江。……或曰:"相国霖雨四海,普济万世,一水利之兴,顾何足以颂勋德之盛?"岘曰:"不然。谢文靖,晋室贤辅,泄水之功伟矣。绝口不言,而拳拳于召伯之一棠,爱人利物,大臣之用心固如此,是不可不书。"余皆载之碑阴,十二月旦,朝奉郎、提举福建路市舶魏岘记并书。(第576册,第35~36页)

《影印文渊阁四库全书》,台湾商务印书馆,1986年

(宋)吴自牧撰,《梦粱录》

卷十二 江海船舰

浙江乃通江渡海之津道,且如海商之舰,大小不等,大者五千料,可载五六百人;中等二千料至一千料,亦可载二三百人;余者谓之"钻风",大小八橹或六橹,每船可载百余人。此网鱼买卖,亦有名"三板船"。不论此等船,且论舶商之船。自入海门,便是海洋,茫无畔岸,其势诚险。盖神龙怪蜃之所宅,风雨晦冥时,唯凭针盘而行,乃火长掌之,毫厘不敢差误,盖一舟人命所系也。愚屡见大商贾人,言此甚详悉。若欲船泛外国买卖,则是泉州便可出洋,迤逦过七洲洋,舟中测水,约有七十余丈。……若商贾止到台、温、泉、福

买卖,未尝过七洲、昆仑等大洋。若有出洋,即从泉州港口至岱屿门,便可放洋过海,泛往外国也。(第112页)

(宋)吴自牧著,《梦粱录:二十卷》,浙江人民出版社,1980年

(宋)徐兢撰,《宣和奉使高丽图经》

卷三十四　客舟①

旧例,每因朝廷遣使,先期委福建、两浙监司,顾募客舟,复令明州装饰,略如神舟,具体而微,其长十余丈,深三丈,阔二丈五尺,可载二千斛粟。其制皆以全木巨枋挽叠而成,上平如衡,下侧如刃,贵其可以破浪而行也,其中分为三处,前一仓不安艎板,唯于底安灶,与水柜正当两樯之间也。其下即兵甲宿棚。其次一仓装作四室。又其后一仓谓之庇屋,高及丈余,四壁施窗户,如房屋之制。上施栏楯,采绘华焕,而用帘幕增饰。使者官属各以阶序分居之,上有竹篷,平时积叠,遇雨则铺盖周密。然舟人极畏庇高,以其拒风不若仍旧为便也,船首两颊柱中有车辆,上绾藤索,其大如椽,长五百尺,下垂矴石,石两旁夹以两木钩,船未入洋近山抛泊,则放矴箸水底,如维缆之属,舟乃不行。若风涛紧急,则加游矴,其用如大矴,而在其两旁。遇行则卷其轮而收之,后有正舵,大小二等,随水浅深更易,当庇之后,从上插下二棹,谓之三副舵,唯入洋则用之。又于舟腹两旁,缚大竹为橐,以拒浪。装载之法,水不得过橐,以为轻重之度。水棚在竹橐之上,每舟十橹,开山入港,随潮过门,皆鸣橹而行。篙师跳踯号叫,用力甚至,而舟行终不若驾风之快也。大樯高十丈,头樯高八丈,风正则张布帆五十幅,稍偏则用利篷,左右翼张,以便风势。大樯之巅更加小帆十幅,谓之"野狐帆",风息则用之。然风有八面,唯当头不可行。其立竿以鸟羽候风所向谓之"五两"。大抵难得正风,故布帆之用,不若利篷翕张之能顺人意也。海行不畏深,惟惧浅阁,以舟底不平,若潮落,则倾覆不可救。故常以绳垂铅硾以试之,每舟篙师水手可六十人,惟恃首领熟识海道,善料天时人事,而得众情。故若一有仓卒之虞,首尾相应如一人,则能济矣。若夫神舟之长阔高大,什物器用人数,皆三倍于客舟也。(第70~71页)

朴庆辉标注,《宣和奉使高丽图经》,吉林文史出版社,1995年

---

① 宋代,福州、兴化、泉州、漳州均设有官船厂,本篇所述福船在泉州亦有制造。

（宋）张淏修纂，《宝庆会稽续志》

卷二　提举题名

赵隆孙，宝祐元年，以朝请大夫，六月十三日到任。宝祐二年五月，除直秘阁知泉州兼提举福建市舶。（第7册，第7121页）

《宋元方志丛刊》（影印本），中华书局，1990年

（宋）赵汝适撰，《诸蕃志》

《〈诸蕃志〉序》　（宋）赵汝适撰

《禹贡》载岛夷卉服，厥篚织贝。蛮夷通财于中国古矣，由汉而后，贡珍不绝。至唐市舶有使招徕，懋迁之道自是亦广。国朝列圣相传，以仁俭为宝，声教所暨，累译奉琛，于是置官于泉广，以司互市，盖欲宽民力而助国朝，其与贵异物穷侈心者乌可同日而语。汝适被命此来，暇日阅诸蕃图，有所谓石床、长沙之险，交洋、竺屿之限，问其志则无有焉。乃询诸贾胡，俾列其国名，道其风土，与夫道里之联属，山泽之蓄产，译以华言，删其秽渫，存其事实，名曰《诸蕃志》。海外环水而国者以万数，南金象犀珠香瑇瑁珍异之产，市于中国者，大略见于此矣。噫！山海有经，博物有志，一物不知，君子所耻，是志之作，良有以夫。宝庆元年九月日。朝散大夫提举福建路市舶赵汝适序。（第1页）

卷上　志国

交趾国

土产沉香、蓬莱香、生金、银、铁、朱砂、珠、贝、犀、象、翠羽、车渠、盐、漆、木绵、吉贝之属。岁有进贡。其国不通商。（第1页）

占城国

占城，东海路通广州，西接云南，南至真腊，北抵交趾，通邕州。自泉州至本国顺风舟行二十余程。其地东西七百里，南北三千里。国都号新州，有县镇之名，甓砖为城，护以石塔。……土地所出，象牙、笺、沉、速香、黄蜡、乌橘木、白藤、吉贝、花布、丝绞布、白氎箪、孔雀、犀角、红鹦鹉等物。官监民入山斫香输官，谓之"身丁香"，如中国身丁盐税之类，纳足听民贸易。不以钱

为货,惟博米、酒及诸食物以此充岁计。若民入山为虎所噬,或水行被鳄鱼之厄,其家指其状诣王,王命国师作法,诵咒书符,投民死所,虎、鳄即自投赴请命,杀之。若有欺诈诬害之讼,官不能明,令竞主同过鳄鱼潭,其负理者鱼即出食之;理直者虽过十余次,鳄自避去。买人为奴婢,每一男子鬻金三两,准香货酬之。商舶到其国,即差官折黑皮为策,书白字,抄物数,监盘上岸;十取其二,外听交易,如有隐瞒,籍没入官。番商兴贩,用脑、麝、檀香、草席、凉伞、绢、扇、漆器、瓷器、铅、锡、酒、糖等博易。……(第8～9页)

真腊国

真腊接占城之南,东至海,西至蒲甘,南至加罗希。自泉州舟行顺风月余日可到,其地约方七千余里,国都号禄兀。天气无寒。……土产象牙、暂速细香、粗熟香、黄蜡、翠毛(此国最多)、笃耨脑、笃耨瓢、番油、姜皮、金颜香、苏木、生丝、绵布等物。番商兴贩,用金银、瓷器、假锦、凉伞、皮鼓、酒、糖、酰醯之属博易。……(第18页)

登流眉国

产白豆蔻、笺沉速香、黄蜡、紫矿之属。(第28页)

三佛齐国

三佛齐,间于真腊、阇婆之间,管州十有五。在泉之正南,冬月顺风月余方至凌牙门。经商三分之一始入其国。国人多姓蒲。累甓为城,周数十里。国王出入乘船,身缠缦布,盖以绢伞,卫以金镖。其人民散居城外,或作牌水居,铺板覆茅。不输租赋。习水陆战,有所征伐,随时调发;立酋长率领,皆自备兵器、粮粮、临敌敢死,伯于诸国。无缗钱,止凿白金贸易。四时之气多热少寒,豢畜颇类中国。有花酒、椰子酒、槟榔蜜酒,皆非曲蘖所酝,饮之亦醉。国中文字用番书,以其王指环为印。亦有中国文字,上章表则用焉。……土地所产:玳瑁、脑子、沉速暂香、粗熟香、降真香、丁香、檀香、豆蔻,外有真珠、乳香、蔷薇水、栀子花、腽肭脐、没药、芦荟、阿魏、木香、苏合油、象牙、珊瑚树、猫儿睛、琥珀、番布、番剑等,皆大食诸番所产,萃于本国。番商兴贩,用金、银、瓷器、锦绫、缬绢、糖、铁、酒、米、干良姜、大黄、樟脑等物博易。其国在海中,扼诸番舟车往来之咽喉。古用铁索为限,以备他盗,操纵有机;若商舶至,则纵之。比年宁谧,撤而不用;堆积水次,土人敬之如佛,舶至则祠焉,沃以油则光焰如新,鳄鱼不敢逾为患。若商舶过不入,即出船合战,期以必死,故国之舟辐凑焉。……(第34～36页)

单马令国

土产黄蜡、降真香、速香、乌樠木、脑子、象牙、犀角,番商用绢伞、雨伞、

荷池缬绢、酒、米、盐、糖、瓷器、盆钵、粗重等物,及用金银为盘盂博易。(第43页)

凌牙斯加国

地产象牙、犀角、速暂香、生香、脑子,番商兴贩用酒、米、荷池缬绢、瓷器等为货,各先以此等物准金银,然后打博。如酒壹橙,准银一两、准金二钱;米二橙,准银一两,十橙准金一两之类。岁贡三佛齐国。(第45页)

佛啰安国

土产速暂香、降真香、檀香、象牙等,番商以金、银、瓷、铁、漆器、酒、米、糖、麦博易。岁贡三佛齐。(第47页)

新拖国

山产胡椒,粒小而重,胜于打板。地产东瓜、甘蔗、饱豆、茄菜。但地无正官,好行剽掠,番商罕至兴贩。(第48页)

监篦国

土产白锡、象牙、真珠。(第50页)

蓝无里国

蓝无里国,土产苏木、象牙、白藤。国人好斗,多用药箭。

北风二十余日到南毗管下细兰国。自蓝无里风帆将至其国,必有电光闪烁,知是细兰也。……地产白豆蔻、木兰皮、粗细香。番商转易用檀香、丁香、脑子、金银瓷器、马、象、丝帛等为货。岁进贡于三佛齐。(第51~52页)

阇婆国

阇婆国又名莆家龙,于泉州为丙巳方,率以冬月发船,盖藉北风之便,顺风昼夜月余可到。……(南朝)宋元嘉十二年尝通中国,后绝。皇朝淳化三年复修朝贡之礼。其地坦平,宜种植,产稻、麻、粟、豆,无麦,耕田用牛。民输十一之租。煮海为盐,多鱼鳖、鸡鸭、山羊,兼椎马牛以食。果实有大瓜、椰子、蕉子、甘蔗、芋。出象牙、犀角、真珠、龙脑、玳瑁、檀香、茴香、丁香、豆蔻、荜澄茄、降真香、花簟、番剑、胡椒、槟榔、硫黄、红花、苏木、白鹦鹉,亦务蚕织,有杂色绣丝、吉贝、绫布。地不产茶酒,出于椰子及虾猱丹树之中,此树华人未曾见,或以桄榔槟榔酿成,亦自清香。蔗糖其色红白,味极甘美。以铜、银、鍮、锡杂铸为钱;钱六十准金一两、三十二准金半两。番商兴贩,用夹杂金银及金银器皿、五色缬绢、皂绫、川芎、白芷、朱砂、绿矾、白矾、鹏砂、砒霜、漆器、铁鼎、青白瓷器交易。此番胡椒萃聚,商舶利倍蓰之获,往往冒禁潜载铜钱博换。朝廷屡行禁止兴贩,番商诡计,易其名曰苏吉丹。(第54~55页)

苏吉丹

地之所产,大率于阇婆无异,胡椒最多,时和岁丰,货银二十五两,可博十包至二十包,每包五十升。设有凶歉寇扰,但易其半。采椒之人为辛气熏迫,多患头痛,饵川芎可愈。蛮妇搽抹,及妇人染指甲衣帛之属,多用朱砂。故番商兴贩,率以二物为货。厚遇商贾,无宿泊饮食之费。其地连百花园、麻东、打板、禧宁、戎牙路、东峙、打纲、黄麻驻、麻篱、牛论、丹戎武啰、底勿、平牙夷、勿奴孤,皆阇婆之属国也。打板国东连大阇婆,号戎牙路(或作重迦卢)。居民架造屋宇,与中国同。其地平坦,有港通舟车往来。产青盐、绵羊、鹦鹉之属。……打纲、黄麻驻、麻篱、牛论、丹戎武啰、底勿、平牙夷、勿奴孤等国在海岛中;各有地主,用船往来。……土产檀香、丁香、豆蔻、花簟、番布、铁剑、器械等物。内麻篱、丹戎武啰尤广袤,多蓄兵马,稍知书计。土产降真、黄蜡、细香、玳瑁等物,丹戎武啰亦有之。率不事生业,相尚出海,以舟劫掠,故番商罕至焉。(第60~61页)

南毗国

南毗国在西南之极。自三佛齐便风月余可到……其国最远,番舶罕到。时罗巴、智力干父子,其种类也,今居泉之城南。土产之物,本国运至吉啰达弄、三佛齐,用荷池缬绢、瓷器、樟脑、大黄、黄连、丁香、脑子、檀香、豆蔻、沉香为货,商人就博易焉。(第66~68页)

故临国

故临国自南毗舟行,顺风五日可到,泉舶四十余日到蓝里住冬,至次年再发,一月始达。土俗大率与南毗无异。土产椰子、苏木,酒用蜜糖和椰子花汁酝成。好事弓箭战斗,临敌以彩缯缠髻。交易用金银钱,以银钱十二准金钱之一。地暖无寒。每岁自三佛齐、监篦、吉陀等国发船,博易用贷亦与南毗同。大食人多寓其国中,每浴毕,用郁金涂体,盖欲仿佛之金身。(第66~68页)

胡茶辣国

土产青碇至多,紫矿、苘子、诸色番布,每岁转运就大食货卖。(第72页)

麻啰华国

产白布甚多,每岁约发牛二千余只驼布,就陆路往他国博易。(第74页)

注辇国

注辇国,西天南印度也,东距海五里,西至西天竺千五百里,南至罗兰二千五百里,北至顿田三千里。自古不通商,水行至泉州约四十一万一千四百余里。欲往其国,当自故临易舟而行,或云蒲甘国亦可往。……地产真珠、象牙、珊瑚、玻璃、槟榔、豆蔻、琉璃、色丝布、吉贝布。(第74~76页)

鹏茄啰国

西天鹏茄啰国,都号茶那咭,城围一百二十里。民物好胜,专事剽夺。以白砑螺壳磨治为钱。土产宝剑、兜罗绵等布。或谓佛教始于此国,唐三藏玄奘取经曾到。(第76页)

南尼华啰国

土产上等木香、细白花蕊布。(第77页)

大秦国

大秦国(一名犁靬),西天诸国之都会,大食番商所萃之地也。……土产琉璃、珊瑚、生金、花锦、缦布、红玛瑙、真珠,又出骇鸡犀,骇鸡犀,即通天犀也。(第81页)

天竺国

天竺国隶大秦国,所立国主悉由大秦选择。……其国出狮子、貂、豹、橐、犀、象、玳瑁、金、铜、铁、铅、锡、金镂织成金屦、白叠、氍毹,有石如云母而色紫,裂之则薄如蝉翼,积之则如纱,榖有金刚石,似紫石英,百炼不销,可以切玉。又有旃檀等香,甘蔗石蜜诸果。岁与大秦、扶南贸易,以齿贝为货。……唐贞观、天授中,尝遣使入贡。雍熙间有僧啰护哪航海而至,自言天竺国人,番商以其胡僧,竞持金缯珍宝以施,僧一不有,买隙地建佛刹于泉之城南,今宝林院是也。(第85~86页)

大食国

大食在泉之西北,去泉州最远。番舶艰于直达,自泉发船四十余日,至蓝里博易住冬,次年再发,顺风六十余日方至其国。本国所产,多运载与三佛齐贸易,贾转贩以至中国。……土地所出,真珠、象牙、犀角、乳香、龙涎、木香、丁香、肉豆蔻、安息香、芦荟、没药、血碣、阿魏、腽肭脐、鹏砂、琉璃、玻瓈、砗磲、珊瑚树、猫儿睛、栀子花、蔷薇水、没石子、黄蜡、织金软锦、驼毛布、兜罗绵、异缎等。番商兴贩,系就三佛齐、佛啰安等国转易。……有番商曰施那帏,大食人也。蹜寓泉南,轻财乐施,有西土气习,作丛冢于城外之东南隅,以掩胡贾之遗骸。提舶林之奇记其实。(第89~91页)

层拔国

产象牙、生金、龙涎、黄檀香。每岁胡茶辣国及大食边海等处发船贩易,以白布、瓷器、赤铜、红吉贝为货。(第100页)

弼琶啰国

产龙涎、大象牙及大犀角,象牙有重百余斤,犀角重十余斤。亦多木香、苏合香油、没药。玳瑁至厚。他国悉就贩焉。(第102页)

中理国

山出血碣、芦荟,水出玳瑁、龙涎,其龙涎不知所出,忽见成块,或三五斤,或十斤,瓢泊岸下,土人竞分之。或船在海中蓦见采得。(第105页)

瓮蛮国

土产千年枣甚多。沿海出真珠,,山畜牧马,极蕃蔗。他国贸贩,惟买马与真珠及千年枣,用丁香、豆蔻、脑子等为货。(第107~108页)

记施国

土产真珠、好马。大食岁遣骆驼负蔷薇水、栀子花、水银、白铜、生银、朱砂、紫草、细布等下船,至本国,贩于他国。(第108~109页)

白达国

产金银、碾花上等琉璃、白越诺布、苏合油。(第110页)

弼斯啰国

产骆驼、绵羊、千年枣。每岁记施、瓮蛮国常至其国般贩。(第111页)

吉慈尼国

土产金银、越诺布、金丝绵、五色驼毛段、碾花琉璃、苏合油、无名异、摩娑石。(第112页)

勿厮离国

地产火浣布、珊瑚。(第114页)

芦眉国

地产绞绡、金字越诺布、间金间丝织锦绮、摩娑石、无名异、蔷薇水、栀子花、苏合油、鹏砂及上等碾花琉璃。人家好畜驼马犬。(第116页)

木兰皮国

国之所产极异,麦粒长三寸。瓜围六尺,可食二三十人。榴重五斤,桃重二斤,香圆重二十余斤;莴苣菜每茎可重十余斤,其叶长三四尺。米麦开地窖藏之,数十年不坏。产胡羊,高数尺,尾大如扇,春剖腹取脂数十斤,再缝合而活,不取则发膘胀死。(第117~118页)

昆仑层期国

土产大象牙、犀角。西有海岛,多野人,身如黑漆,虬发,诱以食而擒之,转卖与大食国为奴,获价甚厚,托以管钥,谓其无亲属之恋也。(第127页)

茶弼沙国

土产金宝极多。(第132页)

默伽猎国

人民食饼肉,有麦无米,牛羊、骆驼、果实之属甚多。海水深二十丈,产珊瑚树。(第134页)

渤泥国

渤泥在泉之东南,去阇婆四十五日程,去三佛齐四十日程,去占城与麻逸各三十日程,皆以顺风为则。其国以板为城,城中居民万余人,所统十四州。……土地所出,梅花脑、速脑、金脚脑、米脑、黄蜡、降真香、玳瑁。番商兴贩,用货金、货银、假锦、建阳锦、五色绢、五色茸、琉璃珠、琉璃瓶子、白锡、乌铅、网坠、牙臂环、胭脂、漆碗楪、青瓷器等博易。番舶抵岸三日,其王与眷属率大人(王之左右,号曰大人)到船问劳,船人用锦藉跳板迎肃,款以酒醴,用金银器皿、簟席、凉伞等分献有差。既泊舟登岸,皆未及博易之事,商贾日以中国饮食献其王,故舟往佛泥,必挟善庖者一二辈与俱。朔望并讲贺礼。几月余,方请其王与大人论定物价。价定,然后鸣鼓以召远近之人,听其贸易。价未定而私贸易者罚。俗重商贾。有罪抵死者,罚而不杀。船回日,其王亦酾酒椎牛祖席,酢以脑子、番布等称其所施。舶舟虽贸易迄事,必候六月望日排办佛节然后出港。否则,有风涛之厄。佛无他像,茅舍数层,规制如塔;下置小龛,罩珠二颗,是谓圣佛。土人云:"二珠其初犹小,今渐大如拇指矣。"遇佛节,其王亲供花果者三日,国中男女皆至。太平兴国二年,遣使蒲亚利等贡脑子、玳瑁、象牙、檀香。其表缄封数重,纸类木皮而薄,莹滑,色微绿,长数尺,博寸余,卷之仅可盈握。其字细小;横读之,译以华言云:"渤泥国王向打稽首拜皇命万岁万岁万万岁。"又言:"每年修贡,易飘泊占城;乞诏占城今后勿留。"馆其使于礼宾院,优遣之。元丰五年,又遣使来贡。西龙宫、什庙、日丽、胡芦蔓头、苏勿里、马胆逾马喏居海岛中,用小船来往,服色饮食与渤泥同。出生香、降真香、黄蜡、玳瑁。商人以白瓷器、酒、米、粗盐、白绢、货金易之。(第135~137页)

麻逸国

麻逸国,在渤泥之北,团聚千余家,夹溪而居。土人披布如被,或腰布蔽体。有铜佛像,散布草野,不知所自。盗少。至其境。商舶入港,驻于官场前,官场者,其国阛阓之所也;登舟与之杂处。酋长日用白伞,故商人必赍以为贽。交易之例,蛮贾丛至,随笯篱搬取物货而去。初若不可晓,徐辨认搬货之人,亦无遗失。蛮贾乃以其货转入他岛屿贸易,率至八九月始归。以其所得准偿舶商,亦有过期不归者,故贩麻逸舶回最晚。三屿、白蒲延、蒲里噜、里银、东流新、里汉等,皆其属也。土产黄蜡、吉贝、真珠、玳瑁、药、槟榔、

于达布。商人用瓷器、货金、铁鼎、乌铅、五色琉璃珠、铁针等博易。（第141页）

三屿

三屿，乃麻逸之属，曰加麻延、巴姥酉、巴吉弄等。各有种落，散居岛屿，舶舟至则出而贸易；总谓之三屿。……番商每抵一聚落，未敢登岸，先驻舟中流，鸣鼓以招之，蛮贾争棹小舟，持吉贝、黄蜡、番布、椰子簟等至与贸易。如议之价未决，必贾豪自至说谕，馈以绢、伞、瓷器、藤笼，仍留一二辈为质，然后登岸互市，交易毕，则返其质。停舟不过三、四日，又转而之他。诸蛮之居环绕三屿，不相统属。其山倚东北隅，南风时至，激水冲山，波涛迅驶，不可泊舟。故贩三屿者，率四五月间即理归棹。博易用瓷器、皂绫、缬绢、五色烧珠、铅网坠、白锡为货。蒲哩噜与三屿联属，聚落差盛。人多猛悍，好攻劫。海多卤股之石，槎牙如枯木，芒刃铦于剑戟；舟过其侧，预曲折以避之。产青琅玕、珊瑚树，然绝难得。风俗博易，与三屿同。（第143~144页）

流求国

流求国当泉州之东，舟行约五六日程。……无他奇货，尤好剽掠，故商贾不通。土人间以所产黄蜡、土金、牦尾、豹脯，往售于三屿。（第147页）

毗舍耶

毗舍耶语言不通，商贩不及，祖裸盱睢，殆畜类也。泉有海岛曰彭湖，隶晋江县，与其国密迩，烟火相望，时至寇掠，其来不测，多罹生噉之害，居民苦之。淳熙间，国之酋豪常率数百辈猝至泉之水澳、围头等村，恣行凶暴，戕人无数，淫其妇女，已而杀之。（第149页）

新罗国

新罗国，弁韩遗种也。其国与泉之海门对峙。俗忌阴阳家子午之说，故兴贩必先至四明，而后再发，或曰泉之水势渐低，故必经由四明。……地出人参、水银、麝香、松子、榛子、石决明、松塔子、防风、白附子、茯苓、大小布、毛施布、铜磬、瓷器、草席、鼠毛笔等。商舶用五色缬绢及建本文字博易。（第151页）

倭国

倭国在泉之东北，今号日本国。……亦有中国典籍，如《五经》、《白乐天文集》之类；皆自中国得之。土宜五谷而少麦。交易用铜钱，以乾元大宝为文。有水牛、驴、羊、犀、象之属。亦有金银、细绢、花布。多产杉木、罗木，长至十四五丈，径四尺余，土人解为枋板，以巨舰搬运至吾泉贸易，泉人罕至其国。乐有中国、高丽二部。……（第155页）

卷下　志物

乳香

乳香一名熏陆香；出大食之麻啰拔、施曷、奴发三国深山穷谷中。其树大概类榕，以斧斫株，脂溢于外，结而成香，聚而成块。以象辇之至于大食，大食以舟载易他货于三佛齐。故香常聚于三佛齐。番商贸易至，舶司视香之多少为殿最。而香之为品十有三。其上者为拣香，圆大如指头，俗所谓滴乳是也；次曰瓶乳，其色亚于拣香；又次曰瓶香，言收时贵重之置于瓶中。瓶香之中，又有上、中、下三等之别；又次曰袋香，言收时止置袋中。其品亦有三如瓶香焉；又次曰乳榻。盖香之杂于砂石者也；又次曰黑榻。盖香色之黑者也。又次曰水湿黑榻。盖香在舟中为水所浸渍而气变、色败者也。品杂而碎者曰斫削，簸扬为尘者曰缠末，皆乳香之别也。（第163页）

金颜香

金颜香正出真腊，大食次之。所谓三佛齐有此香者，特自大食贩运至三佛齐，而商人又自三佛齐转贩入中国耳。其香乃木之脂，有淡黄色者，有黑色者，拗开雪白为佳，有砂石为下。其气劲，工于聚众香，今之为龙涎软香佩带者，多用之。番人亦以和香而涂其身。（第167页）

苏合香油

苏合香油，出大食国。气味大抵类笃耨，以浓而无滓为上。番人多用以涂身。闽人患大风者亦仿之。可合软香，及入医用。（第169页）

降真香

降真香出三佛齐、阇婆、蓬丰，广东、西诸郡亦有之。气劲而远，能辟邪气。泉人岁除，家无贫富，皆爇之如燔柴然，其直甚廉，以三佛齐者为上，以其气味清远也。一名曰紫藤香。（第183页）

麝香木

麝香木出占城、真腊，树老仆湮没于土而腐，以熟脱者为上，其气依稀似麝，故谓之麝香。若伐生木取之，则气劲而恶，是为下品。泉人多以为器用，如花梨木之类。（第184页）

槟榔

槟榔产诸番国及海南四州，交趾亦有之。木如棕榈，结子叶间如柳条，颗颗丛缀其上。春取之，为软槟榔，俗号槟榔，鲜极可口。夏秋采而干之为米槟榔，渍之以盐为盐槟榔。小而尖者为鸡心槟榔，大而扁者为大腹子，食之可以下气。三佛齐取其汁为酒，商舶兴贩，泉广税务岁收数万缗，惟海南

最多。鲜槟榔、盐槟榔皆出海南，鸡心、大腹子多出麻逸。（第 186 页）

吉贝

吉贝，树类小桑，萼类芙蓉，絮长半寸许，宛如鹅毳，有子数十，南人取其茸絮，以铁筯碾去其子，即以手握茸就纺，不烦缉绩，以之为布。最坚厚者谓之兜罗绵，次曰番布，次曰木棉，又次曰吉布。或染以杂色，异纹炳然，幅有阔至五、六尺者。（第 192 页）

海南

海南，汉朱崖、儋耳也。……土产沉香、蓬莱香、鹧鸪斑香、笺香、生香、丁香、槟榔、椰子、吉贝、苎麻、楮皮、赤白藤、花缦、黎幏、青桂木、花梨木、海梅脂、琼枝菜、海漆、荜拨、高良姜、鱼鳔、黄蜡、石蟹之属，其货多出于黎峒。省民以盐、铁、鱼、米转博，与商贾贸易。泉舶以酒、米、面粉、纱绢、漆器、瓷器等为货，岁杪或正月发舟，五六月间回舶。若载鲜槟榔揍先，则四月至。……

黎，海南四郡岛上蛮也。岛有黎母山，因祥光夜见，旁照四郡。……土产沉水、蓬莱诸香，为香谱第一。漫山悉槟榔、椰子树、小马、翠羽、黄蜡之属。闽商值风飘荡，资货陷没，多入黎地耕种之归。……

物货，海南土产，诸番皆有之，顾有优劣耳。笺、沉等香，味清且长，复出诸番之右，虽占城、真腊亦居其次。黄蜡则迥不及三佛齐，较之三屿，抑又劣焉。其余物货多与诸番同，惟槟榔、吉贝独盛，泉商兴贩，大率仰此。（第 216～221 页）

杨博文，《诸蕃志校释》，中华书局，1996 年

（宋）周去非撰，《岭外代答》

卷三　外国门下

航海外夷

今天下沿海州郡，自东北而西南，其行至钦州止矣。沿海州郡，类有市舶。国家绥怀外夷，于泉、广二州置提举市舶司，故凡蕃商急难之欲赴诉者，必提举司也。……三佛齐之来也，正北行，舟历上下竺与交洋，乃至中国之境。其欲至广者，入自屯门。欲至泉州者，入自甲子门。（第 126 页）

卷六　器用门　舟楫附

107 柂

钦州海山,有奇材二种:一曰紫荆木,坚类铁石,色比燕脂,易直,合抱。以为栋梁,可数百年。一曰乌婪木,用以为大船之柂,极天下之妙也。蕃舶大如广厦,深涉南海,径数万里,千百人之命,直寄于一柂。他产之柂,长不过三丈,以之持万斛之舟,犹可胜其任,以之持数万斛之蕃舶,卒遇大风于深海,未有不中折者。唯钦产缜理坚密,长几五丈。虽有恶风怒涛,截然不动,如以一丝引千钧于山岳震颓之地,真凌波之至宝也。此柂一双,在钦直钱数百缗,至番禺、温陵,价十倍矣。然得至其地者,亦十之一二,以材长,甚难海运故耳。(第 220 页)

杨武泉校注,《岭外代答校注》,中华书局,1999 年

(宋)祝穆撰,祝洙增订,《方舆胜览》

卷十二　福建路

泉州

诸蕃有黑白二种,皆居泉州,号蕃人巷。每岁以大舶浮海往来,致象、犀、玳瑁、珠玑、玻璃、玛瑙、异香、胡椒之属。(第 208 页)

蛇冈蹑龟背,虾屿据龙头。岸隔诸蕃国,江通百粤舟。

李文敏诗:苍官影里三州路,涨海声中万国商。(第 214 页)

前驱画戟,出镇清源。显膺芝检,荣牧桐城。选牧中宸,开藩南国。乃眷泉城,素称佛国。眷武荣之奥壤,居海峤之一隅。伟平海之望郡,实全闽之奥区。外宗分建于维城,异国悉归于互市。(第 215 页)

施和金点校,《方舆胜览》,中华书局,2003 年

(元)陈大震撰,《大德南海志》

卷七

物产　果

宜母子:一名黎檬子,状如柑橘,味酸。大德三年,泉州路煎糖官呈,用

里木榨水，煎造舍里别。舍里别，蒙古语，曰解渴水也。凡果木之汁，皆可为之。独里木子香酸，经久不变。里木即宜母子。今本路于番禺县城东厢，地名莲塘，南海县地名荔枝湾，创置御果园，共二处，栽植里木树，大小共八百株。大德七年罢贡。（第36页）

卷八

社稷坛壝

（广州城）三城历年久，楼橹倾侧，砖石脱剥。端平乙未，经略彭宝章铉会僚属戎将经度之。明年四月，闻于朝，六月报可，七月朔兴役，凡八阅月。……至元十四年十二月，塔出元帅、吕元帅师夔，会泉、福舟师取广州，广师张镇孙以城降。十五年正月八日，元帅下令夷其城隍，惟子城及两雁翅无恙。（第52页）

广州市地方志编纂委员会办公室编，
《元大德南海志残本（附辑佚）》，广东人民出版社，1991年

（元）汪大渊撰，《岛夷志略》

彭湖

岛分三十有六，巨细相间，坡陇相望。乃有七澳居其间，各得其名。自泉州顺风二昼夜可至。有草无木，土瘠不宜禾稻。泉人结茅为屋居之。气候常暖，风俗朴野，人多眉寿。男女穿长布衫，系以土布。

煮海为盐，酿秫为酒。采鱼虾螺蛤以佐食，爇牛粪以爨，鱼膏为油。地产胡麻、绿豆。山羊之孳生数万为群，家以烙毛刻角为记，昼夜不收，各遂其生育。工商兴贩，以乐其利。

地隶泉州晋江县，至元年间立巡检司，以周岁额办盐课中统钱钞一十锭二十五两，别无科差。（第13页）

琉球

地产沙金、黄豆、黍子、硫黄、黄蜡、鹿、豹、麂皮。贸易之货，用土珠、玛瑙、金珠、粗碗、处州瓷器之属。海外诸国，盖由此始。（第17页）

三岛

居大崎山之东，屿分鼎峙，有叠山层峦，民傍缘居之。……男子尝附舶至泉州经纪，罄其资囊，以文其身。既归其国，则国人以尊长之礼待之，延之上坐，虽父老亦不得与争焉。习俗以其至唐，故贵之也。……地产黄蜡、木

绵、花布。贸易之货用铜珠、青白花碗、小花印布、铁块之属。……（第23页）

麻逸

地产木绵、黄蜡、玳瑁、槟榔、花布。贸易之货用鼎、铁块、五采红布、红绢、牙锭之属。蛮贾议价领去博易土货，然后准价舶商。守信如终如始，不负约也。（第33~34页）

无枝拔

产花斗锡、铅、绿毛狗。贸易之货，用西洋布、青白处州瓷器、瓦坛、铁鼎之属。（第38页）

龙涎屿

屿方而平，延袤荒野，上如云坞之盘，绝无田产之利。每值天清气和，风作浪涌，群龙游戏，出没海滨，时吐涎沫于其屿之上，故以得名。涎之色或黑于乌香，或类于浮石，闻之微有腥气，然用之合诸香，则味尤清远，虽茄蓝木、梅花脑、檀、麝、栀子花、沉速木、蔷薇水众香，必待此以发之。

此地前代无人居之，间有他番之人，用完木凿舟，驾使以拾之，转鬻于他国。货用金银之属博之。（第43~44页）

交趾

地产沙金、白银、铜、锡、铅、象牙、翠毛、肉桂、槟榔。贸易之货，用诸色绫罗匹帛、青布、牙梳、纸札、青铜、铁之类。流通使用铜钱。民间以六十七钱折中统银一两，官用止七十为率。舶人不贩其地。惟偷贩之舟，止于断山上下，不得至其官场，恐中国人窥见其国之虚实也。（第51页）

占城

地产红柴、茄蓝木、打布。货用青瓷花碗、金银首饰、酒、色布、烧珠之属。（第56页）

民多朗

地产乌梨木、麝檀、木绵花、牛麂皮。货用漆器、铜鼎、阇婆布、红绢、青布、斗锡、酒之属。（第60页）

宾童龙

地产茄蓝木、象牙。货用银、印花布。次曰胡麻、沙曼、头罗、沙曼、宝毗齐，新故、越州诸番，无所产，舶亦不至。（第64页）

真腊

地产黄蜡、犀角、孔雀、沉速香、苏木、大枫子、翠羽，冠于各番。货用金银、黄红烧珠、龙段、建宁锦、丝布之属。（第70页）

丹马令
产上等白锡、米脑、龟筒、鹤顶、降真香及黄熟香头。贸易之货,用甘理布、红布、青白花碗、鼓之属。(第79页)

日丽
土产龟筒、鹤顶、降真、锡。贸易之货,用青磁器、花布、粗碗、铁块、小印花布、五色布之属。(第86页)

麻里鲁
地产玳瑁、黄蜡、降香、竹布、木绵花。贸易之货,用牙锭、青布、磁器盘、处州磁、水坛、大瓮、铁鼎之属。(第89页)

遐来勿
地产苏木、玳瑁、木绵花、槟榔。贸易之货,用占城海南布、铁线、铜鼎、红绢、五色布、木梳、篦子、青器、粗碗之属。(第93页)

彭坑
地产黄熟香头、沉速、打白香、脑子、花锡、粗降真。贸易之货,用诸色绢、阇婆布、铜铁器、漆磁器、鼓、板之属。(第96页)

吉兰丹
地产上等沉速、粗降真香、黄蜡、龟筒、鹤顶、槟榔。外有小港,索迁极深,水咸鱼美。出花锡,货用塘头市布、占城布、青盘、花碗、红绿焇珠、琴、阮、鼓、板之属。(第99页)

丁家卢
地产降真、脑子、黄蜡、玳瑁。货用青白花瓷器、占城布、小红绢、斗锡、酒之属。(第102页)

戎
地产白豆蔻、象牙、翠毛、黄蜡、木绵纱。贸易之货,用铜、漆器、青白花碗、磁壶、瓶、花银、紫烧珠、巫仑布之属。(第106页)

罗卫
地产粗降真、玳瑁、黄蜡、棉花。虽有珍树,无能割。贸易之货,用棋子手巾、狗迹绢、五色烧珠、花银、青白碗、铁条之属。(第109页)

罗斛
此地产罗斛香,味极清远,亚于沉香。次苏木、犀角、象牙、翠羽、黄蜡。货用青器、花印布、金、锡、海南槟榔□、𧵅子。(第114页)

东冲古剌
地产沙金、黄蜡、粗降真香、龟筒、沉香。贸易之货,用花银、盐、青白花

碗、大小水埕、青缎、铜鼎之属。(第120页)

苏洛鬲
地产上等降真、片脑、鹤顶、沉速、玳瑁。贸易之货,用青白花器、海南巫仑布、银、铁、水埕、小罐、铜鼎之属。(第123页)

针路
地产苎蕉。贝子通暹准钱使用。贸易之货,用铜条、铁鼎、铜珠、五色焇珠、大小埕、花布、鼓、青布之属。(第126页)

八都马
地产象牙,重者百余斤,轻者七八十斤。胡椒亚于阇婆。贸易之货,用南北丝、花银、赤金、铜、铁鼎、丝布、草金缎、丹山锦、山红绢、白矾之属。(第130页)

淡邈
地产胡椒,亚于八都马。货用黄硝珠、麒麟粒、西洋丝布、粗碗、青器、铜鼎之属。(第133页)

尖山
地产木绵花、竹布、黄蜡。粗降真沙地所生,故不结实。贸易之货,用牙锭、铜铁鼎、青碗、大小埕瓮、青皮单、锦、鼓乐之属。(第136页)

八节那间
地产单茂、花印布不退色、木绵花、槟榔。贸易之货,用青器、紫矿、土粉、青丝布、埕瓮、铁器之属。(第138页)

三佛齐
地产梅花片脑、中等降真香、槟榔、木绵布、细花木。贸易之货,用色绢、红硝珠、丝布、花布、铜铁锅之属。(第142页)

啸喷
地产惟苏木盈山,他物不见。每岁与打网国相通,贸易通舶人。货用五色硝珠、磁器、铜铁锅、牙锭、瓦瓮、粗碗之属。(第146页)

勃泥
地产降真、黄蜡、玳瑁、梅花片脑。其树如杉桧,劈裂而取之,必斋浴而后往。货用白银、赤金、色缎、牙箱、铁器之属。(第148页)

明家罗
舶人兴贩,往往金银与之贸易。……惟产红石之外,别物不见。(第152页)

暹
地产苏木、花锡、大风子、象牙、翠羽。贸易之货,用硝珠、水银、青布、

铜、铁之属。(第155页)

爪哇
地产青盐,系晒成。胡椒每岁万斤。极细坚耐色印布、绵羊、鹦鹉之类。药物皆自他国来也。货用硝珠、金银、青缎、色绢、青白花碗、铁器之属。(第159页)

重迦罗
地产绵羊、鹦鹉、细花木绵单、椰子、木绵花纱。贸易之货,用花银、花宣绢、诸色布。(第168页)

都督岸
地产片脑、粗速香、玳瑁、龟筒。贸易之货,用海南占城布、红绿绢、盐、铁铜鼎、色缎之属。(第173页)

文诞
地产肉豆蔻、黑小厮、豆蔻花、小丁皮。货用水绫丝布、花印布、乌瓶、鼓瑟、青磁器之属。(第176页)

苏禄
地产中等降真条、黄蜡、玳瑁、珍珠,较之沙里八丹、第三港等处所产,此苏禄之珠,色青白而圆,其价甚昂。中国人首饰用之,其色不退,号为绝品。有径寸者,其出产之地,大者已直七八百余锭,中者二三百锭,小者一二十锭。其余小珠一万上两重者,或一千至三四百上两重者,出于西洋之第三港,此地无之。贸易之货,用赤金、花银、八都剌布、青珠、处器、铁条之属。(第178页)

龙牙犀角
地产沉香,冠于诸番。次鹤顶、降真、蜜糖、黄熟香头。贸易之货,用土印布、八都剌布、青白花碗之属。(第181页)

苏门傍
地产翠羽、苏木、黄蜡、槟榔。贸易之货,用白糖、巫仑布、䌷绢衣、花色宣绢、涂油、大小水埕之属。(第185页)

旧港
地产黄熟香头、金颜香,木绵花冠于诸番,黄蜡、粗降真、绝高鹤顶、中等沉速。贸易之货,用门邦丸珠、四色烧珠、麒麟粒、处瓷、铜鼎、五色布、大小水埕瓮之属。(第187页)

龙牙菩提
地产速香、槟榔、椰子。贸易之货,用红绿烧珠、牙箱锭、铁鼎、青白土印

布之属。(第190～191页)

班卒
地产上等鹤顶、中等降真、木绵花。贸易之货,用丝布、铁条、土印布、赤金、瓷器、铁鼎之属。(第196页)

蒲奔
地产白藤、浮留藤、槟榔。贸易之货,用青瓷器、粗碗、海南布、铁线、大小埕瓮之属。(第199～200页)

假里马打
地产番羊,高大者可骑,日行五六十里,及玳瑁。贸易之货,用硫磺、珊瑚珠、阇婆布、青色烧珠、八都剌布之属。(第202页)

文老古
地产丁香,其树满山,然多不常生,三年中间或二年熟。有酋长。地每岁望唐舶贩其地,往往以五枚鸡雏出,必唐船一只来;二鸡雏出,必有二只,以此占之,如响斯应。贸易之货,用银、铁、水绫、丝布、巫仑、八节那间布、土印布、象齿、烧珠、青瓷器、埕器之属。(第204～205页)

古里地闷
居加罗之东北,山无异木,唯檀树为最盛。以银、铁、碗、西洋丝布、色绢之属为之贸易也。……昔泉之吴宅,发舶梢众百有余人,到彼贸易,既毕,死者十八九,间存一二,而多羸弱乏力,驾舟随风回舶。或时风恬浪息,黄昏之际,则狂魂荡唱,歌舞不已。夜则添炬辉耀,使人魂逝而胆寒。吁!良可畏哉!然则其地虽使有万倍之利何益!昔柳子厚谓海贾以生易利,观此有甚者乎!(209页)

龙牙门
门以单马锡番两山,相交若龙牙状,中有水道以间之。……地产粗降真、斗锡。贸易之货,用赤金、青缎、花布、处瓷器、铁鼎之类。盖以山无美材,贡无异货。以通泉州之贸易,皆剽窃之物也。(第213～214页)

灵山
地产藤杖,轻小黑文相对者为冠,每条互易一花斗锡,粗大而纹疏者,一花斗锡互易三条。舶之往复此地,必汲水、采薪以济日用。次得槟榔、老叶,余无异物。贸易之货,用粗碗、烧珠、铁条之属。(第223页)

东西竺
地产槟榔、老叶、椰心簟、木绵花。番人取其椰心之嫩而白者,或素或染,织而为簟,售之唐人。其簟冬暖而夏凉,亦可贵也。贸易之货,用花锡、

胡椒、铁器、蔷薇水之属。(第227页)

花面
地产牛、羊、鸡、鸭、槟榔、甘蔗、老叶、木绵。货用铁条、青布、粗碗、青处器之属。舶经其地,不过贸易以供日用而已,余无可兴贩也。(第234页)

淡洋
地产降真香、苇粟,其粒与亚芦同,米颗虽小,炊饭则香。贸易之货,用赤金、铁器、粗碗之属。(第237~238页)

须文答剌
土产脑子、粗降真、香味短、鹤顶、斗锡。种茄树,高丈有余,经三四年不萎,生茄子以梯摘之,如西瓜大,重十余斤。贸易之货,用西洋丝布、樟脑、蔷薇水、黄油伞、青布、五色缎之属。(第240页)

僧加剌
产红石,土人掘之,以左手取者为货,右手寻者设佛后,得此以济贸易之货,皆令温饱而善良。(第244页)

勾栏山
岭高而树林茂密,田瘠谷少,气候热。俗射猎为事。国初,军士征阇婆,遭风于山下,辄损舟,一舟幸免,唯存丁灰。见其山多木,故于其地造舟一十余只。若樯柁、若帆、若篙,靡不具备,飘然长往。有病卒百余人不能去者,遂留山中。今唐人与番人丛杂而居之。男女椎髻,穿短衫,系巫仑布。

地产熊、豹、鹿、麂皮、玳瑁。贸易之货,用谷米、五色绢、青布、铜器、青器之属。(第248页)

特番里
地产好黄蜡,绵羊高四尺许,波罗大如斗,甜瓜三四尺围。贸易之货,用麻逸布、五色绸鞋、锦鞋、铜鼎、红油布之属。(第250页)

班达里
地产甸子、鸦忽石、兜罗绵、木绵花、青蒙石。贸易之货,用诸色缎、青白瓷、铁器、五色烧珠之属。(第254页)

曼陀郎
地产犀角、木绵,摘四斗花,可重一斤。西瓜五十斤重有余,石榴大如斗。贸易之货,用丁香、豆蔻、良姜、荜芨、五色布、青器、斗锡、酒之属。(第257~258页)

喃巫哩
地产鹤顶、龟筒、玳瑁,降真香冠于各番。贸易之货,用金、银、铁器、蔷

薇水、红丝布、樟脑、青白花碗之属。(第261页)

北溜
地产椰子索、𧵅子、鱼干、大手巾布。海商每将一舶𧵅子下乌爹、朋加剌，必互易米一船有余。盖彼番以𧵅子权钱用，亦久远之食法也。(第264页)

下里
地产胡椒，冠于各番，不可胜计。椒木满山，蔓衍如藤萝，冬花而夏实。民采而蒸曝，以干为度。其味辛，采者多不禁。其味之触人，甚至以川芎煎汤解之。他番之有胡椒者，皆此国流波之余也。(第267页)

高郎步
地产红石头，与僧加剌同。贸易之货，用八丹布、斗锡、酒、蔷薇水、苏木、金、银之属。(第270页)

沙里八丹
地产八丹布，珍珠由第三港来，皆物之所自产也。其地采珠，官抽毕，皆以小舟渡此国互易，富者用金银以低价塌之。舶至，求售于唐人，其利岂浅鲜哉！(第272～273页)

金塔
地产大布手巾、木绵。贸易之货，用铁鼎、五色布之属。(第275页)

东淡邈
地产胡椒，亚于阇婆，玳瑁、木绵、大槟榔。贸易之货，用银、五色布、铜鼎、铁器、烧珠之属。(第277页)

大八丹
地产绵布、婆罗蜜。贸易之货，用南丝、铁条、紫粉、木梳、白糖之属。(第280页)

加里那
地产绵羊，高大者二百余斤，逢春则割其尾，用番药搽之，次年其尾复生如故。贸易之货，用青白花碗、细绢、铁条、苏木、水银之属。(第282页)

土塔
地产绵布、花布大手巾、槟榔。贸易之货，用糖霜、五色绢、青缎、苏木之属。(第285页)

加将门里
地产象牙、兜罗绵、花布。贸易之货，用苏杭五色缎、南北丝、土绸绢、巫仑布之属。(第297页)

波斯离
地产琥珀、软锦、驼毛、腽肭脐、没药、万年枣。贸易之货，用毡毯、五色

缎、云南叶金、白银、倭铁、大风子、牙梳、铁器、达剌斯离香之属。（第301页）

挞吉那

地产安息香、琉璃瓶、硼砂，栀子花尤胜于他国。贸易之货，用沙金、花银、五色缎、铁鼎、铜线、琉黄、水银之属。（第305页）

千里马

地产翠羽、百合、萝荠。贸易之货，用铁条、粗碗、苏木、铅、针之属。（第308页）

须文那

地产丝布，胡椒亚于郁苓、淡邈。孩儿茶又名乌爹土，又名胥实失之，其实槟榔汁也。贸易之货，用五色绀缎、青缎、豆蔻、大小水罐、苏木之属。（第314页）

小具喃

地产胡椒、椰子、槟榔、溜鱼。贸易之货，用金、银、青白花器、八丹布、五色缎、铁器之属。（第321页）

古里佛

地产胡椒，亚于下里，人间居有仓廪贮之。每播荷三百七十五斤，税收十分之二，次加张叶、皮桑布、蔷薇水、波罗蜜、孩儿茶。其珊瑚、真珠、乳香诸等货，皆由甘理、佛朗来也。去货与小具喃国同。畜好马，自西极来，故以舶载至此国，每匹互易，动金钱千百，或至四十千为率，否则番人议其国空乏也。（第325页）

朋加剌

产苾布、高你布、兜罗绵、翠羽。贸易之货，用南北丝、五色绢缎、丁香、豆蔻、青白花器、白缨之属。（第330页）

放拜

地产绝细布匹，阔七尺，长丈余。大槟榔为诸番之冠。货用金、贝子、红白烧珠之属。（第336~337页）

大乌爹

地产布匹、猫儿眼睛、鸦鹘石、翠羽。贸易之货，用白铜、鼓板、五色缎、金、银、铁器之属。国以贝子、金钱流通使用，所以便民也。成周之世，用钱币，汉武造皮币，铸白银，无非子母相权而已。如西洋诸番国，铸为大小金钱使用，与中国铜钱异。虽无其币以兼之，得非法古之道者欤！（第339页）

万年港

地产降真条、木绵、黄蜡。贸易之货，用铁条、铜线、土印花布、瓦瓶之

属。(第342页)

马八儿屿

地产翠羽、细布,大羊百有余斤,谷米价廉。贸易之货,用沙金、青缎、白矾、红绿焇珠之属。(第344页)

阿思里

地产大绵布、小布匹。贸易之货,用银、铁器、青烧珠之属。(第347页)

哩伽塔

地产青琅玕、珊瑚树,其树或长一丈有余,或七八尺许,围一尺有余。秋冬民间皆用船采取,以横木系破网及纱线于其上,仍以索缚木两头,人于船上牵以拖之,则其树槎牙,挂挽而上。贸易之货,用金、银、五色鞋、巫仑布之属。(第349页)

天堂

地产西马,高八尺许。人多以马乳拌饭为食,则人肥美。贸易之货,用银、五色缎、青白花器、铁鼎之属。(第353页)

天竺

地产沙金、骏马。贸易之货,用银、青白花器、斗锡、酒、色印布之属。(第356页)

层摇罗

地产红檀、紫蔗、象齿、龙涎、生金、鸭觜胆矾。贸易之货,用牙箱、花银、五色缎之属。(第358页)

甘埋里

所有木香、琥珀之类,均产自佛郎国来,商贩于西洋互易。去货丁香、豆蔻、青缎、麝香、红色烧珠、苏杭色缎、苏木、青白花器、瓷瓶、铁条,以胡椒载而返。椒之所以贵者,皆因此船运去尤多,较商舶之取,十不及其一焉。(第364页)

麻呵斯离

地产青盐、马乳葡萄、米、麦。其麦粒长半寸许。甘露每岁八九月下,民间筑净池以盛之,旭日曝则融结如冰,味甚糖霜。仍以瓷器贮之,调汤而饮,以辟瘴疠。古云甘露王如来,即其地也。贸易之货,用剌速斯离布、紫金、白铜、青琅玕、阇婆布之属。(第369页)

乌爹

地产大者,黑国、翠羽、黄蜡、木绵、细匹布。贸易之货,用金、银、五色鞋、白丝、丁香、豆蔻、茅香、青白花器、鼓瑟之属。每个银钱重二钱八分,准

中统钞一十两,易贝子计一万一千五百二十有余,折钱使用。(第375～376页)

岛夷志后序

皇元混一声教,无远弗届,区宇之广,旷古所未闻。海外岛夷无虑数千国,莫不执玉贡琛,以修民职;梯山航海,以通互市。中国之往复商贩于殊庭异城之中者,如东西州焉。

大渊少年尝附舶以浮于海。所过之地,窃尝赋诗以记其山川、土俗、风景、物产之诡异,与夫可怪可愕可鄙可笑之事,皆身所游览,耳目所亲见。传说之事,则不载焉。

<u>至正己丑冬,大渊过泉南,适监郡偰侯命三山吴鉴明之续《清源郡志》,顾以清源舶司所在</u>,诸蕃辐辏之所,宜记录不鄙。谓余方知外事,属《岛夷志》附于郡志之后,非徒以广士大夫之异闻,盖以表国朝威德如是之大且远也。(第385页)

苏继庼,《岛夷志略校释》,中华书局,1981年

(元)俞希鲁编纂,《(至顺)镇江志》

卷十八　选举

李正邦,字进之,觉子。宣和二年贡士榜上等,终朝请郎,<u>提举泉南市舶</u>。(第722页)

杨积庆等校点,《(至顺)镇江志》,江苏古籍出版社,1999年

(元)周达观撰,《真腊风土记》

(二十一)欲得唐货

其地想不出金银,以唐人金银为第一,五色轻缣帛次之;其次如真州之锡镴、温州之漆盘、<u>泉处</u>[①]<u>之青瓷器</u>,及水银、银朱、纸札、硫黄、焰硝、檀香、草

[①] 夏鼐校注本以明万历年间吴琯校刻《古今逸史》本为底本,还参考《郭》甲本、《古今说海》本等十余种版本,此处原为"泉州",夏鼐认为有误,据《郭》甲本改为"泉处",详见夏鼐校注本第149页。

芎、白芷、麝香、麻布、黄草布、雨伞、铁锅、铜盘、水珠、桐油、篦箕、木梳、针。其粗重则如明州之席。甚欲得者则菽麦也,然不可将去耳。(第148页)

夏鼐校注,《真腊风土记》,中华书局,1981年

(元)周致中撰,《异域志》

卷上

爪哇国
古阇婆国也,自泉州发舶一月可到。天无霜雪,四时之气常燠。地产胡椒、苏木,无城池兵甲,无仓廪府库。每遇时节,国王与其属驰马执枪校武,胜者受赏,亲朋踊跃以为喜,伤死者其妻不顾而去。饮食以木叶为盛,手撮而食。宴会则男女列坐,笑喧尽醉。凡草虫之类,尽皆烹食。市贾皆妇女,婚娶多论财,夫丧不出旬日而适人。与中国为商,往来不绝。(第25页)

陆峻岭校注,《异域志》,中华书局,1981年

(明)陈懋仁撰,《泉南杂志》

卷上

万安桥,乃宋蔡忠惠公所造,世谓"洛阳桥"是也。落成,公自为记曰……公自书大方尺,分勒二石,今在公祠。盖公之功在百世,大矣,而记仅一百五十三言,可见古人不肯擅美如此。又闻之父老云:"先时二石为倭载去,后见江间发光,探之得后一石,其前一石乃后人复模,故前石不如后石之莹润,打碑声时与江涛竞响也。"俗传公造此桥,限以涛势,不能累址,乃檄江神,得一"醋"字,公云:"廿一日酉时为之。"今公记中无是说也。王遵岩曰:"岂其驾长江之洪流,冯虚以构,实其役有足骇人者,昧者惊焉,而言之异,亦以贤者之所为兴事起利,人乐其成而赖其功,故托于神以美之耶?又宋释太初,谓前记多三字,至今传其言也。"(第1~2页)

德化县白瓷,即今市中博山佛像之类是也。其坯土产程寺后山中,穴而伐之,绠而出之,碓极细滑,淘去石渣,飞澄数过,倾石井中,以漉其水,乃抟填为器。石为洪钧,足推而转之,薄则苦窳,厚则锭裂,土性然也。初似贵,今流播多,不甚重矣。或谓开窑时,其下多藏白瓷,恐伤地脉复掩之。(第5

四、地志类

页)

　　闽之远海近番处,有燕名金丝者,首尾似燕而甚小,毛如金丝。临卵育子时,群飞近汐沙泥有石处,啄蚕螺食。有询海商,闻之土番云:"蚕螺背上肉有两肋,如枫蚕丝,坚洁而白,食之可补虚损,已劳瘵。故此燕食之,肉化而肋不化,并津液呕出,结为小窝,附石上,久之与小雏鼓翼而飞,海人依时拾之,故曰燕窝也。"(第5页)

　　余廨东所植茉莉,其高及檐,尝于暑夜设木榻坐其下,清芬郁烈,可沾眉发,其地易生,如吴中插槿也。按《本草》时珍曰:"嵇含草木状作'末利',洛阳名园记作'抹厉',佛经作'抹利',《王龟龄集》作'没利',《洪迈集》作'末丽'。盖末利本番语,无正字,随人意会而已。末利原出波斯国,移植南海,其性畏寒,不宜中土。弱茎繁枝,绿叶团尖,初夏开小白花,重瓣无蕊,花皆夜开。《丹铅总录》曰:'《晋书》,都人簪柰花,即今末利花也。'"(第7页)

　　造白沙糖法,用甘蔗汁,煮黑糖,烹炼成白,劈鸭卵搅之,使渣滓上浮。按《老学庵笔记》云:"闻人茂德言:'沙糖,中国本无之,唐太宗时,外国国贡至,问其使人此何物,云甘蔗汁煎,用其法煎成,与外国等。自此中国方有沙糖。'茂德乃宋敕局勘定官,余郡人也。"(第9页)

　　安溪县伐一巨木,充册封琉球海船桅木,藩臬檄余覆勘,其责甚重。余以民尺量长十丈一尺六寸,头围一丈一尺,至八丈五尺处,围三尺七寸;九丈处,围二尺九寸。复以官尺较定,若于内斫去浮皮,为数益窄,盖桅尾不及三尺。而望斗之下,必连凿数孔,以系桅挂。风帆纬缭,所系甚重,不知几千钧,能任与否,请从定式。已而闻用宁化一木,其必大于此者。先是安溪山中出一大木,运至漳州界,一磕而断,余意必病木,木理不坚致之耳。不然千年巨材,岂一磕可断?天若不令苟全于陆,以贻危海上也者,国命非常,故木神效职如此。(第11页)

　　唐设泉州录事参军一人,掌政远失,……参军事四,掌出使导赞①。……(第13页)

　　泉郡志云:东出海门,舟行二日程,曰澎湖屿。——在巨浸中,环岛三十六,如排衙然。昔人多侨寓其上,苫茅为庐;推年大者为长,不蓄妻女,耕渔为业。牧牛羊,散食山谷间,各劖耳为记,讼者取决于晋江县。城外贸易,岁数十艘,为泉之外府,后屡以倭患墟其地,或云抗于县官故墟之。今乡落屋址尚存。唐施肩吾《岛夷行》云:"腥臊海边多鬼市,岛夷居处无乡里;黑皮年

---

① 此官职为专门管理海外往来的使节,也掌管海外贸易。

少学采珠,手把生犀照咸水";即其处也。今澎湖已设游兵汛守焉。

泉州市税泊课云:香之所产,以占城、宾达侬为上。沉香在三佛齐名为药沉,在真腊名为香沉,实皆不及占城。渤泥有梅花脑、金脚脑,又有水札脑,登流眉有蔷薇水。占城、宾达侬、三佛齐、真腊、渤泥、登流眉皆诸番。(第17页)

卷下

宋德祐二年十二月,蒲寿庚反,知泉州田真子以城降于元。考《泉州府志》:田真子,晋江人,文天祥同榜进士,为州司马。蒲寿庚其先西域人,与兄寿宬总诸番互市,因徙于泉,以平海寇得官。寿庚顽暴寡谋,寿宬为之画策,密界寿庚以蜡丸,里表潜出降元。今但知寿庚之叛宋,而不知寿宬之主谋也,其子师文尤暴悍嗜杀,孙胜夫其党也。余按《宋元通鉴》云:"我太祖皇帝禁泉人蒲寿庚、孙胜夫之子,不得齿于士。"盖治其先世导元倾宋之罪,故终夷之也。又《资治通鉴》、《府志》,俱曰"田真子",而薛方山《宋元通鉴》,则曰"田子真",两《通鉴》俱称田知泉州,而《府志》则称田为州司马,名与官皆属互异,故并识之,不致贼臣混逃斧钺也。(第20~21页)

丙午旱魃为虐,米价腾贵,兼一时私钱盛行,即官钱骤亦不用。议者欲减价平籴,并禁私钱。百姓嗷嗷,至于罢市,余白府曰:"泉地米少,不比米多处,可以定价。今所借以裕地方者,全在海商,若一减价,商必走他郡趣厚利。泉虽多财,如米之不至何?故宜一听市值,俾海商闻之俱来,米既集而价未有不平者。若私钱新铸也,火色未纯,与官钱异,第缉治以私铸之罪,则官钱自复。"府然余言。不浃旬而海米来集,其价遂平,钱亦复故。(第27页)

《吴中人物志》云:"元陈宝生母庄氏,海盐人;其父讳思恭,泉州大商,赘于庄一年生宝生。甫四月,恭去商海上,久以为死,庄誓不嫁。后恭还。及五年,又浮海去,遽溺死,庄益守志。恭有前娶生子曰'宝一',在外家。庄曰:'彼所生与吾所乳,均出吾子。'乃质田与之养。恭又尝假贷友人五千缗,友人至是负官钱系狱,庄曰:'不可死有所负也。'倾囊偿之。宝生与宝一为兄弟如同胞,宝一死,宝生为育其孤女。是知庄善教之有素也。宝生长好文,与缙绅大夫游,乞言表扬母节,尝筑春草堂奉母于太仓里第。"余按《嘉兴府志》、《海盐县旧志》、徐一夔赞序《乐郊私语》,俱以庄为泉人,陈为盐人,以商至泉赘焉。《府志》又言庄携其孤归海盐,庄以寿终,高季迪作诗美之。则恭为泉人似无疑。然三书俱不载庄之偿贷,及质田养前妻子,与宝生育孤三事。《乐郊私语》又言：黄公望子久，拉彦廉（宝生字）观涛，陈泣曰："阳侯父仇也，何忍以怒眼相见！"子久为之动容，不看而返，因作《仇海赋》，以记其事。其观涛事，《人物志》亦不载，故并录出。（第29～30页）

王云五主编，《丛书集成初编》第3161册，商务印书馆，1936年

（明）高岐辑，《福建市舶提举司志》

福建市舶提举司志序　（明）龚用卿撰

福建提举市舶之官不常置。自宋绍兴二十一年，李庄始为之；嗣后废兴沿革，代不相袭。至我朝始专官以督理蕃市之事，然不专为琉球设也。迄于今，始为琉球专其官矣。司旧无专志，附见于八闽及郡志诸书。专志之，则自阳川高君始。君由太仆丞来莅斯职，兴废举遗，式尊彝典。未数月，顾左右史取所诒典故而观之。皆对曰："前此未有也！"君怃然，曰："官以建事，志以守官。今司有专官而无专志，其何以考古而信今哉！"乃稽之往牒，考诸遗文，询于耆老，摭于故实，辑为司志一卷，谒予请序之。予惟志者，史之流也，义例未精，则规条不立；采拓未广，则闻见不弘；编纂失实，则去取不当；铨次舛序，则事理未畅；蔽于情则诬，涸于俗则杂，冗于词则芜，罔于义则隐，志之作诚难矣哉！郑国之为辞命，必更历裨谌四人之手而后成，君独以一身任之，是又当其所难者，以立例则古，以记事则实，以序迹则详，以考文则显，是可以备所司之考证矣！昔范献子之聘于鲁也，至不识具敖之山，为鲁先君之讳，亦以典章之无据，故诒鲁人之消焉！是志成，庶可免具敖之讥也哉！遂书之以为刻志引。赐进士及第、朝列大夫、南京国子祭酒、前左春坊、左谕德、翰林院侍读、经筵讲官、同修《会典》《国史》，晋安云冈龚用卿撰。（第608～612页）

一、建置

岐谨按：《商书》曰："惟克商，遂通道于九夷八蛮"；《周书》曰："海隅出日，罔不率俾"。则海中诸国粤，自三代以来，臣服久矣，惟琉球国在海岛，距闽东北虽甚邈，然宾贡航海，必由闽始达于京师。宋元以前，雄恃海险，来庭靡常。明明我祖，辟天立极，琉球即来王，遂封以中山王，锡以宾贡，每二年一贡，设市舶司以统之，提举司以理之。国初，开市舶于泉司署，因之，后蕃舶入贡，乃趋福。成化五年，奏改舶司于福。……宋绍兴二十一年，李庄除福建提举，上曰："提举市舶司委寄非轻，若用非其人，则措置失当，海商不至矣！庄可发来禀议，然后之任。"

143

宋哲宗二年,始诏泉置市舶。国初,市舶置司于泉州,后改于省城,司署在布政司西南乌石山北,乃旧都指挥王胜宅第改建。进贡厂在郡城东南河口,国初创建,凡番国贡献方物,皆贮于此。……(第617~621页)

一、沿革

岐谨按:……宋开宝四年,下广南以同知广州潘美、尹宗珂并兼市舶使,通判谢处玭兼市舶判官。咸平二年九月庚子,令杭州、明州各置市舶;听番官从便东诣,否则没其货。海道回远,窃还家者过半,岁抵罪者众。太守陈偁奏疏,愿置市舶于泉,不报。哲宗置泉舶,旧制虽有市舶司,多州郡兼领。元丰中,始令转运司兼提举,而州郡不复预矣。后专置提举,而转运亦不复预矣。后尽罢提举官,至大观元年续置。明年,御史中臣富公弼请归之转运司,不报。建炎中兴,诏罢两浙、福建市舶司归转运司。明年夏,复闽、浙二司,赐度牒直三十万缗为博易本。四年春,复置广司。绍兴二年,废福建提举市舶。初令提刑兼领,旋委提举茶事。十二年,朝廷欲措置福建蜡茶,吕斌上言,于是茶事司归建州,而提举市舶以次复矣。十四年,命番商以香药至者,十取其四。十七年,诏于沉香、豆蔻、龙脑之属号细香药者,十取其一。乾道二年,诏罢两浙提举市舶,逐处职事委知、通判、知县、监官同行检视,而总其数,令转运司提督。绍兴二十九年,张阐言:"福建、广东各置务于一州,两浙舶务乃分建于五所。"至乾道初,臣僚言:"两浙惟临安、明州、秀洲、温州、江阴军凡五处有市舶。祖宗旧制,有市舶处,知州兼提举市舶务,通判带主管,知县带监,而逐务又各有监官。市舶置司,乃在华亭。近年,遇明州舶船到,提举带一司吏人留明州数月,名为抽解,其实骚扰。且福建、广南有市舶,物货浩瀚,置官提举,诚所当宜。惟是两浙置官,委是冗蠹,乞赐废罢。"从之。……(第623~626页)

一、官职

岐谨按:《周礼》:"泉府掌以市之征布,敛市之不售。货之滞于民用者,以其贾买之……凡国之财用取具焉。岁终则会出入,而纳其余。"则知前代开海市以通商,以来远人之贡,有由然也。我朝司署初设于泉,正取泉府意焉。建官三员,以海市开舶,欲分治之。兹惟理贡船,不复开海市,副提举遂未铨授矣,吏目间来任亦虚设耳,虽有正提举,贡至经理之,此外他无事。然国初设有衙门、印信、符验、字号;凡遇进贡,则有本册起关;每年拜进,则有表文;上司公檄,则有承行;拨参则有吏役供使,令则有隶徒,掌印提举之任可少之哉。况隶会省之地,秩列大夫,与运府并列同事,有协参之义焉。苟是者,其敬尔有官可欤!作官职考:

宋元市舶提举司：提举一员、同提举一员、副提举一员、知事一员；国朝市舶提举司：提举一员，从五品；副提举一员，从六品；吏目□员，从九品。……（第627～629页）

一、公养

岐谨按：《诗》曰："彼君子兮，不素餐兮。"则知古者俸以养廉，君子恒惧其覆餗也。惟市舶提举司衙门，建于福，支候款兵额派于兴、泉、漳三府，征解多逃逋，不惟官无以资用，顾役屡虚，无怪其啧啧也。虽有年例银，不敷岁用。然署僻官贫，俸薄役稀，恒称贷以应之。苴此亦可以为清心寡欲之助，岂特诮素餐之讥哉！作公养考：

俸粮：正提举员下，每月本色米二石八斗，折色米十一石二斗；副提举员下，每月本色米二石四斗，折色米五石六斗；吏目员下，每月本色米一石五斗，折色米三石五斗。

祗候：正提举员下四名，副提举员下四名，吏目员下二名；

直堂本司弓兵十名，吏目厅弓兵二名；

本司直堂门子二名；

轿伞夫六名，系三山驿轮流拨跟；

探事马夫一名，系三山驿拨用；

泉州府额编：晋江县祗候二名，安溪县祗候一名，同安县祗候一名；

漳州府额编：龙溪县祗候五名，龙岩县祗候一名；

兴化府额编：莆田县弓兵三名；

漳州府额编：龙溪县弓兵二名，隶兵二名；

泉州府额编：晋江县门子二名，安溪县弓兵二名，同安县弓兵一名，永春县弓兵二名。

马夫银，原额编泉州府属县，先年追解不完，罗一峰辞而不受，罢此役，相沿遂成故事，至今未有。（第639～642页）

一、官氏

岐谨按：《周颂》曰："嗟嗟臣工，敬尔在公。"则设官所以敬其事，必著其籍履，而后可论其世也。市舶司署设久，官亦相沿。我朝弘治壬戌以前，市舶设于泉州，惟一峰罗公文行卓绝可考，其余年远名湮，漫不可考，自壬戌迄今，仅得二十八。其间多史馆铨曹，贤哲左迁，或久或速，官无常业，甚有厌其冷授而不至，可概见矣。考之《八闽通志》，其元宋官秩亦略备焉，爰稽籍履以备题识，作官氏考。

宋市舶司提举职名：徐确、上官厚、钱景邈、乐绍衍[①]、章焕文[②]、施述[③]、蔡櫄(上二人政和间任)、许大年、张佑[④](俱宣和间任)，鲁詹(靖康初任)，邵邦达(建炎间任)，徐与可、李承遇[⑤]、王权、赵奇、吕用中、鲍仔[⑥]、□寿成[⑦]、娄璹[⑧]、曹泳、赵士鸣[⑨]、李庄、张子华、郑宷、傅自修、张汝楫、陈之渊、黄绩、何俌、林之奇(有传,俱绍兴间任)，郭知训(兴隆初任)，程佑之[⑩]、马希言、陆沅、张坚(俱乾道间任)，虞似良、苏岘、韩康卿、彭椿年、严焕、潘冠英、胡长卿、张逊(俱淳熙间任)，王焕[⑪]、赵汝彧(俱绍熙间任)，许知新、詹徽之、黄缵(俱庆元间任)，余茂实、曹格、郭希宗[⑫](俱嘉泰间任)，赵益[⑬]、赵亮夫(俱开禧间任)，朱辅、王枢、赵不熄、傅庸、叶元瀚、赵崇度、施械、魏岘、赵汝适(俱嘉定间任)，谢采伯、李韶(俱绍定间任)，叶宰、黄朴(俱端平间任)，刘炜叔(嘉熙间任)，赵希槱、陈大猷、赵师耕、刘克逊、杨瑾(俱淳祐间任)，赵涯、黄会龙[⑭](俱宝祐间任)。

元市舶司提举职名：黑的、宋熙、张铎、陈珪(俱至元间任)，八哈迭儿、马合谋、段廷珪(俱大德初间任)，沙的、石抹羌吉刺歹、孙国英、海寿(俱至大间任)，瞻思丁、木八刺沙、严文、哈散、朱善辅、倒刺沙、廉寿山海牙(上五入俱廷祐间任)，裴间(至治间任)，昔窦赤、赵敏、八都鲁丁、刘逊、亦思司因、暗都刺、蛮子海牙、忽都鲁沙、也先帖木儿、为枢、葛绍祖。

国朝提举职名：罗伦，字彝正，号一峰，江西广信府永丰县人，成化丙戌二年状元。由翰林院修撰，成化丁亥年以言事谪出历任，己丑年召复翰林院

---

① 乐绍衍为乐昭衍之误。
② 章焕文,祈风石刻有"提举市舶章炳文叔虎"字,为章炳文之误。
③ 施述为施述之误。
④ 张佑为张祐之误。
⑤ 李承遇为李承迈之误。
⑥ 鲍仔,一作鲍存。
⑦ 此处应为韦寿成。
⑧ 娄璹为楼璹之误。
⑨ 赵士鸣为赵士鹏之误。见杨文新：《宋代市舶司研究》,厦门大学出版社,2013年,第270页。
⑩ 程佑之为程祐之之误。
⑪ 王焕为王涣之误。
⑫ 郭希宗为郭晞宗之误。
⑬ 赵益为赵盛之误。
⑭ 黄会龙为王会龙之误。

原职。……(第645~650页)

一、艺文

岐谨按:孔子曰:"文献不足故也,足则吾能征之矣!"是故考德问业,必于前言往行,订为司署,肇于古名贤,相传必有序记,岁远碑湮,漫无所考。近于颓垣中获残碑,薜剥不可读,洗而玩之,乃改设司记,爰合贡厂,诸碑辑而录之,俾前贤盛矣。终磨灭而司署文献或可备采择也,作艺文考。

福建市舶提举司记　(明)按察司副使云程林玭撰

皇明混一宇内,四夷宾服,乃琉球居泉闽东海岛中,唐宋未尝朝贡,元遣使谕之,不从。洪武初,稽首称藩,岁遣人入贡,至泉转达。永乐元年,始置市舶提举司于泉,设官掌之,又主以中贵一人,岁久,番舶渐抵福城南河口,是司犹在泉。成化丙戌,巡按御史朱公贤奏请迁福之柏衙,制从之。提举罗公伦申云:"衙门设立,自有其地,迁移亦有其数,盖以柏衙僻陋,非可设之地,岁数未穷,非可迁之时",遂寝其事。甲午,巡视都御史张公议将旧司贸易,置澳门都指挥王钦宅,迁本司官吏居之,但卑隘圮坏,每遇庆贺、表笺、龙亭、仪仗、权设仪门行事。弘治壬申春,太监刘公毅然曰:"吾奉命专制番舶,是司之设,壮中国之等威,其体制不可不隆,耸外夷之瞻视,其门闳不可不丽。"乃谂于镇守太监邓公,巡按御史陈公,相与赞成其谋。幸是岁首,夏初,圃中芙蓉一株,盛开数朵。夫芙蓉,秋开者也,是华特先众卉而荣识者,盖知此地必之之兆。乃措资、市材、鸠工,以提举武公名全运、判杨公名瑞董其役。外为重门,中正厅,翼以两厢,宴室有堂,湢室有室,官吏有廨,共屋七十余间。始事于壬戌年九月十五日,竣工于十二月庚申日,武君属此纪其事。昔宋元祐初置是司于泉,则以泉人贾海外者,掌其征榷贸易之事。我朝贾海有禁,其所司者,朝贡一事而已。今迁于福,以其地言之,福城为八闽总会之地,其衣冠文物十倍于泉,羽冠异类,奉贽献琛,奔走左右而受约束者,观三司卫所之制,岂不思藩屏? 固刑罚清、武备修,安敢萌外侮之心乎! 观府县学校之制,岂不思生齿之繁,财赋之殷,人才之盛,然焉敢启内侵之衅乎? 以其数考之,自永乐癸未,始创于泉,迄今弘治壬戌年于兹矣。夫数始于一,穷于百,穷则变,变则通,通则久,故方经营变置之始,草木为之先荣,夷情为之悦服,国家之亿万年,为华夷主,久安长治之征也,非罗工卓见不足,以逆知其数于四十年之前;非邓公、刘公才识不足,以通变而符其数于百年之后。故衙门之设,虽有其地,有其数,必得其人而后成,既成之明年癸亥。十二月朔记。

今开原契都布按官买地基,东至官街,西至地平堂,南至军人张清等,北

147

至官河。(第689～694页)

提督福建市舶题名记　(明)按察司副使、宜兴杭济撰

东南自浙而闽、广，为三省，其外大海，多蛮夷，环水而岛居者若干国，凌风驾涛，译言赟贡，岁率以为常，故每省各该市舶司领之，又命中贵臣一人统其事，区画周悉，盖欲天下通款附之诚，上以布我朝廷柔远之意也。夫统于一隅羁属诸国，况其情弗类顺逆、易兴当是者，顾亦艰且重矣！肆惟闽省市舶之设，事事者计凡若干人，迄今，太监刘公爰自内选受敕而至，甫九稔事既克环江海无虞。乃暇日修废举坠，公署之饰焕然增新，而前人封域颓圮悉治，既而谓曰："吾从莅兹土者，后先相踵，阅历滋久，殆将无传焉！"因稽诸故牒，询之遗老，得官秩姓氏者仅八人，作亭厅署之，后立石以载之，征予为记，予惟托名金石，以图不朽，慨有为之者。然名立于此，实征诸彼，某苟善则人将指而贤之；某否，则将指而诋之，善示无穷，而否亦因之不泯，则斯名之存故幸也，亦大可惧也！市舶初无碑志，公斯肇之，其所以昭潜没启，继袭意诣，无所谓哉。于戏！往者已矣。今之视其名者，安知不有指议其间，而后之继当必知，所以自惧。若乃公之和易忠诚，恪共厥职，贡致于上，市不私于下，而且申威拨惠，顺效蛮夷，是真可谓不负简命者矣！吾知登名兹石，传之永久，他日必有指而贤之者，虽然其端耳使扩，是而往以弘其事业，则将书而炳诸史册，岂特兹石也哉？此予所望于公，并以示诸来者。(第694～697页)

刻张东海赠行罗一峰诗序　(明)运同前御史、华亭李人龙撰

士有旷百世而相感者，孚以心也。矧夫声应气求，衮然峙立于朝者，其心之所感，又何如其胪阗孚契也。一峰罗先生在翰林时疏夺情，忤秉国，调闽市舶提举。众方以言为讳，而张东海先生卒不避忌，毅然独以诗赠行。观其格款韵致，侃侃金石，不作渭城语。未几，东海亦以假髻曲讪幸位，随外补南安守，其诗之所发，非其心素所孚契者乎？愚尝窃评二公，罗醇正似程明道、张鲠直近苏文忠，文章节气较若画一，其心同，故其迹同也。高子季凤以太仆丞谪迁兹署，稽古象贤，而耿耿于前修者，笃矣。按：故事，市舶清简，设以待迁客。先是翰苑铨曹凡左迁者率莅是，终日读书撰文，养望储用，诸前修固皆名流，而一峰尤为卓越，宜高子所深慕而钟仰之极力也。一日集群寀燕于柔远堂，乃征言于余而求表扬之。余退而检籍笥，偶获此诗，爰笔敦复，以邵倅钱子可学工草书，意宗东海介其染墨挥毫，勒珉昭法，时辅赞其美者，福郡伯翁子大经，少府徐子廷高，副运林子端吾，别驾张子子成、王子子信、邢子元翊，而顾子少雨适莅长醚司，则乐观厥成也。噫，兹举也，作濂于忠，

可以立世教矣。昔孔子以君子称子贱,而必追本其鲁之多贤,韩退之,唐之闻人也,其文至宋欧阳公,始克表暴于世。余固不敢私诸其乡人,而高子惓惓谟议,亟图伐石,以彰二公之美,一发于秉彝好德之公心。顾余鄙劣,深惟不文,是惧重违高子之恳,且幸自附于青云之士,以表诸君子忠义之诚,不敢以不文自弃也。故勉为之叙。(第705~708页)

诗

送罗应魁调官福建市舶提举　(明)东海张弻撰

江右衣冠此丈夫,才于枫陛听传胪。百年事业丹心苦,万古纲常赤手扶。郭隗台前折疏柳,考亭祠下扫寒芜。问渠荣辱升沉事,天际浮云自有无。(第708页)

方宝川、谢必震主编,《琉球文献史料汇编(明代卷)》,海洋出版社,2014年

(明)巩珍撰,《西洋番国志》

爪哇国

而其国人有三等。一等西番回回人,因作商贾流落于此。日用饮酒清洁。一等唐人,皆中国广东及福建漳、泉州下海者,逃居于此。日用食物亦洁净。皆投礼回回教门。(第8页)

旧港国

旧港国即三佛齐国也。番名佛林邦。受爪哇节制。其国东即接爪哇,西抵满剌加国,南距山,北枕海。诸处舡来,先淡水港入彭家门,系舡岸边,名石塔,易小舡入港,乃至其国。国多广东、福建漳、泉人。(第11页)

向达校注,《西洋番国志》,中华书局,1961年

(明)何乔远编撰,《闽书》

卷七　方域志　泉州府晋江县一

清源山

羽仙岩,在罗山、武山之下。宋罗山下,有北斗殿;武山下,有真君殿,朱文公尝游焉,今曰老君岩。盖石镌李老君宴坐像,高十余尺,不知何年。宋淳祐不载,必淳祐以后镌也。当部置须髯处,石色皓然,虽露居风雨,苔藓莫

侵铦,相传不敢屋也,屋则大虫至。(第1册,第164页)

万安山

唐观察使柳冕置万安监,牧马于此,故以名山。山至洛阳江南岸而止,万安桥在其下矣。桥跨晋江、惠安二邑间。其未兴时,渡亦曰万安渡。又宋淳祐郡志:"万安渡,旧云因山得名。"按是江南北无万安山,柳冕置监,乃在烈屿、浯州,渡名非取此。《耆旧传》:"江险多覆舟,被以美名。"盖取安济之义。二说不同,姑两存之。(第1册,第165页)

灵山

自郡东南折而东,遵湖冈南行为灵山。有默德那国二人葬焉,回回之祖也。回回家言:默德那国有吗喊叭德圣人,生隋开皇元年,圣真显美,其国王聘之,御位二十年,降示经典,好善恶恶,奉天传教,日不晒曝,雨不湿衣,人火不死,人水不溺,呼树而至,法回而行。门徒有大贤四人,唐武德中来朝,遂传教中国。一贤传教广州,二贤传教扬州,三贤、四贤传教泉州,卒葬此山。然则二人,唐时人也。二人自葬是山,夜光显发,人异而灵之,名曰圣墓,曰西方圣人之墓也。其在郡城,有清净寺云。元三山吴鉴《清净寺记》:……①(第1册,第165~167页)

石头山

与赤城山相连。山尽处有三石,杰出山阴,叠石数笋,危如欲坠,实不可动,目为天石。上有真武殿,宋时望祭海神之所。下为石头市,居民鳞次。(第1册,第167页)

华表山

与灵源相连,两峰角立如华表。山背之麓,有草庵,元时物也,祀摩尼佛。摩尼佛,名未摩尼光佛,苏邻国人。又一佛也,号具智大明使。云:老子西入流沙五百余岁,当汉献帝建安之戊子,寄形榇晕。国王拔帝之后,食而甘之,遂有孕,及期擘胸而出。榇晕者,禁苑石榴也。其说与攀李树出左胁相应。其教曰明,衣尚白,朝拜日,夕拜月,了见法性,究竟广明,云:"即汝之性,是我之身。即我之身,是汝之性。"盖合释老而一之,行于大食、拂箖、火罗、波斯诸国。晋武帝太始丙戌,灭度于波斯,以其法属上首慕阇。慕阇,当唐高宗朝,行教中国。至武则天时,慕阇高弟密乌没斯拂多诞复入见。群僧妒潛,互相击难,则天悦其说,留使课经。开元中,作大云光明寺奉之。自言其国始有二圣,号先意、夷数,若吾中国之言盘古者,未之为言大也。其经有

---

① 碑文见民间文献类《重立清净寺碑记》。

七部,有《化胡经》,言老子西入流沙,托生苏邻事。会昌中,汰僧,明教在汰中。有呼禄法师者,来入福唐,授侣三山,游方泉郡,卒葬郡北山下。至道中,怀安上人李廷裕,得佛像于京城卜肆,鬻以五十千钱,而瑞相遂传闽中。真宗朝,闽士人林世长,取其经以进,授守福州文学。皇朝太祖定天下,以三教范民,又嫌其教门,上逼国号,摈其徒,毁其宫,户部尚书郁新、礼部尚书杨隆奏留之,因得置不问。今民间习其术者,行符咒,名师氏,法不甚显云。庵后有万石峰,有玉泉,有云梯百级及诸题刻(第1册,第171~172页)

宝盖山

山巅有石塔,可以望商舶。宋绍兴中,僧介殊所建。而俗名之姑嫂塔,谓昔有姑嫂嫁为商人妇,商贩海久不至,姑嫂登塔而望之,若望夫石然。塔中刻二女像,游人拾瓦掷之,中者生男,不中女也。蜿蜒而南五里许,有虎岫岩,滨海诸山,色皆燥淡,独此岩云石光润,林木青葱,岩是宋元所构,体裁精稳。每八九月,海滨男女携饼餈羊酒其上,名曰游春。皇朝山人黄克晦诗:"力尽千山外,心飞积水东。阴森通客路,窈窕入禅宫。"(第1册,第175页)

金钗山

地名石湖,又曰日湖,日所出处也。旧浯屿水寨,今移于此。东西两山,延袤若两钗股。其凹处有石塔,号六胜。宋政和初,僧祖慧、宗什等,以其地类明州育王山,募缘为石塔,其壮丽不减城中开元寺塔也。宋梁文靖尝读书塔下。有堂名魁星,久废。皇朝万历中,寨帅臧京构新之。元释大圭《募缘修塔疏》:"山势抱金钗,耸一柱,擎天之雄观。地灵俸玉几,睹六龙回日之高标。"隽语也。去金钗上左股数十丈余,卓立一峰,峰傍有石圆净,名镜石。西小岩,相传宋初有僧穴石隐焉。僧貌如狮子,名石狮岩,或凿岩前石为泗州像。又名泗洲岩。又其东有沈公堤,堤故种树障飞沙,以护田。后树伐堤空,沙仍壅田。万历中,寨帅沈有容使出汛兵,各载石还,遂得石百余艘。复命成还兵筑之,堤不日成,田回耕如故,民名沈公堤也(第1册,第177页)

洋屿

去县南六七里。四面平畴,此屿独起。或曰山巅尚有蛎壳,盖古海洋之屿欤?(第1册,第178页)

岱屿

在海中。介石湖、北镇两山间,郡水口山也。海舟由此门出,行二日至高华屿。又二日至鼋鼊屿。又一日,可至琉球国。(第1册,第178页)

白屿

在石湖港西,耸出江中。洛阳、圣姑、北镇、石湖诸港湍分汇之处,左右

多沉沙,迁徙不常,屡为商舶患。(第1册,第178～179页)

彭湖屿

屿为泉州、兴化门户。昔人于此防琉球,而今于此防倭,有汛兵守焉。《宋志》:"彭湖屿,在巨浸中,环岛三十六,人多侨寓其上,苫茅为舍,推年大者长之,不畜妻女,耕渔为业,雅宜放牧,魁然巨羊,散食山谷间,各剺耳为记。有争讼者,取决于晋江县。府外贸易岁数十艘,为泉外府。其人入夜不敢举火,以为近琉球,恐其望烟而来作犯。王忠文为守时,请添屯永宁寨水军守御。"元《岛夷志》:"岛分三十有六,巨细相间,坡垄相望,有七澳居其间,各得其名。自泉州顺风二昼夜可至。有土无木,土瘠不宜禾稻。泉人结茅为屋居之。气候常暖,风俗朴野,人多眉寿。男女穿布衫,系以土布。煮海为盐,酿秫为酒,采鱼虾螺蛤以佐食,蓺牛粪以爨焚,鱼膏为油。地产胡麻、绿豆。山羊孳生,数万为群,家以烙毛刻角为记。昼夜不收,各遂生育。上商兴贩,以广其利。地隶泉州晋江县。"皇朝洪武初内徙其民,遂墟之。万历中,于此屯兵防倭也。指挥唐垣京《彭湖要览》:"彭湖,考之《图经》,系琉球山川,在东南大浸中,地界泉、漳、兴、福,其去内地也,埒于琉球。隋开皇中,遣虎贲陈棱师过其地,虏男女数百人而还。洪武五年,以居民叛服不常,遂大出兵,驱其大族,徙置漳泉间。今蚶江诸处,犹有遗民焉。山之所产,惟山猪、老鼠、花蛇、蜈蚣。菜则芥菜,高五六尺。花则茉莉,其英百叶,其香扑鼻。草则藤蔓,可取为烧洗兵船之用。药则天门冬、山茨菇、蒺藜子、白芥子,其最佳者。山猪之形,无异家猪,但其色赤,跳飞若神,取之亦难,食之令人骤发疮毒。独山蛇、蜈蚣,弥山而是。花蛇大者丈余,小不下六七尺,伏藏地中,暮夜之间,潜来几上,探之亦不咬人,咬人亦不大害。凡洋船过彭湖,则另一气候:未至,尚穿绵;一至,便穿葛。其海水号彭湖沟。其水分东西流,一过此沟,水即东流,达于吕宋。吕宋回日,过此沟,水即西流,达于泉、漳。(第1册,第179～180页)

卷八 方域志 泉州府晋江县二南安县一

洛阳江

在晋江县北。纳本邑东北与惠安西北之水,束入于海,盖晋、惠之界江也。其在晋江东北诸山注于康溪,达于濠市。至于留公陂斗门,又别流为长溪,又别流合于惠安沙溪。诸水俱至于留公陂斗门,出此江而束入海。宋淳祐郡志引沈存中《笔谈》云:水以漳、洛名甚众。洛,落也。水落于下,谓之洛。……是江有洛阳桥,名万安桥,蔡忠惠襄所造。桥心有洲,洲上有关门,

晋、惠二邑，界此江也。王忠文十朋诗："人行跨海金鳌背，亭压横空玉虹腰。"盖咏此关。(第1册，第181~182页)

浯江

在德济门外，笋江下流，有顺济桥，故以舟渡。宋嘉定四年，守邹应龙造石桥，长一百五十余丈，翼以扶栏，以直顺济宫，名桥顺济，俗以其造于石笋桥之后，呼曰新桥。(第1册，第183页)

九日山

在县西。邑人以重九登高于此，或谓有道人言："吾自戴云山来此，九日乃到"，因以名之。山奥衍明秀，溪流演漾，峰峦映发，隐为一区。……姜公辅所居峰，在九日山东、庆历四年，苏魏公绅大书"姜相峰"三字于石。峰顶有磴，可坐数人。宋人有《姜相台诗》。《曾楚公会寺记》，称东峰亭基，盖姜相寻幽而营栋者也。公辅没，并葬于是。……公辅，日南人。唐德宗朝为谏议大夫，同中书门下平章事。德宗幸山南，其长女长安公主道薨，诏所司厚葬之。公辅谏曰："非久克复京城，公主必须归葬，今方在道，宜从俭以济军兴。"德宗怒其卖直售名，罢为左庶子。以母丧解服，为右庶子，不迁者久之。陆贽为相，公辅向贽求迁，贽密谓曰："实丞相拟公官屡矣。上旨不允，尚怒公也。"公辅惧，请为道士。未报。后又庭奏问故，以贽语对。德宗怒，黜为泉州别驾。来泉居九日山，筑室与秦系相近。顺宗立，拜吉州刺史，未之官而卒，系为葬之山中。山麓有寺，曰延福，其始晋太康中所创，去山二里许，其移山麓，则唐大历三年，寺额欧阳四门所书也。大中五年，赐名"建造寺"。五代刘乙诗："曾见画图劳健羡，如今亲见画犹粗。"山之胜，故可见矣。寺，故五十有四，宋元丰间，合为延福禅寺。云有三十六奇，曰神运殿。神运殿者，唐咸通中，僧初建殿，求材于永春之乐山，遇一叟指引其处，是夕又梦许护送。既一日，江水暴涨，其筏自至，若神赍运，故以名殿，曰灵岳祠，谓指木之叟，乐山之神也。祠以祀之，水旱疫疠，海舶祈风，辄见征应。宋时累封通远王，赐庙额"昭惠"。其后叠加至"善利广福显济"六字，详见永春县乐山。风之祈也，盖宋时，泉有市舶，郡守岁以四月十一日同市舶提举率属以祷。宣和二年，提举张祐陛辞，朝廷至颁御香诣殿焚之，其重如此。曰肉身王，姓陈，名益，熙宁间有西夏之警，诏求勇敢士，郡守辟益为巡辖官。元丰间，从守祈风，睹庙之灵，誓舍身为佐，遂植杖立化。僧尼益驱，别祠奉之。淳祐中，累封"仁福王"。……曰翻经石，梁普通中，梵僧拘罗那佗翻译《金刚经》于石上。(第1册，第196~198页)

卷九　方域志　泉州府南安县二

困山
在县西。山形如困,海航望乡之山也。(第1册,第208页)

卷十　方域志　泉州府惠安县

凤山
山势翔舞,下接溟波。三国吴时,有黄将军名兴者,及妻曹氏,葬于江浒,阴晴仿佛,光怪绝异,里人庙祀之,常有云震覆盖。一夜雷雨大作,庙忽自移山下。宋绍兴间,海寇犯界,里人告庙,有蜂蛇之属累集港口。淳熙十二年,海寇又作,小兜、大岞俱遭劫掠,惟神所居前后,锣鼓闻声,旗帜露色,贼不敢犯者再。绍定六年,邑进士黄璟闻于朝,封顺济侯。(第1册,第226页)

青山
山面大海。山石色荦确,仅顶有草树,故名青山。下有庙,名青山庙,祀张梱之神。梱,三国吴将也,尝屯兵是山,以御海寇,殁葬于县堂左库,袝祭于邑城隍。至宋太平兴国间,令崔某移古县于今县,开基得铜牌,志云:"太平兴国间,古县移惠安。若逢崔知县,送我上青山。"牌阴云:"开我基者立惠安,葬我身者祀青山。"崔令遂送铜牌青山,立庙祀之。建炎南渡,与房人战采石,人见大旗上题张将军姓字。时虞允文讯青山土人之从军者,得其神迹,录功上闻,制入祀典,进封为侯,后累加封。至景炎元年,敕封灵安王。岁十月二十三日,神诞日也。令来致祭,至今为常。庙中铜牌,洪武初尚存。岛夷入寇,以马为金也,载归,船寻没海。又云,令不亲祭,即有虎患。(第1册,第227页)

大岞山
在县东南海滨。崇武千户所在其地,宋则小兜巡检司在焉。山多怪石,有如铁磬者,扣之如磬声。山阳有洞,其中明豁,容四五百人。旁有小石,间仅可单人,门内丈许,折而右转,有巨石如屏,以蔽内外。寇扰时,民避入洞,无可攻理。又有石倚江渚,龈腭如龙,名龙喉山。是其海中龙虾,为诸虾最。沙参生焉,近者岁饥,居民掘之,可饱数月。(第1册,第227~228页)

卷三十三　建置志　泉州府晋江县

府学
唐在衙城之右,为鲁司寇庙,张九龄书额。徐铉《稽神录》云:"庙庭有皂荚。州人举进士,观其荚之多寡以为应。梁贞明中,忽生一荚有半,人莫测其祥。是岁,陈逖进士及第,半荚之枝遂生全荚。"宋太平兴国初,守高维岳迁庙于镇南门内。七年,孙驾部逢吉即庙建学。其后赵运判贺、陈侯钦祚、陈驾部俁、王侯祖道俱有兴修。祥符三年,高兵部惠连移建于育材坊,去旧学西北四十余步。衣冠遂减畴昔,鼓箧来游,每怀愤惋。崇宁初,舍法行,升养士之额,厥地褊逼,不足容冠履。大观三年,龙图柯述解组还乡,徇枌榆之舆情,审芹茅之故址,乃扣州牧,自西而东迁还于旧。绍兴七年,刘宝学子羽撤为新宫,左庙右学,培庳增高凡二尺余。左右为堂二,以集讲论。斋十有二,以分肄习。庭中为二亭,刻崇宁辟雍诏书并序于石。先是,学基复旧,而行门隙地已鬻民居,乃循南城委巷出,士气伊郁。子羽复赎归之。西挹庚位紫帽峰之秀,门内凿河浚池,以通巽流,跨池伐石为桥,纳潮汐其下。外门摹湖学石曼卿书"敕建州学"四字揭之。张直讲读为记(《重建府学宫记》),所谓"维兹望郡,首建学宫。卜云其吉,雉城东偏。公卿纷还,誉蔼中原。高侯逞憾,乃西徂迁。中虽克复,未正门闑。气不士振,殆几百年。韪矣刘公,来拥朱幡,钧礼韦布,载笑载言,恻然动色:'予职承宣,学校不修,又谁咎焉?'屡入意匠,乃趣工班,百堵俱兴,如飞如翰。门直于西,前揖紫烟。石梁雄跨,虹卧清涟"者是也。绍兴中叶郎中庭珪、淳熙中姚参政宪司、马侍郎伋、林郎中枅,绍熙中颜尚书师鲁,庆元中朱少卿佺,嘉泰中倪文节思、章右史良能,嘉定中邹郡守应龙、宋少卿钧,端平中黄殿讲朴,嘉熙中刘仓部炜叔,淳祐中陈司业大猷、韩户部识,先后兴修。而隆兴初,清泉见于礼殿之庭,甘香特异。黄教授启宗视役夫薙芜得之,乃率诸生拜祝,环甃其旁,名夫子泉。傅秘阁自得为记。王文忠有诗(《夫子泉》):"君不见《水经》品第天下水,康王谷中泉第一,但知取水不取人,品第未容无得失。又不见武昌山中清冷渊,名因人重逢苏仙,至今人呼作菩萨,沦入异教非吾泉。刺桐城中泮宫里,大成殿下新泉水,不须更以品第论,混混源流自夫子。诸生游泳芹藻间,日饮一瓢心慕颜,聪明不数远公社,清白大胜卧龙山。圣毓尼丘家阙里,泉脉胡为今在是?周流天下皆美泉,浚井得之泉更美。我来酌泉仍叩头,遐想洙泗三千游。世间何处有此水?此州无愧名泉州。"咸淳初年,摄晋江令钟国秀重盖礼殿,高而拓之。亡何,殿火,守赵希伫重建。希伫,朱文公外孙也。希洪端明天锡为记(《重建府学大成殿记》)言:"至人入火不热,是虽寓言,可以喻道。夫子之道之在人心,火固不能热也。特患人心不火而热,内愧束缊也,外诱抱薪也。吾为此惧,愿与承学交儆焉。"学中有瑞莲堂,在讲堂右,梁文靖肄业之所。绍兴十九年秋,堂下池产双头莲。守辛次膺以诗记瑞。是年,文靖首送。明年,廷策为第一。乾道林教授岊立斯堂,张教授叔椿为记。又有忠孝祠,以祀义孝林攒、忠勇苏缄;又有朱文公祠,以祀文公,皆真文忠所建。文忠《忠孝祠记》:"昔之君子,以忠孝名者众矣,奚独祀二公?二公,泉人也。泉人忠孝独二公乎?曰:'泉士工文而言能文者,必曰欧阳生詹,取其著也。二公忠孝,亦其著者也。'孰不事亲?林公于亲,孝之著也。孰不事君?苏公于君,忠之著也。林公之丧亲也,水浆不入口五日,躬陶瓦而坟之。苏公之守邕而捍寇也,其子曰:'家可徙乎?'曰:'不可!'父老曰:'城可弃乎?'曰:'不可!'奋力以战,力不继死之,其家歼焉。恩之当报,不以存亡二心;义之当徇,不以死生易节。二公所以有功于名教也。敢问学二公将奚先?曰:'事亲人所同,事君必得位乃可也。平居能为林公,则进而质委于朝廷,尽节于官守,其不愧苏公也必矣!'此泉士所当朝夕勉焉者也。"真公所以祀林,盖其时兴化军尚属泉州矣。皇朝郡守先后修学,而正统十一年佥事陈祚为役最巨。天顺二年,守张嵓以学门西向非宜,复建庙门南向,出入由之。后提学游明别建学门于庙门左。成化间,守陈勉修葺增建,功未竟,以忧去。判萧贵路成之。蔡文庄清为记(《重修府学大成殿记》):"吾圣人之道之大,至于发育万物,峻极于天,泽润万万世而不穷。凡士大夫稍得自光明于民庶之上者,自顶至踵,何者非衣被吾圣人之赐?矧学校又为政首务,盖国家所以扶植宇宙者,一皆取办于此。若夫发挥吾道,而风励请士以正学用世之意,则前哲之遗亦既详矣,此在后学者自正其意以求之尔。"弘治中同知于茂,正德中知府葛恒,并有修治。莆林贞肃俊为恒作记(《重修府学庙殿记》):"士圆而学,别凡民地。业居之,师式之,学古也。而师犹之今士。间有无是道而有是服,如庄周所云者。于是有庙焉。使瞻拜对越其下,巍然中居。师之至也,肃然在旁;弟子之至也,又肃然而在列,则及门指授与私淑,而夫子徒者引,而庙亦专且至矣。抑何修以为一席之地哉?养之正,修之纯,本天德,行王道,则师古学而治亦古矣。抑犹之器也,修之我者,道也。器新而我犹故,奚庙学为?是未可引以为师病也。"嘉靖中,守高越鹭庙学前地辟之,以直通衢,滨街值河,因其故迹浚之,以纳江潮,而庙居益伟。嘉靖二十二年,知府俞咨伯重建明伦堂。参政王慎中为记(《重修明伦堂泮池桥记》):"尧舜在上,设五品之教,振民饱暖之余而免于禽兽之患。三代循是以建学,为之立官师、作宫室、辩时物、敕条法,甚修而綦隆。而孟轲氏独知其指,曰:'所以明人伦也。'民之不可使知,虽尧舜犹病之,而其聪明强敏有材智者,杰然出于众人。其材之成,足以践三才之道。其过也,对于殄行而惊世;智之至,足以察万物之理。其蔽也,则必为邪说以诬民。先王取而命之曰'士',而教之于学。其所为教,有可得言者矣。缟收端呼鞸绅綦逼之饰,而裼袭委垂之宜;琮璜琚瑀齐夏和鸾之节,而步趋周折之度;豆笾、簠簋、钟鼓、管弦为之器,而酬酢搏拊以为容;《典》《谟》《雅》《颂》、射御、书数为之文,而咏歌讲诵以为业。耳目足以极视备听,口与手足足以放言恣动。然所以禁防而开发之者,其为事详而为物博如此。至其所以为是详且博者,其迹可守,而其妙不可为,其形可名,而其精不可言。其通于天,谓之'命';出乎命,谓之'性'。凝神于不见不闻之表,默化于无声无臭之中,形器俱泯而思为无所,日改月新而不自知其所以然。其于所谓'父子、君臣、长幼、夫妇、朋友'者,顾若疏阔而不治,简略而无当,若乌在其为明伦者,是不可不知也。习其教而不知其所以教,由是会其高者,以为发挥于性命,而不悟其为人伦之本,先王之道使其高也而出于人伦,是乃所以为异端,而非所以为性命也;守其卑者,以为该贯乎事物,而不察其为人伦之用,先王之道使其卑也而外于人伦,是乃所以为曲艺而非所以为事物也。《大学》之道,极于齐家、治国、平天下。而家、国、天下,固非蛮貊之邦、鸟兽之群也,必有人焉。居其间,非谓之君臣,则谓之父子;非谓之夫妇,则谓之长幼、朋友也。人有心知志意之精主乎内,有耳目手足之动行乎外,非之于君臣,则之于父子;非之于夫妇,则之于长幼、朋友者也。先王之教,使之凝神默化,致其心知志意以善其内;又为之设其文采,备其容器,制其度数,使有以禁防开发,谨其耳目手足以善其外。其通于性命者,行乎事物;其由于事物者,合乎性命;其学于事物、性命者,贯乎人伦。故其于家,则父子亲、长幼序、夫妇别;其于国与天下,则君臣义、朋友信。故无一命之爵,无尺土之阶,而人物之性以尽,齐家、治国、平天下之事毕得,诐行邪说无由而作。民生其时,无复震惊诳惑之忧,其于君臣、父子、长幼、夫妇、朋友,虽有所不知,而坦然由之。是民之所以亲也。亲而不能明,民之所以为下也。明之而使民亲焉,士之所以为上也。"万历四十二年,大学士李廷机予告归,告于郡守蔡善继,大修庙学焉。(第1册,第821~824页)

安平镇

镇最繁夥,其俗多贸夷为生。古名弯海。宋开宝中,安金藏之孙连济徙居于此,土人因易弯为安。按唐史:安金藏,长安人。初为太常乐工。则天称制,睿宗号为皇嗣。少府监裴匪躬、内侍范云仙并以私谒皇嗣腰斩。自此,公卿以下并不得见,惟金藏以工人得在左右。或有诬告皇嗣潜谋者,则天令来俊臣穷鞫其状,左右不胜楚,欲自诬,惟金藏大呼:"请剖心明之!"即引佩刀自割其胸,五脏并出,绝而仆。则天闻之大惊,舆致禁中,命高医内肠,褫桑堵袟之,阅夕而苏。则天临视,嘉叹,即令停推,睿宗由是免难。景云中,累迁右武卫中郎将。玄宗即位,追思忠节,下制褒美,擢右骁卫将军,令史官编次其事。开元间,特封代国公。镌其名于泰、华二山碑以为荣。卒,配享睿宗庙庭。大历中,赠兵部尚书,谥曰忠。今镇中其裔派尚在,第已沦于屠沽儿。是镇也,宋为安海市,东曰旧市,西曰新市。客舟自海到者,州遣吏榷税于此,号石井津。建炎四年,州请于朝,创石井镇,以迪功郎任。绍兴二十六年,海寇奄至,镇官方某始自镇西偏循东北筑土城,叠石为门备之。皇朝嘉靖三十七年,泉中倭,令卢仲佃与乡绅柯实卿甃石拓之。实卿为池州守,蜂厉鸷举,摧击禁暴。及居乡,为镇人成功,其坚果任怨如其治官,竟为凶徒所戕。今而后颂其功也。万历三十四年,设驻镇馆,移府通判莅焉。然判时一至而已。(第1册,第828~829页)

卷三十八　风俗志

泉州,枕山而负海,田再易,园有荔支、龙眼之利,焙而干之,行天下。沿海之民,鱼虾蠃蛤多于粢稻,悬岛绝屿以网罟为耕耘。附山之民,垦辟硗确,植蔗煮糖,黑白之糖行天下。地狭人稠,行贾寡出疆,仰粟于外,上吴越而下东广。百工技艺,不能为天下先,敏而善仿,北土缇缣,西夷之氍毹,莫不能成。妇人芒屩负担,与男子杂作。《隋志》:豫章之俗,衣冠之人,多有数妇暴面市廛,竞分铢给夫。以为不雅。而不知瘠土小民,非是无所得食。行而南,安平一镇尽海头,经商行贾力于徽歙,入海而贸夷,差强资用。而其地俭于田畴。若夫儿童诵读,声闻乎达道。士挟一经,俯首鈚心,无所不能为,贫者教授资俯仰,益壮不懈,是以缙绅先生为盛于中原。文囿所宝有宋家之研、淳化之帖。(《淳化阁帖》十卷。宋季南狩,遗石刻于泉州。)(第1册,第942页)

卷三十九　版籍志

市舶税课

宋崇宁中置在泉州。诸蕃以互市至者,曰大食,曰日本,曰注辇,曰三佛齐,曰灵牙苏嘉,曰麻逸,曰三屿,曰白蒲延,曰真腊,曰目啰亭,曰真里富,曰三泊,曰单马令,曰阇婆,曰占城,曰宾达侬,曰渤泥,曰罗斛,曰雪峰,曰俱轮,曰须华公,曰琶离,曰佛啰安,曰达啰希,曰吉兰舟,曰西棚,曰登流眉,曰波斯兰,曰高丽。唯大食多宝货,最远,鲜有至者。三佛齐在海外诸番差大,商舶所聚,故货物自三佛齐至者,往往窃大食以售,而三佛齐所产乳香、安息香、苏合香油、真珠、琉璃、栀子花,他国无及者。香之所产,以占城、宾达侬为上。沉香在三佛齐名药沉,真腊名香沉,实则皆不及占城。渤泥有梅花金脚脑,又有水札脑。登流眉有蔷薇水。麻逸、三屿、白蒲延无奇产。黄蜡、吉贝、水藤、麻苎、楮皮、槟榔子、青桂子、土香等,广南若雷钦、南恩及海外四州军多有之。每番舶至,石湖、小兜二寨巡检封堵,申差人吏坐押至务亭,提举属阅视之,办粗细货物,抽分如旧法。其细色以万斤为一纲,遵陆起发;粗色纲至十万斤,航海达于京师。其甚贱不堪解运如南海货物者,官市之,以其价入市舶公钱库。乳香,旧法官抽其十分之一分一厘,又给度牒为买本,悉买入官,仍留其价二分,不尽给,以助纲运,岁以三千斤为纲起解。又有担脚钱,番舶每一斤算钱一文七分,南海船每一斤算钱一文一分,无引之船每斤收五分五厘,以入公使库。凡海南不堪物价及乳香价本二分藏官钱库,以供圣节、大礼、宗子廪给、诸色纲运钱、官吏请给、搬家、宴番、送迎、修造凡经常之费。担脚钱藏公使库,以供吏人月食、诸厅夫脚、客军口粮、宴饮、供送、书司纸札、上亭造食、犒兵卒差使局兵及进奏承受钱凡冗杂之费。细色货物:曰金,曰银,曰沉香,曰夹煎香,曰笺香,曰细胃头,曰亚显香,曰安息香,曰琥珀龟鼊皮,曰夹煎黄熟香,曰腽肭脐,曰木香,曰芦荟,曰苏合油,曰珊瑚,曰琉璃,曰火丹子,曰蕃油,曰龙涎,曰金头香,曰阿魏,曰血竭,曰丁香,曰鹿茸,曰鹏砂,曰姜黄,曰没药,曰米脑,曰脑板,曰速脑,曰朱砂,曰牛黄,曰硫磺,曰腊油,曰栀子花,曰蔑耨脑,曰梅花脑,曰金脚脑,曰木札脑,曰赤仓脑,曰丁香母,曰白豆蔻,曰蔷薇水,曰蔑耨皮,曰鸡舌香,曰兜罗绵,曰没石子,曰蔑耨瓢,曰石碌,曰鬼谷珠,曰番红花,曰毛丝布,曰玛瑙珠,曰草竭,曰玳瑁,曰龟筒,曰象牙,曰犀柴磺,曰真珠,曰木珠,曰药珠,曰顶珠,曰条珠,曰麻珠,曰束香,曰乳香。粗色货物:曰暂香,曰檀香,曰胡椒,曰黄蜡,曰黄熟香,曰生香,曰丁香,曰香札,曰桂皮,曰茴香,曰苏水,曰粗熟香,曰降真香,曰修割香,曰肉豆蔻,曰豆蔻花,曰荜澄茄,曰丁香皮,曰洗银朱,目土琥珀,曰赤石珠,曰鸡骨香,曰水牛角,曰海桐皮,曰香螺靥,曰大石芎,曰青桂头,曰乌库番,曰扶律膏,曰石决明,曰乌纹木,曰花梨木,曰桂花,曰莳萝,曰番布,曰诃子,曰犀蹄,曰大黄,曰鱼胶,曰胡芹,曰水藤,曰麂皮,曰香沉,曰榛子,曰鱼皮,曰草席,曰番丝,曰牛皮,曰鹿皮,曰杏子,曰松子,曰荜拨,曰硇砂,曰益智,曰白锡,曰黑锡,曰楮皮,曰麻䩢,曰椰子,曰高良姜,曰石花菜,曰麝香木,曰水盘头,曰赤白藤,曰大腹子,曰吉贝纱,曰帽头香,曰吉贝,曰松花,曰螺壳,曰苎,曰麻,曰荔,曰布,曰簟。今按我朝朝贡之国,有爪哇者,其国东女人,西三佛齐,南古大食,北真腊,则宋所云大食者,即今爪哇,唐之诃陵国也。今其属国过我漳泉者,曰加留耙,盖即此夷而总之贸易于吕宋者也。宋真文忠公志泉州市舶赵崇度之墓,谓"先是,浮海之商以死易货至,则使者、郡太守而下惟所欲刮取之,命曰和买,实不给一钱。蠙珠、象齿、通犀、翠羽、沉脑、薰陆诸珍怪物,太半落官吏手,媚权近,饰妻妾,视以为常。而贾胡之衔冤茹苦抚膺啜泣者弗恤。而独崇度为不然。"则当时之政可知也。元亦通诸番互市,其法大概如宋。皇朝禁海舶,不通诸番。其诸番入贡者,至泉州惟大琉球,所贡番物则市舶司掌之。成化八年,市舶司移置福州。而比岁人民往往入番商吕宋国矣。其税则在漳之海澄,海防同知掌之。民初贩吕宋,得利数倍。其后四方贾客丛集,不得厚利,然往者不绝也。万历三十三年,矿税役兴,有男子张嶷妄上书,言:"夷中有机易山者,产金可采。"嶷因入吕宋国中。漳、泉二郡贾客侈奉之,以为天使,出入车骑甚都。吕宋夷人虑我欲图其国,俟嶷去,尽市贾客家刀铁,一日,聚众悉擒杀之,漳、泉贾客徒手受刃,死者以数万计。事竟不敢上闻。而近日贾客尚至其国,为所厌弃。而我海上禁益严。然吕宋本服属西洋国,其在吕宋者酋长耳,若我之镇守然;我货不通,则西洋国王来诘,责吕宋酋不能招商,致其中国资用匮也。东夷,则日本。其于祖法不得贩。而私贩其国,则得利不赀。顾或有被首者辄得死罪。又或有风水不便,泊舟登岸,为亡赖恶少所知,往往越人于货,至于身家亦复不保。夫民急之则无以为生,宽之则有勾引之虑,此亦异日之忧也。(第1册,第975~977页)

卷四十三　文苑志

(宋)转运使

罗拯,字道济,祥符人。提点福建刑狱,泉州、兴化军水坏庐舍,拯请勿征海运竹木,经一年,民居复旧。迁转运使。邵武之光泽,不榷酒以课赋,民号"黄曲钱",拯均之他三邑。泉商黄谨往高丽,馆之礼宾省,其王云,自天圣后职贡绝,欲命使与谨俱来。拯以闻,神宗许之。高丽通中国自拯始。终知青、颍、陈三州。(第2册,第1055页)

(宋)提举市舶司

元祐初,诏福建路于泉州置司,掌番货海舶征榷贸易之事,以通远物,仍委逐处知州、通判、知县、监官同视,转运司总之。

提举、干办公事各一员。(第2册,第1081页)

提举:徐确(见莆田缙绅)、陈汝锡,崇宁中任。上官厚、钱景邈、乐昭衍、章焕文①、周需,年任无考。施述、蔡楠(见仙游缙绅),政和中任。许大年、张祐,宣和中任。鲁詹,靖康中任。邵邦达,建炎中任。徐与可、李承遇②、王权、赵奇、吕用中、鲍仔、韦寿成、楼璹、曹泳、赵士鸣③、李庄、张子华、郑寀、傅自修(见晋江缙绅)、张汝楫、陈之渊、黄绩、何俌(俌字德辅,龙泉人。绍兴进士。调德清簿,时和好初成,裒少康、宣王、光武、元帝事可施行者为《中兴龟鉴》上之。历任是官,约束奸吏甚严。终知宁国府)、林之奇(见侯官缙绅),绍兴中任。郭知训、何偶(偶字德扬。绍兴甲科,为吏部郎官。金人再犯淮,主议之臣欲弃唐、邓、海、泗四州,偶上封事,请尚方剑断奸臣头,朝论以比朱云。除福建提举),隆兴中任。程祐之、马希言、陆沅、张坚,乾道中任。虞似良、苏岘、韩康卿、彭椿年、严涣④、林劭、潘冠英、胡长卿、张逊,淳熙中任。王涣、赵汝彧,绍熙中任。许知新、詹徽之、黄缵,庆元中任。余茂实、曹格、郭晞宗,嘉泰中任。赵盛、赵亮夫,开禧中任。朱辅、王枢、赵不熄、傅庸、叶元澣、赵崇度、施械⑤、魏岘、赵汝适、陈可大(见仙游缙绅),嘉定中任。谢采伯、李韶(俱知州兼),绍定中任。叶宰、黄朴(俱知州兼),端平中任。刘炜叔、赵涯、王会龙(俱知州兼),嘉熙中任。刘克逊(见莆田缙绅)、赵希枥、陈大猷、赵师耕(上二人并知州兼)、杨瑾、张理(理字仲纯,清江人。尝从杜本于武夷,书得其学,以其所得于《易》者,演为十有五图,以发明天道自然之象,名《易象图说》),淳祐中任。(第2册,第1081~1084页)

卷四十四　文莅志

(宋)西外宗正司

(崇宁三年置南外宗正司于南京,西外宗正司于西京,各置敦宗院,仍诏各择宗室之贤者一人为知宗,掌外居宗室,而置教授以课其行艺。又诏敦宗院宗子有文艺行实众所共知者,许外宗正官考察以闻。<u>南渡后,南外移镇江,西外移扬州。其后屡徙。绍兴三年,西外置于福州,南外置于泉州,盖随其所寓而分辖之。</u>)(第2册,第1087页)

南外宗正司

知宗正司事一员,丞一员(以泉州通判兼),簿一员(以泉州签判兼),主

---

① 章焕文为章炳文之误。
② 李承遇为李承迈之误。
③ 赵士鸣为赵士鹏之误。
④ 严涣为严焕之误。
⑤ 施械为施槭之误。

管睦宗院一员,宗学教授一员。

士樽、士怀(士怀字立之,郇康孝王仲御第四子,居建安。累迁权同知大宗正事。康王即位,除光山军节度使。论黄潜善误国,出知南外宗正。苗刘之变,易服入杭,以蜡书遗张浚,趣其勤王。复遗书吕颐浩,勉其同济国难。事平,加检校少保,除同知大宗正事。历加少师、开府阶,判大宗正事。金人既归河南、陕西地,命士怀谒陵寝,特封齐安郡王,以旌其劳。寻权王奉濮王祠事。岳飞被诬,士怀以百口保无他。桧讽言者论士怀交通,踪迹诡秘,遂夺官。万俟禼复希旨连击之。谪居于建凡十二年,卒年七十,赠太博,追封循王,进六子官。长子不凡刲股纳蜡书告张浚,以功转两官,易文资,从赵哲收复建州,杀叶侬,赐爵二级。又太宗后有士崳者,亦知名,累迁右监门卫大将军、惠州防御使。卒,赠建宁军承宣使,追封建安郡王),建炎中任。令廙、仲灊、士𥹉、仲灊(再任)、士源、士珸(士珸字公美,濮安懿王曾孙也。弱冠为右监门卫大将军、贵州团练使。从上皇北迁,次洺州东,与诸宗室议,欲遁还据城。谋未就,而金人围合,皆散走。士珸乘驴西亡,夜半盗夺驴去,徒步疾趋,迟明抵武安酒家,语人曰:"我皇叔也。"因招募义兵,以解洺围,旬日间得胜兵五千人,归附者数万。夜半薄城下,力战破围,励将士死守,敌解围去。迁知洺州,仍兼防御使。<u>绍兴五年迁泉州观察使,再迁平海军承宣使,知南外宗正事。时泉邸新建,向学者少,士珸奏宗子善銴学艺卓绝,乞免文解,由是人知激劝。</u>迁节度使,未拜,卒。赠少师,追封和义郡王,淳熙中谥忠靖。子不廥,见西外;不慢,见宗室)、士剀、子游(子游,令廙子也。士剀以事去,言官请择廉正文臣代之,遂以命子游。南外宗官用文臣自子游始),绍兴中任。不猷,隆兴中任。士豢(士豢善诗,王十朋守泉,与相好)、士穆,乾道中任。士歆、士石、不敌(见西外)、不流、子涛、公迥(见西外),淳熙中任。不逊、公迥(再任),绍熙中任。不艰、不戒,庆元中任。彦禔、不廥(见西外),嘉泰中任。伯橚,开禧中任。善践、不撞,嘉定中任。善耕、箴夫,宝庆中任。汝固、彦候(彦候,嘉定间知安溪县,儒术饰,治事妥,民安),绍定中任。师蹇、崇嵒,端平中任。汝恭、师赈、汝腾(汝腾字茂实,不敌之孙。宝庆二年进士,历官礼部尚书,兼给事中,兼修国史实录院修撰。入奏,言:"前后奸谀之臣,伤善害贤,自取穹官要职,何益陛下而深损圣德。兴利之臣,移东就西,自遂溪壑,何益陛下而深戕国派,则陛下私惠群小之心可以息矣。"兼直学士院,拜翰林学士,兼知制诰,兼侍读。辞归故里,累召力辞,以龙图阁学士知绍兴府、浙东安抚使。召至阙,以端明殿学士提举佑神观,兼翰林学士承旨,知泉州。后知建州,兼南外宗正,复提举佑神观,兼侍读,兼翰林学士承旨。汝腾平生一言不妄发,一钱不妄取,朝廷尝赐田宅以旌廉。景定二年卒,遗表上,特赠四官,谥忠清,世号庸斋先生),嘉熙中任。师恕(师恕字季仁,居长乐。端平初以朝请大夫直焕章阁,知靖江。与桂帅幕罗大经善,尝与大经游栖霞洞,赋诗,谓大经曰:"观山水如读书,随其见趣之高下。"又曰:"平生有三愿:一愿识尽世间好人,二愿读尽世间好书,三愿看尽世间好山水。"杨东山帅五羊,病且死,无衣衾,适师恕馈绢数端,东山曰:"贤者赐也。"遂受之)、师珂、希循(希循字良叔,临江人。从止堂彭公游,庆元中举进士。尝以《汉书七论》受知于真西山。知南外宗正事两月,即召除直秘阁奉祠。所著有《会心录》)、希衮(希衮,知宗正。建清源书院于新睦宗院,长谕以宗姓充之,教导以庶姓充之。宗人皆从其教)、舆份、巩之(巩之字子固。知闽清县,有善政,召为军器监丞,金大理寺丞,知南外宗正),淳祐中任。吉甫,宋末任。

主管:张询、黄祖舜(见福清缙绅),建炎中任。李訦(见晋江侨寓)、张洵、梁季珌,乾道淳熙中任。林行知,嘉定中任。诸葛直清(见南安缙绅),年任无考。

教授贤者附后

陈俊卿、郑汝谐、李次辰,绍兴中任(见莆田缙绅)。傅伯成,嘉定中任(见晋江缙绅)。王迈,端平中任(见仙游缙绅)。(第2册,第1089~1093页)

自赵宋徙南外、西外宗正二司于闽中,赵之诸宗分籍闽中郡县,郡县志悉载之。顾其人既不可谓之乡贤,亦不得谓之侨寓,今依诸志所载,缀其世次附于二司之后,而并绍兴以前有游宦闽中者皆列焉,夫皆赵之宗室也。……(第2册,第1093页)

赵汝谠,字蹈中。少俶傥有轶材,智略出人上。叶适尝过其家,汝谠年少,衣短后衣,不得避。适劝之曰:"名门子,安可不学?"汝谠自是折节读书,与兄汝谈齐名,天下称为二赵。以祖遗恩补承务郎,历泉州市舶务,监行在右藏西库。韩侂胄谋逐赵汝愚,汝谠兄弟昌言非是。且上言讼汝愚冤。侂胄惧其词直,使其党胡纮再攻汝愚,斥汝谠兄弟,惑乱天听,坐废十年。后登嘉定元年进士,为大社令,迁将作监簿,大理、司农丞。与史弥远不合,请外,改湖南提举常平,易江西。寻提点刑狱,徙湖南,迁知温州,卒。汝谠常言:"宗子不忘君,孝子不辱身,临难则功业当如朱虚,立身当如子政。"(第2册,第1101页)

赵必晔,字伯炜,太宗十世孙,居晋江。补承务郎。怅望中原,怀古赋诗,慨然有祖逖之志。从益王至永嘉,转承议郎,贰赵吉甫南外宗正。益王即位于福州,蒲寿庚叛泉,与州司马田真子谋降元,必晔逃邑之瓷灶村,真子遣兵勒还草降表。必晔持匕首自刺，吉甫抱持以免。张世杰还兵围城，寿庚尽杀宗室，缚必晔至。录曹参军吴伯厚计出之，遂居泉之东陵，日与渔樵方外斑荆燕坐，不复问人间事。诸生请讲解经传，亹亹不厌，尤长于《典礼》。以寿终。有《茹芝东陵》等集传世。又有必薿者，长乐县主簿。宋亡不仕，易名文孙，不接流俗，专事训诲。有必炜者，与傅定保为友，文章议论，渊懿浩博，为闽南硕儒。（第2册，第1102页）

(元)福建平海行中书省(大德元年立,徙治泉州)

平章政事

高兴，字功起，蔡州人。慷慨多大节。元初置福建行省，命兴立行都元帅府于建宁镇之，平黄华、高日新等叛乱。迁浙东道宣慰使，平处州、福建及温、台海洋群盗。寻为绍兴、福建等处征蛮右副都元帅，平漳州高安寨及陈吊眼诸盗。改浙西宣慰使。黄华复叛，疾趋与福建军合平之。后以参知政事行福建宣慰使事。降漳州盗欧狗，迁福建行省右丞。以征爪哇功，拜福建行省平章政事，后拜左丞相。卒，谥武宣，加封南阳王。（第2册，第1110页）

宣慰使都元帅

百家奴，父曰唆都，有平闽功。百家奴亦以平闽广功为海外诸番宣慰使，兼福建道市舶提举，守福建。俄兼福建道长司宣慰使都元帅。是时，福建多水灾，百家奴出私钱市米以赈贫民，全活甚众。（第2册，第1111页）

卷四十九　文苍志

(明)市舶提举司

提举、副提举、吏目各一员。（俱万历八年裁革，事统运司。）

樊彧（见副使），洪武中任。倪鼎，正德中任。

副提举

罗伦，字彝正，吉永丰人。成化二年进士及第第一，授翰林修撰。居数月，以论李文达贤夺情起复，谪泉州市舶司提举。文达没，复召还修撰，改南京。寻辞疾归。伦自少力学，非圣贤之说不讲，与人子言依孝，与人臣言依忠，与居官者言民所疾苦，如其身见。陈献章称其"洞彻不欺之心，炳中天之杲日；轰劲出群之气，发百蛰之春雷"。嘉靖中赠左春坊左谕德，谥文毅。（第2册，第1261～1262页）

卷五十　文苍志

(宋)知州事　福州府

倪思，字正甫，归安人。历知泉州、建宁，后为礼部尚书。因论事忤史弥远,力求去,遂以宝谟阁直学士知镇江府,移知福州。弥远拜右丞相,陈晦草制用"昆命元龟"语,思叹曰:"此舜、禹揖逊也。"乃上省牍,请贴改麻制。诏下分析。弥远遂除晦殿中侍御史,即劾思藩臣僭论麻制,镌职罢之。思之治泉也,新学政,修城郭,缮器械,训士卒,浚河渠,造桥梁,葺候馆,立养济院,百庆俱兴,民不告扰。真德秀将守泉,思告老家居,贻书问政,告以"毋崇宴觞,毋艳琛货,静以安民,俭以化俗"。思殁有年,德秀为祠而记之曰:"泉守多矣,不求祠而民祠之有三人焉,曰蔡襄,曰王十朋,其一思也。"

王居安,字资道,黄岩人。淳熙中进士。宅心公明,待物不二。开禧中以司农丞知兴化军。乞行经界法,兼言番舶交易所得象、犀、翡翠诸物,海淫启侈,敝所恃,以贸无益,犯者定按治之。通商贾以损米价,拨废田以充学庐,逐捕盗贼,崔苻肃清。端平初,以敷文阁待制知福州,寻提举崇福宫。将行,盐寇起宁化,居安以书谕汀守曰:"土瘠民贫,于盐可尽禁耶?且彼执首恶自赎,他可勿治。"部使者遣左翼军将邓起提兵往,起贪夜冒险,与寇角以死,军遂溃。事闻,命居安专任招捕。既留,募军校刘华、丘锐等,授以计画。至江,而贼已至郡矣,知帅有抚纳意,即引退。华、锐出入贼中,指期约降。有以右班摄汀者,自诩知兵,欲出不意为己功。贼知之,降约遂败,建、剑诸郡并江西啸聚蜂起。居安叹曰:"吾可复求焦头烂额功耶?"即拜疏归。(第2册,第1286~1287页)

卷五十三　文苑志　泉州府

(宋)知军州事

关咏,□□人,自太常少卿任,改光禄卿、秘书监。泉有番舶之饶,官州者多市取其货,十不偿一,惟咏与参军杜绝,无私买,然竟以不察举他官坐免。(第2册,第1388页)

汪大猷,字仲嘉,鄞人。以敷文阁待制提举太平兴国宫。起知泉州。海蛮毗舍邪尝掠海滨居民,岁遣使防之,劳费不资。大猷作屋二百区,遣将屯留。久之,戍兵以真腊大贾为毗舍邪犯境,执之,大猷曰:"毗舍邪面目漆黑,语言不通,此岂是耶?"遂遣之。故事,番商与人争斗,非折伤皆以牛赎。大猷曰:"安有中国用岛夷俗者?苟在吾境,当用吾法。"三佛齐请铸铜瓦三万,诏守臣督造付之,大猷奏:"法:铜不下海。中国方禁销铜,奈何为夷所役?"卒不与。进敷文阁直学士,留知泉州,终龙图阁待制。落职,南康军居住,大猷与丞相史浩同里,又同年进士,未尝轻裂衣裾,浩深叹美之。(第2册,第1394页)

赵渼，字伯泳，临川人。嘉定七年进士。端平中除监察御史。首论边防，破王楫请和谲诈之谋。历右正言、起居舍人、权工部侍郎。以集英殿修撰知郡，兼权福建路市舶。寻知宁国府，辞不赴。所著有《春秋集说》《博约集》。（第2册，第1397~1398页）

林孝渊，字全一，□□人。材术疏通，吏事训练。泉州乱卒屡无礼于郡守，孝渊至，遂不敢骜，提举市舶，按收舶货，吏上瑙一匣，曰："例也。"孝渊历耳曰："公则在官，私则在商，何例之有？"（第2册，第1399页）

杜纯

字孝锡，濮州甄城人。元祐中以荫任司法参军。与知州关咏不染蕃舶市物，人亦莫知。后私市者先后败，狱治多牵系，独纯与咏无与，而咏犹坐不察免，且檄参对。纯愤懑陈书部使者，讼咏冤，咏得不坐。任至权兵部侍郎。（第2册，第1404页）

卷五十五　文莅志　泉州府永春县

知县

（宋）江公望，字民表，睦州人。举进士。绍圣二年知县，数月县治。作亭"多暇"，而为之记（《多暇亭记》，（宋）江公望撰）曰："泉距海隅，去京国数千里，崇山峻岭，连属不断，攀援登跻，腾达便利，皆猿猴生长得势之地。其溪流湍驶，乱石若铦刃，舟船一失利，破碎覆溺，无复救止。然海船通他国，风顺，便食息行数百里，珍珠、玳瑁、犀象、齿角、丹砂、水银、沉檀等香、希奇难得之宝，其至如委。巨商大贾，摩肩接足，相刃于道。若衣冠之士，非仕宦则未尝游也。余得邑永春，携妻子，冒大暑，乘舟南下。舟碍石尾，旋转如风。不至于破碎覆溺，乃侥幸万一。始至之日，言语不通晓，租谷不以时入，讼讼刑狱，无日无之。饮食皆海物，琐细腥咸，馁败不可向迩。人疾病不用药物，祭鬼以祈福，其获痊愈，乃天活之耳。既治五月，补葺罅漏，缀缉断裂，政有条，事有目，爬梳蚁虱，毛发简直，锄治根蘖，枝叶不生。屋东有聚土如阜，牛羊刍牧者往焉。一日治其巅，逆立而望视之，踌躇若有得于余心者。稍增系级，已屹然高峙。得材于故厅，事丹白驳蚀之余，斫削而扶植之。大足以陈俎豆，娱宾客，仰高游神，肆目于清明杳霭之上。而下与田夫邻父接语问劳，知旱干水溢丰凶之详。退食无事，颓然其间，息深宁极。邑东五十里东山之峰，有西蜀隐者居焉。危坐不寐垂二十年，思与偕游而不可得，扣梧招之，为作歌曰：'山有木兮多风，林蹲兽兮潭蛟龙，猿猱既食人粟兮复纽而败之，山鬼啸寒兮鼯号饥，木多瘿兮犬有牦，长蚺蔡兮吐气成雾，胡为乎山中兮!'歌罢,声满天地,东风聿来,长日斯至,天和而舒,地否亦解,予与万物复何为而不暇裕哉!顾小吏榜是亭曰多暇。"公望在官多善政,秩满,民怀立祠祀之。入为太常博士。建中靖国初为左司谏,以数言事,出知淮阳军。累以直龙图阁知寿州。蔡京用事,落职,编管南安军。遇赦,还家,卒。建炎中赠右谏议大夫。(第2册,第1489页)

卷五十七　文苑志　建宁府

(宋)知州事

林湜,字正甫。其先长溪人,徙平阳。登绍兴第,为富阳尉,以功知晋江。时大造战舰,当科民,湜不忍,欲投劾去。诸藩寓居者义之,咸助其役,舰就而民不知。秩满,民空城留之。通判本州,太守议官自卖酒,湜以病民阻之。太守乃自奏,朝廷视无湜署,下其奏,竟格。汀州赋税无法,吏多自取,帅漕以委湜,约其轻费,岁省钱四万以还民。绍熙元年迁监察御史,历湖北路转运副使,进直龙阁,致仕。时朱子以党论斥,士讳其学,湜独执弟子礼,每驰书问疑义。所著有《盘隐类稿》十卷。(第2册,第1595页)

(元)延平路总管

项棣孙,字子华,丽水人。天历中进士,授同知奉化县事,调福州路推官,改莆田县尹,转知福清州。寻提举泉州市舶司,累同知延平路总管府事。棣孙在福时,有海贾驾大舶市诸番,舶上列旗帜金鼓以备不虞,仇家诬其为乱,廉访使者薄录其家,棣孙为白之,活者数百人。有周生能烹炼金石,愚民无识,指为周仙,藉是出入官署莫谁何。棣孙叱缚之,坐以罪,焚其书。在莆田时,县人有忿争,辄扼儿童吭毙之,持牒诉县,多陷人于辟。棣孙登耆艾于堂,谕以父子天性,绵延数百言,皆相戒不敢犯。在泉州,适丁岁俭,道殣相望,防御卒出掠乡落,或至杀人。亟白守偰玉立,捐俸,倡大商人金易粟赈之。至癸巳,福安、罗源、古田诸县,奸民林君祥等啸众为变,招江西妖人数万围福州。廉访使郭兴祖檄棣孙集泉州、兴化二郡义兵为援。棣孙部署有法,盗皆遁去。棣孙为政简易,一以爱民为本,至忠义大节,持之益力。(第2册,第1599页)

卷五十八　文苑志　延平府

朱松,字乔年,婺源人。文公熹之父也。少有高节大志,为文汪洋宏放,诗天然秀发。故慕贾长沙、陆宣公之为人,复得闻杨龟山河洛之学,益自振励。政和间,同上舍出身,授政和尉。……父森,迎养官舍,卒,兵乱,不能归樣,葬县之护国寺,赁居以守。服除,改尉尤溪。筑一室,聚书其中,自知卞急害道,名斋曰韦,而文公实生焉。<u>历监泉州石井镇税</u>。绍兴四年中,累迁著作佐郎、尚书度支员外郎兼史馆校勘,历司勋、吏部两曹,皆领史职如故。(第2册,第1640～1641页)

卷六十二 文苞志 邵武府

(宋)通判

叶介,字方叔,武义人。淳熙八年进士。来通判邵武军,<u>泉南海寇猖獗,郡偶缺守,尚书黄公度帅闽,委摄政事。介至,召军将密授方略,擒灭之。</u>所著有《中庸讲义》《正江诗稿》《表启杂文》十卷。(第2册,第1788页)

卷六十七 武军志

(宋)兵马都监

姜特立,字邦杰,丽水人,累迁兵马都监。<u>海贼姜大獠寇泉南,特立以一舟先进,擒之。</u>帅臣赵汝愚荐于朝,除阁门舍人。(第3册,第1946页)

卷七十五 英旧志(缙绅) 福州府侯官县

(宋)陆祐,字亦颜。为莆田簿、判,湖广南路宣抚司准备差遣、福建茶盐司干办公事。每谓:"权无良法,存心仁恕,禁网宽大,即公家不失大利之源矣。"<u>泉南当海舶运输之冲,部使者欲复市易,祐切止之,</u>曰:"此渔夺之术。"竟罢。祐所至,尽职事,察冤狱,惠爱在民。生平不治产业,不求荣进,不随俗尚,不顾人是非。居母忧,终丧不忍去坟墓。读《论语》《大学》《中庸》《尚书》,反复玩味,究厥旨归。既老里居,士大夫状其学行,乞添差教授本州。帅叶梦得以闻,从之。命下而卒。(第3册,第2221页)

(宋)林之奇,字少颖。紫薇舍人吕本中入闽,之奇甫冠,从之学。时将试礼部,行次衢州,以不得事亲而反。学益力,本中奇之,从是学者踵至。举进士,调莆田簿,改尉长汀,召为秘书省正字,转校书郎。朝廷欲令学者参用王安石《三经义说》,之奇言:"王氏三经率为新法地,晋人以王、何清谈,罪深桀、纣。本朝靖康祸乱,考其端倪,王氏实负王、何之责,正所谓邪说淫辞之不可训者。"或传:"金欲南侵,之奇作书抵当路,以为久和畏战,人情之常。金知我重于和,常以虚声喝我,而示我欲战之意,非果欲战,所以坚我和。我欲兴和,宜无惮战,使权在我。"又言:"必得如庞士元所谓俊杰者,乃可与共患难。"以痹疾乞外。<u>由宗正丞提调闽舶参帅议,遂以祠禄家居。</u>吕祖谦受

学焉。有《尚书集解》《春秋周礼论》《孟子扬子讲义》《道山记闻》等书行世。从子子冲。(第3册,第2221~2222页)

卷七十八　英旧志(缙绅)　福州府永福县

(元)林泉生,字清源。授福清州同知。以计擒歼山海寇之久为民害者。除泉州经历。民负酒税,以法谕舶商之私酿者代偿之。械系累年皆得脱免。迁永嘉尹。调漳州推官。畲洞相戒莫敢乱。升知福清州,俗喜杀孤幼诬人,立连逮亲邻法,严治之。红巾寇连江,承帅府檄立保伍,置屯栅。盐丁谋作乱,缚其为首七人,众不敢动。长乐民受贼官爵,约为内应,生捕得三十余,众贼共语曰:"我夜梦至一所,见神官俨然貌似州太守,今日命绝矣。"泉生尽杀之,余悉骇遁。除翰林待制,以母老辞。累迁行省郎中。汀寇负固,久不下,往招抚得渠帅归。召为翰林直学士、知制诰,同修国史。寻卒。谥文敏。泉生志略自负,学邃《春秋》,工诗善属文,有《春秋论断》及《觉是集》。(第3册,第2377~2378页)

卷八十二　英旧志(缙绅)　泉州府晋江县

(宋)傅自修,字勤道。绍兴中监泉市舶务,宿弊去八九。秩满,番商来者为贪吏所困,商号泣岸下,或请之,曰:"昔有官人主我于思而白,今不见此矣。"由福建机幕除提举福建市舶,番商举手相贺。知潮州,海寇猖獗,招降之,请于朝,籍为水军,赖以控扼海道。累官直宝文阁,将漕江西,卒。(第3册,第2479页)

储用,字行之。知建阳,有惠政,朱文公亟称之。会党禁起,罢去。后再道县,县民拥用车,大呼曰:"此储长官,我辈共尊之,可范可模。"擢守兴化,移襄阳。邓民樊快明率众来附,制司约日欲剿之,用争于朝,谓:"剿之不幸不胜,则吾代房受祸。约回陷之死地,则吾代房受怨。他日豪杰谓吾戮降,必其以仇房者,转以仇我,是吾代房受仇。"复贻书制阃力言,制阃大恚,以是罢归。时海盗犯泉境,用与郡守真文忠叶谋,亲抵海岛围捕,获其酋首,余党遁去。直文华阁、知广州,未上,卒。子耀,知雷州。(第3册,第2483页)

卷八十八　英旧志(缙绅)　泉州府南安县

(宋)吕大圭,字圭叔。少嗜学,师事王昭复。昭复之学得之陈淳,陈淳之学得之朱文公,世号温陵截派。登进士,授潮州教授,改赣州提举司干官。秩满,连调袁州、福州通判。升朝散大夫、行尚书吏部员外郎兼国子编修、实录检讨官兼崇政说书。以操南音,出知兴化军,以俸钱代输中户以下赋,著《莆阳拙政录》。德祐初元,转知漳州军、节制左翼屯戍军马。未行,属蒲寿庚率知州田子真降元,捕大圭至,令署降表。大圭不署。将杀之,适门弟子有为管军总管者,扶出之。泥封平生所著书一室中,变服逃入海。寿庚遣兵追之,将授以官。追者及,问其姓名,不答,怒而杀之,年四十九。其泥封室尽毁,独其门人所传《易经集解》《春秋或问》《论语孟子》、《学易管见》行于世。所居朴乡,人称朴乡先生。元孔公俊建大同书院祀朱文公,以大圭配。丘葵赞曰:"泉南名贤,紫阳高弟。造诣既深,践履复至。致身事君,舍生取义。所学所守,于公奚愧?"(第3册,第2631页)

卷八十九　英旧志(缙绅)　泉州府惠安县

(元)卢琦,字希韩。少从学于三山余子贤。子贤语其友陈忠曰:"希韩经学该贯,为人简重,在吾门十余年,不见惰容,真畏友也。"从子贤试浙省,子贤道卒,琦不顾试期,与其友陈彦博经纪以归。琦仅少忠一岁,每别去,必纳拜曰:"吾师,行也。"举进士,授延平知事。……时兴、泉方用师,帅府以琦著望永春,徽参谋军事,往来二郡间。即以年劳擢行省照磨。盐课司提举番巨商以货得参省政,威势大振,有咈意立箠楚,胁户部令夺下四场引盐自为市,琦曰:"是上弃国课,下毒亭户及食盐民,断吾腕不署牒也!"作《海口盐场祈晴文》,有"乞赐两月之晴,甘捐十年之算"之语,场人诵之。晚以近臣荐,除守平阳,命下,琦殁矣。(第3册,第2657~2658页)

卷九十二　英旧志(缙绅)　建宁府建安县

(宋)范如圭,字伯逵。少从舅氏胡安国受《春秋》学。乡举、类试皆第一。廷对策,极论人主正心立志之方,力诋和议宴安之失,言甚壮切,为考官抑置乙科,授左从事郎、武安节庆推官。……因复起如圭知泉州。既至,举大体,尽下情,择任丞史,蠲属县负课,度其力,而宽与为期。南外宗官,寄治郡中,挟势为暴,至夺贾胡浮海巨舰。其人诉于州,于市舶司,三年不得直。占役禁兵以百数,复盗煮海利,乱产盐法,为民病苦。如圭皆以法义正之。则大沮恨,密为浸润以去,遂以中旨罢,领祠如故,僦居邵武,门巷萧然。士大夫益高仰之,远近学者多从质问。如圭亦孜孜朝夕为引接。卒年五十有九。后两年,孝宗受内禅,而如圭已不及见。世亦莫知如圭之尝有言也。久之,士大夫颇有见《绍兴日历》及陈公手记者,然后乃知如圭之忠。子念德,弟如璋。(第3册,第2782~2784页)

四、地志类

卷九十八　英旧志(缙绅)　建宁府崇安县

(宋)胡大正,初名愷,字伯诚。用季父寅郊恩补官,调兴化尉。郑侨以疑讼系于官,大正奇其人,力为辩白,且勉以远业。侨感奋,卒以大魁为时名辅。再调南康军司法,史浩、刘珙荐其贤明清介,改秩佥判泉州。剧贼罗动天者,逼漳州甚急。泉为邻郡,忽近郊有荷斧者四五十人,兵捕以闻。时郡守政尚勇决,同幕希意请肆诸城下。大正不书牍,曰:"贼欲破城,乃无戎装攻具长兵耶?"询之,果采山菌者,皆释之,同幕惭服。郡为蕃商之会,每舶至,验视者得利不赀,大正秋毫无取焉。又,宏有季子大时,字季随,初于湖南师事张敬夫,后讲学于文公。(第4册,第2934页)

卷一百　英旧志(缙绅)　建宁府浦城县

(宋)真德秀,字景元,后更为景希。举进士,授南剑州判官。继试中博学宏词科,入闽帅幕。召为太学正。……以右文殿修撰知泉州。番舶畏苛征,至者岁不三四,德秀首宽之,至者骤增至三十六艘。输租令民自概,听讼惟揭示姓名,听人自诣。海贼作乱,将逼城,官军败衄,德秀祭兵死者,乃亲授方略,擒之。复遍行海滨,审视形势,增屯要害。十二年,以集英殿修兴知隆兴府。……绍定四年,改职与祠。五年,进徽猷阁,再知泉州。迎者塞路,深村百岁老人亦扶杖出,城中欢声动地。诸邑二税尝豫借至六七年,德秀入境,首禁之。诸邑有累月不解一钱者,郡计赤立不可为,或咎宽恤太骤,德秀谓民困如此,宁身代其苦。决讼,自卯至申未已,曰:"郡邑凋弊,仅有政平讼理可以惠民。"建炎初,置南外宗正司于泉中,公族仅三百人而已,至德秀时,增至二千三百余人,郡俸缗半出于凿挖,德秀请于朝,增给度牒以足之。弥远薨,理宗亲政,以显谟阁待制知福州。(第4册,第2996~2998页)

卷一百二　英旧志(缙绅)　延平府沙县

(宋)陈偁,字君举。以父任补太庙斋郎,再调罗源令,有惠政。调通判蔡州,力争死狱五人。知惠州,州有丰湖,税民鱼,湖废而税尚存,偁堤湖数里,时蓄泄,鱼利归民,奏免其课钱凡五十余万,民建祠祀焉。移治宿州,用严为治,狱空讼息。召知开封府,属新法行,请外,知泉州。未几,坐开封府陷失青苗钱,罢,州人闻之,期三日衷钱五十万偿负,赎留之。改知尉州,筑堤十里以防皖溪之患。元丰五年,再知泉州。岁旱,教民用牛车汲水入东湖溉田。旧法:番商至,必使诣东广,否则没其货。偁请立市舶司于泉,哲宗

171

立,诏从其议。以朝议大夫致仕,赠特进。子瑗,汀州推官,珏,校书郎;瑾,见下;玑,知吉州。(第 4 册,第 3068 页)

卷一百六 英旧志(缙绅) 兴化府莆田县

(宋)黄彦辉,字如晦。弱冠有俊声,以伯祖隐名在元祐党籍,锢不得试。禁解,贡大学,第进士,摄侯官尉。募兵以衣粮不给作乱,监司促附城三尉捕之,彦辉获七十余人。二尉一无所俘,当谴,彦辉分界以免。差知罗源县,宗室不垫暴横,彦辉榜其事迹,申安抚使追还所夺民财。<u>转奉议郎,差丞永春。</u>时知县洪旦德胜于才,泉守赵鼎以旦与彦辉两易其任。彦辉事旦益恭,交相得也。会朝命滨海诸县造战船,州牒彦辉权知晋江。<u>刷县帑本分钱为之,不加民赋,成船独先。</u>差知同安县,筑城壁周环六里。差通判潮(潮一作饶)州,卒。累赠大中大夫。(第 4 册,第 3198 页)

卷一百十三 英旧志(缙绅) 兴化府仙游县

(宋)蔡襄,字君谟。年十八以农家子举进士,为开封第一,名动京师。授漳州军事判官、西京留守推官,改著作佐郎、馆阁校勘。……至和元年,迁龙国阁直学士知开封府。三年,以枢密直学士知福州。未几,复知泉州。襄在福州,礼士之贤者,以劝学兴善而变民之故俗,除所甚害。往时闽人专用赋应科举,襄得乡先生周希孟,以经术传授学者,为亲至学舍执经讲问。延见处士陈烈,尊以师礼。而陈襄、郑穆其德行著称,襄皆折节下之,以风教生徒。闽俗重凶事,奉浮屠,会宾客用尽力丰侈为孝,否则深自愧恨,为乡里羞;奸民、游手、无赖子幸而贪饮食、利钱财,来者无限极,往往至有数千百人。盖有亲亡,秘不举哭,必破产办具而后敢发丧。有力之家,乘其急而贱买其田;贫者立券举债,终身困不能偿。襄曰:"弊有大此者邪?"即下令禁止。至于巫觋主病,蛊毒杀人之类,皆渐断绝之。然后择民之聪明者,教以医药,使治疾病,子弟有不率者,条其事作五戒谕教之。<u>其在泉州,距州二十里万安渡,绝海而济,立石梁之长三百六十丈,种蛎于础,以固梁基。又植松七百里,荫芘涂行,闽人大便。</u>既去,相率诣州,请为立德政碑。吏以法不许,即退而疏襄善政,私刻于石。嘉祐五年,召拜翰林院学士,权三司使。三司、开封,世称省府,为难治,襄居之,皆有能名,谈笑无留事。破奸发隐,吏不能欺。至商榷财利,则较天下盈虚出入,量力制用,必使下完而上给。簿书纤悉,纪纲条目,久之皆有法程。仁宗崩,英宗即位,数大赏赉,及作永昭陵,皆猝办于县官经费之外。襄应烦愈闲暇,遂拜三司使。居二岁,以母老求知杭州,即拜端明殿学士。卒年五十有六。襄文章清遒粹美。工于书画,颇自惜,不妄为人书,而仁宗尤爱称之,诏书御制元舅陇西王碑。其后命学士撰温成皇后碑文,又敕襄书,则辞不肯,曰:"待诏职也。"重于朋友,闻其丧,不御酒肉,为位哭,尽哀乃止。累官礼部侍郎。既卒,翰林学士王珪等十余人列言襄贤。其亡可惜,特赠吏部侍郎。襄三子,匀、旬皆早世。朝廷录季子旻及旬子传、弟子均。优赙而厚葬之。乾道中,孙伸,请于朝,赐谥忠惠。弟高。(第4册,第3394~3395页)

(宋)傅伫,字凝远,楫诸孙。举进士,授无棣簿。金虏陷全燕,乘虚南下,两河皆震。郡檄伫饷军,人谓伫书生耳。伫得檄,即行飞刍挽粟不乏绝。调南安丞,岁大饥,民弃妻子相属,伫请出常平钱米,设安养院,糜粥之。迁知晋江。会诏造战舰,躬督其役,劳费半他邑,事独先办。转南剑州通判,卒。疾革,戒诸子曰:"吾平生无愧俯仰,殁后汝曹居官主清,治家主严,奉先主敬,叙族主恩,造次颠沛必主忠信。能用吾言,虽贫贱犹为有德君子。"官至朝奉大夫,累赠金紫光禄大夫。子二:汶、淇。(第4册,第3402页)

(宋)傅知柔,推官循州。贼曾少龙入境,教民造兵具,伤、死者百余人,贼大溃去。擢知龙岩县。处寇窃发,开其威名,独不敢犯。调泉州佥判。海寇林元仲猖獗,帅臣叶梦得檄往招,知柔出帜示贼,贼尽降。终朝请郎、福州佥判。(第4册,第3404页)

卷一百十六　英旧志(缙绅)　邵武府泰宁县

(宋)邹应隆,字景初。举进士第一。端重夷旷,丰神峻迈,髫龀如成人,出入里巷间,瞻视步履率有常处。……嘉定元年夏,假户部尚书,充金贺生辰使。回,具言虏主望之不似人君,其国必亡。除詹事中书舍人。二年,兼权吏部侍郎、给事中兼詹事右庶子。言事直切,遂以待制宝文阁知泉州。以贾胡簿录之资请于朝。大修郡城;即明伦议道堂,开六经阁;造石桥于笋江下流,长百五十余丈。时南内宗子商于泉者多横,应隆以法绳;其稔恶者,造谤相撼,殊不顾。五年,因祖母丧,乞祠,以待制龙图知建宁。(第4册,第3500~3501页)

卷一百十七　英旧志(缙绅)　漳州府龙溪县

(宋)陈玠,字待宝。初调建之法曹掾,知南剑州沙县,监泉州市舶司,迁承议郎。家豪于财,父爱其二弟,辄推与之。从侄孙兢。(第4册,第3527页)

卷一百二十二　英旧志(缙绅)　福宁州

(宋)林浞,字正甫。调富阳尉,部弓手截金亮之党,擒盐徒行劫者。<u>改知晋江,适造战舰,不忍敛民,诸番义之,助其役。</u>判南剑州,太守议官自卖酒,浞力争不可。……(第4册,第3657页)

卷一百二十四　英旧志(弁韐)　泉州府晋江县

(宋)王大寿,为泉左翼队将。<u>绍定五年,海盗王子清犯围头澳,守真文忠调大寿领卒防遏</u>,疾驰至,卒与遇,贼徒椎牛大嚼,而官军犹未朝食,将官邵俊以下俱有蓄缩之意,大寿独控弦进,毙其十余人,群凶夺气。俊引军稍退,大寿挺立骂曰:"赵官家平日养得好人,见贼便走!"其时,惟队将秦淮军兵朱仙、陈捷、吴庆、尹政、李从五人随大寿,遂与仙、捷、庆、政皆死之,独李从两夺贼槊免。海濒居民望见者,咸叹息泣下。文忠自为文遣祭,厚恤其家,收刺其子弟,士卒竞劝。未几,遂有沙淘洋之捷,俘获贼首林添二等正杀大寿者,文忠令剖心祭之,请于朝,赠官,恤其家。

(元)刘益,帅义兵从帅府讨山寇吕甫,以军功补官。至正中,授晋江尉。馈饷大都,升南昌簿。<u>西域那兀纳等据泉,炮烙州民索贿,益悉捐家资赎之。</u>被活者饭僧西峰为益祈福。

(元)郑寿,读书能文,蚤孤,事母尽孝。由千户,升宣武将军上万户。<u>至正间,万户赛甫丁、阿迷里可作乱,荼毒郡民,寿谋讨之,机泄遭害,一门死者数人</u>,第宅尽毁,子孙离窜,泉人伤之。(第5册,第3709～3710页)

卷一百二十五　英旧志(关柝)　泉州府晋江县

(元)龚名安,至正中辟宣慰司差,奏事京师,丞相奇其才,擢上田县尉,迁浔美场盐官管勾,再迁沔洲场司令。<u>时西域那兀纳据泉,炮烙州人,杀戮惨酷。福建行省奉兵部辞讨之,从间道付名安檄,使其募兵海滨。那兀纳闻之,亦迫民为兵,以拒来讨。名安俾海滨民佯许之,遂命其子泉州学正炳、婿行省理问张仁等,率舟师次东山渡,翌日大竖行省旗帜于舟中,并竖那兀纳所迫招民兵舟,那兀纳不战自溃,一时海上赖其保障。</u>(第5册,第3740页)

卷一百二十七　英旧志(韦布)　泉州府晋江县

(宋)崔唐臣,与苏颂、吕溱同学相好。苏、吕登第,崔怃然罢举。其后,苏、吕入三馆,乘马偕出,循汴岸,见一士舣舟坐窗下,盖崔也,亟就谒之,问其别后况味,曰:"初倒箧中有钱百千,以其半买此舟,来往江湖间,其半市杂货,时取赢自给。虽云泛梗飘蓬,差逾应居时也。"苏、吕邀与归,不可,但叩官居坊曲所在。明日,自局中还,各睹崔留刺,再访舟次,则已行矣。(第5册,第3785页)

卷一百三十四　英旧志(裔派)　福州府连江县

(宋)李弥逊,字似之。其先世唐宗室,八世祖永嘉澄,始迁连江,曾祖余庆,知常州,卒于官,因居苏州。弥逊,大观三年进士。靖康中,直宝文阁,知吉州,迁起居郎。……绍定四年,行都灾,诏应诏言事。提举福建市舶。会星变,又应诏言事,入为国子监丞,改知泉州,兼市舶。端平中,为殿中侍御史,论救魏了翁,乞召还,处以台辅。(第5册,第4006~4007页)

卷一百三十六　方外志

(宋)高邮醴泉寺昭庆禅师,晋江林氏。少跅弛任气,为贾客往来闽、粤、山东海道,资用甚饶,皇祐中,祀明堂,恩度天下僧。师为儿时,父母尝许为僧,名隶漳州开元寺籍,至是辄谢同贾,以财物属同产,使养其亲,徒手入寺,毁须发受具戒。居无何出,遍参知识。至禾山楚才禅师会中,因看风幡话,忽然有悟,以为道妙尽此矣。及见黄龙惠南禅师,示以佛手骡脚,因缘辄漫不省,因服役左右,数年不去,始尽得黄龙之道。熙宁中,游淮南,往来广陵、天长、高邮间。三邑之人,见师如旧识,莫不靡然心服。师所得法,广大微妙,又学术无不通达。为人说法,或以经论,或以老、庄,或以卜筮,或以方药,下至种种一切俗谛之事,随其根器,示之大方,不独守古人言句。与孙觉、秦观、借道潜相善,观为作塔铭。(第5册,第4076~4077页)

卷一百四十一　闽合志

(元)陈思恭,海贾也,妻庄生子宝四月,去入海,五年不还,人曰:"思恭死矣。"诱庄嫁,不许。亡何,思恭归,悲喜交集。久之,竟入海死。诱者曰:"夫君真死矣,可奈何?"庄曰:"宝在。"宝长,请学士宋濂记。思恭盖尝娶妻于浙中,生一子,贫寓外氏。庄遗钱使营生,且偿思恭之凤逋。(第5册,第4164页)

卷一百四十六　岛夷志

何子曰:宋置市舶于泉州,以通诸番,《旧志》所载有占城、宾达侬、三佛齐、浡泥、真腊、登流眉、大食、日本、注辇、灵牙苏嘉、麻逸、三屿、白蒲延、日啰亭、真里富、三泊、单马令、阇婆、罗斛、雪峰俱轮、须华公、琶离、佛啰安、达啰希、吉阑丹、西棚、波斯兰、高丽诸国。元三山吴鉴为泉守偰玉立修《清源续志》，余于友人家仅得其一本，曰《岛夷志》，志所载凡百国，皆通闽中者。其载三岛国有云："国男子尝经纪泉州，馨其资囊，以文其身。既归国，国人以其至唐国，贵之，待以尊长之礼，延之座，虽父老不得争焉。"有土塔国，国中有土砖甃塔，其高数丈，刻汉文云："咸淳三年八月毕工。"盖我人为之书。有古里地闷国，其国淫滥，兼妇不耻，至者多染疾死。泉州吴宅有百余人贸易其间，既毕，死者十八九。间存一二，类羸弱乏力，随风回舶，安澜之夜，则狂魂游荡，唱歌摇橹，夜半或时添炬烨耀，使人魄游而胆寒。而其他则载其风俗土物。夫是百国者，盖皆大西洋之国也。于今则大西洋货物尽转移至吕宋，而我往市，以故不复相通如元时矣。乃余兹所志琉球、浡泥、麻剌、倭诸夷耳。琉球，恭顺之国也。浡泥、麻剌，于今不至，以其王死而葬此。嘉靖之季，闽受倭毙矣，我防而绝之，自国初于今为甚。然闻有中国人入其地，皆来敬礼，古《论语》在其国中，其人皆通书史，有文墨，特其俗尚佩刀剑，勇不畏死。其悍谲者，海上行劫，而实我奸民勾引之。奸民所阑出犯禁物，得利十倍，走之如鹜矣。吕宋、东番，小夷也。吕宋与我市，而东番密迩，我民时至其地市薪与鹿，聊并记焉。（第5册，第4361~4362页）

卷一百四十九　雈苇志　泉州府

（隋）王国庆，隋氏人。江表自东晋已来，刑法疏缓，世族陵驾寒门。隋氏平陈之后，牧民者尽变更之，苏威复作"五教"，民无长幼，悉使诵教，世族莫不嗟怨。民间复讹言欲徙之入关，远近惊骇。于是，婺州汪文进、越州高智慧、苏州沈玄憎皆举兵反，自称天子，署置百官。泉州人王国庆与乐安蔡道人、蒋山、李棱、饶州吴世华、温州沈玄徹、杭州杨宝英、交州李春等，皆自称大都督，攻陷州郡，执县令，或抽其肠，或脔其肉，曰："更能使侬诵五教耶？"诏以杨素为行军总管讨之。诸反者前后被素击破，独高知慧走保闽越，而王国庆自恃海险北人不习，殊不设备。素从会稽泛海奄至，国庆惶遽弃州县，余党散入海岛或守溪峒。素分遣水陆追捕，密令人说国庆斩送智慧自赎。国庆执送智慧，泉州余党悉降，江南大定，则开皇三十年也。（第5册，第4422页）

卷一百五十　南产志

稻，五谷者，麻、黍、稷、麦、豆。《周礼》：扬州、荆州，其谷宜稻。闽属扬州，当首稻矣。左思《三都赋》：国税再熟之稻。宋马益诗："两熟潮田天下无"，盖美闽稻也。……《湘山野录》云：宋真宗以福建田多高仰，闻占城稻耐旱，遣使求其种，得一十石，以遗其民，使莳之。此占城所由名也。今八郡皆有占城稻。泉州曰早稻，曰早仔，曰师姑早，曰晚稻，曰大冬，曰寄种，曰青晚，曰占城稻。（第5册，第4434页）

蕃薯，万历中，闽人得之外国，瘠土砂砾之地皆可以种，用以支岁，有益贫下。予尝作《蕃薯颂》，可以知其概也。《颂》曰："度闽海而南，有吕宋国。国度海而西为西洋，多产金银，行银如中国行钱。西洋诸国金银皆转载于此。以通商故，闽人多贾吕宋焉。其国有朱薯，被野连山而是，不待种植，夷人率取食之。其茎叶蔓生如瓜蒌、黄精山药、山蓣之属，而润泽可食，或煮或磨为粉。其根如山药、山蓣，如蹲鸱者，其皮薄而朱，可去皮食，亦可属食之。可熟食者，亦可生食，亦可酿为酒。生食如食葛，熟食色如蜜，其味如熟荸荠。生贮之，有蜜气香闻室中。夷人虽蔓生不訾省，然吝而不与中国人。中国人截取其蔓咫许，挟小盖中以来，于是，入吾闽十余年矣。其蔓虽萎，剪插种之，下地数日即荣，故可挟而来。其初入吾闽时，值吾闽饥，得是而人足一岁。其种也，不与五谷争地，凡瘠卤沙岗皆可以长。粪治之则加大，天雨根益奋满，即大旱不粪治亦不失径寸围。泉人鬻之，斤不直一钱，二斤而可饱矣。于是，耄耆童孺，行道鬻乞之人，皆可以食，饥焉得充，多焉而不伤，下至鸡犬皆食之。于是，何子开镜石山房树阴之隙地而种焉，而为之颂曰：不需天泽，不冀人工，能守困者也。不争肥壤，能守让者也。无根而生，久不枯萎，能守气者也。予向行江北，天大旱，五谷不登，民食草木之实亡厌，今乃佐五谷，能助仁者也。可以粉，可以为酒，可祭可宾，能助礼者也。茎叶皆无可弃，其直甚轻，其饱易充，能助俭者也。耄耆食之而不患哽噎，能养老者也。童孺食之止其啼，能慈幼者也。行道鬻乞之人食之，能平等者也。下至鸡犬，能及物者也。其于士君子也，以代匮焉，所以固其廉以广施焉，所以助其惠而诸德备矣。而吾邑粱肉之家，犹骇焉而不敢食，食之则谓同于窭与贱，于是，何子掘而出之，浴之清泉，荐之洁鼎，乘之陶匏，沃以浊酒，而为之歌曰：令珠而如沙，人以之弹鹊；令金而如泥，人以之涂膡；令朱薯而如玉山之禾、瑶池之桃，人以之为不死之大药。虽不死药，不足佐五谷，吾亦不忍其禾玉山、桃瑶池，独从羽人于丹丘，坐视下界之人瘁饥啾啾而不得一嚼。"

菠薐菜，又作波棱。刘禹锡《嘉言录》：本出西域颇陵国，讹颇为波。《闽中记》以叶如波纹有棱，以义求之欤。按：波棱生北方者为竹菠薐，茎长而爽。闽中者为石菠薐，茎短而甘。

蕹菜，蔓生，花白，茎中虚。摘其苗，土压之辄活。一名瓮菜。《遁斋闲览》：本生东夷古伦国，蕃舶以瓮盛之，故名瓮菜。漳人编苇为筏，作小孔浮水上，如萍根浮水面，茎叶皆出于苇筏孔，南方奇蔬也。（第5册，第4436～4438页）

燕窝，皇朝王世懋《闽部疏》：燕窝菜，竟不辨是何物，漳海边已有之。燕飞渡海中，翮力倦，则掷置海面，浮之若杯，身坐其中，久之，复衔以飞。陈懋仁《泉南杂记》：闽之远海近番处，有燕名金丝者，首尾似燕而甚小，毛如金丝，临卵育子时，群飞近汐沙泥有石处，啄蚕螺食。有询海商，闻之土番云，蚕螺背上肉有两助如枫蚕丝，坚洁而白，食之可补虚损。已劳痢，故此燕食之，肉化而肋不化，并津液呕出结为小窝，附石上。久之，与小雏鼓翼而飞，海人依时拾之，故曰燕窝，而予近闻之漳人，殊为不然。燕窝国，大海中有高山，冬月，群燕来巢其上。燕矢之厚，没人两膝。春时生雏，累之窝中。燕窝，贪夷领我中国贫人取之林中，揎摅窝毁子坠，颠覆阑干，燕之雌雄，群然悲鸣，伤物特甚。呜呼！谁谓燕窝蔬房哉，生命之苦，过火燖刀割矣。苏长公谓，虽八珍之美，投箸而不忍食此物！此志耶。（第5册，第4440～4441页）

吉贝，木绵也，闽人谓之吉贝。本名古贝，一曰古终，曰吉贝者，古贝之讹也。《南史》谓出林邑、于陁利等国，传至闽中。其木高七八尺，种五六年即枯，枯即芟之，至春，其根复生嫩叶。其实有覆盖，其壳如槟榔，分为四瓣或三瓣，中有茸絮如鹅毳，茸中有核，遇烈日，絮乃开，采而聚之，或弹以竹弓，或绞以轮车，是为木绵花矣。宋谢枋得诗（《谢刘纯父惠木绵布》）："嘉树种木绵，天何厚八闽。厥土不宜桑，蚕事殊艰辛。木绵收千株，八口不忧贫。"（第5册，第4449页）

杉，古字作煔，亦音杉。《尔雅》曰柀杉。注云，似松，可以为船及棺材，作柱埋之不腐。建、延、汀、邵、福宁为多，是插而生者。江淹颂："桐梓旧丽，松栝称奇。焉如兹品，独秀青崖。群木敛望，杂草不窥，长入烟气，永参鸾螭。"

刺桐，说见《泉州建置志》。《五灯会元》曰：福州荔枝，泉州刺桐。《舆地纪胜》：泉城初筑时，环郡皆植刺桐，号桐城。初夏开花，极鲜红。如叶先萌芽，花后发，则其年五谷丰登，否则，反是，故谓之瑞桐。宋丁谓诗："闻得乡

人说刺桐,叶先花发十年丰。我今到此忧民切,只爱青青不爱红。"(第5册,第4452页)

人参,《本草图经》曰:人参生上党山谷及辽东。今江东诸州及泰山皆有。又有自闽中来者,名新罗人参。又有沙参,出海滨,泉崇武所大岞山下有之。(第5册,第4456页)

使君子,李时珍《本草经》曰:嵇含《南方草木状》谓之留求子。原出海南、交阯,今闽之邵武、蜀之眉州皆种之。其藤如葛,绕树而上,叶青如五加叶。五月开花,一簇一二十葩,红色,轻盈如海棠。其实长寸许,五瓣合成,有棱。先时半黄,老则紫黑,其中仁长如榧仁,色味如栗。

藿香,《南州异物志》云:藿香出海边国,形如都梁,可着衣服中。江淹《草木颂》曰:桂以过洌,麝以太芬,摧阻天铸,夭折人文。讵及藿香,微薰摄灵,百仞养气青雰。(第5册,第4457页)

芙蕾,出晋江县。俗名荖叶,蔓生,叶如薯而差大,味辛香。土人取其叶合槟榔并蚶壳灰食之。《旧志》:泉州槟榔为礼是也。宋戴复古《寓泉南》诗:"寄迹小园中,自笑客异乡。东家送槟榔,西家送槟榔,咀嚼唇齿赤,亦能醉我肠。南人敬爱客,以此当茶汤。"

天竺桂,李时珍曰:天竺桂生南海山谷,功用似桂,皮薄,不甚辛烈,即今闽、粤、浙中山桂地也。台州天竺最多,故名。繁花大树,实如莲子,天竺僧称为月桂。《泉州旧志》:岩桂一名木犀,一名七里香,色有黄有白,香气酷烈,又有逐月开者,曰月桂。冬春开花,长穗锐尾,小白而香,又名凤尾。置之书皮,能辟蠹,以薰茶,味甚佳。建宁人取其花糟之以点茶,亦佳。(第5册,第4459页)

佛桑,本扶桑,东海日出处有扶桑树。此花光焰照日,其叶似桑,因以比之,后人讹为佛桑也。一名照殿红,乃朱槿别种花。有红、白、黄三色,红者尤贵。又有花开单瓣者,亦深红可爱。

俱那卫,一作俱那异,僧舍多植之。树高七八尺,其枝脆弱,叶狭而长,花红,根似玉簪花而小。曾师建《闽中记》:南方花有北地所无者,阇提、茉莉、俱那异皆出西域,盛传闽中,北地多寒,莫能植也。(第5册,第4460页)

茉莉,原出波斯国,移植南海。嵇含《草木状》作末利,《洛阳名园记》作抹历,佛经作抹利,《王十朋集》作没利,《洪迈集》作末丽,《泉州旧志》作木丽,本胡语,随人意会而已。杨慎《丹铅录》:《晋书》都人簪素花,即今末莉花也。是花皆夜开,有单叶者,有重瓣者。又有一种曰蕃茉莉,叶如茉莉而华如素馨,合二者为一,其香差薄。《欧冶遗事》:果有荔枝,花有末丽,天下未有。

阁提，南海种，商舶传入闽中。花皙白而香，胜如素馨，盖岩桂之流品。《仙书》曰：阁提花春即此，亦名麋茶。

素馨，李时珍曰：自西域移来，谓之耶悉名花，即《酉阳杂俎》所载野悉蜜花也。枝干袅娜，叶似末利而小，其花细瘦，四瓣，有黄、白二色，采花压油泽头甚香滑也。宋傅伯成诗（《素馨花》）："昔日云鬟锁翠屏，只今烟冢伴荒城。香魂断绝无人问，空有幽花独擅名。"诗注云：素馨，南汉宫女名。（第5册，第4461页）

半年红，曾师建《闽中记》谓之渠那异。其种来自西域。木高丈余，叶长而狭，自春徂夏，相续开花。又名夹竹桃，谓其花似桃，叶似竹也。（第5册，第4462页）

卷一百五十二　蓄德志

元安南国王陈日煚，故谢升卿，闽人博徒也，美少年，亡命邕州。交趾相率闽人贸易邕界上，见升卿，异之，与偕归，纳为王昆女婿。昆老无子，死，王女主国事，因以与其夫。而升卿变姓名为陈日煚。（第5册，第4489页）

宋幼主过泉城，宋宗室欲应之，守郡者蒲寿庚，闭门不纳。及张世杰回军攻城，宗室又欲应之，寿庚置酒延宗室，欲与议城守事，酒中尽杀之。《泉志》：蒲寿庚，其先西域人，总诸蕃互市，居广州，至寿庚父开宗徙于泉。寿庚少豪侠无赖，咸淳末与其兄寿宬平海寇有功，累官福建安抚、沿海都制置使，景炎年授福建广东招抚使，总海舶。景炎入海，航泉州港，分淮兵二千五百人，命寿庚将海舟以从。寿庚闭门拒命，与州司马田真子上表降元。明年七月，张世杰自海上回攻城，寿庚遣其党孙胜夫诣杭求唆都援兵，自与尤永贤、王与、金泳协谋拒守，尽杀淮军、宗子之在城者。攻凡九十日不下，世杰解去。寿庚进昭勇大将军、闽广都提举福建广东市舶事，改镇国上将军、参知政事。胜夫等各进官有差。初，寿宬自宋时仕至知吉州，逆计宋事已去，辞不赴。寿庚迎降及歼淮兵、宗子，皆寿宬阴为之谋。事成，乃佯着野人服，入法石山，若无与其事者。寿庚长子师文，尤暴悍嗜杀，淮兵、宗子之死，师文力居多。元以寿庚有功，官其诸子若孙，多至显达。泉人避其薰炎者十余年，元亡乃已。皇朝太祖禁蒲姓者不得读书入仕。（第5册，第4496页）

《闽书》校点组校点，《闽书》，福建人民出版社，1994年

(明)黄省曾撰,《西洋朝贡典录》

卷上

爪哇国第三

其国寝无榻,食无匕箸。其食也,噉盥而团坐,盛以酥饭,撮而食;饮水以槟榔蓋叶灰,其飨宾也亦然。其国人惟三等:回回人、唐人、土人。(回回人皆诸番商之流寓者。唐人皆广、漳、泉人窜居者,服食俱美洁。土人形貌丑黑,猱头跣足,崇信鬼教,饮食秽恶,蛇蚁蚯蚓火炙而食。食寝皆与犬同。)其国有罔象之妖。(第23~24页)

琉球国第九

其国在泉州之东,其地三分而多争:一曰中山王,二曰南山王,三曰北山王。高皇帝尝有北山王怕泥芝之谕戒。其略曰:"上帝好生,恐寰宇生民自相残害,特生聪明者主之,以育黔黎。迩使者自海中归云,琉球三王互争,于农业少废,人命颇伤,朕闻之不胜怜悯。今因使者往复琉球,特谕王体上帝好生,息征战而育下民,可乎?"(第50页)

谢方校注,《西洋朝贡典录》,中华书局,1982年

(明)黄仲昭修纂,《八闽通志》

卷一　地理　建置沿革

福建等处承宣布政使司

(元)大德元年,立福建平海行中书省,徙治泉州。平章高兴言:"泉州与琉球相近,或招或取,易得其情。"故徙之。三年,改置宣慰使司都元帅府,仍徙治福州。(上册,第4页)

泉州府

本府,汉建安初为侯官县地,晋太康三年,属晋安郡,即今福州。梁天监中,始析晋安县为南安郡,置龙溪县属焉,治晋安。……(元)至正十八年,立泉州分省。二十二年,西域那兀那纳等窃据其地,未几,陈有定据而守之。国朝洪武元年,平其地,改为泉州府,属福建布政司,罢录事司,领县仍旧。置泉州卫,领左、右、中、前、后五千户所,复置永宁卫,领左、右、中、前、后、福

全（治晋江县十五都）、高浦（治同安县十四都）、嘉禾（治同安县二十三都）、金门（治同安县十九都）、崇武（治惠安县二十七都）十千户所,泉州卫治本府,而永宁卫并左、右、中、前、后五千户所则分治于晋江县二十都。（上册,第10～11页）

卷二　地理　郡名（邑名附）

泉州府

清源（唐名,按本志："泉山之上有乳泉,清洁甘美。州名清源盖本于此。"）、武荣（亦唐名）、桐城（泉州初筑城曰,绕城树刺桐,因以名城）、温陵（《图经》：其地少寒,故名）。（上册,第23页）

形胜　泉州府

川逼溟渤,山连苍梧。（唐欧阳詹《二公亭记》）。近接三吴,远连二广。（宋连南夫《修城记》："惟闽之泉,云云,万骑貔貅,千艘犀象。"）闽越奥区,（《厅壁记》："泉州云云,家尚礼乐。"）地带岭海,（宋钱熙记："闽之奥区,泉南为最,其地带岭海,华实之物,颇与岷峨同。"）闽越领袖（张赞明记清源）。表以紫帽、龙首之峰,带以金溪、石笋之阻。（宋陈知柔《修二门记》。）北枕清源,西拱紫帽,涨海经其南,岱屿襟其会。（《宋志》。）水清山秀,（宋郑侠诗："水清山秀传温陵。"）东南巨镇（《元志》："风气完固,物产夥繁,为东南巨镇。"）水陆据七闽之会,梯航通九译之重。（《方舆胜览》）（上册,第33～34页）

惠安县,东南濒海,西北依山。（《本志》）陆通闽广,水达诸蕃（《方舆胜览》）。献峰峙其后,文笔耸于前（《方舆胜览》）。（上册,第33～34页）

卷七　地理　山川

泉州府晋江县

宝盖山,在永宁里二十都。上有石塔甚宏壮,商舶自海还者,指为抵岸之期。……金钗山,在永宁里二十二都。两峰延袤数百丈,若钗股然。其凹处有塔,号"六胜"。旁有魁星堂,宋梁克家读书之处也。上有石狮岩。石头山,在临江里三十六都。与赤城山相连,有三山石杰出,故名。下有石头市,南瞰江亭,昔郡守望祭海神于此（上五山俱府城东南）。……岱屿,在府城南永宁里二十二都。突起海中,介于石湖、北镇两山之间。自州东海行二日至高华屿,又二日至鼋鼊屿,又一日至琉球国。乌屿在鸾歌里三十八都。四面潮水环绕,居民辐辏。旧有石路,潮至则没,行者病之;宋宝祐中始作桥以通往来。澎湖屿,出海门舟行三日始至,屹立巨浸之中。环岛三十六;居民苦茅为舍,皆业耕鱼。(施肩吾诗:"腥臊海边多鬼市,岛夷居处无乡里。黑皮年少学采珠,手把生犀照咸水。")国朝洪武间,徙其民于近郭,其地遂墟。(上册,第124~126页)

南安县

九日山(连跨晋江县界。重九日,邑人多登高于此。无等岩:高丈许,镌"泉南佛国"四大字,唐僧无等建庵其侧,趺坐四十年。庵今废。石佛岩:在高土峰之巅,陈洪进镌佛像于大石上,建庵以覆之。翻经石:梁普通中,僧拘那罗陀尝翻译《金刚经》于其上。……姜相峰:在九日山之东。唐丞相姜公辅贬为州别驾,卒葬于此,因名。)……

困山,山势峭拔秀锐,其状如困,每风雨雷声多出其下。昔留从效刺郡时,航海者率以此山为标准。岁大旱,祷于山下,雨随至。其坛尚存。(上册,第128~129页)

卷十三 地理 城池

泉州府府城

郡旧有衙城,衙城外为子城,子城外为罗城。又罗城南外为翼城,内外有壕,舟楫可通城市。岁久城废,壕多湮塞。子城凡四门:曰行春、肃清、崇阳,今俱存,惟泉山门废。元至正十二年,江浙省以淮西盗起,命州郡修浚城。于是监郡偰玉立会僚属议,东西北仍罗城,南仍翼城旧址,役僧道编氓分筑,高二丈一尺,周围三千九百三十八丈;东西城基广二丈四尺,外甃以石;南城基广二丈,内外皆石。为门凡七:东曰仁风,西曰义成,南曰德济,北曰朝天,东南曰通淮,西南曰临漳,濒溪水门曰南熏。门上各有楼,外环以壕,阔三丈七尺,深一丈八尺,潮汐通自西南,抵东北盘石而止。国朝洪武初,泉州卫指挥同知李山增高旧城五尺,城基俱广二丈四尺,内外皆甃以石。建月城六,战楼五,窝铺百四十,壕加浚治。天顺以来,城楼门铺或圮,都指挥佥事武成,知府张嵩、徐源,指挥使王浚、王振、王炫,指挥同知王琨,指挥佥事李珏,千户秦昇、何祯等,相继葺而完之。通淮门。俗呼泥门。临漳门。俗呼新门。南熏门。在旧市舶司之旁。(上册,第242页)

卷十八 地理 桥梁

泉州府晋江县

顺济桥,在德济门外。宋嘉定四年,郡守邹应龙始建石桥,长一百五十一丈。元至元间，僧弘济重修。国朝成化七年，知府徐源复修，又疏桥东小圃，引潮入城濠以通舟楫。车桥，在德济门外。商贾往外番者率取水于此（上七桥俱府治南）。泉山桥，在清源门外。板仓桥，在市舶库右。（上二桥俱府治北）（上册，第351页）

安平桥在石井镇。宋绍兴八年，僧祖派始议为石桥，镇人黄护及僧智渊各施钱万缗为之倡，未成而二人俱卒，郡守赵令衿因而成之，酾水为三百六十二道，长八百余丈。（上册，第353页）

万安桥，在府城东北三十八都，亦名洛阳。宋庆历初，郡人陈宠甃石作沉桥。皇祐五年，僧宗巳及郡人王实、卢锡倡为石桥未就，会蔡襄守郡踵而成之，酾水为四十七道，长三百六十余丈，广丈有五尺。绍兴以来，郡守张思诚、张坚、颜师鲁、刘炜叔、胡器相继修之。桥之旧址低下，潮至辄没其梁。宣德中，知府冯祯、通判朱旭命僧正淳累石增高三尺有奇。景泰四年，三水道石梁俱断，知府刘靖、同知谢琛重修。宋蔡若水诗："石架长桥跨海成，论功直得万安名。"偃月桥，在府城西北三十九都。五代唐天成三年建。东山渡，在府城南三十五都。又名东山津。设舟以济往来。石井义渡，在府城西南八都。宋尚书杨柄捐俸造舟以济往来，因号义渡。（上册，第353页）

卷二十六　食货　物产

泉州府　货之属

吉贝，一名木棉花。宋林夙诗："玉腕竹弓弹吉贝，石灰莪叶送槟榔。泉南风物良不恶，只欠龙津稻子香。"……白瓷器出德化县。（上册，第540～541页）

木之属

松、柏、桧、杉，永春最盛，安溪、德化次之也。人生女，课种百株，木中梁栋，其女及笄，借为奁资焉。樟、檬、椿、水棉、梧桐、相思、桑、柘、乌桕、槐、杨、柳、枫、榕、楮、柯，木修直，可作船及桨子，名榛子。（上册，第542页）

卷二十七　秩官　职员

(宋)诸司附

提举市舶司。（按：《宋史》："掌番货海舶征榷贸易之事，以来远人，通远物。元祐初，诏福建路于泉州置司。仍委逐处知州、通判、知县、监官同检视，而转运司总之。"又按《中兴会要》："绍兴二十一年，李庄除福建提举。上曰：'提举市舶司委寄非轻，若用非其人，则措置失当，海商不至矣。庄可发

来禀议,然后任提举。'")(上册,第581页)

(元)诸司附

福建等处都转运盐使司。(按:《三山续志》:"至元十六年,设转运使,榷盐货兼市舶。二十四年,兼榷盐、铁、酒、醋诸课。二十九年,改置提举,始专司蹉。三十一年,设转运使。大德八年罢。十年,改置提举。皇庆元年,复设都转运使,各有佐属,以治其事,凡趯运及仓场之官隶焉。"又按《元史》:"至元十四年,始置市舶司,领煎盐征课之事。二十四年,改立盐运司。二十九年,改立提举司。")

市舶提举司。(按:《元史》:"延祐元年,改立泉州。"考之《泉州历官志》,大德间已有是官,二说不同。余见"都转运盐使司下"。)提举、同提举、副提举各二员,知事一员。(知事盖幕官也。)(上册,第583页)

(明)属司附

市舶提举司。(初置司泉州,后徙福州)。提举、副提举各一员,吏目一员。吏目盖幕官也。司有同吏二人,典吏四人。(上册,第585页)

卷三十 秩官 历官

(宋)诸司附

提举市舶司提举:徐确、上官厚、钱景邈、周需、乐昭衍、章焕文①、施述、蔡櫲(上二人政和间任),许大年、张佑②(俱宣和间任),鲁詹(靖康初任),邵邦达(建炎间任),徐与可、李承遇③、王权、赵奇、吕用中、鲍仔、韦寿成、楼璹、曹泳、赵士鸣④、李庄、张子华、郑寀、傅自修、张汝楫、陈之渊、黄绩、何俌、林之奇(俱绍兴间任),郭知训(隆兴初任),程祐之、马希言、陆沅、张坚(俱乾道间任),虞似良、苏岘、韩康卿、彭椿年、严焕、林邵⑤、潘冠英、胡长卿、张逊(俱淳熙间任),王涣、赵汝彧(俱绍熙间任),许知新、詹徽之、黄缵(俱庆元间任),余茂实、曹格、郭晞宗(俱嘉泰间任),赵盛、赵亮夫(俱开禧间任),朱辅、王枢、赵不熄、傅庸、叶元瀚、赵崇度、施械⑥、魏岘、赵汝适(俱嘉定间任),谢采伯、李韶(俱绍定间任),叶宰、黄朴(俱端平间任),刘炜叔、赵涯、王会龙

---

① 章焕文为章炳文之误。
② 张佑为张祐之误。
③ 李承遇为李承迈之误。
④ 赵士鸣为赵士鹏之误。
⑤ 林邵为林劭之误。
⑥ 施械为施械之误。

(俱嘉祐间任),刘克逊、赵希楸、陈大猷、赵师耕、杨瑾(俱淳祐间任)。(上册,第626~627页)

(元)诸司附

市舶提举司提举:杨举、黑的、宋熙、张铎、陈珪(俱至元间任),八哈迭儿、马合谋、段庭珪(俱大德间任),沙的、石抹羌吉剌歹、孙国英、海寿(俱至大间任),瞻思丁、木八剌沙、严文、哈散、朱善辅、廉寿、山海牙(上五人俱延祐间任),剌倒沙、裴坚(俱至治间任),昔宝赤、赵敏、八都鲁丁、刘选、亦思马因、暗都剌、蛮子海牙、忽都鲁沙、也先帖木儿、乌枢、葛绍祖、驴儿、合山、聂世英、回回、项棣孙(上七人俱至正间任)。同提举:高闾(至元间任),乌马儿(大德间任),刘侃、王良弼(俱至大间任),马合麻、拜住(至治间任),怯烈、怯来、马合马沙、袁成、忻都、瞿从德、谢不花、李也先(上三人俱至正间任)。副提举:卫璧(至元间任),阿不撒、刘孚(俱大德间任),木八剌沙、别都鲁丁、忽辛(俱至大间任),杨思敬、石廷玉、乐礼(延祐间任),刘文佐、赵敬(俱至治间任),施泽、答亦儿不花、买驴、习昔剌不花、刘克礼、严亮、买住(上二人俱至正间任)。知事:高升(至元间任),张复礼(至大初任)。提控:张禧、虞泽(俱至元间任),康珪(大德间任),蔡时亨(至大间任)。照磨:张垫、袁裔(俱至元间任)。(上册,第631~632页)

卷三十二 秩官 泉州府

(宋)知州事

蔡襄(见《名宦志》),至和及嘉祐中两任。……陈偁(见《名宦志》)、陈枢(元丰间再任),(俱熙宁间任)。……陈慎夫、沈迈(俱元祐间任)。……孙梦观(见《名宦志》)、叶份,(俱建炎间任)。……叶廷珪、赵令衿(见《名宦志》)……(俱绍兴间任)。……王十朋(见《名宦志》)、薛良朋、周藻、汪大猷(见《名宦志》),(俱乾道间任)。……张坚……(俱淳熙间任)。……梁丙、章颖、邹应龙、黄中、程卓、真德秀、宋均(上二人见《名宦志》)、章栋、王栋,(俱嘉定间任。德秀,绍定间再任。)……李韶、叶宰、黄朴(俱端平间任)。刘炜叔、赵涯、王会龙(俱嘉熙间任)。颜颐仲、斗南、刘克逊、陈大猷、赵师耕、韩识、杨瑾、汪应元(俱淳祐间任)。赵隆孙、谢□、吴昺(俱宝祐间任)。汤举、吴洁、赵孟传、赵希槐(俱景定间任)。常挺,咸淳初任。(上册,第675~676页)

卷三十六 秩官 名宦 方面

(宋)福建路安抚司

姜特立,字邦杰,丽水人。淳熙中,累迁福建路兵马副都监。海贼姜大獠寇泉南，特立以一舟先进擒之。帅臣赵汝愚荐于朝，除阁门舍人。后与谯熙载俱得幸光宗，恃恩无所忌惮，时人谓曾觌、龙大渊再出。（上册，第768页）

提刑司

罗拯，字道济，祥符人。提点福建刑狱。泉州兴化军水坏庐舍，拯请勿征海运竹木，经一年，民居皆复其旧。迁转运使，邵武之光泽，不榷酒，以课赋，民号黄曲钱，拯均之，他三邑人以为便。泉商黄谨往高丽，馆之礼宾省，其王云天圣后职贡绝，敬命使与谨俱来。至是，拯以闻，神宗许之。遂遣金悌入贡，高丽复通中国自兹始。（上册，第770页）

提举常平茶司

陆祐，侯官人。为福建茶盐司干办公事，其于茶法尽心讲究无所苟。每谓榷无良法，能以仁恕存心，宽其禁网，使公家不失大利之源足矣。泉南当海舶运输之冲，部使者欲复市易。祐曰："此渔夺之术也。"言之切至，乃止。（上册，第772页）

（元）福建道宣慰使司都元帅府

百家奴，唆都之子也。元初，以平闽、广功，为海外诸藩宣慰使，兼福建道市舶提举，守福建，俄兼福建道使司宣慰使都元帅。是时，福建多水灾，百家奴出私钱市米以赈贫民，全活者甚众。（上册，第774页）

卷三十七　秩官　名宦　郡县

福州府　福清县

（元）马合马沙，字士达，由泉州市舶提举迁福清州达鲁花赤。至官，出己资贷民，以给军兴之费。痛屏隶卒之为民害者。断狱明允，人不敢欺。治蒜岭、宏路二驿马政尤严。濒海有凶徒，窜名兵籍，构亭户之不逞者，得私艖，辄诬良民以取贿。不厌其欲，讦诸漕司。漕司拘关文法，虽知其罔，不得脱。民惧受害，无敢白者，凶党益炽。乃毅然曰："吾岂顾身之利害，俾千里罹其毒耶？"悉捕之，痛惩以法不少贷。境内大安，民立石颂德。（上册，第789页）

泉州府

（唐）姜公辅，爱州日南人。贞元末宰相，因论唐安公主造塔，德宗怒，谪为泉州别驾，卒于官。

（宋）孙梦观，字守叔，慈溪人。知州事，兼提举市舶。重名节，蠲租省罚，为政有循良之誉。……陈康伯，字长卿，弋阳人。绍兴中知泉州。时海盗间作,朝廷遣刘宝、成闵逐捕。康伯以上意招怀之,盗多出降,籍为兵。……汪大猷,字仲嘉,鄞县人,乾道中知州事。毗舍邪尝掠海滨,岁遣戍防之,劳费不资。大猷作屋二百区,遗将屯留。故事:蕃商与人争哄,非伤,折罪,皆以牛赎。大猷曰:"安有中国用岛夷俗者?苟在吾境,当用吾法。"……颜师鲁,淳熙中知州事。专以恤民宽属邑为政。始至,即蠲舶贷,诸商贾胡尤服其清,泉人塑像祀之。……真德秀,嘉定中知泉州。时番舶畏苛征,至者岁不三四。德秀首宽之,至者骤增至三十六艘。输租令民自概;听讼,惟揭示姓名,人自诣州。泉多大家,为闾里患,德秀痛绳之。海贼作乱,官军败衄,德秀祭兵死者,乃亲授方略,擒之。绍定中再知州事,深村百岁老人亦扶杖出迎,欢声寨路。诸邑二税,尝预借至六七年,德秀首禁之。诸邑有累月不解一钱者,郡计赤立,或咎宽恤太骤,德秀谓民困如此,宁身代其苦。决讼,自卯至申未已。或劝留养精神,德秀谓无力惠民,仅有政平讼理事当勉耳。前后两任,他善政尤多。宋钧,嘉定间知州事。州旧为台、信、建昌、邵武抱纳上供银,大为民病。奏乞各从初赋,从之。蠲逋赋,纾下户,创局讲荒政,所活万计。……林孝渊,字全一,孝泽之兄也。建炎间通判建州,再通判泉州。乱卒屡无礼于守,而信孝渊之言,不敢暴。提举市舶邵邦建①荐孝渊,曰:"材术疏通,吏事详练,协赞郡治,绥靖兵民,千里帖然,内外按堵。"盖实录云。尝按收舶货归,吏循例取脑一匣以纳。孝渊厉声曰:"公则官物,私则商货,何例之有!"斥反之舶库。……杜纯,字孝锡,甄城人。泉州司法参军。泉有番舶之饶,杂货山积。时官于州者私与为市,价十不偿一。惟知州关咏与纯无私买。后事败,狱治相牵系,独两人无与。咏犹以不察免,且檄参对。纯愤懑陈书使者,为讼冤,咏得不坐。……(上册,第790~801页)

卷三十九 秩官 名宦

郡县 兴化府

(宋)王居安,开禧中知兴化军。既至,条奏便民事,乞行经界。且言番舶多得香犀象翠,崇侈俗,泄铜铁,有损无益。宜遏绝禁止,皆要务也。通商贾以损米价,诛剧盗以去民害。又尝修郡拨废刹田以佐学廪。(上册,第883页)

---

① 邵邦建,似为邵邦达之误。

卷四十　公署

方面　属司附

福建市舶提举司在布政司西南,侯官县之西,都指挥佥事王胜宅也。旧置司于泉州,后番舶入贡,多抵福州河口。成化五年,巡抚副都御史张瑄奏请移建于此。内有吏目厅。进贡厂在府城东南河口,国初创建。凡番国贡献方物,初皆贮于此,然后转以上进。怀远驿在进贡厂之南。国朝创建以为番国使臣馆寓之所。(上册,第843页)

卷四十一　公署　郡县

泉州府　文职公署

织染局在府治西忠厚坊内。正统三年,知县尹宏奉例以宋南外宗正衙故址创置。景泰五年,大使李敬增建后厅及仪门。(上册,第864页)

卷四十四　学校

泉州府

府学在县治崇阳门外之东南。五季以前,宣圣庙创于衙城之右。宋太平兴国初,守乔维岳始迁今所。七年,守孙逢吉即庙建学。祥符中,守高惠连移于育材坊。崇宁舍法行,郡人何术白之郡,复还旧址。绍兴七年,守刘子羽一新庙学,以晋江县学附焉。前学虽复旧,而行门隙地已给编户不可复,乃辟门西向,门内凿河浚池,伐石为桥,以通潮汐。自是庙学规模宏伟矣。郡人张读为记。然其地势差卑,霖潦浸淫,易以颓垫。自绍兴重建迄于庆元,兴修者七。嘉泰改元,守倪思复作棂星门,辟武斋,增小学,葺斋廊庙门以及从祀之屋而一新之。自是迄于淳祐兴修者六。咸淳中,大成殿毁。守赵希㤗重建。郡人洪天锡为记。殿之南为池,为桥,又南为戟门。左右列舍十余间,为祭官斋宿之所。元大德三年,福建都元帅扎刺立丁重建明伦堂。至治改元,总管廉忧始甃台塑两庑从祀像,筑杏坛于棂星门之南。康里夔为记。明伦堂前旧有泮池,行循两斋,至正九年,郡判卢增孺桥之。十年,监郡偰玉立重建明伦堂,并修议道堂,为斋舍四十间及先贤等祠。朱文霆为记。国朝洪武八年,知府张颢倡,郡之好义曰何大荣者修葺一新,训导周大初为记。三十一年,大成殿圮于飓风,知府胡器、教授欧阳遂初率官民好义者助资重建。亦周大初为记。永乐中,教授彭九思复劝民助资而藻饰之,仍葺两庑,重建棂星门。泉州卫指挥使王浚、教授曾振等重修明伦堂。宣德中，按察佥事鲁穆重修泮桥，护以石栏。正统十一年，按察佥事陈祚葺殿庑斋舍。以明伦堂基地卑下，筑高三尺，即议道堂旧址改建至善堂，并建馔堂、仓库、神厨、宰牲等屋，复疏河道，俾潮汐通于泮池。修撰林文为记。天顺二年，知府张嵩以学门西向非宜，乃复旧学门址，建庙门南向，凡出入皆由之。后提学佥事游明复命同知孔惠别建学门于庙门之左，以便出入，并建号房二十间。成化十七年，大水坏东庑，知府陈勉修之。明年，复葺大成殿、明伦堂。堂之后增建穿堂，又建会讲堂、护学祠、祭器库并号房二十间。又有顺真堂及学官廨舍四所。皆未详建于何时。学，旧有尊经阁、小学、夫子泉、魁瑞亭、春意亭、教授厅、正录厅、温知室、儒隐堂、肃容堂、瑞莲堂、淳风轩。今俱废。射圃在府学内，中有观德亭。正统十一年建。（下册，第13～14页）

卷五十五　选举

科第　福宁州

宋熙宁九年丁未徐铎榜，姚世举，长溪人，知奉宁县，<u>泉州舶务</u>。（下册，第282页）

国朝（洪武）二十九年丙子乡试，周悌，福宁县学。浦江知县，<u>升市舶提举</u>。（下册，第292页）

卷五十九　祠庙

泉州府　晋江县

胡寺丞祠，在市舶亭侧，<u>祀宋市舶提举胡长卿</u>。（下册，第388页）

卷六十二　人物

福州府　良吏

（元）林泉生，字清源，永福人。天历中登进士第，授福清州同知，时山海之寇久为民害，泉生悉以计擒歼之。<u>除泉州经历</u>。民负酒税，械系累年，至有死者，<u>泉生以法谕舶商，使代偿之</u>。迁永嘉县尹，核监郡隐田二百余亩以付民。……（下册，第454页）

道学

（宋）林之奇，字少颖，侯官人。紫微舍人吕本中入闽，之奇甫冠从之游。时将试礼部行次衢州，以不得事亲而反。学益力，本中奇之，由是学者踵至。……<u>由宗正丞提举闽舶</u>，参帅议，遂以祠禄家居，号曰拙斋。吕祖谦尝师之。所著有《书·春秋·周礼说》《论孟》《杨子讲义》《道山纪闻》等书行于世。

(下册,第456页)

卷六十四　人物

建宁府　良吏

陈郛,①字彦圣。建阳人。第进士,知昆山县。岁饥,属邑希部使者意不敢蠲赋,郛曰:"岁敛而赋不蠲,流转沟壑,何以字民?"竟蠲之。后为司农丞,未尝谒政府。<u>迁太府丞,请外,除闽漕,以元祐党坐废</u>。复朝奉大夫,卒。郛性清鲠,历官五十年,犹为寒士。(下册,第512页)

胡大正,字伯诚。崇安人。用季父寅郊恩补官,再调南康军司法。史浩、刘珙荐其贤明清介,<u>改秩金判泉州</u>。剧贼逼漳州甚急,泉与为邻,忽近郊有荷斧者四五十人,兵捕以闻。时郡政尚勇决,同幕希意请肆诸城下,大正不肯,书牍曰:"贼欲破城,乃无戎装、攻具、长兵邪?"询之,果采山菌者,皆释之。(下册,第520页)

卷六十七　人物　泉州府

良吏

(宋)储用,字行之。晋江人。淳熙中登第。知建阳县。有惠政,朱文公亟称之。会党禁起,罢去。后再道旧境,民方苦缪令,拥其车入县,大呼曰:"此储长官也,好作样子。"擢守光化,移襄阳,邓民、樊快明率众来附,制司约因欲剿之,用争于朝。又贻书制阃,谓不可使异时有杀降之名。制臣大恚,以是罢归。<u>时海盗犯泉境,用与郡守真德秀、叶谋亲抵海岛围捕,获其首赵郎,余党遁去</u>。直华文阁,知广州,未上卒。子耀,知雷州。(下册,第581页)

廖叔政,字正臣。晋江人。登庆元丙辰武举,历上林、兴宁令。琼莞寇作,帅令督捕,辄以捷报。复剿古县猺寇,台阃上其功,辟守吉阳,改高州,就除邕、管。逾岁以祠归里。<u>戊寅海寇之警,与寓公储襄募集民船掩覆,获其酋。郡守真德秀荐守金州,命未下而卒</u>。(下册,第583页)

卷六十八　人物　泉州府

寓贤

(唐)姜公辅,<u>爱州日南人</u>。第进士,擢谏议大夫,司中书门下平章事。

---

①　陈郛,元祐年间以转运副使兼福建市舶提举。见杨文新:《宋代市舶司研究》,厦门大学出版社,2013年,第262页。

因论唐安公主造塔事,德宗怒,下迁太子左庶子,后复黜泉州别驾。顺宗立,拜吉州刺史,未就官卒,葬九日山下。宪宗时赠礼部尚书。(下册,第606页)

卷六十九　人物

延平府　良吏

(宋)陈偁,字君举。世卿子,以父任补太庙斋郎,调通判蔡州。尝以疾在告,力争死狱,免死者五人。知惠州,筑丰湖以还民利。召知开封府,属新法行,请外,知泉州,改知尉州,筑堤十里以防皖溪之患。再知惠州,岁旱,偁教民以牛车汲水,入东湖以溉田。旧法番商至必使诣东广,否则没其货,请立市舶司于泉。哲宗立,诏从其议。以朝议大夫致仕,赠特进。子瓘。(下册,第650页)

卷七十二　人物　兴化府

宦绩

(宋)傅知柔,楫从孙。宣和中登第。调循州推官,贼曾少龙入境,教民造兵具,伤死者百余人,贼大溃,城赖以全。事闻,擢知龙岩县,虔寇窃发,闻其威名独不敢犯境,及去,遂肆焚掠。调泉州佥判,帅臣檄捕海寇,知柔出帜以示,寇即降。终朝请郎、福州佥判。(下册,第717页)

卷七十三　宫室

泉州府　晋江县

天风海云楼,在府城东北三十六都海岸。宋季蒲寿庚建以望海舶,后废。……清芬亭,在宋市舶提举司。傅伯成诗:"岁晚松篁期苦节,春光桃李任多情。"(下册,第751页)

南安县

姜相台,在九日山姜相峰之下。旧有石台,唐相姜公辅尝登览于此,因名。(下册,第753页)

卷七十七　寺观

泉州府　晋江县

大开元万寿禅寺,在肃清门外。唐嗣圣三年郡民黄守恭园有桑莲之瑞,因舍为"白莲瑞应道场",后名"莲花寺",寻改"兴教",又改"龙兴",开元中又改"开元"。五代梁贞明中，创东西二木塔，宋宝庆嘉熙中二塔俱毁，后易以石。又有支院二百一十有七，元并为一，赐今名。国朝洪武、正统间重修，匾曰"第一禅林"。(下册,第822页)

武当行宫在府城南水仙门内。旧设市舶提举司，因建此宫，今司移置福州，宫亦废。(下册,第826页)

卷七十九　丘墓

泉州府　南安县

姜公辅墓，在县西九日山下。吴栻诗："满林黄叶坠纷纷，耆老犹言别驾坟。旧府光华关陇月，故乡萧索海南云。"傅察墓在县西三十三都太平岭傅山头。察仕宋为员外郎，使金不屈死节，以骨归葬。(下册,第877页)

卷八十　古迹

泉州府　晋江县

刺桐城，五代时留从效重加版筑，旁植刺桐环绕。宋吕造诗："闽海云霞绕刺桐，往年城郭为谁封。鹧鸪啼困悲前事，豆蔻香消减旧容。"其木高大，而枝叶蔚茂，初夏开花极鲜红。如叶先萌芽而其花后发，则五谷丰熟，丁谓廉问至此，赋诗云："闻得乡人说刺桐，叶先花发始年丰。我今到此忧民切，只爱青春不爱红。"

南外宗正司，在府治西南忠厚坊。宋崇宁三年置于南京，靖康之变徙京口，建炎中自越移明，寻移泉州。始至时，宗属三百四十有九人。元改为清源驿，今为织染局。

市舶提举司，在府治南水仙门内旧市舶务址。宋元祐初置，后废，崇宁初复置，高宗时亦罢而复置，元季废置不一，国朝洪武间仍置。成化八年移置福州。……

市舶务，在府城南镇南门外，元改为杂造局。税务，在府城南二十五都塘市。元时建，国朝洪武六年徙于三十五都车桥村，更为税课局，今废为本局收课之所。石井镇巡检司在府城南八都安海市。元时建，国朝洪武二十年徙于同安之陈坑，故址犹存。彭湖巡检司在府城东南三十五都海岛中。元时建，国朝洪武二十年徙其民于近郭，巡检司遂废。港边巡检司在府城南二十都。元时建，国朝洪武二十年徙于十六都之深沪，故址犹存。来远驿，在府城南三十五都车桥村。永乐三年建，以馆海外诸国之来贡者。成化八年提举司移置福州，驿遂废。(下册,第892～893页)

卷八十六 拾遗

泉州府

（唐）南安县刘店马铺之西有刘王墓，即广州伪汉刘龑之祖葬于此。盖龑祖安仁自上蔡徙闽中，商贾南海，因家焉。出《清源志》。（下册，第1006～1007页）

（宋）仁宗朝，蔡君谟以便养知泉州，架洛阳桥。先是，君谟为闽部使者，夹道种松，以蔽歊毒，闽人即桥旁作堂以祠之。又作诗二章，俾歌以祀公。一曰《道边松》："大义渡至漳泉东，问谁植之我蔡公。岁久广荫如云浓，甘棠蔽芾安可同？委蛇夭矫腾苍龙，行人六月不知暑，千古万古长清风。"一曰《洛阳桥》："一望五里排琨瑶，行人不忧沧海潮。冲冲往来乘仙飙，蔡公作成去还朝。玉虹依旧横青霄，考之溱洧功何辽，千古万古无倾摇。"出《方舆胜览》。……（下册，第1007～1008页）

德祐二年十一月，元兵寇闽，陈宜中、张世杰奉帝航海至泉州。招抚使蒲寿庚来谒，请驻跸，世杰不可。初，寿庚提举泉州舶司，擅蕃舶利者三十年。或劝世杰留寿庚，凡海舶不令自随。世杰不从，纵之归。继而舟不足，乃掠其舟，并没其资，寿庚乃怒，杀诸宗室及士大夫与淮兵之在泉者。帝移潮州。十二月，寿庚及知州田贞子以城降于元。七月，张世杰以元军既退，自将淮兵讨寿庚。时汀、漳诸路剧盗陈吊眼及许夫人所统诸峒畲军皆会，兵势稍振。寿庚闭城自守。世杰遂传檄诸路，陈缵起家丁民义五百人应之。世杰使谢洪永进攻泉州南门不利，寿庚复阴赂畲军攻城不力，得间道求救于唆都。九月，唆都来援，世杰遂解围还。（上四事出《宋史》）（下册，第1008页）

宋季，益、广二王从福州行都航海幸泉州，驻跸港口。守臣蒲寿庚拒城不纳。寿庚武人寡谋，其计皆出于兄寿宬所筹画。部署决策既定，佯著黄冠野服，归隐山中，自称处士，示不臣二姓之意，而密俾寿庚以蜡丸裹降表，命善水者由水门潜出，纳款于唆都。既而元以寿庚归附之功，授官平章，开平海省于泉州，富贵冠一时。寿宬亦居甲第。忽二书生踵门，自云从潮州来求谒处士。阍人以处士方昼寝弗为白，书生曰："愿得纸笔书姓名，俟觉，敢烦一投，幸甚！"阍人乃遗以纸笔，遂各赋诗一首。其诗曰："梅花落地点苍苔，天意商量要入梅。蛱蝶不知春去也，双双飞过粉墙来。""剑戟纷纷扶主日，山林寂寞闭门时。水声禽语皆时事，莫道山翁总不知。"书毕不著名，拂袖而去。寿宬既觉，阍人以诗进，惶汗失措，大恚不早白。遂遣人四出追之，竟不

复见。出本志。(下册,第1008页)

(元)至大元年,太尉脱脱奏泉州大商合只铁即刺进异木沉檀可构宫室者,敕江浙行省驿致之。(下册,第1009页)

卷八十七　拾遗

兴化府

(元至正)十八年十二月,福州省宪构兵。时前平章三旦八已除行宣政院使,寓兴化,而前总管安童弃官为道士,买宅州峰之下居焉。平章普化帖木儿遣官通三旦八、安童令集兵为己援,又赂泉州亦思巴奚,调其兵进。

十九年正月,三旦八称平章,安童称参政,开分省于路治,吓郡军民官令各以兵会。二月,三旦八驱兴化及亦思巴奚兵合数千人往援福州,安童独留,专兴泉分省之任。其意轻亦思巴奚兵,以为易制,屡挑之,于是亦思巴奚之酋阿迷里丁自领其兵来,名为援福州,实欲袭兴化也。安童亦知之。三月,阿迷里丁至城下。安童信漳州总管陈君用等谋,闭城门,陈兵城上,示有战守具。又聚乌合之众西门外,以为可以疑伏却之也。是时,三旦八闻阿迷里丁兵且至,轻骑至兴化,劝安童纳其兵,不从,三旦八乃自出城迎之,阿迷里丁留之城外,纵火焚城门,矢乱发射城上,城中亟取水沃灭火,矢石亦乱下如雨,相持一日不决。翌旦复急攻,视城之西近山处稍低,射走守者,数百人缘而上,遂陷之。安童狼狈遁走,阿迷里丁遂以三旦八入城据之,虏获安童妻子财物,纵兵杀掠蹂践郡境几一月。闻安童在兴化县龙纪寺起兵,而郡民亦随处屯结欲与之抗,无肯附者,阿迷里丁颇内惧,四月,遂执三旦八及驱所虏获男女奔回泉州。

二十年正月,兴化路推官林德隆集民兵陈于黄石,胁府判柳伯祥走之,德隆遂以兵入城。时广东元帅苫思丁以福建省平章便宜檄升右丞,分省兴化,观伯祥、德隆相仇恶,既不之问;及伯祥走,德隆驱兵入城,亦不之阻,莫知何意也。是年秋,惠安人陈从仁以军功累升兴化路同知,其冬,莆田人林德隆亦以军功累升兴化路总管,二人素以豪不相下,又屡以嫌隙交恶,各拥兵自卫。而从仁之党众且强,其弟同又潜以其兵入,遂密与右丞苫思丁谋诛德隆。十二月,德隆以事出,从仁遣兵执之,系于狱,诬以谋为不轨之罪,榜掠无完躯。既而囊沙压杀之,明日以病死告,出其尸检验,令数卒舁至西山,烬而蹂之。复遣兵莆禧没其财产。德囊长子琪奔福州赛甫丁,次子许瑛奔泉州阿迷里丁,祈哀于二酋,欲有所图。二酋既受其赂,亦怜德隆冤死,且受戕虐太甚,朝夕遣人至苫思丁所,潜议复仇。

二十一年四月，珙自赛甫丁所回，大集民兵陈于湖头诸处，阿迷里丁又急遣兵击同于惠安，而苦思丁已与二酋有密约，遂以计杀从仁于分省之后堂，亦以谋为不轨罪之，解其尸。时阿迷里丁兵至枫亭，珙兵奔突黄石，得苦思丁传至从仁首与臂，乃各退去。同亦以兵来救从仁，至南门外，闻从仁已死，遂奔漳州罗良。未几。苦思丁回福州行省，复遣参政忽都沙、元帅忽先分省兴化。六月，同等自漳州航海回惠安，陷县治，杀官吏，尽驱其民为兵，声言为从仁复仇。珙得报，即以刘希良、林子敬、陈县尉等民兵趋枫亭迎攻，为所败。于是同之姐夫柳伯顺与其党杨九、黄国辅等率兵追珙至吴山、下林诸处。流血波道，飞焰熏天，所至毒甚。然客兵深入，久之不克攻，则与忽先通。七月，伯顺以杜武惠、胡庆甫、林全、李德正等兵袭郡城，由西门梯而入，突至忽都沙家，胁取除授及讨珙文字。于是伯顺称府判据城，威逼官军民兵与柳子仪等驱以攻珙。许瑛又急奔泉州，乞兵于阿迷里丁。八月，扶信以亦思巴奚等兵进至城下，连日急攻。伯顺兵少力弱，度不能支，先送忽先回福州，而后并其党夜遁去。九月，扶信以其兵入城。自称元帅。而珙亦以兵入城，自称总管，据城守之。亦思巴奚之兵既杀掠无禁，而许瑛又日以兵哨莆之南北洋为暴，马合谋以亦思巴奚等兵陷仙游县，胡兴祖、上官惟大又领兵穷追伯顺等至兴化县，郡人遭其惨酷，无一方免者。

二十二年二月，泉州阿巫那杀阿迷里丁将穷其党，扶信惧，林珙送之奔福州，赛甫丁令珙还兴化，仍以总管据之。三月，柳伯顺由永福潜兵陷兴化县，杀官吏，驱县民逼郡城，与陈同约夹攻，而同未至，伯顺自以兵突至宁真门外。珙兵衄，其党几溃。适泉州亦思巴奚两骑至，珙厚赂之，声言泉州兵大至，乃以兵从泉州两骑鼓噪而出。伯顺以为泉州兵实来，又其兵方饥劳，休以待食，出其不意直攻之，遂大败，僵尸以千计。伯顺等惭愤退。四月福州平章燕只不花会诸军攻围赛甫丁，因调珙兵，珙辞以故。六月。伯顺复驱兴化县民兵来攻，兵一交即大败，僵尸又以千计，自是遂不复出。珙据城数月，而余阿里自海道还，得燕只不花便宜檄守御兴化。既而尚书李士瞻诱赛甫丁、扶信登海舟，参政魏留家奴蹩杀亦思巴奚兵数百人。燕只不花克复省治，余阿里以江西行省左丞在兴化，遏赛甫丁、扶信奔败之兵，开分省，立官府，余民稍有生意。……（下册，第1035～1037页）

二十三年十一月，泉州阿巫那遣其党白牌、大阔等率官军民兵攻陈同惠安寨，攘之不获。追至仙游，遂陷县治，杀官民。又追至兴化县龙纪寺搜柳伯顺，无在者，遂肆杀掠回，聚其兵枫亭。怒分省左丞郑旻党伯顺及同，明年正月，进兵逼郡城，分省官吏皆挈其妻孥遁去，而禁民不得动，人心惶惶。最后用其掾史任守礼谋,杀伯顺所遣数人,而福建行省亦遣其左右司员外郎德安往泉州,喻阿巫那令退师。二月兵还。

二十四年四月,福建行省左丞观孙自京师至,奉旨分省兴泉,提调市舶军马。恃有朝命及铸降印信,遂轻视阿巫那等,以为皆当禀属于己,遣所设员外郎任立往泉州,封市舶库及检计仓库钱谷。阿巫那空市舶库待之,又阻止不与封视,就用观孙提调军马之文,遣湖州左副千百户领军三百至兴化听调。阳为尊奉,实示悖慢,且以觇之。观孙处之无法,听其为暴而不能禁制,故适以启其桀骜之心,自是使传无日不来,然皆侵上生事为不逊语,又日纵兵往来惠安之境以恐胁之。观孙惶惑不知所为,遂缮城浚河,日役万夫,苛政滋出,民不堪扰。至观孙罢分省还京师,德安以郎中摄分省事,阿巫那乃召其兵退,民始安息。

二十五年三月,福建行省左丞贴木儿不花分省兴化,前摄分省事郎中德安仍参赞之。四月,泉州阿巫那复用恐胁观孙故智,遣湖州左副奕军三百至兴化,又遣同知石家奴、推官林宗和来追取军储,出入城内外,公行为虐,无所顾忌。至帖木儿不花罢归行省,德安仍以郎中摄分省事,乃召其军去。其年十一月,前左丞观孙又以皇太子命分省兴、泉,行省平章燕只不花密令德安自为计拒之,德安遂大集民兵。而行省复与孟孙两同金兵并力守御。德安又用照磨余宗海谋,遣人达意于泉州阿巫那求兵为助,于是阿巫那遣其通事哈散、惠安县尹黄希善率官军民兵至郡城外。哈散意欲攻走两同金兵,而孟同金急纵兵逐之,杀二人,哈散等奔还。于是城中官民皆以为亦思巴奚兵必至,无贵贱夜挈家走。明日,德安亦遁去。既而哈散、黄希善果以亦思巴奚等兵突至,时分省官既去,无敢主其事者,哈散、黄希善遂以兵入。而马合谋、白牌亦以兵继至。明日,白牌等遂出兵大掠涵头、江口、新岭诸处,直至蒜岭、宏路,逼近福清,所至焚掠。行省乃急遣兵拒截常思岭,而令左丞郑旻、郎中易里雅思至白牌等军,喻令退师,不从。最后乃以阿巫那之命始还。

二十六年正月,白牌金阿里等议留哈散、黄希善兵守城,而自以兵攻陷兴化、仙游二县,所至杀掠毒甚。二月,林琪、柳伯顺合谋,乘城中单弱,遣李佛保、许应元等潜兵至城,梯而上,与哈散等兵战城中,大败之。杀亦思巴奚数十人,执哈散至莆禧杀之,纵黄希善遁去不追。于是李佛保、许应元各称琪、伯顺所伪署官据守兴化,而伯顺又遣其党杜武惠等胁驱民夫千人筑寨涵头,民不胜劳扰。白牌马合谋在仙游,闻城中已变,遂各引兵还泉州。三月,白牌马合谋、金阿里等复领其兵由枫亭沿海直趋吴山攻琪及许瑛,于是琪据守所筑蛎前寨与之抗,而许瑛率众航海往来援之。白牌马合谋、金阿里等先攻许瑛海上，许瑛战败困蹙，尽其党溺水死。白牌马合谋、金阿里等遂率兵莆禧，大搜，尽获许瑛妻于财物。既而珙闻许瑛败，亦遁去。白牌马合谋、金阿里等遂纵兵夷珙家坟墓，并毁其屋宇、营寨，而新安、武盛、奉国、醴泉、合浦诸里之民，亦皆被其杀掠，扫荡一空。亦思巴奚兵方暴海滨，而分省全左丞急回福州，伯顺乘城内虚遂入据之。时陈有定已得行省讨捕番寇之文，拥兵南下，伯顺得报，始有固心，城中官民亦幸有主事者可以定计战守，故皆乐附之。白牌马合谋、金阿里等闻伯顺据城中，急回其兵疾驱迫城。三月，进至熙宁桥，遂围东南西北四门，而置宁真门不攻，以故城内外得相接应为计。四月，白牌马合谋、金阿里等始移营乌石山，谋攻宁真门，而不知陈有定之子宗海已领兵夜入城中。明日，宗海开西门、南门纵其兵出，白牌马合谋、金阿里等见城门骤开已疑，又见兵出者旗帜衣装鲜明，进退步趋严肃，益恐。<u>亦思巴奚所恃者弓箭刀牌，而宗海兵并心协力，直前搏执之，于是亦思巴奚之兵皆仓卒无所施，遂大败僵尸数千。追擒白牌马合谋、金阿里等杀之，余星散鼠窜，所在农民亦以锄、梃乱杀，无得免者，惟逸四骑去。是日，有定师至，抚集军民，宪复路治，声势赫然。伯顺已在城中听号令，而同及珙亦皆敛兵入奉约束，遂命宗海督伯顺及同等兵合珙水军进讨泉州，有定亦以其师往。五月，诸军克泉州，擒阿巫那等。至是，兴、泉二郡始获免亦思巴奚之祸。</u>
（下册，第1037～1039页）

福建省地方志编纂委员会旧志整理组，福建省图书馆特藏部整理，《八闽通志》，福建人民出版社，1990年

（明）李正儒修纂，《藁城县志》

卷八

藁城令董文炳遗爱碑　（元）王磐撰

召公分治陕服，周人思之，流咏于甘棠；羊祜留镇襄阳，晋人慕之，口辞放晚首。皆能以政得民心，虽殁世之后，犹恋恋而不能已。我平章董公，其亦古之遗爱者。公讳文炳，字彦明，真定藁城人。……是岁秋，公以闽粤余寇未尽剿绝，率诸翼万户往平之。若温、台，若汀、泉等，皆望风歆款，惟兴化军屡拒不前，乃发兵诛魁释余，海邦晏然。十四年春，诏见于朝。<u>初，泉州太守蒲寿庚者，本西域人，以善贾往来海上，致产巨万，家僮数千，及降，愿与子男家人辈保护东南一隅。公壮之，自解所佩虎符以带寿庚。至是，因谢其专</u>

辄之罪，上嘉之，即取他符以赐公。（第2册，第292～294页）

卷九

赵国忠献公神道碑 （元）王磐撰（至元十五年）

至元戊寅秋九月十三日，资德大夫中书左丞董公薨于上都。讣闻，上深悼惜，赙恤甚厚，赠金紫光禄大夫平章政事，谥曰忠献。命其弟符宝文忠率诸子弟护其丧归，以其年十一月十七日葬藁城高里西原之先茔也。诏翰林学士王磐制碑文，刻诸墓隧。臣磐谨按行状，公讳文炳，字彦明，世为真定藁城人。……初，公至泉州时，太守蒲寿庚者来降。寿庚本回纥人，以海舶为业，家资累巨万计，南海蛮夷诸国莫不畏服。闻张世杰出海上，寿庚愿率本家丁壮镇守东南，必保无虞。公以其人可用，解身所佩金虎符以俾之，左右或以为不可，公不答。至是奏闻，因谢专擅之罪，上深叹赏，即命取金虎符以赐公。（第2册，第286～290页）

李修生主编，《全元文》，江苏古籍出版社，1999年

（明）罗曰聚撰，《咸宾录》

东夷志卷二

琉球，东南海中大国也。汉、魏至唐、宋不通中国。隋炀帝令朱宽入海，求访异俗，得河蛮，言知有琉球，遂与河蛮俱往。其国言语不通，掠一人而返。明年，令宽往抚之。不从，取其布甲而归。……琉球旁有毗舍耶者，小夷也，鸟语裸形，殆非人类。宋淳熙间，其国之酋豪尝率数百辈猝至泉之水澳、围头等村，肆行杀掠。（第58～59页）

其山川：鼋鼊屿、古米山、（最险损舟。）彭湖岛。（近福、泉、漳、兴四郡界，天晴望之若烟雾中。）

其国旁有沙华公国，肆行劫掠，商舶漂至则擒人烧食之。又有小琉球，亦近泉州，霁日登鼓山可望而见。其人粗俗，少入中国。（第62页）

西夷志卷三

苏门答剌，汉之条支，唐之波斯、大食，皆其地也。昔张骞通西域还，为武帝言条支在安息西海，暑湿，耕田种稻，有大鸟卵如瓮，人众甚多。往往有小君长，而安息役属之，以为外国。……其地大抵从泉州西北舟行，顺风大约百日可抵其国。田硗谷少，男白布缠头，腰围折布。女椎髻，腰围色布手巾。其酋长人修，一日之间必三变色，或黑或赤或黄。每岁必杀十余人取血

199

浴身,云四时不生疾疹,故民皆畏服焉。(第85~87页)

南夷志卷六

爪哇,汉晋以前未闻。唐为诃陵,宋为阇婆,元为爪哇,国朝因之。……旁有苏吉丹国,裸体跣足,俗甚丑恶。其东则女人国,(见《朝鲜志》。)愈东则尾闾之所泄,非人世矣。亦有飞头食人者,众共祠之,名曰虫落,因号落民地。凡自泉州发舟,一月可至。(第143~146页)

三佛齐,其地自广州发舟,正南行半月可至。自泉州行,月余可至。番舶辐凑,多广东、漳、泉人。(第147页)

渤泥,本阇婆属国,在西南大海中,前代未通。宋太平兴国中,国王向打始遣使贡大片龙脑、粟米龙脑、苍龙脑、玳瑁、檀香、象牙。其表以数重,小囊缄封之,非中国纸,类木皮,莹滑,色微绿,而长数尺,阔寸余,横卷之仅可盈握,其字小,横读之。诏优礼焉。元至元中,王锡理麻喏复遣使贡方物。其使乞从泉州乘海船归国,从之。(第163页)

余思黎点校,《西域行程记　西域番国志　咸宾录》,中华书局,2000年

(明)马欢撰,《瀛涯胜览》

爪哇国,国有三等人。一等回回人,皆是西番各为商流落此地,衣食诸般皆精致。一等唐人,皆广东、漳、泉等处人窜居此地,日用美洁,多有皈从回回教门受戒持斋者。(第23页)

旧港国,即古名三佛齐国是也。番名浡淋邦,属爪哇国所辖。东接爪哇界,西抵满剌加国界,南接大山,北临大海。诸处船来先至淡港,入彭家门里系船。岸多砖塔,用小船入港,则至其国。国人多广东、漳、泉人逃居此也,甚富饶。(第27~28页)

万明校注,《明钞本〈瀛涯胜览〉校注》,海洋出版社,2005年

(明)澎泽、江舜民纂修,《(弘治)徽州府志》

卷八　人物二　宦业

(宋)朱由义,字宜之,休宁人,侍郎晞颜之侄。绍熙二年,荫补进义副尉,时年二十,寻擢管界巡检兴安驻扎。庆元元年,差克廉州指使。嘉泰三年,差克福建路安抚司、水军总领、福州兴化军都巡检使,荻芦门驻扎。嘉定

六年,监台州宁海县港头镇酒税兼烟火公事,寻差福州兵马都监,特授训武郎,积阶至武翼郎,所至有善政,诗得唐体,有《秀轩集》,弟由道仕蕲州判官,由信将仕郎,子惟贤,授涟水县丞,权淮东安抚大使,司金厅帅阃。(第22页)

(宋)汪应元,字尹卿,歙稠墅人,绍定五年进士,调潭州户参政,无诡,随郡守幕府事多属应元,俄摄郡博士,领岳麓书院山长。……淳祐六年,擢刑法科,除大理评事,掌议天下狱,皆精审明辨。会次对上数千言,皆切中时病,上嘉纳之。八年出知广德建平县。……复召为大理评事,迁大理寺丞。再迁太府寺丞兼权刑部郎官。自廷尉至于郎凡七年,断狱数百,精察有余。迁太常丞。寻摄太常卿,使山陵。<u>擢知泉州兼提举福建路市舶公事,务为不扰。逾年而课以美闻,诏升直秘阁。</u>后忤当路,罢归新安。未逾月,诏直秘阁、两浙东路提点刑狱公事兼本路劝农提举河渠公事。……五十卒于官。……按:《旧志》,应元作应龙。(第25~26页)

《天一阁藏明代方志选刊》第21册,上海书店,1982年

(明)释元贤撰,《泉州开元寺志(民国重刻本)》

重刻序

此地古称佛国,满街都是圣人。细味其语,则开元之盛衰,实与世道人心有密切之关系,而寺志一书岂容湮没哉!慨自隆、嘉以降,圣贤不作,寺规日弛。迨至民国,剥落殊深。惟是时机既至,法会当兴。爰有<u>圆瑛法师,经通三藏,名震一时,讲《大乘论》于南洋星洲。会遇转道和尚,及其师弟转物大师,三人发愿重兴斯寺,并创办开元慈儿院。</u>转道和尚本泉僧,俗姓黄,亦紫云一脉。对开元素抱兴复之志,既得圆师任其仔肩,遂慨出钵资数万元以为开办费用。圆师同物师于民国十三年甲子九月入寺,兴工三日,桃开红莲以应瑞兆,泉人观者靡不称异。乙丑八月,慈儿院开幕,圆师复以重兴之工程既巨,不得不仰慕檀施。按:开元自黄守恭长者舍园建寺以来,设祠立像,推紫云黄氏为檀越主。前度兴复,黄氏,亦与有功焉。于是约同黄孙哲先生,请黄祝堂老先生出函介绍,同赴鼓浪屿谒见黄仲训、黄奕住、黄秀烺三檀越,劝请捐资援助,以成圆满功德。因仲训先生性嗜诗文,与圆师素有字交,即首允,同其弟仲赞独建法堂而为之倡。次奕住先生独修东塔,秀烺先生独修西塔。三种殊特工程,三檀越毅然担荷。圆师欣然而返,聘傅维早工程师,以专其责。<u>丙寅春,自赴南洋筹募慈儿院基金,冀垂永久。</u>至丁卯,三种

工程次第落成。仲训先生复出家存《开元寺志》一本，以寺既兴复，志应流传，遂捐资交圆师，寿之梨枣，因问序于余。余虽不敏，第念开元为圣贤应化之区，一寺之源流，累朝之胜迹，断未可任其湮没无闻焉。当此续志未修，而三上人，诸檀越之功行，岂得不顺序及之，俾诸来哲，略知梗概耶！民国十六年八月上浣，古田吴亨春序于甬江旅次。（第10～13页）

建置志

东塔，号"镇国塔"。唐咸亨文偁禅师始作木塔，凡五级。作时置大柜四衢待施者，至夕钱辄满。师云："每工匠日值百钱，可自取也。有过取者，归辄迷途。"后遂无敢多取钱者。咸通六年，木塔成，赐名"镇国"。七年，仓曹徐宗仁自上都来，以佛舍利镇塔中。宋天禧中，改作十三级。绍兴乙亥，灾。淳熙丙午，僧了性重建。宝庆丁亥，复灾，僧守淳改造砖塔，凡七级。嘉熙戊戌，僧本洪始易以石，仅一级而止。法权继之，至第四级化去。天竺讲僧乃作第五级，及合尖，凡十年始成。其上有铁香炉、铜宝盖于塔八角，以铁索上钩之。厥顶作沃金葫芦，煜煜若黄金色。每层中为塔心，环转空洞。层各八龛，龛供石菩萨一尊，两壁刻二大神像翼之。外绕廊庑，护以石栏。梯而登，海色峰岚，在襟裾间。塔初层高二十八尺，圆广一百七十二尺。次级高稍杀二尺有五，圆杀八尺。三级高二十三尺五寸，圆杀十有六尺。四级高复减一尺有五，圆减尺者八。末则高一十九尺，圆百四十有六尺。顶竿长六十七尺也。尽本末凡高一百九十三尺有五寸。凡大石柱四十，大梁如其柱之数，小者亦如之。内外大斗，凡百九十有二，小斗四百十，枅四十，大拱百有十二，小拱八十焉。下座复镌青石，具诸化境，坚致伟丽，皆鬼工神斧，非人力所能也。洪武甲戌，塔竿偃。丁丑，僧永安募修。万历甲辰，地大震。顶盖檼石，从南圮者二，从东南隅圮者八，诸级为所压者皆坏。万历丙午，侍郎詹公仰庇为主缘，寺僧通全、弘誓，暨南京天界僧真晓，募缘缮修，弘本董其事。

西塔，号"仁寿塔"。五代梁贞明二年戊申建。先是，地涌者数尺。俄有僧浮海来，止于寺。适闽王审知于大都督府造木塔，夜梦一僧语曰："闻王于大都督府造塔，乞移之镇泉。"王怒命斩之，首坠而身涌高数尺。王觉骇之，物色于泉。泉人云：有疯和尚今去矣。王乃以材木浮海，至泉建塔。经始于贞明二年四月朔，至十二月晦日成。凡七级，号"无量寿塔"。宋政和甲午十月十日，有青黄光起塔中，高侵云，须臾五色，质明乃灭。有司具奏，赐名"仁寿"。绍兴乙亥，灾。淳熙间僧了性再造，复灾。僧守淳改造砖塔。绍定元年戊子，僧自证始易砖为石，顶藏金银诸宝，规制一如东塔。而围广杀五尺，高减一丈五尺五寸，壮丽耸拔，则相伯仲也。嘉熙元年始竣工，实先东塔十年而成云。洪武辛巳,塔心坏,住持僧正映重修。万历戊子,飓风大作,塔竿坏,金顶坠地,里人傅明智重修。下际扶栏有坏者,俱易之。丙午年八月,复有异风,塔竿、铜盖、铁索、沃金葫芦,俱坏于簸荡中。壬子秋,寺僧募众重修。(第26~31页)

开士志

释法超

释法超,晋江施氏子。幼依弥勒院出家,试经得度,具戒游方,参越州清化志超,得其道,归居北山阅藏经。蓄一铁钵以爨,日一食,或不觉过中则不复食。终藏以亲老,归作庵居之。廿余年朝夕亲侧,乡人化之。乡之水为支海,寒月潮汐,行人出没泥涂中,甚苦之。<u>师募造石桥,长八百余尺,凡一百三十间。中为亭六,为佛、为塔,皆石为之,以压风涛,名悲济桥。行人至今德之。</u>师居萧然,疏衣粝食,禅诵不置,蚊虻蚤虱不杀。是时宗阇黎津道者,本观有聆二长老,常依度夏,参叩皆有所悟,非同志者拒不纳,至面斥之。既终亲丧,负铁钵出游,还道过漳浦。有陈将军庙,犯者立死,里人祀之,多杀生命。师授将戒,后存活者众。至同安澉然而寂。茶毗明日,有白光发其处。所著有《辨邪》《正论》二卷,修《进录》一卷,行于世。(第8册,第88~90页)

杜洁祥主编,《中国佛寺史志汇刊》第2辑,明文书局,1980年

(明)屠本畯撰,徐𤊹补疏,《闽中海错疏》

卷下 附录

燕窝 出广南。按,燕窝,相传冬月燕子衔小鱼入海岛洞中垒窝。明岁春初,燕弃窝去,人往取之。一说燕于冬月先衔鸟毛,绸缪洞中,次衔鱼筑室,泥封户牖,伏气于中,气结而成。明春飞去,人以是得之。员如椰子,须刀去毛、劈片,水洗净可用。《闽部疏》云:"燕窝菜竟不辨是何物,漳海边已有之。盖海燕所筑,衔之飞渡。海中翮力倦,则掷置海面,浮之若杯,身坐其中。久之,复衔以飞。<u>多为海风吹泊山澳,海人得之以货。大奇大奇。</u>"《海语》载:"海燕大如鸠。春回,巢于古岩危壁茸垒,乃白海菜也。<u>岛夷伺其秋去,以修杆执取而鬻之,谓海燕窝。随舶至广,贵家宴品珍之,其价翔矣。</u>"(第211~212页)

陈定玉点校,《荔枝谱(外十四种)》,福建人民出版社,2004年

(明)王鏊撰,《姑苏志》

卷五十 人物八 名臣

李韶,字元善,弥逊之曾孙也。父文饶,台州司理参军,每谓人曰:"吾司臬多阴德,后有兴者。"韶五岁,能赋。举进士,授南雄州教授……添差通判泉州,改知道州。葺周惇颐故居,录其子孙于学宫,且周其家。绍定四年,行都灾,应诏言事,提举福建市舶。会星变,又应诏言事。入为国子监丞,改知泉州兼市舶。端平元年召。……(第493册,第931~932页)

丘砺,字师说,高唐丞磻之弟也,世为昫山人。少读书刻苦,有志事功。建炎初,知吴江县,因家常熟。……四子:璪,应博学宏词科;璋,通直郎、通判宁国府;琛,提举福建市舶;璠,知舒州太湖县。璋子耒。……(第493册,第940页)

《影印文渊阁四库全书》,台湾商务印书馆,1986年

(明)王世懋撰,《闽部疏》

洛阳桥,一名万安,大江中五里,石梁虹卧水上。蔡端明真神人也!近南岸一山皆大石,倭乱时城其上,而楼之扃钥甚固,倭不能过。洛阳之南,晋江虎渡二桥,亦称巨丽。

吴中虽盛有石梁,若令见万安桥,必吐舌,亦犹闽溪中篙师,不知吴楚间有万石楼船也。(第5页)

凡福之绸丝、漳之纱绢、泉之蓝、福延之铁、福漳之橘、福兴之荔枝、泉漳之糖、顺昌之纸,无日不走分水岭,及浦城小关,下吴越如流水。其航大海而去者,尤不可计,皆衣被天下。所仰给它者,独湖丝耳,红不逮京口,闽人货湖丝者,往往染翠红而归织之。(第12页)

闽中桥梁甲天下,虽山坳细涧,皆以巨石梁之。上施榱栋,都极壮丽。初谓山间木石易辨,已乃知非得已。盖闽水怒而善崩,故以数十重重木压之。中多设神佛像,香火甚严,亦厌镇意也。然无如泉州万安桥,蔡端明名几与此桥不朽矣。(第13页)

若白鹦鹉、五色鹦鹉、秦吉了、倒挂诸异禽,皆舶海外而来,偶一有之,非其产也。(第14页)

濒海诸郡以鲨皮代勺,岁省铜千余斤;以蛎房代灰,真石灰乃以配蒌叶槟榔啖,珍若食品。(第 15 页)

王云五主编,《丛书集成初编》第 3161 册,商务印书馆,1936 年

(明)严从简撰,《殊域周咨录》

第八卷

爪哇,其国四乡。初至杜板,仅千家。二酋主之,皆广东漳泉人,流寓最久。又东行半日,至厮村,中国人客此成聚落,遂名新村,约千余家,村主广东人。番舶至此互市。又南水行可半日,至淡水港乘小艇,行二十余里至苏鲁马,亦有千余家,半中国人。(第 294 页)

三佛齐,泉州僧本称说,其表兄为海贾,欲往三佛齐,法当南行二日而东,否则值焦土,船必糜碎。此人行时遇风迅,船驶既二日半,意其当转而东,即回柂,然已无及,遂落焦土,一舟尽溺。此人独得一木,浮水三日,漂至一岛畔,度其必死,舍木登岸,行数十步,得一小径,路甚光洁,若常有人行者。久之有妇人至,举体无片缕,言语啁吪,不可晓,见外人甚喜,携手与归石室中,至夜与共寝。天明,举大石塞其外,妇人独出,至日晡时归,必赍异果至,其味珍甚佳,世所无者。留稍久,始听自便。如是七八年,生三子。一日总步至海际,适有舟抵岸,亦泉人,以风误至者,乃旧相识,急登之。妇人奔走,号呼恋恋,度不可回,即归取三子对此人裂杀之。其岛甚大,然但有此一妇人耳。(第 297~298 页)

余思黎点校,《殊域周咨录》,中华书局,1993 年

(明)阳思谦等修纂,《(万历重修)泉州府志》

卷二 舆地志(中) 山

老君岩,其地有石天成,略见头目髭髯之状。今岩宇复新,郡人汪旦开玄玄洞于其下。(第 98~99 页)

宝盖,在二十都,去府城东南四十五里大孤山,绝顶有石塔,耸出云表。商舶自海还者,指为抵岸之期。半山有虎岫岩,云石光润,林木青葱,景象幽邃。(第 104 页)

彭湖屿,在巨浸之中,环岛三十六。昔人多侨寓其上,以苫茅为庐舍,推年大者为长,不畜妻女,以耕渔为业。其地宜牧牛羊,散食山谷间,各剺耳为记。讼者取决于晋江县。府外贸易岁数十艘,时为泉之外府,后以倭患墟其地。或云抗于县官,故墟之。今乡落屋址尚存。(第105页)

南安县

九日山,在县西南二里许,相传重九日,邑人登高于此。其麓有延福寺,寺内有放生池,池上有翠光亭。(第106页)

卷三　舆地志(下)　物产

稻之属

占城稻,耐旱,其色有白,有斑,有赤,自种至熟仅五十余日,涸燥之地多种之,七邑俱有。(第257页)

蔬之属

番薯,种出岛夷,蔓生,多结根,一亩地有数十石之获,比土蔓省力而获多,贫者赖以充腹。(第260页)

瓮菜,茎节似竹。此菜来自东夷,古伦国以瓮盛之,译不能通,但言瓮菜。能解野葛毒。(第261页)

货之属

铁,晋江石菌、庐澳至牛头屿、以接于长箕头,多有铁砂,安溪亦有。(第266~267页)

茶,晋江诸山皆有,南安者尤佳。嘉靖初,市舶取贡,巡按简霄□免。(第267页)

风俗

晋江人文甲于诸邑,石湖、安平番舶去处,大半市易上国及诸岛夷,稍习机利,不能如山谷淳朴矣。然好礼相先,轻财能施,曷可少也。(第290~291页)

卷四　规制志(上)　城池

嘉定四年,守邹应龙以贾胡簿录之资,请于朝,而大修之,城始固。(第299页)

卷五　规制志(下)　学校　桥渡

泉州府学,五季以前,在崇阳门外。宋太平兴国初,守乔维岳始迁今地。

七年,守孙逢吉即庙建学。祥符二年,守高惠连迁于育材坊。绍兴七年,守刘子羽复建之左学右庙,增旧基,高二尺余。庙之中为先师殿,前为东西庑。学之中为明伦堂,后为议道堂,明伦堂前为东西斋。殿堂之南各有地方池,池前为藏书阁,廨宇庖廪之属悉备。又赎庚门旧地辟门,西向,门内凿河浚池、伐石为桥以通異流。嘉泰改元,守倪思作棂星门。嘉定四年,守邹应龙即明伦堂、议道堂间建六经阁。绍定改元,教授郑璜立先贤祠于庙东。咸淳改元,摄晋江令钟国秀重盖庙殿,增旧基,高二尺,两庑拓如之。咸淳中,殿毁,守赵希侘重建。元至治元年,总管廉忱始甃台塑两庑,从祀像筑杏坛于棂星门南。至顺间,总管怯来复饰圣贤从祀像。九年,郡判卢僧孺以庙学前阻于方池,伐石桥之。十年,监郡偰玉立重建明伦堂,修议道堂及两庑先贤祠。洪武八年,守张颢倡郡之好义曰:"何大荣者,由庙及学?"修葺一新。三十一年,殿圮,守胡器重建。永历初,教授彭九思劝民助费葺两庑,建棂星门。宣德中,佥事鲁穆修方池两桥,护以石栏。正统十一年,佥事陈祚以明伦堂地卑,筑高三尺;改议道堂为至善堂;建会馔堂,堂北建米廪;设神厨宰牲所于戟门西南;疏河道,通潮汐于方池。天顺二年,守张嵩以学门西向非宜,建庙门南向,出入由之。后提学佥事游明,复命同知孔惠建学门于庙门左,以便往来,并建号房二十门。成化十七年,大水,东庑坏,守陈勉修之。明年,葺礼殿、明伦堂,堂后建穿堂,又建会讲堂于戟门左,右建祭器库,增建号房二十间,祭酒蔡清为记。弘治十七年,同知于茂即西庑后地,建号房六。前有池,甃石为台,盖亭其上,命曰"观澜"。正德十五年,守葛恒绘饰庙殿及圣贤从祀像,立题名碑于明伦堂,尚书林俊为记。教官旧各有廨,岁远倾圮,多居号舍,嘉靖三年,守高越乃以至善堂为教授厅;建训导廨;鬻庙前地,南临城河广其半为泮池,浚以通潮汐,易河南民居,辟路以通通淮大衢。嘉靖二十二年,守俞咨伯重建明伦堂,造泮池桥。旧礼殿前有夫子泉,井久埋,访浚之,立碑其上,表河桥曰"洙泗"。三十二年,守熊汝达建尊经阁于明伦堂东。四十五年,守万庆建育英门;修"志道据德、依仁游艺"斋;启圣公祠,在明伦堂、尊经阁东;并修之名宦、乡贤二祠,旧在礼殿东、明伦堂西,改建于明伦堂左、尊经阁右;射圃在尊经阁东北,撤而重建之,前扁坊曰"观德",中扁堂曰"揖逊",高风具射礼器,师生以时讲习其中。隆庆四年,守朱炳如请特祀理学名臣蔡文庄先生清,建祠于庙殿右之西南。万历五年,守姚光洎请特祀提学佥事陈先生琛,建祠于育英门左。十年,改建敬一箴亭,为教授廨,移亭于明伦堂右。万历二十八年,守窦子偁重修尊经阁,请特祀按察使苏公濬,建祠于尊经阁前。三十七年,地久震,殿堂之两庑坏,守姜志礼葺之。四

十年，奉文改泮池为圆，以合古泮宫之制。（第361～366页）

万安桥，在三十八都洛阳江，宋蔡忠惠公襄造，长三百六十余丈，广一丈五尺左右，翼以扶栏，为南北中三亭，自为记手书勒石桥下，令居民种蛎固之。永乐戊子，守胡器修旧址，低潮涌石没。宣德中，守冯祯命郡人李俊育僧正淳增高三尺。景泰四年，桥梁断其三间，守刘靖修之。嘉靖二十九年，守方克修。隆庆元年，守万庆再修，仍严取蛎之禁。万历三十五年，地大震，桥梁圮址，复低陷，守姜志礼大修之，桥以南委晋江生员詹仰宪，桥以北委惠安人光禄署丞李呈春，生员张翰臣董其役，蔡公祠扶栏楼亭，壮观于旧。（第424～425页）

顺济桥，在德济门外、笋江下流，旧以舟渡。宋嘉定四年，守邹应龙建石桥，长一百五十余丈，翼以扶栏。以其造于石笋桥之后，俗呼曰新桥。（第426页）

安平桥，在八都安海港、晋江南安之界。旧以舟渡，宋绍兴间，僧祖派始筑石桥，守赵令衿成之，长八百十有一丈，广一丈六尺。（第429页）

卷七　版籍志（下）　杂课

铁课。宋开宝中，设诸州坑冶场务二百有一。泉州产铁之场在永春曰倚洋，安溪曰青阳，德化曰赤水。而晋江之石菌、卢湾、牛头屿、长箕头，惠安之卜坑、黄崎、礁头、许□、港尾、沙溜、庐头、峰前、牛埭，皆有铁砂。庆历三年，立法禁兴贩入海，后有诏许于两浙货卖。未几，罢。至淳祐中，永春、东洋、肥湖、德化、信洋、上田、丘埕，铁砂尚有业作者，通判掌之诸县，岁有炉税钱，解送建宁府。

坑冶。我朝悉罢官，坑冶铁课均敷丁田，出办本府，岁入课二万六千七百四十三两，一两一钱，五分内一半，每斤折钞一百二十文，每贯折银七厘，解布政司上纳。（第613～614页）

市舶税课。宋开宝二年，置市舶司于广州。雍熙中，遣内侍八人赍敕书金帛，分四路，招致商人之往番国贩易者。元祐中，置市舶司于泉州。南渡后，舶司岁入充盈，然金银铜铁，海舶飞运，所失良多。元至元二十一年，设市舶司于杭、泉二州，独泉州于抽分之外又取三十分之一以为税[①]；凡金银铜铁，男女并不许私贩入番。大德七年，罢；寻置寻罢者三四。国朝禁海船，不许通番。其诸番入贡者，至泉州惟大琉球，所贡番物则市舶司掌之。成化八

---

① 原文为"三分之一"，误。

年，市舶司移置福州。而比岁人民往往入番商贩，所贩国名曰"吕宋"，诸番以时萃焉。其税则在漳州海澄，海防同知掌之，谓之市舶司可也。万历三十二年，矿税复兴，有妄男子张嶷上书言：夷中有机易山者，产金可采，因入吕宋国中，漳、泉二郡贾客奉以为天使。吕宋夷人虑我欲图其国，俟嶷去，尽屠诸贾人。而近日之趋利者，航海不休，将来隐忧非小。旧志所纪互市诸夷及诸货物，今不具载。（第617～618页）

卷十　官守志（下）　古今宦迹

（唐）姜公辅，日南人。为唐相，因论唐安公主造塔，忤德宗，谓其卖直售名，左迁。未几，贬泉州别驾，筑室于南安九日山，与秦系相近。顺宗立，拜吉州刺史，未之官，卒。宪宗时，赠礼部尚书。宋苏绅大书"姜相峰"，刻于九日山之石磴。（第726～727页）

（宋）蔡襄，字君谟，仙游人。至和、嘉祐间，两知泉州，威惠兼行，民畏而爱之。州之东有万安渡，涉海而济，往来畏其险，襄立石为梁，长三百六十丈，种蛎于础为固。又植榕七百里以庇道路。泉人刻碑记德立祠焉，祠在桥南，今存。（第817～818页）

（宋）孙梦观，字守叔，慈溪人。历官大宗正丞兼屯田郎中、将作少监。以言事忤当路者，出知泉州，兼提举市舶。重名节，蠲租省罚，有循良之誉。后知建宁府，卒。其家仅败屋数间而已。（第820页）

卷十一　武卫志（上）　水寨官

闽海之众以战以守，自有余锐。宋初收天下，精壮为禁军，留本州镇守者为厢军。禁军就粮各州者仍禁军之号。泉有澄海、威果、全捷、广节指挥名号，时迭更易营地，各有屯驻大约额军三千二百有奇，而壮城牢城指挥所统不与焉，额军之外有诸寨土兵。晋江、石湖、惠安、小兜、南安、石井、潘山、德化、云峰里计戍兵一千五百有奇。嗣后海寇告警，始置水澳、宝林、法石三寨，各有屯戍以殿，前司左翼帅领之。嘉定间，海寇犯围头，守真德秀请增法石兵至二百人，而移宝林兵百二十人戍围头，立宝盖寨。其正将则建衙，法石诸屯并听命焉。自是，修战舰、创营房，法日益加密。至元时，调扬州、湖州军戍泉。厥后乃设万户府，与土军相参，亦知用客兵之非策也。（第922～923页）

卷十三　武卫志(下)　武迹

(元)龚名安,晋江人。至正中以才能辟宣慰司,奉差入奏事京师,丞相奇其才,擢上田县尉,累迁泉州、汹洲场司令。时西域那兀纳等窃据泉州,杀戮甚惨。分兵掠兴化,将侵福州,福建行中书省兴师讨之,用陈骇计,遣人由间道密檄名安募义兵于海滨。那兀纳逼民为兵,名安谋州民佯许之,而令子及婿率舟师以俟官军。及至,势合,遂执那兀纳,槛送行省。时名安功居多。(第1018～1019页)

卷二十四　杂志　古迹类　祥异类　寺观宫庙类　仙释类

石井镇,在晋江县东南六十里修仁里安海市。□客舟自海至州,遣吏榷税于此,号曰石井津。建炎四年,请于朝,乞差官监临,置迪功郎一员,充监□税,始于市。创镇城,叠石为门,镇旁有亭,巍然临□□□□□扁曰双明。都税务在镇雅坊街东。熙宁八年,建税之目有七,曰门税、市税、舶货税、彩帛税、猪羊税、浮桥税、外务税。嘉定十年,守真西山公移建于浯浦天妃(宫前)。(第1764～1765页)

(万历三十一年)十一月二十八日申时,有大星如球,自南有声。是年,漳泉人贩吕宋者数万人为所杀无遗。三十二年十一月初八日,地震。初九日夜,大震,自东北向西南,是夜,连震十余次,山石海水皆动,地裂数次,郡城尤甚。开元东镇国塔第一层尖石坠第二、第三层,扶栏因之并碎,城内外庐舍圮,覆舟甚多。(第1790～1791页)

开元寺,在肃清门外,唐之城西门外也。……寺有东西二塔。东塔号镇国,唐咸通六年,文偁禅师作木塔九层。宋天禧中改十三层。绍兴中改木为砖,高七层。嘉熙二年本供禅师易砖为石,仅一层止。法权继之,造四层。天锡成之作第五层。至淳祐十年完其上,合尖。有铁香炉铜宝盖、镀金铜葫芦,塔八角以铁索钩之,每层中为塔心环转空洞。外为八窗,各有龛,龛内安石像一龛。外两壁翼以神像各二,又外绕以檐廊,护以石栏,广围圆一十七丈二尺,高凡一十九丈三尺五寸。西塔号仁寿,五代梁贞明二年建,初闽王审知于都督府造木塔七层,塔成而沉地,涌出泉。审知梦应在泉州,遂以木植浮海至泉,建塔,号无量寿塔。宋绍兴中,火,改造砖塔。宝庆中始为石塔。比东塔工巧相似,第围少五尺,高少一丈五尺五寸。海内以为壮观。万历丁酉年,守恭裔孙参政黄文炳修正殿法堂及两廊。万历三十二年地震,东塔顶盖石角折,邑人侍郎詹公仰庇鸠财自修之。万历三十四年,大风,西塔

葫芦坏,大学士李公廷机鸠财命修之。(第 1793~1795 页)

天妃宫,在郡城德济门内,神本姓林,世居莆阳之湄洲,屿父林愿天妃其第六女也,生有祥光异香,长能乘席渡海,常乘云游岛屿,人呼曰龙女。宋雍熙四年九月二十九日,升化后人见朱衣飞行水上,天圣间立庙莆之,西山赐额曰顺济,泉州建宫,自宋庆元间里人徐世昌始。时罗城尚在镇南桥内,而是宫适临浯浦之上,当笋江、巽水二流之汇,有祷辄应。今德济门当其阳矣。永乐五年,使西洋太监郑和奏令福建守镇官重新拓之,而宫宇益崇。(第 1801~1802 页)

阳思谦著,《(万历重修)泉州府志》(影印本),台湾学生书局,1987 年

(明)喻政主修,《(万历)福州府志》

卷四十五　选举志

绍兴十五年乙丑刘章榜　进士
(长乐县)潘冠英,字仲粲,福建路市舶。(下册,第 108 页)

卷四十六　选举志二

庆元五年己未曾从龙榜　进士
(侯官县)李大有,字景温,丞相纲之孙,奉议郎。(下册,第 164 页)

卷五十九　人文志七

循良
孙奕,字景山,闽县人,皇祐元年进士。历知南陵、海陵二邑。吕诲知开封,荐知封丘。海为御史中丞,又荐为台推,迁监察御史,论新法不便,为邓绾所劾,出监陈州酒税。陈襄知杭州,辟签判。襄在经筵,又荐"其事行著于乡间,节义信于朋友。历官所至,以善政闻,可谓循吏。宜使当一路,以厚俗安民。"元祐,除福建转使[①]。(下册,第 534 页)

福建市地方志编纂委员会整理,
《(万历)福州府志》,海风出版社,2001 年

[①] 孙奕,元祐初以福建转运副使兼市舶提举。见杨文新:《宋代市舶司研究》,厦门大学出版社,2013 年,第 261 页。

(明)张燮撰,《东西洋考》

卷三 西洋列国考

大泥(吉兰丹),即古浮泥也。本阇婆属国,今隶暹罗。其国以板为城,以铜铸甲。……元丰五年,王锡理麻喏,复遣使贡方物,乞从泉州乘海舶归国,从之。(第55~56页)

旧港(詹卑),古三佛齐国也。初名干陀利,又名渤淋,在东南海中,本南蛮别种,居真腊、爪哇之间。王号詹卑,故今王所部号詹卑国。而故都为爪哇所破,更名旧港,以别于彼之新村云。……绍兴二十六年,贡使复至。帝曰:"远人向化,嘉其诚耳,非利方物也。"淳熙五年,诏免赴阙,馆于泉州。(第60~61页)

卷九 舟师考

东洋针路

太武山(用辰巽针,七更,取彭湖屿。)(第182页)

彭湖屿(是漳、泉间一要害地也。多置游兵,防倭于此。用丙巳针,五更,取虎头山。)(第182页)

谢方点校,《东西洋考》,中华书局,1981年

(明)张岳等纂,《(嘉靖)惠安县志》

卷四 本业

县西北多丛山,有竹木、果实、薪炭之饶,田皆逼陀山谷间,导水于高者注之,水耕火耨,伐山为业。山高气常蓄聚,久郁不散,则成瘴,毒甚。暑月亦夜寒,地气使之然也。农民往往依崖涧缚茅为屋,植篱以障内外,多者仅数家,田原肥美,无渔盐,末作而用常足。每数村则会为一保,推众望所服者一人长之。有警辄鸣螺递报,各束装以出,相为应援,虽在山谷间,故盗贼鲜少。自邑治东北循海东南至洛阳江,山益低,地益夷,气益纾缓。村落繁多,田错布原隰,无深溪大泽以溉注之,常病于旱。人勤稼穑,俭啬衣食,以致蓄藏。随高下燥湿皆为田。旱月涓滴之水,以死守之,为桔槔机轮以激水者,

声达昼夜。桑、麻、鸡、鹅、羊、豕、蔬、菰、蠃、蛤之利，家自力以给，岁暮商贩以入兴、泉。鸡、鹅、羊、豕大抵由吾邑往者多也。滨海业海，亦不废田事。自青山以往近盐，又出细白布，通商贾，辇货之境外，几遍天下。（第 4 卷，第 1～3 页）

卷五　物产

木属

樟，有白、赤二种，木理细密，可制器用及中舟楫榱桷之用。其气辛芳，熬汁为脑，置水中，火燃不熄，子亦可压油。（第 5 卷，第 5～6 页）

货属

糖，宋时王孙走马埭及斗门诸村，皆种蔗煮糖，商贩辐凑。官置监，收其税，今不复有。唯深山肥润处种畲稻，兼种畲蔗，傍山煮炼，岁亦获利。凡煮糖，取蔗入碓舂烂，用桶实之。桶侧近低有小窍，其下承以巨桶，每实一层，辄淋以薄灰。及桶满，以热汤淋之，则浆液自窍注大桶，酌入釜烹炼，俟其浆渐稠，挹置大方盘中，冷结遂成黑砂糖。至正月，复取黑砂糖煮之，劈鸭卵投釜中疾搅之，使渣滓上浮，辄去，至尽乃以瓷器，上广下锐。如今酒家漏卮者，有窍当其锐，以草塞窍下，承以瓷瓮，挹糖水入器，及冷凝定，其不凝者，沥入瓮为糖水。至三月霉雨候，用赤泥封之。大约半月一易封，伏月剖封，出糖，则糖水沥尽，其凝定者遂燥结，无湿气，是谓白砂糖。其响糖、糖霜皆煮白砂糖为之。（第 5 卷，第 20～21 页）

宋时卜坑、黄崎、曾炉、卢头、沙步、峰前、牛埭俱产铁砂，置冶煮炼，至今尚有遗屑。凡煮铁，依山为窑，以矿与炭相间，乘高纳之，窑底为窦，窦下为渠。炭炽矿液流入渠中者，为生铁，复以生铁再三销拍为熟铁，以生熟相杂，和作器械，锋利者为钢铁。

依山伐木烧炭，与滨海烧蛎壳为灰，皆贫民业作之以供衣食。（第 5 卷，第 22 页）

卷七　课程

铁课，宋时邑尝煮铁，禁民兴贩入海，其后许于两浙贩卖，而无其课。（第 7 卷，第 5 页）

兵役，宋有弓手，初以中等产户，随县大小等第选差专一警捕，不许他役。熙宁行雇法仍选人材少壮者以充，着令免本身丁役。元祐复差法，绍圣以后复行雇募。本县额有七十名，置营于县，唯春秋二季，赴州操阅。其小兜巡寨,土军专一巡檄晋江、南安、惠安、同安四县沿海之地。初元丰二年,海寇猖獗,拨禁军一百人置寨,弹压后掣回禁军,改招土军,增十人为额。乾道七年,增二百人。及真西山守郡,造军房六十有二,仍立巡警界限,主岱屿以北,至系寮而止,后增至三百一十人。(第7卷,第17页)

卷八　官署

锦田驿,在县治西南,即元龙山驿旧址。宋皇华驿在县治左四十五步,元迁于今所,我朝因之。洪武八年,建中为堂以待宾旅,其左右翼室及两廊共十间,为往来者歇宿之所。前为仪门,门左右为库房,驿丞厅事在仪门外之左,递运所在右,驿丞兼掌之。其外为大门,临于通衢。中堂后花台有石三块,色苍翠可玩绝胜太湖。相传,永乐间中贵人三宝得之外国以重大劳费,故置于此,今亡其一。(第8卷,第2～3页)

卷十　典祀

青山诚应庙,在二十六都。神姓张,讳悃,闽时尝营青山下,以御海寇。宋建炎间海寇作,神有阴助功,邑人蔡义可闻于朝,赐庙额诚应,封灵惠侯,妻华氏封昭顺夫人。景炎元年,进封灵安王,夫人封显庆妃。至今有司岁一致祭。

凤山通灵庙,在二十一都之凤山。三国吴时,有黄将军名兴及妻曹氏葬于此山,常有云霞覆盖其上。居民祈禳多应,因立庙江滨祀之。一夜雷雨大作,庙忽自移山下。宋绍兴间海寇犯界,乡人走告于神,有蜂蛇之属累累而出,遍集港口,贼不敢犯。淳熙十二年,海寇又作,小兜、大岞俱遭劫掠,惟神所居前后,尝闻锣鼓之声,旗炽罗列,贼又不犯。绍定六年,邑进士黄璟闻其事于朝,制曰:"泉南凤山,有祠图牒。所传三国,光怪绝异。里人于是尸而祝之,云雾所兴,畀能致雨。神明所宅,寇不敢侵。岂将军之英灵,千百岁之未泯也。耶香火供而爵命,犹阙此计。臣所以致士民之请也,肆颁初命以视彻侯,其福我民,求绥庙享可特封顺济侯。"

大蚶庙,在十一都海滨。昔海涛汹涌,有物轮囷,高大如屋,乘潮而至。乡人异之,为立庙。海商祈风,亦能分帆南北。

昭惠庙,在万安桥北,蔡忠惠作桥时,即建是庙,以奉兹桥香火。或云其神乃白衣叟,永春乐山绝顶即其所居,今庙尚存。(第10卷,第6～7页)

卷十二　选举

岁贡

（明）周佐，在坊人，交趾知县。

庄恭，三都人，交趾新安多翼知县。

陈慈尹，二十二都岑兜人，交趾宣化州文昌知县。（第12卷，第17～18页）

卷十三　人物

（元）卢琦，字希韩。至正二年，试春官，以《诗经》魁多士，赐第，授将士郎、台州录事。未上，丁父忧。服除，改延平知事。十一年，转永春县尹，赈饥馑，止横敛，均赋役，减口盐，蠲包银榷铁之无征者。大修孔子庙，增田廪士，延师教之，文风翕然。盗发仙游，琦适巡境，上遥见盗，立马谕以福祸，皆投槊请缚其酋以自新。十三年，泉大饥，民相率就食永春，琦分诸浮屠及大家使食之，所全活不可胜计。十四年，安溪盗数万袭永春，琦率民与战，大破之。明日盗倾巢穴至，又破之。大小三十余战，斩首千二百余人，民无死伤者。十六年，改调宁德县，父老走帅府留之，不可，立庙生祠之。先是，宁德盗屡掠民，匿山谷中，闻琦至，复归盗，寻亦逸去。时兴泉方用师，帅府以琦望著永春，檄参谋军事，往来二郡间。既而以年劳擢贰盐课司，分司海口。有番商以货得参省，势震中外，胁户部令下四场盐引自为市。琦曰："是上亏国课，下毒亭民，吾腕可断，牒不可署。"竟坚卧不顾。以近臣荐，授温州路平阳州知州。命下未至，琦卒。琦在元末与陈旅、林以顺、林泉生皆以文学为闽中名士，莅官所至，惠利及民，愈久而人思之。尝以事赴京，中道而还，人问其故，琦叹曰："中原板荡矣。"因太息不已。殁后六年，元运终。其守永春之功，人或比之余阙在安庆云。《元史·循吏》有传。子昊、曷，洪武中人材荐，得官。（第13卷，第10～11页）

陈有礼，三十三都西坑人。元末兵乱，郡城为回寇所据，邑人陈同与其姊夫柳伯顺聚众保乡里。及陈有定帅闽，同等受其约束。会兵破回寇，复郡城，同授行省右丞，伯顺授兴化路同知。陈有定败，伯顺已先死，同以有定命守漳州，遂解甲归乡里。有司颇以新制绳之，同不能堪，复谋起兵，劫乡人从己。至有礼家，有礼责之曰："今为洪武三年，天下已定，而谋起兵，非叛邪？"不从，同杀之，携其首去。其子号哭随之，至西湖沙中，来投还。是年，官军诛同。（第13卷，第21～22页）

《天一阁藏明代方志选刊》第32辑,上海书店,1982年

(明)周瑛、黄仲昭修纂,《(弘治)兴化府志》

卷十三 户纪七　山海物考

素馨,宋志云:"《岭表异录》谓也悉茗花,始自蕃舶载至,香闻百步。广人易其名曰素馨,转而入闽。蒸取花油和香用。"蔡端明云:"素馨出南海,万里来商舶。"(第398页)

刺桐,宋志引《海物异名记》云:"其枝干有刺,华如桐,其叶侧敷如掌,形如金凤。先叶后花,则年丰之兆。"《泉南录》云:"刺桐花泉州有之,故谓之刺桐城。漳州、兴化军时有三五株。"今吾郡有刺桐巷,乃唐补阙翁乾度故居,列植此花,因此以名巷。(第385~386页)

卷三十二　礼纪十八　艺文志七　赋类

螺江风物赋(有序)　(元)林蒙亨撰

极莆阳而南,其地为枫亭,与温陵之北界相接。……通道而南,城趋乎刺桐。胡椒、槟榔、玳瑁、犀象、殊香百品、异药千名,木锦之裘,葛布之筒。重载而来、轻赍而去者,大率贸白金而置青铜。列肆喧雷,长桥跨虹。北首而近长安之日,东游而快沧海之风。若乃扶桑日出,阳侯波暖;舳舻衔尾,风涛驾空。粒米之狼戾,海物之维错,遐琛远货,不可殚名者,辐辏于南北之贾客;白鱼、赤蠵、蝦魁、乌贼,水珍川怪,肥甘是适者,云集于朝夕之渔翁。蚶、蠔、蟳、蛤,章举、澶胡,川泽之百种,先二潮而上者,所至相接踵;薪、炭、竹、木、柿、梨、枣、栗,山林之百物,由数道而来者,其积如崇墉。观四郊之畦圃,则五菜长熟,千蔬竞秀,盖有三时之芦蕧,终岁之蔓菁,春初之早韭,秋末之晚菘。阅千家之亭台,则奇花斗艳,异卉争芳,盖不特桃红而李白,橙黄而橘绿,夏之石榴、茉莉,秋之木樨、芙蓉。赤湖之蟹,图经之所载;下洋之鱼,耆旧之所传。子鱼、紫菜、荔枝、蛎房,品藻定于名流,而强下之所不能攻。高资富室,醉醴饱鲜,其波之余,旁及于负贩而耕佣。……若此之类,言之不尽,盖其风土之所出,人物之所合,水陆之所备,舟车之所会,既日盛于一日,自远方而来徙家者,复多于穴之蚁,窠之蜂。人但见今日人家之密,而不知异日黄沙之坂,芳草之蒙茸。兹太平之乐土,宜乎出官职以穹窿。闻之曰。山川之气孕富于其物者,亦必储秀于其人。天地之意,固禽于其初者,盖亦

欲张之于其终。……时乎来哉,乡人改观,愚夫发蒙。(第840～844页)

卷三十七　礼纪二十三　人物列传四　名臣二

(宋)林枅,字子方,孝子攒九世孙也。伯父孝渊,崇宁五年进士,历泰州、南剑教授。王黼当国,以同年,屡遣堂吏屈一见,曰:"要职可得也。"孝渊曰:"有命。"竟由选格历建州通判泉州。时福、建二州杀其守将,泉卒亦习乱,屡犯郡守,而信孝渊一言,不敢暴。提举舶事邵邦建以其"材术疏通,吏事详练,有绥靖兵民之功",特荐之。尝按收舶货归,吏循例取一匣脑以纳,孝渊斥反舶库。父孝泽,宣和六年进士,历知南康军,提举广东市舶。有番妪蒲,持珍异以赂禁掖,为子求官,中人助之。孝泽曰:"他日三佛齐以非时请入贡,明主犹谢遣之,今以一贾妇,使朝廷废二百年互市成法,可乎?"上书力争,固持不遣。就除转运判官,知漳州。……枅擢绍兴二十一年第,主福州闽县簿。……会泉州缺守臣,孝宗于班簿中求一风力之士补之,遂以授枅。泉为会府,讼牒盈庭,剖决无留。举行荒政,条其病民者划之。立三贤堂,祀姜丞相、秦隐君、欧阳四门。(第966～967页)

卷四十七　礼纪三十三　人物列传十四　补遗

宦业　莆田县

(宋)黄彦辉,字如晦,唐校书璞之后也。少嗜学,弱冠已有俊声。……会朝命滨海诸县置造战船,使州牒彦辉权知晋江县事。彦辉至,令主吏曰:"民赋有定,不可加敛。"县帑有所谓本分钱者,尽刷出以充其用。县例造九舡,其成独先诸县。总其事者命水师校试,惟晋江舡可用。……(第1210～1211页)

蔡金耀点校,《重刊兴化府志》,福建人民出版社,2007年

(清)杜昌丁等修纂,《(乾隆)永春州志》

卷七　风土志　物产

谷之属

稻,有早稻,有晚稻,有大冬,有寄种,有青晚,有早秋,有晚大冬。秋岁有二熟者,春曰早谷,六月收。晚曰早藁,十月收。按二熟之谷,较之一熟,所获亦相等,但二熟之谷少怕亢旱,故种之广。宋马益诗云:"两熟潮田世独

无。"盖谓是也,永春水田灌溉少荒旱之忧,故所种多一熟。又占谷来自占城,有白、斑、赤三种。《湘山野录》:宋真宗以福建田多高仰乡,闻占城稻耐旱,遣使求其种,得十一石,以遣其民使莳之后,又遣使就福建取占城谷三万斛给江淮。旱地又有畲稻,畲人种之山,然山有肥瘦,率二、三年一易其处,非农家所宜。(第392页)

蔬之属

菠菱,刘禹锡云:菠菱本颇陵国之种,西僧将子来者,语讹为菠菱耳。《唐会要》:太宗时,尼波罗国献波菱菜,方士隐名为波斯草。《闽中记》:以似波纹有菱,故名。(第392页)

蕹,《遁斋闲览》:本生东夷,古伦国番舶以瓮盛之,故名瓮菜,音讹为蕹,取蕹菜汁滴野葛苗,苗即萎死。张华《博物志》:魏武啖野葛,至一尺,应食此菜也。(第392页)

胡荽,即原荽。张骞使西域,始得种归,故名胡荽。(第392页)

番薯,《闽书》:皮紫,味甘于薯芋,尤易蕃郡。本无此种,明万历甲午岁荒,巡抚金学曾从外番丐种归,教民种之,以当谷食,荒不为灾。按稽含《草木状》:有甘薯,形如薯蓣,实大如瓯,皮紫肉白,可蒸食之,或即番薯耳。(第393页)

瓜之属

苦瓜,《学圃杂疏》:种出南蕃,今闽有其种。皮有痱瘟,如荔枝壳,故有癞葡萄、锦荔枝之名,色青味苦,熟而黄则自裂,有红瓤,尤甘可食。(第393页)

西瓜,张骞使西域得种归,故名。(第393页)

花之属

山茶,花深红色,冬盛开。东坡诗:"叶厚有棱犀甲健,花深少态鹤头丹。"又有宝珠茶,有洋茶,有蜀茶。(第394页)

果之属

波罗蜜,种自荷兰国移来,实生于树干上,皮似如来顶,剖而食,甘如蜜,产德化。(第396页)

木之属

樟,《三山志》:大叶似楠而尖,长弥辛烈者佳。为大舟多用之。禽鸟含种所生者,曰鸟樟。(第396页)

杂植之属

烟草,《蚓庵琐语》:叶大如芋,种盛闽中,一名淡巴菰。(第398页)

货之属

铁,出矿山、肥湖及德化矿山寺等处。宋有铁冶,废。土人尚有业作者。(第403页)

器用之属

瓷器,泥产山中,穴而伐之,缒而出之,碓舂细滑,入水飞澄,淘净石渣,顿于石井,以漉其水,乃抟填为器。烈火锻炼,厚则绽裂,薄则苦窳。罂瓶罐甀,洁白可爱。饮食之器多拙。虽有细者,较之饶州所作,终不能及。出德化,永春间亦有之。(403页)

《中国地方志集成》(影印本)第26辑,上海书店出版社,2000年

(清)顾祖禹撰,《读史方舆纪要》

福建方舆纪要叙

福建僻处海隅,褊浅迫隘,用以争雄天下,则甲兵糗粮,不足供也。用以固守一隅,则山川间阻,不足恃也。……余曰:"去福州而广州犹固,尚可以图福州,守福州而福州一倾,吾犹得而固广州乎?吾尝悼将亡之国,其君若臣,惊魂震魄,苟且自全,遂不思为久远之计也。使有远猷者出焉,必先择其可固之圉,以定根本,立纪纲,下一令于天下曰:有能为我复一城,守一邑者,即以官之;有能为我全一乡,保一寨者,亦即以官之;其守土之臣,而叛降于敌,有能为我诛其人而复其境者,亦即以其人之官官之。草泽中不乏贤豪也,累百年缔造之国家,非若草窃一时者之无所系于民心也。蒲寿庚之擅有泉州也,其初不过一亡命匹夫耳。《宋史》:寿庚,西域人,与其兄寿崴以互市归于宋。寿庚以鹰犬微功,过假之以禄位,擅市舶利者三十年,官招抚使,狼子野心,背宋而潜献地于元。宋外惧敌师之侵,内惕寿庚之叛,不得已而走漳,不得已而走潮,以入海也。当其驻跸福州之初,而已知其势之必至此也。"客曰:"闽固不足为中国患乎?"曰:"昔东晋时,有孙恩者,出没海岛,为闽、浙患,恩死,其党卢循继之。循灭,余众悉遁入闽。今泉州夷户有曰泉郎者,亦曰游艇子,厥类甚繁。其居止常在船上,船之式,头尾尖高,中平阔,冲波逆浪,都无畏惧,名曰了鸟船,往往走异域,称海商,招诱凶徒,渐成暴乱。嘉靖中,倭夷蹂躏之祸,此辈所致也。然其流毒,亦于闽、浙为甚,江淮以南,侵突亦渐矣。盖孙恩、卢循之余习然也。"客曰:"昔人视海道为至险,王审知之据闽也,尚禀命于中国,其入贡之道,为淮南所阻,每岁自福州洋过温州洋,取台州洋过天门山,入明州象山洋,过浔江,掠浏港,直东北度大洋,抵

登、莱岸,风涛险恶,没溺者尝十之四五,海道不足为中国患也,殆以是欤。"予曰:"非也。末世智巧日生,昔之艰难者,今皆趋于便易。元伯颜建议海运,初年以四万六千有奇之粟,从海道入大都,创行海洋,沿山求岙,风信失时,逾年而始至。其后益开新道,波涛玩习,占风候雨,机变如神,自福州以及江浙之粮,运至京师者三百三十余万石,仅旬日而至耳。今运粮之道,具于《图经》;使臣往来异国之道,则载于《针经》。习于海上者,浅礁暗沙,险滩僻澳,计潮候息,辐铢不爽,涛山浪屋之中,彼已视为衽席矣。自钱塘鳖子门而北,为海门之料角嘴,为淮口之庙湾场,为登、莱之成山、沙门岛,抵登、莱,则左顾天津,而燕蓟在望,右指旅顺,而辽浑当前。子以王闽之时,而概元季之后,不亦昧哉?"客曰:"倭夷或能病我中华也,其以海之故哉?"予曰:"倭夷之志,在子女玉帛而已。<u>然其倡乱者,非皆倭也,即所谓泉郎之徒也。犹忆少时,闽人宋氏珏过家先生,谓家先生曰:嘉靖三十七年四月某日,倭贼攻兴化府时,贼首为洪泽珍,故闽人,以海商导倭入寇。有某生者,落魄不羁,敢为大言,少与洪习,往谒之,曰:兴化不足攻也,今宜佯请抚于有司,厚索犒与,出屯岛外,积甲炼兵。漳、泉大艘旧通番市者,不下千余,皆君所习,以明春整师登舟,齐俟汛至,分百艘泊京口,百艘泊淮阴,而我以大艑宜指登、莱,抵天津,天下之势,隔而为三。</u>江淮资运,势不能达,人情汹汹,必且内变,山东豪杰,当有应者,吾不俟有攻坚击锐之劳,而天下之势且归于我矣。时贼以莆城富饶,亟欲城陷,闻生之言,谓生为莆城游说也,瞪目叱之,左右顾,欲杀之。生匍伏请命,乃得已。窜入壶公山中,事平后,颇自疑,不敢出。然闽人亦善生之止贼攻城,而不深咎其言之祸及国家也。家先生笑而不应。予闻之,颇怪是生之狂瞽也。夫以国家灵长之祚,岂草窃者所能干?生乃欲急售其奇,不择人而教以天下之大计,其不见膏于斧锧也,亦幸矣哉。"(第609册,第651~662页)

卷九十五　福建一

海,在福建,为至切之患。……<u>隋开皇十年,泉州王国庆作乱,自以海路艰阻,不设备,杨素泛海奄至,击平之。</u>五代汉初,吴越遣将余安自海道救李达,遂有福州。宋德祐二年,张世杰等共立益王昰于福州,蒙古将阿剌罕自明州海道来袭,福州旋陷。明初讨陈友定,亦命汤和由明州海道取福州,八闽悉定。洪武十九年,倭氛告警,乃命江夏侯周德兴经理闽海,置烽火、南日、浯屿三寨于海中。正统九年,以侍郎焦宏莅其事,则迁烽火、南日于内地。景泰二年,尚书薛希琏出而经略,又迁浯屿水寨于厦门,议者以为弃其藩篱矣。是时虽增置小埕、铜山二寨,沿边卫所镇戍之设,渐加密焉,而奸商酿乱,勾引外夷,自潮州界之南澳及走马溪、旧浯屿、南日、三沙一带,皆为番舶所据,浸淫至于嘉靖二十七年以后,祸乃大发。论者谓东南之倭乱,闽实兆之也。自是审斥堠,严会哨,寇去之后,犹亟亟不敢懈焉。盖列戍于海上,而哨守于海中,不易之法矣。说者曰:海中岛屿,东西错列,以百十计,但其地有可哨而不可守者,有可寄泊而不可久泊者,若其最险要而纡回,则莫如彭湖。盖其山周遭数百里,隘口不得方舟,内澳可容千艘,往时以居民恃险为不轨,乃徙而虚其地,驯至岛夷乘隙,巢穴其中,力图之而后复为内地,备不可不早也。又海中旧有三山之目,彭湖其一耳。东则海坛,西则南澳,皆并为险要。守海坛,则桐山、流江之备益固,而可以增浙江之形势。守南澳,则铜山、玄钟之卫益坚,而可以厚广东之藩篱。此三山者,诚天设之险,可或弃以资敌欤?(第609册,第689~693页)

卷九十九　福建五

泉州府,倚山为险,滨海称雄,北奠吴会之藩篱,西连岭粤之唇齿。一有不虞,不惟八闽数州同忧共患而已。盖水陆异用,战守殊趣,一隅之地,而千里之形在焉。论泉南者,第谓其土膏民沃,华实所资,抑末矣。

晋江县附郭。晋为晋安县地。隋为南安县地。唐开元八年,始析置晋江县,为泉州治。今编户百二十九里。

刺桐城,即府城。以昔时城下多植刺桐树而名。志云:郡旧有衙城、子城、罗城、翼城。内外有濠,舟楫可通。城市岁久类多堙废。衙城在子城内,相传留从效所筑。子城则唐天祐型跎笾所筑也。罗城亦留从效所筑。子城周三里有奇,罗城周二十三里有奇。宋太平兴国二年,陈洪进掣地归朝,诏三城皆坠坏。宣和以后,复葺旧址。嘉定四年,始大加修治。绍定三年,郡守游九功于罗城之南筑翼城,周二里有奇。元至正十二年,以四方盗起,监郡偰玉立议寻故址增筑,乃拓罗城、翼城而一之,周三十里有奇。城在五代时名葫芦城,以城不正方也,改筑,后象其形曰鲤鱼城。明洪武初增筑。累朝复相继修葺。至万历中,地震,城圮,益加营缮。城内有濠,颇深广,潆洄三面,独东北阻山麓无濠。濠本在城外,元末拓城,城南濠因入城中。城有陆门六,水门一,隆庆二年,增为三。周广皆因元旧。(第610册,第169~170页)

宝盖山,府东南四十五里。一名大孤山。绝顶有石塔,宏壮突兀,出于云表,商舶以为抵岸之标。半山有虎岫岩,东南跨海。又有玉泉井,在石塔下,随海潮汐以为盈缩。相近者曰金鞍山,亦名小孤山。

金钗山,在府南三十里。两峰延袤数百丈,如钗股然。今浯屿水寨移置于此。有六胜塔,颇壮丽。相接者曰石湖山。

洋屿,府西南十里。四围田畴数百顷,屿突起其中。又岱屿,在府东南六十里,突起海中,介于石湖、北镇两山之间。志云:岱屿相连者为白屿,耸出江中,为洛阳、圣姑、北镇、石湖诸港湍流分汇之处。而左右多沉沙,迁徙不常,屡为商舶患。又乌屿,在府东北二十里,四面潮水环绕。民居辐辏,旧有石路,潮至则没,行者病之。宋宝祐中,始作桥以通往来,人以为便。(第610册,第171~173页)

彭湖屿,在府东南海中。山形平衍,东西约十五里,南北约二十里,周围小屿颇多。自府城东出海,舟行三日可至。又有东西二碇山,亦在海中。自东碇开洋,一日夜可至。其海水号彭湖沟水,分东西流。西达漳、泉,东达吕宋。《海防考》:隋开皇中,尝遣虎贲陈棱略彭湖地。其屿屹立巨浸中,环岛三十有六,如排衙。居民以苦茅为庐舍,推年大者为长,以畋渔为业。地宜牧,牛羊散食山谷间,各骴为记。《元志》云:三十六岛,巨细相间,坡陇相望,有七澳居其间,大约有土无木,土瘠不宜禾稼。产胡麻、菜豆,山羊尤多。居人煮海为盐,酿秫为酒,采鱼虾螺蛤以佐食。土商兴贩,以广其利,贸易至者岁常数十艘,为泉外府。至元末,置巡司于此。明初洪武五年,汤信国经略海上,以岛民叛服难信,议徙之于近郭。二十年,尽徙屿民,废巡司而墟其地。继而不逞者潜聚其中,倭奴往来停泊取水,亦必经此。嘉、隆以后,海寇曾壹本等屡啸聚为寇,官兵大举,始讨平之。万历二十年,倭犯朝鲜,哨者云将侵鸡笼、淡水。鸡笼密迩彭湖,于是议设兵戍险。二十五年,增设游兵,春冬汛守。四十五年,倭入犯龙门港,遂有长戍之令,兼增冲锋游兵,以厚其势。其地环衍可二百余里,三十六屿之胜,盖清漳、温陵二郡之门户。但地斥卤,水咸涩,常燠多风,稼穑差艰耳。屿之正中曰娘宫屿。从西屿入,二十里为茶盘,又十里为进屿,即娘宫屿矣。波平浪息,无溯奔激射之势,其状如湖,因曰彭湖。湖面宽转可里许,深稳可泊,遇南北风,我舟汛守皆顿其中。夷人往往窥伺,以为窟穴。面为案山,右为西安,各置小城,列铳其中,以为戍守,名曰铳城。又左为风柜,夷人尝筑铳城于此。山略高至七八尺,夷拗其中,上垒土,若雉堞。日后毁其城,仍分军戍守,与案山、西安相犄角。东为莳上澳、猪母、落水,最当东南之冲。寇从东南来者,遇风辄寄泊焉。由陆趋娘宫三十余里,旧有舟师戍守,后又筑铳城以防横突。又东向为钻管港、林投仔、龙门、青螺诸澳。龙门有原泉,旧为居民聚落。万历三十五年,倭流劫大金,所余船突犯泊此屿。西为西屿头,正夷寇出入之道。有果叶澳,泉甚冽可饮。稍北为竹篙湾,西为缉仔员,又西北为丁字门、水吼门,非乘潮舟,不得出入。皆设水陆兵戍守。屿北为北山墩,有北太武,稍卑为赤嵌。循港而进,越一澳区,为镇海港,累城于此。又西北为吉贝屿,沿海诸山,乱石森列,港道迂曲,非练熟舵梢,不能驾舟也。又北太武与中墩,称两太武,俱湖中最高处,便于瞭望。娘宫稍后二里有稳澳山,颇纡坦。自万历三十七年,红夷一舟阑入彭湖,久之乃去。天启二年六月,有高文律者,乘戍兵单弱,以十余船突据彭岛,遂因山为城,环海为池,破浪长驱,肆毒于漳、泉沿海一带,要求互市,欲如粤东香山澳夷例。总兵俞咨皋者,用间移红夷于北港,乃得复彭湖。议于稳澳山开筑城基,通用大石垒砌,高丈有七,厚丈有八。东西南共留三门,直北设铳台一座,内盖衙宇营房,凿井一口,戍守于此,以控制娘宫。然议者谓彭湖为漳、泉之门户,而北港即彭湖之唇齿,失北港则唇亡而齿寒,不特彭湖可虑,漳、泉亦可忧也。北港盖在彭湖之东南,亦谓之台湾。天启以后,皆为红夷所据。(第610册,第173～176页)

海,府东南八十三里。府境群川毕达于此。《旧志》:自城东海道正东行,二日至高华屿,又二日至鼃鼊屿,又二日即琉球国也。《海防考》:郡境滨海之地,东则惠安,与兴郡莆田接界。西则同安,与漳郡海澄接界。延袤三百余里。今分设卫所,以防门户,而边海之佛堂、蚶江两澳,亦肘腋之虞也。又有沙塘湾,在永宁卫城南,或谓之沙头澳。(第610册,第177页)

围头镇,府南八十里。宋置宝盖寨。志云:宋淳熙十三年,于泉州城南十里置宝林寨,城东十五里置法石寨。嘉定十一年,以海寇冲突围头,守臣真德秀移宝林兵戍围头,立寨曰宝盖,而以法石为重地是也。元寨废。明初徙永春县,陈岩巡司置于此,改今名。有城,周不及一里。洪武二十年筑。又乌浔巡司,在府东南九十里。旧置于安溪县大西坑,寻徙置此。有小城,亦洪武二十年筑。相近又有深沪巡司,元置于府南二十五里,曰港边巡司。洪武二十年,徙置于此,改今名,并筑城戍守。又祥芝巡司,在府东五十里,旧置于东南五十里之石湖镇。洪武二十年,改徙今处,并筑小城。(第610册,第182～183页)

安海镇,府南二十里。古名弯海,宋初始改弯为安,曰安海市。西曰新市,东曰旧市。海舶至州,遣吏榷税于此,号石井津。建炎四年,置石井镇。绍兴二十六年,海寇奄至,镇官自镇西偏循东北筑土城,叠石为门备之。后圮。元置石井镇巡司于此。明初洪武二十年,徙巡司于同安县之东坑镇,仍为商民辏集处。嘉靖三十七年,以倭乱甃石拓城,周五里有奇,为门四,水关大小凡八，设官军戍守。亦曰安平镇。三十八年，倭寇两攻安平。四十三年，复自仙游来攻，皆不能陷。万历三十四年，移府通判驻此，为滨海要地。

又府东南有石湖镇，亦曰石湖澳，滨海扼要处也。宋熙宁初，以石湖村为晋江、南安、同安、惠安四县陆路总要地，置寨戍守。后废。万历中，增筑石城，并设戍兵。

万安寨，在府东北洛阳桥傍，与惠安县分界处，嘉靖中置。府南六十里有潘径寨，洪武二十一年所置也。府东南又有吴山等十五寨，俱洪武中置。隶永宁卫。（第610册，第183～184页）

洛阳桥，府东北二十里，跨洛阳江上。一名万安桥，旧为万安渡，颇危险。宋庆历初，郡人陈宠始甃石作沉桥。皇祐五年，郡人王实等又倡为石桥，未就。会蔡襄守郡，慨然成之。累址于渊，立石为梁，酾水为四十七道，长三百六十丈，广丈有五尺。其后相继修葺，为往来通道。嘉靖三十七年，官军败倭于此。

又顺济桥，在德济门外，宋嘉定四年建。一名新桥，元至元中及明成化七年以后，相继修筑，长百五十一丈，嘉靖三十八年，官兵御倭于此。又北为车桥，亦是时屡被焚劫处。

安平桥，在府西南石井镇。宋绍兴中建，酾水为三百六十二道，长八百余丈。相近又有东洋桥，亦绍兴中建，酾水二百四十二道，长四百三十二丈。（第610册，第184～186页）

法石寺，府东五里。宋末，蒲寿庚谋据郡降蒙古，少主至泉城北，不敢入城，驻跸于法石寺，即此。（第610册，第187页）

南安县

囷山，在县西六十里。秀锐峭拔，岈囷，航海者常望此山为标准。（第610册，第188～189页）

海，在县东南。《志》云：县三面距山，惟东南一隅切附海口。有石井巡司及㵲浔、连河二澳头为守御之处。（第610册，第189页）

澳头镇，在县西。有巡司，正统间置。又石井废巡司，在县西南下坊村，宋绍兴十四年置，北距州城六十里，南去石井镇十五里，元移置于晋江安海市。又连河巡司，在县南，洪武初置。二十年，徙同安之峰上，故址犹存。

都巡寨，在县城东潘山下，宋绍兴中置，东距郡城十里。元至顺间，徙于县西北卢溪桥，改卢溪巡司。明洪武二十年，徙于惠安县之獭窟屿。又塔口隘，在县西北，接永春县界。（第610册，第190页）

《续修四库全书》（影印本），上海古籍出版社，2002年

（清）郭柏苍撰，《闽产录异》

卷一

谷属

早占城、晚占城。有赤、白二种。宋真宗以福建田多高仰，闻占城稻耐旱，遣使求其种，得二十石，以遗闽农。今延、建、邵、福宁、龙岩种者尚少；余则遍种矣。各郡、县兼种他稻，其名目凡五、六十余种。福、兴、泉、漳，平洋之田，多两获。元赵文昌题乌石山石上："云来云去三甫雨，霜后霜前两熟禾"。是也。（独台湾下淡水间有三获者。）

各郡县先种后种，先熟后熟，随其天时、地气。土瘠者仅一获，谓之"单冬"。下则低田，防夏潦及派寒者，宜种粳秋，亦"单冬"。……

凡两获之田，皆于小满前后，以黄尖秧（晚占城之类）参错早稻间，至立冬前后获之，曰"晚冬"，（"早冬"大、小暑已获，故称"晚冬"。）色黄而粒尖。早稻熟于大、小暑者，曰"早冬"。早稻气力不及晚稻，为日浅也。

闽谷以福州为最，泉、漳、台湾次之。福属以闽清十四都之"单冬"为最。次则侯官北门汤畲之晚稻，名"矮跤乌蒂"；次则南门外乌龙江之七里，其田皆上则。泰宁县米，多颗分两瓣，地气最薄。光泽、浦城多红米。谚曰："食不尽浦城米"。……（第1～3页）

安南稻。成化初，漳州人得于安南国。种之，五月熟，米白。泉、漳、台湾多种之。（第5页）

货属

铁。永福、闽清、福清、古田、建安、瓯宁、松溪、政和、同安、安溪、长泰、宁德、德化、大田皆产之。（大田之田阳，十有五炉，出产最多。）

《三山志》："铁之品有三，初炼去矿，用以铸锡器物者，为生铁。（锡，布也。）再三销拍，又以作鍱者。为鑐铁，亦谓之'熟铁'，以生、柔相杂和，用以作刀剑锋刃者，为刚铁。"

（苍按：刚铁即钢也。每炼，以水和泥涂之，愈炼愈刚，故曰"钢"。又愈炼愈柔，古所谓"绕指柔"是也。道光辛丑，英夷首乱厦门，苍带领乡兵。铁匠张孜为造"双手带"，锋利异常，用铜线嵌。道光辛丑七月，各篆字，付剑子手试之，曲而不折。询之铁匠，曰："钢极则柔，柔而长，故曲，宜制短兵。"后张孜以篆字摹制他器，一时军营为张孜所诳，互相购造。）

"闽铁商贾通贩于浙江者,皆生铁也。"(以上皆《三山志》。)(第10～11页)

丝,闽称木棉为"吉贝"。谢枋得诗:"嘉树种木棉,天何厚八闽。厥土不宜桑,蚕事殊艰辛。木棉收千株,八口不忧贫。"今各郡县织布者渐少。福州妇女亲井臼,而远纺绩。水烟入闽,仅七十年;夫尸在床,且须过瘾而后举哀,那谋活计?丐者、舆子以竹为筒吸之。近拦街排设水烟桌,官不之禁,其俗尤浇。(第11～12页)

棉布,《南史·海南诸国传》曰:"林邑国。……山……"

"吉贝者,树名也。其花成时如鹅毳,抽其绪,纺之以作布。"

今漳属织棉布,或称"吉贝布"。古田及长乐梅花、厂石间有之。兴化妇女所织布巾、布带,年售甚广。福州织者亦美结。出泉州者工精。(第13页)

火烷布,台湾生番所着之裤中,有火浣布,今呼"桶布"。番婆赤体,其裤无缝,周遭如桶,故名。垢时,以火灰煨之,即净。

《闽小纪》:"予在敢园,谢茂才尔将出布一缕,以火焚之,色尽赤,以为灰矣;火灭,布如故。尔将云:即'火浣也'。"

"二十年前,闽中多有见之,亦不甚贵。今不可得矣。乃知海外有此一种。昔人以为炎山木皮所织;又以为火鼠毛者;以为木皮者近是。以其色似麻苎,不类褐厨也。"

苍按:此即"桶布"之类。(第14～15页)

茶,闽诸郡皆产茶,以武夷为最,苍居芝城十年,以所见者录之。

武夷寺僧多晋江人,以茶坪为业。每寺定泉州人为茶师。清明后、谷雨前,江右采茶者万余人。手挽茶柯,拉叶入篮筐中。茶师分粗细焙之。最细为"奇种",即"刺天之第一枪"也。其二旗者为"名种"、为"小种"。稍粗者为"次香"、为"花香"。"花香"者,夹栀子花入焙也。(各岩皆产栀子,其百叶者名"玉楼春"。又名"欲留春"。)为"种焙"为"拣焙"。最粗之茶,统为"岩片"。

又有就茗柯,择嫩芽,以指头入锅,逐叶卷之,火候不精,则色黔而味焦。即泉、漳、台、澎人所称"工夫茶"。瓿仅一、二两,其制法则非茶师不能。日取值一镪。……

今荒山土阜,种以货夷,不得称"产"。道光甲辰冬,英国始由城外入居乌石山之积翠寺。以后各郡伐木为茶坪,且废磳田,种茶取利。闽中自此米薪倍贵;即木料、杂植亦因之而缺。自"北苑"等而下之,皆市于夷;独武夷价翔,夷人恐耗气侵精,不敢捆载;武夷片石以此独全。

宁、福两郡所产，皆呼“土茶”，以别武夷、建安也。

昔年闽茶运粤，粤之十三行逐春收贮，次第出洋。以此诸番皆缺，茶价常贵。今闽商资薄，不能居货，茶贾反以急售荡产。……（第15～19页）

杉木，详《木属》。

又松木板，闽以松入爨，称为“火柴”。故业木、植木料者，称“火贩”。

大松出建安之房村溪及各郡“水口”者，（易于出水者，为“水口”。）锯为松木板，运省。凡溪船、海舶，以松木板为船底。未市者煨于沙洲，以避日。累见寒燠，则坏。谚曰：“干千年，湿千年；不干不湿，只半年”是也。

松香，即松脂，于松上凿孔，脂流入地。装载甚广。（第27页）

烟叶，各属皆种，下游尤盛。废良田，竭人力，其害甚于罂粟。

长汀黎大参仕弘尝有书云：“仪狄始造酒，茶之名未立，盛于唐而名于宋矣。烟之名，始于日本，传于漳州之石码。天、崇间，禁之甚严，犯者刑无赦。今则无地不种，无人不食。约天下一岁之费，以千万计。‘金丝’‘盖露’之号，等于‘紫笋’‘先春’；关市什一之征，比于丝麻、绢帛；朝夕日用之计，于菽粟、酒浆。不知数百年后，更有何物标新出奇，如烟等类者乎？（今之水烟、鼻烟、鸦片，已在黎公意料之中。）江河如故，运会无穷，真可浩然长叹也。”（第30页）

海石，潮汐喷激，得风、日凝结而成。有如蜂房者，有如蚁穴者，有如羊肚者，有旋螺纹如佛顶者，有蹙起如峰峦者，有倒生如垂乳者，有粘带蛎蛤者，有包涵沙石者，奇形怪状，以玲珑曲折为上。择皱瘦透者，置之盆中。水气上涌，苔草及巅，名曰“透不透”，则皱瘦无益也。

海芝红色，海珊瑚白色，皆产“咬馏吧”，不透水。（第35页）

德化窑，皆白瓷器，出德化县。顺治以前老窑，所制佛像、尊、瓶盘、盏斝，皆精致古雅。其色，洁白中现出粉红，至今其价翔矣。然佛像不及“荷台”，瓶盘不及“南、北定”。近，胎地厚而粗，釉水莹而薄，渐不足贵。（第39页）

织画，出永春州。《香祖笔记》：“近闽中有‘织画’，乃破纸作条成之山水、人物、花鸟，布置设色，种种臻妙，亦绝技也。”

苍按：福州所制“鬼跳”，束麻稿为身、首，张弓腹下，以松脂粘弓于背，脂融，鬼自跳跃。

《闽小纪》载不去贪和尚之“鬼工球”。询之前辈，云：“吹鸡胵为球，以五采‘织画’傅球面，开一窦，置‘鬼跳’于中；脂融机动，则球自行，鬼从窦中窥人。并不倒翁装载出洋。近无制者。”（第40～41页）

卷二

蔬属

金薯,即番薯。福州呼"金薯"者,以万历甲午福州岁荒后,巡抚金学曾莅任,有监于前,始教民种番薯,故称"金薯"。今祀金巡抚于郡治之乌石山上,奉仙薯署,曰"先薯祠",犹先稷之意。(详《乌石山志》。)

番薯有紫、白二种,又有早薯、晚薯之别。皮紫者肉红,胜于白薯。

以瓮贮薯种,惊蛰取沙土煨之发芽,分种;剪其藤,再种。穷山峻岭,皆可垦作。不粪不灌,村氓赖此为粮者,十之七。

切片曰"薯钱",推丝曰"薯米",取初切之"薯镜""薯米",澄之,曰"籍粉"。("薯钱""薯米",洗粉者色黄,不甘。)酿酒,曰"薯烧"。(第42页)

颇棱,福州、福宁以其叶绿根红,正月一日,必以全根沃汤供之,曰"红嘴绿鹦哥"。

按《艺苑》:"雌黄蔬品,有'颇棱菜'者,昔人自颇棱国携其子来,因名之。今俗乃从草,曰'菠藏'。失其义矣。"

《闽中记》:"以叶似波纹,曰波棱,盖取形也。"

近有市番芥蓝者,其花如白鸡冠。今处处通商,如番苋、番茄、番抹丽之类,只得以"番"称之,不必究其的名也。惟形同而性或异,则不可不辨。(第43页)

当归菜,亦名"红荵菜"。其叶面青,背红,出龙岩州。

按:《续博物志》:"荵菜出荵国。有毒,百虫不敢近。"今州人食之。(第44页)

瓮菜,先时,由番国匿瓮中归,故名;后人改作蕹菜,盖音误也。

《八闽通志》:"蕹菜蔓生,花白,茎中虚。摘其苗,以土壅之,辄活。一名瓮菜。"

《遁斋闲览》:"此菜本生东夷。古伦国番舶以瓮盛之,译不通,但言'瓮菜'。能解野葛毒。(详《海错百一录》)其汁滴葛苗,立萎。"

苍按:瓮菜二种。种圃者曰"园瓮";摘其茎,以草束之,浮水面,茎、叶苗于园瓮,呼曰"水瓮"。福州南湖、西湖,皆被顽民盗种"水瓮"、菱角、白莲,致水利壅塞。(第57页)

果属

龙眼,苍按:福、兴、泉、漳四郡,龙眼有"榛""梌"二种。核乌而实大者为"榛"。榛者,榛子也,言其实大可如榛子也。榛经三接,名曰"顶圆"。盖愈接愈大,愈接愈圆也。又名"宝圆"。以八月熟,因名"桂圆"。

（桂圆之装舶者,以黄土和姜黄傅之。外夷并壳煎,以为药。福州乌石山下所造泥佛及玩器,烘以谷壳,使结实。装载出洋,其市甚广。外夷以为玩物,兼以煎汤治病。）（第63页）

檨,"檨"字始见于郑樵《通志》。其种出荷兰。后漳州、台湾皆种之。

按:檨有三种,"香檨"为上,"肉檨""木檨"次之。或呼"番檨";或呼"番蒜"。高树庇荫,实如鹅卵而差扁,皮青、肉黄。剖食如饴而微酸,可愈腹疾。始生时和盐齑捣为灌,曰:"蓬莱酱"。（第76页）

波罗蜜,又名"多罗蜜",又名"天波罗"。台湾、泉州、永春州、兴化皆产之。本海外种。实大如瓜,有刺,金黄色,味如蜜而酸。

按:波罗蜜亦名"佛头果"。以其皮似如来顶也。苞木、繁叶,不以花实,其实或在椏枝,或在干,或在条端。根盘地上者,亦结实。大者如斗皮,如荔支房,如石榴,剖之百千苞。苞中各一核,真奇果也。

又"凤犁",叶似蒲而阔,两旁有刺,果生丛心,皮似波罗蜜而色黄。味酸甘。末有叶一丛,因形状似风,故名。（第76~77页）

药属

沙参,《闽书》:"出海滨,泉州崇武所大峰山下有之。"苍按:从来入药者,多用"北沙参";近亦有用日本所产者。

苦参,出汀属、泉属。土人参,产延平,叶圆、末尖,高五尺。（第85~86页）

卷三

木属

杉,次曰"插杉",择旷而种,土力深厚,其生也易。树直而少纹,色白而燥。间亦有带赤色者,谓之"挂"。油极大者用以造溪船、海舶。有爵子斑者,有野维斑者,其价更翔。

凡大材计值者,论尾。尾者,计此木作栋、成梁、锯船料、为棺椟,用若干长,其尾可得若干大也。（第100~101页）

甜茶树,木坚,可作器贮水,经久不变。洋舶用之。又,九曾木,或呼"狗曾",叶如柯,有文理,其坚如石,可作舵。又,赤皮,其木坚韧,亦可为舟、为器。皆产泉、漳。（第110页）

樟,或云即"豫章"。闽诸郡皆产。盘根、钩枝、瘿节、轮囷臃肿。大者二、三十围。其枝、叶似榕,有赤、白二色。其种有清樟、黄樟、臭律、乌樟、红樟；其质皆松，以指爪掐之，有爪痕，瞬息复合。锯板制器，可辟蠹蟫；但不经久。其树老即漏脂，暑日曝之，发烟自焚；久复自荣。其子皆可榨油。清樟、黄樟，气味严正，造船制器，平直。臭樟味恶。鸟樟、红樟，纹理错乱。（第115页）

刺桐，产泉州。郡志载："温陵城留从效重加板筑，植刺桐环绕之，其树高大而枝叶蔚茂。初夏开花，极鲜红。如叶先萌而花后发，主明年五谷丰熟。今泉州号'桐城'，又呼'刺桐城'。兴化有'刺桐巷'。"

苍按：刺桐，其木为材，三、四月时，布叶繁密，后有赤花生叶间。泉州官廨、书院，处处植之。《八闽通志》："木类梧桐，有刺。"（第128页）

卷四

花属

洋茶，种类綦多，出日本。百余年来，厦门、漳州皆植之。有"千龙"，状如红牡丹，大者可尺一、二围，高三、四寸。亦有白色者。又有"牡丹紫"，有名"吐丝牡丹"者，能于花中起台，吐出长丝数寸。更有"钟款""菊款""五心白""芙蓉红""丽春红""虎斑""青梅""红飞点""白飞点"。（第161页）

夹竹桃，相传即"俱那卫"。小满开花，直至冬初，俱烂漫；但花臭耳。闽东四郡及延平皆产之。福州以其香不清，且嫌"桃花夹竹"四字，故妇女不簪。

《闽小纪》："闽中多夹竹桃。叶微如竹，花逼似桃，柔艳异常。"予尝谓友人曰："此陶靖节赋闲情时也。千载后，犹时时见之。"此种，闽人不甚贵重，过岭即不生。虎林一郡，闻只三数株；金陵间有，然亦无过三、五岁者。曾师建《闽中记》："南方花有北地所无者，'阇提茉莉''俱那异'皆出西域，盛传闽中。""俱那卫"即"俱那异"，夹竹桃也。（第162页）

斜题，产宁、福、兴、泉、漳。叶如栀子。花白色，朵朵欹侧，如笔，故曰"斜题"，言似笔之斜而题字也。

按：《八闽通志》云："南海种，商舶传入闽中，花暂白而香胜，如素馨，盖岩桂之流品也。佛书曰'阇提花春'，即此。亦名'蛇蹄'。"

据《八闽通志》，以为亦名"蛇蹄"。"蛇蹄""斜题"，乃音之误。诸书花属多引佛书，中国之花不能辨别，何以知佛书为某花耶？才子欺人，往往如此。（第168页）

罂粟，各属以其颜色娇艳，种之园圃，以供赏玩；独泉州以其实为果品。（第176页）

茉莉，南四郡及福宁皆产，又名"末丽"，有白、红二色。陈传《瓯冶遗事》："果有荔支，花有末丽，天下所未尝有，此其所遍得者。"《三山志》："此花独闽中有之。夏开，白色，妙丽而香，方言（嵇含《南方草木状》）谓之'末丽'。佛经曰：'末丽花香'。又有红末丽，藤生，亦香。"《群芳谱》："'抹丽'，原出波斯，移植南海。"据此则闽中之茉莉由南海移植。

按：福州有千叶者，名"番茉莉"，所云波斯移植，或即此种，故以番别之。单叶者，决为闽产。随意剪枝遍插土中，无一萎者，其性宜也。（第 177 页）

素馨，闽诸郡皆产。《南方草木状》："又名'那悉茗'，蔓生，白色，露浥愈香；黄者不甚香；白者香胜末丽。"诸书以素馨来自西域，一名"野悉蜜花"。《学圃余疏》："素馨出闽，黄者不甚香。"

按：素馨藤生，叶纤，绿；花四瓣而细瘦，须屏架扶之。多夜开。其香微而不袭人，故名"馨"。妇女以其花浸油，为能长发，杂入香饼、香串中，则味愈远。又云："西域以之为茗"。

明陈献章《素馨说》："以蓓蕾者与若之佳者杂贮陶瓶中，经宿，以俟茗饮之入焉。"（第 178 页）

水仙，兴化、漳州、泉州溥种于田。花肥则百叶；六叶者香胜。其蕊皆奇而无偶，一箭着花，多至十一朵。其根味苦，微辛，治痈肿及鱼骨鲠。诸书皆云："其花五叶，上承黄心如杯。"所见水仙花皆六叶。《酉阳杂俎》云："捺祗出拂林国，其花六出，叶长三、四尺。"《本草》引入《水仙》条下，言其"形状与水仙仿佛。"（第 180 页）

优钵昙，即"百子莲"。《梁书·波斯国传》："国中有优体昙花，鲜华可爱。"

苍按：僧寺多种昙花，其本旁出者分之。优钵昙叶似昙花，亦一灯传一灯，故名。道光末始自粤中来闽；林子洛西以一镯买供鄂跗草堂。赏玩经月，今植圃如菜，村妇簪髻矣。（第 183 页）

卷五

羽属

鸡，水村鸡早鸣；山村鸡晚鸣；潮鸡随潮而鸣；深山峻岭，一鸣即曙。重七斤始鸣者，为斗鸡。脚长，不善抱卵，白毛，绿耳，黑骨者，为绒鸡，性极热，治风疾。矮小而声坚者，为琉球鸡。（第 220 页）

鸭[①],极大而鼻红者,为番鸭。雌雄配,方抱卵。须留一卵压窠,母鸭方陆续再下卵,尽自唆项下毛为荐以伏之,一月始出雏。伏卵五日内,闻砻磨之声,则卵孵矣。"半番",小于番鸭;"菜鸭",小于"半番";皆不能抱卵。毛片纯黑,暗而不鸣者,雄也。取放池泽中,群雌呷呷;接其水后,乃取卵煨笼糠中,下以微火温之,即出雏。凡"半番""菜鸭",项下一色者,雄也,两翼长则渐瘦。项下花黑者,母也。过冬仍肥,至下卵,愈能鸣。(第223页)

胡枫泽校点,《闽产录异》,岳麓书社,1986年

(清)怀荫布等修纂,《(乾隆)泉州府志》

卷四　封域　驿递铺舍(附)

(晋江县)(明)来远驿,在府城南三十五都车轿村,永乐三年建,以馆海外诸国贡使。成化八年,提举司移置福州,驿废。(第1册,第64页)

卷六　山川一

(晋江县)羽仙岩,在罗、武二山之下,今名老君岩,石像天成,好事者为略施雕琢。(明黄克晦诗:壑舟无力谷神光,石像千年草树傍。匪虎不曾悲旷野,犹龙何事蜕高岗。雨深衣袂生秋藓,月晓须眉带石霜。谁谓西戎终不返,山中紫气夜何长。")宋时,罗山下有北斗殿,武山下有真君殿,朱子尝游于此。中有元元洞,明旦辟刻"元元洞天"四字,洞巅六石季本名之曰六老峰,为诗刻石。(第1册,第95页)

石头山,在万岁山之左,前与赤城山相连。(今人误以此为法石山。)《闽书》:山尽处有三山,杰出山阴,叠石数笋,危如欲坠,目为天石。上有真武殿,宋时望祭海神之所。(第1册,第100页)

宝觉山,在法石东,距郡城东南十里许,上有海印室,旧有天风海涛楼,为宋朱子书,今废,旁有朱子祠。《通志》载:楼为蒲寿庚建,以望海舶。非是。(第1册,第100页)

华表山,在五都。双峰角立,如华表然,麓有草庵,元时建,祀摩尼佛。(明黄凤翔诗:琳宫秋日共跻登,木落山空爽气澄。细草久湮仙峤路,斜晖暂

---

① 番鸭,原产于中、南美洲热带地区。半番鸭又称骡鸭,是用栖鸭属的公番鸭与河鸭属的母家鸭杂交产生的后代。

四、地志类

作佛坛灯。竹边泉脉邻丹灶,洞里云根蔓绿藤。飘瓦颓垣君莫问,萧然一榻便崚嶒。)庵后有万石峰,有玉泉,有云梯百级诸题刻。(第1册,第104页)

宝盖山,在二十都,距郡城东南四十五里,俗名大孤山,明处士赵复隐处。(明黄克晦诗:乱嶂边江出,大孤山最孤。鲛宫依断石,僧路入平湖。急雪飘难聚,飞禽过自呼。青天憎独立,谁复插浮图。詹仰庇诗:宝盖峰孤控海东,西来金马远争雄。手摩霄汉千山尽,眼入沧溟百岛通。虎豹风生幽涧底,鱼龙云起大波中。天涯恍有神仙气,一啸泠然若御空。)绝顶有石塔,名关锁塔,关锁水口镇塔也,高出云表,登之可望商舶来往。宋绍兴中,僧介殊建,又俗谓之姑嫂塔。《闽书》:昔有姑嫂嫁为商人妇,商贩海久不至,姑嫂塔而望之,若望夫石然,塔中刻二女像,游人抬瓦掷之,中者生南,不中女也。(第1册,第106页)

金钗山,在二十二都,距郡城东南三十里。(以地名石湖,又名石湖山,《旧志》谓金钗山下有石湖山,误。)《隆庆府志》:两峰延衮数百丈,若钗股然,上有六胜塔。《泉南杂志》:宋政和初,僧祖慧、宗什等以其地类明州育王山,募缘为石塔,壮丽几拟开元镇国、仁寿二塔。(《闽书》:元释大圭募修塔,疏有云:山势抱金钗,耸一柱擎天之雄,观地灵俸玉,几,睹六龙回日之高标。)旁有魁星堂,宋梁克家读书处,久废。明寨帅臧京构新之,复废。(第1册,第107页)

岱屿,在海中,介石湖北,镇西山间郡水口山也。海舟由此门出,行二日至高华屿,又二日至鼋鼍屿,又一日可至琉球国,又有护田屿,地亦相近。

白屿,在石湖港西,耸出江中洛阳圣姑北镇,石湖诸港分汇之处,左右多沉沙,迁徙不常,屡为商舶患。(第1册,第107页)

(南安县)九日山麓有寺曰延福,(详见"寺观"。)寺后有菩萨泉,泉出石盘中,有源莫测,奋湍漱响,声比丝竹。相传泉涌则高僧出,明僧天辟居之北有狮岩。《闽书》:山故有三十六奇,曰神运殿。唐咸通中,寺僧建殿,求材于永春之乐山,遇一叟指引其出,是夕,又梦许护送至,既而一日江水暴涨,其筏自至若神运然,故以名殿。曰灵乐祠,宋时市舶祈风处。(第1册,第111~112页)

姜相台,《名山记》:台在九日山,左有磴可坐十数人。唐姜公辅谪官来泉,居此。(唐欧阳詹对月寄姜相诗:中宵天色浮,片月出沧洲。皎洁临孤岛,婵娟入乱流。应同故园夜,独起异乡愁。那得休蓬转,从君上庚楼。)殁,后葬焉。宋庆历四年,苏绅大书"姜相峰"三字于石壁,旁有东峰亭。(第1册,第113页)

水陆堂,宋僧慧邃放生处。(宋《李邴记》:泉之南安,有精舍曰"延福"。其刹之胜,为闽第一。<u>院有神祠曰"通远王",其灵之著为泉第一。每岁之春冬,商贾市于南海暨番夷者,必祈谢于此。</u>农之水旱、人之疾病亦然。车马之迹盈其庭,水陆之物充其俎,戕物命不知其几百数焉。……(第1册,第113页)

翻经石,《名山记》:梁普通中,<u>僧拘那罗陀尝翻《金刚经》于此。</u>(第1册,第115页)

卷十 桥渡

(晋江县)车桥,在车桥市东。<u>《隆庆府志》:海舶聚此。</u>国朝乾隆十一年,令裘思通立石示禁,不许跨桥盖屋,以避火灾。(第1册,第200页)

顺济桥,在德济门外,笋江下流。(第1册,第201~202页)

安平桥,在八都安海港,晋江、南安之界,旧以舟渡。《方舆纪要》:宋绍兴八年,僧祖派始筑石桥,未就。<u>二十一年,郡守赵令衿成之。</u>酾水三百六十二道,长八百十有一丈。明永乐间,里人黄韦修。天顺间,耆民安固募众修。成化间,里人蔡守辉、刘耿等修。国朝国朝康熙二十二年,邑人施琅修。五十一年,施韬倡修。雍正四年,知府张无咎修。宋赵令衿诗:为问安平道,驱车夜已分。人家无犬吠,门巷有炉熏。月照新耕地,山收不断云。梅花迎我笑,为报小东君。(第1册,第202页)

(惠安县)万安桥,(《县志》:在县南,晋、惠各析其半,桥之南属晋江,桥之北属惠安。明万历三十五年,修。桥北邑人李呈春董其役,余详见"晋江"。

卷十一 城池

府治中有衙城,外有子城,又外有罗城,有翼城。<u>初筑城时,环植刺桐,故名刺桐城,又以形似名鲤城。后衙城、子城俱废,而罗城遂为今城。罗城相传为南唐保大中节度使留从效筑也。</u>(第1册,第216页)

罗城外濠,广六尺,深二丈余,三面通流潆回如带,独东北一隅磐石十余丈,地势高仰,潮不能通。南罗城旧在镇南桥内,(即今南门桥。)南壕穿桥直东抵通淮门,直西抵临漳门,元大德间宣慰司札剌立丁重浚。(第1册,第219页)

罗城外壕记　　(元)庄弥邵撰

<u>泉本海隅偏藩。世祖皇帝混一区宇,梯航万国,此其都会,始为东南巨</u>

镇，或建省或立宣慰司，所以重其镇也。一城要地莫盛于南关，四海舶商诸番琛贡，皆于是乎集。旧有镇南门，门之外有河，跨河为桥，流东西贯直南并受潮汐。岁久湮阏，有力者占为园池亭榭，以便娱乐。前太守真西山虽尝开修，利未尽而中辍，今又八十年矣。皇帝飞龙之六载，省并江浙，立宣慰司。行省右丞札剌立丁公领使司帅府，视事以来，曾未逾时，政通人和，百废俱兴。既重修泮宫，因慨其地之卑湿，盖由城河之不通。且薪米之负运良艰，粪壤之丘积无所。每值淫潦，深厉浅揭，连以旬浹，非惟有妨生理，亦致湫底之疾，邦人患之。公乃忧民之忧，锐意疏浚。军民官董其工，始事于二月初八日，至于二十九迄成。材售直，工给资，农不夺时，民不知役，皆公之指授有方也。河面阔如旧，深视旧更三尺余，南门桥鼎建崇楼，仍扁"镇南"。潮流参错其衢要，渔歌响答于阛阓。吞吐溟渤，雄视东南，望之如垂虹，登之若骑鲸。云栋飞甍，星河影转，非公器宇襟度，畴克臻兹。邦人大夫士请记之。弥邵载惟典谟，九叙无先于平水。故曰：万世永赖时乃功。然则公，今日之伯禹也。我泉亦永有利赖，当与禹功相并不朽，勒之坚砥，宜矣。（第1册，第219页）

卷十二　公署

都税务，在镇雅坊街东。熙宁八年，建税之目有七，曰：门税、市税、舶货税、彩帛税、猪羊税、浮桥税、外务税。嘉定十年，守真德秀移建于浯浦天妃宫前。元移建，改名晋江务。

市舶提举司，在府治南水仙门内，即旧市舶务址，有清芬亭，以傅伯成有"岁晚松篁期若节，春风桃李自多情"之句，故名。元祐初，置，后废。崇宁初，复置。高宗时亦罢而复。元季废置不一。明洪武间，仍置。成化八年，移福州。（第1册，第248页）

杂造局，在府治东。元时建，即宋废提举司故址也，今废。（第1册，第249页）

卷十六　坛庙寺观

（晋江县）天后宫……又一在南门外厂口（乾隆九年，郡人施曜重修）。一在十五都围头。国朝将军施琅征海，师次于此，神有助顺功。康熙二十四年，遣礼部郎中雅虎致祭。（第1册，第381～383页）

重修泉州天妃宫记　（明）顾珀撰

吾泉有灵济天妃宫，创自宋庆元间，奠于郡城之南。浯江横其前，三台拥其后,左法石,右紫帽,亦郡中形胜地也。国朝永乐十三年,少监张谦使渤泥,得乎州,发自浯江,实仗神麻。归奏于朝,鼎新之。成化甲午,郡守徐侯源垦田地二十余亩以供香火之费。历岁既久,寝以倾颓,有欲图形胜而庐其居者矣。进士徐君某尊甫徐公毓,谓是宫实郡城诸水会归之处,盖堪舆家所谓"水",关系匪轻。遂捐己资,协以众募,令予概董其役。先修正殿五间,重建寝殿七间,凉亭四座,两廊三十间,东西轩及斋馆二十八楹,经始于嘉靖庚子夏四月,至甲辰季冬始落成焉。泉卫指挥使王君文璬,谓徐氏修废起坠之功,不可无纪者也,征予文刻石。珀承乏太常时,伏读成祖文皇帝御制碑文。若曰"仰惟皇考太祖高皇帝,肇成四海,际天所覆,极地所载,咸入版章,怀来神人,幽明循职。朕承鸿基,罔敢或怠。恒遣使敷宣教化于海外诸蕃国,尊以礼义,变其夷习。其初使者回奏:涉海浩渺,风雨晦明,洪涛巨波,惊心骇目。乃有神人飘飘云际,以妥以侑,旋有红光,飞来舟中。已而烟消霾霁,风恬浪息。张皇荡舻,倏忽千里。咸目。此天妃之神也,显示灵应! 朕嘉乃绩,特加封号,建庙龙江之上。"《礼记》所谓有天下者祭百神之意也。则今日神之祀不为谄,宫之修不为侈,文之刻不为诬。视彼欲图形胜而庐其居者,不亦惑乎? 是为记。(第1册,第381~382页)

清礼部郎中雅虎祭文(祭天后文　(清)雅虎撰)

国家茂膺景命,怀柔百神,祀典具陈,罔不祗肃。若乃天麻滋至,地纪为之效灵;国威用张,海若于焉。助顺属三军之奏凯,当重译之安澜,神所凭依,礼宜昭报。惟神钟灵海表,绥奠闽疆。昔籍明威,克襄伟绩,业隆显号,禋享有加。比者虑穷岛之未平,命大师之致讨。时方忧旱,井泽为枯,神实降祥,泉源骤涌。因之军声雷动,直捣荒陬。舰阵风行,竞趋巨险。灵斾下飙,助成破竹之功,阴甲排空,遂壮横戈之势。至于中山殊域,册使遥临,伏波不兴,片帆飞渡。凡兹冥佑,岂曰人谋。是用遣官,敬修祀事。溪毛可荐,黍稷惟馨。神其佑我家邦,永著朝崇之戴! 眷兹亿兆,益宏利赖之功。惟神有灵,尚克鉴之! (第1册,第382~383页)

真武庙,在府治东南石头山上。宋时建,为郡守望祭海神之所。(第1册,第386页)

清净寺,在府治通淮街北。宋绍兴元年,回人兹喜鲁丁自撒那威来泉建,置银灯、香炉及田土房屋。元至正间里人金阿里重建,三山吴鉴为记。明正德间,住持夏彦高鸠众重修。隆庆间知府万庆、万历间知府姜志礼相继修寺。旧有塔,万历开住持夏东升等修。(第1册,第389页)

水陆寺,在肃清门外西南。唐天宝六年,敕置祝圣放生池,因建水陆堂其上。乾符六年,郡守林鄂广为院,号护国水陆院。宋郡守蔡襄改为禅院,后废为都监廨舍,复为添差通判厅,又改南外宗正司。景炎间,叛贼蒲寿庚尽害宋宗室,司废。元至正间,以故址之半为清源驿,余地复建禅院。明洪武间,名水陆寺,成化间,蔡文庄公清讲学于此。……及汪御史旦废寺为宅,乃移寺于开元西偏,旧迹遂亡。(第1册,第390页)

法石寺,在通淮门外万岁山。宋初节度使陈洪进葬妻及女于山之阿。建隆元年,建寺。乾德四年,改为西方禅寺。元易今名。明永乐、景泰、天顺间,相继修,后废。《方舆纪要》:宋蒲寿庚拒郡降元,少主至泉程外,不敢入驻,跸于此寺中。(第1册,第391页)

(南安县)灵乐祠,在县西九日山中。《闽书抄》:神永春乐山隐士也,居台峰,后仙去,著灵响,人祠之,呼翁爹(又称白须公)。唐咸通中,山僧建寺,求材乐山,遇一翁白须指其处,得杞、楠、梦许护送,一夕材乘涨下,众神之。作灵岳祠,名殿神运,宋封神通远王,赐额昭惠。嘉祐中,泉大旱,守蔡忠惠祷雨辄应,奏加封善利王,寻加号广福、显济。庙之从神,曰陈益,封仁远王;曰黄志,封辅国忠惠王。陈益,其先东汉人,宋熙宁西夏之警,诏求勇敢士,郡守辟益为巡辖官。元丰间,从守祈风南安延福神运殿,睹庙貌森严,显灵奇异,誓舍身为佐,遂植杖立化为僧,泥躯奉之。淳祐中,封仁福王。宣和二年,提举张祐陛辞朝廷颁御香,诣殿焚之。(宋王十朋《善利王庙》诗:有德于人庙貌崇,我来端为谢年丰。曰旸曰雨皆神力,不止南风与北风。)(第1册,第396页)

福清寺,在三都灵秀峰前。五代刺史王延彬建,以居高丽僧元纳,今废。(第1册,第400页)

(惠安县)顺济侯庙,(旧名凤山通灵庙。)在县东南二十一都。《县志》:三国吴时有黄将军兴及妻曹氏葬于此,常有云霞覆顶,居民祈禳多应,因立庙江滨祀之。一夜雷雨大作,庙忽自移山下。宋绍兴间,海寇犯界,乡人走告于神,有蜂蛇之属,累累而出,遍集港口,贼不敢犯。淳熙十二年,海寇又作,小兜、大岞俱遭劫掠,惟神所居前后常闻金鼓之声,旗帜罗列,贼不敢犯。绍定六年,敕封顺济侯。(第1册,第404页)

大蚶庙,在县东北十一都海滨。《闽书抄》:昔海涛汹涌,有物输囷,高大如屋,乘潮而至,邑人神之,为立庙。海舶往来祷者立应。五代南唐封光济王。(第1册,第404~405页)

卷十七　宅墓坊亭

（晋江县）圣墓，在灵山。《闽书》：灵山有默德那国二人葬焉。相传唐武德中来朝，有三贤、四贤传教泉州，卒葬于此，葬后是山夜光显发，人异而灵之，名曰圣墓。（明黄凤翔《游灵山睹僧坟》诗：磊磊碧石台，瑟瑟白梅树。远瞰平远畴，近临樵牧路。竖子共踯躅，云是古僧墓。涅槃不记年，丘垄犹如故。每当暮春时，亦荐寒餐具。他人为子孙，徙倚竟薄暮。佛法本无生，生来亦不住。去时岂有迹，霓光与泡露。漫将腐草尘，溷向圆寂处。）（第 1 册，第 430~431 页）

卷十九　物产

稻之属

占城稻，耐旱，白赤斑三种，自种至获仅五十余日，五邑俱有。《湘山野录》：宋真宗以福建田多高仰，占城稻耐旱，遣使求其种，得一十石，以遗其民，使莳之。（第 1 册，第 466 页）

畲稻，种出猺蛮间，山薙草不水不粪，二三年后，地力薄则易他处，山县有之，晋邑惟四十七都，以后多种之。以上春种冬熟，俗名一季冬。上三类皆粳稻。（第 1 册，第 467 页）

薯之属

番薯，以得种番国，故名，俗呼地瓜。有自文来国者，名文来薯，形圆白，肉黄而松，最美。有土薯形似茄，皮有紫白二色，肉白亦美。又有芋薯，似文来而皮红，鹦哥番似文来而肉不松，过沟挖，形如土薯，肉黄而多根。明时食者尚少，斤不过一钱耳。及今，其用较广于稻谷。泉地不给，多贩载自他郡。贱时一斤一二钱，贵时或至四五钱。切而为干，藏以待乏者，犹比比也。（第 1 册，第 467~468 页）

蔬之属

番芥蓝，咖喇吧种，叶色紫而带粉，秀鲜可爱，不大宜食。（第 1 册，第 468 页）

菠菱，刘禹锡《嘉言录》：出西域波棱。《闽中记》：以叶如波纹有棱故名。（第 1 册，第 468 页）

瓮菜，《游齐间览》：本生东夷古伦国，人用瓮载其种归，故名。解野葛毒。有植子水中者，曰水瓮。（第 1 册，第 468 页）

南瓜，种出南番，亦名番冬瓜。皮有青白二色，重者或至十余斤，其白而

长者名枕头瓜,可玩可食。(第1册,第468页)

木之属

樟,一名豫章,肌理细润可刻及造舟,又可熬樟脑。(第1册,第472页)

花之属

刺桐,花木高大,枝叶繁茂,夏初开花,殷红灿然。初筑城时,环植此木,故有桐城之号。(第1册,第473页)

山茶,经冬不凋,以叶类茶,故名。有数种,花开单叶而极大者,曰日丹。单叶而小者,曰钱茶。有类钱而粉红色者,曰溪埔,一名茶梅。又有百叶而攒簇者,曰宝珠。类宝珠而白者,曰蕉萼。又有从云南来者,曰滇茶,殷红而萼大。从日本来者,曰洋茶,各色皆有,胎十月足,乃作花。闽中有蜀茶一种,足敌牡丹,其树似山茶而大,高者丈余,花大亦如牡丹,而色多正红。其开以二三月,照耀园林,至不可正视,所恨者香稍不及耳。《闽书》:福、泉人岁底取入军持供佛。(第1册,第473页)

葵,有锦葵、向日葵、蜀葵诸种,蜀葵即一丈红。明时倭使来贡,作诗云:五尺栏杆遮不住,被人呼作一丈红。(第1册,第474页)

阇提,《闽大记》:南海种商舶船入闽中,花皆白而香,胜如素馨,盖岩桂之流品,《仙书》曰:"阇提花,春即此,亦名麋茶。"(第1册,第474页)

茉莉,一名发华花,夜开,白色,其根能毒人,有千层者出澎湖。《闽书》:原出波斯国,移植南海。嵇含《草木状》作末利,《洛阳名园记》作抹历,佛经作抹利,《王十朋集》作没利,《洪迈集》作末丽,泉州旧志作木丽。本胡语,随人意会而已。杨慎《丹铅录》:《晋书》都人簪奈花,即今末利花也。宋王十朋诗:日莫园人献宝珠,化成千亿小芙蕖。使君燕寝无沉麝,堂北清香自有余。朱子诗:旷然尘虑尽,为对夕花明。密叶低层幄,冰蘤乱玉英。不因秋露湿,讵识此香清。预恐葐菲尽,微吟绕砌行。明何乔远诗:佳人姿态逞婵娟,露浥风凝绝可怜。缥缈琼枝明夜月,依微雪色点晴天。开帘合作披香馆,入圃翻疑种玉田。岭峤寻常□扑鼻,江南客思绕风湮。(第1册,第474页)

素馨,一名六月雪。《草木状》:那悉茗,来自西域。夏开色白,浥露愈香。又有一种黄色,名黄素馨。宋蔡襄诗:素馨出南海,万里来商舶。团团末利丛,繁香暑中拆。(第1册,第474页)

芭蕉,《闽部疏》:种出三巴,望之如树,本大成园,叶长丈余,花从心中抽出,层层裹束,深红照人眼。(第1册,第475页)

铁蕉,一名番蕉,一名凤尾蕉,相传从琉球来,其本粗巨,叶长四五尺,密比如鱼刺,高者亦丈余。然好以铁为粪,将枯钉其根则复生。明何乔远诗

《咏铁蕉》①：欲比麒麟能食铁，真同凤凰不群鸡。养雏出地花心乱，挚尾中天日影迷。合本团团承础润，相当叶叶剪刀齐。一龙一虎形双向，曾见梁园到岭西。(蕉影照日，其中梗虚，空若无梗然。)（第1册，第474页）

畜之属

番鸭，状似鸭而大于鹅，自抱其蛋而生，种自洋舶来。（第1册，第476页）

货之属

茶，晋江出者曰清源，南安出者曰英山，安溪出者曰清水，曰留山。《泉南杂志》：清源山茶超轶天池之上，南安县英山茶精者可亚虎丘，惜所产不如清源之多也。闽地气暖，桃李冬花，故茶较吴中差早。吾闽清源山茶，可与松萝、虎丘、龙井、阳羡角胜，而所产不多。按：清源茶旧甚著名，今几无有。南安英山及他处所产不多，唯安溪茶差盛，然亦非佳品也。国朝阮旻锡《安溪茶歌》："安溪之山郁嵯峨，其阴长湿生丛茶。居人清明采嫩叶，为价甚贱供万家。迩来武夷漳人制，紫白二毫粟粒芽。西洋番舶几来买，王钱不论凭官牙。溪茶遂仿岩茶样，先炒后焙不争差。真伪混杂人聩聩，世道如此良可嗟。吾衰肺病日增加，蔗浆著饮当餐霞。仙山道人久不至，井坑香涧路途赊。江天极目浮云遮，且向间园扫落花，无暇为君辨正邪。"（第1册，第480页）

糖，有黑砂糖，有白砂糖，白糖有三种，上白曰清糖，次白曰官糖，又次曰贩尾。其响糖、冰糖、牛皮糖皆煮白砂糖为之。晋江为多，南安、惠安、同安、安溪俱有。闻人茂德言：砂糖中国本无之，唐太宗时外国贡至，问其使人："此何物？"云："甘蔗汁煎。"用其法煎成，与外国者等。自此中国方有砂糖。按：《泉南杂志》载：煮糖法误，凡甘蔗汁煮之为黑糖，盖以溪泥，即成白糖。煮水糖乃以鸭蛋搅之。盛黑糖者曰砺，下有孔，置于小缸上，上置泥，则下注湿，是为糖水，其清者为洁水，盛冰糖，以钵凿其底而注湿，为霜水，不用盖泥。初，人不知盖泥法，相传元时南安有一黄姓，墙塌压糖，去土而糖白，后人遂效之。（第1册，第480页）

吉贝，丘文庄谓绵花自元始入中国，非也。绵花虽有草木二种，总谓之木棉花，其实木种者，乃斑枝花，非绵花也。《通鉴》：梁武帝木棉皂帐，史炤注释甚详，与今棉花无异，一名木贝花。宋林凤诗：玉腕竹弓弹吉贝，石灰老叶送槟榔。泉南风物良不恶，只欠龙津稻子香。按：泉所生者谓之土吉贝，

---

① 篇名为编者所加。

少而不适于用,岁仰给于江左。(第1册,第480~481页)

铁,旧有冶场,今惟安溪有饷户。然铁矿渐竭,安溪人时往他郡开之。(第1册,第481页)

磁器,出安溪高坪,但不甚佳。其甓瓮则出晋江磁灶。(第1册,第481页)

薰,种来自海外,名淡芭菰,叶大如芋,即烟也。辟瘴疠,安溪出者胜于漳浦石码。近村民亦多以此占稻田,最失本计。(第1册,第481页)

卷二十　风俗

黄河清文集:泉郡宅于山海间,山而居者,岁食其山之入,犹出其余以贸易;于海海而居者,亦食其海之入,举得而有焉。盖山海之利,居田之半也。(第1册,第482页)

卷二十一　田赋

铁课。宋开宝中设,诸州坑冶场二百有一,泉州铁场在永春倚洋,安溪青阳,德化赤水,而晋江之石菌、庐湾、牛头屿、长箕头、惠安之卜坑、黄崎、礁头、许埭、港尾、沙溜、庐头、峰前、牛埭皆有铁砂。(第1册,第542页)

市舶税课。宋元祐中,置市舶司于泉州。南渡后,舶司岁入充盈,然金银铜铁海舶飞运,所失良多。元至元二十一年,设市舶司于杭、泉二州,独泉州于抽分之外又取三分之一以为税,凡金银铜铁,男女并不许私贩入番。大德七年,罢。寻罢寻置者三四。明禁海船不许通番,其诸番入贡至泉州者,惟大琉球所贡番物,则市舶司掌之。成化八年,市舶司移置福州,而比岁人民往往入番商贩,所贩国名曰吕宋。诸番以时萃焉,其税则在漳州海澄海防同知掌之。(第1册,第543页)

卷二十六　职官

知州事:(宋)陈慎夫[①],(元祐)六年任,七年,兼提举市舶。(第1册,第607页)

[①] 据九日山《祖无颇等留名石刻》:"提点刑狱祖无颇夷仲按部温陵,知州陈敦夫中裕、朝散郎致政谢仲规执方、通判方毂正叔同游延福寺,遍览胜景,泛舟而归。元祐七年二月二十五题。"但查《八闽通志》《闽书》《(道光重纂)福建通志》《(道光)晋江县志》等志书,宋泉州知州名录皆无陈敦夫。此处"陈慎夫"疑为"陈敦夫"之误。

赵涯，临川进士，(嘉熙)三年任，兼福建路市舶。(第1册，第609页)

提举市舶司：徐确(字居易，莆田人，元丰进士)、陈汝锡(从《福建通志》《闽书》增)。(以上俱崇宁间任。)上官厚、钱景邈、章焕文①、乐昭衍、周需。(以上六人年代无考。)施述②(《福建通志》《闽书》："述"作"迷")、蔡櫄(仙游人)。(俱政和间任。)许大年、张祐(俱宣和间任。《八闽通志》作"佑")、姚世举(长溪人，元丰进士，年代无考)、鲁詹(靖康元年任)、邵邦达(建炎二年任)、徐与可、李承遇③、王权、林孝渊(建炎间以通判任，传见通判军州)、赵奇、吕用中、鲍仔、韦寿成、楼璹、曹泳、赵士鸣④、李庄(绍兴二十二年任)、张子华、郑寀、傅自修(传见循绩)、张汝楫、陈之渊、黄绩、何俌(龙泉进士，约束奸吏甚严)、林之奇(侯官人)。(以上俱绍兴间任。)郭知训(隆兴间任)、何偶(隆兴间以上封事，朝议比朱云，任是官)、程佑之⑤、马希言、陆沅、张坚。(以上俱乾道间任。)虞似良、苏岘、韩康卿、彭椿年、严焕(《闽书》"焕"作"涣")、林邵⑥(《闽书》"邵"作"劭")、潘冠英(长乐人，绍兴进士)、胡长卿、张逊。(以上俱淳熙间任。)王焕⑦、赵汝瑴。(俱绍熙间任。)许知新、詹徽之、黄缵。(以上俱庆元间任。)余茂实、曹格、赵汝谠(从《闽书》宗室志增)、郭晞宗(《福建通志》"郭"作"邹")。(以上俱嘉泰间任。)赵盛、赵亮夫。(俱开禧间任。)朱辅、王枢、赵不熄、傅庸、叶元澣、赵崇度(有传)、施械(《八闽通志》《闽书》作"施械")、魏岘、陈可大(仙游人，有传)、赵汝适。(以上俱嘉定间任。)谢采伯(绍定间任)、林遘(莆田人，有传)、李韶(端平间任，知州兼权)、叶宰(知州兼权)、黄朴。(俱端平间任。)刘炜叔、赵涯、王会龙(嘉熙间任)。(俱知州兼权。)刘克逊(莆田人)、赵希楸、陈大猷(知州兼权)、赵师耕(知州兼权)、杨瑾。(俱淳熙间任。《八闽通志》俱作淳祐间任，误。)张理(清江人，著有《易象图说》，依《闽书》增)。(以上俱淳祐中任。)(第1册，第614~615页)

(元)市舶提举司：(《八闽通志》云：元史延祐元年，改立泉州。考之泉州历官志，大德间已有是官。)提举二员，同提举二员，副提举二员，知事一员。(第1册，第615页)

---

① 章焕文为章炳文之误。
② 施述为施迷之误。
③ 李承遇为李承迈之误。
④ 赵士鸣为赵士鹏之误。
⑤ 程佑之为程祐之之误。
⑥ 林邵为林劭之误。
⑦ 王焕为王涣之误。

市舶提举司提举：黑的、宋熙、张铎、陈珪。（俱至元间任。）八哈迭见、马合谋、段庭珪。（俱大德间任。）沙的、石抹羌吉剌歹、系国英、海寿。（俱至大间任。）赡思丁、木八剌沙、严文、哈散、朱善辅、廉寿山海牙。（上五人俱延祐间任。）倒剌沙、裴坚。（俱至治间任。）昔宝赤、赵敏、八都鲁丁、刘选、亦思马因、暗都剌、蛮子海牙、忽都鲁沙、也先黏木儿、乌枢、葛绍祖、驴儿、合山、聂世英、回回、项棣孙（丽水人，有传）。（上七人俱至正间任。）马合马沙（依《闽书》增）。

　　同提举：高间（至元间任）、乌马儿（大德间任）、刘侃、王良弼。（俱至大间任。）马合麻、拜住（至治间任）、怯烈、怯来、马合马沙、袁成、忻都、翟从德、谢不花、李也先。（上三人俱至正间任。）

　　副提举：卫璧（至元间任）、阿不撒、刘孚。（俱大德间任。）木八剌沙、别都鲁丁、忽辛。（俱至大间任。）杨思敬、石廷玉、乐礼（延祐间任）、刘文佐、赵敬。（俱至治间任。）施泽、答亦儿不花、买驴、刁赤剌不花、刘克礼、严亮、买住。（上二人俱至正间任。）

　　知事：高升（至元间任）、张复礼（至大初任）。

　　提控：张僖（《福建通志》"僖"作"禧"）、虞泽（俱至元间任）、康珪（大德间任）、蔡时亨（至大间任）。

　　照磨：张垄、袁裔。（第1册，第619～621页）

　　（明）**市舶提举司**：（初置司泉州，后徙福州。）提举、副提举各一员，吏目一员。（第1册，第622页）

卷二十九　名宦

　　（唐）姜公辅，日南人。建中间为唐相，因论唐安公主造塔，忤德宗，谓其卖直售名，左迁左庶子。未几，贬泉州别驾，筑室于南安九日山，与秦系相近。顺宗立，拜吉州刺史，未之官，卒。宪宗时，赠礼部尚书。宋苏绅大书"姜相峰"三字，刻于九日山之石磴。（旧志）（第2册，第3页）

　　（宋）知州事：邹应龙，字景初，泰宁人，庆元二年进士。嘉定三年，守泉州，修举废坠，兴学右文。郡城故卑薄，应龙以贾胡薄禄之资请于朝而大修之，城始固。又即明伦、议道堂间建六经阁。德济门外笋江下流，旧以舟渡，始造石桥，长一百五十余丈，翼以扶栏，居民行旅便之，以拟万安桥焉。历官佥书枢密院事。（《旧志》）（第2册，第10页）

卷四十　封爵

（五代）王延彬：岁屡丰登，复多发蛮舶，以资公用，惊涛狂飙，无有失坏，郡人借之为利。（第2册，第293页）

卷四十一　列传

（宋）吕大奎，字圭叔，南安人。少学于陈北溪门人王昭复，尽屏词章旧习，专务致知力行。登淳祐七年一甲进士，授潮州教授，改赣州提举司干官。秩满，连调袁州、福州通判。升朝散大夫、行尚书吏部员外郎兼国子编修、实录检讨官兼崇政殿说书。以操南音，出知兴化军，捐俸钱代输中户以下赋，著《莆阳拙政录》。德祐初元，转知漳州。过家，蒲寿庚降元，胁大奎至，署降表，不从。有门人为管军总管，扶出之。泥封所著书一室，逃入海。寿庚遣兵追，及，问其姓名，不答，怒而杀之，年四十九。其泥封室尽毁，独其门人所传《学易管见》《春秋或问》《论语孟集解》《易经集解》行于世。居朴兜乡，人称朴乡先生。元孔公俊建大同书院祀文公，以大奎配。丘葵赞曰："泉南名贤，紫阳高弟。造诣既深，践履复至。致身事君，舍生取义。所学所守，于公奚愧？"（《旧志》《闽书》《南安志》合参）（第2册，第324页）

卷四十六　循吏

（宋）傅自修，字勤道晋江人。绍兴中，监泉市舶务，宿弊十去八九。后番商为贪吏所困，号泣岸下。或诘之，对曰："昔官有须而白者主我，故多载，今不见此官人，众夺殆尽。"闻于朝，由福建机幕除提举福建市舶，番商举手相贺。知潮州，海寇猖獗，自修招降之，请于朝，籍为水军，赖以控扼海道。累官直宝文阁。将漕江西，卒。（《旧志》参《闽书》）（第2册，第501页）

储用，字行之，晋江人，淳熙十一年进士。知建阳县，有惠政，朱文公亟称之。会党禁起，罢去。后再道县，民拥车呼曰："此好长官，我辈共思之。"擢守光化，移襄阳。邓民樊快明率众来附，制司约回时剿之，用争于朝，谓："剿不胜则吾代敌受祸，胜则吾代敌受怨，他日豪杰谓吾戮已降，更以仇我，则吾代敌受仇。"复贻书制阃力言之，制臣大憝，竟以是罢归。时海寇犯泉境，与泉守真德秀协谋，亲捕其首赵郎，余党遁去。后直文华阁、知广州，未上，卒。子擢，知雷州。（旧志）（第2册，第505页）

卷五十七　忠义

（宋）赵必晔，字伯炜，太宗十世孙，补承务郎。怅望中原，怀古赋诗，慨然有祖逖之志。从益王至永嘉，转承议郎，二赵吉甫南外宗正。益王即位福州，泉招抚使蒲寿庚叛，与州司马田真子谋降元，必晔逃瓷灶村，真子遣兵勒还草降表。必晔持匕首自刺，吉甫抱哭曰："我愧死，万万不能复见子矣！"张世杰回兵围城，寿庚尽杀宗室，缚必晔，将斩之，录曹参军吴伯厚计出之，后遂居泉之东陵，日与渔樵方外士班荆燕坐，不复问人间事。诸生请讲解经传，亹亹不倦，尤长于《典礼》。以寿卒。有《茹芝东陵》等集传于世。宗室又有必辤者，福州长乐县主簿。宋亡不仕，易名文孙，不接流俗，专以训诲为事。又有必炜，亦宗室，与傅定保为友，其文章议论，渊懿浩博，为闽南硕儒。（旧志）（第3册，第194页）

庄思齐，晋江人，与弟公茂俱祐孙之子。初，祐孙始家青阳，有子五人，俱英毅卓立。宋幼主南奔，五人者与潮州司户参军蔡若济倡义迎幼主驾。语张世杰，欲效铅刀一割之用。张壮之。会蒲寿庚闭城拒驾，杀宋宗室之在城中者，遂不果。后三人俱寿庚之杀，散处四方，而独思齐、公茂还守青阳故山以奉父之老，称忠孝，并至云思齐之子复圭，元文宗开其学行，蒲轮屡下，卒不起。（第3册，第196页）

（元）郑寿，字龟龄，晋江人。曾子之孙，读书能文，蚤孤，事母尽孝。由千户升宣威将军，上万户。至正间万户赛甫丁阿迷里可叛，窃据泉州，寿谋讨之，机泄遭害，一门死者数人。第宅尽毁，子孙离窜，泉人伤之。（旧志）（第3册，第196页）

陈有礼，惠安西坑人。元末兵乱，回寇据郡，城邑人陈同与其姊夫柳伯顺聚众保乡里。及陈友定帅闽，同等受友定约束，破寇复城，友定授同行省右丞，守漳州，授伯顺兴化路同知。友定败，伯顺已先死，同亦解甲归，顾有司颇以新制绳之，同不能堪，复劫乡人谋起兵。已至有礼家，有礼责之曰："今为洪武三年，天下已定，君尚谋起兵，非叛也邪？"同怒，杀之，携其首去。其子号哭随之，至西湖沙中乃投还。官军是年诛同。（《闽书》）（第3册，第221页）

卷七十五　拾遗上

泉州有娘子桥，视洛阳虽低而长过之。相传泉人入番，舶坏，得巨岛，见大蟒夜出，有光如昼。乃插刀穴口，蟒出为刀伤，性急直奔，胸破肚裂，遗下明月珠累累。其人归,遂得巨富。尝谋聘富家女为妇,富家翁怪其妄诞,绐之曰:"余女畏渡海风波,能作桥,又布金于桥满,当遣女。"其人即作桥、布金,俗呼为娘子桥。(《闽小记》)(第 3 册,第 651 页)

景炎入海航泉州港,分淮兵二千五百人,命寿庚将海舟以从。寿庚闭门拒命,与州司马田真子上表降元。(第 3 册,第 657 页)

(清净寺)夏不鲁罕丁者,西洋喳啫例绵人,皇庆间随贡使来泉,(住排铺街)。修回回教,泉人延之住持礼拜寺。寺,宋绍兴创也。先是,郡守陈公偁请置市舶于泉州,终宋世向其利。胡贾航海踵至,富者资累巨万,列居郡城南。于是纳只卜穆喜鲁丁(撒那威人)建兹寺,有银瓶香炉以供天,土田廛舍以给众。宋、元之际,寺坏不治。至正九年,夏不鲁罕丁与金阿里谋出己资修之。请佥宪赫德尔、监郡偰玉立主其事。旧物征复,寺宇鼎新,层楼耸秀,峙郡庠前,东壮青龙左角之胜,众大悦。三山吴鉴记之。当是时,夏不鲁罕丁年逾百有二十矣,精健如壮岁。故是役也犹为政,鉴称其博学有才德,众奉以摄思廉。摄思廉,即华云主教也。罕丁,皇朝洪武三年庚戌乃终,去至正己丑又二十二年,盖寿百四十二岁云。夏敕大师,不鲁罕丁子也,习回教,继其业,亦寿百一十岁。(《闽书抄》)(第 3 册,第 658~659 页)

《中国地方志集成》(影印本)第 29 辑,上海书店出版社,2000 年

(清)柯琮璜等修纂,《安平志》

卷一　山川潮汐志

华表山:在灵源东北。两峰角立,如华表然,其势高绝秀耸,山麓古尝产芝,亦有芝瑞。

华表山,在五都,距城南四十里,山顶巨石耸立,如剑戟然,故名。又云双峰角立如华表然,麓有草庵,元时建祀摩尼佛,庵后有万石峰,有玉泉,有云梯百级,诸题刻。(第 16 页)

安平名胜

双桥跨海:安平旧有东西二桥。西桥起西塔,横截西埭,跨南安之十九都鸡暮山;东桥起东塔,横截东埭,跨十都之宋埭。二桥相对各数里,往来渡涉甚便。及至嘉靖戊戌岁,筑城乏石砌,其倡首乡宦柯实卿,拆毁东桥时,论者谓桥利不过数十人,而城卫数万家。病涉者偶遇阴雨,行人犹可停止,无城寇至,何能拥守。论者不计万年万姓之利害,徒仗睢盱之口实,亦独何战。

东第晴光:海自晋江东南流至石井江,由海门而入安海,聚各处之商船。晴明时登高一眺,千里平湖,水天相接,浮光曜金,静影沉碧,焕萃文章,诚一大观也。(第27页)

卷二 地理志

城池

汉初内附,唐尚荒远,文事未修,纪籍无考。安海旧名湾海,以其有九曲湾也。开宝间,安金藏之裔孙连济,徙居于此,改名安海。今自宋、元言之,先世相传,民居俱在市中。高惠连祠后尚起一山,名鹦鹉山,其族在山下。而今玄坛宫边系古墟墓,故人家尚有山头墓前之称,市东溪头陈厝屋基下犹余古坟。市西管丛下坂坑,旧名尚存。则四面皆旷野土垄,一海滣村落耳。无城郭之固,故海寇时至其乡劫掠。绍兴间,有镇官方姓者,纠民循东边筑土城,垒石为门五以备之。南为石泉门,在西桥头塔前,内有超然亭。我明嘉靖丁巳岁以筑为城墙,今废;北门在拱北亭外,后豪家盖店废之;东门旧在后庙口,今尚呼为东门内;西门旧在城上宫,直下龚家,故有西门内龚家之称;又有一门,在古东岳西,今尚在。

城濒海,南望海门十里许,通天下商船。贾胡与居民互市。镇曰石井镇,其分都别里,则里名修仁,乡曰开建。统图有四,渐为佳丽胜地矣。其后,季宋之乱,景炎之末,奸民挟漳贼两人其乡,杀掠大盛,城因圮废。

迨元入我朝,治属晋江,图依旧,都名八,班四十。废镇官,而有老人掌劝惩之政。其后生齿繁而文物盛,产籍多而赋税足,为晋江之上都也。郡邑视为富饶,官府赖其急办;而盗贼亦缘此而流涎。故广贼入者二,海寇涎望者屡。但阻于港汊之险,难于兵舰之用耳。然而居民或一岁而春秋汛,或一日而四五惊者有矣。……(第38~39页)

嘉靖之末,乃东阳卢公以本县父母,垂慈怜而废政;闾里贵宦以邻乡狡官,生忮求以成谋;父母有爱子之真心,而彼以爱兄之道乘,诚信而喜之,不虞其有他计也。乃于三十六年丁巳,卜日,运五十之工,驱海东之石以建成,功未及半,而柯宦因取柏木为基,被乡恶颜钦夫殴死。戊午四月,宦仆挟倭以来报宦仇,焚其尸,火其庐,祸延居民。其岁城亦卒成之。己未年,雨大城圮,倭奴大至。自是六七年间,漳贼倭寇流祸不已,城随圮随修。四十五年丙寅,知府熊北潭而大修之,城始完固。乡人建二公祠以祀之,立二公石以纪之。城长一千三百六十丈,垛三千有奇,门楼四,窝铺连城楼若干。是城也,始谋虽生忮求,人多恨之,今蒙护卫之安,人又思之,恨去愈远,而思来

愈长也,噫! 公其无憾矣。(第38～39页)

城壕:城壕旋绕,周辅于城,阔二丈,深一丈五尺。壕末两旁俱通埭,地高无水,居民、守兵以为菜园。

南城面海,目穷处海门也。潮一日夜两次起落,港底水尽。如船入,必乘潮头初动时,即随潮而入,至潮平方得到岸。去必潮涨,潮平即转船头,随潮汐渐出,汐尽得到海门,若稍缓则两头俱不得到,必须候潮,盖港汊九曲湾,微不由道,必搁浅败船,此海寇不得到岸一也。

石井、东石乃安海之二巨鳌,两边到海,内宽外窄,春秋二汛,则海上汛船如麻;收汛则捕盗船亦多,如寇一入,则兵船把汊口,一盗不能脱,此海盗不能到城二也。

自古海寇何止百千至。杰黠势大如温文进,岂曾不垂涎安海,亦不敢窥其门墙者,以此二险也。此固天堑百二之险不能过也。

东西两埭,水泽泥淖。东埭到东门以上,接皇恩坑;西埭到西门以上,接地埔坑,是皆易防守。所可虑者东北一隅耳,守城者须用力于此。自古有盗至安海者,按高谱载:宋景炎之世,天下大乱,奸民挟漳贼二次而入,获进士高大章以去,自后至我朝正德二年丁卯十月十三,广贼远袭,摽掠甚惨。五年庚午十月二十四日广贼又至,皆山寇也。直至嘉靖三十七年戊午四月初三,倭寇由海而来,然皆从他处弃船登陆,行有十里而后至安海,非直抵也,故不弃船望岸徒步之虑。(第40页)

民风土俗

安海濒海山水之区,土田稀少,民业儒商,又经二朱先生过化;是以科第之盛,宋元于今。商则襟带江湖,足迹遍天下,南海明珠,越裳翡翠,无所不有。文身之地,雕题之国,无所不到。(第51页)

镇市

石井镇,在晋江东南六十里,修仁里安海市。安海本名湾海,唐安金藏封代国公,子孙袭封。其孙连济,开宝中徙居此上,易湾海为安海。

东曰旧市,西曰新市,南濒海。初,客舟自海到,官遣吏榷税于此,号曰石井津。建炎四年,因新旧市竞利相戕,州请于朝,乞差官监临,始于市创石井镇,以迪功郎任良臣监镇兼烟火,市民黄护捐地建一廨。

绍兴二十六年,海寇淹至,镇官方玺,始于镇南偏循北筑土城,叠石为门以备之。镇旁有亭,巍然临流,群峰秀丽,环绕于前。匾曰:"双明"。里人高倬有记。

元至正间,东西两海湾筑为埭田,客舟不通,监镇遂废,乃移南安县四十三都石井巡检司于镇廨。明洪武二十年，蒙江夏侯整理边海城池，因见本地不系冲要，奏将本司复移同安浯州屿，改立陈坑巡检司，各在彼守御本处。

安海于宋全盛时，东有旧市，西有新市，因竞利而后设镇，市曰安海市，镇曰石井镇。今市散处，直街曲巷，无往非贸易之店肆，约有千余座。盖四方射利所必趋，随处成交，惟直街为最盛。鳌美塔以上为鱼肆肉铺，市下多锦绣绵布，迩年北门外山禽野菽、五谷薯芋、水虫羽族，凡百物皆朝萃于此，迨午而去，日日为墟也。（第60页）

安平镇市记

安海东曰旧市，西曰新市。客舟到岸，州官遣吏榷税于此，号曰石井津。

宋建炎四年，因新旧市利讼，郡守请于朝，设石井镇官以莅之。后黄护将己地建一解。绍兴二十六年，海寇淹至，镇官方玺修筑土城，垒石门以备之。至嘉定间，以迪功郎任良臣监镇兼烟火市民。至景炎间，土城崩坏，漳贼入，获进士高大章而去。

迨元至正间，东西两湾筑为埭田，海船不通，监镇遂废。仍移石井巡检于镇廨。至洪武二十年，江夏侯以安平之地不甚冲要，奏将巡检移住同安浯州屿，改为陈坑巡检司守兼本处。又至正德二年丁卯十月十三日，海寇复至，庚午十月二十五日又遭山贼。至嘉靖三十七年戊午四月初三日，倭寇乘船登岸而来，寇从东入，民避西去，死者甚众。至嘉靖四十二年，倭寇复至，大将南塘戚继光、虚江俞大猷先后出奇兵以灭之，倭寇遂通。以后设弁防汛，民始获安。（第61页）

桥渡

《清源旧志》曰："安平桥在修仁里石井镇安海渡，界晋江南安，一溪相望六七里。往来先以舟渡。绍兴八年僧祖派始为石桥，镇人黄护与智渊各施钱万缗为之倡。派与护亡，越十四载未竟。二十一年太守赵公令衿卒成之。其长一千三百四步有奇，为水道三百六十有二，自为记，榜曰："安平桥"为亭五。

明年复有镇人请于公曰："镇东南隅渡，名东洋，其港深阔，愿复得桥"。公许之，不半载而成，长八百六十五步，分二百四十一二间，较安平桥三分之二，有二亭。赵公常至是桥，有诗云："为问安平道，驱车夜已分。人家无犬吠，门巷有垆薰。月照新耕地，山收不断云。梅花迎我笑，为报小东君。"

安平桥：晋江、南安之界，旧以舟渡。宋绍兴八年，僧祖派始筑石桥，里人黄护与僧智渊各施钱万缗为之倡。功将半，派与护殁，十四载弗克成。二十一年，郡守赵公令衿卒成之。长八百十有一丈，广一丈有六尺，疏为水道者三百六十二有二,榜曰:"安平桥"。桥之东西中凡为五亭,后废其二,惟东西中三亭存耳。东为超然亭,以祀观音,后火焚,今以筑城废。中为泗洲亭,祀泗洲佛于其中。西在南安三十九都鸡暮山下水陆坊。国朝永乐甲申,里人黄韦重修。天顺三年梁圮,蔡阳生修,陈弘撰记。成化乙酉复记,里人蔡守辉、刘耿等重修。嘉靖辛卯、壬辰间,水啮埭岸,知县山阴钱楩命里人黄文器、文鼎、元景、蔡克振等重修中亭作水汉。万历二十九年间,中亭岁久风雨坏圮。二十九年辛丑西垵里人颜嘉梧募缘重建。人言天下之桥梁,妆饰华美者多矣,未有如是之长者。(第76~77页)

物类志

五谷土产

安海无田地,民不习耕种,惟业儒商。田业置于晋江诸乡及南安邻近诸村落,岁收二季,佃办纳早稻。

粳者,有白艮珠、番艮珠、青晚赤粳、师姑早,安南早一月而成,又有佘稻宜山种,种早收迟。占城稻五十日可熟,濒海备旱之地多种之。又有自高州、广东、福州、建宁、苏杭、温台而至者,品类甚多,不可尽记。盖安海无山林田土,故论土产品物俱自外来而非土出也。……乳豆亦名雪豆,花有红紫,有白,亦名扁豆。① (第106页)

果品

桔类"黄柑"而稍扁,皮薄鲜红,出漳州者稍胖大,肉脆而多浆,味甘色润黄,但易坏不耐久藏搬动。盖漳州人种在沙洲,地力浮嫩,皮带水气故耳。至二、三月时,浆干肉韧不可入口。出自六都者,小肉浆酸,皮粗粝,观美食甘,俱不及漳,然耐搬动可久藏。乡人远商苏杭、临清、两京,或异域番国,必置此为货,多获厚利。至三、四、五月间浆甘肉脆可口,比漳又胜。(第109页)

石榴,种出安石国者,处处有之。惟同安出者胜,他出者微带酸,皮为玳瑁,子如红玉水晶,粒大小有数种不等。(第111页)

树梅,出南海诸山,似杨梅而小,味酸。近南安傅会元有种。大者是杨

---

① 扁豆:据乾隆《泉州府志·物产》称:"荷兰豆"。据考,此物系由荷兰殖民者于16世纪末至17世纪中传入南洋群岛爪哇一带,明嘉靖至万历年间,安平商人浮海贸市于东南诸岛夷,已甚盛行,在与荷兰人交贸中将扁豆种子输入本地是完全可能的。故至今安海尚称此物种为"荷兰豆",并演讹转音为"荷乳豆"、"乳豆"。(见安海乡土史料编辑委员会校注:《安平志校注本》,中国文联出版社,2000年,第107页,校注1)

梅,味酸,五月出。可用糖煮作糖梅,暑月泡水解渴。(第 111 页)

山茹

朱薯,明万历间庚午年,人从吕宋带种来种之。田地腴瘦皆能有收,又可长短多种。一收可供八个月粮,功用大于大麦,虽臭烂亦有用,以至藤叶无可弃也,凡禽兽皆喜食之。薯随意烹调皆宜。粉曰薯粉,酒当大麦酒。此物自番而来,故曰番薯。时有兴泉道金事杨澄公曰:我朱能滋人,岂番能滋人。令易其名为朱薯,且其色类朱葛。剪藤压土皆可活。蔓生延长,又以松土压蔓即生根,聚头如葛,大如瓜,食爽口。①(第 113 页)

花草

茉莉花,即佛经末丽花是也,亦曰木丽花。低丛绿叶,四月始开花,白而小。五月以后花稍大,芬郁。出自西域,传播南州,乡人家家种之。(第 118 页)

蔷薇花,按谱有数种,有黄、有白、有红、有紫、有鹅黄、有醉杨妃,倚栏娇红木香。……昔大食国以蔷薇露入贡,今西洋尚有至者。(第 118 页)

腊梅,来自真腊国,故名。丛树叶大,花蜡色,又有绿萼梅。(第 120 页)

土货

吉贝②,本土附近村落园地多种之。晋南二县山村家家皆种,但所出者少。安海襟带江湖,商贾市廛水陆之货毕集,四方利市咸趋,是以同安之棉花日来数十担,乡人收买以卖四方,有可射利者。又以河南太仓温台等地产棉之处,岁买数千包,方足一年之出入。至冬月,人闲则收买入安溪、永春、德化,换来米、曲、葛布、水沙布等物。安海人买数千匹往高州、海南及交趾、吕宋等异国货利。

纻丝锦绮,俗尚游商,富家挟财本置绵葛等布、胡椒、木香、牙、明珠、翡翠等货,以往两京、苏杭、临清、川陕、江广等处发卖,仍置其地之所出如丝棉、锦绣、膻布、靴袜等物。凡人间之所有者,无所不有。是以一入市,俄顷皆备矣。

瓷器,自饶州来福州,乡人由福州贩而之安海,或福州转入月港,由月港而入安海。近年月港窑仿饶州而为之,稍相似而不及其雅。白瓷出德化,元

---

① 据《晋江市志·人事记》称:"明万历二十二年,甘薯苗由吕宋传入。"是岁在甲午,"庚午"乃"甲午"之讹。(见安海乡土史料编辑委员会校注:《安平志校注本》,中国文联出版社,2000 年,第 115 页,校注 4)

② 吉贝:系马来语之译音,实为木棉之异称。晋南种植木棉,始于宋元之际。(见安海乡土史料编辑委员会校注:《安平志校注本》,中国文联出版社,2000 年,第 125 页,校注 1)

时上供。(第 124 页)

卷五　公署志

(宋)石井镇廨:安海濒海,客舟可至,与民为市。故东曰旧市,西曰新市。官遣吏榷税于此,号曰石井津。建炎四年因二市竞利相戕,州请于朝,差官监临,始置石井镇。市民黄护捐地建廨,在石井书院东。郡志谓书院在镇西,及观之可知为居民陈氏占。(第 126 页)

(元)巡检司:宋在石泉门往东三百步许,为今水南门内井。安海濒海,客商自海可到,与居民互市,故建炎间始归石井镇。至正间,东西海湾筑为埭田,客舟不通,税无从出,监镇遂废,乃移石泉门巡检司于镇廨。迨于洪武二十年,江夏侯整理边海城池,(以安海)不关冲要,将本司移于同安县浯州屿。司原在镇廨,不知何年移于水南门内官地内。

官地,宋石井巡检司地,在今水南门大井北,东邻菜脯巷,西在路北后街,官卖为民居。(此则原编在本志卷之八《古迹志》)

石井镇巡检司,按通志在府南八都安海市,元时建,明洪武二十年徙于同安之陈坑,故址犹存。(《古今图书集成·职方典》第一千五十一卷,此则原编入本志卷十附录)(第 126～127 页)

卷七　人物志

乐善:(宋)黄护,性厌狙浮,目击安海之地,多贩鬻为生,商船至自潮广,寅寅如线。东西两市竞利,往往相戕,榷税吏不能制。宋建炎四年,州请于朝,创石井镇,而以迪功朗任良臣监其税。时辟廨所,量夺民居,人皆难之。公独曰:"息贪风,补弊政,此善事可为也"。于是捐地建廨不吝(即今安海三辅馆是其地,载《安平志》)。自尔俗化淳庞,人知礼让焉。且舍钱万缗,倡造安海东西二桥,厥功未竟而终。宋追赠晋江县尉,韩识作《清源志》不没人善,因纪载其名,以垂不朽云。(第 245 页)

卷八　寺庙志

昭惠庙仁福王宫

仁福王宫,古昭惠庙也。旧在东塔脚东,崇祀通远善利广福显济真君。庙东祀忠济仁福之神。考王姓陈讳益,其先太守陈蕃之后,宋熙宁间,西警以神为巡辖,元丰间,从守祷于是庙,则神已立化矣,遂别祀之。淳祐十一年,诏封忠济侯,加封仁福王。自政和延福寺有庙。泉之村落多立行庙,安平建庙,亦于是始。里人王国珍撰记。长乐林献可有昭惠庙献马文。神升仙南安九日山延福寺,凡有疫疠、痈疽、眼疾,乞以炉烬,盂水医之辄愈。明永乐癸卯,安平昭惠庙圮,李应箕重新。成化六年,张朝生募葺,顺治丙申毁,康熙甲子展界后,移建于西塔东第一境。(第277~278页)

昭惠庙记(即东宫也)　(宋)王国珍撰

夫有功于民则祀之,常制时之报功者必新之,明宫斋庐必旌之,以美号显爵,陈其俎豆而荐献之,盖所以示不忘。崇应公功烈在民,尤难忘者。唐咸通中,延福殿基方兴斤斧,公降神于桃源驲之岳山阴,治材植沿游而下,人不劳倦,故殿宇飞翚,垂数百年而屹然轮奂者,实公之力。公有庙于寺之东隅,为州民乞灵市福之所。吾泉以是德公为多,凡家无贫富贵贱,争像而祀之,惟恐其后。以至海舟番舶,益用严恪。公尝往来于烈风怒涛间,穆穆瘁容于云表。舟或有临于艰阻者,公易危而安之,风息涛平,舟人赖之以灵者十常八九。时于天旱,大泽焚如,守令忧之,为民勤祷,每用享于公之祠下,未终祀礼,而雨泽滂沛。其社士民有祷于公,事无巨细莫不昭恪,吾泉以是金感公之威灵。公尝以阴光相国,膺明天子之宠眷。疏封锡爵,可谓蕃庶。此颁昭惠之额,为庙之荣,兹诚一时盛举。公之神,窃意其如泉之在井,随汲皆足;如声之在谷,随响皆应。故安海市沐公之庇,时为其厚,市虽滨于溟渤,而未尝有汛滥海涌之恐者。以公之庙端居于右。市之风雨以时,而文物井井,山会水集,家肥人富,济济然而向礼义之方者,亦公有以致之也。故市之民德公,而愈不忘。初以公庙卑湿,遂迁高燥之地,经营就绪,未惬舆情。又即其旧,贯而广大之,百用具备,像图孔肖,示之俨然,有可畏之威。故祈报禳谢者,顶踵相继。

庙之造,以政和四年八月癸酉经始,而政和五年十二月己丑讫功。倡其事而致诚竭力者:叶俊德、陈贞、杨从、吴宗淮、陈毅、杨高等计百五十余人,共施金财。庙已落成,遂来乞文以纪之。时国珍教学于庙之左,亦荷公之赐。故为之铭曰:"宕峣群山开云屏,滂洋大江长练横。公安斯宫赫厥圣,山之秀兮江之清。"

都劝首叶俊德。会稽谢成绩书。乡贡进士王国珍撰。通政郎权知兴化县管勾学事兼管勾劝农黄篆。奉议郎太医学博士充编类政和圣济宫郎阅官刘惟立石。(第278~279页)

昭惠庙献马文　(宋)林献可撰

伏睹神无所不通,感之斯应;神无不在,求之斯来。公之肇迹,其原有自。庇庥之力,于泉尤笃。人各各以归仰,方在在以奉祀,而公无不通也,无不在也,未尝有违所愿,此海滨之民,所以获建行宫焉。然殿宇苟完,圣像苟美,虽部曲稍备,而文物未全,如之何其仰福?即此二人同心,所以誓造神马。论公之神,不疾而速,不行而至,何假神像以为之哉?然其德重者其物备,位高者其礼崇,不如是不足以表其德,不如是不足以称其位。

斯马也,非骅骝骒骊之良,其筋力精神,不知其若何也,以像仪而已。斯驭也,非王良造父之善,而左右调护,不知其若何也,以备员而已。虽未足以表其德,称其位,而至诚之意,惟公知之。如将以神赐之,而不尤其不备,以神化之,而不病其不能,则下马行地无疆,上马朝天有路,庶几乎有降福之由也。伸敬既毕,非敢矜言。姑用记其岁月云。

濮阳吴处厚刊上文于石,题曰:绍兴戊戌岁,高汝贤、何与能、施造神马,而长乐林公献可特为之文,用记岁月,而标于庙之西廊下。日月浸久,文字毁灭,几至剥坏。厚嘉其文之卓,于是命刊于石,庶不泯焉。徽宗宣和庚子中秋后一日谨题。(第279～280页)

天妃宫

旧在水南门内,对面店三间,及迤东溪头店三间,店后厝抵后街。嘉靖辛卯、壬辰间,黄氏陈于钱尹梗。请产给帖作民居,而天妃祀在民家。及筑城,乃祀于南门城楼。万历癸酉、甲戌之岁,士夫黄菊山作疏,合缘化众,驱阳侯之石,役五丁之士,因浮海之洲,砌三层之堂,结彩珠之宫,以祀尊神。匾曰:"神天观",谓如海上三神山也。两旁翼堂初就,其地来山头,分支至岭顶结一庙曰:"岭头庙"。迤东李厝及温厝,南下古槐花树街,曰蔡仔山,直南结凝上如龟背上作塔,穿脉过海结凝为堤,地如广之海珠寺,随潮上下,此天造地设;非有苟者。

海中小岛天妃庙

城南天妃庙,乃宋绍兴间,里人长者黄护建石桥同时起盖,塑观音佛神像祀于其间。迄明嘉靖之际,里人具呈邑尹钱公梗,请产盖店三间,赁利以供香火,然安平之人,尝以浮海为生。人家多祀天妃女神,及城筑完,以天妃礼之南门楼。至万历癸酉年,乡绅菊山黄公移妃像,祀于南门外小屿观音庙之中堂,奉观音于后殿。嗣后举城男女祈祷不绝如缕,初立木桥,惧其险,后造石桥,灿然壮观,往来平坦。又古传小岛随潮浮沉,其信然乎?庙前之石华表,乃宫保黄汝良于明天启元年春立。

改筑天妃庙功德疏　(明)黄伯善撰

天妃庙托海市,数世悠长;人旁神居,庇庥浩瀚。偶为吃粟,多所欺夺;久无优婆,安能再兴?香火聊寄南城,旌种不见上界。女流祈祷,登栈之步履实难;贾竖嬉游,睥睨之攀缘无惮。于少时曾入我梦,在今日当为神谋。鸡鸣埭,应桃都,金家旧物;龙卧桥,跨石塔,玉洞别天。隔一水驾略彴以通之,仿三山筑方丈斯可矣。自渐无犀带,众施有蚨钱。择庙令以募缘,共招呼鸥鸟伴;意宫妃必图报,亲抱送麒麟儿。疏不讹言,欢之喜舍。(第289~290页)

坛阁祠庙

卢侯生祠,安海初无城廓,商贾之渊薮,海寇频欲染指,居民岁无宁处。嘉靖丁巳岁,晋江县东阳卢公仲佃行部到都,赤子器诉慈母,公乃毅然上请委以独任,两台上司义之,遂城造筑。至戊午岁四月,城工未半,而倭夷果从柯奴登岸,以仇主,祸及乡民。自兹以后七、八年间,倭奴挟叛民残害乡邑,兴、泉、漳殆无宁土。公设技攻围,随攻随守,有九攻九守之难。居民性命之存者,皆公造就之功也。赤子骈襁有永之居,故公当享有永之祀。祠在院东亦书院地也。(第299~300页)

卷九　诗文集

安平八景诗

东海晴光　(明)黄伯善撰

东方川右肃阳候,罔象天吴百怪收。日出不知旸谷远,潮来真觉扶桑浮。水村鸡犬连鲛室,贾舶帆樯压蜃楼。岁岁鱼盐千万户,冯夷击鼓海童讴。(第309页)

城压沧溟　(明)黄帝赉撰

楼阁层层氛气清,万家烟火倚孤城。海门九曲天为堑,贾舶千艘市有声。形胜觉如铜柱界,房宿惊见顺天旄。鲸鲵从此无波浪,铁瓮不施强弩横。(第318页)

安平八咏　(明)何乔远撰

灵岩山下万人家,古塔东西日影斜。巷女能成纻麻布,土商时贩木棉花。

山镇田稀多贾海,小村市闹亦成圩。只惊五斗碱仍浊,不怕三餐饭少鱼。

寥氏为钱礼上苍,何如大宛面如王。南风一片孤帆入,帛布人夸欲斗量。

西桥五里海门遥,小阁观音压岸腰。陡见莲花清宿淤,拍天白雪是秋潮。

画拱雕窗俯海荒,朝朝庙下跑祈祥。层龛累积元真闷,大似金身镇武当。

五尺清流一丈沟,秧田穗陇夹沟头。平涛中断孤州晚,千个鹭鹚点素秋。

不管东西有雨晴,少年罗绮曳秋轻。衡门别有幽人卧,终岁长饥汗漫生。

石井西头鳌水波,考亭别庙亦嵯峨。诸生鲁国弦歌在,白首高山竟若何。(第320页)

安平怀古　(清)施钰撰

(其一)仁孝曾传开建乡,高贤信宿地增光。风清石井渊源远,家近灵岩锦绣张。古塔东西排两岸,大江南北渡千航。漫将富庶夸风土,尽有人文载典章。

(其二)彩舶来宾百贝呈,龙钟父老道前明。一门政绩歌棠舍,九节徽音播海城。诗草曾闻闺秀著,玉林犹说尚书名。只今长啸秋风咏,珍重司空赏识情。(第323页)

安平怀古　(清)伍常撰

栖神宛在水之湄,宫号朝天拓拒规。在昔威灵扬海国,舟行履险庆如夷。(天妃庙)

石梁跨海卧晴虹,晋邑南安路可通。传说绵长天下冠,金鳌遥对列西东。(东西桥)

海港汊汧九九湾,上承白石九溪源。江流万里通浯厦,船舶交通朝夕繁。(海港)

两岛屯师战祸开,满廷招抚使频来。报恩寺上商条约,毕竟孤臣志不回。(郑成功)(第324~326页)

天妃庙　(清)黄伯义撰

野涨没溪八月潮,出城骋望水门遥。港通海外昆仑舶,邸倚天南万里桥。地自一初名别洞,鼎从万历纪神尧。烟光云气相涵映,决皆十分景色饶。半亩方基海上洲,渔人无数在洲头。声声笛倚江城晚,远远雁依石塔秋。桥店初投南北客,港中未断往来舟。晴明满月千山景,雅称高人作浪游。(第338~339页)

送朱乔年[①]**衻举荐监石井镇　　（宋）佚名撰**

石井镇初腾一鹗,管城子健干千钧。已然自足雄吾党,其进只应轶古人。衣被卉裳殊俗惯,年捐犊佩狷商驯。万钟他日扶危平,五斗怡怡为奉新。（第348页）

咏安平桥　　（宋）赵令衿撰

维泉大海濒厥封,馀波汇浸千里同。石井两间道所从,坐令往来划西东。怒涛上潮犷天风,舟航下颠一瞬中。孰锐为力救厥凶,伟哉能事有南公。伐石为梁柳下扛,上成若鬼丽且雄。玉龙千尺天投虹,直槛横栏翔虚空。马舆安行商旅通,千秋控带海若宫。震惊蛟鼍骇鱼龙,图维其事竟有终。我今时成则罔功,刻诗涯涘绍无穷。（第350页）

安海乡土史料编辑委员会校注,《安平志校注本》,中国文联出版社,2000年

（清）刘佑等修纂,《（康熙）南安县志》

卷二　疆域志之四　山

九日山,在县西三里,属一都。……姜公辅所居在九日山东,公辅为唐德宗相,谪官来泉居此。庆历四年,苏魏公绅大书姜相峰三字于石峰顶。有磴可坐十数人,宋人有姜相台诗。公辅殁,遂葬焉。山麓有寺曰"延福",晋太康中所创,去山二里许,唐大历三年移建今所。寺额欧阳四门所书也。大中五年,赐名建寺。宋乾德中,陈洪进增建,乃改今名。有三十六奇：一曰神运殿,唐咸通中,僧初建殿取材于永春之乐山,遇一叟为之导,是夕又梦许护送。既一日,江水暴涨,其筏自至,若神运状,故以名。一曰灵乐祠,谓指木之叟,盖乐山之神焉,祠以祀之。水旱疠疫,海舶祈风,辄见征应。宋时累封通远王,赐庙额"昭惠"。其后叠加至善利、广福、显济。一曰肉身王,姓陈,名益,熙宁间,有西夏之警,诏求勇敢士。郡守辟益为巡辖官。元丰间,睹庙之灵,誓舍身为佐。遂植杖立化,僧以泥益躯,别祠奉之。淳祐中,累封仁福王,一曰檀樾林,云昔殿宇甫成,有神人拥徒历观,俄隐于林间,每遇阴雨,其中有灯自明。一曰菩萨坑,一曰仙人桥,一曰石佛岩,陈洪进因山石镌佛焉,故名。一曰东峰道场,一曰秦君亭,一曰姜相台,一曰无等岩,石高丈许,上刻"泉南佛国"四字。无等,唐时禅师也。一曰水陆堂,一曰放生池,通远王

---

① 朱乔年即朱松,朱熹之父。

在宋时最为灵著,州人祈祷,禽赫酒肉滂沱,及乎散胙饮福觞豆,杂进喧呼纷藉,山僧禅师慧邃曰:五教,杀为大戒,神实依佛,其有不从。卜于神曰:其诚易杀为仁,则兆吉。又曰:其诚却荤茹,为蔬食则兆吉。慧邃曰:神许我哉。于是,作水陆堂、放生池,岁救物命不知凡几。李邴为之记云。一曰御书阁,以藏敕书。一曰墨妙堂,堂在奉先院中,以东壁有蔡忠惠诗故也。诗曰:日照溪山生翠光,春深花草杂幽香。登临谁识迟留意,门外埃尘去路长。末云:莆阳蔡襄,庆历四年二月二十日入延福寺,登秦君亭,观白云井,访北台,还书奉先东壁。一曰乱峰轩,亦无可所建。一曰聚秀阁,一曰廓然亭,亭在山半。宋元丰间,天台可师建。朱文公有诗。一曰思古台,台在山阿文公书亭,扁曰仰高,盖景行姜、秦二公之意。……一曰翻经石。梁普通中,梵僧拘那罗陀翻译《金刚经》于此。……(第1册,第76~77页)

困山,在县西北四十里,属廿九都。秀锐峭拔,其形如一支生同安县,一支逆而东。郡南外局诸山、及之福泉山乌山皆发于此,航海者率以此山为准。(第1册,第96页)

卷五 防御志 兵制

宋初,收天下精壮为禁军,留本州镇守者为厢军。禁军主粮各州者,仍禁军之号。泉有澄海、威果、全捷、广节指挥名号,设有额军。额军之外,又有诸寨士兵,在南安者为石井、潘山,与晋江石湖、惠安小兜、德化云峰相犄角。又有弓手,随产户雇募,以备不虞焉。(第2册,第159页)

卷十 官师志

(宋名丞)傅伫,字凝远,仙游人,重和中进士,丞南安。岁大饥,民弃妻子者相属。伫请出常平钱米,设安养院,糜粥食之,全活甚众。越年,岁丰,悉访所亲归之。迁知晋江县,会造战舰,伫躬督其役,劳费半他邑而事独先办。帅张浚闻于朝,特减磨勘三年,转南剑州通判。(第2册,第284页)

卷十八 艺文志

钓龙台(在九日山) (唐)韩偓撰
无奈离肠易九回,强将怀抱立高台。中华地向城边尽,外国云从岛上来。四序有花长见雨。一冬无雪却闻雷。日宫紫气生冠冕,试望扶桑病眼开。(第4册,第532页)

题姜相峰前祠和韵 (宋)傅伯寿撰
草间荒冢没麒麟,古寺何人为写真。华表不归空怨鹤,长松半落欲生

鳞。艰难曾藉扶危力，鲠介原非卖直人。安得正元同正观，怀思忠愤一沾巾。(第4册，第550页)

又题

早岁声名起日南，暮年病骨卧烟岚。死生有地皆天命，不用人间更疾谗。(第4册，第550页)

卷十九　杂志之一

占城稻，耐旱，其色有白、有斑、有赤，自种至熟仅五十余日，涸燥之地多种之。

脂麻，即胡麻，俱可榨油。

番薯，种出岛外，蔓生，多结根，一亩地有数十石之获，比土薯省力而获多，贫者赖以充饥。

菠蒡菜，此菜出西域颇棱国，颇讹为菠，俗呼赤根菜。

瓮菜，茎即如竹，蔓生畦中，或水中。来自东洋古伦国，以瓮盛之，故名。

西瓜，来自西域。(第4册，第577~580页)

卷二十　杂志之四

延福寺，在九日山下，晋太康时建，去山二里许，唐大历三年移建今所。宋乾德中，陈洪进增建，改名曰延福。明洪武中修建，嗣后屡火屡修，竟不能复旧观，原为祝圣习仪之所。崇祯中，邑侯韦克济重修，焕然一新。旋以寇氛荡坏，风雨继之，今倾圮殆尽，故址仅存。惟古菩萨三座，与韦令旧构梵宇尚巍然焉。(第4册，第602页)

福清寺，在三都灵秀峰之前，梁王延彬为僧居讷(元讷)建，洪武年重建，今废。(第4册，第602页)

南安县志编纂委员会办公室，《南安县志》(康熙版)，中国出版对外贸易公司福建分公司，1986年

(清)鲁鼎梅等修纂，《(乾隆)德化县志》

卷四　山川

矿山崎，在尤中里，从大仙迢递而南，直奔戴云，为郡邑诸山之祖。产铁矿，有矿处皆官山，采矿熔铁，例纳邑进士山租，俗呼进士山。(第4卷，第8

页)

物产(附)

谷之属

占稻,无芒而粒小。《湘山野录》云:"宋真宗以福建田多高仰,闻占城稻耐旱,使求其种一十石,使民莳之。"《三山志》谓其有早、晚二种。《邵武志》谓其种有六十日可获者,有百日可获者。邑田岁仅一熟,早稻寄种已少,此种更稀。(第4卷,第36页)

台湾稔,种来自台湾。(第4卷,第36页)

货之属

瓷器,泥产山中,穴而伐之,缒而出之,碓舂细滑,入水飞澄,淘净石渣,顿于石井以漉其水,乃砖埴为器。烈火煅炼,厚则绽裂,薄则苦。罂、瓶、罐、瓿,洁白可爱,饮食之器,多粗拙。虽有细者,较之饶州所作,终不能及。

铁矿,出矿山崎。采矿熔铁者,例纳邑进士山租。邑原有七炉供饷,然每时兴时废。

烟叶,崇祯初年始种之。邑田仅一收。迩来民稍习勤,冬至种麦,清明附种烟叶于麦旁,麦熟即厚壅以粪,大暑后收烟种稻,稻更丰收。但下年只可种麦与稻,以休地力,若仍种烟,多难活。(第4卷,第37页)

蔬之属

蕹菜,蔓生,花白,茎中虚。摘其苗以土壅之辄活。本出东夷古伦国,番舶以瓮盛之,故名瓮菜。能解野葛毒。

菠薐,又作波棱。出西域颇棱国,讹"颇"为"波"。俗呼赤根菜。(第4卷,第38页)

匏,亦名瓠。味甘。有缘架生者,有附地生者。大腹小头,老则去穰为器。又有葫芦匏,瓢匏,俱可为器。又一种俗称番匏,形圆而扁,肉黄味甘。拔火毒,炮伤、砂子入肉,切片傅之立出。有极小者,名金瓜,皮纯赤有瓣。(第4卷,第39页)

番薯,万历间,闽人得之外国。硗瘠山地皆可种。茎叶蔓生,根如山蓣、蹲鸱之类,味极甘。有红、白二种。生食、熟食、晒干、磨粉皆宜,亦可酿酒。迩来栽种甚盛,粮糗多资此。又有一种略短而圆、肉色纯黄者,为芋薯。(第4卷,第39页)

波罗蜜,种自荷兰国移来。实生于树干上,皮似如来顶,剖而食,甘如蜜。(第4卷,第40页)

木之属

柯,木修直,可作船桨,子名椎。(第4卷,第44页)

按:德化素号产木之区。盖穷岩邃,水道隔越,砍运维艰,故得老其材也。迩来人稠用杂,旦旦斧斤;兼以铁灶、磁窑广需柴炭,几并万林而赭之,贾木者于是不入矣。(第4卷,第44页)

《(乾隆)德化县志》,清刻本

(清)区作霖等纂修,《(同治)余干县志》

卷十八　艺文　墓志铭

宋丞相忠定赵公墓志铭　(宋)刘光祖撰

自古有大勋劳于天下,如周之周公,管、蔡而周室始定。……盖未有遭时不幸,大臣以同姓定大策,受命父母,举神器而授之于春秋既富之君,而自引退,不敢居其功,力辞相位不得去,而小人谗之,谓将不利于社稷,使以贬死,如故相赠太师忠定赵公之事,为可哀也。……甫四日正月乘舟薨,年五十有七……女子六人,嫁承奉郎、监泉州市舶务汪德辅;承务郎、监兴化军莆田县涵头盐仓;宣教郎知南剑将乐县刘填;……(第1274~1310页)

《中国方志丛书》华中地方第257号,台湾成文出版社,1975年

(清)孙尔准等修纂,《(道光重纂)福建通志》

卷十八　公署

(闽县)废署附:市舶提举司,在布政司西南都指挥金事王胜宅也。旧置司于泉州,后番舶入贡,多抵福州河口。明成化五年,巡抚张瑄奏移于此。(第490页)

(晋江县)废署附:市舶提举司,在府治南水仙门内旧市舶务址。有清芬亭,以傅伯成有岁晚松篁期苦节,春光桃李自多情之句,故名。元祐初置,明成化间移福州。(第499页)

卷二十一　坛庙

(晋江县)天后宫,在府治南门内,宋庆元间建,永乐十三年敕修。国朝

乾隆、嘉庆间相继修,一在南门外厂口,一在十五都围头。国朝靖海将军施琅师次于此神有助顺功,康熙二十四年遣礼部郎中雅琥致祭。(第573页)

韩忠献父子祠,旧在府治后圃,宋郡守王十朋建,淳熙间五世孙康卿来泉提举市舶司重建。(第575页)

卷四十二 古迹

晋江县

东湖亭,在东湖大阜中,刺史席相、别驾姜公辅揽胜至此,因构此亭,郡人呼为二公亭。(第889页)

刺桐城,节度使留从效重加版筑,旁植刺桐。岁久繁密,其木高大,而枝叶蔚茂,初夏时开花鲜红,叶先萌芽而后花,然后则年谷丰熟。廉访丁谓至此,赋诗云:"闻得乡人说刺桐,叶先花后始年丰。我今到此忧民切,只爱青葱不爱红。"(第890页)

天风海涛楼,在城东北石头山,蒲寿庚建以望海舶。(第891页)

附:默德那国二人墓。在灵山。《闽书》:相传唐武德间来朝,有三贤、四贤传教泉州,卒葬于此。葬后是山夜光显发,人异曰:圣墓。(第894页)

南安县

冢墓:唐同中书门下平章事姜公辅墓。在九日山下,隐士秦系为营葬。宋淳熙十三年,知州事林枅修,明弘治间同知罗惠修。国朝乾隆十五年,裔孙宏泰清其旧址,竖立石柱为界。(第897页)

卷五十三 钱法

(宋)绍兴二十六年,御史中丞汤鹏举"乞申严福建、广东沿海铜钱出界之禁,犯者尽数给赏,检阅官除名,守停巡尉抵罪。"从之。(第1074页)

端平元年,以胆铜所铸之钱不耐久,旧钱之精致者泄于海舶,申严下海之禁。谨按:宋自南渡而后,国用日亏,建炎初,犹闻各路铸钱监,未几,以铜、铅之入,不敌官吏稍廪工作之费,臣僚请停鼓铸。绍兴而后,甚至搜刮墓冢所存,并御府所积铜器,犹不敷用,乃增造会子,以济铜钱之乏。初,各路通行钱引,福建以蔡京乡里故免焉。至嘉定间,会子之法日弊,建、剑间,一千止得见钱六百以下,地愈远则愈轻,愈轻则愈不用。于是,泉州守臣宋钧、南剑州守臣赵崇宪、陈宓皆以称提失职,均降一官,崇宪、陈宓各展二年,磨勘。福建路安抚使蔡幼学亦言钱币未均,称提无术,求罢去。(第1075页)

国朝钱法 附洋钱

福建暨广东近海之地,多行使洋钱,以银为之,来自西、南二洋,约有数等,大者曰马钱,为海马形,次曰花边钱,又次曰十字钱。花边钱亦有大、小、中三等,大者重七钱有奇,中者重三钱有奇,小者重二钱有奇。又有刻作人面或为全身,其身为宫室、器皿、禽兽、花草之类,环以番字。亦有两面皆人形者,闽、粤之人称为番银,或称为花面银。凡荷兰、佛郎机诸国商船所载,每以数千万圆计。考《汉书》载:安息、大秦诸国附近西海者,多以银为钱。《太平寰宇记》载:海西诸国,钱有骑马、人面诸品,盖其遗制,至今尚存云。(第1079页)

卷五十六　风俗

(泉州府)《万历府志云》:近年生齿日繁,山穷采樵,泽竭罟网,仰哺海艘,犹呼庚癸。(第1138页)

(同安县)同滨于海,采珠而从海贾游者,经鲸波蜃浪之险,而心无畏惧。(酆一相《县志》序)(第1139页)

卷八十四　兵制

船政

(唐)唐懿宗咸通元年,南蛮陷交趾,征湖南、江西水运馈行营,诸军溯运艰难。润州人陈磻石诣阙言:"海船至福建,往来大船一只,可致千石,自福建不一月至广州。得船数十艘,便可致三万石,胜于江西、湖南溯流运粮。"乃以磻石为巡官督海运。(第1686页)

(宋)嘉祐三年,蔡襄奏:"沿海州、军兵士不习舟楫。福、泉、漳、兴化有舠鱼船及巡检司船,愿量与修整;旧所无处,仍置五七只。"朝廷可其请。……绍兴二年,沿海制置使仇愈奏:"福建合雇募海船至百只,并面阔一丈八尺至二丈。每十只结甲,命官一员管辖。"十年,转运司措置:阔一丈三尺以上海船,籍之安抚司;募橹桨船二百只。

二十九年,本路造寠船一百二十只,寻改名戈船。是年,帅司奏:"船阔一丈二尺以上率十只,岁拘三只。"寻以一丈二尺以上者不多,乃令一丈以上亦籍之。……淳熙三年,令福建安抚使司照沿海例,团结泉、漳、兴化民船,以备分番遣戍。(第1686~1687页)

(元)世祖至元十八年,福建省左丞蒲寿庚言:"诏造海船二百艘,今成者五十,民实艰苦。"诏止之。二十六年,尚书省臣言:"行泉府所统海船五千艘以新附人驾之,缓急殊不可用。宜招集纳颜及里纳噶尔流散户为军,自泉州至杭州立海站十五,站置船五艘、水军二百,专运番夷贡物及商贩奇货,且防御海道为便。"从之。二十九年，诏福建行省会江西、湖广行省兵二万，发舟千艘，给粮一年，征爪哇。水军乘钻锋船前进，会大军于八节涧，获其鬼头大船百余艘。（第1687页）

卷八十六　海防　各县冲要

泉州府晋江县

石湖寨（二十二都，即日湖）在治东南五十里，宋熙宁初建（石湖村为晋江、南安、同安、惠安四县陆路总要地）。明洪武初，置巡司，后移于祥芝。万历间徙浯屿水寨于此，把总沈有容重建，周五十二丈，门一。今属陆提标右营分防。

安海镇在治南六十里，宋建炎四年置石井镇。绍兴二十六年，海寇奄至，镇官自镇西偏循东北筑土城，垒石为门备之。元置石井镇巡司。明洪武二十年，徙司于同安之陈坑镇，仍为商民辏集处。嘉靖三十七年，倭乱，甃石拓城，设官军戍守，亦曰安平镇。国朝雍正七年，以地滨海扼要，移府通判驻焉。乾隆四十年，移驻马巷。

永宁卫在治东南五十里，东滨大海，北界祥芝、浯屿，南连深沪、福全，为泉襟裾。宋乾道八年置水澳寨，元为永宁寨。明洪武二十年改卫，二十七年筑城。今为陆提标右营驻防。

围头镇在治南八十里，东南瞰海，南连洝洲。宋淳熙十三年，州城西置宝林寨，城东置法石寨。嘉定十一年，以海寇冲突，围头守臣真德秀移宝林寨兵戍之，立寨曰宝盖。元，寨废。明初，徙永春陈岩巡司于此，今改名，属金门镇右营巡防。

福全在治东南，与围头、峰上诸处并为海舶停泊避风门户，有大留、圳上二澳，要冲也。明置守御千户所。今属陆提标右营分防。

祥芝在治东，东抵外洋大海，南至永宁卫与崇武相对。明洪武二十年，从石湖镇巡司于此。国朝康熙十九年，司移洛鹘，改祥芝水汛隶金门镇左营。

深沪在治东南二十五里，东滨大海，北永宁，南福全，西邻浔尾，通南日，接铜山。明洪武二十年，移元港边巡司置此，改深沪巡司。国朝康熙十九年，司移雉阳，改深沪水汛隶金门镇左营。由深沪抵永宁为佛堂澳，海舶出入必经之地。

乌浔在治东南九十里，南临大海，东接深沪，西连福全。明设乌浔巡司。

蚶江在治东南，为内海正口，洋舶所经边海之地。

法石在治东南十五里,宋置寨于此,防海冲要之地。今属陆提标右营分防。

东石在白沙、安海之间,沿海要地。

乌屿在海中,上与惠安臭涂分界,四围潮水环绕,民居辐辏,有石桥以通往来。

鹧鸪口铳台(在三十六都)在治东南临海。明天启七年,知府王猷建,周二十四丈,高一丈八尺。今属陆提右营兼辖。

溜石铳台(在三十都),明崇祯二年,知府蔡善继建,周二十余丈,高一丈四尺。(第1723~1724页)

历代守御

(五代)梁王审知受太祖封为闽王时,杨行密据江淮,审知岁遣使泛海自登、莱朝贡于梁,而又招来海上蛮夷商贾。

(宋)雍熙二年九月,禁海贾。(《宋史》)

嘉祐四年,知福州守蔡襄奏请沿海地方教习舟船以备海道。

靖康三年,辅臣李纲奏立沿海水军战舰。

建炎四年七月,禁闽、广、淮、浙海船商贩山东,虑为金人向导,诏江浙、福建州县谕土豪募民兵,据险立栅栏防遏外寇。

绍兴二年八月,沿海州县籍民海船,每岁一更,守海道险要。五年九月,命沿海州军籍海舶分守要害。(《宋史》)

绍兴六年,置延祥寨水军,又设水军百五十人,隶泉漳都巡检使管辖。八年,置荻芦寨水军。

绍兴二十八年九月,安抚司奏本路海道多寇掠,突入本司,荻芦、延祥两寨水军乞各以三百人为额。从之。

绍兴三十年,令安抚司籍募土豪水手,漳、泉、福、兴积募到船三百六十只,水手万四千人,仍于濒海巡检下土兵内取七分识水势人,每月一次,同土豪水手船出近海港口教阅,三五日复回本处。

乾道二年,令括诸司船,更番品搭,以备安抚起拨。八年,岛夷入寇,增设水军,置水澳寨分兵守之。

淳熙三年,周必大奏请福建籍定船依旧分番差使,当番人前期告报祗备,不当番人纵使营运为生。(《省斋别稿》)

宝祐六年八月,诏申严倭船入界之禁。

(元)至元二十六年,尚书省臣奏请自泉至杭海站一十五,置船五艘,专运番夷贡物及商贩杂货,且防御海道,从之。元末,置巡检司于澎湖屿。

卷九十　宋职官　总辖

（宋）提举常平　提举茶盐公事：吴详①，丽水人，崇宁五年进士，高宗朝任。

（宋）市舶提举司：《文献通考》：开宝四年下广南，以同知广州潘美、尹宗珂并兼市舶使，通判谢处玭兼市舶判官。熙宁间，始变市舶法，泉人贾海外者，往复必使东诣广，否则没其货。太守陈偁奏疏，愿置市舶于泉，不报。哲宗即位之二年，始诏泉置市舶。旧制虽有市舶司，多州郡兼领。元丰间，始令转运司兼提举，州郡不复预矣。后专置提举，而转运亦不复预矣。后尽罢提举官，至大观元年续置。《宋史·职官志》：提举市舶司掌番货海舶征榷贸易之事，以来远人，通远物。元祐初，诏福建路于泉州置司。大观元年，复置浙、广、福建三路市舶提举官。建炎初，罢闽、浙市舶司归转运司，未几复置。乾道初，臣僚言："福建、广南皆有市舶，物货浩瀚，置官提举实宜，仍委逐处知州、能判、知县、监官同检视，而转运司总之。"

提举：徐确（莆田人，元丰五年进士）、陈汝锡、上官厚、钱景邈、乐昭衍、章焕文②、周需（俱崇宁间任），施述、蔡櫗（仙游人，大观三年进士）（俱政和间任），许大年、张佑③（见《名臣奏议·李纲疏》）（俱宣和间任），鲁詹（靖康间由监裁造院任，宦绩见转运判官）、邵邦达（武进人，大观进士，建炎间任）、徐与可、李承遇④、王权、赵奇、吕用中、鲍存⑤（《闽书》"存"作"仔"）、韦寿成、楼璩（鄞县人）、曹泳、赵士鸣⑥、李庄、郑寀、张子华、傅自修（有宦绩）、张汝楫（宦绩见提举常平）、陈之渊（无锡人，绍兴进士）、黄绩、何俌（西安人，绍兴十二年进士）、林之奇（侯官人，绍兴二十一年进士）、郑震（以直秘阁任，见《建炎以来系年要录》）、郭知训、何偁（见提举常平）（俱隆兴间任），程佑之⑦（河南人，徙居临桂）、马希言、陆沅、张坚（镇江府人，绍兴进士）（俱乾道间任），虞似良（黄岩人）、苏岘（见转运使）、韩康卿、彭椿年（黄岩人）、严焕、林劭、潘冠

---

① 吴详，绍兴间以福建提举茶盐兼市舶提举。见杨文新：《宋代市舶司研究》，厦门大学出版社，2013年，第268页。

② 章焕文为章炳文之误。

③ 张佑为张祐之误。

④ 李承遇为李承迈之误。

⑤ 鲍存，一作鲍仔。

⑥ 赵士鸣为赵士鹏之误。

⑦ 程佑之为程祐之之误。

英、胡长卿、张逊（鄞县人，绍兴二十一年进士）（俱淳熙间任），王涣、赵汝彧（汉恭宪王元佐裔孙）（俱绍熙间任），许知新（仁和人，绍兴二十一年进士）、詹徽之、黄缵（俱庆元间任），余茂实、曹格、郭晞宗（俱嘉泰间任），赵盛、赵亮夫（魏王子高密郡王裔孙）（俱开禧间任），朱辅、王枢（莘县人，居平江府）、赵不熄（商恭靖王元份裔孙）、傅庸（新城人，淳熙二年进士）、叶元澣、赵崇度（汉恭宪王元佐裔孙，以知泉州兼）、施械①、魏岘、赵汝适（商恭靖王元份裔孙，居鄞县，庆元元年进士）（俱嘉定间任），石范（浦江人，绍兴元年进士，见《絜斋集·范墓志》）、王淹（莘县人，见《攻媿集·王伦神道碑》）（俱嘉定间任），陈可大（仙游人，政和二年进士）、谢采伯（宁海人，嘉泰二年进士）、李韶（连江人，嘉定四年进士，以知泉州兼）、赵彦侯（宗室，居福州，摄泉州，以南外宗正任）（俱绍定间任），叶宰（以知泉州兼）、黄朴（侯官人，绍定知泉州兼）（俱端平间任），刘炜叔（莆田人）、赵洭（临川人，嘉定七年进士）、王会龙（临海人，宝庆二年进士）（俱嘉熙间任），刘克逊（宦绩见知绍武军）、赵希楸（燕懿王德昭裔孙）、陈大猷（以知泉州兼）、赵师耕（见提举常平，以知泉州兼）、杨瑾（余姚人，宝庆二年进士）、张理（清江人）、孙梦观（慈溪人，宝庆二年进士，以知泉州兼）、方蒙仲（莆田人，淳祐七年进士）（俱淳祐间任），蒲寿庚（德祐间任，见《元史类编》）。

监舶务：陈玠（龙溪人，元丰二年进士，元祐间任），傅自修（绍兴间任，宦绩见提举市舶）、胡榘（广陵人，绍熙间任，见《周益公集·榘祖铨神道碑》）、赵汝谠（商恭靖王元份裔孙，以祖恩补承务郎，庆元间任，后第嘉定元年进士），陈宿（莆田人，以荫仕，宁宗朝仕）、丁南叟（莆田人，附父伯桂列传）、宋应先（见南剑州司理参军）。

干办公事：周毅（闽县人，绍兴十八年进士），陈鼎（绍兴二十七年，以通直郎任，见《建炎以来系年要录》），王有大（鄞县人，淳熙间任，见《攻媿集·有大父伯礼行状》），陈经（长溪人，庆元五年进士，宁宗朝任）。（第1809~1810页）

卷九十五　元职官　总辖

（元）市舶提举司：《元史·百官志》：至元二十三年，立盐课市舶提举司，隶广东宣慰司。三十年，立海南博易提举司。至大四年罢之，禁下番船只。延祐元年，弛其禁，改立泉州、广东、庆元三市舶提举司。每司提举二员，从

---

① 施械为施械之误。

五品;同提举二员,副提举二员,知事一员。按:福建盐使司市舶提举司俱未见设立提控,惟广海盐课提举司有提控案牍一员,今仍《旧志》存之。

提举:宋熙、张铎、陈珪(俱至元间任),段庭珪(大德间任),朱善辅(延祐间任),聂世英(至治间任)。知事:高升(至元间任)。提控:张禧、虞泽(俱至元间任),康珪(大德间任),蔡时亨(至大间任)。照磨:张垫、袁裔(俱至元间任)。(第1868~1869页)

卷九十六　明职官　总辖

(明)市舶提举司:提举一人,从五品,副提举二人,从六品,其属吏目一人,掌海外诸番朝贡、市易之事,吴元年置,洪武七年罢福建之泉州、浙江之明州、广东之广州三市舶。永乐元年复置,设官如洪武初制,寻命内官提督之。嘉靖元年,给事中夏言奏:倭祸起于市舶。遂革福建、浙江二市舶司,惟存广东市舶司。

提举司:樊彧(见副使,洪武间任),倪鼎(正德间任)。

副提举:罗伦(成化间任,有宦绩),舒芬(正德间任,有宦绩),汪汝璧(贵溪人,嘉靖辛巳进士,以左谕德谪任,后迁学士)。(第1897~1898页)

卷一百二十二　宋宦绩　总辖

提举市舶司:(宋)傅自修,晋江人,自得之弟,绍兴间监市舶务,宿弊十去八九。秩满代至,番商复为贪吏所困,号泣岸下,或诘之,对曰:"昔官人有须而皙者主我,我故多载以至,今不见此官人矣。"时自修主管安抚司机宜文字,监司以状闻,就除提举。

林逑,莆田人,提举市舶,有遗鲊十瓮者,已受矣。家人启视,乃白金也,逑嗟曰:"昔人畏四知,予独畏一心。"遽还之。(第2239页)

卷一百二十三　宋宦绩

福州:(宋)真德秀,字希元,浦城人。庆元五年进士,开禧元年中博学宏词科,嘉定间除右文殿修撰,知泉州。番舶畏苛征,至者岁不三四。德秀首宽之,至者骤增至三十六艘。输租令民自概;听讼,惟揭示姓名,人自诣州。其巨家为闾里患者,则痛绳之。海贼王子清、赵郎作乱,官军败衄,德秀祭兵死者,乃亲授方略,擒之。复遍行海滨审视形势,增屯要害以备不虞。诏增德秀秩,改知隆兴府。绍定五年,迁徽猷阁待制,再知泉州,迎者塞路,深村百岁老人亦扶杖而出,欢声动地。诸邑二税,尝豫借至六七年,德秀入境,首禁豫借。诸邑有累月不解一钱者，郡计赤立不可为。或咎宽恤太骤，德秀谓民困如此，宁身代其苦。决讼，自卯至申未已。尝曰："官贫无力惠民，惟政平讼理差可勉耳。建炎初，置南外宗正司于泉，宗子仅三百余人，漕司与本州给之，而朝廷岁助度牒而已，而不复给，而增至二千三百余人，州坐是愈不可为。德秀请于朝，诏增度牒百道，官民两苏。逾年，加显谟阁待制，知福州，戒所部无滥刑，无黩货，罢市令司，曰："物同则价同，宁有公私之异？"海寇纵横，次第禽殄之。（第2244页）

罗源县知县：(宋)陈偁，沙县人，以父世卿荫仕，庆历中任县事，开陂渠以溉民田，作亭以来商贾，号陈公亭。新庙学，劝子弟，既去，人思之。熙宁间，擢知泉州。……旧法番商至者，必使诣广南路受要约，不行者，没其货，偁请立市舶司于泉以体之，从其议，泉之有市舶司自偁发也。（第2250页）

卷一百二十五　宋宦绩　泉州

知泉州军州事：(宋)连南夫，应山人，大观三年上舍释褐，绍兴间任，尽起本部经制常平钱物赴平江，诏以南夫能忧君，进秩一等。及朝廷下福建造舟以备海道，遣使督促南夫，曰：舟用新木难猝办，且淫恶易败，不若以度牒钱买商船二百艘，可收其用，又省缗钱二十万，从之。

汪大猷，字仲嘉，鄞县人，绍兴十五年进士，乾道中以敷文阁待制，再任。海蛮毗舍邪掠近海，大猷创巡铺二百区屯戍，烽烟以息。会真腊大贾入境，戍兵以为毗舍邪复至，执之，大猷曰："毗舍邪面目漆黑，语言不通，此岂是耶"。遂遣之。三佛齐国请铸铜万斤，守臣将督造付之，大猷奏："铜不下海，中国方禁销铜，奈何为外岛所役？"卒不与。州故少田，岁藉广米以给，大猷籍上户航海者，贷以数万缗钱为籴本。比归，籴以其赢与之，而收其本。南外宗田多户绝，又为豪右所占，大猷论见佃人岁以所纳之数输官，听其永耕，佃户乐从宗子，岁给始足。进敷文阁直学士，留知泉州。

章栋，东阳人，淳熙十一年进士，嘉定间任。州多货舶，栋与真德秀毫发不染。二人去州之日，番商拥道攀送，以大炮炷于州治门，香闻阖府，相与涕泣而祝之。卫泾为安抚使，应诏举廉吏状，闻于朝，谓二人忠信行夫蛮貊。

赵崇度，嘉定间知泉州兼提举市舶。先是海商货至，官竞刮取，名曰和买，实不给一钱。于是商舶滋少，供贡缺绝。崇度与郡守真德秀同心划洗前弊，罢和买，禁重征，逾年，舶至三倍。（第2265～2267页）

州卒：(宋)林孝渊，莆田人，崇宁五年进士，宣和间通判建州，建炎间通判本州军事。尝按舶货，吏循例归龙脑一匣，渊厉声曰："公则官物，私则商货,何例之有?"令纳舶库。时福州、建州杀其守,泉效尤屡犯州而惧孝渊不敢动。提举市舶邵邦达荐孝渊曰:"材术疏通,吏事详练,绥靖兵民,内外安堵。"盖实录云。(第2267~2268页)

幕官:(宋)胡大正,字伯诚,崇安人。以父宏荫,绍兴间任兴化县尉。郑侨以疑逮系,力白之,且勉以远业。侨感奋,卒以大魁为时名辅。开禧间迁泉州节度佥判。会剧贼过海龙罗劲天者犯漳州,泉城戒严,近郊有持斧来者数十人,兵捕以闻。同幕欲搒杀城下,大正不肯。讯之,皆采樵者,亟释之。郡为商贾之冲,每舶至,检视之得利不赀,大正秋毫无所取。(第2268页)

诸曹:(宋)杜纯,字孝锡,甄城人。嘉祐间以荫仕,任司法参军。泉有番舶之饶,杂货山积。时官于州者私与为市,价十不偿一。惟知州关咏与纯无私买。后事败,狱治多牵系,独纯咏无与。咏犹以不察免,且檄参对。纯愤懑陈书部使者,讼咏冤,得不坐。(第2268页)

知晋江县事:(宋)林湜,长溪人,绍兴三十年进士,乾道间任。奉诏分造战舰,帑无羡钱,湜不忍敛百姓,将弃官归。诸番商义助之,舟成而民不知,寻迁南剑州通判。(第2269页)

卷一百二十八　元宦绩　总辖

(元)宣慰使司都元帅府:百家奴,父唆都有平闽功,百家奴亦以平闽广功为海外诸藩宣慰使,兼福建道市舶提举,守福建,俄兼福建道使司宣慰使都元帅。是时,福建多水灾,百家奴出私钱市米以赈贫民,全活者甚众。(第2304页)

卷一百三十　明宦绩　总辖

市舶提举司:(明)罗伦,字彝正,永丰人。成化丙戌进士及第第一,授翰林修撰。以论李贤夺情起复,谪泉州市舶司副提举。寻召还,辞疾归。伦自少力学,非圣贤之说不讲,陈献章称其"洞彻不欺之心,炳中天之杲日;轰劲出群之气,发百蛰之春雷。"学者称为一峰先生。至泉,有司率诸生从之。讲明正学。心赏南安片瓦岩,徘徊吟咏,有"仙家白昼应无夜,玉树长春未觉秋"之句,人传诵焉。嘉靖中,赠左春坊左谕德,谥文毅。(第2350页)

卷一百八十　宋人物

列传　兴化军一

(宋)刘克逊,字无竞,弥正次子,以父任补承务郎,监海口镇,所得纲例钱巨万，却不受，悉输郡代公费。调沙县丞……除提举福建市舶，禁官吏强买，蕃商闻风并集，舶计骤增。擢知泉州，绳束豪右，扶植善良，郡遂大治。（第3248页）

卷二百六十六　杂录　外纪

（宋）康定元年冬十一月，浙东叛卒鄂邻等剽劫福建诸州县，寻逃入海。内臣温台巡检张怀信性苛虐，号张列挈，军士鄂邻等怨忿，杀之，遂剽劫湖南及福建，转寇广南，浮海而遁。其后，亡入占城。泉州商人邵保以私财募人往占城取邻等七人而归，枭首广市，诏补保殿侍监，南剑州酒税。（第5042页）

绍兴十三年，闽中山海寇并作，安抚使叶梦得以次平之。闽中自海寇朱明连岁乱，而林元仲、俞徹明、万少俭等继之，环闽八郡，皆被其毒。梦得自建康挟御前将士便道之镇，或招或捕，或诱之相戕，三策并用，元仲、徹明、少俭皆受约束，凡平盗五十余群，惟朱明未降。

十四年秋八月，海寇朱明等降。先是，将官武功大夫张深与明战，张守忠往福建捕明。既而，签枢李文会请张黄榜、立重赏，许其徒自相捕。未几，明等遂降。

乾道八年，岛蛮毗舍邪入寇，置水澳控御之。毗舍邪以去岁掠平湖，至是，复以海舟入寇。（第5045页）

嘉定十一年夏四月，海寇王子清、赵希却等犯泉州境，知州真德秀遣兵大破之，获希却，子清遁走。子清、希却等皆温州海寇，横行海岛有年。是月，泊舟围头澳，距州城百余里，德秀牒左翼军分兵防遏，猝与贼遇。贼徒椎牛大嚼，而官军犹未朝食。拨发官进勇副尉王大寿控弦直进，将官邵俊等邅退，大寿遂没于阵。德秀为文以祭，厚恤其家。募晋江、同安诸澳民船，与官军犄角。左翼军统制，薄处厚率裨将丘同、陈聪、廖庚、吴世荣、商佐等驾甲乙丙大战船，自晋江水澳，历同安料罗海心，冲冒风涛，往来攻击，贼船四散，处厚等追至漳浦沙淘洋，斩获无算。希却与其党林添二、陈百五、蔡郎等皆就擒，子清窜入北洋。（第5046页）

绍定五年春二月，海寇犯泉州境，知州真德秀遣左翼军将官贝旺破走之。旺本淮西雄边军准备将，随总辖王祖忠入闽，以破贼功，补进勇副尉，左翼军第四将正将。海寇入泉州界，真德秀遣旺等领兵防遏，与贼遇于同安县料罗海心，旺一船只八十余人，贼八船皆高大如山，旺船不及其半，为贼围掩。准备将吴宝直前应援，手刃数贼，贼交击之，宝重伤而死。旺挽强弓，倡率诸卒,飞箭如雨,射杀贼。两船几尽,贼稍退,旺身被数创,战不已。晋江、同安民船集助之,贼乃遁入广南。初,统制齐敏拨兵出海,悯旺年老,令勿行。宝毅然愿出死力,竟以救旺殒命。德秀深痛之,奏诸朝。旺转承信郎,宝特赠承节郎。德秀申尚书省,乞措置收捕海盗。略云:……(第5047页)

宝祐十年,海贼寇泉州境,<u>西域人提举市舶蒲寿晟、蒲寿庚击退之</u>。(第5048页)

(元)至元十三年十二月戊辰,<u>宋知泉州田真子及提举市舶蒲寿庚以城降</u>。

至元十四年秋七月,<u>宋枢密副使张世杰围泉州</u>,遣其将高日新复邵武军。先是,王积翁自南剑逃入福安府,密遣人以八郡图籍纳款。大军至城下,积翁为内应,遂与府尹王刚中同降。及是,淮兵在福州者,欲杀积翁以应世杰,皆为积翁所戮。

九月,福建道宣慰使唆都率兵援泉州,张世杰退屯流湾。(第5048页)

至正十年,同安县贼掠海滨,监郡契玉立俘其魁。(第5050页)

至正十九年三月,<u>阿迷里丁兵陷兴化路,据之。寻奔回泉州</u>。是年,赛甫丁入福州,据之。

冬十二月,<u>兴化路同知陈从仁与兴化分省右丞苫思丁杀林德隆,德隆之子珙奔福州,瑛奔泉州</u>。

二十一年夏四月,苫思丁杀陈从仁。

六月,陈同陷惠安县,林珙率兵攻同,珙败走。<u>同自漳州航海往惠安,陷县治</u>,杀官吏,声言为兄从仁复仇。珙率兵趋枫亭,迎攻之,为同所败。同姐夫柳伯顺复与其党追珙至吴山、下林诸处,流血被道,飞焰薰天,所至无不受其毒。

秋七月,柳伯顺陷兴化路。八月,阿迷里丁遣其党扶信攻兴化路,克之。伯顺遁去。

九月,阿迷里丁遣马合谋,以伊巴尔希兵陷仙游县。

二十二年春二月,<u>泉州阿巫那杀阿迷里丁。阿巫那本以番人主市舶,既杀阿迷里丁,将穷其党</u>。扶信惧及祸,珙与之俱奔福州赛甫丁,令珙还兴化路,仍以总管处之。

夏五月,福建行省平章政事燕只不花会军攻赛甫丁,败之。赛甫丁航海走。

是年,<u>回寇那兀纳据泉州叛,寻被执</u>。官军至,千户金吉开门迎之,遂执那兀纳。

二十四年春正月,博拜、大阔等犯兴化路,寻退师还泉州。

夏四月,福建行省左丞观孙奉诏分省兴泉,遣员外郎任立检计泉州仓库,阿巫那不受命。

二十五年春,福建行省左丞帖木儿不花分省兴化路,阿巫那仍不受命。

冬十月,阿巫那遣哈散、黄希善等率兵入兴化路。

二十六年春正月,博拜、金阿里等陷兴化、仙游二县。

二十六年三月,林琪、柳伯顺遣兵袭兴化路,执哈散,杀之,黄希善遁去,博拜等还据泉州。

夏四月,福建行省参政陈有定率兵讨捕番寇,至兴化路擒博拜等,诛之,遂进攻泉州。

五月,陈有定兵克泉州,擒阿巫那等以归。至是,兴、泉二郡悉平之,始获免伊巴尔希之祸。[①](第5052~5055页)

卷二百六十九 杂录 外岛

(宋)熙宁二年,高丽国礼宾省移牒福建转运使罗拯,略云:"本朝商人黄真、洪万来称,运使奉密旨,令招接通好。今以公状附真、万西还,俟得报音,即备礼朝贡。"三年,拯以闻,诏许之。其国王徽遂遣民官侍郎金悌等百十人来。《罗拯传》云:"拯使闽时,泉商黄谨往高丽,馆之礼宾省,其王云:'自天圣后,职贡绝,欲令使与谨俱来。'至是,拯以闻,神宗许之,遂遣金悌入贡。"与此小异。七年,徽表求医药、画塑之工以教国人,诏罗拯募愿行者。《本传》:"往时,高丽人往返皆自登州,后改明州,则福建非其贡道也,特其通贡之始,实由闽人诱之耳。"

元丰五年二月,勃泥国王锡理麻喏复遣使贡方物,其使乞从泉州海舶归国,从之。

乾道三年,占城国遣使入贡。既而,福建市舶司言:"大食国人乌师点等诉,占城入贡即所夺本国物。"上以争讼,却之。(第5113页)

(元)至元二十一年,福建行省遣使入巴噶鲁斯,招降南巫里、别里剌、理伦、大力等四国,各遣其相奉表,以方物来贡。

至大元年,太尉托克托奏,泉州大商哈济特济格进异木沉檀,可构宫室者。敕江浙行省驿致之。是月,泉州大商玛哈丹达尔进珍异及宝带、西域

---

① 此部分内容与(明)黄仲昭修纂《八闽通志》卷八十七《拾遗》所载亦思巴奚兵乱相差不大,此处只摘概要,不另详摘具体内容。

马。按：《元史·外国列传》：至元二十九年，诏福建行省会江西、湖广二省兵，由泉州进发，征爪哇。三十年，得其国王降表以还。元贞三年，福建省平章政事高兴遣省都镇抚张浩、福州新军万户张进赴琉球国，擒生口以还。而□国俱未闻入贡，又三屿国近琉球，至元三十年，命选人招诱之，亦不果。（第5113页）

卷二百七十　　杂录

洋市

（宋）熙宁中，始变市舶法，泉人贾海外者，往复必使东诣广，否则没其货，海道回远，窃还家者过半，岁抵罪者众。太守陈偁奏疏，愿置市舶于泉，不报。

元祐二年，始诏泉置市舶，从户部尚书李常请也。旧制虽有市舶司，多州郡兼领。元丰中，始令转运司兼提举，而州郡不复预矣。三年，诏福建以转运判官王子京提举市舶，兼觉察拘拦。后专置提举，而转运亦不复预矣。后尽罢提举官。至大观元年，续置。

建炎元年十一月，诏罢两浙福建市舶司，归转运司。

二年五月，复闽、浙二司。

四年，诏闽、越商贾常载重货往山东贩卖，令沿海诸州禁止。

绍兴二年，废福建提举市舶，初令提刑兼领，旋委提举茶事。

六年八月，大食番客蒲啰新，时补承信郎，仍赐公服履笏，以福建市舶司言所贩乳香值三十万缗，理宜优异推恩故也。十二月，福建市舶司又言：番舶纲首蔡景芳招诱舶货，自建炎元年至绍兴四年，共收息钱九十八万缗。诏补景芳承信郎。

十二年，朝廷欲措置福建腊茶，吕斌上言。于是茶事司归建州，而提举市舶以次复矣。

十七年，诏三路舶司番商贩到龙脑、沉香、丁香、白豆蔻四色，并抽一分，余数依旧法。先是，十四年抽解一分，番商诉其太重故也。

隆兴二年，臣僚言：迩来抽解，名色既多，兼迫其输纳，恐商旅不行，乞下市舶司约束，从之。既而，市舶司条具利害，谓抽解旧法，十五取一，其后十取一。又如犀、牙，十分抽二，又博买四分；真珠十分抽一，博买六分。抽买数多，所贩多是粗色，照得象牙、珠犀，比他货至重，乞十分抽一之外，更不博买。且三路舶司旧法，召保给据，起发回日各于发舶处抽解，近缘两浙舶司申请随便住舶变卖，遂坏成法，乞下三路照旧施行，从之。

六年，诏诸市舶纲首能招诱舶船，抽解货物，累价五万贯以上者，补官有差，监官推赏。其后监官等将海商入番兴贩，便作招诱计数，该赏者多而发到香货下色者皆充数纽估，乃诏舶司相度措置，毋容侥幸。

二十九年，张阐言福建、广南各置务于一州，两浙市舶乃分建于五所。乾道初，臣僚又言：福建、广南皆有市舶，物货浩瀚，置官提举实宜，惟两浙冗蠹，宜罢，从之。

淳熙十五年，以诸路分卖乳香扰民，令止。就榷货务招客算请。

绍熙三年，以福建舶司乳香亏数，诏依前博买。

开禧三年，住博买乳香，时王居化知兴化军，言番船多得香犀象翠，崇侈俗，泄铜镪，有损无益，宜遏绝禁止。

嘉定十二年，臣僚言：以金银博买，泄之远夷，为可惜命，有司止以绵帛、锦绮、瓷漆之属博易，听其来之多寡。若不至，亦任之，不必以为重也。

时真德秀知泉州，初番舶至泉州者，畏苛征，岁不三四，至是宽之，骤增至三十六艘。（第5125～5126页）

（元）至元十四年，立泉州等处市舶司，以孟古岱领泉州市舶司，令每岁招集舶商，于番邦博易珠翠香货等物，定双抽单抽法。时客船自泉、福贩土产之物者，其所征亦与番货等，上海市舶提控以为言，于是定双抽单抽法，双抽者，番货也，单抽者，土贡也。

十五年八月，诏行中书省索多、蒲寿庚等，诸番国列居东南岛屿者，其往来互市，各从所欲。初，蒲寿庚提举泉州舶司，擅番舶利者三十年。景炎元年十一月，端宗欲入泉州，诏抚蒲寿庚有异志，及舟至，寿庚来谒，请驻跸。张世杰不可，或劝世杰留寿庚，则凡海舶不令自随，世杰不从，纵之归。既而舟不足乃掠其舟，并没其货。寿庚乃怒，杀诸宗室及士大夫与淮兵之在泉者。十二月，遂以城降元，元以孟古岱、索多、蒲寿庚行中书省于福州。

十八年，诏商贾市舶已经泉州抽分者，诸处贸易止令输税。

十九年，用中书左丞耿仁言，以钞易铜钱，令市舶司以钱易海外金珠货物。十月，泉州市舶司孟古岱言，舶商皆以金钱易香木，于是下令禁之，惟铁不禁。

二十年六月，定市舶抽分例，舶货精者取十之一，粗者取十五①。

二十一年，设市舶都转运司于杭、泉二州。九月，并市舶入监运司，立福

---

① 原文为"十之五"，误。据《元史》卷十二（至元二十年六月）"庚寅，定市舶抽分例，舶货精者取十之一，粗者十五"，粗货应是取十五分之一。

建等处监课市舶都转运司。定例,官自具船、给本,选人入番,贸易诸货。其所获之息,以十分为率,官取其七,所易人得其三。诸番客旅就官船买卖者,依例悉抽之。

二十二年正月,又诏立市舶都转运司。六月,又省市舶司入转运司。

<u>二十三年八月,以市舶司隶泉府司。十二月,复置泉州市舶提举司。</u>禁赍金银铜钱越海互市。

<u>二十四年,改福建市舶都转运司为都转运监使司。</u>发新钞十一万六百锭,银千五百九十三锭,金百两,付江南各省,与民互市。

二十九年,中书省定抽分之数。<u>凡商旅贩泉、福等处已抽之物,于本省有市舶司之地卖者,细色于二十五分之中取一,粗色三十分之中取一</u>①,免其输税。其就市舶司买者,止于卖处收税,而不再抽。<u>禁两浙、广东、福建商贾航海。</u>以征爪哇故,曾禁之,三十一年,驰其禁。

元贞元年,诏禁行省、行泉府司抽分市舶船货,而同匿其珍细者。

二年,禁舶商毋以金银过海。诸使海外国者,不得为商。

大德元年,罢行泉府司。

三年,申禁海商以人马兵仗往诸番贸易。

七年,禁诸人毋以金银丝绵等物下番。

至大元年,复立泉府院整治市舶司事。

二年,罢行泉府院,以市舶提举司隶行省,诏海舶兴贩金银铜钱丝绵布帛下海者禁之。

四年,又罢市舶提举司。

延祐元年,复立市舶提举司。禁人下番,官自发船贸易,回帆之日,细物十分抽二,粗物十五分抽二。

七年,罢市舶司,禁贾人下番。

<u>至治二年,复置市舶提举司于泉州、庆元、广东三路</u>,禁子女金银丝绵下番。

泰定元年,令诸海舶至者,止行省抽分。

天历元年,以中买宝货蠹耗国财,诏加禁止,<u>诏日本舶商至福建博易者,</u>江浙行省选廉吏征其税。

元统二年,中书省请发两艘船下番,为皇后营利。(第5126~5127页)

---

① 原文为"粗色十五分之中取一",误。据《元史》卷九十四《市舶互市之法》,"粗色于三十分中取一"。

卷二百七十四　丛谈　泉州府

南安县汰口山刘店,南汉主刘龑祖墓在焉。按:《五代史》:刘隐祖安仁,上蔡人,后迁闽中,商贾南海,因家焉。父谦为广州牙将,谦三子曰隐,曰台,曰龑,寓居南安。(第5209页)

《中国省志汇编》第9辑,台湾华文书局,1968年

(清)王棻等纂修,《(光绪)仙居志》

卷十一　科第　选举上　进士科

淳熙五年戊戌姚颖榜

郭晞宗,字宗之,历通判处州,知道州,提举福建路市舶,除琼管安抚,未行卒。(第628页)

开庆元年己未周震炎榜

赵若伉,《旧志》:字伯仁,宗室,泉州市舶干官。(第641页)

卷二十一　古迹志中　金石上

宋故琼管安抚提举郭公墓志铭　(宋)何澹撰

观文殿学士、金紫光禄大夫、知建康军府事、兼管内劝农使、充江南东路安抚使、马步军都总管、兼营田使、兼行宫留守、兼江淮制置大使、缙云郡开国公、食邑七千六百户、食实封二千五佰户何澹撰并书

中大夫同知枢密院事、兼太子宾客、乌程县开国男、食邑五百户、食实封二百户章良能篆盖

嘉泰四年十月晦,故琼管安抚郭公卒于泉南市舶之官舍,开禧元年十二月□□葬于台州仙居县升平乡莲塘山之原。……公名晞宗,字宗之,世有为永安镇都监者,因家焉。镇后升县,名仙居。……登戊戌进士第,主处州松阳簿,绍兴司法参军,教授鄂州。……外台上其绩,适感微疾,力丐祠,除提举福建市舶。公喜得遂次,归休里闬,有终焉之志。会而虚使命,有旨趣行,亲故更劝勉就道。舶司积弊,公正身愧下究弊缘□□□□□去尽而人弗怨,岛夷闻风,来者衔尾。今同知章公良能时为泉守,尝谓公清如冰玉,留卫公尤敬叹。居无何,疾复作,锐意求闲,□□乃丐谢事,□□□□□遂拜琼管安抚之命。将行,以不起闻。病革,呼群吏戒以公家事,不及私,徐以后事付家

人,诲子弟以忠孝廉谨。属纩一语不乱,略言平日为善得吉报而瞑,年六十有九。□□蛮舶□□□□□□□罗邑智勿才等数十人□顿庭下,昼夜然异香缦巾以拜,夷音呾呗,麾之不去。丧车所过哀惨,乡之父老迎哭络绎。……(第1287~1299页)

《中国方志丛书》华中地方第203号,台湾成文出版社,1975年

(清)周学曾等修纂,《(道光)晋江县志》

卷四　山川志

(清源山)又东为妙觉岩,在倒旗峰下,下有亭匾曰"第一山",摹米元章书刻石亭,今废。有泉在石屏之底,曰瑞泉。(《淳祐志》云:)瑞香泉在兴福院香积厨房,字妇无溷,投钱饮之,溷也。庆元间,刻石曰:"巨灵擘石,石乳涌出;监者神清,饮之无疾。"相传为陈公说铭。明隆庆间,牧叟儿疡,洗之愈。远近趋赴,邻省税舶来汲者日数十艘。郡人俞大猷时为总兵,堙之以杜不虞,后涌洌如故,而汲者遂少。(第60页)

宝觉山,在法石东,距郡城东南十里许。上有海印室。旧有"天风海涛楼",为宋朱子书,今废。旁有朱子祠。《通志》载:楼为蒲寿庚建,以望海舶。非是。(第75页)

宝盖山,在二十都,距郡城东南四十五里。俗名大孤山。明处士赵复隐处。……绝顶有石塔,名关锁塔。关锁,水口镇塔也。高出云表,登之可望商舶来往。宋绍兴中,僧介殊建。又俗谓之姑嫂塔。(第84页)

岱屿,在海中,介石湖、北镇两山间,郡水口山也。海舟由此门出,行二日,至高华屿。又二日,至鼋鼊屿。又一日,可至琉球国。又有护田屿,地亦相近。(第86页)

白屿,在石湖港西,耸出江中,洛阳、圣姑、北镇、石湖诸港分汇之处。左右多沉沙,迁徙不常,屡为商舶患。此二屿在海中亦以镇水口。(第86页)

又安海一地,自成结构。系安平绅士纂辑成篇,并言水道,即录于此,不用分叙。(第88~89页)

安平镇,山川在县治西南八都,上接温陵,下达漳、粤,西拒九溪、黄冈之险,南通金、厦、台、澎之舶。其地势则自三峰毫光转东十里许,为六都熊山。迤逦至七都桐林、钱埔、曹店直至龙山寺,分为三支:东则由坑岬而贯于东洋,西则由型厝而达于西畴,中乃龙山,为安平入脉之脑。由龙山南行,至北

门埔,仍三分其派:东由后库而至海,以护于左;西由鳌头而之下坂坑,以护于右;中则自拱北亭突起永高山,转南而鳌美塔、世德里,以跨于海。此安平内局之形势也。以外局言之,自曹店而东曰坩坂庵,前接以浦边,障安平之左臂。而由浦边南行,则有庄头萧,下至东石,以距海门之东。自曹店而西,曰古田、后萧,接以曾埭,障安平之右臂。而由曾埭南行,则有朴兜、江崎至石井,以距海门之西。其水道东则自古陵趋东南隅,入于海。西则由南安九溪达大瀛,入曾埭,而注于海,与东之水汇于石井江。此安平外局之形势也。采柯希九《安平纪略》。(第88~89页)

卷五 海防志

(宋)嘉祐三年,知福州守蔡襄,奏请沿海地方教习舟船以备海道。……

元丰二年,拨禁军一百人,增防小兜水寨,巡徼晋、南、惠、同四县沿海地。后撤回禁军,改招土军,增额十人。淳祐间增至三百一十人。《府志》:按寨建于熙宁间,时又有石湖井,皆防海水寨。

靖康三年,辅臣李纲奏立沿海水军战舰。疏略:臣契勘广南福建路,近年多有海寇,官司不能讨捕。帅司无战舰、水军,坐视猖獗,濒海之民罹其荼毒。船舶既多,愚民嗜利喜乱,从之者众,致成大患。伏望下逐船,帅司置战舰、集水军,常切教阅,习于风涛之险,以水夫驾舟,以官军施放弓弩、火药,虽贼棹飘忽,可以追逐掩击。

绍兴六年,设水军一百五十人,隶泉漳都巡检使管辖。乾道间,增至三百九十人。

绍兴二十六年,福州将郑广将水军来属殿前右翼军。详见兵制。

绍兴三十年,令安抚司籍募土豪水手,漳、泉、福、兴积募到船三百六十只,水手万四千人。仍于滨海巡检下土兵内取七分识水势人,每月一次同土豪水手船出近海港口,教阅三五日,复回本处。

乾道二年,令括诸司船,分甲、乙、丙,更番品搭。本州晋江、南安、惠安、同安四县,计船二十一只。甲番十只,乙番九只,丙番二只。递年轮次,牒下属县拘集,以备安抚司起拨。

乾道八年,增设水军,置水澳寨,分兵守之。水澳寨,元改名永宁。详见兵制。

淳熙十三年,城南置宝林寨,城东置法石寨,各分兵守之。详见兵制。

嘉定十一年,增法石兵至二百人。围头立宝盖寨,移宝林兵百二十人戍之。见兵制。

淳祐三年,安抚司措置沿海诸州民船,时本州括责晋江船五十七只,纠首船二十只,南安、惠安、同安三县,船额皆有定数。分为十番,自甲至癸,每岁更番调一十三只,四县品搭起拨。其修船、犒赏,随县措置。以州将一员押至福州,交安抚将官管辖,赴沿海屯戍,事已乃还。(第94~96页)

陆汛澳口

法石,内港小口,距县东南十五里。上至新车汛十里,下界鹧鸪寨三里。《方舆纪要》:宋置寨于此。真德秀状:防海要冲之地。(第106页)

水汛澳口

蚶江,在县东南,内海正口,船只出入之处。《方舆纪要》:"民居稠密。番舶所经边海之地,佛堂、蚶江,亦肘腋之虞也。"

日湖,内海小口。上与蚶江接连,在县南。《通志》:"浅水可泊舟"。明万历间,移浯屿水寨于此。

古浮,外港次要海口。上至日湖,下至祥芝。

祥芝,外港。在县东。《闽书》:东抵外洋大海,南至永宁卫,与崇武所相对。明初徙石湖巡司于此。《方舆纪要》:明参将王麟破贼严山老于此。

深沪,外港要口。在县东南七十五里。《闽书》:东滨大海,北永宁卫,南邻福全所,西邻浔美,通南日,接铜山。由深沪至永宁卫为佛堂澳,海寇出入必经之地,元置巡司于此。

围头,外港要口。在县东南,距城一百三十里。与金门之料罗洋面对峙。<u>真德秀状:正瞰大海,南北洋舟船往来必泊之地。</u>《闽书》:东南瞰海,南连洒洲。宋嘉定十一年,置宝盖寨,元,寨废。明洪武二十年,徙陈岩巡司于此,改今名。(第106~108页)

内港次要澳口

石菌,内港偏僻海口。舟船时常往来。上至洒洲塘三十里,下至东石汛四十三里。

东石,内港小口。上至石菌汛四十三里,下至鸿江澳,在白沙、安海之间。亦沿海要地。

鸿江,内港次要偏僻海口。上至东石十里,下至白沙。(第108页)

附近寻常澳口

福全,在县东南。近时居民依山为业,并无舟船出入。又《海防考》:福全西南接深沪,与围头、峯上诸处并为番舶停泊避风之门户,哨守最要。《闽书》:福全汛有大留、圳上二澳,要冲也。明置守御千户所于此。

洒洲界海边。民以山场为业,无船只出入。

白沙偏僻,沿海边。居民依山,不业海。上至汭洲四十里,连晋、南三邑;于大百屿交界处,竖碑为记。(第108～109页)

卷六　户口志

嘉靖季年,倭夷入寇,兵火疠疫之余,户口十损六七,有例并户除丁,自是户丁虽稍得除减,而户以花分开折,反增于旧。隆、万而后,虽抱关无警,户口渐复,而明季兵燹流离,国初海氛播迁,亦大半减耗焉。康熙二十二年平台复界,迁民渐次归还,自是以后,升平休养,户口生息渐繁。五十二年癸巳钦奉恩诏,以五十年丁册定为常额,此后盛世滋生,永不加赋。雍正二年,复题准随田匀丁,民甚便之。今按:晋江县人户丁口,旧管四万三千七百二十七丁。内民户男子成丁一万四千二百四十九丁,共征银四千八百七十五两七钱六分二厘六毫有奇。(第113页)

卷九　城池志

叙城

晋江附郡,郡城即晋城。以内外之大小言,有衙城、子城、罗城、翼城之异;以树植及形似言,有刺桐城、葫芦城、鲤鱼城之殊。其称刺桐,当在子城之时;其称葫芦,当在拓西北、东北之时;其称鲤鱼,当在拓罗城、翼城之时。详见下。……(第179页)

罗城外濠,环绕罗城,广六丈,深二丈余。三面通流,潆洄如带。独东北一隅,磐石十余丈。地势高仰,潮不能通。南罗城旧在镇南桥内。(即今南门桥头近泮宫处。)桥跨南濠,直东抵通淮门。直西抵临漳门。元大德间,宣慰司札剌立丁重浚。《庄弥邵记》:泉本海隅偏藩,世祖皇帝混一区宇,梯航万国。此其都会,始为东南巨镇,或建省,或立宣慰司,所以重其镇也。一城要地,莫盛于南关。四海舶商,诸番琛贡,皆于是乎集。……(第186页)

罗城,亦南唐保大中留从效所筑。周围二十里,高一丈八尺,门凡七。东曰仁风,(俗呼东门。)西曰义成,(俗呼西门。)南曰镇南,(俗呼南门桥头,近今泮宫口处。)北曰朝天,(俗呼北门。)东南曰通淮,(俗呼涂门。)西南曰临漳,(俗呼新门。)曰通津。(在傅府前临漳门北。元时废,于临漳门南辟一门曰南薰。)……

嘉靖三年,门楼窝铺多坏,知府高越、同知李缉大修之。三十七年倭寇煽乱,久益猖獗,拥众直抵城下,昼夜戒严,城闭数日。是年(府志作三十八年。)德济门灾,知府熊汝达重建之。改通淮门(《通志》作南薰门,误。)曰迎春，(以岁迎春于此，故名。)南薰门曰通津，(后复名南薰，即水门。)并修各月城。兵备万民英复以城北外壕磐石不能通水，乃建小城楼，临壕围以木栅，筑羊马墙以备倭。后倭平无事，嫌压断龙脉，撤去。……(第183～184页)

安海城，(即石井镇)在八都，濒海，人烟辏集，古名"湾海"。唐安金藏之后连济居此，因易湾为安。宋为安海市(东曰旧市，西曰新市)。客舟自海到者，州遣吏榷税于此，号石井津。建炎四年，创石井镇，以迪功郎任之。绍兴二十六年，海寇奄至，镇官方玺筑土城，垒石为五门备之。明为安平镇。嘉靖三十六年("六"，《府县志》作"七"。)倭入寇，知府熊汝达檄知县卢仲佃筑城。及半，贼猝至。邑绅柯实卿自造一百丈，又拆东洋桥石筑成之。周一千二十七丈，高一丈三尺。为门四，各有楼。窝舍二十八，水关八。岁遣千户或县佐防守，仍拨民兵二十名协守。(林希元记，《安海城记》)泉南之安平镇，民居万户。其地滨海，山川风气之所钟，文物衣冠之所都，不特财宝金帛之所聚而已也。自倭奴入寇，识者有破斧之虑。戊午岁，士夫各捐资，告于郡侯北潭熊公，以城请。公曰：是城不可缓也。乃自以为功，以晋江卢尹董其役。功未就而寇至。生民之糜烂，庐舍之灰烬者，不堪举目。寇退。公曰：信哉！城不可以已也。乃督成厥功。功成，又选武臣之能者戍之。已而，寇复至。吾人提兵凭城以守，遂尸贼于城下者凡数百。贼大创，由是来往泉地者无敢近城，民恃为金汤之固。己未岁，城复圮于雨。公又选幕吏董筑之，城复完。士民感公之功，以"海天保障"命题，各为文致赠。或诗、或歌、或颂、或词赋，体制不一，要皆以颂公之德于无穷云尔。)隆庆元年，知府万庆增建东北二敌楼。(吴德宪记，《安海东北二敌楼记》)安平去府治五十里，阻山襟海，屹为东南巨镇。阛比阓联，万有余家。然生齿既繁，而其民益逸欲柔靡，一闻有警，咸相率委离其乡。寇至，则恣其焚掠，满意而后去。卒莫能捍御格斗之者，以无垣墉画之足恃也。晋江令东阳卢公仲佃来莅兹邑，始为民度地，砌城垣周围若干丈。自是安平之民，始重还其土而安其居。但是岁鸠工始建起于兵役之后，一时苟就，甬道之广，仅得数尺，垣垛之高，不能二丈。嘉靖甲子春，寇贼大至，直抵城下，以木梯攀缘，窥瞰城堞，几危者数矣。城中居民与村聚逃负者不下数万。皆吁天祷神，涕泣相顾，无复人色。至期必死，罔敢与贼为抗，何者？以虽有城而处势卑隘，用兵拒敌，不得其便利故也。我郡侯万灵湖公，治郡三载，开诚布惠。凡可以兴利批患而有恩德于民者，莫不竭志为之。一日巡历安平，谘访耆旧，劳民疾苦，周视封疆，踌躇却顾。凡埔堞之颓圮，濠堑之湮壅，皆葺治而更新之。复谋于乡缙绅先生，及召父老而告之曰：安平之有城，实泉郡之保障也。顾城垣太卑，且东南一带外势高而内城下,最易受敌。归具以白于兵宪苏心泉公。公壮其议。侯即捐俸戒期为石台三座。高二丈四尺,左右阔二丈五尺,其前后之广则三丈也。台之上为楼屋,高丈有五尺,广阔之制,一如其台。檐角翼映,雉堞崇峙,雄丽壮峻,非特为东南之伟观也。由是,其高可以觇敌,其广足以容众。兵革器械之用,可以攻刺击夺,进退伸缩,而无不得其便。在我既据其形,而在敌有所不能窥,势胜万全,真无出于此。始建于丁卯十月,以戊辰三月告成。翊助厥功者,贰守丁公一中也。万历二十四年,以督粮厅通判驻镇三十五年,议割晋、南、同三邑地置安平县,不果。国朝顺治初年,郑芝龙乱。十二年,郑鸿逵拆安海城石,造东石寨,城遂废。计安海城(筑于嘉靖三十六年丁巳十月十六日卯时,毁于顺治十二年乙未四月二十八日丑时。)始终计九十九年。十三年丙申,贝子屯兵安平,战马被盗,欲奏剿之。知县王承祖力保良民,乃免。十八年辛丑,以民通海寇,迁界,沿海十里俱属界外。安海迁至六都内坑止,官廨民居一尽毁平。康熙十九年,海氛荡平。二十三年甲子复界。以龟湖浦边巡检司带管,又移古陵把总驻汛,雍正七年,仍以泉州粮捕通判驻镇总督高其倬,请添设守备一员,至十年始设都司协防。乾隆三十一年,移通判于马家巷。三十五年,以石狮县丞移驻安平,今仍其旧。(兼采柯希九《安平纪略》。)(第196~198页)

永宁城,在三十都。宋为水寨。明洪武二十七年,江夏侯周德兴改为卫。遣指挥童鼎,筑城周八百七十五丈,基广一丈五尺,高二丈一尺,窝铺三十有二。为门五:南曰金鳌,北曰玉泉,东曰海宁、曰东瀛,西曰永清。各建楼其上。城外濠广一丈六尺,间砌大石,深浅不同。永乐十五年,都指挥谷祥增高城垣三尺,门各增筑月城。正统八年,都指挥刘亮、指挥同知钱辂,于各门增置敌台。成化六年,门楼圮,指挥使杨晟重建。国朝康熙间,总督觉罗满保、巡抚陈瑸修,令移驻提标右营游击于此。(互见海防。)(第198页)

福全城,在十五都。明洪武二十年,江夏侯周德兴造为所城。周六百五十丈,基广一丈三尺,高二丈一尺,窝铺十有六,为门四,建楼其上。永乐十五年,都指挥谷祥增高城垣四尺,并筑东西北三月城。正统八年,都指挥刘亮、千户蒋勇,增筑四门敌楼。国朝康熙十六年,总督觉罗满保、巡抚陈瑸修。(互见海防。)(第198页)

祥芝城,在二十一都。明江夏侯周德兴造为司城。周一百五十丈,高二丈,窝铺六,有南北二门。国朝康熙五十六年修。(第198页)

乌浔城,在十六都。明江夏侯周德兴造为司城。周一百五十丈,高一丈八尺,窝铺四。有东西二门,各建楼。(第198页)

深沪城,在十六都。明江夏侯周德兴建为司城。周一百五十丈,高二丈,窝铺七。有南北二门,各建楼。国朝康熙五十六年修。(第 198~199 页)

围头城,在十四都。明江夏侯周德兴造为司城。周一百六十丈,高一丈八尺,窝铺四。有南北二门,各建楼。国朝康熙五十六年修。(第 199 页)

卷十　关隘志

石湖(即日湖)寨,在二十二都。宋熙宁初建。明洪武初,置巡检司,后移于祥芝。万历间,徙浯屿水寨于此。把总沈有容重建。周五十二丈,基广一丈四寸,高一丈四尺,门一。(黄凤翔记略,《石湖寨记略》):<u>泉故海国,吾邑石湖,则海滨要害处也。宋熙宁初,特建水寨与小兜、石井诸戍,声援相闻,控制联络。迄于乾道、嘉定,增戍卒,拓营垒,郡守真文忠公所区画,条议特详。</u>国初,设巡司以备捍揪,寻徙置祥芝村。而兹地之寝备日久。其以浯屿水寨移建于兹也,则始自万历壬寅。而钦依把总宣城沈将军有容实董其事。将军经始虑终,殚心力营之。规构宏敞,屹然为郡城巨镇。

叶向高记略,《石湖寨记略》):浯屿,故在大担南大武山外。后徙于中左所之厦门所辖地。北至崇武,南至料罗。料罗稍近,其去崇武且四百里,缓急无以应。而厦门自有游兵,地亦割隶,不相摄也。太守清江程公,建议徙寨于石湖,曰:是在崇武、料罗之中,可左右援。<u>又海舶之所经也,外可以捍揪非常,内可以扃钥全部,于计便。</u>中丞滇南朱公下其议于巡海四明徐公如程,公议疏闻,报可。其事属把总,宛陵沈将军乃度地、宜料、徒役、庀材具,先为监司署,次防海署,次寨署,次徙建元武祠,次阅武场,咸宏壮壇敞,屹然为海上巨镇。(第 200~201 页)

安平鸿江澳,在县治西南八都安平市。濒海潮汐,南由东石、石井直通金厦大海。虾蟹蛎房湿生甚盛。<u>宋时客舟南来,州榷税于此。</u>历代皆然。国朝康熙年间,外洋大航时泊于此。靖海侯施琅克复金、厦、台、澎,奏设户部税馆,在安海关榷。(第 203~204 页)

卷十一　津梁志

石笋桥,<u>在临漳门外笋江。宋皇祐初,郡守陆广造舟为梁,名曰"履坦",一名"浮桥"。元丰七年,转运判官谢仲规再修。断舟以绩梁道,改名"通济"。</u>淳熙间,桥北有亭,以为放生处。绍兴三十年,提刑陈公与弟贺州同谋,枢密□公及僧文会助之,作石桥,长八十余丈,翼以扶栏。明景泰间,同知谢琛倡修。弘治间，南梁断，知府李哲修。正德间，北梁断，知府葛恒修。嘉靖三十八年，倭寇至，佥事万民英断桥梁以御寇。国朝康熙二十七年，邑人施琅修。雍正四年，桥崩，知县叶祖烈修。（第210页）

车桥，在车桥市东。《隆庆府志》：海舶聚此。（第211页）

顺济桥，在德济门外，笋江下流。《闽书》：旧以舟渡。宋嘉定四年，郡守邹应龙造石桥，长一百五十丈余，翼以扶栏。以近顺济宫，因名顺济。以其造于石笋桥后，俗呼新桥。元至正间，于那烈那达修。明成化七年，知府徐源修。复疏桥东小浦，引潮入城濠，以通舟楫。嘉靖五年，同知李缉修；十四年，知府王士俊修。国朝康熙二十四年，邑人施琅修。雍正四年知县叶祖烈修。八年知县王之琦修。乾隆十六年，知府黄昌遇修。十八年圮，复修。二十二年复圮，知府怀荫布、知县干从濂，委贡监生李保、柯廷锡大修。（明顾珀记，《顺济桥记》）：镇南门外有浯江，江百溪汇也。江之横二里许，亘江之横虹跨于其上而石之，是为顺济桥。宋嘉定四年，实始之。泉之界可千里，络络于，日不下蚁。舟楫木浮所辏，日夜撞击。重以阴风怒号，霖潦暴溢，巨涛翻天，惊雷撼地，汹涌激射之患，可畏也。元至正辛巳，桥梁圮；国朝成化庚寅则又圮；嘉靖丙戌则又圮。悉修之如式。嘉靖丁亥五月，桥之东一梁断，彻夜鸣声，令续之以木。今乙未三月，又一梁断。郡守安福王公士俊，召晋安驿丞陈士显，溪民陈润、潘政、林铨、陈华、林涣、徐概等董役，相时度工，计佣受直，伐松于山，驱石于海。楯之倾者、欹者，梁之；木之续者，新断者，扶栏之；颓者、圮者，俱松之、基之、石之、易之。悉经始于是岁春三月，至秋八月落之。縻金三百六十两有奇，皆取诸赎。夫举赢者伤财，怠事者病民。君子曰，是举也，有五美奠焉：早为之所，财不妄费也；易危以安，民不病涉也；工出于佣，民不苦劳也；金取诸赎，民不虐输也；修废坠，成伟观，以利于无穷，真得先王桥梁道路之遗休者。呜呼！是可以观政矣。予望后之人，有以永公之功，遂纪于石。

何乔远记，《顺济桥记》）：浯渡桥者，郡南门桥也。是所取漳潮道南乡海滨之民，悉兹来往。桥造于宋嘉定之季，所从来矣。维桥之前，累石为堡，以临重渊。维上有台，浮屠截然，石人有二介，而戟门诸门，岁月既久，灰缝离次，撑柱将颠。维桥之西，溪海之会，风潮之所撞射，或激而斗，或洪而怒。惟桥之东，海船所凑，无地系缆，桩于桥梁之下，风执船力，时与石斗，桩去而石砉然离。此皆桥害也。城门之轨，两马之力欤？一以历岁久，一以阅人多。晋江令江夏宜苏陈公目而形言：吾有俸金，五能捐之，少不足以给也。吾欲令募施如僧道者，非吾理人之体也。且夫谁可任者？安溪詹公仰宪，居则布德惠人,动则舍力为公。公乃往请:子有厚德,且有计心,为吾任之。詹君曰:小人亦有囊中之蓄,视公俸锱铢耳,勿募以施从其人欲,顾亦不足以佐。抑有图焉:桥东西南,傍有官地可鬻也。鬻可得金若干。傍留其一屋以居桥卒,使之监桥。风潮之荡射,则系于天矣。海舶之缆,卒使禁之。桥庶几无虞十之一。公可之。壬子夏月而载工,癸丑春月而毕事。亦维鬻地与夫助工者之力,詹君之劳。然自非公形言捐俸,为之详计,亦无由固以捷若是也。于是詹君谓何生某记之。予惟天下之事,有成也,必有亏也。惟于其中有人治其潜蛊,遏其将衅,则绳绳永永,可以千万岁而无害,盖天下国家莫不皆然,而桥特其小耳。公之为吾晋邑也,所以治蛊遏衅不可胜言,而兹桥亦特其一事。然以一桥之小,而公系心如是,则其大者、远者,可以类而推也。自詹君之外,又有耆民邵某、林某皆有劳于桥,并附而书之。且以见公善任能之一端云。

庄一俊诗,《顺济桥诗》:江树离离若可齐,江门之水下浯溪。诸峰返照潮声远,万户沧洲烟火低。来听渔歌鸥泛泛,去随秋色草萋萋。道人那得伤心恨,一任西山送日西。

国朝黄昌遇记略,《顺济桥记略》:泉郡德济门外有顺济桥,建自宋郡守邹公,岁久渐坏。雍正四年,前任叶公修葺。岁庚午,水涨桥断两道。余偕绅士修筑,民免病涉。无何,客岁壬申,霆霖肆虐,溪流湍激,复圮。双孔通桥栅亭尽坍。余议重修,复延惠绅通守陈君文辉董理,培基架梁,翼栏立亭,仍其旧制而缮葺之,愈加巩固。经始于乾隆十八年七月十一日,告竣于十九年十二月二十六日。费朱提若干,爰操翰而为之记。

怀荫布记,《顺济桥记》:周官司险知山泽之阻而达其道路,郑注谓,以桥通之。夏令曰,十月成梁。桥梁,诚王政哉。其时用民之力,伐木为之,费省而工不劳。岁岁举行,至便也。后世易以石,其制遂坚且久。若乃洪波激湍之中,甃石累基,长虹绵亘;前者创始,后者踵修,尤非旦暮事矣。泉州桥梁难更仆数,其跨江而当孔道者,东有万安,南有顺济。万安桥,宋蔡忠惠守泉时所建。顺济桥,则嘉定四年,前太守邹景初建也。桥在德济门外,长百五十余丈,广丈四尺。为间三十有一,扶栏夹之。以其建在石笋桥之后,又名新桥。浯江横贯二里许,桃源、武荣诸山流由此入海。霖雨暴涨,巨浪拍天,其地下通两粤,上达江浙,实海国之冲衢,江城之险要也。自斯桥成,而肩摩踵接,直蹑风涛于足下,而恬然不知,厥功伟矣!历元明至今,圮而复修者非一,大抵因而补葺之,而费均不资。乾隆二十一年秋,予来守是邦。越明年,桥之七、八、九三坎倾毁殆尽,民以舟渡,屡濒于危。予惕然曰:是不可缓须臾也。亟偕邑令于君从濂,亲诣相度,倡首捐资,仍劝谕绅士商民随力输助。先于断处续以木桥,俾便行旅。继乃集材鸠工,将已毁三坎增石筑之。及新令王君勋接任,又以一坎至六坎将近坍塌,十六、十七两坎欹侧可虑,爰复捐俸劝输,一并拆卸改筑,为一劳永逸之计。乾隆二十二年五月兴修,二十四年八月告竣。縻白金四千七十五两有奇。予乐郡人慕义者多,既经行县议,详转请奖励,并勒石书名以劝来者。而诸士民欣然于桥之成也,请予为文记之。夫出险履夷,爱民之心也;兴废举坠,长民之责也。当日邹公俶造即有望于后人之缮修。今也费以累千,迟以岁月,上下交励,绩用底成。继自今官斯土者先事图维,因时葺治。俾往来如织之赤子,永免病涉之虞焉,是尤予所望于后人者也。遂濡笔而为之记。嘉庆己卯重修。

萧汉杰记,《顺济桥记》:顺济桥,自宋太守邹公创建后,历元明国初,旋坏旋修,载于旧碑者详矣。乾隆丁酉,吊桥朽敝,重造者林公振嵩。嘉庆癸亥,吊桥没于洪水,承造者林公文时。丁丑,石版折坠,暂架以木,即黄君清和。己卯狂飙折阑,伐石修整,即林君文献。乃工成,循桥检校,桥之第十坎十一坎驾桥石墩已欹侧裂痕,行将欹倒,呼工估价修葺,非数人所能共功。于是,王君日曜、黄君清和、林君文献、陈君鸿谟、石君焕章倡议捐修。幸乐善者多,各宏愿力。遂兴工于己卯年十月十一日,蒇事于庚辰年十一月十八日。从兹易危为安,履险如夷。诸君子利济之功,岂不伟哉!爰勒捐资名姓,使费数日,以志善心,以劝来者。按是役共费白金近二千二百元。南邑黄纶恩,自补造三石塔及吊桥。(第211～213页)

安平西桥,在八都安海港晋江南安之界。旧以舟渡。宋绍兴八年,僧祖派始筑石桥,未就。二十一年,守赵令衿成之。酾水三百六十二道,长八百十有一丈,广一丈六尺。东西袤延四里余,故名曰"五里西桥"。(令衿诗,《咏安平桥》):为问平安道,驱车夜已分。人家无犬吠,门巷有炉黑。月照新耕地,山收不断云。梅花迎我笑,为报小东君。明永乐甲申,里人黄韦修。天顺三年,耆民安固募修。成化乙酉,里人蔡守辉、刘耿修。国朝康熙二十二年,邑人施琅修。五十年,施韬倡修。雍正四年,知府张无咎修。乾隆五十八年,施开泰、黄世瑶等修。嘉庆十二年,黄元潗倡修。

徐汝澜记,《重修安平桥记(嘉庆十三年)》:泉之属,巨桥有二:一为万安,一为安平。万安之建,自蔡忠惠始,其桥为泉之通衢。屺而叠修者屡,至今完且固。而安平距郡城西南六十里,地与南接壤。由宋绍兴八年创起,历明及国朝,旋修旋废。迨雍正四年,太守张无咎再整之。越今数十载,日就倾颓,行旅往来,咸以为不便。今夫制度不能无兴废,而以时修举,俾无缺失。唯邑令实主其事,余甫莅事泉南,每思讲明而补救之者,不一而足。乃闽省下游,海氛未靖,萑苻以时窃发,有地方之责者,方苦攘除之未能;又俗尚强悍,有小愤辄群率相争,抚循劝谕之事,在上尤日不暇给。余于时虽欲修此桥,而愿曷由遂?丁卯维夏,计余从事兹土,凡七易寒暑。赖朝廷德化之宏,与上宪委任之专,遂使温陵前后道途之攘窃者日静,民间竞斗之风亦时戢。余适因公出,小驻于此,偶触于目,先捐俸议修。而邑之绅士、耆老无不踊跃鼓舞,以为修废举坠,正当其时。乃相与倾囊以资者若而人,遂从事以迄于成。计桥酾水三百六十二道,长八百有一丈六尺,从旧制也。栏楯之倾圮及桥石之中折者,乃更新之。是役也,兴工于丁卯六月,迄事于戊辰九月,计阅十七月而落成,縻金钱九千有奇。后之览桥者,知所由废,复知所由复。而又知官斯土者,非由政事之暇,虽蓄所愿,无能为民兴斯役,是则邑民之大幸,又不徒邑民之大幸也夫。

黄仕癸记,《重修安平桥记》:乾隆癸丑之岁,安平诸衿耆重修西桥。余时设帐外邑,弗及与也。溯桥之建,自宋绍兴八年,间历前明至国朝,有坏辄修。中亭碑记历历可考。至是岁而倾圮滋甚矣。盖自西埭崩颓,逆流汎滥,水势汹涌,日冲月激,遂至于斯。诸公悯往来之维艰,俾危险之无虑,修而筑之,甚盛事也。顾以陡绝之流,仍前决冲,故落成未几,不旋踵而仍坏,且有甚者。而勒碑记事,亦未及举行。兹嘉庆丁卯岁,邑侯徐公捐俸倡修。都人士踊跃奔赴,捐题者不惜厚资,董事者不殚劳瘁,余亦从诸公襄事其间。凡阅十七月,而大告厥成。费用之繁,修筑之坚,比前十数倍,其巩固孔厚矣。顾欲纪今日之绩,不得忘昔日之劳,谨将当日董事诸公及捐题之人,开列于左,以为急公尚义者劝。二十一年,黄元礼、施继辉续修。

徐汝澜记,《重修安平桥记(嘉庆二十一年)》:安平桥在晋江八都安海港,与南安接壤。曩余宰晋邑,尝鸠众兴修,并记其颠末于石,迄今又十稔矣。去年秋,予以知郡事再至泉州,父老复以桥圮告。盖阳侯为患,自昔已然。而以时修举,固守土者事。矧较前仅十之一,有基勿坏,不尤易为力耶?爰复捐俸倡议重修,俾附近绅耆董其事。即以是秋兴工,至次年夏仲告竣。计縻制钱百万有奇,而完固如旧,行旅便之。邦人因请记于予。夫舆梁之成,岁修有其政,当事者不足以为患,而又何赘焉。予惟是倡予和女,举重若轻,所以能继起有功,民无病涉者,则邦人之功足多焉。故为记从事诸姓氏以为后来者劝。按是桥中有水心亭,桥西有碑,镌安平桥三字。(第214~215页)

安平东桥,一名曰"东洋桥",在八都安海港。宋绍兴二十三年,守赵令衿偕进士史进建。长六百六十余丈,广一丈二尺余,酾水二百四十二道。明嘉靖三十六年,知县卢仲佃拆桥石造安平城,桥遂废。国朝康熙五十一年,施韬重建,又废。道光元年周仕鼎、蔡时绍、萧允迪等重建。(第215页)

万安桥,在三十八都,晋、惠交界,跨洛阳江,一名"洛阳桥"。桥中有台,又有济亨亭。宋宗室赵不骘书额有"泉南佛国"。亭元至正间建,四明张即之书匾。又有镜虹阁。……(陈傅良诗,《题泉州万安桥》):跨海为桥布石牢,那知直下压霞鳌。基连岛屿规模壮,势截渊潭气象豪。铁马著行横绝漠,玉鲸张鬣露寒涛。缣图已幸天颜照,应得元丰史笔褒。

刘子翚诗,《万安桥诗》:跨海飞梁叠石成,晓风十里渡瑶琼。雄如建业虎城峙,势若常山蛇陈横。脚底波涛时汹涌,望中烟景晚分明。往来利涉歌遗爱,谁复题桥继长卿?

王十朋诗,《万安桥诗》:北望中原万里遥,南来喜见洛阳桥。人行跨海金鳌背,亭压空江玉虹腰。功不自成因砥柱,患宜预备有风潮。蔡公力量真刚者,遗爱胜于郑国侨。……

康朗记,《万安桥记》:万安桥去郡郭东二十里,而当惠安属邑与莆阳三山、京国孔道。近郭而当孔道,故往来于其上者,肩毂相踵也。又其长三百六十丈有奇,跨江接海,若飞虹然,其势为至险。宋皇祐五年,郡守蔡忠惠公始克成之。是后屡有增修。前人之述备矣。历千百年而济是江者,去危履坦,谁之赐也?世传忠惠之始造桥也,借潮于海神。又《传谶记》有云:洛阳沙平,泉南公卿。其事不经,学者所不道。然以今观之,桥据江海之中,夹峰峦之秀,尝试登梁以望,波涛汹涌,云物满江,令人有逍遥傲世游仙之思,慷慨题柱击楫之气。嘉靖之末,倭寇煽患,设守者城其桥之中亭,寇由是不敢越桥而西以犯郡畿,环桥居民数百家,亦得依堡而脱于锋刃之惨。则桥之力,而忠惠之余泽也。泉古称多才,而自国初以来,未有登八座舆及第者。今桥下之沙且平矣,而泉之人士遂相继为尚书,岂桥之灵异使然如传闻所云耶?太守万公莅泉之三年,政洽民谧,百废俱举。凡郡城内外川渠桥梁,如八卦沟之类,靡不开治,以复其故。是年三月,万安桥之南偏,石梁一并栏楯,折坠江中,石柱、石基损坏数处。公惧其大坏也,亟鸠工修筑。功方就,而黄生及第之报适至。夫人才之兴,云蒸雾溢,各有所适,岂在于此?而机有相召,气有相应,则亦岂偶然哉!然则是桥之修否,岂惟系于济川之安危,其有关于吾泉之形胜气运,固不少欤?……

蒋德璟,《镜虹阁记》:崇祯戊寅春,万安桥新建,镜虹阁成。晋江汤侯、惠安李侯,以其事诒史璟曰,是直指张公意也。公按泉从桥,谓架江海雄胜为九州冠。而腰有小屿,屿有城,尤奇。城内舍稍庳隘,宜有高阁以称之。时李侯方自惠署晋,公遂捐俸,俾扩新。未几,汤侯至,困合荚躬行营表,各佐俸百金。即旧址为厅事,上增三楹为阁,高出睥睨。旁为耳房,供燕息。翼以回廊,向仆厨从,各有宁次。木巨而坚,垣甍言言。一切购募,皆视民间平值。董以土著之好义者,不遣胥,不持檄,费省工倍。阁竣而民不知,郡人美之,为之赋子来。君子曰,是举也,具三善焉:泉水国也,夹以两江。笋江绾西北水入海,有石笋顺济二桥。洛阳江,绾东北水入海,有万安、乌屿二桥。皆鞭石潜犀,力相伯仲,然而万安独显当时。至进图,为神宗嘉赏。而故老相传,谓忠惠揆日锲址,皆预檄江水之神。以至辇石悬木遇危险,辄得神相。址石所累,蛎辄封之。王公慎中谓,贤者之所为,人乐其成,而赖其功,或托于神以美之似矣。然以三千六百尺之石,斗空而行,为千万年履海之康庄,不谓有神司如禹之灵威,玄夷不可而得。是阁以为之圭表,云楶兰拱,宛在波心,忠惠灵杰,斯为光大。其功在前贤。天官家:东井为黄道所经,天之亭堠,介两河天阙间为关梁。内有积水,主酒食,积薪,主庖厨;坐旗,主台榭望气。晋志曰:天驷旁为天桥,阁道南北有天厩,主驿传及宾客之馆。今桥北为惠,桥南为晋。车马剧骖而行,卢湫逼棨戟之重,间儳民居,是子产单襄公所讥也。以桥象井,以阁象营室,爽垲宏丽,便栖憩而明等威,其功在宾旅,虽然独其小也。易称天险,地险,王公设险,以守其国。墨子城三十步置坐楼,百步木楼,二百步立楼,皆为险设。自嘉靖末,倭寇阑入,陷莆掠泉,连破永宁、崇武,故万金宪就小屿,筑城为兵备行营。且门其北为万胜,南为万全,以为关南第一关。计垛口仅四十七,而巨石崇墉稳若天堑。今以城扼桥,以阁凭城;城取诸豫,阁取诸大,壮而合之。桥有习坎重险之象,天地之险,尽为用矣。其功在封守,斯三者于法皆宜书。故曰:一举而三善备也。然而封守大矣。若夫枕双阳,面沧海,峰峦环匝,潮汐嚬嘘,禽鱼卉木之观,烟霾风虹之态,登眺之美,则不可胜书也。昔诸葛武侯所至,治官府、次舍、桥梁、道路、藩篱、障塞,皆应绳墨。一日之行,不改其初。公观风度桥上亦暂耳,而即图久远若此,计是阁与桥终始,则公亦当与忠惠并传。而两侯又能承公德意,于二邑界协恭共济,下不扰民,上不耗官,几于古所称不日成者,宜乎有子来之赋也。镜虹公所署名,盖取虹势亘天,水光如镜之义。而公之风采赫耀,澄清山海之槩,亦具露一班矣。阁坐乾向巽,建于春正月十八日,成于三月十五日。广三丈,高二丈六尺,深三丈八尺。张公讳肯堂,华亭人,天启乙丑进士。汤侯讳有庆,长洲人,崇祯丁丑进士。李侯讳沾,华亭人,戊辰进士。而当戊辰之岁,有雷电从阁址起,绕城三匝,裂雉堞者三,实为鼎新之兆云。董其事者贡生蔡嗣铨,尝以千金助边,诏旌其门曰忠义者也。诸生吴其泓、张廷荐,皆附桥,人亦有劳,得附书。

徐𤊹诗,《咏万安桥》):路尽平畴水色空,飞梁遥跨海西东。潮来直涌千寻雪,日落斜横百丈虹。郊野尚留棠树绿,岁时犹荐荔支红。行人幸不为鱼鳖,细看丰碑利涉功。(祖熙寅诗,《咏万安桥》):树底孤帆带夕晖,闲亭下马拂征衣。天回戍垒春流迥,风静官桥晚浪归。水国蒹葭长渐渐,沙汀凫雁远微微。昔贤已去荒祠在,淅沥桐花满钓矶。(顾大典诗,《咏万安桥二首》):沧波欲尽海云垂,千尺晴虹挂水湄。寂寞寒潮自来去,行人惟说蔡公祠。(又)鱼子腥闻山市近,蛎房寒浸海潮生。日暮驱车桥上过,断肠秋色似江城。(凌登名诗,《咏万安桥》):洛阳之桥天下奇,飞虹千丈横江垂。西有滚滚万壑流波之倾注,东有㶁灏澎湃潮汐之奔驰。石梁亘其上,震啮永不移。千秋万岁功利溥,直与天壤无休期。巍然巨石中流峙,群神百灵共栖止。约束涛浪鞭蛟螭,雄镇东南数千里。遥望扶桑海日升,山头松柏常青青。揽衣登蹑还四顾,使我醉眼惺然醒。天空云瀚沧海阔,东风吹云海水裂。宇宙神物能有几?如此大观亦称绝。蓬莱仙阙蛟人宫,夜半仙人骑玉龙。倘于石上求奇事,为言狂客留题处。(黄克晦诗,《咏万安桥》):松花小径过柴车,乱石荒苔去去徐。数里一沾惊蛰雨,二旬三食洛阳鱼。春来为客多堪恨,乱后空村有废居。安得闾阎无警报,在家长读古人书。(何乔远诗,《咏万安桥》):天上遥闻白玉庭,北风吹起戏龙醒。扶桑挂影初无障,海若司潮似有灵。楼外行人亭寂寂,尊前逋客鬓星星。昔贤修禊来题柱,篆笔摩挲眼尚青。(又):落日望长桥,虚亭正在腰。度关时小骑,阁汐有轻艄。蛎趾初支壳,蛏田别种苗。摩挲看题柱,高兴感遥遥。(黄凤翔诗,《咏万安桥诗》):龙峤三千仞,琼楼几万重。虹垂天际石,云抱水中峰。急雨潮声壮,微晖树色浓。任公闲把钓,独与野鸥逢。(苏茂相诗,《咏万安桥》):群山匡卫此中亭,蹑屐登临酒易醒。秋至奔流朝海若,月明清韵听湘灵。只今虹影闻吞浪,何客槎头可犯星。堞外纵横千里目,遥天直北数峰青。(国朝万正色记,《重修洛阳桥碑记》):忠惠蔡公始造万安桥,历今七百有余载。履劫蛟宫,毁拆至再。扶栏基址,各有啮风涛而漫潏倾圮者,余虑不早葺,费且不资。因糜金伐石八百六十,松杉半之,遣原游击洪忠董厥工。悉数绸缪垒址重构者,梁二十有八。荷蒙神庥,潮涨者十,汐涸者三,程工五万,狻猊墩塔焕然一新。计资给白金二千三百有奇。始康熙二十二年癸亥三月甲子,迄十二月壬戌告成。庶巩往迹,且冀人怀利济,毋或胥戕云。康熙二十三年甲子二月立石。(阮旻锡诗,《咏万安桥》):白虹饮大江,偃卧长不起。何用祖龙鞭,横跨东海水。巨石驾蛟宫,飞栏翼雁齿。巍然忠惠碑,详哉岁月纪。醋字或讹传,后人诧神鬼。壮观甲中州,亨途通万里。诗书邹鲁匹,江山洛阳似。倦客谩留题,且食蚝房美。(张云翼诗,《咏万安桥》)端明学士守泉时,万安渡头行人悲。天吴日驾踊灵鼇,狂潮横海走蛟螭。累址于渊架石梁,长波凌跨玉虹垂。砻石作记清且遒,银钩铁画同纷披。何年烽火照桥畔,倾斜石垣如巾欹。一朝自立屹然正,如有神物相护持。闻公正色知谏院,直声早振四贤诗。经国文章饰吏治,朱轮皂盖青云移。循绩千秋受余荫,七百里长松风吹。我寻东堂听寒声,日丽潮平动远思。(黄孙馨诗,《咏万安桥》)玉冻盘空明镜悬,题来人在碧云边。双阳势转依江尽,两岛波澄向水连。伐竹徒劳司马造,潜犀不藉祖龙鞭。至今士女村家度,结构犹追嘉祐年。(第219~226页)

卷十二　古迹志

城中古迹

桐城,郡初筑城时,环城皆植刺桐,衢巷夹道有之,故号桐城。郡人以其花开,验年丰歉。若花生叶后,岁必丰;否则反是。故又称瑞桐。(宋吕造诗云:闽海云霞绕刺桐,往年城郭为谁封?鹧鸪啼困悲前事,豆蔻香消减旧容。)(又丁谓诗云:闻得乡人说刺桐,叶先花发始年丰。我今到此忧民切,只爱青青不爱红。)(第229页)

清芬亭,在宋市舶司。(第236页)

真济亭,在府治西南,守真德秀建,自书匾。(国朝张云翼有《真济亭怀真文忠公诗》云:西山之出正学明,立朝十年何铮铮。党锢既开鲠言进,一麾外守清源城。城外江潮通岛屿,前时海舶皆畏征。公来顿增三十六,梯航衔尾鲛人行。谁驾飓风歊蜃雾,洪波犹扬刁斗惊。立马酹浆祭死士,指挥一定斩长鲸。更为增屯置要害,齐云山下角不鸣。再来欢声彻幽僻,百岁之叟扶杖迎。二税复严预借禁,一时雕弊皆宁盈。真公自有真经济,遗构千秋符令名。)(237页)

城外古迹

二公亭,在东湖大阜中。郡人为唐刺史席相、别驾姜公辅构。(第238页)

洛阳桥碑记,在蔡忠惠公祠,出自公笔。大书刻石,至今拓之,流传海内。石二段,一粗一腻。好事者云,外国人摹仿蔡书,刻粗石二段,舣舟江岸,乘夜窃易,为人所觉,仅易其一。(第241页)

泉南佛国石像及大字，在安海城外东十里许。石佛高五丈，旁有石，镌"泉南佛国"四字。高六尺，宋王梅溪公笔。详见《寺观》。（第241页）

天风海涛楼，在三十六都石头山。《通志》作在府城东北，误。盖在东南也。宋末蒲寿庚建以望海舶，或云即海印室。"天风海涛"匾额本朱文公书福州鼓山者，今匾已遗失，里人新之，不复作楼。（第242页）

安平西塔，在八都。宋绍兴二十二年，曾生、李廿五娘造砖塔于西桥头，名曰瑞光塔。五层六角，旁各有门。高八丈，周围四丈八尺，径阔三丈余。明万历三十四年，太傅黄汝良重修，易名为文明塔。国朝康熙五十八年己亥重修。嘉庆十二年丁卯黄元礼、施继辉等重修。按《安平纪略》载：明嘉靖九年，岁次庚寅，里人就塔上燃灯，辛卯黄国宠、柯实卿、林大任中。壬辰，实卿联捷进士。万历十八年庚寅燃灯，辛卯黄志清登解，陈廷一同榜。国朝康熙四十九年庚寅燃灯，辛卯柯国乔、蔡增勤中。道光十年庚寅黄元礼、柯琮璜复燃灯。又自明迄今，每次重修，是科皆有登榜者。万历三十四年重修，是年李拯中。国朝康熙己亥重修，庚子黄元钟登武解。嘉庆丁卯重修，戊辰施继源中。斯塔也，不诚瑞光文明也哉！（第247页）

安平东塔，在八都。宋绍兴二十四年，转运使高连惠以高仕舍地七亩，造砖塔于东洋桥头，名曰龙兴塔。明万历三十四年，黄陈二氏重修。国朝康熙三十四年五月初六日辰时大雨，塔坏。（第247页）

关锁塔，在宝盖山上。《闽书》：登之可望海舶。俗呼"姑嫂塔"。塔中镌二女像，游人拾瓦掷之，中者生男，不中者生女。（第247页）

城中坊

（宋）阛阓坊，在仕曹巷。宋时贾肆皆聚于此。（第249页）

卷十三　公署志

附旧署文职署

（宋）南外宗正司，在肃清门外，本都监廨舍地，改为行衙。建炎中，又改为司。内有惩劝所、自新斋、芙蓉堂及池，及天宝池、忠厚坊诸胜。景炎间，蒲寿庚畔，降元，尽杀宋宗室，司遂废。

睦宗院，旧在府西南袭魁坊。建炎中，南外宗正司徙泉，因建于此。中有元祐堂，淳祐六年，知宗希衮建。嘉泰三年，郡守倪思以其狭隘，别创于府治西北居贤坊，是谓新睦宗院。

宗学，在旧睦宗院东。绍兴初建。中有宣圣庙，置堂曰彰化。斋有三：曰宗强，曰信厚，曰立爱。嘉定十三年，更堂曰崇教；增斋一，曰怀德；更信厚曰升贤。斋有长谕,皆以宗姓。讲书教谕,则以庶姓。又有清源书院,在睦宗院内,知宗希袞所建。堂曰习说。斋四:曰浚明、严尊、忠恕、爱敬。明时,其地入清果、菩提二寺。

教授厅,东有温知室,西有儒隐堂。堂之前有万卷楼,下瞰泮池。淳熙中,萧鹗建。今废。(第296~297页)

都税务,在镇雅坊街东。熙宁八年建。税之目有七:曰门税、市税、<u>舶货税</u>、彩帛税、猪羊税、浮桥税、外务税。一在石笋桥,一在南门外辛公亭,其后废为左翼军舡场。嘉定十年,守真德秀移建于浯浦天妃宫前。元移建他所,改名晋江务。今废。

市舶提举司,<u>在府治南水仙门内,即旧市舶务址</u>。<u>有清芬亭</u>,以傅伯成有"岁晚松篁期苦节,春风桃李自多情"之句,故名。元祐初置,后废。崇宁初复置。高宗时亦罢而复置。元季废置不一。明洪武间仍置,成化八年移福州。(第297页)

(元)石井镇巡检司,在府城南八都安海市。元时建。明洪武二十年,徙于同安之东坑。故址犹存。

港边巡检司,在府城二十都。元时建。明洪武二十年,徙于十六都之深沪。故址犹存。(第296页)

杂造局,<u>在府治东。元时建,即宋废提举司故址也。</u>今废。(第296页)

卷十四　学校志　附名宦专祠之祭

蔡忠惠祠,在郡东洛阳桥南,宋庆历间建。祀郡守蔡襄,造桥二碑竖祠中,系公手笔。<u>嘉熙二年,守刘炜叔重建</u>。明永乐间,守胡器修。成化间,都御史滕昭重修。崇祯十三年,守孙朝让重建。(王命岳记,《蔡忠惠祠记》)郡以东二十里,为宋太守忠惠蔡公所造万安桥,利赖最普,民免龙蛇之患,业疏其事于石。郡人思之,乃建祠于桥之西。岁时湮祀,不聿废。迨今明崇祯十有三年,郡守姑苏孙公景流风,瞻遗像,捐俸薪倡新忠惠公祠,荐绅先生舍金钱竣厥事。经始于庚辰某月某日,落成于辛巳某月某日,乃援笔而为之记曰:方蔡公为著作郎,发愤范文正诸君子之贬斥,高若纳之奸邪,作"四贤一不肖诗"志其事,名著中夏,生平大节,概可睹矣。知谏院起居注。明唐介之忠,卒为改英州知制诰以罢。吕景初、吴复中、马遵无罪,封还辞头,不草制。此皆凌节冰雪,抗志云霄,诚名行之乔岳,俗流之砥柱也。未几,以枢密直学士知福州,寻知泉州,仁声惠政,更仆未易数,乃今以万安桥特闻。向令蔡公当日湴涩龌龊,与民唯呵,在朝无真气节,在郡安有真事功?纵欲亘万尺之长虹,通千秋之利济,无论神妣其成,人亦罕助其顺,又宁能使后起者守是郡思慕其所以守是郡？闽士大夫思慕其为我闽士大夫,氓庶思慕其为于乡不衰;于焉寄渺思于清涟,遡琦品于珉碣乎哉？夫君子无往而不诚,然其为君子,功在著作。无谏职则以诗规,知谏院起居则争英州,知制诰则封辞头,守泉则兴修桥梁,植荫道。如旧志所载,邮波臣、收怪物,事奇异,理或宜有。迄今遵海而居,横江而渡者,悠然有小河洛之思焉。君子随分,职自表见,报天子耳。安在居朝右则表表,与富、欧并重于时,而在外郡,顾不有所实心建竖,以济我亿万生灵于生寿之津,而甘使真西山、王梅溪擅美于后也耶？余谓郡守最亲民,善能承宣天子德意。汉数召入为卿贰,或加爵至关内侯,以故二千石得人为盛。宋大臣往往以引身求补郡,其出也朝论惜之,入则复为卿相,以故名太守亦多,法稍近古。仁宗为宋令主,既以公嘉惠泉人,竟复召内入端明殿学士,君臣之间,可谓两全。然而公政不计及此,此公之真忠、真惠,所以历千载而尸祝如一日者也。公济人徽德,郡三尺儿童能举,似不多赘。撮其居朝大节,以见休行美业之有自。总之,不离忠惠者近是。孙公,明辛未进士,去公五百余年,任泉州府太守,有惠声,常熟人,例得并书。(宋王十朋诗,《蔡端明祠堂》)公昔自禁从,再来临此邦。河梁一何壮,笔力独能扛。政绩留南纪,祠堂枕大江。山川与人物,今古两无双。(朱子谒祠文,《谒蔡忠惠祠文》)惟公忠言惠政,著自中朝。筮仕之初,尝屈兹郡。岁时虽久,称思未忘。厥有遗祠,英灵如在,某虽不敏,实仰高风。临事之初,敬修礼谒谨告。(明何乔远诗,《蔡忠惠祠诗》)美茶岂必嫌团饼,嘉树仍闻谱荔枝。好事已传埤雅注,行人还看洛阳碑。鱼龙潮汐遵灵涘,兰芷春秋荐古祠。感慨名流千载意,不徒为政颂于兹。国朝康熙三十一年,提督张云翼重新,自为记。岁春秋二仲月致祭。又一祠在晋江二十都仙迹乡。国朝康熙六十一年重建。(第369～370页)

胡寺丞祠,在旧市舶亭侧,即水门巷,祀宋市舶提举胡长卿,今废。(第371页)

卷十五　祀典志

天上圣母之祭：历代遣官斋香诣庙致祭。明永乐五年,以出使西洋太监郑和奏,令福建守镇官重新其庙。自是,节遣内官及给事中、行人等官,出使琉球、暹罗、爪哇、满剌加等国,率以祭告祈祷为常。康熙五十九年,奉行始入祀典。每岁颁行祭费银四两二钱,于春秋仲月吉日致祭。帛一,白色;白瓷爵三,铏一、簠二、簋二、笾四、豆四,羊一、豕一,行三跪九叩礼。祝文：维神菩萨化身,至圣至诚。主宰四渎,统御百灵。海不扬波,浪静风平。舟航稳载,悉伏慈仁。奉旨崇祀,永享尝烝。兹届仲春(秋),敬荐豆馨。希神庇佑,海晏河清。尚飨!同日致祭天后之父积庆公,母积庆公夫人。祝文:维公德能昌后,笃生神圣之英;泽足贻麻,宜享尊崇之报。诞祥钟乎宋代,孝行聿昭。灵迹著于海邦,安澜胥庆。是尊后殿,用答前麻。兹值仲春(秋),敬荐豆馨,虔申告洁,神其格歆。尚飨!(第420页)

卷十六　祠庙志

天后庙,在府治南德济门内。宋庆元间建,明永乐十三年奉文修葺。<u>嘉靖间郡人徐毓重修。(顾珀记①)</u>……国朝乾隆元年,邑人捐修。神为莆田林氏女。宋宣和四年,赐额顺济。绍兴二十五年,封崇福夫人,二十六年封灵惠,二十七年封灵惠昭应。淳熙十年封灵惠昭应崇善福利夫人。绍熙元年封进爵灵惠妃。庆元四年封助顺,六年封护国庇民,追封一家。开禧元年封显卫。嘉定元年封助顺英烈妃。宝祐元年封嘉应英烈。协正三年封慈济,四年封善庆。开庆元年封显济妃。至元十八年封护国明著天妃,二十六年封显佑。大德三年封辅圣庇民。延祐元年封广济。天历二年以怒涛拯溺,加封灵感助顺福惠徽烈,赐额云慈,遣官致祭。明洪武五年封昭考纯正孚济感应圣妃,六年遣官致祭。文云:圣德秉坤极,闽南始发祥。飞升腾玉辇,变现蔼天香。海外风涛静,寰中麟凤翔。民生资保锡,帝室藉勋勷。万载歌清晏,昭格殊未央。永乐七年封护国庇民妙灵昭应宏仁普济天妃。隆庆府志:神居莆阳之湄洲屿,都巡检愿之季女也。生有祥光异香,资慧颖悟,能知休咎,长能乘席渡海,常乘云游于岛屿,人呼曰"神女",又曰"龙女",以其变化尤著于江海中也。宋太祖雍熙四年九月二十九日升化,是后常朱衣翩旋,飞行水上,累著灵验。<u>宋庆元二年,泉州浯浦海潮庵僧觉全,梦神命作宫;乃推里人徐世昌倡建。实当笋江、巽水二流之汇,番舶客航聚集之地,时罗城尚在镇南桥内,而是宫适临浯浦之上。自是水旱盗贼,有祷辄应。历代遣官斋香诣庙致祭。明永乐五年,以出使西洋太监郑和奏令福建守镇官重新其庙。自是节遣内官及给事中行人等官,出使琉球、暹罗、爪哇、满剌加等国,率以祭告祈祷为常。</u>国朝康熙十九年平定台湾,神涌潮济师,敕封护国庇民妙灵昭应宏仁普济天妃。二十三年封天后,五十九年始定春秋致祭。雍正元年,御书匾额曰"神昭海表"。乾隆间,御书匾额曰"恬澜昭贶",于后殿祀后之父

---

① 见《(乾隆)泉州府志》卷十六,《重修泉州天妃宫记》。

母。嘉庆二十一年,署郡守徐汝澜倡捐重修,撤庙口对面倚城小屋,即于其地立碑。……(第428~430页)

卷十七 兵制志

(宋)元祐元年,复行差法。绍圣以后,复行雇法。定各县额,并置营于各县,春秋二阅。惟晋江、南安、惠安赴州,余县自阅。晋江县,额管八十五名。嗣后海寇告警,始置水澳、(水澳,元改名永宁。)宝林、法石三寨,各有屯戍,以殿前司左翼帅领之。嘉定间,海寇犯围头,郡守真德秀增法石,移宝林兵戍围头,立宝盖寨,建平、法石诸屯皆听节制。参《福建通志》《续志》《泉州府志》。(第441页)

诸寨土军:宋初寨一,曰福泉同巡检,在福州甘蔗村。地远不相及,后增置五寨。

小兜巡检寨,在惠安县守节里大岞北,为自海入州界首,专管晋、南、惠、同沿海地。元丰二年,海寇猖獗,拨禁军一百人置寨弹压,后抽还禁军,改招土军,增十人。乾道七年,增二百人。嘉定十二年,郡守真德秀造营房六十有二,额管三百一十人。

四县同巡检寨,在晋江永宁里石湖村。熙宁初置,专管晋、南、惠、同陆路地方。由海道而陆者,先小兜,次石湖,额管一百二十五人。乾道七年,增二百人。嘉定间,守真德秀造军房五十所,额管三百二十五人。

漳泉都巡检寨,在南安县招贤里潘山市。初置寨时,拨禁军驻西山佛迹院。绍兴六年,别招水军三百人,分隶福兴、泉漳两都巡检使,抽还禁军。量留五十人,其后额缺不补。乾道七年,增二百四十人,额管二百九十人。(第442~443页)

殿前左翼军,禁军也。绍兴十五年,命统制刘宝讨汀虔潮惠山寇,往来诸州,泉士民乞留宝收剿余党,于是诏本路帅司统领陈敏及汀、漳二州兵,合二千七百七十五人,充殿前司左翼军,听宝节制。宝回,敏代统其军,复选诸州兵少壮千五百人益之。后定驻于泉州,建寨于东禅等院隙地,仍拨将三员,各带兵五百戍汀、漳、建三州。又分福州延祥寨水军一百九十三人,令郑广将之来属。乾道八年,岛夷以海舟入寇,复增善水者合前水军为五百五十人,分六十人屯水澳寨以控海道。淳熙十三年,统制官韩俊复分水军各一百五十人屯法石、宝林二寨,免其调遣。嘉定十一年,海寇冲突围头,守真德秀请增法石兵至二百人。又于围头主宝盖寨,移宝林兵百二十人戍之。其正将衙立于法石,诸屯并听命焉。于是分地巡徼,自岱屿以北,以小兜、石湖土兵主之，至击蓼而止。自水澳以南，永宁、宝盖主之，至中栅而止。其岱屿之内外，法石主之，至永宁而止。十二年，真德秀复以殿司远在行都，戍将骄蹇搭克，郡弗能禁，乞以军隶本州节制；诏从之。端平二年，统制司移置建宁。淳祐六年，复驻泉州，与诸州共听安抚司节制。兵额总五千人，在泉一千八百八十二人，内马步一军一千三百三十一人，分四将二十二队。每将以副将、准备将各一员，每队训练官一员。水军五百五十一人，分屯四寨，将官各一员。廪给衣粮，掌于通判厅。每月支，计钱九千三百九十八贯，米二千七十石。春冬衣钱，岁计四万三百四十贯。马二百七十匹，分隶诸戍。其水军各寨战船，旧管甲乙丙三只，三年小修，五年大修。嘉定十二年，真德秀更造三只，拨钱生息以补修费，亦委通判主之。（第443～444页）

（元）至元十九年，调扬州合必军三千人，镇泉州戍列城。后设上、中、下三万户府，以蒙古、汉人新附诸军相参。又以湖州翼万户府来戍泉州；又建泉州左副翼万户府，以宋殿前司左翼军隶焉。复刷土军以益之，立营建署于州之后，其后万户赤干迁于泉山门外。（第444页）

卷十八　武功志

（宋）绍兴二十六年，海寇奄至安平镇。

（宁）乾道七年，岛寇昆舍邪掠海滨，八年复以海舟入寇。始置水澳寨，即今永凝，以控御之。

淳熙七年，海舟贼沈师作乱，泉郡大震，戍将萧某统领战死。（第463～464页）

嘉定十一年，海寇赵希卨等冲突围头，知州事真德秀请移宝林寨兵戍围头，立宝盖寨，分地巡徼，获赵希卨，诛之。

绍定五年，海寇王子清等泊舟围头澳，知州事真德秀遣队将王大寿防遏，猝与贼遇，大寿射杀贼十余人，贼为夺气，竟以独力难支死之，官军乘进，遂有沙陶之捷。真德秀《乞恤王大寿状》略①：……

咸淳末，海贼寇郡境，时西域人蒲寿峎、寿庚兄弟在泉，俱无赖，击贼退之，以功累官沿海都制置。（第464～465页）

景炎元年，宋端宗即位于福州，寻入海航于泉州港，命蒲寿庚将海舟以从，寿庚闭城拒命。时元伯颜遣唆都寇泉州，寿庚遂以蜡丸裹表，由水门潜出，与田子真叛降元。二年，张世杰自海上复回讨贼，寿庚遣其贼党孙胜夫

---

① 见真德秀《西山文集》卷八，《申枢密院乞优恤王大寿状》。

诣杭求救于唆都,尽害宗室千余人及士大夫与淮兵之在泉者,备极惨毒。张世杰攻九十日不下,乃去之。(第465页)

(元)至元二十五年,湖头贼张治团掠泉州。是年甲寅,循州贼万余人寇泉州,讨平之。(第465页)

至正十年,同安盗掠泉州海滨,监郡偰玉立俘其魁。(第465页)

十七年,万户赛甫丁阿迷里可反,据泉州,民大被荼毒。

二十二年,回寇那兀纳叛,据泉州,官军至,千户金吉开门纳之,遂执兀纳。是年陈友定攻泉州,陷之。西域那兀纳者,以总诸番互市至泉。元末兵乱,遂攻泉州据之,福建行省平章燕只不花用陈驻计,执那兀纳槛送行省,时陈友定败泉参军胡深,元主即用为福建行省平章政事,遂发兵攻泉州、漳州,陷之。泉民先经回寇涂炭,继为友定荼毒,至洪武元年,大兵南下,始出盗贼渊薮云。

二十六年五月,泉州赛甫丁据福州路,福建行省平章政事燕只不花击败之,余众航海,还据泉州。(第465~466页)

卷二十八　职官志

宋诸司　附置泉州者

(宋)南外宗正司:按《八闽通志》《宋史》:崇宁三年,置南外宗正司于南京,西外宗正司于西京。各置睦宗院,择宗室之贤者一人为知宗,掌外居宗室,而置教授以课其行艺。南渡后,移镇江。其后屡徙。绍兴三年,移置西外宗正司于福州,南外宗正司于泉州。盖随其所寓而分管辖也。知宗正司事一员,丞一员,以本州通判一员兼。簿一员,以本州金判兼。睦宗院《八闽通志》作敦宗。主管一员,文武各一员,后省武臣一员。宗学教授一员,《隆庆志》:南外宗正司在水陆寺街,元以其地之后半置。清军驿俗呼旧馆驿。睦宗院在府城西南,以清果、菩提二寺为之。新睦宗院在府城西北。(第523页)

(宋)提举市舶司:按《宋史》:掌番货、海舶、征榷、贸易之事,以来远人,通远物。元祐初,诏福建路于泉州置司,仍委逐处知州、通判、知县、监官同检视,而转运司总之。又按《中兴会要》:绍兴二十一年,李庄除福建提举。上曰:提举市舶司委寄非轻,若用非其人,则措置失当,海商不至矣。庄可发来禀议,然后任。见《八闽通志》。提举一员。(第523页)

分省附置泉州者　福建平海行中书省

(元)《八闽通志》云:《三山续志》大德元年立,徙治泉州。平章政事二员,右丞、左丞各一员,参知政事二员,佥省一员,郎中、员外郎各二员,都事、勾管、照磨各一员,随省官属检校所检校一员,理问所理问一员,都镇抚司都镇抚一员。按元设行中书省,凡钱粮、兵甲、屯种、漕运、军国重事,无不领之。或置于福州,则为福建行中书省;或置于泉州,则为福建平海行中书省。《元史》:至元十四年,立行宣慰司兼行征南元帅府事。十五年,改为行中书省,升泉州路总管府。十八年,迁行省于福州路。十九年,复迁泉州。二十年,仍迁福州。二十二年,并入杭州。(第 524 页)

诸司附

(元)《八闽通志》云:《元史》延祐元年改立泉州。考之《泉州历官志》,大德间已有是官。提举二员,同提举二员,副提举二员,知事一员。

(明)市舶提举司初置司泉州,后徙福州。提举、副提举各一员,吏目一员。(第 524 页)

(宋)知州事:

蔡襄,至和三年二月任。闰三月移知福州。祀名宦,有传。嘉祐三年再任。五年除翰林学士知制诰。

陈俨,(熙宁)八年任。有传。元丰二年权知州事,五年再任。(第 530~531 页)

陈慎夫①,(元祐)六年任,七年兼提举市舶。

蔡槜,莆田人,襄孙,泉人称其有乃祖风。隆庆、万历志俱作大观间任。按《莆阳文献》,槜乃大观三年进士,无释褐后即授州守之理。今姑从旧志。(第 531 页)

孙梦观,建炎间任。《闽书》作绍定间任。有传。下一名注慈溪人,即此人。

叶廷珪,(绍兴)十八年任。有传。(第 532 页)

赵令衿,(绍兴)二十一年任。祀名宦,有传。

王十朋,(乾道)四年任,五年除敷文阁直学士。祀名宦,有传。

汪大猷,(乾道)七年任,九年再任。祀名宦,有传。

张坚,(淳熙)二年任。(第 533 页)

颜师鲁,(淳熙)十六年任。祀名宦,有传。

真德秀,(嘉定)十年任,十二年改知隆兴府。祀名宦,有传。(绍定)五年再任,六年除福建安抚使。(第 534 页)

---

① 陈慎夫,疑为"陈敦夫"之误,见《(乾隆)泉州府志》卷二十六"陈慎夫"条注释。

孙梦观,慈溪人,从《闽书》增。祀名宦,有传。李韶,连江进士,端平元年任。祀名宦,有传。叶宰,二年任,即赴召。黄朴,二年任。刘炜叔①,嘉熙元年任,二年除直秘阁。有传。

赵涯,临川进士。三年任,兼福建路市舶。王会龙,四年任,淳祐元年除大府少卿。有传。颜颐仲,师鲁孙,淳祐二年任②。有传。

刘克逊,莆田人,五年任,六年改知袁州。陈大猷,七年六月任,八月致仕。赵师耕,七年任。

杨瑾,十二年任。汪应元,十二年任。赵隆孙,宝祐二年任。

赵孟传,(景定)三年三月任,八月除福建运副。(第535页)

方澄孙,莆田人,淳祐间任。摄守兼舶,黥籍舞文,吏不得逞。从《闽书》增。(第545页)

(宋)南外宗正司知宗司事:赵士樽,建炎间任;赵士儴(从《闽书》增),建炎中任,有传;赵令廪、赵仲彌、赵士瞰(从《闽书》增)、赵仲弼(再任,从《闽书》增)、赵士䜣、赵士珸(有传)、赵士訇、赵子游(令廪子),以上俱绍兴间任,廉正文臣;赵不猷,隆兴间任;赵士粲(善诗,与守王十朋相好)、赵士穆,以上俱乾道间任;赵士歆、赵士石、赵不敌、赵不流、赵子涛、赵公迥(有传),以上俱淳熙间任;赵不遏、赵公迥(再任),俱绍熙间任(《八闽通志》惟有上一名,诸志俱有二名);赵不艰、赵不戒,俱庆元间任;赵彦提、赵不麀(有传),嘉泰间任;赵伯橚,开禧间任;赵善践、赵不培,俱嘉定间任;赵善耕、赵筬夫,俱宝庆间任;赵汝固、赵彦侯(知安溪县,有传),以上俱绍定间任;赵师寋、赵崇崈,俱端平间任;赵汝恭、赵师赈、赵汝腾(知泉州,有传),以上俱嘉熙间任;赵师恕、赵师珂、赵希循(临江人)、赵希衮(有传)、赵与份、赵巩之,以上六人年代无考,《闽书》作淳祐间任;赵吉甫(从《闽书》增)。

(宋)主管南外睦宗院官:初置院时宗子三百四十九人,嘉泰中至一千八百余人,郡守倪思请于朝,再置新睦宗院,各有主管官。

张洵、黄祖舜(福清人),俱建炎间任;李铣(《福建通志》《闽书》铣作诜,有传)、梁季珌,乾道、淳熙间任;林行知,嘉定间任;诸葛直清(有传,南安人,从《闽书》增)、彭燨(侯官进士,年代无考)、留元圭(有传,从《八闽通志》增)。

(宋)南外宗正簿:黄公度(有传);高子升(古田人,以金判兼静退清修,典刑后辈)。(第566~568页)

---

① 刘炜叔,原文作"刘伟叔",今据卷二十八宋福建市舶提举名录(第579页)改。
② 淳祐二年,原文为"淳熙二年",误。

(宋)市舶提举司提举：徐确(字居易,莆田人,元丰进士)、陈汝锡(从《福建通志》《闽书》增),以上俱崇宁间任；上官厚、钱景邈、章焕文①、乐昭衍、周需(以上五人年代无考),施述②(《福建通志》《闽书》述作述,即施述)、蔡檽(仙游人),俱政和间任；许大年、张祐(《八闽通志》作佑),俱宣和间任；姚世举(长溪人,元丰进士,年代无考)、鲁詹,靖康元年任；邵邦达,建炎二年任；徐与可、李承遇③、王权、林孝渊(建炎间以通判任,有传)、赵奇、吕用中、鲍仔、韦寿成、楼璹、曹泳、赵士鸣④、李庄(绍兴二十一年任)、张子华、郑寀、傅自修(有传)、张汝楫、陈之渊、黄绩、何俌(龙泉进士,约束奸吏甚严)、林之奇(侯官人),以上俱绍兴间任；郭知训,隆兴间任；何偊(隆兴间以上封事,朝议比朱云,任是官)、程佑之⑤、马希言、陆沅、张坚,以上俱乾道间任；虞似良、苏岘、韩康卿、彭椿年、严焕(《闽书》焕作涣)、林邵⑥(《闽书》邵作劭)、潘冠英(长乐人,绍兴进士)、胡长卿、张逊,以上俱淳熙间任；王焕⑦、赵汝彧,俱绍熙间任；许知新、詹徽之、黄缵,以上俱庆元间任；余茂实、曹格、赵汝说(从《闽书·宗室志》增)、郭晞宗(《福建通志》郭作邹),以上俱嘉泰间任；赵盛、赵亮夫,俱开禧间任；朱辅、王枢、赵不熄、傅庸、叶元澣、赵崇度(有传)、施械(《八闽通志》《闽书》作施械)、魏岘、陈可大(仙游人,有传)、赵汝适,以上俱嘉定间任；谢采伯,绍定间任；林迨(莆田人,有传)、李韶(端平间任,知州兼权)、叶宰(知州兼权)、黄朴,俱端平间任；刘炜叔、赵涯、王会龙,嘉熙间任,俱知州兼权；刘克逊(莆田人)、赵希揪、陈大猷(知州兼权)、赵师耕(知州兼权)、杨瑾,俱淳熙间任(《八闽通志》俱作淳祐间任),误；张理(清江人,著有《易象图说》,依《闽书》增),以上俱淳祐中任。

(元)市舶提举司提举：黑的、宋熙、张铎、陈珪,俱至元间任；八哈迭儿、马合谋、段庭珪,俱大德间任；沙的、石抹羌吉剌歹、系国英、海寿,俱至大间任；瞻思丁、木八剌沙、严文、哈散、朱善辅、廉寿山海牙,上五人俱延祐间任；倒剌沙、裴坚,俱至治间任；昔宝赤、赵敏、八都鲁丁、刘选、亦思马因、暗都剌、蛮子海牙、忽都鲁沙、也先黏木儿、乌枢、葛绍祖、驴儿、合山、聂世英、回

---

① 章焕文当章炳文之误。
② 施述为施述之误。
③ 李承遇为李承迈之误。
④ 赵士鸣为赵士鹏之误。
⑤ 程佑之为程祐之之误。
⑥ 林邵为林劭之误。
⑦ 王焕为王涣之误。

回、项棣孙（丽水人，有传），上七人俱至正间任。马合马沙（依《闽书》增）。

同提举：高闾，至元间任；乌马儿，大德间任；刘侃、王良弼，俱至大间任；马合麻、拜住，至治间任；怯烈、怯来、马合马沙、袁成、忻都、翟从德、谢不花、李也先，上三人俱至正间任。

副提举：卫璧，至元间任；阿不撒、刘孚，俱大德间任；木八剌沙、别都鲁丁、忽辛，俱至大间任；杨思敬、石廷玉、乐礼，延祐间任；刘文佐、赵敬，俱至治间任；施泽、答亦儿不花、买驴、刁赤剌不花、刘克礼、严亮、买住，上二人俱至正间任。

知事：高升，至元间任；张复礼，至大初任。

提控：张僖（《福建通志》僖作禧）、虞泽，俱至元间任；康珪，大德间任；蔡时亨，至大间任；

照磨：张垫，袁裔。

（明）提举市舶司：罗伦（成化二年，以翰林修撰谪任，有传）。（第577～582页）

卷三十四　政绩志（文秩一）

（五代）刺史：王延彬，审邽子。唐天祐中，审知墨敕权知泉州军州事，二年实授。梁开平三年加金紫光禄大夫，转右仆射，封琅琊郡开国男，寻转司空，加云麾将军。梁乾化二年，授特进□阶加检校太保，进封开国伯，五年诏加检校太傅开国侯。贞明四年，闽王简授管内三司发运副使。天成元年，以弟延钧节度行军司马检校太傅权泉州刺史。其冬延彬再任，四年延彬加检校太尉。息民下士，能继父志，前后在任二十六年。岁屡丰登，<u>复多发蛮舶以资公用，惊涛狂飙无有失坏，郡人藉之为利，号"招宝侍郎"</u>。（第976～977页）

（宋）知州事：关咏，籍贯阙。嘉祐八年自太常少卿知泉州，改光禄卿秘书监。<u>泉有番舶之饶，官州者多市取其货，十不偿一</u>。惟咏与参军杜纯无私买，竟以不察举他官坐免。《闽书》。（第981页）

陈偁，字君举，沙县人。通判蔡州，尝以疾，在告力争枉狱，免死者五人。熙宁八年，召知开封府，属新法行，请外知泉州，以治行闻。召见，改惠州。元丰五年，复知泉州。旧法番商至，必使诣广东；否则，没其货。<u>偁请立市舶司于泉，诏从其议</u>。以朝议大夫致仕，赠特进。《旧志》。（第981～982页）

叶廷珪，字嗣忠，瓯宁人。<u>绍兴十八年以兵部郎中出知泉州</u>，为政清静简易。时通淮河塞，廷珪疏引入城，语州之士曰："通此巽水，十年当出大魁。"至期梁克家应之。尤工诗,与傅自得一见如平生,会即谈诗。一日出所作《郡斋罗汉室》示自得,末云:"几多雁骛行间吏,衙退频来礼释迦。"自得曰:"泉故剧,郡公使吏辈优游如此,可以观政。"廷珪以为会心之友。喜编纂,有《海录杂事》、《碎事》传于世。去后,郡人祠于清源下洞。旧志,参《闽书》。

赵令衿,宋宗室也。绍兴二十一年知泉州。博学能文,在郡留意教养。建堂祀姜公辅、秦系于九日山下,民感其化。官至明州观察使。《旧志》。（第984页）

汪大猷,字仲嘉,鄞县人。乾道七年以敷文阁待制知泉州。时昆舍邪尝掠海滨,岁遣戍防之,劳费不赀。大猷作屋二百区,遣将留屯,寇不复犯。久之,戍兵以真腊大贾为昆舍邪执之,大猷曰:"昆舍邪面黑如漆,语言不通,此非也。"遂遣之。故事番商与人争斗,非折伤罪,皆以牛赎。大猷曰:"安有中国用外岛夷俗者？既在吾境,当用吾法。"三佛齐请铸铜瓦三万,诏泉、广二州督造。大猷奏:"法,铜不下海。中国方禁销铜,奈何为其所役？"卒不与。进敷文阁直学士,留知泉州。《旧志》。（第985～986页）

颜师鲁,字几圣,龙溪人。第进士,历官监察御史。尝论除职师藩者,平时交结权幸,一纡郡绂,辄掊克以厚苞苴。故昔以才称,今以贪败。高宗纳其疏袖中,行之。后迁吏部尚书,抗章请老。淳熙十六年,以龙图阁直学士知泉州。始至即蠲海舶诸税,诸商贾胡尤服其清。为政专以恤民为心,郡人塑像祀之。《旧志》。（第987页）

邹应龙,字景初,泰宁人。庆元二年进士,嘉定三年守泉州。修举废坠,兴学古文。郡城故卑薄,应龙以贾胡簿录之资,请于朝而大修之,城始固。又即明伦、议道堂间,建六经阁。德济门外,笋江下流,旧以舟渡,始造石桥,长一百五十余丈,翼以扶栏。居民行旅便之,以拟万安桥焉。历官金书枢密院事。《旧志》。

真德秀,字景元,号西山,浦城人。庆元五年进士。嘉定十年知泉州。时番舶惧苛征,至者岁无三四。德秀至郡,首宽之,遂岁增三十六艘。输租令民自概,听讼惟揭示姓名,人自诣听。治势豪梗法,务在痛绳。海寇作乱,官军败衄,乃祭兵死者;亲授士卒方略,擒之。巡历海滨,增屯要害,以备不虞。绍定中,再知州事;迎者塞路,深村百岁老人亦扶杖以出,欢声雷动。诸邑二税,尝预借至六、七年,德秀入境,首禁之。有累月不解一钱者,郡计稍逋,或咎其宽恤太骤。德秀谓:"民困如此,宁身代其苦。"决讼自卯至申未已,或劝啬养精神,德秀谓:"无以惠民,仅有政平讼理,事当勉耳。"时南外宗官在泉者三千三百余人，以上、中、下、末四等给应，德秀多方区处而敛不伤民。其他善政尤多。所著《心政经》《劝谕文》，人皆传诵，祀名宦。明嘉靖间，郡人复立祠郡治之东，专祀之。《旧志》，参《道南源委》。（第988页）

孙梦观，字守叔，慈溪人。宝庆二年进士，历官大宗正丞兼屯田郎中、将作少监。以言事忤当路者，绍定中出知泉州，兼提举市舶。重名节，蠲租省罚，有循良之誉。丞相董槐召迁，帝问廉吏，首以梦观对。迁司农少卿兼资善堂赞读，后知建宁府。卒，其家仅败屋数间而已。旧志，参《闽书》。（第989页）

李韶，字元善，连江人。嘉定四年进士，绍定四年通判泉州。忠厚纯实，郡守游九功素清严，独异顾韶。端平初，迁右正言，上封事数千言。理宗嘉其真有爱君忧国之心，以宝章阁直学士知泉州。忠厚慈爱，简淡冲粹，纯实便民，州人戴之。《旧志》。

刘炜叔①，嘉熙间以奉直大夫知泉州兼权福建路市舶。尝捐公帑钱二百一十万，治庙门、殿庑、讲堂。《闽书》。（第989页）

王会龙，嘉熙四年以朝奉郎知泉州。与典宗赵师恕，率僚属偕寓公、郡士诣学，行乡饮酒。擢太府少卿。《闽书》。

颜颐仲，龙溪人，师鲁之孙。淳祐二年②以侍郎出知泉州。罢溪籴，减商税，除监贼，教宗室，开东湖，民甚德之。历官吏部尚书。旧志。（第990页）

卷三十五　政绩志（文秩二）

（宋）通判：林孝渊，字全一，莆田人。崇宁五年进士，历建州通判，改泉州。时乱卒肆横，孝渊至，遂为帖息。提举市舶按收舶货，吏循例取脑一匣以纳。孝渊厉声曰："公则官物，私则商货，何例之有？"斥反。舶事邵邦建荐于朝曰："材术疏通，吏事详练，协赞郡治，绥靖兵民，千里帖然，内外安堵。"人以为实录。旧志，参《闽书》。（第1024页）

方蒙仲，字澄孙，莆田人。淳祐七年进士，由国子监出为泉州通判，摄郡守篆，兼司舶。剔除蠹弊，黥籍舞文之吏不得逞。终秘书丞。所著有《通鉴表微》《洞斋集》(《闽书》)。（第1025页）

傅知柔，仙游人。宣和进士，知龙岩县。素有威名，调泉州金判。帅臣檄捕海寇，知柔出帜以示，寇即降。终朝请郎。旧志。（第1025页）

---

① 刘炜叔，原文作"刘伟叔"，误。
② 淳祐二年，原文为"淳熙二年"，误。

胡大正，字伯诚，崇安人。以季父寅补官，开禧中金判泉州。会剧贼号过海龙罗动天者逼清漳，势甚急。泉与为邻，城门昼闭。忽近郊有荷斧者数十人，兵捕以闻。同幕请肆诸城下，大正不肯。书牍讯之，果采樵者，皆释之。<u>郡为番商之会，每舶至，检视者得利不赀，大正秋毫无所取</u>。《旧志》。（第1026页）

（宋）参军：杜纯，字孝锡，甄城人。元祐中任泉州司法参军。<u>泉有番舶之饶，杂货山积。时官于州者私与为市，价十不偿一。惟知州关咏与纯无私买</u>。后事败，狱治多牵系，惟关、杜无与。关犹以不察免，且檄参对。杜愤懑，陈书部使者为讼冤，关得不坐。旧志。（第1045页）

（元）经历：林泉生，永福人。天历中进士，任泉州经历。民逋酒税，械系累年，至有死者。<u>泉生以法谕舶商，使代偿之</u>。历官翰林直学士，卒谥文敏。旧志。（第1045页）

提举市舶司：（宋）赵崇度，<u>嘉定间提举市舶</u>。先是，海商货至，官竞刮取，命曰和买，实不给一钱。于是商舶滋少，供贡缺绝。<u>崇度与郡守真德秀同心划洗前弊，罢和买，禁重征</u>。逾年，舶至三倍。故事，岁以土物送诸贵人不泪，曹吏皆餍满。崇度曰："吾不能腴脂膏以市宠荣。"悉罢之。旧志。

林逵，莆田人。居官清白，<u>司泉州市舶</u>。尝受鲊十瓮，他日发之，金也。遽还之，叹曰："昔畏四知，予畏一心。"《闽书》。（第1045页）

（元）项棣孙，字子华，丽水人。<u>天历中进士</u>，提举泉州市舶司。值岁荒，道殣相望，防御卒出掠乡落，或至杀人。棣孙亟白郡守偰玉立，捐俸倡大商入金易粟赈之，民以安堵。癸巳，上游福安、罗源、古田诸县奸民林君祥等啸众为变，招江西妖人数万，围福州。廉访使郭兴祖檄棣孙集泉州、兴化二郡义兵为援。棣孙部署有法，盗皆遁去。为政简易，一以爱民为本。至忠义大节，持之益力。节《闽书》。（第1046页）

（明）罗伦，字彝正，永丰人。成化丙戌进士第一人。授翰林院修撰。以疏阻大学士李贤夺情忤旨，<u>谪提举泉州市舶司</u>。与张净峰岳友善。伦自幼励志圣贤之学，及抗疏落职，直声震天下。至泉，有司率诸生从之。讲明正学。时时逃寂岩壑间，于南安片瓦岩特所心赏，徘徊赋咏，有"仙家白昼应无夜，玉树长春未觉秋"之句，人传诵焉。未几召还南京。寻乞归里，居数年卒。嘉靖中御史聂豹于城北建一峰先生书院以祀之。旧志。（第1047页）

知县：（宋）黄彦辉，字如晦，莆田人。宣和三年进士，以奉议郎为永春丞。知县洪旦德胜于才，泉守赵鼎以旦与彦辉易任。旦喜彦辉能代其烦，彦辉待旦益恭。绍兴间，权知晋江县。会朝命滨海诸县造船，彦辉令主吏曰：

"民赋有定,不可加敛。"县帑有所谓本钱者,尽刷出以充其用。县例造九船,其成独先。差知同安县,裹山表海,寇盗陆梁,申安抚司创筑城壁,周环六里。安抚司奏保与减磨勘,寻以使牒监纳军仓苗米,铲除诸弊,奸人不得逞。乃摭拾专斗讠圭误,欲以污彦辉,监司按核无毫发瑕疵可指,迁潮州通判。卒,累赠大中大夫。旧志,参莆田志。(第1056页)

傅伫,字凝远,仙游人。重和元年进士,授无棣主簿,调南安县丞。岁大饥,民弃妻子者相属,伫请出常平钱米,设安养院食之,民不失所。明年岁丰,悉访所亲归之。绍兴中,迁知晋江县。会治战船,伫躬督其役,劳费半他邑,而事独先办。张浚闻于朝,时减磨勘三年。除茶司干办公事,转南剑州通判。旧志,参南安志。(第1056页)

(元)陈驳,字玄甫。至正中以学行荐补书院山长,改浔溪场司丞。时盐法废坏,私贩盛行,顽民相挺,易于为乱。驳招捕有方,海濒安堵,辟行中书省职官椽。西域那兀纳等据泉州行省,奉辞讨之。以驳尝为盐官,素得吏民心,辟护军参谋军事。驳请曰:"泉郡民皆良善,特为贼所胁耳,请以檄招抚,必获其助。"时那兀纳已肆掠兴化,道路梗塞,驳以檄付从者,间道以授县尉龚名安等。那兀纳征兵,名安等佯许之,帅舟师次东山渡以俟。翼日,驳等官军至,遂竖行省旗帜,入城秋毫无犯。那兀纳就缚,槛送行省。因调驳为晋江县尹,兼分督盐课,戢兵息民,境内宁谧。升广东盐课提举,兼参潮、惠、循、梅诸州军事。既而参政陈复代领课州事,遂翩然归田。道由泉州,父老怀其旧德,固挽留之,因家焉。晚筑南湖墅,杜门谢事,黄冠野服,种苜自给,妻妾如其心。年七十卒。郡民为祠祀之。所著有《方山堂集》。旧志,参《闽书》。(第1057页)

(宋)主簿:叶文炳,字晦叔,建安人。淳熙十一年进士,任晋江主簿。致书请益于朱文公。及至官,文公告以居官临民之法。时颜师鲁为守,事多咨之决。汀州豪民相仇敌,帅张忠定选官抚谕,皆惮行,文炳独请往。既至,折之以理,诸豪皆伏。摄狱摄舶,拒绝苞苴,不徇贵人请。师鲁荐之于朝,秩满,迁剑浦令。节《闽书》。(第1071页)

(元)县尉:刘益,字有谅,晋江人。由良家子弟率义兵从帅府讨山寇,以军功补官。至正二十一年,授晋江尉。会大饥,幽蓟尤甚。益首率仗义馈饷,至于大都。时西域那兀纳等据泉州,炮烙邦民,以取货财。益设法赎之,所活甚众。后所活者相率于西峰院为益祝寿,年八十四无病而逝。旧志。(第1073页)

卷三十六　政绩志(武秩)

(宋)兵马都监:姜特立,字邦杰,丽水人。累迁兵马都监。海贼姜大獠寇泉南,特立以一舟先进,擒之。帅臣赵汝愚荐于朝,除阁门舍人。《闽书》。(第1080页)

(元)左翼上千户:金吉,号一庵,先为上都人。至顺间以捕盗功授武略将军左副翼万户府上千户,镇守泉州路。值蒲寿庚专权杀戮,吉待时而动,不与为忤。会西域那兀纳窃据泉州,遣骑袭劫。莆阳行省上其事,檄福州军校及泉之浔美场司丞陈駇、洒洲场司丞龚名安合兵讨之。时吉守西门,兵利卒锐,駇密往见吉曰:"官军大至,玉石俱焚,公宜早计,转祸为功。"吉喜曰:"吾夙心也。"夜潜开门,纳官兵,擒那兀纳,槛送行省。兵不血刃,市不易肆。殁后,州人牢醴祀之。长子呵哩先以陈柳之乱,倡义徂征,死节于莆。次嘛唅吻遵父遗命,葬吉于东郊荔林之原,遂世为泉人。采李筼溪撰传,参《隆庆志》《清源丽史》。(第1081页)

卷四十　人物志(宦绩一)

(宋)傅自修,字勤道。绍兴中,监泉市舶务,宿弊十去八九。后番商为贪吏所困,号泣思之。闻于朝,仍命就原职。番商相贺。知潮州,招降海寇。累官直宝文阁。将漕江西,卒。(第1155页)

储用,字行之。淳熙十一年进士。令建阳,有惠政,擢守光化,移襄阳。以忤制臣,罢归。时海寇犯泉境,与真德秀协谋捕其首赵郎,余党遁去。后直文华阁,知广州。未任,卒。(第1157页)

卷四十九　人物志(忠节)

(宋)王大寿,为左翼队将。绍定五年,海寇王子清犯围头,郡守真德秀遣大寿领卒百人防遏。猝与贼遇,奋前控弦,毙贼十余人,后无援遂殁。从死者五人。然贼亦夺气,官兵乘进,遂有沙陶之捷,俘获贼首林添二等,剖心以祭。事闻,赠官恤其家。(第1242页)

(元)郑寿,字龟龄。由千户升宣威将军。至正间万户赛甫丁阿迷里可叛。窃据泉州,寿谋讨之,机泄遭害,一门死者数人。(第1243页)

卷五十九　人物志(流寓)

(唐)李宽,初名珏。尝随父贩枲,航海抵泉,平枲赈饥,泉人德之。后闻

宽仙去,立庙于东街头祀焉。(第1376页)

卷六十 人物志(仙释)

(五代)神僧,不知其名氏。梁贞明元年,王审知梦坐厅事,有泉人告之曰:"闻王于大都督府造塔,乞移之镇泉。"怒斩之,首坠而身涌高数尺。及觉,骇之。使求之泉,云:"果有狂僧者,不见已久。"审知悟其为神僧也。遂以其材木浮江转海至泉,为无量寿塔。(第1389页)

朝悟大师,西域人,来居开元寺,数有异征。既去,寺僧刻木为像奉之,号木头陀,亦号挑灯道者。(第1390页)

知亮①,南唐时居开元东律巷。恒袒一膊,行乞于市,祁寒雪霜中亦然。后移居德化戴云山,不火累一月。堆趺独坐,虎驯其侧。有诗曰:"戴云山顶白云齐,登顶方知世界低。异草奇花人不识,一池分作九条溪。"宋大中十二年逝。(第1390~1391页)

(宋)了性禅师,弟子守净。绍兴中,开元东西两塔灾,至淳熙而性两建之。绍熙间,净建资圣僧寺塔、嘉泰塔、继新塔、庙、岩、堂、庵、桥凡十有七;其与性之建弥陀殿,创安溪龙津桥、晋江安济桥,盖功力相等云。(第1393~1394页)

守净,有道术,安平朝天门楼、兴化军安利桥、延平可渡桥、武荣金鸡桥,皆其所建。嘉定中又尝镌石佛于安平岱峰山,刻"泉南佛国"四大字于旁。

卷六十一 烈女志(节孝之一)

(元)庄氏,陈思恭妻。生子宝。四月,思恭去入海,五年不还。人曰思恭死矣,诱庄嫁,不许。亡何,思恭归,悲喜交集。久之竟入海死。诱者曰:"夫君真死矣,可奈何?"庄曰:"宝在此。"宝长,作春草堂养母。宋濂、高启皆为之记。思恭尝娶妻于浙中,生子,贫寓外氏,庄遣钱使营生,且偿思恭之夙逋。(第1403页)

卷六十九 寺观志

城中寺观

开元寺,一名紫云寺。在肃清门外,旧为州民黄守恭园地。唐垂拱二年

---

① 知亮即智亮,天竺僧人,又称"祖膊和尚",唐大中间(847—859年)驻锡泉州开元寺东律院弘传佛法。《县志》此处将其列于宋代,作"南唐"、"宋大中十二年"等语,误。

(《八闽通志》作嗣圣三年。)守恭梦僧欲化其地为寺,辞曰:"待桑树生莲花乃可耳。"不数日,桑树尽生莲花,守恭即舍为寺,建大悲阁及正殿,赐额"莲花寺"。(《八闽通志》:初名白莲瑞应道场,后名莲花寺。)长寿中,改名兴教;神龙中,改名龙兴。开元二十六年,敕天下佛寺皆名开元,遂改今额。历五代至宋,更创支院百区。(《八闽通志》作"二百一十七"。)元至元二十二年,武灵刘鉴义奏将支院合为一大寺,赐额开元万寿禅寺。中为大雄殿,下为拜庭,朝贺讲约,恭祝圣寿,诣此行礼。东西两廊,庭外拜圣亭,山门,大门外紫云屏,殿后戒坛,坛后禅堂,禅堂之左为黄氏檀樾祠。元至正丁酉灾,明洪武永乐间渐次重建,万历间守恭裔孙参政文炳增修,郡守合肥窦公复捐修正殿。(黄凤翔记略,《开元寺记略》)吾郡开元寺,建自垂拱间,厥后次第营拓。区院之庄严,浮屠之俊丽,屹然为城西巨镇,而有司习朝贺仪者诣焉。年所多历,日就颓毁,故檀樾裔孙宪副同安黄君,斥财鸠众稍修葺之。而紫云正殿工巨费繁,郡侯合肥窦公捐俸为倡,凡八阅月而工告竣。窦侯将以入觐行,诸耆老方相率祈佛,冀谐所愿。谓兹盛举也,宜有纪,而属笔于余。余谓如来示法以无为宗,其视吾儒名教,犹之苍与素,燕与越。然顾夫幡幢之供设,梵呗之赞颂,所为朝夕勤祷,展敬于空王者,厥礼一何重哉!数百年祇垣精舍,高皇帝纶音在焉。而诸司遥祝之仪,俯偻于剥栋颓楹之下,彼奉空王者计画无复之耳。而析珪担爵,北面称臣子奚为者也?此窦侯所为目击而心惧也。余纪其事,而系以诗曰:银函遥度,须弥崒崒。国号毗尼,天曰兜率。弄土为城,编茅覆佛。积缕万千,贸花贡秘。发彼宏愿,更无长物。瑶坛之祝,天子万年。冠裳萃正,岁时有虔。尊圣弗饬,礼教虚悬。戒律具严,贪为悭缘。吾儒之教,亦复如然。懿哉郡侯,凭熊分虎。香风慈云,慧日化雨。性根菩提,泽庇宁宇。称陛肃趋,枫宸在睹。爰霈檀施,成兹义举。净财递委,凡众齐心。露澄风井,霞向鸡林。层甍迎日,莲座凝阴。令辰崇典,天鉴如临。济济翼翼,以莫不钦。海国腾欢,群黎载德。颂公佳绩,胜彼佛力。兼生其共,垂范罔极。爰勒岘碑,永镇宝域。恒沙有尽,贞珉弗泐。崇祯间南安郑芝龙重修。康熙十年提帅王敏斋修东畔香积寺口廊,詹允捷为记碑在廊首。乾隆二十年禅堂毁,后建,嘉庆十年乙丑总督玉德祷雨有应,重修前后殿及拜亭。(玉德自为记,《开元寺重修金刚殿碑记》)自古都会郡邑多有建大刹而奉香火者,原所以护国而庇民也。泉郡开元寺,创自唐垂拱二年。其地原系黄氏宅基,因桑树生莲应梦,遵施基以建寺,名为莲花寺。庙貌巍峨,双塔耸峙。后毁于兵火者凡几,历代屡有禅僧信士踵而葺之。至前明万历年间,倾废过甚,经黄氏之孙文炳重为修建,以至于今。乙丑春,余因督缉洋匪,暂驻郡城。时雨泽愆期,农民望之甚殷。余虔祷于开元寺,是夜即大沛甘霖,连宵达旦,合郡士民莫不欢悦。是年转歉为丰,咸歌大有,皆神灵之感应也。余见殿宇朽损,垣多坍塌,心甚戚焉。遂捐清俸而为之倡,郡守令亦皆共矢虔诚,集腋成裘,源源施助。于四月开工,八月告成。所有大殿,后殿,及拜亭、廊房,同行修整,焕然一新。特将重修之年份,勒石以记之。嘉庆二十年乙亥,守盛本倡修前进及香积口廊。(杨滨海记,《开元寺记》)紫云寺昉自唐二年,四易名而开元,今不改,垂有千年,递毁递修不胜书。癸酉夏,拜坛西金刚寮圮,佛像亦剥落殆半,寺僧及旁舍居人,购瓦椽覆之。越明年甲戌,郡宪盛公倡修,嗣是官绅泊诸善信倾囊乐助,乃以十月望兴工,迄小除夕告竣。糜白金五百余钣,监工掌账者释氏达衷也,董役者秦君维藩也,而劝宏愿力间亦与事者萧敦堂、杨雨庵也。既成,因承僧请而识其略焉。寺有东西二塔:东塔号镇国,唐咸通六年僧文偁以木为之,高九成,宋天禧中增十三成。绍兴乙亥灾,淳熙中僧了性重建,后又灾,僧守淳改造砖塔,高七成。《八闽通志》:五代梁贞明中创二木塔,宋宝庆嘉熙中俱毁,后易以石。嘉熙二年,僧本洪易砖为石,仅一成止,僧法权继造四成,僧天锡姓尤。造第五成,至淳祐十年凡十三年工乃竣。顶有铁香炉、铜宝盖、镀金铜葫芦,塔八角以铁索钩之。每成环转空洞,外为八窗,各有龛安石像一。两壁翼以神像,外绕以檐廊,护以石栏。围一十七丈二尺,《县志》无"二尺"字,非。高一十九丈三尺五寸。三尺五寸,《县志》作"五尺",亦非。西塔号仁寿,五代梁贞明二年,闽王审知于都督府造木塔七成,塔成而沉,地涌出泉,审知梦应在泉州,遂以木植浮海至泉建塔,号无量寿塔。宋政和中,改号仁寿。绍兴中火,更造砖塔。绍定元年戊子,(《府志》作宝庆中,非。)僧自证易砖为石,嘉熙元年始竣工,先东塔十年而成。围一十六丈七尺,高一十七丈八尺。明洪武甲戌东塔竿偃,丁丑僧永安重修。万历三十二年地震,东塔顶盖折,邑人詹仰庇为主缘,僧通全、宏誉、真晓募修。国朝乾隆辛丑年飓风大作,东塔金顶坠地,守张嘉炎重修。西塔,明万历十三年大风,葫芦圮,邑人李廷机(《寺志》作"傅明智"。)修。丙午复有异风,塔竿铜盖、铁炉、铁索、葫芦俱坏,壬子寺僧募众重修。(明蒋德璟《双塔记略》)净师从紫云寺住持清源西洞天,以予喜石,舍洞石见供,佐以乳泉一缶,曰:"吾往来清源紫云间甚适也。"紫云有东塔殿,吾师派上人旧址,詹司寇题诗。林禅榻处虽数楹,然以附塔阴凉可暂憩。遂约黄公季毁,林公为盘,与予茗饮其下。而盱江邓君应瑞者,征君潜谷先生曾孙也,远来访予,侨于寺东偏。因徼共坐,啖蔬果,甚香洁。晚钟鸣,起踏月绕东塔,礼数巡,出大殿。庭月如昼,复绕西塔数巡而归。按志：紫云寺，唐垂拱中州民黄守恭故宅地舍为寺。东镇国塔，咸通（《旧志》作"亨"，误）中，文偁禅师以木为之，凡九级成之。明年，仓曹徐宗仁以佛舍利镇塔中。宋天禧中，改为十三级。绍兴乙亥灾，淳熙丙午僧了性重建。宝庆丁亥复灾，僧守淳易以砖，凡七级。嘉熙戊戌僧本洪始易以石，仅一级而止。法权继之，至第四级。天竺讲主（即天锡）作第五级及合尖，凡十年始成。凡大住四十，大小梁各四十，大斗百九十二，小斗四百四十，枅四千，大拱百十有二，小拱八十，皆巨石为之。西仁寿塔建于梁贞明二年，号无量寿塔。宋政和甲午十月十日，有青黄光起塔中，高侵云，须臾五色，质明乃灭，因赐名仁寿。绍兴乙亥灾，淳熙间僧了性再造，复灾。僧守淳易以砖。绍定元年，僧自证始易以石盖，嘉熙元年始竣工，实先东塔十年云。二塔及蔡忠惠万安桥，皆为海内冠。丁丑仲夏十九日记。(黄克晦《寺塔对雨诗》)塔间鸣雨静犹哗，冷洒高标触怒牙。银界虚空森乱竹，金轮回转散诸花。色因秋近条条白，风自西来故故斜。从此与僧堪共约，天阴先赴法王家。(黄凤翔《塔灯诗》)飞刹风铃寂，青灯月色连。摩尼珠吐焰，舍利火腾烟。影外千星落，空中万象悬。绕轮纷呗颂，面壁是真禅。(黄景昉《寺中避暑诗》)自缘性僻动幽襟，不为炎蒸逼入林。画壁龙蛇多异相，禅房瓶钵有哀音。倦余褦襶差人热，饥爱伊蒲损佛金。遂使群真妨结夏，问师何法最安心。(周廷鑨《同人集塔诗》)禅室惬幽栖，香林结队齐。饥驱陶令去，酒倩远公携。送雨钟声暮，扳烟塔影低。大常斋更醉，不饮亦如泥。(又《紫云尊胜阁访僧诗》)晨钟发孤梦，幽想不能传。忽到空中阁，真成物外缘。驯龙朝演法，施鸟夕留烟。别有息心处，庭花相对眠。(第1650～1653页)

清净寺，俗称礼拜寺，讹为马拜寺，在通淮街北。<u>宋绍兴元年，回回人兹喜鲁丁自撒那威来泉所造</u>。楼塔高敞，相传为文庙青龙之左角。其教以沐浴事天为本。元至正间寺坏，里人金阿里重建，三山吴鉴为记。明正德间，住持夏彦高鸠众重修。隆庆丁卯，木塔坏，知府万庆令住持夏东升、教人苏养正等，修塔五层。万历三十七年，地大震，楼颓其角。而寺中房屋占住者百余人，污秽破坏，知府姜志礼、知县李待问捐俸重修，悉驱出之，仍构亭宇，令教人林日耀住持。夏日禹董其役，李光缙为记。(第1655页)

水陆寺，在肃清门外西南。唐天宝六载敕置祝圣放生池，因建水陆堂其上。乾符六年，郡守林鄂广为院，号护国水陆院。<u>宋郡守蔡襄改为禅院，后废为都监廨舍，复为添差通判厅，又改南外宗正司。景炎间，叛贼蒲寿庚尽害宋宗室，司废</u>。元至正间，以故址之半为清源驿，余地复建禅院。明洪武间，名水陆寺，成化间蔡文庄公清讲学于此。(国朝林霍诗，《题蔡清讲学过》)兰若未废时,幽栖多释子。赵宋天潢派,流离传故址。成宏有大儒,皋比拥于此。当日陈紫峰,衰然及门士。海内言易学,必推吾郡始。异代赋景行,芳踪何处是?萋萋蔓草碧,澹澹方塘水。东西双塔标,迥立犹在迩。及汪御史旦废寺为宅,乃移寺于开元西偏,旧迹遂亡。(明何乔远,《水陆寺故址诗》)佛劫年多变,禅门迹可知。试看墙外树,犹有寺前池。祝圣留深意,居僧见一时。王询能舍宅,今古有余思。(第1655页)

铁炉庙,在城西铁炉铺,旧名升文铺庙,为五代留从效铸冶所。宋嘉泰间,郡人曾从龙重建。相传神号应魁圣王,为文章司命。明永乐四年,通判洪葆修。(第1658页)

城外寺观

天妃宫,明嘉靖辛卯建,祀于安海南门城楼。万历甲戌黄伯善募建,于朝天境浮海洲凫中匾曰"神龙观"。立石华表,前镌"山海壮观",后镌"蓬瀛别界"。今庙移在原凫之东岸,而坊仍存旧地。

真武庙,在三十六都郡城东南石头山上。庙枕山漱海,人烟辏集其下。宋时建,为郡守望祭海神之所。

法石寺,在三十六都通淮门外万岁山。宋初节度使陈洪进葬妻及女于山之阿。建隆元年建寺,乾德四年改为西方禅寺,元易今名。明永乐、景泰、天顺间相继修,后废。《方舆纪要》:宋蒲寿庚据郡降元,少主至泉城外不敢入,驻跸于此寺中。(宋黄公度,《自法石早归诗》)避暑寓祇园,黎明度远村。桑麻迷杜曲,鸡犬散桃源。径草细将合,溪流深不喧。幽怀未能惬,城廓已朝暾。(王十朋,《出郊劝农饭蔬于法石僧舍时方闵雨有无麦之忧因成八绝》)清源太守鬓如蓬,未遂归农又观农。农事正兴天不雨,谁能唤起老黄龙。(又)二麦青黄雨失时,老农相顾但嗟咨。使君徒用虚文劝,稼穑艰难未必知。(又)我昔躬耕陇亩间,也知农事最艰难。才疏政拙心劳甚,无补于民合挂冠。(又)卖刀买犊慕龚遂,重谷务农思鲁僖。僚友共怀忧国愿,守臣非皴职田眉。(又)无术能销旱魃灾,吁嗟求雨只空回。鲰生岂是为霖手,明日真人出洞来。(又)万岁名山两度来,精庐潇洒绝尘埃。禅师妙得兵家策,杖屦飘然去不回。(又)荔子今亡法石白,江山长带佛头青。老僧能说陈王事,遗冢犹传女子灵。(又)一径通幽庭面墙,鸟啼林静木苍苍。碍人眼界宜斤斧,放出山光接海光。(第1665页)

定公万安桥寺,府志作院。在三十八都洛阳岸南,旧名定光,在惠安县境。宋嘉熙间,郡守刘炜叔徙今所。后废。(第1667页)

卷七十二　风俗志

商贾

行货曰商,居货曰贾。商贾之名,虽亚乎士,而与农工均在四民之列。富者上吴下粤,舟车所至,皆可裕生涯。贫者背负肩挑,里巷遍招,亦堪资贸易。而屯籴稻谷,鬻贩鱼盐,种种有之。濒海之民,又复高帆健舻,疾榜击汰,出没于雾涛风浪中,习而安之,不惧也。趋利之多,自昔为然。其小者如卖饧,卖饼,卖荔,卖柑,卖桃李,卖杨梅,卖甘蔗者,熙来攘往,声满街衢,朝暮不息,总之不离乎商贾者近是。(第1754页)

卷七十三　物产志

薯之属

《旧志》入在蔬属,新志抽出另立。当从之。盖薯芋可当饭,而番薯尤今所大赖也。

薯,《旧志》云:有数种,白者为上,紫次之,青黑又次之。旧志立总名包山药、田薯在内。番薯,以得种番国故名,亦名地瓜。此物明季始入中国。何镜山先生开园地种之。为之序并作颂。今大盛,功倍五谷。芋,一名蹲鸱,一名土芝。大者为芋魁,又有竹芋、绵芋。山药,薯蓣也。山中自生者,形瘦稍黄而结实;种田园中者,肥大而稍松。蕷,俗呼田薯。色紫黑。又有掌薯,形似人掌。(第1758页)

蔬之属

蒜,味辛烈,汉张骞使西域始得种。(第1758~1759页)

菠薐,此菜出西域颇棱国,颇讹为菠,俗呼赤根菜。

瓮菜,茎节似竹,此菜来自东夷古伦国,以瓮盛之。译不能通,但言瓮菜。

番瓜,种出南番,俗名番冬瓜。(第1759页)

果之属

西瓜,来自西域故名。(第1761页)

布帛之属

棉布,即木棉布,吉贝为之。(第1761页)

货之属

瓷器,出瓷灶乡。取地土开窑烧大小钵子缸瓮之属。甚饶足,并过洋。(第1762页)

熏,种来自海外,名淡芭蔬。叶大如芋叶,即烟也。土烟不及漳。(第1762页)

药之属

芙蓄,俗名老叶。味辛香。取其叶合槟榔并蚶壳灰食之,温中破痰,消食下气。三十二都多种,今不可得,皆来自广南。(第1763页)

花之属

刺桐,花木高大,枝叶繁茂,夏初开花殷红烂然。初筑城时,环植此木,故有桐城之号。《五灯会元》:刺桐先萌芽,花后发,则其年丰,否则反是。故谓之瑞桐。

山茶,有数种。……殷红而萼大,从日本来者,曰洋茶。各色皆有。胎十月足,乃作花。(第1765页)

素馨,一名六月雪,一那悉茗,一名野悉蜜,来自西域。夏开色白,浥露愈香。又有一种黄色,名黄素馨。《晁山志》:昔刘王有侍女名素馨,冢上生此花,因以得名也。(第1766页)

畜之属

番鸭,状似鸭而大于鹅,自抱其蛋而生。种自洋舶来。(第1770页)

卷七十五　杂志上

延彬,邽之子,忠懿之犹子也。邽死,袭其父封于泉。性多艺而奢纵,日服一巾栉,日易一汗衫。能为诗,亦好谈佛理。词人弹客谒见,多为所阻。初,邽领兵至泉州,舍于开元寺,始生延彬于寺之堂。既生,而有白雀一栖于堂中,迄延彬之终,方失其所在。凡三十年,仍岁丰稔,每发蛮舶,无失坠者,人因谓之招宝侍郎。朝廷赠延彬云中节度使。及卒,复葬云台山。迄今闽人谓之云台侍中。有诗曰:"两衙前后讼堂清,软锦披袍拥鼻行。雨后绿苔侵履迹,春深红杏锁莺声。因携久酝松醪酒,自煮新抽竹笋羹。也解为诗也为政,侬家何似谢宣城?"人多诵之。《稗史汇编》。(第1796~1797页)

泉州有娘子桥,视洛阳虽低而长过之。相传泉人入番,舶坏,得巨岛,见大蟒夜出,有光如昼。乃插刀穴口,蟒出为刀伤,性急直奔,胸破肚裂,遗下明月珠累累。其人归,遂得巨富。尝谋聘富家女为妇,富家翁怪其妄诞,绐之曰:余女畏渡海风波,能作桥,又布金于桥满,当遣女。其人即作桥、布金,俗呼为娘子桥。《闽小记》。(第1806页)

夏不鲁罕丁者,西洋喳啫唎绵人,皇庆间随贡使来泉,住排铺街。修回回教,泉人延之住持礼拜寺。寺,宋绍兴创也。先是郡守陈公偁请置市舶于泉州,终宋世向其利。胡贾航海踵至,富者资累巨万,列居郡城南。于是纳只卜穆喜鲁丁（撒那威人）,建兹寺,有银瓶香炉以供天,土田廛舍以给众。宋元之际,寺坏不治。至正九年夏,不鲁罕丁与金阿里谋出己资修之。请金宪赫德尔、监郡偰玉立主其事。旧物征复,寺宇鼎新,层楼耸秀,峙郡庠前,东壮青龙左角之胜,众人悦。三山吴鉴记之。当是时,夏不鲁罕丁年踰百有二十矣,精健如壮岁。故是役也,犹为政鉴称其博学有才德,众奉以摄思廉。摄思廉,即华云主教也。罕丁,皇朝洪武三年庚戌乃终,去至正己丑又二十二年,盖寿百四十二岁云。夏敕大师,不鲁罕丁子也,习回教,继其业,亦寿百一十岁。《闽书抄》。（第1814～1815页）

卷七十六　杂志下

何镜山前辈《泉趋八首》内："宋家南外刺桐新,凤凰台榭冢麒麟。至今十万编民满,时有当年龙种人。"宋末泉州郡设有南外宗正司,聚诸潢属,今赵姓者多其后。《闽小纪》。

仁和陆公南至为泉州别驾,爱万安桥之胜,属蔡氏作《沧泷图》。何镜山为赋长歌（《洛阳万安桥赋》）,矫天纵横,集中不可多得之作也。歌云："君不见洛阳长桥卧海波,江翻浪撼奈桥何？累石重栈屹不动,牡蛎戢戢生咸薜。忆昔此桥未驾时,此水汗漫愁两涯。蛟螭无怒或战斗,鼋鼍有势深凌欺。宋家蒲阳蔡太守,乞官近地麾旌旗。梁空迭址悬机絟,安置妥贴静澜漪。水道酾为四十七,三百余丈何逶迤。善男法子来落饮,大书深刻穹丰碑。至今三百有余岁,风涛枕席忘庄道。往来人马何坦坦,竖子亦识端明祠。郡人相传昔造址,河伯海若愁不起。银山雪屋日呼汹,重渊何处厝寸址。公遣移檄告海神,龙宫水府深无津。隶夫持檄但大叫,便欲醉死投鲛人。怀袖须臾得报章,克日约饬鲛龙藏。遂锲柱基鞭凿石,天清气朗不可当。参差乌鹊如神相,居然万载波无扬。顾此好事者附会,或非实迹徒夸张。又闻二碑在祠畔,石理精粗异体段。传言绝域赏国宝,镌仿一石来暗换。但恐亦属虚诞词,总之为公张笔翰。只闻迩岁寇火烧,双碑一裂高岩峣。漫理欲断还不断,忽复缝合无赖焦。此乃居人真闻见,得非神精守藏遍。气势遒劲森矛戟,光芒恍惚生雷电。怪底海内竞摹拓,流传初如离笔砚。陆公陆公来此邦,岂无异物开心腔。独好洛阳海生涌,持使蔡子图沧泷。蔡生下笔图沧泷,陆公嫣如轩天窗。公行玺书承召入,安得如此颂刻垂示千古为并双！"《消夏录》。

孝廉陈翊霄云程有《桐城杂诗》五十首,自注刊刻。亦采风之遗。中有句云:"四面鼓楼齐拓土,更无一树刺桐花。"(泉旧有四城,南唐时留从效即建牙之地筑衙城,鼓楼其址也。今城乃在外之罗城,初筑时环植刺桐花,故名桐城。按今刺桐已不存,惟郡北清源铺北山东南石塔边有两三株。)又:"道场绝胜龙华会,一釜斋粮给百人。"(五代陈洪进女弃家学道,为建崇福寺,有大釜,近时犹存。)又:"巉岩古石傍城隈,暮雨朝烟锁未开。一夜梅香侵草径,相惊谶应状元来。"(城北有梅石,旧谶云:"梅花开,状元来。"后罗一峰先生出为市舶司,至此。按:一峰先生至,梅石开,本邑庄羹若际昌应之大魁。)又:"五斗犹留词客墓,谁人杯酒解相浇。"(明诗人黄吾野墓在凤山五斗。)又:"教场隙地千弓外,尚是蒲家旧日园。"(南教场为宋蒲寿庚第,附近人家尚名花园头。)又:"家住鹧鸪大海汀,阿姨少小贩渔腥。罗巾竹笠新妆好,不插闲花鬓越青。"(鹧鸪妇女鬻贩海错,俗呼鹧鸪姨)……采《桐城杂事诗》。(第1859页)

晋江县地方志编纂委员会整理,
《(道光)晋江县志》,福建人民出版社,1990年

(清)庄成等修纂,《(乾隆)安溪县志》

卷三

坑冶(附)
清洋铁场,在龙兴里,宋熙宁年开,今闭。
铁矿山铁场,在感德里,地名潘田。(第461页)

卷四　风土

其民食盐铁之利焉,盐则转贩海滨致之市落,小民负任入鬻大田诸县。感德、潘田诸乡,产铁处也,有公冶,有私冶,公冶官收其税,私冶无取焉。作冶者,皆汀、漳旁郡人,耗我米谷,焦煅所及,草木为赭,而山为髡,或时有构聚伏藏之患。曩时,官亦尝大逐之,然而小民工作,舍此亦无所牟衣食。利之所生,不得而绝也。而至私冶无取,则吾不知何故也。冶之为利,在民间则奢,入县官则俭,日者矿税之使四出,县中驿骚矣。若夫出铁之人,以入海货,诸东南彝人,走死地如鹜,何论犯禁也。此不可不为之桑土,而非一县专责也。……古之闽越,地肥衍有山泉禽鱼之乐。而今也承平日久,户口繁多,种物不及其成,食物不及其长,欲如往时李森以千章木浮海入三山施浮

屠,何可得也。……(第 484 页)

卷四　物产

谷之属

御米,一名番麦穗,生节间。

脂麻,一名巨胜,即胡麻。有黑、白二种,可榨油去邪秽解毒,能杀百虫,诸虫入耳,滴之则死。

地瓜,俗名番薯,来自番国,种类不一。(第 491 页)

货之属

铁,产矿地不一,然非山出木炭,则不能设炉冶。

烟叶,种来自海外,明万历间始有。(第 491 页)

蔬之属

南瓜,种出南番,亦名番瓜,皮有青、白二种。

荷兰豆,种来自荷兰国,雍正时始得种,茎绿干脆,嫩老俱妙。(第 492 页)

果之属

西瓜,体具五行,花黄、皮青、肉赤、子黑、仁白,又有肉黄者,台湾有贡瓜,秋种冬熟,子上有清书。(第 493 页)

樣,台湾最多,此则其传种者。熟则皮肉黄,核有丝,非刀切不得食,未熟时可腌为干。

番石榴,实形似,故名,俗呼林子拔,台湾野生,此则种者,能止泻。(第 494 页)

木之属

樟,可作舡具,安溪旧多有,今为官办船杆,鲜有存者。(第 495 页)

花之属

山茶,土产者,单叶。有蜀茶,花较大,心圆结。惟外洋来者,有牡丹红、粉红、雪白数种,花极妍。(第 496 页)

畜之属

番鸭,来自番国,能抱蛋。(第 499 页)

《中国地方志集成》(影印本)第 27 辑,上海书店出版社,2000 年

（民国）乔纯修等修纂，《重修原武县志》

卷二　舆地下　陵墓

左丞陈公墓表并铭　（元）孛术鲁翀撰

资政大夫、四川等处行中书省左丞陈公，大考中宪大夫、礼部侍郎、上骑都尉、颍川郡伯，加赠嘉议大夫、礼部尚书，上轻车都尉，进封颍川郡侯。妣聂氏以颍川郡君加郡夫人。考，大中大夫、河南总管、轻车都尉、颍川郡侯，赠中奉大夫、河南江北等处行中书省参知政事护军，追封颍川郡公。妣李氏，颍川郡夫人。公曰："予祖若考蒙德九泉，不刻贞石，俾绳绳来兹无所于忘，则事君亲也不尽，子其为我铭之。"翀雅为公知厚有年，岂敢终辞？

叙曰：公，汴之原武人，世居德不耀，公筮仕由河南河北道宪吏贡京师，元贞初，辟掾督省。大德三年秋七月授承务郎、工部员外郎，俄进左司都事。初，公掾东曹，以详敏预敷奏都事，职益亲。成宗皇帝雅知其可用，敕中书省曰："若等进奏政务恒与斯人俱而趋进之。"公姿容白皙，上目之曰："察罕细立，笃必阇赤，国言白皙掾也。"恩将如此，由是岁扈跸上都，俄迁奉训大夫、户部郎中。出为河间府大名治中，以善政闻。仁宗皇帝出震擢奉政大夫，湖广行省郎中，著嘉绩，进朝列大夫，长幕江浙。延祐二年春，以朝散大夫同金徽政院事召起京阙。居三年，上闻善于其职也，特加大中大夫，职仍旧。秋，拜吏部尚书。明年春，以嘉议大夫参知中书。英宗皇帝即位，中书以旧臣奏拜湖广行中书参知政事，进中奉大夫。至治改元，奉旨理盐事海道南北，还，迁政江浙。二年冬十有一月被旨理市舶泉州。还，召为集贤侍读学士。泰定元年，同知宣政院事，进资善大夫二年，恳以疾辞，制允归汴。秋七月，拜四川行省左丞，坚卧不起，士论贤之。天历二年召食其俸之半。尚矣，积善之庆，祖宗之视子孙百世而一也。溯而上之，有虞氏之苗裔，周之世国陈以为氏。君上世爵，代不乏贤。公之祖、之考之积善其家，虽不飨名当年，庆钟于公，综练明果达于政务，赞帷幄，谋庙堂，苴方岳，世之所称名卿大夫，公必在焉。华秩异数，隆贲冥漠，赫然昭明，若操符而逗契，立表而召影，数必随而理必至，岂偶然哉？尚书、参政皆葬于原武城南三里之原。左丞名端字正卿，参政公之长子也。次曰直、曰瑞。直谷熟巡检；瑞将仕佐郎汴梁管民总管府经历。其诸孙士杞、士桧、士检、士桢、士权、士楷，士杞奉训大夫，唐州知州。左丞勋业之详，太史笔在，故特举其大都云。

铭曰:大木百围,初于秋毫。涓涓其源,浩浩其涛。陈氏之先,本于沩纳,有仍渺绵,或庶或位。原武之族,世晦其光。乃及今公,家望昭彰。其初伊何? 奕奕政府。入陪夔龙,出亚方虎。乃公乃侯,隆爵其亲,膏雨瑞露,自叶流根。洪河之阴,太行南俯,松柏郁苍,荫此原土。有挐其螭,有穹其龟,相与终古,呵护铭诗。(第107~108页)

原阳县志编纂委员会整理,
《重修原武县志》,华北石油地质局印刷一厂,2004年)

五、其他史类

（宋）刘宰撰，《京口耆旧传》

卷七

张坚（张纲之子）

坚字仲固，郊恩补承务郎，再擢绍兴甲戌进士第。……秩满，差提举福建市舶。陛辞之日，上历言舶司之弊，且问经画所先，对曰："臣敢不率之以身，绳之以法。"上称善。明日宣谕宰臣，谓遴选得人。到任一以严自律，治药须乳香，亦畏不敢市。朝廷岁降经总制钱及度牒博买乳香，数常不足，坚请榷货务自今变买乳香，并留钱十之三专充本钱。自是本钱有余，舶商无滞，三佛齐番首致生铜，求造瓦于泉州，归以饰佛寺，朝廷从之。坚言："是欲并缘以泄铜宝。"诏以铜还之，舶商慑服。以劳加直秘阁，故事舶司，任还不该奏对。上闻舶司治迹，特令内引坚奏疏谓："朝廷以度牒买乳香，乳香多积无益，度牒多出有害。乞每岁量度所积，以为买纳之数。"又奏乞免抽解番药。上曰："卿在泉南措置舶司，极齐整。前札所陈，当令大臣与卿商量后札极是。"是日，御批付丞相叶衡："张某札子甚合朕意。乳香非紧要物，且欲住买，卿可与详议明白。"衡以坚所议入奏，上大悦。进直宝文阁，知泉州，兼提举舶司，已差下提舶苏岘候坚满日赴上。坚谓："郡与舶司，体实相制，兼官非便。"辞极力，岘始得上。而于陛辞之日，戒以每事必与张某商略。坚闻之，益感激自厉。到任，蠲宿负，剪逋寇，扶弱抑强。为旱祷，至徒行十有五里，应期澍雨。初，绍兴间，闽部行经界法，独汀、漳、泉以寇阻，自是因循。坚奏行之，民以为便，而寓公多不悦，从中沮止，坚亦以目眚丐祠，除江南路转运判官。……（第451册，第198～199页）

《影印文渊阁四库全书》，台湾商务印书馆，1986年

(宋)佚名撰,《五国故事》

卷下

延彬,奎之子。……初,圭领兵至泉州,舍于开元寺,始生延彬于寺之堂。既生,而有白雀一,栖于堂中。迄彬之终,方失其所在。凡三十年,仍岁丰稔。每发蛮舶,无失坠者,人因谓之招宝侍郎,进士徐寅尝为《人生几何赋》云:"任是三皇五帝,不死何归。"后因修合,求药于延彬。(第464册,第218页)

《影印文渊阁四库全书》,台湾商务印书馆,1986年

(清)杜臻撰,《粤闽巡视纪略》

卷四

万历三十一年,有夷舟闯入泉郡城下,不之觉也。当事者遂议移浯屿寨于郡东之日湖,即石湖,不守门户而守堂奥,识者病焉。天启初,红夷入犯,亦以此为窟宅,澳内可泊南北风船百余。

浯洲山,在县治东南百余里大海中,翔风里十七至二十都地也。……在其东官澳,在其北南有鸟觜、大帽,西有乌沙、金沙,船百余。凡往彭湖东番者,每中途遇南风,辄就此收泊,候北风而后行。计程七更至彭湖,十更即至东番矣。万历丙辰,倭船尝至,红夷亦数来。(第460册,第1056~1057页)

石井,在四十三都,在县南八十里,故设巡检司,山势斗拔,寨门外即大海也,同安之浯洲、晋江之安平商船往来必由此。西即歌髻山,南有营前澳,北有红渐山,而鸡笼山又在其北。大盈铺古名大荣,以唐嗣圣间尝设武荣州故名,以音同致讹,又有武荣铺、东岭铺。

囷山,在县西,秀锐圆拔如囷,风雨辄闻雷声,在囷发航海者识以为准。

灵岳祠,在九日岩,祠乐山神。唐咸通中,有僧募木作佛殿,遇老叟为导,得大木于永春之乐山,又遇暴涨,木自浮至,因祠之于此。水旱致祷,海舶祈风,多奇验。宋累封通远王,又加封善利广福显济王。宋时,泉有市舶司,每四月十一,郡守同市舶提举率属以祷。宋宣和二年,命市舶提举张祐赍御香诣庙焚之。(第460册,第1057~1058页)

安海堡,在大盈港北,与南安之鸡笼山相对,在郡城东南六十里,古之安平镇也。原名湾海,宋开宝中有安连济者,唐安金藏之裔孙也,徙居于此,土人遂易湾海为安海。(第460册,第1061页)

东石,在安海东,有狮头、狮尾二寨夹之,产牡蛎最佳。……东为沙洲场,稍南为白沙湖,可通安海港。港南一小屿,曰北碇,贼冲也。澳内可泊北风船百余,渡彭湖商船尝于此放洋北上,商船欲转围头觜者,常泊此候风。(第460册,第1061页)

孤山塔,大孤之巅有石塔。宋绍兴中,僧介殊募建,而俗谓之孤山塔。又或讹为姑嫂塔,谓昔有姑嫂二人,皆为舶商妇,商入海不返,二女构塔而望之,其即二辜之讹欤。今塔中刻石为二女像,游女拾甓以摘之,云中者当生男子也。(第460册,第1064页)

卷六

附纪彭湖台湾

澎湖有三十六岛,纵横三百余里(此据新图;实录云:二百余里)。《闽海实录》云:其地势在泉州料罗、漳州镇海之界,与旧屿、大担相对。自内地东渡,顺风一日二夜可至。《闽书》附晋江县,云地近琉球。昔人于此置兵防琉球,今则防倭。元《岛夷志》云:自泉州顺风二昼夜可至,有七澳。曹能始《志胜》云:自郡东出海门,舟行二日始至。郑若曾云:风顺尚有日半之程。指挥唐垣京澎湖要览云:系琉球山川,地界泉、漳、兴、福;其去内地也,埒于琉球。诸书所载不同。兹从闽志,附之晋江之后云。……万历元年,总兵俞大猷逐倭寇尝至其地。二十年,朝鲜告倭且入犯,议者谓不宜坐弃澎湖;于是设把总一员,以十六舟戍之,隶于南路参将及泉南游击,令与浯、铜二寨时相策应。……其民多泉人侨处,苫茅以居,朴野多寿。土布为衣,耕、渔、畜、牧以自给。……其民以地近琉球,夜不举火;言夷船望见烟起,必来抄掠。居中大澳曰娘娘宫,可泊南北兵船五、六十艘,游总处之。其余诸岛,重叠相包,无大高山,望之不过如覆釜。水曰澎湖沟,分流东西。泉、漳人行贾吕宋,必经其间。自此以东为顺流,其返也过澎湖而西,复为顺流。……台湾旧名东番,不知所自始。其人聚处无君长,不通中国,亦未尝属于外番。泉、漳市舶私与往来,不闻官司也。万历三十年为倭所据,浯屿营将沈有容出舟师击之。有连江人陈第者以蓟镇游击家居;与偕往,共破倭。……永乐初,郑和航海谕诸夷,东番独远窜,不听约。于是,家遗以一铜铃,使悬于颈,盖狗畜之也;至今传以为宝。始皆聚居滨海。嘉靖末,遭倭寇焚掠,乃避居山。倭善鸟铳,镖不能御也。自通于中国,独见其居山耳。漳、泉之民至者既众,充龙、烈屿诸澳往往能译其语;尝以玛瑙、瓷器、布、盐、铜簪环之属,易其鹿脯筋角。……明季,阻于海寇,不复相通,不知何时为夷所得。海逆郑成功之败遁于京口也,乘大雾,袭杀红夷守者,而据其地。筑城以守,伪号东宁国。或言岁以十万缗归红夷,而假其地以居。为日久矣,卒莫知其然否。后郑成功死于厦门,其妻董氏复立子锦,势益弱;降者踵至,争言台湾中曲折。(第460册,第1113~1117页)

《影印文渊阁四库全书》,台湾商务印书馆,1986年

(清)吴任臣撰,《十国春秋》

卷九十　闽一

太祖世家　王审知

太祖虽起盗贼,而为人俭约,常衣袖裤败,乃取酒库酢袋而补之。……又拓四门学以教闽中秀士,《闽书》云:王氏义学,在留晖门外。招来海中蛮裔商贾,资用以饶。时四方窃据,有劝其称帝者,太祖曰:"我宁为开门节度使,不作闭门天子也。"(第3册,第1319页)

卷九十一　闽二

惠宗本纪

天成二年冬十一月,贡犀牛、香药、海味等于唐。(第3册,第1323页)

天成四年冬十月戊戌,进谢恩银器六千五百两、金器一百两、锦绮罗三千匹于唐,并犀牙、玳瑁、真珠、龙脑、笏扇、白氎、红氎、香药等。(第3册,第1324页)

康宗本纪

通文三年冬十月乙丑,遣弟继恭进奉天和节,并贺重午节白金五十两于晋。又进金器六事、金花细缕银器三千两、真珠二十斤、犀三十株、银装交床五十副、牙二十株。又进大茶八十斤、香药一万斤、朱笴银缠枪二百条、通箭笴三万茎。又进五色桐皮扇子、海蛤、麞靴、细蕉药、木瓜等物。(第3册,第1331页)

卷九十四　闽五

武肃王审邽　子延彬

延彬再任泉州，前后历二十六年，吏民安之。每发蛮舶，无失坠者，时谓之"招宝侍郎"。会得白鹿、紫芝，僧浩源以为王者之符，延彬由是渐骄纵，密遣使浮海贡梁，求泉州节镇。事觉，太祖诛浩源及其党，黜延彬归私第，卒，赠云州节度使兼侍中，葬云台山，闽人亦谓之"云台侍中"。

（第3册，第1363～1364页）

徐敏霞、周莹点校，《十国春秋》，中华书局，1983年

六、笔记、诗文集类

（一）唐　代

（唐）释道宣撰，《续高僧传》

卷一　译经篇初　本传六人　附见二十七人

陈南海郡西天竺沙门拘那罗陀①传五（高空　德贤　善吉）

　　拘那罗陀，陈言亲依，或云波罗末陀，译云真谛，并梵文之名字也，本西天竺优禅尼国人焉。景行澄明，器宇清肃，风神爽拔，悠然自远。群藏广部，罔不厝怀，艺术异能，偏素谙练。虽遵融佛理，而以通道知名。远涉艰关，无惮夷险，历游诸国，随机利见。梁武皇帝德加四域，盛唱三宝，大同中敕直后张泛等送扶南献使返国，仍请名德三藏、大乘诸论、杂华经等。真谛远闻，行化仪，轨圣贤，搜选名匠，惠益民品；彼国乃屈真谛，并赍经论，恭膺帝旨。既素蓄在心，涣然闻命，以大同十二年八月十五日达于南海。沿路所经，乃停两载，以太清二年闰八月始届京邑。武皇面申顶礼，于宝云殿竭诚供养。谛

---

①　拘那罗陀，为真谛（公元 499—569 年）的梵名。其他梵名还有拘罗那、波罗末陀，华言亲依。他是中国佛教史上四大翻译家之一，在华短短二十三年期间，所翻译的经典多达二百余卷，这些数目仅次于玄奘，而近于鸠摩罗什。拘那罗陀在南朝梁大同十二年（546 年）八月从扶南（今柬埔寨）达于南海（今广州）。"沿途所经，乃停两载"，以太清二年（548 年）闰八月始届京邑（建业，今南京）。又于陈朝天嘉二年（561 年）从晋安泛小舶至梁安郡，"权止海隅"，至天嘉三年（562 年）九月，"发自梁安，泛舶西引。业风赋命，飘还广州。"以太建元年（569 年）遘疾死于广州。其间，拘那罗陀在来程和回程时曾两到泉州。特别是第二次到泉州时，还在九日山下建造寺（即后来延福寺）翻译《金刚经》。此事拘那罗陀在所译《金刚般若波罗密经》的"后记"、北宋历真宗、仁宗二朝的曾会《修延福寺碑铭》（收录于乾隆《泉州府志·坛庙寺观·延福寺》）和《名山记》均有记载。至今九日山西峰犹有"翻经石"遗迹。拘那罗陀是最早来泉州弘法的外国僧人，这表明建造寺的僧侣，很早就和印度高僧有了海上的联系，也说明当时泉州港出现了和马来半岛、印度的海程航线。

欲传翻经教,不羡秦时,更出新文,有逾齐日。属道销梁季,寇羯凭陵,法为时崩,不果宣述,乃步入东土。又往富春,令陆元哲创奉问津,将事传译,招延英秀沙门宝琼等二十余人,翻十七地论,适得五卷,而国难未静,侧附通传。至太保三年,为侯景请还,在台供养。于斯时也,兵饥相接,法几颓焉。会元帝启祚,承圣清夷,乃止于金陵正观寺,与愿禅师等二十余人翻金光明经。三年二月还返豫章,又往新吴、始兴,后隋萧太保度岭至于南康,并随方翻译,栖遑靡托。逮陈武永定二年七月,还返豫章,又止临川、晋安诸郡。真谛虽传经论,道缺情离,本意不申,更观机壤,遂欲泛舶往楞伽修国。道俗虔请,结誓留之,不免物议,遂停南越,便与前梁旧齿重复所翻,其有文旨乖竞者,皆镕冶成范,始末伦通。至文帝天嘉四年,扬都建元寺沙门僧宗、法准、僧忍律师等,并建业标领,钦闻新教,故使远浮江表,亲承劳问。谛欣其来意,乃为翻摄大乘等论,首尾两载,覆疏宗旨。而飘寓投委,无心宁寄,又泛小舶至梁安郡①,更装大舶,欲返西国。学徒追逐,相续留连。太守王方奢述众元情,重申邀请。谛又且修人事,权止海隅,伺旅束装,未思安堵。至三年九月,发自梁安,泛舶西引,业风赋命,飘还广州,十二月中,上南海岸。刺史欧阳穆公頠,延住制旨寺,请翻新文。谛顾此业缘,西还无措,乃对沙门慧恺等,翻广义法门经及唯识论等。后穆公薨没,世子纥重为檀越,开传经论,时又许焉。而神思幽通,量非情测,尝居别所,四绝水洲,纥往造之,岭峻涛涌,未敢凌犯。谛乃铺舒坐具在于水上,加坐其内,如乘舟焉,浮波达岸,既登接对,而坐具不湿,依常敷置。有时或以荷叶拓水,乘之而度。如斯神异,其例甚众。至光太二年六月,谛厌世浮杂,情弊形骸,未若佩理资神,早生胜壤,遂入南海北山,将捐身命。时智恺正讲俱舍,闻告驰往。道俗奔赴,相继山川。刺史又遣使人伺卫防遏,躬自稽颡,致留三日,方纡本情,因尔迎还,止于王园寺。时宗、恺诸僧欲延还建业,会杨辇硕望恐夺时荣,乃奏曰:"岭表所译众部,多明无尘唯识,言乖治术,有蔽国风,不隶诸华,可流荒服。"帝然之,故南海新文,有藏陈世。以太建元年遘疾少时,遗诀严正,勖示因果,书传累纸,其文付弟子智休。至正月十一日午时迁化,时年七十有一。明日于潮亭焚身起塔。十三日,僧宗、法准等各赍经论,还返匡山。

　　自谛来东夏,虽广出众经,偏宗摄论。故讨寻教旨者通览所译,则彼此

---

① 南朝梁天监中分晋安郡置。治晋安县(今福建南安市东丰州)。辖境约当今福建木兰溪、晋江、九龙江三流域及厦门、金门等市、县。陈天嘉五年(564年)改为南安郡。梁、陈时为对南海交通的重要海港。

相发，绮绩辅显。故随处翻传，亲注疏解，依心胜相。后疏并是僧宗所陈，躬对本师，重为释旨，增减或异，大义无亏。宗公别着行状，广行于世。且谛之梁，时逢丧乱，感竭运终，道津静济，流离弘化，随方卷行，至于部帙或分，译人时别。今总历二代，共通数之，故始梁武之末，至陈宣即位，凡二十三载，所出经论记传六十四部，合二百七十八卷，微附华饰，盛显隋唐。见曹毗别历及唐贞观内典录。余有未译梵本书，并多罗树叶，凡有二百四十甲，若依陈纸翻之，则列二万余卷。今见译讫，止是数甲之文，并在广州制旨、王园两寺，是知法宝弘博，定在中天，识量耻琐，诚归东夏。何以明之？见译藏经减三千卷，生便弃掷，习学全希，用此量情，情可知矣。初，谛传度摄论，宗、恺归心。穷括教源，铨题义旨。游心既久，怀敬相承，谛又面对阐扬，情理无伏，一日气属严冬，衣服单疏，忍噤通宵，门人侧席。恺等终夜静立，奉侍咨询，言久情喧，有时眠寐。恺密以衣被覆之，谛潜觉知，便曳之于地，其节俭知足如此。恺如先奉侍，逾久逾亲。谛以他日便喟然愤气，冲口者三。恺问其故，答曰："君等款诚正法，实副参传，但恨弘法非时，有阻来意耳。"恺闻之，如噎良久，声泪俱发，跪而启曰："大法绝尘，远通赤县，群生无感，可遂埋耶！"谛以手指西北曰："此方有大国，非近非远，吾等没后，当盛弘之。但不睹其兴，以为太息耳。"即验往隔，今统敷扬有宗，传者以为神用不同，妄生异执，惟识不识其识，不无慨然。时有中天竺优禅尼国王子月婆首那，陈言高空，游化东魏。生知俊朗，体悟幽微。专学佛经，尤精义理。洞晓音韵，兼善方言。译僧伽咤经等三部七卷，以魏元象年中于邺城司徒公孙腾第出，沙门僧昉笔受。属齐受魏禅，蕃客任情，那请还乡，事流博观。承金陵弘法，道声远肃，以梁武大同年辞齐南度。既达彼国，仍被留住，因译大乘顶王经一部。有敕令那总监外国往还使命。至太清二年，忽遇于阗僧求那跋陀，陈言德贤，赍胜天王般若梵本，那因期请乞愿弘通。嘉其雅操，豁然授与。那得保持，用为希遇。属侯景作乱，未暇翻传，携负东西，讽持供养。至陈天嘉乙酉之岁，始于江州兴业寺译之，沙门智昕笔受陈文。凡六十日，覆疏陶练，勘阅俱了。江州刺史黄法氍为檀越，僧正释惠恭等监掌，具经后序。那后不知所终。时又有扶南国僧须菩提，陈言善吉，于扬都城内至敬寺，为陈主译大乘宝云经八卷，与梁世曼陀罗所出七卷者同，少有差耳。并见隋代三宝录。

（第10～13页）

《四朝高僧传》，中国书店，2018年

(二) 宋　代

(宋)包恢撰,《敝帚稿略》

卷一

防海寇申省状

照得某昨准省札,备臣寮奏请,令福建安抚司、提刑司及泉州各任责令措置,多设方略剿捕海寇。再准密札,备臣寮奏请,行下帅司、提刑司,令多设方略,以为捕盗之策。其契勘得海道日下虽暂肃清,然秋深冬初,其去者必将复来,其散者必将复合,敢不凛遵,颁行措置!盖海寇虽未尝无之,然未见如近年之猖獗。近年虽无岁无之,然未见如今年之凶横。前乎此但闻就海劫船,后则敢登海岸而放火劫杀矣;前乎此犹闻舟小人寡,今则众至数千,而巨艘千数矣。措置剿捕,委不可缓,但有剿捕之具。今若未能别有奇策,且未能尽备其具,而欲遂一旦扫清,岂易言哉!……

一、今欲略备舟船,则福州仅有延祥荻芦,所谓赤马白鹞者只数甚少,且近以贼船比之,彼皆高大,此反低小,其他诸寨用亦各不多。此外则惟泉州左翼犹有大船可济困者。为舟师之计,只得团结民船以助官船,但并是小样,未必可以制敌,且百姓亦未必乐为吾用。又只得委曲区处,反覆劝谕,以示其自卫乡井,自保室家之计。因公及私,同舟共济,且求以多为贵,以张声势,亦庶几可得舟船之用。……(第1178册,第708~710页)

禁铜钱申省状

使臣某伏准省札,行下本司,责令体访条其漏泄铜钱利病。某窃于此事久为国家寒心,第事大体重,非惟未有万全禁绝,亦缘人微望轻,未敢出鸿毛轻率之言。今既准指挥,岂容自默?窃惟倭船一项,其偷漏几年,彰彰明甚,已不待赘陈。但漏泄之地,非特在庆元抽解之处。如沿海温、台等处境界,其数千里之间,漏泄非一。……虽然,此为庆元漏泄而论,止漏泄一处耳。若某所虑,实有数处,敢因言之。盖向之所闻惟倭好铜钱;今则闻海外东南诸番国,无一国不贪好,而凡系抽解之司,无一处不漏泄。庆元之外,若福建泉州与广东广州之市舶两处,无以异于庆元,而又或过之。盖诸番国各以其国货来博易抽解,并是漏泄一色现钱,而归尤不可以计其数矣。福建之钱聚而泄于泉之番舶,广东之钱聚而泄于广之番舶,两路之钱非如海水之无穷,其将尽入于尾闾,岂不至枯渴者。次则此土贩海之商,无非豪富之民,江淮闽浙,处处有之,亦多有假借作屯驻之所营运军需为名者,虽曰他有杂货,其实以高大深广之船,一船可载数万贯文而去,每是一贯之数,可以易番货百贯之物。百贯之数可以易番货千贯之物,以是为常也。此则北自庆元,中至福建,南至广州,沿海一带数千里,一岁不知其几舟也。此又海商之漏泄之大者也。又其次,海上人户之中下者虽不能大有所泄,而亦有带泄之患,而人多有不察者。盖因有海商或是乡人,或是知识海上之民,无不与之相熟。所谓带泄者,乃以钱附搭其船,转相结托,以买番货而归。少或十贯,多或百贯,常获数倍之货。愚民但知贪利,何惮而不为者。又有一等,每伺番舶之来,如泉、广等处,则所带者多银,乃竞赍现钱买银,凡一两止一贯文以上,得之可出息两贯文,此乃沿海浙东、福建、广东海岸之民,无一家一人不泄者。此一项,乃漏泄之多者也。虽然,已上二者,犹是番国人与吾国人为弊至此极也,若在官司,则有明明与之漏泄而曾不知禁者,水军之漏泄是也。盖屯驻水军去处,每月多是现钱支给。此钱一出,固是不可复入,散在外州可也。今乃未尝到寨,军兵未尝得使,自本州支出,则城下大舟径载入番国矣。此亦以为常而恬不知怪也。广东水军尤纯支现钱,漏泄尤甚焉。一年每月若干,一月一次漏泄,不知何为不略虑及此者? 此钱系各州通判厅所办也,极其艰苦,措置不及,一月仅了,又虑后月,动是多方兑借以应急,时刻不可缓也。是此钱非以支吾军,乃以送番人耳。自有水军以来,不啻当以千万亿兆矣,此又漏泄之最大者也。曩时沿边尚有铁钱,防漏泄也。今隔海即是异国,一舟可以直到,而不虑及此,某窃惑焉。然此一项乃军国大计,须是朝廷急作变通之计,非某小官所敢与知也。其他如泉州、广州之抽解去处,须与庆元一体,别立规模,痛革前弊,或者各州市舶司别与置一官司,专一稽察关防,重立赏罚于旧条法,及赏格中更增加严密施行。至贩海之商,沿海之民,犯漏泄之罪者,在法虽有明条,然不过远配而止。在今日则为情重法轻,人不知惧,又未尝见严切举行,所以愚民多不知法,知者亦敢玩法,无所忌惮。今须详酌旧法,更与加严,犯者断无容贷,责之各州知郡,各县知县,协心任责,申严督责巡尉不住巡捕。如获到漏泄之钱,照条法中赏格一一推赏。不然州县既不任责,巡尉亦不巡捕,名曰巡捕,又不获实钱,官员罢黜,吏卒远配,情理重者又别重作施行。外此,则所有中下民户,惟有三路十数郡,沿海数千里,并与行下逐州逐县,严结保伍,每十家为一甲,递相纠察。如一家漏泄,则九家举觉,或配或杀,随多少科罪。举觉者特与免罪,数之多者又当推赏。若一家漏泄,九家沉匿,不行举觉,定相连坐,一甲内并无容恕。十甲又

六、笔记、诗文集类

为一大甲,十甲之内,如有一甲漏泄,则九甲举觉,其法尽如一甲之法。甲内断不使有引领牙侩等奸人容留其间,如有此等,并以正漏泄人论罪。其甲户又当各统之以隅总,而隅总又多通同,反为漏泄之主。此又全在责之州县,选择公忠为众所服、可为隅总之人,方许差充。州县各特置一局,差官专主此一事。上下相承,持之以久,庶几积年之弊可革也。然此其大略耳,其详则乞朝廷特为敷奏,乞圣旨行下三路十数郡一体施行,又庶几仰藉威灵,乃克有济。若但行下本司,使偏责之郡县,则推转,未必能使之不应,此非可以常事论也。外此,则又鈒销一项法令,虽昭如日星,而所在郡县之民未始一日无鈒销,其销耗又非特沿海而已。此又在朝廷别作施行。今治司一年所铸不过一十五万贯,而费近二十文之本,方得成一文之利,至于漏泄,一年不知其几千百万也。举世但虑官楮之折兑,而钱皆置之不问,故钱已漏泄欲无矣。使一旦用钱,殆将无钱之可用,岂不大可为寒心哉!姑据某之愚见,条具大概如常。是非可否,不敢专决,乞赐指挥行下,须至申闻者。(第1178册,第712~714页)

《影印文渊阁四库全书》,台湾商务印书馆,1986年

(宋)蔡戡撰,《定斋集》

卷十七　五言律诗

提举中奉程公挽诗

典午源流远,安乡世胄隆。廉平儒者政,朴素古人风。五福身兼备,三尊德最崇。善人无复见,忍看一旌红。

静退身无累,安闲意有余。一麾真漫尔,三径盖归与。肯酌贪泉水(<u>公以嫌不赴闽舶</u>),甘乘下泽车。后生知敬慕,遗行蔼乡间。(第1157册,第740页)

《影印文渊阁四库全书》,台湾商务印书馆,1986年

(宋)蔡絛撰,《铁围山丛谈》

卷二

请建番学

<u>大观政和之间,天下大治,四方向风,广州、泉南请建番学</u>。高丽亦遣士

就上庠,及其课养有成,于是天子召而廷试焉。上因策之以洪范之义,用武王访箕子故事。高丽,盖箕子国也。一时稽古之盛,蹈越汉唐矣。昔我先人鲁公遭逢圣主,立政造事以致康泰,每区区其间。有毛滂泽民者有时名,上一词。甚伟丽,而骤得进用。(第1037册,第570页)

《影印文渊阁四库全书》,台湾商务印书馆,1986年

(宋)蔡襄撰,《蔡襄集》

卷二

移居转运宇别小栏花木

三年对小栏,花蕍见颜色。红薇开已久,春风长先得。<u>素馨出南海,万里来商舶</u>。团团茉莉丛,繁香暑中折。余畦十数种,亦自尚风格。念尔幽芳性,乞致多手植。瑶草固微生,栽培子岂德。别去重来看,犹使中情恻。(第31~32页)

卷二十一 奏议(六)

乞相度沿海防备盗贼

淮中书札子节文指挥:枢密直学士、礼部郎中、知福州蔡襄奏:"臣于皇祐四年,曾蒙朝廷除知福州,臣以私事辞免,续差天章阁待制曹颖叔福州。臣其时得知朝廷有札子指挥与曹颖叔,渐次开修城池。臣今来到任,检阅不下司文字并诸案,并无宣命札子,切虑只是曹颖叔付身文字,将带随行。其城池不曾开修,只筑到数十丈高墙,又别无行遣计度工料,虑有误事,伏须举奏者。"蒙朝廷检会:福建路沿海州军,与外界水路通接,自来未曾别作防备。于皇祐四年十二月奉圣旨,令新差知福州曹颖叔,候到任,专切用心经制,应系沿海地分外寇可来之处,立便擘画防扼设备,开析闻奏。又奉圣旨,宜令蔡襄详前项所降指挥,相度闻奏。札送知福州蔡密学。今具相度因依下项:

臣今相度<u>福州、泉州、漳州、兴化军尽是边海,若是舟船要到城下,逐州各有海口小港,约近百里至七十里。其海口旧时各有镇寨把扼海路,后来无事,兵士渐次减少。今来见作点检商税,量差兵级在彼</u>。沿海路平静,难以宿兵,如有盗贼,逐州军可以随宜应副。

<u>泉州</u>、福州、漳州、兴化军各是海边,今来逐州兵士并不会舟船,出入海<u>路收捉茶盐,如遇贼人斗敌,多被贼船惯习水势,立见伤损</u>。臣闻福州闽安

镇把港及钟门巡检一员,在海上封桩舶船。泉州有同口巡检一员,去城七里,每年下海封桩舶船。漳州旧有黄淡头巡检一员,号为招舶,亦是夏间下海。兴化军巡检一员,却在兴化县山中,去军城百里,海上别无巡检。所有逐州逐军虽招舶船,每年或有或无,原其创意,盖是沿海州军要得兵甲习会水战,以防急缓。其漳州黄淡头巡检后因转运使高易简奏,移置龙岩县山中大池驿,去州七日,防备盗贼,因此废罢招舶一员。臣今相度,漳州管界巡检去城五里,却令兼带招舶,每年出海。兴化军管界巡检移近军城,给与舟船,令往来海上巡警。

臣相度沿海州军兵士多是不习舟船出入。臣于去年奏,乞置澄海指挥,更不拣添宣毅。后来谓诸州已拣添宣毅,朝廷难更施行。臣今乞令福、泉、漳州、兴化军旧有刀鱼船及巡检司入海舟船,量与修整;旧有舟船亦乞量置五七只。其宣毅兵士差下巡检司,并令教习舟船,谙习水势。

右(上)件具如前。臣相度沿海水路防备盗贼,伏乞朝廷特赐指挥。谨具状奏闻,伏候敕旨。(第369~371页)

卷二十八

万安渡石桥记

泉州万安渡石桥,始造于皇祐五年四月庚寅,以嘉祐四年十二月辛未讫功。系趾于渊,酾水为四十七道,梁空以行。其长三千六百尺,广丈有五尺,翼以扶栏,如其长之数而两之。糜金钱一千四百万,求诸施者。渡实支海,去舟而徒,易危而安,民莫不利。职其事者,卢锡、王实、许忠、浮图义波、宗善等十有五人。既成,太守莆阳蔡襄为之合乐燕饮而落之。明年秋,蒙召还京,道由是出,因纪所作,勒于岸左。(第498页)

吴以宁点校,《蔡襄集》,上海古籍出版社,1996年

(宋)蔡襄撰,《荔枝谱》

第一

荔枝之于天下,唯闽粤、南粤、巴蜀有之。汉初南粤王尉佗以之备方物,于是始通中国。司马相如赋上林云:"答沓离支,盖夸言之无有"是也。东京、交址七郡贡生荔枝,十里一置,五里一堠,昼夜奔腾,有毒虫猛兽之害。临武长唐羌上书言状,和帝诏太官省之。魏文帝有"西域蒲桃"之比,世讥其缪论。岂当时南北断隔,所拟出于传闻耶? 唐天宝中,妃子尤爱嗜,涪州岁

命驿致。时之词人,多所称咏。张九龄赋之以托意。白居易刺忠州,既形于诗,又图而序之。虽仿佛颜色,而甘滋之胜,莫能著也。洛阳取于岭南,长安来于巴蜀。虽曰鲜献,而传置之速,腐烂之余,色、香、味之存者亡几矣。是生荔枝中国未始见之也。九龄、居易虽见新实,验今之广南州郡与夔、梓之间所出,大率早熟,肌肉薄而味甘酸。其精好者,仅比东闽之下等。是二人者,亦未始遇夫真荔枝者也。闽中唯四郡有之,福州最多,而兴化军最为奇特,泉、漳时亦知名。列品虽高而寂寥无纪,将尤异之物,昔所未有乎?盖亦有之,而未始遇乎人也。予家莆阳,再临泉、福二郡。十年往还,道由乡国,每得其尤者,命工写生。稡集既多,因而题目以为倡。始夫以一木之实,生于海濒岩险之远,而能名彻上京,外被夷狄,重于当世,是亦有足贵者。其于果品,卓然第一。然性畏高寒,不堪移殖,而又道里辽绝,曾不得班于卢橘、江橙之右,少发光采。此所以为之叹惜而不可不述也。(第3~4页)

第三

福州种殖最多,延迤原野。洪塘水西,尤其盛处。一家之有,至于万株。城中越山,当州署之北,郁为林麓。暑雨初霁,晚日照曜,绛囊翠叶,鲜明蔽映,数里之间,焜如星火,非名画之可得,而精思之可述。观揽之胜,无与为比。初著花时,商人计林断之,以立券。若后丰寡,商人知之。不计美恶,悉为红盐者,水浮陆转,以入京师。外至北戎、西夏。其东南舟行新罗、日本、流求、大食之属,莫不爱好,重利以酬之。故商人贩益广,而乡人种益多。一岁之出,不知几千万亿,而乡人得饫食者盖鲜,以其断林鬻之也。品目至众,唯江家绿为州之第一。(第5页)

陈定玉点校,《荔枝谱(外十四种)》,福建人民出版社,2004年

(宋)曹勋撰,《松隐文集》

卷二十三

上皇帝书十四事

窃以州郡之富,全赖商贾。其什一之税则有益于公。上阜通之货则惠养于民,庶利固不一也。……窃见广、泉二州市舶司,南商充牣,每州一岁不下三五百万计。若今两州除纻麻、吉贝等粗色物货,许依旧抽解外,应细色权移就临安府抽解,候事定日依旧庶得上供物货,既皆真的又免起发脚夫之用。是易十五之蠹耗为十全于行在也,加以四方商旅悉来奔凑,则投回二

税。并在城下茶盐钞法,当倍售于昔时。舶船闻之亦必欢忻承命以就利源,比负担竭蹙犹且趋向。况许以全船竭货而来哉。(第41册,第581页)

《宋集珍本丛刊》,线装书局,2004年

(宋)晁补之撰,《鸡肋集》

卷六十二

朝散郎充集贤殿修撰提举西京嵩山崇福宫杜公行状

公讳纯,字孝锡,杜氏濮州鄄城县人。讳尧臣,尚书司封郎中兼侍御知杂事,赠尚书刑部侍郎。……盗以应久系,泣请公得一至家诀,公恻然许之,左右谏不听。盗感恩,皆如期还。改泉州司法参军。舶商岁再至,一舶连二十艘,异货禁物如山,吏私与市者,价十一二售,幸不谁何。遍一州吏争与市,惟守关咏与公不买一毫,人亦莫知。后事发逮狱,而公不预,咏犹以不觉察免官,且檄参对。公愤然陈书使者,白咏无罪,而虚其廨居咏,卒得平反。(第1118册,第920~921页)

《影印文渊阁四库全书》,台湾商务印书馆,1986年

(宋)陈淳撰,《北溪先生大全文集》

卷四十七　札

上传寺丞论民间利病六条

漳州无大经商,衣食甚难,十室而九匮,非如温陵市舶连甍富饶之地,其何以供?此为千里人之主可坐视而不之问乎?(第70册,第272页)

《宋集珍本丛刊》,线装书局,2004年

(宋)陈傅良撰,《止斋集》

卷二十七

辞免知泉州中省状

准尚书省札子,备奉圣旨,差知泉州,替叶适阙。有合奏陈须至烦渎者,

怜贫恤老,君相之恩;量力效官,人臣之谊。伏念某生平辛苦,积成痼疾,自岁庚申至今未已,浮肿如水,颤掉如风,神明支斡,日就昏塞,不省人事者屡矣。此岂可尚堪驱使,将以寄千里之命乎?况温陵大邦,甲于闽部,蕃汉杂居,狱市难扰。而使衰瘁当之,必见阙误,课以裨报,徒遭罪责。载念臣自叨误恩,畀以祠禄,月有所入,足了医疗。若及满岁,庶保残龄,贪恋公朝,岂所觊望。失此私便,忽然永已,却抱无穷之恨。又况此邦,比年选牧,多处法从。某往者疵衅之深,患在高位,虽循省不为不久,扶拭不为不至,若一日起废,复此逾越,公论不置,且见颠跻,又非所以保全之也。欲望朝廷特赐敷奏,收回成命,仍旧奉祠。嘉泰三年三月十三日,同奉圣旨不允。(第1150册,第724页)

《影印文渊阁四库全书》,台湾商务印书馆,1986年

(宋)陈敬撰,《陈氏香谱》

卷一

黄熟香

亦栈香之类,但轻虚枯朽不堪也,今和香中皆用之。叶庭珪云:黄熟香夹栈。黄熟香,诸番皆出,而真腊为上。黄而熟故名焉。其皮坚而中腐者,其形状如桶,故谓之黄熟桶。其夹栈而通黑者,其气尤胜,故谓夹栈黄熟。此香虽泉人之所日用,而夹栈居上品。(第844册,第244~245页)

降真香

《南州记》云:生南海诸山,大秦国亦有之。《海药本草》云:味温平,无毒,主天行时气,宅舍怪异,并烧之,有验。《列仙传》云:烧之,感引鹤降。醮星辰,烧此香,妙为第一。小儿佩之,能辟邪气。状如苏枋木,然之,初不甚香,得诸香和之则特美。叶庭珪云:出三佛齐国及海南。其气劲而远,能辟邪气。泉人每岁除,家无贫富,皆爇之如燔柴,虽在处有之,皆不及三佛齐者。一名紫藤香。今有蕃降、广降之别。(第844册,第245~246页)

乳香

《广志》云:即南海、波斯国松树脂,紫赤色如樱桃者,名曰乳香,盖薰陆之类也。仙方多用辟邪;其性温,疗耳聋、中风、口噤、妇人血风,能发酒,治风冷,止大肠泄澼,疗诸疮疖,令内消。今以通明者为胜,目曰滴乳,其次曰拣香,又次曰瓶香,然多夹杂成大块,如沥青之状。又其细者谓之香缠。沈

存中云：乳香，本名薰陆，以其下如乳头者谓之乳头香。叶庭珪云：一名薰陆香，出大食国之南数千里深山穷谷中。其树大抵类松，以斤斫树，脂溢于外，结而成香，聚而为块，以象辇之，至于大食，大食以舟载，易他货于三佛齐，故香常聚于三佛齐。三佛齐每岁以大舶至广与泉，广、泉二舶视香之多少为殿最。而香之品十有三，其最上品者为拣香，圆大如乳头，俗所谓滴乳是也；次曰瓶乳，其色亚于拣香；又次曰瓶香，言收时量重，置于瓶中。在瓶香之中，又有上中下三等之别。又次曰袋香，言收时只置袋中，其品亦有三等。又次曰乳拓，盖香在舟中，镕拓在地，杂以沙石者；又次黑拓，香之黑色者；又次曰水湿黑拓，盖香在舟中，为水所浸渍而气变色败者也。品杂而碎者曰斫削，簸扬为尘者曰缠末。此乳香之别也。温子皮云：广州蕃药多伪者，伪乳香以白胶香搅糟为之，但烧之烟散，多此伪者是也。真乳香与茯苓共嚼则成水。又云：皖山石乳香，玲珑而有蜂窝者为真，每爇之，次爇沉檀之属，则香气为乳香，烟置定难散者是，否则白胶香也。（第844册，第247页）

荔枝香

《通志·草木略》云：荔枝亦曰离枝，始传于汉世，初出岭南，后出蜀中，今闽中所产甚盛。《南海药谱》云：荔枝熟，人未采则百虫不敢近，才采之，则乌鸟蝙蝠之类无不残伤。今以形如丁香、如盐梅者为上，取其壳合香，甚清馥。（第844册，第254页）

南方花

余向云：南方花皆可合香，如末利、阇提、佛桑、渠那香花，本出西域，佛书所载。其后传本来闽、岭，至今遂盛。又有大含笑花、素馨花，就中小含笑香尤酷烈，其花常若菡萏之未敷者，故有含笑之名。又有麝香花，夏开，与真麝无异。又有麝真无异，又有麝香末，亦类麝气。此等皆畏寒，故此地莫能植也。或传吴家香用此诸花合。温子皮云：素馨、末利，摘下，花蕊香才过，即以酒噀之，复香。凡是生香，蒸过为佳。每四时遇花之香者，皆次次蒸之，如梅花、瑞香、酴醾、密友、栀子、末利、木犀及橙橘花之类，皆可蒸，他日爇之，则群花之香毕备。（第844册，第256页）

《影印文渊阁四库全书》，台湾商务印书馆，1986年

(宋)陈宓撰,《复斋先生龙图陈公文集》

卷三

刺桐
名字传舆志,风流欠画图。高花人不采,留得映栖乌。尽护绕城家,炎风盛际花。漫天何所似,汉帜杂云霞。(第1319册,第277页)

赵户自任所抵乌驻用前韵见示和之
自昔桐城别,于今两阅秋。睽违嗟地远,聚散似萍浮。独发皇都道,同登乌驻舟。人生非苟合,谁谓雨能留。(第1319册,第280页)

赠林尹仲
八年前会晤,犹忆刺桐乡。君眼虽非白,吾颜已过苍。有求皆妄想,无欲是良方。不学神仙术,他时共一觞。(第1319册,第281页)

卷四

中秋桐城观举子
风前散袂能忘扇,月下题诗不用灯。万士清宵麏棘庑,一年秋色满桐城。(第1319册,第283页)

卷五

和泉州施通判
君侯来佐刺桐乡,小试聊看主贡场。新辟千间欢万士,尽医百囊处奇方。清源古郡多堪纪,识远才雄有几人。片善可为垂后训,搜罗诗景一时新。物性由来易变迁,精金百炼始知坚。相逢即可无佳语,有负殷勤见赠篇。纸帐无风纸被温,何殊锦段与绵屯。若知睡里真滋味,组丽由来不足论。(第1319册,第313页)

次泉守游郎中
七闽遍数刺桐州,自昔贤侯惠爱留。洛水桥新浑似昨,梅溪人诵不能休。近来善政称三最,相继清名照九秋。我别十年思一到,不知何日此心酬。

穷山野老腹应便,冕黻朝天袂屡牵。黄霸拟登三事列,寇恂仍借一期年。极知公意山林峦,自是天心鳏寡怜。顾我闲人邻邑住,密依仁政亦熙

然。（第1319册，第318页）

卷十七

送真右史守泉

昔人为太守，南物不入囊。亦有市文集，悔恨不能忘。所以致平理，闾阎富而康。泉民困赋役，脱身事舟航。绝域在何许，羁留动经霜。南风不堪托，十发五飘扬。过期不见归，妻子泣相望。所得知几何，旧债未及偿。公家既重征，忍痛如刳肠。况复吏不仁，低价尽取将。民财本膏血，舶货尤可伤。吾闻坡仙言，犁牛博沉重。燔牛以祈福，鬼神尚弗享。安可以人命，缄封寿侯王。上天不可欺，厥咎必有当。近年有贤守，永嘉詹事王。不买一钱物，至今垂耿光。后来岂无继，落落难为常。只今逢右史，真节动八方。江东百万户，水旱俱不荒。明时岂惮黙，实欲重淮阳。舶使出名门，家传饶清芳。玉雪两相映，酷热变寒凉。预听桐城谣，合浦珠还乡。（第1319册，第482页）

送邹给事

皇天佑我宋，衮衮生巨人。正学迈贾董，彤庭亲选抡。声名喧宇宙，勋业见寅亮。伟哉吕与李，王陈踵经纶。文章特余事，德行金玉纯。文靖有雅量，风云际熙辰。所以到圣治，唐虞俗再淳。先生轶前驾，学力欺孟荀。平生事靖退，墨头自要津。群小竞狐媚，佳兵媒其身。挺然出正论，玉色垂大绅。银台凛风驭，世仰凤与麟。直道志丘壑，通涂轰枢钧。岂为一己计，宁牧千里民。泉山号大郡，氓贾甲七闽。以宽则容奸，急则鳏寡擎。先生得其道，三年政和均。孰疾不得医，孰屈不得伸。餐药置左右，砂芹不再陈。建阁储六籍，凿井膏城闉。巍巍百雉堞，楼橹俄一新。海壖亦有学，穷邑增廪囷。百废已具举，一毫不惊尘。此特以迟言，孰识襟怀春。下士有一善，不啻连城珍。斯民有一隐，不啻闻频呻。遂令无远迩，士民尽归仁。四海望霖雨，行当趋紫宸。皋夔踵高躅，岂特诸子伦。某也未闻道，一官尝苦辛。蹉跎二纪余，抱志几郁湮。得宰山水县，低头抚凋贫。连岁田少收，输殿不见嗔。顷年有疑狱，口讷愧阍阍。高明一垂照，三囚脱死濒。缪政了无术，教条每知遵。罪戾惧不免，荐扬果何因。感恩方激切，归辕遽攀轮。焦桐既蒙盼，寿或柏与椿。敢不自奋励，冀陪东阁宾。（第1319册，第482页）

送胡仲方①西归

后进无因见老成,一觌风采快平生。南来幸有同寮契,西去宁无惜别情。五载官联亲懿德,远夷君长慕清名。明时用取真才具,休使诗声只自鸣。(第1319册,第485页)

送胡提干衍②

奇琛瑰赆满桐城,中有清冰一段明。静室只知心可养,当官底患志难行。三年两度承嘉话,百里无因诉别情。预想山阴溪畔雪,扁舟访戴定寻盟。(第1319册,第486页)

卷二十一

参议郑侯墓志铭

嘉定乙亥岁,某与侯同仕于朝。侯监左帑,居数月,念太夫人老不可迎,以就养谒告省侍。是岁夏旱,军储民食有不给虑,朝家因命奉檄谕招闽中米艘,侯奉以行,至则以诚意致朝命,民应如响,以斛闻者十余万。同列有间者,曰:"侯之归省,藉上命为荣,所过郡邑,体同王人,馈劳烦扰。"语闻,言事者摭以为实,侯遂被谩,无敢与辨者。侯清约,人所素知,侵寻不异寒士。……侯讳浦,字仲淮,兴化军莆田人也。曾祖讳绍,祖讳良臣,考讳猎得。侯登淳熙进士第,主福州长乐县簿,转丞泉之晋江,用荐者改京官,令处之庆元,台府交上政绩,擢监左帑。奉祠二年,通判信州。丁母夫人忧,反吉,调循州通判,改知南恩州。到官一考、力丐闲,改参江西议幕。归抵家,旬日卒。……为时开禧军兴,须海舟甚急,吏并缘为扰,侯躬至海乡,以见存舟及丈尺者籍之,商人帖然。石井巡检官白太守曰:"某舟不可用。"时太守严不可犯,械使易舟,为期峻迫,侯亟入府言曰:"舟危道,事不厌细,寨官之言不足责,且舟非寨官所能办,盍命邑之易?"守悟,寨官得免。摄主管舶司,于番货一无所问,弊例所入一切绝之,蛮贾咸悦。……侯为人,事亲孝,居父母丧,蔬食骨立。与人交以诚,言笑怡怡,未尝有怒色。故自少至老,由贱至达,未尝有一疵之可指。温然其容,事有不可者善道,人皆信服。享年六十有六。以嘉定十七年十一月十一日甲申,葬于莆田县云峰之原。子一人,大椿,将仕郎。孙二人。……(第1319册,第526~528页)

王氏夫人墓志铭

夫人姓王氏,讳惠真,潮州揭阳县丞讳震之长女。生九岁,母夫人方氏

---

① 胡仲方即胡榘,监泉州市舶务。
② 即胡衍,泉州市舶司干办公事。

殁,夫人实主内事赞府公,爱重之。<u>及笄,适市舶赵公讳彦駼</u>[①]。<u>事舅崇道公尽妇道</u>,以孝称。敬夫如宾,虽小事不敢专,必咨而后行。崇道卒,居丧尽礼。<u>市舶继卒</u>。二子少稚,叔姑皆幼。夫人年卅一,哀苦自誓,阖门百指,节缩营办以取给,又能极力举舅姑及其夫之丧。……好义善施,家虽贫,客至,治具不问有无。春秋蒸尝凡刀匕盘匜之奉,必躬必亲,其执馈也洞洞属属,虽老不懈。少喜浮屠、老子之说,晚而课其书,日盈万言。病革,神闲气定,悉召男女至前,与之诀,其处死生不乱如此。绍定元年十月六日丙午,终于正寝,享年七十有九。其明年十一月朔乙丑,葬于广恩山之麓。子男二人,长曰宠夫,从事郎、建宁府观察判官,先夫人十二年卒。次宁夫,宣教郎、前知漳州漳浦县丞。女二人,长适进士方拱辰,先卒。次学浮屠法,为比丘尼。……(第1319册,第528~529页)

卷二十二

中散大夫开国龚公圹铭

<u>公讳晟,字仲阳。</u>始祖居钱塘,七世祖入闽,家莆田。绍兴二十九年十二月十九日生,考讳茂良,故仕仕奉大夫,参知政事,资政殿学士,清源郡公,累赠太师,秦国公。妣朱氏,林氏,秦国夫人。淳熙三年,<u>以父任为承奉郎,监泉州舶务</u>。丁外艰,服除,监瑞州新昌县酒税,知泉州惠安县丞。干办两浙西路提举,常平公事知惠安县通判。……绍定二年正月望夜,以疾卒于正寝,享年七十有一。进阶至中散大夫,爵莆田县男,食邑三百户,赐紫金鱼袋,娶方氏封令人。子男二人,长曰埙,承奉郎,先公十九年殁,次曰垣,从从事郎、前主泉州晋江县簿。女二人,长适朝奉大夫陈宓,次适从事郎,信阳军教授郑仲路。遵治命三月而葬于莆田县嘉禾里。……(第1319册,第543页)

卷二三

奉直大夫福建路安抚司参议陈公行述

<u>公讳实,字师是</u>,兴化军莆田县人,丞相魏国正献公长嫡子也。妣聂氏,封魏国夫人。公生而端重,学问不烦父师。绍兴三十一年,正献遇明堂恩,授承务郎、监潭州南岳庙。是时正献繇御史登法从,骏驳秉政,公在侍侧,未

---

① 查《泉州海关志》《宋代市舶司研究》《福建市舶司人物录》三书的考证,福建、两浙、广南三路市舶官员皆未有赵彦駼。

尝有子弟之过,宾客人士无识其面者,远绝请托,毫发不敢言。乾道元年,干办福建路市舶司公事。舶司琛昼之府,象、犀、香、珠杂他奇药,捆载山积,临视者往往鱼猎,其尤又有所谓和买,名予其直,十不二三。公曰:"彼冒万死一生以求利,吾忍夺之?"视其人如伤,屏从者于门外如寇,以故蛮商辈客每遇公之至,环立罗拜,以手加额。郡将待制汪公大猷、舶使张公坚深器重之。淳熙二年,迁主管南外睦宗院。清源大郡,奸充所集,恶少无赖挟宗室之势以陵驾平民,民不敢求直。公白宗正赵公不敌,严为陪涉之禁以脱其爪。距亲以义理之言,委曲讽谕以以平其心,未几帖然,民受不知之赐居多。七年,迁通判泉州。州有军屯,率岁罗船粟以哺官员,其直以巨万计,商人患之,舟不时至,军情恂恂。公下车,移书属邑,定其轻赋,革奸吏督迫侵渔之弊,诚信不欺,皆感悦承命,迄偿所负。往时商人取直于官,视略为先后,公按籍为次,莫不跃喜扑叫。郡有富商,盖尝德公,因姻戚馈奇货为谢,且以自结,公愕然曰:"子祸我矣。"其人愧谢而去。语闻,郡侯林公枅谓僚属曰:"是能世其家法者。"叹息久之。丁正献忧,哀号毁瘠。反吉,追十六年,通刺福州,林公复帅三山,知公清谨,事无巨细,悉与评论。继帅辛公弃疾驭下如束湿,僚吏抑首唯诺走趋,公独尽诚不疑,事有不可,必辩止之,气和声亮,帅反加敬侍。同僚有侵公职者,公逊不与校,帅知之,益服公量。暇日与公商论古今,应答如响,皆出入经史百家。故辛公荐公,其章有"博极群书,见谓远器"之语。终更造朝,拜提举福建路市舶。入觐,天颜甚释,迎谓曰:"卿名相之子。"所奏《谨名器振纪纲》《铜钱出海》二札,皆欣然开纳,庆元二年也。未上,魏国夫人薨。居丧尽礼。服阕,改提举广南路市舶。公无意入南。开禧改元,上日既及,逗留未行,会有言者,授主管建宁府武夷山冲佑观,公喜曰:"此吾志也。"……享年七十,积阶由承务郎,十四迁为奉直大夫,封莆田县开国男,邑食三百户,锡服金紫。配方氏,累封恭人,先公二十年卒。合葬焉。子男三人:曰星,通直郎、知潮州海阳县;曰址,承事郎、监泉州南安县盐税,早世;曰塾,承务郎、金书惠州军事判官厅公事。……(第1319册,第562～563页)

《续修四库全书》(影印本),上海古籍出版社,2002年

(宋)陈善撰,《扪虱新话》

上集　卷四

论南中花卉

南中花木,有北地所无者,茉莉花、含笑花、阇提花、鹰爪花之类,以性皆畏寒,故茉莉惟六月六日种者尤茂。含笑有大小,小含笑有四时花,然惟夏中最盛。又有紫含笑,香尤酷烈。茉莉、含笑,皆以日西入,稍阴,则花开,初开,香尤扑鼻。予山居无事,每晚凉坐小亭中,忽闻香风一阵,满室郁然,知是含笑开矣。阇提花微似栀子香,而色雪白。鹰爪花亦谓之鹰爪含笑,香亦不减。闽广市中,妇女喜簪茉莉,东坡所谓暗麝著人者也。制龙涎香者,无素馨花,多以茉莉代之。郑德素侍其父将漕广中,能言广中事,谓素馨惟蕃巷种者尤香也,恐亦别有法耳。龙涎以得番巷花为正云。近日浙中好事家,亦时有茉莉、素馨,皆闽商转海而至。然非土地所宜,终不能盛。(第311册,第41~42页)

王云五主编,《丛书集成初编》,商务印书馆,1939年

(宋)陈思编,(元)陈世隆补,《两宋名贤小集》

卷三百二　竹溪十一稿诗选

和后村明皇按乐图歌　(宋)林希逸撰

(题注:周昉笔,刘工部任泉舶日曾见)

芙蓉帐暖春觉迟,玉笛真人恣荒嬉。弄权宰相杨与李,老奴将军专北司。延秋门外目未睹,宫中但教霓裳舞。薛玉沉醉寿王醒,天公自击催花鼓。锦鸡索斗金笼疏,宝马登床伶走趋。只愁海棠睡不足,肯信渔阳有反书。青娥阿监发种种,海上依然髻斜拥。游魂血污纵得归,不伴君王行蜀陇。周郎此笔妙殊常,琛台初见惜匆忙。重来把玩转烛许,十年去我春堂堂。按图雅欲谈遗事,西墅无人谁老异。少公锦卷长公题,共说少公各挥泪。(按:工部,后村之弟。)(第1364册,第412页)

《影印文渊阁四库全书》,台湾商务印书馆,1986年

(宋)陈文蔚撰,《克斋集》

卷十二

向夫人墓志铭

咸平、祥符间,文简公以厚德重望,再相定陵。后五十年,钦圣宪肃皇后复以坤厚之载母仪天下。……夫人归太宗皇帝下汉王东位孙知西外宗正、赠少傅、士䎸第八子不防。……生四子……善防、善郜皆以闽漕贡用,上登极,恩补官。善防,今为迪功郎,任泉州晋江县丞,所至有能声,在泉为郡守邹公夕郎所知,使入幕参决,知可任以事,畀以斥削。善郜,成忠郎、前监泉州舶司门,亦以廉谨整办称。……善防、善郜适同官温陵,温陵乐土,齐启夫人,愿迎侍。夫人欣从之,客南二载。二子更相娱侍,心安体舒,无羁旅戚。一日,欻起归意,值善郜官满,得承其志。及家,仅月余,婴疾,遂不起,实嘉定辛未十二月一日也。夫人生绍兴丙辰十月四日,享年七十有六。……(第1171册,第91~92页)

《影印文渊阁四库全书》,台湾商务印书馆,1986年

(宋)程俱撰,《北山小集》

卷二十四　外制三

谢克家差知泉州

敕:朕惟瓯闽之区,实居岭海之会。督府之外,泉为大邦。四方游寓之所栖,百货懋迁之自出。顷者盗发,旁乡士民震惊,师出淹时,调度繁广,顾艰危之未息,岂安集之可稽?苟非重臣,孰任忧寄?具官文学政事仪于朝端,宽裕疏通达于治体,比擢恭于大政,方允赖于嘉猷。遽陈辞剧之章,且申均逸之请。重违雅志,俾侍殊庭。属深轸于退方,因即勤于卧治。昔白傅退居于西洛,亦就拜于尹厘。若毕公身在于东郊,尚无忘于入告。朕命不易,往其钦哉!可。(第70册,第521页)

《宋集珍本丛刊》,线装书局,2004年

（宋）崔敦诗撰，《崔舍人玉堂类稿》

卷十　不允诏

赐敷文阁直学士太中大夫知泉州军州事
程大昌乞改畀一在外宫观差遣不允诏
闽山袤长，泉为都会，蛮琛夷宝，利输中州。联选儒学侍臣之镇，所以布宽诏、惠遐俗也。卿浑深之度，简重之资，出临名邦，休有善状。尚体素遇，迄终令庸，引闲告归，毋至重请。（第1318册，第410页）

《续修四库全书》（影印本），上海古籍出版社，2002年

（宋）戴复古撰，《石屏诗集》

卷一　古体

久寓泉南待一故人消息桂隐诸葛如晦谓
客舍不可住借一园亭安下即事凡有十首
寄迹小园中，自笑客异乡。东家送槟榔，西家送槟榔。咀嚼唇齿赤，亦能醉我肠。南人敬爱客，以此当茶汤。慇勤谢其来，此意不可忘。

寄迹小园中，岂不胜旅舍。俗事无交加，客身自闲暇。邻家有酒沽，杯盘亦可借。吟侣适相过，新诗堪脍炙。足以慰我怀，留连日至夜。

寄迹小园中，数椽亦潇洒。主人既相知，此地可久假。县官送月粮，邻翁供菜把。咫尺是屠门，亦有卖鲜者。里巷通往来，欲结鸡豚社。

寄迹小园中，余春接初夏。问木木成阴，问花花已谢。黄鹂出幽谷，杜鹃叫长夜。把酒酌园婆，远客此税驾。有时吟声高，鬼神莫惊怕。

寄迹小园中，一心安淡薄。每坐竹间亭，不知近城郭。昨日看花开，今日见花落。静中观物化，妙处在一觉。委身以顺命，无忧亦无乐。

寄迹小园中，第一薪水便。逐一炊黄粱，兼得鱼虾贱。饱饭日无营，遮眼有书卷。时逢好客来，应接不知倦。最苦风雨时，有人招夜宴。

寄迹小园中，新晴风日丽。好鸟竹间鸣，野鹤空中唳。悠然动诗兴，行吟抚松桂。久客若忘归，此身笑鲍系。五月倘未行，尚及食丹荔。

寄迹小园中，颇欲闷形影。谁为饶舌者，太守忽相请。开心论时务，细

语及诗境。坐中有蛮客,狂言事驰骋。明日酒醒来,熟思令人瘿。

寄迹小园中,忽有乌衣至。手中执圆封,州府特遣馈。罗列满吾前,礼数颇周致。四邻来聚观,若有流涎意。呼童急开樽,四邻同一醉。

寄迹小园中,倒指五十日。既得故人书,南游吾事毕。再拜谢主翁,奉还此一室。云萍聚复散,欲住住不得。折柳当马鞭,明朝有行色。(第1165册,第556页)

《影印文渊阁四库全书》,台湾商务印书馆,1986年

(宋)戴复古撰,《石屏集》

泉广载铜钱入外国

人望南风贾舶归,利通中国海南夷。珠珍犀象来无限,但恐青钱有尽时。(第54册,第33613页)

北京大学古文献研究所编,《全宋诗》,北京大学出版社,1998年

(宋)董嗣杲撰,《庐山集》

卷四　七言律诗

欲附蒲海云[①]制干舟归

江上楼高暝树连,壮游空慨禹山川。客中问醉当秋晚,梦里怀归在燕先。水送流年遗楚恨,风吹残雪上吴颠。几番谩附鳞鸿便,不若相依买去船。(第1189册,第200页)

《影印文渊阁四库全书》,台湾商务印书馆,1986年

---

① 蒲寿庚,字海云。蒲海云,即蒲寿庚。

（宋）方大琮撰，《宋忠惠铁庵方公文集》

卷三十三

劝织吉贝布

吉贝布，自海南及泉州来，以供广人衣着。近见舶司有捉泉布为南布透漏者，亟与辨放。泉亦自种收花，然多资南花。但南船至广为近且多，至泉为远且少，泉能织以相及，此岂不能织以自用？名曰木绵，足当挟纩。近闻南妇能操能纺以为纱，则织而为布甚易。虽曰绸曰絁曰蕉，皆是女工，若更推力及此，可使阎闾细民俱暖。有布自着，虽不必仰泉可也。敢劝织妇。
（第89册，第728页）

北京图书馆古籍出版编辑组编，
《北京图书馆古籍珍本丛刊》，书目文献出版社，1990年

（宋）方大琮撰，《铁庵集》

卷十七

书

赵侍郎（涯）

某前之月寅饬咫笺为建牙贺，继有自泉来者，言压境之初，千里父老举手加额，曰仁人也，若官若吏若邸第亦曰仁人也。既而条教一颁，莫不竦焉改视易听，曰是尝正色立朝，为天下弹击大奸邪者也，未可轻犯。某闻而叹曰：此侍郎之所以为仁人也。太守以牧养小民为职，若使污官吮之，滑胥啮之，大姓渔之，得无梗吾仁乎？今也伐檀者重足，刻木者束手，拔薙者敛衽，则仁行矣，可贺也。兹领诲翰，诵味数过，有费广财殚、官贪吏猾、干仆恣行之语。侍郎非固忿嫉于顽也，奉行天理而已矣。然有轻重焉，有先后焉。胥蛇虺其性也，其谨畏者少；巨族盘根于此也，其不仁者亦少。若夫分曹列职，佐太守为理者也，宗支蕃而赡给艰，仰舶舟与税以佐费非一日。前者有走弄舟数，非特吏为之，官实为之，似不容不察。闻近者治吏以惊官，官又从而取于吏，则无往非取也。果得其实，岂容不惩？"治道去太甚"，非此乎？此特使善良吐气，田里间阎相与涵濡于春风和气中，而官不敢饕，民不敢豪，皆相

347

告语为善;吏亦人耳,其又何敢欺以自坏其身?是所惩者寡而所全者多。某又将闻而叹曰:此侍郎所以为仁人也。中兴后王、倪、真皆以贰卿至郡,今为四贤矣。局面日急,无小大、无内外皆当随力救世,而论思献纳之彦则与他人不同,乃心宜无一日不在王室,中外方有望焉。某虽在畎亩,而所以望大贤者尤切。(第1178册,第222页)

《影印文渊阁四库全书》,台湾商务印书馆,1986年

(宋)方勺撰,《泊宅编》

卷中

万安桥[①]

泉州东二十里有万安渡,水阔五里,上流接大溪,外即海也。每风潮交作,辄数日不可渡。刘伥据岭表,留从效等据漳、泉,恃此以负固。蔡襄守泉州,创意造石桥,两岸依山,中托巨石,因构亭观。累石条为桥基八十,所阔二丈,其长倍之,两头若圭射势,石缝中可容一二指酾潮水,每基相去一丈四尺。桥面阔一丈三四尺,为两栏以护之。闽中无石灰,烧蛎壳为灰。蔡公于桥岸造屋数百楹,为民居,以儗其直入公帑。三岁度一僧,俾掌桥事,故用灰常若新,无纤毫罅隙。春夏大潮,水及栏际,往来者不绝,如行水上。十八年桥乃成,即多取蛎房,散置石基上,岁久延蔓相黏,基益胶固焉矣。元丰初,王祖道知州,奏立法,辄取蛎房者徒二年。(下册,第725页)

金沛霖主编,《四库全书子部精要》,
天津古籍出版社、中国世界语出版社,1998年

(宋)方岳撰,《秋崖集》

卷四十 墓志铭

知县奉议费公墓志铭

祁门蕞尔邑然,士大夫初脱选,以名次须入者,相传为佳缺,谓县无逋郡易办民,亦无县挠易治也。……公于其间岂能无邑邑,而竟以殁悲夫。盖宝

---

① 篇名为编者所加,方便索引。

祐三年夏六月庚寅也,公讳玨,字叔羽,无锡人。自唐昭宗□□律郎球者,家文笔峰下至肃以上舍郎,与简斋陈公齐名。建炎初,两人者起,终左朝散郎赠通奉大夫,娶陈氏,为曾大父错,登绍兴十一年进士第,提举福建市舶,赠开府仪同三司,娶蒋氏,和国夫人,是为大父培,中大夫秘阁修撰,赠少傅,娶郄氏,吉国夫人,陈氏,卫国夫人,是为父,公其第三子也。……(第 1182 册,第 614～615 页)

《影印文渊阁四库全书》,台湾商务印书馆,1986 年

(宋)葛胜仲撰,《丹阳集》

卷十三　墓志铭

右奉议郎致仕赐绯鱼袋鲁公墓志铭

宣和七年,天子冬祀上帝,推恩廷臣,提举福建路市舶鲁詹得其父为承事郎致仕。岁中,逢渊圣皇帝受内禅恩,进封父宣义郎,且乞以当得朱衣银鱼改赐,诏从之。上践阼,覃沾若南郊、明堂恩。詹为直秘阁、福建路转运判官,又累封其父为右奉议郎。惟奉议公讳寿宁,字景倚,秀州海盐人,鲁姓。自鲁灭于芈,子孙以国为氏,而扶风之鲁,汉、晋代有显人。至横江将军肃始逾淮居吴之曲阿,中徙嘉兴,隶名海盐,自公父始。公家故贫,既孤,与兄弟共理资业,雍睦闻东南。稍温,斥所有辟文馆,延名儒,教饬群子弟,已而长子詹举进士,中某科,开迹入仕。未几,以才器自见,膺被识擢,更中外显曹剧部,而公身及享其宠,规模智识之远,人士多之。……子六人,长即詹,终朝奉大夫。……(第 1127 册,第 532～533 页)

《影印文渊阁四库全书》,台湾商务印书馆,1986 年

(宋)郭彖撰,《睽车志》

卷四

海岛长人①

建炎间,泉州有人泛海,值恶风漂至一岛。其徒数人登岸,但见花草甚

---

① 篇名为编者所加,方便索引。

芳美,初无路径。行入一大林,有溪限其前,水石清浅。众皆揭涉,得一径,入大山谷间。俄见长人数十,身皆丈余,耳垂至腹,即前擒数人者,每两手各挈一人,提携而去,至山谷深处,举大铁笼罩之。长人常一人看守,倦即卧石上,卷其耳为枕焉。时揭罩取一人,褫去其衣,众共裂食之。内一人窃于罩下抔土为窟,每守者睡熟,即极力掘之,穴透得逸。<u>走至海边,值番舶得还</u>。言其事,莫知其何所也。(第1047册,第250页)

《影印文渊阁四库全书》,台湾商务印书馆,1986年

(宋)郭祥正撰,《青山集》

卷二十二　七言律诗

次韵俞资深承事二首

联车同入得仙山,下瞰重城指掌间。不愤青春添我老,且倾白酒伴君闲。<u>三年共佐闽中郡,一檄谁招海上蛮</u>。闻说天门新奏乐,帝枢佳气紫回环。

春归漳岸扑晴岚,紫燕黄鹂若纵谈。自愧不才甘薄禄,喜逢佳客解羸骖。仙山有路终难继,海品论珍昔未谙。地胜人醇真可乐,梦魂无复忆江南。(第1116册,第694~695页)

《影印文渊阁四库全书》,台湾商务印书馆,1986年

(宋)韩元吉撰,《南涧甲乙稿》

卷十六

书许昌唱和集后

叶公为许昌时,先大父贰府事,相得欢甚。大父以绍圣改元登第,对策廷中,有"宜虑未形之祸"之言,由是连蹇不得用。建中靖国初,几用复已,凡四为郡倅,秩满辄丐宫祠,遂自许昌得请洞霄,以就休致。平生喜赋诗,一时士大夫之所推重。故晁景迁公以谓远则似谢康乐,近则似韦苏州也。中更乱离,家藏无复有者。绍兴甲子岁,某见叶公于福唐,首问诗集在亡,抵掌慨叹。且曰昔与许昌诸公唱酬甚多,许人类以成编,他日当授子。其后见公石林,得之以归,又三十余年矣。<u>今年某叨守建安,苏岘叔子为市舶使者,会于</u>

郡斋,相与道乡间人物之伟,因出此集披玩,始议刻之,盖叔子父祖诸诗亦多在也。箕颍隔绝。故家沦落殆尽,典型未远,其交好之美,文采风流之盛,犹可概见于此云。淳熙二年九月,具位韩某谨书。(第1165册,第253～254页)

卷十九

东岳庙碑

岳之莅中国五,惟岱宗位东,其德在仁,其职生养,以应夫出乎震者。三代命祀,齐、鲁大邦,得以望而致祭,非其地也。他诸侯虽礼备,莫敢越焉。自秦、汉一四海,无有远迩,毕为郡县,凡山川不在其境,祷祠之盛,犹或举之,而阴骘降监庙而遍天下者,亦惟是东岳为然。宋兴三叶,升中告成,册以帝号,由是冠服、宫室,率用王者之制。盖古者以神事山川,以鬼事宗庙,其曰岳渎视公侯者,特其牲牢豆笾等用而已。坛墠有地,非必庙为也。去古既远,事神之仪,悉务鬼享,故虽山川,而筑宫肖像,动与人埒,土木崇丽,至拟于明堂太室,无甚愧者。将礼与时变,其致力于神,当如是耶? 泉州故有东岳庙,附于开元观之侧,规制狭陋。绍兴二十一年,郡人相与谋曰,吾州在闽越东南,负山濒海,自五季而后未尝见兵火。虽列圣临御,泽瀸而德洽,岂繄明神实阴相之,其曷以报,宜庙之宇一新焉。乃卜地于城东之山。是土也,潯而甚黄,俗号黄山。或曰皇者,黄也。而麓有大石,高且百尺,相地者言去此则可以庙矣。民趋之,刷锄划夷,老稚奋力,不日而坦焉平壤。遂以为前殿基,刓高培薄,顺其形势,以棋计之,屋且百区。山灵渎鬼,俨列异状,社公土母,拱挹后先,祈年有方,司命有属,巍坛中峙,六庙外辟,璇题丹碧,跂翼焕烂,使望而进者,肃然悚惧,如有执死生祸福之籍在左右,遂为一邦神祠之冠。经始于是年四月,而休工于二十七年八月之望,縻缗钱十有四万,阅岁而后成。噫,亦勤矣! 先是右朝请大夫张君汝锡首施钱五千缗,以唱郡人。施者既集,而张君即世,其子婿右朝奉大夫韩君习实始终之。凡庙之位置高下,与夫费用之出纳,工役之巨细,皆韩君力也。逮兹二十年,海无飘风,里无鸣桴,粳稌露委,疫疠不作。而泉之俗利贾而业儒,蛮艘獠舶,岁以时蒇。既富而安,野有弦歌,士皆诗书文雅是厉,踵属通显。民之幸神赐者,不懈益虔,于是请书其事于石,因为作祀神之章,俾声于庙而碑焉。其辞曰:

神之徕兮自东,驱列缺兮驭霹雳。玉策照耀兮,石礚穹崇,岩岩在望兮,粤与鲁同。若木出日兮,丹崖火融。嗟泉之阳兮,既新我宫。钧天兮帝所,百祗卫兮万灵从。坎鼓兮镗钟,蔚馨白兮荔红。蠵羞于鐼兮,菓荐于壅,山无毒螫兮,海无飓风。蛮宾委路兮,卉衣蒙茸。蛊消厉息兮,岁仍屡丰。发德大兮靡有不通,民趋于宫兮惟成在中,猗千万岁兮神施亡穷。(第1165册,第294～295页)

连公墓碑

宣和五年,故宝文阁学士连公讳南夫,以秘书省校书郎,假太常少卿,贺女真。来年正月,会金使李靖,来告太祖之丧。朝廷遂除公接送伴,改命为祭奠吊慰使。……移泉州。朝廷下福建造舟以备海道,遣使督促。公曰:"舟用新木,难遽办,且湿恶易坏,若以度牒钱,买商船二百艘,则省缗钱二十万矣。"从之。时诏亲征伪齐。公慨然献议,引汉卜式愿尽死节,马伏波以马革裹尸之意,乞扈从。不报。在泉二年,提举江州太平观。……(第1165册,第299～301页)

卷二十

右通直郎知袁州万载县杜君墓志铭

宋朝衣冠姓系,惟杜氏谱录最远。自汉建平侯延年晋当阳侯,预至唐京兆族望,皆有其传。而元和宰相宣献公之子,有名胜者,尝为扬州租庸使,遂贯于阳之永正,今仪真郡也。……而大夫公讳圯①,仕至右朝请大夫,历福建、江西路提举常平。生二子,君其次也。(第1165册,第322页)

卷二十一

朝散郎秘阁修撰江南西路转运副使苏公墓志铭

苏文忠公以文章冠天下,士大夫称曰东坡先生而不姓也。中兴渡江,始诸孙有显者,其二曾孙,隔在许昌,相继来归,才望表表着见,天子识而用之。一曰峤,字季真,历谏省,给事黄扉,待制显谟阁。次则公也,讳岘,字叔子,兄弟一时驰名。……知邠州,数月,丁内艰。掌舶货于闽,赵丞相雄为枢密,又荐之。上曰:"朕记其面也。"召见,曰:"卿可谓清苦有立矣。"除吏部郎,卿于太府,由福建转运使移江西,上复念之曰:"东坡之孙,惟岘有家法在,宜与职名。"执政未及拟,诏充秘阁修撰,然后知公之简于圣衷盖久也。而公旧苦肺疾。以哭兄逾戚。连岁屡作。淳熙之十年也,六十有六矣,疾旬余,却医药不肯视,曰:"东坡之年止此,吾何德似之?"屏荤茹,冠栉而逝,十二月七日

---

① 杜圯,绍兴间以福建提举茶盐兼市舶提举。见杨文新:《宋代市舶司研究》,厦门大学出版社,2013年,第268～269页。

也。将葬，诸子以铭为请。予与公既故且亲，同里间，共庚甲也，其何可不铭？公为人清澹寡欲，气正而言直，在官以廉，居家以俭，接朋友以信义，恬不务进取，故自奉常辞正而易丞，由寺而移监，未尝一以介意。方曾丞相当国，每以正论助之，人不谓其子婿也，竟以嫌引去。其提举福建市舶，前官有以岁市乳香增数授贴职者，公至增至三十八万斤，不肯自言。还朝主吏部右选，武臣类不知书，所理多不伸，公悉意直之，或俾召保任而行，吏莫敢肆。在太府，同详定敕令，遇迁官辄戁蠘不怡累日，曰：用既逾分矣，禄不及亲，何益也？……时郡方以事阁公俸，闻是愧而还公。舶使之不谨，多以私市珍货为利，公则自食物外一不以市。今丞相梁公里第与司为邻，尝和公诗，戏曰："只恐归无荔子图。"言公虽荔枝不肯图画以归也。……其将赴舶司，上询以舶商事，则曰："不敢以道路之言欺陛下也，俟至部讲究以闻。"议者叹公忠实。既还，始奏二事：以蛮货售于一路，而勿拘于置司之地；舶务官通于四选，而必经任者。皆见纳。大府市药材于杂买务，得不以时，公曰："药以治病，兹实惠及民者也，请用旧法市于外。"戒监司郡官不得以私意易置县令。闽之漕计以盐策，而州县积负，公奏除十余万缗。江右俗号嚚讼，公为条目揭道周，有投牒不应法令，皆拒斥之。其语顽而貌很者，面谕以理，往往愧谢而去，讼亦为省。平居诲诸子以履践为先，词章次之。尝曰忠孝本也，不务本而事文，所谓书蠹是已。娶曾氏，赠恭人，先二十年卒。男六人：枘，迪功郎、严州桐庐县尉；格，以继季真而夭；石，以继族兄奕世，迪功郎、监行在省仓下界；极，将仕郎；栘、杞，皆进士，力欲自奋，公有遗泽，相逊而未承也，公之教为可知矣。女一，适施檠。孙男五，孙女六。枘等以明年十二月庚申，葬公宜兴县芙蓉山南平之原，且以曾恭人祔焉。（不祔则云"曾恭人久祔于姑兆，不再举也"）为之铭曰：呜呼东坡，夷夏知名。况其子孙，且有典型。典型伊何？见于三世，季真叔子，实令兄弟。季固显矣，公仅九卿。廉以笃躬，孝以事亲。澹然而和，介然以清。学非嗜书，志在力行。自其少年，亦以诗鸣。阳羡之滨，吾祖有田。进退裕如，若将终焉。其逢允时，其命则天。凡今之贤，岂不富贵。公虽未极，视以弗愧。尚其后昆，克绍其门。墓隧有碑，公亡有孙。（第1165册，第351~354页）

《影印文渊阁四库全书》，台湾商务印书馆，1986年

(宋)洪迈撰,《夷坚志》

夷坚甲志

卷第七　岛上妇人

泉州僧本称说,其表兄为海贾,欲往三佛齐。法当南行三日而东,否则值焦上,船必糜碎。此人行时,偶风迅,船驶既二日半,意其当转而东,即回舵,然已无及,遂落焦上,一舟尽溺。此人独得一木,浮水三日,漂至一岛畔。度其必死,舍木登岸。行数十步,得小径,路甚光洁,若常有人行者。久之,有妇人至,举体无片缕,言语啁吰不可晓。见外人甚喜,携手归石室中,至夜与共寝。天明,举大石窒其外,妇人独出。至日晡时归,必赉异果至,其味珍甚,皆世所无者。留稍久,始听自便。如是七八年,生三子。一日,纵步至海际,适有舟抵岸,亦泉人,以风误至者,及旧相识,急登之。时妇人继来,度不可及,呼其人骂之。极口悲啼,扑地,气几绝。其人从篷底举手谢之,亦为掩涕。此舟已张帆,乃得归。(第1册,第59~60页)

夷坚甲志

卷第十一　张端悫亡友

张端悫,处州人。尝为道士,平生好丹灶炉火。初与一乡友同泛海,如泉州。舟人意欲逃征税,乘风绝海,至番禺乃泊舟,二人不得已少留。乡友者得疾死,张为殡殓,寄柩僧寺。一夕,寝未熟,而友至,呼其字曰:"正父,公酷好炉鼎,何为也?"张悟其死,应曰:"吾自好之,何预君事!"即闭目默诵大悲咒。才数句,友已知,曰:"偶来相过,何为尔也!"即去。久之,复梦曰:"我与君相从久,今当远别,不复再见,幸偕我行数步相送。"张诺之。与俱行数步,至一红桥,友先行,语张曰:"君且止,此非君所宜过。"挥泪而别。既觉,不能晓。后数日,广帅王承可侍郎令诸刹,凡寄殡悉出焚。张念其故人,命僧具威仪,火之城下,收其骨。至一桥,掷水中,乃梦中所至处也。时绍兴十八年。张生说。(第1册,第96页)

夷坚乙志

卷第八　无缝船

绍兴二十年七月,福州甘棠港有舟从东南漂来,载三男子、一妇人,沉檀香数千斤,其一男子,本福州人也,家于南台。向入海,失舟,偶值一木浮行,得至大岛上。素喜吹笛,常置腰间。岛人引见其主。主夙好音乐,见笛大喜,留而饮食之,与屋以居,后又妻以女。在彼十三年,言语不相通,莫知何国。而岛中人似知为中国人者,忽具舟约同行,经两月,乃得达此岸。甘棠寨巡检以为透漏海舶,遣人护至闽县。县宰丘铎文昭招予往视之。其舟刳巨木所为,更无缝罅,独开一窍出入。内有小仓,阔三尺许,云女所居也。二男子皆其兄,以布蔽形,一带束发,跣足。与之酒,则跪坐,以手据地如拜者,一饮而尽。女子齿白如雪,眉目亦疏秀,但色差黑耳。予时以郡博士被檄考试临漳,欲俟归日细问之。既而县以送泉州提舶司未反,予亦终更罢去,至今为恨云。(第1册,第251~252页)

夷坚丁志

卷第六　泉州杨客

泉州杨客为海贾十余年,致资二万万。每遭风涛之厄,必叫呼神明,指天日立誓,许以饰塔庙,设水陆为谢。然才达岸,则遗忘不省,亦不复纪录。绍兴十年,泊海洋,梦诸神来责偿,杨曰"今方往临安,俟还家时,当一一赛答,不敢负。"神曰"汝那得有此福?皆我力尔。心愿不必酬,只以物见还。"杨甚恐。以七月某日至钱塘江下,幸无事,不胜喜,悉辇物货置抱剑街主人唐翁家,身居柴垛桥西客馆。唐开宴延仁,杨自述前梦,且曰:"度今有四十万缗,姑以十之一酬神愿,余携归泉南置生业,不复出矣。"举所赍沉香、龙脑、珠琲珍异纳于土库中,他香布、苏木不减十余万缗,皆委之库外。是夕大醉。次日,闻外间火作,惊起,走登吴山,望火起处尚远,俄顷间已及唐翁屋,杨顾语其仆:"不过烧得粗重,亦无害。"良久,见土库黑烟直上,屋即摧塌,烈焰亘天。稍定还视,皆为煨烬矣,遂自经于库墙上。暴尸经夕,仆告官验实,乃得稿葬云。(第2册,第588~589页)

夷坚支甲

卷第十　海王三

《甲志》载泉州海客遇岛上妇人事,今山阳海王三者亦似之。王之父贾泉南,航巨浸,为风涛败舟,同载数十人俱溺。王得一板自托,任其簸荡,到一岛屿傍,遂陟岸行山间,异花幽木,珍禽怪兽,多中土所未识,而风气和柔,不类蛮峤,所至空旷,更无居人。王憩于大木下,莫知所届。忽见一女子至,问曰:"汝是甚处人?如何到此?"王以舟行遭溺告,女曰:"然则随我去。"女容状颇秀美,发长委地,不梳掠,语言可通晓,举体无丝缕朴樕蔽形。王不能测其为人耶,为异物耶,默念业已堕他境,一身无归,亦将毕命豺虎,死可立待,不若姑听之,乃从而下山。抵一洞,深杳洁邃,晃耀常如正昼,盖其所处,但不设庖爨。女留与同居,朝暮饲以果实,戒使勿妄出。王虽无衣裘可换易,幸其地不甚觉寒暑,故可度。岁余,生一子,迨及周晬,女采果未还,王信步往水涯,适有客舟避风于岸隩,认其人,皆旧识也,急入洞抱儿至,径登之。女继来,度不可及,呼王姓名骂之,极口悲啼,扑地几绝。王从篷底举手谢之,亦为掩涕。此舟已张帆,乃得归楚。儿既长,楚人目为海王三,绍兴间犹存。(第2册,第787页)

夷坚三志

己卷第六　王元懋巨恶

泉州人王元懋,少时祗役僧寺。其师教以南番诸国书,尽能晓习。尝随海舶诣占城,国王嘉其兼通番汉书,延为馆客,仍嫁以女,留十年而归。所蓄奁具百万缗,而贪利之心愈炽,遂主舶船贸易,其富不资。留丞相、诸葛侍郎皆与为姻家。淳熙五年,使行钱吴大作纲首,凡火长之属一图帐者三十八人,同舟泛洋,一去十载。以十五年七月还,次惠州罗浮山南,获息数十倍。其徒林五、王儿者,遽兴悖心,戕吴大以下二十一人,唯宋六者常诵《金刚经》,肩背中刀坠水,踊身把舵尾,哀鸣求生。王儿持刀断其指,复坠水。如有物承其足,冥冥不知昼夜,如此七日,抵潮阳界上岸求乞。凶徒易以小船回泉州,至水隩泊岸。元懋梦吴大等诉冤。明日,人报所乘舶遭水,人货俱失其半。懋疑而往迎,置酒法石寺。酒半,谓二凶曰:"船若遭水,则毫发无余,何故得存一半?"凶实告其过。且曰:"今货物沉香、真珠、脑麝,价值数十万,倘或发露,尽当没官,却为可惜。"懋沉吟良久,亦利其物,乃言:"提举张逊新到任,未谙职事,但计嘱都吏吴敏辈可也。"懋即以家资厚赂之,白张君用分数抽解外,而中分其赢。九月初夜,宋六叩其家门,其父臻噢唾骂之曰:"汝不幸死于非命,无可奈何,忽用恼我。"对曰:"儿不曾死。"于是启扉,泣道变故。臻曰:"未可使人知。"迨旦,走诣王儿处,问:"我子何故溺水?"王儿怒曰:"各自争性命,我岂得知!"遂密报林五与同恶四人潜窜。臻父子投状于张,下之南安县,县宰施宣教为推吏所绐,以船漏损人,谓非篙梢之过。既已逃亡,在法亡者为首,将寝不治,但申诸司。安抚使马会叔判云:"王元懋知情杀人,包赃入己,改送晋江县鞫勘。"当日移囚,二推吏皆见吴大徒侣,十余鬼,愤色上冲,拥之入水中,即死。县宰赵师硕躬阅案牍,悉力审听,捕懋下狱。缘王儿诸凶佚去，未能竟。而诸凶到九座山，值冤魂，执搏于林中，仙游弓手获之，得以结正。奏请于朝，舶使、南安宰皆罢，吴敏等黥配，王儿、林五剐于市，他皆极法。元懋时为从义郎，隶重华宫祗应，坐停官羁管兴化军，居数月放还，欲兼程亟归，至上田岭，见吴大领众冤遮路曰："先告于汝，汝不主张，今冥司须要汝来。"懋叩首哀恳，吴引手触其心。轿夫悉聆其言，至家一夕，呕血而死。（第3册，第1344~1346页）

(宋)洪迈撰，何卓点校，《夷坚志》，中华书局，1981年

(宋)洪适撰，《盘洲文集》

卷七十七　墓志三

罗尚书墓志铭

公罗氏，讳汝楫，字彦济，其先自豫章辟五季之乱，徙家于歙，遂为歙人……岁在戊寅，大夫公即世，公执丧茹哀。后二年五月丁亥薨，年七十，盖绍兴二十八年也。积官左朝请大夫，既谢事，进一秩，讣闻赠四秩长子遇明堂恩，赠左通奉大夫爵新安郡侯……六男子，今皆除丧矣。长某右通直郎湖北安抚司主管机宜文字呼右宣教郎主管崇道观；<u>颉，右承奉郎，监泉州市舶务</u>；……（第1158册，第767~769页）

莱国墓志铭

莱国夫人，姓沈氏，讳德柔，常州无锡人。左中奉大夫，讳复之，孙太学博士，讳松年之女魏国夫人之侄，年十有六，归于洪氏为太师魏国忠宣公之冢妇。尚书右仆射、同中书门下平章事、观文殿学士鄱阳公某之夫人事魏国甫三年……淳熙六年八月二十一日，薨，年六十有一。……男子九：槻，承议郎通判德安府；秘，奉议郎江西安抚司主管文字；楯，文林郎江东茶盐司干办公事；樌，宣教郎主管仙都观；桴，承事郎；<u>楹，承奉郎，监泉州市舶务</u>；……（第1158册，第770~771页）

《影印文渊阁四库全书》，台湾商务印书馆，1986年

(宋)洪咨夔撰,《平斋文集》

卷二十　外制四

叶宰直华文阁知泉州制

敕具官某:朕嘉与海内更始,畴昔庶士御事,淫朋比德者退之,有为有献有守者进之,而内外肃。尔以直简之器,明通之识,列在乌府,斡弃周鼎而宝康瓠,时论日陂,乃能不为咸股之随,有识题之。泉,七闽望郡,且管琛航,凋瘵久而未苏。尔其以奎直起家,熟思振刷之方,挽回富庶之旧,用称简拔。可。(第502页)

卷二十三　外制七

黄朴改差知泉州制

敕具官某:奉亲而守便郡,缙绅之至荣。尔学问昭融,议论激壮,以抢魁雅望,昌文声于朝。而料戎情,商国势,类出人意表,识者以方面之材期之。甫怀吴兴之绶,随绾温陵之组。去家压境,能几何舍? 板舆亲御,如行户庭。父老相与荣艳于道周,且喜色相告,曰:"仁孝同源,孝于亲必仁于民,凋瘵其苏乎。可。(第567页)

侯体健点校,《洪咨夔集》,浙江古籍出版社,2015年

(宋)胡寅撰,《斐然集》

卷十三

陈桷直龙图阁知泉州

七闽贫瘠,异时凋敛不及焉。惟泉南负海,有舶市之饶,未尝罹兵革之祸,于今为望郡。然造舟舰,鬻僧牒,以佐军兴,民不能无事矣。而贾寇大盗,出没乎渺茫,其患方滋,朕所以南顾眷焉,求良二千石而付之也。尔学修而行洁,志静而虑周,台省践扬,恬然自守,惟此为政,必有可观者矣。寓直延阁,善抚吾民。治最上闻,褒典奚吝。(下册,第286页)

容肇祖点校,《崇正辩·斐然集》,中华书局,1993年

项目成果

教育部人文社会科学研究"海上丝绸之路文献目录搜集、整理与研究"（15YJC870001）青年项目资助

出版资助

福建省高校特色新型智库"海丝文化传承发展研究院"（泉州师范学院）资助出版

泉州海上丝绸之路
历史文献汇编：初编

（下册）

陈彬强　陈冬珑　主　编
戴雪文　邵剑彬　刘文波　林丽珍　苏韶文　副主编

泉州市文化广电和旅游局
泉州师范学院中国史重点学科
海丝文化传承发展研究院（泉州师范学院）　编
中国社会科学院文化研究中心闽南文化研究基地

厦门大学出版社　国家一级出版社
XIAMEN UNIVERSITY PRESS　全国百佳图书出版单位

（宋）黄仲元撰,《四如集》

卷四

夏宣武将军墓志铭

天运有别合,山岳有故新。从汉逝者多猛士,隶秦府者俱将才,而籍飞骑歌都护,孰无云起龙骧之思。若夏宣武盖以豪隽而乘明时,而成荣闻者也。宣武讳璟,字元臣。其先自淮入闽占籍于泉。帐前总辖隐夫之孙,阖门宣替必胜之子。宣武旧忠训郎殿前司左翼军统领。智足应变,勇足御军,功足决胜,海云蒲平章①器爱之。河汉改色,车书共道,帅殷士而侯服,筐玄黄而臣附。是时奔走,先后捷瑞安,捷温陵,捷三阳,宣武之力居多。观其所使,知在上之德;观其所主,知在下之能。蒲平章举最,太史书勋,乃刻符印以赏优劳。宣命下,初武德将军管军千户,再宣武将军管军总管,三管军上千户,散官如故。若省都镇抚福、泉、兴化镇守,又行省累署表也。宣武号存斋。资庞厚,性宽慈,持身廉勤,同士甘苦。时平固圉,虽惮单骑之,严明文书省约,亦乐将军之简易。鞍马余闲,喜延胜彦弦壶娱笑于乡党姻旧。敬尊己者慈,下己者友,敌己者一,无间言骥踠。鸿坠大德庚子十一月二十一日,感征恙终于三山治所,其生之年戊申九月初六,寿五十三。娶曾氏,继丁氏。男定保,丁出以父任赐。黄组昭信校尉福州新军上千户,捧万户府檄镇守兴化路,娶尤宣慰孙女它姬。子观僧、失明、应保尚幼。长女归庄刑部子。在次归陈天赐。孙男大顺,女一。定保卜以丙午某月某日,奉柩窆晋江楞伽山。前期下马访余,泣曰:孤不孝,抱陟岵之痛,旧尝执经师门,愿丐令辞俾光埌树。余怜其言哀,诺而铭曰:

呜呼！宣武奋身右科,宠功之典不一,犹未脱矢石之劳,嗣爵之德,至渥宜尔。受山河之褒,不假之年者天,西风嘘送于云萝,克济其美孝子,异时积阀于节旄。呜呼！宣武死奚可憾,魂即安乎茧窠。（第1188册,第674～675页）

《影印文渊阁四库全书》,台湾商务印书馆,1986年

---

① 蒲平章,即蒲寿庚,号海云,又《八闽通志》卷八十六《拾遗》云:"既而元以寿庚归附之功,授官平章,开平海省于泉州,富贵冠一时。"故此处当指蒲寿庚。

(宋)惠洪撰,《石门文字禅》

卷二十二　记

无证庵记

余顷得罪谪海外,馆于开元之上方俨师院,日与弥勒同龛,颓然听造化琢削。有道人械类丛林,款余甚勤,曰:"吾泉南分化至此。"与语,翛然令人忘百事。逃空虚者闻足音而喜,矧置身蛮夷,论效鸠舌,衣缠花贝,心绪怢然,非复中华气味,而见道人哉?相从盖百许日,问出世法,余曰:"有亚圣大人出世南州,临济十世之孙号灵源大士者,今为法檀度,譬清凉月,下瞩热恼,天下名缁奇衲,龙蟠凤逸而趋之。子可跨海北去,无后时矣。"道人愕曰:"敢不承教。"翼日翻然而去,余盖莫敢必其所往,后三年,余蒙恩北归,馆于石门精舍,有力持书,视其款识,乃吾证公也。发缄疾读,则知其不鄙弃余言,见灵源于龙山两白矣。呜呼,子可谓真有志于道者耳。又三年,灵源弃学子,分化他方,余拜塔而至,于是见证顽然人群中,攀翻追绎海南之人烟树石,纷然落吾目中,为留一昔。曰:"吾揩庵自藏,子当为我记之。"问庵所在,证笑曰:"以太虚为顶,以大地为基,以万象为床榻,以天魔外道为侍者,举足下足,皆是妙圆密海。"余心知其戏,曰:"子岂所谓随身丛林者乎?"问其名,曰无证,曰:"圆觉谓一切众生皆证圆觉,学者以为至矣,余笑以为诬之也。本无数量不落识情,奈何谓之证乎?谓之证,譬如加首于首,名为染污,吾又强区分别之。无证盖就学所知言耳,若亲见灵源于宝觉背触之拳,则当以身为舌,为说之尚无,证之足云乎?"余曰:"有是哉!"因序其语为之记。(第1116册,第436~437页)

卷二十三　序

梦徐生序

余窜朱崖三年,既蒙恩泽释放,政和三年十一月十九日,自琼州登迈北渡。将登舟,有两男子来附载,佐舟者识之,曰:"此泉州徐五叔兄弟也,往来廉、广,归宿于琼,以贩槟榔为业,且见之二十年矣。"遂与俱载,晓渡三合流,无恐。未及雷州岸,次日北风不可进,乃定石留赤岸半月,日以一掬米转手送徐生为营炊。余时时弄笔砚,又卧看《左传》。徐生默坐,久之则去。十二月五日,风自南至,天海在中,日出莹碧间,舟行如镜面。未及晡,抵廉州对岸,馆于蜑叟之舍。徐生尽以其贩具付偕载者,使自至廉收米。……吾意人之相合以气,亦以是哉? <u>然徐生特商贾者,何从知觉范,而所为如此,可不怪也?</u>(第1116册,第462页)

《影印文渊阁四库全书》,台湾商务印书馆,1986年

(宋)黎靖德编,《朱子语类》

卷一百六　朱子三

外任

陈后之言:"<u>泉州妖巫惑民,新立庙貌。海舡运土石,及远来施财,遭风覆舟相继而不悟。</u>"曰:"亦尝望见庙宇壮丽,但寻常不喜入神庙,不及往观。凡此皆是愚而无知者之所为耳!"(第702册,第229页)

卷一百一十一　朱子八

论财

宗室俸给,一年多一年。駸駸四五十年后,何以当之? 事极必有变。如宗室生下,便有孤遗请给。初立此条,止为贫穷全无生活计者,那曾要得恁地泛及!(贺孙)。

因言宗室之盛,曰:"顷在漳州,因寿康登极恩,宗室重试出官,一日之间,出官者凡六十余人。<u>州郡顿添许多俸给,几无以支吾。朝廷不虑久远,宗室日盛</u>,为州郡之患,今所以已有一二州郡倒了。缘宗室请受浩翰,直是孤遗多,且如一人有十子,便用十分孤遗请受;有子孙多,则宁不肯出官。盖出官,则其子孙孤遗之俸皆止,而一官之俸,反不如孤遗众分之多也。在法,宗室无依倚者,方得请孤遗俸,有依倚者不得请。有依倚,谓其伯叔兄弟有官可以相依倚,而不至于困乏。今则有伯叔兄弟为官者,反得凭势以请孤遗之俸;而真孤遗无依倚者反艰于请,以其无援,而州郡沮抑之也。不知当初立法如何煞有不公处! 如宗室丁忧,依旧请俸;宗室选人待阙,亦有俸给;恩亦太重矣。朝廷更不思久远,他日为州郡之害未涯也。如汉法:宗室惟天子之子,则裂土地而王之;其王之子,则嫡者一人继王,庶子则皆封侯;侯惟嫡子继侯,而其诸子则皆无封。故数世之后,皆与庶人无异,其势无以自给,则不免躬农亩之事。如光武少年自贩米,是也。<u>漳、泉宗室最多。南外、西外,在彼宫中不能容,则皆出居于外。</u>"因问西外、南外。曰:"徽宗以宗室众多,

京师不能容,故令秦王位下子孙出居西京,谓之'西外';太祖位下子孙出居南京,谓之'南外'。及靖康之乱,遭虏人杀戮虏掠之余,能渡江自全者,高宗亦遣州郡收拾。于是皆分置福、泉二州,依旧分太祖、秦王位下而居之也。居于京师者,皆太宗以下子孙。太宗子孙是时世次未远,皆有缌麻服,故皆处于京师。而太宗以下,又自分两等,濮园者尤亲,盖濮邸比那又争两从也。濮园之亲,所谓'南班宗室'是也。近年如赵不流之属皆是南班,其恩礼又优。故濮园位下女事人者,其夫皆有官。"……(第702册,第294页)

或欲通铜钱出淮,先生深以为不然。云:"东南铜钱已是甚少,其坏之又多端。私铸铜器者,动整四五缗坏了。只某乡间旧有此,想见别处更多。又有海舶之泄,海船高大,多以货物覆其上,其内尽载铜钱,转之外国。朝廷虽设官禁,那曾检点得出!其不廉官吏反以此为利。又其一,则淮上透漏,监官点阅税物,但得多纳几钱,他不复问。铜钱过彼极有利,六七百文可得好绢一匹。若更不禁,那箇不要带去?又闻入川中用,若放入川蜀,其透漏之路更多。"贺孙。(第702册,第295~296页)

《影印文渊阁四库全书》,台湾商务印书馆,1986年

(宋)李昉编,《文苑英华》

卷二百七十一

送李使君赴泉州　前人(一作唐代包何)

傍海皆荒服,分符重汉臣。云山百越路,市井十洲人。执玉来朝远,还珠入贡频。连年不见雪,到处即行春。(第1335册,第483页)

卷二百八十三

送陈樵校书归泉州　前人(一作唐代曹松)

巨塔列名题,诗心亦罕齐。除官京下阙,乞假海门西。别席侵残漏,归程避战鼓。关遥秦雁断,家近瘴云低。候马春风馆,迎船晓月溪。帝京须早入,莫被刺桐迷。(第1335册,第583页)

卷三百二十二

泉州刺桐花咏五首兼呈赵使君　(唐)陈陶撰

海曲春深满郡霞,越人多种刺桐花。可怜虎竹西楼色,锦帐三千阿

母家。

　　石氏金园无此艳,南都旧赋乏灵材。只因赤帝宫中树,丹凤新衔出世来。

　　猗猗小艳夹通衢,晴日熏风笑越姝。只是红芳移不得,刺桐屏障满中都。

　　不胜攀折怅年华,红树南看见海崖。故国春风归去尽,何人堪寄一枝花。

　　赤帝常闻海上游,三千幢盖拥炎州。今来树似离宫色,红翠斜欹十二楼。(第1336册,第115页)

《影印文渊阁四库全书》,台湾商务印书馆,1986年

(宋)李昉等编,《太平广记》

卷四百九

刺桐花

刺桐花,状比图画者不类。其木为材。三四月时,布叶繁密。后有赤花,间生叶间三五房。不得如画者,红芳满树。(谪缘陈去疾,家于闽,因语方风物,去疾曰:"闽之泉州刺桐,叶绿而花红房,照物皆未殷然。与番禺者不同。"乃知此地所画者,实闽中之木,非南海之所产也。)(出《投荒杂录》)(第3320页)

(宋)李昉等编,《太平广记》,人民文学出版社,1959年

(宋)李复撰,《潏水集》

卷五　书牍

与乔叔彦通判

某尝见张丞相士逊知邵武县日编集《闽中异事》云:泉州东至大海一百三十里,自海岸乘舟,无狂风巨浪,二日至高华屿。屿上之民,作鳌腊鲮鲨者千计。又二日至鼋鼍屿,鼋鼍形如玳瑁。又一日至流求国,其国别置馆于海隅,以待中华之客。每秋天无云,海波澄静,登高极望,有三数点如覆釜。问耆老云,是海北诸夷国,不传其名。流求国,隋史书之不详,今近相传所说如

此。去泉州不甚远,必有海商往来,可寻之访其国事,与其风俗礼乐,山川、草木、禽兽,耕织、器用等事。并其旁之国,亦可详究之,或得之。望录示。闽有八州,南乃瓯越,北乃禹贡扬州之地,山川奇秀,灵迹异事,彼所传者必多。使轺按部历览可见。因风望详书,以付北翼深所望。将以补地志之阙也。某又启。(第1121册,第52~53页)

《影印文渊阁四库全书》,台湾商务印书馆,1986年

(宋)李纲撰,《李纲全集》

卷八十二　奏议

论福建海寇札子

臣契勘广南福建路,近年多有海寇作过,劫掠沿海县镇乡村,及外国海船、市舶司上供宝货,所得动以巨万计。官司不能讨捕,多是招安,重得官爵,小民歆艳,皆有仿效之意,臣恐自此为患未艾。盖缘两路帅司,并无战舰水军,遇有海寇,坐视猖獗,不能进讨,止是于沿海摆布些少兵卒,为保守之计。贼船来去,近远不常,并海之民,罹其荼毒,虏掠船舶既多,愚民嗜利喜乱,从之者众,将浸成大患,如晋之孙恩,不可不过为之备。

伏望圣慈特降睿旨,常存兵于两路镇压,仍下逐路帅司,委以措置战舰,招集水军水夫,常加教阅,令士卒习于风涛之险,以水夫驾舟,以官军施放弓弩、火药,虽贼棹飘忽,可以追逐掩击;殄灭一两头项,则余人有所忌惮,不敢觊觎妄作。庶几海邦之民,得被朝廷大赐。不胜幸甚。(第829页)

附录三　跋

(大有谨按):《先大父家传》末云:"每有议奏,下笔数千言,俄顷而就。"盖公平日以爱君忧国为心,筹画计策,胸次素定,故遇事成章如此之易也。……若夫大父之精忠大节,宏謩硕画,则有正献陈公、晦庵朱先生,与今大宗伯章公之序敢在,不肖孙何敢称述,如其它书未传,大有不揣,尚庶几异日卒成先志云。

嘉定二年五月既望,孙修职郎、差充福建路提举市舶司干办公事大有谨书。(第1766页)

王瑞明点校,《李纲全集》,岳麓书社,2004年

(宋)李光撰，《庄简集》

卷八　奏议

论曾纡等札子

臣惟国家之兴，圣圣相授，专务爱育元元，以固邦本。而四海之广，所与共治以惠养斯民者，尤在于守令监司之职，委以刺举，实外台耳目之寄，专以按察州县者也，其任顾不重哉！伏自陛下即位以来，号召天下豪杰之士聚之朝廷，而贪污不法之吏多在外服，或倚势作威，或倚法虐下，诛求掊敛，靡有艺极，使远方之民无所申诉，朝廷何赖焉！臣伏见江西转运曾纡，福建转运赵岸、唐绩，<u>提举市舶张祐</u>，提举广东香盐黄昌衡，府界提举常平陆棠，皆缘交结权幸，以躐取名位，邪佞凶狡，素无廉声，皆不足以当一道之寄。岸、绩远任福建漕臣，朝廷近差陈磷等为代，遂通贿赂于梁师成，以造茶为名，不肯离任。<u>祐本泉州大商，今市舶廨治乃在泉州，背公营私，何往不可</u>。近闻营造第宅，尽令属邑科买材木，赃污不法，一方之民咸受其弊。……伏望圣慈特降睿旨，尽行窜斥，以正刑书。仍乞精择廉干修洁、素有风力之人，以充监司之选。庶几朝廷惠泽得以下究，细民疾苦得以上闻，仰副陛下勤恤民隐之意，天下幸甚。取进止。（第1128册，第512～513页）

《影印文渊阁四库全书》，台湾商务印书馆，1986年

(宋)李昴英撰，《文溪集》

卷十　书、状

请谥李韶方大琮状

昴英窃惟端平更化，当时言官皆上亲擢，修名直节，翕然可称。今其存者悉已显庸，其殁者悉已节惠。独有内翰端明殿学士李公韶、右史宝谟阁学士方公大琮，节行立于朝，功德著于民，乃声实彰著，人所共知者，且其官品皆应命谥，而既殁数年，易名未举，非阙典欤？昴英待罪奉常，不敢自默。窃见<u>李公韶</u>自为太学博士，已有直声，方公大琮早登高科，服劳州县，三十余载，耻及权门，人知二公卓然有立，追蒙拔擢，感激思奋，声猷相继，至今若存。李公韶为台谏、侍从，为词臣，出入数十年间，弹击奸孽，呵斥近侍。明

辨和戎之非,乞正首兵之罪。权奸挟君柄国,则援《春秋》世卿之法以攻之;权奸服除予祠,则帅从官合词以夺之。其辞召命,率是经年,其居要涂,无非去日。其知道州,则葺元公故居,录子孙于学;提泉舶,则尽却兼司非额之宿例;治临漳,则极言遣使秤楮之弊端。其清名劲节,终始不衰。……(第1181册,第180~181页)

《影印文渊阁四库全书》,台湾商务印书馆,1986年

(宋)李廌撰,《济南集》

卷二　五言古诗

送元圣庾县丞之官泉南

漫郎老猗玗,紫芝于荛于。二元皆国器,位卑德有余。嗟公有祖德,官况复不如。平生志引大,英爽凌太虚。胸中有武库,罗列千卷书。攘臂班马间,岂但突黄初。谓宜在妙龄,持橐承明庐。何为沉下僚,蹭蹬青云途。三谓南遭选,雪霜稍侵须。又佩墨绶去,不得黄纸除。怜公批敕手,乃判税与租。阅世悟休戚,胜负如枭卢。达人自通脱,于何较锱铢。平治不平气,俯仰自走趋。刚忍素所遇,时乃烈丈夫。南安极南粤,控带荆与吴。南涯即沧海,北渡竟重湖。回首望嵩颍,邈焉天一隅。南州例卑湿,海错富虫鱼。作客万里外,善保千金躯。加餐慎兴寝,三年赋归欤。故园有老伴,林下要为娱。(第1115册,第716~717页)

卷四　七言律诗

送元勋不伐侍亲之官泉南八首

卷中识尽古来人,笔下文章日日新。
万里从亲海边县,要令南国见麒麟。
君房言语妙知名,元凯春秋癖已成。
作者风流公莫让,要令江海听文鸣。
看罢吴山看越山,一帆千里玩风澜。
令人颇忆羊裘老,为钓桐庐七里滩。
解知身世两鸿毛,肯羡一钩连六鳌。
有口惟宜醉醇酒,时时痛饮读离骚。
梅雨晴时荔子丹,绛囊青幄共檀栾。

按图读谱尝珍品,大胜关西苜蓿盘。
泉南南蒲是南溟,瘴雾熏人不用醒。
想对文书搔首罢,刺桐花下学兰亭。
瓯闽接壤气多同,只恐泉南有飓风。
撅虹见时定翻海,御寒裘褐要重重。
粤藤玉板泽于脂,歙婺腧糜理胜犀。
归日锦囊诗几许,七闽当有数千题。

（第1115册,第761页）

《影印文渊阁四库全书》,台湾商务印书馆,1986年

(宋)林希逸撰,《竹溪鬳斋十一稿续集》

卷十四

贺陈提刑兼泉州

帝提三印,诏付一贤。紫帽雄藩,特移于旄节;绣衣御史,就领于金珠。部曲欢呼,商夷鼓舞。共惟某官,传止斋涵古茹今之学,推濂溪洗冤泽物之心。平反之笔春和,廉按之章霜凛。即使星之躔次,专佛地之柎摩。森戟凝香,亿见藩条之肃;连樯接舳,抑令缣市之通。雍容荷禁之归,迓续芝纶之至。某欣聆邮令,倚俟郊迎。与野老共谈,喜即瞻于标宇;虽崇台渐远,要不外于提封。(第1185册,第699页)

卷二十二　墓志铭

崇禧陈吏部墓志铭

咸淳二年十二月二十有四日,崇禧提举、宫讲、吏部开国陈公梦庚卒。……公以未试邑辞,改太社令。甫两月,台评去,以公安晚所敬,疑其为党,添差通判泉州。吏于泉,多以珠犀自污,公屹立如冰霜,大商豪姓敬远之,人目为古老通判。垂满,又以台评去。公朝知弹者修同幕之怨,甚不直之。逾年,遂添倅庐陵……(第1185册,第767~770页)

《影印文渊阁四库全书》,台湾商务印书馆,1986年

(宋)林之奇撰,《拙斋文集》

卷四

任福建市舶谢上表

久玷宗藩之贰,遽叨使节之名。拜命凌兢,莅官惕畏。伏念某蚤缘朴学,滥中贤科。未更州县之服劳,偶值圣神之更化。复门给札,首膺试可之求;册府怀铅,骤列校雠之职。冒成书而改秩,趋文陛者累年。虽既抱疴,犹然窃禄。积岁时之拊养,致筋力之安强。但思农畎之生还,敢望皇恩之下逮。尚图后效,庸掩素餐。怀德惟宁而宗子维城,顾何裨于尺寸;下碇有税而阅货有燕,讵敢利于锱铢。自省遭逢,诚难报塞。此盖伏遇皇帝陛下孔情周思,尧勋舜华。极大亨而养贤,备文德以怀远。谓臣实儒馆之旧,或能通贯于古今;知臣本闽岭之氓,必也究知于利病。肆令朽质,叨此误恩。臣叱驭非难,乘轺兹始。愿言辞子罕之玉,庸戒身贪;尚期还合浦之珠,式资国富。(第1140册,第403页)

卷六

通问汪成都

间者经年未尝一通记室之问,虽道路阻修,里居僻左,势则使然。抑私心卷卷。所以向慕乎盛德至善者。初不若是悫也。比者伏闻叱驭驰阪,扪历参井,备尝艰险,已获善济,台媵内外,均燕福履,恭惟欢庆。窃惟全德君子,心合高厚,次舍所临,天地神明举欲扶持而安全之。是以履险如夷,适远如近,其困必亨,其贞常胜者,固其所也。即日浸凉,伏惟税驾锦城,初盼教条,未占已孚,吏民慰悦,已兴来暮之谣。闽蜀同风,古语有之。某虽远去函丈,邈在数千里之外,未闻蜀民喜怿之详;然去秋自泉舶罢官而归,甫及里门,即闻里之士民称道岂弟仁明之政,洋洋不绝口,而甘棠之爱,缁衣之好,于今未泯。……(第1140册,第412~413页)

卷十一

到任谢宰执启

假使节于全闽,猥被过家之宠;董舶征于互市,滥承柔远之流。临履云初,战兢尤甚。惟东南要荒之地最广,实天地温厚之气所钟。在诸番之中,最为恭顺,自上古以降,常用绥怀。非如西北之二边,每接干戈之百战。故因其仁气义气之别,则待以周索戎索之殊。卉服蠙珠,任土尝修于《禹贡》;南金象齿,献琛亦颂于鲁诗。极舟车之所通,示羁縻之有渐。不取武功之用,粤惟文德之敷。威责有令,而文告有辞。在周虽列职方之掌,下碇有税,而阅货有燕;至唐始立市舶之司,许以通商,为之置吏。考诸历代,惟皇朝职守之尤详;列在三方,盖温陵事任之甚重。引贾胡之往返,斡泉货之低昂。自非蔚有重望如孔戣,素立清节如宋璟,不以粟金入怀如张属国,不以贪泉易心如吴隐之,则何以被皇华之遣而不惭,揽澄清之辔而无歉?如某者学惟墙面,质但蓬心。半生连蹇于词场,四载优游于册府。字虽丁识,诚难两石之弯;经匪亥全,尚迷三豕之渡。蟫蠹书而何用,马赋粟以何多。当边防羽檄之交驰,抚书生铅椠而有愧。纵欲投班超之笔,于我何加;俾之请终军之缨,则吾岂敢。阅百计以皆拙,省一日之无长。岂抱关击柝之敢辞,矧委吏乘田之有守。敢遗余力,不务竭诚。愿言谨始以图终,姑且用勤而补拙。沛朝廷之膏泽,于是达亹亹焉;总蛮夷之纲条,所言但平平尔。虽微高论,庸竭寸心。共惟某官开阊壮猷,翼扶兴运。诚明并格于高厚,声教旁通于朔南。寸刃不施,藁街授单于之首;尺书所暨,鸿胪列尉佗之珍。欲威怀两用于域中,故文武并施于术内。肆令跃冶,冒此乘韬取械朴而薪樾之俾克生于王国;惟桑梓而恭敬止,复推本于人情。某敢不愤启于中,视鞭其后,虽未能尺棰以笞行说,奋贾谊之大言;犹庶几重译以致越裳,庸显周公之美化。(第1140册,第450~451页)

卷十五

泉州东坂葬蕃商记

负南海征蕃舶之州三,泉其一也。泉之征舶通互市于海外者,其国以十数,三佛齐其一也。三佛齐之海贾以富豪宅生于泉者,其人以十数,试郫围其一也。试郫围之在泉,轻财急义有以庇服其畴者,其事以十数族,蕃商墓其一也。蕃商之墓建发于其畴之蒲霞辛,而试郫围之力能以成就封殖之。其地占泉之城东东坂,既剪薙其草莱,夷铲其瓦砾,则广为之窀穸之坎,且复栋宇,周以垣墙,严以扃钥,俾凡绝海之蕃商有死于吾地者,举于是葬焉。经始于绍兴之壬午,而卒成乎隆兴之癸未。试郫围于是举也,能使其椎髻卉服之伍,生无所忧,死者无所恨矣。持斯术以往,是将大有益乎互市,而无一愧乎怀远者也。余固喜其能然,遂为之记,以信其传于海外之岛夷云。(第1140册,第490页)

卷十八　行状

故左奉议郎临安府府学教授周仁仲行状

公讳毅,仁仲字也。其先光之固始人,从王氏避地,遂居福之闽县。曾祖瑄,祖汝砺,父之邵,世业儒,连蹇不偶。公少而警敏夙成,笃学能文,有声称场屋之间,益刻苦不懈。登绍兴十八年进士第,授南安军上犹县簿。改抚州录事参军,未赴,罹家艰。服阕,任汀州录事参军。既乃为福建路提举市舶司干办公事,改秩,差充临安府府学教授。将赴,乾道四年六月十五日,以疾卒于正寝。……之奇不敏,辱尝与公为僚友,考公之行实,其可传可继之迹大略如此。宜得品藻之文、形容之声,以诏不泯敢序著其目以待考信者稽焉。八月甲辰,谨状。(第1140册,第511～512页)

卷十九

祈风文

维洪范之庶征,媲时风于圣功,此大而化之之事。自匪雨旸寒燠之可同。故凡大块之噫气,悉由造化之密庸。然彼化工之不宰,必以山川之神,司其阖辟而职是,变通古之明神,血食斯民而立。能事于此者,则有旦暮常便樵采于若耶之径。南北分送客舟于洞庭之中,彼逆其所顺,而强其所劣,尚能丕显于灵踪。矧日用天之时,因地之利,而得其势之所顺,宜其有祷而必应,有欲而必从。繁灵祠之奠食,炯正直而睿聪,来蚁慕之不绝,信响应之无穷,兹良月之初吉,肃严霜于孟冬,属蛮商之遄往,与朔飙而适逢,乃藏仪于常礼,延飞御乎。梵宫望轴舻之善济,致泉货之屡丰,瞻云海之浩渺,假一息之蓬蓬。

又

象齿南龟,远出岛舶。以舟为趾,重译罔隔。沙阜石幢,涩如芒刃。以风为翼,万里一瞬。勃勃蓬蓬,怒号瀛海。以神为墟,立谈而改。羽盖云车,邈然浩荡。以礼为介,厥应如响。惟风必期,岁有常信。今虽袭礼,匪常之徇。吏之守职,两年为期。官满则去,位难出思。神所庙食,与天地通。民享利泽,厥望不穷。某也,终更行,且还里,席神芘袜,日既久矣,神之歆否?愿以风卜,商舶之衍,亦某之福。桂酒椒浆,为舶预请,指望飙南,留神引领。

祈风舶司祭文

夫祭有祈焉、有报焉。祈也者,所以先神而致其祷;报也者,所以后神而答其赐。祈不可以为报,而报不可以为祈,自古然也。而舶事之岁举事,祀典于神,则异乎是。于夏之祈,有冬之报,于冬之祈,有夏之报。风之舒惨,每以时应,则祠之疏数,必以时举,如循环之不穷礼,虽不腆在,神宜歆之。(第1140册,第523~524页)

《影印文渊阁四库全书》,台湾商务印书馆,1986年

(宋)刘攽撰,《彭城集》

卷十九

朝请郎、权发遣宣州周之纯可广东提刑,朝奉郎、新差福建运副张修①可知宣州,朝请郎、权江西运副王祖道可福建运判,朝请郎、淮南西路提刑苏解可江南东路转运副使,朝请大夫、江东转运副使李莘可江南西路转运副使制

商度金谷之盈虚,详按狱岸之中失。使者之任,朝廷慎选,盖所谓将王命而明邦国,若否者矣。尔等咸以干力,屡更繁使,寄之百城之富,一道之寄。或以初试锐精来效,或以易地习惯成事,悉坚乃心,广集善誉。惟修擢自省郎,出总瓯越,疾病自上,黾勉勿任,假其左符,足资卧治。江南诸郡,宣城为大,敬服休命,知其厚恩。(下册,第263页)

新差知越州张询②可福建转运副使,新除开封府推官田子谅可河北西路提刑,广东转运判官毛渐可湖北转运判官制

宣力四方,为上耳目,使者之任也。金谷功名之会繁,狱岸鞫谳之大小。非有敏智,孰堪剧治。以某等既更历试,皆有称誉。并假节传,往明若否。夙夜匪懈,以酬宠数。(下册,第264页)

卷二十一

新差权发遣泉州朱服可知婺州,朝散郎、胡宗师可权发遣泉州制

南方之剧郡,泉山婺女,并为称首。其民机巧趋利,故多富室,而讼牒亦

---

① 张修,元祐三年(1088年)五月二十八日至八月十六日以转运副使兼福建市舶提举。见杨文新:《宋代市舶司研究》,厦门大学出版社,2013年,第261页。

② 张询,元祐三年(1088年)九月以转运副使兼福建市舶提举。见杨文新:《宋代市舶司研究》,厦门大学出版社,2013年,第262页。

繁。其为守者,常择健敏而付之。服前以便亲为请,今以泉易婺。而宗师久吏习事,真可以治泉矣。只服休命,思所以称。(下册,第302页)

(宋)刘敞著,《彭城集》,商务印书馆,1937年

(宋)刘克庄撰,《后村集》

卷二

送真舍人帅江西八首

谏书元不为求名,上有穹苍鉴至诚。
索房传观皆动色,岂知难悟汉公卿。
闻道泉人截镫留,翰林从此去吾州。
村中父老相持泣,但祝今侯似故侯。
舶客珠犀凑郡城,向来点涴几名卿。
海神亦叹公清德,少见归舟个样轻。
应对诙谐路亦开,汉家天子日招徕。
当时惟有胶西相,不向平津阁里来。
淮汉沄沄战血腥,蜀山鬼哭不堪听。
如何一线江西路,独现奎星与福星。
自昔安危等置棋,系人着数匪天为。
何因国手来当局,要看开奁布子时。
少小闻人说复仇,至今禾黍遍宗周。
自怜谢病离军去,始听王师下海州。
身已为民与世疎,的无一步离村居。
昨朝出郭迟公至,废了窗间数叶书。

(第1180册,第16~17页)

卷九

寄赵简叔知宗

造物方将贵此翁,煌煌三印屈盘红。笺天不受珠犀涴,表海新兼铁钺雄。诗满名山留妙墨,舶归外国说清风。何当把臂登云榭,共看鲸波浸碧空。(第1180册,第100页)

卷十

送真西山再镇温陵

父老香花夹路催,朱幡那忍更徘徊。弓张至此犹宜弛,珠去安知不复回。海上有艘堪致粟,洛中无箧胜生财。泉人毕竟修何福,消得西山两度来。(第1180册,第104页)

卷十二

泉州南郭二首

闽人务本亦知书,若不耕樵必业儒。唯有桐城南郭外,朝为原宪暮陶朱。海贾归来富不资,以身殉货绝堪悲。似闻近日鸡林相,只博黄金不博诗。(第1180册,第123页)

《影印文渊阁四库全书》,台湾商务印书馆,1986年

(宋)刘克庄撰,《后村先生大全集》

卷四十

送舶使王监丞①

一琴不鼓携归浙,六辔如丝送入闽。魁杰西州今有汝,典司南库岂无人。牙筹何足烦名胜,厘席方将问鬼神。公干仲宣从此别,远书莫惜寄漳滨。(第1298册,卷40,第9页)

卷六十　外制

韩补福建舶制

朕闵海贾之以命易货,而吏之墨者或重征而豪夺之也,每择佳士,俾持琛节。尔由朝列牧歙郡,褒贤而崇教,戢吏而爱民,自节缩而加厚于人,多触弛而反于力,廉平之誉,达于予闻。夫互市之事非所以烦汝也,将使珠犀垢浊之俗,识吾冰檗清白之吏。汝勉为朕一行,时方急材,岂久劳汝于外者!可。(第1303册,卷60,第13～14页)

---

① 此处应指的是王楠。蒲寿宬《心泉学诗稿》卷二有诗《上舶使监丞王会溪》,会溪为王楠号。

卷六二　外制

郎伋翁宧为讲回易视舶司岁解捌倍各转一官制

宿师于边数十年矣，国胡以支！昔元嘉末，拓跋犯塞，上自王公，下至僧道，莫不借贷，以佐军费。朕宁贫国而不忍加赋于民，稍收遗利之在官吏、商贾者，亦不可已之势也。尔伋尔宧，长于心计，小加检扼，较之互市入数倍，各进一秩，以劝服劳于王事者。可。（第1303册，卷62，第3页）

吴洁知泉州制

温陵为闽巨屏，旧称富州，近稍趋凋敝，或谓非兼舶不可为。朕犹记臣德秀出牧者再，未尝兼舶，而郡何尝不可为哉？属弄印久之，未得其人。子曰："如有所誉，其有所试。"尔修于家为美子，立于朝为吉士，施于郡国为良吏，有其誉美；尝倅是州，以治办闻，又见诸已试矣。乃辍戎监，往布宽条，今言郡难者有四：民夷杂居也，贵豪盘错也，财粟殚竭也，珠犀点浼也。朕谓民夷杂居，惟仁可以得众；贵豪盘错，惟公可以服人；财粟殚竭，惟俭可以足用；珠犀点浼，惟清可以范俗。此皆尔所习知而素讲者。勉之哉，最声达于朕听，将下玺书召尔矣。可。（第1303册，卷62，第9～10页）

卷六八　外制

胡佽仍旧秘阁知泉州制

朕惟温陵邑屋繁雄，军府殷实，素号闽之乐土。今之郡犹昔之郡也，而谈者类曰凋匮不可为，安得一廉平之守往佩二千石印绶哉！尔尚列于朝，累十三迁始擢台察，侍迩英，然又不久而去，既去萧然巷处。其于名利之际淡泊如此。推以治郡，必能励冰蘖之操。变珠犀之俗，必能还殷富之旧而洗凋匮不可为之谤矣。可。（第1305册，卷68，第15页）

卷六九　外制

赵孟传依旧秘阁修撰除提举福建市舶兼知泉州制

互市置使，非宝远物也，所以来远人也，后之居是官者失其意，彼愚民以命易货于鲸波万里之外，幸登于岸，重征焉，强买焉，或陷之罪而干没焉，商贾失业，民夷胥怨，朕弄印久之，不知所付。尔清吏也明使指，近属也知朕意，集台之选，无以易尔。玉之在郑商者可勿买，珠之去合浦者可复还矣可。（第1305册，卷69，第10～11页）

卷九四　序

水木清华诗序

平海军节度推官厅事之西有泉有梅,肃翁采昔人诗语,以"水木清华"扁其斋,寓士同僚从而诗之者若干人。余病痹不出户限,既不能越邑从君游,诗律久废,呻吟累月,又不能就一字。惟古诗有大序,有小序。《兰亭诗》右军为序,《桃李园诗》太白为序,《石鼎联句》退之为序,聚众作而一人序之,其来旧矣。《传》曰"木水之有本原",肃翁之有本原者乎!然则孰为本?肃翁以词赋魁天下,集英对策第四,而无矜色,无骄志,小心问学,谦虚求益,此本也。孰为原?夫泉,民俗富饶、贾胡走集之地,仕者鲜不染指,肃翁居其间,独不为珠犀点涴,此原也。本盛则末华,原澄则流清,盖清者可以范俗,华者可以饰治矣。(第1311册,卷94,第10～11页)

卷一百　题跋

泉州岁赐宗室度牒圣旨跋语(代西山作)

恭惟陛下嗣服以来,明目达聪,四方利病皆得条奏。臣所领州实宗正分治之所,先朝岁赐祠牒以助廪稍。后不复赐,专责之郡,民力殚而根本不暇恤,吏才竭而智巧无所施,宗室俸为之也。臣愚谨上其事尚书,请复岁赐以纾泉民,诏与其半。其年上始亲政,复可前奏,岁赐百牒如绍兴故事。七宫数千口之聚,莫不欢呼抃舞,稽首北阙,祝圣人寿。又以知始刓不予,柄臣之为,今应如响,英主之断,甚盛举也。自顷外郎属籍日增,禄赐不资,券旁山积,议者病之,或以为滥矣。《书》曰"九族既睦",美其均也;《诗》曰"则百斯男",赞其盛也。昔也美其均而赞其盛,今也议其滥而病其多乎?夫廪禄供亿,有司之小费;本支蕃衍,国家之大庆。陛下睿明洞照,必有见于此矣。臣叨恩假手,敬刻圣旨于石,以示万世。(第1313册,卷100,第10～11页)

卷一百十二　字说　杂记附

杂记

赵观文与惎以版书尹京,都人颇议其挟管榷以固位市宠,虽油酱琐细皆笼其利。余侍经筵极论之,略云:"权酤权契,囊括殆尽,弓张未弛。卒失利源,邑因茧丝之取;邑无生意,民受池鱼之殃。"且引汉算缗、唐宫市以讽。又曰:"麟趾之泽熄,蚕尾之谤兴。"闻赵愬于上曰:"言臣犹可,乃谤及国姓。"余不自安,讲次乞骸以避之。上问其故,余奏:"臣素善与惎,此论国事尔。所谓'麟趾之泽熄'盖秀才家时文有'无《关雎》《麟趾》之意,不可行《周官》之法度'耳,于国姓无与。"圣意释然。后郑发论余,赵移书闽舶杨瑾云:"后村之去非某意。"(第 1316 册,卷 112,第 14 页)

卷一四一　神道碑

丁给事神道碑

宝、绍间一相擅国,所拔之士非鄞则婺,其言曰闽人难保。尤恶莆士,如陈宓、郑寅之流,皆扫影灭迹,于是朝无莆人。丁公柏桂以循守朝辞,相一见,曰"是异于莆人者"……越数日卒,七月十有一日也,年六十七。遗表闻,自朝议大夫赠通议大夫。前硕人林氏,知宾州宝俭之女;继庄氏,知化州觌之女。一子,南叟,承务郎、新监泉州市舶务。……(第 1323 册,卷 141,第 1~5 页)

卷一五〇　墓志铭

知常州寺丞陈公墓志铭

故相正献陈公有五丈夫子,其二季尤知名。复斋行谊表一世,论者以方原明、公休。公讳宿,字师道,复斋弟也。繇父任监福州海口镇、泉州市舶务、知惠安县、通判靖州、知德庆府,需道州次,改南剑州,擢大理寺丞,以亲养辞,知惠州,未上。或言其滞,改常州,公方为所生母吴恭人服心丧,不拜。终制。将进用矣。淳祐二年三月已西晨起盥栉,骤感疾卒,年七十,积阶至朝议大夫。……(第 1325 册,卷 150,第 5~6 页)

卷一五三　墓志铭

魏国太夫人墓志铭

太夫人林氏,世家莆田,唐孝子攒之后,里人号所居曰孝友之家,亦曰义门。曾大父选,大中大夫。大父孝泽,直秘阁、福建转运副使。父窠,台州教授。母陈氏。太夫人少孤,与伯姊博诵图史,尤熟班、马二书,于忠臣孝子、贞女烈妇言行琅琅成诵。……薨于寝,年八十有八。淳祐八年十月己卯日也。子男四人:克庄,朝议大夫、秘阁修撰、福建提刑;克逊,故朝散大夫、直秘阁、主管崇禧观;克刚,朝奉郎、福建安抚司参议官;克永,业进士。女三人,适方濯、方君采、方孺铁。擢登第为广州观察推官,君采贡于乡,孺鐡前卒。孙男八人:强甫,迪功郎、前晋江主簿;伟甫、埜、明甫、桂、兴甫、山甫。伟甫未铨注夭,明甫登仕郎,兴甫将仕郎。孙女四人,适承务郎监泉州舶务

丁酉叟[①]、将仕郎陈琰。……（第1326册，卷153，第1～3页）

工部第

嘉熙改元，予蒙恩守袁。道樵，无竞弟作牧，对榻郡斋累夕，语辄达旦，相与叹曰：仕所以养亲，太夫人薄荣利，安舆跬步，不去乡井，吾兄弟唯有早退尔。……克逊以父任补承务郎，外历海口镇沙县丞、古田令、金事镇南军幕府江西安抚司干官、通判临安府、知邵武军、潮州、闽舶、知泉州、内监六部门、大府寺丞、工部郎官，积阶至朝散大夫。……莅琛台，以清禁官吏强买，明谕贾胡以宽征意，风樯鳞集，舶计骤增；治温陵以严，稍绳束豪右而扶植善良。……娶宜人方氏。子二人：伟甫，将仕郎，风度玉立，入京铨注，以疾客死，无竞钟爱，以至于病；兴甫，博仕郎；孙男在，将仕郎；女一人，适承务郎、新监泉州市舶务丁南叟。……（第1326册，卷153，第3～5页）

卷一五六　墓志铭

丁倩监舶墓志铭

君名南叟，字山父，给事中丁公之子，母硕人林氏、庄氏。给事为御史时，余为枢椽，君尚卯角，供立亲傍执弟子职，貌甚恭也。年甫志学，一铨而捷，艺甚敏也。终日劬书，端坐家塾，未尝识茗枋酒炉，足迹可数也。余工部方为爱女择配，余曰无如丁氏子，遂谐姻好。□以父任受迪功郎、太平州司户参军。未上，丁外艰，改奏承务郎、监福州海口镇。未书考，丁内艰，调监泉州市舶务。秩满，以疾终于寝，宝祐甲寅九月朔也，年三十四。娶刘氏。三男：锡老、及老、长老。初，长老茕然，甫晬，刘氏为门户计，又命君从兄汝振、南一之子同绍君后，锡、及是也，一女，未笄。……（第1326册，卷156，第13～14页）

卷一五九　墓志铭

宋通判墓志铭

君宋氏，名应先，字有间，故浙东常平使者讳藻之曾孙，赠奉直大夫讳久之孙，故秘阁修撰、广东经略讳钧之之仲子，母韩硕人，生母莫安人。秘撰牧泉，值玺敕，君持表入贺，补初品官，监德庆府晚城镇。当路诸公曰前帅子也，争致之幕。秩满，调南剑州理椽。以外舅擢为谏官，乞中岳庙。俄而外舅解言责，监泉州市舶务。居是职者率与贾胡交贿，君独玉雪自将。以考举

---

① 丁酉叟似为丁南叟之误。

溢格,自承直郎改通直郎,得邑泉之惠安,改瑞之新昌。……宝祐戊午十一月某日卒,年四十八,积阶朝请郎。娶安人方氏,宝学忠惠公大琮之女……(第1327册,卷159,第16~17页)

卷一六二　墓志铭

方秘书蒙仲墓志铭

蒙仲名澄孙,以字行,号乌山。……入为国子监书库官,校艺南宫,坐商论去取不能下气去。涤,倅南剑州,改泉州。先是两倅同饷左翼戍兵,蒙仲慨然曰:"添差犹方外司马耳"。请于朝,改属正倅,而水厅遂无一事。<u>关会阙守,朝命摄郡兼舶,黥籍魁素无文者,舶至,吏请按视,蒙仲曰:"以待新侯。"</u>为岷之隐太公,竹湖李公作"风月堂",二公皆尝为卒者。……(第1328册,卷162,第3~5页)

卷一六八　行状

西山真文忠公行状

公讳德秀,字希元,浦城县迁阳镇人。四岁受书,立成诵。入小学,夜归尝置书枕旁,灯膏所薰,帐皆墨色,群儿休浴聚戏,公并取其书卷兼熟之矣。……乃上此奏。除右文殿修撰知泉州。<u>郡以番舶为命,然商人畏重征,苦官吏和买,至者绝少。公镌税额,戒官吏毋得买一物,虽诸台委倅属市物,必申州始得奉行。是年舶至者十有八,明年二十有四,又明年三十有六,征税之入遂及绍熙旧额。</u>秋苗令民执概,两造示姓名,使自诣,然惟王公十朋与公能行之。海贼王子清、赵郎以十八艘横行巨浸,劫晋江县围头湾,距州仅百余里。公调左翼军捕逐,拨发官王大寿力战无援,与队将秦淮等六人死之。公为文以祭,且请赠与于朝,出宿中和堂,讨贼弥厉。或言沿江诸港澳民兵可用,而同安管下烈屿其尤也,公议选官劝谕。寓客宝谟储公用自请行,得民兵四百、舟三十二,与官军犄角,并授之簿侯处厚曰:"官民一体,有功并论。"逆贼至漳浦境内沙淘洋,败之,获大舟四、贼首六,赵郎者在焉,子清逸去。诛群贼于教场,设王大寿位,令其子剖心以祭。磔者三人,诛死者二十余人,胁从者破械纵去。赵郎自称直徽猷阁子游孙希郯也,毙于狱,子清寻为台州杜门巡检所擒。诏以获贼功增一秩。公委僚属遍行海滨,审视形势,<u>创修沿海诸寨,增屯诸寨水军,复教定巡逻地分,后皆可行。左翼军受守臣节制,公所请也。</u>时相生日,四方争献珍异,公大书"开诚心、布公道、集众思、广忠益"十二字以饷,且将以书曰:"丞相勤身辅政而中外之心未孚,屈己受言而士大夫之情犹能以自竭,愿因某之言。考武侯之为,勉其未至,则功业日盛,福禄日臻。"不报。泉多大家,或席贵势患苦闾里,公严绳其仆而雅责其主,皆愧之而不敢怒。始至,郡之先达有田讼,闻公语自慊,焚其契不复争。曾从龙贻书寓里曰:"此人视宰执如小儿,宜谨避之。"傅公伯成方退居,公每诣之必移日,虚心问政,受其规戒,傅公亦以世道期之。即除集英殿修撰知隆兴府……建炎初置南外宗正司,宗子仅三百余人,令漕司与本州均任其责,朝廷岁给祠牒五十助焉,乾道间又益三十焉。后属籍日增,漕司止按旧额,余不复问,祠牒亦不复给。绍定末,宗子至二千三百馀人,每岁钱米本州自备十四万余缗,而一司官属与宗学养士尚不与焉。公奏:"郡不可为矣,虽有材健之守,智力无所施,不过预借重催,或抑都保代输,或佑籍无罪。泉民憔悴,为日已久,惟朝廷哀怜。"诏岁给祠牒六十,会故相死,上始亲政,除显谟阁待制知福州、福建安抚使。明日,诏岁赐泉州祠牒增四十焉。七宫宗子为佛事以祝圣寿,公喜曰:"温陵庶几可为矣。"以端平元正月赴镇,戒属部无滥刑横敛,毋狥私黩货,毋通关节,慎仕胥吏。州仓受输,斛取糜费钱三百,公减去六之五。罢市令司,母以官得价市物,革闽县里正督赋之害。建、福、兴、泉四郡贵籴,乞回籴百万仓米十五万赈粜。不俟报,先发福州常平米均粜下三州,剑州常平米粜建州,民未及饥,食已沛然。及上可其奏,运吴粟补之。海偷比岁从横,岛屿之民凛不自保,公预于险要增兵船,给粮械,励隅总,厥后首相踵擒珍。襄阃方与鞑将攻灭蔡城,遣吏露布,图上八陵,而江、淮有进潼关、黄河之议。公之取,封上曰:"自有载籍以来,与夷狄共事者未尝无祸……"(第 1329 册,卷 168,第 1~25 页)

卷一六九　行状

秘阁东岩赵彦侯公行状

公讳彦侯,字简叔,宗室秦悼魏王之后,自汴人闽,今为闽人。……今上登极,赐进士第……除西外宗正,下车未几,改南外,摄郡兼舶。适继饕残,化以廉平,泉人大悦。舶琛满前,吏以例造一囹答而却之。……(第 1330 册,卷 169,第 12 页)

《四部丛刊初编》(影印本),商务印书馆,1919 年

(宋)刘宰撰,《漫塘集》

卷三十三　行状

杨提举行述

新城令杨君恕既葬其父,泣涕谓某曰:"恕苦块残生,忍死以襄大事,既遂事矣,而铭文未勒,将无以发幽光,用悼痛于厥心,以有谒于子。子先公所厚,盖为我绪次之,将藉手以干当世之文人。"某辞不获,敬列其事于左(下)。公讳樗年,字茂良,世居镇江之丹徒……服阕,除知台州,寻差主管建宁府武夷山冲佑观。居无何,除提举福建市舶,公锐于告老,罢复奉祀。先是恕己官新城,公就养甚适,间苦脾疾,忽命笔仿释氏作颂,末有"六尘不染本来无,撒手便行真自在"之句。恕虽惊,幸公神识不乱,犹冀复初。又十日果卒。实开禧纪元十月丙辰,享年七十有四,官终朝议大夫。……(第1170册,第752~755页)

《影印文渊阁四库全书》,台湾商务印书馆,1986年

(宋)楼钥撰,《攻愧集》

卷一　古体诗

送虞仲房①赴潼川漕

我来丹丘乘贰车,送客往往万里余。盛山使君别寖久,汉中郡丞新寄书。公指四明喜邻境,典午何知成画饼。扬旌忽作梓潼行,去路六千抑何迥。余杭名家多俊奇,君于辈行尤白眉。雍容晋韶足夷旷,百家到手无停披。向来郎曹天咫尺,引山闽山接商舶。贾胡叹仰清节高,雾中亲见越王石。此行叱驭不作难,手遮西日又长安。长安日近公应住,未放使星临蜀山。不然一行亦不恶,潼川应如锦城乐。邓侯功名凛如在,拾遗风采今犹昨。流马木牛诸葛公,飞挽正欲修前功。蜀民险远日凋瘵,摩抚要令畿甸同。况公五绝追鼻祖,隶古真有两汉风。归来富贵固未晚,为传此学川西东。(第1152册,第282页)

---

① 虞仲房,虞似良,字仲房,号横溪真逸,南宋诗人,浙江黄岩人,曾任福建市舶司提举。

卷三十四　外制

泉州同安县灵护庙神封威惠侯

敕具某神：朕之爱民至矣。吏治于明，神职于幽。苟利吾民，虽远必录。以尔神庙食海峤，久著灵迹，却蛮蜑而张官军，招海贾而销疠疫，有司核实，具以上闻。锡尔嘉名，歆予茂渥。（第1152册，第612页）

卷三十五　外制

颜师鲁知泉州制

敕：均佚真祠，遂彭泽赋归之志；起临旧镇，慰颍川愿借之心。匪曰朕私，徒得君重。既去家之不远，俾便道以有行。具官某学慕儒先，朝推寿俊。慨孔戣之去，命典外藩；念阳城之劳，许归故里。而远氓怀其惠政，贾胡服其真清。攀辕莫留，垂涕相踵。此诚心之所感，非人力之能为。既彻听闻，重增嘉叹。方遴选惟良之守，要在求已试之才。追常衮之遗风，当一变于闽俗；用蔡襄之故事，宜再领于泉麾。式遄其驱，以副所望。（第1152册，第630页）

知明州朱佺两易知泉州

敕具官某：才有小大之异，而选用当适其宜。郡有远近之殊，而委寄之重则一。尔详练世故，扬历仕途。鄞岭分麾，报政久矣；温陵改镇，易地皆然。此则控东夷之要冲，彼则据南海之都会。内修侯度，外畅王灵。谅无惮于修途，当复闻于善最。（第1152册，第661页）

卷六十三　启

代谢除提举福建市舶启

分侯麾于古括，始终蒙全护之私；总商舶于温陵，委曲荷生成之赐。窃以番禺置使，传自有唐；闽峤庀司，起于元祐。金山珠海，磊砢乎万宝之藏。犛牦航琛奔，走乎百蛮之广。楼船举飘而过肆，贾胡交舶以候风。岂惟贸易，而求质剂之平，抑将绥怀，而致声教之被。是为遴选，必藉通才。如某者少也多艰，壮而漫仕。驰驱四纪，备尝州县之劳；黾勉一心，尤谨简书之畏。抱虚郎省，滥吹朝绅。念尸禄之无功，以治民而自诡。试以一郡，逮于二年。布宣诏书，不知万里君门之远；施行义役，庶几三代井田之遗。幸年谷之顺成，致闾阎之安静。益勤抚字，以免谴诃。闻尚书之履声，理应退听；扫舍人之门外，自恨无阶。敢谓大钧，弗遗下体。未作乞怜之态，已叨拜命之荣。

仕而为贫,瓜戌既欣于非久;思不出位,樗材或得以苟容。自为之谋,岂过于此？兹盖恭遇某官清朝硕辅,名世真儒。雷厉风飞,君臣相遇于千载;天开地辟,日月可冀于中兴。顾在上引类,自其本心;而为官择人,尤为急务。至如下走,虽曰无以逾人;察其平生,必知老而戒得。俾司互市,实出殊私。某敢不俯激愫衷,愈全晚境？慕隐之之节,饮贪泉不易其心;效孔戣之清。罢货燕无名之费。倘逃瘝旷,以报使令。(第1153册,第90~91页)

卷七十六　题跋

跋扬州伯父耕织图

周家以农事开基,《生民》之尊祖,《思文》之配天,后稷以来世守其业。……伯父时为临安于潜令,笃意民事,慨念农夫蚕妇之作苦,究访始末,为耕、织二图。耕自浸种以至入仓,凡二十一事。织自浴蚕以至剪帛,凡二十四事,事为之图,系以五言诗一章,章八句。农桑之务,曲尽情状。虽四方习俗间有不同,其大略不外于此,见者固已韪之。未几,朝廷遣使循行郡邑,以课最闻。寻又有近臣之荐,赐对之日。遂以进呈。即蒙玉音嘉奖,宣示后宫,书姓名屏间。初除行在审计司,后历广、闽舶使,漕湖北、湖南、淮东,摄长沙,帅维扬,麾节十有余载,所至多着声绩,实基于此。晚而退闲,斥俸余以为义庄,宗党被赐者近五纪,则其居官时惠利之及民者多矣。……伯父讳从玉从寿,字寿玉,一字国器,官至朝议大夫。(第1153册,第238~239页)

卷八十八　行状

敷文阁学士宣奉大夫致仕赠特进汪公行状

曾祖元吉,不仕。妣何氏。

祖洙,皇明州助教,累赠正奉大夫。妣陈氏,累赠太硕人。

父思温,皇左朝议大夫,直显谟阁致仕,累赠少师。妣王氏,封恭人,累赠越国夫人。

本贯庆元府鄞县武康乡沿江里。汪大猷,字仲嘉,年八十有一。……七年正月,除敷文阁待制提举江州太平兴国宫,侍从馆阁诸公赋诗留题以饯行色,今石刻存焉。还乡四月,起知泉州,到郡遇事风生不劳而办。郡实濒海,中有沙洲数万亩,号平湖,忽为岛夷号毗舍邪者奄至,尽刈所种,他日又登海岸杀略。禽四百余人,歼其渠魁,余分配诸郡。初则每遇南风遣戍为备,更迭劳扰,公即其地造屋二百间,遣将分屯,军民皆以为便,不敢犯境。后左翼军狃于盗赏,忽又报侵犯,径捕至庭,自以为功。公曰:"毗舍邪面目如漆,黥涅不辨,此其人服饰俱不类,何耶?"察之,乃真腊大商,四舟俱行,其二已到,余二舟以疑似被诬。公验其物货什器,信然。军人犹譊譊不已,公谕其将曰:"使真是寇贼,固不应纵舍,既知其为商旅,又岂得陷以深文!"始皆退听,即使尽入来远驿。所贩黄蜡偿以官钱,命牙侩旬日间遣行。军屯城外,有人盗库银者,逾垣而出,为逻者所侦,反执而归,诬以为盗而上之郡。公已得其情,仍械逻者,使参对。失银十二铤,得十而遗其二,主将辩数甚苦,公不为动。已而军士首伏,即其所窖取之,皆伏辜。微公明察善处,则俱失其情矣。蕃商杂处民间,而旧法与郡人争斗,非至折伤,皆用其国俗,以牛赎罪,寖亦难制。公号于众曰:"安有中国而用番俗者。苟至吾前,当依法治之。"始有所惮无敢斗者。三佛齐请就郡铸铜瓦三万片,舶司得旨,令泉、广二州守臣监造付之。公上疏极论其不可,既犯中国之禁,又为外夷所役,独不与。南外宗正司廪给岁广,久以为病,公撙节用度,增价以籴,民始免于苛取。公再岁两求奉祠,九年,以治行尤异,除敷文阁直学士再任,赐衣带。淳熙元年,申前请,始有兴国宫之命。归次延平,除知隆兴府兼江南西路安抚使。……庆元五年十一月。朝家优老,特除敷文阁学士,赐衣带鞍马。六年秋,初感疾。七月庚辰,薨于正寝。……(第1153册,第363页)

卷九十　行状

侍御史左朝请大夫直秘阁致仕王公行状

曾祖寂,故任永静军东光县令,累赠少傅。妣赵氏,赠成国夫人。丘氏,赠济国夫人。

祖禔,累赠少师。妣张氏,赠卫国夫人。

父次翁,故任资政殿学士,左大中大夫致仕,累赠太师。妣赵氏,赠秦国夫人。

本贯济南府章丘县巨德乡巨人里。王公伯庠,年六十有八状。

公字伯礼,其先大名府人。五世祖继文赠特进者,以明经出身,尝为河中府虞乡县令。四世祖异赠太保者,以甲科为尚书郎、直史馆、嘉岐王府翊善十余年,请老而归。……公登绍兴二年进士科,授左迪功郎,吉州左司理参军。试教官为第一,改充明州州学教授。……子男三人:曰星郎,未名而卒;曰有大,通直郎、福建路提举市舶司干办公事,后公九年卒;曰正大,文林郎、新处州军事推官。……(第1153册,第383~386页)

卷九十五　神道碑

签书枢密院事赠资政殿大学士谥节愍王公神道碑

呜呼！靖康之祸惨矣，自古所未有也。而一时伏节死义之士绝无而仅有之，人皆以为祖宗涵养几二百年不应至是。殊不思自熙宁时当国者惟务变更，尚同忌前，风俗大敝，至章、蔡用事，日甚一日，凡忠臣义士禁锢困苦，不容立于世，如是者有年矣。……公讳伦，字正道，世为大名府莘县人。……又二十有二年，当嘉定之四年，公之诸孙求铭，距公之亡盖六十八年矣。……闽舶淹，公之从孙行也，与钥缔婚，又助之请。钥生晚，窃慕公之节义有年矣。……（第1153册，第462～471页）

卷一百五　志铭

太孺人蒋氏墓志铭

卫世子共伯蚤死，其妻守义，父母欲夺而嫁之，誓而弗许，此《柏舟》之诗所为作也。……蒋氏世着籍于明之鄞，今曰庆元府。曾祖讳侃，隐德不仕，乡里称长者。祖讳浚明，赠金紫光禄大夫。父讳玠，朝请大夫，赠宣奉大夫。妣宜人周氏，赠硕人。方孺人儿时，有善相者谓他日必领百口。既归于我，实伯父扬州讳璹之仲子也，讳锽，字仲宏。绍兴十五年，伯父①提举福建市舶，从兄以疾卒于官舍。兄资孝谨，事亲主于敬，接物谦和，遇臧获亦未尝失色。伯父宦未达，产薄累重，或至乏食。上不以病二亲，下不以语妻孥，经营弥缝，以尽其欢。间辍口腹，以与儿辈，犹叹曰"人多不能报上，但知报下尔。"壮益进学属文，旧作止存一二，手抄书，皆有楷法，虽米盐细事亦然。在泉南尝受诗于柯先生宋英，先生亟称之。伯父与恭人冯氏尤所钟爱，哭之甚哀。……（第1153册，第609～610页）

《影印文渊阁四库全书》，台湾商务印书馆，1986年

---

① 伯父，即楼璹，楼钥之伯父。

(宋)陆游撰,《渭南文集》

卷三十四　墓志铭四首

陆郎中墓志铭

公讳沅,字子元,会稽山阴人。曾大父珪,国子博士,赠太尉。大父佃,中大夫,尚书左丞,赠太师楚国公。考寘,右中散大夫,赠少师。公于某为从父兄,某盖少公十五岁。……会史魏公入为参知政事,为右丞相,与公实姻家,少相从,魏公亦器待公,而公未尝数谒见,朝士亦莫知其相国亲且厚也。监门岁满,迁太府寺丞,权尚书户部郎。久次当为真矣,而公亟求归养,得提举两浙市舶,权知舒州,提举福建市舶,遭母益国夫人忧以归。初,通判泉州者,尝有所请,以法拒之。公去,而提点刑狱兼权舶司事,通判者因诪提点刑狱,以危法中公。公平日以恭谨闻,又方以举职被赏迁一官,朝论右之。公虽得罪,犹傅轻比。于是公斁门绝交游,诵佛书,以夜继日,多至万卷,不复言再仕,亦绝口不及仇家,对客清谈而已。自束发至老,无一日废书,尤长于诗,闲澹有理致。在场屋时,以赋称,老犹自喜,子孙及族党从之讲贯,皆有师法。

公为人夷雅旷远,与人言,惟恐伤之。然遇事必力行所知,无所挠屈。尝为丹徒丞,朝廷用言者,遣使籍江上沙田,立税额,使指甚厉,吏莫敢违,亦或从而张虚数以为功。使者至郡,闻人人称公详练,乃檄与偕往,公既极论其不可,又为诗陈民情。诗流传至朝廷,遂止不行。沙人砻石刻其诗,今犹可考。其使福建也,有中贵人所亲皇甫甲者,辄讽公以珍货别进,公正色拒之,戒典客者,他日谒至勿复通。其不阿类如此。公仕自修职郎至朝奉大夫而废。二十三年,以绍熙五年四月六日卒,享年八十有五。……（第1163册,第574～576页）

《影印文渊阁四库全书》,台湾商务印书馆,1986年

(宋)吕颐浩撰,《忠穆集》

卷二　奏议

论舟楫之利

臣尝观晁错论兵,以谓中国之长技五,匈奴之长技三,未尝不叹服错之

知兵也。以今日论之，金人便鞍马，每以骑兵取胜。国家驻跸东南，当以舟楫取胜，盖舟楫者，非金人之长技，乃今日我之长技，弃而不用，可胜惜哉！臣已乞舟师二万，照应北伐之兵矣。臣尝广行询问海上北来之人，皆云：南方木性与水相宜，故海舟以福建船为上，广东、西船次之，温、明州船又次之。北方之木与水不相宜，海水咸苦能害木性，故舟船入海不得耐久，又不能御风涛，往往有覆溺之患。今者国家与金人相持之际，天以舟楫之利赐我助中兴之大业，朝廷当访问。臣自少壮时，遍走两浙、京东、河北及敌中沿海地分，通知海道可往去处，是宜大讲海船之利，以扰伪齐、京东诸郡、河北诸郡及敌中诸郡。今当聚集福建等路海船于明州岸下，先补船主，梢工一官。依臣所论，赍一月之粮前去沂、密州，仍选差曾在京东界与人接战将兵，授以全装铁甲，使之北去。……（第1131册，第273~274页）

《影印文渊阁四库全书》，台湾商务印书馆，1986年

（宋）马廷鸾撰，《碧梧玩芳集》

卷六

江万顷除福建市舶制

海市分珍，裨于国计；辀轩锡宠，予以使权。尔父兄之学克传，缙绅之望尤伟。顷登藩最，益无愁叹之声；追列班行，有不吐茹之节。冰檗自厉，水镜其明。言曳朝裾，往司集货。允借不贪之宝，庶还既去之珠。服此训词，增而绩用。可。（第1187册，第46页）

（宋）庞元英撰，《文昌杂录》

卷五

高丽遣使入贡①

熙宁二年，朝廷始命两浙、福建等路转运司，招接高丽入贡时舟人傅旋②，至彼国述朝廷之意。王徽喜甚。次年二月十五日，然灯如中华上元。

---

① 篇名为编者所加，以方便索引。
② 傅旋乃泉州商人。

旋适在彼,见徽赋《感天朝招接拟侍中华然灯夜述怀诗》云:"宿罪应深近契丹,历年徒贡事多般。忽蒙舜日龙纶召,便侍尧天佛会观。灯艳似莲装阙焰,月华如水泄云寒。夷身幸入华胥境,甚惜今宵漏滴残。"福建路转运使张徽上其事云。(第862册,第692页)

《影印文渊阁四库全书》,台湾商务印书馆,1986年

(宋)彭乘撰,《续墨客挥犀》

卷一

吉贝布

闽岭已南多木棉,土人竞植之,有至数千株者。采其花为布,号"吉贝布"。余后因读《南史·海南诸国传》,言林邑等国出古贝木。其华成时,如鹅毛,抽其绪纺之以作布,与纻布不异。亦染成五色,织为斑布,正此种也。盖俗呼"古"为"吉"耳。(第427页)

卷五

海人

李仲游承议知同安县日,有人泛海舟交易外国,经岁始还云。谓为大风飘至一岛屿,时月正明,见十数人自海连臂而出,登屿笑语,语不可解,体貌与人无异,但裸形耳。舟人鸣锣鼓以骇之,复联臂大笑入海而去。近屿人云:"此名海人,室在屿下。"(第465页)

孔凡礼点校,《续墨客挥犀》,中华书局,2002年

(宋)丘葵撰,《丘钓矶集》

卷二

送舶司李郎中

朝家三尺法,海舶一帆风。物到琛声上,人行浪屋中。货因拼命得,廉故秉心公。行李清如洗,名应达陛枫。(第69册,第33613页)

北京大学古文献研究所编,《全宋诗》,北京大学出版社,1998年

(宋)蒲寿宬撰,《心泉学诗稿》

四库提要

《心泉学诗稿》六卷,宋蒲寿宬撰。寿宬之名不见于史,其集亦不载于艺文志,惟明《文渊阁书目》载有蒲心泉诗一部一册。检《永乐大典》各韵内所录颇多,题名皆作寿宬,而凌迪知《万姓统谱》则作寿宬,黄仲昭《八闽通志》又作寿晟,互有同异。今按《永乐大典》各卷皆作"宬"字,当非偶误。其作"晟"、"宬"字者,殆传写讹也。寿宬家本泉州,其官履不概见。惟《万姓统谱》称其于咸淳七年知蒲州。按蒲州非南宋地,而集中有《梅阳壬申劝农偶成书呈同官诗》。壬申为咸淳八年,梅阳即梅州,今为广东嘉应州地,是寿宬实知梅州。《万姓统谱》又载其在官俭约,于民一毫无所取,建曾井、汲水二瓶置座右,人颂曰"曾氏井泉千古冽,蒲侯心事一般清"。是寿宬在当日为循吏。《八闽通志》则称宋季益、广二王航海至泉州,守臣蒲寿庚距城不纳,皆出其兄寿宬阴谋。寿宬佯著黄冠野服,入法石山下自称处士,而密令寿庚纳款于元。既而寿庚以归附功授官平章,富贵冠一时,寿宬亦居甲第。一日,二书生踵门献诗,有"水声禽语皆时事,莫道山翁总不知"之句。寿宬惶汗失措,追之不复见云云。则寿宬又一狡黠之叛人。稗官小说,记载多岐。《宋》、《元》二史,皆无明文。其孰伪孰真,无从考证。今观其诗,颇有冲澹闲远之致,在宋、元之际犹属雅音。裒录存之,厘为六卷,亦足以备一家。若其人则疑以传疑,姑附诸南宋之末焉。(第1189册,第836页)

卷一 五言古诗

明月篇

海贾不爱死,适值骊龙眠。深渊顷刻命,平地千丈川。丈夫岂无志,固为儿女煎。彼美头上粲,它人口中涎。鲛人一滴泪,不肯随漪涟。眼见悬珠人,明月几缺圆。(第1189册,第840页)

送使君右司赵是斋

皦皦惠山泉,脉脉天上潢。中含五色文,时吐千丈光。人间尘土腥,聊复褰我裳。南州六月暑,千里蝎欲狂。借此一掬润,冰雪生肝肠。谁起心中炎,夺我脑上凉。我愿去为龙,为雨膏八荒。年年刺桐华,树树皆甘棠。(第1189册,第842页)

卷二　五言古诗

上舶使监丞王会溪[①]

抗意欲窥奇,栖潜在郡帙。犹疑瓮为天,岂信盲问日。清晨非梦寐,见此五色笔。寒光动斗牛,余照堕圭荜。目前千古在,吾故一日失。至道涵深纯,大雅藏偭瑟。怀兹泉石心,贲之林野质。百年岂不短,万羡从此毕。倘云可与语,敢惮行以膝。(第1189册,第845页)

《影印文渊阁四库全书》,台湾商务印书馆,1986年

(宋)秦观撰,《淮海集》

卷三十三

庆禅师塔铭

师讳昭庆,字显之,俗姓林氏,泉州晋江人也。少疏弛,以气自任,尝与乡里数人相结为贾,自闽粤航海道,直抵山东,往来海中者十数年,资用甚饶。

皇祐中,祀明堂恩度天下僧。师为儿时,父母尝许为僧,名隶漳州开元寺籍。至是辄谢诸贾,以财物属同产,使养其亲。徒手入寺,毁须发受具戒,乡人异之。居无何,谓其曹曰:"出家儿当寻师访道,求脱生死。若匏系一方,乃土偶人耳。"遂去开元,遍参知识。至禾山楚才禅师会中,因看风幡话,忽然有悟,以为道妙尽于此矣及。见黄龙惠南禅师,示以佛手驴脚因缘,辄漫不省,因服役左右,数年不去,始尽得黄龙之道,故师后出世法嗣黄龙云。……(第27册,第373页)

《宋集珍本丛刊》,线装书局,2004年

(宋)沈括撰,《梦溪笔谈》

卷二十五　杂志(二)

交趾乃汉、唐交州故地。五代离乱,吴文昌始据安南,稍侵交、广之地。

[①] 王会溪即王櫄,眉山人,字茂悦,号会溪。咸淳二年(1266年)任泉州市舶司提举。

其后文昌为丁琏所杀,复有其地。国朝开宝六年,琏初归附,授静海军节度使;八年,封交趾郡王。景德元年,土人黎桓杀琏自立;三年,威死,安南大乱,久无酋长。其后国人共立闽人李公蕴为主。① 天圣七年,公蕴死,子德政立。嘉祐六年,德政死,子日尊立。自公蕴据安南,始为边患,屡将兵入寇。至日尊,乃僭称"法天应运崇仁至道庆成龙祥英武睿文尊德圣神皇帝",尊公蕴为"太祖神武皇帝",国号大越。熙宁元年,伪改元宝象;次年又改神武。日尊死,子乾德立,以宦人李尚吉与其母黎氏号燕鸾太妃同主国事。熙宁八年,举兵隐邕、钦、廉三州。九年,遣宣徽使郭仲通、天章阁待制赵公才讨之,拔广源州,擒酋领刘纪,焚甲峒,破机郎、决里,至富良江。尚吉遣王子洪真率众来拒,大败之,斩洪真,众歼于江上,乾德乃降。是时,乾德方十岁,事皆制于尚吉。广源州者,本邕州羁縻。天圣七年,首领侬存福归附,补存福邕州卫职,转运使章频罢遣之,不受其地,存福乃与其子智高东掠笼州,有之七源。存福因其乱,杀其兄,率土人刘川,以七源州归存福。庆历八年,智高自领广源州,渐吞灭右江、田州一路蛮峒。皇祐元年,邕州人殿中丞昌协奏乞招收智高,不报。广源州孤立,无所归。交趾觇其隙,袭取存福以归。智高据州不肯下,反欲图交趾;不克,为交人所攻,智高出奔右江文村,具金函表投邕州,乞归朝廷;邕陈拱拒不纳。明年,智高与其酋卢豹、黎貌、黄仲卿、廖通等拔横山寨入寇,陷邕州,入二广。及智高败走,卢豹等收其余众,归刘纪,下广河。至熙宁二年,豹等归顺。未几,复叛从纪。至大军南征,郭帅遣别将燕达下广源,乃始得纪,以广源为顺州。甲峒者,交趾大聚落,主者甲承贵,娶李公蕴之女,改姓甲氏。承贵之子绍太,又娶德政之女。其子景隆,娶日尊之女。世为婚姻,最为边患。自天圣二年,承贵破太平寨,杀寨主李绪。嘉祐五年,绍泰又杀永平寨主李德用,屡侵边境。至熙宁大举,乃讨平之,收隶机郎县。太祖朝,常戒禁兵之衣,长不得过膝;买鱼肉及酒入营门者,皆有罪。又制更戍之法,欲其习山川劳苦,远妻孥怀土之恋。兼在外之日多,在营之日少,人人少子,而衣食易足。又京师卫兵请粮者,营在城东者,令赴城西仓;在城西者,令赴城东仓;仍不许佣僦车脚,皆须自负。尝亲登右掖门观之。盖使之劳力,制其骄惰。故士卒衣食无外慕,安辛苦而易使。(第862册,第849~851页)

《影印文渊阁四库全书》,台湾商务印书馆,1986年

---

① 据李天锡考证,李公蕴系泉州晋江安海人,见李天锡:《安南李朝世家新考——兼考安南陈朝一世陈日煚籍属》,载《华侨华人历史研究》2002年第1期。

(宋)释道元撰,《景德传灯录》

卷十九

玄讷禅师①

泉州福清院玄讷禅师,高丽人也。初住福清道场,传象骨之灯,学者归慕。泉守王公问:"如何是宗乘中事?"师叱之。僧问:"如何是触目菩提?"师曰:"阇黎失却半年粮。"曰:"为什么失却半年粮?"师曰:"只为图他一斗米。"问:"如何是清净法身?"师曰:"虾蟆曲蟮。"问:"教云唯一坚密身,一切尘中现。如何是坚密身?"师曰:"驴儿、猫儿。"曰:"乞师指示。"师曰:"驴、马也不会。"问:"如何是物物上辨明?"师展一足示之。师住福清二十年,大阐玄风,终于本山。(第377页)

(宋)释道元著,《景德传灯录》,成都古籍书店,2000年

(宋)释赞宁撰,《宋高僧传》

卷三十杂科声德篇第十之二(正传十九人附见六人)

梁泉州智宣传

释智宣,泉州人也。壮岁慕法,学义净之为人也,轻生誓死,欲游西域,礼佛八塔,并求此方未流经法。以唐季结侣渡流沙,所至国土,怀古寻师,好奇徇异。聚梵夹,求舍利。开平元年五月中,达今东京,进辟支佛骨,并梵书多罗叶夹经律。宣壮岁而往,还已衰耄矣。梁太祖新革唐命,闻宣回大悦,宣赐分物,请译将归夹叶,于时干戈,不遑此务也。(第1052册,第418页)

《影印文渊阁四库全书》,台湾商务印书馆,1986年

---

① 篇名为编者所加,以方便索引。

（宋）司马光撰，《涑水记闻》

卷十二

泉州商人邵保①

庆历三年正月，广南东路转运司奏："前此温台府巡检军士鄂陵杀巡检使，寇掠数十州境，亡入占城。泉州商人邵保以私财募人之占城，取陵等七人而归，枭首广市。乞旌赏。"诏补殿侍，监南剑州酒税。初，内臣温台巡检张怀信性苛虐，号张列挈。康定元年，鄂陵等不胜怨忿，杀之。至是始平焉。（第1036册，第429页）

《影印文渊阁四库全书》，台湾商务印书馆，1986年

（宋）苏轼撰，《苏轼全集》

文集卷三十　奏议十首
论高丽进奉状②

元祐四年十一月三日，龙图阁学士朝奉郎知杭州苏轼状奏曰："臣伏见熙宁以来，高丽人屡入朝贡，至元丰之末，十六七年间，馆待赐予之费，不可胜数。两浙、淮南、京东三路筑城造船，建立亭馆，调发农工，侵渔商贾，所在骚然，公私告病。朝廷无丝毫之益，而夷虏获不赀之利。使者所至，图画山川，购买书籍。议者以为所得赐予，大半归之契丹。虽虚实不可明，而契丹之强，足以祸福高丽；若不阴相计构，则高丽岂敢公然入朝中国？有识之士，以为深忧。

自二圣嗣位，高丽数年不至，淮、浙、京东吏民有息肩之喜。唯福建一路，多以海商为业，其间凶险之人，犹敢交通引惹，以希厚利。臣稍闻其事，方欲觉察行遣。今月三日，准秀州差人押到泉州百姓徐戬，擅于海舶内载到高丽僧统义天手下侍者僧寿介、继常、颍流、院子金保、裴善等五人，及赍到本国礼宾省牒云：'奉本国王旨，令寿介等赍义天祭文来祭奠杭州僧源阁

---

① 篇名为编者所加，以方便索引。
② 《历代名臣奏议》卷三百四十六亦有收录此文，见《影印文渊阁四库全书》第442册，第656～657页。

黎。'臣已指挥本州送承天寺安下,选差职员二人,兵级十人,常切照管,不许出入接客,及选有行止经论僧伴话,量行供给,不令失所外,已具事由画一,奏禀朝旨去讫。

又据高丽僧寿介有状称:'临发日,奉国母指挥,令赍金塔二所,祝延皇帝、太皇太后圣寿。'臣窃观其意,盖为二圣嗣位数年,不敢轻来入贡,顿失厚利。欲复遣使,又未测圣意。故以祭奠源阇黎为名,因献金塔,欲以尝试朝廷,测知所以待之之意轻重厚薄。不然者,岂有欲献金塔为寿,而不遣使奉表,止因祭奠亡僧,遂致国母之意?盖疑中国不受,故为此苟简之礼以卜朝廷。若朝廷待之稍重,则贪心复启,朝贡纷然,必为无穷之患。待其已至,然后拒之,则又伤恩。恭惟圣明灼见情状,庙堂之议,固有以处之。臣忝备侍从,出使一路,怀有所见,不敢不尽,以备采择。谨具画一如左(下)。

一、福建狡商,专擅交通高丽,引惹牟利,如徐戬者甚众。访闻徐戬,先受高丽钱物,于杭州雕造夹注《华严经》,费用浩汗。印板既成,公然于海舶载去交纳,却受本国厚赏,官私无一人知觉者。臣谓此风岂可滋长?若驯致其弊,敌国奸细,何所不至?兼今来引致高丽僧人,必是徐戬本谋。臣已枷送左司理院根勘,即当具案闻奏,乞法外重行,以戒一路奸民猾商次。……

右(上)谨件如前。若如此处置,使无厚利,以绝其来意,上免朝廷帑廪无益之费,下免淮、浙、京东公私糜弊之患。不胜区区。谨录奏闻,伏候敕旨。(第805～806页)

论高丽进奉第二状

元祐四年十一月十三日,龙图阁学士朝奉郎知杭州苏轼状奏。右臣近奏为高丽僧寿介状称:"临发日,奉国母指挥,将金塔二所附寿介前来祝延皇帝、太皇太后圣寿。"臣已一面退还其状,仍令本州所差伴话僧思义只作己意体问所献金塔次第。其高丽僧寿介,知臣不为闻奏,方始将出僧统义天付身文字,以示思义,乃是欲将金塔二所舍入杭州惠因院等处,祝延圣寿,仍云随身收管,不可擅动元封,俟续有疏文到日,方可施纳。以此显见高丽人将此金塔尝探中国意度。臣既退还其状,将来必是自将此塔舍在惠因等院。既是衷私舍施僧院,即朝廷难为回赐。若受而不报,夷房性贪,或生怨望。伏望朝廷检会臣前奏,早赐指挥,如寿介等将上件金塔舍施,亦乞只作臣意度,一面答云不奉朝旨,不敢令僧院收留。所贵稍绝后患。谨录奏闻,伏候敕旨。

贴黄。臣体问得,惠因院亡僧净源,本是庸人,只因多与福建海商往还,致商人等于高丽国中妄有谈说,是致义天远来从学,因此本院厚获施利,而淮、浙官私遍遭扰乱。今来又访闻得，还是本院行者姓颜人，赍持净源真影舍利，随舶船过海，是致义天复差人祭奠。臣见令所司根勘，候见诣实奏闻次，今来若许惠因院收留金塔，乃是庸人奸猾，自图厚利，为国生事，深为不可。（第809页）

乞令高丽僧从泉州归国状

元祐四年十二月三日，龙图阁学士朝奉郎知杭州苏轼状奏。臣近为泉州商客徐戬带领高丽国僧统义天手下侍者僧寿介等到来杭州，致祭亡僧净源，因便带到金塔二所，遂具画一事由闻奏。已准朝旨，许令寿介等致祭亡僧净源毕，差人船送到明州，附因便海舶归国，如净源徒弟愿与回赠物色，即量度回赠。本州已依准指挥，许令寿介等致祭净源了毕，其徒弟量将土仪回赠寿介等收受。所有带到金塔二所，据寿介等令监伴职员前来告臣云，恐带回本国，得罪不轻。臣已依元奏词语判状，付逐僧执归本国照会，及本州即时差拨人船乘载寿介等，亦将米面蜡烛之类随宜钱送。逐僧于十一月三十日起发前去外，访闻明州近日，少有因便商客入高丽国，窃恐久滞，逐僧在彼不便，窃闻泉州多有海舶入高丽往来买卖，除已牒明州契勘，如寿介等到来年卒无因便舶船，即一面申奏，乞发往泉州附船归国外，须至奏闻者。

右（上）伏乞朝廷特降指挥，下明州疾速契勘，依此施行。所贵不至住滞。谨录奏闻，伏候敕旨。（第809～810页）

文集卷三十一　奏议十三首

乞禁商旅过外国状

元祐五年八月十五日，龙图阁学士左朝奉郎知杭州苏轼状奏。检会杭州去年十一月二十三日奏泉州百姓徐戬公案，为徐戬不合专擅为高丽国雕造经板二千九百余片，公然载往彼国，却受酬答银三千两，公私并不知觉，因此构合密熟，遂专擅受载彼国僧寿介前来，以祭奠亡僧净源为名，欲献金塔，及欲住此寻师学法。显是徐戬不畏公法，冒求厚利，以致招来本僧搔扰州郡。况高丽臣属契丹，情伪难测，其徐戬公然交通，略无畏忌，乞法外重行，以警闽、浙之民，杜绝奸细。奉圣旨，徐戬特送千里外州、军编管。

至今年七月十七日，杭州市舶司准密州关报，据临海军状申，准高丽国礼宾院牒，据泉州纲首徐成状称，有商客王应升等，冒请往高丽国公凭，却发船入大辽国买卖，寻捉到王应升等二十人，及船中行货，并是大辽国南挺银丝钱物，并有过海祈平安将入大辽国愿子二道。本司看详，显见闽、浙商贾因往高丽，遂通契丹，岁久迹熟，必为莫大之患。方欲具事由闻奏，乞禁止。

近又于今月初十日,据转运司牒,准明州申报,高丽人使李资义等二百六十九人,相次到州,仍是客人李球于去年六月内,请杭州市舶司公凭往高丽国经纪,因此与高丽国先带到实封文字一角,及寄搭松子四十余布袋前来。本司看详,显是客人李球因往彼国交构密熟,为之乡导,以希厚利,正与去年所奏徐戬情理一同。

见今两浙、淮南,公私骚然,文符交错,官吏疲于应答,须索假借,行市为之忧恐。而自明及润七州,旧例约费二万四千六百余贯,未论淮南、京东两路及京师馆待赐予之费,度不下十余万贯若以此钱赈济浙西饥民,不知全活几万人矣。不惟公私劳费,深可痛惜,而交通契丹之患,其渐可忧。<u>皆由闽、浙奸民,因缘商贩,为国生事。除已具处置画一利害闻奏外,勘会熙宁以前《编敕》,客旅商贩,不得往高丽、新罗及登、莱州界,违者,并徒二年,船物皆没入官</u>。窃原祖宗立法之意,正为深防奸细因缘与契丹交通。自熙宁四年,发运使罗拯始遣人招来高丽,一生厉阶,至今为梗。《熙宁编敕》,稍稍改更庆历、嘉祐之法。至元丰八年九月十七日敕,惟禁往大辽及登、莱州,其余皆不禁。又许诸蕃愿附船入贡,或商贩者听。《元祐编敕》亦只禁往新罗。所以奸民猾商,争请公凭,往来如织,公然乘载外国人使,附搭入贡,搔扰所在。若不特降指挥,将前后条贯看详,别加删定,严立约束,则奸民猾商,往来无穷,必为意外之患。谨具前后条贯,画一如左(下)。

一、《庆历编敕》:"<u>客旅于海路商贩者,不得往高丽、新罗及登、莱州界。若往余州,并须于发地州、军,先经官司投状,开坐所载行货名件,欲往某州、军出卖</u>。许召本土有物力居民三名结罪,保明委不夹带违禁及堪造军器物色,不至过越所禁地分官司即为出给公凭。如有违条约及海船无公凭,许诸色人告捉,船物并没官,仍估物价钱,支一半与告人充赏,犯人科违制之罪。"

一、《嘉祐编敕》:"<u>客旅于海道商贩者,不得往高丽、新罗及至登、莱州界</u>。若往余州,并须于发地州、军,先经官司投状,开坐所载行货名件,欲往某州、军出卖。许召本土有物力居民三名结罪,保明委不夹带违禁及堪造军器物色,不至越过所禁地分。官司即为出给公凭。如有违条约及海船无公凭,许诸色人告捉,船物并没官,仍估纳物价钱,支一半与告人充赏,犯人以违制。"

一、《熙宁编敕》:"诸客旅于海道商贩,于起发州投状,开坐所载行货名件,往某处出卖。召本土有物力户三人结罪,保明委不夹带禁物,亦不过越所禁地分。官司即为出给公凭。仍备录船货,先牒所往地头,候到日点检批凿公凭讫,却报元发牒州,即乘船。自海道入界河,及往北界高丽、新罗并登、莱界商贩者,各徒二年。"

一、元丰三年八月二十三日中书札子节文:"诸非广州市舶司,辄发过南蕃纲舶船,非明州市舶司,而发过日本、高丽者,以违制论,不以赦降去官原减。其发高丽船,仍依别条。"

一、元丰八年九月十七日敕节文:"诸非杭、明、广州而辄发海商船者,以违制论,不以去官赦降原减。诸商贾由海道贩诸蕃,惟不得至大辽国及登、莱州。即诸蕃愿附船入贡或商贩者,听。"

一、《元祐编敕》:"诸商贾许由海道往外蕃兴贩,并具人船物货名数所诣去处,申所在州,仍召本土有物力户三人,委保物货内不夹带兵器。若违禁及堪造军器物,并不越过所禁地分。州为验实牒送,愿发舶州置簿抄上,仍给公据。方听候回日,许于合发舶州住舶,公据纳市舶司。即不请公据而擅行,或乘船自海道入界河,及往新罗、登、莱州界者,徒二年,五百里编管。"

右(上)谨件如前。堪会元丰八年九月十七日指挥,最为害事,将祖宗以来禁人往高丽、新罗条贯,一时削去,又许商贾得擅带诸蕃附船入贡。因此,致前件商人徐戬、王应升、李球之流,得行其奸。今来不可不改。乞三省密院相度裁定,一依庆历、嘉祐《编敕》施行。不惟免使高丽因缘猾商时来朝贡,骚扰中国,实免中国奸细,因往高丽,遂通契丹之患。谨录奏闻,伏候敕旨。(第822~824页)

文集卷三十五　奏议十六首

论高丽买书利害札子

元祐八年二月初一日,端明殿学士兼翰林侍读学士左朝奉郎礼部尚书苏轼札子奏。臣近准都省批送下国子监状:"准馆伴高丽人使所牒称,人使要买国子监文书,请详批印造,供赴当所交割。本监检准元祐令,诸蕃国进奉人买书具名件申尚书省今来未敢支卖,蒙都省送礼部看详。"……臣窃谓无罪可书,虽上簿薄责,至为末事,于臣又无丝毫之损。臣非为此奏论,所惜者,无厌之虏,事事曲从,官吏苟循其意,虽动众害物,不以为罪;稍有裁节之意,便行诘责,今后无人敢逆其请。使意得志满,其来愈数,其患愈深。所以须至极论,仍具今来合处置事件知后。

一、臣任杭州日,奏乞明州、杭州今后并不得发舶往高丽,蒙已立条行下。今来高丽使却搭附闽商徐积舶船入贡。及行根究,即称是条前发舶。臣窃谓立条已经数年,海外无不闻知,据陈轩所奏语录,即是高丽知此条。而徐积犹执前条公凭,影庇私商,往来海外,虽有条贯,实与无同。欲乞特降指挥，出榜福建、两浙缘海州县，与限半年内令缴纳条前所发公凭。如限满不纳，敢有执用，并许人告捕，依法施行。……

贴黄。臣前任杭州，不受高丽所进金塔，虽曾密奏闻，元只作臣私意拒绝。兼自来馆伴房使，若有所求请，不可应副，即须一面说谕不行。或其事体大，即候拒讫密奏。……又据轼等语录云：高丽使言海商擅往契丹，本国王捉送上国，乞更严赐约束，恐不稳便。而轼乃答云："风讯不顺飘过。"乃是与闽中狡商巧说词理，许令过界。切缘私往北界，条禁至重，海外陪臣，犹知导禀，而轼乃归咎于风，以薄其罪，岂不乖戾倒置之甚乎？臣忝备侍从，事关利害，不敢不奏。（第869~871页）

文集卷六十　尺牍一百八首

与侄孙元老四首
其一（以下俱儋耳）

侄孙元老秀才。久不闻问，不识即日体中佳否？蜀中骨肉，想不住得安讯。老人住海外如昨，但近来多病瘦瘁，不复如往日，不知余年复得相见否？循、惠不得书久矣。旅况牢落，不言可知。又海南连岁不熟，饮食百物艰难，及泉、广海舶绝不至，药物鲊酱等皆无，厄穷至此，委命而已。老人与过子相对，如两苦行僧尔。然胸中亦超然自得，不改其度，知之，免忧。所要志文，但数年不死便作，不食言也。侄孙既是东坡骨肉，人所觑看。住京，凡百加关防，切祝！切祝！今有一书与许下诸子，又恐陈浩秀才不过许，只令送与侄孙，切速为求便寄达。余惟万万自重。不一一。（第1279页）

张春林编，《苏轼全集》，中国文史出版社，1999年

（宋）孙觌撰，《鸿庆居士集》

卷三十三

书泉山赠言后

故枢密刘公，通经学古，以圣贤为师，而有得于孟子"我善养吾浩然之气"。味其言，想见其人于千百岁之后。刚毅沉塞，志节伟然，以此终其身而名后世。公之子唐稽，宗林宗，少年时以能嗣守家学。治一室曰"养浩斋"："此吾先君子所以遗子孙者。饘于是，粥于是，造次必于是，吾不敢舍是一日而嬉。"当是时，翰林学士汪公彦章以文学名天下，会朝廷设十科选士，彦章

独推林宗荐之朝,又发明浩然之说,为记刻之。其略曰:"子刘子年二十余,居昔溪之上,有室数椽,先畴数百亩,父书千卷余。居其室,食其田,读其书,惟圣人之道是求,先人之志是承,非其事不问,非其人不友也。"已乃出佐闽舶于泉南,官闲事少,益务记览,博极群书;文辞灿然,与古作者并。所与交一时名人善士举集焉无一不如己者。蛮舶之来,外之货珠泉象犀光怪溢目,视之如无也。岁满代归,囊中无南方一物,独有诸公饯行诗文数十解。集而录之,为一编,号《山泉赠言》。距今二十年,或登法从,或践台省、典方州或刺一路,比比焉出为时用,而林宗亦以隆名硕实在议中。侍从诸公联名论荐,遂由宗司丞擢守常州。则彦章所记读书求道,以承先志,非其人不友,盖实录也。昔韩吏部序盛山韦侯处厚十二诗,盛山盖开州僻陋之国,应而和者十人,如元稹、许康佐、白居易、李景俭、严武、温造之畴,亦在江淮巴蜀殊州异县之间。未几,韦侯召还,侍读六经禁中,而十人者位宰相,尹京兆,进谏垣,登词掖,典中秘,侍殿坳,皆集阙下,而盛山十二诗行于时。俗言古今人不相及,今林宗取友必端,则泉山之作与韦侯十二诗唱酬之盛,所谓越宇宙以同时,异天壤而并处者也。隆兴甲午,岁四月□日,左朝奉郎、充敷文阁待制致仕孙某书。(第1135册,第317~318页)

《影印文渊阁四库全书》,台湾商务印书馆,1986年

(宋)孙应时撰,《烛湖集》

卷二十　七言长律

送彭大老①提舶泉南

先生学力定如山,应世无非意所安。
一语令人深味处,不言容易只言难。
笑谈终日任天真,和气春风自袭人。
毕竟胸中无适莫,不妨一世总相亲。
人言西府厌编摩,归卧方山意若何。
出处无心亦无累,宁知世上有风波。
眼观荣辱等虚空,强著衣冠与世同。

---

① 彭椿年,字大老,黄岩人。绍兴二十七年(1157年)王十朋榜进士,淳熙间(1174—1189年)提举泉州市舶司。

长夏清风秋夜月,高怀应不忘山中。
天然廉素匪沽名,秋入沧浪彻底清。
蛮舶珍奇纵山积,归囊应此去时轻。
一时人物到如今,人望先生日已深。
愿以苍生置怀抱,勿因空谷有遐心。

(第1166册,第758~759页)

《影印文渊阁四库全书》,台湾商务印书馆,1986年

(宋)孙应时撰,《烛湖集附编》

卷下

承议郎孙君并太孺人张氏墓铭　(宋)楼钥撰

淳熙五年,余赘倅天台。已而会稽孙君应时季和尉黄岩,见其学行政事、词采翰墨动辄过人,与之定交。问其家世,始知其父雪斋先生之贤甚悉。方与四方士友期季和以远到,开禧二年二月二十三日将赴邵武通判,忽一疾不起,仅以朝奉郎致仕。识者莫不痛之。……初,君以淳熙十一年太上皇后庆寿恩封承务郎致仕。十三年,上皇再庆,进承奉郎。十五年正月二十日甲子卒于泰州海陵县丞官舍,享年七十有五。后应时升朝,累赠承议郎。张氏,同邑人也,曾大父矗,大父俨,父曰休,封太孺人,享年八十有六。三子:长曰应求,后君四年卒。次曰应符,次即应时也。一女,未嫁而夭。孙男三人:祖祐,祖诒,祖开。孙女五人:长适文正范公五世孙克家。次适宣议郎、新充福建提举市舶司干办公事胡衍。次适里士胡伯韶。次许嫁四明沈严曾。一尚幼。……(第1166册,第773~775页)

《影印文渊阁四库全书》,台湾商务印书馆,1986年

(宋)汪应辰撰,《文定集》

卷二十三　志铭

显谟阁学士王公墓志铭

公讳师心,字与道,世为婺州金华人。曾祖惟尧。故不仕。祖本,故赠宣教郎。考登,承议郎,赠特进;妣陈氏,太原郡夫人。公幼敏悟强记,而静

重如成人。未冠游乡校，数试艺有声。登政和八年进士第，授迪功郎、海州沭阳县尉。……乾道元年，提举江州太平兴国宫。再上章告老，乃进左朝奉大夫，致仕。五年十有二月戊戌薨于里第，年七十有三，诏赠特进。六年十有一月甲申，葬于金华惠日乡常乐寺之东原。公娶曹氏，封淑人。六子：涣，右通直郎，前权通判宁国府事。浼，右宣教郎，前福建路提举市舶司干办公事。……（第1138册，第807～810页）

《影印文渊阁四库全书》，台湾商务印书馆，1986年

（宋）汪藻撰，《浮溪集》

卷二十五　志铭

右中奉大夫直徽猷阁知潭州陈君①墓志铭

君讳兖，字景渊，姓陈氏，世家阆中。昭陵宰相文惠公尧佐之曾孙。文惠事具国史。生述古，为正议大夫，赠少师，于君为祖。生知祥，为朝奉大夫、知德州，赠宣奉大夫，于君为父。君少英发机警，方事纷糅，诸老生未能言之时，已洞然了其微处。及出语，人皆厌服。以父任为陈州商水县尉，知隆德府潞城县，县胥为奸利，持前令短长告郡，郡守惑之，君调护令使善去，而置胥于法，闻者快之。以亲嫌，移滑州韦城县，改宣教郎、通判常州。盗发清溪，浙西诸郡皆震，常当其冲，君亲属夫增陴浚隍，盗知有备不敢犯。宣抚司上其状，迁承议郎。坐小法免，起主管西外宗室财用，提举福建路市舶，通判太原府、漳州，皆不赴。寻通判泗州。……藻与君游最旧，且君无恙时，若欲得余文传之不朽者，会绍祖来乞铭，不得而辞。铭曰：士之发身，惟志与才。得时得年，又奚足哀？呜呼景渊，有是三者。独于其年，天不之假。在昔文惠，克勤王家。再传及君，大振厥华。少而激昂，晚益精敏。如临霜空，忽见孤隼。盘错必用，所临有声。凡今立朝，谁逾仲卿？精神折冲，未老而没。君何存亡，哀此人物。奄宅异县，祝融之峰。后人过之，尚式其封。（第1128册，第230～232页）

《影印文渊阁四库全书》，台湾商务印书馆，1986年

---

① 陈兖，绍兴间除提举福建路市舶，但未赴任。

(宋)王辟之撰,《渑水燕谈录》

卷十

杂录

高丽,海外诸国中最好儒学。祖宗以来,数有宾客贡士登第者。自天圣后,十年不通中国,熙宁四年,始复遣使修贡,因泉州黄慎者为乡导,将由四明登岸。比至,为海风飘至通州。谢太守云:"望斗极以乘槎,初离下国;指桃源而迷路,误到仙乡。"词甚切当。使臣御事民官侍郎金第与行朴寅亮诗尤精,如《泗州龟山寺》诗云:"门前客棹洪涛急,竹下僧棋白日闲"等句,中土人亦称之。寅亮为其国词臣,以罪废。之复,与金第使中国。(第1036册,第525页)

《影印文渊阁四库全书》,台湾商务印书馆,1986年

(宋)王迈撰,《臞轩集》

卷五

真西山集后序

先生壮年游蓬山,直鳌岭,立螭坳,每上一谏疏,草一制诰,朝士大夫与都人士争相传写。出而驾使轺,暨开大藩府,凡囊封驿奏之达于上,若庭谕壁戒之布于下者,锓梓一出,深山长谷、穷阎委巷之氓,乌蛮象郡、风帆浪舶之贾,竞售之如获至宝。中间勇退闲居,执经问难于"共极"之堂,征铭乞志于"学易"之斋,有来自岷蜀万里者,于是先生之文流布人间,知味者皆得而染指矣。……(第1178册,第506页)

泉守真公申请宗子给俸记

国家驻跸江左,以西、南二宗旧在雎、洛者,寓于福、于泉,计其籍之众寡而廪之,所以衍皇支寿国脉也。置司之初,隶于南邸仅三百四十有九人。嗣是若木之枝,日以蕃楙。按旧籍,至庆元已四倍,今日又七倍之。方生齿尚稀,而有僧牒之颁,部使者有缗钱之助,费出于州者无几。追仰食益众,供亿之数宜加于有司者,顾从而损之,于是州之所出岁凡十四万缗矣。方承平时号为福州,通融相济,未觉其乏。二三十年来,公田多隐占而常赋缺,商舶困

诛求而课息亏。异时使家移邻邦之财以补不足者,又第朘减,而计口需俸,方日来而无穷,研桑复生,未易为计。郡县始以一切从事,有预借,有重催,甚至罚平民之金,籍富室之产以应期会。……(第1178册,第513～514页)

卷八

与刘舶①启

琛台作属,至烦万人敌之才;朱邸司文,徒抱一卷书之拙。均为联事,敢不通名!恭惟某官江左世家,山西将种。龙韬勇略,不求纸上之孙、吴;燕颔雄姿,殆类禁中之颇、牧。才当八面,志在四方,乃不卑于小官,尤克勤于细物。清闲管库,歌红槽滴酒之诗;盘礴相卿,赋蒻叶裹盐之句。暂屈斋坛之重望,来为宝舶之英寮。视象牙蚌贝之珍,与瓦石等;约龙户乌樯之至,若符印然。要之所乐不存焉,抑亦有大于此者。国方多事,边正飞尘,行振旅于玉关,遗标功于铜柱。纪燕然浯溪之石,要与天齐;贡东鞮北女之珍,以充庭实。壮图未艾,来事可为。如某其人,见谓不武。亦有清中原之志,所憾才疏;不图为冷宦之游,得交人杰。儃不鄙绿衣之孺,必预闻素略之长。焰焰北方,当快观于露布;区区南物,何足污于图书。(第1178册,第558页)

黄侍郎②再知泉州启

涣号宸廷,中符佛国。昔归无南物,鸡碑犹植于虚堂;今起自西山,马迹已谙于旧路。波神起舞,岳后前驱。况叨材馆之知,宜虪贺床之敬。窃观壁记,历数藩侯。前二百年名世,仅两三公而止;后五十载何人,称二千石之良。惟梅溪之王公与苕州之倪老。时赏洛阳之胜,不忝前修;日凝安静之香,可无愧色。然皆一至,孰是重来?恭惟某官自许皋、稷忠嘉,不作汉、唐人物。班居豹尾,正在日月献纳之初;谏犯龙鳞,欲扶天地纲常之义。上亦和颜而受,人已侧目其旁。鸿冥冥而高飞,犬狺狺而犹吠。裔夷每问潞公之年貌,儿童且识君实之姓名。公是公非,人心秉彝之不泯;一出一处,吾国元气之所关。逃名而名益归,遁世而世不舍。彼潜人者,尚何面于班行;归我公兮,久倾心于朝野。夷险一节,首尾八年。幸天日之开明,鼓风雷而出令,即家起废,领郡仍前。民忻吾父之来,裹粮以迓;士喜吾师之至,动色相夸。

---

① 此处似指刘克逊,刘克逊曾于淳祐三年(1243年)任福建市舶提举,淳祐五年(1245年)知泉州。

② 此处似指黄朴(1192—1245年),福州侯官(今福建闽侯)道山人,字成父,一字诚甫,端平二年(1235年)知泉州。

蛮贾抃于海壖,饷妇歌于农亩,户持牛酒,巷拥旌旗。若非心悦诚服之自然,难以利诱刑驱而至此。但观近事,大异曩时。当焚山竭泽之余,有剜肉医疮之叹。民亦劳止,天甚爱之,乃会聚于福星,以照临于下土。<u>东岩摄郡,断无容盂水之规;南舶建台,了不受贪泉之污。痼疾虽可以暂起,生意未易以遽回</u>。盖自军兴,至于事定,用度广而廪无储粟,楮币轻而地乏流钱。吏胥肆弊之无穷,兵卒索哺之尤横。用平平策,未易以左支而右吾;下急急符,或议其前宽而后猛。惟中和可以为政,惟诚实可以感人,是亦不谓之难,抑亦有大于此。世道日隳,时事鼎来。近闻边头,屡驰露布。知取胜而不知持胜,易纳降而不易处降。安保今日饥鹰之来归,不如向者猛兽之反噬?金亡可待,鞑势方张。我弱而何以制人,内轻而何以服外?要知国本,全系人才,大厦岂一木之能支,危杌非一着之可活。如将大用,若何罄诸葛之血诚;殆恐不然,反有累龟山之晚节。此又其千虑之过,非止为一州而言。某愚不可移,戆常妄发。中宵忧国,盖不胜嫠妇之情;指日趋隅,庶尽解门人之惑。望公如岁,以日为年。(第1178册,第562页)

卷十一

祭赵东岩①文

呜呼!东岩在闽,南塘在浙,皆工文章,皆负气节。塘兰方枯,岩松又折。以官职言,有优有劣;以名节言,孰全孰缺?与其致身于从班,以逢君为容悦,孰若全终身之令名,无可恨之毫发?此天下士均惜二公之亡,尤为东岩悲伤而痛切。昔宝庆之权门,纷邪朋之附热,公才缀于班行,遽抽身而勇决。……其宰安溪也,人爱之如鲁恭;其守惠阳也,人歌之如元结。<u>董雎邸之宗盟,属舶台之兼摄,视琛货如涕洟,化不清作玉雪。加以真西山之高,与夫李竹湖之洁,三清萃于一时,贤者之师而不屑者之怛。持两节于重湖,抚遐氓如饥渴。当狎至之羽书,督洪流之战筏,不加赋以扰民,竟如期而津发</u>。……二三年来,如风扫叶,仍于斯时,夺此人杰!更生卒而宗国之忧孰分,李晟亡而万人之命谁活?以位则不至公卿,以年则不登耄耋,独留东岩之巍峨,长并三山之岌嶪。某也晚登门墙,辱怜朴拙。文席一违,岁筒四阅。忽讣告之流传,增忧心之忡怛。览谪仙之诗而涕零,抚中散之琴而声咽。埋玉之坟,向山之坯,白马素车,诣堂膏秋,秋菊寒泉,宜荐芳洌。先缄词以抒情,叙荣哀之本末,冀精爽之来歆,怅幽明之永诀。(第1178册,第598~599页)

---

① 赵东岩,即赵彦侯。字简叔,号东岩,赵宋宗室,曾任福建市舶提举。

卷十二

送黄成甫①殿讲被召

泉为闽望郡,山海来航梯。琛贡交异域,珠贝象玳璃。腥风易涴人,浊如雨后泥。不屑受点污,除非辟尘犀。南渡贤太守,前称王梅溪。中间西山真,后有苕川倪。近岁李竹湖,四贤玉雪齐。他守非不贤,多以欲境迷。一罅苟可投,趋者由旁蹊。利心长萌蘖,公道生蒺藜。鸮见腐鼠哧,凤甘梧桐栖。物性殊洁秽,人品随高低。君侯第一人,壮气干虹蜺。天埤一长鸣,万马不敢嘶。为州上异最,趋观下宸奎。归装试检点,定无南物齐。时艰方急贤,君命焉可稽。巨舰方解维,穹车正发輗。忆昔端平初,众正咸登跻。如人堕梦境,忽听警旦鸡。云何不常泰,一变成孤睽。大老遽沦谢,善类谁提撕。菊坡未起南,鹤山斥归西。朽屋费撑拄,洪流欠障堤。蜀道横豺虎,边城喧鼓鼙。流民满京辅,沟壑填髫倪。弊事非一端,言之重酸凄。医国要大药,去膜须金篦。君子与小人,却是一巨题。愿为君子者,名检身自揥。皎然不可玷,琳琅别介圭。凛然不可犯,贞女处幽闺。必服群小心,始去禾中稊。义利生一念,治乱分两畦。老我以狂故,屡为语罕挤。朝行辞鹓鹭,野性便凫鹥。附热耻翕翕,耐寒甘凄凄。荷君不世情,犹念故人绨。红絮正飞零,绿阴被长堤。送客洛阳桥,春风逐马蹄。相期在远大,不敢惜分携。(第1178册,第618~619页)

有客一首寄温陵史君赵侍郎涯②

有客至自泉,为我出嘉话。泉得赵史君,谁人不称快。天生冰玉姿,系出龟琴派。标峻垆昭回,气清融沉瀣。方在谏省时,朝绅推鲠介。及膺承宣命,未到心已解。真李报政后,纪纲日大坏。有坐泉山堂,不守盂水戒。户庭交贾胡,宝货通买卖。继者廉而慈,卧疴力衰惫。暴吏恃饕官,诛求及菅蒯。大姓及细民,怨仇起眦睚。我公方下车,当食辄兴喟。寮属爱贪泉,争饮不为怪。予将辈元结,谁肯伍樊哙。职曹与舶属,时号大驵侩。两疏劾四凶,人喜如爬疥。州胥富盖藏,至则系以械。曰此其渠魁,岂止为胃絓。县官庇黠胥,期限稍宽解。山判吁可惊,即日命追解。惟仁必有勇,勇去禾中稊。良善苦势家,至则行决夬。府史例囊奸,今乃听自败。无欲始能刚,刚拔园中薤。我起瞻四方,风涛极澎湃。砥柱设无人,沦胥靡所届。理欲差毫

---

① 黄成甫,即黄朴。
② 赵侍郎涯,即赵涯。

芒,公私分限界。公竖硬脊梁,浮荣等草芥。出处民戚休,行藏道隆杀。授公以师旄,一路息凋瘵。位公以中书,举世警蒙聩。宇宙倘清明,行有大除拜。作歌者何人,江左狂生迈。(第1178册,第619页)

书怀奉简黄成甫史君

忆昔绍定元,被命考廷策。偶过袁君房,玉堠日将夕。案头得君文,喜跃越三百。张烛朗诵之,相与手加额。若人作抡魁,余子当辟易。时有详定官,嫌君多指斥。众默余独争,言厉面发赤。紫宸一传胪,璧水推巨擘。诸君始相贺,时相颇不怿。爰有小人儒,从旁肆蜂蛰。谏官工逢迎,霜简肆捃摭。此事人能言,本末甚明白。暨于端平初,天夺老奸魄。散地起忠良,丘园纷束帛。君老登瀛洲,讲筵赐重席。余亦试玉堂,朝有愈之迹。啜茶熏玉虬,投饼呼金鲫。同校南宫文,等是西山客。无何阵脚动,君出为方伯。馆中失名流,我辈苦叹惜。西山遽仙去,局面日改革。余入对未央,苦语出肝膈。淮南冤未消,元载家当籍。外党分牛李,内宠怙秦虢。臣愚怀隐忧,厚地其敢蹐。虎须敢一编,龙鳞敢一逆。自信填海隅,复中含沙射。移舟返蓬莱,伏隩甘冰檗。君正舞莱衣,清香笼画戟。<u>年丰富红仓,风顺多琛舶</u>。我舍抵是州,相望才四驿。幽栖懒及门,一再通书尺。起家倅漳滨,始访二千石。居官未半期,台评又寻摘。既罢关虎唝,宜有人猫厄。归途抵温陵,除夜大促迫。所亲有室庐,许我相假借。莲灯看烂红,柏酒浮重碧。去家差不远,朋旧来络绎。雌堂在何许,一望弱水隔。山鬼巧揶揄,室人交遍谪。平生重名检,义利利最知择。冷眼视舆金,宝身甚拱璧。世途赫赫炎,众手所共炙。谁能效李锥,作计事钻刺。蒲葵安可常,秋至辄抛掷。贵贱见交情,书门何怪翟。趋时岂不好,嗜古业成癖。群飞任刺天,甘剪笼中翮。丈夫身计轻,忧国愁如积。向欲恢三京,今日蹙五百。西蜀断咽喉,北军患肘腋。流民满京师,戾气成疾疫。强寇恣咆哮,行人饱需索。廷绅倒手版,淮帅羞巾帼。南海下蒲轮,西人望衮舃。病剧乏良医,棋危需善弈。君行觐清光,何策输忠益。急须息边尘,徐可寿国脉。任责属诸贤,臞儒老山泽。(第1178册,第623~624页)

卷十三

送莆守赵孟坚汝固司舶温陵

君不见有唐元结守春陵,湘湖一道盗纵横。独元所治一无犯,镇抚孤垒如金城。又不见祁公曾作乾州牧,移镇凤翔何迅速。两州之民境上争,先把州麾后钩轴。使君来莆全似元,精明旗帜张辕门。威风惠雨相麾拂,鼠辈不敢闯吾藩。使君去莆仍似杜,截镫遮留喧道路。吾莆赤子方有依,泉何为者争吾父。我将软语劳莆人,此地幸与泉为邻。刁斗相闻邹近鲁,瘠肥不比越视秦。使君风采压人望,莆亦倚泉为保障。渠魁缚致藁街前,四野腥膻行涤荡。长淮以北多风埃,社稷正倚经纶才。出平西贼入衮绣,一韩一范何人哉。书生自顾老无力,不能从公取俘馘。愿将诗颂纪中兴,浓墨大字书珸石。(第1178册,第638页)

温陵万安桥谒忠惠蔡公祠堂留题

欲知公之忠,须诵三谏诗。欲知公之惠,须读万安碑。朝廷得公重,天下失公悲。骑鲸今几年,悠悠人见思。今人愧前修,风流不可追。立朝无刚容,突梯仍脂韦。字民乏廉声,敲扑急蚕丝。不知富贵有磨灭,芳名姱节无穷时。游子晚出公之乡,儿时敛衽公清规。吁嗟九原不可作,每于清夜梦见之。所以今日拜公像,浩歌出门双泪垂。(第1178册,第639页)

《影印文渊阁四库全书》,台湾商务印书馆,1986年

(宋)王十朋撰,《梅溪集》

梅溪后集　卷十七

南宫揭榜温陵得人为盛提舶马寺丞[①]有诗赞喜次韵

龙虎乡邦地最灵,鲲鹏相继上南溟。已闻元凯宾虞国,行见渊骞冠孔庭。帝遣伏波持使节,天教平海会文星。铃斋忽报捷音至,一炷清香千佛经。(第1151册,第482页)

祈雨未应提舶[②]知宗[③]道观焚香明日遂雨提舶有诗次韵

一雨谁之力,因公发善心。同为上公请,小作傅岩霖。高廪行将实,南风日已骎。涓辰祈善利,感应亦犹今。(第1151册,第485页)

---

① 此处似指马希言,乾道间(1165—1173年)任泉州市舶司提举,乾道三年(1167年),马希言任太府寺主簿,乾道四年(1168年),马希言任司农寺丞,诏遣赈灾。擅长诗文,与知州王十朋交往甚欢。

② 此处似指陆沅,会稽山阴人,乾道间(1165—1173年)转任泉州市舶司提举。乾道五年,泉州出现旱季,王十朋与好友赵士豢、泉州市舶司提举陆沅一起到昭惠庙祈雨,最终天遂人愿,祈得一场雨。

③ 此处及以下知宗当指知南外宗正司事赵士豢。

**夏四月不雨守臣不职之罪也将有请于神雨忽大作
陈贺州有诗赞喜次韵以酬(其五)**

刺桐抽叶张青盖(泉人以刺桐先叶后花为丰年兆),紫帽蒙霞丽锦笼。今岁家家定高廪,多苗宁复羡渠侬。(第1151册,第485页)

提举①延福祈风道中有作次韵

雨初欲乞下饿沛,风不待祈来已熏。瑞气遥看腾紫帽,丰年行见割黄云。大商航海蹈万死,远物输官被八垠。赖有舶台贤使者,端能薄敛体吾君。(第1151册,486页)

**五月晦日会知宗提舶②通判纳凉云榭提舶用仙字韵
即席赋诗中寓四字次韵以酬**

云榭衔杯半八仙,却疑来自蜀山川。地如洙泗占高第,人似羲和分昊天。单骑联翩成驷马,杯羹淡薄从三鲜。国风雅颂寂寥久,太史采诗宜与编。

**提舶示观楚东集用张安国韵因思鄱阳与唱酬者五人今六年矣
陈何二公已物故余亦离索为之慨然复用元韵**

忆昔江东会众仙,诗筒来往走山川。造楼游戏偶成凤,炼石辛勤同补天。堪叹交游隔生死,尚余文字带芳鲜。欲收膏馥增前集,舶使新诗自合编。

知宗提舶即席赠诗用元韵以酬并简通判

子政堂堂汉列仙,清标况对马文渊。催诗风送千山雨,把酒凉生五月天。老子滥分南郡竹,贰车行击故家鲜。误蒙好语相提拂,岂有功名上简编。

提舶欲移厨过云榭示诗次韵

雨中前日过苏端,又欲移厨就稍宽。古榭有风聊可共,衰颜得酒定须丹。谪仙醉后句尤劲,东野老来诗更寒。继取洛中真率会,他年要作画图看。

提舶携具过云榭知宗出示和章复用韵

不须蜡屐上林端,高处登临眼自宽。糯稻风翻梅里白,离支日照鹤顶丹。山川满目如京洛,台榭侵云类广寒。宾主往来俱不远,如棠不比鲁侯观。

---

① 此处似指陆沉。
② 此处及以下所见提舶似指阮沉或马希言。

老来忧患苦无端,一笑相逢强自宽。诗律频调代音乐,寿觞满引当仙丹。二山坐对事非偶,三径思归盟不寒。出岫白云知几许,榭中矫首共遐观。

知宗即席和端字韵三首提舶退即足之予第三诗经夕方和录呈二家

毫秃中山砚涤端,社中诗令不容宽。难追老杜风骚手,徒费昌黎点勘丹。搜我枯肠须鬓皓,吟公佳句齿牙寒。自惭浅陋如曹邻,季子观风定不观。(第1151册,第489~490页)

卷十八

提舶送荔支借用前韵

舶台丹荔新秋熟,风味如人自不同。名字未安真缺典,从今呼作马家红。(第1151册,第491页)

提舶送菊酒有诗次韵

铃斋午睡梦魂惊,僮仆欢呼洗破觥。酒是烂柯山下法,诗如蓝水坐间成。谩同陶令浮黄菊,也胜苏仙嗅落英。蓬鬓萧疏对佳节,因公撩起故乡情。(第1151册,第494~495页)

十日同知宗提舶游九日山延福寺

十日同游九日山,山中好处略跻攀。桑田改变松犹在,车马往来心自闲。昨日风应吹紫帽,今朝菊已带衰颜。登临称惬南来意,好逐飞飞倦鸟还。(第1151册,第495页)

洛阳桥

北望中原万里遥,南来喜见洛阳桥。人行跨海金鳌背,亭压横空玉虹腰。功不自成因砥柱,患宜预备有风潮。蔡公力量真刚者,遗爱胜于郑国侨。(第1151册,第499页)

梅溪后集 卷十九

次韵提舶见招

江梅初破一阳天,诗句清新欲斗妍。呼我同来饮文字,定扶衰病到尊前。(第1151册,第504页)

腊月二十八日与知宗提举分岁郡中啜茶于北楼赏梅于忠献堂知宗即席有诗次韵并简提舶

老病逾年卧晋江,耽诗性癖未能降。园林牢落梅经眼,岁月峥嵘酒满缸。堂上焚香敬勋德,楼头回首念家乡。黄柑未拜萧嵩赐,乡味分珍谩一

双。(第1151册,第505页)

知宗示提舶赠新茶诗某未及和偶建守送到小春分四饼因次其韵

建安分送建溪春,惊起松堂午梦人。卢老书中才见面,范公碾畔忽飞尘。十篇北苑诗无敌,两腋清风思有神。日铸卧龙非不美,贤如张禹想非真。(第1151册,第507页)

石笋桥诗

清源郡城之西,有渡名笋溪。与江会,险而深,涉者病之。初,浮木为梁,屡修屡坏,议更以石,费重而役艰。时提刑陈君慨然为之倡,弟贺州叶具谋,今枢密梁公力助之。经始于绍兴庚辰,讫工于乾道己丑。提刑屡约予观,未果。明年春三月辛酉,迓客出郊,过而壮之,因记以诗:

刺桐为城石为笋,万壑西来流不尽。黄龙窟宅占上游,呼吸风涛势湍紧。怒潮拍岸鸣霹雳,淫潦滔天没畦畛。行人欲渡无翼飞,鱼腹蛟涎吁可悯!二三大士为时出,目睹狂澜心不忍。小试闲居济川手,远水孤舟寇忠愍。亦有山僧愿力深,解使邦人捐仓囷。五丁挽石投浩渺,万指砾山登岣嵝。辛勤填海效精卫,突兀横空飞海蜃。趾牢千尺鲛人室,护以两旁狮子楯。南通百粤北三吴,担负舆肩走骡牝。论功不减商舟楫,遗利宜书汉平准。莫将风月比扬州,二十四桥真蠢蠢。我时出郊春雨后,鹭点沙汀扬鹰隼。江亭矫首独遐观,有客南来杯共引。欲咏河梁拟苏李,颇类鉴湖逢元稹。江山不逢贤太守,袖手沉吟觉才窘。况无铁笔拟端明,徒使时人笑蚯蚓。绣衣屡约吾来游,未遂堪嗟德星陨。向来尝以记属我,固避牢辞惭不敏。传闻江欲飞栋初,异论纷纷互矛盾。世无刚者桥岂成?名与万安同不泯。(第1151册,第510~511页)

梅溪后集　卷二十

提舶生日诗

正阳之月匽不作,气候清和满寥廓。阶余嘉瑞十荚蓂,墙出新梢半含箨。正是生才好时节,化日舒长暑犹薄。遥遥华胄马服君,世有功勋上台阁。耳孙挺秀生东蜀,骨相堂堂人磊落。致身朝列贰稷官,衔命江东访民瘼。北风航海南风回,远物来输商贾乐。平生德性不好饮,今日寿觞宜满酌。(第1151册,第513页)雍容敷奏天颜喜,小试舶台良不恶。日边知己皆达官,行矣归持紫荷橐。烂柯仙侣年自长,不用西山一丸药。

刺桐花

初见枝头万绿浓,忽惊火伞欲烧空。花先花后年俱熟,莫遣时人不爱

红。(第1151册,第514页)

提舶赠玉友六言诗次韵以酬

重见异乡佳节,又成终日清斋。忽捧晋堂双玉,引舸浇破愁怀。竞渡争飞画舫,赐衣纷集丹墀。举笔不忘规谏,玉堂谁进欧诗。(第1151册,第514页)

记风诗,闰五月二十六日

泉南固多风,兹风大为最。初惊月有晕,忽听天鸣籁。蓬蓬从何来,烈烈不可奈。万窍争怒号,三光变冥昧。掀翻败墙壁,摧折到松桧。瓦飘上天半,茅卷洒郊外。稻吹垂实花,果堕未熟蒂。山川失故容,草木遭厄会。飞同鹬过宋,悲异见歌沛。孰云楚台雄,未觉周郊大。虽然不终朝,无乃已被害。嗟予垂素发,滥此张皂盖。方忧西畴禾,未问南海贝。心如韩值飓,卜效苏命蔡。焚香叩穹昊,防患问耆艾。稍稍云色定,徐徐雨声霈。渐停箕簸扬,会见气交泰。居民理破屋,老守戒征旆。五弦歌舜琴,一丝咏严濑。去矣不待瓜,归欤及鲈鲙。(第1151册,第519页)

梅溪后集 卷二十一

泉州到任谢表

五年三郡,荗酬天覆之恩;一札十行,又拜春温之诏。方奉祠而窃禄,遽共理以分符。隆眷不忘,孤忠益励。窃念臣少不学古,晚方入官,论事则意广而才疏,为郡则心劳而政拙。惟民是恤,虽误蒙金口之褒,其毁乃来,终莫夺簧言之巧。松菊方寻于三径,江湖复把于一麾。非神圣素察其衷,岂臣下可得而荐。辞避不获,颠踬是忧。况闽为负山带海遐僻之乡,而泉乃富商大贾往来之会。讵容庸缪,可备使令。兹盖伏遇皇帝陛下尧仁宅天,舜智察物,知臣无剥下益上之罪,恕臣有抑强扶弱之偏,悟即墨之浮言,畀清源之善地。臣敢不清白奉己,循良牧民。富而可求,第守不贪之宝,老之将至,尚怀有犯之忠。(第1151册,第524~525页)

《影印文渊阁四库全书》,台湾商务印书馆,1986年

(宋)卫泾撰,《后乐集》

卷十三

奏举朱端常何松赵善秾张国均楼鐩乞加表用札

臣蒙恩任使一路,虽职不专于刺举,至官吏能否,亦尝考察,以备器使。

今所部守贰有能名者,采之公言,才得四五。知而不举,是谓蔽贤。伏见……<u>朝奉郎、通判泉州何松性资明达,政术亦优。一试剧邑,以办治称。两为郡丞,以循良著。温陵浩穰,民夷错杂,屯戍军兵供亿以时,弥缝斗决赖以协济</u>。……此五人者,考察已久,并著能名,委有政绩。欲望朝廷特加表用,以为官吏之劝。(第1169册,第645~646页)

应诏举真德秀章梀赵崇模充廉吏状[①]

臣伏准尚书省札子,并吏部牒中书门下省,八月十八日三省同奉御笔,可令侍从两省台监、卿谏、郎官,及在外前执政、侍从、诸路帅臣、监司,各举廉吏,可以为表劝者,三人疏名闻奏,以备选擢者。……<u>臣窃见前知泉州真德秀、章梀二人者天资廉洁,操守纯固,泉南多舶货,贤士大夫间有不免,而二人者前后为泉,皆于舶货毫发无取。去泉之日,舶商拥道攀送,以大香注饯其行,二人者皆却不受。商人无以效其勤,持香至郡治曰:"此吾欲献使君,而使君皆不受,吾安可复留。"以大炉注香于郡之门,香闻阖府,相与涕泣而祝之,何施而得此于人也?</u>……若小吏之贪者闻大吏之廉必皆化而为廉,所谓中人以上可以语上也,其关系风俗之枢机,实非细事,故敢冒昧奏闻。(第1169册,第651~652页)

卷十七

盖经行状

公讳经,字德常,姓盖氏,其先大名府宗城县人。……绍熙三年四月二十七日,以微疾卒于正寝,享年六十有四。……<u>子男二人,长曰锐,通直郎、福建路提举市舶司干办公事</u>。……(第1169册,第714~719页)

《影印文渊阁四库全书》,台湾商务印书馆,1986年

(宋)魏齐贤、叶芬辑,《五百家播芳大全文粹》

卷五下　谢到任表

福建市舶到任谢表　(宋)张逊撰

星环北极,久缀于朝班;<u>地重南闽,滥司于商舶</u>。甫策赢而入境,即摅日

[①] 《历代名臣奏议》卷一百四十九亦有收录此文,见《影印文渊阁四库全书》第437册,第171~172页。

以承劳。施厚难量,人微知幸。臣中谢。伏念臣早防教养,晚窃科名。两任孚民,仅逃官谤;七年就列,累冒恩除。自知僻守以昧时,辄露忱辞而丐外。天听甚迩,人欲必从,盖今日通商而置官,实成周司市之遗意。无者有,利者阜,要权取予之宜;绥斯来,动斯和,贵有招怀之道。惟详加于简拔,庶或见于施为。孰谓才卑,乃堪器。使兹盖伏遇皇帝陛下统传尧舜,德广乾坤。务在养民,仍宽于征赋。不宝远物,悉走于梯航。略臣史氏之术疏,俾臣董时之贡入。虽事权非诸使之比,然责任亦一望之临。臣敢不仰戴鸿私,俯竭驽力,忠信以行矣,扪心益惧于不能;文德以来之,稽首无忘于归美。(第1352册,第202~203页)

卷十九　贺启

贺提舶启　(宋)孙正之撰

伏审疏渥紫宸,联华翠节。按月卿之鸣佩,凤展高踪;接海国之飞樯,肇分直指。旌轺鼎至,原隰顿光。仰止先朝之洪模,取谐外域之瑰产。<u>年纪载登于元祐,使华增建于温陵。远致番商,万里泛鲸波之舶;入输京藏,百物萃鸡林之珍</u>。执总要权,定资雅望。恭惟提举寺丞家传奥学,世载令名。赋质厚于浑金,制行清于洁玉。入陪九列,垂践要途;出布六条,暂乘偏障。果锡十行之札,俾就六辔之驰,特降追,径登从橐。某猥分日蜀,遐望星台。蛮夷八九之通,姑兼收于藏息;圣贤千一之遇,仁遐播于辰猷。(第1352册,第448页)

卷二十一　贺启

贺南外知宗启　(宋)洪仁伯撰

伏审中膺帝简,外典宗藩。明德以亲隼,芘本根之族。举善而劝肆畴,标的之英得,贤有光与众同庆,恭惟知宗郎中,神声凝茂,仙韵邃清,凤简渊衷,荐扬华贯郎闱蕴,借既早预于铨条,使节光华亦久。专于漕画宜大君之有命,以伯臣而司宗,用推九宸亲睦之恩,即复两禁论思之列,某猥移偏障窃映余辉,注想崇墉顾专城,之有守寓忱尺牍,愧弄翰之不工(第1352册,第462~463页)

贺南外知宗启　(宋)王梅叔撰

伏以拜綍宸庭,祗奉齐家之训;下车闽服,不忘体国之心。岿然德望之隆,宜此荣名之被。恭惟判宗都,运大中,善常最乐,猷克践修。虽流派于银河,逾守谦于圭窦。长才康济,浩气雄浑。留岂弟于荆门,名知草木;总经常于淮路,节凛冰霜。事正心诚意之朝,膺立本端源之寄。亲睦九族,暂歌《行苇》之诗;勤施四方,伫述卜瀍之诰。某昨依怜庇,深沐恩私,佩教载以不忘,期施为而少效。朅来涉笔,复遂望尘,雍容话旧之情,曲折振穷之意。此心攀附,有同在寝之翼鳞;所执拘縻,政类偷仓之雀鼠。虔修悃愊,仰渎严尊。(第1352册,第463~464页)

《影印文渊阁四库全书》,台湾商务印书馆,1986年

(宋)吴处厚撰,《青箱杂记》

卷六

刘昌言①

刘昌言,泉州人。先仕陈洪进为幕客,归朝,愿补校官。举进士,三上,始中第,后判审官院,未百日,为枢密副使。时有言其太骤者,太宗不听。言者不已,乃谓:"昌言,闽人,语颇獠,恐奏对间陛下难会。"太宗怒曰:"我自会得!"其眷如此。然昌言极有才思,当下第作诗,落句云:"唯有夜来蝴蝶梦,翩翩飞入刺桐花。"后为商丘□,王禹偁赠诗曰:"年来复有事堪嗟,载笔商丘鬓欲华。酒好未陪红杏宴,诗狂多忆刺桐花。"盖为是也。刺桐花,深红,每一枝数十蓓蕾,而叶颇大,类桐,故谓之刺桐,唯闽中有之。(第1036册,第633~634页)

《影印文渊阁四库全书》,台湾商务印书馆,1986年

(宋)吴潜撰,《履斋遗稿》

卷三 志铭

孙守叔墓志铭

嘉熙丁酉,余以工部侍郎领吴牧。适常平使者阙,被旨摄事,始与鄞人孙守叔为同僚。……君讳梦观,守叔其字,雪窗其号也。曾大父俊义,故登仕郎、泗州招信县主簿。妣严氏,继张氏。大父才冠,故承信郎、监临安府于潜县税。妣刘氏。考参,赠奉直大夫。妣陆氏,赠令人。君登丙戌进士第,

---

① 篇名为编者加,以方便索引。

……将作少监,知嘉兴府,仍旧班兼右曹郎官,将作监,国子司业,知泉州,兼提举市舶事,改知宁国府,除司农少卿,兼资善堂赞读,太府卿,充御试编排官,宗正少卿,兼给事中,起居舍人,起居郎,直龙图阁,予祠,慈溪县开国男,食邑三百户……出守泉州,旋易宣……董丞相槐以枢密召还,上问江东廉吏,首以君对,上悦,除司农少卿,适资善讲官缺员,上遴选端良之士,亟命君兼赞读。……凝然而逝,(丁巳)七月十二日也。享年五十有八,讣闻,上悼惜久之。……(第1178册,第424~427页)

《影印文渊阁四库全书》,台湾商务印书馆,1986年

(宋)谢采伯撰,《密斋笔记》

卷五

由泉舶除新安[①]

宝庆乙亥,余寓报慈,改葬亡室,初秋梦归,自东家四顾,荡然绝无居室。时夕阳未收,独步平沙,金星黎屑前山,奇秀层出,旁植桑竹,因赋长篇,觉来略成诵,尚嗫嚅口间,迨晓止记忆两句。因笔僧窗,云:"归来邻里悉不记,未免惊呼问桑竹。"绍定庚寅,由泉舶除新安,剑浦盗发,余自三山道东嘉而归。己丑大浸,江岸仅存桑竹。(第864册,第685页)

《影印文渊阁四库全书》,台湾商务印书馆,1986年

(宋)谢枋得撰,《叠山集》

卷一 五言古诗

谢刘纯父惠木绵布

嘉树种木绵,天何厚八闽。厥土不宜桑,蚕事殊艰辛。木绵收千株,八口不忧贫。江东易此种,亦可致富殷。奈何来瘴疠,或者畏苍旻。吾知饶信间,蚕月如岐邠。儿童皆衣帛,岂但奉老亲。妇女贱罗绮,卖丝买金银。角齿不兼与,天道期平均。所以木绵值利,不畀江东人。避秦衣木叶,矧肯羞悬鹑。天下有元德,孔融愿卜邻。绨袍望不及,共裘心自仁。赠我以两端,

---

[①] 篇名为编者加,以方便索引。

物意皆可珍。洁白如雪积,丽密过绵纯。羔缝不足贵,狐腋难拟伦。絺绤皆作贡,此物不荐陈。岂非神禹意,隐匿遗小民。诗多草木名,笺疏欲谆谆。国家无楚越,欲识固无因。剪裁为大裘,穷冬胜三春。拜嘉重感激,触物尤酸辛。吁嗟彼寒谷,邹律今不神。三宫坐穹庐,雨雪或十旬。安得遗此惠,飞到君王身。塞上寒堕指,挟纩谁为温。人各赐两端,费银二万斤。大军四十万,谈笑扫烟尘。感君道义交,何异骨肉亲。可与知者道,众人笑且嗔。玉案未能报,琼琚情则真。春秋二百年,币交几君臣。季札有赠限,千古尚如新。(第1184册,第845页)

《影印文渊阁四库全书》,台湾商务印书馆,1986年

(宋)熊禾撰,《勿轩集》

卷七

上致用院李同知论海舶

易经致民用,肇自羲农先。耒耜既生聚,市易还懋迁。公私不交病,本末无倒悬。古人致主术,称物靡有偏。厥初禹作贡,不但中邦田。四海自锡贡,不惮来远边。碣石来冀右,海岱青徐连。东南并淮扬,亦自江海沿。夫岂宝远物,有道归陶甄。成周制国用,半在周官编。<u>虞衡与商贾,胡不末利捐。艰难开国心,什一犹欲蠲。</u>衰益固有道,公功格皇天。后儒不知学,说理多虚玄。生财昧大道,民命是益朘。管商一作俑,蠹弊贻千年。渔盐尚抑末,奈何诱开阡。怀清一以筑,茕独堪哀怜。封君擅半赋,公私重熬煎。寒城冻女手,汗粒颎农肩。织衣不上体,舂粟不下咽。伤哉力田家,欲说涕泪涟。何如弃之去,逐末利百千。<u>矧此贾舶人,入海如登仙。远穷象齿徽,深入骊珠渊。大贝与南琛,错落万斛船。</u>取之人不伤,用之我何悆。奈何昧轻重,屑屑穷弄鞭。锱铢较鹭股,漏网鱼吞船。安得体国臣,为天屈玑璇。上资国脉寿,下拯民瘼痹。朝夕禹贡志,菲食甘胝胼。九载不入门,千古孰与贤。更想公旦心,待旦尤乾乾。世俗吝与骄,曾不丝毫牵。所以泰和治,常在虞周前。此道久已亡,利欲充培埏。岂曰治不及,曾是心无传。明公中州杰,自是天分全。问学甚充厚,愿力还精坚。博物功不劳,无欲心湛然。维此一枢轴,实秉大化权。如天有北斗,物物归玑璇。帝念南海民,风化旧所宜,皇皇风霜节。炳炳奎壁躔,织微亦何况。阖散有大权,利用六府修。制用九府圜,古人不可作。得意皆蹄筌,谁哉识治本。理此大化弦,三代事寂

寞。念之中心悁,书生武夷客。偶此来海垠,使者采风谣,诗歌寓惓惓。(第1188册,第824~825页)

《影印文渊阁四库全书》,台湾商务印书馆,1986年

(宋)许应龙撰,《东涧集》

卷六

刘炜叔知泉州制

温陵大藩,民繁事夥,蛮舶萃聚,财货浩穰,苟非公廉练达之才,曷著牧养阜通之绩?以尔美由世济,学本家传,践更百为,精勤一意,庐陵善政,靡人不称,晋陟郎闱,庸示褒宠。载念南土,寖不逮前,整顿一新;正资敏手。畴咨舆论,咸曰汝宜,往服厥官,以称朕意。(第1176册,第467页)

《影印文渊阁四库全书》,台湾商务印书馆,1986年

(宋)叶适撰,《水心集》

卷一 奏札

札子三

臣切以泉南素有乐郡之名,与他州异。盖上供皆承平常赋,过取殊少;起输以产钱定入,横费不多。吏畏民,不轻出令;民爱吏,思其遗化。每示蠲放,不知督迫,郡计所入,仅仅无余。比因更易频仍,通约岁终当欠四万余缗。臣将去官,百方补凑元交之数,极为费力。若更积累日月,窃恐所欠愈甚,昔之已放,不免复取。一切之政既行,吏民交相恨望,乐郡之名,自此不可复得矣。

臣仔细考究,乃有本州合得财赋,递年循习不加整会者二事:其一,南外宗子等请受钱,准元降指挥,转运司与本州各应副一半。今照嘉泰二年,计支一十三万余贯,而转运司自淳熙十五年止,应副四万八千余贯,又增拨漳州有名无实者,其实每年只取惟二万一千余贯而已。其米价钱,转运司合拨一万五千贯,近年只应副一半。三项截日计亏少本州岛钱四十二万二千余贯。其二,本州递年代为宣、信、建昌、邵武四郡发纳上供银一万五千六百余两,四州军却合应副本州衣绢紬等,自减半之后,通计五千五百余匹,绵七千

余两,帷信州取足而疏恶不堪。三州军每年计亏三千二百余匹,积欠紬价至五十九万八千余贯。臣以为此二事于一郡非小故也。

且转运司以合应副之钱委之本州,使自陪备以困民力,其理岂得稳便!况三州军士上供银,本州每年两限起发,不敢违欠铢两,而三州军坐视不还,使本州自擘画衣绵支散官兵,于义安乎!盖转运司于本州为所部官吏,虽常伸诉,不敢取必,而三州军彼此列郡,不相统临,坐视积欠,遂至百余万缗,自应然尔。自非守臣开析利害,达于圣聪,而陛下恻然主张,特发圣训厥弊无由可革。欲乞睿旨:转运司须管照元降指挥,今后每岁应副本州一半宗子米价等钱,并令支实价,不将有名无实者搪拄充数,以致欠折。其三州军上供银并本州衣绢,今后并令各自措置,所有以前积欠,却与尽行豁除。如此,则本州岁实可省三万余缗,守臣更加撙节以补不足,庶几已放者不至复取,一切之政亦未遽行,乐郡之名可以不失,仰称陛下加惠泉民之意。(第1164册,第48~49页)

卷十七　墓志铭

刘夫人墓志铭

宜人姓刘氏,名善敬,永嘉人。祖安上,给事中;父浩,监泉州市舶务;夫鲍潚,朝散大夫、知融州。嘉定五年,年六十四,七月二十四日卒,七年正月十八日葬仙桂乡安丰奥。……(第1164册,第328页)

卷十八　墓志铭

中奉大夫直龙图阁司农卿林公墓志铭

公林氏,讳湜,字正甫,福州长溪人。……朝廷会其劳,改官改泉州晋江县。州分造战船,公曰:"负郭岂有羡钱耶?何忍敛百姓!"将舍去,诸番义公之为,助其役,舟先就而民不知。(第1164册,第355页)

卷二十　墓志铭

宝谟阁直学士赠光禄大夫刘公墓志铭

公讳颖,字公实,衢州西安人。……复提举兴国宫,知泉州。泉土富乐,其暴桀、椎埋、群偷而众夺者,悉株连送远地。公一以静镇,事从其俗,人尤爱之。蕃舶至,旧与提举阅视,公不往,第遣职官喻曰"货不汝买也。"待制华文阁,次子正学死,复乞与兴国而归。……(第1164册,第367页)

卷二十四　墓志铭

故知枢密院事资政殿大学士施公墓志铭

淳熙十五年，知枢密院事施公师点引疾辞位，逃宠畏盈，敷露恳切。上疑讶，抑首蹙眉，请间谕公曰："卿辅朕事已有绪，奈何欲弃朕？"还其奏五六，公径出六和塔俟命，上不得已，以为资政殿大学士，知泉州。固辞州，提举洞霄宫。……公字圣与，信州玉山人。……绍兴二十七年太学上舍中第，教授复州。……绍熙三年①二月乙未，薨于豫章，年六十九。口自为表谢。略曰："念民情难保，监天命靡常，忧国势所可忧，用人材所当用。"上览奏悲恻。四年十一月戊寅，葬永丰县富成乡西塘山。<u>提举福建市舶械来曰</u>："先人蒙国大恩，赠死恤孤，一用旧礼，阶崇二列，谥美正宪，盖哀荣略备矣。独墓道之碑未立，非敢慢也……"……子：栻，上舍甲科福建帅司干官；柏，通判福州；械；椐，通判沅州；椴，通判抚州。……栻、柏、椐、俩皆已卒。……嘉定十四年二月　日。（第1164册，第436～439页）

卷二十六　行状

宋故中散大夫提举武夷山冲佑观张公行状

公姓张氏，讳秀樗，字延卿，温州府永嘉人。幼入太学，用忠简公恩试吏部第一。监临安府粮料院，迁敕令所删定官，司农寺丞，兼权仓部郎官，换工部。……嘉泰四年闰二月二十二日平旦，盥洗索当食，食既，视瞻炯然，家人抃叫曰："起疾矣！"其日卒，年七十八。自文林郎积官中散大夫，开国永嘉县男。九月二十四日，葬瑞鹿西冈。夫人潘氏，封令人。<u>男五人，曰燧，通直郎，福建舶司干官，先卒</u>。……（第1164册，第461～463页）

《影印文渊阁四库全书》，台湾商务印书馆，1986年

---

① 原文为"绍兴三年"，当为"绍熙三年"之误。据《资政殿大学士施师点圹志》（见陈柏泉编著，《江西出土墓志选编》，江西教育出版社，1991年，第178～180页）所载，施师点"（绍兴）二十七年登进士第，授复州教授。……（淳熙）十四年，除知枢密院事。十五年，乞解机务，除资政殿大学士，知泉州府，继除提举临安府洞霄宫。上即位，改元绍熙之次年，诏知隆兴府、江南西路安抚使。三年二月得疾，上致仕章；乙未，薨于府寺，享年六十有九。……五男，长栻，登丁未甲科，修职郎、福建安抚司干班公事。次柏，奉议郎、知江州瑞昌县事。械，宣教郎、通判严州军州事。……以绍熙五年五月辛酉葬。……"由此可知，施械，绍熙四年十一月仍在福建市舶提举任上，绍熙五年五月已经在通判严州军州事任上了。

(宋)叶廷珪撰,《海录碎事》

卷十二　臣职部下　市舶门

天子南库

《市舶录》云:市舶者,其利不资,榷金山珠海,天子南库也。

百蛮之宝

百蛮之宝,五天之珍,每岁山积。(《市舶录》)

败水

放洋之时,或飘它国,或溺,名曰败水。(《市舶录》)

货

《市舶录》:海南诸国,縴货所凑。《玉篇》:似接、子立二切,蛮夷货也。

弘舸连轴

弘舸连轴,巨舰接舻。(陆佐公《石阙铭》)

独樯舶

《市舶录》:有独樯舶,深五十余肘。三木舶,深四十余肘。又有牛头金睛舶,其大者可载一千婆简。方言,二十两为一加底,二百四十加底为婆简。(第680~681页)

李之亮校点,《海录碎事》,中华书局,2002年

(宋)佚名撰,《百宝总珍集》

玳瑁

最好白多点儿少,此物应当价不少。黑白多少不为奇,照管移班错看了。

玳瑁龟筒出南番。白多点儿稀少者,每斤有价直五百千左侧者。花斑好者约直钱上千贯已上。胡黑者价极低。玳瑁梳儿、头面之属亦有用药点角者。军寨中有一子弟做造与真无二,谓之狗儿玳瑁。如有简板者,合菱花盘、盏、台子,有线道、大碗之属,多是泉、广官员带到,价例捉小商量。四行者有言龟筒移玳瑁佛也乍理会。(第42页)

翠毛

脊寅软翠出南番,广州金翅其次间。紫土二价难升价,行时贵贱临

时看。

南番软翠最妙。两片脊寅谓之一合,每十合作一串,六个好四个低。如官中并府第紧买,市中阙少,每合价高,曾卖上三千以上。如无行市,曾卖四百一合。此物寻紧阙少直钱。如要买,托牙人于泉州官员客房中寻买,多用金银钱,会当样呈中看用几百合,将会子取买。此系禁物,密切收买,切不可将此物投卖,恐吃人便宜。广翠稍低,此间亦有土翠、山和尚之属。(第55页)

蔷薇水

泉客贩到蔷薇露,琉璃瓶贮喷鼻香。贵人多作刷头水,修合龙涎分外馨。

此水出南番国,如采于早辰蔷薇花上,取之露水,多用葫芦盛贮,到此用琉璃瓶儿盛卖。每瓶直百三二十钱以上,更看临时商量何如。福州王承务亦有蔷薇花蒸造假者。殿阁贵人多作刷头水及修合龙涎花子、数珠、背带之属。盛水葫芦片多作香花子,酒筵烧之。(第56页)

龙涎

龙涎有似白药煎,鼻嗅之时香又鲤。墙壁浮石皆相类,合香之时分外馨。

龙涎出南海山岛中,褐色微鲤,于海中面上收得。修合花子、背带之属,须用此物,大能发香,无此合不成。每两价直百千已上。黑色者曾经大鱼吞着。如多年气味不中,多是广、泉客人贩到。(第56页)

脑子

梅花片脑白如霜,大者皆如指面光。其次粟脑并米脑,价直不等临时看。

脑子广、泉贩到,亦有数等,大如指甲面者其六。米脑、粟脑皆出郴州,沙板内亦有樟脑,亦有假伪脑子。缺少价直,曾卖五十千以上。(第57页)

笃耨

笃耨大者如手掌,色似鹅脂分外香。黑者价低不甚好,碎者只宜合底安。

笃耨,泉、广路客贩到,如白胶者相类。如黑笃耨,多是合香使用。此香氤氲不散。(第57页)

顾宏义主编,《宋元谱录丛编·百宝总珍集·外四种》,上海书店出版社,2015年

(宋)俞德邻撰,《佩韦斋集》

卷五　律诗

次韵赵提举①二首
白首玄经病子云,感时怀旧独沾巾。十年战伐多新鬼,四海逢迎少故人。上苑莺花非昔日,曲江蒲柳为谁春。涌金香酒甜如蜜,满眼□来不厌频。

寂历谋生后计然,已将穷达付苍天。狙公杇自计朝暮,徐邈但知中圣贤。岁月催人如过隙,功名随世任先鞭。纷纷燕雀惊鹰隼,谁识图真在左绵。(第1189册,第38页)

故舶使知泉州赵公挽词五首
闽越驱驰后,乾坤震荡中。名虽高北斗,身竟老辽东。仕止因时异,悲欢与世同。洛滨多侍从,立懦独清风。

慷慨辞双节,逍遥寄一筇。扬雄虽若凤,老子自犹龙。霁月窗前草,悲风陇上松。遗民应巷哭,何但辍秦舂。

壮岁风云会,衰龄岸谷迁。苕棠南国里,细柳曲江边。天地纷戈甲,园林寂管弦。康成共丁卯,肯避巳辰年。

杜陵侔稷契,诸葛陋袁曹。道在七分易,文过九辨骚。丘原终古闭,嵩岳极天高。况复阶前树,于今有凤毛。

世梗投林密,人稀寄驿迟。一朝传易箦,千古竟骑箕。斫鼻空悲郢,援琴谩忆期。薤歌嗟已晚,生死负恩私。(第1189册,第41页)

《影印文渊阁四库全书》,台湾商务印书馆,1986年

(宋)袁燮撰,《絜斋集》

卷十八　志铭

通判泉州石君墓志铭②
淳熙中,余游太学,得直谅多闻之友,曰石君,讳范,字宗卿,婺州浦江人

---

① 赵提举,此处似指赵孟传。
② 石范,曾任福建市舶提举。

也。其先占籍,青社国初徙焉。君天资俊茂,志气超卓,师事东莱吕公,有所启告。服膺无数而群居共学,又多一时佳士薰炙涵浸,气质增美肆业,胶庠能道,其师之贤德,学问甚悉,余竦然异之,遂与定交。……初,君以绍熙元年擢进士科,为奉化尉……通守泉南兼南外宗正丞又佐舶司,而左翼养军之费,复隶焉。事亦丛矣,剖析随宜莫不中,节余益信君才力敏裕,非若腐儒之胶,固不通。而俗吏之所为,君亦不屑也。可不谓贤乎哉?嘉定六年九月二十三日终于官舍,享年六十有六,官承议郎,既纳禄,转朝奉郎,八年十月乙酉葬于邑之松塘。……(第1157册,第254~255页)

卷二十三 古体诗

和李左藏荔支

姑射山中冰雪姿,凛然标格欺寒威。仙风道骨今何有,韶颜丰颊夸绝奇。荧煌已讶色夺目,柔滑更喜香浮肌。旨哉悦口众所嗜,岂闻来去分招麾。我家甬东萃闽舶,胜事屡入骚人辞。杂然红绿间陈紫,图牒所在生致之。宾朋恣食水晶颗,残膏剩馥沾群儿。轻红酽白不易得,西风每起莼鲈思。此中滋味甚不薄,吾曹咿嚅当及时。一经蒙庄品题后,使人起敬如宾尸。闽中有美信姝丽,衣被五色光参差。天工著意破炎毒,故遣佳实生繁滋。其他所产亦有取,游女敢自同宫妃。有时根拔信宿至,负枝露叶殊未衰。始知河豚与江柱,诗人取譬聊滑稽。年来吏役困奔走,此志不展常低垂。忽蒙杰句警偷惰,一先尘虑忘渴饥。挥毫咏物聊复尔,相待莫负平生期。(第1157册,第317页)

《影印文渊阁四库全书》,台湾商务印书馆,1986年

(宋)岳珂撰,《桯史》

卷十一

番禺海獠

番禺有海獠杂居,其最豪者蒲姓,号白番人,本占城之贵人也。既浮海而遇涛,惮于复反,乃请于其主,愿留中国,以通往来之货。主许焉,舶事实赖给其家。岁益久,定居城中,屋室稍侈靡逾禁。使者方务招徕,以阜国计,且以其非吾人,不之问。故其宏丽奇伟,益张而大,富盛甲一时。绍熙壬子,先君帅广,余年甫十岁,尝游焉,今尚识其故处。层楼杰观,晃荡绵亘,不

能悉举矣。然稍异而可纪者亦不一,因录之以示传奇。

獠性尚鬼而好洁,平居终日,相与膜拜祈福。有堂焉以祀名,如中国之佛,而实无像设。称谓声牙,亦莫能晓,竟不知何神也。堂中有碑,高袤数丈,上皆刻异书如篆籀,是为像主,拜者皆向之。旦輙会食,不置匕箸。用金银为巨槽,合鲑炙粱米为一,洒以蔷露,散以冰脑。坐者皆置右手于褥下不用,曰此为触手,惟以涠而已。群以左手攫取,饱而涤之,复入于堂以谢。居无溲匽。有楼高百余尺,下瞰通流,谒者登之。以中金为版,施机蔽其下,奏厕铿然有声。楼上雕镂金碧,莫可名状。有池亭,池方广凡数丈,亦以中金通甃。制为甲叶,而鳞次全类今州郡公宴燎箱之为而大之。凡用钰铤数万,中堂有四柱,皆沉水香,高贯于栋,曲房便榭不论也。尝有数柱,欲犴于朝,舶司以其非常有,恐后莫致,不之许,亦卧庑下。后有窣堵波,高入云表,式度不比它塔。环以甓为大址,垒而增之,外圜而加灰饰,望之如银笔。下有一门,拾级以上,由其中而圜转焉。如旋螺,外不复见。其梯磴每数十级启一窦,岁四五月,舶将来,群獠入于塔、出于窦,嗰哳号嘑,以祈南风,亦輙有验。绝顶有金鸡甚巨,以代相轮,今亡其一足。

闻诸广人,始前知政雷朝宗澡时,为盗所取。迹捕无有。会市有婆人鬻精金,执而讯之,良是。问其所以致,曰:"獠家素严,人莫闯其藩。予栖梁上三宿而至塔。裹麦粮隐于颠,昼伏夜缘。以刚铁为错,断而怀之,重不可多致,故止得其一足。"又问其所以下,曰:"予之登也,挟二雨盖,去其柄,既得之,伺天大风,鼓以为翼,乃在平地,无伤也。"盗虽得,而其足卒不能补,以至今。

他日郡以岁事劳宴之,迎导甚设。家人帷观,余亦在,见其挥金如粪土,舆皂无遗。珠玑香贝,狼藉坐上,以示侈。帷人曰:"此其常也。"后三日,以合荐酒馔烧羊以谢大僚,曰如例,龙麝扑鼻,奇味不知名,皆可食,迥无同槽故态。羊亦珍,皮色如黄金。酒醇而甘,几与崖蜜无辨。独好作河鱼疾,以脑多而性寒故也。余后北归,见藤守王君兴翁诸郎,言其富已不如曩日,池匽皆废云。<u>泉亦有舶獠,曰尸罗围,赀乙于蒲,近家亦荡析,意积赇聚散,自有时也。</u>(第1039册,第487～488页)

《影印文渊阁四库全书》,台湾商务印书馆,1986年

（宋）曾巩撰，《元丰类稿》

卷三十二　札子

存恤外国人请著为令札（不曾上）

臣昨任明州日，有高丽国界托罗国人崔举等，因风失船，飘流至泉州界，得捕鱼船援救全渡，从此随捕鱼船，同力采捕，得鱼自给，后于泉州自陈，愿来明州，候有便船，却归本国。泉州给与沿路口券，差人押来。臣寻为置酒食犒设，送在僧寺安泊，逐日给与食物，仍五日一次，别设酒食，具状奏闻。臣奏未到之间，先据泉州奏到，奉圣旨，令于系官屋舍安泊，常切照管，则臣存恤举等，颇合朝廷之意。自后更与各置衣装，同天节日，亦令冠带，得预宴设。

窃以海外蛮夷，遭罹祸乱，漂溺流转，远失乡土，得自托于中国。中国礼义所出，宜厚加抚存，令不失所。泉州初但给与口券，差人徒步押来，恐朝廷矜恤之恩，有所未称。检皇祐一路编敕，亦只有给与口食指挥。今来圣旨，令于系官屋舍安泊，常切照管，事理不同。缘今来所降圣旨，未有著令。欲乞今后高丽等国人船，因风势不便，或有飘失到沿海诸州县，并令置酒食犒设，送系官屋舍安泊，逐日给与食物，仍数日一次别设酒食。阙衣服者，官为置造。道路随水陆给借鞍马舟船。具折奏闻。其欲归本国者，取禀朝旨，所贵远人得知朝廷仁恩待遇之意。取进止。（第1098册，第635～636页）

《影印文渊阁四库全书》，台湾商务印书馆，1986年

（宋）曾几撰，《茶山集》

卷五

七言律诗
寄泉南守赵表之

天遣高人下别峰，谅无官事汩胸中。香来海外沉烟碧，果熟林间荔子红。曹植诗篇疏入社，裴休参问远同风。萧然丈室维摩诘，何日文殊对此翁。（第1136册，513页）

《影印文渊阁四库全书》，台湾商务印书馆，1986年

(宋)张方平撰,《乐全集》

卷二十六　论事

论钱禁铜法事

臣伏以钱者国之重利,日用之所急,生民衣食之所资,有天下者以此制人事之变,立万货之本。故钱者,人君之大权,御世之神物也。……夫铸钱禁铜之法旧矣,累朝所行,令敕具载,钱出中国界,及一贯文,罪处死,而又重立赏格,使人告捕。至于居停资给担擎人等,与夫官吏之失于检察者,各等第坐罪。又禁铜之条,犯之九斤,已得刺配之罪,亦设告赏之科。而自熙宁七年颁行新敕,删去旧条,削除钱禁,以此边关重车而出,海舶饱载而回。闻缘边州军钱出外界,但每贯量收税钱而已。诸舠舶船,旧制惟广州、杭州、明州市舶司为买纳之处,往还搜检,条制甚严,不得取便至他州也。<u>今自广南、福建、两浙、山东,恣其所往,所在官司公为隐庇,诸系禁物私行买卖,莫不载钱而去。</u>钱本中国宝货,今乃与四夷共用。又自废罢铜禁,民间销毁无复可办,销镕十钱,得精铜一两,造作器物,获利五倍。如此,则逐州置炉,每炉增课,是犹畎浍之益,而供尾闾之泄也。大为之防,民犹逾焉,若又废之,将何惮矣!盖自弛禁数年之内,中国之钱日以耗散,更积岁月,外则尽入四夷,内则恣为销毁,坏法乱纪,伤财害民,其极不可胜言矣。臣见公私上下并苦乏钱,深求其由,仅有一得,因番阅前后令敕,诚见条制之未便。今具录敕文,进之衡石,伏愿陛下申明旧章,急救其敝,立四夷内外之限,通下民衣食之原,所录如右。……嘉祐编敕(庆历以前编敕并同)一、商客、蕃客往南蕃者,听逐人各带路费钱五百文,过此数者,许诸色人陈告,犯人依杂禁条将铜钱出中国界刑名施行。蕃人禁奏取旨。其钱尽数给告人充赏。仍委市舶司并缘海州军常切点检。(熙宁编敕删去此条)……右,臣惟古先圣人之立制,内诸夏而外夷狄,夷狄者,中国之寇雠也。今乃倾中国之利,挠君权,竭民用,以资寇仇。又弛铜禁,通商贩,铜入四夷,无复纪极,所谓假寇兵也。既资之财,又假之兵,以济其猾逆之心,暴害之力,桀黠之敌有以窥国家御边之无算,枢机之不密,安得不启其侵侮之谋者哉!不知议法者之意据何义理?累朝之经远长虑,所以保国便民之典,一旦而削除之,此国之大事,惟陛下圣明察纳,早垂神断。(第1104册,第273~275页)

《影印文渊阁四库全书》,台湾商务印书馆,1986年

(宋)张纲撰,《华阳集》

卷一

连南夫知泉州

往者闽寇弄兵,诸郡相蹈藉,而泉南阻险以免。泉之地并海,蛮胡贾人,舶交其中,故货通而民富。夫富则易骄,寇不至则怠,而莫之备。朕思得仁明练达之士,以守兹土。求于已试,莫如汝宜。具官某,文学政事,高于一时,为吾从臣,公论翕然归重。朕尝考汝江左三州之政,其施设不同,而民皆有惬志。兹用命汝,往临于泉者。汲黯为东海太守,以大治闻,后迁淮阳,居郡如其故治。汝尚勉之,其为朕移所以守三州者施于泉人,勿使骄惰,则予一人汝嘉。(第1131册,第8页)

《影印文渊阁四库全书》,台湾商务印书馆,1986年

(宋)张栻撰,《南轩集》

卷三十七　墓志铭

少傅刘公墓志铭

公姓刘氏,讳子羽,字彦修,世为京兆人。八世祖避五季之乱,徙家建州,曾祖太素,赠朝议大夫。祖民先,任承事郎,赠太子太保,再世以儒学教授乡里。……始,吴玠为偏将,公奇之,言于张公。张公与语,大悦,使尽护诸将,卒得玠力。至是,玠上疏纳节赎公罪,士大夫多玠之义,而服公之知人。明年,还故官,奉祠。时张公相矣,召公赴所。又还集英殿修撰、知鄂州,权都督府参议军事、宣谕陕蜀。朝议欲合诸道兵大举,公自蜀还,历诸边,尽得虚实,谓且当益缮治,广营田以俟时。朝廷欲遂用,公顾亲年浸高,力请归养,以徽猷阁待制知泉州。泉素难治,番商杂居。公下车肃然,无敢犯。有事涉权幸者,立论奏厘正之。亡何,张公去位,言事者观望论公,复责散官,安置漳州。以郊祀恩得归,会江上择守,起公为沿江安抚使、知镇江府。……呜呼中年,竟陨此杰!岁逾再纪,精爽森列,嗣德有光,公志益晰。我为铭诗,追勒其碣。(第1167册,第721~724页)

《影印文渊阁四库全书》,台湾商务印书馆,1986年

（宋）张世南撰，《游宦纪闻》

卷二

犀角[①]

犀出永昌山谷及益州。今出南海者为上，黔蜀次之，此本草所载云。然世南顷游成都，药市间多见之。询所出，云"来自黎、雅诸蕃，及西和、宕昌"，亦诸蕃宝货所聚处。五羊、桂莞、桐城亦有之，往往皆来自蕃舶。又有所谓河北山犀，纹粗而不光。要之，数处皆非所出，乃所聚耳。（第1116册，第592~593页）

卷七

龙涎香[②]

诸香中，"龙涎"最贵重，广州市直，每两不下百千，次等亦五、六十千，系蕃中禁榷之物，出大食国。近海傍常有云气罩山间，即知有龙睡其下。或半载，或二三载，土人更相守视。俟云散，则知龙已去，往观必得"龙涎"，或五七两，或十余两，视所守人多寡均给之，或不平，更相仇杀。或云："龙多蟠于洋中大石，卧而吐涎，鱼聚而替之，土人见则没而取得。"

又一说，大洋海中有涡旋处，龙在下。涌出其涎，为太阳所烁则成片，为风飘至岸，人则取之纳官。予尝叩泉、广合香人，云："'龙涎'入香，能收敛脑麝气，虽经数十年，香味仍在。"《岭外杂记》所载，"龙涎"出大食。西海多龙，枕石一睡，涎沫浮水，积而能坚，鲛人采之，以为至宝。新者色白，稍久则紫，甚久则黑。（第864册，第662页）

《影印文渊阁四库全书》，台湾商务印书馆，1986年

[①] 篇名为编者加，以方便索引。
[②] 篇名为编者加，以方便索引。

(宋)张守撰,《毗陵集》

卷十二　志铭

枢密院检详文字鲁公墓志铭

左朝奉大夫、枢密院检详文字鲁公詹卒,季弟訔状公之出处行实、治历官寿,而其尊奉议自檇李寓书南走三千里,问铭于闽粤帅张某曰:"寿宁行负神明,老失冢嗣,悲不克自胜。唯是詹之平生载訔状不诬,得名世君子书之,则老人死且瞑,而詹不朽矣,君其宠嘉之。"余念请之勤、言之哀也,敢不诺而铭诸？公讳詹,字巨山。鲁氏伯禽之后。望出扶风,上世徙居秀之嘉兴,今为海盐人。曾祖延厚、祖惟辩皆毓德隐居。父寿宁始遣子宦学,以公封右奉议郎致仕。公幼即警悟,乡誉晔然。束书游太学,中崇宁五年进士第,授将仕郎、扬州天长尉。用荐者升通仕郎,以劳迁文林郎,移苏州常熟丞。邑事剧,公摄令,谈笑而办,民爱吏戢,豪右慹服。郡人朱勔父子怙宠陵暴,而祸福州县吏于嚬笑之间,众皆媚承,公独不为少屈。延安帅赵公铨辟府仪曹,以亲老辞归,铨授亳州酂令。邑小讼简,治行益高,七邑之诉冤狱滞讼者,皆愿以属公。部刺史交列其才,凡十有四人,故相张公商英、枢密王公襄、中书侯公蒙皆荐之。俄丁内艰,服除始改宣教郎,拟知泰州海陵县,未行,监裁造院、提举福建市舶。舶司远朝廷而多奇货,吏鲜自洁,商人亦困于侵牟,公私两敝。公检身律下,一扫故习,岁入倍称。会省提举官,以漕司兼之,估客挽留公,遮道涕泣。漕臣张穆①以吏能自高,亦叹公规画之善,还朝,复论市舶费寡而利不赀,官不可罢,从之。除提举两浙市舶,寻迁福建转运判官。……(第1127册,第815~818页)

《影印文渊阁四库全书》,台湾商务印书馆,1986年

---

① 张穆,建炎元年(1127年)九月后至建炎二年(1128年)以转运副使兼福建市舶提举。见杨文新:《宋代市舶司研究》,厦门大学出版社,2013年,第266页。

(宋)赵彦龙著撰,《云麓漫钞》

卷二

落迦山[1]

补陁落迦山,自明州定海县招宝山泛海东南行,两潮至昌国县。……自西登舟,有路曰高丽道头,循东经普门岭,上有塔子峰,旁曰梅岑;自此又东复南入寺;由普门岭自南有路,循玩月岩北至善财洞及观音岩寺前路;循东到古寺基,过圜通岭,即山之北,亦大海。此山在海中,初,高丽使王舜封船至山下,见一龟浮海面,大如山,风大作,船不能行,忽梦观音,龟没浪静。申奏于朝廷,得旨建寺,乃元丰三年也。《华严经》云:"补怛洛迦山,亦云小白花山,今此山皆白丁香花。东南天水混合无边际,自东即入辽东、渤海、日本、毛人、高丽、扶桑诸国。自南即入漳、泉、福建路云。"观音多现于洞中,或于岩上及山峰,变化不一,甚著灵验。(第29~30页)

卷五

福建市舶司[2]

福建市舶司,常到诸国舶船,大食、嘉令、麻辣、新条、甘柸、三佛齐国则有真珠、象牙、犀角、脑子、乳香、沉香、煎香、珊瑚、琉璃、玛瑙、玳瑁、龟筒、栀子香、蔷薇水、龙涎等。真腊亦名真里富,三泊、缘洋、登流眉、西棚、罗斛、蒲甘国则有金颜香等。渤泥国则有脑版。阇婆国多药物。占城、目丽、木力千、宾达侬、胡麻、巴洞、新洲国则有夹煎。佛啰安、朋丰、达啰啼、达磨国则有木香。波斯兰、麻逸、三屿、蒲哩唤、白蒲迩国则有吉贝布、贝纱。高丽国则有人参、银、铜、水银、绫布等。大抵诸国产香略同。以上舶船候南风则回,惟高丽北风方回。凡乳香有拣香、瓶香(分三等)、袋香(分三等)、榻香、黑榻、水湿黑榻、缠末。如上诸国,多不见史传,惟市舶司有之。(第88~89页)

傅根清点校,《云麓漫钞》,中华书局,1996年

---

[1] 篇名为编者加,以方便索引。
[2] 篇名为编者加,以方便索引。

(宋)真德秀撰,《西山文集》

卷八　奏申

泉州申枢密院乞推海盗赏状

照对温艚贼徒自四月二十九日侵犯郡境,本州亟牒左翼军遣发官兵,及劝谕晋江、同安管下诸澳民船与官军会合,前去收捕。公移亲笔,再三勉励,如能捕获贼首及其徒党,除优支赏犒外,更与保明具申朝廷,补授官资,用是人情翕然,莫不思奋。至五月十三日,左翼军统制薄处厚,躬率守阙、进义副尉、权正将备将丘同,进勇副尉充拨发官陈聪,效用充拨发官廖庚,降守阙进勇副尉训练官吴世荣,前进武校尉权本州潜火官商佐等,乘驾甲乙丙大战船并次船共五只,计水军四百一十八人,烈屿守领方知刚、林枋等纠集民船三十六只,计乡兵四百六十二人,岭兜总首王行巳船四只,计乡兵六十人。其贼船一十四只,望风奔遁至漳州沙淘洋,为官民船赶上,获到贼首赵希郤、林添二、陈百五、蔡郎四名贼徒,林从五等一百一十七人。又左翼军捉到贼探郑九七、高彦二名,晋江县尉捉到贼探朱十四一名,惠安县捉到贼探林庆郎一名,又漳州统领杨修武续捉到被掳人樊十等一十一名,总计一百三十六人,并赃仗等,分送州司理院及左翼军勘院,根问各据招节次在海行劫,及上岸放火杀人等罪犯,于当月二十四日照律处断,及将被掳人释放,已具申枢密院外,切念某叨居郡寄,平时素无威望,可以震慑奸心,致使贼徒乘间侵轶。仰赖朝廷威德,所被将士民兵相与协力,虽未能尽行剿绝,然贼首赵希郤素与王子清敌体,林添二、陈百五、蔡郎等亦皆王子清腹心,既遭擒戮,贼势缘此遂孤,其气亦沮,目今窜入北洋,泉、漳一带,盗贼屏息,番舶通行。所有统制薄处厚等,委有劳效,合保明具申下项:

一、武经郎、殿司左翼军统制、泉州驻扎薄处厚,廉谨持身,善抚士卒,到官数月,修饬军政,渐有条理,舟船器甲,整治一新。及贼徒及境,遂能奋不顾身,统率将士冲冒风涛之险,于五月初九日,至晋江县管下水澳海心,捕获强盗王子玉等四十八人;十二日,至同安县管下料罗海心,捕获强盗史添四等三十一人,解赴本州,根勘各曾在海节次行劫,已申安抚司酌情处断外,至当月十三日,至漳州沙淘遂捕获贼首赵希郤等,旬月之间,海道顿清。欲望朝廷特赐奖擢,以为兵将官之劝。一、左翼军将副合千人林赐、廖彦通、丘同、陈聪、廖庚、吴世荣及本州潜火官商佐等,并系在海亲获凶盗之人,欲乞朝廷特赐指挥，各与升转。内丘同一名人材事艺颇出诸校之左，曾于去年十一月内带领兵船到漳州海界沙涛州，亲获强盗徐十一等一十五名，今年三月到潮州海界蛇州洋，亲获强盗陈十五等一十四名，解赴本州，送狱根勘，各节次在海行劫赃满，其徐十一等已具申安抚司、陈十五等从本州便宜处断外，及五月十三日沙淘洋之捷，丘同用力尤多。如蒙朝廷推赏，即乞稍赐优异，使将校有所激劝。又吴世荣一名元系进勇副尉、权法石寨，因去年六月内福州客人陈八太在本港被贼行劫，有失收捕，某具申朝廷，蒙行下镌降一资，责以自效。其劫陈八太船贼人续被温州乐清县尉捉获外，其吴世荣能以勤补过，于去年十一月内将带人船到本州海界围头洋，亲获强盗谢三一十一名，解赴本州，送狱根勘，申安抚司处断讫，至今年三月内，又于潮州海界蛇州洋，同丘同获到陈十五等一十四名，至五月十三日沙淘洋之捷，吴世荣宣力亦多。欲望朝廷特赐旨挥，叙复先来所降一资外，更与升转施行。又商佐一名系故商荣之子，昨因随父于大奚山立功，授进武校尉。后缘其父海州失利，怨仇乘之，遂肆诬奸，致遭追夺。居常以门户衰落，每有为国效命一洗前耻之意。提举市舶赵某以其父商荣曾出其先丞相之门，带到本州权监药局，某因差部押潜火衙兵，统制薄处厚以知其人熟于海道，遂令随船前去捕贼。商佐首登贼舟，俘获凶党，其勇敢翥捷，实有可嘉。兼昨来所犯已娄经赦宥，欲乞朝廷特赐叙复，于令参选，庶免终弃于无用之地。并乞旨挥。

一、本州同安县管下烈屿首领方知刚、林枋等各系士流，颇能以信义服众，本县补充首领，提防盗贼。昨王子清等在漳州海界浯屿放火杀人，去烈屿止一望间，方知刚等即团结丁壮，排布矢石，控扼海岸。未几贼船果到本屿，见其有备，不敢辄犯，一境生灵赖以获全。某初无贼报，博访寓公士人以讨捕之策，众论翕然，以为温艚贼徒素与烈屿为仇，而本屿民兵便习舟楫，可为官军之助。某遂礼请乡官，前往劝谕。其方知刚、林枋果能效力，率到人船，与左翼官兵会合。贼徒初欲抵敌，以官民兵势盛，恐惧丧胆，遂束手就禽。窃照庆元格，诸色人等亲获凶恶强盗三人，下班祗应；五人，进武校尉；七人，承信郎。今方知刚、林枋系同左翼军兵获到贼首赵希邰等四名、贼徒林从五等一百一十余人，又非仅获五七人之比。伏望朝廷特赐详酌，推赏施行。

一、本州晋江县管下岭兜总首王行已将带人船，自备粮食器械，随队左翼军下海会合，获到贼徒钟宋三等七名，亦合照条推赏，并乞指挥。右件如前，伏乞指挥施行。申闻者。

八月三日，奉圣旨薄处厚特与转一官，林赐、廖彦通、陈聪各特与转一资,丘同特与转一资,仍特升差本军权副将,廖庚特与补一资,吴世荣特与叙复元资商佐特与叙复元资,于令参选,方知刚、林枋各特与补下班祗应,王行已特与补进勇副尉,今札付泉州关牒施行。准此。(第1174册,第123～125页)

申枢密院乞优恤王大寿状

窃惟见危授命,士之所难,今有厕迹戎行,缀名小校,而能捐躯徇义,凛然有烈士之风,其在今日,尤为难得。某既亲睹其事,岂容不以上闻?比者海盗披猖,侵轶郡境,某亟牒右翼军分兵防遏。是时群贼泊舟围头澳,距州城百余里,官军星夜疾驰,至辰巳间猝与贼遇。贼徒椎牛大嚼而官军犹未朝食,众寡劳逸既皆不侔,故自将官邵俊以下俱有观望蓄缩之意。独拨发官、进勇副尉王大寿者,忠勇奋发,控弦直进,贼徒中箭而毙者凡十余人,群凶为之夺气。邵俊等既引军稍退,大寿犹挺立不移,立骂俊等曰:"赵官家平日养着好人,见贼便走!"其时惟队将秦淮、军兵朱先、陈捷、吴庆、尹政、李从六人随大寿,及秦淮等死之,李从以两夺贼稍获免,海濒居民登高山望见者莫不失声叹息,为之泣下。某既为文,遣官以祭,且厚恤其家及收剌其子弟,士卒闻者于是竞劝。未几遂有沙淘洋之捷,俘获贼首林添二等,适皆下手杀害官兵之人,行刑之际,设大寿位于旁,令其子剖心以祭。虽足以慰英魂而摅众愤,然惟清明之朝,方崇奖忠义以励风俗,今大寿以军中一校之微,家有垂白之母,一旦遇贼,宁殒其身而不忍负国,宁死于王事而不暇顾其亲,其志节卓荦如此,倪以其人微之故泯默不扬,殆非所以为忠义者之劝。伏乞详酌,将故拨发官王大寿优与赠恤,仍将其长男效用王凯夫补授官资。所有秦淮等五人,并乞优恤施行伏候旨挥。

"小贴子"称:所有准备将邵俊等缘不进前救援,致王大寿等战死,本军统制薄处厚已将俊等断遣降充长行去讫,更合取自指挥申闻事。

十二月二十五日,奉圣旨:王大寿特赐保义郎,王凯夫特补进勇副尉,秦淮、朱先、陈捷、吴庆、尹政五名各特赠承信郎,仍令本州具邵俊等官资职位姓名申枢密院。今札付泉州关牒施行,准此。(第1174册,第125～126页)

申枢密院措置沿海事宜状

照对泉之为州,控临大海,实闽陬要会之地。国家南渡之初,盗贼屡作,上勤忧顾,置兵立戍,所以为海道不虞之备者,至详且密。开禧军兴之后,戍卒生还者鲜,舟楫荡不复存。于是武备空虚,军政废坏,有识之士所共寒心。近者温、明群盗,窥见单弱,辄萌侵轶之志,仰赖圣朝威德广被,亟遂肃清。倘幸目前之警粗平,因循苟简,不复少加经理,安知其亡后日之患?某不揆迂愚,窃思所以为久安之计者。近选委本州观察推官李方子、知晋江县徐叔川,同左翼军副将丘同等,遍行海滨,审视形势。今据逐官申,窃见沿海列戍,要在控扼得所,布置得宜,士卒精练,器械整齐,舟楫便利而又习熟风涛,然后缓急可用。今来左翼水军三寨:曰宝林、曰法石、曰永宁。本州沿海四寨,其紧切者二:在晋江曰石湖,在惠安曰小兜。大略虽已得控扼之数,然宝林取城甚近,距海殊远,其势稍缓,而乃有新旧两寨。至围头去州一百二十余里,正阚大海,南北洋舟船往来必泊之地,旁有支港可达石井,其势甚要,而前此未尝措置,此控扼之未尽得其所也。宝林所屯水军三百,其数为多,法石虽有一百二十余人,然正为防海要冲之地,其数尚少。永宁步军之数倍于水军,诚为倒置,此布置之未尽得其宜也。诸寨军兵,杂以老弱。法石军器,总于大军,遇事关请,未免稽迟。大军战舰,仅可足用,自余诸寨,船只俱无,徒有舟师之名,初无其实。至于营房倒塌,器械阙少,亡具尤甚,若不及今逐一整备,临时必至误事。今条具合行措置事件下项须至申闻者。

一、宝林新旧两寨在城南一里许,初因绍兴间统制陈敏申,谋自福州延祥寨发到水军暂住宝林寺,其后就寺傍建寨,因以宝林为名。据其地势,不过捍城外子河,左翼大军既屯城东,缓急自可为用,水军重屯深居内地,未合事宜。今欲于见屯三百人内拨出二百人,以七十人添屯法石,以五十人易屯永宁,以八十人新屯围头。其宝林空间寨屋却拨步军居住,以翼城南,亦不失为捍城之备。某窃详所申,委属允当,盖水军正为防海而设。某顷在金陵,见两司水军皆于龙湾左近屯驻,俯瞰大江,未有以水军为名而深处内寨者。今若移宝林水军添屯法石、永宁两处,及于围头置戍,粮廪衣赐,初无所增,而军人列居海濒,习熟风涛之险,与安居内地养成骄脆者不同。子孙生长其间,未免以渔采为业,他时招行招刺,无非惯便舟楫之人,实为永利。欲乞朝廷札付左翼军照应施行。

一、法石寨去城一十五里,水面广阔,寨临其上,内足以捍州城,外足以扼海道,合重屯以壮形势,稍加葺理,使成家计。而人数尚少,诸事苟简,今合行之事大略有五:一曰增添人数。照得见屯止一百二十六人,合于宝林两寨拨出壮健军兵七十人,及招收梢工、碇手,共凑作二百人,庶几声势稍张,可以镇压。二曰改添寨宇。照对本寨初因寓屯弥陀院傍,逐旋展创,规模简略。元管军房一百二十九间,除西廊并佛殿后横廊共一十九间皆弥陀旧屋,损甚合折外,见存一百一十间。今欲添屯作二百人,尚欠寨屋九十间,合行添造。又寨之山势。其东稍厚,西多空阔,合移寨就东,仍依后山为将官厅,别迁寨门以对前山,却存留弥陀旧殿以补西边之阙,庶几士卒得以安居。又今教场去寨几二里许,傍临官道,每遇教阅发箭,有妨往来之人,欲移就寨前空地,以便阅习。三曰预备舟船。照对左翼军甲乙丙大战船三只系是鼎新创造,木植坚壮,所费不资,近者一出,便获胜捷。目今见泊近城水次,今欲移就法石港安顿,责付正将差官看管。每月遇潮长日分草校一次,本州差职曹官同将官阅相。旧例春秋各大校一次,后缘无船,遂不复讲,欲自日下为始,仍旧举行,庶几舟船在水,逐时运动,既免朽腐,人船相习,亦免生疏,余时即用蓬席遮覆,以避雨淋日炙之患。四曰预关军器。照对本寨军器总于左翼军,其在寨者止有军人随身木弓弩、皮头枪,可备演习而不可攻战,遇有缓急,旋行关请,委属非便。合量关兵器,收顿本寨库眼,责付将官交管,遇有急缓,便可给付军兵使用,不致后时。五曰预桩钱粮。照对仓卒或有贼船,合行粘踪追捕,多以候借请,遂至缓不及事。合将本寨军兵钱粮预行支桩一月,专一准备出海捕盗使用。某窃详法石寨正系咽喉之地,日前屯兵既少,止差准备将、训练官弹压,其正副将却深居宝林寨。海道仓卒有警,往来咨禀,旋发官兵,旋雇舟船,旋关军器,三者既备,又须申州借请,未免迟回累日,贼徒已窜逸久矣。今若添展寨宇,屯水军二百人,就立正将廨舍,有舟船,有器械,有钱粮,气势自然雄盛。万一贼徒在海作过,为正将者即可遣兵收捕,无文移往复之劳,无仓卒迫遽之患,委属利便。除已牒左翼军一面措置外,欲乞朝廷札下本军,疾速照应施行。

一、永宁寨（地名水澳）,去法石七十里。初乾道间,毗舍耶国入寇,杀害居民,遂置寨于此。其地阚临大海,直望东洋,一日一夜可至彭湖。彭湖之人,遇夜不敢举烟,以为流求国望见,必来作过。以此言之,置寨诚得其地。阚临大海,直望东洋,一日一夜可至彭湖,彭湖之人遇夜不敢举烟,以为流求国望见必来作过。以此言之,置寨诚得其地。但沿海列戍当以水军为主,今来仅存五十人,而又杂以老弱步军,却有百人实无所用合于宝林寨,拨出壮健军兵五十人,添作水军一百人,而以步军五十余发回宝林挂替外,存留步军五十人,通以一百五十人为额。其寨屋元系乡民协力架造,今见存军房一百五十间,浅隘太甚,火道又狭,军人自言家口稍多者难以安存,春夏之交,多苦疾病。近日上户复为添造二十间,稍堪居止。其旧军房舍量行展拓。每三间并作二间。庶几地步稍宽,可以存活老少。计今所存旧军房一百五十间,可并作一百间,通新造二十间,为一百二十间,尚欠三十间。兼将官有厅廊而无房舍,环视寨外,尽有余地,而西北地势颇厚,欲展向西北两面添造将官房舍及寨屋四十间,仍将火道窄狭去处斟酌除折,以通闭塞为利便。所有本寨军器却稍足备,但水军所需者纸甲,今本寨乃有铁甲百副,今当存留其半而以五十副就本军换易纸甲。其钱粮并照法石体例桩办一月。某窃详永宁寨委系海澳要害去处，合行展拓寨宇，添屯水军，除已牒左翼军一面措置外，欲乞朝廷并赐指挥施行。

一、围头去永宁五十里，视诸湾澳为大，往来舟船可以久泊，访之，土人贼船到此多与居民交通，因而为盗。况自南洋海道入州界，烈屿首为控扼之所，围头次之。烈屿既有土豪乡兵可恃，围头合行措置。今欲创立小寨，约以百人为额，上可接永宁，下可接烈屿，前可以照应料罗、吴屿等处，内可以控捍石井一带港口，实为冲要。略计置寨之利有五：本州海道门户得以捍蔽，一也；设有缓急，动息易知，无仓卒奄至之患，二也；士卒习熟地利，易于捍御，三也；坐而需贼，以逸待劳，四也；地势如常山之蛇，首尾可以相应，五也。以此言之，合行创置。今相视到两处，其一高广山下，阚临大海，一目皆尽，但地稍狭露，东厚西薄，可以暂驻而不可久居。若欲为经久之计，则当在高广山后，其地平广藏风。乞牒左翼军，差谙晓立寨人审定。某窃详围头置寨，事属创始，与前两处止是添展事体不同，费用既多，尤当加审，遂博访寄居侍从等官及土居土人、乡豪澳长之习熟地利者，皆谓围头置寨，委合事宜。盖寻常客船贼船，自南北洋经过者，无不于此稍泊。盖其湾澳深阔，可以避风，一也；海中水咸，不可饮食，必须于此上山取水，二也；当处居民，亦多与贼徒交通贸易，酒食、店肆色色有之，三也。居常客船、贼船，同泊于此，不测间多被贼徒劫掳而去，径入深洋，不见踪迹。今若于本处置一小寨，屯兵百人，预备舟船，预关军器，预桩钱粮，悉照法石寨、永宁体例，委足以机察盗贼，保护民旅。某已牒本军一面差人标定寨基、计料创置外，欲乞朝廷详酌，速赐指挥施行。

一、诸寨水军务要人人可用，近所阅视，勇怯未免相半。契勘左翼水军阙额颇多，合量行招刺外，仍牒本军将在寨水步人通共拣选。应水军内有不堪出海之人，拨入步军队伍；步军内有稍谙船水及虽未谙而少壮勇健堪以演习之人，却拨作水军使唤。又宝林两寨附城，与大军密迩，稍有老弱，尚可存留，惟自法石以往，并须精锐，不可以老弱充数。某窃详所申，委系要切。今取会本军要见水军有无阙额，据申见阙七十五人，最是梢工、碇手全然阙少。梢碇乃船人司命与，水手事体不同，若刺军兵，恐无肯就之人。乞备申朝廷，行下本军，且招梢碇四十人，仍与刺效用名目，庶几海滨强壮轻捷、习熟风涛之人欣然就募。欲乞朝廷详酌，并赐指挥施行。

一、巡绰海道，合令诸寨分认地界。自岱屿以北，石湖、小兜主之，每巡至兴化军寨蓼寨止；自水澳以南，永宁、围头主之，每巡至漳州中栅寨止；自岱屿门内外直至东洋，法石主之，每巡至永宁止。逐月一巡，其所差将校军兵姓名并下海日分申州，以凭考察。某窃详所申，区画地分已得其宜，欲乞札下左翼军并本州照应，常切遵守。

一、左翼水军三寨，法石系是里巷，去城不远，永宁、围头正临大海，风沙簸扬。将士到彼。未必乐居。兼又责之逐月巡绰，则时时在海，暴露日多。欲牒左翼军，今后将官差在永宁、围头者，以二年为率，理作重难，除获到贼徒别申朝廷照条格推赏外，如止是巡绰有劳，界内无盗贼作过，亦许本军保明升差一次。其法石将官在寨实及二年，如能究心军政，肃清海道，亦与申闻朝廷，别加酬奖。某窃照寻常军中升差多出主将私意，今若明立定制，必须弹压盗贼有劳之人方许升进，又必以二年为限，则被差将佐于本职不敢苟简，实关激劝，欲乞朝廷详酌，札下本军遵守施行。

一、石湖寨取城五十里，旧名海口，南镇与北镇相对，城下之水从此入海，潮汐所通，实为本府内门。岱屿一山，屹立其中，土人称为岱屿门，乃近城控扼至要之地。寨基平广，居民颇多，旧管额三百二十五人，今除出戍二十四人外，见管在寨土军一十九人，新招水军三十八人，委是单弱，欲增作一百人。寨屋元管一百二十间，见存三十二间，余皆倒坠，今既增作一百人，尚欠军房六十八间，合行添造。所有军器，大段欠阙，并乞委官计料制造施行。

一、小兜寨取城八十里，海道自北洋入本州界首，为控扼之所，又为海澳荒僻之处，日前常有贼徒公然到此，劫船而去。旧额三百一十人，今除出戍四十一人外，见管在寨土军四十一人，水军六十六人，内新招二十九人，皆颇壮勇。若据此数加以训练，必得其用。寨屋元管一百间，今见存三十八间，余皆倒坠，合行添盖。所有军器并合委官计料制造。某窃照石湖、小兜两寨置立去处，正系本州门户，军额阙少，营房倒坠，舟船器械，色色无有，此本州所当任责者。除已一面措置、务令整备外，伏乞钧照。

一、诸寨分屯，控捍海道，有人无船，与无人同。近来节次捕获海寇，收到船一十五只，除损敝不堪外，有尚堪乘驾者五只，合委官计料修整，拨付永宁、围头、石湖、小兜寨使用。某除已帖委水军副将丘同计料修整，发下诸寨，仍督令逐时教习在船武艺，务令惯熟外，伏乞钧照。

一、今来左翼军创置围头新寨，添展法石、永宁两旧寨，其费用已不少，兼军人一番移徙，般运家属，置办动使，官司皆当与之区处，令其所至如归，通计不下万余缗。又石湖、小兜添创寨屋，制造军器，亦非数千缗不可。目今郡计虽叟乏至甚，然石湖、小兜乃本州所当自任其责，已极力撙节，一面措置外，不敢上紊公朝。所有左翼军阙乏尤甚，更无宽剩可以那拨，自非控告朝廷，无以集事。告乞科降钱会，窃恐重于施行，或上下殿司支拨，又恐徒为文具。如近蒙札下支拨钱七千贯，应付本军制造军器等用，止据拨到三千贯，自余皆是虚数，已别具申外，今来欲乞钧慈不靳小费，以为海道悠久之备，特赐拨降度牒一十五道，发下本州交管变转，责付本军所委将佐着实支用。某谨当严行督察，所造寨屋之属，务令一一如法，不许分文虚费，候毕开具帐状供申。伏乞指挥，速赐支拨施行。

　　嘉定十二年二月二十三日，枢密院札子至文前申见第一至第四项，<u>宝林、法石、永宁、围头，乞札下殿前司并泉州左翼军，照所申事理疾速密切措置，具经久利便保明申枢密院，不得稍有张皇外，右札付知泉州真殿撰照应，密切措置催促施行，准此</u>。第五项，水军围头，已札下前司照应施行，并札泉州左翼军外，右札付知泉州真殿撰，先次逐一从公点拣老弱病患、不堪执役官兵人数姓名申枢密院，准此。第六项，巡海地方，已札下泉州左翼军外，右札付泉州，从所申事理常切遵守施行，不得因循弛懈误事，具知禀申枢密院，准此。第七项，将官，已札下泉州左翼军，照所申事理，如见得委有劳效，即仰次第保明申取朝廷旨挥，具知禀申枢密院，并札殿前司外，右札付泉州，照所申事理，准此。<u>第八、第九石湖，右札付泉州，照所申事理，切在逐一措置施行，无致缓急误事，具知禀申枢密院，准此</u>。第十项，诸寨船只，已札下泉州左翼军，从所申事理，常切教习武艺，督责教阅，各皆精熟，先具知禀申枢密院，准此。第十一项，申乞度牒，准二月二十九日尚书省札子，二月二十六日，奉圣旨令封桩库于见桩度牒内支降一十五道付泉州，每道作官会八百贯变卖，将收到价钱作料次支拨，付左翼军，专充创置新寨，添展旧寨等使用，仍督责本军，务要工役如法坚壮，毋得易简灭裂。其度牒仰本州差人前来请领，候毕工日开具收支细帐申尚书省。（第1174册，第126～133页）

申枢密院乞节制左翼军状

　　窃见左翼一军屯驻泉南垂七十载，官兵月粮衣赐、大礼赏给及将校折酒等钱，间遇出戍借请，悉倚办于本州，招刺效用军兵，亦例从本州审验，若无一事不与州郡相关，其实未尝略有统摄。故于军政全不与闻，兵籍之虚实，舟楫之有无，器械之利钝，教阅之勤惰，升差之当否，本州悉不知之。夫以一军数千人付之一统制官，殿司既在行都，本路帅司相去亦数百里，军政修废，无由考察。<u>故自十数年来，为统制者得以肆意剖克，敛怨行伍，教阅尽废，纪律荡然</u>。州郡虽知其详，然不敢问，盖缘彼此素无统摄。平居无事，未睹其害，<u>一旦有急，如丁丑春尼院之灾，守臣亲出救援，将士偃然不肯用命，必邀重赏而后肯前</u>。今夏海寇陆梁，本州措置收捕，幸统戍得人，军律粗整，具与州郡同心协力,故得俘获群丑。向使如前任贺清臣之愚愎,其取败也必矣。窃见比年以来,海盗不时出没,米商舶贾间遭劫掠,今夏一警,尤为猖獗。凭藉朝廷威德,幸遂肃清。近准帅宪司牒,明、台海界复有强寇,正是整饬军政之时。某见具措置事宜,申取朝廷指挥。若本州与左翼军不相统摄,终恐别生矛盾,无由集事。伏望钧慈俯赐详酌,照殿步司出戍淮上体令,令左翼军听本州守臣节制,庶几彼此一家,平日有所施行,可相评议,缓急或有调发,不至乖违实悠久之利,伏候指挥。(第1174册,第133页)

卷十五　奏申

申枢密院乞修沿海军政

贼船南遁,未尽就擒,风涛瞬息,来往无时。某昨守本州,自捕贼首赵希郤等之后,具申朝廷,蒙发下度牒一十五道,应副本州修整战船,创立围头、宝盖及修葺法石、永宁二寨,添屯水军,增置石湖、小兜水军名额,以至储蓄军粮,葺理器甲,色色具备,每岁举行水教及立诸寨巡海界分。今再至,见逐项事多废弛,军船坏烂而不修,军额死亡而不补,营房颓坠,器甲损失。自统制齐敏到官方稍缮治,尚未能就绪。及至贼船侵轶,郡境仓猝和雇民船应副大军之用,故料罗之战,虽有勇将精卒,竟以船小不能成全功。及晋江、同安民船稍集,而贼徒亟遁,事已无及。今贼徒深入广南,正当舶回之时,必有遭其剽劫者,岂不亏失国课?又福、泉、兴化三郡,全仰广米以赡军民,贼船在海,米船不至,军民便已乏食,粜价翔贵,公私病之,其利害固已不细。况其在海,每劫客船,小则焚之,大即取为己之船。其人或与斗敌则杀之,懦弱不堪用则纵放之,或沉之水中,而掳其强壮能使船者为己之用,稍忤其意,辄加杀害。故被掳之人,只得为出死力。其始出海不过三两船,俄即添至二三十只;始不过三五十人,俄即添至数百以至千人。今诸贼在海,人船已多,若不及早殄除,则日增月益,其害未有穷已。某见与统制齐敏商议,整龊水军及添创大船,葺理诸寨,务为先备,使贼不敢犯。但本州目今府库赤立,官俸军粮尚且不给,而本军见管典库息钱亦自不多,俟旦夕见得合支用钱数,或有久阙,未免控告朝廷,乞赐量行应副。所有福州延祥、荻芦寨,广州摧锋军及漳、潮州、兴化军应有水军去处,欲望指挥行下各处,急速措置修创船只,阅习事艺。向去南风,贼船必回向北洋,若自广至福,所过五六州军,处处有备,会合剿捕,庶几可以殄灭,免为海道无穷之患。乞赐指挥施行申闻事。札下福建安抚司、提刑司、漳州、潮州、兴化军、各证所申事理,日下严切措置,将应管水军及巡捕官司船只须管逐一点视,损漏即行修补,实以甲士,各持器仗,乘风驾使,阅习艺事,以备缓急驱用,不得视为具文,却致临期生疏误事。仍先具知禀申枢密院。(第1174册,第228页)

申尚书省乞措置收捕海盗

当州五月十五日承潮州公状证:证会四月三十日据水军寨及小江巡检司申,贼船复在大坭海,劫掠漳州陈使头过番船货,掳去水手纲首九十一人,使回深澳抛泊,出没行劫因依。当具申本路经略安抚使司及移文漳州,乞发兵船前来,会合沿海驻扎官军船只,并力收捕。至五月初四日,又据小江巡检状缴:到东界新埭柘林部长林四等状,称四月二十四日早暮被贼船一十余只,乘载五六百人,持枪仗上岸劫掠,复使船到柘林澳,掳去盐纲船二只,目今见在深澳抛泊,出没行劫。及据水军统领关承信、副统辖高进义申,称本军发遣训练官钟明,管押先锋船一只,在彼同共巡探,见得上件贼船有二十二只,抛泊深澳。本军初四日使兵船出赖巫洋探伺,至洋心偶见一鯮船只从东洋使入,内二只迫近本军兵船,当开弓弩箭射,射其大鯮,贼船前来围裹。本军为见军寡贼众,恐失事机,只得驾船使回,把截本港。目今贼船随后赶来,抛泊吴田澳,与本军人船对望。缘诸州兵船未到,事势紧急,申乞措置讨捕。本州窃见南风正时,所有海贼船只递年往来漳、潮、惠州界上冲要海门,劫掠地岸人家粮食,需索羊酒,专俟番船到来,拦截行劫。今来贼船已有一十二只,其徒日繁,于番船实关利害。除已再帖水军关承信、高进义、小江巡检及沿海隅总等人,整齝器甲人船,严行把截,仍申福建提泊司证会,疾速区处,调遣兵船会合外,申乞差发兵船前来本州海次会合收捕,庶使海道肃清,番船无阻。及承漳州公文,大意一同州司。证得贼船见泊深澳,正属广东界,分正南北咽喉之地,其意欲劫米船以丰其食。劫番船以厚其财,掳丁壮、掳舟船以益其张其势,用意叵测,为谋不臧,此猾贼之所为,非复寻常小窃之比。且自今年二月料罗之败,只有五船,今又添至十二只,闻其贼众已近千人,若容养不除,声势日炽,未易剪灭。兼福、兴、漳、泉四郡全靠广米以给民食,而福建提舶司正仰番船及海南船之来,以供国课。今为贼船所梗,实切利害,本州不敢以闽、广异路为限,即欲与漳、潮二郡协力讨捕。而南风正时,海道不顺,兼贼势颇盛,所当审图,未敢轻举。已移文潮州,请亟告广东帅司,多发摧锋水军前来剿捕,而本州亦发左翼水军与之会合,彼此协力,腹背交攻,庶几必捷。欲望朝廷,亟赐札下广东师司调拨,摧锋水军使之顺风,直上径袭其后。而本州合军民船并进,相为犄角,决可擒灭贼徒,肃清海道。除已牒左翼军差拨兵船及行下晋安、同安县,劝谕民船并沿海巡尉差兵前去漳、潮界首会合外,右伏乞指挥,札下广东帅司,调发摧锋水军,与本州左翼军及诸澳民船会合掩捕。仍乞行下福州、兴化军,各发水军,相为应援,庶免误事。申闻。札下广东经略安抚司,证所申事理,立便调遣摧锋水军官兵,乘驾船只,多带器仗,审探贼徒所在,与本州已调军民船克期会合,首尾援应,并力擒讨,须使贼舟窜逸无所,日下尽数败获,海道早获肃清。毋得玩纵,滋长贼奸。并札福建安抚司。(第1174册,第229～230页)

申尚书省乞拨降度牒添助宗子请给

窃见本州通年以来,公私窘急,上下煎熬,虽其积非一日,其病非一端,然其供亿之难、蠹耗之甚,则惟宗子钱米一事而已。考之故牍,建炎置司之初,宗子仅三百四十有九人,其后日以蕃衍,至庆元中则在院者一千三百余人,居外者四百四十余人矣。至于今日,则在院者一千四百二十七人,外居者八百八十七人。比之庆元中,虽仅增五百余人,然自建炎至淳熙间,则朝廷、运司应赡之数多而本州出备者少;淳熙以后至于今日,则朝廷、运司应赡之数少而本州出备者多。何以言之?方置司之初,令运司与本州同共应副俸料钱。以数百人之廪给,其费未为伙也,而漕司与州各任其半,朝廷已岁降度牒五十道以给本州,盖知州郡经赋有限,不令自任其责也。其俸米则始科诸民,至乾道中,前以守臣王十朋之请,后以漕臣傅自得之奏,既罢其科敷而今运司认钱一万贯,且给度牒三十道,以助收籴。以两项度牒言之,为钱已六万四千贯矣。而余皆漕司应副,故曰自建炎至于淳熙间,朝廷、运司应赡之数多而本州出备者少也。自淳熙十二年,漕臣林枅始以三十年之数酌中立额,拨漳州与本州通判厅合发窠名钱、本州都税务补税钱,通计四万八千三百余贯,以充宗子之俸。于是始定立额。后来口数虽增,运司一不复问,而悉令本州自备矣。然漕司岁积籴米之万缗犹自若也,朝廷两项所颁之度牒亦自若也,本州虽有出备,其数尚少。其后运司万缗不复给,而拨兴化通判厅钱七千五百贯,比之旧例则十分而削其二分半矣。朝廷两项度牒亦不复给,而止拨提舶司钱二万二千四百余贯,则比之旧例三分几削其二矣。又漕司所拨四万八千三百余贯,是于漕司元拨之数,四分仅得其三也。比年以来,属籍日增,以俸钱言之,每岁支一十四万五千余贯,而漕、舶两司所给之钱仅五万四千四百贯,而本州出备者九万六百贯也。以米言之,每岁支二万二百余石,以中价计之,每石为钱三贯文,计钱六万六百余贯。运司所拨兴化军通判厅几仅七千五百贯,而本州自备者五万三千一百贯也。合钱米计之,凡出备者一十四万三千七百余贯。以区区一州之力而独当其费,日深日重,至于如此,而南外一司之官属与有官宗子之养廉、宗学之养士,岁为钱一万一千一百余贯,米一千五百余石,又不与焉。故曰淳熙以后至于今日,朝廷、运司应赡之数少而本州出备者多也。然庆元之前未以为难者,是时本州田赋登足,舶货充美,称为富州,通融应副,未觉其乏。自三二十年来,寺院田产与官田公田多为大家钜室之所隐占,而民间交易率减落产钱而后售,日朘月削,至于今七县产钱元计三万四千七百余贯文,今则失陷一千六百余贯。经界未行,版籍难考,不坍落者指为坍落,未逃亡者申为逃亡,常赋所入大不如昔矣。富商大贾积困诛求之惨,破荡者多而发船者少,漏泄于恩、广、潮、惠州者多而回州者少。嘉定间,某在任日,舶税收钱犹十余万贯,及绍定四年,才收四万余贯,五年止收五万余贯,是课利所入又大不如昔也。常赋不如昔而宗子之给乃倍多于昔,虽有材健之守,亦无术可为,不过阴纵诸县,探借一二年之税,重催已纳之钱,而抑勒保司代输逃阁死绝之赋。甚至无罪而佑籍,非理而科罚,无所不为。民之憔悴。为日已久。某之至也,讲求利病,于前数者之害不容不力蠲除,而一二大县以此借口,版帐之解,遂不以时,甚至有数月不解分文者,官俸兵粮,已苦不继。某守臣也,到任六月而仅帮两月之俸,其他可知。宗子廪给,率常拖压。其年及当请与当增请者,不敢便行帮放。宗妇之成亲,宗女之归宗者,合有请给,亦不敢便与起支。哀诉于庭者几无日不有,其间褴缕憔悴之状,有令人恻然者。旧例常以月半支钱,每当其时,尽空诸库。斗凑不上则借充诸司之钱,侵动交承之数,犹苦弗给。至于俸米,则出于州仓。本州苗额不及江浙一大县,又自前人轻改税法,令下户专纳价钱,米数缘此日减。今递年催到止四万石有奇,廪给宗子之外,率欠军粮三数月,又未免那移官钱,措置收籴。今当极弊之余不,惟无米可支,又复无钱可籴。诸卒月粮,犹费借办,宗子之米,又何以供?用是官吏皇皇,相视无策。盖常赋之入既不足用,而横敛之事又不忍为。且不惟不忍横敛而已,凡人户税赋豫借至六年七年者,方此稽考,与之理豁,一岁之间,白不见数万缗,所以狼狈至此极也。自惟一介庸缪,本无能为之材,又冒当不可为之郡,朝夕忧烦,莫知所处,合即控告公朝,丐从罢免,别择材能之守,及今整顿,庶或可为。而谋之同僚,皆谓圣朝宽大,轸虑四方,为守臣者倘以利病之实上闻,必无不听,况求朝廷之钱物养朝廷之宗室,尤必乐从。用敢沥血投诚,仰告君相,伏望朝廷特赐矜悯,将即目岁支宗子钱十四万五千余贯析而为三:朝廷应副一分,除岁拨舶司钱外,更就拨合解上供银八千三百八十两,计价钱二万九千余贯,以充其数;运司应副一分,除岁拨实到钱三万二千余贯外,更增拨一万六千贯,以足其额;此外一分四万八千三百余贯,则本州任之。宗子米则析而为二:本州管认一半一万二百石;朝廷于前项上供银拨充一分宗子钱外,犹剩三千余贯。更拨度牒三十道,付本州和籴以给。如此则本州每岁犹出钱四万八千三百余贯、米一万二百余石,而宗司宗属与养廉、养士之钱米复在其外,其数亦不为少,但比之前日粗获稍宽。譬犹羸弱之夫,身负百钧,减省一分亦受一分之赐。如蒙造化垂怜,悉从今请,在朝廷所捐无几,而本州赖以少解煎熬,宗子赖以少纾穷困,诸县之横敛亦得以一切禁绝,则圣朝如天之仁所被广矣。不然则三数月间,诸司之钱已无可兑,交承之数亦无可侵,宗子之给,实无从出,内外三千余口嗷嗷待哺,其何以处?某虽镌削罢斥,何益于事?须至申闻者。

　　小贴子:某窃见在院宗子请给虽优,其间口累重大者,亦自养赡不给,贫困至多,不能固穷,流为猥贱,甚至抵法冒禁,色色有之。今缘廪给不时之故,其狼狈益甚于前。圣朝仁恩,沾被草木,必不忍皇枝帝胄其穷至此。伏愿推行苇忠厚之仁,葛藟本根之芘,亟垂拯救,不胜大幸。或恐议者谓西南二司本同一体,若泉州有请,福州亦必援例,殊不知泉之事力在平时已不敢望福之万一,况积年凋瘵之余,两邑焚毁之后,疮痍未复,愁叹相闻,视福之全盛何可同日语?仰乞矜察。

　　小贴子:某今来所乞就拨本州上供银,或恐版曹重难其事,而漕司添拨亦未必肯从,文移往复,坐淹岁月。当州家穷急之时,委实无所从出,宗子廪给,愈见拖压。窃见建炎、乾道间,皆是拨降度牒以助本州,但彼时宗籍尚少,故所拨止于八十道,而又拨提舶司钱。今则宗籍倍多于往时,提舶司钱之外,非得度牒一百二十道不足以给。欲望朝廷矜怜属籍之狼狈,特赐旨挥,除每岁仍支提舶司钱外,更赐拨降度牒一百二十道,则上供银不必就拨,漕司钱不必添拨,而于宗室养赡之费粗足支吾,在朝廷所捐特其毫末,而于国家之公族所济者不知其几人。仰冀恩慈,特垂报可,某岂胜虔切待命之至!(第1174册,第231~235页)

再申尚书省乞拨降度牒

　　证对某以南外一司宗室请俸仰给本州,为数繁夥,仓库空竭,支给不时,辄敢控告朝廷,乞每岁拨降度牒一百二十道,发下本州,专一贴助养赡宗室之费。今月十五日,恭准省札,八月二日奉圣旨,令封桩库每岁支拨度牒六十道付泉州,每道作八百贯变卖,充宗子请受支遣,仍下提领封桩所证应施行,札付本州者。仰见圣朝念天族之困穷,察州郡之空乏,沛然恩施,降自九天,阖郡官民,内外宗姓,莫不欢呼鼓舞,仰戴深仁。第某退与官僚同共算计,每岁宗子钱米除朝廷及转运司应副外,本州自备者二十四万三千七百余贯,州家穷迫,无所从出,详细已具前申,不敢再渎。近者陈请度牒一百二十道,尽蒙拨降,止计官会九万六千贯,本州犹须自出五万余贯,钱会各半,籴米之数,纯用见钱,凋郡之力,尚未易办。今来给赐仅及其半,计官会四万八千余贯,则本州犹须自备十余万贯,公私扫地之余,委是无所从出。深恐宗室请俸仍是未能及时,而诸县之急征横敛亦未容一切尽革,反覆思念,不免冒犯斧钺,再伸忱请。伏望朝廷检证某前申,每岁给降度牒一百二十道,发下本州,某当专一令桩,赡给宗子,不敢分文别用。某所蒙提领封桩所到六十道,已一面措置变卖,将未支请给月分逐旋补支,仍将兑过诸司等钱拨还,别具帐申闻外,所有未降度牒六十道,伏乞速赐旨挥施行。

得旨:令封桩库再拨度牒四十道,通先降六十道,每岁共一百道,付泉州充宗子请受支遣,仍下封桩库所照应施行。(第1174册,第235~236页)

卷十七 举刺

知泉州谢表

荡节九州,观风何有;桐城千里,假宠过优。俶见吏民,敬宣诏旨。臣(中谢)。伏念臣某性资戆拙,学术迂疏。入侍禁林,仅守勿欺之节;出乘使传,曾微可录之劳。每惭虚负于明恩,敢谓更叨于剧寄!泉虽闽镇,古号乐郊。其奈近岁以来,浸非昔日之观。征榷大苛而蛮琛罕至,涝伤相继而农亩寡收。宗支之廪倍增,郡帑之储赤立。银溢于山者亡有,岁为旁郡而代输;粟生于地者几何,日伺邻邦之转饷。敖敖乎鞭朴之苦,盼盼焉帆樯之来。凡兹数端,尤为深病。顾虽一旦,不可宁居。窃自揣于庸虚,凛莫知其称塞。兹盖幸遇皇帝陛下烛临万国,器使百工。念臣笃于事亲,期欲便旨甘之奉;知臣严于律己,或能销贪鄙之风。进邃职以奖行,锡温纶而加勉。臣敢不钦承异渥,誓答隆知?廉平而吏民敬焉,虽莫望汉人之政;忠信则蛮貊行矣,愿恪遵孔圣之言。(第1174册,第256页)

卷三十四 题跋

石鼓挽章祭文后

嘉定十年,某自江东漕计移守泉,提舶使者赵侯崇度实摄州事。侯,丞相忠定公子也。庆元初,忠定公以谗去位,薨于衡阳。海内之士,知与不知,皆为流涕。某时年十八、九,以进士游都城,闻被诬始末,已知,切齿痛忿,念恨不请尚方剑以诛奸臣。其后,官于朝,始获与公元子吏部游相好,及来南,复代侯为郡,且联事,又缔姻焉。……(第1174册,第535~536页)

卷四十　文

谕州县官僚文

盖泉之为州，蛮舶萃焉，犀珠宝货，见者与羡，而豪民巨室，有所讼诉，志在求胜，不吝挥金，苟非好修自爱之士，未有不为所污染者。（第1174册，第629页）

卷四十三　墓志铭

提举吏部赵公墓志铭

公名崇度，字履节，丞相忠定公子也。……提举福建市舶，兼泉州。先是，浮海之商，以死易货，至则使者郡太守而下，惟所欲刮取之，命曰和买，实不给一钱。蠙珠、象齿、通犀、翠羽、沉脑、熏陆诸珍怪物，大半落官吏手。媚权近，饰妻妾，视以为常。而贾胡之衔怨茹苦，抚膺啜泣者弗恤也。以故舶之至者滋少，供贡阙绝，郡赤立不可为。及是公以选来，余亦代公守郡，相与划硋前弊，罢和买，镌重征，期年至者再倍二年而三倍矣。故事，岁以土物遗诸公贵人，下洎三省六曹吏皆餍满，公曰："吾不能胺民脂膏以市宠"，悉罢弗遣。知邵州，驭诸蛮宽猛有则，不肯用狙谲小数，卒以帖服。……始公爱冕山之胜，葺亭榭，艺卉木，将退而休焉，弗果。至是，卜葬于山之麓，卒之明年正月二十有二日也。铭曰：昔在先朝，文正范氏有子四人，而各得公之一体。堂堂忠定，子多而贤，若劲气与直节，公实似乎其先。然而廉不至刿，峭不至刻，问奚以然？曰学之力。遗安有堂，庞公是师，咨尔后人，勿替引之。（第1174册，第691～694页）

卷四十六　墓志铭

通判和州叶氏墓志铭

公姓叶氏，讳文炳，字晦叔。世家河南，后有以客省使刺泉州者，过浦城，睹山川秀异，因居焉。曾大父仲通。大父显仁，当范汝为俶扰，募乡丁保里社，人高其义。父梦龄，赠宣义郎。公少刻意问学，再举于乡，登淳熙甲辰第，调晋江簿。迟次家居，数致书请益于文公朱先生。及至官，文公自漳浦还，以居官临民之法告语甚悉。颜公师鲁为守，事多欹之决。汀、漳境上豪民相为敌仇，帅赵忠定公选官抚谕，众皆惮行，公独毅然请往。既至，折之以理，诸豪弭伏，遂以无事。尝摄狱官，有商胡坐重辟，寅缘纳赂以求免，又摄舶，属有海商坐罪，亦以白金因公里人以求赎，公一拒绝且斥里人不复通。

泉多公卿贵人，州县例承迎不敢忤，公遇事问理如何，不以执故有所迁就。会诏内外从臣举可为职事官者，颜公以徐谊、陈傅良等应诏，而公与焉。秩满，调剑浦令，改闽县丞。未上，服母孺人郑氏丧，哀毁如礼。服阕，调筠州录参。……（第1174册，第740～742页）

卷四十八　青词

上元设醮青词

节名锡福，敢萌徼福之私，职在长民，当致为民之祷，仰祈穹昊，俯鉴忱衷。切念清源夙称乐土，珍奇毕集，近联七邑百万家；生聚实蕃，远控重溟数十国。粤从近载，颇异前闻，稽天之潦相，仍被灾者广。浮海之商罕至，失业寖多。臣自玷承流，每勤恤隐，虽摩抚当殚于人力，然斡旋实赖于化工。敬卜刚辰，肃陈法醮，愿赐覆载生成之大造，尽除水旱疠疫之眚灾。舟楫安行，有风后川，祇之助室庐，永保无祝融回禄之惊，庶令涸瘵之甿，复履阜康之乐。（第1174册，第771页）

捕获海寇设醮青词

海邦宁谧，忽惊剧寇之侵；天道昭明，旋告戎功之捷。妖氛顿扫，鸿覆何穷！伏念臣自玷藩宣，每勤绥抚，方欣庶俗共由于安静之中，岂意群凶猝至于防闲之表！联舟舰几千人之众，距城埋才百里之遥。亟遣兵师，分屯川陆，威声既震，吉语踵闻。首恶当惩，用正鲸鲵之戮；胁从可贷，忍为玉石之焚？向非获助于穹旻，岂易收功于旬浃？肆凭法醮，祇控谢忱。尚祈遗孽之悉平，庶俾后虞之永熄。四郊安堵，各安耕凿之余；万贾连樯，如行枕席之上。（第1174册，第772页）

卷四十九　青词

泉州入宅设醮青词

起废复来，获抚吏民之旧，揆才非称，惟蕲造化之恩睠。此温陵昔称名镇，内环七邑，生齿实蕃，外控重冥，风涛难测，禁旅尤严于节制，蛮商贵有以招怀，凡御众牧人之方，与悦近来远之道，倘非强敏，讵免乖疏。伏念某曩玷专城，时方强仕，凤宵勉竭，曾微政事之长，始末保全，悉赖神明之力，敢谓十六年之久荐。叨二千石之除，忧患屡更，已迫衰残之境，疮痍未复，可嗟穷悴之氓，志虽切于抚摩，力恐难于负荷。仰祈覆帱，曲借生成，俾某身无疾疢之忧，家有平康之喜，庶专一意，思济群生，迪以清明，照几微而罔失。锡之强健，婴繁剧以有为，施为允惬于物情，惠利亟苏于民瘼。公勤廉白，誓愈励于

初心,富乐安平,期早还于旧观。(第1174册,第795页)

卷五十四　祝文

圣妃宫祝文

某猥以非材,再守兹土,实惟神庇是依。今者凶狡之徒,方舟南下,所至剽夺,重为民旅之害。某既调兵以逐捕矣。<u>于惟圣灵丕赫振耀,凡航海之人仰恃以为司命是用</u>。祇遣官僚敬伸忱祷:昔者戊寅之役,盖尝赖神以有济,今舟师追贼行且相及,正仰资圣力之时,惟神絷之维之,使不得遁,王师十捷,一网弗遗,鲸波晏清,如行枕席之上,皆神之大惠也。某之报谢,其致弗虔。谨告。(第1174册,第858页)

海神祝文

大海之神,比者温、明之寇,来自北洋,所至剽夺,重为民旅之害。舟师致讨,稍挫其锋,而余孽尚蕃也。傥弗即扑除,则其纵横海道,未有穷已。<u>某既大集官民之兵,俾往迹捕,然鲸波浩渺,实为危道,非神力助顺,岂能必济</u>。是用一诚遥祝,且委官僚致少牢之荐,以乞灵于大神。伏惟挤狂寇于立败之涂,导王师以必胜之机,<u>使一网尽获</u>,庶几万舶安行,群生嘉赖,某之所以图报于神者,其敢弗虔。(第1174册,第858页)

通远王灵著王祝文

前文"且委官僚"一句,改云:"且委邑令致祷于祠下伏惟"云云。(第1174册,第858页)

祈风祝文

惟泉为州,所恃以足公私之用者,蕃舶也。舶之至时与不时者,风也;而能使风之从律而不愆者,神也。是以国有典祀,俾守土之臣一岁而再祷焉。呜呼!郡计之殚,至此极矣;民力之耗,亦既甚矣!引领南望日,需其至以宽倒垂之急者,唯此而已!神其大彰厥灵,俾波涛晏清,舳舻安行,顺风扬帆,一日千里,毕至而无梗焉。是则吏与民之大愿也。谨顿首以请。(第1174册,第863页)

圣妃祝文

天下之至险者,莫如海道,而至不仁者,莫如盗贼。以至不仁之徒,而凭至险之地,其为生灵之害可胜计哉!某再忝郡符,方将与民相安于无事,而自春徂夏,寇至再焉。前者自北而南,仅能小挫其锋,今复自南而北,傥不大惩艾之,则方来之患未有穷已。是用纠合熊虎之旅,俾往殄鲸鲵之群,<u>惟圣妃神灵烜赫,凡航海之人赖以为司命</u>,是用有谒焉:导王师以必胜之机,而挤

狂寇于必败之涂,如前日之所祷者,非圣妃其谁望！敢俯伏以请,谨告。(第1174册,第863~864页)

《影印文渊阁四库全书》,台湾商务印书馆,1986年

(宋)郑侠撰,《西塘集》

卷六

上泉守蒋大夫

窃谓人钧也,大圣智之所以异于人者,识而已矣。夫目以明见而识寓其中,见则有限,识独无穷,是故识者神用也。……天子以泉为重藩,遐陬绝俗,远去京国,又欲其如西南人之受赐也。……夫政教之本,学校为先也。况泉为大府,乃颓檐陋宇,风雨不庇,而皿用之属,一有十阙,学子稍至,饘粥不给。教官有职事而无廨舍,寄寓于庑下者逾岁矣。是岂大府之称。而明公巨师尊儒重道,而本政教意哉。前太守胡公深以为念,适有市舶之役而力未暇。……(第1117册,第443~444页)

卷七

代太守谢泉州到任

臣伏奉诰命,差知泉州军事,臣已于今月十八日到任交割讫。……初蒙先帝之误知,更荷二圣之宽贷,方解漕司之印,遽分郡守之符。维平海之大州,乃七闽之都会,土疆差广,齿籍至繁,民业不丰,里俗喜讼。廛肆杂四方之俗,航海皆异国之商,非得轶群之材,曷抚遐方之众？……(第1117册,第461~462页)

卷八

代谢仆射相公

罢局湘南,思投散地,分符海上,更窃重藩。方兹莅事之初,不胜居宠之惧。……矧兹晋水名州,闽山佳处,封疆阔远,人物庶繁。驿道四通,海商辐凑,夷夏杂处,权豪比居,诉讼既多,积习仍薄。自非裁断明敏,何以镇压轻浮。……(第1117册,第475页)

《影印文渊阁四库全书》,台湾商务印书馆,1986年

(宋)郑元祐撰,《侨吴集》

卷四　五言律

送泉州蒙古学正

王制严心画,臣工重古人。朝廷政典大,岭海学宫新。番舶槟榔唾,邮签荔子尘。方言若翻译,谁与计偕陈？(第1216册,第460页)

《影印文渊阁四库全书》,台湾商务印书馆,1986年

(宋)周必大撰,《文忠集》

卷三十　碑

资政殿学士赠通奉大夫胡忠简公神道碑(绍熙三年①)

武王一戎衣而定天下,应天顺人之举也,义士犹或非之,孔孟奚取焉？为万世计也。……胡氏本金陵人,五季徙庐陵。公字邦衡,曾祖连,妣康氏、刘氏。祖恺,赠承务郎,妣孺人张氏。父载,有气节,一试有司不中,即弃去,赠大中大夫。母陈氏,张氏所生母曾氏,俱赠淑人。……七年春,超转朝议大夫,再食兴国宫禄。公称疾笃,四月加资政殿学士致仕。五月庚辰薨,遗表犹欲为厉鬼杀贼。赠通议大夫,官其后三人。享年七十有九。初封庐陵县开国男,加至本郡开国侯,食邑自三百户积至一千五百户,实封百户。是年冬十月丙午,葬于县之儒行乡松山原祖茔之右,以子升朝,遇郊,恩赠通奉大夫。娶刘氏,中散大夫、湖南提点刑狱,公事敏材。……孙男十六人:槻,从事郎,奏辟广南西路转运司主管文字;榘,文林郎、监泉州市舶务……(第1147册,第335～339页)

---

① 原文作"绍兴三年",误。绍兴三年(1134年),周必大尚未满十岁,而胡铨也是到淳熙七年(1180年)才去世,因此,神道碑不可能写于绍兴三年(1134年),当为绍熙三年(1192年)之误。

卷六十七　碑

敷文阁学士宣奉大夫赠特进汪公(大猷)神道碑(嘉泰元年)

子夏曰："死生有命，富贵在天。"是谓格言。虽然，仁者多寿，贤者多贵，则有人事参焉。今敷文阁学士汪公年开九帙，官职皆三品，爵二品，殆仁贤之验也。公讳大猷，字仲嘉，庆元府鄞县人。……四月，起知泉州。海中大洲号平湖，邦人就植粟、麦、麻。有毗舍耶蛮，扬帆奄至，肌体漆黑，语言不通，种植皆为所获。调兵逐捕，则入水持其舟而已。俘民为乡导，劫掠近城赤屿洲。于是春夏遣戍，秋暮始归，劳费不资。公即其地，造屋二百区，留屯水军，蛮不复来。久之，戍将贪功，妄捕真腊大商两舟至庭，公辨而遣之。左翼军列寨郊外，军人夜逾城盗金库，为逻卒所执，反诬卒为盗。公得其实，主将惧罪争辨，公畀军中自治之。旧例蕃商与华人，非所伤听赎。公曰："既在吾境，当用吾法。"争斗用稀。诏许三佛齐寄铜造瓦。公奏："在法铜不下海，且中国方禁销铸，奈何为边人所役？"卒不与。闽地狭田少，岁积广米，每患客舟不时至。入籍上户航海者，出钱数万缗贷之，使籴于五羊。比归，损价以粜，官收其本，子与其人。南外宗子初才数房，久益蕃衍，廪给不足。而僧田多户绝豪右增租争佃。公论见佃人若受所增最高之数，岁以输官，听如其旧，佃户乐从，宗子月给遂足。九年，进敷文阁直学士，再任，就赐衣带。……(第1147册，第709～712页)

卷七十二　墓志铭二

广南提举市舶江公文叔墓志铭(庆元二年)

绍兴甲寅五月戊辰，前提举广南路市舶江君文叔卒于家，以今年正月壬寅归窆。其子实等以尚书郎黄君所状行实来请铭。昔君侍父尉赣之宁都，与予兄弟倾盖如故，自是熟君文行，阅四十年，情谊日亲，而君介弟立叔再婿予家，铭君宜也。君初讳登，字清卿，后改今名。上世洛阳人，十一代祖承清为福州福清令，因家侯官县。曾祖闻，祖先，俱不仕……监淳熙十年解试，划革宿弊，迄今以为法。属邑运盐取赢佐州用，旧政吝本钱不予，郡邑交病，君多予之，于是两济。太守郑尚书丙政尚严，君赞以宽。才八阅月，避亲易通判泉州，兼南外宗正丞，赐绯衣银鱼。前守移疾，政多底滞，君摄事决遣如流，阖郡翕然。大商王元懋因抽解例输白金，君峻却之。今资政殿大学士黄公治于乡人不轻许可，时为参知政事，数诵言君之贤。十三年擢使南海，越明年视事。……(第1147册，第757～758页)

卷一百九　诏

赐敷文阁直学士中大夫陈弥作辞免差遣
知泉州恩命不允诏（淳熙五年九月二日）

泉南地大民众，为七闽一都会，加以蛮夷慕义，航海日至，富商大贾宝货聚焉，狱市之繁非他邦比也。朕思得政事强明廉平不扰者，付之符竹。阅从臣之籍，无以易卿。已趣开藩，勿劳谦避。所辞宜不允。

（第1148册，第190~191页）

卷一百十一

赐占城嗣国王邹亚娜进奉敕书（淳熙三年三月）

敕占城嗣国王邹亚娜：昨据提举福建路布舶张坚缴奏，卿所遣进奉使副扬卜萨达麻翁毕顿等，赍到表章一通，并贡象牙、乳香、沉香、等事。维乃海邦，旧尊国制。逮而纂服，继述不忘。仍岁以来，使航涉至。旅陈方贡，祗庆郊禋。载念勤诚，良深眷瞩。已降指挥，将所贡物以十分为率，许留一分，其余依条例抽买给还价钱外，今回赐卿锦三十匹、生绫二十匹、川生押罗二十匹、生樗蒲绫二十匹、川生克丝二十匹、杂色绫一百五十匹、杂色罗一百五十匹、熟白樗蒲绫五十匹、江南绢五百匹、银一千两，至可领也。故兹示谕，想宜知悉。春暖，卿比好否？遣书，指不多及。（第1148册，第220~221页）

《影印文渊阁四库全书》，台湾商务印书馆，1986年

（宋）周密著，《志雅堂杂钞》

图画碑帖　上

世彩堂，盖其家堂名也。其石后为泉州蒲寿庚航海载归闽中，途次被风，坠江中，或谓尚在，特不全耳。（第4册，第3页）

杨瑞点校，《周密集》，浙江古籍出版社，2015年

（宋）周密撰，《癸辛杂识》

续集下

蔡陈市舶

永嘉有蔡起莘，尝为海上市舶。德祐之末，朝廷尝令本处部集舟楫，以

为防招之用。其处有张、曾二者,颇黠健,蔡委以为部辖。既而本州点撞所部船,有违阙,即欲置张于极刑。蔡力为祈祷,事从减。明年,张宣使部舟欲入广,又以张不能应办,欲从军法施行。蔡又祈免之,遂命部舟入广以赎罪。未几,崖山之败,张尽有舟中所遗而归觐,骤至贵显。蔡既归温,遂遭北军所掳,家遂破焉。因挈家欲入杭,谒亲故,道由张家滨,偶怀张曾二部辖者居此,今不知何如,漫扣之酒家,云:"此处止有张相公耳。"因同酒家往谒之,张见蔡,即下拜称为恩府,延之人中堂,命儿女妻妾罗拜,白曰:"我非此官人,无今日矣。"遂为造宅置田,造酒营运,遂成富人。张即今宣慰也,名瑄。同时继蔡为市舶者,姓陈名壁,天台人。有方元者,世居上海,谨徒也。因事至官,陈遂槌折方手足,弃之于沙岸。后医治复全,革世后,隶张万下为头目。因部粮船往泉南,至台境值大风不行,遂泊舟山下。因取薪水登岸,望数里外有聚屋,扣之土人,则云:"前上海陈市舶家也。"方生意疑为向所见杀者,即携酒往访之。陈出迎,已忘其为人,扣所从来,方以阻风告。陈遂置酒,酒半酣,方笑曰:"市舶还记某否?某即向遭折手足方元也。"陈方愕然,逊谢。三鼓后,方哨百人秉炬挟刃而来,陈氏一家皆不得免焉。此二事,一为报恩,一为复怨,皆得之于天。(第179~180页)

佛莲家资

泉南有巨贾南蕃回回佛莲者,蒲氏之婿也,其家富甚,凡发海舶八十艘。癸巳岁殂,女少无子,官没其家资,见在珍珠一百三十石,他物称是。省中有榜,许人告首隐、寄债负等。(第193页)

别集上

林乔

林乔,泉州人,颇有记问。……与蒲舶交借地作屋,王茂悦①为舶使,蒲八官人者漏舶事发,林受其白金八百锭,许为言之。既而王罢去,蒲并攻之,且夺其所借地。乃往从元杰之子直谅,以清潭和买吏屋,且任和籴。既而直谅得宪节,林随以行。后以词诉为徐帅择斋明叔所治,押往五年,摧锋军寨,拘锁而殂,时咸淳末年也。或言后改名为天同,字景郑云。(第229页)

王积翁

王积翁留耕,参政伯大之侄也。尝宰富阳有声,后觐北,留连甚久,遂自诡宣谕日本,遂命为奉使,以兵送之。至温陵,有任大公者,家有四舶,王尽

---

① 王茂悦即王楠,曾任福建市舶提举。

拘用之,使行,又于途中鞭之。有谇语,王颇闻之,至骸山(即髑髅山),以好语、官职诱之,且付以空头总管文帖,且作大茶饭享之。任亦领略,亦作酒以报,众使醉饱,任纵兵尽杀之,靡有孑遗。王窜匿于柁楼下,任叱之曰:"奉使何在?"犹佯笑曰:"在此。"出则叩头乞命,任顾其徒,鞭而挤之于水,席卷所有宝物、货财而去。取所乘舟断其首尾,使若倭舟然。后有水手四人逃回永嘉,北朝为之立庙赐谥焉。(第246~247页)

别集下

钿屏十事

王櫄字茂悦,号会溪。初知彬州,就除福建市舶。其归也,为螺钿卓面屏风十副,图贾相盛事十项,各系之以赞,以献之。贾大喜,每燕客,必设于堂焉。行将有要除,而茂悦殂矣。度宗即位,南郊庆成,鄂渚守城,月峡断桥,鹿矶奏捷,草坪决战,安南献象,建献嘉禾,川献嘉禾,淮擒孛花。已上十事,制作极精。(第304~305页)

吴企明点校,《癸辛杂识》,中华书局,1988年

(宋)周紫芝撰,《太仓稊米集》

卷三十

送叶泉州二首(之一)

近日泉南守,新除武部郎。汉廷多长者,循吏得惟良。海国蛮珍聚,兵厨腊酒香。不妨聊卧治,未要薄淮阳。(第1141册,第208页)

卷三十七

食橄榄记客语

朔风吹元云,欲雪愁江天。烟帆驾海舶,橄榄来闽川。客言似有理,得失亦小偏。红盐落青子,嚼玉宜芳鲜。色香苦未发,遂杂春客煎。清香虽覆碗,翠润殊嫣然。香味元自若,人生浪求全。方言田家翁,好恶能两捐。一食辄苦口,弃掷古道边。回甘入齿颊,拾遗止流涎。朴质固可笑,任真亦良贤。向来纷纷者,妄论诚可怜。(第1141册,第256~257页)

《影印文渊阁四库全书》,台湾商务印书馆,1986年

（宋）朱熹撰，《晦庵集》

卷二十四

答陈漕论盐法书

熹昨承垂示盐法利害，累日究观，窃以为适今之宜，莫便于此。……<u>海船之钱所以取，以般运之费计之也。此计产输钱之所以重也。欲致二利，去二害，在乎罢海仓之买纳而已矣。诚能罢海仓及下四州诸县之买纳，而使客人请引，南自漳、泉，北至长溪，各从便路，径就埕户买盐兴贩，则引价可减，本钱可轻而盐贱矣。</u>……既采民言，又竭愚虑，以称塞万分。狂妄之罪，尚冀高明矜而恕之。幸甚幸甚！（第1143册，第511～513页）

卷八十三

跋方季申所校韩文

余自少喜读韩文，常病世无善本，每欲精校一通，以广流布，而未暇也。今观方季申此本，雠正精密，辨订详博，其用力勤矣。……<u>又季申所谓谢本，则绍兴甲戌、乙亥之间予官温陵，谢公弟如晦之子景英为舶司属官，尝于其几间见之。</u>盖用天台印本剪裂粘缀，依陈后山本别为次序，而卷首款以"建炎奉使"之印。因读其《送陈秀才序》一篇"则何不信之有"句内，辄用丹笔围去"不"字，初甚骇之，再加寻绎，乃知必去此字然后一篇首尾始复贯通。盖传袭之误久矣，读者虽亦微觉其硋，而未暇深究也。常窃识之，以验他本，皆不其然。此本虽精，亦复不见，岂季申读时便文纵口，尚不免小有遗脱？将所见者非其真本，先传校者已失此字也耶？绍熙壬子孟夏，病中偶记其后。（第1145册，第723页）

卷八十九

直秘阁赠朝议大夫范公神道碑

绍兴之初，天子痛念宗社阽危之辱久而未报，癏瘝俊杰，以图事功。既得赵忠简公、张忠献公而相之，又俾两公博求天下之英材以备官使。于是忠贤毕集，谠言日进，国以大竞，仇敌詟焉。其后两公相继去位，秦桧遂以讲和误国，胁主擅权，一时诸贤率以异议摈逐。二十年间，堙厄沦谢。其幸及桧死，复见收用者什不二三，然亦往往迟暮奄忽，而不及究其所为矣。呜呼，此岂独士之不幸也哉！若故直秘阁范公，则其一人已。<u>公讳如圭，字伯达，建州建阳县人。</u>……遂留陈公决定大计，即日下诏，以普安郡王为皇子，进封建王。因复起公知泉州，公辞不得请而行。既至，举大体，尽下情，择丞史任之，郡以大治。蠲属县负课久不能偿者什三四，度其力而宽与之期。县感公诚意，输将惟谨，财用以纾。<u>泉地濒海通商，民物繁夥，风俗错杂，而经用常不足，人始以公不更治民理财为忧。至是，乃大服。南外宗官寄治郡中，挟势为暴，前守不敢诘。至夺贾人浮海巨舰，其人诉于州、于舶司者三年不得直。</u>占役禁兵以百数，复盗煮海之利，乱产盐法，为民病苦。公皆以法义正之，则大沮恨，密为浸润以去公，遂以中旨罢公领祠如故。邦人涕慕。欲相与号诉于朝。公禁之不得行、遂邵武僦舍以居。门巷萧然。士大夫益高仰之。远近学者多从质问经子疑义，公亦孜孜引接，朝夕不倦。属疾，移书政府旧交告诀，语不及私，惟以中原未复，民力未苏，遗贤未用为寄。戒诸子强学，且毋得用浮屠法治吾丧。以绍兴庚辰六月十八卒，享年五十有九。……（第1146册，第87～90页）

卷九十四

陈君廉夫圹志

<u>陈廉夫，名址，莆田人，故少师、观文殿大学士、赠太保、魏国正献公之孙，今朝请大夫、新提举福建路市舶实师是①之子。</u>厚重明敏，自幼即有志于学，正献公奇爱之。用致仕恩，奏授承奉郎，转承事郎，差监镇江府户部大军仓。未赴，丁母忧，再调监泉州南安县盐税。庆元三年七月二十有二日卒，享年二十有八。娶兵部侍郎岳公霖之女，女子一人。师是将以庆元四年十一月三日祔廉夫龙汲山正献公大坟之右，以其尝学于余也，使来谒铭。余以老病，久废笔札，亦悲廉夫之贤而不克就其志也，不能文，姑记其实，请刻石纳圹中。十月己卯既望，新安朱熹记。（第1146册，第220页）

---

① 陈实（1143—1212年），字师是，陈廉夫之父，莆田县白湖（今莆田市城厢区阔口村）人。陈俊卿长子。朱熹门人，淳熙十年冬，与弟陈守、陈定、陈宓、陈宿皆抠衣执弟子礼问学于莆田仰止堂。以父补官，授承务郎。淳熙间任泉州军州事通判，迁干办福建路市舶司公事，历提举广南市舶，福建市舶司提举，嘉定间再任泉州军州事通判，终福建帅司参议官，奉直大夫，封开国男，赐金紫服。卒后与夫人方氏合葬于正献公（陈俊卿）墓左。

卷九十八　行状

朝奉大夫直秘阁主管建宁府武夷山冲佑观傅公行状

本贯孟州济源县。曾祖君俞，故任通直郎，知京兆府奉天县事，赠正奉大夫。曾祖妣张氏，赠硕人。

祖裕之，故任朝议大夫，主管南京鸿庆宫济源县开国男，食邑三百户。祖妣钱氏，封恭人。

父察，故任朝散郎，尚书吏部员外郎，赠徽猷阁待制，累赠少师，谥忠肃。妣赵氏，封清源郡太夫人，赠秦国夫人。

公讳自得，字安道。其先郓州人。自曾伯祖献简公，以清直仁勇事仁宗、英宗、神宗，历三朝，皆以谏诤有声。在哲宗时遂闻国政。盖始筑草堂于济源之上而家焉。至忠肃公遭靖康之难，实以忠义死国事，其事皆具国史。

公幼颖悟，读书不数过，辄成诵。有至性，生十年而忠肃公薨，哀号思慕若成人。事太夫人爱敬饬备，一举动唯恐失其意。遭乱离，转侧兵间。遇父友、故参知政事陈公与义于岭右。陈公奇爱之，坐之膝，抚其顶曰："长必以文名天下。"因自诵其诗之杰句以诏之。公时虽幼，已悉领解。年十四，赋玉界尺诗，语意警拔，故参知政事李公邴大惊异之，因许归以女。既乃定居泉州，家贫甚，夜燃薪自照，与兄弟读书或至达旦，遂博通六经诸史百家之言，下笔为文辄数千言。……临漳公帑岁时，例外致馈守贰甚厚，公独不以一钱入门，悉储于外，以给宾客之费，比去，计所不取，盖余千缗。通判泉州事，公居泉久及贰郡事，洗手奉公，无毫发私，且熟知民俗利病，部使者多委以事。转运司尝欲榷郡酒沽，公格弗，下吏白恐获辜，公曰："泉人中产之家仰是，以给者十室而五是，决不可行。若辈徒欲行文书，因取赂于酒家耳。"乃私以书条利害于使者，事竟寝。有贾胡建层楼于郡庠之前，士子以为病，言之，郡贾资巨万，上下俱受赂，莫肯谁何，乃群诉于部。使者请以属公，使者为下其书。公曰："是化外人，法不当城居。"立戒兵官即日撤之，而后以当撤报，使者亦不说，然以公理直，不敢问也。受代造朝，民争遮道以送。有金户齐民探其怀，出金十两以献公曰："某为金户郡官，买金无艺，且多不偿直，独公未尝市分毫为赐厚矣。此乃丹药所化，为杯器食饮，当益人，故敢以寿公，而非敢以为献也。"公笑却之。差知兴化军事。兴化素号难治，前守听讼，或继以烛，事犹有不决者。公剖决如流，廷无滞讼，发奸摘伏，猾吏束手。日未午棠阴，无一迹矣。于是乃以暇日延礼邦人士大夫之贤者，相与从容赋诗饮酒为乐，而郡以大治。

初，秦丞相桧以公忠臣子，年少能自力学问，有文词，通吏事，遇之甚厚。然亦疑其刚果负气，终不为己用，故虽使之连佐两郡，然皆铨格所当得，召试博学宏辞科，又已奏名，而故黜之。及泉代归，乃间语公曰："故事三丞，得通用荫补人，而丞宗正者，例以玉牒奏篇，得为郎，况公之文，今从臣中名能文者所不及，顾公太刚耳，盍亦思少自贬乎？"公默喻其意，然以太夫人春秋高，且乐居闽中，不肯远适，乃力请便郡归养。秦丞相以是始怒，而其党又或阴中公以为有顾望，持两端意，以故是时公资序已应典州而仅得莆阳军全以归，然公亦既朝辞而行有日矣。会通判衢州汪召锡者，告前知泉州赵令衿诽谤，且有及丞相语。台谏徐嘉等交章论奏，事下廷尉，秦丞相因以上旨，命公体究令衿在泉时纳贿事。公以尝同官辞，丞相不可。是时丞相权震天下，一忤其意，家立碎。公念前已有小隙，今又力辞，必重得祸贻太夫人忧，意不能不少回惑，乃不得已奉命以行。至泉，按事十得一二即不复穷竟，然犹虑不免为异时之累，则见故枢密黄公祖舜而问焉。黄公曰："事端幸不自我加之，以恕可也。"尉然其计。既上其事，又为请得毋更置狱。会延尉狱成，令衿已坐谴，奏上，不过追纳所受金而已。方事作时，<u>户部曹泳</u>①、刑部韩仲通实主之。两曹符檄日四五至，督趣甚峻。已而，秦丞相死，泳被逐；仲通恐祸及己，乃以体究劾公。朝廷亦知非公首事，姑下公置对，而仲通章再上，遂罢公郡事。公在郡不半岁，罢去之日。父老邀遮涕泣，其贤士大夫有追路越境持公恸哭而别者。后两年，谏官挟旧怨，复以前事为言，遂夺公官，徙融州为民。……<u>泉州两税外，复科宗子米，岁岁增广，民不堪命。郡太守若周公葵、王公十朋</u>，皆尝请罢之，弗果行。公力以为言，得旨，户部给度牒转运司移他郡钱，俾之和籴而禁其科扰，泉民感公恩，生祠之。……<u>复为福建路转运副使。公所临郡县，小有水旱，必以闻。至是，泉州大旱，而守利督租，讳之。公奏请募海舟广籴以助民食，由是，米不翔贵。</u>……

前居丧哀毁，得脾疾，至是益侵，然犹日诵书数卷。既病则屏却药饵，独饮水以待终。一日，忽召所善前昭武守黄君维之新、新安守石君起宗，置酒卧内，与诀，既而剧谈诙笑，歌呼如常时。翌日遂不起。时淳熙十年秋八月也，年六十有八。积官朝奉大夫。其配李氏有贤德，先公三十余年卒，今赠安人。子男五人：伯寿，朝请郎，权知道州军州事；伯成，宣教郎，新知福州闽清县事；伯祥，将仕郎，卒；伯瑞，迪功郎，新漳州龙溪县尉；伯拱，业进士，当以公致仕恩补官。女四人：长适承郎知潮阳县丞李说；次适进士李申之继

---

① 曹泳，曾任福建市舶提举。

室,以其季俱早卒;次适进士黄知白。孙男五人:充业进士,育良尚幼。余未名孙女六人,长及嫁,余尚幼。……

伯寿、伯成皆及太夫人无恙时登进士第。伯寿复中词科,而公晚岁始自次辑其文,定为三十有二卷,藏于家。今伯寿等将以明年七月丁酉葬公于泉州南安县唐兴乡田丰里之云台山。以熹尝以先人之旧,辱公知顾甚厚见,使状公行事以请志铭,图永久。

熹窃惟公孝友之行,洁廉之操,精敏之识,雅健之文,皆足以高一世,而其吏事方略亦复过人远甚,盖不厉威猛而人自畏服。不为一时小惠以干虚誉,而其去思遗爱愈久愈深。独以蚤年未能深自晦匿,不幸见知权臣,辟咎得凶,遂以中废。然当时识者固有以知其非公所欲。其后诵言于朝,白公无罪者,又多一时正人庄士。且明天子亦既起公而任使之矣。而自比年来殊无他端,及复重以前事横遭口语,乍起乍仆以没其身,既不得尽志竭才以布宣仁圣之德泽于远迩,而其寿命又不得究于高年,是则岂不有命也夫!

故既历叙其世家行事之详,而复具论其本末大致如此。伏惟当世立言之君子幸赐采择,以垂永世。谨状。

淳熙十年十二月日具位朱熹状。(第1146册,第353~362页)

《影印文渊阁四库全书》,台湾商务印书馆,1986年

(宋)朱彧撰,《萍洲可谈》

卷二

广泉明杭州皆设市舶司

广州市舶司旧制:帅臣漕使领提举市舶事,祖宗时谓之市舶使。<u>福建路泉州,两浙路明州、杭州,皆傍海,亦有市舶司</u>。崇宁初,三路各置提举市舶官,三方唯广最盛,官吏或侵渔,则商人就易处,故三方亦迭盛衰。<u>朝廷尝并泉州舶船令就广,商人或不便之</u>。(第132页)

甲令:海舶大者数百人,小者百余人,以巨商为纲首、副纲首、杂事,市舶司给朱记,许用笞治其徒,有死亡者籍其财。商人言船大人众则敢往,海外多盗贼,且掠非诣其国者,如诣占城,或失路误入真腊,则尽没其舶货,缚北人卖之,云:"尔本不来此间。"外国虽无商税,而诛求,谓之献送,不论货物多寡,一例责之,故不利小舶也。舶船深阔各数十丈,商人分占贮货,人得数尺许,下以贮物,夜卧其上。货多陶器,大小相套,无少隙地。海中不畏风涛,

唯惧靠阁,谓之"凑浅",则不复可脱。船忽发漏,既不可入治,令鬼奴持刀絮自外补之,鬼奴善游,入水不瞑。舟师识地理,夜则观星,昼则观日,阴晦观指南针,或以十丈绳钩,取海底泥嗅之,便知所至。海中无雨,凡有雨则近山矣。商人言舶船遇无风时,海水如鉴。舟人捕鱼,用大钩如臂,缚一鸡鹜为饵,使大鱼吞之,随其行半日方困,稍近之,又半日,方可取,忽遇风,则弃。或取得大鱼不可食,剖腹求所吞小鱼可食,一腹不下数十枚,枚数十斤。海大鱼每随舶上下,凡投物无不啖。舟人病者忌死于舟中,往往气未绝便卷以重席,投水中,欲其遽沉,用数瓦罐贮水缚席间,才投入,群鱼并席吞去,竟不少沉。有锯鲨长百十丈,鼻骨如锯,遇舶船,横截断之如拉朽尔。舶行海中,忽远视枯木山积,舟师疑此处旧无山,则蛟龙也,乃断发取鱼鳞骨同焚,稍稍没水中。凡此皆危急,多不得脱。商人重番僧,云度海危难祷之,则见于空中,无不获济,至广州饭僧设供,谓之"罗汉斋"。(第133~134页)

李伟国点校,《萍洲可谈》,中华书局,2007年

(三)元 代

(元)程端礼撰,《畏斋集》

卷五

监抽庆元市舶右丞资德约苏穆尔公去思碑

至正三年冬,资德大夫江浙等处行中书省右丞约苏穆尔公监抽庆元市舶。既去郡,耆老述舶户王良臣之言曰:"良臣等为舶户有年,监抽官之廉明革弊,未见如公者,实德在人弗能忘,愿有所纪,刻之贞石,以式来者。"<u>谨按:国朝因唐宋于庆元、泉、广建市舶司,设提举官,酌古今之宜,颁舶法二十有二条,抽分省官亲临,具有定制。惟是近年或委他官,选择未精,法外生弊,舶户病之</u>。洪惟今上龙御,内外任官,惟贤惟才,大纲小纪,惟监成宪,重熙累洽太平之功格于皇天。乃二年十一月,预以蕃舶回帆,申命行省,而我公实来。……《易》曰:"理财正辞,禁民为非曰义。"<u>惟舶人通道九夷,凭国威灵,必戒生事,中国所宝,必截其出,是曰禁非;征商薄入,曰与曰取,是曰正辞。理财之义,既详诸法,以义为利,可为尽善。自非大人君子,克畏四知,目眩珍货,鲜不动心。矧其远涉鲸波,往以岁计,疫寇不虞,捐生易利,期偿称贷,何忍法外捃摭而取之乎?故任法任人,兼在所重,宜简上心也</u>。昔唐

蕃舶至广,有下碇之税,有阅货之宴,犀珠磊落,赂及僮仆。后以孔戣之廉,自右丞出镇,一切革之。韩子纪其事。今公亦以右丞来革庆元之弊,岂偶然哉!惜余笔力之不称也。既为书之,且为颂诗三章,俾舶人歌之,以相举棹云。颂曰:元德配天,奄有所覆。不宝远物,民康是富。圣子神孙,克类克承。太平之功,昭格天明。昭格天明,笃生贤才。永肩一心,邦基是培。天子之仁,矜我贾人。理财之义,相臣克勤。相臣克勤,为德为民。启沃作霖,亟秉国钧。海不扬波,越裳入贡。天子万年,郊薮麟凤。

(第1199册,第690～691页)

《影印文渊阁四库全书》,台湾商务印书馆,1986年

(元)戴良撰,《九灵山房集》

卷二十三　墓志铭

元中顺大夫秘书监丞陈君墓志铭

元有循吏曰陈君文昭,而今亡矣。其孤汝贤,持乌本良先生状来言于予曰:"先人卒且葬,不肖嗣以岁之不易,未及征铭于当世立言君子。凛乎先德之日就泯没是惧,惟夫子图之。"乃退考其状,及所尝知者,序列而铭诸。君讳麟,文昭字也。其先阆人。有讳叟者,与其弟尧佐、尧咨,俱迁相州。尧叟之后为闽王参军记室,子孙散居闽之福清。后又自福清徙温,遂占籍焉。曾大父杰,大父楠,皆隐居以终。父㻞,泉州市舶司吏目,以君贵,赠承事郎、同知温州路瑞安州事。母毛氏,赠宜人。君天质警敏,自幼躬孝践行,屹然如成人。瑞安公有疾,君侍汤药,不解带者十有四月。……

(第1219册,第513页)

《影印文渊阁四库全书》,台湾商务印书馆,1986年

(元)方回撰,《桐江集》

卷五

平爪哇露布

臣等言,虞格三苗,终致三危之窜;周重九译,犹严九伐之诛。盖帝王文

柔而武刚,如天地春生而秋杀。岛夷卉服,蠢尔何辜;狼子野心,刑兹无赦。……系古之阇婆,即今之爪哇。今之占城,即古之林邑。恃其险远,肆厥诪张。言语不通,嗜欲不同,近尾闾之所泄;日月所照,霜露所坠,在职方而有图。昔入贡于汴京,尝见书于宋史。大元出庶物,罔度索之不来;中国有圣人,岂覆盆而莫睹。越犬吠雪,井蛙小天。劫掠番商,胁从邻壤云云。……<u>臣等参预戎行,奉扬庙算。养威浙右,博询水道之详;誓众泉南,小俟风师之便。百贾舞而郊迎,三军喜而棹歌。忠肝义胆,眇视鲸波,乱领妖腰,迄移蚁穴。由橄榄屿而遇斗蜞屿,自昆仑洋而放沙磨洋。</u>……今则伪爪哇国王某者,莫由困斗,迄用生擒。蕞尔腥臊,何足献诸庙社?延其喘息,谨用归于京师。已惩艾于独夫,徐抚存其余众。皇威远畅,僻壤丕平。以难为易,克成厥勋;自古及今,未闻此事。稻粱粟米,仅有粮之可因;犀角珠玑,曾何货之足取?俾怀德而畏力,亦取乱以侮亡。瘴雾醒甦,飓风帖息。……臣弼等无任庆快激切屏营之至,谨差某官奉露布以闻。臣弼等言。

(第7册,第17~18页)

卷六

乙亥前上书本末

三曰贪,太祖革乱,贪吏罪至弃市,四海遂定。自有天地以来,未有如似道之贪者,则安得不败人之国。<u>泉之诸蒲为贩舶作三十年,岁一千万而五其息,每以胡椒八百斛为不足道,殿岁所入,四六分张,范文虎、陈奕以是深怨之。</u>(第7册,第474页)

李修生主编,《全元文》,江苏古籍出版社,1999年

(元)方回撰,《桐江续集》

卷二十六

为张都目益题爪哇王后将相图

阇婆之国古来有,其人裸体蓬厥首。后来改号作爪哇,君僭称王妻僭后。跣足露乳布缠腰,往往自妍不知丑。千岛万岛南海南,谓远无虞险可守。成周通道八蛮朝,旅獒越裳孰敢后?真腊彭亨皆入贡,巴尚答洽尔独否。壬辰腊月明日望,三平章往命招诱。<u>泉州出门七州洋,飞樯舞帆朔风吼。</u>五旬有余至其境,惊禽骇兽破胆走。前主初丧后主立,国乱未定内掣

肘。生擒瞎直吃当王,癸巳三月之十九。先降土汉必者牙,水陆引道分左右。继获昔剌小大子,□□留屯岂容久?所俘病亡或逋逃,穷则反噬如野□。□秋班师会占城,诸国降表肯相受。梢工满载槟榔果,征夫烂醉椰子酒。生金铜钱暨百宝,搜山讨掳恣意取。蜻蜓虾蟹玳瑁螺,芭蕉豆蔻皆可口。风俗可怪亦可怜,食无匕箸但用手。生年月日都不记,淫乱混杂忘牝牡。得此诗料告者谁?滕良伯父乃吾友。我赋长篇当凯歌,甘誓胤征同不朽。(第1193册,第561页)

卷二十九

爱莲堂双莲赋(为泉州市舶唐提举伯荣赋)

天地始判,太极两仪,曰一生二,老氏讲之。凡厥草木,始生之时,一芽两叶,一核二枝。丰年之瑞,民乃无饥。乃一稻而二穗,乃一麦而两岐。一花而结双梅,加以鸳鸯之号。一笋而挺双,竹夸夫鸾凤之姿。……我独不然,削治刊腻。娥皇女英,弗取为比。而况于二赵二乔之琐尾者乎,故专以大丈夫赋兹莲,不然则何以谓之花君子。(第1193册,第606页)

《影印文渊阁四库全书》,台湾商务印书馆,1986年

(元)龚璛撰,《存悔斋稿》

送钱仲昭任永春簿

紫帽云横天宇高,掀髯为我拂征袍。瘴乡处处槟榔唾,番市年年翡翠毛。王化本随沧海阔,县官常念远民劳。极知簿领非能事,试看廉台旧掾曹。(第1199册,第325页)

《影印文渊阁四库全书》,台湾商务印书馆,1986年

(元)贡师泰撰,《玩斋集》

卷九

四明慈济寺碑

慈济寺在明城之东,鄞江之上,故泉州德化县尹扬侯秀为乾符观主太虚容法师创建者也。侯郡人,仕宋为监舶官。入国朝,尝使暹人以其主来朝。当涉海时,风猛涛怒,舟几覆。侯于恍惚中,若有见观音大士者,因得无害。

归而图所以报祠焉,闻容公东南硕师,遂往谋之。师曰:"明之山,东玉几峰为阿育王舍利之藏,又东补怛洛伽山为观音示现之地。朝廷岁遣使礼祠两山,而王公僧俗,川浮陆走,以祷以禳者,常肩摩而踵接。侯果能即其地之冲创寺,以为延接之所,则报无逾此者"。侯曰:"信然,非师不可。"乃买地,度材用,创兹寺。前建大殿,后辟方丈,三门两庑,丹膲辉映。而正观之堂,栖禅之室,庖湢库庚,亦莫不次第兴举矣。至大二年,上之朝,始被今额,赐玺书加护,仍号师净妙慈行真辨圆悟法师,俾其徒甲乙为之主。于是四方礼祠两山者,有所归焉。初,寺之兴也,地濒焉卤,食饮苦之。一日,行寺之东偏,曰:"此宜有伏流。"购其地凿之,果得泉甘美,虽大旱不竭。他日,又将即泉之北创归寂之塔。众谓:"泉南大樟,能出光怪,里人方神之,惧兴作有犯。"师笑曰:"吾已示之矣。"其夕,天童云外岫公泊舟树下,梦老人求诗,谢去。明年,师寿七十,召其徒法言、可贵曰:"我佛世尊教从闻中入流亡所,遂得空灭,我何以即解脱乎?"复执可贵手曰:"汝父儒者,生女时,梦两老禅至。老禅,宗门魁硕也。汝今为我弟子,岂偶然哉?凡我所未了者,其在汝乎!"言已,趺坐而逝。众既奉师全身归诸泉北之塔,而传其业于言。言居十年,赖以不坠。及贵继之,焦心劳思,务承师志。间顾谓其徒曰:"昔者寺址甚隘,亩不逾七,今以众檀那力已倍之矣。昔者田入之数仅二百亩,而象山涂田又辄坏于水,今幸成堤,亦已倍之矣。独庄严象设未备,桃花渡新庵,欲创而未能,其何以卒吾业、广吾施乎?"未几,有弟子普光者归自江淮,得设色雕塑之艺。延即大殿,立观世音大士像,涂以黄金,络以众宝,幡幢华盖,亦既完好。会宣慰使李公允中、谔勒哲图公来视政,首谒兹山,曰:"吾闻贵上人将创庵海滨,以广延接,此其人行甚高,宜有以助之。"乃相率捐金,力倡其成,且名其庵"普济"。然后规制恢拓,栋宇宏丽,钟鱼铙鼓之音,香花灯烛之供,与东南诸大招提颉颃上下,而其所谓发菩提心、入三摩地者,邦人士益知所礼矣!至正戊戌冬,予以分部董漕闽广使过甬东,止宿寺之方丈。上人款予甚厚,将别,执书一卷,若有所请而不言。问之,则状其寺之始末,以求记于予也。予既序次其事,而复为之叹曰:"扬侯以孤身远涉,能致遏臣之朝;容公以硕德峻行,能起扬侯之敬;而言也、贵也又能即空捐有,以获殊胜,上为天子祝厘,下为民庶锡福,使愈久而愈大,亦何其教之盛而信之笃耶!予于是重有感矣!"铭曰:大海渤澥,蛟龙窟穴。狂飙鼓之,颠倒日月。扬侯使遏,摧樯折帆。被发一呼,风平浪恬。惟大悲力,是名菩萨。圆通出现,有难斯脱。归谋容公,慈济作宫。白衣金色,鄞江之东。王侯士民,其来什伯。天子曰都,锡尔今额。有隆其栋,有觉其楹。宝幢珠翠,钟鼓铿鍧。曰言曰贵,惟容之继。且报且祈,庶广慈济。慈我之寓,济我之航。以二者心,普施十方。补祖洛伽,玉几阿育。神光咫尺,即我身毒。即我身毒,永祜南服。永祜南服,为天子祝。何千万年,无量寿福。(第 1215 册,第 683 页)

卷十

福建道都元帅府奏差潘积中墓志铭

华亭潘叔宽,间携其孙立本泣拜请曰:"洪止一子世英,为福建道都元帅府奏差,不幸死于盗。此其孤也,先生辱赐之铭,则世英为不死矣。"余乡使过吴,闻吴人多称望云翁读书有隐德,又数见其歌诗,及是,乃知望云为叔宽,遂不复辞。按状,君字积中,幼机敏,姆抱侍父侧,闻人议论,辄解意。少长,强力学问,尤喜读史。……海寇作,诸郡分募海舟,兴化户居多。君比行,吏私纵豪家巨舰匿海岛,悉以小渔船应。命君立赏使首,实得大舶二百艘,余尽免放。泉旧有水门,议者虑为寇利,遣军督塞之。商船贪于私税,奸党相和,咸言不便,且密赂君求免。君曰:"水门塞,诚非若等利;不塞,寇由此入,焚室庐,掠妇女、宝货,若等独得安乎?"门塞,泉果无虞。湖兵戍泉者以粮绝致变,郡吏多被贼辱,望见君,曰:"潘奏差在仙游尝善遇我,不汝害也。"城福州,吏私官钱,辄取人墓石,莫敢孰何。君行视城,见石刻某氏者,问,吏具服,尽以石归之,民益感悦。君行事宽厚,大率类此。福宁州余寇未平,复至同安募义兵,航海会捕。有报安溪贼已咋县境,君益治兵,弗为动。后五日,贼突入县廨,君坐不起,手刃骂贼不绝口,遂遇害。至正甲午六月三日也,年三十三。后若干月,以其遗归祔于干山望云台先墓之侧。娶瞿氏,先十年卒。再娶王氏。子一人,即立本,瞿出也。端谨善学,克世其家。余闻:"爵不称德者,其后必大。"若其不在兹乎!铭曰:死也为君,生也为亲。死安于生,宁杀其身。呜呼小臣,而克成仁。墓祠通新,昭兹刻文。(第 1215 册,第 692~693 页)

拾遗

泉州道中

千山落日丹霞北,万里孤城白水南。玉椀霜寒凝紫蔗,金丸露暖熟黄柑。海商到岸才封舶,蕃国朝天亦赐骖。满市珠玑醉歌舞,几人为尔竟沉酣。(第 1215 册,第 729 页)

《影印文渊阁四库全书》,台湾商务印书馆,1986 年

(元)黄溍撰,《黄文献集》

卷九 下

中宪大夫淮东道宣慰副使致仕王公墓志铭

公讳艮,字止善,姓王氏,越之诸暨人。曾大父讳天祐,大父讳一荣,俱弗仕。父讳理,用公贵,累赠朝列大夫、秘书少监、骑都尉,追封太原郡伯。母祝氏、方氏,并追封太原郡君。所生母厉氏,赠宜人。公少受业郡庠,笃行励学,克自植立,每慨然以康济为志。故秘书少监凌公时中为江北淮东道肃政廉访司知事,雅知公,辟为书吏,督办富安场岁课。……调将仕郎,峡州路总管府知事,入江浙行中书省为掾史。会朝廷遣使复立诸市舶司,公从之至泉州。建言若买旧有之船,以付舶商,则费省而工易集,且可绝官吏侵欺掊克之弊。中书报如公言,凡为船六艘,省官钱五十余万缗。……(第30册,第376~377页)

李修生主编,《全元文》,江苏古籍出版社,1999年

(元)黄溍撰,《金华黄先生文集》

卷二三

元故正议大夫卫辉路总管兼本路诸军奥鲁总管管内劝农事知河防事卢公行状

公讳景,字彦远,其先出于范阳卢氏。五季之乱,靡有定居。后由郑之河阴徙滑之胙城。自中山府君而上,皆葬胙城之班圣固。岁壬辰,东昌府君仕于开州,因家焉,故今为大名路开州濮阳县人。……行中书省尝委公封舶泉南,秋毫无取。富商大贾咸戴其德,亦为立石于东郊,以颂美之。……至正三年九月二十二日,以疾卒于寓舍,享年六十有一。……(第1463册,第154~158页)

《四部丛刊初编》,商务印书馆,1919年

(元)金元素撰,《寄大兴明寺[①]元明列班》

寺门常锁碧苔深,千载灯传自蒳林。明月在天云在水,世人谁识老师心。(第42册,第381页)

杨镰主编,《全元诗》,中华书局,2013年

(元)李士瞻撰,《经济文集》

卷一　书

与泉南左丞书

小生近自朝廷而来,到此未久,以公事纷纠,未得往谕德音,岂胜怅惋。主上眷念藩臣,赐以尚酝,恩宠有加,德至渥矣。今遣从事官某颁下,达可领也。夫泉南为郡,控带番、广,海舶之所集,珍货之所聚,视七路尤为要冲。比年以来,四方多故,道路梗塞,加以闽省去天万里,僻在海隅,故朝命之及,不能常继。阁下以雄杰之才,为国家右族,虑忠效劳,保守无虞。……某被命来闽,惟盐一事,课额所出,贵处颇多。近知阁下已行陆续起运,不胜忻喜。然凡百利益,更烦从宜处画,比及年终运到,尤为万荷。其一切脚价并依常例拨还。此外彼中但有堪贡之物,如青段之类,烦为出银买过,即便照价酬纳,亦无不可。明年首夏风便,使吾舟先两浙之运,早达直沽,上慰宸衷之望,则阁下之功,当居第一矣。朝廷公论,岂无谓乎?(第1214册,第441页)

卷二　书

与泉州马总管书

二月间得书,甚知为盐事用意,政兹差人管押席縢间,遇彼中事变,遂尔寝阁,后报已装之数,卒成画饼。变后多知足下累发呈省府,请官镇守,此可明足下之心。然其事在前人,罪不可一二计,而同知所运之数,虽有公私一半之名,抑大段亏官害事,有名无实。足下平日以报效自任,今既上无所拘,下无牵掣,正竭忠奉国之日。彼中六分盐课,风汛既误,彼此卒急,俱难变

---

① 大兴明寺为泉州景教教堂。

卖。只须就彼规措从权,变派诸色段匹、布帛、香货、胡椒等物,先行抵对,代办作数,趁四月内解赴福州,通行打角,另项起运入京。余盐就彼顾船运至直沽。此当职提调之事,必容明白告知,便当奉命而行,以图臣子报称之礼。外有历年市舶皆合供上之物,另当作一措划。如此庶以表足下之心,一扫前日之失。且夕到朝廷,当一一为公明之耳。今差提举孙敬,持书并白银十两、棕帽一顶,聊表远意。公文至,可详也。不一。(第1214册,第458~459页)

卷五　记

福建宪司题名记

国家之有宪台,犹天之有北斗。斗为天之喉舌,所以斡元气、平四时而成岁功也。宪台为天子耳目,所以广聪明、旌淑慝以清政本也。洪惟我世祖皇帝,文谟武烈,奄造区夏,立纲陈纪,九有攸同。于是天下立御史台三、风纪之司二十有二,而福建闽海道其一也。道有长有副有佐,及宾属之置,员各有差,纲维之意至矣。闽海去朝廷几万里,其土风之浇庞,山川之险恶,海醢市舶之所集,官残吏蠹,胶固弥深。加以连年兵兴,道路修梗,强梁跋扈之人依势而败度者,又比比。圣天子宵旰怀忧,无远弗届,思得刚方端亮之臣,为斯道之长。既而廉访使恩宁普君,以累任宪台,由本省右丞首膺是选,增秩有加。制下之日,远近竦庆。宪司旧有题名记二,满不可复纪。恩君谋诸僚佐,请更文诸别石。予惟公署题名,盖欲其彰既往,诏方来,俾人得指而议之,为劝戒之助,至公也。吁!可不慎哉!(第1214册,第481~482页)

《影印文渊阁四库全书》,台湾商务印书馆,1986年

(元)刘敏中撰,《中庵集》

卷十六碑三

敕赐资德大夫中书右丞商议福建等处行中书省事
赠荣禄大夫司空景义公布哈尔神道碑铭

有元大德三年冬,十月某日,资德大夫中书右丞商议福建等处行中书省

事布哈尔①薨于京师,诏赐中统宝钞二万余千缗,以驿传负其梓归葬泉州。命有司议赠谥撰墓碑,而其文以命臣敏中。臣谨按礼部事状:公本名萨题世,西域人。西域有城曰哈喇哈达,其先世所居也。远祖徙西洋。<u>西洋地负海,饶货,因世为贾贩以居。父布哈尔得幸西洋主,使与诸弟齿,弟有五人,布哈尔称六弟。</u>俄总领诸部,益贵富,侍妾至三百人,象床、黄金饰称是。布哈尔殁,公克绍其业,王益宠。凡召命惟以父名,故其名不行,而但以父名称焉。圣朝之平宋也,公闻之喜曰:"中国大圣人混一区宇,天下太平矣,盍往归之?"独遣使以方物入贡,极诸环异。自是终岁不绝。复通好亲王阿布、哈斯二邸,凡朝廷二邸之使涉海道恒预为舟柁必济乃已。世祖熟其诚款,至元二十八年赐玺书命某部尚书阿尔班、侍郎拜特穆尔列名往谕,且召之。公益感激乃尽捐其妻孥宗戚故业,独以百人自随偕使入觐。既见,世祖加慰谕赐以锦衣及妻虞之公馆,所以恩遇良渥。圣上嗣位,特授资德大夫中书右丞商议福建等处行中书省事。累赐以巨万计,而宠数益隆矣。至是年来朝,遂以病薨,享年四十有九。……大德四年二月日撰。(第1206册,第133~135页)

《影印文渊阁四库全书》,台湾商务印书馆,1986年

(元)刘仁本撰,《羽庭集》

卷二　七言律诗

中使和卓太御过浙西福建颁赐紫云衣
上尊侑赐紫云衣,中使传宣出禁扉。<u>浙右织坊新制好,泉南番舶旧时非。</u>三千海水程何远,十万粮储贡不违。关陕两军休格斗,江淮有客在京畿。(第1216册,第28~29页)

---

① 布哈尔(1250—1299年),中国元代居华穆斯林官员,西域合刺合底城人。其父是马八儿国(Maabar元代南印度半岛东部伊斯兰王国)国王的六弟。朝鲜《东国通鉴》称其为马八儿王子。布哈尔曾任马八儿国宰相,为沟通元朝与伊儿汗国之间的政治、经济交往做出过积极贡献。后受其伯父们的排斥,于至元二十八年(1291年)来华定居于泉州,受到元世祖忽必烈的保护,授以资德大夫、中书右丞、商议福建等处行中书省事,赏赐巨款,并赐妻蔡氏,生子一人、女二人。布哈尔于大德三年(1299年)奉旨入朝,十月在京城去世。

卷四　七言绝句

闽中女四首

闽中女儿颜色娇,双双鸾凤织鲛绡。织成欲寄番船去,日日江头来候潮。

海南番舶尽回乡,不见侬家薄幸郎。欲向船头问消息,荔枝树下买槟榔。

当时郎着浅番衣,浅番路近便回归。谁知却入深番去,浪逐鸳鸯远水飞。

象犀珠翠海南香,万里归来水路长。薄幸又从何处去,十年海外不思乡。(第1216册,第70页)

《影印文渊阁四库全书》,台湾商务印书馆,1986年

(元)钱惟善撰,《江月松风集》

卷十

送方叔高之泉州南安尉

枳篱茅屋共桑麻,韩偓诗中是县衙。政喜簿书辞帅府,久劳弓剑慰山家。海州风静来犀象,岩洞巢空窜虺蛇。有诏令民皆复业,绕城新植刺桐花。(第1217册,第845页)

《影印文渊阁四库全书》,台湾商务印书馆,1986年

(元)苏天爵编,《元文类》

卷四　乐府歌行

舶上谣(送伯庸以番货事奉使闽浙)　(元)宋本撰

江华江月要才情,多病堪怜马长卿。莫向都门折杨柳,帝乡春色不南行。

琉球真蜡接阇婆,日本辰韩濊貊倭。番船去时遗矴石,年年到处海无波。

朱张死去十年过,海寇凋零海贾多。南风六月到岸酒,花股篙丁奈

乐何。

涌金门外是西湖,堤上垂杨尽姓苏。作得吴趋阿谁唱,小卿坟上露兰枯。

旧时家近黑桥街,三十余年不往来。凭仗使君一问讯,杨梅银杏几回开。(予以至元廿六年出杭,故君东厢隅四条巷旁有桥名黑桥,居有杨梅、银杏二树,在巨井上园)

闽中父老白髭须,老子风流记得无。昔日郎君骑竹马,如今使者驾辂车。(伯庸之先尝仕闽中)

素馨华畔十八娘,炎云瑞露酌天浆。一日供厨三百颗,使君馆券莫支羊。

薰陆胡椒腽肭齐,明珠象齿骇鸡犀。世间莫作珍奇看,解使英防价尽低。

东海澄清南海凉,公厨海错照壶觞。郎君鲞好江瑶脆,水母线明乌贼香。

明年归路蹋阳和,缺胯轻衫剪越罗。春风通惠河头路,还与官家得宝歌。(第1367册,第74~75页)

卷四十　杂著

经世大典序录　(元)赵世延等撰

市舶

皇朝平定江南,幅员既广,贡赋益夥。于是泉州、上海、澉浦、温州、庆元、广东、杭州邻海诸郡与远夷蕃民往复互易。舶货因宋制,细物十分而取一,粗物十五分而取一,以市舶官主之。其发舶、其回帆,必着其所至之地,验其所博之物,给以公文,为之期日。而所入之货,尝以万计,其法至详密矣。或者以损中国无用之资,易远方难制之物为说,而不异夫国家声教绥怀,无远不及之效,孰谓知所当宝者哉!(第1367册,第502页)

《影印文渊阁四库全书》,台湾商务印书馆,1986年

(元)唐元撰,《筠轩集》

卷十二

松江府判致仕吕公墓铭

惟吕氏远求世序,自师尚父始,宋尤盛于蒙正之门,今散处于江浙间者,

皆姜姓所自出也。公讳良弼,字辅之,姓吕氏,世为歙县人。……丞相首领之广济库失陷脑子诸物,管库隶属皆贫人,虽破家鬻妻,亦不能偿。公上言均之卖舶货家,众藉解免。其为浙东帅阃掾史也,从暗都剌宣慰抽分番货于泉州,众所唊利,如饥渴然,公独不为动。从马元帅镇伏倭船于定海,又从众家奴镇倭船于福清。立法博易,夷夏安之。……(第24册,第509~510页)

李修生主编,《全元文》,江苏古籍出版社,1999年

(元)陶宗仪撰,《南村辍耕录》

卷二十三

圣铁

圣铁杭州张存,幼患一目,时称张眼子。忽遇巧匠,为安一磁睛障蔽于上,人皆不能辨其伪。至元丙子后,流寓泉州,起家贩舶。越六年壬午,回杭,自言于蕃中获圣铁一块,厚阔仅及二寸,作法撒沙布地,吟铁于口,刀刃不能伤其身。后传闻既广,有乌马儿奉使来,取试,以铁纳于羊口,笼其首,作法撒沙验之,剑果无所伤。去铁,复挥,应手首落。遂就进呈。(第310~311页)

卷二十七

金果

金果成都府江渎庙前,有树六株,世传自汉唐以来即有之。其树高可五六十丈,围约三四寻。挺直如矢,无他柯干。顶上才生枝叶,若棕榈状,皮如龙鳞,叶如凤尾,实如枣而加大。每岁仲冬,有司具牲馔祭毕,然后采摘,金鼓仪卫迎入公廨,差点医工,以刀逐个剥去青皮,石灰汤焯过,入熬熟。冷蜜浸五七日,漉起控干,再换熟蜜。如此三上四次,却入瓶缶,封贮进献。不如此修制,则生涩不可食。泉州万年枣三株,识者谓即四川金果也。番中名为苦鲁麻枣,盖凤尾蕉也。(第353页)

卷二十八

非程文

各行省乡试,则有人取发解进士姓名一如登科记,锓梓印行,以图少利。至正四年甲申,江浙揭晓后,乃有四六长篇,题曰《非程文》,语与抄白省榜同

时版行,不知何人所造,而路府州县盛传之。语曰:"设科取士,深感圣世之恩,倚公挟私,无奈吏胥之弊。……元孚乃泉南之大贾,挥金不啻于泥沙,许征实云间之富家,纳粟犹同于瓦砾,拔颖之于陋巷,余波有自于杨明,超宋祀于穷途,主意必资于张谊。既正榜之若此,则备选之可知。姑舍前言,更陈余意。屈仲孚于受卷,易经可谓失人。进公甫于考文,麟史大孤众望。不分报赛,叔通岂可与言诗?缪讲进修,孺子乌足以论易?重载连樯之白粲,始谐校艺于青藜。逯信止素乏文才,嗟老夫之已耄。孟天□每称好嘴,奈举业之久疏。大坏士风,难逃舆论。呜呼!天之将丧斯文,实系兴衰之运。士欲致用于国,岂期贡举之私。此非一口之诬谋,实乃众情之公论。用书既往,以警将来。"(第382~384页)

武克忠,尹贵友点校,《南村辍耕录》,齐鲁书社,2007年

(元)王翰撰,《友石山人遗稿》

四库提要

《友石山人遗稿》一卷,元·王翰撰。

<u>翰字用文,其先西夏人。</u>元初从下江淮,授领兵千户,镇庐州,因家焉。翰少袭爵,有能名,累迁江西、福建行省郎中。陈友定留居幕府,敬而禅之。表授潮州路总管,兼督循、梅、惠三州。<u>友定败,浮海抵交趾</u>,不果。屏居永福之观猎山,著黄冠服者十一年。洪武间辟书再至,翰以幼子称托其故人吴海,遂自引决。(第1217册,第128页)

《影印文渊阁四库全书》,台湾商务印书馆,1986年

(元)王礼撰,《麟原后集》

卷十二

平阳王氏世次志

王氏之先,出自周灵王太子晋后,为太原、琅琊二族。太原临于平阳,平阳王氏太原之支也。……某忝同姓,不敢以固陋辞。叙曰:复之先可考者,六世祖讳伯。大宋某年,第进士。积阶至金紫光禄大夫、太师、资政殿大学士,有学有文,人称留耕先生。配姚氏,封永国夫人。继郑氏,封荣国夫人。值国难,太师薨于闽,谥忠文公,葬福宁。子男四人:伯讳积翁,字耕存。元

初内附,授荣禄大夫、江西行省平章政事。政尚简静,寻殁于王事。上嘉其忠,谥忠敏公。赐田三千亩,芦荡一千亩,优其后人。建报恩寺,主其祠事,俾其子都中袭父爵。……永福之子曰让,字仲恭。荫漳州务提领,历闽安高泉巡检、长泰簿、福建盐运司监运,除敦武校尉、上杭簿。娶苏氏,祔葬怀安。子男二人,长即复,荫建宁仓官。历泉州市舶库提领,侯官务大使、福州路录判,而世易矣。……某故为著述平阳《王氏世次志》一通,俾藏于家,使后之览者,重本原之思,怀笏组之旧。力学以发其身,作善以亢其宗。异日将门有将,相门有相,不在兹乎?不在兹乎?"(第1120册,第557页)

《影印文渊阁四库全书》,台湾商务印书馆,1986年

(元)王义山撰,《稼村类稿》

卷十三

香山居士传

居士姓占,其先占城国人也。所至,其名香。尝随海船至五羊,与贾人交最密。其族党甚繁,居于泉者,如五羊之盛。居高者,因姓高。居雷化者,皆其支派也。号琼者,尤有声价。若沉、若檀、若木者以医名。人有疾,招致之,善治气辄效。与姓蒻、姓丁者皆其类。居零陵者,非同谱也。(第3册,第167页)

李修生主编,《全元文》,江苏古籍出版社,1999年

(元)王恽撰,《秋涧集》

卷五十五

大元故中顺大夫徽州路总管兼管内劝农事王公神道碑铭(并序)

上登极之二载,诏以前泉州路德管中顺王公作尹于徽,制下而公已卒,士论慨叹,惜其备具文武才,未究于用也。明年春正月,嗣子谦持太史属王德渊所撰善状,百拜来请铭。自惟识公,始用情交,终以义合。至元庚寅岁,邂逅于瓯闽,后二年,予入翰林,公亦终更来燕,玉堂多暇,日夕从游,诩诩相得,校夫三十年间,会晤虽数,在京师为最洽。公今已矣,铭其墓宜莫予若。公讳道,字之问,姓王氏,其先为京兆终南县人,世将家。……廿四年,授中

顺大夫,泉州路总管兼府尹。泉据南海津会,豪侩吏商假权贵声势,日凌轹请索,紊大府纪纲,牟取众利,公折以理,拒以威,辄落其机牙,束手噤语而去,公堂为肃然。……维闽之南大府泉,畀公抚循面则专。锄薙强梗安茕鳏,风帆踔海鱼龙翻。万货山积来诸番,晋江控扼实要关。势取豪索非一端,不动声气为周旋。安溪有盗势结盘,撞搪呼号动百千。公然剽窃三十年,为一郡患何迨遭。公来约束无妄干,老熊当道百兽跧。一旦解刀耕垄间,溪山淡淡风日闲。帅得其人人自安,如君两除称衡铨。幕府坐啸鸣化絃,简节疏目政猛宽。四载终更公孰贤,王尊虞诩相后先。千年神剑埋山原,郁郁夜气生紫烟。何以验之石有镌!（第1200册,第732~734页）

《影印文渊阁四库全书》,台湾商务印书馆,1986年

（元）吴澄撰,《吴文正集》

卷二十八

送姜曼乡赴泉州路录事序

泉,七闽之都会也。番货远物、异宝奇玩之所渊薮,殊方别域,富商巨贾之所窟宅,号为天下最。其民往往机巧趋利,能喻于义者鲜矣,而近年为尤甚。盖非自初而然也。……泉之人有土著,有侨寓,大概没溺于利而罔或以义理淑其心。倘能以常丞相之化一道者化一郡之民,使之人人知学,虽未能离乎殖货者,亦不知没溺之深。则非但民风丕变而易治,当今进士科取士不限以疆界,不拘以种类,皆可以得大用,将见泉之民以进士发身如欧阳詹者数十百,进而羽仪乎天朝,其视终身没溺于货利者,相去岂不万万哉！曼卿不能以专行,岂无贤太守如常丞相之弘度高识者？其以予说告之。（第14册,第155~156页）

李修生主编,《全元文》,江苏古籍出版社,1999年

（元）吴海撰,《闻过斋集》

卷三

知止轩记

天下之福,恒生于无欲,而祸每起于贪。贪者无厌,无厌则不知止,不知

止故祸必恒随之。然自古及今，相接于目前而不戒，岂人情不安福、乐得祸哉？由不能止其贪耳。邑人某，年少为郡府吏，有能声。一旦，忽然悟曰："吾亲老不能养，顾为是复役乎？"即弃之，去郭南三十里居焉。疏圃凿池，田园自适。又创小轩，以时燕息，环植花卉奇果，设几案琴书笔砚，客至焚香烹茶酌酒赋诗为娱。友人名其轩曰"知止"。予旧识某，比年因临川傅德谦，往来益熟。暇日至轩中，某请曰："愿得先生一言。"予曰："诺哉。"世之言知止者，多诵而不能行者也。子能行之，则以名轩可哉。夫富之与贵，人孰不欲，而有命焉。<u>乌可贪天以求必得，而不得则慊乎！珠玑象犀，兼金大贝，产于海外番夷之国，去中国数万里，舟行千日而后始至，风涛之与凌，蛟龙之与争，嗜利者必之焉，幸而一遂，可以富矣。而不止也，幸而再遂，则大富。又幸而又再遂，则不胜其富矣。而不止，樯橹折拉于浩洋之中，骨肉充委于鱼鼋之腹，故无待乎止矣。</u>……（第1217册，第192页）

卷五

故翰林直学士奉议大夫知制诰同修国史林公行状

曾祖炎发。祖君泽，赠承事郎、温州路平阳州判官。父士霆，承事郎、兴化路录事判官，赠中顺大夫、浙东道宣慰副使、上骑都尉、西河郡开国伯。<u>公讳泉生，字清源。先世居莆田莆马洋，徙永福章山，族既聚，因氏其地曰林屿。</u>……<u>除泉州府经历。</u>民负酒榷不能输，械囚竟二三岁，有死者。公至，即命出之。太守不可，公曰："是终无可偿，囚之徒无益。某请任其责，无烦太守也。"舶商每岁酿各千石，一日悉召至，谓曰："君曹素酿不榷。今贫民负榷不能酬，若一为偿之，不然，当受榷。"于是舶商即代偿前负，榷者填门拜泣。……（第54册，第269~270页）

卷七

琴赞

元统甲戌，予以十金质一太古琴，名曰霜钟。其声清以亮，韵以辨，自然以安，超然而远闻。……<u>霜钟本泉州某家世器。至治间，里有苏某者善审音，因商于泉，一见而奇之，以番物直百金易之以归，甚宝之。</u>后家贫，其子以质十金于予，予复宝之。三年而赎归，持价尚五十金。又数年，家益贫，遂十五金货之，予亦不能复售也。因赞霜钟，漫记其事。（第54册，第262页）

李修生主编，《全元文》，江苏古籍出版社，1999年

（元）姚桐寿撰，《乐郊私语》

市舶抽分[①]

澉浦市舶司，前代不设，惟宋嘉定间，置有骑都尉监本镇及鲍郎盐课耳。国朝至元三十年，以留梦炎议置市舶司。初议番舶货物，十五抽一，惟泉州三十取一，用为定制。然近年长吏巡徼，上下求索，孔窦百出。每番船一至，则众皆欢呼曰："亟治！厢廪家当来矣！"至什一取之，犹为未足。昨年番人愤愤，至露刃相杀，市舶勾当死者三人。主者隐匿，不敢以闻。射利无厌，开衅海外，此最为本州一大后患也。（第1040册，第403页）

《影印文渊阁四库全书》，台湾商务印书馆，1986年

（元）姚燧撰，《牧庵集》

卷十三　神道碑

高昌忠惠王神道碑

上畋柳林二月六日，丞相臣大都、平章臣扎兰、宣徽使臣拜达实克。御史中丞臣布延、直侍行殿丞相臣托克托。丞相臣图沁特穆尔奏：金紫光禄大夫、遥授右丞相、宣政使、徽政使臣阿拉克布哈言，臣伏自去年言念祖考往事列圣，尝著微劳，妄干威颜，请褒幽隧，圣量含弘，曲赐允俞，为降诰命，追赠臣祖考布尔噶推诚赞治功臣、仪同三司、大傅、昌国庄愍公，考银青荣禄大夫、平章军国重事、宣政使、翰林学士承旨、领泉府司事达实密，推忠益国辅治功臣、开府仪同三司、太师、上柱国、高昌忠惠王……后二年，蒙克萨勒卒，领中书省，终宪庙世，权宠不移。四子，长故湖广行省丞相额森布，次故御史中丞茂巴尔，次王，季四川行省平章布哈特穆尔。王自幼事世祖，初与令太师淇阳王伊彻察喇同掌奏记，后独掌第一宿卫奏记，兼监鄂拓克总管府，持为国假贷权，岁出入恒数十万定缗，月取子八厘，实轻民间缗取三分者，几四分三与海舶市诸蕃者。兼户部尚书、内八府宰相，如马湩、酹郊、燔肉、告神皆大祀也，惟王司之。又诸臣丧疾，可通籍入与否，必是焉白。诏凡祀厘金帛，惟视其署，有司始给。十八年，升总管府为泉府司。丞相哈喇哈逊尝奏

[①]　篇名为编者所加，以方便索引。

罢之。二十有五年，王请复之。……大德三年，兼翰林院学士承旨，领泉府司事。最其赐赉，珠衣、宝带、海东青、鹘、白鹰及豹，出中帑外坊者，月异而岁新之，不次计。以大德八年七月二十有五日薨，享年五十七，葬狼山水峪。……铭曰：人臣之位，等绝数异；进爵及王，为世极致。嗟王生臣，祖宗两朝；禁近身居，茧声远遥。帝崇象教，王使宣政；九有祝发，竭蹙听命。王在泉府，舶交诸蕃；匪利货还，来远志存。疆场云扰，王每从讨；险阻践逾，帝躬是保。斯皆其外，人所易知。毗赞于中，谁悉密微。其悉密微，独今皇上。哀其没世，大贲立壤。异姓而王，胙之高昌。潜德由斯！龟负螭挐，碑是贲道。填金载铭，天子之诏。（第1201册，第523页）

卷十六　神道碑

荣禄大夫福建等处行中书省平章政事大司农史公神道碑

公祎燿，字兊卿。曾祖秉直，当岁癸酉，太祖加兵于金，率焦岱乡民万人迎降燕郊，官以行六部尚书。……高丽王遣周侍郎浮海来商，有司求比泉、广市舶，十取其三，公曰："王于属为副车，且内附久，岂可下同海外不臣之国，惟如令三十税一。"……（第1201册，第566页）

《影印文渊阁四库全书》，台湾商务印书馆，1986年

（元）虞集撰，《道园学古录》

卷一

送李彦方闽宪

七闽去天远，颠连苦无告。牧人受深寄，昧者覆为暴。犀象杂金贝，饥渴剧饫膏。大言相鄙夷，餍夺心自狡。岂无循廉吏，实病黑白挠。聪明属疏觟，听荧资所到。李侯金闺彦，图史擅雠校。晨闻大夫奏，夕理武夷棹。君子慎修职，宁适丰廪稍。蕉荔甘多毒，姜桂老堪茇。所怀延平翁，扬休似明道。授受有源委，精微足深讨。言立圣如在，表正愚可造。师匠久不兴，真妄如枘凿。云何消支离，肆诞长凶傲。异言古所诛，末学足深悼。闽虽在海隅，前闻此渊奥。正谊从简编，良俗宜善导。赠言不及他，持此永为好。（第1207册，第11～12页）

卷十六 碑

大宗正府伊克扎尔固齐高昌王神道碑

古者，大臣有勋劳于其国，则范金为鼎彝，而著之以铭。近古以来，凡颂德纪功者，于庙则有丽之石，于葬则有下窆之碑，因而刻文焉。于是推而树表神道，则有趺首，文尺之异以别等，衰知礼者未之有改也。我国家六合混一，人文具兴，王公大人之家，率是而行之，其盛大有加于昔者。……而玛噜①之父伊埒格②，仁宗皇帝特诏，追王其故国。且诏曰："此异数，他人弗敢援以为请。"呜呼！不亦盛乎。考诸其客傅溥所为行状，盖扎吉尼生托音，托音生伊埒格，伊埒格生玛噜也。延祐二年，扎吉尼赠金紫光禄大夫、司徒、上柱国，追封凉国公，谥康武。夫人追封凉国夫人。托音自赠资德大夫、中书右丞，追封蓟国公，谥安定。夫人察克，追封蓟国夫人。加赠太保、仪同三司、上柱国，改封凉国公，谥安僖。夫人改封凉国夫人。伊埒格，大宗正府伊克扎尔固齐，自赠荣禄大夫、平章政事、上柱国，追封蓟国公，谥忠靖。夫人伊噜格勒，追封蓟国夫人。加赠推诚宣义保德功臣、太傅、开府仪同三司、上柱国，追封高昌王，改谥曰庄肃。夫人改封高昌王夫人。皆学士具诏草，付主者行之，赞书具在。……世祖皇帝亲征，是年王廿有六，以扈从在行，宣力奋击，为上所知。从官多其父辈行，皆叹其能，自立如此。成宗皇帝之抚军北方也。命之在行，尝出所御服赐之。世皇宾天，成宗进诏大位，以京师之浩穰也。四民杂处，远迩毕集，擿伏奸慝，必资隼击，命为大都兵马指挥使，赐钱六千五百缗。<u>又以泉南之地，外接海岛，帆舶互市，蛮夷交关，非慎密者不足以当其任，命以为泉州市舶使，且金闽海省事以重之，不拜</u>。大宗正者，国族之事隶焉，或得罪苾其刑罚。盖祖宗建国之初，官制之旧，惟此而已。遂命以为大宗正府伊克扎尔固齐。……年四十五而卒，夫人后三年而终。子一人，玛噜也。……岁迁月移，夙夜无替。惟皇累朝，臣亦四世。保功实难，在尔后昆。赫赫王封，永思其存。（第1207册，第233～236页）

《影印文渊阁四库全书》，台湾商务印书馆，1986年

---

① 玛噜（？—1328年），亦称买闾或买驴，月鲁哥之子，元朝大臣，曾任泉州市舶提举司副提举，元英宗时任中书平章政事。

② 伊埒格，亦称月鲁哥。

(元)元明善撰,《清河集》

卷七

藁城董氏家传

十四年,北圉有警,上将北狩。正月,亟召公。四月,公至自临安。比至,上日问来期。及至,即召入。公拜稽首曰:"今南方已平,臣无所效,请事北圉。"上曰:"所亟召卿,意不在此,竖子盗兵,朕自抚定。山以南,国之根本也,尽以托卿,卒有不虞,便宜处置以闻。中书省、枢密院事无小大,咨卿而行,已敕主者,卿其勉之。"公踧踖避谢,不许。因奏曰:"臣在临安时,阿里伯奉诏检括宋诸藏货宝,追索没匿甚细,人皆苦之。宋人未洽吾德,遽苦之以财,恐非安怀之道。"即诏罢之。又曰:"臣有专擅之罪。初,泉州蒲寿庚以城降,寿庚素主市舶,谓宜重其事权,俾为我捍海寇、诱诸蛮,臣解所佩金虎符佩寿庚矣,惟陛下鉴裁。"上大嘉之,更赐金虎符,燕劳毕,即听陛辞。(第24册,第319页)

李修生主编,《全元文》,江苏古籍出版社,1999年

(元)张养浩撰,《张文忠公文集》

卷十八

析津陈氏先茔碑铭(有序)

延祐丙辰夏,走以礼部侍郎征舶泉南,回遇资善大夫云南诸路行中书左丞陈公于京师,问过所寓曰:"不佞起寒微,叨仕中外。职风纪者九:内焉监察御史,外焉佥按察司事河东,副廉访使山东、陕西、河北,使则云南、山南、浙西,行台御史则江南。职民者六:在沅为判官,在泉为治中,刺雄、孟州二,两尹平阳、潭州。职簿领则入省为都事、右司大都路为知事、兵马都指挥司为都目,奉使宣抚则江右、闽中,参行省政则甘肃、河南。……"(第24册,第683~685页)

李修生主编,《全元文》,江苏古籍出版社,1999年

(元)张翥撰,《蜕庵集》

卷三　七言律诗

忆闽中

漫漫涨海际天涯,万里来乘使者槎。梓泽重寻仙客洞,草堂频醉故侯家。人多熟酒烧红叶,市有生蛮卖象牙。安得梦中真化蝶,翩然飞上刺桐花。(第1215册,第40页)

卷五

寄题顾仲瑛玉山诗一百韵

治理逢熙运,钦明仰圣皇。至仁侔覆载,上德配轩唐。大业勤宏济,元臣协赞襄。贤科收俊造,庭实璨圭璋。入贡徕符拔,仪韶下凤凰。普天均雨露,绝域总梯航。每念京师食,遥需漕府粮。神妃所庇护,飓母敢飞扬。前队貔貅发,先驱罔象藏。冷飙鼓万舵,朱火耀连樯。帝策申嘉惠,祠官按典常。赏劳兼湛溦,旌烈特巍煌。仆本中林士,久陪东观郎。遂叨乘驿传,遍与礼灵场。荡节雕龙饰,华旗画隼翔。冲流度鄞越,陟险过泉漳。缅彼湄洲屿,崟然巨海洋。蛟穿崖破碎,鲸蹴浪撞搪。震鼓轰空阔,奔帆截渺茫。岛衣迎使舸,瘴雾避天香。嘉荐歆芬苾,阴功助翕张。精诚致工祝,景贶答祯祥。贾舶倾诸国,舆图奄八荒。身虽距闽峤,志已略扶桑。裴洞三生梦,温陵十月凉。兹游平昔冠,夙愿一朝偿。女髻皆殊制,蛮音各异乡。地偏宜荔子,人最贵槟榔。酿鹿肥漂酒,蚝蛎液满房。招贤簇车骑,挥扫积缣缃。穷腊才竣事,暄春始趣装。剑津传警急,汀贼起猖狂。獠砦旋戡定,藩垣慎捍防。思亲弥切切,行役更遑遑。狐死嗟奠首,龟占喜允臧。封崇晏坞内,木拱计峰旁。薄宦只牵率,孤踪易感伤。暂为江左客,谁洒墓头浆。逝矣川涂阻,凄其涕泪滂。南园恰啼鴂,北路复鸣螀。粤若娄东邑,由来汉太仓。机云存故宅,吴会画雄疆。遁迹晞高士,遗风挹让王。厥田尤沃衍,比岁适丰穰。老我张承吉,新知顾辟疆。闻君占形胜,筑室恣徜徉。铁笛留严客,青钱乞泰娘。杏韂红叱拨,兰柱绣鸳鸯。辟径通佳处,栽桃带柳塘。脩梧羽葆盖,美竹碧琳琅。列岫浓螺色,澄湖净镜光。鸟边岚漠漠,鱼外水泱泱。鹤驻游仙馆,鸾鸣种玉冈。投竿钓月槛,隐几读书床。云结芝英秀,花团桂树苍。舫斋青筱箔,渔舍绿苔墙。栋宇环相属,园池郁在望。直疑金谷墅,还似辋川庄。未获窥诗境,相邀到草堂。开樽罗绮馔,侑席出红妆。婉态随歌板,齐容缀舞行。新声《绿水》曲,秾艳《大堤》倡。宛转缠头锦,淋漓蘸甲觞。弦松调宝柱,笙咽炙银簧。倚策骖联辔,钩帘烛绕廊。㚄僮供紫蟹,庖吏进黄獐。卜昼宁辞醉,留欢正未央。分司莫惊坐,刺史欲无肠。是集俱才彦,虚怀共颉颃。珠玑散咳吐,律吕应宫商。郑老经术富,于仙词翰长。琦初灯并照,郏华骥同骧。璧色笺毫健,吟篇彩绘张。拈题争点笔,得句倏盈箱。劲敌千钧彀,精逾百炼钢。语奇凌鲍谢,体变失卢杨。瑛甫早有誉,亨衢那可量。抟扶看怒翼,腾达待蜚黄。既笃朋情重,仍持雅道昌。披襟视肝胆,刻琰播文章。永契欣依托,衰踪顿激昂。盍簪承伟饯,授简藉余芳。自鄙冥搜拙,徒令属对忙。端如享敞帚,何异贮奚囊。谈笑聊堪接,赓酬曷足当。吾犹郐以下,公等楚之良。瓠落浑无用,艰难实备尝。拟为覂驾马,竟作触藩羊。筋力频驰骛,功名几慨慷。不嫌成晚合,深幸际时康。邂逅因斯会,暌违又一方。匆匆把别袂,眷眷赋河梁。鸿雁清秋日,蒹葭昨夜霜。关山凝朔气,星斗丽寒芒。疾病家多难,归休岁亦阳。苦心甘寂寞,短发任苍浪。漏屋愁荷盖,尘衣惜蕙纕。杜陵非固懒,贺监岂真狂。回首长追忆,缄诗远寄将。乾坤浩今古,此意讵能忘。(第1215册,第83~85页)

《影印文渊阁四库全书》,台湾商务印书馆,1986年

(四)明 代

(明)程敏政辑撰,《新安文献志》

卷六

论贾似道十罪可斩书　(元)方回撰

臣闻霍光拥昭立宣,而骖乘之逼卒,贻身后之族诛。李德裕佐武宗平藩镇,而宣宗既立,终不免朱崖之谪死。何则权非人臣所得窃也,今贾似道才不及光德裕,而窃权过之。……三曰贪。太祖革乱贪吏,罪至弃市。自有天地以来,未有如似道贪者,则安得不败人之国。<u>泉之诸蒲,为贩舶余三十年,岁一千万而五其息,殿岩所入,四六分张</u>。陈碾玉掌玉宝谭天文,辨古器,赵与枍收骨董、法书、图画,御府所无,石刻、兰亭,至八千匣雪之向。推官者,后家也,发其先冢珠玉以献,而金椎控颐之祸,遍及畿辅余阡墓木拱矣。倡为思忠钉脑之说,改卜葬穴者为似道,取玉带也。西磵门、北榷场之费,悉据

之,而马逢胜居南浔,号海斡,笼天下蒌波之利,毒取而奢用,已独富,而天下之军民无不贫此罪可斩三也。……(第1375册,第115页)

卷四十

泉州到任谢表　(宋)汪藻撰

恭承休命,就易名藩。去父母之邦,接浙敢同于他国?问蛮夷之俗,骞帷如在于中州。责重扪心,恩深陨涕。伏念臣昨从祠馆,叨领守符。素号迂疏,无问马及羊之智;乃蒙安便,得维桑与梓之州。二年而劳力劳心,一身而畏首畏尾。力祈罢免,反冒迁除。虽卖剑买牛,老犹堪于渤海;然举头见日,身益远于长安。兹盖伏遇皇帝陛下总核百工,照临万国。眷方隅之濒海,须师帅之得人,故遣近臣,往绥遐俗。况今闽徼,莫盛泉山,既旁接书文之同,当尤惩狱市之扰。臣敢不仰遵宽大,俯厉衰残?讲求百粤之宜,参诸禹贡;奉上三年之计,对以春秋。(第1375册,第523页)

卷八十三

故宋提刑汪公应元墓志铭　(宋)程元凤撰

公讳应元,字尹卿。曾祖友成;祖大昕,号养拙居士;考言忠,赠奉议郎。妣吴氏,赠安人。公绍定辛卯领乡荐,冠书经,明年登进士第,调长沙户曹。……寻除太府寺丞,兼权刑部郎官。四方具狱来上,件目孔繁,阅实其辞,纤悉靡遗。迁太常丞,兼职如故,礼刑并领,廷绅荣之,骎骎乡用。力以外庸自请,转朝奉郎、知泉州,兼提举福建舶事。泉凤号富饶,比年公私交匮,下车访求民瘼,以俭济宽,绝宴私,屏例册,与诸邑约,郡不遣吏督县,县亦无得遣吏督乡,官若民俱便之。满岁,善状著闻,升直中秘。郡濒海,泄锢之禁甚严,有贩获者挟乡要人书求免,不听,卒置于法,用是撒祸去官。军民恋恋不忍舍,公论随白,主管建康府崇禧观,徜徉家林,略无荣进意。……(第1376册,第354页)

卷八十六

贞白先生郑公千龄行状　(元)程文撰

公讳千龄,字耆卿,姓郑氏,徽之歙县人,故歙令郑君安之子也。其先有讳球者。始居歙之双桥里,以资雄乡里,号双桥郑家。……至顺元年,升从仕郎、泉州录事。是时廷臣有言泉南并海,多诸番宝货,宜择廉能吏为守令者,故起公驰驿就职。公叹曰:"吾老矣,毋以贪介取辱。"即手署致仕章上

之。……（第1376册，第408页）

卷九十四　上

宋显谟阁学士左太中大夫新安郡开国侯食邑一千五百户食实封一百户赠端明殿学士汪公(藻)墓志铭　(宋)孙觌撰

建炎、绍兴间刘豫据中原，群恶啸亡命，相聚为寇。于是环四海为盗区矣，天子慨然，仗一剑出入兵间，禁暴除残，拯溺吊凶于戎马喋血之余。以建中兴之烈，当是时，显谟阁学士左太中大夫新安汪公为中书舍人、翰林学士，一时诏令往往多出公手。……公讳藻，字彦章，姓汪氏，饶州德兴县人。……落职永州，居住更七八年，感风痹，乞致仕，不许。竟卒于永州寓舍，实二十四年六月癸未也，享年七十六，积官左太中大夫爵、新安郡开国侯。食邑一千五百户，实封一百户，没后二年诏复显谟阁学士。……海舶次泉，阇婆国主附送龙脑数百两为公寿，公却之，或曰："异国之王，因舶商致方物修故事，不可却也。"公饬送公帑一铢，不取公于辞受，类如此，亦以故多龃龉于世。……（第1376册，第554页）

卷九十六　上

武翼郎差监泉州市舶务朱公(由义)墓志铭　(宋)章琰撰

公讳由义，字宜之，姓朱氏，世居歙之黄墩。十世祖制置公古寮，唐天祐中，以陶雅命戍婺源，因家焉。而长子拱卫上将军、歙州团练使云，遂居休阳，即晦庵先生七世伯祖也。公曾祖璠，潜德不耀，祖逢时，中大夫；父睎孟，武略郎；母童氏，岳之官裔，封安人。公生而岐嶷，长而敏练，伯父侍郎睎颜心甚爱之，每游宦必与俱。丞相周益公一见加重，特奏补公右阶，调平江昆山醴曹、天台港头镇官、三山兴化都巡使、上饶银铜场与夫福清戎官、泉南市舶。公之仕。其次第可考也。方公之仕也，市骏瘠乡，备尝艰阻。公一以恩遇部下，皆为之谨牧养，时水旱，马数无耗，朝廷屡加赏。迨巡使瓜期，至母安人疾逝，吏感公平夷，惟恐失公，至焚臂以祈安者。及任铜场，中明利害，或压伤部役，畀汤药棺楫，此其恻隐一念，发于性真，人莫不感慨。其它善政未易枚举。官泉南仅岁余以疾卒。时番商闻者，皆流涕，嗟惜此公之忠信笃敬，足以行蛮貊，抑于是可觇矣。……公生于乾道癸巳四月，卒于嘉熙己亥三月，积阶至武翼郎。娶曹。继刘。并封孺人。惟贤以淳祐己酉十二月辛酉奉葬于古塘之原，其山丁离，其向子癸。元配曹氏葬前山，密迩公墓。今惟贤状公之实，远来乞铭，谨第其本末为之铭曰：惟公德人，文武弛张。厥施未竟,必有余光。埋玉于兹,长发其祥。施于孙子,千古流芳。(泉州市舶诰修武郎朱由义右奉圣旨宜差监泉州市舶务替伊宗尹将来到任成资阙札付朱由义准此绍定六年十月日……弘治壬子秋九月望日浯溪后学汪奎书)(第1376册,第628页)

《影印文渊阁四库全书》,台湾商务印书馆,1986年

(明)凌迪知撰,《万姓统谱》

卷二十六

关咏,知泉州,监市舶,为市卒没其价,咏一无所与。(第956册,第442页)

《影印文渊阁四库全书》,台湾商务印书馆,1986年

(明)方以智撰,《物理小识》

卷六　饮食类

造白糖法。煮甘蔗汁,以石灰少许,投调成赤沙糖。再以竹器盛白土,以赤糖淋下锅,炼成白沙糖,劈鸭卵搅之,使渣滓上浮,《老学庵》曰:闻茂德言,中国无沙糖,唐太宗时,外国贡至。问之,甘蔗汁煎,用其法遂精,茂德乃宋敕局勘定官,余郡人。(第867册,第858页)

糖霜。唐大历间,邹和尚在蜀遂宁伞山始传此法,今盛于闽广。智闻余赓之座师,曰:双清糖霜为上,瀵尾为下,十月滤蔗,其汁乃凝入釜,煮定以锐底。瓦罂穴其下,而盛之置大瓦中,俟穴下滴而上,以鲜黄土作饼盖之,下滴久乃尽,其上之滓。于是极白是为双清,次清屡滴盖,除而余者近黑,则所谓瀵尾造皮糖者。瓮置竹片熬糖,入之反瓮,使滴余干于竹上者,为皮糖。神隐曰:糖霜和灯心,收则不润。(第867册,第858页)

卷七　金石类

铁。王延德《高昌行记》言:砺石中宝铁,《哈密卫志》云:砺石谓之吃铁石,剖之得镔铁。今有旋螺花者,有芝麻雪花者,凡刀剑砉明,以金丝矾,矾之其花即见伪者,则是黑花。甘肃有锭铁,青黑色,能刻铜石,可煅作绕指

剑。旧传貘粪者,以其食铜铁也,沈存中至磁州锻坊,识百炼真钢,非世间之灌钢也。《中通》曰:南方以闽铁为上,广铁次之,楚铁止可作锄。烧淬刀口,色白再烘之,为喜鹊青乃刚。(第867册,第883页)

珀类。韩保升曰:木脂皆化,而松枫为多红如血者,琥珀出云南者上。金珀蜜蜡水珀,则闽广舶来久,亦油坏或云近有药炼木脂蜂巢,而埋土成者,辰珀色暗不香,则黔阳以青鱼魟造者也。广中以油煮蜜蜡为金珀,吸莞草易,但验香耳。太西有黄石发光,谓之蜜蜡,则宝石也。卢曰:蜂蜜化蜜珀。(第867册,第888页)

珊瑚。如小树在海底,布铁网以取之,有鲜红淡红细纵纹为上。南浡里帽山下,浅水生珊瑚大浪山暗礁,悉是珊瑚,有红白黑三色。一种海松,全相似,惟有针眼。安南有黑珊瑚,即闽广所云铁树也。琅玕亦是青珊瑚。(第867册,第889页)

卷八 器用类

香类。龙涎则取诸海木上者,焚真龙涎,翠烟结空,坐可剪分香缕。外纪曰:龙涎是土中产,初流出如脂,至海凝块,有千斤者。又云有兽吐涎曰龙涎香,惟黑人国与伯西儿海最多。泉州市舶税课云:占城宾达侬香多,三佛齐多黄檀、药、沉,占城出麝香木,暹罗出罗斛香、梨香、降真香,渤泥有金脚脑、水札脑,登流眉有蔷薇水。(第867册,第908页)

窑器本末。建窑今在德化县土产程寺后,山中穴而取之,乃大块白石舂碎为粉,澄倾石井始埴为器。白土性急加汹不得满,满则璺。惟佛像满汹者,以下空也。于司直曰:永乐压手杯、宣德祭红杯盘,发古未有,以西红宝石末之,入汹凸起者也,茶巴卤壶區罐炉瓶盘碟敞口花尊,暗花坐墩皆精。(第867册,第913页)

卷九 草木类

桐。刚桐,油桐也,榇桐,青梧桐也。宋诩谓二者作琴,非也。琴用白桐,乃泡桐也。世传桐断地脉,乃油桐也,油能杀虫枯木,有多年结子者,有三年结子者。南方有赪桐、刺桐,泉州号刺桐城。海桐可为藩障,可接杨梅,别一种也。(第867册,第926页)

淡把姑烟草。万历末有携至漳泉者,马氏造之曰:淡肉果渐传至九边,皆衔长管而火点吞吐之,有醉仆者。崇祯时严禁之不止,其本似春不老而叶大于菜,暴干以火酒炒之,曰"金丝烟"。北人呼为淡把姑或呼担不归,可以祛湿发散,然久服则肺焦,诸药多不效,其症忽吐黄水而死。(中履曰:濒湖载金丝草,或曰即烟履,按金丝草出庆阳,治诸血恶疮凉血,不言作烟食,其性亦异)(第867册,第939页)

《影印文渊阁四库全书》,台湾商务印书馆,1986年

(明)高启撰,《大全集》

卷八　七言古诗

泉州陈氏妇夫泛海溺死守志

妾家温陵近南浦,嫁得良人业为贾。良人长年爱远游,不敢新妆映门户。贩宝遥闻去百蛮,朝朝海上望青山。不仁无那蛟龙横,漂没孤舟不得还。君非渡河老狂父,波涛如山何不顾。寻尸便欲赴穷渊,膝下娇儿谁与哺。十载空闺守寸心,沧溟水浅恨情深。愿身不化山头石,化作孤飞精卫禽。(第1230册,第106页)

《影印文渊阁四库全书》,台湾商务印书馆,1986年

(明)胡翰撰,《胡仲子集》

卷五

赠杨载序

洪武二年,余客留京师。会杨载招谕日本,自海上至。未几诏复往使其国。四年秋,日本奉表入贡。载以劳获被宠赉。即又遣使流球。五年秋,流球奉表,从载入贡。道里所经余,复见于太末,窃壮其行,丈夫生不为将,得为使足矣。缓颊折冲之间,一言得之,足为中国重,一言失之,亦未尝不为夷狄侮笑。东南海中诸夷国,远而险者,惟日本,近而险者,则流球耳。由古以来,常负固桀骜,以为中国不足制之。元入中国,所统土宇与汉唐相出入。至元中,尝命省臣阿喽罕将兵讨日本,未及其国而海舟多漂覆,不利。其后,又议取流球,用闽人吴志斗之言,不出师而遣使往喻其国,留泉南者虽久之,讫不能达而罢。岂二国果不可制乎,亦中国未有以服其心也。今载以一介行李,冒风涛之险,涉鱼龙不测之渊,往来数万里,如行国中,不顿刃折镞,而二国靡然。一旦臣服,奉表贡方物,稽首拜舞阙下,此非人力,盖天威也。

(第1229册,第58页)

《影印文渊阁四库全书》,台湾商务印书馆,1986年

(明)黄景昉撰,《温陵旧事》

泉俗[①]

吾温陵人文之盛,晋江一邑与海内诸名邦相抗衡。盖地去中原远,间以峻岭高滩,非积居时逐之所,民无所征,贵贱惟滨海为岛夷之贩,安平镇其最著矣。至于绅士之家,惟书而已。堪舆家云:郡清、紫二山对峙,秀颖甲天下第,二山之支如两垂手,至水口不相管摄,故人文盛而财赋损也。嘉、隆以来,士人读书多在开元、承天二寺,寻丈之室,岁僦一金,至于文庙两庑、尊经阁、先贤祠宇及附郭山寺,皆老生耆宿受徒之所,极至十室之内,必有书舍,保贩隶卒之子,亦习章句。当是时,师严而尊学,徒已婚冠为弟子员矣,稍不如矩,跽而受挟。其大乡巨族,则多为社塾,师徒交励,与郡城埒。万历之戊午、己未,维时何稚孝、李宗谦二先生,并以藻鉴品题天下士,所奖赏为时闻人,掇巍科、登台辅者,未易枚举。郡人士束身修行求所以当二先生之意,二先生亦极相推引,所谓暮得一,旦以告人,如恐其或失之也,士生其间,人人自爱,间有阘茸之辈,摈不与为徒,彬彬乎其邹鲁之邦哉。岁科试,晋邑儒童卷可万余,县送府七、八千人,府送道亦二、三千人,入泮百五、六十人,学使者如周讳之训、葛讳寅亮,咸云:"泉郡生儒即三倍其额,尚有不尽收之,恨焉。"

俗朴而淳,士农工贾,各世其业。农夫有至老死不一足城市,不见官府者。(第57页)

泉地隘而硗瘠,濒海之邑,耕四而渔六,山县田于亩者十三,田于山者十七,岁入谷少而人浮于食。饔飧所资,上则吴、浙,下则粤之潮、高,如数月海舶不至,则待哺矣。晋邑所概,尤啬于他县。邑东十余里属惠,其隶晋者,巨浸耳;邑西五里为南安,正南多滨海,埭田未旱而涸;西南不十里又南安界也;惟岭北四、五十里,其东复为惠安,北连仙游,稍称沃壤。每春冬征租,旧皆佃主亲履田亩,以丰歉为完欠。(第58页)

杨清江,吴远鹏点校整理,

《泉南杂志(外二种)》,香港闽南文化出版社,2017年

---

① 篇名为编者所加,以方便索引。

(明)李光缙撰,《景璧集》

卷三　寿序

赠隐君擢吾陈先生寿序

陈隐君非粤人也。隐君生吾晋之安平,挟伎能,隐姓名,少游湖海之间,今冉冉老矣。……安平人喜贾,贾吴越以锦归,贾大洋以金归。隐君二十年脱躧其家,久客不归,即归,亦萧然矣。余是以谓隐君为高人,为逸人,且以为非安平人,而何论粤人哉!(上册,第117~118页)

寓西兄伯寿序

兄伯非凡人也。或曰:"子何以语兄伯非凡人也?今宇内高人奇士,或置身于青云之上,或荣名于白简之间,高车驷马,前呼后拥,亲戚以之畏惧,市观莫不赞叹,若兄伯皆无之,所谓游贾人耳,安在非凡人为?"余笑曰:"何域内之谈无越俗之观也?若且未知行贾间之有贤人乎?太史公叙列今古,上而天子王侯,下而公卿将吏,奇而剑客谋臣,鄙而滑稽佞幸,以至日者龟策之俦,无不备载,亦已穷人物之态,而晰贤奸之辨,必终之以贾人,何也?宁直以其用财致富、可恣意好、免贫贱而已?贾之为道,其斗捷可策权变,其周游可度地形,其决断通乎行法,其奇胜合于用兵,大用之富其国,小用之饶其家。此千役万仆之能,太史公所以称为当世千里中之贤也。令皆发愤于诗书之业,而奔走于轩冕之途,骄语仁义,虽太公、管子将强富而无策矣。吾故曰,贾中有贤人也。若何为以贾凡兄伯哉?"或曰:"子兄伯之贾也,亦若是。"余笑曰:"兄伯有所长,非苟也。余家世治书,不喜贾。有之,但坐窥市井耳,不喜行贾。兄伯自其王父繇吾儒林徙安平。安平人多行贾,周流四方。兄伯年十二,遂从人入粤,鲜少有诚壹辐辏之术,粤人贾者附之,纤赢薄贷,用是致资,时为下贾。已徙南澳,与夷人市,能夷言,收息倍于他氏,以故益饶,为中贾。吕宋澳开,募中国人市,鲜应者。兄伯遂身之大海外,而趋利其后,安平人效之,为上贾。太史公称卓氏,宛、孔、程郑之属,迁葭萌,迁临邛,迁南阳,虽亦不求近处,运筹鼓铸,因通商贾之货,然未有浮海道、市东南夷者,安在其可凡兄伯也?"或曰:"若是,则安平之市无凡夫矣。"余笑曰:"未易言也。古今使绝域、穷河源,亡如张博望。身所至之国,归历历为汉天子言之,能令天子欣然,有大国奇物之思,然犹藉汉威灵与其财力赂遗,去十三岁始还,竟乃致之。何如吾兄弟一匹夫挟汉薄物,而岁取其王面钱以归也?当是之时,中国之人新与夷交,语言不通,嗜好不同,而译者用事。兄伯身所之夷,与语辄习之,见其国王,王以为异人。是以征贵贱不复问译,而取信于兄伯。兄伯不之诒也。遂为雁行中祭酒夫夫也。凌大海之波,泛条枝之窟,睹扶桑之上下,识鱼龙之变化,而能掉三寸舌,通华夷之情,行忠信于蛮貊,此亦魁然一奇丈夫也,何必读书。而安在其凡兄伯为?"或曰:"贾若是,非凡贾者亦多矣。"余笑曰:"不然。白圭教人为贾,若猛兽鸷鸟之发。非请其能发也,能收也。安平人任发,兄伯取收,故居然可免于患。其初兄伯之吕宋,皆身自往。自榷使出海上之税,归之中官。兄伯策其必败,遂不复往。不数年,好事者言夷地多金,遣使侦之,夷人疑有它谋,遂屠戮中国贾人以数十万。令兄伯俱去,能独免乎?愚者暗已然,智者识将然,斗智争时,先一市人,此余所以不凡吾兄伯也。"或曰:"天下环才奇货,皆聚京师。若兄伯诚非凡,奈不入长安何?"余笑曰:"否!否!人抱一奇一策,俱可入京师,见天子,独贾人不可见天子。桑弘羊、孔僅,贾人子也。一入而以心计言利,遂令县官与商贾争货,海内为之骚然,故不可也。往岁诸贾人辄相率至京师,所有翠翡、玉石、珠玑,外得之海上,内输之宫中,至空左藏之金与之市,大司农厌苦矣。兄伯以为开县官黩货之心而牟国家无名之费,非贾人事,而不为也。故长安虽丽,未尝一至而问焉。此余所以不凡兄伯也。兄伯为人伉而爽,重信义,不侵然诺,好扶人之急,恤人之穷,居家以孝弟为先。其曾王父与余曾王父共穴而葬,兄伯出橐中金修茔设蒸,倡诸族人,人以此重。兄伯气岳岳不肯人下,身侈于用度,所致万余金多费之,不封殖,其家资至今不甚起。子长者修息,少者治书,令无失吾儒林之风云。"或闻而谢曰:"吾乃今知若兄伯矣。贾先,敏也。知祸,智也。蚤息,断也。晓译,奇也。不贪县官利,义也。敬祖重宗,孝也。货殖可传,进于贾矣。若兄伯今年七十也,请以为兄伯寿。"余曰:"唯唯,否否。周家以农立国,汉以孝弟力田举官,令商贾无衣丝乘车,重租税以困之,所以重农而贱末也。民农则朴,无斗智而仰机利;民农则重,无走鹜而任地着;民农则复其产,无涉险而凌风波。用贫求富,农不如贾。积德累行,贾不如农。故兄伯晚年税驾于贾,而息肩于农,筑庐田间,锄云耕月,笠雨蓑风,酿禾而醉,饭稻而饱,徐徐陶陶,春秋不知,荣枯不问,而兄伯老矣。夫是道也,息可休宁,静可止遽,此兄伯所为寿也。余是以窃有志而未逮焉。少顷之,余且退老于梅峰霞壁间,去兄伯庐不二十里而近,昕夕造而问农矣。兄伯无言利,余亦无言名。"客大笑曰:"兄伯诚非凡。言若是,则先生之过人远矣。先生真天下士也。"各大醉而别。(上册,第120~123页)

卷四　寿序

史母沈孺人寿序

吾温陵里中，家弦户诵，人喜儒，不矜贾。安平市独矜贾，逐什一趋利，然亦不倚市门。丈夫子生，及已弁，往往废著鬻财，贾行遍郡国。北贾燕，南贾吴，东贾粤，西贾巴蜀。或冲风突浪，争利于海岛绝夷之墟。近者岁一归，远者数岁始归，过邑不入门，以异域为家。壶以内之政，妇人棙之。此其俗之大都也。妇人以夫为天耳，其性嗜财，纤悉益甚。能不隳丈夫本业，坐而息岁入，斯已贤已。乃有不然，相夫以贾，课子以儒，篝灯荧荧，别启山川，有斌斌文学之风，尤足多焉；吾于沈孺人见之。孺人蚕岁归小楼公，是时小楼公方始产，积居转贩为业；始窥邑市岁酤所出入，赢得三之，为小贾。孺人问有无焉。继行旁郡国，岁转毂以百数，赢得五之，为中贾。孺人问多寡焉。最后四方郡国无所不至，珠玑、犀角、玳瑁、丝枲、果布之贸，转毂以千万数，赢得十之。孺人乃不问有无多寡焉，而一意以节缩佐之，素衣浣服，蓝缕如初。小楼公久不归，不但米盐、户役、筦钥之事委棙孺人，虽其丈夫子五，不遑程督之。一日，小楼公自外归，孺人迎谓之曰："闻以贾富矣，未闻以贾贵也。可奈何使诸子而贾人子乎？"乃与小楼公择其聪敏者仲若季使就傅，小楼公心善之。已，小楼公又以贾出，孺人身自课读，燃灯为度，丙夜方休，能诵使诵，能文使文。小楼公即世，课仲若季益力。仲若季以属词闻太学中，交结四方贤豪士。虽其父行，愿延颈交。则得孺人之训居多。太史公传《货殖》，略道当世贤人所以富者于诸贾人，备矣。乃其称"奇胜"，不过"博戏"、"贩脂"、"洒削"、"卖浆"诸杂役，一何鄙也！卓氏行迁，夫妻推辇巴蜀。妇清擅利丹穴，岂不亦女中名流，仅仅以市道闻，不晓诗书六艺为何物。曹邴氏益尤甚矣。洙泗之间，断断如也，文学自其天性。邴家起冶，父兄子孙久贾相矜，国人效之，遂令邻鲁以其故去文学而趋利。吁，亦足羞也！史有孺人，两君兴于文，遂变史氏贾风。安平不讳贾，孺人不善之。孺人道贵贾之道富，孺人可谓知轩轾矣。语曰"不知其母，视其子。不知其子，视其（点校者按：以下文缺）。（上册，第183～184页）

卷八　碑记

中丞徐公去思碑

徐公膺天子简命，开府吾闽，逾三载于兹矣。……闽上郡阻山，下郡襟海，徐公甫视事，瓯有为白莲教于山中，四方亡命乌集数千，蠢蠢发动，昆冈之火,徒令玉石俱焚耳。徐公但遣吏发捕奸渠魁而止。已,<u>红毛番驾巨舰入泉内澳市汉物,阴欲据要害地。有请讨者。徐公遣将军、辩士论以威德。寻果去</u>。(上册,第344~345页)

卷十三　传

处士柯治宇先生传

柯公,安平人也,或曰非安平人也。<u>安平人好贾,坐者列市肆,行者浮湖海</u>。柯公非尔也。柯公,今世读书人也。读书人讳穷,高者膻荣名,卑者耽利禄。柯公非尔也。柯公读书,抱处士之行,而无其声,古之无怀人也。作《处士传》。公讳香,字浮兰,别号治宇。鳌桥公之子,赠刑部郎西岩公之孙也。……(下册,第630页)

卷十四　传

处士陈斗岩公传

处士陈姓,讳珊,字子珍。先世居郡之市曹巷,为市曹巷陈。宋末徙南安壶公山冲斗,为冲斗陈。处士生于冲斗,后赘居安平之颜,卜邻之。陈之入安平,自处士昉也。……处士甫垂髫,逃乱入安平市,市人亡知之者。颜君道谋睹其状貌,大奇之,遂许以季女。人多易处士而笑颜君,颜君笑曰:"是儿当得贵,即不贵,且富矣。世宁有美丈夫而长贫贱者乎?"延之甥馆,多挈金钱财帛以畀之。处士藉以运筹鼓策,身与细君共纤啬,所赢得过当,终不利其有,以归丈人。丈人廉之,益纵金恣出入不问。处士其初斗智,最后争时,行财币如流水,若猛兽鸷鸟之发,人虽与共用事,终不如之矣。故人或折阅,而处士收息反倍之。<u>处士行贾,北走齐、吴,南走粤。吕宋洋开,鬻财吕宋,转贩所至,人多重之,倚为祭酒</u>。竟以致富,垺于内家。内家用是亦益饶。久之,处士倦游矣。(下册,第647~648页)

二烈传

二烈者,黄氏烈妇,陈氏烈女也。其为烈何?各殉其夫死也。<u>安平俗好行贾,自吕宋交易之路通,浮大海趣利,十家而九往。岁夷酋发难,尽歼贾人,安平无一人得脱</u>。讣至,家哭相闻,妇人、女子不知其几人称寡。二烈守义,不亦难乎?或已嫁而夫死,或未嫁而如归,或先数月死不为速,或后数日死不为缓。斯亦足发舒其丈夫男子之冤,而振乎中国礼义之教,故足奇也。余是以合而传之。烈妇名孙娘,里人黄宗耀女,年十八归陈典箴之子章宪。……<u>典箴贾于海外</u>。其先辐辏,最后瓦解,数岁不得归,子章宪与俱,语曰:

"千金之子,不死于市。"况夷狄乎?故典箴之父子俱不免也。章宪从父贾,烈妇身与姑居,朝夕共小姑英娘纺纴攻刺绣以为常。典箴、章宪死,烈妇伏姑膝恸曰:"天乎!翁何罪,儿宪何罪?且儿无胤,妇难抛者惟姑,其以菽水属他儿若妇,妇愿矢此身从宪事翁于地下。"姑泣而防之。初,英娘犹时时出宽譬语。已知其未醮婿亦毙夷中,两人遂相约俱死。越数旬,烈妇语英娘曰:"吾今可以见若兄矣。"是夜与英娘剪纸为衣冠之属,且设奠献之翁若夫。哭毕,遂阖门沐浴更衣,自缢而死,时年二十三。(下册,第687~688页)

烈女名英娘,陈典箴女。性幽闲聪敏,与兄仲之嫂相类。姑嫂相与居,女见嫂识书训,攻绣,心慕效之,事若女师,手指尽穷其技。先是,典箴以许于黄某之子崇绣。典箴之夷国,崇绣甫弱冠未娶,赢橐与俱去,既不返,烈女闻之,泣不能出声,但哭父若兄,声呜呜不绝,嫂心知其志,阴约欲死,烈女首肯之,其母未之知也。嫂以语母,母百端诅之不能止,嫂阳讽之曰:"我未亡人,从一义也。汝奈何以未笄之身,轻殉人一死乎?"烈女恚曰:"义亦一耳,安有二?一许于人,终身不醮。吾殆矣。"两人相视而笑,已而相泣。亡何,烈妇且死,女欲随之死,烈妇枊之曰:"姑不死于黄乎?死陈,非义也。"女乃止。烈妇既殡,女请归,知其不可回,乃听之。麻衣衰髽,赴于黄。陈之人白衣冠以送,道路观者人人泣下,入门哭夫,奠如礼。去烈妇死才两旬,亦缢于夫灵之侧,时年十七。(下册,第688页)

柯烈妇传

柯烈妇颜姓,父曰嘉梧,邑之安平人。烈妇蚤失母,少小知事父。父嘉梧爱之。既笄,归柯日蕃,柯与颜并里中著姓。安平人喜贾,少事诗书,挟重资浮海岛外为业。巨姓子弟不免焉。是以吕宋癸卯九月四日之变,日蕃亦死夷中。讣初闻,与难之家疑信相半,但私相骇闻而已。今年甲辰,有自海上至,传其事。安平巷哭相闻,烈妇知日蕃必死矣,哭之独哀,阴以死自誓。(下册,第691页)

卷十八　祭文

祭曾友泉文

盖古今称治产者,无如陶朱公。……公(曾友泉)自垂髫时,业已从伯兄贾闽、广间,其后转资荆、湘,从业吴、越,北极燕、赵、海、岱之墟,足亡不遍。而珠玑、犀象、香药、丝枲、果布之凑,盖不数年而公成大贾矣。公为贾用本守末,以文持武,智能权变,勇能决断,仁能取予,强能有所守。乃其倾资延士,设财役贫,盖有儒侠之风焉。故自公所至,人得公目摄,畏若大府。然士大夫贤豪无不延颈愿交公者,而公喜为贾益甚。<u>迨其晚年,梯山航海,以趋外夷之利,而公亦稍绌矣</u>。嗟呼!绌乃所以为公与?财不绌则不能息,士不窘则不能奋。陶朱公之陶,积居逐时,十九年之中,三致千金,而再分之。彼岂徒好德哉?(下册,第909页)

曾祥波点校,《景璧集》,福建人民出版社,2012年

(明)林弼撰,《林登州集》

卷八 送序

送孔叔原长泉山书院序

以圣人之裔,学圣人之学,而敷圣人之教于人,其知本者欤。斯君子所与,吾党之所荣也。余友孔君叔原,实先圣五十七世孙,秀颖善学,材范夙成。弱冠,列校官,教漳之南胜。岩邑也,民犷而俗悍。君掖以礼义,民俗克变。满秩,郡庠贤之,延以奉夫子庙。今年春,承省檄长泉山书院。行有日,来告别,曰:愿闻子一言。<u>夫泉在闽,号繁庶,郡民多逐末利,裔夷杂糅,惟浮屠是崇。逐末利则学不力,崇浮屠则学以惑</u>。矧兵兴以来,诗书之教未易胜金革之习,仁义之言未易弭戕贼之祸,人将视圣教为迂缓。然大贤朱晦庵、真西山氏实过化是邦,虽夷习兵祸之沦斁,而道源文脉有不能终绝者。孔子曰:虽蛮貊之邦,行。泉山未易教于南胜之难,则相万矣。吾叔原不难于彼,岂不易于此哉。亦惟以所学为教而尽心焉,则感慕兴起于下,人皆有是心也,于教职庶无愧乎。(第1227册,第73~74页)

《影印文渊阁四库全书》,台湾商务印书馆,1986年

(明)僧宗泐撰,《全室外集》

卷四

清源洞图为洁上人作

<u>泉南佛国天下少,满城香气梅檀绕</u>。<u>缠头赤脚半蕃商,大舶高樯多海宝</u>。清源古洞尤绝奇,花酒仙人颜色好。蜕骨岩连太碧霄,晋代青松三四抱。高攀南斗不满寻,下视沧溟才一沼。长年钟磬度寥寥,四月笙歌来扰扰。青崖不雨飞白泉,紫泽未春生碧草。鹤鸣洞口月苍苍,猿挂树枝风袅

袅。上方精舍秋叶红,山人不归萝屋老。不须惆怅看画图,去去长歌海天晓。(第1234册,第820~821页)

《影印文渊阁四库全书》,台湾商务印书馆,1986年

(明)宋濂撰,《文宪集》

卷四　记　凡二十三章

渤泥入贡记

濂承旨禁林日,福建行省都事沈秩来谒曰:"洪武三年秋八月,秩与监察御史张敬之等奉诏往谕渤泥国,冬十月由泉南入海,四年春三月乙酉朔达阇婆,又逾月始至其国,国王玛珞穆特,僻处海中,倨傲无人臣礼。秩令译人通言曰:'皇帝抚有四海,日月所照,霜露所坠,无不奉表称臣。渤泥以弹丸之地,乃欲抗天威邪?'王大悟。举手加额曰:皇帝为天下主,即吾之君父,安敢云抗?秩即折之曰:'王既知君父之尊,为臣子者奈何不敬?'亟撤王座而更设香几,置诏书其上,命王帅官属列拜于庭。秩奉诏立宣之,王俯伏以听,成礼而退。明日,王辞曰:'近者苏禄起兵来侵,子女玉帛尽为所掠,必俟三年后国事稍纾,造舟入贡尔。'秩曰:'皇帝登大宝已有年矣。四夷之国,东则日本、高丽,南则交趾、占城、阇婆,西则吐蕃,北则蒙古诸部落,使者接踵于道,王即行已晚,何谓三年?'王曰:'地瘠民贫,愧无奇珍以献,故将迟迟尔,非有他也。'秩曰:'皇帝富有四海,岂有所求于王!但欲王之称藩,一示无外尔。'王曰:'容与相臣图之。'又明日,其相王宗恕来曰:'使者之言良是,请以五月五日成行。'阇婆有人间王曰:'苏禄来攻王,帅师却之。今闻归诚中国,无我阇婆矣。'王惑之。秩复走见王,王辞以疾。秩大言谓宗恕曰:'尔谓阇婆非中国臣邪?阇婆尚称臣,于尔国乎何有?使者朝还,天兵且夕至。虽欲噬脐,悔可及乎?'宗恕悚然曰:'敬闻命矣!'乃入白王。王大会其属,共议遣亦思麻逸等四人入朝。临发,王以金佩刀、吉贝布为赠,秩毅然辞之。王顾近侍曰:'中国使者廉洁乃如是邪?阇婆来人诛索每无厌,况强之而不受邪?尔曹宜效之。'秩以涉海万里,不可以无纪,乃与敬之各赋一诗。王大悦,请书于板中悬之。既与王别,舟行至海口,王又惑左右言,令人与亦思麻逸曰:'使者不受刀布,尔等必不还矣!'秩恐王不喻,复走王所,反复譬晓之。王曰:'使者之言如此,予中心释然矣。'王举酒为别,酹地祝曰:'愿使者早还中国,愿亦思麻逸早归蔽邦。'秋八月十五日,还京师。十六日,以亦思麻逸等

入见,锡宴于会同馆,已而遣归,宠赉其王甚厚云。其所贡物:鹤顶、生玳瑁、大片龙脑、米龙脑、黄蜡、降真诸香。其表用金刻,番书仿佛如回鹘书,其文鄙陋不足观。皇太子笺用银笺,文与表相类。其地炎热,多风雨,无城郭,树木栅为固。王之所居若楼,覆以贝多叶。王绾髻裸跣,腰缠花布。无舆马,出入徒行。城中人不满三千家,多业渔,剪发齐额,妇人衣短衫,仅蔽胸背,腰系花布,散发跣足。其物产只吉贝、黄蜡、降真、龟筒、玳瑁、槟榔,煮海为盐,沥椰浆为酒,无稻麦,捕生鱼虾蟹食之,兼食沙糊。沙糊者,取树实为浆,澄漉细腻如粉,食之能不饥。食无器皿,以竹编贝多叶为之,食毕则弃之。番书无笔札,以刀刻贝多叶行之。事佛甚严,以五月十三日为节,国人亦于是日作佛事。若有燕飨,则到羊豕鸡鹅,鸣鼓击钹以为乐,此其大凡也。先生职在太史,愿为详纪之,以昭圣化所被之盛。"

濂闻浡泥在西南大海中,所统一十四州,去阇婆四十五日程,去占城与摩逸各三十日程,去三佛齐四十日程,历代未尝朝贡,故史籍不载。至宋太平兴国二年,其王向打始因商人蒲卢歇,遣施弩使副蒲亚利、判官哥心等赍表来贡。元丰五年二月,其王锡理麻喏复遣使如前。日后辄不闻。元有国百余年,亦不复至。方今圣人在上,威德之所被,无远不届,玺书一颁,辄稽首臣顺,稽之往古,允谓过之。至若秩等奉宣德音,辞令所加,足以警服其心,亦可谓不辱君命者矣。其事宜书,以俟他时修国史者采焉。秩字仲庸,湖之乌程人,敬之字某,某州人,二人协心谋虑,无役不偕,故卒能成功云。(第1223册,第347〜349页)

卷二十一 墓志铭 凡十八章

故江东佥宪郑君墓志铭

奉训大夫、佥江东建康道肃政廉访司事郑君,以辛丑之岁,夏五月十又六日,卒于杭之寓舍。江浙行省左丞相特穆尔达实公深用痛恻,命左右司都事钱君用壬暨佥事君八都来治丧事。秋八月十又一日,权厝城西七宝山。后五年,丙午冬,十二月二十四日,还葬义乌石斛山。其弟淇始请从兄承务郎、温州路总管府经历泳评,阴诸行成书,而授前史官宋濂,请刻其墓碑,曰:君讳深,字仲几,一字浚常,郑其姓也。其先从陆来迁婺之浦江,自建炎以迄于今,同居者十世,朝廷旌为义门。曾大父德池,大父文泰。文泰,本青田尉德璋子,出为德池后,德璋与兄德珪罹难,争欲就死,其事详见《宋史·孝义传》。……十六年秋八月,御史台欲用君为御史,君以母夫人年高辞。已而,除君佥江南浙西道肃政廉访司事,而中书同日奏君江西行中书省左右司郎中,台臣覆奏乃止。君急欲南归,即入谢上。皇太子闻之,将留弗遣。君对以其故,复赐"眉寿"二大字,君持归以为亲荣。<u>时中原道不通,君浮海而还,至莱州洋,遇飓风击,旅舶坏,深目而髯者六十人,望君舟而号曰:"曷生我主。"舟者曰:"此泉南回纥氏,精悍且持兵,不杀,将为乱。"言人人同,君力屈群议,敛其兵刃而饭之。暨升岸,罗拜去。</u>浙西时屯重兵,挟猫獠军势,强仆人庐舍以为薪,上下惴惴莫敢何问。君反复鞫讯,知隶平章政事庆童公帐下,械送而请治之,军因不敢哗。译史桑葛凭藉宪使之威,视佥事呼都克布哈如无人。佥事欲黜之,恐激怒其长,乃自引退,译史愈鸱张无忌。君劾之,宪使持不下。君怒曰:"彼且不有佥事,何有于公哉?"叱出之,宪使惭。其庭中人以事诬君,上行御史台,时平章为御史大夫,骂曰:"郑佥事刚介之士,吾熟知之,尔固不能容也。"掷其文于地,事遂寝。寻除今官,未及上,卒,年甫四十有八。……(第1224册,第206~210页)

《影印文渊阁四库全书》,台湾商务印书馆,1986年

(明)孙作撰,《沧螺集》

卷二

赠笔生张蒙序

昌黎韩子传毛颖为中山人。中山,非晋乃唐宣州中山也。宣州自唐来多擅名笔,而诸葛氏尤精。……余虽不善书,然私识其故,而有以知韦说之不谬。吴兴陆用之精于为笔,不在冯颖之下,徙居娄江,授其甥顾秀岩,秀岩又授其甥张蒙,世传笔法如出一手,<u>自漳、泉、广海贾舶来吴,舣舟岸下,百金易之,殆无虚岁。</u>虽淞之士大夫求笔,有不待远走百里而取之几席之下矣。生论笔之利病,辨析至到。始余识之吴郡学宫,数求余言,时方次能书未暇也。后余还淞,其请益坚,故序,以广士君子之知,而叹识者之稀也。(第1229册,第487~488页)

《影印文渊阁四库全书》,台湾商务印书馆,1986年

(明)陶安撰,《陶学士集》

卷十九　行状

故文林郎江北淮东道廉访司知事费君行状

君姓费氏,讳诡,字太初,其先涿州定兴人,避兵迁清州,后徙济南,遂贯棣州。曾祖讳某,承直郎,彰德路总管府判官。祖讳某,承务郎,龙兴路同知宁州事。考讳某,承事郎,台州路同知黄岩州事,赠文林郎,江浙等处行中书省左右司都事。宁州南仕,因家金陵。君生期而失母,育于祖母杨恭人,事继母孝,右丞韩公叔亨撑南台时称其文学于台察,遂举浙东宪史,调福建廉访使。巴咱尔怙势不法,众畏缩,从令唯唯,君每抗论可否,辞气不屈,或者危之。君曰:"弃理必败,何足畏也。"已而,果败。……泉州万户孙姓贿觉,南台遣使追金佩符,宪司俾君偕往,使觊货于孙,不获,欲辱其妻子。君厉声曰:"使来拘符耳,何乃非法恫人妻子邪!"使惭而止。考满,廉访使多尔济巴敕公、幕长何公彦敬率僚属祖饯溪浒,闽人聚观,谓:"见宪史多矣,未有如费君之贤也。"舟次水口,有拜于沙者,乃孙万户,遗以金赆,拒不纳。……(第1225册,第791～792页)

《影印文渊阁四库全书》,台湾商务印书馆,1986年

(明)王绂撰,《王舍人诗集》

卷四

送任大参勉之福建

都亭南望路迢迢,仗拥双旌引去轺。官拜大参行外省,人推清誉满中朝。风回海舶珠犀集,雨洗闽山瘴疹消。服远最宜恩信立,伫听嘉政播民谣。(第1237册,第130页)

《影印文渊阁四库全书》,台湾商务印书馆,1986年

(明)王恭撰,《白云樵唱集》

卷一

送李浩复永宁

对酒击长剑,男儿重横门。行骑紫缰马,笑结曼胡缨。常思肝胆沥,竟未嫖姚识。时来激忠愤,身与鸿毛掷。尔今年少才堪数,远逐旌麾在行伍。幕下还教重阿蒙,军中已见留孙楚。七闽自是古秦封,今日温陵镇尚雄。时平瘴海无边警,天尽琉球见远峰。往来射猎寒沙碛,住久翻忘异乡陌。紫荚花深骑影迷,刺桐叶暗炊烟积。昨日单车奉檄归,过门应得访庭闱。暂随旅雁云边落,又逐征帆海上飞。燕然北去南交趾,石刻铜标今尚尔。为报边头将士知,丹青好在云台里。(第1231册,第108页)

赠吴易平还温陵

延陵家住温陵东,南窥大海连空濛。五夜扶桑气先白,四月刺桐花正红。延陵自是黄冠客,名姓几时隶兵籍。案头庄列万余言,箧里孙吴二三策。一著戎衣又十年,三时讲武复谈玄。闲教弟子六七辈,朗诵黄庭千百篇。寥寥一室梅花寨,钟磬冷冷发天籁。鲛女闻经罢泣珠,渔人听法争持戒。心本孤高绝世嚣,有时飞札问三茅。醉磨夜斗七星剑,梦斩秋潭独角蛟。昨夜营门领飞檄,秣马徵兵远行役。道过乡山得到家,松门霜雪回春色。我昔青年爱游衍,席帽肩舆不知远。金粟峰头鹤共眠,清源洞里僧同饭。云树荒台秋草蕃,温陵大姓几家存。繁华不见今头白,待尔重来仔细论。(第1231册,第148~149页)

卷三

送人从温陵军

温陵南海上,孤剑独横行。策马经花县,看山到柳营。明珠来市舶,苕叶遍山城。长揖嫖姚幕,从容论五兵。

赠倭僧

参方离日本,乞食向中州。沧海无行迹,浮天但法舟。扶桑孤岛曙,贝叶旧房秋。借问西来意,无言坐石头。

送人使重驿

奉诏浮东海,鱼龙护去舟。双星别鹡鸰,几日过琉球。绝岛夷王拜,重

番使节游。归朝应早计,休起见京楼。(第1231册,第157页)

赠琉球典簿程氏赐归番易

冠带趋朝沐宠光,曾将声教化夷王。扶桑东际非吾土,彭蠡西流是故乡。白首还家江上骑,青山独对雪边房。悬知陆贾风流在,不羡裴家绿野堂。(第1231册,第175页)

和詹时雨哭永宁许将军

剑锋销尽马啼穿,夷虏凭陵尚寇边。谁念将军能死国,远持兵印独归泉。荒城听雨伤秋早,沧海招魂怆暮烟。忠愤向来同感激,温陵南望泪潸然。(第1231册,第177页)

《影印文渊阁四库全书》,台湾商务印书馆,1986年

(明)王恭撰,《草泽狂歌》

卷二

送人至温陵

江城五月南风作,榕叶初凉枣花落。官炉酒贵人不赊,客路无钱少欢乐。怜君倜傥能远游,粤王潭头系小舟。经过不待平原席,漉落宁悲季子裘。自言家住桐阴下,云榭台中日潇洒。紫英花开香满衣,槟榔叶大宁论价。三十年来何怆哉,凄凉人物与苍苔。明珠象齿不复惜,海客番船何处回。别来乡县还几旬,况得延陵为主人。论交自是少知己,薄俗谁能无弃贫。嗟予飘转红尘里,千载春衣厌泥滓。醉后狂歌空有神,交态看同一杯水。送君远游归故园,我亦还山依鹿门。相思平远台头月,忍听清原洞口猿。(第1231册,第221页)

卷四

送人使琉球

扶桑无路但行舟,才子今持汉节游。自是皇威均雨露,故将冠冕化琉球。风波浩荡蛮天晓,岛屿空濛瘴海秋。早晚星槎归上国,殊方休起见京楼。(第1231册,第257页)

送人游温陵

送君南去柳条新,匹马萧萧满路尘。天近温陵常见日,潮归沧海远无津。刺桐叶暗千门曙,紫英花开四座春。闻说此乡多宝贝,昔时全盛只今

贫。(第1231册,第262页)

《影印文渊阁四库全书》,台湾商务印书馆,1986年

(明)王慎中撰,《遵岩集》

卷八

城东楼钟记

凡都畿藩省郡县所治,皆必有钟鼓,以戒昏夙与漏表,并设其义,取于别时节事警生人,以作止动息之宜,而声闻及远,众听齐一,使人不待下漏测表而知蚤暮。其用视植圭挈壶之制,简径而速,故今官府治所未有废此。其有废者,非讪则慢。泉州故有谯楼,蚤暮伐鼓以戒众,而钟缺不具厥,废已久。而今东城楼有钟,百年之废,具于一日,由郡侯方西川公始也。……是时,郡方告旱,民有岁忧,公责躬请祷遍于群望,随祷得雨,岁以不饥。既而蛮舶扰海,郊郭相惊,公选吏简徒以属袁公往遏狂谋,岛夷憺威敛帆遁去,郡以无恐,民用是得饱食安居。……(第1274册,第163页)

修天妃宫记

所谓神者,果有物哉?烝蒿胕蠁,飞扬浮游,昭明在上,充塞击触于四旁,非无物也。危困之所吁号,疾札之所请祷,忽然有接于人,其精爽禽霍,而状象佛仿莫不神之,以为是有物焉。拯危困为安乐,化疾札为生全,而崇事报享之仪,由之而起。呜呼!此民之所以为不可使知也。其有接乎彼者,固其吁号迫切之专,请祷诚信之笃,自为其神感于其心,忽然有动乎耳目,而以为有物焉,则过矣。方其专且笃也,其人之所自为与或为。其父母兄弟妻子惟其所为者之存乎心而他不存焉。昔日之所胶扰抹锻滑挠其神者,一旦荡然不存乎心,而神为之告,岂有异物哉?然世之人固举谓之为有物矣,于是搏土斫木,为其形容,宠之名号。原本氏族广衍景迹以附是物,而穹堂奥室,大庭高闶以居之,患其不称也。刲羊椎牛、沉玉瘗帛为其飨侑,伐鼓撞钟被巫纷史为其歌舞奔走,竭蹶天下之人惟神之归。呜呼!斯民之不可使知其亦久矣。故先王为之著其教,善其报事之文,使之鼓舞而不倦,以勿陷于淫谄诞罔之邪。盖始之所以有神者,本生于其人之诚,而教之既设,则人莫不归于神也,而后能勉于为诚,使其崇事之严,报享之厚,一出于忠利惮畏之本心,则去非远罪,无即于凶,亹亹趋往,以赴畴祉惠迪之会若有为之掖导闭止,是莫不起于斯人之所自为,而由于归是神之所为。勉则土木形容,亦聪

明正直之所凭,而何邪之有?泉州之有天妃宫,其来已久,海上尤神之,故宫于吴越、闽、广之间尤多。成祖文皇帝时,尝遣内臣赍大赍译赐岛外诸蛮,随以重兵,便宜讨其不庭。蛮酋詟悚,受赐奉约束。使节所指,遂穷月窟之域。神最有光怪灵变,使者奉之谨。故泉州之宫,内使张谦修建也。阅岁积坏前廊,后室圮而为墟,惟门堂存耳。而梲剥榱倾,支朽楹,茨颓垣,以御风雨殆不蔽也,其不至于毁无几矣。报享不虔,民咸知病之。神独见梦于邑人徐㮚,乃以民之病告以神意,民乐率钱以佐役。堂宇聿新,殿寝崇成。顾役巨费繁,率钱猥微,门廊犹不能兴也。郡侯童南衡公始捐俸以充其费,免民率钱,俄顷之间,高门将将,廊序有列,而宫完矣。郡民欢喜忭叫,争走睎瞻,愿记其事,则相与谋因徐㮚来请于予。予谓极治之国,其神不灵,盖政之所以得民者,为之兴便布利,除攘患害民不祈而得其所欲,不禳而违其所恶,吁号请祷之诚无所用之,而乌有冀于神然?先王犹存其教,所谓鼓之舞之,使之不倦,顺其不可使知之情,而诱之于勿邪焉耳。侯为郡既久,灾疠不生,寇贼销逃,遗四境以安乐生全之福,神将无以为灵,则斯宫之完修,殆予所谓存其教诱之勿邪之义欤。斯义也,固非民之所知,不可不著以告后之为政者,故记之如此。(第1274册,第163~165页)

卷十二

处士易直王翁墓志铭

王氏家族,雍睦之盛,在成化、弘治之间,某曾大父时事也。曾大父兄弟八人,皆同祖,其六人年龄差池并时。六人者,刚柔宽急不尽同,并以材略行谊为乡长者。乡人曲直长短不相下,得六人者一言以为平。姻党吉凶大会,无六人者在,愧不为重也。

王氏为安平名门,所从来久矣。易直翁所谓八人也,当事持家,后六人而有六人之风,接其声迹不替。某生晚,犹及见翁,时年十四五,稍有识,颇知诸父先生行事。而翁于诸族子中独爱某,以为贤,谓必有立。某少一庸儿耳,不知翁何所别而贤之。今幸有立,益能讲知诸父先生行事,而翁又所及见。翁之葬,某宜为铭。

翁名瑞,字廷怡,别号易直。高祖公讳子元,曾祖德轩公,讳廷中,父信斋公,名澄坚,取蔡氏,无子。翁与兄珍皆出侧室陈氏。翁生十二岁,信斋公以贾客死吴中,尽亡其金,环堵萧然。兄弟两人与二母相依为命,备尝艰厄。稍长,即自奋,曰:不可当吾身而废先人之业。茹粗衣恶,拾弃掇残,卒能移缩就余,以寡为多,贾行吴中,寻父故游处,以不泯其志。翁所挟资于诸贾中为最下,然温郁可近,貌悦色恭,言语煦煦;其和袭人,临财有信若秋霜。吴中高其为人,爱而任焉。诸挟高资者,顾不得与翁齿。缙绅士夫,南北行过吴中,翁得皆与其贤者接,同贾者常尾翁后,附名刺中,因以求通,揖让进止,视翁每招贤者游,指斥山壑,谈说光景,叠叠与贤者往,反成其为宾主。诸贾默然,引爵执筯竟日,徒饱而已。退则相目推翁以为能。王贾之名,在吴中颇盛。然资不大进,最后倾资怀珍货,贾巨舶浮海踔。东瓯乱,明州以济,将赴临安,为逻卒所邀,资没之尽。然翁所怀货,皆非令所禁,逻卒为暴,勒没之耳。或劝翁,胡不自白于官?翁曰:"所为行贾者,固为求利,亦以邀迹肆意也。使吾囚垢以乞货,不如徜徉徒手而行耳。且吾年亦衰矣,浮游江湖,意倦殊思归,吾将返矣。吾长子读书为士,将托以其志,次子从吾行,虽少而材可付以其业,吾其返矣。"会翁长子亦奔急至吴中,翁乃返至家,三月而病作,竟不起,呜呼!其于行休之际,亦不为苟然矣。

始,某大父确轩公,自安平徙居入郡城,课先吏部大夫以儒业。翁即遣长子水心先生与先大夫同学,两人者并以文荐为学官弟子。王氏诗书由先大夫与水心先生始。王氏子孙日蕃,而诗书之业益衍且多者,惟公与确轩公之后耳,他公之后终不若也。于此观之,翁之志亦略可观矣。

翁长子宦邑庠生,明经有行,屡试不售,所谓水心先生者也。次子宝,所谓少而材,能继父之业者也。翁殁后数年,次子贾大进,廓增溢羡,为安平巨家,地下有知,当为抚掌大喜。翁丧母尽哀,养嫡不殊己出。事兄顺,奉寡姐有恩,礼遇宗人,尽其情款,有族党之行,二子肖之。家富而无异财,衣食丰约,出入劳逸甚均,某尝嘉叹之。呜呼!此非所谓为善之报耶。

公娶陈氏,今年七十有六,康强无恙,二子谨奉焉,以禀家政。女五人,适王文大、陈世住、杨伯元、陈丕雍、陈自谨。孙男徽言,娶黄金事鍪之女,徽猷,郡庠生;徽谟,俱娶蔡氏。孙女三人,长适龚俸,次适伍伦修,次未许人,皆宦出。徽典聘陈氏,徽音、徽谦孙女二人皆宝出。翁生成化乙酉六月二十三日戌时,卒于嘉靖丙戌二月三日酉时,享年六十有二。以甲辰十二月二十日葬于五都葛林口山,坐坤而向艮,徽谟早卒,附圹于墓之东,铭曰:佳哉,葛林之原,龙翔虎蹲,驯伏而掀骞,有丘隆如中出而短,此名为尊,水流其前,若之与玄紧孝子之所卜兮。日吉德之攸安,我铭其藏,其永勿迁。(第 1274 册,第 346~348 页)

卷十四

刻招魂章碑石

泉之为郡,东南履海,延袤迤逦,画岸为疆,如循衣裾。缘岸曲折蟠屈,人营其间以居。对视列岛,隐见出没烟涛云浪间,错落如置棋聚块,皆蛮人邑国也。无重关穿壁、断蹊绝坂之限,舟浮水面,负巨帆而行,日可踔数百里。岛外诸国,皆有奇产异物,珍瑰怪诡。邀利忘生之夫,枕席大险,以牟巨赢,故泉之盗患,莫剧于海。嘉靖二十二年夏五月,盗犯深沪镇深沪,于缘岸之居聚人为众,而据地为固,民相率纠义以御之。吾郡别驾陈侯少华方司郡,徼督捕至海上,闻深沪之民将率义御贼,檄而许之。民既奋于义,以相保聚,比得侯命,益坚且奋,盗斗不能胜,获其魁,首歼其党,夺其舟,兵尽岛外诸蛮也。吾民斗而死者二人,伤者亦若干人,侯亲为抚。循劳定,振护瞷给。民皆洗瘢刮痍,迅踊而起,忘其为创也。又哀死者之不幸,为赋招魂二章以祭之。民之斗而不死,与不在斗而存者,虽有智有愚,于所赋之义或解或不解,莫不感诵嗟叹。激于脾肺,播于齿颊,谓侯之能用我也。(第1274册,第414页)

《影印文渊阁四库全书》,台湾商务印书馆,1986年

(明)王彝撰,《王常宗集》

卷四 杂诗

送朱道山还京师序

上以聪明神圣,肇王业十年之间,海内僭乱以次平一,既而海外诸国亦每梯航而来贡。夫明王之化远被百蛮,固有至神而莫测者,然亦有其故焉。朱君道山,泉州人也。以宝货往来海上,务有信义故,凡海内外之为商者,皆推焉以为师。时两浙既臣附,道山首率群商入贡于朝,上嘉纳道山之能为远人先,俾居辇毂之下。优游咏歌以依日月末光,示所以怀柔远人之道,海外闻之皆知。道山入贡之荣,有如是也。至是海舶集于龙河,而远人之来得以望都城而瞻宫阙,且人见中国衣冠礼乐之盛,而相与咏歌之者,又不啻道山入贡之荣也。(第1229册,第434页)

泉州两义士传

孙天富,陈宝生者,皆泉州人也。天富为人外沉毅而含弘,宝生性更明

秀,然皆勇于为义。初,宝生幼孤,天富与之约为兄弟,乃共出货泉谋为贾海外。天富曰:"尔母一子惟尔,吾不忍尔远尔母,涉海往异域,吾其代子行哉。"宝生曰:"吾母即若母也。吾即远吾母,惟君以为母,吾行又何忧焉。"于是两人相让,乃更相去留,或稍相辅以往。至十年,百货既集,犹不稽其子本,两人亦彼此不私有一钱。其所涉异国,自高句骊外,若阇婆、罗斛,与凡东西诸夷,去中国亡虑数十万里。其人父子君臣,男女衣裳,饮食居止,嗜好之物,各有其俗,与中国殊。方是时,中国无事,干戈包武库中,礼乐之化焕如也。诸国之来王者,且帆蔽海上而未已;中国之至彼者,如东西家然。然以商贾往,不过与之交利而竞货,两人者,虽亦务商贾,异国人见此两人者,为人有特异也。自王化被海外,且及百年中国之人,至彼如此两人者,亦不多也。此两人者,乃身往其地而亲其人,使人皆见而信之,有切于所传闻者。两人异姓也,长为兄,少为弟,如同气然。异国人曰:"彼兄若弟非同胞者,吾同胞宜何如。"宝生至言其母事则泣,天富亦母事宝生母,每慷慨为诸国人言其事,辄欷歔乃已。异国人曰:"我与彼皆人也,人谁无父母、夫妇、子孙者。"两人客万里裔夷,动必服中国礼俗,言必称二帝、三王、周公、孔子,又能道今国家圣德神功、文章礼乐与凡天下之人材。异国于是益信吾中国圣王之道,海内外可共行也。异国有号此两人者,译之者曰:"泉州两义士也。"中国之贤士大夫闻之,亦皆以为然云。天富字惟善,宝生字彦廉,今居吴之太仓,方以周穷援难为务。宝生母事,别有陈节妇传。妫蜼子曰:"余读《周书·王会篇》,夷之国众矣,而皆纳贡周邦,孔子,周人也,欲居九夷然未往也。今孙、陈氏以商贾往,且犹动乎彼,岂其读圣王书慕义而行之不然?何其居夷而能是也。古语曰:'放之东海而准。'余于孙、陈见之矣。"至正二十五年八月,蜀郡王彝生制。(第1229册,第439~440页)

《影印文渊阁四库全书》,台湾商务印书馆,1986年

(明)解缙等撰,《永乐大典》(残卷)

卷三千一百四十一 十五 陈偁

先君(陈偁)行述 (宋)陈瑾撰

公讳偁,字君举。秘书少监、累赠吏部尚书讳世卿之子。受氏徙岳,族系本末具载尚书公之碑。……公诣执政请曰:"赤县名擢材之地。不材瘝官是惧,愿得一州自效。"乃除泉州。未几,卒坐开封事罢去。州人方怙冒德

政,始闻欷欺相语:"太守以陷失青苗钱被罪,能哀钱五千余万输之县官,当还我父母。"合辞相唯,无一人以罄匮解,多者至捐百千,少者一二钱。期三日而五千万之数积于州门,然后相与诣部使者言之。部使者以闻。公至阙下,一年事释。转驾部郎中,除知舒州。州濒皖溪,公调薪石鸠民力,筑陻十余里以防水患。明年公去,水大至,平陻不为害。部使者上之,诏奖后守。民则曰:"陈公之惠也。"秩满,就除泉州。泉民思慕既久,闻公复来,老稚扑叫争走逆旁郡,至有灼臂于马前者曰:"复见公矣。"时贾青为转运使。青贵家子,驵骀残刻,部之材良,掇拾无免者,联事者耻名出其下。以苛察相胜,民大凋困。公之来,非青等意,善潭守陈洌,奏曰:"洌材,请使治泉;漳小郡,得某足矣。"不行。青等不自得,于泉事务为挫揠,常咄咄毁公。或解之曰:"泉州恺悌人也。"青嘻笑而嫚言曰:"恺悌!恺悌!"盖谓恺悌为可薄云。东湖旧溉民田四万余顷,岁旱,湖涸田废。公教民以牛车汲潮水入湖,复以灌溉,自是环湖之田无旱岁。进士解发,故事有鹿鸣宴。自修例册,削其费。公曰:"兹费有为也,奚可已。"以俸钱为之。会大礼,进勋上柱国,赐四品服。泉人贾海外,春去夏返,皆乘风便。熙宁中,始变市舶法,往复必使东诣广,不者没其货。至是,命转运判官王子京拘拦市舶。子京为尽利之说以请,拘其货、止其舟以俟报。公以货不可失时,而舟行当乘风便,方听其贸易而籍名数以待。子京欲止不可,于是纵迹连蔓起数狱,移牒谯公沮国法取民誉,朝廷所疾,且将并案。会公得旨再任,诏辞温渥,子京意沮,而搜捕益急。民骇惧,虽药物燔弃不敢留。公乃疏其事请曰:"自泉之海外,率岁一往复,今远诣广,必两驻冬,阅三年而后还。又道有焦石浅沙之险,费重利薄,舟之南日少,而广之课岁亏。重以拘拦之弊,民益不堪,置市舶于泉,可以息弊止烦。"未报,而子京倚法籍没以巨万计。上即位,子京始惧,而遽以所籍者还民。……初,公既解泉州,以覃恩进阶朝议大夫。至是守本官致仕,授告之夕以寿终,元祐元年七月丙寅也,享年七十有二。……将以传世行后,唯显刻是赖。谨叙次行治终始,伏俟采择,孤子陈瑾泣血述。(第1835~1837页)

卷五千三百四十五 十三 萧 潮 潮州府三 图经志

仰韩阁记 (宋)张羔撰

沿潮之东,古鳄溪也。航溪有桥,因邦人之愿而作也。桥之西有阁,翼然壮丽,因兹桥而作也。溪当闽、广之冲,凡道于是者,立马倚担溪渡。移晷骤雨暴涨,翻复一转臂间。漕使长乐曾公汪曩领郡,阖郡请维舟为梁以济。

公颌之,不三易月而桥成。潮人镂石颂美,述令德焉。岁在甲午夏,潦怒溢自汀、赣、循、梅下,溃流奔突不可遏。啮缆漂舟,荡没者半,存者罅漏。太守临邛常公祎曰:"利众者易兴,谋众者易成。是桥之建,千里一词。已成之功,可中尼耶?"乃酌约宜费,括帑扐羡,首为倡,响应乐输。曾公闻而喜,于是协谋参订成略。指授旧舫之大者少损之,锐者易平之,以便操折。出金贸材,计直偿工。众皆一力,役不淹时。觕舻编连,龙卧虹跨,昨病涉者既履坦已。复计余缗,创杰阁于岸右。赎地辟基,甃石捍溢,隆栋修梁,重檐迭级。游玩览眺,遂甲于潮。<u>福建舶使虞公似良,以古隶体扁之曰仰韩。盖韩文公芨憩旧地</u>,实与阁对也。桥凡百有六舟,造于是年秋仲,告成冬初;阁以腊月经始,越次二月讫工。方敞精舍,官给田以备后役。军事推官曹崇者,时董其事。常公合乐张宴,邀宾僚而落之。乃觞曹曰:"是役不扰而济,子力也!"曹屏伏对:"崇何劳?顾二公规画之素,崇奉行惟谨耳!"环观者相与叹曰:"物之兴建,信待人若时耶!"夫开端于前,植址于后,行者便适,登者披豁。凡过潮者,悉戴二公之赐。朋俦祝颂,肖像立祠。群请于羔曰:"泚笔勒成,子职也。今二公实惠伟绩如是,叵嘿默无纪?"羔详论颠末,不敢以斐陋辞,谨摭实而述左(下)。(第 2482 页)

卷七千八百九十四　十九庚汀　汀州府　名宦

临汀志

(宋)景德二年乙巳李迪榜:黄迪,字梦授,宁化县人。初母一夕梦老人遗之一小星,曰:生子宜以迪名。即是为识,迪性资端谨,年十八登甲科,历蕲州教授,庐州判官,<u>知泉州同安县监市舶务</u>①,复知建昌南丰县,终宣德郎。(第 3662 页)

卷一万三百五十九　启　谢启四

谢乡官及士人献拆番楼诗启　(宋)傅自得撰

乡校所临,挹山川之美秀;<u>贾胡何识,僭楼观以峥嵘</u>。漫不谁何,公为障蔽。会广文率生徒而有请,适使者下讼牒以如章。奉命惟勤,何力之有。过蒙谦抑,特枉篇章。袖出珠玑,光彩已惊于尘目;榜称龙虎,宠荣即慰于名扬。(第 4416 页)

《永乐大典》(影印本),中华书局,1986 年

---

① 此条史料似有误。按:北宋元祐二年(1087 年),始设福建市舶司于泉州。

(明)解缙等撰，《永乐大典·常州府》(清钞本)

常州府十　六三一

便民扎子　(宋)赵孟奎撰

臣某，一介春愚，惟守朴忠，持身报主。……窃见朝廷指挥：凡作郡半年以上，即合条"便民事件"。适当是时，臣敢暗默？谨录奏如后，乞赐天听裁择。一曰：分县治。……五曰：宽舶征。臣初见海舶置司抽解，必是海道要紧之冲、州县镇压之所。气势号令、蛮商听服。可以检防铜钖出界之弊，机察漏舶瞒税之奸。故福建则在泉南，二浙则在四明。(第631页)

王继宗校注，《〈永乐大典·常州府〉清钞本校注》，中华书局，2016年

(明)谢肃撰，《密庵集》

卷三

至泉州府决漳州卫狱寓分司作

莫道泉南非要地，遥从海外控诸夷。云涛大舶来犀象，烽橹雄城驻虎貔。正拟观风敷帝德，先应决狱示皇威。此时若有民愁叹，按部深惭着绣衣。(第1228册，第108页)

《影印文渊阁四库全书》，台湾商务印书馆，1986年

(明)徐一夔撰，《始丰稿》

卷四

陈节妇叙赞

蜀人王常宗，隐居东海之滨，以著文为事。一日，贻书钱唐谓予曰："所贵于古文者以能发挥忠臣、孝子、义夫、节妇之事，暴白于天地之间，使天下后世有所感激而奋起也。盐邑人陈思恭之妻庄氏，守义能为众女妇之所不能为。吾尝传其事，用致于执事者，请试观之，幸赐之言焉。"予发书阅已，徐取其传，按而读之。叹曰王君固善为文，向非庄之奇节懿行，有以发之，亦安

能如是之伟哉？盖庄，泉南人也，思恭以商至泉南，遂赘焉。逾年而得子，思恭遂去商海上，三年不返。人以思恭为死矣。邻媪或讽之嫁。庄曰："汝以吾夫为死耶，见之者谁？"峻斥之。又二年，而其夫果生还。居亡几何，思恭复去商海上，既出海，乃遽溺死。庄仰天大恸，曰："吾夫卒死于海，吾非精卫，惟有死守以报之尔。"既而，有复以言恬之者曰："今则可以嫁矣。"庄泣语之曰："吾未亡人耳，妇人之义一与之齐，终身不改，胡为而出此言也？"且指其遗孤，叹曰："吾夫虽死，吾夫之所以遗我者固在此也。"遂不复有劝之嫁者。庄寡居时年二十有五，今五十有八矣。教育其孤至于成人，其孤宝生名彦廉字者是也。(第1229册，第187页)

《影印文渊阁四库全书》，台湾商务印书馆，1986年

(明)叶盛撰，《水东日记》

卷十七

广轮疆里图[①]

袁伯长谓唐僧一行陋周畿汉志之狭，始定南北两戒，而山川之肇源止伏，一览可尽。予近见广轮疆理一图，其方周尺仅二尺许，东自黑龙江、西海桐，南自雷、廉、特磨道站至歹滩、通西，皆界以格，大约南北多，东西差少。其阴则清浚等二诗，严节一跋，因悉录之。万里山川咫尺中，江河迢递总朝东。当时汉帝曾披此，邓禹因之立大功(沙门清浚)。四海都归掌握中，眼空南北与西东。此图画就非容易，为问沙弥几日功(武林王遂)。此图乃元至正庚子僧清浚所画，大率广袤万余，其间省、路、府、州，各以次列，仍书名山大川水陆限界。予喜其详备，因摹一本，置之坐隅，凡城郭山川道里辽绝者，悉在掌握焉

(时景泰壬申正月，嘉禾严节贵中谨识)

注：《广轮疆里图》有文字：自泉州风帆，六十日至爪哇，百二十八日至马八儿，二百余日至忽鲁没思。(第1041册，第100～101页)

《影印文渊阁四库全书》，台湾商务印书馆，1986年

---

① 篇名为编者所加，以方便索引。

(明)殷奎撰,《强斋集》

卷四

元奉议大夫常州路宜兴州知州卢公行状

公讳僧孺,字希文,号定斋,姓卢氏。其先范阳人,更五代以来世居郑之河阴。……至正六年春,终丧,除奉议大夫、泉州路总管府判官。泉当诸蕃商舶之市,宝货所集,民夷杂居,素称剧郡。公至官,适罗天麟寇汀,官军四集,供具百需,悉出公之调度,而民不告劳。先是,廉访副使梁克中重建郡学,业完而梁迁他道,工遂中止。公曰:"梁公之绩不宜败于垂成。"料材征役,为尽完之。赡学田若干亩,为豪民柯氏所据,久弗克复。公视故牍,悉追入之。泉之常赋三万余石,兴化路岁复输粮万石于泉仓。吏辈取索数倍,一石费至十四五缗,有司视为常例,置而不问。公始尽去其弊,民大悦,其输不日而足。政誉蔼然,台宪交举。江浙行省知公廉干,选委温州。白汰门封堵,未几府僚各以事去官,公归,独署府事者二年。民怀其惠,咸礼塔以报,生为祠公于学官泊石佛寺,三山林兴祖为碑文以纪之。已而,府官自守以下次第至,公得代。守与僚属知公清贫,相率出俸金二万五千缗为之赆。公谢曰:"居官三年,无纤毫私。今日受之,则前日皆非素守矣。况有祖父遗训,其谁敢违。"固辞之。去之日,军士庶民结彩焚香于其家,署曰"卢府判生佛",送之东郭。父老咸曰:"富庶之邦,其官能免者几人?泉南号佛国,曷尝见士民感服如此。"至正庚寅,朝廷重选守令,以公知常州路宜兴州事。(第57册,第722~733页)

李修生主编,《全元文》,江苏古籍出版社,1999年

(明)郁逢庆编,《书画题跋记》

卷九

跋泉州两义士传　(元)张绅撰

余行海上,孙君止余其舍。座上经生硕士,连日夕谈,说不少厌。君长七尺余,慷慨负气节。家僮力役百人。君不急其事,独听余论议,一食不舍去。陈君好蓄古书史图籍,能一一辨问其义理隐微。常抱卷若帙数十抵余,

烛屡见跋，尤亹亹无穷。二君皆有母，欲归省，造大艘如长陵，谓余言："将伺风海上，南抵泉、广。且游阇婆、高句骊诸国，访异人、采药仙人所居，归以为母夫人寿。"又岂止好义如传所云？余方老，且数奔走齐鲁燕赵，肌肉消于马上，欲从二君浮舟求邿宁者休焉，二君舍我哉！齐郡张绅。（第58册，第370页）

李修生主编，《全元文》，江苏古籍出版社，1999年

（明）袁华撰，《耕学斋诗集》

卷七　古诗（七言）

送朱道原归京师

君不见，范蠡谋成吴社屋，归来扁舟五湖曲；之齐之陶变姓名，治产积居与时逐。又不见，子贡学成退仕卫，废举鬻财齐鲁地；高车结驷聘诸侯，所至分庭咸抗礼。马医洒削业虽微，亦将封居垂后世。胸蟠万卷不疗饥，孰谓工商为末艺？泉南有客陶朱孙，大舶东望扶桑暾。石塘万里限弱水，贝阙珠宫光吐吞。直穷南海极西海，生擒蛮寇龙牙门。岛衣卉服识名姓，懋迁有无争骏奔。圣明文德洽区夏，诏遣移家居阙下。亲聆天语觐天言，岂是寻常行贾者。兹来娄上督诸商，会看重译贡殊方。明珠撒殿献琛赆，天王端拱当明堂。朱君朱君不易得，务财逐利通绝域。只今太史笔如椽，汗简杀青书货殖。（第1232册，第314页）

岁寒图为孙惟善、陈彦廉赋

（序）九日山在泉州南安县西，唐秦系结庐其间，注《易》、《老子》。有石茶灶碾具存，时姜公辅以直谏忤德宗，谪兹郡别驾，始与系交，过辄终日，姜之卒也，妻子在远方，为营葬兹山之麓。秦年八十余，后不知所终。宋初刺史陈洪进即其地为秦君亭，因感其友义之笃，以处士而葬，故相故及之。

泉南诸山何敹隔，清源洞天仙所都。重楼复阁山之隅，鸟道百折非一涂。松风谡谡吹笙竽，芝兰荪蕙春芬敷。或跨白鹿骑於菟，侠以鸾鹄从双凫。以鞭鞭石石受驱，长桥横波龙脊舮。蛮蜓出没乘舳舻，南金大贝犀象珠。秦君屏迹贾不沽，闭门著述与世疏。

赤明开劫风气舒，玉检丹书秘神符。云旗书下猩猱呼，钩辀格磔啼鹧鸪。巴且花黄荔子朱，羽人飞行天为徒。东穷弱水窥方壶，越有莆田列仙儒。下通舟船上轩车，琉球一发云外孤。川倾山积来委输，九日特立青莲树。有唐宰相陈谏书，谪宦南迁鸟在

筴。室家既远身乃愈,为卜兹山藏其躯。感怀友义增欷歔,尚存丹灶亭已芜。山川清淑气郁纡,维孙陈君生绝殊。提孩嬉笑同里间,翩若丹穴双凤雏。下览德辉瑞唐虞,又若汗血天马驹。奋迅岂与驽骀俱,南游百越北燕都。偲偲切切相友于,志坚金石矢弗渝。管鲍陈雷张范如,宁竞锥刀较锱铢。揭来娄江住斯须,城南新僦宅一区。前槐后柳荫屋庐,草蔬同饭步同趋。嘅彼末俗肆觊觎,附势逐利情愉愉。刎颈之交汉耳余,反面仇敌良可吁。以柳易播忠诚乎,高风千载敦薄污。岁寒松柏知后枯,好事绘写开新图。我作歌诗匪从谀,愿子善保慎厥初。(第1232册,第316页)

《影印文渊阁四库全书》,台湾商务印书馆,1986年

(明)赵琦美编,《赵氏铁网珊瑚》

卷九[①]

陈妇节义集叙　(明)王彝撰

陈妇节义集者,学士大夫美陈思恭妻庄氏之节义,而称述咏歌之。庄之子宝生,因集其见于诗文者得若干篇,而其传则蜀郡王彝之所作也,宝生他日复请彝名其集而并叙焉。……庄妇人也,而生于泉,泉南裔也,其俗趋商而竞贾。而庄之夫固商也,自海盐来为赘婿。盖既生子而辄浮海以去,去而无闻者五年,庄能却所传闻而必其生还,及其既还而复去,去而溺海以死。庄又言誓死不嫁,以成其五岁之孤。呜呼!庄妇人也,非世之所谓大丈夫者,而何其有节也!然庄又能赎田数千里外,授其夫前妇之子,在彼外家者使得以就食,且能为夫偿其友宿负,使彼得之以脱于祸难,又他节妇所难能者焉。……庄寡居在至正间,凡廿有六年,至国朝洪武四年,年五十有六。而宝生以逾壮母了慈且孝,盖亦有可书者,虽然予所书又岂独以庄而已与,故名之曰节义集而叙之者,于以为天下后世劝也。是岁辛亥秋九月叙。(第815册,第557~558页)

陈节妇传并诗　(明)王祎撰

庄氏,海盐陈思恭妻也,泉州人。顺帝初,庄年二十四,思恭以商来,因赘为婿。一年生子宝生,既四月,思恭去商海上,久而无闻,人往往曰死矣。

---

① 清代卞永誉的《式古堂书画汇考》也有从《赵氏铁网珊瑚》中采撷裒辑关于陈节妇和泉州两义士的记载。

庄乃尽屏其容饰,若有所自誓者。庄旁无内外亲,然能自养,其父母及死且葬,无所于依,邻媪讽以更嫁。庄曰:"甚哉!媪之不祥也,媪以为吾夫果死,与谁见之者?果死,吾犹有吾儿焉。吾育吾儿,吾夫犹不死也。"媪去,不复敢言。庄尝闭户以织,忽闻有叩之者,惊问焉。曰:"我也。"若思恭然。启户,果为思恭。思恭乃漂自某国而还,至是去已五年矣。其年思恭又浮海去,遽以溺死。闻时,宝生甫五岁,庄居丧,务纺绩为家。……今国史如传贞节,庄固其人与,然则庄不预元史者,非削之也。

妾生南海涯,窈窕如秋华。邻娃不识面,千里隔緗纱。一朝嫁夫婿,共在洞城住。门前有舶船,便欲为商去。欢好百年身,今年涉两春。象床银烛下,生此玉麒麟。转头才四月,忍作生离别。临行岂不闻,怀里儿声咽。相劝筵前酒,发绿浓如柳。挝鼓起开帆,参差挂牛斗。独闭香闺卧,相逢梦边过。倚户夕阳时,不见南归舵。依稀四五年,顾影自知怜。相传夫婿死,真赝尚茫然。脱却绣襦裆,莲腮泪万行。收将望夫泪,脍鲤独升堂。堂上双亲老,都怜外孙好。如何妾薄命,再哭妣与考。只影坐空帷,依依膝下儿。儿能学人语,口授柏舟诗。经年机上织,掩户秋苔碧。俄闻叩户声,鹊语檐前日。开扃见夫面,翻疑眼生眩。喜极却成哀,泪迸春空霰。儿长至父腰,再拜可怜娇。褰衣怕父去,愁见港中潮。归家三涉夜,贩宝复东游。蛮巫作神语,沧海日安流。有约明年返,别来期未远。怪梦不胜悲,桑田海清浅。明年讣音至,命与青天坠。剪纸独招魂,江流写双泪。妾欲赴黄泉,儿生未十年。提携今长大,待与父齐肩。唾视邻家媪,不死何为老。殷勤讽巧言,榕生根可倒。妾自愿为人,人谁乱鸟群。他年泉下路,尚欲见夫君。夫君前有妇,生儿在潋浦。年是妾儿兄,何须口同乳。念彼孤儿隔,辛苦谋衣食。妾闻夫有田,质在它人宅。卖妾金凤钗,转寄外家来。说与孤儿道,持此赎田回。妾身自有子,生理在十指。纺绩不曾闲,供渠买经史。镫前雪满窗,白发几年孀。课儿终夜读,不暇计更长。儿今长似父,祀事真堪付。春秋称孝子,衔哀进觞俎。妾老儿方壮,前期百年养。不负妾初心,少答夫深望。有妇佩宜男,如儿奉旨甘。一饮知姑性,尝羹再至三。焚香祷夜初,细语在阶除。愿妇同儿老,母为妾与夫。洪武三年夏五月,翰林侍制承直郎兼国史院编修官乌伤王祎撰。(第815册,第558~560页)

陈节妇词 (明)高启撰

妾家温陵近南浦,嫁得良人业为贾。良人长年爱远游,不敢新妆映门户。贩宝遥闻去百蛮,朝朝海上望青山。不仁无那蛟龙横,漂没孤身不得还。君非渡河老狂父,波涛如山何不顾。寻尸便欲赴穷渊,膝下娇儿谁与哺。十载空闺守寸心,沧溟水浅恨情深。愿身不化山头石,化作孤飞精卫禽。史官高启。

陈节妇词　（明）谢徽撰

一从抱节守空堂,应念良人海上商。万里信还夫已殁,十年身在子方强。涛翻怒鳄归魂惨,镜掩离鸾别恨长。无计可寻尸共穴,柏舟肠断卫共姜。绿绮休弹别鹄吟,此生恩义重黄金。离魂海上愁方接,远客天涯信已沉。心事不随山石转,泪痕应共水波深。文章太史更生笔,一节高门映古今。吴郡谢徽。（第815册,第560页）

卷十

泉南两义士歌　（明）高启撰

泉南两士陈与孙,少小相约为弟昆。合疏成戚契谊重,异木缠结如同根。升堂握手出肺腑,交拜二母开罍樽。具舟期贾海外域,欲度夷獠穷昆仑。沧溟东望浸天烂,飓风怒搅波涛浑。天吴恍惚出怖客,掀舞蛟鳄飞鹏鲲。孙言陈宗惟子在,远涉巨险吾宜奔。汝亲头白倚门切,慎勿轻去远晨昏。想让不得乃更往,挂席遥指扶桑暾。望山行觅岛中国,卉服通译侏离言。寻烟暮投霹雳屋,趁墟昼集桄榔村。逾年还家喜得宝,木难火齐并瑶琨。探囊用取两不较,彼我屑屑谁复论。急难相援誓终始,岁时燕庆烹羔豚。义风久已动殊俗,椎结相见如钦尊。我闻同气有争利,阋墙往往瘝家门。又看结交许岁晚,盟盘未撤渝情恩。管鲍居贫乃共济,余耳得势终相吞。若兹二子古亦少,简牍可使他年存。作诗为继王子传,薄俗视此应堪敦。渤海高启。

泉州两义士传序　（明）林常撰

昔管夷吾少与鲍叔牙游,以义相尚,尝为贾分财利,多自与,鲍不以管为贪,知其贫也。……泉南孙氏惟善,陈氏彦廉,亦皆以义相处,共出货为贾,航海外国。孙以陈有母在,不忍远去,代其行。至货集赢美,利百倍,一发不自私,亦无锱铢计较于方寸间。义声感动蛮夷,异域称服,其义往来万里,华裔间皆谈泉南两义士。……余自闽南来游浙东西过吴门,适道多梗,遂浮海东归,邂逅惟善、彦廉同舟。初相见时,未知其何为人,及出示袁子英所书、王常宗作两义士传,信知其倜傥,尚义之士也。从容间来求余文,余摭管、鲍之事以表二公之义,又所以为世道之一慨。虽然人之大伦,朋友居一,不患人之不能交,惟患其交而不能久,久而此心不移者为难。君子慎终如始,此全交之道也。余又于终篇言之,以为赠。是岁己酉二月,前从仕郎、泉州德

化尹,永嘉林常伯庸父撰。(第815册,第575~576页)

泉南义士行 (明)阮维则撰

<u>温陵向南通海舶,贩宝诸番共为客。</u>经年越险入风涛,往返那复计身劳。两人一心金可断,万里虽遥何足算。他人重利不重义,翻手风波起平地。众中结交非不好,中心如面宁可保。君家兄弟非一姓,肝胆相倾向明镜。可怜世上轻薄儿,纵为骨肉亦生疑。陈留阮维则。(第815册,第578页)

金石交为孙陈二义士赋 (明)陆仁撰

金石交,金不可折,石不可磨。<u>泉南二子重义如山河,金石虽坚无以过。泉南之山若砺而嵯峨,泉南之水若带而委蛇。</u>念昔髫鬌,约为兄弟,信誓旦旦,生死靡有它。义士各有母,二母相好,母视其子,子视其母,恩义弗少差。岁时具酒食,更相为寿乐。且和一出一,或处或同。<u>凌风之舸,万里行鳄波。南贾真蜡与阇婆,东极三韩及耽罗。归来分金弗私有,况彼义让情尤多。</u>呜呼!一斗粟,一尺布,淮南至今民尚哦。呜呼!时之人,兄弟相虐朋友为仇,奈尔何?金石之交古来有,二子之义义甚都。可以敦薄俗,激贪夫。《鹡鸰》为尔咏,《伐木》为尔歌,<u>泉南移家来此娄之阿。</u>比邻相接,辅车相依,二母发已皤。石可泐,金可磨,人心天理,无时无猗嗟!二子之义,可以为世模。岂无好事绘缣素,写作孙陈交际图?樵雪生河南陆仁。(第815册,第578~579页)

题泉州两义士传 (明)张昱撰

右(上)《泉州二义士传》乃蜀郡王彝制文,汝阳袁华隶古,事载甚详。<u>观其初约为兄弟,谋出货财,贾海外国。时俱以母在,相让涉险,盖亦恐其危身以累及其亲,是亦可悲也。及后更相去留,历诸番国,积十余年,共财不私,感动番国人,凡见之不以名,必呼为义士,是更可尚也。</u>今俱以老母在堂,迎侍东吴太仓,左右就养,菽水之欢,如一姓焉。是以人士之乐善者,莫不升堂拜其二母,愿从其二子游,而母子者方以困穷恤匮为急,不贤而能之乎?是更不可不敬也。且孙、陈二士十余年间,历外国,涉巨险,而身安母健,非有阴骘在天,则报施善人其能若是之厚也夫!庐陵张昱述。(第815册,第575~580页)

《影印文渊阁四库全书》,台湾商务印书馆,1986年

(明)周嘉胄撰,《香乘》

卷一　香品　随品附事实

沉水香　考证一十九则

泉南香不及广香之为妙,都城市肆有詹家香,颇类广香,今日多用,全类辛辣之气,无复有清芬韵度也。又有官香,而香味亦浅薄,非旧香之比。(第13页)

卷二　香品　随品附事实

熏陆香即乳香　考证十三则

熏陆香出大食国之南数千里,深山穷谷中,其树大抵类松,以斧斫,脂溢于外结而成香。聚而为块,以象负之,至于大食,大食以舟载,易他货于三佛齐,故香常聚于三佛齐。三佛齐每年以大舶至广与泉,广、泉舶上视香之多少为殿最。(第45~46页)

卷四　香品　随品附事实

降真香　考证八则

出三佛齐国者佳,其气劲而远,辟邪气。泉人每岁除,家无贫富皆爇之,如燔柴,维在处有之皆不及三佛齐国者。今有番降、广降、土降之别。(《虞衡志》)(第83~84页)

卷二十八　香文汇

附注谱序

叶氏香录序　(宋)叶廷珪撰

古者无香,燔柴烟萧,尚气臭而已。故香之字虽载于经,而非今之所谓香也。至汉以来,外域入贡,香之名始见于百家传记。而南番之香独后出焉,世亦罕知,不能尽之。余于泉州职事,实兼舶司,因蕃商之至,询究本末录之,以广异闻,亦君子耻一物不知之意。绍兴二十一年,左朝请大夫知泉州军州事叶廷珪序。(第729页)

日月洲注,《香乘》,九州出版社,2014年

(五)清 代

(清)蔡永蒹撰,《西山杂志》①

御踏桥

景炎二年冬十月,元□大破民军,此所谓之鸡笼战役。宋民军退据潘澜也,元胡骑大至,南邑村里民情激发,四方勤王也。潘澜战场人重叠,故曰"潘人"也。适张世杰军进攻泉州,因此,元兵北返,而许夫人率军至,遂同南邑军民夹击元□,椎之,此风吹鼓鸣也。(第2页)

风吹鼓

南宋景炎二年,端宗、帝昺二帝南来泉州。招抚使蒲寿庚、知州田真子、通判金若、总制蒲寿晟密谋降元,闭关不纳。司城蔡完义与赵孟瑥、孟滋、孟鐇、若林、崇道、时宝、必功、若晋、时耆,与遴十进士谋。夜开南门,适帝昺之走下辇也。元兵烽火四起,赵氏十进士悉被蒲氏之戳也。州将黄克济,景定老进士也,使其子黄显耀保赵氏宗族百有余人也;进士林耸亦遣其子之武出州保宗主也;宝祐进士蔡福嗣遣二子蔡乔及若水率宗勇出卫宋主;宋石寨百总刘洙募军得塔村刘文浚、深沪陈凤林、围头吴士英、永宁董义成、蚶江章子珍也;东石许汉青率宗族陈兵古墓;蔡氏兄弟保帝昺仓皇曲道而逃也;许氏于古墓抗元弹射七昼夜,而使李氏三渡□舟之奔江崎也;蔡齐之守金山,蔡乔协之,蔡若水守岱、妙二峰也;黄显耀守□坡焉。赵氏宗族乘许氏、颜氏、陈氏之舟,随端宗之逃也,有去之麻逸、渤泥、三佛齐焉。……军民大噪之南邑,妇孺咸击铮锵鼓柝,厉声以助阵也,元兵全师覆没也,此即"风吹鼓鸣"之世代相传也。南邑、晋邑忠于宋、明,自古多英雄义士矣。(第3~4页)

刘五店

宋景炎元年,端宗、帝昺航舟南下,泊法石。而蒲氏叛也,唆都将兵三万被少林所阻,故是刘洙率义士轻舟救驾,出蚶江矣。二帝分散,仅端宗、张世杰、陆秀夫之护而入菌江湾也,元师航海尾之追焉,刘洙沿独石湾布堑以遏

---

① 《西山杂志》(手抄本)传为清代中叶晋江东石人蔡永蒹所撰。但据傅衣凌所言,此书似为晚清而非清中叶所作,再,此书似非一时之作,也非出于一人之手,或是东石蔡氏一家数代根据当时民间传说,口耳相传,陆续编写出来的。据李玉昆等学者考证,该书史实错误较多,有的纯属子虚乌有,或伪中有真,亦有待做出严谨的钩稽考校。使用者宜小心谨慎。

元师之进。是岁葭月,张世杰奉端宗御舟十二先行,许汉青待帝昺未至,急命丘、颜、陈三家航运赵氏宗族随后也,自欲待刘总兵矣。刘洙命先保幼主为重耳,宋君臣舟至同安,泊之刘五店,司馆驿丞刘智弟权信行五,故曰"刘五店"也,闻驾临,与进士何玉章、苏曼卿、叶良奎、曾一揆、洪炎、林梦祥欣招也。隔日,航海矣,元兵骤至海上,宋驾遁金门,走励屿,投奔海澄焉。二帝失散,端宗君臣至白水营,日已暮,方憩,而元师阿剌罕从汀间道突至。帝走九龙岭时,群臣已失散大半矣,独御史魏天忠不离左右。四面元师,元使迫宋主自亡。魏公呵斥之,命帝脱袍以身衣之,仰鸩殉节。其右御居仁护帝遁,失散,还岭头茶烘报讯,募乡勇据三十六滩抗元,后全眷遇难尽节。(第5页)

统志

晋邑三十六都,临海铺十九乡之一,有"统志"者,一心也,系宋景炎元年,清源少林寺千僧反蒲寿庚之降元也。少林寺长老元妙之泉开元寺,闻密谋之谣,访于欧阳子真,居士也,为进士赵孟模之姑子者,悉蒲寿晟之密谍唆都焉。唆都屠兴化,亲率虏骑三万下洛阳矣。元妙俗为赵孟良也,回之少林寺,谈之知客法空、武农法本、武樵法华、募化法正,请说劝蒲氏来客,元真率僧百人之万安铺,闻元兵沿途焚劫,将至桥南矣。元真为荷负之盐菜,急趋之避。虏至,追至少林焉。长老恭迓以遏之,谈理请退之师,不听,山门一闭,钟鸣于东,鼓柝于西,千僧具立,各备僧杖,俨如伍之待敌也。唆都未至,先行奇握温思儿凶残成性,挥令冲少林,激起千僧之愤也。刀光剑影,一以当十,元兵尸横清源城东,枕骸遍野也。唆都至,发矢,千僧毙矣,存者百人也。法本、法华有腾空穿檐之奥,率奔临海也,期会王师之来。与欧阳子真会之州城小东门之郊,众立矢志,要除蒲寿庚也。欧阳劝之,免祸于赵氏南宗百家,僧许之,去焉,亡入德化焉。欧阳子真以其地谓"统志"。(第11页)

花埭

天妃宫即妈祖宫也,一称天后者,何也?因妈祖之德可以配天,故又曰"配天宫"。唐天宫有妈祖之神,世称林愿之女也。天宝间,林銮之子林光复欲往清源罗江经商,其舟为宗叔林愿之舟也。林愿一家皆以操舟为业,妻陈氏,大子林松,次子林木,并有三女也:大女林明德,次女明贤,三女明著。三女富于冒险,善泳而勇敢也,海上川走,均历惊波援人之急。宿于温麻客邸,妈祖有疾,不从之,北□罗江陈氏善织儒于比屋焉。妈祖白日作梦,梦父舟漂海,急左提兄,右提弟而吃父衣,梦中呻吟。母闻呓语而唤之醒,相与骇异焉,既而果然,故林宗之舟人皆以神异也。林家舟出,三姐必从,虽大风浪,三姐一人在,皆无恙也。舟人有病者,三姐妹能针灸之,皆愈矣,恩及遐迩人也。妈祖又与盗搏而救百千舟之难,时人德之,沿海之舟咸之崇也。宋绍兴初,遇元兵于海上,褒封海神,配天曰"天妃"。元明锡名"湄洲娘",□□□□□□泉州府南门外,家住□□乡。(第12页)

深寺院

深寺院,一名普济寺,造青阳吴家节之后,杏墩之西,近于后洋也,寺前海潮可至,唐宋时之商港也,寺始建于南朝陈宣帝太建元年,唐开元十年,南石林銮泊舟于此,重修焉。兴元元年,武陵太守吴公瑾偕杨明、曾子连、王宣、洪肇基、洪斌、翁道良、陈与广、苏昶、蔡明濬、林光美、何笃、胡烨、潘世昌、欧阳秬、孙登、余南溪、田仲、罗永诚、丁若水、叶之昂、姚寒山、韩恭、董南朔、钱一辉、黄国恩、许西隅、沈良、凌安、宋文、涂子与、李西铭、张明经、刘疏义、石仲明、蒲世安、宋雄、安凤山、郭揆、卓淇、王玫、陈矫凡五十人也,皆泉之名绅焉。重兴寺宇为七进方圆土绰二十余亩也,故曰"深寺院",有碑大如坪。武陵太守吴公瑾立碑,是为兴元碑,碑文沉削鳌没文字矣。寺在吴家节之东北也,唐宋以来,商贾皆于斯,以与蛮舶之互市,故林氏、陈氏、许氏、李氏诸航家集舟以贸也,而资僧人可容百矣。香火之旺,为元明二十六都、二十七都、二十八都、二十五都之都宫也。(第28页)

宋《青阳诗集》有《普济寺》,诗曰:"陈唐海港舶深前,蛮商蕃客旅行船。华亭设饮亭边际,林李丘陈舟管弦。管弦声色出僧房,僧舍缘何此颓唐。蛮客寓居深寺院,商人谦宴伎歌扬。"宋《青莲诗集》云:"林许导舶后洋洲,深寺蕃人喜旅游。五店寺中招蛮客,宵来昼往上山头。"《桑莲诗集》云:"晋江海上曲多湾,山地陂斜碧水环。林李舟来深寺泊,张丘又引舶蕃蛮。《紫云诗集》云:"吴公太守节清高,倡建梵宫深峙濠。碑刻石坪留万载,管弦声色客舟骚。"宋《仁和诗集》有《普济寺》,诗曰:"沿江湾曲海湾多,蛮客航商临此波。普济寺中兰若美,青牛佛祖与婆娑。"(第29页)

杏墩

唐开元、天宝间,航通深寺院,蛮舶有泊浔头者,蕃客之游,林銮舟子王昌,于此造巨墩,树之以杏,杏既成行,往来行人德之,称曰"杏林"也,因有杏墩之号焉。(第31页)

闽中舟子东亭头上,肩边力役长。《紫云诗集》有《杏墩诗》云:"海港杏林美,此墩林家寄。舶泊蛮蕃商,人趋暑东亭。"上王氏名贤《忆故园宋安仁诗集》云:"唐代贞元京兆贤,杏墩三易有洪田。洪吴田去吴公节,王厝卜居滨海渊。"《桑莲诗集》云:"河间魏国氏王宗,京兆闽中两粤雍。苏浙名家贤士出,杏墩滨海近芙蓉。宋《狮塔诗》云:"洋洋之水绕杏墩,亭上蕃商来往繁。深寺林家寓客处,浔头洪宅舶蛮番。"宋《仁和诗集》云:"杏墩古字作珩墩,珩厝三迁出晋门。晋邑隋唐多哲士,王通演派满中原。"《青莲诗集》云:"桑开莲蕊落潮流,飘子杏墩六百秋。莲子忽萌杏树发,杏林亭上异人游。"宋《鲁诗集》颜楠之诗曰:"浔头泊渡憩番舟,才过杏墩后洋洲。深寺僧房商贾满,宵行急急至洪楼。"《鲁东诗集》谢梦符之诗曰:"娇阳憩息杏林阴,深寺院前作澳浔。蛮舶番商僧舍宿,深宵歌管有浸淫。"(第32页)

南岳

因金门之南北有二港湾,闽中之舟澳也。东石陈、林、丘、许、李、张、王、蔡之远航,引来番舶有利也,亦称南北二港湾,曰"金门"。唐宋以来,泉州一郡商贾之泛海远航始曰"林、陈、许、李、丘、蔡也"。东石一隅,自古商航之盛,为泉郡南大门之称矣。故群称津门,作金门。明清隶于同安,有村一百三十六,里正于津浦也。(第36页)

官澳

官澳者,金门岛南端西隅之集市也。唐、宋、元、明以来,多往来官舫泊此,故有官澳之称也。隋开皇九年,开拓边土,在东石寨起航,曾锚泊于此焉。林智慧□杨鸿猷设宴迎待远航官船之舫官舟人也,称其地曰"犒官坞"。宋末端宗之金门寄泊于此,而受官绅之待,即致元兵之围,逡巡于裂屿,逃于白水营也。明末,郑成功据沿海,金、厦恃此为要隘。官澳与大、小嶝隔水相望,潮汐晏远之时,秋日可涉水至嶝门也,大、小嶝之业海者,有涉水至官澳者,则瞭望崎岖一线路迹,涉水因途至官澳之村首,故又曰"官澳头"也。元明以来,乡居杨、李、王、张也。明正德间,张永,金门人,司东厂之礼监,有《官澳诗》曰:"采办交州置澳官,东南故土尽文坛。金门西极海滨处,为问远航有桂檀。"(第38页)

浔浦

浔浦者,浔埔也,三十七都渡头铺之浔尾焉。晋唐之际海滩也,宋时渐涸成陆矣。其地指今三十六都临海铺之浔埔也。元明之际,始有村居。万氏,望族也,从海为业者。万氏出于鲁周公之后,鲁隐公庶子、公子仲食,采于万,因以为氏焉。有孟门高徒万章,汉武帝时大夫万鸿少子、万思籍子楚、其子安从沙世□入闽,居今之洛阳海滨者,世代司渡舟以利行人,故曰"万安渡"。晋时,万氏为晋安望族。唐宋以来,迭方□于兵燹。宋末拒元兵,氏族流亡迨尽矣。万成公航端宗赵昰昆仲之泛海,入居法石也,寻主不见,殉难于东门。文天祥为之血泪,故有溪亭血泪□。万氏忠宋,遂籍于浔埔也。

(第44页)

陈厝澳

陈厝澳,古港也。在十一都之东,伍堡之西北者,港之潮入,从刘厝三欧绕焉。……

陈厝澳,南宋嘉定癸未科进士陈得复家富,有独修凤鸣西塔者,塔之高五层,为五丈八尺;塔门临海,陂可泊蕃舶也。明正德三年,谢解元造桥,横跨港湾,陈厝澳遂不振。嘉靖四十三年,倭劫沿海,废墟焉。宋《狮塔诗》洪飞英进士有诗曰:"澳上同窗有复家,塔门朝向笑西霞。迎来蛮舶君牟利,一曲夷歌十尺纱。"(第46页)

东石寨

福建省周时有七闽,其地域即泉郡之畲家、三山之蜑户、剑州之高山,邵武之武夷,漳岩之龙门,漳郡之蓝太武,汀戆之客家,七族称七闽。畲家居闽中,故泉郡为七闽之冠。秦置闽中郡,后人误指福州畲家寨。相传东石寨在泉郡晋邑之南,为畲家人族长之所居。东吴黄武时,闽中郡已改东安郡,郡守陈昇。第时,吴派陈时任交州太守,由金鸡江浮舟,六月风飙,驶停畲家寨下,畲族优歌侑酒。隋,闽中改南安郡。开皇元年,南朝陈宣帝太建十三年,诏太子叔宝□东石林氏宛然亭,修佛建七级浮屠。林氏在沿海造七座石塔。开皇九年,陈亡,隋发兵攻闽,擒高知慧,遂下诏开拓南方,将畲家寨修作东石寨,委任柱国开府兵守戍。畲家人遂亡入闽西、闽东,同客家人杂居,名曰"畲客"。隋征舟夫,任林智惠、高逢祯导舟,至澎湖、马宫,达台湾、琉球、菲力□、甘棠、勃泥,回航于东、西沙珠崖、占城扶□间。(第60~61页)

林銮宫

唐代开元八年,东石林知祥之子林銮,字安车,曾祖曰林智惠,航海群蛮海路。林銮试舟到勃泥,往来有利,沿海畲家人俱从之往,引来蕃舟。蛮人喜彩绣,武陵多女红,故以香料易彩衣。晋海舟人竞相率航海。林氏宗女曰马姐,更富于冒险勇敢。唐宋以敕赐"天妃湄洲娘"。林銮航成家,其子林光复在清源,即兴化也,经商,寓城邑。长子林藻,字乾纬;次子林□,字梦复。林藻弃其商农,同欧阳詹为友,以文学□进士。林蕴,官至四川梓州推官,适西川节度使刘□反,不屈,知名。林銮出海看水,办石鼓,此石鼓在寨东松畔,林銮之宫俗称林厝宫。(第65~66页)

盟仙宫(十八石礜银)

唐乾符时,林銮九世孙林灵,字应素,经商,航海台湾、甘棠、真腩诸国,建造百艘大舟,在鳌江家资万贯。闻黄巢攻陷广州,由赣入闽中,往黄山,黄巢令军士铸大剑□山中,以纪功。暨时王审知拥有五州之地,率军驱黄巢,林灵在,急将白银深埋,率宗族驱车东走。至大坑边之坡前,导憩而牧马,其地苍郁,其宗后支分□于其地,曰"马坪"。林灵归东石,航海至福州,不还。明李黄前宅,盟南公建盟仙宫于十八石礜银之畔,林家书院之遗址也。(第66~67页)

林家石塔

唐开元八年,林銮舟至勃泥、台湾,引入蛮船,恐被礁石,故造七座石塔。其一曰"钟厝塔",或曰"埔头塔",为引舟入鳌江东石海。其二钱店塔,元时无尾,一称卧牛一甲倒,犹倒犹之光,引舟入李家港、涂家涯也。其三圆硐石菌塔,称曰"龙吟",与刘氏灯塔"虎啸"俱照舟之入张家港也。圆菌之石,高六丈,沙屯其畔,林氏委周源所造,周遂家石菌之村也。其四刘氏灯塔,据云,为杨太后而改,在崁下故乡之居,塔头也。其五,西港之塔曰"凤鸣",西港者,指西资,所照为东港。西港之塔有二焉,引舟过八竖石、林厝港而入王家港。其六曰"西资塔",称"马嘶",宋末大战元兵之地也,灯光引舟入蔡家涯,兰家港者。其七曰"象立屹",立园头之巅,台湾远来可安帆过独石。此即林氏修造七塔,先后颓废于无踪。(第69~70页)

王尧造舟

天宝中,王尧于勃泥运来木材,为林銮造舟。舟之身长十八丈,次面宽四丈二尺许,高四丈五尺余,底宽二丈,作尖圆形,桅之高十丈,又有奇银镶舱舷十五格,可贮货品二至四万担之多。舟既好,泊舟之深处,后湖之渊有百仞焉。(第71页)

市舶司

唐开元时,泉州海滨同蛮舶往来。至德、乾元时,鱼朝恩奏设立福建观察使,清源设参事处、平海参军处署安海,稽征沿海蕃舶商舟之税。闽王审知更珍视航舟南行,提倡交易,铸造大钱。王延曦设立市舶司。闽商人林仁翰,林灵仙曾孙,谋求市舶司之官,而拱宸指挥朱文进亦求。闽永隆九年,朱文进杀王延曦。林仁翰散家财,募死士,约王延政、延彬攻陷福州,椎杀朱文进,移市舶司于泉州。后晋开运二年,南唐主李景派大将魏岑攻破福州,闽亡。清源军节度使留从效据守清源,始版筑泉州城,扩大城域,植刺桐于周围。宋时,市舶司、榷市司俱设泉州,元明因循之。至成化三年,被巡抚张宣所奏请,而迁之福州。正德时,金门张永以东厂司礼采办名义,疏请调设泉州。嘉靖末,倭患,移福州。万历二十七年,御史兼五省经略蔡复奏请复市舶司于泉州。明末,郑成功抗清,市舶司迁之福州。(第74~75页)

倭番与蛮舟

倭人自东汉光武时,来朝有邪。台国唐宋时俱通贡。元末明初,随贡舟寇掠辽东、山东,继至江南,渐及浙、闽。明天顺时,正寇江南沿江州县。元末明初,倭患北方多于南方;天顺之后,倭患南方多于北方。嘉靖时,浙、闽倭患有三百七十二次。最大一次,嘉靖四十三年、四十五年,永宁洗街,安海造城,东石荡里,深沪断烟。成化、正统时,重申海禁,勒海舟不能交接蛮舟,然而不能使倭杜绝。迫使市舶北迁东石,海舟亡入水头,或长年往粤西。其地无倭患,蛮舟不敢来东石洗港也。(第76页)

许夫人起畲兵勤王

东石许宅巷在鳌头境。宋淳熙时,许毅仁与蒲骏争地造花苑,诣官司诬蒲为异族,凡蒲宗俱牵连。州绅洪大官代辩解,弃官偕蒲氏迁居榕树村。蒲骏生子,而请名于洪绅,因之横眉纵目,谓有天年不永,故表其名曰"蒲寿庚",咸淳时,为泉州招抚使。许汉青家资百万,帆樯林立于龙江,蕃舶之□来沉檀、玳瑁,交易于杭,而候识内宦,补承信郎。景炎二年,宋端宗御舟泊泉,而蒲寿庚、金若闭泉不纳。元军至,蒲举城而降之。宋主至顺济桥,适总兵刘洙率渔舟来援救,于烽火之中奔波海上。渔家刘文俊迎张世杰舟,寄泊菌江湾,此即清透之张家港也。元军帅唆都凶顽,沿途烧劫,东石寨总兵刘洙偕许汉青家舟俱众。宋主南去,刘洙沿江布堑,迎击唆都,歼元舟于围头,故曰"围头"。西资、西港、菌江、李庄、岱峰之役,金山、涂坡、东石之战,洙、俊之力,既击其东,又略之西。蒲之叛元,其意报先仇,元之焚许第,未出乎无心。陈厝之惨,令人灼心,谓宋丞相宜中之故第,文龙之武场,独遗东宫不毁,是亦元人之重于陈也。陈宗、许族之亡去,烽火之中,焉知东石今日之屹立?而宋皇家舟至金门岛西砺屿,元军从同安舟楫骤至,与刘洙三战于溪东澛港、嶝圭之间。是夜,雷震裂屿,分西东宋舟穿过,奔漳州。许夫人陈氏,兴化军陈文龙之女也,与丈夫许汉青分散,逢族弟陈吊眼于汀,结识蓝太君,畲峒二十四之酋也。文天祥、张世杰闽西募军,许夫人起畲兵勤王,响应宋元帅张世杰讨伐泉州蒲寿庚,恢复泉州军。许夫人还家已废墟,宗人流窜龙头、石龟之间。未几,夫人卒,乡人造祠祀之,旌其忠。其宫背南向北,示意对榕树村蒲寿庚对抗也。(第77~80页)

李家港

李庄有五,在曾厝大房之间。五代后,晋开运元年,南唐主议伐闽,侍中李松不可也。松,李吾山之后,航海南来避难于此。其子李富安,字山平,弃学经商,航舟远涉真腊、占城、暹湾诸国,安南、交趾尤熟居,每次舟行村里,

咸偕之去。少子李公素,北宋时,被推荐建立安南九世王朝,李家港乃李山平之舟泊处也。(第81页)

陈厝坑

陈厝在仁和之东,俗曰"陈厝坑",其地宋元之丘家涯,海水航舟可至也。陈厝之来,起于三国,垂及东晋,相传避五胡而来者焉,为泉开族之鼻祖,五代之陈洪进,平海节度使,于北宋太平兴国三年归附宋。六年,建陈埭。北宋之陈搏隐居华山。其子陈业安于太平兴国六年,任泉州推官。业安子东明,皇祐时任泉之权市司,为烟茶令。宗族植茶于□宅,茶之涤暑沁心,运销广南、交州。东明曾孙陈日照,字阳光,其世代居湾海,舟行交州经商,深得交人之心望。南宋宝庆二年,日照以安南入贡端平;丙申三年,复入贡;于是册封陈日照为安南国王。至明建文,明封黎氏安南王,而不知被所篡。永乐时侦知,派兵南征,归其地作交趾、天越二省,设交趾布政使,以黄中任之。陈厝宋末被元兵所毁。(第82～83页)

丘锦亭

丘家涯,即今之东埕村下井塘也。丘之来,始于陈之隋。南宋,丘发从林航舟而起家,至其孙三世称百万。东石街铺,唐五代在涂沙街,其地今之浒里南坡,因近于陈沟涯,海舟可至耳。北宋则移之锦亭。锦亭者,丘员外待蛮舟蕃客之处也。周披彩缎,塑以绫罗。亭之北街道,即今之柿涂埔;亭之南焉,丘家涯泊舟也。元世祖至元时,丘从西洋引来孛可舟,有珠如纽,夜明而芒长,议之刺桐,开价五万缗,聚宝市人皆以贵。居三月,无人问津焉。既而称贡使入都,贵人俱幸之,议价七万缗。虽忽必烈之无意,太后爱之。丘多宋钱,曰"中统宝钞",元欲夺其值,重炉而铸之,名曰"至元宝钞",因泉而造之,收存钱庄。元之钞,一贯可当宋五贯。福埔佘店不忘宋,而杂造宋钞,以弱元钞也。元之至元十六年己卯秋,各中书省俱立元钱庄,而抑于宋钱焉。大德之时,高兴,字子裕,东石之龙下村人,任福建平章。是时,漳州漳浦大梁山采水晶,丘高世好假丘明瑜之资,而采水晶,运回锦亭丘家涯,配航蛮舟,市于维力。乾隆末,有人自叨带水□眼镜回,其鼻端隐□刻有元东石之字形耳。(第84～85页)

四监通异域

明永乐元年,闻乌斯藏有僧曰"哈立麻",知未来。派太监侯显奉使,赍珠玑、玉帛、彩缎,至拉萨迎请哈立麻。沿途车马相联,馆驿欢招,至金陵,一行僧侣居庆安寺,册封大宝法王。侯显,晋江侯厝人,邀高僧来泉,哈立麻曾率其四大徒弟灌顶,大法师由灵谷寺启程,至泉之承天寺。寺檀樾,尹庆之父也,继谒开元寺参佛。尹庆是时使满加剌、柯枝、呵罗丹诸国。安溪人李兴使阇蒲、苏门答剌。莆田人马彬使占城、真腊、暹逻诸邦,闻哈立麻临泉州,俱招徕蕃舶入泉,夸其荣焉。蕃舶得享荣利,相率而来,泉州盛于一时。(第86~87页)

三宝下西洋

永乐三年,成祖疑惠帝南逃,命中官郑和、王景弘、张文等造大舶百艘,率军二万七千余。王景弘,闽南人,调雇泉船,以东石沿海名舣导引,从苏州刘家港入海至泉州寄泊,上九日岩祈风,至清真寺祈祷,满载陶瓷、竹绣、币帛,历漳、潮、琼崖至占城,沿暹逻湾、呵罗丹、满加剌、柯枝、旁风维力至印度诸邦、达波斯湾。耀兵西洋,前后七次;遍历群蛮,历年七载。东西洋诸蕃震惧,入贡者屡多,凡百余国,泉舟舵司俱导之泉也。商舟泊泉,贡舟送之金陵,明馆司待贡使亦费不赀。一年、三年,贡舟蕃舶俱来泉,泉之蛮商交易枒乎明、广、温、扬四州。然以倭蕃随贡舟诈交易,常掠辽东,遂致永乐十三年,罢扬、明、温海运。海运既罢,蛮舟蕃商俱到闽、粤。永乐十五年,倭寇辽东被总兵官刘荣所败。十七年,倭大至辽海,刘荣率军民相地形,在望海埚筑城以遏之,依山设伏。倭入王家山岛,刘荣分二路夹攻,大破之,倭遂不敢再犯。泉之航海盛于永乐洪熙之世矣。(第88~89页)

南海黄萧养之乱明

黄萧养,南海人。素待蛮舟之役,家贫,有司不恤,沦为盗,常劫海舟,被捕系狱。正统十二年,黄萧养被桎梏,逃破刑械,夜劫官仓军器局,聚众万人进围广州,总兵张安败死。正统十四年,指挥金事王清被杀,继围广州三月不解,乡民避贼至城,俱不纳,归则尽被贼杀。于是,乡民俱投贼,贼之众数万矣。英宗即遣金都御史杨信民讨贼。至关,发仓廪,奖劝士卒,招降胁众者数万人。黄萧养克期请降,会杨信民死,乃止。正统十五年四月,都督董兴讨定之也。黄萧养之乱明,建以蕃舟为疑,重申海禁,于是蛮舟蕃商俱至泉,泉之绅吏遂相贪残。成化二年,派大理寺少卿宋旻等巡视浙、闽,奏斥贪残吏甚众。成化三年,故是泉之市舶司北迁。(第90~91页)

赤店

宋宝庆四年,曾慎学陶于磁灶,令人深获黄褐之泥陶器,全赤,后饰以丹朱纹彩,雅而可观。东石许氏多以此陶运出爪哇、勃泥,称其店曰"赤店"。(第117页)

永宁

唐武德元年,高智慧之子高公仲航海避难居之,称高亭。宋初,称凉恩亭,所谓朱寿昌之寻母也。龚董入居其地,夙多倭患。明洪武时,使周德兴入闽,率军民造卫城保护居民,敕曰"永宁"。(第122页)

安平

晋升平时,安员外避五胡之乱,航舟南来,卜居湾海。唐乾元时,在湾海设立平海军参事处,遂有安平及安海之称。五代、宋、元、明俱设同知县丞于安海。明末,郑芝龙守安平镇以防闽南。郑成功建安平寨,派大将丁龙守之。其地扼五里桥而襟鸿江之险,其地区有二十四境,民多智信,操经商也。姓氏之繁,大都会也。(第123页)

五店市

唐开元时,东石、安平之蕃商集行陆路。中站有蔡氏先世卜居于青阳之山麓,七世孙五人焉,设肆以饮利行人,行人德之,称曰"青阳蔡五店市",后为庄氏入居也。蔡氏之来,始于西晋;庄孙之来,始于五代;所以青阳蔡之晋有百余村也。(第130页)

窑前

五代,闽王延彬提倡航运,使李文兴建窑为陶工之役,以充蛮舶交易。涂沙街在其东南,便于海运,海潮至妙峰下。宋末,其地当战场,李姓逃亡。颜在南宋时,从十都来定居,姚继至,而后许来也。因其地在古窑之前也。(第136页)

洋南

唐宋之时,蛮舟蕃客往来泉州。东石从灵水浙道南行,故称其地为"洋人之南行"也。本为杨□□□之,其后曰"王氏与居"也。(第144页)

内坑

唐开元时,林銮引蕃客香料易红柑在柑市,内坑已成墟矣。内坑者,周围丘阜,而内坑沟也。溪流纵横于中、西、东,丘陵起伏,故称内坑也。晋时,已有雷、蓝二姓。隋、唐、宋、元以来,有姚、朱、蔡、杨、曾等姓也。村南北之金鸡水,可通平畴,沃土饶富之区也。(第144页)

吕林

吕林以吕、林两氏而得名。南宋时,安海港蛮舶之来吕林,多牧骏驴马,从事运工也,故又有骏马成林之名。其后,黄氏入居,而吕氏迁之南邑,林氏迁之柑市也。吕、林两姓当宋之时,有吕师夔林栗名宦流寓于此,故后世称"相林"也。(第146页)

柯坑

南宋,柯子安,字文常,同许毅仁航海,引入蛮舟至柯家港。坑近于海,

坑曰"坞"也。蛮舶商舟之坞也,柯家港、柯坑也。其后,许氏、张氏入居也,许继迁埭边焉。(第156页)

粘厝

粘厝,宋徽宗宣和时,女真族金粘没喝之后。元灭女真,粘没喝子孙以粘为姓,混入汉人。南宋末,随宋端宗南逃入闽,初寄居深沪,后徙居衙口之粘厝埔。明末,粘恩义兄弟随郑成功征荷兰焉,家于台湾也。(第164页)

(清)蔡永蒹撰,《西山杂志》(手抄本)

(清)龚显曾撰,《亦园脞牍》

蕃薯

蕃薯,明季来自日本,先到泉州,初甚贵重作馈赠之物,稍稍延及各处种之。崇祯中,始鬻于市。今则京师洎各省均知种植,而吾泉以之充粮食,尤为蕃播。万历间,侍御苏公琰《朱薯疏》,其略曰:万历甲申、乙酉间,漳、潮之交,有岛曰南澳,温陵洋舶道之,携其种归晋江五都乡曰灵水,种之园斋,苗叶供玩而已。至丁亥、戊子,乃稍及旁乡,然亦置之硗埆,视为异物。甲午、乙未间,温陵饥,他谷皆贵,惟薯独稔,乡民活于薯者,十之七八,由是名曰朱薯。以其皮色紫,故曰朱。朱,国姓也,闽音读"薯"为"慈",颂薯之德,而归赐于天子云。按:蕃薯入泉,虽始自万历,然晋人嵇含《南方草木状》,已有甘薯,特中土文人,见之者少。珠崖本汉所置郡,南方草木,不可谓非中国土产。《草木状》云:甘薯,薯蓣之类也,实如拳,亦有大如瓯者,皮紫而肉白。珠崖之地,海中人皆不业耕稼,惟种甘薯,秋熟收之,蒸晒切如米粒,仓囷贮之,以充粮糗。南人二毛者,百无一二,惟海中人寿有百余岁者,由不食五谷,惟食甘薯故尔。按:今蕃薯不称朱薯,或称地瓜者,北人谓之白薯。

何镜山先生云:蕃薯,万历中,闽人得之外国,瘠土砂砾之区,皆可以种,用以支岁,有益贫下。予尝作《蕃薯颂》,可以知其概也。按:先生《蕃薯颂》手写本墨迹,向曾见于吾邑林氏家。

道光中,何则贤等建先薯祠,祀巡抚金学曾,附祀长乐陈振龙及其子孙二人。

安溪李阆山先生《劝种蕃薯说》云:昔者农桑之利兴,而后黎民不饥不寒,考其嘉种,悉由诞降,盖造物之仁也,而圣人教之,其利斯溥。后世生齿日庶,夫家不能有百亩之田,女不能有墙下之桑。粤自汉世吉贝传自西域,比之丝絮,何等便易。今南北方民,皆明其种法焉。吾闽中山多田少,民间所恃为粮食之资者,半在蕃薯,其种来自舶上,相传明代始有之。旱田隙地,以及山陂环坳之区,可以容锄者,民皆种满。计一日之力,可饱半月之粮,闽、广最多,浙民间有种者。(第243~244页)

万安桥记

蔡忠惠《万安桥记》石凡二段,一粗一细,人多致疑为重刻。又石末有小字一行,为公曾孙桓立石时所书,亦从来著录家所未载。陈铁香《闽中金石略》尝辨之曰:碑石前段粗,后段细,前段有横裂纹,而后段完好。二石笔法亦复不同,则当有一石为重刻,固自无疑。考《闽书》云:"好事者谓外国夷人摹仿其书,勒粗石上,盗易其一。"是以前段为重刻矣。孙矿《书画跋》跋云:嘉靖中遇倭患,石毁其半,土人取旧本摹补之,前一段仍旧刻也。杨宾《大瓢偶笔》亦云:"后段笔弱,石理亦细,应是重刻。"是以后段为重刻矣。然外国盗易之说,何镜山已斥为"齐东野语",本不足辨,而《闽书》述洛阳里人刘宏实之言,谓幼时读书祠下,嘉靖末祠毁于倭,乱碑离地四尺许,石理横裂,斜倚石垣,居久之,忽自端正,意有神物呵护。则碑之横裂斜倚,宏实尚亲见而历历言之,岂有一石全毁为乡人摹补者,乃反不知耶?是孙氏、杨氏之说亦非确据,尝摩挲石下,于后段石末得细字一行,题曰:曾孙奉议郎直秘阁提举福建路市舶,赐绯鱼袋桓立石,福唐上官石镌。凡二十八字,为自来所未拓,著录家亦无言及之者。案:桓以避钦宗讳,改名槠,宣和间任泉州市舶,旋知泉州,去桥成之日已六十余年,不应忠惠所书至桓始为立石,种种疑窦,殊难臆决。窃意忠惠立石之地,其时尚未有祠。《福建通志》谓其初□在桥下,又云桥趾低下,水至则没石梁。或碑在桥下,时□十年间,风潮剥蚀,已阙其一,逮蔡桓提舶因补所缺,移碑祠中,故石质笔势不能尽符欤。若谓明人重刻,则断不然。(第285页)

谢如俊、陈琼芳点校,《薇花吟馆诗存　亦园胜牍》,商务印书馆,2019年

(清)顾嗣立编,《元诗选》

二集卷二十六

筑城曲　(元)　廖大奎撰

筑城筑城胡为哉?使君日夜忧贼来。贼来犹隔三百里,长驱南下无一跬。吏胥督役星火催,万杵哀哀亘云起。贼来不来城且成,城下人语连哭声。官言有钱雇汝筑,钱出自我无聊生。收取人心养民力,万一犹能当盗

贼。不然共守城者谁？解体一朝救何得。吾闻金汤生祸枢，为国不在城有无。君不见泉州闭门不纳宋天子，当时有城乃如此。（第 1471 册，第 219 页）

三集卷十

清源洞　（元）　契玉立撰

洞府神仙去不还，清源紫帽耸高寒。泉南佛国几千界，闽海蓬莱第一山。夜月凤箫声隐隐，秋风鹤佩听珊珊。瑶池岂隔尘寰路，更扣危岑最上关。（第 1471 册，第 443~444 页）

送人赴彭湖巡检　（元）屠性撰

三十六岛绕彭湖，见说泉南天下无。花时小队旌旗出，处处春风啼鹧鸪。（第 1471 册，第 463 页）

《影印文渊阁四库全书》，台湾商务印书馆，1986 年

（清）郭柏苍撰，《海错百一录》

卷四　记海菜

燕窝菜。《闽部疏》："燕窝菜，竟不辨是何物。漳州海边已有之。燕飞渡海中，翮力倦，则掷置海面，浮之若杯，身坐其中。久之，复衔以飞。"陈懋仁《漳南杂记》："闽之远海近番处，有燕名金丝者，首尾似燕而甚小，毛如金丝。临卵育子时，群飞近汐沙泥有石处，啄蚕螺食。有海商询之土番，云：'蚕螺背上肉，有两肋，如枫蚕丝，坚洁而白。食之，可补虚损，已劳痢。故此燕食之，肉化而肋不化，并津液呕出，结为小窝，附石上。久之，与小雏鼓翼而飞，海人依时拾之。故曰燕窝也。'"《岭海异闻》："海燕小如鸠。春回巢，于古岩危壁茸垒，乃白海菜也。岛夷伺其秋去，以修竿接铲，取而鬻之，谓之海燕窝。随舶至广，贵家宴品珍之，其价翔矣。"苍按，《闽部疏》所云"掷置海面，浮之若杯者来降，燕乃睨之。"燕防风雨，则水无小鱼可啖，以此为粮，被风吹集海岸是已。至血燕、毛燕两种，乃冬月海燕巢于海上山岩林中，取者覆其巢，奇惨甚矣。海燕大小不同，皆能作窝、储粮于海旁。凡沙积无淤泥之处，所产海菜，脂莹轻腻，嚼和鱼螺，丝丝呕出。燕色纯黑，属水并其津液搏成。鱼螺之味渐化，海菜之味渐加。血燕、毛燕及二种燕窝，多至厦门始制成片片。独越燕、胡燕、蛇燕，急于哺子，且属客居，故不储蓄。互见卷五海燕条下。（第 296~297 页）

舵菜。海舶舵上所生菌也。味咸微甘。《本草》："主治瘿结气痰饮。"潘之恒《广菌谱》："舵菜，即海舶上所生菌也。亦不多得。"苍按，舵菜，形圆叶厚，每于停发老舵上得之。晒干则无几矣。其性流利。舵旁生者有细蛆，勿食。食之令人肿胀。（第298页）

白薯。即甘薯。岛屿间有野生者。一茎延蔓至数十百茎，节节皆有根。茎附物而高。有实如卵者，有实如臂者，皆于土中掘得之。亦有二月种之，十月收者。剪其茎，亦可种。皮白肉白者，白薯。皮紫肉紫者，紫薯。紫薯胜于白薯。捣为泥，和糖、枣、瓜子，称为薯泥。创为丸，调各味，称薯丸。蒸熟切而晒干，可充粮食。和米为丸，或蒸为酒。《南方草木状》云："南人二毛者，百无一二。惟海中之人寿百余岁者，由不食五谷，食甘薯故耳。"（第299页）

卷五　附记海鸟

海鹤。长颈竦身，长脚青翼，顶赤身白，颈半黑。常鹤高三尺余，喙长四寸，海鹤尤高。夜潮风生，鸣于禁岛而不可迹。《闽书》："海鹤，方言鱼鹰也。"恐误。《岭海异闻》："海鹤，大者修项五尺许，翅足称是。吞常鸟如唊鱼。成化间，有至漳州者，漳人射杀之，后有以顶货者，类淘河。而锐味。雄大，雌乃略小。昼啄于海，暮宿岩谷间。岛夷豫以小镖付犹。月夕，则伏于鹤常宿所，择其大者而刺之。平旦，有获五六头者。岛夷乃剥其顶，售于舶贾。比至闽、广，价等金玉。"苍按，海鹤与鹤异，鹤足黑，海鹤足白。海鹤鸣则群蛇集。海鹤年久，蛇毒聚顶上，脑骨皆丹。所制鹤顶红镯，番舶恒于厦门货之。或云丹处有毒，舐之伤人。《本草》以鹤粪能化石，然皆未验。（第306～307页）

舶鸽。《三山志》："舶鸽似鸠而差小。谚谓'千鸠不如一鸽'，言美也。编角如笙，系其尾。高飞云端，声似鸣镝，而委蛇善识主人之居。舶人笼以泛海，有故，系书放之以归。"苍按，舶鸽，目金色，即今之夜游鸽。海渡有日主之名。日主者，今日首先载客以渡船也。次曰日次，明日之日主也。来去传信，人力不及，故用舶鸽。（第312页）

海鼠。《岭海异闻》称："海鼠大如豕，重百斤。目正赤，然犹畏猫。"此乃外洋之鼠。今台湾后山之鼠，不知其若等大。禁岛中所出之鼠，亦重十余斤。黄色。昼入水取鱼，夜啮芦根。常鼠匿舶中及钓船者，或黑或黄，种类不一。盖下碇时从海岸逃入也。（第314～315页）

陈定玉点校，《荔枝谱（外十四种）》，福建人民出版社，2004年

(清)彭定求等编撰,《全唐诗》

卷九九

送泉州李使君之任① (唐)张循之撰

傍海皆荒服,分符重汉臣。云山百越路,市井十洲人。执玉来朝远,还珠入贡频。连年不见雪,到处即行春。(第 2 册,第 1060 页)

卷五五九

送福建李大夫 (唐)薛能撰

洛州良牧帅瓯闽,曾是西垣作谏臣。红旆已胜前尹正,尺书犹带旧丝纶。秋来海有幽都雁,船到城添外国人。行过小藩应大笑,只知夸近不知贫。(第 9 册,第 6542 页)

卷六〇三

送从弟归泉州 (唐)许棠撰

问省归南服,悬帆任北风。何山犹见雪,半路已无鸿。瘴杂春云重,星垂夜海空。往来如不住,亦是一年中。(第 9 册,第 7025 页)

卷七一七

送陈樵校书归泉州 (唐)曹松撰

巨塔列名题,诗心亦罕齐。除官京下阙,乞假海门西。别席侵残漏,归程避战鼙。关遥秦雁断,家近瘴云低。候马春风馆,迎船晓月溪。帝京须早入,莫被刺桐迷。(第 11 册,第 8323 页)

卷七四六

泉州刺桐花咏兼呈赵使君 (唐)陈陶撰

仿佛三株植世间,风光满地赤城闲。无因秉烛看奇树,长伴刘公醉玉山。海曲春深满郡霞,越人多种刺桐花。可怜虎竹西楼色,锦帐三千阿母

---

① 一说该诗为包何所作,见《全唐诗》卷 208,包何《送泉州李使君之任》(一作《送李使君赴泉州》)。参见中华书局编辑部点校,《全唐诗》,中华书局,1999 年,第 3 册,第 2171 页。

家。石氏金园无此艳,南都旧赋乏灵材。只因赤帝宫中树,丹凤新衔出世来。猗猗小艳夹通衢,晴日熏风笑越姝。只是红芳移不得,刺桐屏障满中都。不胜攀折怅年华,红树南看见海涯。故国春风归去尽,何人堪寄一枝花。赤帝常闻海上游,三千幢盖拥炎州。今来树似离宫色,红翠斜攲十二楼。(第11册,第8578页)

中华书局编辑部点校,《全唐诗》,中华书局,1999年

(清)沈季友编,《槜李诗系》

卷三十八

海盐陈母节义词　(元)张昱撰

陈母节义谁可及?二十守志今六十。家本泉州身姓庄,户版抄入商人籍。夫陈亦是海盐商,远来婿庄图久长。庄时年当二十四,于飞和鸣双凤凰。岂期得子才四月,幡然去作诸番客?海中使船惟信风,倏忽千波万波隔。五稔弗归邻媪疑,情以讽庄欲嫁之。正词厉色却邻媪,将焉置此呱呱儿。久乃陈从海外至,子生五年能捧觯。银灯坐照夜堂深,劝谏夫陈词不已。海中日日生风涛,千金之躯同一毫。人非金石当自保,北斗那共黄金高?夫陈耳听心不悟,趣装出门衣楚楚。庄忧水底有蛟龙,陈恃蛟龙莫予侮。信回乃在九重渊,庄走入房羞见天。引刀自刺刀堕地,哭抱孤儿仍自怜。指有此儿堪嗣续,不尔从陈葬鱼腹。良人虽没天可移,绩纺教儿买书读。儿名宝生既长年,知父之死常泫然。母告汝父之海盐,有子尽典祭祀田。汝往赎田还祭祀,妾身无愧归黄泉。宝听母言即长往,未知海盐先采访。果得前兄名宝一,泣诉二天成俯仰。归复母命母大喜,恨不相与携手至。转头沧海作桑田,奉母还乡谈笑耳。儿亦一来拜母庄,母子三人涕泪雾。浮云行天失变化,鸣鸟集树休翱翔。宝也奉母孝益谨,母子更相为性命。母呼宝也语近床,贷汝父钱名石章。章负舶钱今系狱,汝父虽没钱须偿。唤婢卖珠遣宝送,泉人义庄作歌颂。十子不如一女英,男儿负义真何用?天朝史臣高与王,大书特书相发扬。传闻满纸作龟鉴,无不读之眉目张。诵庄之贤无远近,夫妇纲常自庄定。关雎之诗今复作,还有删诗如孔圣。三光不灭天地存,教子锡类皆弟昆。陈母节义天所报,驷马何独于公门。(第1475册,第893～894页)

《影印文渊阁四库全书》,台湾商务印书馆,1986年

（清）王韬编撰，《淞隐漫录》

卷一

仙人岛

崔生孟涂，泉州人。少好游。思探奇海外，当有所遇。会有巨舶航海者，崔求附舟同行。许之。甫出大洋，即遭飓风，银涛涌地，雪浪掀天，舟经簸荡，帆樯悉摧，舟中人已无生望。越数日，漂至一岛，层峦耸翠，叠嶂摩霄，山径皆平坦宽广，翠柏长松，幽花异草，不可名状。舟长考诸图经，向所未载。岛中空旷无居人。……泉郡人多习航海术，崔时问以此岛，缅述方向景物，率皆曰无有。仍思泛海，一穷其境。有老于舵工者闻之，笑曰："君殆痴矣！今时海舶，皆用西人驾驶，往还皆有定期，所止海岛皆有居人，海外虽汪洋无涯，安有一片弃土为仙人所驻足哉？子休矣！忽作是想，徒空中楼阁也。"崔终弗信，欲往之念愈坚。（第13～16页）

《淞隐漫录》，中国古典小说五百部，中国戏剧出版社，1999年

（清）王沄撰，《漫游纪略》

卷一　闽游

闽桥巨者，木一石二。在建州者曰通都，下垒巨木，上屋之，商贾之所聚也，时不戒于火，复构如故。在泉南者曰万安，俗名洛阳，蔡忠惠公所建也，架石江面，修三百六十丈，广丈有五。谚云：洛阳沙平，填满公卿。先朝之际，潮退沙见，验矣。桥下有忠惠公祠，公自书碑二，分列左右，石光可鉴，公墓在仙游境内，祠益为桥立也。

纪物产谷之属：上游山田，滨海水田，一岁稻再熟，地气湿热，越岁红朽，家无二年之积。泉、漳人满，每告籴于粤，航海而至。壬辰秋，漳城被围，斗米至五十金，人相食殆尽。布帛之属：闽不畜蚕，不植木棉，布帛皆自吴、越至。泉人自织丝，玄光若镜，先朝士大夫恒贵尚之。商贾贸丝者，大都为海航互市。其肆中所列，若哆啰呢、哔叽、琐袱之类，皆自海舶至者也。番布横广，其坚韧远不及吴产也。葛亦不如粤，以蕉杂之，益脆，不任用矣。苎，诸郡有之，邵武、将乐、永春者佳。钱币之属：建、延、泉，民间皆用古钱，俗名老

钱。泉人所用崇宁通宝一当五。其曰番钱者,则银也,来自海舶,上有文如城堞,或有若鸟兽、人物形者,泉、漳通用之。闻往时,闽中巨室皆擅海舶之利,西至殴逻巴,东至日本之吕宋、长岐,每一舶至,则钱货充韧。先朝禁通日本,然东之利倍蓰于西。海舶出海时,先向西洋行,行既远乃复折而入东洋。嗜利走死,习以为常,以是富甲天下。自海禁严而闽贫矣。(第17册,第4页)

《笔记小说大观》,江苏广陵古籍刻印社,1983年

(清)佚名撰,《天妃显圣录》

历朝褒封致祭诏诰

元世祖至元十八年,封"护国明著天妃"诏:制曰:惟昔有国,祀为大事。自有虞望秩而下,海岳之祀,日致崇极。朕恭承天休,奄有四海,粤若稽古,咸秩无文。惟尔有神,保护海道,舟师漕运,恃神为命,威灵赫濯,应验昭彰。自混一以来,未遑封爵,有司奏请,礼亦宜之。今遣正奉大夫宣慰使左副都元帅兼福建道市舶提举蒲师文册尔为"护国明著天妃"。於戏!捍患御灾,功载祀典,辅相之功甚大,追崇之礼宜优,尔其服兹新命,以孚佑我黎民,阴相我国家,则神之享祀有荣,永世无极矣!(第3页)

癸丑祭泉州庙,文曰:圣德秉坤极,闽南始发祥。飞升腾玉辇,变现蔼天香。海外风涛静,寰中麟凤翔。民生资保锡,帝室藉勖勤。万载歌清宴,昭格殊未央。(第7页)

拯兴泉饥

宝祐改元,莆与泉大旱,谷值腾涌,饥困弗支,老幼朝夕向祠前拜祷。梦神夜告曰:"若无忧,米艘即至矣"。

初,广地贾客挺装米上浙越,偶一夜神示梦曰:"兴、泉若饥,米贵,速往可得利"。客寤而喜谓神示必获利滋倍,遂载入兴、入泉。南艘辐辏,民藉以不饥,米价反平。郡人颇矜天幸,商人怏怏,言神梦不验。询其得梦之由,方悟神为二郡拯饥。又思前夕米艘即至之梦,果属不虚。咸叹再造神功,焚香拜谢。天子闻之,诏褒封"助顺、嘉应、英烈、协正妃"。三年,又以显灵加封"灵惠、助顺、嘉应、慈济妃"。四年丙辰,以浙江堤岸告成,加封"灵惠、协正、嘉应、善庆妃"。(第32~33页)

火烧陈长五

开庆改元,岁在己未(1259年),陈长五兄弟纵横海上,去来于兴、泉、漳

之间,杀掠逞凶,家无安堵,三那困。请命于神。郡守徐公梦神示之曰:"当殄此贼,以靖地方"。徐公素敬信神妃,即率寨官石玉等励兵备之。朝廷督王宪使鎔克期剿贼。越八月,贼三舟入湄岛,将屠掠蓼禧,祷于神,弗允,解衣偃卧廊庑下,悖慢不敬。俄有火焚其身,肉绽皮烂,痛楚哀呼。贼大惧,退遁舟中。神起顺风,诱之出港,忽天日晦冥,大雨骤至。及开霁,贼三舟已在沙埔上胶浅不动,宪使王鎔曰:"此神授也,逆贼当歼灭矣"!挥兵急击,贼奔溃,先擒长五。郭敬叔等帅兵追至莆禧,擒长六。长七乘潮退遁,后追至福清,并俘之,磔于市,胁从者罔治。徐公具陈神妃庇助之功,宪使奏上天子,勒议典礼,进封"显济妃",两司捐万楮助修宫殿,以报神贶。(第33页)

拥浪济舟

洪武七年甲寅(一三七四),泉州卫指挥周坐领战船哨捕,忽遇飓风大作,冲泊阁礁。舟人环泣稽首,呼神妃求庇。黑夜间倏见神火悬空毕照,桅樯皆现。周喜曰:"吾闻海上危急时,得神火照耀,虽危亦安。神其佑我乎"!俄而巨浪跃起,将船荡浮,从砂隙真逾矶北,顺流驶至岸边。时天欲曙,差认港迹,始得无恙。归至泉,立庙奉祀。仍运木赴湄屿,修整宫殿。其杉木未载者,浮水面自飘流到湄,木头各有"天妃"二字,众皆奇之。自是重建寝殿及香亭、鼓楼、山门,复塑圣像,制旗鼓,沿途鼓欷,送至祖庙。

时又有张指挥领兵出海,默祝神妃保佑,果得显应,由泉装载大料来湄洲,构一阁于正殿之左,名曰"朝天阁"。(第35页)

《台湾文献丛刊》第77种,台湾银行经济研究室,1960年

(清)郑杰等辑,《全闽诗录》

《闽诗录》丙集卷二

吕造。造,晋江人,言子。天圣二年进士。

刺桐城　(宋)吕造撰

闽海云霞绕刺桐,往年城郭为谁封。鹧鸪啼困悲前事,豆蔻香销减旧容。

《泉南杂记》云:泉州筑城时,环城皆植刺桐,故号刺桐城。吕造诗云云。(第200页)

《闽诗录》丙集卷四

陈偁。偁,字君举,沙县人,世卿子。以父任补太庙斋郎,调蔡州通判,

屡知泉、尉、惠三州,以朝议大夫致仕,卒。

题泉州万安桥 (宋)陈俛撰

跨海为桥布石牢,那知直下压灵鳌。基连岛屿规模壮,势截渊潭气象豪。铁马著行横绝漠,玉鲸张鬣露寒涛。缋图已幸天颜照,应得元丰史笔褒。(第308~309页)

《闽诗录》丙集卷七

黄公度。公度,字师宪,莆田人。绍兴八年赐进士第一。授签书平海军节度判官。累官至尚书考功员外郎。有《知稼翁集》。

惜别行送林梅卿赴阙 (宋)黄公度撰

刺桐城边桐叶飞,刺桐城外行人稀。客来别我有所适,问客此去何当归。林卿妙龄才秀发,胸中万卷涌溟渤。家声合沓盖九州,里第嶙峋表双阙。劫来试吏天南方,骥骜焉能骋所长。梅仙脱身东市卒,杜老把笔中书堂。传道淮壖减豺虎,政须礼乐事明主。之子轩轩霄汉姿,好向东风刷毛羽。(第414页)

《闽诗录》丙集卷九

送别陈侍郎应求知泉州 (宋)林光朝撰

某观蔡公侍郎当大书于洛阳桥之上,侍郎过洛阳,当摩挲此石,仿佛为同日事也。某送别到惠安,道中因以赋诗云。

百片牙旗水面长,蔡邕题在刺桐乡。十年杯酒开云榭,一样官衔过洛阳。我亦携家缘送客,谁能扫地自焚香。野桥冲腊寒梅白,莫要登临忆侍郎。(第491页)

《闽诗录》戊集卷二

送宪幕陈时中分题得平章河 (元)黄镇成撰

海国犹传利泽功,沧溟缥缈百蛮通。潮来估客船归市,月上人家水浸空。析木星辰三岛处,扶桑宫殿五云东。河梁此日重携手,目送灵槎万里风。(第870页)

福建省文史研究馆整理,《全闽诗录》,福建人民出版社,2011年

(清)周亮工撰,《书影》

卷四

犀香①

世人共云犀爵酌火春后,则香骤灭。予过温陵,黄东崖相国以火春酌犀斛饮予。泉州举郡皆以为非此不足以发犀香也。论乃大异。(第115页)

(清)周亮工著,《书影》,上海古籍出版社,1981年

---

① 篇名为编者所加,以方便索引。

七、民间文献

(一)石刻、碑刻文献

1.开元寺

(唐)黄滔撰,《泉州开元寺佛殿碑记》

监察御史里行充威武将军推官黄滔撰。混沌死而天地生,道德销而仁义作。情车业纲,始脉旋波。天谓洛龟河龙,文有生而不文无生,乃产金圣人于西国,钻智慧火,乾烦恼海,理不吾吾,而一贯生生。其姿电火霍于周室,其波派漾于汉代。系是馆移鸿胪,城崇白马,斯有寺之始也。寺制殿,象王者之居,尊其法也。其后金地莲肩,周旋四海,鸟飞兔走,或故或新。至如神运之灵莫灵矣,亦靡得而归然。则我州开元寺佛殿之与经楼、钟楼,一夕飞炉,斯革故鼎新之数也。初,仆射太原公以子房之帷幄布泉城,以叔度之裤襦犷泉民。而谓竺乾之道与尼聃鼎,宜根乎信而友乎理。矧开元□字五十载之圣容,实寺之冠。洎帅闽也,愈进其诚。缮经三千卷,皆极越藤之精,书工之妙。驾以白马十乘,送以府僧,迎以郡僧,置兹之楼。既而,蜀雨不飞,识者以为物之尤,罕留于世,敬之至,必动乎神。是必为地祇所搜,龙宫之索。不然者,曷与斯故新之数期?厥理则明,我官悄然不已。仲弟检校工部尚书为兹郡之秋也,武则拍孙吴之背,文则席夏商于前。而复龙虎之内,以堄以篦,大耸孟龙之旨。乃割俸三千缗,鸠工度木。烟岩云谷之杞梓楩楠。投刃以时,趋功以隙,食以月粟,付以心倕,不期年而宝殿涌出,栋隆旧绮,梁修新虹,八表四隅,悉半乎丈。柱盛镜础,方珪丛斗,楣承蟠螭,飞云翼栱,文榱刻桷,权枒,或经纬以开织,或丹□而缋耀。晶若蟾窟,嵚如鳌背。风夏触而秋生,僧朝梵而谷应;升者骨水,观者目波。而五间两厦,昔之制也。自东迦叶佛、释迦牟尼佛,左右真容;次弥勒佛、弥陀佛、阿难迦叶菩萨、卫神。虽法程之有常,而相貌之欲动。东北隅则揭钟楼,其钟也新铸,仍伟旧规。西北隅则揭经楼。双立岳峰，两危蜃云，东瞰全城，西吞半郭。霜韵扣而江山四爽，金字骈而讲诵千来。是知天地、日月、鬼神不欲一存其物，将有待于后人也。设使斯殿也，斯楼也，不有之故，其何以新？我公之作，之为，其何以布之哉？三略六韬，流通贝多；戈霜剑雪，为甘露洁；信英智之所措也。既毕，召化之缁锡，数迈于千，斋而落之。累中慈去五色，慧日重轮。谭者以为梵天之宇化于是矣，灵山之会俨于是矣。我公之悴、试大理评事宋君日骈，才推博古，识洞真如，请立贞珉，垂于不朽。公以小儒不佞，俾刻斯文。僧正临坛大德僧宜一，桑门之关楗者，曰："寺有记，亡之矣。垂拱二年，郡儒黄守恭宅桑树吐白莲花，舍为莲花道场。后三年，升为兴教寺，复为龙兴寺。逮元宗之流圣仪也，卜胜无以甲兹，遂为开元寺焉。不当有紫云覆寺至地，至今凡草不生其庭。"大矣哉！自垂拱之迄开元，四朝而四易号，及谅兆水于木，垂云雉草，天启地灵之如是，则开元实寺之冠，斯又冠开元焉。金圣人无为也，尧舜亦无为也。诚参错其道，巍巍圣仪，永与诸佛如来俱，岂不其然！愚是以奋笔于一公之说。乾宁四年丁巳冬十一月　日记。

注：碑已佚。碑文见于《黄御史集》、《福建金石志》、《泉州开元寺志》。
（第4页）

吴乔生等编，《泉州古城历代碑文录》，中国文史出版社，2009年

（南唐）王继勋撰，《开元寺陀罗尼经幢题刻》

《佛顶尊胜陀罗尼经》□□宣德郎、前守尚书膳部员外郎、柱国、赐绯鱼袋郑元素书，都料将唐琛元、从十将林仁浚等镌（下缺）。

管内僧正临坛匡教大师、赐紫守涓，管内都监长讲经论大德、赐紫道昭，监寺讲经论大德、赐紫惟岳，寺主大德僧惟守，都维那大德们僧从善，上座传经持念□□□通直郎检校尚书、比部员外郎、柱国、赐紫金鱼袋王传嗣舍见钱叁拾仟文。<u>州司马、专客务兼御史大夫陈光嗣</u>，州长史专客务兼御史大夫温仁俨，粮料将御史□□军事左押卫、<u>充海路都指挥使兼御史大夫陈匡俊</u>，已上各舍伍仟文。转运将许延祐，元从押卫杨国轸，右卫大将王蟠，军将唐

弘益、严讯,已上各舍铜钱壹仟文□□□榷利院使刘拯舍伍仟文[1]。管内威仪临坛大德、神毅讲赞法慧,大德、赐紫文展,粥院□□大德惠斌,各舍壹仟文。勾当取幢传经大德神悟,舍铜钱柒仟文。持念大德□□大释迦佛之功德,征其数可谓无穷。瞻部州之修崇于无穷,必有最妙□□倾至倍,孰得其最焉。昔善任有七返之忧,金□说多生之叶,授以佛□□耶致其罪障销除,留传于今,灵验希有。所谓功德之最妙者,莫若建石幢而勒是陀罗尼也。顷者相国邳郅公牧是郡之日,以开元寺殿前旧有其。幢,而左无对峙,遂发成愿,始议经营。讲僧于浙水,募缘召匠,于太湖采石,徒移五载,竟未成功。及太尉琅琊公副群情殷□□惠化于廉歌谣□访萧寺遗阙之端,谓前政之何为构斯幢而不就,<u>于是遣舟航运泛置</u>,琬琰俄臻,选敏手以雕镌择良辰而<u>建置</u>。斯则收其遗而补而其阙,无量胜□。无先我而无,人同归妙善,莫不千万亿劫。三十三层柱拔屹屹,玉削棱棱,刻斯经咒,封彼佛僧,以功以德,不灭不增。时也,惟吾唐之抚运,幸纳款于明庭,德音宣布于一方,庆赐颁濡于阖郡。既荷惟新之命须倾祝圣之心。乃敬以鸿恩报国,愿赞一千年历数,庶资三十世宗祧。俾率土以共瞻,与斯幢而永固。将纪其事,爰命直书。

唐保大四年三月二十八日建,岁次丙午,勾当元从押卫兼御史大夫李仁检,功德主英谋叶义定难功臣光禄大夫、检校太尉、持节泉州诸军事、守泉州刺史、御史大夫、上柱国、琅琊郡开国侯、食邑一千户王继勋。

注:此经幢原在开元寺大雄宝殿前方形石塔内,1982年清理基础时发现,保存完好。(第5~6页)

吴乔生等编,《泉州古城历代碑文录》,中国文史出版社,2009年

2.文庙

(宋)张读撰,《泉州重建州学记》

<u>左朝散大夫、前主管江州太平观张读撰</u>,资政殿学士、左中大夫、提举临安府洞霄宫李邴书,<u>左朝请郎、提举福建路茶事、常平等事兼市舶赵奇题额</u>

---

[1] 专客务兼御史大夫、州长史专客务兼御史大夫、充海路都指挥使兼御史大夫、榷利院使,这些职衔似与海外交通贸易事务有关。

清源郡学,以绍兴丁巳闰十月甲申重建,越明年戊午三月乙丑讫功。教授正录率生徒连镳、方驾惠访蓬荜,读疲惫岑寂,初不知何以取此,倒屣迎肃,方汗骍间,乃辱属记新学之本末。顾气衰才尽,避席再四,不克让辞,谨採摭而叙之。维学宫之建,在州城南之东门,直于庚,以阓通衢,擅山川之壮气。践槐袭衮,元勋伟节,世有名人。厥后太守高侯逞私憾,迁而西之,衣冠遂减畴昔。鼓箧来游者,每愤惋焉。舍法之初,斥养士之额,厥地褊迫,不足以容冠屦。大观三年,乡先生龙图柯公述解组还第,徇枌榆之舆情,审芹茆之故址,乃扣州牧,自西而东,今学是也。然广轮虽延袤,而基失库下,时雨浸淫,坏屋壁者屡矣。加之行门隙地已给编户,未仍旧贯,生徒讻讻,至兴狱讼,竟以居民高资沮格不行。不获已,径委巷而出,士气伊郁,积年于兹。绍兴丙辰冬,富沙刘公子羽,以忠孝名家、清华重望,抗请乡邦便养,来曳泉山之绂。坐席未温,已大播桃李裤襦之谣,铃斋余暇,解榻优贤。适以上丁从事于学,前期斋渝,裴回周览,悯馆舍之颓陊,进诸生而告之曰:"学校不修,太守之责也。时虽间关,讵忘俎豆乎?"遂有经营之意。会有甘泉庵没财,鸠工市木,命浮屠惠胜等掌之,委教授戴纬、驻泊张谨董其事。增庳而高凡二尺余,殿俨其中,螭蟠翚展,从祀修廊,以翼左右;为堂二,以集讲论;斋十有二,以分肄习,职事位亦如之;御书有阁,祭器有库,祠旁燕亭、宾次、庖廪之属,一新轮奂;又赎庚门旧地,以揖紫帽之峰;横跨石桥,因溪支流入自巽方,遂凿长河、濬青草池,内潮汐于桥之下,则学宇告备矣。教官廨舍在学之右,乃衿佩函丈之地,亦广而新之。阅十旬毕工,靡金钱五万余缗。公帑、民力无丝毫扰,父老士民乐输金以犒役。既成,车盖填壅,万口一词,以为东南壮观,璧沼、贤关规摹不专美也。先是,兴役之际,熊轼、娄临趣工弥切,至忘寝食,因感微恙,而方技之流谓岁星日直薄有咎。证公慷慨敢为,初不涓择以招无妄,神介正直,指日视事。而公力丐宫祠,士子愿借留,不克从欲,无由报万一,营生祠于讲堂之左,岩岩清峙,庶几朝夕景仰焉。读尝闻,鲁侯修泮宫,当时有史克颂之;郑侨不毁乡校,后世有韩愈颂之;并能流芳古今,学者慕尚。矧惟雄伟不常之功,超鲁跨郑,芜累匪工,辄希二颂遗文以揄扬之。因托名不泯,谨蘸笔作颂云。颂曰:赫赫清源,甲于闽山。有屹其巘,有澄其渊。地灵人杰,龙虎旧传。苕肩蕴藻,炜烨青编。我宋龙兴,化被幅员。兹惟望郡,首建学宫。卜云其吉,雉城东偏。公卿纷遝,誉蔼中原。高侯逞憾,乃西徂迁。中虽克复,未正门阛。士气不振,殆几百年。韪矣刘公,忠义蝉联。辍自紫橐,来拥朱幡。雍容才刃,视牛无全。钧礼韦布,载笔载言。时惟上丁,斋戒吉蠲。顾盼廊庑,蠹橝圮砖。恻然淡色,予职承宣。学校不修,又谁咎焉？娄人意匠，乃趣工班。材如云委，杞梓楠梗。百堵俱兴，如飞如翰。门直于西，前揖紫烟。石梁雄跨，虹卧清涟。江山增丽，亘古无前。青衿感概，淬砺龙泉。鹏抟鸥化，春榜拏先。遵周蹈孔，密勿朝端。何以报之？绘像岩岩。我公之德业兮，拂日庚天；我公之福履兮，方至犹川。我公之眉寿兮，超万弥千；漫叟作颂兮，托青瑶镌。寄理左从事郎充州学教授戴纬立，刘师岳摹镌。

注：碑黑页岩石质，180厘米×85厘米×15厘米，碑上部为圆弧形，下半部残缺，现存于泉州府文庙。碑文作者为南宋张读。碑文见于《闽中金石略》、《福建金石志》、《泉州府志》等。（第11～12页）

吴乔生等编，《泉州古城历代碑文录》，中国文史出版社，2009年

3.伊斯兰教圣墓

(元)《重修圣墓阿拉伯文碑》

（中译文）　穆斯林集体重修了这座吉祥的坟墓，此举为赢得尊贵的真主的喜悦和丰盛的报酬，并祈求真主的怜悯和祝福，愿真主护佑他们。此二人在法厄福尔时代来到这个国度，据传为有善行者，因而死后由尘世抵达永世。人们因虔信他们俩能赐福，一旦遭遇艰难，进退维谷，即前来瞻礼，祈求默示光明，并有奉献，俱获益，平安回返。此纪念碑写于（伊斯兰教历）722年斋月（元至治二年，壬戌）。

注：此碑竖立在圣墓回廊正中，辉绿岩石琢成，宽55.5厘米，高110厘米，厚12.5厘米，阴刻阿拉文。（第55页）

福建省泉州海外交通史博物馆编，
《泉州伊斯兰教石刻》，宁夏人民出版社，1984年

(明)《郑和下西洋行香碑》

钦差总兵太监郑和，前往西洋忽鲁谟厮等国公干。永乐十五年五月十

六日于此行香,望灵圣庇佑。镇抚蒲和日记立。

  注:此碑竖立于圣墓柱廊的西侧。辉绿岩石琢成,宽42.5厘米,高99.5厘米,厚9.3厘米,碑面阴刻汉文字,五竖行。(第55页)

福建省泉州海外交通史博物馆编,
《泉州伊斯兰教石刻》,宁夏人民出版社,1984年

(清)《夏必第重修圣坟碑》

乾隆辛未年端月重修圣坟。董事夏必第勒石。

  注:此碑嵌于圣墓柱廊外西侧石壁上。花岗岩石琢成,宽27.5厘米,高66厘米,碑面粗糙,阴刻二竖行汉文。(第55页)

福建省泉州海外交通史博物馆编,
《泉州伊斯兰教石刻》,宁夏人民出版社,1984年

(清)《郭拔萃重修圣坟碑》

乾隆癸卯年阳月重修圣坟。特恩。已亥科举人郭拔萃立。

  注:此碑嵌于圣墓柱廊外东侧石壁上。花岗岩石琢成,宽33厘米、高61.5厘米。碑面阴刻汉文。(第55页)

福建省泉州海外交通史博物馆编,
《泉州伊斯兰教石刻》,宁夏人民出版社,1984年

(清)马建纪撰,《重修温陵圣墓碑记》

嘉庆二十有三年,岁在著雍摄提格(戊寅)之孟陬(夏历正月孟春建寅之月),余奉命提督福建陆路军务来温陵,因知东关外有爸爸墓焉。按府志载,唐武德中来朝,有三贤、四贤,传教泉州,卒葬于此。葬后,是山夜光显发,人

异而灵之,名斯墓曰"圣墓"。明永乐钦差总兵太监郑和,前往西洋,行香于此,蒙其庇佑,为立碑记。我朝康熙年间,福建汀、邵、延等处总兵官陈有功,陆路提标左协中军游府陈美,乾隆癸卯、辛未孝廉郭拔萃、夏必第等相继修葺。迄今日久坍塌,爰捐俸重修。再建墓亭,悬匾额于其上,以昭灵爽,用答神麻。既竣工,约其事而为之记。署福建全省陆路提督军门漳州总镇西蜀马建纪勒石。

注:此碑竖立于圣墓柱廊外西侧。花岗岩石琢成,宽63厘米、高142.5厘米,厚14.5厘米。碑面阴刻九竖行汉文,每行30字。(第55~56页)

(清)江长贵撰,《重修圣墓碑记》

我教之行于中国,由来旧矣。泉州滨大海,为中国最东南边地,距西域不下数万千里,则教之行于斯也,不亦难乎!同治庚午秋,长贵奉命提督福建陆路军务,莅任泉州。下车后,询问地利,部下有以郡东郊有三贤、四贤墓告者。初听之,而疑其误也,继思之,而恐其讹也。公余策马出城,如所告而访之。平冈之上,果有两墓在焉,而不知其始于何代及为何如人。墓侧碑碣,苔蚀沙啮,字迹漫漶,多不可辨。唯我蜀马公权提督篆时所撰立者,上故有亭,尚未磨灭;而亭久倾圮,碑仆卧尘沙中,已不知几历年所矣。竟日爬刮,继以淋洗,始得约略扪读。证诸郡志,乃获其详。盖三贤、四贤于唐武德中入朝,传教泉州,卒而葬此者。厥后屡显灵异,郡人士咸崇奉之。明永乐太监郑和出使西洋,道此蒙佑,曾立碑记。我朝康熙、乾隆间,泉之官绅,迭继修治。马公重修事在嘉庆二十三年,乃其最后者也,然于今已五十四寒暑矣。其间水旱兵燹,未尝无之,虽荆棘蒙蔓,不免就荒,而两墓岿然无恙。且适有来官是土之余,以踵马公于五十四年之后。噫!得毋两贤之灵有以默相之乎?然则西域虽远,其教之能行于中国最东南边地也,更无论矣。于是捐廉择吉,鸠工重修。既竣事,志其崖略如此。惟冀后之来者,以时展缮,勿任其如马公及余相去之远,而未葺治,日复一日,渐就湮没也。是财我教之幸,抑亦余所深祷者尔。是为记。同治十年,岁在辛未季秋之月下旬穀旦。钦命提督福建全省陆路军务执勇巴图鲁盐亭江长贵盥沐敬撰。

注:此碑竖立于圣墓柱廊东侧。花岗岩石琢成,宽65.5厘米、高133厘

米、厚 11.5 厘米,阴刻十七竖行汉文。(第 56 页)

福建省泉州海外交通史博物馆编,
《泉州伊斯兰教石刻》,宁夏人民出版社,1984 年

4.清净寺

(元)吴鉴撰,《重立清净寺碑记》

重立清净寺碑　　掌教夏彦高,谟阿津□□□　　　　　同募
明　　□□将军福建都指挥使司都指挥□□□□许清篆盖
赐　　进士观户部政使□□□□□□□□事□□丁仪书碑

西出玉门万余里,有国曰大实,于今以帖直氏。北连安息、条支,东隔土番、高昌,南距云南、安南,西渐于海。地莽平,广袤数万里。自古绝不与中国通。城池、宫室、园圃、沟渠、田畜、市列,与江淮风土□异。寒暑应候,民物繁庶。种五谷、蒲萄诸果。(俗)重杀,好善。书体旁行,有篆、楷、草三法。著经史诗文,阴阳星历,医药音乐,皆极精妙。制造织文、雕镂器皿尤巧。初,默德那国王别谙拔尔谟罕蓦德,生而(神灵),有大德,臣服西域诸国,咸称"圣人"。"别谙拔尔",犹华言"天使",盖尊而号之也。其教以万物本乎天,天一(理),无可像,故事天至虔,而无像设。每岁斋戒一月,更衣沐浴,居必易常处。日西向拜天,净心诵经。经本天人所授,三十藏,计一百三十四部,分六千六百六十六卷。旨义渊微,以至公无私、正心修德为(本),以祝圣化民、周急解厄为事。虑悔过自新,持己接人,内外慎敕,不容毫末悖理。迄今八百余岁,(国俗)严奉尊信,虽适殊域,传子孙,累世犹不敢易焉。至隋开皇七年,有撒哈八·撒阿的·斡葛思者,自大实航海至广,方建礼拜寺于广州,赐号"怀圣"。<u>宋绍兴元年,有纳只卜·穆兹喜鲁丁者,自撒那威从商舶来泉,创兹寺于泉州之南城。造银灯香炉以供天,买土田房屋以给众。后以没塔完里阿合味不任,凡供天给众具窜易无孑遗,寺因废坏不治。其徒累抗于官,墨□不决有年矣。至正九年,闽海宪金赫德尔行部至泉,为政清简,民吏畏服。摄思廉不鲁罕丁,命舍剌甫丁哈悌卜领众分诉。宪公审察得情,任达鲁花赤高昌偰玉立正议为之□理,复征旧物。众志大悦。于是里人金阿里质以己资,一新其寺。来征余文为记。予尝闻长老言,帖直氏国初首入职方,土俗教化与他种特异。</u>征诸《西使》、《岛夷》等志尤信。因为言曰,天之

543

欲平□天下，由来非一日情也。庄子书、佛书皆言西方有大圣人，至隋而谟罕蓦德始出。其教大端，颇与理合。汉唐通西域羁縻，不尽臣服。自礼拜寺先入闽广，□其兆盖已远矣。今泉造礼拜寺增为六七，而兹寺之废复兴，虽遭时数年，名公大人硕力赞，亦摄思广、益绵之有其人也。余往年与修《清源郡志》，已著其事。今复□其废兴本末，俾刻之石，以见夫善教流行，义无所不达也。奉政赫公、正议偰公，皆明经进士，其于是役均以大公至正之心行之耳，非慕其教者。偰公治泉有惠，期年之内，百废皆兴；而是寺之一新者，亦余波之及欤？谓非明使者与贤郡守，则兹寺之教坠矣！<u>不鲁罕丁者，年一百二十岁，博学有才德，精健如中年人，命为"摄思廉"，犹华言"主教"也</u>。益绵苦思丁，麻哈抹没塔完里，舍剌甫丁哈悌卜，谟阿津萨都丁。"益绵"，犹言住持也。"没塔完里"，犹言都寺也。"漠阿津"，犹言唱拜者也。赞其事，总管孙文□□顺，推官徐君正，奉训知事郑士凯；将仕董其役者，泉州路平准行用库副使冯马沙也。时至正十年，三山吴鉴志。

按：旧碑年久朽敝无征，掌教夏彦高、□者旧、赵尹璋、蒲景荣、迭元高等，录诸《郡志》全文，募众以重立石；如尚书赵公荣，立扁"清净寺"三大金字以辉壮之；他如参将马公谟、张公玹，少卿赵公玹，知州马公庆，指挥干公辅，皆以本教为念，或茂以修葺之助，或厚以俸资之施，而咸有功斯寺者。然教中显于泉者尤多，以其□□□地，故漏之。是故正德丁卯夏之吉旦。（第 466～467 页）

白寿彝主编，《中国回回民族史》（上册），中华书局，2003 年

（元）《阿拉伯文纪年石刻》

中译文

此地人们的第一座礼拜寺，就是这座最古老、悠久、吉祥的礼拜寺，名称"艾苏哈卜寺"，建于（伊斯兰历）400 年[①]。三百年后，艾哈码德·本·穆罕默德·贾德斯，即设拉子著名的鲁克伯哈只，建筑了高悬的穹顶，加阔了甬道，重修了高贵的寺门并翻新了窗户，于（伊斯兰历）710 年[②]竣工。此举为赢得至高无上真主的喜悦，愿真主宽恕他……宽恕穆罕默德和他的家属。

---

① 400 年，公元 1009—1010 年。
② 710 年，公元 1310—1311 年。

(第3页)

福建省泉州海外交通史博物馆编，
《泉州伊斯兰教石刻》，宁夏人民出版社，1984年

(元)《清净寺伊斯兰教碑1号墓碑》

正面碑文译文

奉大仁大慈的主的尊名

在你以前，我没有规定人类永活不死，若是你死了，难道他们能永活不死吗？每个有生命的都要死亡，你们将归宿到他那里。……(回历)764年……赞颂归化育众世界的主。

背面碑文译文

艾哈默德先生的墓岗

先知说：异乡人的死亡是殉教，他由虚幻的世界到永恒的世界，他选择末日而不要尘世，到达真主的慈爱。亡者是国家与宗教的幸福者，伊斯兰教和民族的太阳。愿真主以仁慈、宽恕赦免他，赐穆罕默德和全部后裔幸福。

注：1号墓碑(正面)，辉绿岩雕成，原砌于《明善堂》西墙右边1.35米处。1983年夏，从墙上卸下。碑高91厘米、宽59.8厘米、厚14.6厘米。碑的两侧面浮雕连续卷云图案。正面刻一个凹入2厘米的石龛，碑面磨光，龛顶尖拱下浮雕古阿拉伯文字一行，构成心形图案，心的两旁有浮刻云朵簇拥，下阴刻十行古阿拉伯文字。碑面文字两旁各夹一道连续卷纹浮雕图案，整个碑面显得严整。(背面)碑面刻一凹入2厘米石龛，龛中再刻一般伊斯兰教尖拱顶碑，三面绕以浮雕连续卷纹图案，这种雕刻形式与扬州"回回堂"的元代阿拉伯人墓碑十分相似。碑面浮刻七行古阿拉伯文字，行间有浮刻横线隔开。最后一行阿拉伯文字，两旁各有一朵白云簇拥。墓主艾哈默德，卒于回历764年，即元顺帝至正二十二年，公元1362年。(第526～527页)

(元)《清净寺伊斯兰教碑2号墓碑》

正面碑文译文

吉庆、善良、礼拜、廉洁的夫人海地哲，故宰相帖哈麦人赛尔屯·丁先生

的女儿,在穆历736年10月一个夜晚,由虚幻的尘世到达幸福的世界,到达赦人的真主慈爱的一边。

背面碑文译文

每个人都要死亡,你们在末日将获得报酬,凡脱离火狱而进入乐园的人,他确已成功了,尘世的生活无非是骗人的享受。

  注:2号墓碑(正面),辉绿岩雕成,原砌于《明善堂》西墙左边1.60米高处。1983年夏,从《明善堂》壁上卸下。碑高62厘米、宽38.5厘米、厚7.5厘米。碑顶作尖拱形,尖拱下浮刻伊斯兰教的标志云月,碑面浮雕五行古阿拉伯文字,书写和雕刻均十分工整,为泉州发现墓碑所仅见。字的行间有浮雕横线四条。(背面)碑亦雕尖拱状,碑面阳刻五行古阿拉伯文字,行间浮刻四条横线隔开。墓主海地哲卒于回历736年,为元顺帝元统三年,即公元1335年。查《多桑蒙古史》,在公元1298年波斯合赞王杀支持他上台的丞相撒都鲁丁(赞章人),任命新丞相撒都丁(Sa'd-ud-din)。撒都丁是萨维(Savé)人,疑《多桑蒙古史》中的"萨维"即墓碑"帖哈麦"的异译音,《多桑蒙古史》中的"撒都丁"即墓碑"赛尔屯·丁"的异译音。1304年,合赞病死,遗命其弟合儿班答嗣位,即完者都。1312年,完者都杀丞相撒都丁。墓主海地哲可能因其父被杀,与亲属随穆斯林客商航海来泉州,后卒葬泉州。帖哈麦即波斯德黑兰(Tehelan),为今伊朗首都。在波斯北部厄尔布鲁士(ELbruz)山南麓平原地区,以产瓷器、毛毡著名。这是泉州第一次发现德黑兰人的墓碑。(第527页)

(元)《清净寺伊斯兰教碑3号墓碑》

背面碑文译文

他(真主)一定是永恒的。

波斯大不里兹人罗润丁·本·舍姆逊丁,穆罕默德在九月二十日逝世归真。

  注:3号墓碑石,辉绿岩雕成。原砌于《明善堂》北墙正中2.60米高处,1983年夏卸下。碑残高38.5厘米、宽36厘米、厚8.5厘米。碑顶尖拱部分全被琢平,损及部分文字。碑正面浮雕方框,中阳刻古阿拉

伯文字五行,行间有四条浮刻横线隔开,碑底部也被琢毁。背面阴刻楷书汉字"圣"字,字径 23.5 厘米×18 厘米。墓主穆罕默德的籍贯是波斯大不里兹(Tabriz),其地处西北部库赫·塞汉特山麓高原上。八世纪起曾长期是波斯的都城。是西北农牧业产品的重要贸易中心,以织毯、制革手工业著名。(第 527 页)

(元)《清净寺伊斯兰教碑 4 号墓碑》

背面碑文译文

他是永恒的主。

大不里兹人哈申族艾哈默的儿子、白哈温丁奥玛尔在 764 年 7 月 8 日逝世归真。

注:4 号墓碑石,辉绿岩雕成。原砌《明善堂》南墙正中 2.60 米高处。1983 年夏卸下。碑残高 55 厘米、宽 37.6 厘米、厚 7.8 厘米。碑的尖拱顶被琢平,正面浮雕方框,阳刻六行古阿拉伯文字,行间有浮雕横线隔开,碑底部分文字受损。背面阴刻楷书汉字"泉"字,字径 26.5 厘米×21.5 厘米。据赛尔顿著《教义学大纲·师表的资格》载,第一代是阿德南,哈申(哈什姆)为第十八代,穆罕默德为第二十一代。撰碑文的人特别强调墓主白哈温丁奥玛尔是哈申族的后裔。如果把 3 号、4 号两碑背面的汉字相接,恰是"圣泉"两字。显然,这两方墓碑是被后人改作他用,后被穆斯林发现移置《明善堂》墙上。(第 527~528 页)

(元)《清净寺伊斯兰教碑 5 号墓碑》

碑文译文

万物皆朽,真主永存,主掌判决,尔等复归宿于他。

马立克子阿卜杜拉哈曼烈士墓,在 743 年九月六日。

注:5 号墓碑,花岗石琢成。1984 年 5 月,在清净寺门楼东边(原祝圣亭地方)迁移居民拆屋时发现。碑高 59 厘米、宽 32.7 厘米、厚 9 厘米。碑顶部作尖拱状,碑面较粗糙,左下部被火熏黑。碑面阴刻古阿拉

伯文字六行。回历743年,即元顺帝至正二年,公元1342年。(第528页)

(宋)《清净寺伊斯兰教碑6号墓碑》

碑文译文

这是华惹兹姆汗·本·异乡烈士穆罕默德汗的墓,愿主饶恕他和穆民男女们,他在穆历670年斋月星期四逝世。

注:6号墓碑,辉绿岩琢成。1983年夏,清理《明善堂》附属建筑北屋地面时掘获。碑残高54厘米、宽39厘米、厚12.2厘米。碑顶尖拱破损,碑面磨光,阴刻古阿拉伯文字六行。穆历670年,即南宋度宗咸淳七年(1271年),正当元军攻陷泉州的前六年。"汗"(Khan),为阿拉伯语贵族之意,这里"汗"是墓主的身份。华惹兹姆,即中亚阿姆河下游古国花剌子模(Kh·rasm或Khwarizm)。墓主穆罕默德沙汗是位花剌子模的贵族,他在南宋末年可能通过波斯航海来泉州贸易,而卒葬泉州。这是泉州地区发现的第一方宋代花剌子模人的墓碑(泉州发现的另一方花剌子模人墓碑,纪年是回历722年,即1322年)。(第528~529页)

(元)《清净寺伊斯兰教碑7号墓碑》

碑文译文

奉大仁大慈的主名,世界上的人都要死亡的。

注:7号墓碑,花岗石琢成。碑残高39厘米、宽65厘米、厚11.5厘米。碑的尖拱顶被琢平,碑的下部大都残断,碑面较粗糙,阴刻古阿拉伯文字二行,笔画粗大。1983年夏,从《明善堂》大门口庭院北侧地下掘出。(第529页)

(元)《清净寺伊斯兰教碑8号墓碑》

8号墓碑,花岗石琢成。碑残高37厘米、残宽55.5厘米、厚11.5厘米。

碑的上部和左右均被琢去，阴刻两行古阿拉伯文字，因石块风化厉害，碑面很粗糙，字迹模糊，难以认读成句。1983年夏，从《明善堂》附属建筑南屋楼梯处地下掘出。（第529页）

(元)《清净寺伊斯兰教碑9号墓碑》

碑文译文
(回历)736年元月。

注：9号墓碑，辉绿岩雕成。碑型很小，雕工极简陋。碑上部损毁，下部榫位仍保存。碑残高24.5厘米、宽20.5厘米、厚8厘米。碑面阴刻古阿拉伯文字二行。1983年夏，从《明善堂》前廊南侧墙上2.45米处卸下。回历736年，即元顺帝元统三年，公元1335年。（第529页）

(元)《清净寺伊斯兰教碑10号墓碑》

10号须弥座祭坛式墓石垛，辉绿岩雕成。碑残长72.3厘米、高27厘米、厚9.5厘米。这是一方两端残断的须弥座祭坛式石墓的束腰石垛。碑面磨光，左边阴刻古阿拉伯文字一行，右边浮雕八吉型图案，图案的上下各延伸出一条直线浮雕，与碑的上下边框平行，围成一个碑面，阿拉伯文字则刻其中。因阿拉伯文字书写不规范，难以认读成句。此碑系1984年春王爱琛先生在泉州后城隐居桥巷口附近筑屋时出土，捐赠泉州清净寺陈列。类似这种图案雕刻的墓碑，已故的吴文良先生，曾于1959年捐赠一方给泉州海交馆陈列，上阴刻《古兰经》文，很可能是同一座墓的石刻。（第529页）

(元)《清净寺伊斯兰教碑11号墓碑》

碑文译文
……就是他们在其中永生，河流萦绕于其下的伊甸乐园，真主因他们的服从而喜悦他们，他们也满足主的赏赐。

注：11号须弥座祭坛式墓石垛　辉绿岩雕成。碑上部和左右皆残缺，中

间又断裂。碑下浮雕连续卷纹图案,碑中浮雕大楷体和图案体古阿拉伯文字一行。碑残长 77.8 厘米、残高 21.8 厘米、厚 11 厘米。碑左边一块,原砌于《明善堂》前门廊北墙上 2.45 米处,1983 年夏卸下。右边一块,1983 年夏,自《明善堂》门外院子里北侧地下掘出。(第 529 页)

(元)《清净寺伊斯兰教碑 12 号墓碑》

碑文译文
主掌握判决,你们将复归于主。

注:12 号须弥座祭坛式墓石垛,辉绿岩雕成。残长 50.5 厘米、高 24.5 厘米。碑的上下边框浮刻连续卷纹图案,碑面浮雕古阿拉伯文字一行,碑的两端皆残缺。碑砌于清净寺进口大门顶望月台南面堞雉下正中的一个小壁龛里。(第 529 页)

(元)《清净寺伊斯兰教碑 13 号墓碑》

碑文译文
奉大仁大慈的真主的尊名启:大地上的全部生物都要死亡,你伟大的恩慈的主永恒。

贫穷的女仆,那图斯人阿里的儿子、母撒的女儿法图迈于元月三日礼拜六逝世。

注:13 号墓碑石,花岗石雕成。碑呈长方形,长 100.5 厘米、高 30.2 厘米、厚 12 厘米。碑极简朴,碑面较粗糙,除阴刻三行古阿拉伯文字外,别无其他纹饰雕刻。碑原砌于《明善堂》西墙右侧 2.40 米高处。1983 年,夏,从墙上卸下。那图斯,即那布鲁斯(Nabrus),是地中海东岸的一个贸易港口,在贝鲁特和耶路撒冷之间,西临地中海,东邻大马士革。墓主法图迈的身份是女仆,她大约随主人从地中海东岸的那布鲁斯来泉州,后卒葬泉州。这是泉州第一次发现那布鲁斯人的墓碑。从墓碑情况看,碑作长方形,四周无任何纹饰,显得过于简易,异于其他阿拉伯人、波斯人墓碑,这可能与她的身份有关。据墓

碑造型判断,此墓碑可能是砌于须弥座式石墓前的另外一个墓碑座上的。(第529～530页)

(元)《清净寺伊斯兰教碑 14 号墓碑》

碑文译文
今世的生活无非是迷人的享受。

注:14号须弥座式石墓墓石,辉绿岩雕成。石长33厘米、高10.6厘米、厚6.7厘米。这是一方须弥座式石墓第四层正面的石块,石面磨光,阴刻古阿拉伯文字一行,石的两侧亦阴刻阿拉伯文。1983年夏,从《明善堂》附属建筑北屋地下掘出。泉州地区发现的古阿拉伯人须弥座式石墓,多在第四层的四个面刻阿拉伯文字。这种须弥座式石墓主要受印度佛教雕刻艺术的影响,又掺杂希腊、罗马、大夏、安息、波斯之艺术特征融化而成。这类石墓就其外观看,仍保留有四至五世纪印度之犍陀罗雕刻油撒孚择伊(Yusafzai)浮图之一些特征。(第530页)

(元)《清净寺伊斯兰教碑 15 号墓碑》

碑文译文
奉着大仁大慈的真主的尊名启。

注:15号须弥座式石墓墓石,辉绿岩琢成。石断裂为二,总长52.5厘米、高9.6厘米、厚11.5厘米。石面磨光,阴刻古阿拉伯文字一行,石的两侧亦阴刻阿拉伯文字。1983年夏,在《明善堂》附属建筑北屋西墙上卸下。(第530页)

(元)《清净寺伊斯兰教碑 16 号墓碑》

碑文译文
万物都将死亡,他是永活不死的主。

注：16号须弥座式石墓墓石，辉绿岩雕成。长38.2厘米、高14.5厘米、厚12.2厘米。碑面阴刻古阿拉伯文字一行，字画较粗大，属第四层石块。原砌《明善堂》西墙左边2.40米高处。1983年夏，从墙上卸下。（第530页）

（元）《清净寺伊斯兰教碑17号墓碑》

碑文译文

……你们将复归于主。

这是异乡人哈铎惹人哈米德女儿法图默的墓，在××六月二十日。

注：17号须弥座式石墓墓石，辉绿岩琢成。残长65.8厘米、高12.5厘米、厚10厘米。墓石的两端皆残，阴刻古阿拉伯文字一行。原砌《明善堂》南墙正中2.40米高处。1983年夏，从墙上卸下。哈铎惹（Hadula），即亚达那，位于小亚细亚东南部，产山羊毛。今为土耳其大都市阿达纳。这是泉州第一次发现阿达纳人的墓碑。墓主法图默可能航海来泉州，后卒葬泉州。（第530页）

（元）《清净寺伊斯兰教碑18号墓碑》

碑文译文

每个有生命的都要尝到死亡。

大地上所有的生物都要死亡。

注：18号须弥座式石墓墓石，辉绿岩雕成。残长69厘米、高12厘米、厚7.8厘米。石的上下浮雕横线作为边框，中间浮刻古阿拉伯文字一行。原砌《明善堂》北墙正中距地2.40米高处。1983年夏，从墙上卸下。（第530页）

（元）《清净寺伊斯兰教碑19号墓碑》

碑文译文

清真寺是属于真主的，有了真主你们不能向任何人祈祷。

注：19号清净寺碑，花岗石雕成。长124.5厘米、高50厘米、厚11厘米。碑呈长方形，碑面较粗糙，刻方框，中浮雕古阿拉伯文字一行。碑断裂为二，左边一块原砌于《明善堂》北墙右侧2.50米高处；右边一块原砌于《明善堂》南墙左侧2.50米高处。1983年夏，从墙上卸下。据泉州清净寺内《重立清净寺碑》（原碑撰刻于元至正十年，即1350年。重刻于明正德二年，即1507年）记云："今泉之礼拜寺增至六、七"，此碑当属其中清净寺之一。（第530页）

(元)《清净寺伊斯兰教碑20号墓碑》

20号清净寺碑，花岗石雕成。长81厘米、高27厘米、厚7.2厘米。碑面阴刻汉字"真门"两字，字径13.7厘米×22厘米。1983年夏，从《明善堂》大门前外庭院地下出土。可能是《明善堂》外庭院的门楣石，后倒塌而埋入地下。（第546页）

以上吴幼雄，王耀东，黄秋润，《福建泉州清净寺发现一批伊斯兰教碑》，
《考古》1986年第6期

(明)《永乐敕谕碑》

大明皇帝敕谕米里哈只：朕惟能诚心好善者，必能敬天事上，劝率善类，阴翊皇度。故天锡以福，享有无穷之庆。尔米里哈只，早从马哈麻之教，笃志好善，导引善类，又能敬天事上，益效忠诚，眷兹善行，良可嘉尚。今特授尔以敕谕，护持所在。官员军民，一应人等，毋得慢侮欺凌。敢有故违朕命，慢侮欺凌者，以罪罪之。故谕。永乐五年五月十一日

注：此碑嵌于清净寺北墙。（第7页）

福建省泉州海外交通史博物馆编，
《泉州伊斯兰教石刻》，宁夏人民出版社，1984年

(明)李光缙撰,《重修清净寺碑记》

　　清净之教流入中土,自隋开皇始。首言□主,以真□为天主,真心为人主,故其教主于斋戒沐浴以事天。凡一年,必有一月之斋,如吾中国岁首月是也;凡一月,必有四日之斋,值亢牛娄鬼之日是也;拜必沐浴,非沐浴,不敢入拜,斋必素食,非具□,不敢尝食。教主遇斋,率众诵经,西向罗列,但有膜拜,而无供仪。此教之大凡也。郡建寺楼。<u>相传宋绍兴间,兹喜鲁丁,自撒那威来泉,□□□□庙□□之左角,有上下层,以西向为尊。临街之门,从南入。砌石三圈以象天。□左右壁,各六□□九门□□,皆九九数,取苍穹□□之义。内圜顶象天,□上为望月台,下两门相峙,而中方□,□□象。入门;转西级而上,曰下楼;南级上,曰上楼。下楼右壁,门从东入。正西之座,曰奉天坛;中圜象太极;左右二门,象两仪;西四门,象四象;南八门,象八卦;北一门,以象乾元,天开于子,故曰天门;柱十有二,象十二月。上楼之正东,曰祝圣亭。亭之南,□□□□于石城,设二十四窗,象二十四象。西座为天坛,□书皆经言。□□楼睇之,清源在北,鸿渐在南,葵山在西,灵山在东,紫帽在西南,宝盖天马在东南,凤山在东北,州山在西北;众峰迤列,如屏如累。溪水从西来,二长虹栏之,大瀛海汪洋其东。俯瞰城中,千雉如带,双搭插天,通衢曲巷,飞□□檐,西望□紫在□□。上楼北有堂,太守万灵湖公,额曰:"明善堂"。以□为□峰,横河界之,通海水潮汐,短桥以济。异时教众,每于月斋日斋,登楼诵经已毕,退休息于此堂之上,寺□□备之□。胜国以前,递坏递兴,无得而纪。</u><u>按碑载:元至正间有曰夏不鲁罕丁,与里人金阿里修之。明兴,不知凡几缮。隆庆丁卯,塔坏,住持夏东升,鸠众修之,太守万灵湖公捐俸以助。</u>

　　今万历三十五年,地大震、暴风淫雨,楼□飘摇,颓圮日甚。住持夏日禹率父老子弟,请余修之。余曰:"公役也,有资舍财,无资舍力,无□治,无□破,以成厥胜。"众皆欣然。时丁君哲初以吏部郎请给里居,与余谋金同,于是始事。先是楼北无庭除,左设居房,右置灶舍,中道如甬,后为侣住者屠牛之垣。余是以移去之,易居为洗心亭,除灶为小西天,庭空月碧,楼影徘徊,亭光翼翼,若增一胜。楼之坏者葺,欹者正,仆者隆起,因集颜鲁公"迷天楼"三字额之。又题曰"惟天为大",以晓之尊天之意。逮乃明善之堂,翕然改观矣。余乃记之。

　　余按:净教之经,默德那国王谟罕蓦德所著,与禅经并来西域,均非中国圣人之书。但禅经译而便于读,故至今学士译之。而净教之经,未通汉泽,是以不甚盛行于世。然以余所观,释民经多祖心经,其始译则沙门玄奘奉诏为之,岂其人通夷语、解佛理,果无鲁鱼玄豕之误乎?唐一时君臣,奉若天书,即五帝三王之经不啻。上作而下必甚,是以萧瑀皆言佛,而佛经滋多于是矣!吾以为玄奘之译,未必尽无讹,而《金刚》、《楞严》、《圆觉》、《法华》以下之书,岂必其真从西至也。禅经译而经杂,净经不译而经不杂。译者可言,而亦可知,知之则愈幻。不译者不可知,而可言,徒读之未尽舛□。按是以思,儒有声色臭味安佚不谓性之说,禅之教近之,故不有其限耳□□身意,而空之于一切,但言性而不言命。儒有仁义礼智天道不谓命之说,净之教近之,故有其君臣父子夫妇,而归之于事天,但言命而不言性。之二者,习之而善,各有所得;习之而不善,均不能无□。乃今之习净教者何如也?沿其迹,不得其真性,逞□□于饮食之□,踵率其出沐之故事,曾于惟天之命,一置思否?其则以肉食为斋,□□为教,夫是以世俗见其然,□□□者。然以其□关于死生祸福之□而忽之,皈慈悲,又以其多□于斧斤芒刃之用而□之。故清净氏之言天堂,反不如释氏之言地狱。虽其先守教之家人,亦择实而叛去,此教之所由衰,而寺之所由圮,乃末趋渐失使然矣!岂其初立教之本旨哉?说者谓儒道如日中天,释迦如月照地,余谓净教亦然。韩昌黎欲于佛□,火其书,庐其居,此情激□太过之论。茫茫□宇,何所不有。邹鲁典籍之外,百家九流,亦足补其大道,何必尽非?上帝临汝,无贰汝心,吾于斯楼,取其为事天之所□;言教道不如□□,民可使由,不可使知,吾于经,取其不译而已矣。夫是以议修复之,非徒以区区灵光之迹也。是役也,郡大夫姜公,邑大夫李公,谓兹楼之胜,于文庙有关,捐俸助修,乃里中诸大夫君子,相与协力成之,余何力之有焉!

役始于万历戊申岁之六月,竣于己酉岁之九月,费金□百有奇。董役则林日耀、任才钟、李东□、王延华。募缘则夏日禹、何士舍、何天启。而昼夜□心竭力以□工,实则日耀之功居多,例得并书。

万历三十七年岁在己酉秋重阳之吉

儒林门人李光缙、宗谦甫顿首拜撰 (第72~74页)

余振贵,雷晓静主编,《中国回族金石录》,宁夏人民出版社,2001年

5.真武庙

(明)《吞海碑》

吞海

赐进士第晋江县事普涂子韩岳立
大明嘉靖十二年岁次癸巳腊月之吉

注:碑花岗岩石质,65厘米×40厘米,现立于泉州市丰泽区东海法石真武庙。(第314页)

(明)《三蟹龙泉碑》

三蟹龙泉

在城宫后巷李奶奶喜舍
万历四十四年八月吉旦

注:碑花岗岩石质,55厘米×30厘米,嵌在泉州丰泽区东海真武庙山门前。(第315页)

(清)《法石真武殿示禁碑》

钦命道衔、置泉州府正堂、加十级、纪录十次程,为出示严禁事。照得社崇庙祀,固为神佛凭依,而人杰地灵,端赖山川敏秀。本署府访问晋江县三十五都法江铺地方,建有真武大帝庙宇一座,崇祀有年,庙后余地,土色紫赤,乃龙脉发祥之处,为一乡风水所关。近有附近村住民,常于庙后掘土挑用,竟成陷坎,殊伤风水,并坏庙基。现谣传该处绅耆雇工挑土填沟,若不出示严禁,难保该棍徒等不再有偷情事,合亟勒碑示禁。为此,示仰该处乡民人等知悉:尔等须知庙后至崎头山等处,严禁掘土伐木锄草,以及牛羊践踏糟蹋,俾护风水而固庙基。如敢故违不遵,一经耆绅指禀,定即严拿究办,决不稍宽。其各凛遵毋违,特示。同治四年十一月　日给。

注:碑花岗石石质,120厘米×55厘米×11厘米,碑现立于泉州丰泽区法石真武殿前。(第187页)

以上吴乔生等编,《泉州古城历代碑文录》,中国文史出版社,2009年

6.九日山市舶石刻与祈风石刻①

(宋)《方正叔等有关市舶石刻》

知州事方谷正叔,提举市舶章炳文叔虎,新下邳令林深之原叔,同游。崇宁三年八月初浣。

注:此石刻在东峰"姜相峰"三字东南方岩壁上,北向。摩崖高138厘米,广100厘米,字径20厘米,7行,行5字。正书。(第83～84页)

(宋)《林遹等有关市舶石刻》

靖康改元初冬,提举常平等事林遹述中循按泉南,同提举市舶鲁詹巨山,太守陈元老大年,通判林孝渊全一,会食延福寺。遍览名胜,登山绝顶,极目遐旷,俯仰陈迹,徘徊久之。

注:此石刻位于东峰"姜相峰"三字西侧岩上。北向。摩崖高138厘米,

---

① 九日山石刻,据《闽中金石略》,计收宋刻44段。1963年清理记录,并经吴文良先生校对考核的,包括宋以后计74段。但近几年来几经查对核实,已有二段不存。后又新发现未经收录的有三段,共计75段。到了20世纪90年代新增联合国考察团一段,新发现宋刻二段故现在实存78段。在这78段中,按时代分,宋刻最多。可以肯定为宋刻的49段,其中刻有宋代年号纪年的44段,无年号有纪年但志书载为宋刻的2段,无年号有纪年而《闽中金石略》作为宋刻的3段。可能属宋刻的10段,其中可以从诗记中推证的5段,从字体和摩崖年份推断的5段,故宋刻总数应计61段。元刻6段,明刻9段,请刻1段,加上现代联合国题刻1段,总计78段。其中,明确记述直接与祈风有关的10段,而与海交有关,以提举市舶身份登游九日山并留名刻石的3段。

广 129 厘米,字径 11 厘米,7 行,行 10 字。正书。(第 84~85 页)

(宋)《林枅等祈风石刻》

舶司岁两祈风于通远王庙,祀事既毕登山泛溪,因为一日之款,淳熙戊申夏四月,会者六人:林枅、赵公迥、胡长卿、韩俊、折知刚、赵善䜣。冬十月,会者五人:赵不遏、胡长卿、韩俊、赵善䜣、郑颐孙。

注:此石刻位于东峰南麓石刻群东中央悬崖。南向。摩崖高 185 厘米,广 78 厘米,字径 13 厘米,5 行,行 15 字。正书。(第 86 页)

(宋)《倪思等祈风石刻》

嘉泰辛酉十有一日庚申,郡守倪思正甫,提舶余茂实腾甫,遵令典祈风于昭惠庙。既事,登九日山,憩怀古堂,回谒唐相姜公墓,至莲花岩而归。统军韩俊用章,同僚朱曾景参,戴溪肖望,钱箪仲渊,曾应定之,陈士龙云卿与焉。

注:此石刻位于东峰南麓石刻群中央悬崖。南向。摩崖高 200 厘米,广 100 厘米,字径 11 厘米,6 行,行 15 字。正书。(第 87 页)

(宋)《程祐之等有关市舶石刻》

河南程祐之吉老,提举舶事以深最闻,得秘阁移宪广东,金华王流季充,帅永嘉薛伯室士昭,天台鹿何伯可,浚仪赵庠大元序,莆阳陈说正仲,蒋雠元肃,饮饯于延福寺。实乾道四年九月二十有九日。

注:此石刻位于西峰东麓石刻群上层。东南向。摩崖高 140 厘米,广 90 厘米,字径 9 厘米,7 行,行 11 字。正书。(第 88~89 页)

(宋)《虞仲房等祈风石刻》

淳熙元年,岁在甲午季冬朔,吴人虞仲房帅幕属洪子用、朱彦钦、赵德季、赵致孚，祈风于延福寺通远祠下，修岁祀也。与者许称叔、吴景温、闻人应之、赵子张。

注：此石刻位于西峰石刻群中南面中层。南向。摩崖高160厘米，广110厘米，字径17厘米，6行，行10字。隶书。（第90页）

(宋)《司马伋等祈风石刻》

淳熙十年，岁在昭阳单阏，闰月廿有四日。郡守司马伋、同典宗赵子涛、提舶林劭、统军韩俊，以遣舶祈风于延福寺通远、善利、广福王祠下，修故事也。遍览胜概，少憩于怀古堂，待潮泛舟而归。

注：此石刻位于西峰石刻群中南面下层。东向。摩崖高236厘米，广150厘米，字径15厘米，7行，行12字。正书。（第91页）

(宋)《章楑等祈风石刻》

嘉定癸未孟夏二十六日，戊戌，东阳章楑敬则、寿春魏□叔子[①]，山西杨进勋元功，三山林力行勉之，郡人留元主持中，括苍何法德常之，含□陈亿曼卿，莆阳王彦广居之，清漳郑名卿坤辅，句水戚达先兼权，嘉禾陆相同甫，莆阳黄筌德言，即墨干达卿兼仲，天台应筌子履，开封赵汝芪千里，三山赵与官清叟，三山南璒士登，以祈风□□昭惠祠下，因会于延福，登山瞻石佛，访隐君亭，少憩于怀古而归。期而不至，俊仪赵善耕载卿、莆阳刘辉叔元览。

注：此石刻位于西峰石刻群中南面，下层。东向、摩崖高247厘米，广136厘米，字径9厘米，8行，行22字。正书。（第93页）

---

① 此处应为魏岘。魏岘，南宋明州鄞县（今浙江宁波）人。嘉定间，以朝奉郎提举福建路市舶，坐事罢。为何称魏岘寿春人而不是明州人？盖因魏岘的祖父是南宋名臣魏杞。魏杞：（1121—1184年）南宋官员。字南夫，一字道弼，寿州寿春（今安徽寿县）人，移居明州鄞县（今属浙江）。绍兴十二年进士。受经于明州赵敦临。以宗正少卿为金通问使，不辱使命，连擢参知政事、右仆射兼枢密使，后出知平江府，以端明殿学士奉祠告老。为浙江魏姓"太廉堂"始祖。魏岘祖父。故而魏岘以寿春人称。

(宋)《颜颐仲等祈风石刻》

太守贰卿颜颐仲,祷回舶南风,遵典彝也。提舶寺丞刘克逊俱祷焉。重司存也。礼成,饮福,尚羊岩壑,真胜践也。别驾卢同父,左翼权军陈世才,舶幕赵幕崇盅,邑令君薛季良从与祠事也。宗正徽猷赵师恕,适拜开国令,弗果至也。时淳祐癸卯孟夏乙丑也。书者同父也。

注:此石刻位于西峰石刻群中南面,下层。东向。摩崖高225厘米,广150厘米,字径15厘米,8行,行13字。正书。(第95页)

(宋)《赵师耕祈风石刻》

淳祐丁未仲冬二十有一日,古汴赵师耕以郡兼舶,祈风遂游。

注:此石刻位于西峰石刻群中南面,下层。东向。摩崖高190厘米,广77厘米,字径16厘米,3行,行8字。正书。(第97页)

(宋)《谢埴等祈风石刻》

宝祐丁巳仲冬下浣,郡守天台谢埴允道,因祈风昭惠庙,邀宗正天水赵师清东之,及总管寿阳纪智和子常,别驾姑苏赵梦龙骧父,莆阳方澄孙蒙仲,晋江宰三山彭樵道夫,南安宰三山王广翁居安,权舶干三山卢文郁从周,监舶豫章李宏模希膂,陟西峰,探石穴,寻佛岩之遗迹,访君谟之旧游,觞咏梅竹泉石间,竟日而归。

注:此石刻位于西峰石刻群中南面,上层。东向。摩崖高295厘米,广206厘米,字径16厘米,9行,行14字。正书。(第98页)

(宋)《方澄孙等祈风石刻》

宝祐戊午四月辛卯,莆田方澄孙,被旨摄郡兼舶,越十有八日戊申,祈风延福,寿阳纪智和,开封赵梦龙,三山彭樵、王广翁,赵时繙豫章李宏模同会,遵故事也。时农望方切,并以雨祷,瓣香馋兴,霢霖随至。乃书于石以纪之云。

> 注:此石刻位于西峰石刻群中南面,最北端。东向。摩崖高240厘米,广170厘米,字径16厘米,8行,行12字。正书。(第99~100页)

(宋)《赵希怿等祈风石刻》

咸淳丙寅,南至后十日,祷风此山,知宗兼郡事古汴赵希怿安宅,提举漕事眉山王橚茂悦,领郡优三嵎虞会和叔,三山郑君为瑞国,寮居番禺史霆声宏甫,天台卢应伯和,东嘉赵东崇旸卿,三山林起东景仁,黄以谦谦之,潘昌廷孔时,邑令三山陈梦发以道,陈山公仰卿。是日也,霜日熙明,溪山献状,登怀古,景先哲,宛然有得。彝典云何哉!

> 注:此石刻位于西峰东坡,"九日山"三字巨岩南壁不易看到的高处摩崖。高300厘米,广177厘米,字径17厘米,9行,行15字。行书。(第101页)

以上黄柏龄编著,《九日山志》(修订本),
上海辞书出版社,2006年

7.天后宫

(清)《妈祖宫碑》

岱之麓有德兴宫,崇祀天上圣母其来久矣。逐年,圣诞所收寿龟钱权以子母□□,以得佛肆拾捌员,又信士何少观捐佛捌员,凑共佛伍拾陆员,向求林补观厝屋壹间,北本宫前右边第四间一进带埕坐南向北,前至水沟后至许家厝,左至许家厝,右至何家厝,年何家地租,银叁钱缴连合杜卖契共四纸,以为圣母祀业其契上下,相承以恐滋弊,公议将契炉前焚化,立石为志以垂不朽。嘉庆拾肆年季春吉旦立。

> 注:碑文刻于两方均为45厘米×45厘米的方砖上,现存泉州中国闽台

缘博物馆。(第161页)

吴乔生等编,《泉州古城历代碑文录》,中国文史出版社,2009年

(清)徐汝澜撰,《重修天后宫碑记》

　　尝见通都大邑以至遐陬僻壤,莫不有英祠烈庙,赫声濯灵,表表在人心目间。然或保障一方,或显应一时,世远年湮,同于陵谷沧桑者有之,同于郭公夏五者亦有之。求其效顺扬灵,泽被广远,怀柔昭报,久益饮崇,未有若天上圣母之神之最著也。神为莆田林氏女,生而神异,能知休咎,尝以席渡海,或乘云游岛屿中。人咸以龙女目之。以宋雍熙四年三月重九日二十九岁升化,自是神光普照,灵迹昭垂,凡航海者但见彩霞飞至,无不化险为夷,历宋、元、明,载籍所纪,笔不胜述。至国朝而灵响特著,帆樯所至,靡不家祀而户祝焉。其尤为泉人所传诵者,康熙年间平定台湾,神尝涌潮济师。乾隆中,荡平台匪,神又著助顺功。是以封号频加,特予春秋致祭。至于出使琉球等外国,与夫仕商之往来,其感应又不可指数。予前令晋江日,祇谒神宫,闻父老道其事甚悉。嗣予擢守台湾,海氛未靖,人皆以为忧,而予独荷神庥,克占利涉,至今钦感不能去心。嘉庆乙亥秋日,予以代典郡事,再至泉州,祀事既修,敬申瞻仰,而栋宇漶漫剥蚀,非复旧观,殊不足以妥神灵而彰祀典。于是乘岁功既成之后,亟谋所以新之。邦之人感念灵贶,喜予为之倡,亦竞于趋事赴功焉。乃相与鸠工庀材,朽者易之,缺者补之,自内至外治以墍茨,饰以丹雘,而殿之大柱并易以石,以期不朽,亦庶几轮焉奂焉,克符旧制矣。是役也,经始于乙亥杪冬,至丙子仲夏告竣,计縻制钱三百余万。落成之日,邦人相率请予文以纪之。予按郡志,泉郡神宫凡三处:一在南门外厂口;一在十五都围头。而在南门外为岁时致祭之地,尤为庶姓所瞻依者,即此是也。溯自宋庆元间,神示梦海潮庵僧,俾作宫于此,时罗城尚在镇南桥内,而是宫适临浯浦之上,海舶蚁聚,香花最盛。厥后代有修举,惟我朝嘉神之绩而典礼加隆焉。《祭法》所谓"以劳定国则祀之,能御大灾、捍大患则祀之。"则予之忠勉从事,其亦上遵国家报功之制,并以顺群黎敬事之诚欤!且知后之守斯土者,亦必同深感仰,以时修明之。从此庙貌常新,安澜永庆,如江河之行地,经万古而不废,又岂保障一方,显应一时者所可同日语哉!故如所请,记其大略于石。

　　赐进士出身、授阶朝议大夫、福建泉州府知府、加五级,析津徐汝澜撰。

嘉庆贰二十一年岁在柔兆因敦牂之次皋月下浣。

注：碑花岗岩石质，245厘米×99厘米×19厘米，现立于泉州天后宫石拜庭埕。（第164～165页）

吴乔生等编，《泉州古城历代碑文录》，中国文史出版社，2009年

8.草庵

（元）《草庵纪事崖刻》

兴化路丽山境姚兴祖，奉舍石室一完。祈荐考君正卿姚汝坚三十三宴，妣郭氏五九太孺，继母黄千三娘，先兄姚月涧四学出生界者。

谢店市信士陈真泽、真□等喜舍本师圣像，祈荐考妣早生佛地者。

至元五年戌月四日记。

注：该崖刻在罗山镇草庵寺，镌于摩尼光佛摩崖造像左右上角，元至元五年[①]（1339年）刻石。左一方高28厘米、宽21厘米，楷书竖排5行。右边一方高27厘米、宽21厘米，楷书竖排5行，字径2.5厘米。为研究摩尼教传播的实物，并印证草庵摩尼石雕像的历史年代。（第227～228页）

粘良图选注，吴幼雄审校，《晋江碑刻选》，厦门大学出版社，2002年

（明）《草庵摩崖石刻》

劝念　清净光明　大力智慧　无上至真　摩尼光佛

正统乙丑九月十三日住山弟子明书立

注：明代所镌摩尼教崖刻毁于"文化大革命"，后人重镌于"万石梅峰"下

---

① 原注为"至正五年"，误。

岩壁间,刻字面积 200 厘米×150 厘米。"劝念"两字楷书横排,字径 20 厘米;正文楷书,竖排 4 行,字径 25 厘米。下款内容据吴文良《泉州宗教石刻》补。(第 48~49 页)

粘良图选注,吴幼雄审校,《晋江碑刻选》,厦门大学出版社,2002 年

(民国)演音撰,《重兴草庵碑》

惠安瑞集岩大华严寺沙门演音撰并书

<u>草庵肇兴,盖在宋代</u>。逮及明初,轮奂尽美。有龙泉岩,其地幽胜。尔时十八硕儒,读书其间,后悉登进,位跻贵显。殿供石佛,昔为岩壁,常现金容,因依其形,剶造石像。余题句云:"石壁光明,相传为文佛现影;史乘记载,于此有名贤读书。"盖其事也。胜清御宇,寖以零落。昔日金刹,鞠为茂草。中华建业十二载,瑞意、广空上人伤其废圮,发意重兴。绵历岁时,营治堂宇。壬申十月,复建意空楼三楹。虽未循复旧观,亦可粗具规范。余于癸、戊之际,岁莫春首,辄居意空,淹留累月。夙缘有在,盖非偶然。乃为记述,垂示来叶焉。

于时二十七年岁次析木

瑞意上人重兴草庵,功在万世,于中华壬申三月二十六日示寂,尔后每年于是日念佛回向,永久勿替。

注:《重兴草庵碑》在罗山镇草庵,嵌于寺内东壁,民国二十七年(1938 年)立。黑页岩质,高 26 厘米、长 72 厘米。碑文系近代高僧、书法家弘一法师撰写。行书,竖排 26 行,字径 1.5 厘米×2 厘米,书法清朗秀逸。记草庵历史沿革及瑞意、广空法师重兴寺院,建造意空楼事。(第 271~272 页)

粘良图选注,吴幼雄审校,《晋江碑刻选》,厦门大学出版社,2002 年

9.安平桥

(宋)赵令衿撰,《石井镇安平桥记》

濒海之境,海道以十数,其最大者曰"石井",次曰"万安",皆距闽数十里,而远近南北官道所从出也。皇祐中,莆阳蔡公始桥万安,碑其事而请于朝。惟石井地居其中,两溪尤大,方舟而济者日千万计。飓风潮波,无时不至,船交水中,进退不可,失势下颠,漂垫相系,从古已然,大为民患。爰有僧祖派,始作斯桥,会派死,不克竟。余至郡之初,父老来谒曰:"斯桥之不成,盖有所待,今岁太和,闾里无事,而公实来,事与时协,且有前绪,不可中废,请相与终之。而不敢以烦吏,使君幸德于我。"是得邦之贤士新兴化令黄逸为倡,率僧惠胜谨洁而力实后先之。经始之日,人咸劝趋,即石于山,依村于麓,费缗钱二万有奇,而公私无扰。自绍兴之辛未十一月,越明年壬申十一月而毕,榜曰"安平桥"。其长八百十有一丈,其广一丈有六尺,疏为水道者三百六十有二。以栏楯为周防,绳直砥平,左右若一,隐然玉路,俨然金堤,雄丽坚密,工侔鬼神。又因其余财为东、西、中五亭以附,实古今之殊胜,东南未有也。涓是良辰,属宾落祭其上,老壮会观,眩骇呼舞。车者、徒者、载者、负者、往者、来者,祈祈舒舒,无所濡壅。日出雾除,海风不扬。岛屿潆湾,寂寞无声。空水苍苍,千里一色。神怪灵幽,波涛弭伏。凫雁之群,鱼龙之族,溯回影隈,翱翔上下。耿祝南山,通望扶桑。贝阙珠宫,鸿濛可想。恍如仙游,忽若羽化。虽驱石东来,游鱼漵水,不能绝也。斯桥之作,因众志之和,资乐输之费,一举工集,贻利千载,是岂偶然也哉!且乘舆济人,君子以为惠政;邮梁不修,古人讥其旷职。守令之职,固未有先于此者也。今国家安静,文明武戢,岭海之陬,仁均无外。令襟误膺寄委,假守是邦,早夜之思,惟惧弗称。其敢以此自为功乎?亦因民之利,而勉其所当为耳。既而邦人又请镌诸石,以示永久,且作诗以系之。其诗曰:维泉大海濒厥封,余波汇浸千里同。石井两间道所从,坐令往来划西东。怒涛上潮纩天风,舟航下颠一瞬中。孰锐为力救厥凶,伟哉能事有南公。伐石为梁柳下扛,工成若鬼丽且雄。玉梁千尺天投虹,直槛横栏翔虚空。马舆安行商旅通,千秋控带海若宫。震惊蛟鼍骇鱼龙,图维其事竟有终。我今时成则罔功,刻诗涯涘绍无穷。

宋朝散大夫权知泉州军主管学事兼管内勤农事赵令衿撰并书

注:《石井镇安平桥记》系宋绍兴二十二年(1152年)泉州知军州事赵令衿为安平桥落成撰写的碑文,记建桥经过及描述桥梁之雄伟。原碑已废,碑文引自俞少川、洪谷主编《安海志》。(第98~100页)

粘良图选注,吴幼雄审校,《晋江碑刻选》,厦门大学出版社,2002年

(明)陈弘撰,《重修安平桥记》

安平桥者,乃宋绍兴间有宋赵令衿摄郡作成之。其南北两涯及中间盖五亭以便休息,事悉前碑。逮倾圮,而当南涯溪潮之处毁断尤甚。乡人□□□以木板代跨以渡,然势危□,涯之一累经重建仅存,余皆倒灭,过者病焉。乃天顺改元,北涯耆民安□国广募缘,人咸乐输,遂先新水心亭,次及桥道。自北涯起,倾者砌,断者续,因复建亭于其上。是岁十月兴工,越三年□八月而讫。桥亭次第一新。□成之日,咸以为非斯耆德,易能复济人之功如是哉!谓宜记之,以示永远。乡人陈弘道远记。

耆民蔡阳生、蔡逊谕、伍嗣悦、蔡四、郑勤治。

天顺三年八月吉日晋南□□□□

注:碑嵌于安平桥中亭左墙,明天顺三年(1459年)立,花岗岩质。高188厘米、宽60厘米。碑额刻"重修安平桥记"篆书横排,字径12厘米×8厘米,碑文楷书竖排,计9行,字径6厘米×6厘米。碑断为两截,碑文下半截文字漫漫不清,有关单位据资料用红漆补写。(第74页)

泉州市文化广电新闻出版局编,
《安平桥志》,厦门大学出版社,2014年

(明)郑芝龙撰,《水心亭记》

桥成于宋绍兴间,渴虹饮流,蜿蜒五里许,中翼以亭,祀大士像于上,往来便之。岁积就圮,风雨飘摇,余不胜蒿目。夫一笠盖佛,昔犹美谈。使山行者歇力疲于经树,而利涉徒步之众,触热冲飙,莫觅片席少憩地,大非津梁

初意矣。然独为君子不敢也,乃谋之商人吴寰宇、曾希止等,捐资以倡,跻宇等亦乐于输工。石之倾侧并葺而新之。是役也,举以众擎,力省功倍,糜金钱仅贰百有奇,阅四月而告成功云。

崇祯十一年正月　日

钦差管协守潮漳副总兵事前军都督府带俸右都督郑芝龙奖倡

吴寰宇、曾希止、郑心昂、陈跻宇、伍学源、许耀岳、王月湖、伍万我、鄞珍峨、伍万石、王握枢、宋子怀、蔡联苍、王缵凤、陈揆玄、郭耀国、陈启衷、叶植宇、吴春宇、郑寿苍、洪千如、蔡寰衷、王我素、宋念石、洪白鼎、吕培宇、沈质所、蔡若英、蔡献畴、吴珍峰、吕清如、彭璧塘、吕致塘、留珍源、柯起逵、陈宗旗、陈奕鸿、肖仰浩、周荣笙、李冲寅、陈廉誉、王贵吾、邓仁宇、林鸣元、黄柏松、林三顺、郭辉石、陈殿一、吕西来、杨辉宇、施敬、王渐逵、伍振川、李铭邹、李顺璧等同立。

题缘弟子蔡奎,督工弟子史伯贞、谢玉

石匠黄重镌

注:郑芝龙《水心亭记》碑在安平桥中亭,明崇祯十一年(1638年)立,高230厘米、宽70厘米。碑首镌"水心亭记"4字,篆书横排,字径10厘米×20厘米,碑文楷书竖排,计12行,记崇祯十年(1637年)任潮漳副总兵右都督郑芝龙倡修水心亭事。(第114~115页)

粘良图选注,吴幼雄审校,《晋江碑刻选》,厦门大学出版社,2002年

(清)陈万策撰,《重修安平桥记》

安平地压巨海,广衍数十里,南北往来市舶之区,泉之一大都会也。其西襟九溪之流,波涛潆折以浚于海,属安平胜景焉。因阻孔道,行者病之。宋绍兴间,郡守赵公令衿始为石桥,纵然若虹,长五里许,由是千百年来民免病涉。阅时久远,渐致倾圮。乙巳秋,山水暴涨,崩坏数坎。好义者莫为之倡,则惮而不前。那侯张公无咎、邑侯叶公祖烈闻之,捐俸为倡,委其职于贡监生黄振辉、施世榜、黄锷、黄璞、蔡知远、黄为宪等,使董其事。多士协力,课督不懈,桥仍其旧。落成有日,适予蒙恩归里,泉人感郡邑侯之泽不能忘也,佥请一言勒诸石以垂不朽。古者,合方氏掌天下道路津梁之制,岁有兴举。彼济盈濡轨,民则病矣,乘舆为恩,尤非善理。贤守令能使周道坦然,尽

人以济,可不谓盛？官为倡,士争先,上下咸和,以成厥举,是循治之风也。则千百年后之戴德于守令者,不犹今之戴德于赵侯乎！

赐进士出身通议大夫日讲官起居注詹事府詹事兼翰林院侍讲学士陈万策撰

首事出银计开：黄锷出银六十两　施世榜出银五十两　黄璞出银三十大员　黄振辉出银二十五大员　蔡知远出银十两　黄为宪出银十大员

募题银计开：郑维奎出银二十两　吴世昌、王麟德各银十五两　陈孕祥出银十二两　蔡源昆、龚硕采、林高团各银十两　张启梅、苏芳、蔡思聪、张允哲、张德捷各银十大员　黄增顺、陈道辅、户部馆各银八大员　柯混甫、施挺瑛、洪青伟各银五两　黄士崇出银四两半　陈来官出银四两　杨士哲、伍志高、黄学洙、曾正泰、蔡源丰、曾仲龙、高合兴、陈宪章、王槐春、杨德昌各银十中员　陈鸣聪、史昊、陈婉若、高永和、封兴使、黄志茂各银三两　陈善老出银二两五钱　吴安使、陈居老、蔡永盛、龚年老各银三大员　伍长胜、蔡奇显、洪能老、王科老、施荣奇、姚志华、陈珍享、王钦进、陈春官各银二两　黄耀金出银五中元　黄士云、陈旋老、蔡廷懋、吴高璜、高雅老、陈宸老、王赐老、黄懋华、杨翁老、许聪使、郑让、高士老、王应甲各银二大员

督工黄贤官、蔡怨官

鳌屿蔡云书

雍正五年正月　日立石　石匠林部、柯协师造

注：碑在安平桥中亭,清雍正五年(1727年)立。花岗岩质,高270厘米,宽103厘米,厚16厘米。碑额高48厘米,浮雕双龙护匾图案,中刻篆书"皇清"竖排,字径12厘米×12厘米；碑文楷书竖排,计18行,字径5厘米×5厘米,捐资芳名字径3.5厘米×3.5厘米。(第77～78页)

泉州市文化广电新闻出版局编,
《安平桥志》,厦门大学出版社,2014年

(清)张无咎撰,《重修安平西桥碑记》

泉之有安平桥,自宋绍兴时郡守赵公令衿率泉之父老子弟为之者也。泉地濒海,桥当南北孔道,跨两溪之流,其长八百有十一丈,其直如绳,其平

如砥,隐然若长虹卧波。行旅往来,民间负载,熙熙攘攘,习而安之。阅元而明,以至国朝,盖数百年于兹矣。民免徒涉之险,人由坦道之遵。厥功甚伟,直与莆阳蔡端明之万安桥争烈焉。甲辰冬,予以西曹郎奉圣天子简命,来守是邦。时方连歉之后,春雩夏赈,公务殷繁,且簿领劳人,无间昕夕,一切兴废举坠未遑也。无何,安平镇之里民以西桥倾圮具告,万民病涉,招舟子而不答,舆徒阗咽,望洋之众断断如也。予轸念之,乃与邑长倡捐鹤料为绅士先。民鼓舞竞劝,趋事赴功,不待蘩鼓之督,而圮者整、断者续,不日而已落成。计所捐与所乐输几及千缗,旅乃便于途,民仍利于往。贡监生黄振辉、施世榜、黄锷、黄璞、蔡知远、黄为宪等告成功于予,请予文而碑以记之。予考周司空遂人以时,平易道途,而夏令有十月成梁之制。故单子过陈,慨其泽之不陂,障川之无舟梁也。因桥之坏而修复之,邑令有司之事,太守之董其成也。而贡监生振辉等身既乐善,复能动好义之人,率众箦而成山,以利济于无涯,可不谓贤焉。阅其所上捐金册,胪举众名;且六人始终协力,誓无纤毫染指以干天谴,其有功能不伐,而不掩人善又如此。予深嘉之,因为文,俾镵石以志其岁月,且勒贡监生等六人与众好义之姓名,使后之修举废坠者感发而兴起焉。若谓予比隆于赵守,予何敢当焉。是为记。

温陵郡守东莱张无咎撰文

雍正五年正月　　日立石　鳌屿蔡云书

注:《重修安平桥西桥碑记》,清雍正五年(1727年)立,碑高271厘米、宽103厘米。碑首浮雕双龙护匾图案,中刻"皇清"2字,篆书竖排,字径12厘米;碑文楷书竖排,计17行,字径5厘米。泉州知府张无咎撰文,记倡修安平桥经过,阐明造桥修路是有司职分,表彰董事的贡监生黄振辉、施世榜等及众捐资人好义乐善。(第125~126页)

粘良图选注,吴幼雄审校,《晋江碑刻选》,厦门大学出版社,2002年

(清)《重修西桥碑记》

南安□□□撰并书

晋南之交有西桥焉,通漳广,达福兴,洪□巨浸中,绵亘五里许,壮观也。□□□给谏颂南陈公经斯桥,有倾圮之叹。□□计□利心动,忽欲肩厥任,而□□□□□□也,因航海走数千里,与曾泽环□□□□□,利同母弟,幼出

□晋邑□□□也,素好义,倾客□合,促兄归,庀材动工。凡□□□月□鸠□□□□□□□者伙矣,而斯役独出贞利、泽环□□□□长虹卧波,观瞻更□,远则□□□白舫画鹢通津,近则乌笠红衫鸣□□□□□赞陈公之德,贞利、泽环之功,与斯桥长垂不朽也哉!是为记。

  晋江内坑曾泽元捐制钱捌佰仟文
  南安朴乡吕贞长、贞利、贞照、□註、元恃、元全董事同勒
  道光二十九年十月穀旦置

  注:碑在安平桥中亭,道光二十九年(1849年)立。高190厘米,宽60厘米。碑额浮雕双龙护牌,碑中竖刻蒙书"皇清",字径10厘米×10厘米,碑题、碑文楷书竖排13行,字径4厘米×4厘米,文字大多漶漫不清。(第89~90页)

泉州市文化广电新闻出版局编,
《安平桥志》,厦门大学出版社,2014年

10.洛阳桥(万安桥)

(宋)蔡襄撰,《洛阳桥记》

  泉州万安渡石桥,始造于皇祐五年四月庚寅,以嘉祐四年十二月辛未讫工。累址于渊,酾水为四十七道,梁空以行。其长三千六百尺,广丈有五尺。翼以扶栏,如其长之数而两之。縻金钱一千四百万。求诸施者,渡实支海,去舟而徒,易危而安,民莫不利。职其事,卢锡、王实、许忠、浮图义波、宗善等十有五人。既成,太守莆阳蔡襄为之合乐宴饮而落之。明年秋,蒙召还京,道由是出,因记所作,勒于岸左。

  注:此碑在于洛阳万安桥南蔡忠惠祠内中厅,蔡忠惠塑像前左右两侧,相向。碑高295厘米,碑座高68厘米,宽210厘米,厚68厘米,通高363厘米,碑宽163厘米,字径19厘米×18厘米。6行,行13字。竖刻正书。上碑系宋刻原碑,碑石色深,下碑为解放后就原刻重镌,碑石色浅。上碑终于"求"字,下碑始于"诸"字,全碑仅153字,诚碑纪之简练者。(第89页)

刘浩然编著,《洛阳万安桥志》,香港华星出版社,1993年

(宋)《"万安桥"石刻》

在万安桥中亭后之东侧巨岩上,东南向。摩崖高450厘米,宽180厘米,字径120厘米×90厘米,竖刻正书。字迹苍劲遒健,为诸刻之最大者。题款风化剥落,已不可复辨。

此刻为洛阳万安桥桥名石刻,见录于清·陈棨仁《闽中金石略》,据陈氏原按云:

右(上)"万安桥"三字,为刘泽所刻,字径三尺余,在桥下大盘石上。按《书史会要》云:"刘泽,闽人,善大字,尝书万安桥三字在海石上,径三尺许,有隼尾存筋之法。时蔡襄造桥不自书,泽书之。

据此,则此刻应镌于桥成之宋嘉祐四年(1059年)间,距今已近千年,诚为难得之石刻。

又此刻北侧之岩石上,尚残存一片摩崖石刻痕迹,但风化剥落,无一字可辨者,或系此刻之题注。(第148页)

刘浩然编著,《洛阳万安桥志》,香港华星出版社,1993年

(明)陈濂撰,《邑侯复所宁公洛阳筑桥生祠碑记》

泉故海郡也,东行二十里许,滨海为洛阳江。桥创自宋端明殿学士蔡忠惠公始。其自志云:"酾水四十七道,长三千六百余尺。"则界晋惠两邑间,故事有修葺,于其境任之。万历丁未,飓飙霆作,海啸山立,兹桥上下。基拔楯亥,栏折板伏,惠之分溃圮殆尽。按察大人姚公怃然曰:"此而不治,将坠前人勋绩,安用按察为也?!"商之太守姜公,而以桥右属惠安整治之。方桥役之兴也,众哗工弘费巨。姜公因与邑大夫宁侯计曰:"旦暮之辙,视已成事。昔忠惠之桥也,盖取诸募。今犹昔耳。丛祠之徼福业、作善因,矧因之桥,于因大矣!洒德水以兹觉海之渊,人有善信,谁不种耶!拣聘大官正李君介庵,暨诸生张翰臣,郑兴绪分募之。以邑三尹李侯总其几。民御四载,抚柔欣欣,响应后先。凡得金钱七百余缗。李君、张生以戊申三月肇工,逾期始竣役。珉采于坞,趾累于渊,易厥折者,新厥迭者,危虹断石,雁齿竣梁,犁然聿新。凡镇风塔二、坊表一,桥楯十有一道,桥梭二十有二道,扶栏八百余

尺，袭密宏敞，以较端明之勋，有过无不及焉。则二君仰契宁公旨深也。至若稽查工费，勾当出纳，则掌之李侯，毫无染指，其廉能足嘉焉。

古者自先农司啬而下，以至猫虎坊墉，祀皆不废，矧兹桥耶！追惟厥始，晋江固壤，地恢如也。蕞尔惠安，即应募虞缩不胜任，今幸免囊者之虞，而相厥成，为东南一巨观。南游历块者，走梭板若康庄，其功非坊墉比，宁侯足多也已！桥始姚公倡修，先离任去。姜公与宁侯始终其事。侯他诸惠政，又可思也。兹侯当迁秩行，惠人貌侯而祀洛之右以配蔡公。乃姜公自有祠，不复特著云。

宁侯讳维新，直隶广德州人，由乡进士；李侯讳嘉禾，直隶寿州人。俱有贤声足书，谨记。

赐进士第通议大夫广东等处按察使、奉敕分守岭南道兼布政司左参议治生陈濂顿首拜撰

阖邑士民同立

注：此碑位于桥北昭惠庙前北侧，南向。碑高234厘米，宽86厘米，碑文16行，行44字。碑额字径18厘米×16厘米，碑文字径5厘米×5厘米，竖刻正书。（第103～105页）

刘浩然编著，《洛阳万安桥志》，香港华星出版社，1993年

（明）姜志礼撰，《重修万安桥记》

自蔡忠惠公建洛阳桥以来凡几修，至今上御极之三十五年丁未，地大震，城垣、坊刹胥就颓，桥圮尤甚。跨海亘南北，中流大石雄屹，吞吐洪涛，称郡东北之胜。旧者中亭有石关，有镇风塔，俨然巨塑，一时悉坏。今余来守是邦，百凡拮据，乃有议修文庙、城雉、渐及于道路桥梁。方举事，忽桥子报喊："桥有声，大石梁折入海！"余色变，即书其报牍曰："端明有遗迹，桥断我当修。"亟往视，梁果沉海，折不可续。而桥北石梁塌低于南四尺奇，潮至则没，人不能行。渊趾剥落十者有三四耳。大抵岁久，水道更移，向由中桥深坎酾水，而后沙平水溢，穿溪荡浦，而北风涛复噬齿之，故今坏更甚也。余是谋于观察姚公，采石修之，南北并举。而桥北尤所重云。时有进折楣之说者，余谓楣折则石梁无所寄，动移一损，费出不经。则议设弥天之架，横木悬梁，上可通人行，下不碍工作。其法用定嵌金树立策，每海潮退，辄从海底将新旧石互取，结址累累，以达于顶。梁道载平，造墩二十三，修旧三十五，整

补扶栏五百,增两翼镇风塔各一。折梁重易,关、楼、亭、榭及忠惠公祠俱加庀,焕然一新矣!

余退而追忆其事,非但人力,盖亦有神助焉!当经始初,潮水浩弥,巨浸稽天,匠师患无所措其手足。余为祷之,潮不至者数日,一异也;大石梁折,载石补之,舟至泊于桥,择四月之十八日,乘潮长而上,连三日潮俱小,舟不加浮,匠师告急。余曰:"昔忠惠以二十一日筑桥,岂须长耶!"及是日,弥天之水,果自东来,石梁遂上,二异也;悬罗拿石,一绳千钧,架舟数仞,下临深渊,每值狂风巨浪,人尽危之,自经始迄告成,木不摧,绳不断,石不陨,无几微虞,三异也;桥北之役,郡人李呈春董之,以僮李畴督视石事,坐卧舟上,忽入海不知所往,呈春奔涕,余亦泫然,命渔人捞获,殓之归椁,行乡孛断石以去,瘗之桥左。世传忠惠公造桥有夏得海之事,有无不足凭,乃今而有李魁赴渊也欤,四异也!

夫缔造难,修缮亦不易,而缮修于倾圮既极之后尤不易。桥南之修,因仍居多;桥北之修,改作半之。功非天不固,非人不成。事业时起,废乃以兴。比徼海君之灵,忠惠公之佑,与诸大夫、同人之伐也。

工始于戊申春,终于己酉夏。事既竣,郡缙绅陈公鸣华,刘公弘宝,黄公应麟,庄公懋华,何公乔远,蔡公彭,苏公茂相,载酒邀余而落之。余也幸有藉乎以谢诸公。及若申禁取蛎坏墩,以绵忠惠公之绪,则惟今日与继今者,先后同心图之耳。

是役者,晋江李令待问,惠安宁令维新,与余协谋,以底厥成。督工力,核钱粮,则惠安李主簿嘉禾。董役则詹生员仰宪,李署丞呈春,张生员翰臣,魏阴阳官岳,王省察官宗振,吏李焕章,老人黄烈。石匠则曾资、杨继义。奔走则保长黄祖禹。若詹仰宪之当义捐资,视为己事,不言劳不言功,尤不可泯,并纪于石。

赐同进士出身中顺大夫泉州知府姜志礼撰

同治张仲孝　　通判殷光彦同立石

注:此碑在中亭巨岩前,与前碑同列之北侧,南向。碑高310厘米,宽114厘米,碑文连标题计18行,行61字,字径4厘米×4厘米,竖刻正书。(第100～102页)

刘浩然编著,《洛阳万安桥志》,香港华星出版社,1993年

(明)李光缙撰,《万安桥记》

　　李光禄季君介庵者,吏部郎抑斋先生季子也。谢事家居,不与郡邑间事。会地大震,洛阳桥折,太守姜公图修复之。延詹君守斋董其事。詹君言于太守曰:"桥跨海南北,中流巨石横亘,构亭、关其上,亭以南属晋江,北属惠安,费当二县均之。仰宪晋人也,请治其南;桥北之役,非得李光禄丞呈春,文学张翰臣不可。"太守于是使人延季君,季君坚辞不肯出。詹君故强之,季君乃前言曰:"桥之事,明府以属呈春,呈春不敢辞,顾桥北之难,过于桥南,费亦再倍。南不过一二桥梁折、扶栏颓耳,可一葺而补也;桥北之坏甚矣!水道更移,曩者深坎,今为平沙。水盛则四溢横流,穿溪荡浦,风涛复噬啮之,渊趾剥落,梁榻低于南四尺,潮涨辄没,人不能行,殆未易治也。"太守然之,季君乃自出其议,大都谓旧楯不可轻折,折则多费;亦不可尽仍,仍则易坏。斟酌于折与仍之间,可以用费省而成功倍。匠有献"定嵌金木柱策"者,季君从之。于是设架横空,上通人行,下受工作,伺潮退,从海底累石结址,欹者正之,缺者补之,以达于梁,而桥道平矣。

　　太守既去,季君亦殁。邑人诵太守之政,而德季君之功不衰,相与伐石,请余记之。

　　注:此文原系记事碑刻,因年代久远,原碑无存,仅得记文。(第161～162页)

刘浩然编著,《洛阳万安桥志》,香港华星出版社,1993年

(明)王慎中撰,《泉州府修万安桥记》

　　出迎恩门以东二十里,长江限之。有石跨江,蜿若卧波之虹,其修逾数千尺,名曰"万安之桥"。有宋蔡忠惠公守泉时所造,由皇祐以来,五百余年间,东西行者,履砥视矢,凌风涛于趾踵之下而若不知。苟有昔人,临河以望思禹,而兴叹者之意,想夫营度架结之所由,岂不喟然有叹于斯人哉!桥之巨,与万安埒与亚之者,在泉州可以三四数,民皆由焉而不言,而独好言"万安",其言往往多异,以谓撰时择日,画基所向,锲址所立,皆预檄江水之神而得其吉告。至于凿石伐木,激浪以涨舟,悬机以弦縴,每有危险,神则来相;

址石所累，蛎辄封之。而公自为记无是也。岂其驾长江之洪流，凭虚以构实，其役有足骇人者，昧者惊焉而言之异，亦以贤者之所为，兴事起利，人乐其成而赖其功，故托于神以美之耶！今其言虽不为缙绅所道，然贤士大夫之至泉者，莫不临江顾望，慨然思当时之风烈而壮其所为，亦以其人之故也。由是言之，贤者之所为，非独利溥，而风之所贻者远矣！

嘉靖辛亥之秋，宪使济南王公以事过泉，盖临而慨然者。既想其人，尤访其为桥之详，益知其成之不易，思所以久之使勿少坏，而永为吾民之济。于是翼栏之欹缺者，累址之阤圮者，途坂柱亭之罅折者，目揣心量，靡有漏失。授意于郡守方侯，会财计工，上其议，乃檄晋江主簿陈冕往讫修桥之役。议定檄下，是为壬子仲夏。役且及半，王公去为浙江右布政使，今四明范公来代。公风裁独特，神明傍周。不出房序，八郡之远，如实身到。斯役之有会于官，有赋于民，一一察知而督之加严焉！于是以秋讫役。公驰书郡中，属方侯来请记。

王公于斯役，其出费庀徒已为尽心，而尤属意于取蛎房之禁。盖蛎附址石，则涂泥聚而石得相胶蟠以固。故忠惠公于桥之南北，表石为台，以识其界，禁敢取蛎界内者。岁久禁弛，则界内有窃者，而附址之蛎亦且为窃者所剥，人莫不虑此，而亦莫为告。王公一日而得其利病之大端，可谓难矣！观其檄下所司之文，鲎鲎可记也。

夫天下事有显行盛存之际，蠡冗窜于隐伏之中，至微也，故易以忽。而少小偷窥于其间，莫不玩焉，谓不为妨于大也，非独一桥之利，事类此者，宜不少矣！公望实崇，著行且立于朝，以为天下事尚可以免于玩且忽之弊乎！

范公名钦字尧卿，鄞县人，起家壬辰进士，历数官而为宪使，于闲使……尤有大臣之风。王公名晸字承晦，章丘人。方侯名克宇惟力，桐城人，今为陕西苑马少卿。

修桥之役始壬子五月，毕于八月二十日，记之为癸丑夏六月既望。适钱塘童公汉臣来为郡。公由桥入境，未见吏民已慕忠惠之风，慨然有踵盛继事之想，故于斯役深属意焉，亦可书也。

晋江遵岩居士王慎中道思甫谋

嘉靖癸丑秋八月

吉水州童汉臣

通判　孙经禄

杂官　袁世荣

晋江县令常熟县钱之选

县丞袁承源　　　　　立石

注：此碑在洛阳万安桥中亭，系用高级青色花岗岩镌刻，因年代久远，碑已残缺仆地，后经修补扶正，竖于万安桥碑林处，北向。碑高185厘米，宽87厘米，碑额字径10厘米×8厘米，篆书两行。碑文22行，行48字，字径3厘米×3厘米，竖刻正书，碑文已由郡志收录，亦有郡志所失载者，相互补益。（第95～98页）

刘浩然编著，《洛阳万安桥志》，香港华星出版社，1993年

（明）萧元吉撰，《赠陇西李公俊育重修洛阳桥序》

陇西李公俊育，世居凤池，性纯而姿丰，言温而气和。韬光不仕，好义乐施。有衣食不能自给者辄周之以粟帛；有纷争不能自解者必断之以公正。故州人莫不慑服，举以义长者目之，是名日以彰大。宣德辛亥岁春正月，太守冯公偕县尹刘公召公至庭，语之曰："洛阳万安桥，南接漳广，北通江浙，往来于兹者殷。曩时济人以舟楫，洎宋时蔡公襄磊石为桥，以便行者，然遇秋既潮起水涌，桥落石没，而渡者罔克济，尔固所知之矣。今予守泉州，尔泉民也，予欲始起修桥之图，艰得其人预焉，左右旁午，佥曰：'惟俊育可以成其议'，故予必于尔乎期之，欲尔殚心戮力以就事，尔为何如？"俊育曰："某志固在是，而未果于行，今值太守命，奚以辞。"于是割其财，请正淳僧董匠事，鸠民力，龙见而立功，火见而制用，水昏而正栽，星霜三越而厥桥聿成。高增其旧丽几半寻，横空卧流，水波莫漫，而徒行者通焉。往者来者，去而复顾，靡不啧啧称赏，叹曰："李公之仗义如此；李公之不吝财如此；李公之济人利物又如此。而天岂不默相丁公也。"或谓公非发于郡守之命，而桥之修否未可知也。元吉以为不然，有李公之仗义，虽无郡守之命，而桥亦必修也；使有郡守之命，而无李公之善用其命，亦将畴从乎？是公之为，出乎其性也，岂强于守命而后为，抑岂为之而有责望之意乎！虽然公之心固不望报于天，而天之报自不外于公矣。昔者获带还妇，而身都将相；编竹渡蚁，而名魁天下。彼二人者，其利物也微，其食报也厚，名垂方策间，而不落寞于史氏之笔，人颂其德，至于今不衰。今公利物之功溥而厚，而其获福岂不重于裴度、宋郊者耶。殆见厥躬寿而康，厥昆昌以大，独与桥亘于世。而好义之名，留人齿颊，亦永永无极也。传曰：德厚者流光。其俊育之谓乎。元吉适以宦游入闽，固

闻之公善，审矣。今陈良请文以颂其善，于是乎书。
  正统六年岁次辛酉夏四月吉　建昌萧元吉撰
  陈谷祥镌字

  注：《赠陇西李公俊育重修洛阳桥序》碑在池店镇池店村凤池李氏宗祠，嵌于左壁。明正统间官员萧元吉撰文。表彰池店富商李俊育（李五）捐资于宣德六年（1431年）至九年增高洛阳桥的功绩。该碑黑页岩制，高37厘米、宽76厘米，碑题篆书，正文楷书，竖排35行。碑记曾刻石立于洛阳桥中亭，清乾隆廿六年（1761年）又重修竖于洛阳桥南蔡忠惠祠内。凤池李氏宗祠现辟为"李五纪念馆"。（第104～106页）

粘良图选注，吴幼雄审校，《晋江碑刻选》，厦门大学出版社，2002年

（清）沈汝瀚撰，《重修万安桥记》

  万安桥一名洛阳桥，建自宋蔡忠惠公，以利行旅。前明嘉靖间，官军据桥为寨歼倭寇，则又有金汤之固焉！岁庚子，余载莅是郡，桥渐敧，方议修，值英夷犯厦门，溃卒艰民悉趋郡，米顿缺，同安、马巷、金门，各仰给于厦米者亦匮。郡县震动，此邦向无盖藏，赖绅民尚义，始海船运台米遍济之。又因练海口一千三百七乡丁十万人，各自为守。夷船有游弈窥伺晋、惠间者皆退去，全郡乃安。斯时也，何暇问桥工，而桥日益敧，今将倾矣！倾则万民之利赖，一邦之保障，皆从此废，因与晋江令杨君承泽、惠安令张君德静，各捐廉亟亟兴工。前观察刘公，亦助闲款三百八十余金，余则绅士募捐足之。于是桥安而地方益安。
  是役始于癸卯四月，迄于九月。董其事者孝廉陈金城、郑以铨、秦用宾、吴文壁、苏时英、孙文垣、广文谢维翰，茂才林鹏高，李峥壕，林启华；督工明经何际壁，凡十有一人，功俱不可泯，并记于石。又另刊施者姓名捐数，以彰善举云。
  道光癸卯九月署泉州府事延平知府慈江
  沈汝瀚海如氏记并书
  印章4厘米×4厘米，阴阳篆二方
  温陵观东石室居镌

注：此刻位于蔡襄祠内东墙上，黑色大理石碑高96厘米，宽50厘米，篆额字径5厘米×4厘米，碑文12行，行38字，字径2.5厘米×2.5厘米，竖刻行书。（第108～109页）

刘浩然编著，《洛阳万安桥志》，香港华星出版社，1993年

(清)李庆霖撰，《重修万安桥碑记》

古者徒杠舆梁，以时兴筑，与治道涂修城郭著为令，洵以济人之事，此其大端也。泉郡枕海而居，凡溪港之支流，地势之洼下，皆需桥以济。其最巨而称名胜者，莫如晋惠接壤之万安桥，长虹横亘，真奇观者焉！

宋皇祐间，蔡忠惠公创始之，自是厥后修葺者屡矣。然日久洪流冲激，舟人又常依之以系缆，于是桥上下不尽完固，而日有倾圮之虞。咸丰庚申之秋，余摄郡篆，登桥周览，思所以重新之，而工费浩大，时事多艰，苦于款之莫筹。属吏暨众绅告余曰："晋邑黄香圃，太守名贻檀者佳公子，尤好义士也。它所善举，指不胜屈。若得斯人，何有于一桥？"余闻而喜，延之至，果身任不辞。余乃首分廉，泉黄太守亦出己资。并集诸善士谋之，不数月费集。甫诹吉兴工，适余瓜代期届，继余者为湖北陈公懋烈，利济之怀，实与余合。遂力成其事。

经始于庚申九月，迨壬戌十一月而工竣，共费洋银库重三千三百两有奇。是役也，余捐倡其始，而鸠金庀材，赖黄太守赞助之力，经季督课，劳瘁未辞。诚哉其好义士也！

今年秋余捧檄重守是郡，欣睹斯桥之基臻完整，石冈欹残。亭宇栏杆，焕然一新，视向之倾圮堪虞者，固已改观矣！众绅乐余之来，佥请一言以为记，因追叙其缘起，俾勒诸石。嘉黄君亦所以劝后来也。其诸捐资姓名另列于左（下）。

诰授中宪大夫福建候补知府署理泉州府知府事山右李庆霖撰

注：此碑位于中亭西侧，东北向，碑高271厘米，宽95厘米，碑额字径16厘米×14厘米，横刻篆书，碑文12行，行44字，字径5厘米×4.5厘米，竖刻正书。（第109～110页）

刘浩然编著，《洛阳万安桥志》，香港华星出版社，1993年

11. 万寿塔(关锁塔)

(清)《重修塔峰记》

<u>关锁塔者,泉南形胜也。主离官焕文明之象,高出海甸,表堤岸之观。自辛卯秋震击去芦尖,越戊戌重修,两都倡义,自兴工落成,费百十员。</u>既属一时义举,爰志都人盛事,至踵起为全塔之修者,不能无厚笃焉。

十九都陈元老、杨廷新、王世懋、陈仕贵、高世梅;

二十都高志绍、董俊金、卢其珊、林振嵩、李思寮。

大清乾隆戊戌孟冬　　董事吴山　郭仲山　许陈彪　镌

注:万寿塔亦名"关锁塔",俗称"姑嫂塔"。该塔建于南宋绍兴年间(1131—1162年),其塔身高22.86米,底座边长5.2米,外望五层,实为四层,全部石筑,成六角形,呈楼阁式仿木结构,中间虚空,为泉州港船舶出入的航标。《重修塔峰记》碑立于清代乾隆四十三年(1778年),述塔因遭雷击致塔顶"胡芦尖"掉落,<u>十九都、二十都的闽台郊商林振嵩及其他乡绅富商等12人,共捐资银元110元,重新修缮塔尖</u>,并由武举人许陈彪捐资立碑为记。(第117～119页)

石狮市委员会文史委编,《石狮文史资料》第四辑,1995年

12. 其他石刻、碑刻

(唐)许元简撰,《许氏故陈夫人墓志铭》

室人其先颖川人也,汉丞相平之后。高祖任福州长乐县令,秩满,家于福唐,亦长乐之邻邑也。曾祖僖,爱仁好义,博施虚襟,俊乂归之,鳞萃辐辏,故门有敢死之士,遂为闽之豪族。<u>时闽侯有问鼎之意,欲引为谋,乃刳舟剡楫,罄家浮海,霄遁于清源之南界,海之中洲,曰新城,即今之嘉禾里是也,屹然云岫,四向沧波,非利涉之舟,人所罕到。于是度地形势,察物优宜,曰可以永世避时,贻厥孙谋。发川为田,垦原为园,郡给券焉。家丰业厚,又为清源之最。</u>终身不仕,以遂高志。祖仲禹,幼资经术,弱冠游于京师,既而授广

州番禺县丞。伯元通,任歙州婺源县令。父元达,任虔州虔化县丞。夫人幼独承颜,终鲜兄弟,闺仪壹则,有若生知,宛顺柔和,实资天性。年十七归嫔于我,韵谐琴瑟,气合芝兰,誓愿同心,始终偕老。何图产后六日,痫疾所婴,时大中十一年龙集丁丑八月十四日,终于晋江县南俊坊之私第,春秋廿三。有子二人,长曰骥儿,方兹六岁;次曰小骥,生未浃旬,而夫人谢世。呜呼!日月逝矣,窀穸有期,丹旐启途,青乌用事。以其年十月十三日丁丑,窆于晋江县鸾歌里石井村张境之东原。礼也,古者墓有志,志有铭。志,记也。铭,名也。惧陵谷之迁变,所以纪其墓焉。铭曰:坤向山,巽流水,申未朝,寅卯起。哀哉!室人葬于此。惟我室人,秾华桃李,惟其令德,采苹于沘,天与淑姿,不与年祀。十七归我,九族咸美,廿三亡,谁不痛矣,况仆之哀,岂易言耳!呜呼,予百年之后兮,亦当归祔于止。<u>夫全事郎前行泉州参军许元简撰</u>。

注:墓志铭为砖质,45厘米×41.5厘米×4.5厘米,1973年出土于泉州东门外石井村,现存泉州海外交通史馆。(第333页)

吴乔生等编,《泉州古城历代碑文录》,中国文史出版社,2009年

(宋)《蕃客墓碑》

(中译文) 碑柱。"以前和以后,凡事归真主主持"(《古兰经》30:4)。航海者伊本·欧拜杜拉·叶海亚·穆罕默德·本·哈桑。真主啊!

注:此墓碑为中国宋代居华阿拉伯穆斯林墓碑,1965年发现于泉州东岳山西麓的金厝围村,现藏福建省博物馆。碑由花岗岩石琢成,呈梯形,高139厘米、宽60厘米、厚15厘米。阴刻"蕃客墓"三大字和6行库法体阿拉伯文。"蕃客"一词始见于《隋书》,专指来华的外国人,而后常见于7—14世纪的汉文典籍中。根据对阿拉伯碑文书法年代的鉴定,该碑约刻于公元10世纪末,是国内现存最早的阿拉伯文刻石。(第149页)

中国伊斯兰百科全书编委会编,
《中国伊斯兰百科全书》,四川辞书出版社,2007年

(宋)《万安祝圣放生石刻》

嘉熙二年冬十月初四日,万安祝圣放生。

中散大夫、知泉州军州事兼管内劝农事、提举福建路市舶、莆田县开国男、食邑三百户、借紫刘炜叔谨立。

注:此刻分二石,花岗岩石质,一碑 230 厘米×105 厘米,另一碑只剩残段,置于洛阳万安桥中亭。碑文见于《闽中金石略》、《福建金石志》。(第 17 页)

吴乔生等编,《泉州古城历代碑文录》,中国文史出版社,2009 年

(宋)方略撰,《有宋兴化军祥应庙记》

左朝请大夫、主管台州崇道观方略撰
左朝散大夫、行尚书驾部员外郎方昭书并题额

郡北十里有神祠,故号"大官庙"。大观元年,徽宗皇帝有事于南郊,褒百神而肆祀之,于是诏天下名山大川及诸神之有功于民而未在祀典者,许以事闻。郡使者始列神之功状于朝,从民请也。次年,赐庙号曰"祥应"。其后九年,亲祀明堂,复修百神之祀。而吾乡之人,又相与状神之功迹,乞爵命于朝廷。太常上其议曰"显应侯",天子曰:"嘻,惟神威灵,惠我一方,宜有以宠异之。"乃宸笔刊定"显惠侯",时则宣和之四年也。谨按,侯当五年时,已有祠宇,血食于吾民。古老相传云,旧祠在驿站之北。一夕,风雨晦暝,雷电交作,若起于祠中者,铰杯、香炉忽失所在。翌旦,父老迹其所止之地,而得于龟湖山古榕木之下,因就而馆之,即今口庙址是也。其地前直壶山,后拥陈岩,绶溪之水经络其间,盖山川之秀,虽善地理者莫之能得。当时识者咸曰:"神依人而行。今神据有溪山之胜,此方之人其有口乎!"今大姓甲族,多在乎神祠之左右,而践殊科、列月无仕者,时不乏人,皆如识者之说。曰"大官庙"者,相传云,乡人仕有至于大官庙者,退而归老于其乡,帅其子弟与乡口之耆旧,若少而有才德者,每岁于社之日,相与祈谷于神,既而彻笾豆,陈盏斝,揖逊而升堂,序长幼而敦孝弟,如古所谓乡饮酒者。乡人乐而慕之,遂以名其庙,口识神之锡福于吾人者如此。夫七闽诸郡,莆田最为濒海,地多咸

卤，而可耕之地又皆高仰，无川渎沟洫之利，旬日不雨，则民有粒食之忧。每岁以旱而祷于神者，未尝不应期而雨，故田虽高而无旱。春夏之交，云雾蒸郁，盲风怪雨，发作不常，寒暄之气为厉为虐，民或苦之。岁于是时，民多祈福于神，或相与迎神出次，以浮屠、老子之法而祝祀之，故民用无灾。政和七年，诸郡多蝗，既□□□食竹木之叶、牛羊之毛且尽。民惧而祷之，故环庙数十里，蝗不敢入。宣和二年，睦之妖贼，劫库口，杀长吏，聚徒十万，残害江浙数州之民，而盗有其地。朝廷□□□提禁旅百万以夷之，而贼徒始相与聚谋，欲掠舟于定海，据七闽为巢穴。部使者飞檄以告，且使民虚其室以避之，谓风帆信宿可至。居民惶怖，扶老携幼，奔窜于山谷，攀援揉践，至有踣者。群不逞之徒，又相与睥睨之。于是有丧其家资，失其子女，忧愁惊悸，自陨其身者。而吾民先祷与神，神赐之吉卜曰："其毋害。"遂安其居，无一人迁徙者。既而贼果就擒。今天子嗣位之三年，建州狂卒叶侬聚其众数千人，杀官吏以叛，夺溪船顺流而下。一夕至南台，入福州外郛，焚居民庐舍，其势甚炽，遂谋渡大义而南。诸州守捉之兵未集，郡邑震骇，莫知为计，而贼徒忽一夕相惊曰："官军阵矣，其旗帜皆有'显惠侯'字，何也？"人人恐怖，始有悔祸之意。漕使张公縠乘贼忧疑，始得以断桥沉舟，绝其南渡之谋。又其后一年，杨勔领西兵叛入于闽，由漳泉而来，所在焚剽，民罹其害。贼压我郡境，守险之卒视众寡不敌，莫有斗志。军士方迪等忽闻空中有声曰："汝速进，显惠侯兵来矣。"于是我师贾勇，贼众望风畏遁，阖境晏然。<u>往时游商海贾，冒风涛，历险阻，以侔利于他郡外蕃者，未尝至祠下，往往不幸，有复舟于风波，遇贼于蒲苇者</u>。其后郡民周尾商于两浙，告神以行。舟次鬼子门，风涛作恶，顷刻万变，舟人失色，涕泣相视。尾曰："吾仗神之灵，不应有此。"遂号呼以求助。虚空之中，若有应声。俄顷风恬浪息，舟卒无虞。<u>又泉州纲首朱纺，舟往三佛齐国，亦请神之香火而虔奉之</u>。舟行迅速，无有艰阻，往返曾不期年，获利百倍。前后之贾于外蕃者未尝有是，咸皆归德于神。自是商人远行，莫不来祷。窃闻古者圣明在御，百神效职，无有怨恫。若兴云雨，卸灾殃，呵斥妖厉，扫除不详，降福于善人，而罚其无良，皆神之职也。今侯血食此土，显其威灵，以取爵命于前，又能效职协忠顺，以报恩宠于后。我天子建中兴之业，治人事神，皆有次第，将见褒德赏功，而侯之爵号有加而未已也。然则恢崇庙宇，以严奉祀之诚，上以彰君之宠命，幽以答神之灵贶，不亦宜乎？旧庙数间，历年既久，上雨旁风，无所庇障。元丰六年，太常少卿方公峤，始增地而广之。政和六年，太子詹事方公会，又率乡人裒金而新之。今神巍然南面，秩视诸侯，其冕服之制，荐献之礼，皆有品数，视前时为不同也。

祈氓跪拜,卜史荐辞,瞻望威容,进退惟惧,亦视前时为不同也。春秋祈服,长幼率从,酒冽肴馨,神具醉止,退就宾位,执西戈扬觯,有劝有罚,莫不顺命,又不知往时人物若是否? 远近奔走,乞灵祠下,时新必荐,出入必告,疾病必祷,凡有作为必卜而后以事,又不知往时人物能若是否? 以至天子郊祀之后,郡侯视事之初,又当来享来告,以荐嘉诚,此亦前时之所无也。是数者,皆与前时不同,宜其视旧宫为犹狭,浸以侈大,亦其时哉! 信士畲始倡其议,众皆悦从,故敛不劳而财用足,工不懈而功用成。治其厅堂,作东西两序,燕息有所,斋庖有房。其合而为屋八十有二楹,其费而为钱一万缗。经始于绍兴四年之春,而成于六年之夏也。新庙既成,民大和会,又相与大享于神以落之,众因请纪其事。略之先庐去神祠为近,为儿童时尝侍先生长者瞻拜于庭,其后尘忝奔走仕路三十余年,两叨郡绂,皆在南方,过家上冢,未尝不谒于祠下,至则徘徊廊庑间。因思古人仕者以不去其乡为戒,自罢官瀛洲,挈家还里,顾惟潦倒,投闲有日,荐乞宫祠,庶几岁时得与乡之耆旧杖履相从,白布长衫祀饮于侯之堂,亦若古所谓乡饮酒者,以偿素愿,此志未央也。余撼侯之事迹章章可传永久者,涤砚捉笔而志之。

绍兴八年岁次戊午孟夏丙辰朔建

刻字人福唐蔡清　（第69～71页）

刘元妹,陈豪,《莆田〈祥应庙记〉碑考》,《福建文博》2010年第2期

（宋）郭晞宗撰,《宋故迪功郎晋陵县主簿陈公济远墓铭并序》

淳熙十四年秋七月八日,前晋陵县主簿右迪功郎陈公令,终于五云赤溪私第之正寝,嗣子昌谷等葬公于白云庵之山,既毕事,将欲勒文螭首,显扬厥德,传之无穷。四子昌福方荐试京师,予会于客邸,以公之状来请铭,予辞不获,乃考其状次诸事于左（下）：

公幼讳曰敷,长易彰名,字济远,上世南昌人。六代祖恕,第进士,任澧州通判,累迁三司判官、盐铁使、尚书左丞、参知政事,封晋国公。其孙奉直大夫协正庶尹,避地徙居永嘉。由奉直之子宽溥,迁缙云,遂占籍焉。……拒生元符庚辰八月二十七日,享春秋八十有八。……铭曰:猗哉陈侯,素志优游。迪功膺荐,乃赞谋犹。未倦归田,其乐休休。古梅淡淡,绿竹修修。

康宁寿考,享有春秋。溘焉而逝,化返迁游。白云漠漠,嗣宇幽幽。我铭刊石,俯仰无愁。孙子绳绳,庆泽世流。

朝奉大夫、新提举福建路市舶郭晞宗拜撰

奉直大夫、知嘉兴府事、兼管内劝农使,吴洪拜书　　(第 2 册,第 5~7 页)

《(光绪庚辰年重修)五云宫泽陈氏宗谱》

(宋)黄缵撰,《宋进士杨公墓志铭》

公讳雍,字和仲,世福州侯官人。考待时不仕,公少业儒,一再举进士不偶。……一日忽动乡关之念,趣治归装,未行,得脾疾,时丁巳六月季也。……汝其成吾志,有顷而逝,享年七十。……以庆元己未年十月庚午葬于仙宗寺之龙山。……

朝奉大夫、提举福建路市舶黄缵书。　　(第 50~55 页)

薛彦乔,《宋代泉州市舶官员辑补》,《福建文博》2020 年第 4 期

(宋)李邴撰,《水陆堂记》

凡人居其家,以孝弟雍睦教告其子弟。子弟顺以从,必其人孝弟雍睦有素,故其出诸口也无愧辞,施诸人也无怍色,否则其家不诚,其言且弗从之矣。非惟弗从,又从而慢易焉。

家其易者也,移而施之乡,以礼义廉耻教告其邻里朋友,邻里朋友顺以从,必其人礼义廉耻有素,故其出诸口也无愧辞,其施诸人也无怍色,否则其乡弗诚,其言且弗从之矣。非惟弗从,又从而靳侮焉。乡其易者也,移而施之国,之天下,则又有难焉。

人其易者也,移而施之鬼神,斯极矣。神与人异乎?曰:好恶同。人视听有形,神无形。人可欺,神不可欺,则神之难也滋甚。人能以责于人者,望诸神而出之无愧辞,其施之无愧色,神诚其言而从之焉。必其人仰不愧,俯不怍者,而后能之。不然,则殃咎作焉,其为慢而靳侮也,岂直其家其乡之比乎?

泉之南安有精舍曰"延福"。其刹之胜,为闽第一。院有神祠曰"通远王",其灵之著为泉第一。每岁之春,之冬,商贾市于南海暨番夷者,必祈谢

于此。农之水旱，人之疾病亦然。车马之迹盈其庭，水陆之物充其俎，戕物命不知其几百数焉。

已而散胙饮福，笾豆杂进，喧呼狼藉。有禅师慧邃，以绍兴元年尸是院，其持身也静而通，其莅众也简而严。逋责之未偿者偿之，规绳之未举者举之。未几，院之徒循循焉。异前之有，惟神祠依旧。

师愀然曰："吾教以杀牲为大戒。神依佛而守焉，犹人之于家于乡者，而弗从其教，可乎？此非神之意，特人狃于习俗耳！"质于神曰："其能易杀为仁者，则兆吉。"卜者曰："然。"又曰："其能却荤茹为蔬食者，则兆吉。"卜又曰："然。"师曰："神其许我矣。"又号于众曰："吾教有所谓水陆会者，能化刀锋为金净土，化镬汤为花池，化针喉为火喙，为天人，化洋铜热铁为香饭。以一色一香为无边，以十方三世为一会，其德莫大焉。神许余以不杀，余将为是会以报神之功，且与人为清福之地，其可乎？"众唯然曰："诺。"

于时辟祠之左为屋若干楹环其外，中设十六位，堂宇靓严，绘事焕列，不劝而事集，不督而工成。作于四年十二月，成于五年六月涓日之良。

师即其堂设坛场为大施会，受成，以五戒如其法之仪。自是凡祈谢于此者，其牲臡牢饩，鲜槁之费，易之为水陆会。救物命不知其几千万人。不作罪业而作福业，神不享福报，而享净报，其利益不既大矣乎！

或曰，师以佛戒信于神，其有不信于人乎？神以佛戒惠于物，其有不惠于人乎？是佛与神交致其道，人与物两蒙其利。将见泉人之无罪疾，无灾殃，年谷顺成，寿考且宁，水陆堂其相也。虽然，吾闻世间法以鬼神和为贵，出世间法以鬼神不和为贵。

昔玉泉山神受教于智者大师，嵩岳神受教于元奎禅师，与师故无以异。各障蔽魔王随金刚齐菩萨一十年，觅起处不得，而提婆尊者与自在天神相见，以心不以形。王老师游庄土地神，预报以为修行无力，为鬼神觑见，与今日是同是别，师学云门，禅得其奥旨者也。必自有关键，其尚有以语哉！（第363～364页）

陈国仕辑录，《丰州集稿》（下册），南安县志编纂委员会，1992年

（宋）吕防撰，《宋故富春县君孙氏墓志铭》

承议郎、知泉州南安县事、武骑尉吕防撰
朝奉郎、监泉州市舶司、上骑都尉陈毅书

灵泉山人刘涛篆

郡督邮陈庆翁，予僚友也。一日，状其外祖母之平生以见，属曰："仲孙侍富春君凡二十有余年，不幸捐馆，今卜远日矣，愿得铭以识。"噫！人之失德而薄其所厚者多矣，至于膏粱巨室之后，营酣势利，靡所畏耻，往往客亲丧于远方而终莫之顾者，况能扬其美乎？子能推事母之爱，以及其外家，既养而葬之矣。又图所以为不朽者，其贤于彼亦远矣。夫人孙氏，夷门人，生而慧淑，父母爱之，为择佳配，遂归任氏之子守珍。承尊接卑，曲有礼意，恤贫喜施，外内以睦。以夫内殿崇班，恩封富春县君。尝至内庭赐冠帔，其家时以近侍显故也。生二女：长适侍中张公之子、右藏库使举一；次适南康忠顺陈王之孙、带御器械永图，是为金华县君。嘉祐中丧其夫，御带与金华遂迎夫人就养左右，甘旨罔不顺适。元祐初，从外孙赴官清源。二年季冬二十有二日以疾终，年七十三，以四年十月八日葬于泉州万岁山之阳，盖陈氏先茔之侧也。铭曰：

有显其归，爵服是宜。有终其依，养葬孔时。

泉山巍巍，南海之涯。夫人之墓，铭以昭之。（第73～74页）

陈丽华，《宋故富春县君孙氏墓志考释》，《福建文博》2008年第2期

（宋）上官均撰，《宋故承议郎朱君墓志铭》

朝散大夫、充集贤殿修撰、提举杭州洞霄宫、骑都尉、赐紫金鱼袋上官均撰

朝奉大夫、知汉阳军管勾学事、兼管内劝农事、飞骑尉、借紫金鱼袋游酢书

君讳矩，字正仲，家世邵武……元丰二年，用经术登进士第，调庐州合肥县尉。……以宣德郎知福州古田县。秩满，部使者辟君以奉议郎监泉州市舶司，迁承议郎，赐五品服。……大观四年春，以疾还里，其年十一月二十四日卒，享年七十有一。政和元年九月二十二日，葬于邵武永城乡。……（第23～24页）

绍兴市档案局编，《宋代墓志》，西泠印社，2018年

(宋)沈忠撰，《宋朝散中奉大夫吏部侍郎秘阁修撰知漳州军事兼管内河劝农使朴乡吕先生墓志铭》

公讳大奎，字圭叔，号朴乡。少嗜学，师事王昭复。昭复师陈淳之师朱文公，故圭叔得紫阳道学之传。泉之通经学古擢高第者，皆出其门。

登理宗淳祐七年丁未第一甲进士，因上书言及执政，授潭州提举司干，累迁吏部侍郎，兼崇政殿说书。以操南音，出知兴化军。恭宗德祐元年，转知漳州军事，未行，值蒲寿庚率知州田子真降元，捕圭叔署降表，不署将杀之。适门人有为管军总管者，扶出至家，乃以生平著书，泥封一室，遂变服逃海岛中。寿庚遣兵追之，将迫授之官。追者问其姓名，不答，怒而杀之，时七月十六日，寿仅四十九。

圭叔著书尽毁于贼。其《易经集解》、《春秋或问》、《孟子论语集解》、《学易管见》行于世者，皆门人所传。

娶何氏，生子四，温和正直。以景炎元年葬公于曾埭头吴坑内。穴坐艮向坤兼寅申。铭曰：

山高水清，吉宅惟灵。吾君葬此，名显德馨。忠义之气，万古流传。抗贼不服，性命难全。四方弟子，心服三年。千秋之后，乘者下轩。生刍一束，其人如玉。有才无寿，令人恸哭。

朝散大夫同知泉州府事、年家眷弟沈忠撰文。（第549～550页）

陈国仕辑录，《丰州集稿》（下册），南安县志编纂委员会，1992年

(宋)曾会撰，《修延福寺碑铭》

夫山川之秀者，闽中为胜绝，闽中之胜者，清源为灵异。故其著地形，辨土脉，阴协于鬼谋，凭高峰，俯空谷，居于佛刹者，其惟"建造"乎。东去郡城十五里，南去入海三十里，左则南安属邑，市人之所游集；前则晋江通津，海潮之所吐纳。独其西北冈阜连络，若虎而蹲，若龙而奔，黛滴蓝喷，藏烟泄云，自远而来，豁然屏开，双峰对峙，中坦数里。疑其融结之初，已张本乎造寺也。始晋太康九年，在县西南，至唐大历三年，移建于斯。会昌废之，大中复之。五年赐其额。有沙门宣义者，谕众以输财，邑父老洪玉丁潜同谋而市基。庵岩院落总共五十有四，得赐额者二十有一。故其托平地，瞰悬崖，加

石梯,跨涧水,高与下相叠,背与面相依。草树阴森,藤萝交盘,檐窗隐映以回合,钟磬舂容以遐举,楼台轮奂乎半空,门径委曲于绝顶。每海日明,天籁生,虹霓挂峰,苔藓萦壁,逍遥澹泞,若在鹫岭沃洲之上。虽劳尘俗虑,至而颖脱。曾不知心因境静,境逐心闲。优之游之,其趣自得。久所谓东南之美,为幽人之窟宅,造化之功,开后世之基址。故唐之周朴、张为,聆风嘉尚,寄诗美之。

其大殿者,唐咸通中,将取山材,先斋祷次。忽遇人指其处,果梗梅检梓杞者,是夕又梦许与护送,既而一日,江水瀑涨,其筏自至,了无遗失。大壮既隆,目为神运。自开宝中,连帅中令陈侯割俸增饰,兼重建三门焉。其东南隅,别立奉先,报劬劳于考妣也。寺之讲堂者,先是连帅鄂国留公,造经藏于招庆禅刹,功既成而财有余,陈侯继旧治,补遗事,乾德中兴建立,至端拱中,寺用常住作亭于前,因以集讲学而示宏敞也。殿之前,众作石幢石塔以引翼之。殿东南钟楼者,周广顺中,募众财而造之。荐冥佑于含识也。殿之西北星宿堂者,济南郡夫人建之,资景福于陈侯也。寺之东南浴室者,劝郡缘而构之,用以涤外尘而植静因也。讲堂东影堂者,通判团练使陈侯终于此也。西堂五百罗汉者,邑尹翁留二君劝吏民以植福也。东峰亭基,唐相姜公辅左迁之邦,寻幽致而营栋宇也。西峰亭石像者,独标奇形,控压列岫,唐征君秦系昔为隐君,勒篆高士峰。乾德中,陈侯镌而为像。择僧尸之峰下,构以亭。因石为炉碾盆砚,皆系之遗物也。亭之右,古松二株,偃蹇盘屈,异于常者。昔寺未迁,有老僧独坐,志之谓晋时所有。今或天地阴晦,有龙盘攫其上也。北峰之南曰白云井者,泉味甘凉,爽人肌骨,唐进士傅箰寄褐在兹,旭旦汲之,见云覆波涌中,有龙跃者也。井之左檀越林者,青葱聚秀,昔殿甫成,夜有神人拥徒历观,俄隐是所,今阴雨中,有灯自明也。林下之菩萨坑者,出水盘石,莫测其源,奔湍漱响,有圣僧时见也。坑之右石龛者,危岩虚空,人迹罕到,无等禅师昔常宴居。唐大中中,郡守问道,留偈旌德,今犹存也。<u>古金刚经者,昔天竺三藏拘那罗陀,梁普通中泛大海来中国,涂经兹寺。因取梵文,译正了义。传授至今,后学赖也。</u>凡得法要分为人师者。由大悲至岩头,由观音至朱溪,由天王至隆寿,由西庵至昭庆,皆是寺所自出者。乃铭曰:

天地成气融结者,著形山泽之秀。东南炳灵,通海流涧,排空耸青。中有佛宇,昭然福庭。唯禅之门,亦觉之路。本乎虚空,孰为坚固。运以慈心,拔其苦趣。瞻此仪形,与之齐度。巍峨月殿,重叠云楼。石径几沏,烟岩半浮。松寒不夏,桂煖长秋。彷佛鹫岭,依稀沃洲。缅邈圣贤,杳然长逝。昐响鬼神,聿来加卫。古物斯存,灵踪益炽。发挥宝乘,振灼遐裔。真人出兮,书轨大同。诸佛来兮,教法载隆。梵刹维新兮,郡邑其东。勒铭丰碑兮,昭融帝功。(第200～202页)

黄柏龄编著,《九日山志》(修订本),上海辞书出版社,2006年

(宋)赵崇镇撰,《宋赵汝适圹志》

先君讳汝适,字伯可,太宗皇帝八世孙,而濮安懿王六世孙也。曾祖讳士说,保顺军节度使、开府仪同三司、安康郡王;妣向氏夫人。祖讳不柔,承议郎、通判潮州赠银青光禄大夫;妣郭氏,大宁郡夫人。考讳善待,朝请大夫、知岳州,赠少保;妣季氏,卫国夫人。

先君生于乾道庚寅三月乙亥。绍熙元年,受少保遗泽,补将仕郎。二年铨,中第一,授迪功郎、临安府余杭县主簿。庆元三年锁试,赐进士及第,授修职郎。五年,循从政郎。以应办人使赏,循文林郎。六年,知潭州湘潭县丞。开禧元年,为绍兴府观察判官三年,以奏举,改宣教郎。嘉定二年,知婺州武义县。五年,转奉议郎。六年,充行在点检赡军激赏酒库所主管文字。八年任满,赏转承议郎。九年,转朝奉郎。二月,通判临安府。十一年四月,丁卫国忧。十三年,转朝散郎。十五年,皇帝受宝恩,转朝请郎。十六年,知南剑州。十七年,转朝奉大夫。八月,上登极恩,转朝散大夫。九月,除提举福建路市舶。宝庆元年七月,兼权泉州。十一月,兼知南外宗正事。三年六月,除知安吉州,未上,改知饶州。绍定元年二月,转朝请大夫。三年闰二月,被旨兼权江东提刑,以疾,三上辞请。三月,依所乞,主管华州云台观。四年,寿明仁福慈睿皇太后庆寿恩,转朝议大夫。三月,召为主管官告院。七月属疾,乞致仕。丙申卒,享年六十有二。是年十月癸酉,葬于临海县重晖乡赵岙山之原。

娶陈氏,献肃詹事讳良翰之孙、宝制侍郎讳广寿之长女。封恭人。先卒一纪矣。子二人:崇缜,从事郎,严州司户参军;崇绚,从事郎,绍兴府余姚县主簿。孙必协,将仕郎。孙女尚幼。

先君端方凝重,廉洁之操,始终不渝。教子以义方,理家有法度,居官所至有声绩,而寿不百年,哀痛罔极!崇缜等忍死襄人事,未及丐铭于立言君子,敢叙世系官迁岁月,书石以藏诸幽。孤哀子崇缜泣血谨记。

忝戚朝奉郎主管建昌军仙都观陈成之填讳。

注:1983年,临海县在文物普查中发现了宋赵汝适墓志。墓已毁,墓志现藏临海市博物馆。墓志高99厘米、宽67厘米、厚5厘米。志文为汝适长子崇缜所撰,共21行,满行36字,楷书阴刻,字体严谨挺秀,刻工亦佳。志石完好,文字除少数剥蚀外,余均清晰。(第45~46页)

马曙明,任林豪主编,丁伋点校,《临海墓志集录》,
宗教文化出版社,2002年

(元)《奉使波斯使者墓碑》

大元进贡宝货,蒙圣恩赐,至于大德三年内,悬带金字海青牌面,奉使火鲁没思田地勾当,蒙哈赞大王特赐七宝货物,呈献朝廷,再蒙旌赏。<u>自后回归泉州本家居住,不幸于大德八年十……</u>

注:碑辉绿岩石质,255厘米×655厘米。存泉州海外交通史博物馆。(第341页)

吴乔生、林德民、林胜利编,《泉州古城历代碑文录》,中国文史出版社,2009年

(元)《管领江南诸路明教秦教的失里门主教墓碑》

管领江南诸路明教、秦教等,也里可温、马里、失里门、阿必思古八、马里哈昔牙。

皇庆二年岁在癸丑八月十五日,帖迷答、扫马等泣血谨志。

注:碑辉绿岩石质,56厘米×49厘米×9.5厘米。碑右阴刻直书的聂斯脱利叙利亚文字两行,碑左阴刻汉字两行(共五十三个字),即上述文字。碑于1940年从泉州通淮城门拆出,1954年发现于通淮门外津头埔乡。碑文见于《泉州宗教石刻》。碑存泉州海外交通史博物馆。(第341页)

吴乔生等编,《泉州古城历代碑文录》,中国文史出版社,2009年

(元)《兴明寺也里可温石碑》

于我明门,公福荫里。匪佛后身,亦佛弟子。无憾死生,升天堂矣。时大德十年岁次丙午三月朔日记。管领泉州路也里可温掌教官兼住持兴明寺吴唵哆呢嗯书。(第150页)

注:该石刻为辉绿岩材质,长61厘米,高25厘米,厚10厘米,阴刻14行汉文。现藏于泉州海外交通史博物馆。

牛汝极著,《十字莲花 中国元代叙利亚文景教碑铭文献研究》,
上海古籍出版社,2008年

(元)《泰米尔文石碑》

石碑正面上半部分泰米尔文,译文为:"向哈拉致敬。让世界繁荣,雨水丰沛;让真正的奉献者昌盛;唯让善湿婆之道繁荣;让此神圣的白灰永远超越一切。"

下半部刻汉字,内容为:"开山祖师荼哇(?)藉加那日智和尚"。

注:石碑发现于番佛寺遗址,为花岗岩材质,整体呈长方体,修整打磨较为粗糙,碑身断成四节,拼合后的碑体长约129厘米、宽约29厘米、厚10厘米。石碑正面上半部分刻泰米尔文,下部刻汉字。番佛寺遗址位于鲤城区天后路聚宝大厦北侧泉州旧车站地块讲武巷。2019年4—5月,泉州市博物馆在该地块勘探出土大量宋元时期的陶瓷器、建筑构件和元代泰米尔文石碑,证明在宋元时期这里曾是泉州的繁华街区。(第16~23页)

福建博物院等,《泉州番佛寺遗址考古勘探简报》,
《福建文博》2020年第1期

（元）盛师度撰，《盛柔善墓志铭》

先姊盛氏，讳柔善，清源人也。祖路分，父进士，夫人居长，弟四人，妹二人。次弟师亮，后姊二年而卒。先姊幼能理家，代母氏之劳。及长，好恬淡，不事华丽，能知人疾苦，宗族皆称道焉。事祖母孝，朝夕不离左右，祖母酷爱之。年既笄而择对未谐。辛卯年间，有泉府司左丞亦黑迷失分司来泉，闻名而就聘，时年二十四，遂强与为婚。左丞公常语其家人曰："夫人名族之女，知礼义，吾不可以众人待之。"是以家中无小大，皆称夫人。教子弟皆讲母礼，然夫人不以为喜，每自谓："齐大非吾偶也。"甲午年夏，产后得风疾，至辛丑秋，病愈剧。易箦际区处，后事了了然，泣谓母曰："人谁不死，死得其所为幸。今吾得死于父母之邦，幸矣。惜乎父母年尊，二女卑幼，为可恨耳。"先姊生于宋戊辰年十二月十三日子时，卒于大元辛丑七月十三日戌时，享年三十四岁。女二人：长泉奴，年十二；次丑，年十岁。将于癸卯年十二月十九日，葬于南安县招贤里董埔村。丑山未向，居祖考路分矿（圹）之右。不敢乞铭于当世君子，姑志岁月而纳诸幽。时大元大德七年太岁癸卯十二月十九日壬寅，弟盛师度志撰。（第127～128页）

陈丽华，《元代畏吾尔航海家亦黑迷失与泉州港
——以三方碑刻为中心》，《海交史研究》2017年第1期

（元）释用平撰，《重建清源纯阳洞记》

天下山川岩洞幽胜之处，必仙佛所庐，佛或因仙而居，仙或因佛而显，乃相与成物外之风致也。泉之清源上洞，宋绍兴间有道人裴其姓者，来自江东，日戴通草花行歌于市曰："好酒吃三盏，好花插一枝。思量今古事，安乐是便宜"。或邀之饮，率三酌而止。俗颇异之，忽连月冥测攸往。既而，樵者于洞石室中，见锁骨拱手端坐，草花委其前方，知尸解于此。邦人即其骨肖像事之，并创屋以祀群仙，扁曰"纯阳"。始游玩者弗悟道人寄意于花酒之外，以为实嗜于尔也，岁时竞携酒肴以渎之，箫筑以噪之。识者咸谓山川时运之未享，俾灵区奥域鞠为花馆酒台，岂称道人清净无为之旨哉！爰议室之左，构殿以奉普陀大士，设蓍龟筊以遗士庶之乞灵。荤酒之风遂弭，福利之誉日彰，亦犹闽之升山兰若，乃任真君上升之地，其境物胜概，为一方所推

美。鼓钟香火愈久愈炽,前谓因依者其此类矣。暨宋季,兹山悉毁,猱狖宅焉。我朝至元十有八载,四松僧法昙抚迹吁悼而谋兴复。适心泉蒲公同其弟海云平章协力捐财以资之,规制比于曩时,无虑十百后。廿一年昙召高弟一聪踵其席,遂考故业,屋创未几,岚木顿朽。聪奋肯构之志勤勤弗怠。越数祀而殿宇辄一新,庋四大部则有阁,容□息则有堂,应真阁、观空楼继而成之。考石记叁拾处,莳杉松数万本,缭石埔贰千余丈以防野烧。开新田贰拾余段以为蒸尝。凡石记、内佣、垦田,地与诸家寺观无间。时或天空云淡,徙倚层栏,吟啸舒怀,一观千里,群峰□逯,若旌纛幢节霞佩翱翔,若磬折匍伏翕走海水弥漫,如帝青宝,如吠琉璃。舟子凫鹥出没空阔,近远崇库,千态万状。王摩诘郭熙辈,神疲腕脱,摹写莫偶,视山之精庐,栉比爽垲壮丽而莫之与京,噫!聪之作较师之功,岂谓有加欤!亦气运之当亨,仙依佛而益显。适丁其时也,复得信斋万户孙公,心泉之孙一卿蒲公相兴辑事,故能若是。聪生晋邑瑶林,授经四松,号石门。住山余三十年足不越限,行苦业,白时人以有道目之。岁庚午,诫其徒契因主洞事。癸酉夏,五奄化全躯窆于山之胁。越甲戌,因以佛仙二殿犹欠翻盖,乃撤修之,门楼弊漏,因重新之。聪师化孙府,所有晋江三十都东山渡旧塽修筑,受种子贰拾石,构庄屋以备来,费统钞二百二十锭,复捐衣资及化十方,赎置三十九、四十一、二都田地肆百伍拾余亩有奇。因原所自当归功与师,恐没其名,请予状其颠末。予曰前昙师之功,有乡先生傅公记之,今子师之功,不求之当世名笔,予安能发挥以信与人?力辞而力请不已,乃语之曰:兹山岩壑幽胜,户知为泉城冠,予不赘陈也。若夫寄傲尘表,谢绝王侯,鸟兽同群,耕种自乐,此肥遁之士也。吾徒固以是为极,则耶开田,则阐先百丈之大义,种松则泽,古石门之微言,悟清净无为之理,了仙佛异派同源。倘于是得尔师之心,则一竹一木一水一石皆不刊之铭刻,讵必肤浅之词,以托永久之传哉。

大元至元四年龙集戊寅孟冬日万安禅寺用平智泰撰
壮敏侯孙彦方、孙长安书篆

注:摩崖高 2.08 米、宽 1.03 米。上刻汉字二十四行,字径 3 厘米。在泉州北门清源山上纯阳洞寺东面 20 米处。寺内另有一较小的石碑,所记一致,可能是前一摩崖石刻的重刻,碑上凡"蒲"字,皆被琢去。清末陈棨仁《闽中金略志》有录文。以后寺废,1936 年此二碑刻重被发现。(第 574~575 页)

吴文良原著，吴幼雄增订，《泉州宗教石刻》（增订本），
科学出版社，2005年

（元）许天泽撰，《先君侍郎许公墓志铭》

先君讳应□，字士元，静山其号也。世居温陵，祖讳永，人匠提举。祖妣李氏，生三男，先君居长。娶董氏武荣朝奉之孙女，生天泽，女佛娘，适张孝先。天泽娶左副翼刘进义之女。孙男二人：观□、妈保，孙女二人：长娘、宝娘。先君壮年识量过人，不露圭角。<u>内省平章吴国公</u>[①]<u>来泉，一见即器其材而荐用之，两擢行省宣使</u>。至元庚寅，调永春簿，政平讼简，民咸德之。大德甲辰，<u>遥授兵部侍郎，使于异域，回奉珍宝入贡</u>。□迁官，闻亲讣而归，遂辞<u>闲不仕为终焉</u>。□计卜筑园池，手植花木，适意优游林间，不与世接。每清晨盥漱，则持斋诵经，未尝一日辍也，乡民善人称之。寿终七十有二，生于咸淳乙丑十二月戊寅，卒于至元丙子三月己酉。先是手营葬地于南安县招贤里石竹山之原，大父提举公茔侧也。癸山坐丑向未，水归辛庚，虚其左为母寿藏。□死卜以丁丑岁十二月六日壬申奉柩窆焉。不敢丐铭于当世君子，姑书岁月而纳诸幽。孤子许天泽泣血谨志。

武德将军□□<u>泉州路湖州万户府万户钱泰义</u>□□（第125页）

陈丽华，《元代畏吾尔航海家亦黑迷失与泉州港
——以三方碑刻为中心》，《海交史研究》2017年第1期

（元）亦黑迷失刻立，《一百大寺看经记》

钦奉圣旨立碑（一行阙）（上阙）贤院使领会同馆事
伏以鹫岭山中，四十九年，云行雨施。龙宫藏内，五千余卷，玉转珠回。爱分深浅之机，故有偏圆之说。八部咸仰，以无缘慈摄化众生。六度齐修，以大施心利乐群品。感王臣之敬服，亘今古以流通。<u>伏念亦黑迷失，自幼年钦奉世祖薛禅皇帝，宣唤历朝，委用至今。圣恩莫报，特发诚心，谨施净财，广宣梵典，上</u>□□□。世祖薛禅皇帝、完者都皇帝、曲律皇帝圣恩，端为祝延今上皇帝圣寿万安；皇太后、皇后齐年。

---

① 此处指亦黑迷失，《元史》载元仁宗念其"屡使绝域，诏封吴国公"。

太子千秋，诸王文武官僚同增禄位。风调雨顺，国泰民安，佛日增辉，法轮常转。敬就都城西京、汴梁、真定，河南汝州、荆州，顺德府明州、补陀山朝里，宁夏路西凉府、甘州，两淮、江浙、福建诸路一百大寺，各施中统钞壹佰定。年收息钞，轮月看转三乘圣教一藏。其余寺院、庵堂、接待，或舍田、施钞，看念四大部华严、法华等经，及点照供佛长明灯。谨写西天银字经一藏进上。

当今皇帝，回赐大都普庆寺看读。仍就都城创吉祥法王寺一区，赡寺地一顷，栗园一所，印经一藏，施钞贰佰定。又以中统钞一百定，就嘉兴路崇德州，置苗田一百二十五亩，岁收租米一百石，舍入杭州灵芝寺。续施钞二百定，与泉州承天、开元二寺。以上置田出息为岁念藏经费。又将元买兴化路仙游县，租田二千余石，散施泉州、兴化各处寺院，递年看转藏经。其斋□以岁收子粒多寡为率。然则，财法无尽，因果俱彰，施心□于虚空，本无住相。惠性通于历劫，普导含灵。极真际以庄严，尽刹尘而回向。仍为祖祢宗亲同超佛地。<u>次冀亦黑迷失，偕室中夫人荼荼，身宫康泰，寿命延长，福禄荣迁，子孙昌盛，万行功圆之日，百年报满之时，普与法界众生，同证萨婆苦海。</u>

延祐三年十月　　日记报答

看大藏经

正月　大都路　大圣安寺　竹林寺　承华普庆寺　河南白马寺　杭州路仙林寺　明庆寺院　灵隐寺　妙净寺

二月　□□□　□□集寺　北崇国寺　汝州香山寺　朝里宁夏路汉宗仁王寺　杭州路净慈寺　径山万寿寺　上天竺寺　福州开元寺

三月　大都路　天昊天寺　太子寺　汴梁诏相国寺　宁夏路汉家寺　福州路东禅寺　鼓山寺　兴化路　大广化寺　大华严寺

四月　大都路　大悯忠寺　香山永安寺　真定隆兴寺　宁夏路　汉众大觉寺　兴化路　龙华寺光孝寺　囊山寺　能仁寺

五月　大都路　大万安寺　宝塔寺　西京奉恩崇德寺　宁夏路番众承天寺　泉州路　承天寺　崇福寺　光孝寺　北藏寺

六月　大都路　大庆寿寺　承天祐国寺　宁夏路番众□□寺　补陀山寺　泉州路大开元寺　水陆寺　法石寺　延福寺

七月　大都路　大崇国寺　大崇寿寺　双泉寺　西凉府　畏委普照寺　泉州路　积善寺　西禅寺香积寺　招福寺

八月　大都路　延寿寺　智全寺　圆明寺　潭木石寺　泉州开元寺

封崇寺　白沙灵应庵　兴化水陆寺　昭福寺

　　九月　大都护国仁王寺　大万寿寺　西仰山寺　亦怜真觉寺　甘州番众冈家寺　真定临济寺兴化长兴寺　泉州明心寺　神州西禅寺　甘州汉众如来寺

　　十月　大都路　大海云寺　下生寺　甘州番众设的众寺　西凉番众河西大道院□福州路　大报恩寺　雪峰寺又一藏　杭州灵芝寺　建宁后山万寿堂

　　十一月　大都路　大报恩寺　千佛寺　崇福寺　延洪寺　大都姚法师寺　毛法师寺　河西毛法师寺　双加失里院使寺

　　十二月　荆州、顺德府开化寺　杨州天宁寺　平江承天寺　镇江金山寺　大仰山寺　吉祥法王寺　大弘法寺　焦山寺

　　看四大部经　杭州路贾寺　杭州灵芝寺　庆元阿育王寺　庆元湖心寺　福州神光寺　泉州清源洞

　　看华严经　兴化祇园接待　惠济接待　竹林接待　万寿接待　报恩接待　招福寺　静居庵

　　看法华经　太平庵　明庆庵　大梦岩　斗东堂　圆通庵　永庆庵

　　接待往来僧众　永庆庵　般若庵　泉州楞伽接待　清源齐云洞　衢州祥福寺

　　点照长明灯　杭州明庆寺　径山万寿寺　补陀洛伽山寺　杭州灵芝寺　福州南报恩寺　瑞光岩　泉州清源洞

　　以上计一百大寺看大藏经，六寺看四大部经，一十八处看华严经、法华经、接待往来，七处点长明灯。

　　天下有三达尊（下缺）　公独存焉，法（下缺）

　　其难者，公兼得焉，公以宿植之，善（下缺）习于老师宿儒（下缺）不忘（下缺）人观朝政。

　　列圣眷用，位极上，公（下缺）国恩遍人，佛刹手探（下缺）摩（下缺）子善恶（下缺）前矣（下缺）奉　御炉之香开，施之（下缺）作广大佛事，皆（下缺）无穷，此王宝（下缺）者也。敬（下缺）三年十月　日（下缺）元孝住持传法沙门（下缺）。

　　今上皇帝圣寿万安，舍中统钞壹仟定，每寺壹拾定，看念藏经，羊儿年记。

　　注：碑花岗岩石质，350厘米×115厘米×11厘米。元亦黑迷失所立。

碑文见于《闽中金石略》。(第23~24页)

吴乔生等编,《泉州古城历代碑文录》,中国文史出版社,2009年

(元)赵济撰,《故竹所县尹王公墓志铭》

从仕郎、前兴化路仙游县尹赵济撰并书

承务郎、宁国路旌德县尹王君,讳应祚,字舜卿,号竹所。将葬,孤复、临等踵门谒铭,余蘉然曰:"君吾故人子也,何敢以耄荒辞!"按:王氏世为泉之晋江人,至明威将军、梅州路总管始大。明威讳与,号东皋子,君之父也。母黄氏。君以父荫补官从仕郎、临江路钞库提领,得代授征事郎、建昌州判官,未上,丁内忧。服阕,授承务郎、邵武路邵武县尹。县学厄于兵火,至则葺经阁、新圣像,示民知教也;桥道圮于巨浸,至则理舆梁、修道路;恐民病涉也。催科立一定之式,听讼尽两造之情,故凡发号施令之间,无非学道爱人之意。其去也,都鄙之民攀辕截、学校之士去思有碑,果何以得此于民哉!至顺元年,除授宁国路旌德县尹,牛刀屡试,制锦有方,一以宰邵武者而宰旌德,三年有成,五事已备,宪司将擢用矣,考绩将换授矣,忽以微疾卒于官所,时元统甲戌四月五日也。生于至元乙酉八月廿九日,得年仅五十。妻札剌氏,唆都承[丞]相之孙女。男四人:复、临、泰、千家奴。女二人:泰娘、懿娘。将以元统三年乙亥奉柩葬于晋江县鸾歌里东湖山之原,距明威坟仅二十武。余尝评竹所,少从古直傅先生授业,及接诸老先生议论,承上接下,善言语,能政事,窃宰我、子贡之绪余,用子游武城之矩矱。<u>其始终则得泉翁①、云翁②二老余波之及,信斋孙侯东道之力也</u>。惜乎!鸾将飞而铩翼,骥将骋而踠足,丹翮翩翩行数千里,岂不甚可悲!谁是窀穸之事得以从先君于九原者,庶乎亦可以无憾矣。铭曰:

谁欤铭旌?旌德之宰。五事已备,而君不待。

天旌其德,其意有在。不于其身,而尔后代。(第15~20页)

陈丽华,《元王应祚墓志铭考释》,《福建文博》2016年第1期

---

① 蒲寿宬,号心泉,故此处"泉翁"当指的是蒲寿宬。
② 蒲寿庚,号海云,故此处"云翁"当指的是蒲寿庚。

（明）傅凯撰，《唐相姜公墓碑记》

树直节于当时，流芳名于后世，此大丈夫事也。

夫臣之于君，谟明弼谐，相与都俞吁咈于一堂之上，而共成乎德业。初不相见，其所谓直，固所愿也。不幸君有过，在所当谏；谏之不听，而谴怒随之，黜罪随之，遂使君有拒谏之失，而臣有直谏之名，此岂其所欲哉？然视夫贪位固宠，依阿不言，宁覆公𫗧而不失吾私图，则妇寺之所为耳，恶足为人臣，恶足为大丈夫乎？

故为直臣者，肝可裂而口不可缄，首可碎而志不可夺。岭海烟瘴可犯而谏疏不可以不陈。其身家之利害且有所不暇计，而名何有焉？然书之简策，播之天下，传之后世，其名自有不可得而掩者，士大夫而不知乎？若人不重若人，则是无人心矣。此唐相姜公墓之所以修而碑之所以立也。

稽之史传，公爱州日南人。德宗时为翰林学士，预知朱泚之将叛，谏诛之而不听；知泾卒之将乱，复谏取之以从行而不听；及德宗欲驻凤翔，又谏以张镒之不可倚；及在奉天，又谏以羽卫不可不严；后皆果如其言。除公谏议大夫同平章事。既而德宗欲厚葬唐安公主，谏宜从俭约以济军兴，德宗遽怒其卖直以沽名，虽有陆宣公之解不能释，遂罢为庶子。未几，又贬为泉州别驾。当时卢杞保朱泚之忠贞，而致乘舆播迁，宗社几覆，德宗曾不之咎。公何负于国家而一黜不可复还？德宗何如君，是固不足尤，而立道不容于时，可慨也。

公至泉时，与隐君秦系往返于南安九日山，遂终于此。秦君为葬于山麓，即今姜相之峰，秦之亭，屹然砥柱并立。而故丘断垄，颓然于寒烟荒草之间，几莫能识者。别驾相庐罗侯怀以乡进士来治郡几五载，廉介公勤，崇儒尚道，雅慕公之直节。弘治辛亥冬，出按南邑，属余访公之丘垄，将立石以示后。乃谋郡守李侯、通判张侯、节推杨侯，同心协力，命工修葺，卜日具牲醴以奠，属予书于石。

呜呼，天地有正气，人心有正理。正气不容一日息，正理不容一日泯。当时若卢杞之奸，虽一时荣宠，至今人将唾骂之不已。其枯骨在地，尚有欲发而暴之者，况望其垂吊哉！惟其直节不回，可以质天地而无愧，此所以虽屈于一时，而起敬于千载之下者，尚未有艾，公其可以小丈夫比哉！

睹高山而伸止，启后人之具瞻，侯亦可谓知所重而无愧于公之为人，故皆可书也，因系之词曰：

天地交而万物通,时有直臣而不显其功,天地不交而万物不通,时有直臣而独无所容。公之在唐,知社稷之将危而幽忧抑郁之无穷。封章朝上,匹马夕走乎闽山之中。忠言逆耳,王臣匪躬。自昔迄今,孰不仰姜相之高峰!满林红叶,孤冢朦胧。不有我侯,孰起其崇!镌石以记实,盖将使后人知异世而同风。(第404~405页)

陈国仕辑录,《丰州集稿》,南安县志编纂委员会,1992年

(清)曾式冕撰,《云麓禅寺暨三翁宫记》

云麓山距郡城东五里许,其地多名胜,有云麓禅寺。山之左为坑,东有三翁宫。宫之右臂,其上有白鹿洞。洞之前有庵,昔青霞道士居焉。有石刻诗曰:"源山多秀气,松柏高姿龄。曳杖渺云涛,天风吹泠泠。"又曰:"青霞道士老无齿,松下煎茶手自分。话到夜阑山月落,又随白鹿入深云。"二诗俱镌在庵之左峰石上,悬志载在法石山者。岂兹山古即名为"法石"乎?庵久废,惟故址未尽泯没。麓之西北,又有院曰"新院",亦久废为荒丘,仅传其名,莫指其所。康熙年间,农民犁锄所及,得其偃臣钜柱石四,始识其为建院故处。此皆云麓古昔之胜□也。顾云麓之名,于而昉?宋帝端宗遭元兵之难南迁,欲作都泉州,招抚使蒲寿庚闭城不纳,帝乃趣驾,由通淮门外取道直之东南,有层云叠起,自山之麓前来拥盖帝驾,帝因望云气而信宿于斯焉,遂敕赐山名曰"云麓"。虽得之故老传闻,而妙云亭、停车桥古迹,实有可考据者。然则兹山也,其亦有英灵精爽,与文、张、陆诸公,共翊戴幼主于倾覆流离之际者乎?维时复有三孝臣扈从,不及寻踪到此,帝已航海入粤,遂触石死焉。里人殡而葬之,亦即以身殉,姓名皆不及传,而其忠魂义气,足以感动人心,乡人塑像而祠祀之。郡志、县志所称三翁宫者,即者在于云麓者也。呜呼!斯亦可谓之死而不朽者矣。若夫云麓寺,疑即古称法石寺,是《方舆纪要》云:"宋少主曾驻跸于此寺中。"与里老传闻悉相符。今匾为"云麓禅寺",内以敬奉世尊佛,外以宗祀灵佑侯,为刘公行全者,亦详载志书中。则云麓寺一忠显庙,均非漫然也。前朝崇祯癸未岁,李参政讳日□以其地为古名胜,喜舍杉木若干,重新寺宇,题有"圆觉招提"匾额,檀越李某立。其余瓦木工费,乡人募金落成之。迄今日有余年,栋梁榱桷犹然如新,惟前寺门墙不无残阙。岁乾隆己丑,吴君洛捐金,一切修葺,于三翁宫更重为修盖之。丹□黝垩,尽可观美,而云麓益增胜□矣。夫名山宝刹,所在多有,埋灭于风烟蔓

中,如此地之日鹿庵与新院,圮坏无存,令人兴吊古之悲者,何可胜数？而云麓寺、三翁宫,建置不知阅几数十世,至于今犹赫然在望,是神之灵欤？抑地之灵欤？爰从而记之,庶骚人世间逸士履斯地者,知云麓寺、三翁宫之建,原有名色,非他淫祠所得比。则目览斯文,视郡志、县志,不尤详明众著也哉？赐进士出身、文林郎、知江苏江宁府六合县事加一级、里人曾式冕撰。

注：此碑现存于泉州市海外交通史博物馆。（第137～138页）

吴乔生等编,《泉州古城历代碑文录》,中国文史出版社,2009年

(二)宗谱族谱

泉州《闽泉吴兴分派卿田尤氏族谱》

元镇国将军加九锡充马八儿国宣抚使贤公传志

公世居泉郡,宋忠训郎,带行环卫官、福州路都铃辖。至于至元十三年归元。世祖十四年,授虎符昭威将军、管军万户、总管、漳州知府。当攻泉州九十余日,公晨夜血战,城赖以全,上功升怀远将军万户侯,十七年、征入觐,升安远将军万户侯、建宁路总管兼府尹。十一月,进镇国将军加九锡,又授占城、马八儿国宣抚使,正授征蛮大将军、总管,带同副将薛迢征金幽诸蛮、奉旨招谕盖南毗也,航海逾年,始至马八儿国,宣上威德,国人从风而靡。治舟以归。十九年,抵占城,继而天兵来伐。占城人以宣抚为给,举国叛,宣抚使暨副将三十余人皆被杀,占城破,行省拘八儿表章礼物赴阙,朝命世袭。

子三：思宗,嫡出；思仁(一名思孝)、思议(俱庶出)

裔孙光著、世书、春会、春霖同鞠躬敬录

注：《闽泉吴兴分派卿田尤氏族谱》,民国续修本,计十七卷,泉州市文物管理委员会藏有首卷。据载,该族入闽始祖尤思礼,原姓沈,唐末随王潮兄弟入闽,居于泉,后娶王审知女为妻,称驸马都尉。因沈与审同音,避讳而改姓尤。尤氏历五代以迄两宋,族人虽分派泉属各地及江苏无锡,然均甚发达,堪称名族之一。尤永贤传志,诸多官职虽混乱有误,但其为宋末官僚,又系元初之重要人物,则一点不假。传

志披露尤氏于张世杰围攻泉城之时,"晨夜血战",显系蒲氏阵营之战将,故因功而升怀远将军万户侯,尤氏乃元初泉州官僚家族中拥蒲派代表之一。(第126~136页)

王连茂编,《元代泉州社会资料辑录》,《海交史研究》1993年第1期

泉州《南外天源赵氏族谱》

濬源图谱序　(元)赵由瓐撰

图谱之所以明系、收族属、纪实行,上以绍述于宗祖,下以垂鉴于子孙,其有关于人道也。……而我六世祖,中奉大夫、同知福建都转运使府君讳子镠者,乃太祖次子燕懿王德昭六世孙也,实由南京外宗正司徙迁于泉,相传五世,不意德祐丙子,杭京兵陷,大宗图籍皆迁而北,元兵南下,福州失守,西外宗室举罹其祸,谱无有存者。帝昰、帝昺航海至泉,招抚使蒲寿庚以城降元,南外宗室三千余人悉为寿庚所害。惟由瓐大父与蕃公游宦于外,幸而获免,故克传世而有今日。司院府第既遭兵燹,则谱牒等书不复见矣。由瓐虽得先祖旧录,宗支属籍,韫司之官,因得不泯。然亦烬末粕余,得此失彼,休暇阅视,不能不抚膺而痛恨也。矧今历世寝远,蠹蚀者多,惧久并失其传。遂仍旧本续前纂后,删繁就简,再图宗支,类次成轶。名曰《濬源图谱》,以永其传。后之子孙,见斯谱也,而能修身慎行,以求无忝我祖,斯不失为贤子孙矣。如或失度从欲,为人所不齿,而抱斯谱以号于人,曰:我大姓也,我宋室子孙也,则亦将岸视而讥,呵随之矣,岂不为我祖之辱乎?吾之子孙尚若念诸。

岁庚子(1360年)秋八月即望,文林郎致政闽清令尹嗣孙由瓐拜手书。(第43~49页)

南外宗孙由馥府君遗嘱　(元)赵由馥撰

我生泉州睦宗院小府,已登名玉牒,景炎家亡,时甫七岁,我幼主被兵逼至城下,叛臣招讨使蒲寿庚闭门不纳,尽杀宗人长幼三千余口,我亦刃刃。有达平章者,仁慈人也,无子,见而怜我,遽下马拥抱超跃而去,携居江北,遂养为嗣。既长,为我由良辅送入太学,我虽幼尚能记所自出,每怀水源木本之思。及平章殁,三年服阙,葬之礼,遂与庄附二妈来归西北隅之故里。因与孟俊叔告免差役于泉州路总管府,潸然出涕,既为移文蠲免,复为追返故基,苟创祠宇宗祊,奉祀祖先及伯叔姑姐之神,不能尽记忌辰,但岁时节序,

祭献而已。呜呼！痛哉！天也奈何，我创立宗祊时，四邻皆来贺，老者且言且泣，惟田氏不至。盖寿庚、寿晟作乱，州司马田子真为之谋主。田子真往杭州见唆都纳降，而后寿庚杀其子。凡据我第宅，占我田园，夷我坟墓，获我宝器，皆斯人之子孙也。吾思前代帝王家，子孙诛夷，自古为然。吾至元二十五年遇赦归宗，而二十六年有漳民陈机察寇龙溪，假兴复赵氏为名，一时广东、泉州、福州宗族尽俘北去，事白放回，世事如此，安知无复此祸哉？为我子孙，须知谨慎守己，勿苦贱辱，而怀郁抑；勿忤权势，而致谤诬；勿视遗失宝器，而兴嗟叹；勿感第宅荒芜，而存夕亡。枕席涕泪，人前强笑，皆亡国子孙免祸之道也。惟有坟墓没人之手，至于毁掘暴露者，不可不祈哀于人而返之。呜呼痛哉，戒之念之！

大德四年五月朔日南外宗孙由馥泣血嘱 （第50～52页）

有宋十六帝事迹

端宗皇帝，讳昰，度宗庶子，恭宗之兄，母淑妃杨氏所生，于咸淳四年六月初五日丑时，德祐二年五月，恭宗入庙，子元为元降封，是月陈宜中等乃立昰于福州，以为宋主，改元景炎，淑妃为太后，同听政，改福州为福安府。丁丑年，元兵至福安，帝遂趣泉州，为招抚使蒲寿庚拒城作乱，杀诸宗室及士大夫俞如圭、杨亮节等，帝徒步匿于绥德乡北山寺驻跸。七月，乃乘湖奔湖州，十月，元兵以舟师攻帝于浅湾，十二月元兵又追帝于七州洋，执俞如圭归。元至十五年二月，帝遂驻碙洲，是年四月戊辰日己时，帝在位四年，享年十六岁，权攒于碙洲。（第90页）

帝昺，初封永国公，度宗末子，俞修仪所生。度宗即位，封昰为吉王，昺为信王。元之迫行都也，知临安府文天祥乞命二王镇闽广，以图兴复，太后从之。进吉王为晋王，判福州；进信王为广王，判泉州，以杨亮节、俞如圭提举两府事。元兵次皋亭山，太后遣使奉玺以降。文天祥使伯颜请缓师，不许，如婺州，元伯颜追之。亮节等遂负二王及杨妃徒步匿山中七日，统制张全以兵追至，遂同走温州，居江心寺。文天祥亦自镇江七入真州东入海，由通州浮海如温州，以求二王。恭帝及太后全氏并宗室驸马等既北走，陆秀夫、刘义闻、二王在温州，以兵来会，召陈宜中于清澳台，张杰于定海，相与哭于江心寺。高宗南奔时，帝座下三奉二王为都元帅，以图兴复。二王航海如福州，檄忠义兵，势稍振。陈宜中等奉益王即帝位于福州，淑妃杨氏为太后，同听政。天祥亦自温州与秀夫、世杰同枢密丞相经略南剑等处。贼势猖獗，帝舟居于泉州港，招抚使蒲寿庚作乱，帝迁于潮州及惠州。甲子，文天祥溃于兴国，妻子被执。陈宜中遁于占城，以舟师袭浅湾。帝舟迁秀山，迁井澳，飓风大作,帝有疾,元袭,执俞如圭以去。舟谢谢女峡。景炎三年,帝崩,年十一,谥端宗。群臣多欲散去,陆秀夫曰:"度宗皇帝一子尚在,将安置之,古人有以一旅一成中兴者,今百官有司皆具,士卒数万;天若未绝宋祀,此其不可为国耶?"庚午,乃与众共立广王,就碙洲即位,时年八岁,改元祥兴。张世杰以碙洲不可居,移舟于新会之崖山,造行宫,建慈元殿居杨太后。时官民兵尚二十余万,多居于舟。六月,有大星南流殒于海,小星千余随之,声如雷。冬,文天祥被执五坡岭,元兵由潮阳入海至崖山,世杰恐冬在海中,士卒离散,曰:"频年航海,何时已乎?今须与决胜负。"遂悉焚行朝草市,结大舶千余,作一字阵,碇海中,奏帝居间,为死计。元薄之,宋舟坚不能动,焚不能热,元以舟师据海口,樵汲道绝,兵士大困,因前后乘之。宋师南北受敌,不复能战。俄有一舟樯旗仆,诸舟皆仆。世杰知事去,乃抽精兵入中军,会日暮,风雨昏雾四塞,乃十六舟夺港而去。陆秀夫走帝舟,帝舟大,度不得出,乃先驱其妻子入海,即负帝同溺。后宫诸臣从死者甚众。杨太后闻帝崩,抚膺大恸曰:"我忍死间关至此者,正为赵氏一块肉尔,今无望矣!"遂赴海死,世杰葬之海滨。世杰将趋安南,遇飓风大作,则取瓣香仰天呼曰:"我为赵氏,亦已至矣。一君亡,复立一君,今又亡,尚遮几敌兵退,别立赵氏以存祀耳。今若此,岂天意耶?天若不欲赵氏存,则大风覆我舟。"舟遂覆,宋祚终于崖山,凡三百二十年。至元十六年二月,大兵挟兵攻帝舟,陆秀夫度不得出,乃抱幼主投江,七日浮幼主,尚在秀夫之抱。太后闻帝投江,亦赴海而死。张世杰奉帝尸及太后尸葬于崖海山,享年七岁,在位二年。

赞曰:宋之亡征,已非一日,历数有归,真主世御,诗曰:天命靡常,归于有德故也。而宋之遗臣,区区奉二主为海上之谋,可谓不知知命也?已然人臣忠于所事,而至于斯,其亦可悲也夫。(第91~95页)

南外赵氏天源续谱序　　(明)赵德敫撰

谱牒之作,有功于人大矣。……高宗南渡,先徙诸宗室于江淮,继而移大宗正寺于江宁,南京外宗正司于镇江,西京外宗正司于扬州。迨后屡迁,大宗止于杭,西外止于福,南外止于泉。初迁也,寺官失职,举五书而逸于江浒,迨绍兴间,始命儒臣搜访遗阙,重修玉牒,而以录籍图谱,四者合而一之,赐名"总要",颁于内外宗正,俾各收掌。而我十世祖中奉大夫、运使子镠府君,实太祖次子燕懿王德昭五世孙,由南京外宗正司迁入泉,自是始为泉人,相传五世。德祐丙子,不意元兵陷杭京,大宗图籍皆迁而北,元兵南下,福州失守,西京宗室举罹其祸,谱牒无有存者。帝昰、帝昺航海至泉,叛臣蒲寿庚作乱,以城降元,南外宗室三千余人悉为其害。惟我大世祖监税,与蕃府君宜游于外,幸而获免,故克传世而有今日。司院府第既遭兵燹,则谱牒等书,不可复见矣。幸我监税府君旧录宗支属籍,韫司之官,因得不泯。然亦烬末粕余,得此失彼。而我高祖县令尹讳由璃府君,致政暇日,因阅旧本蠹蚀,惧久并失其传,续前纂后,删繁就简,再图宗支,类次成轶,题曰:《濬源图谱》。相传又五世,产业荡析,宗支散离,今泉尚存仅八九房而已。考之,皆是南渡入泉子孙,如西郭族兄克让,寺后族兄明吉,学前族弟广彰,皆出于燕懿王德昭房,乃其第四子舒国公惟忠之后;又如孤山族叔克敏,行辇族弟伯蕃,皆出于太宗第四子商王元份房;又如南街族伯仲真,与县令族叔孟敷,皆出于魏悼王第二子广平郡王德隆房。推原本始,实皆同出于宣祖,此固所谓千万人之身,而同出于一人之有身者,此也。……自僖祖起,以至于南渡之世,止录一支一叶,直派传下,而不及于旁支。迨至南渡入泉之后,方著旁支,故谓之入泉续派,今计二十有三世,书画成图,题曰:《南外赵氏天源续谱》。……谨书以为序。

成化十七年岁次辛丑冬十月既望日,燕懿王十五世孙,主忠厚祠大宗子寅庵朽叟网宪德敷手书。(第100～108页)

南外赵氏族谱序　(明)朱阳铸撰

自昔哲后建国,赐姓命氏,所以别其族类之由出,俾子孙各本于其祖,不敢忘也。……尔祖以忠厚立国,待士大夫以礼,故虽有大臣之误,亦有大臣之报,如文天祥、陆秀夫、张世杰辈,不可胜记。而何蒲寿庚之叛若此也?按《闽志》:寿庚实粗人武夫,其谋皆出于兄寿晟,寿晟鄙陋书生也,其误国叛君固然,遂使帝王苗裔糜烂鱼肉不绝者如线,其剥之,时乎?……善则贻之令名,不善则贻羞辱,可不慎乎?故谨书以为赵人告,并以告我宗人云。

弘治壬子岁秋八月之吉,皇明四代孙书于鲁藩尊德堂并赠诗一首。……(第116～121页)

允遴溯始推末记　(清)赵允遴撰

小子读史,观我宋祖之得天下,天与人归,其与舜、禹之禅让,无以异也。……太祖长子德昭、次子德芳,虽不及嗣位,然南渡之孝、理,皆其嗣续。德昭之六世孙子镠,任福建都转运使,由南渡自此居泉,泉之有赵,自子镠子伉始也,乃燕王德昭派也。德芳之十世孙与昉,昉之子孟传,传之孙宜春,世有显官,由南渡迁于海澄、南溪。宜春生二子,长由广,次由发,发从龙溪之北溪,故漳之属邑南溪、北溪之赵,皆秦王德芳派也,则皆太祖之支派也。至魏王迁泉之派,广平郡王派,居于泉。勋国公派,居于同。申王派居于漳浦积美。由是魏王派与太祖派并传于漳泉,而直至广东省者,皆自南渡而来也。

(第147～149页)

谱图·世系

子镠,字南金,以建炎南渡,徙福建泉州。绍兴初,以锁换进士,授承议郎,翰林五经博士,赐绯鱼袋,出知建昌军,改大宗正丞,迁朝奉大夫、知封洮,有德政,擢中奉大夫、同知浙东都转运使司事,改任福建转运使,卒于官。娶洪氏敦煌郡君,赠清德硕人,合葬南安县三十二都田丰里橄榄安山。子三人:伯迖、伯迥、伯遏。(第254页)

孟伟,字仲环,号伟翁,值宋末更变,编籍民伍,读书授徒。有命搜遗逸,有司以公应诏,奉补将仕郎,泉之市舶税院库使,以疾致仕。娶孺人董氏,合葬晋江县三十八都石塘安山,子四人:由瑆、由美、由腾、由忠,女一,适唐。(第334页)

赵氏漳泉守令诸司录

泉提举市舶司①

赵汝矐,绍熙任;赵亮夫,开禧任;赵不熄;赵崇度;赵汝适;赵希桱;赵师耕,嘉定任。(第643页)

补遗

景炎祥兴时事　叛臣蒲寿庚

德祐二年(是岁五月,端宗即位,改元景炎)十一月,元兵寇闽,陈宜中、张世杰奉帝(端宗)航海至泉州,招抚使蒲寿庚来谒,请驻跸,世杰不可。初寿庚提举泉州市舶司,擅番舶利者三十年,或劝世杰留。寿庚则凡海舶不令自随,世杰不从,纵之归。继之舟不足,乃掠其舟并没其资,寿庚乃怒杀宋宗室及士大夫与淮兵之在泉者。帝移潮州。十二月,寿庚及知州田贞子以城降于元。七月,张世杰以元兵既退,自将淮兵讨寿庚。时汀、漳路剧盗陈吊眼及许夫人所统诸畲洞军皆会,兵势稍振。寿庚闭门自守。世杰遂传檄诸路,陈缵起家丁义民五百应之。世杰使谢洪永进攻泉州南门不利,寿庚复阴赂畲军攻城不力,得间道求救于唆都。九月,唆都来援,围遂解。

宋季,益、广二王从福州行都航海幸泉州,驻跸港口。守臣蒲寿庚拒城不纳,帝骂之曰不义。诚寿庚武人寡谋,其计皆出于兄寿晟所筹画。部署决

---

① 谱记载有错漏。赵师耕,谱载为嘉定任,误,应为淳祐任。参阅张春兰:《宋代南外宗正司入泉与海上丝绸之路》,《福建史志》2010年第5期。

策既定,佯着黄冠野服,归隐山中,示不臣二姓之意,而密俾寿庚以蜡丸裹降表,命善水者由水门潜出,纳款于唆都。既而元以寿庚归附之功,授官平章,开平海省于泉州,富贵冠一时。寿晟亦居甲第。忽二书生踵门,自云从潮州来求谒见处士。阍人以处士方昼寝,弗为白。书生曰:"愿得笔砚书姓名,俟觉,敢烦一投!"阍人乃遗以纸笔,遂各赋诗一首。其一曰:"梅花落地点苍苔,天意商量要入梅。蝴蝶不知春去也,双双飞过粉墙来。"一曰:"剑戟纷纷扶主日,山林寂寞闭门时。水声禽鸟皆时事,莫道山翁总不知。"书毕不著名,拂袖而去。寿晟既觉,阍人以诗进,惶汗失措,大悉不早白。遂遣人四出追之,竟不复见。(第 696~697 页)

泉州赵宋南外宗正司研究会编,
《南外天源赵氏族谱》,泉州市印刷广告公司,1994 年

晋江《陈埭丁氏族谱》

感纪旧闻　(明)丁衍夏撰

嘉靖丙申岁,余方弱冠,读汾祖所遗族谱二序,嗟其书之未就,窃期以成其书。从伯父讳博字遵厚者,嘉予之有斯志也,出所藏毅祖手书裱褚一幅,高尺许,长几二尺,草书寸余大,百余字,纪吾家由来之系示余。其起句曰:"由赛典赤回回瞻思丁"云云。当时见闻寡昧,不识赛典赤何义,妄以意度番地番语,难于史册稽也。继阅郡志,得瞻思丁乃元县佐之官名。丁若以为氏也,难究其佐孰县之人而祖之矣。于是但依序中语,继以节斋公为始祖,以上不复考其由来也。故于赛典赤之云,置之而不究。

近得李氏《因果录》读之,中载《将官章》有曰:赛典赤、瞻思丁,回回人,其国言赛典赤,犹华言贵族也。仕官拜平章政事,行省云南。时萝盘甸叛,往征之,而有忧色,从者问之故,瞻思丁曰:"吾非忧出征也,忧汝曹锋镝或不幸而死者,又忧汝曹不能无劫虏平民者。"及次萝盘城,三日不降,诸将请攻,瞻思丁不可。俄而先使人以理谕之,乃约降。越三日又不降,诸将请进兵,瞻思丁又不可。俄而,卒有乘城者,瞻思丁大怒,召万户责之曰:"天子命我安抚云南,未尝命我以杀戮也,无主将命而擅攻……何如?"命左右缚之。萝盘王闻而泣曰:"平章宽仁如此,吾拒之不祥。"乃举国来降。由是云南诸夷翕然款附,莫肯有二心者。瞻思丁居云南又六年乃卒,百姓里巷哭声相闻,交趾咸使致奠。凡五子九孙,皆官平章。由此观之,则瞻思丁人有名者,县佐官称同其辞也。

夫以瞻思丁之宽仁,而膺子孙之贵盛,岂有不众多!及入我朝散处,去夷姓而以其名末字为氏,未可知也。元前,中华虽有丁,未必祖回之教。吾家既教宗回回,而列祖世载宽仁,所谓似其共祖者非耶?当毅斋公记载之日,去瞻思丁萝盘之抚仅百余年,未必无据也。至养静公慄慄于撒氏戍卒之诬,过听曾社师授丁度而祖之,以明其裔不出于回回也。舍毅斋公之云,斯旧谱无叙,其如与所习祖教不相蒙,何以吾家今日视之,非宽仁之泽未必无艾若此。余读斯录而兴遐心,岂其一脉之如线,冥冥之有属耶?不然曷使余心之勃勃也?漫录而示我后人,有四方之志者博采而考之。(第41～42页)

坟山文契

潘家五世同卖东塘头鹿园内坟山园地、房屋、荔枝树木等果。世次图:

世祖:潘彦章,妻叶真娘。

子:潘得人,妻张二姐;潘粪扫;潘少万。

孙:润生、应生。

曾孙:嗣祖、喜童。

元孙:吼仔。

元至元二年七月麻合抹立账目一纸,九月麻合抹告官给卖帖一纸,十月麻合抹卖□阿老丁坟山文契一纸,阿老丁税课一纸,共四纸。

麻合抹立账目

泉州路录事司南隅排铺住人麻合抹,有祖上梯己花园一段、山一段、亭一所、亭屋一间,及花果等木在内,并花园外屋基一段,坐落晋江县三十七都,土名东塘头村。今欲出卖口钱中统钞一百五十锭。如有愿买者,就上批价,前来相议。不愿买者,就上批退。今恐口难信,立账目一纸,前去为用者。

至元二年七月□日账目

立账出卖孙男麻合抹

同立账出卖母亲时邻

行账官牙黄隆祖

不愿买人姑忽鲁合　姑比比

姑阿弥答　叔忽撒马丁

麻合抹告官给卖帖

皇帝圣旨里(理)泉州路晋江务,据录事司南隅住民麻合抹告:"父沙律忽丁在日,原买得谢安等山园、屋基、山地,辟成园,于内栽种花木,四围筑墙为界,及有花园外屋基地一段,俱坐落晋江县三十七都东塘头庙西保,递年立麻合抹通纳苗米二斗八升,原买山园、屋基,东、西四至,该载契书分晓。今来为□□□远,下能管顾,又兼阙钞经纪,欲将上项花园、山地出卖,未敢擅便,告乞施行。"

得此,行据三十七都里正主首刘观志等申:"遵依呼集耆邻陈九等,从公勘当得上项花园、山地,委系麻合抹承父沙律忽丁买□物业,中间别无违碍。□到各人执结文状,缴连保结,申乞施行。"

得此,除外台□□□又字九号半印勘合公据,付本人收执,前去立账。□□亲邻愿与不愿执卖,□便□人成交,毕日赍契□□投税,合该产苗依例推收,毋得欺昧违错。所有公据,合行出给者。

至元二年九月十一日给。

右(上)付麻合抹收执,准此。

麻合抹卖坟山文契

泉州路录事司南隅排铺住人麻合抹,有祖上梯己花园一段、山一段、于内亭一座、房屋一间,及花果等木在内,坐落晋江三十七都东塘头庙西,四周筑墙为界,东至孙府山,西至谢家园,南至瑞峰庵田,北至谢家山。又花园西边屋基一段,东至小路,西至陈家历,南至空地,北至谢家园。因为阙钞经纪用度,将前项花园并屋基连土出卖,遂□晋江县□给公勘据,勘□明白,立帖□问亲邻,俱各下愿承交。

今得蔡八郎引到在城东隅住人阿老丁前来就买,经官牙议定时价中统宝钞六十锭。其钞随立文契日一完领讫□□批目,其花园并地基□上手一应祖契,听从买主收执,前去自行经理管业,并无克留寸土在内。所卖花园、屋基的系麻合抹梯己物业,即不是盗卖房亲兄弟叔伯及他人之业,并无诸般违碍,亦无重张典挂外人财物。如有此色,卖主抵当,不涉买主之事。所有合该产钱麻合抹户苗米二斗八升,自至元二年为始,系买主抵纳。今恐口难信,立卖契一纸,付买主印税收为用者。

元至元二年十月□日文契
情愿卖花园屋基人麻合抹
同卖花园母亲时邻
引进人蔡八郎
知见卖花园屋基姑夫何暗都剌
代书人林东卿

阿老丁买花园山地税课给帖

皇帝圣旨里泉州路晋江县,今据阿老丁用价钱中统钞六十锭买到麻合抹花园、山地，除已验价收税外，合行出给者。

至元二年十月初三日给。

右（上）付本阿老丁。准此。

元至正廿六年八月蒲阿友立账目纸，□月蒲阿友告官给卖帖一纸，八月蒲阿友□卖潘五官坟山文契一纸，共四纸。

蒲阿友立账目

晋江县三十七都东塘头住人蒲阿友，祖有山地一所，坐落本处，栽种果木。今因阙银用度，抽出西畔山地，经官告据出卖，为无房亲，立账尽卖山邻，愿者酬价，不愿者批退。今恐无凭，立此账目一纸为照者。

至正二十六年八月□日

立账人蒲阿友

不愿买山邻曾大、潘大

蒲阿友告卖山地帖

皇帝圣旨里泉州路晋江县三十七都住民蒲阿友状告："祖有山地一所，坐落本都东塘头庙西，今来阙银用度，就本山内拨出西畔山地，东至自家屋基，西至墙，南至路，北至本宅大石山及鱼池后为界，于上一、二果木，欲行出卖。缘在手别无文凭，未敢擅便，告乞施行。"

得此，行据三十七都里正主首蔡大卿状申："遵依前去呼集亲邻人曾大等，从公勘当得蒲阿友所告前项山地，的……物业，中间并无违碍，就出到□人执□文状，缴连申乞施□。"

得此，合行给日字三号半印勘合公据，付蒲阿友收执……问亲邻愿与不愿，依律成交，毕日赍契付务投税，毋得欺昧税课违错。所有公据，须至出给者。

至正二十六年□月□日。

右（上）付蒲阿友。准此。

蒲阿友立窦山地文契

晋江县三十七都东塘头庙西保住人蒲阿友，父祖阿老丁在日，买得麻合抹花园及山，坐落本处。今来阙银经纪用度，就本山内拨出西畔山地连花园，东至自家屋基外地，西至墙，南至路，北至本宅大石山及鱼池后山为界，于上□有屋基并四角亭基及樟树、果木等树，及井一口在内，欲行出卖，经官告给日字三号半印勘合公据。为无房亲，立账尽问山邻，不愿承买，遂得本处庙东住人徐三叔作中，引至在城南隅潘五官前来承买，三面议定，直时价花银九十两重，随契交领足讫，当将上项前地连园，交付买主照依四至管业为主。

其山的系阿友承祖物业，与房亲伯叔兄弟无预，亦无重张典挂他人钱物。如有此色，卖主抵当，不干买主之事。其山园该载产钱苗米斗，自卖过后，从买主津贴阿友抵纳。父祖原买祖契，干碍祖坟，难以分拆，就上批凿破。今恐无凭，立此卖契一纸，缴连公据，付买主收执，前经官印税□□为照者。

至正二十六年八月□日文契
卖山地人蒲阿友
作中人徐三叔

蒲阿友立卖山地荔枝园文契

晋江县三十七都东塘头庙西住人蒲阿友，父祖在日，买得麻合抹荔枝园及山地，坐落本处。今来阙银用度，就本山内拨出西畔山地连荔枝树及六角亭一座并门屋等处，东至自家麦园，西至墙，南至姐姐住小屋，北至后山墙及路为界，欲行出卖，经官告给日字三号半印勘合公据。为无房亲，立账尽问山邻，不愿承买。托得本处庙东保住人徐三叔作中，引至在城南隅潘五官前来承买，三面议定，价钱花银六十两重，随立文契日交领足讫，当将上项山地连荔枝园、六角亭等处，交付买王照依四互管业为主。

其山、园内系阿友承祖物业，与房亲伯叔兄弟并无干预，亦无重张典挂他人财物。如有此色，卖主抵当，不干买王之事。其园该载产钱苗米五升，自卖过后，从买主津贴阿友抵纳。父祖的买祖契干碍坟山，难以分拆，就上批凿。今恐无凭，立此卖契一纸，缴连公据，付买主收执，印税管业，永为用者。

至正二十七年二月□日
立卖山地荔枝园人蒲阿友
知见人吴娘仔
作中人徐三叔

（第 77～83 页）

福建省少数民族古籍丛书编委会编，《福建省少数民族古籍丛书·回族卷：家族谱牒》，民族出版社，2015 年

晋江《龚氏族谱》

第四世　西斋公

公讳名安,字俊卿,一字德祚,月窗公长子。任上犹县尉,勋业载《郡志·武迹》,《县志·人物列传》,祀泉州府学乡贤祠,学者称西山先生,别为录在家乘。生元丙午年,卒洪武十八年五月十四日,享年八十,娶桐城柯氏,生卒俱阙,与子焕庵公合葬十九都仕林乡牛眠山,坐未向丑兼坤艮,有华表石柱上,有产地一百零七丘,东至路及溪仔,南至田,西至溪,北至田及溪,每年纳税银一两五钱为大宗祭费,康熙三十五年,洋玩、蔡鸿光认田耕种,有佃批。

抄《泉州府志·武迹》:

龚名安,字俊卿,晋江人。至中正,以才能辟宣尉司,奉差入奏事,京师丞相奇其才,擢上犹县尉,累迁泉州泂洲场司户兼本邑县丞。时西域那兀纳等窃据泉州,杀戮甚惨,分兵掠兴化,将侵福州。福建行中书省讨之,用陈駮计,遣人由间道密檄名安募义兵于海滨。那兀纳逼民为兵以拒军官,名安谋州民,佯许之,而令子及婿率舟师次东山渡以俟官军。及势合,遂执那兀纳槛送行省。时名安功居多,复为上犹县尉,有节义。元亡,遁迹海上,潮州总管王用文为作老骥图。(第30～31页)

晋江《龚氏族谱》

晋江《平安星塔吴氏族谱》

温陵安平星塔赵氏从姓吴氏谱序　(清)吴良琨撰

今夫人智足以济事,情足以周物,虽甚纷且远力,亦足以及之。迨考其木本水源,恒忘厥所从来与所由分,则其先代之名、字、爵、谥、年、辈、卒、葬,且茫然不能言。……吾祖之先系出有宋太祖次子燕懿王德昭公裔……谱牒记载,特推僖祖为所自出之祖,传及宣祖,有五子,长曹王、末岐王,俱赍世无传,惟太祖、太宗、魏王鼎分三派,而每派各立十四字号,以列其行次,别其昭特穆。至仁宗景祐间,始置太宗于京师。崇宁改元,又于河南天府雎、雍二州,置西南二京外二宗正司敦宗院,凡祖免以下者,分居之。靖康间,国步多难,高宗匹马南渡,乃徙诸宗室于江淮,而移太宗正寺于江宁,南京外宗正司于镇江,西京外宗正司于扬州。迨后,屡迁太宗止于杭,西京止于福,南京止于泉。而我入泉之祖乃燕懿王德昭公第四子,舒国公惟忠公元孙,忠翊郎子侁公也,由南京外宗正司徙居于泉。后五世德祐丙子,元陷杭京,太宗图谱皆迁而北。元兵南下,福州失守,西京宗室举罹其祸。益、广二王航海至泉,寿庚以城卖降,南京外宗室又为其害。忠翊郎子侁公之孙,宣议郎伯调公之子,师玖公四世孙由清公,捷南宫而为承务郎,游宦于外,幸以获免,谱方赖不坠惜也。羁山栖海,埋名易姓,枝叶亦日以陵夷衰微矣。延及元代,我仕衢公分居黄墩,遂从外祖,以吴为姓,则今日之氏族,实始于此。……余故谨述所闻,据所知,而不忍远援自诬,不敢旁搜自文,俾列祖之颠末,后人有可寻本溯源而不至遗忘,则幸甚。

康熙十八年己未夏　宋燕懿王二十七世孙良琨稽首撰
光绪五年己卯仲夏　宋燕懿王三十二世孙世材重书于前星书楼
（第1~4页）

晋江《平安星塔吴氏族谱》,手抄复制本

晋江《清源金氏族谱》

金氏族谱序　（明）金志行撰

古之君子言事必及祖,故有覆霜怵惕以诉孝思之衷,亦有载言纪迹以写世德之素。久而不记则忘,及之千载无传,人非家无令人久。故也,百世无善政,非家无善政久。故也,是以仁人孝子莫不崇重斯典。所以溯之源流,垂之永世,切于情之不容已者也。思借祖先覆育孙子,天地罔极,世世相承以至今日,而祖先之迹黯然靡记,□以不传绝之,庸得为仁孝耶？此行宗谱之所由修也。

夫宗谱之修,所以记先德,别宗派,叙昭穆,联亲疏也。按吾家本汉日磾公之后,世居上都。年代既远,宗派莫详,今断自入泉之祖一庵公为始。一庵公当元文宗时讨平王禅,拜官武略将军,左副翼,上千户,奉敕入泉。生二子,长呵哩,次嘛啥吻。际我朝开齐之初,弃千户报籍县隅,一支一派,相传迄今历年二百,论世有九,皆吾祖善积厥躬,泽流后裔也。谱牒之修皆仿宋儒,有宗支指掌以提其纲,有世系大略以著其详。每五世为一图,每一图为一世、为一格。世次相回,昭穆不紊,上有所传,下有所受,百人之身皆知出于一人之身。世次虽久而不知其远,子孙之多而不知其疏,岂非谱牒之功耶？

噫，志行修兹谱，所以示子孙不忘乎祖也。后之子孙其能思宗派之原委，嗟祖德之莫续，以礼义廉耻齐其家，以孝弟忠信律诸己，使祖德家声永永弗坠，斯为仁孝子孙。其或反是则后之孙子将指其谱曰：某也祖，某也父，某也不仁，某也不孝，是辱祖先而愧后世也。是岂志行拳拳修谱，厚望孙子之深意哉！吾之孙子其勉之，谨书之以识岁月云。

时嘉靖岁次乙卯季春吉月

征仕郎七世孙志行稽颡拜书　（第476~477页）

金氏族谱世系大略

一世

自起家泉州者言

始祖一庵府君，公名吉，号一庵，上都人。仕元武略将军，左副翼上千户。至顺间奉敕入泉，寓居屿街双门前，始祖妣夫人勤慎刘氏。合葬晋江三十九都东荔林。二子：呵哩、嘛啥吻。

二世

元至正年间

二世祖处士肃轩府君，公名呵哩，号肃轩，行一。值陈林乱，公以白牌率众祖征，至正二十六年身殁莆阳。祖妣陈氏。祔葬东荔林始祖墓侧。一子，延宗。

小舍嘛啥吻。娶施氏。祔葬三十九都东郭荔林始祖墓侧。一子，遐山。（第479页）

金氏族谱传赞

元武略将军一庵金公传赞　（明）李墀撰

公名吉，别号一庵，上都人也。少聪意，长有勇略。至顺壬申王禅盗乱，公以头目募兵追捕，爰献捷勋。文宗嘉之，授武略将军、左副翼、万户府上千户，赐符节镇守泉州路。拜命衷止，用守厥官。

先是泉壤自宋景炎幼主南渡，蒲寿庚以抚臣叛命，宗室仕类至于淮兵歼杀罔遗，表降于元，赐爵镇国，俾统州政。父子继世，恃宠专制，峻法严刑以遂征科，人若熏炎。甫九十年，公比到官，拱手听命而已。然公温恭仁恕，不与人忤，金推巨人长者，蒲亦雅敬，礼惠不衰，公亦致谦谨，亦罔为异。有伊楚玉与公友善，辄切时事，公曰：事贵有机，患乃先忿。玉卒罹害。

蒲贼死,其婿那兀呐自立,据土擅赋,大肆惨夷,遣骑袭劫,寇扰莆阳。行省上其事,檄福州军校及泉之浔美场司丞陈駃、沥洲场司丞龚名安合兵讨之。駃谓军校曰:蒲那为乱,州民无辜,战必驱之前列,良可哀恻,宜请行间。公时守西门,兵利卒锐不与他等。駃往谓公曰:官军诛回回大至,至且玉石俱焚,公宜早计,转间为功,实此其时。公喜曰:吾夙心也。夜即开门密纳官兵,擒那兀呐,槛送行省,发蒲诸冢,裸尸声诛戮。厥贼属绥,厥士庶兵不血刃,市不易肆,州人舞蹈欢快若获更生,皆公之力也。既平乱,越数岁,至正丁未天兵入泉,其年公已先殁。众论乐公之忠勋,名为寓贤,牢醴载祀。

公有子二人,长曰呵哩,次曰嘛唅吻。呵哩先以陈林之乱,倡义从征,死节于莆。公寝疾病,谓嘛唅吻曰:古人以官为家,生有功德于地,死祭于社。吾自上都拜官于泉,先于微勋,死当归魄泉土,宜尔世守,永为泉人。嘛唅吻以公命,营葬东郭荔林之原,土石简素,悉依夷风。至今坟茔俨然,茔宇壮观,手画尚存。

公既卒,夫人刘氏当……天朝民物一新,主名金阿列。及其孙延宗,报籍晋江南隅坊。宰会筠溪子即纂公传,作而言曰:余父女弟为公玄孙妇,公之孙能备述公之事。余闻之大骇,然后知公之挟持甚大也。继而叹曰:公能去其刚锐,专其沉默,而能审世俟时者欤。轻躁者糜勋,藏用者允济,柔暗者孺滞,智勇者机敏,《礼》言爱其死以有待也,养其子以有为也。公其深于礼者欤!

兵言始如处女,后如脱兔。公其深于兵者欤!是足以成峻功,不辱朝命者矣。当日侈言王臣之重,申其节制,号奋螂之臂以当车,辄必不见免。他日之西门之守,更有其人,则陈駃之说不可行。孤军顿之坚城之下,求战不得,攻则不拔,胜败之数未可知也。泉人水火之虚,何以能迁解哉?《易》曰:壮于顽有凶,君子大人独行,遇雨则濡有愠。《诗》曰:戎狄是膺,荆舒是惩。伐木丁丁,鸟鸣嘤嘤。出于幽谷,迁于乔木。晋室既东,王敦逢乱,温峤在其僚幕,欲脱虎口,委心赞襄之示不疑,以遂引去,卒成征讨之功。公伏健于顺,以同而异,不为蒲那之温峤乎!

春秋之世,蛮夷猾夏,管夷吾不轻槛车之死,人病其非仁。孔子曰:管仲相桓公一匡天下,民到于今受其赐,征管仲吾其被发左衽矣。公恭以存身,克剪回夷,以苏泉人,不为泉之管仲吾者乎!使公当方伯连帅之任,时出其藏,天下之绩可垂也,岂为一州之人受其赐而已哉?志郡史者不为公传,而附见于陈駃及清源丽史,是余乐公之智而悲公之死也。

恭作赞曰:赫赫金氏,允孝允忠。厥先内附,继述在躬。天伟而略,亦纠其雄。奋义遏乱,峻爵褒崇。握符专镇,佛国桐封。嗟彼巨孽,僭逆恣凶。公威惟德,礼节雍雍。温良外顺,文理在中。匪污以比,欲异乃同。贼干天讨,公迎元戎。引兵夜入,移戟突攻。酋魁授首,罔歼胁从。市靡易肆,田匪变农。人其大赉,化日春风。始时泉人,耕不宿饱。今喜秋登,积仓穗稿。始时泉人,朝夕不保。今喜义安,永终寿考。左衽侏离,廓然一扫。荡荡华风,礼乐有导。泉人有言,余公不怯。身昔曷留,金公不勇。民会曷休,泉人有言。公始来止,我病即终。赫其怒夷,夷丑毕囚。克张克弛,知刚知柔。金公智勇,管温其俦。泽深万姓,功盖一州。永言孔颂,百世千秋。

赐进士出身、奉议大夫、四川按察使司佥事

七十四翁筠溪李埕撰 （第482～485页）

二世祖元处士肃轩府君传赞　（明）朱梧撰

公名呵哩,武略将军一庵公长子也。豪逸雄伟,好孙武之学,论难不能屈,授之阵法,慨然一武功自许。适陈同、林琪二家媾乱,泉州数百里烟火肃然。公奋然曰:是无王宪也,安得令无辜赤子涂地！遂以白牌舍人招募义兵,抵莆禧入涵头,大小十余战俱先登。贼败走,追至其郭,贼穷入保,公围之数匝。贼间道求救陈有定,定遣兵倍道赴之,树列旗帜,大开诸门。公亲骇愕,不知其为救兵至也,力战不支,兵溃身死焉。泉人义之,纪于《通志》。

公平日轻财乐施,慈仁广爱,敦尚回教。回人泉中旧有清净寺,圮废岁久,公以木石新,巨费靡算,楼宇壮敞,至今侈观。回人德之,相率勒石寿功云。公娶陈氏,一子延宗,卒祔东郭祖坟之侧。

赞曰:公不崇文,烈究厥武。暴乱横行,爰赫斯怒。聿招义兵,载整部伍。扬旗徂征,遏其掠虏。陷阵先登,气震莆土。众寡不支,得其死所。建寺倾资,功亦允普。

玉桥朱梧撰 （第485～486页）

丽史　（明）佚名撰

元元统中天下乱,林丛多群盗。泉之清溪沃里凌翁家富百万,以岁甲申携女无金投城,侨居朝天巷街右。无金姿极艳,通书能赋晓音,静慧有操,生十七年矣。一日,私问乳保完婆曰:"我生在于澳,终当为澳人乎？"完婆曰:"父母爱女,嫁不离乡。"无金曰:"嗟,绿林之木,吾之死所也。"

城中士有伊生楚玉者,甫弱冠,读书之林寺常道凌翁门,无金日迎于廉内。先有清溪人李姓者,为县掾,坐失囚系当论死,质伊家白金一百,自□竟没,而家贫,伊为焚券,即楚玉父鹤兖君也。李女如响鹭入凌家翁为婢,因识生,知生未婚,私达其意。……

泉州故多西域人。宋季,有蒲寿庚以平海寇得官。寿庚为招抚使,主市舶。寿宬为吉州,逆知宋运,迄录不赴。景炎间,益王南巡,驻跸泉州港口,张世杰以淮兵三千五百人授。寿庚武人,暴悍无谋,只寿宬为划计。益王驾临城,教寿庚闭门不纳,尽杀宋室在泉州者三千余人并淮水军无遗者,与州司马田真子诣杭州唆都降之。张世杰回攻九十日,不能克。

寿宬部划既定,并着黄冠野服,隐于法名寺。一日昼寝,有书生二人称自潮州来,诗二首谒处士。云:梅花落地点苍苔,天意商量要入梅。蛱蝶不知春已去,双双飞过粉墙来。剑戟纷纷扶王日,山林寂寂闭门时。水声鸟语皆时事,莫道山翁总不知。

寿宬睡觉,阍人呈之。寿宬骇汗失措,亟驰人四出境,不知所觅。

元君制世,以功封寿庚为开平海省于泉州,寿宬亦居甲第一,时子孙贵显冠天下,泉人被其熏炎者九十年。至是元政衰,四方兵起,国命不行。其婿西域那兀呐袭作乱,州郡官非蒙古者逐之,中州士类咸没。楚玉遇害,无金嘱其仆伊力曰:"吾为士未妻,不可辱于犬戎,扶孤存后皆由尔矣。"仰药。而力殡葬毕,负其孤槥奔福州。那兀呐既据城,大肆淫虐,选民间女儿充其室,为金豆撒楼下,命女子掇取以为戏笑。即乔平章宅建番佛寺,极其壮丽,掠金帛贮集其中。数年间民无可逃之地,而僧居半城。

至正甲午,遣骑攻兴化,福州行中书省奏檄浔尾场司丞陈駪、洒洲场司丞龚名安合兵讨之。陈駪、龚名安皆泉名士,为时儒宗师以荐辟,不得已姑就小官,素得民心,故有是命。伊槠年十七,随福州军校见陈駪曰:"作乱者那蒲二氏耳,民皆胁从,若战必驱胁从者于前,官军杀之何益?"请入城行间。城中千户金吉亦回回种也,守西门。伊槠见之曰:"官军诛回回大至,公为守臣,能诛那兀呐以迎官兵,不世功也。若待官兵入而后迎之,窃恐乱兵之际不辨真伪,公进退狼狈也。"金吉大惊,与伊槠约,就夜开西门,密纳陈駪兵入。那兀呐仓促突骑出子城扼战,伊力执巨斧冒阵砍百余骑,擒那兀呐送京师。

是役也,凡西域人尽歼之,胡发高鼻者有误杀者。闭门行诛三日,民间秋毫无所犯。僧大奎大书彩旗,联句云:"将谓一方皆左衽,岂图今日见王官。"福州军至,发蒲贼诸冢,得诸宝货无计。寿庚长子师文,性残忍,杀宋宗子皆决其手,圹中宝物尤多。圹志玛瑙石为之,翰林承旨撰文,金陵人也,盛称元君恩宠,及归功寿宬文学智谋。云大抵犬戎叛乱,出其天性而奸诡,饰诬惑目,文学所济亦有之。凡蒲户皆裸体面西方,伊槠悉令具五刑而诛之,弃其□于□槽,报在宋行弒逆也。

顷之,伪陈有定据福州,不知蒲已败,遣兵循泉州,欲倚为援,遂攻城。

金吉与㮣分兵固守,南城将陷,伊力战死之。相持月余,闻大明天兵自温州渡海来取福州,乃遁。泉民不遭屠戮者,此三人之力也。

洪武七年,高皇帝大赦天下,圣旨独蒲氏余孽悉配戎伍禁锢,世世无得登仕籍,监其祸也。杜子美诗云:"羯胡事主终无奈。"诚哉言也。伊㮣辟贤良方正,语在夏西仲清源杂志。或者曰,元稹记会真虞记娇红其事传者,其翰传世若斯人者,炳其翰以绍其传,属之谁哉?

君子闻之曰:言以文乱弗记,智以遂奸弗记,行以诡世弗记,若斯人者研削何所施哉!惟贵不害明,爱不害义,乔公其贤乎!顺可全宗,恭可范俗,乔氏之女其贤乎!贞一不二,视死如归,凌氏之女其贤乎!智以成美,忠以酬恩,李氏其贤乎!执信守义,矢志不回,伊楚玉其贤乎!仆夫存孤报仇,童子出奇靖难,伊㮣、伊力其贤乎!忠以事君,义以自立,万人之命,金吉其贤乎!□不知而不传犹可也,详其事而扬其辞矣,若斯人者,虽弗记而自见其颠末,善观记者观其所主,可以为劝之,其所及可以我戒。如此而已,故题曰"丽史"。

右(上)丽史见于清源之野中,作之为谁举世无知者。夫事不根于正,而辞不以事淫;文不列于教,而义不以文偷。奇识危行,厚德伟勋,足俊风导之实义肆陈焉,其传与否可不可何如哉?书其后以贻观者。(第501~515页)

福建省少数民族古籍丛书编委会编,《福建省少数民族古籍丛书·回族卷:家族谱牒》,民族出版社,2015年

晋江安海《李庄㯮内李氏房谱》

李庄㯮内房李氏世系

十三派,交趾国李朝太祖神武皇帝公蕴,居交趾大罗城,今河内,配黎氏、陈氏,立东西宫。

十四派,交趾李朝二世,国王德政,至和二年卒,配胡氏、黄氏,立东西宫。

十五派,交趾李朝三世,国王日尊,熙宁五年卒,配黎氏、黄氏,立东西宫。

十五派,监生旭曦,授交趾升龙教授,配颜氏。

十六派,四世交趾李朝,国王乾德,配孙氏、吴氏,立东西宫。

十六派，博士春华，徙居升龙，今河内，配吴氏。

十七派，五世交趾李朝，国王阳焕，配曾氏、丘氏，立东西宫。

十七派，功曹参军夏秀，居升龙，配胡氏。

十八派，六世交趾李朝，国王天祚，配洪氏、施氏，立东西宫。

十八派，右武郎秋实，居升龙，配宋氏。

十九派，七世交趾李朝，国王龙翰，配黎氏、胡氏，立东西宫。

十九派，东宫讲官冬藏，配钱氏，居升龙。

二十派，八世交趾李朝，国王昊昆，配黄氏、潘氏，立东西宫。

二十一派，九世交趾李朝，国王以女昭圣主国事，配驸马陈君煚。

二十二派，十世安南王威晃，主王子恒，配黎氏、吴氏，立东西宫。

二十四派，启纯，徙居安南大罗城，配许氏。

二十八派，伯沁，分处延平府，徙安南大罗城，配孙氏。

三十一派，逸鸣，配方氏，徙占城。

三十一派，逸声，配丁氏，徙交趾。

三十一派，逸婴，配沈氏，徙三佛齐。

三十一派，逸钧，配潘氏，徙暹罗。

三十五派，监生怀仁，配陈氏，交趾国教授。

三十六派，诸生桂轩，配黎氏，寓交趾。

十一世，安南王烜，配金氏、黄氏，立东西宫。

十二世，安南王尊，配胡氏、王氏，立东西宫。

十三世，安南王煌，配罗氏、吴氏，立东西宫。

十四世，安南王烴，配洪氏、施氏，立东西宫。

十五世，安南王焻，配曾氏、丘氏，立东西宫。

十六世，安南王炜，配王氏、罗氏，立东西宫。

十七世，安南王颛，配胡氏、黎氏，立东西宫。

十八世，安南王叁，配曾氏、吴氏，立东西宫。

十九世，季广，配黄氏，封夫人。

二十世，安南王麟，配吴氏、丁氏，立东西宫。

二十一世，安南王灏，配张氏、瑶氏，立东西宫。

二十二世，安南王珲，配郑氏、杜氏，立东西宫。

二十三世，安南王淬，配徐氏、柳氏，立东西宫。

二十四世，安南王膧，配马氏、于氏，立东西宫。

二十五世，安南王瀛，配胡氏、张氏，立东西宫。

二十六世,安南王福海,嘉靖二十五年卒,配施氏、颜氏,立东西宫。(第2~8页)

十一派

崧,讳大丑。原籍深州饶阳。后晋高祖出帝时,宰相受诬遇害,子孙避难南来,定居闽州郡湾海东之李家庄,今属九都中蔡乡也。公生唐中和三年癸卯三月初九,卒后汉乾祐元年十月念七。配石氏,封夫人。公妣墓地未详。生子二,淳安、熙鸿。

十二派

淳安,字富安,崧公长子。官水陆运使。原籍深州饶阳,今属河北饶阳,徙居闽州郡湾海东之李家庄,即今之九都中蔡也。因避难弃官营漕运,放舶真腊、交趾、暹罗诸地,而于交趾更甚。公生后梁龙德元年辛巳九月初六,卒北宋咸平二年己亥十月十九。原配辛氏生卒未详,没出。续配马氏封夫人。公远出营生,姚长居娘家仁和里鸿山之麓马家,立溥济庵奉经礼佛,生后唐天福元年丙申十一月念八,卒北宋天禧二年戊午九月十九。公妣墓葬灵源山西南麓,亦葬衣冠墓于安南大罗城升龙。生子二,长公藻,居中蔡氼内;次公蕴,徙居交趾,封交趾郡王,三世孙日尊追谥其交趾国太祖神武皇帝。(第11页)

十三派

公蕴,字兆衍,淳安次子。擅武功,善属文。自幼从父徙居交趾北江。初任黎朝殿前指挥使。宋真宗大中祥符二年己酉,交趾廷乱,公平定有功,被朝臣拥立为交趾王,是为李朝。公为王后,即遣使诣宋廷纳贡。真宗册封其为交趾郡王。迄仁宗朝亦封为南平王。后追谥交趾国太祖神武皇帝。公生北宋雍熙元年正月十四,卒天圣六年戊辰十月十八。配黎氏,陈氏。立德政为王子。(第13~14页)

十四派

德政,字汇丰,号耆英。公蕴长子。李朝二世。宋廷封安南王,加检校太师。生北宋咸平五年壬寅四月十三,卒至和二年乙未十月念八。配胡氏、黄氏,设东西宫。公姚陵墓在交趾升龙山。立日尊为王子。

十五派

日尊,字景仪,号添筹,德政公长子。交趾李朝三世。宋神宗时封为南平王。日尊自帝其国,僭称法天应运崇仁至道庆成龙祥英武睿文尊德圣神皇帝。生北宋乾兴元年壬戌三月十一,卒熙宁五年壬子三月十九。配黎氏、黄氏,设东西宫。公姚陵墓在交趾升龙山。立乾德为王子。

十六派

乾德，字绍闻，号福秀，日尊长子。交趾李朝四世。宋廷进封南平王，累加开府仪同三司、检校太师，加守司空，赠侍中，追封南越王。生北宋皇祐四年壬辰六月十二，卒南宋绍兴二年壬子九月念七。配孙氏、吴氏，设立东西宫。公妣陵墓在交趾升龙山。立阳焕为王子。

十七派

阳焕，字基瑞，号钧禧，乾德长子。交趾李朝五世。宋廷封交趾郡王，赐推诚顺化功臣。生北宋元丰元年戊午二月十一，卒南宋绍兴八年戊午十月初九。配曾氏、丘氏，设立东西宫。公妣陵墓在交趾升龙山。立天祚为王子。

十八派

天祚，字纪纶，号国尧，阳焕之子。交趾李朝六世。宋廷授官如其父初封之制，累加崇义怀忠保信乡德安远承和功臣，进封南平王，赐袭衣、金带、鞍马，加检校太师，累加归仁协恭继美遵度履正彰善功臣。淳熙元年二月进封安南国玉，加号守谦功臣；二年赐给安南国印。生淳熙三年丙申五月十七。配洪氏与施氏，设东西宫。公妣陵墓在交趾升龙山。立龙翰为王子。

十九派

龙翰，字虎观，号威麟，天祚之子。交趾李朝七世。宋廷初授静海军节度使、观察处置等使，特进检校太尉，兼御史大夫、上柱国，特封安南国王，仍赐推诚顺化功臣，赐衣带、器币，累加谨度思忠济美勤礼保节归仁崇谦协恭功臣，特赠侍中，依前安南国王制。生南宋建炎四年庚戌九月念四，卒嘉定五年壬申八月初三。配黎氏、胡氏，设东西宫。公妣陵墓在交趾升龙山。立昊昱为王子。

二十派

昊昱，字安世，号光炯，龙翰之子。交趾李朝八世。宋廷宁宗给赠如其父始封之制，仍赐推诚顺化功臣，特封安南王，赠侍中。生南宋绍兴三十年庚辰四月初四，卒淳祐元年辛丑五月念八。配黄氏、潘氏，设东西宫。公妣陵墓在交趾升龙山。以女昭圣公主执掌国事，入赘驸马陈日煚，乃吾李庄近邻之陈厝坑人也。今属七都陈垵坑，宋为开建乡修仁里辖。

二十一派

昭圣公主，昊昱之女。交趾李朝九世。特封安南女王，仍赐推诚顺化女功臣。生南宋庆元元年乙卯七月初七，宝祐六年戊午，禅让其子威晃。昭圣太后于景定元年庚申十月初九卒。驸马日煚生绍熙四年癸丑六月十四，卒

开庆元年十二月十八。公妣陵墓在交趾升龙山。(第15~18页)

三十五派

怀仁,信德次子,字秉慈,号礼鸿。监生。有诗名,工书画,善丝竹,好游山泽湖海。至交趾游学后,荐为民多朗教授,即于此授徒课教一生。公生洪熙元年乙巳,卒弘治三年庚戌。著《交趾掌故》十卷,《怀仁诗草》十五卷,《礼鸿画集》十卷。墓葬交趾民多朗东洛山北麓樟树下,东向。门徒胡季光为立碑曰:大明泉州府名儒李怀仁先生之茔。妣庄透陈氏女,讳秋敏,生宣德元年丙午五月念七,卒正德十五年庚辰六月十三,享年九十四。墓葬本山土名东山埔,北向。生女一,名佩英,本里蔡家外甥纯质入承,系一官公之次子也。(第19页)

三十七派

桂轩,纯质次子,讳宸,字振华。诸生。博通群籍,精研漕运,弱冠从族兄桂斋浮海贸易,侨居交趾河内邨营生,晚岁荣归李庄俗称中□置乾坤、兴骏业,颐养天年。公生弘治六年癸丑五月十八,卒嘉靖四十三年癸亥九月初六。妣交趾黎氏女,讳女婴,生弘治十年丁巳四月念八,卒隆兴四年庚午六月十七。公与姐梅轩合葬本山北路沟,妣墓葬灵源山西南麓,立无字半目形石碑。生子浦街,误作辅溪。(第22页)

梅轩,纯质三子,讳寔,字振夏。诸生。性敏瞻,能属文,精拳艺,好琴棋,人谓小才子。十八时,从二兄涉交趾营生,晚岁随兄落叶归根,荣归故里。公生弘治十二年己未九月十四日,卒嘉靖四十三年癸亥九月初七,与二兄桂轩合葬本山北郊,东向。配交趾豪门胡氏女,讳森玉,精女红,擅刺绣,生弘治十四年辛酉十二月初七,卒嘉靖十六年丁酉七月廿日,无出,兄长爱溪令三子行三兼祧。(第23页)

(宋)咸淳丙寅年编纂,(明)嘉靖甲子年重修,
晋江安海《李庄禀内李氏房谱》,手抄本

永春《达埔蒲氏族谱》

世系

第六世

大宾,字君玉,号邦哉,惟善公长子,原籍四川。

仕宾,字子玉,号邦光,惟善公次子。以恩贡官知福建泉州府晋江县。官眷赴任,任满入籍,卜居晋江之法石乡。夫人蔡氏。生三子:寿晟、寿宬、寿庚。

第七世

寿晟,宋度宗咸淳九年官蒲州知州。性俭约,于民一毫无所取。建曾井,汲水二瓶置于座右,人颂曰:"曾氏井泉千古冽,蒲家心事一般清。"遂于宦后居蒲州。今山西、陕西多其苗裔。

寿宬,宋度宗咸淳十年诏为吉州知州,知宋运逆,迄录不卦。迨元至元二十三年丙戌三月间,世祖遣御史程文海诏求江南人才,公赴试,中第一甲第一名,赐状元及第。夫人金氏。生二子:师孔、日和。

寿庚,宋度宗咸淳二年为泉州提举市舶等职。咸淳末年,平海寇之功授福建安抚使、沿海都制置使。时宋祚将终,朝政日非,公与泉知州田真子同归元,深识时务。守泉州,人民安居乐业。生子:长曰师文,次曰师斯,三曰均文。(第362~363页)

福建省少数民族古籍丛书编委会编,《福建省少数民族古籍丛书·回族卷:家族谱牒》,民族出版社,2015年

永春《清源留氏族谱》

后周敕

敕从效公(赐伪泉州节度使留从效诏)　柴荣(周世宗)撰

黄禹锡上,省所上表,归附本朝,兼于中都置邸务,事具悉。卿自保全土宇,惠及黎元,立功早达于机权,临事固无于碍滞,乃能望中原而内附,陈方略以输诚,永言恭勤,良多嘉奖。爰自江南通好之后,朝廷礼遇方深,用恩信以绥怀,俾寰区而是则,兼以卿本道地邻江表,尝奉金陵,遽有改图,理宜尽善,如上都置邸,与彼抗衡,虽百谷朝宗,敢忘善下,而万方有罪,当属渺躬,所宜善事亲邻,且仍旧贯。至于通舟车于上国,旅玉帛于朝廷,不惮迢遥,足表勤敬,未爽尊周之道,免贻舍鲁之讥。若此,则卿于南邦,有终始之义。朕于远俗,尽绥抚之怀。惟乃通方,谅达余意,今已发江南国主书,以卿远捧梯航,请为加存恤。故兹诏示,想宜知悉。时适秋熟,卿比平安好。遣书,旨不多及。所进白龙脑香一千斤,事具悉。卿化行一境,名冠群雄,属华夷无外

之期,见江汉朝宗之意。伏钺虽临于远俗,悬心每在于明庭。驰单使以爰来,奉名香而作贡。出自恭勤之节,良深嘉叹之怀,想宜知悉。夏热,卿比平安好。遣书,旨不多及。(第24~25页)

永春《留氏族谱》,手抄影印本

浙江仙居《(咸丰丙辰年重修)乐安郭氏宗谱》

卷一　年谱

郭氏年谱

宋孝宗隆兴元年癸未八月,安抚公①初授迪功郎。……淳熙五年戊戌,安抚公登进士第姚颖榜第四甲七十六名,……嘉泰二年三月五日,安抚公除提举福建路市舶,廿一日东归时以疾乞辞,故有是命。不许,俟代交割以次官离任。……三年癸亥正月廿一日,安抚公磨勘,转朝散大夫。……四年甲子二月,安抚公赴泉舶,以三月三日交割,六月朝请加赠朝请大夫。九月廿四日,安抚公改知琼州兼琼管安抚,时公以疾屡丐辞,故有是命。十月廿九日,安抚公卒于官舍,十二月十八日,安抚公之丧至自泉州。……开禧元年乙丑十二月八日,葬安抚公于莲塘之山。(第138~143页)

浙江仙居《乐安郭氏宗谱》,咸丰丙辰(1856年)重修

江苏《(民国)汪氏族谱》

卷三

汪应元行状　(宋)曾壆撰

有宋朝散郎直秘阁两浙东路提点刑狱公事兼本路劝农提点河渠公事提举弓手寨兵借紫汪公行状

汪氏之先本姬姓,至鲁成公黑肱之次子名汪,子孙因以为氏。迨唐歙州刺史华以保全六州封越国公,殁后庙食于歙,其后子孙遂蕃衍焉。国朝中

---

① 安抚公,即郭晞宗,曾任福建市舶提举。

兴,间有若翰林学士藻、枢密勃,俱为时闻人。公之曾祖讳友成、大父讳大昕,以学问名家,新安学者多师尊之。考讳言忠,赠奉议郎。妣吴氏,赠安人。公讳应元,字尹卿,生而颖悟,风骨秀耸,大父奇之,曰:"兴吾家者必此子也。"五六岁时日读书数百言辄成诵。弱冠益自力学,从乡先生汪君南图游。于时执经讲业者百数人,公独蔼然为首。

绍定五年擢进士第,调潭州司户参军。公初筮仕,不敢以介绍进。时台府皆巨公,条教严密,遇僚吏如束湿,仕于下者有所谋议,率不能当上意。公于政事不诡不随,首见称赏,幕府事无大小多属公,公益自勉励,知无不为,有所为无不尽其力,台府争罗致之,荐剡交上。长沙岁八年,出知广德军建平县。

岁余,朝廷闻公有异能,十年复召为大理评事,十一年迁大理寺丞,复对即抗疏极言经界事。云云。上为之改容,曰:"今版籍为何如?"公对曰:"郡县之政不同,有籍者尚可考,无则不得而知,此公私之所以困也。"上曰:"要在于得人尔。"公对曰:"其人存则其政举。前此辍于行者,正以不得其人而任之故也。"上益以为然,遂天下皆推行之。十二年,迁太府寺丞兼权刑部郎官。公自廷尉平至为郎且七年,断狱凡数百,精察有余而裁谳必以恕,抉摘幽隐,辄下刑狱使者,使审克之当乃已,虽至于再三而不厌也。以故四方具狱来上者无复敢有所隐蔽,民自以为不冤。公尝谓人曰:"明谨用刑而不留狱,此圣人之言,吾之志也。"俄迁太常丞。旧制刑部郎官居左者非擢刑法科,太常非擢进士第,皆不与选,至清也。公兼司礼、刑事,同列皆荣之。

寻摄太常卿使山陵。使还,擢知泉州兼提举福建路市舶公事。泉昔号乐邦,二十余年间,宗室子之在南外宗者生齿率十倍于前时,月廪钱若粟皆取办于郡,食之者众,入之者寡,郡日不暇给矣。公至,则为核常赋,节浮费,未尝饰厨传、事宾客,于是不加赋而用度足。公又于舶事务为不扰,舟至则检察以时,故无滞旅。征榷有度,故无苛求。商贾乐与官市,逾年而课以羡闻,视广南最,朝廷给札以褒嘉之。居民有不戒于火而延燎者,会大风不可扑灭,遂及郡谯楼,公露祷庭下,言未既而雨大至,邦人以得神。富民大贾德公宽征,咸愿为鸠工治材,不日而楼复立,民无知之者。侍郎陈公昉时为福建安抚使,深知治行,为言于上曰:"臣所部州率凋匮不可治,固非空谈矫饰者所可为。有能裕于其政,使民宜之者,皆廉平之效也。若泉之守臣,则精明而治办,非一时之矫饰者,皆其性行之所克者然也。使之布在本朝,真足以厚元气而长王国矣。"疏奏,天子以为贤。未几而善状日益闻,遂诏升直秘阁。制曰:"政平而田里安,惠孚而珍货集,民与国均受其利。"盖实录也。濒民有以舟运锢出诸蕃者,县官捕得之,闻于郡,民故以当路、言者有连,公不为势屈,卒坐以法。当路者憾之,迄为所攻而罢。去之日,旗帜载道,拥不得前,有大书于曰:"内台不识郡侯好,外国皆知舶使贤。"初,言者将击公,同列有居泉者,知公为无他,持疏力争之,不可而止。泉人之爱公盖可知矣。

公既归新安,未逾月,诏以直秘阁主管建康府崇禧观。宝祐四年,擢两浙东路提点刑狱公事。公时久病疲,雅不欲之部,有诏趣其行,乃力疾就道。道由衢婺行,戒郡县毋具供张、馈饮。

四年七月甲午,卒于寝,一语不及家事,年五十。

壁与公相从二十余年,同为大理官者复数载,意气不啻如骨肉。公尝语壁曰:"君异姓之兄弟也。"壁居越,公持使者而来,目睹公治行,越人盖至今思之而不忘也。公在越仅三月,何以得此于越人哉!其孤属壁状公行,乞铭于当世之名公卿,尚何辞。辄叙次其事,以备作铭者之采择云。谨状。

宝祐五年五月日,通直郎、新权发遣桂阳军事、节制屯戍军马、提举义勇民兵、借绯曾壁状。(第50～52页)

注:原文出自汪嘉纯主修,江苏《汪氏族谱》卷三,1927年木活字本。

陈建华、王鹤鸣主编,《中国家谱资料选编(传记卷)》,
上海古籍出版社,2013年

(三)其他民间文献

(明)佚名撰,《顺风相送》

各处州府山形水势深浅泥沙地礁石之图
福州五虎门:打水一丈八尺,过浅取官塘行船,三礁外正路。
东沙山:西边近山打水六七托,好抛船最妙也。
牛屿:内过打水二十五托,外过打水二十五托。
乌坵山:门内过打水二十托,洋中打水三十五托。
湄州山:系天妃娘妈出身祖庙,往来宜献纸祭祀。
泉州港口牦珸门:有望郎回山上姑嫂塔门,洋中三十托水。
太武山内浯屿:系漳州港外,二十托水。
大小柑山:内过打水十五托,外过打水廿五托。

南澳大山:有屿仔。

惠州山门:洋打水三十五托。

大星尖:洋中有大星尖,内过打水二十五托,外过打水四十五托。

东姜山:对开打水四十五托。广东前船澳港口有南亭门,打水十九托,沙泥地。……(第31～32页)

泉州往勃泥即文莱

长枝头开船,单丙一夜一日、丙午针好风五日,看见小吕蓬山。丙午一日一夜,见芒烟大山,北边是吕蓬大山,见门内从边落去。丁未见有一门不可入。沿山边落用单丁见三牙七峰。洋中有凌礁,礁行船仔细。又使二日一夜见沙奇头有浅,船使竹山边,见一列老古,船身半奇头。单午一夜一日出见大小罗模山,见古幞山,又见圣山,对开来高大有云,犀角山尖。坤未取昆仑山,外有老古浅,平使船门。坤未、单未沿昆宰使,取长腰屿有门。丁午取鲤鱼屿,收毛花蜡,是勃泥也,即文莱。(第92～93页)

泉州往彭家施阑

长枝开船,丙巳七更取彭湖。丙午七更取虎尾山。沿山五更取沙马头,住船二边有鸡笼屿。辰巽十更取毛架及五屿,远看见是红豆屿并东浮甲在东边及甘里,轻取大港,若风东用辰巽取小港出港。辛酉七更,取射昆美,若见红豆屿如不收入大港,当用丙午沿山使一二更取哪哦山尾见白土山,沿山使好风,使一日一夜收三屿密雁港口,便是幞头门,即杀牛坑。丙午、单午十一更取十六儿山,下是四屿。单巳五更取郎梅屿下住船。单午取麻里荖断屿,丁午五更取苏安港,沿山使是玳瑁港,过东是傍家施阑港。(第94页)

泉州往杉木

长枝头开船,丙午七更取彭湖。丙午三十更、丙巳,取三屿。沿山使丙午收表。丙巳见里银大山。辰巽入吕宋。单巽取芒烟大山,沿山使用巽巳,取平屿过洋。单辰五更取高西山右边离山。辰巽取里沙大山,沿山落丙巳取大山尾,丙巳好风二十更单巳取麻安大山。单午见双里山,船在山西边过。丙午十五更取苏禄。单酉并坤申出昆宰门,庚酉并辛酉三十更取麻里奔山,在北边离山。巽巳十更入昆宰尾在右边来。单巳取笔架山入港,东加蜡抛船,是杉木。(第94～95页)

向达校注,《两种海道针经》,中华书局,2000年

(清)佚名撰,《指南正法》

大明唐山并东西二洋山屿水势

太仓刘家澳:打水九托,好抛船。

宝山:打水五六托,湖嘴出弘口正路,过浅上丈。

茶山:打水七八托。

滩山五屿:打水念四五托。

碟碗山:打水念四五托,湾中十一二托,好抛船。

庙洲门:水深流急。

崎头山:打水八九托,双屿港内流水甚急,洋内打水无底。

孝顺洋:打水十一二托,泥地。

乱礁洋:打水六七托,泥地。

九山:南边打水三十托,泥地。

坛头山:打水十二托,对开有红礁。

东箕山:打水十三托,门中好过船。

贵谷山:东边大陈山,中门十五托。

披山:打水十四托。

东福山:打水十四托。

东落山:打水十八托。

南纪山:打水二十托。

金乡大澳:打水七八托,开有八献礁出水,仔细。西边过船,开打水十四托,港门打水五托,在行船湖中水三托。外是小余山,福宁州港口,正路八九托。

东桑山:打水十八托。

呼应山:打水十五托。外是东涌、芙蓉,内是小西洋,门中水十五托,有沉礁打浪,行船细细。

定海千户所:打水九托,对开有一小屿。

福州五虎门:打水一丈八尺,过浅。乙辰针收官唐三礁外过。辰巽取东沙西边过,近山七八托,好抛缸。单巳三更牛屿内过,屿有礁出水,打水念五托。坤未、坤申取乌龟,打水十五托,往回祭献眉州。

<u>姑嫂塔:即泉州港口,打水三十五托。</u>

<u>太武山:打水三十托。东碇外坤四更取柑橘外过。</u>

柑橘山：内打水十五托，外打水念五托。单申三更取南澳坪。

南澳彭山：内打水十八托，外打水念五托。……（第 114~116 页）

六合出行定图

祥之开舡，用丙午七更取澎湖。

大担开舡，用单乙七更取西屿头，北风及东北用此针。

崇武用单午三更半、丙午二更、丙巳一更半取彭湖，水一涨一退。……（第 135~136 页）

泉州往邦仔系兰山形水势

澎湖山：巽巳七更，取虎头山，即打狗仔。

虎头山：沿山使十更取沙马岐头山，湾内好抛舡是鸡母。

鸡母岫：单午十五更取红头屿。

沙马岐头门：乙辰十一更见红豆屿，东是昆身，南是百里经。

笔架：取五屿南边东浮中风东用巽巳收入大港。辛酉取射昆米收入大港。

射昆米：二更取哪哦山。

哪哦皇山尾：沿山使一日好风见一二三屿是月投门。

月投门。（第 160~161 页）

大担往交趾

太武开舡，用坤申七更取南澳彭外过。单坤十五更取大星尖。用坤未七更取东姜。坤未五更取乌猪。坤申三更取七洲洋。用单申五更取海南犁母山。单酉十五更取海宝山，正路。用乾亥、单亥五更取鸡叫门，即安南国港口也。（第 167 页）

大担往柬埔寨针

大担开舡，椗内过，用丁未及单未七更取南澳彭外过。用坤申十五更平大星尖。用坤申七更取东姜并南亭门。用坤未五更取乌猪。用坤未十三更取七洲洋。用坤未七更取独猪山。用坤未二十更取外罗外过。用丙午七更取交杯屿及羊角屿正路新州港口过。用丙午五更取灵山大佛，往回放彩舡祭献。用丙午及单午三更，取伽㑲儗山。用丁未五更取罗湾头。用坤未五更取赤坎山，身开，恐犯玳瑁州，身陇，玳瑁鸭。用坤申及单申四更取鹤顶山，打水七八托。用单庚二更取一员小屿，又单庚二更沿山使打水八托，见马鞍形是外任，看大水好风进港，妙也。（第 169~170 页）

回大担针

毛蟹州出浅，用单卯离州有四五箭远，用辰巽及乙辰，贪南看毛蟹州对南港口出浅。从北昆身正路用甲卯四更取覆鼎。用单申二更,用艮寅二更、单寅二更取赤坎。用艮寅及丑艮三更取罗湾头。用丑癸五更取伽俏㒵。用单子三更取大佛,放彩舡。用单子及壬子五更取羊角屿。壬子七更取外罗。用丑癸十更、丑艮十更、艮寅二更,普施用艮寅五更,普施二王艮寅五更,送都公用艮寅五更,用单艮十更收南澳彭外过。<u>用丑艮七更取太武,收入思明</u>。(第170页)

大担往暹罗针

<u>大担开舡,用坤未四更柑桔外过</u>。用坤申三更取南澳评外过。用坤申十五更取大星。用坤申七更取东姜。坤未七更取乌猪。用单坤十三更取七州洋,祭献。用坤未七更取独猪。用坤末二十二更取外罗。丙午七更取校杯。丙午五更取灵山佛,放彩舡。单午五更取伽俏㒵。用丁午五更取罗湾头。坤未五更取赤坎及覆鼎大山,边有老古名是林郎浅。单坤十五更取昆仑,东有槟榔屿在帆铺尾外过。用庚西三更取小昆仑,西有沉礁出水。过了用庚西八更取真糍,东边有礁,南边是正路。三更取假糍,便见占腊泥尾。坤申有小港不可行,恐风不顺,难出。辛戌十五更取大横,南边正路。用辛戌及乾戌五更取小横,成三个门,门中有礁,俱是横木正路。辛戌十五更取笔架,在帆铺边。用单子及壬亥五更取陈公屿及犁头山。用单子三更取乌头浅。用单乾三更取竹屿。单子五更取浅口,用子癸坐竹屿进港。(第171~172页)

厦门往长崎

<u>大担开舡,用甲卯离山</u>。用艮寅七更取乌坵,内是湄州妈祖,往祭献。用艮寅及单寅七更取鸡笼头。用艮寅二十更,取单寅下十五更,单艮上十五更,取天堂。用子癸并壬亥收入港,妙也。

北山开舡往长崎只有二十五更。西长外屿有小屿二个是五岛,认真陇是五岛大山。过东来有六七个石屿尖是美慎马。用单艮七更取长崎。对东七更是天堂,似南港样,或头入见天堂门。壬子癸门陇,斟酌转变寻坎马慎马,收入天堂。东去有一个屿,陇近看似东碇样,是温二。温二对东五更一山尖高一头赤色,东南有一屿多是马齿山,舡抵用子癸取天堂,妙也。
(第180页)

向达校注,《两种海道针经》,中华书局,2000年

八、外国文献

(一)东亚、东南亚地区文献

(朝鲜)《蔡仁范墓志铭》

年代　显宗十五年(辽　太平四年、一〇二四)

□□□□□□□□□□公墓志铭　并序

□□□□□□□□□□兴礼让之风俗,尚神仙之道,孔圣欲居而何陋？徐生不返以□□□□□□□案矣。公姓蔡,讳仁范,是大宋江南泉州人也,随本州持礼使□□□□□□□浸东达扶桑。以光宗朝御宇之,乾德八年观我明庭,应兹□□□□□□宗驻留便,赐官告一通,拜为礼宾省郎中,仍赐第宅一区,并脏获田庄□□□□□□诸物等。凡其所须,并令官给。公以博通经史,富有文章,蕴王佐之大□□□□□硕学,加之廉谨,荐以温良,历赞累朝,咸推称职,至成宗朝授以阁□□□□,拜为尚书礼部侍郎。至穆宗朝继叨,宠用之。次以统和十六年岁在□□□□月十五日启手足于私第,享年六十有五矣。

此迹睿情是悼,遂为礼部尚□□,赙赠尤厚,择以是月□晨,葬于五冠山也。初有闺室崔氏,封为清和郡大夫人,先公而卒,所生有一男,官为内史侍郎同内史门下平章事监修国史。公后所娶张氏,亦封为清州郡君,所生有三男,孟为阁门祗候,仲为军器主簿,季为出家依止佛住寺大德沙门。复有二女,并适人,从礼。理家可箴,享年不永,近岁俱亡,然有嗣子兄弟姊妹所生男女诸孙等,甚亦繁盛,亦各入仕为官也。公泊于,今上才登宝位之年,便加恩宠,赠尚书右仆射焉。今者,惟嗣子相国与诸舍弟等。以其先茔之处松楸,则拂汉磨霄虽云拱矣,丘垄则襟山带水,有所阙焉,待以利年,仍更卜兆,莫不山包四秀,地带三阳,眠牛偃卧以呈祥,白鹤回翔而荐吉,乃营马鬣且异虎坟,俭匪阙仪,丰无越礼。粤以太平四年岁在甲子十一月十二日,迁葬于法云山东麓,礼也！素车白马,执绋执绋者岂可胜数乎。呜呼！积善之徵,殁而弥著,饰终之礼,魂而可知。恐年纪寝遥,丘陵迁变。俾刊贞石宾于玄扃。

谨为铭曰:伯夷遗址,箕子故开,风传木铎,境压蓬山,仲尼何陋,徐福不还,哲人君子,实所跻攀,禀气嵩华,降灵中夏,越彼大洋,宾于王者,时遇文明,道光儒雅,秩小宗伯,奄归泉下,善庆有徵,嗣子持衡,勋高致主,劲草推诚,恳切追远,累茝感情,欲修玄寝,穆卜新茔,龙耳巉岩兮牛岗峭峛,营兹马鬣兮崇彼兆域,安厝礼成兮哀荣情极,陵谷迁变兮永光厥德。

太平四年岁在阏逢阉茂辜月十有二日竖　（第 13～15 页）

金龙善编著,《高丽墓志铭集成》,翰林大学校,1993 年

(朝鲜)尹伊锡撰,《刘载墓志铭》

卒守司空、尚书右仆射、判工部事定懿公铭

公姓刘氏,讳载,字君济,大宋泉州温陵人也。 自丱角好读书,著名乡校,尝语人曰:"君子以不家食吉,吾岂瓠瓜也哉!"慨然拂衣,至于海东。时宣宗大安五年也,上知其来,试以文艺,喜见于色。初命参监门卫军事,肃宗即位,超拜右史,兼三字东宫侍读,既而掌南省礼闱,得士百余人,其所荐拔擢占上第者多矣。甲申春,自礼部侍郎、谏议大夫、同知贡举选士,获三十余人,皆一时英彦。至今馆翰多出门下,故时人咸曰:公之知人,鉴若神明。后进儒生多以此称美之。天性纯直,不事矜饰,风雨不渝,岁寒一节。致位文昌相,守司空,遽有知止之心,援经请老,优游里巷,享年六十七岁,于戊戌三月十五日,顺受而逝。今主上闻之震悼,赙赠金谷,赐谥为定懿公,敕百官会葬,己亥三月二十六日改葬于北山之阳。长男通事舍人,及次男主簿升卿,泣请仆纪其行状,仆出公门下,不敢固辞,勉为之。志其铭曰:展也刘公,来自皇宋。文章礼乐,惟公一新。作辅文昌,善终而逝。遗文尚在,学者有师。铭以纪德,永示无极。

己亥三月二十六日,门人尹伊锡述,进士林谦书。（第 48～49 页）

金龙善编著,《高丽墓志铭集成》,翰林大学校,1993 年

(朝鲜)郑麟趾等撰,《高丽史》

卷四　世家四

显宗

六年(1015年)闰六月甲辰,宋泉州人欧阳征来投。(第101页)

七年(1016年)正月丁卯,以金殷傅为户部尚书,李守和、崔冲为左右补阙,李作忠、欧阳征为左右拾遗。(第102页)

八年(1017年)七月辛丑,宋泉州人林仁福等四十人来献方物。(第105页)

十年(1019年)七月己巳,宋泉州陈文轨等一百人来献土物。(第111页)

十一年(1020年)二月己酉,宋泉州人怀贽等来献方物。(第113页)

卷五　世家五

显宗

十四年(1023年)十一月丙申,宋泉州人陈亿来投。(第122页)

十九年(1028年)九月丙申,宋泉州人李颛等三十余人来献方物。(第130页)

二十一年(1030年)七月己巳,宋泉州人卢遵等来献方物。(第134页)

德宗

二年(1033年)八月甲午朔,宋泉州商都纲林蔼等五十五人来献土物。(第145页)

卷六　世家六

靖宗

十一年(1045年)五月丙寅,大宋泉州商林禧等来献土物。(第175页)

卷七　世家七

文宗

三年(1049年)八月辛巳,宋泉州商王易从等六十二人来献珍宝。(第190页)

六年(1052年)九月壬子,宋商萧宗明等四十人来献土物。(第198页)

十二年(1058年)八月乙巳,宋商黄文景等来献土物。(第218页)

卷八　世家八

文宗

十三年(1059年)八月戊辰,宋泉州商黄文景、萧宗明、医人江朝东等将还。制:"许留宗明朝东等三人。"(第220页)

十五年(1061年)十二月丙午,以宋人萧宗明权知阁门祗侯。(第224页)

十七年(1063年)十月庚午,宋商林宁①、黄文景来献土物。(第226页)

十八年(1064年)八月甲午朔,宋商林宁等来献珍宝。(第228页)

二十二年(1068年)七月辛巳,宋人黄慎②来见,言:"皇帝召江淮两浙荆湖南北路都大制置发运使罗拯曰:'高丽古称君子之国,自祖宗之世,输款甚勤,暨后阻绝久矣。今闻其国主,贤王也,可遣人谕之。'于是拯奏遣慎等来传天子之意。"王悦,馆待优厚。(第235页)

二十二年(1068年)七月辛巳,宋商林宁等来献土物。(第235页)

二十四年(1070年)八月己卯,宋湖南荆湖两浙发运使罗拯复遣黄慎来。(第237页)

卷九　世家九

文宗

二十九年(1075年)六月丙辰,宋商林宁等三十五人来献土物。(第250页)

卷十　世家十

宣宗

四年(1087年)三月甲戌,宋商徐戬③等二十人来献《新注华严经》板。

---

① 林宁与黄文景同行,故疑为泉州人。参阅泉州海关编:《泉州海关志》,厦门大学出版社,2005年,第131页。

② 《宝庆四明志》卷六《郡志六》载:前福建路转运使罗拯言:"据泉州商人黄慎所具状,慎尝以商至高丽,高丽舍之礼宾省,见其情意,欣慕圣化。……"等语,可知黄慎系泉州人。

③ 苏轼《论高丽进奉状》,有:"今月三日,准秀州差人押到泉州百姓徐戬,擅于海舶内载到……"等语,可知徐戬系泉州人。

(第279页)

六年(1089年)十月己酉,宋商徐成①等五十九人来献土物。(第286页)

七年(1090年)三月己巳,宋商徐成等一百五十人来献土物。(第287页)

卷三十三　世家三十三

忠宣王

(二十四年六月乙丑)马八国王子孛哈里遣使来,献银丝帽、金绣手箔、沉香五斤十三两、土布二匹。先是,王以蔡仁揆女归丞相桑哥,桑哥诛,帝以蔡氏赐孛哈里。孛哈里与其国王有隙,奔于元,居泉州。至是,以蔡氏故,遣使通之。(第1054页)

卷四十四　世家四十四

恭愍王

我若征恁去呵,明州造海船五百只,温州五百只,泉州、太仓、广东、四川,三个月内修造七八千只船,明白征去也者。(第1332页)

卷九十七　列传十

刘载

刘载,宋泉州人,宣宗时,随商舶来,试以诗赋,授千牛卫录事参军。睿宗朝,历左散骑常侍,吏礼部尚书,十三年,以守司空、尚书右仆射卒。载能文,性朴素,不事生产,虽偕商人来,自立朝不复相亲,时议多之。(第3004页)

孙晓主编:《高丽史》,西南师范大学出版社、人民出版社,2014年

(琉球)蔡温撰,《蔡氏祖源宗德总考》

琉球历隋、唐、宋、元,未尝进贡。当明朝洪武之初,中山王察度在位之时,始通中华,奉表入贡。此时,琉球文教未兴,礼典未定。洪武二十五年,敕赐闽人三十六姓,以敷文教,兼治礼典。

---

① 苏轼《乞禁商旅过外国状》,有:"据泉州纲首徐成状称,有商客王应升等,冒请往高丽国公凭……"等语,可知徐成系泉州人。

察度王大喜郎令三十六姓自择土宅以居之，号其地曰"唐营"（俗皆叫久米村）。至今唐营子孙专任其业，兼掌贡典。吾元祖讳崇，乃三十六姓之一也。三十六姓子孙，至于明末，容貌、衣服尚未改变，至于清朝而后，改从国俗。

元祖讳崇，号升亭，行二（官爵、勋庸、生卒年月、封阡等俱不传），福建泉州府南安县人，乃宋朝鼎甲端明殿大学士忠惠公讳襄字君谟六世孙也。洪武年间升亭公奉敕初到琉球，受使，故我家谱纪以升亭公为一世始。而升亭公生二世讳让，生三世讳璟，璟生四世讳宝，宝生五世讳迁，迁生六世讳瀚，瀚生七世讳朝器，朝器第三之弟讳朝辅，乃吾小宗也。蔡氏繁盛，一谱难纪，故以朝辅为小宗，另修谱牒，朝辅生八世讳奎，奎生九世讳锦，锦生十世讳铎，铎乃温之严父也。

吾家谱牒以讳崇为元祖，而崇之所出，止以忠惠公为本源耳。明朝之间，沧桑屡变，且本国与泉州阻海甚远，而忠惠公所出无由稽考。康熙五十八年己亥，幸吾宗族海坛镇左营中军游府加一级讳添略字乾韬号伟亭护封随天使徐、海二公来到本国，因而言曰："明朝洪武年间，我宗族一员有奉敕入球者云云。"曰："是否族氏"，皆往拜谒。伟亭大喜曰："我蔡家族氏世多忠勋，声著天下。汝等远居海隅，愈慎愈勤，起孝起忠，勿坠蔡氏家声。"遂赐温《蔡氏世纪》一卷（内有爵谱及实录等）、忠惠公尊影一幅（我蔡氏之家有忠惠公尊影者自此而始）、洛阳桥全图一幅。温百拜受之，始知忠惠公乃系南唐司空用元公六世孙也。用元公生瑾，瑾生显，显生工部员外郎恭，恭生刑部侍郎琇。琇乃忠惠公之父也，母卢氏，封仁寿郡太君。且考用元公所出，则有赐进士出身，候选文林郎，居泉州。二十三世孙致远尝跋于谱末曰："吾家自叔度公肇基上蔡（上蔡，国名。叔度公，周文王第十四子，封蔡，为蔡叔，因氏焉），历周、秦、汉、唐以来人文继起，世系缕析，至于有宋，科第蝉联，簪缨世胄。传至我忠惠公，以刚方正直之德，行仁义忠信之政，在朝则谠言侃侃，以进贤退不肖为己任，出知福州，则复塘田、减丁税，知泉州则建万安桥以济万民。（万安桥，今名洛阳桥，桥长三百七十四丈，广丈有五尺，盖泉州距城二十里有万安渡，深五丈余，远近往来，驾舟渡海，风涛不时，覆溺无数，民甚畏焉。忠惠公祷天致书于海，而潮果退，遂成此桥，以济万民，即令诏敕立祠于桥西，春秋祠之。）又植松七百余里，清荫庇道，于今烺烺可考，余难毕述，其源深矣，其本厚矣，流长而枝茂，所谓积善必有余庆云云。由此观之，蔡氏本源远出于西周，而今支派蔓延，散居于八方者不可胜数。

（第21册，第285～288页）

《传世汉文琉球文献辑稿》第 1 辑,鹭江出版社,2012 年

(日本)德川光圀撰,《日本史记》

卷二百二十三　　列传第一百五十

义烈

长治二年,宋泉州纲首李充至太宰府,府官依例存问,李充等进本国公凭请交易。(第 6 册,第 2236 页)

(日)德川光圀著,《日本史记》,安徽人民出版社,2013 年

(日本)释成寻原撰,《参天台五台山记》

第一卷

延久四年(宋熙宁五年,1072 年)三月十五日乙未寅时,于肥前国松浦郡壁岛,乘唐人船。一船头曾聚,字曾三郎,南雄州人;二船头吴铸,字吴十郎,福州人;三船头郑庆,字郑三郎,泉州人。三人同心,令乘船也。船头等皆悦给物,密密相构。悉与物:米五十斛,绢百匹,祔二重,沙金四小两,上纸百帖,铁百廷,水银百八十两等也。同乘唐船人:赖缘供奉,快宗供奉,圣秀、惟观、心贤、善久,沙弥长明。下乘船还人:永智、寻源、快寻、良德、一能、翁丸,拭泪离去。辰时,依西风吹不出。船在壁岛西南浦。法华法,后夜经:第六卷,如意轮供。(第 1 页)

白化文、李鼎霞校点,《参天台五台山记》,花山文艺出版社,2008 年

(日本)真人元开撰,《唐大和上东征传》

和上于天宝十二载(753 年)十月十九日戌时,从龙兴寺出,至江头乘船。下时,有二十四沙弥悲泣赶来,白和上言:"大和上今向海东,重觐无由我,今者最后请予结缘。"乃于江边为二十四沙弥受戒。讫,乘船下至苏州黄泗浦。

相随弟子:扬州白塔寺僧法进、泉州超功寺僧昙静①、台州开元寺僧思托、扬州兴云寺僧义静、衢州灵耀寺僧法载、窦州开元寺僧法成等一十四人,藤州通善寺尼智首等三人,扬州优婆塞潘仙童,胡国人安如宝,昆仑国人军法力,瞻波国人善听,都二十四人。(第85页)

汪向荣校注,《唐大和上东征传》,中华书局,1979年

(越南)黎崱撰,《安南志略》

卷十五 人物

仕中国者

姜公辅,神翊孙,挺子也。唐德宗朝,第进士,补校书郎。以制策异等,授右拾遗、翰林学士。岁满当迁,以母赖禄养,求兼京兆户曹参军。公辅高材,每见,敷奏详亮,德宗器之。朱泚还京师,公辅谏曰:"陛下不能坦怀待之,不如诛之。养虎无自遗害。"帝不从。俄而泾师乱,帝自苑门出,公辅叩马谏曰:"泚尝帅泾原,得士心,向以朱滔叛夺其兵权,居常怫郁,请驰捕以从,无令群凶得之。"帝仓卒不及听。既行,欲驻凤翔倚张镒。公辅曰:"镒虽信臣,然文吏也,所领皆朱泚部曲,渔阳突骑,泚若立,泾原为变,非万全策也。"帝遂之奉天。有言泚变者,请为备守。卢杞曰:"泚忠正笃实,奈何言其叛,伤大臣心!臣以百口保之。"帝知群臣多劝泚奉迎乘舆者,乃诏诸道兵距城一舍而止。公辅曰:"王者不严羽卫,无以重威灵。今禁旅单寡而士马处外,为陛下危之。"帝曰:"善。"悉内之。泚兵果至,如所言,乃擢公辅谏议大夫、同中书门下平章事。帝徙梁,长女唐安公主道薨,上欲造塔厚葬之。公辅表谏以为山南非久居之地,且宜俭以济军中之急。"上谓陆贽曰:"公辅正欲指联过失,自求名耳。"贽曰:"公辅官谏议,职宰相,献替是其本。务立辅臣,朝夕纳谏,违而弼之,乃其所也。"帝曰:"不然!以公辅才不足以相,而自求说,朕既许之,内知且罢,故卖直售名。"遂迁太子左庶子;以母丧解,复为右庶子。久不迁。陆贽相,公辅数求官。贽密谓曰:"丞相实参尝为公拟官屡矣。"上不悦,公辅惧,请为道士。帝问故,公辅不敢泄贽语,以参言为对。帝怒,贬泉州别驾,遣使责参。顺宗立,拜吉州刺史,未就官卒。姜公复,公

---

① 昙静为鉴真弟子,随鉴真东渡日本弘扬佛法,是现存已知福建与日本交流的最早文献记载。

辅弟也,终比部郎中。① (第 464 册,第 690~691 页)

《影印文渊阁四库全书》,台湾商务印书馆,1986 年

(文莱)《有宋泉州判院蒲公之墓碑》

碑文:

有宋泉州判院蒲公之墓
景定甲子男应甲立

注:景定甲子为南宋景定五年(1264 年)。此碑系 1972 年 3 月,西德著名汉学家傅吾康教授在文莱寻访华人文化古迹、搜集庙碑和墓刻时,发现的一座宋代古墓,该墓碑高 38.5 英寸,宽 16 英寸,厚 4 至 4.5 英寸。(第 57~64 页)

林少川,《渤泥"有宋泉州判院蒲公之墓"新考》,
《海交史研究》1991 年第 2 期

(二)阿拉伯、中东等地文献

(阿拉伯)伊本·胡尔达兹比赫著,《道里邦国志》

到东方去的海上航程

通向中国之路

从汉府至汉久(Khanju)②为 8 日程。汉久的物产与汉府同。从汉久至刚突(Qantu)为 20 日程。刚突的物产与汉府、汉久相同。中国的这几个港口,各临一条大河,海船能在这大河中航行。这些河均有潮汐现象。(第 72 页)

宋岘译注,郅溥浩校订,《道里邦国志(附税册)》,中华书局,1991 年

---

① 点校本见武尚清点校,《安南志略·海外纪事》,中华书局,2000 年,第 347~348 页。另,《安南志原》法国远东学院订刊本,卷三,第 178~180 页,亦有载姜公辅事。
② 学术界对"汉久"究竟在哪颇有争议,有不少学者认为是在福建泉州。

(阿拉伯)伊本·赛义德著，
《西班牙属马格里布人阿里·伊本·赛义德
对托勒密关于七个气候区的地理书的汇集和摘要》
(巴黎国立图书馆所藏第2234号阿拉伯文写本)

中国的河流和山脉向前延伸，共有十二条江河和十二座山脉(原文如此)，在每两座山之间就会有一条江。在这第九地段之内，第一条江就是泉州(Zitūn)江，其江出口处就是泉州港，那些前往中国的商人对此是十分熟悉的。凡是来自中国海的船舶都要进入该港，一直向前推进到上游十五英里的地方。该港湾无人居住(?)。泉州市位于东经一百五十四度和北纬十七度零几分的地方。(第386～387页)

(法)费琅编，耿升、穆根来译，
《阿拉伯波斯突厥人东方文献辑注》，中华书局，1989年

(奥斯曼·土耳其)西迪·阿里·赛赖比著，《海洋》
(突厥文写本)

第8卷

季风共有两种:海员们把西部季风称为"里赫·库斯"(rīh kūs)，而又把东部季风称"奇怪的风"(rihadzīb)或"热风"(Sabā)。东部季风又细分为两种:在第一种情况下，印度洋便被封闭了，但却仍称之为"季风"。

第一种情况的第一细类叫作"拉斯·里赫"(rās ar-rīh，意为"风之头")，或者又叫作"刺桐季风"(Mawsim Zitūnī)。(第544～545页)

(法)费琅编，耿升、穆根来译，
《阿拉伯波斯突厥人东方文献辑注》，中华书局，1989年

（萨法维王朝）阿布尔-法兹尔，《阿克巴尔纪年》
（波斯文写本）

第 3 卷

关于确定地球上有人居住区域各地经纬度的一览表。据某些学者认为，这一地区从赤道开始，尤其是从那些位于七个气候区边缘之外的地区直到纬度为 60°的地方。……

第一气候区
……

中国边境上的刺桐（泉州）	154°00′	17°06′……
中国的广府（Khānfū）	150°00′	14°00′
中国的杭州（Khāncu）	162°00′	14°00′ （第 625～627 页）

（法）费琅编，耿升、穆根来译，
《阿拉伯波斯突厥人东方文献辑注》，中华书局，1989 年

（波斯）拉施特编，《史集》

成吉思汗之子托雷汗之子忽必烈合罕纪

第二部分
记忽必烈合罕在汉地兴建的建筑，以及在该地
所施行的法度、惯例、规章和制度

在汗八里　　大都，有一大河，从北面，从通往夏营地的道路所在之处的察卜赤牙勒境内流来。还有另一些河。在城外建有一个很大的蓄水池，类似于湖。其上筑有坝，供放船入其中游玩之用。此河之水，原沿着另一河床流去，注入到海洋与汗八里之间的那个海湾中。因为城旁的海湾狭窄，船到不了它那里，货物要用牲畜驮运到汗八里，所以汉地的舆地家和学者谨慎地断言，船可以从汉地的大多数地方，从摩至那的京城，从行在，从刺桐以及其他地方到达汗八里。

合罕下令挖一条大运河，并且将上述那条河以及其他一些从哈剌沐涟流出，并静静地流经地区上诸城之河的水，放入其中。船可从汗八里航至行

在和刺桐、忻都斯坦诸港湾和摩至那京城,其间为四十日途程。(第 322～323 页)

记汉地的异密、宰相和必阇赤;详细列举他们的品级;
记他们那里的法规、制度以及该民族中所采用的名称

第七,福州省,这是蛮子的一座城。从前,省设在该城,而后迁到了刺桐。现在,又迁回了该城。此城的长官原为异密答失蛮的一个兄弟……而如今为伯颜平章的兄弟乌马儿。船舶停泊的港湾是刺桐。其长官为别哈丁·昆都即。(第 332 页)

第九,广府省,大食人称之为大秦。为滨海的一座很大的城,在刺桐的下方,并是一巨港。该处的长官是一个名为那海的人和鲁克纳丁……平章。(第 333 页)

记忽必烈合罕的边境,并简述统率军队驻守在边境上
守卫国土的宗王和异密们

从西南方面,在广府和刺桐之间,从蛮子地区起,沿岸延伸着庞大的森林。蛮子君主的一个儿子逃到了该处,虽然他已经没有任何势力,但他仍然以抢劫和诈骗度日。(第 336 页)

记忽必烈合罕的宰相不花剌人赛点赤及其孙伯颜平章

不花剌人赛典赤的孙子是在牙剌洼赤以后的至尊忽必烈合罕的宰相,合罕把哈剌章地区赐予了他。

当忽必烈合罕奉蒙哥合罕之命前往那些地区而他的军队正处于饥饿和无衣之时,他赛典赤来到了,并且履行职礼如仪。忽必烈合罕同意保举他在蒙哥合罕处任职,而且也就这样做了。蒙哥合罕慰抚了他,大为奖赏了他。及至轮到忽必烈合罕做皇帝时,也奖赏了他,并赐他以丞相之职,其子纳昔剌丁则被派去继承他担任哈剌章地区的长官。他任丞相之职长达二十五年。他一次也没有受到过检举,也没有遭到过任何不幸。他去世时,被号称为阿札勒即极荣耀者。其子纳昔纳丁则照旧为哈剌章的长官,没有来向合罕行"帖克失迷失",他在这最近的五六年中去世,被埋葬在汗八里城他自己的花园里。还在此之前,纳昔剌丁的一个儿子,名阿不-别克儿,现称为伯颜平章者,就已被派去当了刺桐城的长官。(第 340 页)

(波斯)拉施特主编,余大钧,周建奇译,
《史集》第二卷,商务印书馆,1985 年

(波斯)约翰·科拉著,《大汗国记》[①]

汗八里城有一位大主教,名约翰·蒙特·科维诺,是方济各会修士,是教皇克列蒙特派往该国的专使。这位大主教在该城建方济各会教堂三所,各所相距约二里格。他还在刺桐(拉康)城建立两所教堂,该城距汗八里足足三月路程,位于海滨。两教堂内各有一位方济各会主教,一名安德烈·帕黎斯(?佩鲁贾)修士,一名彼得·佛罗伦萨修士。(第280~281页)

阿·克·穆尔著,郝镇华译,蒋本良校,
《一五五〇年前的中国基督教史》,中华书局,1984年

(摩洛哥)伊本·白图泰著,《伊本·白图泰游记》[②]

上册

亚历山大的城门和港口

亚历山大城有四座门:席德勒门通往摩洛哥,赖史德门,海门,绿门,这些门每周五开放,居民外出谒墓。亚历山大港口,气势雄伟,我认为世上没有可与它相提并论的,但印度国的古里和喀里古特,土耳其地区的苏达哥港和中国的刺桐港除外,这些以后都将提到。(第21页)

尼罗河

还有中国契丹地方的赛鲁河,汗八里城就位于河滨,从汗八里下流至汗沙城,再至刺桐城,详情以后再谈。(第38页)

下册

向中国送礼的原因,随行人员和礼品

中国国王送给素丹男女奴隶百名,花缎五百匹,其中百匹系在刺桐织造,百匹系在汗沙织造。(第456页)

---

① 成书时间约在1330年,此书拉丁文原文已佚,巴黎国家图书馆(Fr.2810号)藏有一本法文译本,书名是《鞑靼大帝的奇闻逸事》(*L'hystorie Merveilleuse Plaisante & Recreative du Grand Empereur de Tartarie*),1529年出版。约翰·科拉时任波期总主教。

② 《伊本·白图泰游记》,又名《异域奇游胜览》。

中国船只

中国船只共分三类：大的称作艟克，复数是朱努克；中者为艚；小者为舸舸姆。大船有十帆至少是三帆，帆系用藤篾编织，其状如席，常挂不落，顺风调帆，下锚时亦不落帆。每一大船役使千人：其中海员六百，战士四百，包括弓箭射手和持盾战士以及发射石油弹战士，随从每一大船有小船三艘，半大者，三分之一大者，四分之一大者，此种巨船只在中国的刺桐城建造，或在隋尼凯兰即隋尼隋尼建造。（第 490 页）

中国瓷器

至于中国瓷器，则只在刺桐和隋尼克兰城制造。系取用当地山中的泥土，像烧制木炭一样燃火烧制。其法是加上一种石块，加火烧制三日，以后泼上冷水，全部化为碎土，再使其发酵，上者发酵一整月，但亦不可超过一月；次者发酵十天。瓷器价格在中国，如陶器在我国一样或更为价廉。这种瓷器运销印度等地区，直至我国马格里布。这是瓷器种类中最美好的。（第 545～546 页）

沿途保护商旅

让我们谈谈我们的旅行吧！我们渡海到达的第一座城市是刺桐城，中国其他城市和印度地区都没有油橄榄，但该城的名称却是刺桐。这是一巨大城市，此地织造的锦缎和绸缎，也以刺桐命名。该城的港口是世界大港之一，甚至是最大的港口。我看到港内停有大艟克约百艘，小船多得无数。这个港口是一个伸入陆地的巨大港湾，以至与大江会合。该城花园很多，房舍位于花园中央，这很像我国希哲洛玛赛城的情况一样。穆斯林单住一城。我们到达刺桐之日，遇到了那位携带礼品出使印度的使者，他曾同我们结伴，他所乘的艟克沉没。见面后他向我问好，并把我介绍给衙门的主管，承蒙他把我安置在一座美丽的住宅里。穆斯林的法官准丁·艾尔代威里来看望我，他是一位好义的高尚人士。巨商们来看望我，其中有舍赖奋丁·梯卜雷则，他是我去印度时曾借钱给我的一位商人，待人甚好。他能背诵《古兰经》，并常诵不断。这些商人因久居异教徒地区，如有穆斯林来，都欢喜若狂地说："他是从伊斯兰地区来的呀！"便把应交纳的天课交给他，他立即成了像他们一样的富翁。

当地的高尚显赫中有鲍尔汗丁·卡泽龙尼，他在城外有一道堂，商人们在这里缴纳他们向谢赫阿布·伊斯哈格·卡泽龙尼许下的愿。衙门主管知道了我的情况后，便缮具文书呈报可汗，可汗是他们最大的君王，报告我是印度王派来的。我要求主管派人陪我去隋尼隋尼，即中国地区去，那里也叫做隋尼克兰,以便游历一番,等待可汗回信的到来。我们搭乘近似我国战舰的船只沿河出发,这种船只是划桨人都站在船中心划桨,船上的乘客则在船首和船尾,全船上搭有遮棚,是用当地出产的一种似麻非麻而比亚麻细致的植物编织成的。

我们在这条河上走了二十七天,每日中午船停靠沿河村镇,购买所需杂物,作响礼拜,至夜晚下船投宿于另一村镇,就这样一直到达隋尼克兰,即隋尼隋尼城,此地出产瓷器,亦在刺桐制造。(第551~552页)

奇异的故事

于拜会老人的第二天,我便返回刺桐城。回刺桐后数日,可汗的命令到达,他热情欢迎我去京都,可沿河乘船,否则便走旱路。我选定沿河乘船,他们给我准备了一艘华丽的官船,城长派其同伴护送。城长、法官和穆斯林商人送来了许多干粮。(第554页)

马金鹏译,《伊本·白图泰游记》,宁夏人民出版社,1985年

(三)欧洲文献

(意大利)鄂多立克著,《鄂多立克东游录》

15.续前

我们到波郎布港后,又登上另一艘叫做容克(junk)的船,如前所述,驶向上印度,到一个叫刺桐(Zaiton)的城市,其中我们的僧侣有两所房屋,为的是在那瑞安放圣骨。船上足有七百人,连同船员和商人在内。偶像教徒有这样的习惯:入港前他们要搜查整个船舱以弄清船上有什么东西;如果发现有死人骨骸,他们就马上扔进海里,因为他们说,船上有这些东西将招来死亡的大祸。因此,尽管他们极力做这种搜查,又尽管骨骸大量放在那里,他们仍然没有发现其丝毫形迹。(第49页)

30.关于名叫刺桐(Zayton)的名城;其百姓怎样供奉他们的神

离开该地,经过很多城市和村镇,我来到一个叫做刺桐(Zayton)的著名城市,吾人小级僧侣在该地有两所房屋,我把为信仰耶稣基督而殉教的僧侣的骨骸寄放在那里。

此城中有大量各种生活必需品。例如,你用不着花到半个银币便能买三磅八盎司的糖。该城有波洛纳(Bologna)的两倍大,其中有很多善男信女的寺院,他们都是偶像崇拜者。我在那里访问的一所寺院有三千和尚和一

万二千尊偶像。其中一尊偶像,看来较其他的为小,大如圣克里斯多芬像。我在供奉偶像的时刻到那儿去,好亲眼看看;其方式是这样:所有供食的盘碟都冒热气,以致蒸气上升到偶像的脸上,而他们认为这是偶像的食品。但所有别的东西他们留给自己并且狼吞虎咽掉。在这样做后,他们认为已很好地供养了他们的神。

该地系世上最好的地方之一,就其对人之生活所需说亦如此。关于该地确实有很多别的事要讲,但目前我不再谈了。(第65~66页)

何高济译,《海屯行纪 鄂多立克东游录 沙哈鲁遣使中国记》,
中华书局,1981年

(意大利)马可·波罗著,《马可波罗行纪》

第二卷 记大汗忽必烈及其宫殿都城朝廷政府节庆游猎事,自大都西南行至缅国记沿途所经诸州城事,自大都南行至杭福泉州记东海沿岸诸州事

第一五五章 福州之名贵

应知此福州(Fuguy)城,是楚伽(Chouka)国之都城,而此国亦为蛮子境九部之一部也。……有一大河宽一哩,穿行此城。……此城附近有刺桐(Zayton)港在海上,该河流至此港。(第373~374页)

第一五六章 刺桐城

离福州后,渡一河,在一甚美之地骑行五日,则抵刺桐(Caiton)城,城甚广大,隶属福州。此城臣属大汗。居民使用纸币而为偶像教徒。应知刺桐港即在此城,印度一切船舶运载香料及其他一切贵重货物咸莅此港。是亦为一切蛮子商人常至之港,由是商货宝石珍珠输入之多竟至不可思议,然后由此港转贩蛮子境内。我敢言亚历山大(Alexandrie)或他港运载胡椒一船赴诸基督教国,乃至此刺桐港者,则有船舶百余,所以大汗在此港征收税课,为额极巨。

凡输入之商货,包括宝石、珍珠及细货在内,大汗课额十分取一,胡椒值百取四十四,沉香、檀香及其他粗货值百取五十。

此处一切生活必需之食粮皆甚丰饶。并知此刺桐城附近有一别城,名称迪云州(Tiunguy),制造碗及磁器,既多且美。除此港外,他港皆不制此

物,购价甚贱。此迪云州城,特有一种语言。大汗在此崇迦(Concha)国中征收课税甚巨,且逾于行在国。

蛮子九国,吾人仅言其三,即行在、扬州、福州是已。其余六国虽亦足述,然叙录未免冗长,故止于此。

注:马可·波罗的游记原稿已佚,根据原稿传抄传译的大约140多种抄本中,没有两种本子是完全相同的,给该书的翻译带来了很多麻烦。冯承钧选译的底本是法国沙海昂所编定的新注本,并参考了巴黎地理学会本、颇节(G. Pauthier)本、刺木学(Ramusio)本、玉尔-科迭本、拜内戴托本等。刺木学本此章的记述则较为详细,冯承钧将刺木学本此章翻译如下,以资参考。

刺桐(Zaitum)城港及亭州(Tingui)城

离漳州(Cangiu)后先渡一河,然后向东南行五日,见一美地,城市民居接连不断,一切食粮皆饶,其道经过山丘、平原同不少树林,林中有若干出产樟脑之树,是一野味极多之地。居民是偶像教徒,臣属大汗而隶漳州。<u>行五日毕,则抵壮丽之城刺桐,此城有一名港在海洋上,乃不少船舶辐辏之所,诸船运载种种货物至此,然后分配于蛮子全境。</u>所卸胡椒甚多,若以亚历山大运赴西方诸国者衡之,则彼数实微乎其微,盖其不及此港百分之一也。<u>此城为世界最大良港之一,商人、商货聚积之多,几难信有其事。</u>

大汗征收税课为额甚巨,凡商货皆值百抽十。顾商人细货须付船舶运费值货价百分之三十,胡椒百分之四十四,沉香、檀香同其他香料或商品百分之四十,则商人所缴副王之税课连同运费,合计值抵港货物之半价,然其余半价尚可获大利,致使商人仍欲载新货而重来。

居民是偶像教徒,而有食粮甚饶。其地堪娱乐,居民颇和善,乐于安逸。在此城中见有来自印度之旅客甚众,特为刺青而来,盖此处有人精于文身之术也。

<u>抵于刺桐港之河流甚宽大,流甚急,为行在以来可以航行之一支流。</u>其与主流分流处,亭州城在焉,此城除制造磁质之碗盘外,别无他事足述。制磁之法,先在石矿取一种土,暴之风雨太阳之下三四十年。其土在此时间中成为细土,然后可造上述器皿,上加以色,随意所欲,旋置窑中烧之。先人积土,只有子侄可用。此城之中磁市甚多,物搉齐亚钱一枚,不难购取八盘。

崇迦(Concha)国是蛮子九州之一,大汗所征税额与行在国相等。今既述此国若干城市毕,其余诸国置之不言,盖波罗阁下在余国居留,皆不及居留行在、崇迦两国之久也。)(第375~377页)

第三卷　日本,越南,东印度,南印度,印度洋沿岸及诸岛屿,东非洲

第一五八章　日本国岛

日本国(Zipangu)是一岛,在东方大海中,距陆一千五百哩。其岛甚大,居民是偶像教徒,而自治其国。……忽必烈汗闻此岛广有财富,谋取之。因遣其男爵二人统率船舶、步骑甚众而往。兹二男爵谨慎勇敢,一名阿巴罕(Aba-can)、一名范参真(Vonsainchin),率其部众自刺桐、行在两港登舟出发。(第387页)

第一六〇章　偶像之形式

应知此类岛屿所处之海,名称秦(Cin、Cim)海,犹言接触蛮子地方之海也。盖此类岛民语言称蛮子曰秦,故以名之。此海延至东方,据习于航行此海渔夫、水手之说,彼等时常往来水道之中,共有七千四百五十九岛,彼等除航海外不作他事,故熟知之。诸岛皆出产贵重芬芳之树木,如沉香木及其他良木之类,亦有调味香料种类甚多。例如制造胡椒,色白如雪,产额甚巨,即在此类岛屿也。由是其中一切富源,或为黄金、宝石,或为一切种类香料,多至不可思议,然诸岛距陆甚远,颇难到达,刺桐、行在船舶之赴诸岛者皆获大利。……此地为难至之贵地,马可波罗阁下从未涉足其间。大汗与之毫无关系,诸岛对之不纳贡赋,不尽藩职。

所以吾人重返刺桐,是为小印度发航之所。(第395~396页)

第一六〇章(重)

海南湾及诸川流(注:此章不见诸旧本,仅剌木学本(第三卷第五章)中有之),冯承钧将剌木学本此章翻译如下:

从刺桐港发足向西,微偏西南行一千五百哩,经一名称海南(Cheinan)之海湾。其海岸延长二月程,船沿行其北部全境,其地一方面与蛮子州东南部连界,一方面与阿木(Amu)、秃落蛮(Toloman)及其他业经着录之诸州境界相接。(第397页)

第一六一章　占巴大国

从刺桐出发向西、西南航行千五百哩,则抵一地,名称占巴(Ciampa、Cyamba),是为一极富之地,自有国王,并自有其语言。居民是偶像教徒,每年贡象于大汗,除象以外不贡他物,兹请述其贡象之故。(第398~399页)

第一六二章　爪哇大岛

自占巴首途向南航行千五百哩,抵一大半岛,名称爪哇(Jawa)。据此国水手言,此地为世界最大之岛。此岛周围确有五千哩,属一大王而不纳贡他

国。居民是偶像教徒。此岛甚富,出产黑胡椒、肉豆蔻、高良姜、荜澄茄、丁香及其他种种香料,在此岛中见有船舶商贾甚众,运输货物往来,获取大利。大汗始终未能夺取此岛,盖因其距离甚远,而海上远征需费甚巨也。<u>刺桐及蛮子之商人在此大获其利。</u>(第402~403页)

冯承钧译,《马可波罗行纪》,上海书店出版社,2001年

(意大利)约翰·马黎诺里著,《约翰·马黎诺里游记》①

<u>还有刺桐城,这是一个令人神往的海港,也是一座令人惊奇的城市。</u>方济各会修士在该城有三所非常华丽的教堂,教堂十分富足;有一浴堂,一栈房,这是商人储货之处。还有几尊极其精美的钟,其中二钟是我命铸造的,在铸成悬挂时,举行了隆重仪式。其中之一,即较大者,我们决定命之为约翰尼纳,另一命之为安顿尼纳,皆置于萨拉森人居住地中心。<u>我们于圣斯提凡祭日离开刺桐。</u>(第289~290页)

阿·克·穆尔著,郝镇华译,蒋本良校,
《一五五〇年前的中国基督教史》,中华书局,1984年

(意大利)雅各·德安科纳著,《光明之城》②

第三章 海上得救

<u>1271年8月13日,也就是说5031年厄路耳月(Elul)的第5天,在绍菲迪姆(Shofetim)安息日之前,我们的船队来到了蛮子居住的刺桐。</u>在这里,我,安科纳的雅各·迪·所罗门,看到和听到了各种各样的事情。这些事情,其他人可能会惊奇不已,对此,我现在要借助上帝而告知一切,颂扬祂吧。(第144页)

第四章 无比繁华的贸易城市

<u>在上帝的保佑下我们来到了中国(Sinim)的领土,到达了刺桐城。</u>这个地区,当地的人把它叫做泉州,它是一个不同凡响的城市,具有很大规模的贸易,是蛮子的主要贸易地区之一。我和我的仆人带着满船的胡椒、芦荟木、檀香木、樟脑、精选的香水、珍贵的玉石珠宝海枣、衣料等货物就在此上

---

① 布拉格大学图书馆有完整手稿。
② 关于《光明之城》真伪,学界有较大争论,引用此书宜多加注意。

岸,感谢上帝,这一年是羊年,因为蛮子人都这样叫,他们给我们的年份取了动物的名字,如龙年、牛年、蛇年等。

蛮子人也把这个城叫做作 ha-Bahir,因为街上有如此众多的油灯和火把,到了晚上这个城市被映照得特别灿烂,在很远的地方都能看得到它。由于这个原因,人们称这座城市为光明之城(Hanmansicien)。乡村的人们给这个城市取名叫 Giecchhon,它位于晋江(Sentan)的入海口,他们称对面的岛屿为兄岛和弟岛(the brother and younger brothers,按,疑为大坠岛和小坠岛),刺桐是蛮子国所辖该省的省会。蛮子国的领土一直延伸到一条大河的河堤,中国人称那条大江是黄河(即 Ouangho),鞑靼人称那条江是黑江(即 Carmuren)。不过曾见过那条河的人都说,江水既不黄也不黑,而是棕褐色的。

我把从印度及其岛屿上带来的许多珍宝都搬到了刺桐城,因为我又害怕别人会垂涎我的财物,担心在经过许多辛苦的劳动以后,我的钱还没来得及赚回来就会遭到抢劫,而且,虽然我备受我的兄弟 Snigaglia 的纳森·本·达塔罗(Nathan ben Dattalo)的爱心关怀——他是一个制造商,此后他和这个城里其他的犹太人一起给了我许多荣誉和赞扬——并保证我不会受到伤害;但是,我也获悉鞑靼人和他们的军队就要征服蛮子国(指南宋)了,对此,我感到很害怕,害怕我会失去所有的一切,包括我的财富和生命,我要向上帝祈求,祈求他一定要禁止这样的事情发生。不过首先我要讲一讲刺桐的港口和商品。

这是一个很大的港口,甚至比辛迦兰还大,商船从中国海进入到这里。它的周围高山环绕,那些高山使它成了一个躲避风暴的港口。它所在地的江水又广又宽,滔滔奔流入海,整个江面上充满了一艘艘令人惊奇的货船。每年有几千艘载着胡椒的巨船在这儿装卸,此外还有大批其他国家的船只,装载着其他的货物。就在我们抵达的那天,江面上至少有 15000 艘船,有的来自阿拉伯,有的来自大印度,有的来自锡兰(Sailan),有的来自小爪哇(Java the Less),还有的来自北方很远的国家,如北方的鞑靼(Tartary),以及来自我们国家的和来自法兰克其他王国的船只。

的确,我看见停泊在这儿的大海船、三桅帆船和小型商船比我以前在任何一个港口看到的都要多,甚至超过了威尼斯。而且,中国的商船也是人们能够想象出的最大的船只,有的有 6 层桅杆,4 层甲板,12 张大帆,可以装载 1000 多人。这些船不仅拥有精确得近乎奇迹般的航线图,而且,它们还拥有几何学家以及那些懂得星象的人,还有那些熟练运用天然磁石的人,通过它，他们可以找到通往陆上世界尽头的路，对于他们的天赋，愿上帝受到赞美。

因此这儿有成批的商人沿江上下，如果一个人没有亲眼目睹这一情景，简直无法相信。在江堤边上有许多装着铁门的大仓库，大印度以及其他地方的商人以此来确保他们货物的安全。不过其中最大的是萨拉森人与犹太商人的仓库，像个修道院，商人可以把自己的货物藏在里面，这其中，既有那些他们想要出售的货物，也包括那些他们所购买的货物。

这是一座极大的贸易城市，商人在此可以赚取巨额利润，作为自由国家的城市和港口，所有的商人均免除交纳各种额外的贡赋和税收，这方面情况在适当的地方我还会多写一些。因此在这个城市里，从中国各个地区运来的商品十分丰富，诸如有上等的丝绸和其他物品，其中有的商品还来自鞑靼人的土地上。每一位商人，无论是做大买卖还是做小买卖，都能在这个地方找到发财的办法，这个城市的市场大得出奇。

以前，从大印度经由海上来的商人要给自己所有值钱的东西，诸如珍珠、宝石、金银之类的货物交5%的税，调料要交10%～20%的税，衣料要交15%的税，除非他的代理商得到了他所要去拜见的市舶使的支持，凭借于此他才可以免税。但是现在，所有诸如此类的税皆被取消了，对此以后我会说得更多一些，因此商人可以从港口出入而不用交税。他们说所征的城市税和居住税的款项之大，足以填平其至超过蛮子在经营布匹、香料等生意中所可能受到的损失。他们还说，市场、商店以及客栈等供世界各地商人休憩的场所获得的利润足以超过该城市因免去关税而受到的损失。当然，也有许多商人被来自他乡的贸易商赶离了自己的柜台和货摊而穷困潦倒，上帝不容啊！以至当人们看到他们时不由得会产生同情。

然而，来这个城市的商人还是那么多，有法兰克人、萨拉森人、印度人、犹太人，还有中国的商人，以及来自该省乡镇的商人，一年到头它都像一个巨大的交易市场，因而在这里你可以找到来自世界遥远地方的商品。但是对大部分当地人来说，他们制造并卖给外商大批精美质地的绸料以及其他上等的物品，而从我们手中购买香料、薰料、木料、衣料和其他物品。<u>结果，就像我将要讲的，在刺桐，人们可以见到来自阿拉贡（Aragon）或威尼斯、亚历山大里亚（Alessandria）、佛兰芒的布鲁格（Bruge）等地的商人，还有黑人商人以及英国商人。</u>

对于珍稀、昂贵商品以及其他物品的需求量极大，不光在港口，就连通往城市的道路上都挤满了运货的马车和货车。的确，对商品的需求难以测量,所有的人,无论是富人还是穷人,都燃烧着欲望之火,甚至于没有办法来使之满足。因此,他们白天黑夜都拥挤在市场上,在那里,他们不只是观看一般的物品,而且留心世界上每个国家中最为贵重的商品。此处有一个人生活所需要的所有物品。不过,做买卖的狂热是如此厉害,对占有被大家看好之物品的那种贪婪的欲望也是那么强烈,以至于普通人没有能力买许多东西,并比以前更穷,而另一些人则富得令人难以置信。……(第150~154页)

这是一个无比繁华的商业城市,街道上挤满了潮水般的人流和车辆。此外,作为一个 ouang——这在他们的语言中是大城市的意思,根据他们的法律,只有天子从高级官员中派来的进士,即有学识的人,才可以管理这个城市。确实,通过对许多事情的观察可以知道,那里人们的混乱状态严重,以至我都不知道用怎样的笔墨来很好地描绘它。

<u>刺桐城中的人口多到没有人能够知道他们的数目,不过他们说超过了20万,它比威尼斯城还大,赞美上帝</u>。实际上构成这个城市的居住区与周围的村镇看上去是联为一体,建筑物的数量由于非常多,以至彼此挨得很近,因此城里人和乡下的人住所混在一起,就好像他们是同属一体的。

在城里,人们还可以听到一百种不同的口音,到那里的人中有许多来自别的国家,因此,像我将要说的,蛮子人中也有精通法兰克语和萨拉森语的人。确实,城里有很多种基督教徒,有些教徒还布道反对犹太人;除此之外,还有萨拉森人、犹太人和许多其他有自己的寺庙、屋舍的教徒,每一种人都呆在城内各自的地方。在这些地方,有为每一种人开的旅馆,我们船队的基督教徒和萨拉森人可以在其中找到自己的住所。

至于犹太人,他们的人数有两千,并有一处供祈祷用的房屋,赞美上帝,他们确信那间房子大致有 300 多年了。在我们船队上岸以后的第一个安息日,即索菲迪姆(Shofetim)安息日,我与纳森·本·达塔罗(Nathan ben Dattalo)、威尼斯人埃利埃泽尔以及拉扎罗·德尔·维齐奥去了这个地方,以便我可以回到我的兄弟中间,并能感谢上帝,愿他的名字让人永怀,使我们从海上安全地返渡。在这儿,他们向上帝祷告,祈求度宗皇帝受到保佑,因为这个城里的犹太人极度恐惧鞑靼人的来临。

<u>这样一起生活在刺桐城的各种民族、各种教派,愿上帝拯救他们,所有人都被允许按照自己的信仰来行事</u>,因为他们的观念认为每个人都能在自己的信仰中找到自己灵魂的拯救。因此,教士们可以不受阻碍地按自己的意志布教,宣讲他们所相信的任何奇谈怪论(follies)。

关于寺院的神像，佛教徒（Sacchia the Buddum）建得最多，无论在城里还是在城周围的山上都可以找到它们。不过，这个地方的基督教徒企图使犹太人皈依他们的信仰，但他们并没有使一个犹太人成为异教徒背叛他祖先的上帝，愿上帝得到赞美和颂扬。……（第 157～159 页）

在苏州（Suciu），有 40 个犹太家庭住在这个城市北面的齐门（the Segates）附近，靠近北禅寺（piscien temple）。在行在（Chinsie），犹太人住在城东的 Singte 与 ouangian 门之间，有二百多个家庭。在刺桐，他们住在四宫街（Four-Span）和小红花街（the Little Red Flowers），在这儿还可以发现他们的学堂。他们的墓地则在城墙之外被叫做 ciuscien 的地区，愿死者的灵魂得到安息。……（第 161 页）

我忘了谈一谈基督教。在刺桐，他们中间有许多人是聂斯托里派的忠实信徒，他们有自己的教堂和主教，但都因背信弃义而受到城中其他基督教徒的憎恨，这并不是因为聂斯托里派的信仰比他们自己的教义更荒谬可笑，而是因为罗马对他们有一个禁令，这个禁令甚至到达了中国的沿海之滨。……（第 162 页）

不过谁会谈论上帝呢？无论是真还是假，在一个嘈杂喧嚣的城市里所发出的声音是如此之大，以至于人们甚至听不到上帝的打雷声，愿神圣的上帝原谅我的话。

因此，在能使人发疯的喧闹声中，在运货马车与偶像中间，数以千计的商人来来往往，交换着黄金、白银、银币和纸币，关于这一点在适当的地方我会说得更多，富人的叫喊与喧嚷，穷人及恐惧者的悲伤与愤怒，这就造成极度疯狂的咆哮声，它是那么大，以致有人说在城里的市场上甚至连上帝的雷声也听不见。此外，各处都有巨大的作坊，在那里，数以百计的男女在一起工作，生产金属制品、瓷花瓶、丝绸、纸张等物品。这些作坊中，有的甚至有 1000 人，这真是一个奇迹。

还有许多地方，你可以买到写在纸上的著作和小册子，这在他们的语言中叫做 tachuini，它们是用他们特制的墨汁写成的。这些小书花一点儿钱就可以买到，因此被那些想了解世界的人大批量地购买，赞美上帝。此外，在光明之城，每一天他们都把一张大纸贴在城墙上，上面写着这个城市的高层官员、天子代理人所颁布的法令和决议，还有市民的条例以及其他考虑到值得一提的消息，每个市民都可以免费得到这样的纸。

因此有许多人成群地聚集在一起，在他们中最时髦的英俊男人只长着稀疏的几根胡子，与猫的胡子差不多，但女人却是全世界最漂亮的女人，愿

上帝宽恕我。……（第 163～164 页）

在城市里走动的、长着络腮胡子的人，都是从其他国家来的萨拉森人、基督教徒和犹太人。中国人没有胡子，要么只有稀稀拉拉的几根，因此很容易辨认出大街上的外国人。不过，这里的外国人实在太多了，根本无法数清他们的数目。<u>刺桐人把基督教徒称作也里可温人（elicovemi），把穆罕默德教徒称作回人（hui）</u>，回人中有一些是蛮子人，其他则是来自波斯和 Mitzraim 王国和其他国家的商人。实际上，萨拉森人非常多，据说大概有 15000 多人。他们也像基督教徒一样分成各种宗派，有些人戴着黑色帽子，他们是最虔诚者，而另一些人则戴着白色的帽子，每一宗派都有自己的寺庙，他们去那里敬拜他们的先知穆罕默德。每一宗派都有自己的方式。

但是蛮子人中有很多人认为，所有从外国来的人都差不多，犹太人与萨拉森人，或犹太人与基督徒之间都没有什么区别。因此他们把萨拉森人与犹太人叫做那种长着大鼻子、不吃猪肉的人，上帝不容啊！说他们都是色目（somaciun），用我们的话来说就是长着彩色眼睛的人。如此，即便是那些在人们中间有非常大差别的事情，他们也常错误地加以理解，混乱到了如此程度。这座城市是一个民族的大杂烩，据说有 30 个民族之多，城中的每一个民族，都已居住了很长一段时间，都有它自己的语言。因此，萨拉森人说阿拉伯语，法兰克人说法兰克语，每一个其他国家的人民都用他们自己的语言。因此这个城市像《圣经》中所说的巴别（Babel），愿上帝能加以禁止！……（第 165～166 页）

<u>因此，来自其他国家的商人几乎都不能掌握刺桐人的语言和文字，那些人都被迫聘请许多熟练掌握其他语言的官员（officials）</u>。他们把那些人叫做 hunlusciaocini、coscienfusci 和 lipinueni。和他们一起的是那些他们称为 arguni 的人，关于这些我在适当的地方会说得更多。

<u>这样，一个人就可以行走在刺桐城的大街上了，它仿佛不是蛮子人的城市，而是整个世界的一座城市</u>。在这一地区住着穆罕默德教徒，在那一块地区住着法兰克人，在另一个区域又住着基督教徒中的亚美尼亚人，在另一块地区则是犹太人，平安与他们同在；在另一个地方又是大印度人，每一块地方又分成几部分，如在法兰克人的居住区有伦巴族（Lombards）居住区，非常能吃的日耳曼人居住区和我国人的居住区。……（第 167 页）

在这个城市里，正像每个民族都有自己的居住区、寺庙、街道、旅馆、库房一样，犹太人也如此，愿上帝受到赞美，正如我所写的一样，犹太人也有一所医院、一栋礼拜堂、一座学堂、一所学校，还有一处墓地，愿埋在那儿的人

得以安息,阿门!的确,基督教徒、萨拉森人与犹太人在城墙外都有各自的一片墓地,可是蛮子人中的偶像崇拜者却把自家死者的尸体予以焚烧,他们的所做所为与大印度人一样,那种情形不忍目睹,上帝不容啊!在城里所有来自其他国家的人中,只有犹太人在那个地方住的历史最悠久,愿上帝受到推崇赞美。因为,正如任何人所见到的一样,这个城市里有我们古老的祈祷堂,它已历经一千多年之久,祝愿我们平安与充足,虽然它现在躺在一片废墟之中,但它在神圣的光泽下一直会持续到永远。因为它是神圣的主提供给他的人民的,阿门!……(第168页)

他们说,在过去,无论是基督徒还是萨拉森人都是不能这样做的。<u>因为,对于一个外国人来说,寻找一个刺桐女子为妻,或者想和这个城的妇女上床都会受到极大的憎恨。</u>而且,在过去,这个城里的男人女人都举止文雅,很有礼貌,尤其是对外国人,他们以深厚的友情加以招待,并为之提供各种建议。他们说,他们不强迫任何人违背自己的志愿而留在这个城市,也不将任何希望继续与他们相处的人拒之门外,这是他们的习俗。实际上,在过去,他们设有一个专门官员,他的职责就是保护从国外来的商人免受冤屈,惩处那些企图用冒牌商品欺骗他的人。<u>但是现在,这一切都变了,刺桐人自己之间的争吵已变得越来越严重,以至于他们之间存在着很多的抱怨和仇恨,如我在后文中所要告诉大家的那样。</u>

因此,在有刺桐人比邻而居的地区,已不再被视为是单纯的场所。同样,他们以前曾友好地接待去他们那里做生意的外国人,但在现在这个城市混乱的状况下,很多人对这些外国商人冷眼斜视,好像这些人在他们中间不应有立足之地。……(第169页)

在这个城里,众多的法兰克人及其他国家的人与这个城市的女人上床。当一个男人在街上行走时,可以很容易地看到他们的后代,当地人称他们为arguni,就像我们把私生子叫做mamzerim一样,人们也可以看到很多这个城市的妇女与基督徒所生的孩子。……(第170页)

在基台泽(Ki Tetze)安息日之后,我以喜悦的心情做完我所有的神职,赞美上帝。此后,在前面所提到的李芬利的陪同下,我在交易高峰期来到了甚至比威尼斯更拥挤的人群中。因为在这样一个庞大的城市里,如果没有当地人的陪同根本找不到自己的路。人群中混乱不堪,好像这个世界被打翻了似的,愿上帝禁止这样的情形。

在光明之城的大街上,成千上万的货车、马车不停地穿来穿去,它们的嘈杂声和数量都是绝无仅有的。天刚亮,光明之城中的人们就早早地从他们的床上爬起,在整个白天,众多的人群为自己的生意来回忙碌,他们的数量是如此之多,简直让人怀疑这个城市是否会有足够的食物提供给他们。

黎明来临时,那些出售食品的货摊挤满了人。这些过路人吃着羊肉、鹅肉,喝着各种各样的汤,就着其他的热食。与此同时,大批的男男女女则行走在大街上,一些人迈着飞快的脚步向四面八方奔去,好像十分忧虑;一些人像是不知所措或者边走边吃,有一些人有明确的目标,而另一些人好像毫无目的。街上混乱不堪,我看见一个背着罐的人被挤倒了,另一个也扛着罐的人又摔倒在他身上。在这种情况下,正如我们的圣人(Sage)所教导的,如果两个背着罐的人一前一后地行走,第一个跌倒了,而第二个摔在第一个人的身上,那么第一个人应该赔偿第二个人所遭受的损失。

随着时间的推移,这个庞大的人群不断变大,越来越难计算。这些人中,有无数的农民和市民,有富人,也有穷人;有男人,也有女人;有主人,也有仆人;有高尚的人,也有恶棍;有中国人,也有外国人;有穿着绸衫的人,也有衣衫褴褛的人;有在蚕丝与陶土作坊劳动的人,有在酒馆或商店工作的人,有出售食品和其他货物的商人和小贩;有流浪汉,有理发师,有抬轿子的人,有偶像崇拜者的教士,有用瓷碟变魔术的人,此外还有预言家、占星家,以及那些牵着上了镣铐的野兽四处游荡的人。

富人与出身高贵的人都穿着拖地的丝制长袍,脚上都穿着高底的鞋子,这可以使他们显得更高。穷人则穿着只抵腰臀的短衣,一些人打着赤脚走路,愿上帝怜悯他们。在街道上还有许多乞丐,睡在门板上的可怜人,以及为了争夺食物和钱币而打斗的人。

我和李芬利一起,遇见两个正在为他们在街上所捡到的硬币而争吵的人,第三个人对他们说那钱是他的。遇到这种事情,按照我们的圣人的教诲,如果一个人捡到散在公共场所的钱,那钱就归给捡到的人,即那个最先把手放在钱上的人。但是如果所捡到的钱是装在钱包里的,或者成堆的,则必须弄清真实情况,那些钱不可以拿走。我把这些讲给李芬利听,他说那两个人都声称最先把手放在了硬币上,而第三个人则是一个乞丐,显然也不会是他的钱。因此,我建议他们把那些总共是三个硬币的钱分成三份,由他们三人平分,然后我们继续走我们的路。

不过,城里的富人和贵族把钱装在他们的衣袖中,付钱时,他们拿出那些钱,弯下腰,把它放在另一个人的衣袖里。这是他们的风俗。此外,他们上街的时候总带着把扇子,走路时总摆出高傲的样子,或者当他们骑在马背上时,马鞍总是用漆涂过,他们的女人坐在带着小门的轿子上,而穷人则是步行。在所有地方,人们都携带着商品,悬挂在竹竿上。此外还有无数的毛驴、骡子和狗,人们在它们中间来回穿梭,那种混乱与嘈杂声真是难以形容。就连那些最漂亮的女人,她们有些是坐在轿子里,也有些是步行,也毫无惧色地接近这些动物。

李芬利对我说,以前,达官贵人以及富人的妻子们都只能呆在自己家里,不被别人看见。但是现在,她们中的一些人和我们一样,也成为了商人。这些人什么地方都去,好像她们是男人似的。她们不仅是在柜台服务,而且去互换货币的人那里,或者从别人那里购买东西,据说还有些人为了谋利还航海到小爪哇(Java the Less)及大印度,不过这一点很难让人相信。在大街上也可以见到年轻的姑娘们,在旅馆之类外国人常去的地方周围则是娼妓。在刺桐,许多妇女卖淫,她们毫不端庄地在街上四处闲逛,她们的那双眼睛充满了淫荡。她们用目光去试图勾引行人,如果行人看一眼她们当中的一个人,她会打手势招呼他跟她去,这是上帝所不容的。其他的人虽然衣着华丽,逛街的时候却张着嘴,在刺桐人看来,那是一种性欲的征兆。关于上述事情,我会进一步描述。

这座城的四周环绕着高大的城墙,但其中一部分城墙已倒塌,许多城门上有城楼,每个城门口有市场,它们与城里的不同地区分布着的不同职业和手艺相接近。因此,在这个门口是丝绸市场,那一个门口则是香料市场;这个门口是牛市和车市,另一个门口则是马市;这个门口是由乡下人卖给城里人谷物的市场,另一个门口则是种类齐全的大米市场;这个门口是羊和山羊市场,那个门口则是海鱼与河鱼市场;其他的许多门口也都是如此。确确实实,这个城市的财富极多,甚至有各种各样不同的市场。鱼市的鱼又鲜又美,也有一些不洁的鱼;肉市有洁净的肉和不洁的肉。还有水果市场、鲜花市场、布匹市场、书籍市场、香料市场、陶瓷市场、珠宝市场,这些市场在城墙内外都可看到。

李芬利曾多次带我到这些市场,以便让我可以在那里购买货物。在市场里,可以看到许许多多的人在仔细挑选货物,这里商品的丰富程度是整个世界的人所从来不知道的。在那里,他们看到了所有他们想要的东西,并通过各种途径来占有它们,有的途径是善的,而有的手段是恶的。有的人通过劳动和努力实现自己的目标,另一些人则依靠偷窃与犯罪来达到自己的目的。

因此,每个市场以及临近它们的街道都充满了像蜜蜂或其他昆虫所发出的嗡鸣声,以及由大队人马运动发出的砰砰声,中间还夹杂着小贩们的叫卖声以及动物的吼叫声和嘶鸣声,这些动物有的是待售的,有的则是在街上游荡。此外,这里的房屋都是用木头和竹子建成的,房屋与房屋紧密地排在一起,街道变得很狭窄,以至于人们常常无法在街上移动和穿行,不得不另寻道路。李芬利告诉我,这里的火灾很多而且频繁。不过,这里也有很多巨大的偶像崇拜者的寺庙及其他建筑,它们雕刻精细,而且用黄金装饰,在阳光照耀下闪闪发光,真可视为奇迹。

这里的商店数目比世界上任何城市的商店都多。商店里有各种各样的商品,如香料、丝绸、珠宝、酒以及油膏等,都可以在这里找到。这些物品,我都买了一大批。你也在那里可以找到治感冒的药品、驱赶昆虫的药膏、消除肿痛的草药、给妇女染眼睛的颜料。有一条街叫三盘街(the Street of the Three Plates),那里全部出售丝绸,其种类不下二百种,这种纺织技术被认为是一种奇迹。另一条街全部是金银器商人,其中有些是萨拉森人,有些是犹太人,有一条街专门是药剂师,而另一条街全都是占星家,他们住在自己的居住区,但是据说他们互相之间存在着敌意。

在和街(the Street of Hamony),有一座建筑物,李芬利后来曾带我去过。那里是他们所有的哲学家和占星家的住所,这些人在那里提供关于他们智慧的证据。据李芬利称,一些占星家和术士去那里后,用好几个小时的时间观测星辰间的会合,这大部分往往是反映好几年以后的事情。他们要求聚集于此的人群匍匐于地,以便使天子,即他们的国君,将能受到保佑。

这些被很多人视为聪明人的占星家然后用他们的话大声喊 quee,它的意思是下去;然后,他们又大声喊 chee,它的意思是起来;或者他大声喊 choe,意思是你们大家排列在一边;或者当星辰是另一种会合方式时他们会大喊,把你们的手指放入耳朵里。那些人都照做无误。当占星家要求他们把手指从耳朵取出时,他们也同样照做,这就是刺桐人认为他们所拥有的知识。刺桐还有很多的酒馆,既有一些声名远扬的酒馆,也有一些粗俗的场所,在那里,男女可以在一起跳舞,还有一些地方备有鱼类及用精选的香草制成的饮料。城中还有一个地方,在他们的语言里叫做瓦市(ouasu),那里说书的,卖唱的和卖淫的人极多。

因此,在光明之城,各种事情是如此丰富,无论是善抑或是恶,都是人们前所未见的。在那里,人们可以找到比在自己国家更好的庇护所,但是,如我下面所会谈到的,它同时也是一个许多市民遭到暴力死亡的城市。虽然这里的居民不分白天黑夜地到处奔忙,但是好像他们自己都不清楚去哪儿,不过他们对于时间的分配却投以极大的关注。在城市所有干道的塔上都挂有一个时计，每个钟都有一个看守照料。他敲着铜锣报时，即使在很窄的小巷都回响着那种声音，随后他用他们的文字把时刻展示给所有的人看。

这里和我们一样，也不存在什么宵禁，在男人们寻找作乐及寻求各种享受的地方，上帝不容啊，直到太阳重新升起时还照样挤满了人。<u>刺桐人在自己房子的入口处和庭院里都点了灯，因而到处都有灯光，而那些在夜晚赶路的过路人也点着无数的灯笼以照明，因此整个城市都在闪烁，处处都有灯光。</u>

虽然商人与许多市民非常富有，但城里的街道却很脏，到处是各种动物乃至人的粪便。街上还常常躺着牲畜的尸体，好多天都无人过问，上帝不容啊！人们还毫无顾忌地从自家的房子中往公共街道上扔脏物。所有的市民都不愿加以收拾，总觉得那与自己毫不相干。不过蛮子人像大印度人一样，常常用凉水清洗自己的身体和头发，有的人天天洗，在陌生人面前洗澡，他们也不觉得羞愧，但是不能在妇女面前这么做，也不能在不同年龄的亲属面前洗澡，无论他是大还是小。在他们中间没有人有跳蚤，但是他们有很多肮脏的习惯，比如用布擦他们的牙齿和牙龈，也用布来擦他们的下部，这令人作呕。他们还站在自家的门内朝街上撒尿，也用同样的方式吐痰，这两种事也叫人讨厌，上述所有的事情都是李芬利带我在这个城市的街道上穿行时，我所亲眼目睹的。……（第171～177页）

<u>在刺桐城，就像我前面所写的，人们可以找到想要维持生活的任何一种东西</u>，甚至包括野鹿、野鸟之类的野味，以及已杀好了的母鸡、肥得不能再肥的鸭子和各种各样我从未见过的鱼类。

<u>但是，刺桐人却如此贪婪，他们热衷于吃其他种类的、不洁净的肉，还不仅仅是猪肉</u>，上帝不容啊！他们还吃那些连法兰克人都不吃的肮脏东西。在城里的市场上，可以看到很多好的东西，如大米、形形色色的水果、香草等。还有一种用灌木（bush）的小叶子做成的饮料（按，茶叶），那种东西在他们中间很受重视，不过尝起来却很苦。此外，他们还吃各种各样不洁的肉，如鸢肉、猫肉、狗肉、猫头鹰肉，甚至还有蛇肉和老鼠肉，愿上帝宽恕我所说的这些令人厌恶的话，最后一种肉他们和着姜吃。在他们的语言中，他们把老鼠叫做家鹿（deer of the house），所有上述事情，要么是从忠实的李芬利那里知道的，要么是我自己亲眼目睹的。

在刺桐人所吃的所有物品中，他们最贪吃的是猪肉，他们习惯于在街上<u>烹煮猪肉，在过路人面前拿着那些不洁的部分，这也使萨拉森人感到极不舒服</u>。不过，他们不吃牛奶和奶酪这一类东西，认为那些东西不干净。但他们

却不拒绝吃驴肉和狗肉。同样,他们能忍受猪肉及煎熬猪油发出的臭味,那种臭味会使一个体魄健壮者晕头转向,并且直冲上帝的鼻子,愿上帝受到赞美。但是,他们不能忍受大蒜的气味,那种气味叫他们厌恶。因此,上帝的创造物们,愿上帝受到赞美,他们的口味和感觉都各不相同,对一些人来说,他们可以按照他们的规矩吃一些肉,但对另外一些人来说则是不允许吃的。……(第179~180页)

李芬利告诉我,光明之城中还有一些人试图过简单纯朴的生活。他们认为吃得少、消化良好的人能比世界上的其他人都活得长,甚至可以活到100岁。他们一年到头都在吃斋,这不是为了悔过,而是为了健康。他们不吃肉,也不吃鱼,只吃蔬菜和大米,以及一些水果和纯净水。他们说,一个人这样的话可以保持健康,青春永驻。不过对其他人来说,这样的生活是一个艰苦的磨练,而且会毁掉他们其余的生活。然而,也有一些人与大印度人一样,他们的行为超出了所有的限度,也违背了理性本身。他们说他们不会杀害世界上的任何动物,哪怕是一个跳蚤或一只虱子,因为跳蚤和虱子及其他事物都和人一样具有灵魂。不过在这一点上他们亵渎了神明,因为只有与上帝相像的创造物才拥有灵魂,在上帝的眼里,并非所有的事物都是平等的,愿上帝受到赞美。……(第180~181页)

此后,我和纳森·本·达塔罗(Nathan ben Dattalo)及忠实的阿曼图乔一起,在李芬利的帮助下,通过出售我从各地带到光明之城的商品,开始获得高额的利润。我的胡椒粉、木头、香料、布匹、昂贵的珠宝,在这个城市的商人中赢得了极高的价格,为此赞美上帝。确实,我从大、小印度带来的货物都经过了精心挑选,其他人对它们都目瞪口呆。据纳森·本·达塔罗(Nathan ben Dattalo)称,在中国土地上的安科纳商人还从来没有人会赚取到如此丰厚的利润。……(第181~182页)

这个城市中的商人都是些富商大贾,他们所拥有的财富极多,其数目是任何一个经营丝绸、瓷器、香料等物品的商人所不敢奢望的,他们的人数也是多得无法统计,然而他们是那么高傲,仿佛想把整个城市都置于他们的傲慢之下。此外,由于他们的城市比我们的城市大,他们就对此夸耀不已,以前他们曾有诚实之人这一公正的美名,现在这种美誉已不复存在,他们的贪婪和富有都很闻名。如果有人问他们,是谁真正给他们的城市带来了光明?他们认为那就是自己,而不是他们的圣贤,甚至不是把光辉带到这片国土上的他们所称的天子。

他们不只从在中国及海外的贸易中发了大财,而且还从给天子及其大臣的借贷中捞足了油水,他们还从原先专属国王的商业利润中赚到了众多的好处。实际上,他们的商业繁荣极了。由于金属的短缺,迫使他们使用纸做的钱,他们称之为飞钱(fescieni),他们用它而不是黄金和白银来买进或卖出,因为在蛮子王所统辖的所有地方都可以使用那些纸币。关于这种纸币,每5张就相当一sommo银的价值,由国王委派专人负责在纸币上写上他的名字,做上他的记号,而那些大汗的纸币上则盖有朱红色的印章。

以前在商人与工匠中有许多行会,这与我们国家的基督徒相同,每种行业都有一个行会,比如珠宝商的行会、兑换货币的行会、食品商人的行会、镀金工人的行会、药商和医生的行会,甚至还有拉城里大类的人的行会。和我们在我们的herem中所做的一样,他们给那些需要帮助的会员以帮助,他们还制定规章,以便他们的生活可以得到良好的指导。不过,现在他们的行会陷入了极大的混乱状态,因为每一种商业都对所有欲显身手的人开放,与此同时,很多人也不再遵循规章,每个人都尽可能地谋取利润,有的人变得越来越富,而有的人被迫去寻求救济。

他们中间最富有的人最大的愿望就是把自己提升到贵族的阶层中,由于天子的朝廷自身垂涎商人的财富,也了解那些人想获得荣誉的欲望,虽然并不值得给这些人授予荣誉,但是朝廷还是乐于把贵族的头衔卖给那些乐于付钱买爵位的人。此外,即便是那些最大、最骄傲的商人中间,有的虽然未曾被授予贵族的荣誉,但他们也要穿着与贵族同样的丝绸,戴着同样的帽子,踩着同样的高底鞋来装扮自己,他们为了这种虚假的外表要花掉大笔大笔的钱。因此他们从外商那里购买昂贵的大印度与法兰克人国土上的器皿,在这种贸易中,萨拉森人与我的兄弟们为他们的愚蠢提供服务,并因此发了大财。

然而,由于施舍穷人被理所当然地视为是富人的义务,对此赞美上帝,天子不再像过去那样给穷人提供必需品。在城市的商人中,一些商人尽力帮助穷困的人们,他们甚至到穷苦人的家里了解他们的疾苦,并亲手把钱交到穷人的手中。那些行善的人自己也从中得到了欢愉。虽然他们做这些事情是出于他们偶像崇拜的目的,但他们也是为上帝服务,愿上帝受到赞美和尊敬。至于天子和他的官僚,他们声称,那些一无所有的人受到富人的救助,自然比他们成为国王肩上的负担要好得多。

城中的商人由此成为穷苦人们的救星,他们还给这个地方带来了巨大财富,他们也寻求在任何方面的支配权力。同我们中间的一些人一样,他们也认为,那些为别人的需要提供服务的人也有统治他们的权力。不过,光明之城中那些言行举止如同皇帝一样的商人也试图取代贵族与国王委派的官僚的统治权力。但是，出身高贵的贵族和官僚对于这些出身低微的商人根本不放在眼里，他们甚至还嘲笑这些商人的财富，因为，在他们看来，自己是属于第一等人，其次是农民，再次是工匠，而商人则是城市里最低等级的人。

因此，一切都处于极度的混乱状态，每个人都鄙视别人，愿上帝同情他们。然而这座城市的财富和贸易额是如此巨大，它的人口是如此众多，这一切，好像是在创造世界的第一天之前，人们在世界的巨大洪流之前而茫然不知所措，愿上帝原谅我的话。原来在这个城市中所具有的所有秩序已不复存在，过去人们知道自己的脚步将迈向何方，现在再也没有人知道。

因此，过去国王给那些生活困难、处境悲惨的人们提供食物和衣物，也会给那些遭受水灾或火灾的人们提供救助，但是现在这些都已不再出现。国王也不再像过去那样，给孤儿与病者提供庇护之所，以往，天子是不允许贵族与官僚进行经商活动的，而现在一些贵族和官僚不仅从事经商活动，有的人甚至还在大印度等地方拥有自己的代理商。此外，有些大的商店和库房暗地里是属于贵族和官僚的，他们通过租赁这些场所而发财，这种对财物的欲望毁灭了整个城市。

然而，所有的人都还摆着一副高贵的举止，一面用王侯的方式鞠躬行礼，一面却又不知羞耻地夺走萨拉森人的钱财。那个人是负责礼仪的长官，他一面对时下的腐败怒形于色，一面却拿走了香料和调料百分之五或百分之六的部分，这些都是纳森·本·达塔罗（Nathan ben Dattalo）所说的。虽然在 Succoth 之后，我现在已赚取了大笔利润，为此赞美上帝，但看到周围的混乱局面，我的心灵更加烦恼。所有的人都说，那些有秩序的事情已经不再拥有秩序。因而，虔诚的人不能从混乱中得利，在同样的事情中，有些人得到了职位，而有些人却为此事而哀叹，有鉴于此，我请李芬利带我去拜访他们中的一位贤哲，以便使我对这个城市的重大弊病有更好的理解。……（第182～186页）

因此，我向上帝祈祷，宽恕我进入这个罪恶的地方。我和李芬利一起去佛教徒的石凤寺，那里可以看到至少有一千个和尚，愿上帝宽恕他们，不少于三千尊神像。他们也像基督教徒一样，有男修道院，有女修道院，有修道士，有修女，有肉体上的装饰物，以及偶像崇拜者们不虔诚的仪式。不过，这些偶像崇拜者倒是减轻屠杀人民的行为，而基督徒则以杀人为荣，他们的诡辩家们毫无羞耻地传播与他们的信仰背道而驰的准则。

总的说来，佛教徒（Sacchiani）与基督徒不一样，他们宣讲和平与博爱。

在过去,他们的寺庙受到过洗劫和其他伤害,使他们备遭痛苦。但是,现在人们对他们已不再有这样的仇恨,因为蛮子人的信仰已变得很薄弱。许多僧侣没有信仰,因此他们的寺庙只有老年人常去光顾。年轻人中愿意献身于这种偶像崇拜组织的人已经寥寥无几,所以教士的职务都由年迈的人来担任,他们的年龄都很老,牙齿全都已脱落掉了。另外,在光明之城里,佛教徒的神不再受到尊敬,年轻人嘲笑老人的崇拜活动,他们甚至于连走入这个备受他们祖先崇拜的寺庙的兴趣也没有,尽管许多信仰活动是由于他们慈善活动而完成的,赞美上帝。

尽管它们的秩序很薄弱,但这个城市的邪恶和弊病却很强大。李芬利告诉我,年轻人嘲笑他们的法规,对它不屑一顾。由于这个原因,对偶像崇拜者崇拜活动衰退了,然而,金钱与财富却成为他们的上帝和自然神(natural man),成为人生一切问题的指导者,成为在所有事情上指引他们的自然神,上帝不容啊!在城里的年轻人中,甚至有人觉得世界上不存在什么神圣事物的想法也被看作是明智之见;还有,认为没有什么事物是理智之光所不能认识的想法,也被看作是明智之见。愿上帝怜悯他们,愿他那不可言说的名字受到颂扬和赞美!还有的人轻率地说佛教和尚是头秃驴,他们说,当和尚骑在马背上走时,驴头比马头要来得高。

此外,和基督徒及萨拉森人一样,在佛教徒中也存在着刻骨铭心的仇恨。虽然这些偶像崇拜者宣称信奉同样的偶像,但与基督徒一样,他们中的一派人却去迫害另一派人,各宗派都指控另一派是异端或骗子。前面我们已经说过,不同宗派的萨拉森人有的戴黑帽子,有的戴白帽子,他们之间还对斋月中神圣的斋戒应在何时停止而争论不休,而在佛教徒中也存在类似的情况。佛教徒的一个宗派中有些人根据他们圣书的记述,反对另一宗派绕着神像转圈时是从右到左,而不是从左到右;另一个宗派则宣扬,在崇拜神像时,信仰者的前额应该触地两次而不是那些人所习惯的做二次,上帝不允许这些举动,而另一宗派则用基督教徒同样的方式争辩说,三种灵魂是否可以同时存在于一个灵魂之中,或者一个灵魂存在一切之中。

当他们中间对于此类问题不能达成一致意见时,最受排挤的一个宗派就会从其祖先的寺庙中搬走,重建一个新寺庙。在那里,他们可以从左到右绕他们的神像转圈,而不像其他宗派那样从右到左转圈,他们称这些人是异端,不值得与他们同流。……(第 186~188 页)

我也看到,他们的神像大多是木质的,并鎏上了金,教士在每一尊神像上都刻着花环,还给它们上供品,上帝不容啊,好像这些神像会用他们的木头嘴巴吃那一盘盘的熟食似的,只有失去理智的人才会相信如此。在这个寺庙中,正像我所亲眼目睹的,他们也把牛奶撒在地上,敬给他们的伪神,就像基督徒洒水以敬他们的神一样,他们认为这样神灵就会保护他们。他们还在他们的神像前点燃精心挑选的香料,冒出缕缕的轻烟,这也和基督徒的所作所为一样,这给那些香料的供应商带来了丰厚的利润,为此感谢上帝。此外,一位老和尚会站在那些信奉者的身旁,向他们鞠躬,催促他们买香料,给神像上香,老和尚自己把香点燃,这种方式给寺庙带来了钱财。……(第190页)

此外,有人说佛教的僧侣拥有巨大的财富,过着不道德的生活。这些僧侣声称,既然世俗世界是空的,生存者的唯一愿望就是逃避它,人们要从冒犯他们的事物上移走目光,否则真理的光芒就会被这个世界的阴影所毁灭。我是从这里一个叫圆念(lunien)的大主持那里听到这些话的,他声称,俭与忍在一切之中最为重要,我的心灵又一次感到极度烦恼,愿上帝给我以宽恕。<u>因为在光明之城中,有许多人又有钱又显赫,与此同时有很多人穷困潦倒,那些得不到救助的人甚至连一小口面包也没有,然而光明之城却是人们在全世界所能见到的最大的贸易区。在我看来,所有的这一切,似乎都没有秩序和理性,这是上帝所不允许的,它好像已为上帝所抛弃。</u>

<u>在我看来,我似乎独自呆在一座巨大的城市里,它一直延伸到遥远的地平线,在这个城市里,每个人只顾自己,在鞑靼人日益迫近时,他们甚至从自己的神像下逃走,因此,我为我的命运非常担忧,我甚至确信已经看见了蒙古人的刀剑在日照下发出的寒光。</u>那天晚上,我和李芬利又一次走在城里,我祈祷上帝,赞美上帝,愿他能原谅我去了那些偶像中间,我为我的萨拉祈祷,也为我亲爱的父亲祈祷,愿他的灵魂安息,愿他们都能平安,愿上帝受到歌颂和颂扬,愿他甚至保佑那些对他一无所知的偶像崇拜者。(第192页)

第五章 黑暗之中,光明之中

<u>此外还有缎子,它的名字源自刺桐,世界上还没有见过像那样富丽堂皇、缀满小珍珠的缎子。</u>他们还为我购买了鞑靼的原料织成的丝织品,其技艺如此之精美,恐怕画家用笔也画不出与之相媲美的作品来。

至于香料,他们还没有开始购买。我交待他们要买最好的糖、藏红花、生姜、萱姜、桂皮和樟脑,还有靛青和明矾。不过在瓷器方面,他们已买了600个制作精美的碗,并为此付了200个格罗特。虽然它们只是碗,却像玻璃酒壶一样精致。这些是世界上最精美的瓷器,我建议他们再为我购买一些。因为这种货物将会让我发财的,上帝保佑。若不是因为要买别的商品,

如珍贵的宝石、珍珠、土糖（country sugar），治肾病和胃病的黑色藏红花以及其他东西，我们真该推迟到周围地区的商旅。光明之城一带是贸易发达、制造业繁荣的地方，也是买卖兴隆的地区，在这里商人可以获得高额的利润。……

然而，我还是决定要更加小心地提防我的商货。我悄悄地叮嘱阿曼图乔随时做好启航的准备，以备这个城市遭遇什么不测的事情。<u>我的兄弟埃利埃泽尔和拉扎罗却没有这种担心，他们开始随意出入于刺桐城所辖的城镇和乡村，疯狂购买，以便能够获利，愿上帝保佑。</u>……（第 204 页）

<u>在过去，城里晚上没有人闲逛，除非真的有要紧事，因为巡逻的人会盘问他，这么晚了你还去哪儿？但是现在晚上有很多人在城里游荡，对他们来说没有什么危险的事。</u>从前，人们认为最好的方式是与中庸之道相一致，但是现在则是视对每个人是否有好处而定。而且，现在看上去好的事就是能给我们带来利益的事。的确，商人的思想已深深地浸入我们心中，以至只有能用金钱衡量的东西才被相信具有价值，仿佛整个世界仅仅是一个市场而已。因此，很少有人能够判断什么是真正有价值的，什么是毫无价值的，以及该爱什么，该恨什么。……（第 204～205 页）

后来他说道："<u>城里的商人甚至教老百姓去毁灭他们路上的所有东西，就好像蚕吞食桑树叶子一样。正是这些极度贪婪的人造成了这个城市的失衡，他们甚至不想去抵抗鞑靼人，而是想在鞑靼人征服了这个城市之后从中谋利。</u>他们斤斤计较每一件事情，却对真正的衡量标准一无所知。如今，他们还认为自己的地位与所有的人是平等的，甚至比别人都高一等。"

白道古说这样的话，好像并不害怕来自城中商人或其他居民（citizen）的敌意，只是对善与恶作出自己的判断。我也知道，就像一头牛会厌倦辛苦的劳作一样，一个人也同样会厌倦他所拥有的东西。

他继续这样说道："可是，正是他们给这个城市带来了腐败。因此，甚至连靠别人施舍谋生的乞丐，现在也是为人不讲道理，对给予他们救济的人施暴，说给得不够，所有东西的衡量标准被丢得这样远啊！的确，天下混乱的局面太厉害了，暴力事件是如此之多，以至于很多事件都没有汇报而不了了之，而且我们的天子自己，由于周围的人是出自国内商人圈里的佞臣，也不再知道哪一条是所要选择的正道。……（第 207～208 页）

在诺亚安息日后的第二天早晨，忠实的阿曼图乔就在我放下经文刚一个小时的时候来找我。他建议我在以后的几天到行在（Chinscie）去，说我的兄弟、威尼斯的埃利埃泽尔和拉扎罗打算动身到那个地方去。<u>我心乱如麻，</u>

担心到那儿去后会被鞑靼人或者别的什么灾难给断了后路,而且在刺桐我也照样可以买到我需要的东西,凡是我一心想买的东西在这里差不多都可以找到。对此,纳森·本·达塔罗向我做了保证。至于行在的丝绸和其他别的东西,以及他们那些饰银的物品、装饰品与香料,我在刺桐的商店和市场中也可以买到,与在其他地方的商店与市场购买一样方便。(第210～211页)

第六章　在学者中间

此外,我在选购商品时习惯一个人独往独来,去发现最能获利的地方,不要陪伴,或者只要一两个帮手,免得其他人并不懂什么就能从我的判断中得利,所以我对他们说,我不陪伴他们去了,只想在光明之城四周走动一二。在光明之城四周,一切希望得到和需要的东西其实都可以发现。这就像我后面会谈到的那样,在距离刺桐两天的路程中,有许多城市和城镇,有很多贸易的场所也大有利润可赚。(第259页)

第七章　自由的法则

在特维特月的第27天,我由李芬利和安礼守陪同,来到了大商人孙英寿的府上。孙英寿很年轻,但是非常富有,在城市中是个令人敬畏的人,就像我已经写过的。他的居所真是一个豪华的宫殿,有很多的通道,用于宴饮的亭台、花园,连他家中的地板也使用银子镶嵌。那些新兴起的富商,生活悠闲自得,就像他们是国王一样。他们的妇人日子过得也像是天使一般,愿上帝宽恕我的话,穿的是绫罗绸缎,全身披金戴银。

他们的房屋也富丽堂皇。他们花费大量的金钱来购买装饰品、字画和家具。此外,他们从大印度的商人手中购买了许多名贵的香水、香料和药品等物,对那些高级物品不惜挥金如土,以赢得他人的羡慕。同时,他们在习惯上和生活方式上唯那些贵族的马首是瞻,不但在生活上,而且在说话上也和他们一样,因而他们成为他人嘲讽的对象。忠诚的李芬利就是这样告诉我的。他们都拥有各种各样的东西,对此,他们本人为此觉得十分光荣,好像这种东西就是他们生活的目的一样,但愿上帝禁止这样的事情。

在他们所拥有的这些东西中,有的付出了极高的价钱,有许多是中看不中用的东西,比如以高超的技艺和用金银制成树叶,目的只是发出沙沙的响声而已;比如站立于树上的金鹊银燕,目的只是鸣出声音,又有何用?他们也带着银币骑马进城,然而在他们的脚下却是污秽之物,而骑马者却一点儿也不在意。……(第289～299页)

他家妇人们的衣服也是绫罗绸缎,服饰美丽得令人吃惊。她们的头发上戴着黄金首饰,全都是她们自己的工匠精心制作而成,但象牙梳子却是来自大印度和柬巴(Ciamba)。她们出门,头发上不作任何遮盖,以便能更好地炫耀。在大型宴会上,该城富商的妻子头上也都戴着冠状的珍珠头饰,这样男人们就不会认为这是新富,而认为是真正的贵族了。她们在用香水和明矾洗浴之后,全身都散发着馥郁的馨香,闻起来十分甜美,所以,即使是在家门以内,她们打扮得像是天堂花园中的花朵,对此而赞美上帝吧。……(第291页)

在说了这些大不敬的话以后,他继续说道:"那些遵循此道的人说,最高的美德意味着得到一切,但是在物质世界里,这种美德什么也得不到。此外,寻求财富本身并不就会贪婪,就像贫穷并不是天命一样。只有富人和商人为干坏事或者为否定神灵而使用他们的财富,他们才会受到谴责。凡事都由人的行善还是作恶而决定,金钱本身并不分什么善恶。如果贸易有害于灵魂,就像曾经到我们中间来布道的法兰克教士一样,那么刺桐将要如何生活为好?难道你也把邪恶和财富混淆在一起,把贫穷和美德混淆在一起,就像基督徒所做的那样?"……(第292~293页)

对此,商人孙英寿这样回答说:"你对我们的事情一点也不懂。穷人属于我们的党派,不属于白道古以及他周围一些老人的党派。白道古这一派只为他们自己的目的,要转回到他们祖先的道路上去。因为我们中间无论贫富都不想任何人阻碍他们的欲望实现,甚至情愿鞑靼人来,也不愿有人用义务来限制。现在,没有机构来保护儿童,但是也不征收外国商人的税,人们也不必悄悄地贿赂 scibaso(市舶使?),以便他的商品可以免税。相反,就像人们可以自由地在光明之城的大街上走动一样,所有的商业活动也都可以在其港口码头自由往来,谁都可以发财。天子也和这些目的和谐一致,这是因为,既然他爱他的人民,他也就希望他们发财,同时也因为他明白,在和平的年代,越是能够让他们自由地追求他们自己的欲望,当有必要打仗的时候,他们就越是愿意为保卫我们的国土而出钱。

"进一步来说,在光明之城中,商人也不再害怕 Cianinpancian,而外国贸易商,不管他想不想出售金银财宝,也都不再受到限制,不过还受到天子的限制而已。王安石(ouaninsci,Wang Anshi)这个统治者已不复存在,因为我们已经这样发布命令,人人都可以按照自己的意愿而寻求自己的目的,这样,人们都可以按照自己的方式而满足快慰。因为这是自由的法则,无人可以背叛这个法则,除非他是摧毁这个城市的财富和扑灭其光明的人。"……(第297~298页)

八、外国文献

在场的商人一派有一百多人,当然不允许高贵的白道古用这种方式继续说下去,于是商人安礼守大声地叫嚷,反对那些高官,这些高官用他们的话叫权臣(Chuanceni)。安礼守说道:"有多少天子派遣的官员(lords-delegate and lords-deputy)来到这里,我们被迫从口袋里掏钱为他们支付各种生活费用?在我们的城市里,不是有三四百个这种闲散的官吏吗?他们的唯一任务不就是小题大做,在各种事情中挑毛病,如不得到他们的允许,连一块石头也不能从这里移动到他处吗?现在,让我们推崇高贵的领导孙英寿,他有力量保护我们免受这种愚蠢者的搅扰。

"<u>市舶司(the office for ships)以及那些抢夺我们财物的有关经纪人官员(brokers)再也不能成为我们的负担,</u>而房建司(the office buildings and houses-with-storeys,直译为:房屋与楼房批准机构)也不再允许破坏我们的劳动。<u>来自其他国家的贸易商在城市的商店里自由做买卖,我们现在全都在自由的环境之下,吸血鬼们已经丧失他们的尖牙和利爪了。</u>"……(第303~304页)

现在,既然似乎是白道古的那一派占了上风,主持会议的官员要求大商人安世年回答,于是安世年回答说:"市场并不是贪婪的场所,而只是工作的地方,是百姓希望得到商品和其他东西从而也得到满足的地方。<u>在光明之城,不就是这大量的商品刺激了人们想占有它们,因此而拼命努力地工作,以便获得它们吗?</u>一个人要想拥有财物,就要找到获取财物的方法,而在得到了这样的方法之后,他就会转过来满足那些满足其愿望的人。这样,贸易的车轮就会转动不停,而停止其转动,用这块石头或者那块石头挡路,阻碍其前进,也不是一件好事。因为这样去做对任何人都没有好处,而任由这个车轮自由地运动不止,则整个城市就都会繁荣起来了。……(第313页)

商人安世年因为不能确定去留,就说道:"财富是自由人生活在自由环境中的财富,我们不但要抵抗那些想限制财富的人,而且要努力使它扩大。和白道古所说的相反,这个财富决定了全城的幸福和富裕,包括今天那些穷人和缺衣少食的幸福和富裕。这就像司马迁(Sumacien)所说,当人人都在他的岗位上工作的时候,他会为他自己的事业而高兴;所以,就像水流向下一样,商品无须任何人引导,就会根据自然的法则而流向前,日夜不停,不必别人要求,人民就会生产出那些他人需要的东西的。确实,世界上没有任何城市像我们的光明之城这样,自由的秩序合于实际,人人都努力奋斗,为完成他们的工作尽职尽责。

"既然在我们的城市里,每个人都自由地做事,劳而有得;每个人又都知

667

道,做自己应该做的,保存他获得的东西,这都是合理的行为,所以他极其愿意这么做下去。这样,我们的城市果实累累,财源滚滚,强大得足以御敌,同时也准备同那些攻击商人者战斗到底。"(第 319 页)

在波(Bo)安息日之后,细罢特月也都平安度过。此时我的兄弟纳森·本·达塔罗、拉扎罗以及埃利埃泽尔乘船平安地返回了刺桐,带来了大量的丝绸、黄金、香水和药膏,这些东西的价值都是难以估量的,为此而赞美上帝吧。他们并不关心这个国家的麻烦,也不关心光明之城的混乱情况,只是奇怪他们在天子的城市里受到了注意。(第 327 页)

第八章 我说出上帝的真理

听到我说的这些话,突然他们中间有一个人站起来,用法兰克语大声高喊,说我是一个背信弃义的犹太人。这个人是在刺桐的基督教教士,名叫弗拉·巴托洛缪(Fra Bartolomeo)。我见他气得发抖,但是我并没有停止演说,因为我知道,我是在宣讲上帝的真理。而商人安礼守则礼貌有加地请求巴托洛缪,咒死他吧,希望他同意我说话,这样所有的人都可以从我的嘴里了解事实。……(第 340 页)

在完成我的责任之后,为此而赞美上帝吧,我决定在阿达尔月的第五天,同我的仆人阿曼图乔以及皮兹埃库利,连同纳森·本·达塔罗以及他的仆人,一位名叫希安达(Cianta)的人,一起从刺桐动身出去,这样,我们可以购买一些便宜的东西,这种东西在这个城市比较昂贵。我们在所旅游的每一个地方都可以发现居住区,在用作贸易和工艺品交流的城镇以及带着围墙的村庄里,有很多人在从事买卖交易。一些非常好的地区,还生产大量赖以生活的东西。

这个省的所有城市以及围绕此省的一切地方,都由刺桐管辖,每一个地方都有客栈和聚居的处所,相互仅间隔几里而已,每一里合 260 威尼斯的步。在那儿,家家都有造丝业的生产,看起来真令人惊奇。

所以,很多有价值的商品在生产出来以后,人们就把它们带到光明之城去出售;但是,如果人们直接去农村购买,则可以买到更便宜的,就像我已经写的那样。此外,村民中的男人和女人对来自其他国家的人都十分友善,他们说,愿你能在我们这里发财。这里的土质温和,非常肥沃,生产出大量的财富。田野中水渠密布,流着清澈的河水。这些田野虽然经历过干涸,但是现在却绿得像花园。在大海旁边,长着大量的竹子。在这些地区,他们是靠打鱼为生,靠打捞从附近海域带过来的珍珠为生。这片土地的城镇都比较富裕,因为这儿有各种香料、草药、树木以及丝绸、缎子和瓷器等物品。……

(第 367～368 页)

但是,商人在刺桐一带可以拥有的一切商品中,最高级的、最好的则是各种颜色的丝织品,其中又数丝织和镶金的衣服为佳。生产这种衣服的作坊也是各种作坊中的最佳者。确实,各种丝绸原料都有很高的价值。这种丝绸甚至可以作为固定的价码来计算银两,然而在这个国家,你用最高额一百里波(Libbre)还换不到 8 个威尼斯的格罗特币,感谢上帝吧。这里你也可以发现各种缎子,甚至比刺桐城市的缎子还要贵,这也是从来没有见过的;最贵的是用小珍珠穿缀的缎子以及鞑靼人编织的物品,工艺娴熟,甚至画家的彩笔所绘也无法与这种织品相比,凡此我都购买了一大批,赞美上帝吧。

我也发现质量绝佳的瓷器,它们是用来当碗使的,精美得就像玻璃的酒壶,我用 200 个格罗特购买了 600 件,因为它们全都是世界上最美丽的瓷器。这里也有很多的食糖,口感很好,这是放在一个黑盘子里的,还有红花、生姜,以及高质量的良姜,我都购买了一大批。他们还有一种红花,是用来治疗肾脏和胃的毛病的,我也买了一些;这里还有治疗牙齿的油膏和治便秘的山扁豆。

这样,由纳森·本·达塔罗以及其忠诚的仆人作指导,我购买了大量的物品,全都是能赚钱的物品。我也发现了许多靛蓝和明矾,也看见了许多香料,这在我们的土地上都是从未见过的,其名称我难以说清。这儿还有纸张、油漆以及饮用的高级草药。(第 369 页)

第九章　魔鬼

到了第三天,也就是说阿达尔月的第 19 天,有一个信差从高贵的白道古那儿来到我这儿,忠诚的李芬利也随之来了。他们告诉我说,鞑靼人逼近城市的消息是假的,对那些准备迎接鞑靼人的商人,很多老百姓都非常愤怒,也很恨他们。商人安礼守在晚上死在了一群乱民手中,因为他希望这个城市投降蒙古人,所以这些人极其愤怒。一些追随大商人孙英寿的人也在黑暗中死于非命,究竟有多少人遇害,很难说清楚,但愿上帝禁止这样的事情发生。但是现在,这个城市在安静之中,因为它的商人、士绅和官员都决心要从第二天开始团结起来,以免光明之城由于忽视了对其百姓的责任,陷入更大的痛苦之中。(第 412 页)

第十章　死亡之云

就像我已经写的那样,船只都已经准备妥当,所有的必需品也都装载完毕。我兄弟巴士拉的以萨拥有的船,是一艘载容量很大的船,装运了 8 万多坎塔的物品,船头和船尾也都装满了我的物品,感谢上帝吧,这样我们就离开了光明之城,桨帆并用的两只大木船在前面开道。

这样,我改变航线,顺风行驶,带着我从大小印度带来的大批货物,其中有不少于 100 坎塔的丝绸、250 坎塔的优质缎子;大量的瓷器、生姜、中国的 galingale、红花和樟脑;400 坎塔的糖,连同各种各样的香、药品、草药以及其他香料;还有纸、宝石和最高级的珍珠,以及在海上从未有过这么珍贵的一些东西,为此而崇仰上帝吧,颂扬祂吧。(第 476 页)

第十一章　好的结局

我也受到邀请,要我去对艾弗莱姆·哈—列维和所罗门·哈斯代,报告我在中国大陆的旅行以及我在那儿的冒险经历,他们都是了不起的人。于是我劝告我的兄弟,要他们告诫那些与蛮子作贸易的商人,必须注意安全,因为北方的鞑靼人很快就要占领中国和刺桐,因为其他人也都这样说了。……(第 495 页)

我感谢上帝,因为祂垂怜于我,使我得以在良好的状态下返回。为此,我在航行中每天都作祈祷,早晚各一次,起床的时候和上床躺下休息的时候。这样,我带着许多大小印度的圆胡椒和长胡椒,中国和梅里巴尔的生姜、长肉桂和厚肉桂,干的山扁豆、红花、肉豆蔻、小豆蔻、丁香、蛮子糖,苏门答腊的檀香木、芦荟,为我兄弟购买的番苏拉(Fansura)樟脑和亚丁乳香,此外还有上万片麝香,这东西只要一点就可以赚取大价钱。谁都会对我的大笔财富惊奇不已,为此而崇仰上帝吧,赞美祂吧。

我有 120 坎塔的肉桂、60 坎塔的荜澄茄、150 坎塔的丁香和 40 坎塔的生姜,还有大批其他东西,比如琥珀、珍珠和珊瑚等。

我有一大批高级丝绸,比如用丝绸织就和镶金嵌银的大小布匹,这是给我在卢卡的兄弟塞缪尔的;有锦缎和亚历山大市的棉花,还有最好的紫胶,这紫胶我买了 250 坎塔,另外还有巴西木、靛蓝和米罗巴兰斯,这是为我的兄弟、弗里格诺的亚布拉姆家买的。

在药品方面,我有为以撒·德·阿雷佐(Isaac d'Arezzo)买的上等的荜澄茄,此外我也买了其他许多药品,比如大黄、珍珠粉、squinanti,贝壳粉眼药(shells for the eyes)、白屈莱、苏门答腊的良姜、小良姜、药喇叭、明目的 succus lycii 以及其他一些神秘的东西。

我把这一切,连同上帝的祝福一起,献给了我亲爱的她。从我离开到归来,我和她天各一方已经 3 年零 24 天了。我的萨拉,哦,我的光明;我不在身边,她经历了悲伤的岁月,各种事情都使她烦恼不断。在说到我父亲的时候,她悲泣不已,然而她也为其他的一些事情而得到了安慰。我们的儿子摩西出世了,这是在第八天以前作出标记的,为此而感谢上帝吧。我给她带来了一些珠宝,她也感到非常快慰,这样,她的一颗心终于实实在在地放了下来。

我就是这样带着我的财宝回到了安科纳。因为我在梅里巴尔和中国大陆赚取了大笔的财富,所以我的合伙人也得到了一份丰实的财富,感谢上帝吧。此外,我自己还暗藏了许多锡兰和蛮子的高级珠宝、珊瑚以及为偶像崇拜者使用的琥珀串珠,还有一些金贝赞特(……),准备在灾难降临时,但愿上帝禁止这样的事情,好为我和我的孩子作不时之需。

虔诚而坚定的犹太人,如果行为端好,尽职尽责,对他的兄弟,愿他们安宁,情谊深重,这样他就总会得到回报的,所以我返回之时能够得到如此的利益。我因此赞美上帝,赞美祂在我得到了各种所见所闻之后又得到了好的结果,因为主总是保佑你平安出门,顺利返乡。(第500~502页)

(英)大卫·塞尔本译,(中)杨民、程钢、刘国忠、程薇译,
《光明之城》,上海人民出版社,1999年

《方济各会纪事概要》

同年(1362年),<u>刺桐总主教约翰·佛罗伦萨神甫和古格列莫·坎巴诺神甫在米提亚帝国因坚持天主教信仰,被萨拉森人所杀害。</u>(第225页)

阿·克·穆尔著,郝镇华译,蒋本良校,
《一五五〇年前的中国基督教史》,中华书局,1984年

安德烈·佩鲁贾著,
《致佩鲁贾修道院沃登神甫的信(1326年)》①

<u>在大洋海岸有一相当大城市,波斯语称之为刺桐。</u>城内有一富有亚美尼亚妇人,建一十分雄伟华丽的教堂,后来总主教将此教堂作为总教堂。此妇人生前自愿将此教堂交于哲拉德主教及其同伙修士,死后又遗赠彼等相当一笔捐款。哲拉德是首先占有此教堂的人。哲拉德主教去世后葬于此。……

---

① 巴黎国家图书馆拉丁文手稿5006号,第186b页。安德烈·佩鲁贾修士时任刺桐主教。

我在汗八里由于某些原因感到不便,我得许可,同意我在刺桐领取皇帝赐予我的阿拉发;刺桐距汗八里约三月路程。我的恳切要求被同意后,带着皇帝准许的八匹马十分隆重地出发,我抵达刺桐时,帕莱格林修士还在世。在距城四分之一英里的小树林中,我建造了一所舒适而华丽教堂,堂内有各种办公室,足够二十位同事使用,另有四室,可供任何高级教士享用。我的确一直住在此处,靠钦赐俸金生活。……

在此大帝国境内,确有天下各国和各宗教派别之人。所有的人皆可按照各自教派而生活。他们认为,每个人都可在他所信宗教内得救,虽然此见解是谬误的。我们可以自由传教而不受干涉。但犹太人和萨拉森人无改宗信基督教者。有大量异教徒受洗,不过他们虽受洗礼,但并不按基督教义行事。……

我主纪元1326年1月写于刺桐。(第217~221页)

阿·克·穆尔著,郝镇华译,蒋本良校,
《一五五〇年前的中国基督教史》,中华书局,1984年

帕莱格林著,《寄回教廷的书信(1318年)》①

我被选为刺桐主教,我和上述三位虔诚修士可以从容地安安静静地为神工作。……

我们在刺桐城内有完备教堂一所,此乃一位亚美尼亚妇人留与我们的,她还为我们及其他来人配给生活必需品。我们在城外树林购置一块优美地方,欲在此建造若干小屋和一所小礼拜堂。我们一切不缺,只盼有修士来。……

刺桐是个大城,位于滨海,距汗八里约三月路程。我主纪元1318年1月3日写于刺桐。(第235~236页)

阿·克·穆尔著,郝镇华译,蒋本良校,
《一五五〇年前的中国基督教史》,中华书局,1984年

---

① 梵蒂冈图书馆手稿,Chigi I. vii.262.第102、103页,此信真伪学术界尚有争议。帕莱格林修士时任刺桐主教。

附录　泉州市舶司大事记

宋熙宁五年(1072年)

有臣僚请于泉州设置市舶司,宋神宗诏发运使薛向"创法讲求之",因遭以吕嘉问为首的市易司反对而作罢。

熙宁七年(1074年)

正月初一日,诏泉州、福州等沿海各州有南蕃海南物货船到,应取公据验认。如已经抽买获得回引则放行,否则押赴附近市舶司勘验抽买。

元丰三年(1080年)

八月二十七日,完成《广州市舶条》修订,并在广南、福建、两浙实施推广,福建以转运判官王子京兼觉察拘拦之职。

同年,泉州知州陈偁上疏指出:泉州不设市舶司,对泉州海商极为不利,也影响朝廷的财政收入。陈请在泉州设司,然未上报。

元祐二年(1087年)

十月初六日,在户部尚书李常的建议下,泉州正式设置市舶司。

大观元年(1107年)

三月十七日,泉州与广南、两浙市舶司依旧复置提举官。

大观三年(1109年)

七月二十日,泉州与两浙市舶司同时罢废,归提举常平官兼摄,通判管勾。

政和二年(1112年)

五月二十四日,朝廷从福建路提点刑狱邵涛所请,泉州与两浙市舶司同时恢复旧制。

政和四年(1114年)

五月十八日,诏诸国蕃客到中国居住已经五世,其财产无继承人及未留有遗嘱者,依户绝法,归市舶司拘管。

政和五年(1115年)

七月初八日,泉州市舶司提举上奏,自恢复市舶以来,已在泉州设立来远驿,并定犒设馈送则例和专职人员接待各国使臣,以及出给公据付刘著等收执,前去罗斛、占城国说谕招纳蕃商前来经商。

八月十三日,诏提举泉州市舶施述以招诱抽买宝货增羡转一官。

是年,泉州市舶司依崇宁二年(1103年)二月初六日朝旨,招纳到占城、罗斛两国前来进奉。

宣和元年(1119年)

十二月十四日,泉州提举市舶蔡柏(蔡櫗)职事修举,特转一官;勾当公事赵寅转一官,令再任。

宣和七年(1125年)

三月十八日,诏降空名度牒付市舶司充博本钱,广南、泉州市舶司各500道,两浙市舶司300道。

建炎元年(1127年)

六月十三日,诏市舶司多以无用之物,枉费国用,取悦权近,十四日罢泉州、两浙市舶司,并归转运司。

建炎二年(1128年)

五月二十四日,因并废以来,士人不便,亏失数多,恢复泉州和两浙市舶司。

六月初十日,诏给度牒、师号,二十万贯付福建路,十万贯付两浙路,专充市舶本钱。①

---

① 原文为"诏给度牒师号各十万贯付泉州、两浙市舶司专充市舶本钱",误。

建炎四年(1130年)

泉州市舶司抽买乳香十三等,计86780斤,遵旨运送榷货务打套给卖。

绍兴二年(1132年)

八月初六日,罢福建、广南、两浙提举市舶,委本路提刑司兼领。九月二十五日,又委福建提举茶事司兼领。十月初四日,诏福建提举茶事司置司泉州兼管市舶。

绍兴六年(1136年)

八月二十三日,泉州市舶司上奏:大食商人蒲啰辛,造船1只,船载乳香投泉州,市舶计抽解价钱30万贯,委是勤劳。诏特补承信郎。

十二月十三日,泉州市舶司上奏:纲首蔡景芳招诱贩到物货,自建炎元年(1127年)至绍兴四年(1134年)收净利钱98万余贯,诏特补授承信郎。

同年,泉州知州连南夫奏请:市舶纲首能招诱舶舟,抽解物货累价及5万贯、10万贯者,补官有差,朝廷准奏,并规定凡闽广舶务监官,抽买乳香每及100万两者转一官;又招商人蕃兴贩,舟还在罢任后,亦依此推赏。

绍兴十二年(1142年)

十二月十八日,诏恢复泉州提举市舶专一提举,福建茶事司复归建州。

绍兴十四年(1144年)

九月初六日,因提举泉州市舶司楼璹所请,朝廷批准泉州市舶司依广南市舶司体例,每年于遣发蕃舶之际,支破官钱300贯文,排办筵宴,宴设诸国蕃商,以示朝廷招徕远人之意。

绍兴十七年(1147年)

十一月初四日,诏三路市舶司,蕃商贩到龙脑、沉香、丁香、白豆蔻抽解一分,余数依旧法。先前绍兴十四年(1144年)规定抽解四分,蕃商诉其太重。

绍兴二十一年(1151年)

闰四月初四日,右中奉大夫直显谟阁知抚州李庄任提举泉州市舶。高宗皇帝认为,"提举市舶官委寄非轻,若用非其人,则措置失当,海商不至矣。庄可发来赴阙,禀议然后之任"。

绍兴二十五年(1155年)

从占城一地输入泉州的香料有沉香等七种,共计63334斤。

乾道二年(1166年)

五月十四日,罢两浙市舶司后。泉州市舶司成为南宋两大市舶司之一。

乾道三年(1167年)

十一月初一日,泉州市舶司上奏:泉州本地纲首陈应祥等人至占城,蕃首称欲遣使副,恭赍乳香、象牙等前诣孝宗(原文误为太宗)进贡,今应等船五只,除自贩物货外,各为分载乳香、象牙等并使副人等前来。继有纲首吴兵船人资到占城,蕃首邹亚娜开具进奉物数,白乳香20435斤,混杂乳香80295斤,象牙7795斤,附子沉香237斤,沉香990斤,沉香头92.8斤,笺香头255斤,加南木笺香301斤,黄熟香1780斤。诏使人免到阙,令泉州差官以礼管设,章表先入递前来候到。

十二月二十三日,诏令泉州市舶司于泉漳、福州、兴化军应合起赴左藏西库上供银内,截拨25万贯专充抽买乳香等本钱。

淳熙元年(1174年)

泉州市舶提举虞仲房(虞似良)等,祈风于九日山延福寺通远王祠。并刻石记事。

淳熙二年(1175年)

十二月初五日,泉州市舶提举苏岘奏称:近来朝廷下令,蕃商只许在市舶置司所在地贸易,不得出境,此令一下,蕃商有失所之忧。于是朝廷批准:今后诸蕃物货既经征榷之后,有往他地者,召保后经市舶司确认给据,允许在福建路各州军兴贩。

淳熙九年(1182年)

诏泉州、广州、明州、秀州市舶司,若走私铜钱未被查出,主管官员连坐。

淳熙十年(1183年)

知州司马伋同典宗赵子涛,提舶林劭、统军韩俊,以遣舶祈风于九日山延福寺通远王祠。

淳熙十五年(1188年)

泉州市舶司提举胡长卿等春冬两次祈风于九日山延福寺通远王祠。

淳熙十六年(1189年)

知州颜师鲁鉴于海上贸易受苛征干扰而不振,莅职后即"蠲海舶诸税",免除海舶的进口税。

嘉泰元年(1201年)

知州倪思、提舶余茂实等祈风于九日山昭惠庙。

嘉泰三年(1203年)

泉州市舶提举曹格因私自交易乳香,被免职。

嘉定六年(1213年)

泉州市舶提举赵不熄因多抽蕃舶,抄籍诬告被降官两级,免去该职务。

嘉定十年(1217年)

知州真德秀与市舶提举赵崇度重振市舶,罢和买,禁重征,扭转因蕃舶畏惧苛征不至的局面,第二年进港蕃舶迅速复增。

嘉定十六年(1223年)

章梾等祈风于九日山昭惠庙通远王祠。

宝庆元年(1225年)

泉州市舶提举赵汝适询问往来海上的中外商人,撰著《诸蕃志》。该书是研究宋代海上交通的重要文献。

淳祐二年(1242年)

颜师鲁之子颜颐仲任泉州知州时,再次减免商税。

淳祐三年(1243年)

知州颜颐仲、提舶寺丞刘克逊等祷回舶南风于九日山延福寺通远王祠。

淳祐七年(1247年)

赵师耕以知州兼舶务,于九日山延福寺通远王祠祈风。

宝祐五年(1257年)

知州谢埴、权舶干卢文郁、监舶李宏模等祈风于九日山昭惠庙。

宝祐六年(1258年)

方澄孙(方蒙仲)任知州兼市舶提举,祈风于九日山延福寺。

咸淳元年(1265年)

阿拉伯商人后裔蒲寿庚任泉州市舶提举。

咸淳二年(1266年)

知州赵希侂、提举漈事王櫹祈风于九日山。

元至元十四年(1277年)

二月,蒲寿庚以泉州城降元。

是年,元政府首先在泉州设立市舶司,令征宋将领忙古䚟统领。又立市舶司于庆元、上海、澉浦,令福建安抚使杨发督之。

至元十五年(1278年)

八月,元世祖特诏令唆都、蒲寿庚等:"诸蕃国列居东南岛屿者,皆有慕义之心,可因蕃舶诸人宣布朕意,诚能来朝,朕将宠礼之,其往来互市,各从所欲。"

至元十六年(1279年)

遣泉州人、蒲寿庚旧部孙胜夫等出使占城。

朝廷设转运使榷盐货,兼市舶。

至元十七年(1280年)

泉州人尤永贤被授为占城、马八儿国宣抚使。

朝廷增设掌领皇室及诸王出纳金银事的专领机构泉府司。

定单抽、双抽制度。单抽:本国货物,经市舶司抽解后即可发运至内地或出口海外。双抽:海外进口舶货,经市舶司抽解后,如再要转运至内地贩卖,须再经抽解一次。

至元十八年(1281年)

遣正奉大夫、宣慰使、左副都元帅兼福建道市舶提举蒲师文,册封妈祖为护国明著天妃。

命蒲师文为海外诸蕃宣慰使,与孙胜夫、尤永贤等前往抚宣海外诸国。

规定商贾市舶,经泉州市舶司抽分后到其他地方贸易,只需输税,不用再抽分。

至元二十年(1283年)

十月,忙古觋言舶商皆以金银易香木,于是下令禁之,唯铁不禁。

是年,重申市舶抽分则例,精者抽解 1/10.粗者 1/15,抽解后便可自由买卖。

至元二十一年(1284年)

九月,并市舶入盐运司,立福建等处盐课市舶都转运司。

是年,在杭州、泉州设市舶都转运司,实行"官本船"制,即官方自具舶给本,选人入蕃贸易诸货,所获以十分为率,官取其七,所易之人得其三。

至元二十二年(1285年)

并福建市舶司入盐运司,改称都转运司,领福建漳泉盐货市舶。

至元二十三年(1286年)

八月,以市舶司拨属泉府司,十二月复置泉州市舶提举司。

是年,禁海外博易者使用铜钱。

至元二十六年(1289年)

二月,在泉州至杭州间置15处海站,每站置船5艘,水军200人,专运蕃夷贡物及商贩奇货,并防御海盗。

至元二十九年(1292年)

十一月,中书省制定市舶验货抽分比率及漏舶法。凡商旅贩泉州、福州等处已抽之物于本省有市舶司之地发卖者,细色于二十五分之中取一,粗色于三十分之中取一,免其输税。其就市舶司卖者,只于卖处收税,而不再抽。漏舶物货,依例断没。

至元三十年(1293年)

泉州、杭州、上海、澉浦、温州、庆元、广东七市舶司,独泉州于抽分(粗货十五分取一分,细货十分取一分)之外,又取三十分之一为税,下令以泉州为定制。

颁布《市舶抽分杂禁》二十二条。

大德元年(1297年)

设立福建平海行中书省,以泉州为省治。罢行泉府司,市舶司直接归中书省管理。不久,罢福建平海行中书省,改归江浙行省。

大德七年(1303年)

禁商下海,撤销市舶机构。禁止金银丝线等物出口。

至大元年(1308年)

复立泉府院,整治市舶司事务,以市舶隶泉府院。

至大二年(1309年)

罢泉府院,以市舶提举司隶行省。

至大四年(1311年)

罢泉州、广州、庆元三市舶司,禁止船只下蕃。

延祐元年(1314年)

七月,复立泉州、广东、庆元三市舶提举司,直隶行省统领,诸人不得搅扰沮坏。仍禁人下蕃,官自发船贸易。回帆之日,细物十分抽二,粗物十五分抽二。

是年,修订至元三十年颁布的市舶则法。

延祐七年(1320年)

因下蕃者将丝银细物易于外国,又罢市舶提举司。禁商人下海贸易。

至治二年(1322年)

复置泉州、庆元、广东三处市舶提举司,严申市舶之禁,禁止金银、丝帛、人口贩往海外。提举司专知市舶,直隶行省。通过此次整顿,市舶司作为具体掌管外贸的职能得以明确,长期凌驾于市舶司之上的行泉府司(院),退出元代的历史舞台。

明洪武三年(1370年)

设宁波、广州、泉州三市舶司。规定泉州通琉球,宁波通日本,广州通占城、暹罗、西洋诸国。

洪武四年(1371年)

宣布免海外船舶一切税收。

仍禁濒海民私自出海。以福建兴化卫指挥私遗人出海行贾,谕大都督府遣人谕之,有犯者论如律。

洪武七年(1374年)

八月,因倭患严海禁,罢泉州、明州、广州三市舶司。
是年,禁止私人通蕃。

洪武十四年(1381年)

九月,禁濒海民私通海外诸国。

洪武十七年(1384年)

正月,诏凡海外诸国入贡,有附私物者,悉免其税。

洪武二十三年(1390年)

十月,明太祖以金银、铜钱、缎匹、兵器等向来不许出蕃,而两广民众往往交通外蕃,私易货物,诏户部申严交通外蕃之禁。

洪武二十七年(1394年)

正月,以沿海之人往往私下诸蕃贸易香货,禁民间用蕃香、蕃货。

洪武三十年(1397年)

申禁人民擅自出海与外国互市。

洪武三十五年(1402年)

七月,诏日后不许沿海军民人等私自下海交通外国,遵洪武事例禁治。

永乐元年(1403年)

八月,以海外蕃国朝或之使附带货物前来交易,须有官专理,复置浙江、福建、广东三市舶提举司,设官如洪武初制,隶属布政司。以太监杨斌提督福建市舶司,是为福建市舶太监之始。

是年,再次宣布免海外船舶一切税收。

永乐二年(1404年)

正月,禁民下海,民间原有海船悉改成平头船。

永乐三年(1405年)

六月,遣郑和赍敕往谕西洋诸国。

九月,以海外诸蕃朝贡之使益多,命福建、浙江、广东三市舶司各设驿馆。福建设来远驿。浙江设安远驿,广东设怀远驿。

永乐四年(1406年)

三月,命福建、浙江、广东三市舶提举司,凡外国朝贡使臣往来,皆宴劳之。

宣德五年(1430年)

六月,令福建、广东、浙江三市舶司,日后蕃船至,有司遣人驰奏,不必待报,三司(布政司、都司、按察司)官即同市舶司称盘注文籍,遣官同使者运送至京。

宣德六年(1431年)

四月,命行在都察院布榜禁濒海居民私自下蕃贸易及出境与夷人交通。

成化二年(1466年)

巡按御史朱贤奏请移福建市舶司至福州,得到批准。

成化八年(1472年)

泉州市舶司关闭,机构迁移福州。(第1～10页)

泉州海关编,《泉州海关志》,厦门大学出版社,2005年

索 引

一、文献中辑出诗文篇目索引

(一) 诗

(唐)包何(一作张循之)撰,《送李使君赴泉州》,见《舆地纪胜》卷一三〇;《文苑英华》卷二百七十一;《全唐诗》卷九九

(唐)曹松撰,《送陈樵校书归泉州》,见《文苑英华》卷二百八十三;《全唐诗》卷七一七

(唐)陈陶撰,《泉州刺桐花咏五首兼呈赵使君》,见《文苑英华》卷三百二十二;《全唐诗》卷七四六

(唐)韩偓撰,《钓龙台》,见《(康熙)南安县志》卷十八

(唐)施肩吾撰,《岛夷行》,见《舆地纪胜》卷一三〇;《泉南杂志》卷上;《八闽通志》卷七

(唐)许棠撰,《送从弟归泉州》,见《全唐诗》卷六〇三

(唐)薛能撰,《送福建李大夫》,见《全唐诗》卷五五九

(宋)蔡戡撰,《提举中奉程公挽诗》,见《定斋集》卷十七

(宋)蔡襄撰,《移居转运宇别小栏花木》,见《(乾隆)泉州府志》卷十九;《蔡襄集》卷二

(宋)陈傅良(一作陈偁)撰,《题泉州万安桥》,见《(道光)晋江县志》卷十一;《闽诗录》丙集卷四

(宋)陈宓撰,《次泉守游郎中》,见《复斋先生龙图陈公文集》卷五

(宋)陈宓撰,《刺桐》,见《复斋先生龙图陈公文集》卷三

(宋)陈宓撰,《和泉州施通判》,见《复斋先生龙图陈公文集》卷五

(宋)陈宓撰,《送胡提干衍》,见《复斋先生龙图陈公文集》卷十七

(宋)陈宓撰,《送胡仲方西归》,见《复斋先生龙图陈公文集》卷十七

(宋)陈宓撰,《送真右史守泉》,见《复斋先生龙图陈公文集》卷十七

（宋）陈宓撰，《送邹给事》，见《复斋先生龙图陈公文集》卷十七

（宋）陈宓撰，《赠林尹仲》，见《复斋先生龙图陈公文集》卷三

（宋）陈宓撰，《赵户自任所抵乌驻用前韵见示和之》，见《复斋先生龙图陈公文集》卷三

（宋）陈宓撰，《中秋桐城观举子》，见《复斋先生龙图陈公文集》卷四

（宋）戴复古撰，《久寓泉南待一故人消息桂隐诸葛如晦谓客舍不可住借一园亭安下即事凡有十首》，见《石屏诗集》卷一

（宋）戴复古撰，《泉广载铜钱入外国》，见《石屏集》

（宋）戴复古撰，《寓泉南》，见《闽书》卷一百五十

（宋）丁谓撰，《咏泉州刺桐》，见《闽书》卷一百五十；《（道光）晋江县志》卷十二

（宋）董嗣杲撰，《欲附蒲海云制干舟归》，见《庐山集》卷四

（宋）傅伯成撰，《素馨花》，见《闽书》卷一百五十

（宋）傅伯寿撰，《题姜相峰前祠和韵》，见《（康熙）南安县志》卷十八

（宋）郭祥正撰，《次韵俞资深承事二首》，见《青山集》卷二十二

（宋）黄公度撰，《惜别行送林梅卿赴阙》，见《闽诗录》丙集卷七

（宋）黄公度撰，《自法石早归诗》，见《（道光）晋江县志》卷六十九

（宋）李廌撰，《送元圣庾县丞之官泉南》，见《济南集》卷二

（宋）李廌撰，《送元勋不伐侍亲之官泉南八首》，见《济南集》卷四

（宋）林光朝撰，《送别陈侍郎应求知泉州》，见《闽诗录》丙集卷九

（宋）林凤撰，《泉南风俗》，见《八闽通志》卷二十六；《（乾隆）泉州府志》卷十九；

（宋）林希逸撰，《和后村明皇按乐图歌》，见《两宋名贤小集》卷三百二

（宋）刘克庄撰，《寄赵简叔知宗》，见《后村集》卷九

（宋）刘克庄撰，《泉州南郭二首》，见《后村集》卷十二

（宋）刘克庄撰，《送舶使王监丞》，见《后村先生大全集》卷四十

（宋）刘克庄撰，《送真舍人帅江西八首》，见《后村集》卷二

（宋）刘克庄撰，《送真西山再镇温陵》，见《后村集》卷十

（宋）刘子翚撰，《万安桥诗》，见《（道光）晋江县志》卷十一

（宋）吕造撰，《刺桐城》，见《舆地纪胜》卷一三〇；《（道光）晋江县志》卷十二；《闽诗录》丙集卷二

（宋）蒲寿宬撰，《明月篇》，见《心泉学诗稿》卷一

（宋）蒲寿宬撰，《上舶使监丞王会溪》，见《心泉学诗稿》卷二

(宋)蒲寿宬撰,《送使君右司赵是斋》,见《心泉学诗稿》卷一
(宋)丘葵撰,《送舶司李郎中》,见《丘钓矶集》卷二
(宋)孙应时撰,《送彭大老提舶泉南》,见《烛湖集》卷二十
(宋)王迈撰,《书怀奉简黄成甫史君》,见《臞轩集》卷十二
(宋)王迈撰,《送黄成甫殿讲被召》,见《臞轩集》卷十二
(宋)王迈撰,《送莆守赵孟坚汝固司舶温陵》,见《臞轩集》卷十三
(宋)王迈撰,《温陵万安桥谒忠惠蔡公祠堂留题》,见《臞轩集》卷十三
(宋)王迈撰,《有客一首寄温陵史君赵侍郎涯》,见《臞轩集》卷十二
(宋)王十朋撰,《蔡端明祠堂》,见《(道光)晋江县志》卷十四
(宋)王十朋撰,《出郊劝农饭蔬于法石僧舍时方闵雨有无麦之忧因成八绝》,见《(道光)晋江县志》卷六十九
(宋)王十朋撰,《次韵提舶见招》,见《梅溪集》后集卷十九
(宋)王十朋撰,《刺桐花》,见《梅溪集》后集卷二十
(宋)王十朋撰,《夫子泉》,见《闽书》卷三十三
(宋)王十朋撰,《记风诗(闰五月二十六日)》,见《梅溪集》后集卷二十
(宋)王十朋撰,《腊月二十八日与知宗提举分岁郡中啜茶于北楼赏梅于忠献堂知宗即席有诗次韵并简提舶》,见《梅溪集》后集卷十九
(宋)王十朋撰,《洛阳桥》,见《梅溪集》后集卷十八
(宋)王十朋撰,《末利花》,见《(乾隆)泉州府志》卷十九
(宋)王十朋撰,《南宫揭榜温陵得人为盛提舶马寺丞有诗赞喜次韵》,见《梅溪集》后集卷十七
(宋)王十朋撰,《祈雨未应提舶知宗道观焚香明日遂雨提舶有诗次韵》,见《梅溪集》后集卷十七
(宋)王十朋撰,《善利王庙》,见《(乾隆)泉州府志》卷十六
(宋)王十朋撰,《十日同知宗提舶游九日山延福寺》,见《梅溪集》后集卷十八
(宋)王十朋撰,《石笋桥诗》,见《梅溪集》后集卷十九
(宋)王十朋撰,《提舶生日诗》,见《梅溪集》后集卷二十
(宋)王十朋撰,《提舶示观楚东集用张安国韵因思鄱阳与唱酬者五人今六年矣陈何二公已物故余亦离索为之慨然复用元韵》,见《梅溪集》后集卷十七
(宋)王十朋撰,《提舶送菊酒有诗次韵》,见《梅溪集》后集卷十八
(宋)王十朋撰,《提舶送荔支借用前韵》,见《梅溪集》后集卷十八

（宋）王十朋撰，《提舶携具过云榭知宗出示和章复用韵》，见《梅溪集》后集卷十七

（宋）王十朋撰，《提舶欲移厨过云榭示诗次韵》，见《梅溪集》后集卷十七

（宋）王十朋撰，《提舶赠玉友六言诗次韵以酬》，见《梅溪集》后集卷二十

（宋）王十朋撰，《提举延福祈风道中有作次韵》，见《梅溪集》后集卷十七

（宋）王十朋撰，《万安桥诗》，见《（道光）晋江县志》卷十一

（宋）王十朋撰，《五月晦日会知宗提舶通判纳凉云榭提舶用仙字韵即席赋诗中寓四字次韵以酬》，见《梅溪集》后集卷十七

（宋）王十朋撰，《夏四月不雨守臣不职之罪也将有请于神雨忽大作陈贺州有诗赞喜次韵以酬》，见《梅溪集》后集卷十七

（宋）王十朋撰，《知宗即席和端字韵三首提舶退即足之予第三诗经夕方和录呈二家》，见《梅溪集》后集卷十七

（宋）王十朋撰，《知宗示提舶赠新茶诗某未及和偶建守送到小春分四饼因次其韵》，见《梅溪集》后集卷十九

（宋）王十朋撰，《知宗提舶即席赠诗用元韵以酬并简通判》，见《梅溪集》后集卷十七

（宋）谢枋得撰，《谢刘纯父惠木绵布》，见《叠山集》卷一

（宋）谢履撰，《泉南歌》，见《舆地纪胜》卷一三〇

（宋）谢履撰，《泉南诗》，见《舆地纪胜》卷一三〇

（宋）谢梦符撰，《杏墩诗》，见《西山杂志》之《杏墩》

（宋）熊禾撰，《上致用院李同知论海舶》，见《勿轩集》卷七

（宋）颜楠之撰，《杏墩诗》，见《西山杂志》之《杏墩》

（宋）佚名撰，《普济寺》，见《西山杂志》之《深寺院》

（宋）佚名撰，《狮塔诗》，见《西山杂志》之《杏墩》

（宋）佚名撰，《送朱乔年祔举荐监石井镇》，见《安平志》卷九

（宋）佚名撰，《咏安平桥》，见《安平志》卷九

（宋）俞德邻撰，《次韵赵提举二首》，见《佩韦斋集》卷五

（宋）俞德邻撰，《故舶使知泉州赵公挽词五首》，见《佩韦斋集》卷五

（宋）袁燮撰，《和李左藏荔支》，见《絜斋集》卷二十三

（宋）曾几撰，《寄泉南守赵表之》，见《茶山集》卷五

（宋）赵令衿撰，《咏安平桥》，见《（道光）晋江县志》卷十一

（宋）郑元祐撰，《送泉州蒙古学正》，见《侨吴集》卷四

（元）方回撰，《为张都目益题爪哇王后将相图》，见《桐江续集》卷二十六

(元)龚璛撰,《送钱仲昭任永春簿》,见《存悔斋稿》

(元)贡师泰撰,《泉州道中》,见《玩斋集》卷十

(元)黄镇成撰,《送宪幕陈时中分题得平章河》,见《闽诗录》戊集卷二

(元)廖大奎撰,《筑城曲》,见《元诗选》二集卷二十六

(元)刘仁本撰,《闽中女四首》,见《羽庭集》卷四

(元)刘仁本撰,《中使和卓太御过浙西福建颁赐紫云衣》,见《羽庭集》卷二

(元)偰玉立撰,《清源洞》,见《元诗选》三集卷十

(元)钱惟善撰,《送方叔高之泉州南安尉》,见《江月松风集》卷十

(元)宋本撰,《舶上谣(送伯庸以番货事奉使闽浙)》,见《元文类》卷四

(元)屠性撰,《送人赴彭湖巡检》,见《元诗选》三集卷十

(元)虞集撰,《送李彦方闽宪》,见《道园学古录》卷一

(元)张昱撰,《海盐陈母节义词》,见《槜李诗系》卷三十八

(元)张翥撰,《寄题顾仲瑛玉山诗一百韵》,见《蜕庵集》卷五

(元)张翥撰,《忆闽中》,见《蜕庵集》卷三

(明)高启撰,《陈节妇词》,见《赵氏铁网珊瑚》卷九

(明)高启撰,《泉南两义士歌》,见《赵氏铁网珊瑚》卷十

(明)高启撰,《泉州陈氏妇夫泛海溺死守志》,见《大全集》卷八

(明)顾大典撰,《咏万安桥二首》,见《(道光)晋江县志》卷十一

(明)何乔远撰,《蔡忠惠祠诗》,见《(道光)晋江县志》卷十四

(明)何乔远撰,《泉趋八首》,见《(道光)晋江县志》卷七十六

(明)何乔远撰,《水陆寺故址诗》,见《(道光)晋江县志》卷六十九

(明)何乔远撰,《咏铁蕉》,见《(乾隆)泉州府志》卷十九

(明)何乔远撰,《咏万安桥》,见《(道光)晋江县志》卷十一

(明)黄伯善撰,《东海晴光》,见《安平志》卷九

(明)黄帝赉撰,《城压沧溟》,见《安平志》卷九

(明)黄凤翔《游灵山睹僧坟》,见《(乾隆)泉州府志》卷十七

(明)黄凤翔撰,《塔灯诗》,见《(道光)晋江县志》卷六十九

(明)黄凤翔撰,《咏万安桥诗》,见《(道光)晋江县志》卷十一

(明)黄景昉撰,《寺中避暑诗》,见《(道光)晋江县志》卷六十九

(明)黄克晦撰,《寺塔对雨诗》,见《(道光)晋江县志》卷六十九

(明)黄克晦撰,《咏万安桥》,见《(道光)晋江县志》卷十一

(明)凌登名撰,《咏万安桥》,见《(道光)晋江县志》卷十一

(明)阮维则撰,《泉南义士行》,见《赵氏铁网珊瑚》卷十

(明)僧宗泐撰,《清源洞图为洁上人作》,见《全室外集》卷四

(明)苏茂相撰,《咏万安桥》,见《(道光)晋江县志》卷十一

(明)王绂撰,《送任大参勉之福建》,见《《王舍人诗集》卷四

(明)王恭撰,《和詹时雨哭永宁许将军》,见《白云樵唱集》卷三

(明)王恭撰,《送李浩复永宁》,见《白云樵唱集》卷一

(明)王恭撰,《送人从温陵军》,见《白云樵唱集》卷三

(明)王恭撰,《送人使琉球》,见《草泽狂歌》卷四

(明)王恭撰,《送人使重驿》,见《白云樵唱集》卷三

(明)王恭撰,《送人游温陵》,见《草泽狂歌》卷四

(明)王恭撰,《送人至温陵》,见《草泽狂歌》卷二

(明)王恭撰,《赠琉球典簿程氏赐归番易》,见《白云樵唱集》卷三

(明)王恭撰,《赠倭僧》,见《白云樵唱集》卷三

(明)王恭撰,《赠吴易平还温陵》,见《白云樵唱集》卷一

(明)王祎撰,《陈节妇传并诗》,见《赵氏铁网珊瑚》卷九

(明)谢徽撰,《陈节妇词》,见《赵氏铁网珊瑚》卷九

(明)谢肃撰,《至泉州府决漳州卫狱寓分司作》,见《密庵集》卷三

(明)徐燉撰,《咏万安桥》,见《(道光)晋江县志》卷十一

(明)袁华撰,《送朱道原归京师》,见《耕学斋诗集》卷七

(明)袁华撰,《岁寒图为孙惟善、陈彦廉赋》,见《耕学斋诗集》卷七

(明)张弼撰,《送罗应魁调官福建市舶提举》,见《福建市舶提举司志》

(明)张永撰,《官澳诗》,见《西山杂志》之《官澳》

(明)周廷鑨撰,《同人集塔诗》,见《(道光)晋江县志》卷六十九

(明)周廷鑨撰,《紫云尊胜阁访僧诗》,见《(道光)晋江县志》卷六十九

(明)庄一俊撰,《顺济桥诗》,见《(道光)晋江县志》卷十一

(明)祖熙寅撰,《咏万安桥》,见《(道光)晋江县志》卷十一

(清)陈云程撰,《桐城杂诗》,见《(道光)晋江县志》卷七十六

(清)黄伯义撰,《天妃庙》,见《安平志》卷九

(清)黄孙馨撰,《咏万安桥》,见《(道光)晋江县志》卷十一

(清)林霍撰,《题蔡清讲学过》,见《(道光)晋江县志》卷六十九

(清)阮旻锡撰,《咏万安桥》,见《(道光)晋江县志》卷十一

(清)阮旻锡撰《安溪茶歌》,见《(乾隆)泉州府志》卷十九

(清)施钰撰,《安平怀古》,见《安平志》卷九

（清）伍常撰，《安平怀古》，见《安平志》卷九
（清）张云翼撰，《咏万安桥》，见《（道光）晋江县志》卷十一
（清）张云翼撰，《真济亭怀真文忠公诗》，见《（道光）晋江县志》卷十二

（二）文

（唐）《归降官位》，见《唐会要》卷一百
（唐）《太和八年疾愈德音》，见《唐大诏令集》卷十
（唐）释道宣撰，《拘那罗陀传》，见《续高僧传》卷一
（后周）《赐伪泉州节度使留从效诏》，见《清源留氏族谱》
（宋）包恢撰，《防海寇申省状》，见《敝帚稿略》卷一
（宋）包恢撰，《禁铜钱申省状》，见《敝帚稿略》卷一
（宋）蔡絛撰，《请建番学》，见《铁围山丛谈》卷二
（宋）蔡襄撰，《乞相度沿海防备盗贼》，见《蔡襄集》卷二十一
（宋）蔡襄撰，《万安渡石桥记》，见《蔡襄集》卷二十八
（宋）曹勋撰，《上皇帝书十四事》，见《松隐文集》卷二十三
（宋）曾巩撰，《存恤外国人请著为令札》，见《元丰类稿》卷三十二
（宋）曾懋撰，《汪应元行状》，见《（民国）汪氏族谱》卷三
（宋）晁补之撰，《朝散郎充集贤殿修撰提举西京嵩山崇福宫杜公行状》，见《鸡肋集》卷六十二
（宋）陈淳撰，《上傅寺丞论民间利病六条》，见《北溪先生大全文集》卷四十七
（宋）陈傅良撰，《辞免知泉州中省状》，见《止斋集》卷二十七
（宋）陈瓘撰，《先君（陈偁）行述》，见《永乐大典》卷三千一百四十一
（宋）陈宓撰，《参议郑侯墓志铭》，见《复斋先生龙图陈公文集》卷二十一
（宋）陈宓撰，《奉直大夫福建路安抚司参议陈公行述》，见《复斋先生龙图陈公文集》卷二十三
（宋）陈宓撰，《王氏夫人墓志铭》，见《复斋先生龙图陈公文集》卷二十一
（宋）陈宓撰，《中散大夫开国龚公圹铭》，见《复斋先生龙图陈公文集》卷二十二
（宋）陈善撰，《论南中花卉》，见《扪虱新话》卷四
（宋）程俱撰，《谢克家差知泉州》，见《北山小集》卷二十四
（宋）程元凤撰，《故宋提刑汪公应元墓志铭》，见《新安文献志》卷八十三
（宋）崔敦诗撰，《赐敷文阁直学士太中大夫知泉州军州事程大昌乞改界

一在外宫观差遣不允诏》,见《崔舍人玉堂类稿》卷十

（宋）范成大撰,《论透漏铜钱札子》,见《历代名臣奏议》卷二百七十二

（宋）方大琮撰,《劝织吉贝布》,见《宋忠惠铁庵方公文集》卷三十三

（宋）方大琮撰,《赵侍郎（涯）》,见《铁庵集》卷十七

（宋）方勺撰,《万安桥》,见《泊宅编》卷中

（宋）方岳撰,《知县奉议费公墓志铭》,见《秋崖集》卷四十

（宋）傅自得撰,《谢乡官及士人献拆番楼诗启》,见《永乐大典》卷一万三百五十九

（宋）葛胜仲撰,《右奉议郎致仕赐绯鱼袋鲁公墓志铭》,见《丹阳集》卷十三

（宋）郭彖撰,《海岛长人》,见《睽车志》卷四

（宋）韩元吉撰,《朝散郎秘阁修撰江南西路转运副使苏公墓志铭》,见《南涧甲乙稿》卷二十一

（宋）韩元吉撰,《东岳庙碑》,见《南涧甲乙稿》卷十九

（宋）韩元吉撰,《连公墓碑》,见《南涧甲乙稿》卷十九

（宋）韩元吉撰,《书许昌唱和集后》,见《南涧甲乙稿》卷十六

（宋）韩元吉撰,《右通直郎知袁州万载县杜君墓志铭》,见《南涧甲乙稿》卷二十

（宋）何澹撰,《宋故琼管安抚提举郭公墓志铭》,见《（光绪）仙居志》卷二十一

（宋）洪迈撰,《岛上妇人》,见《夷坚志》夷坚甲志卷第七

（宋）洪迈撰,《海王三》,见《夷坚志》夷坚支甲卷第十

（宋）洪迈撰,《泉州杨客》,见《夷坚志》夷坚丁志卷第六

（宋）洪迈撰,《王元懋巨恶》,见《夷坚志》夷坚三志己卷第六

（宋）洪迈撰,《无缝船》,见《夷坚志》夷坚乙志卷第八

（宋）洪迈撰,《张端悫亡友》,见《夷坚志》夷坚甲志卷第十一

（宋）洪仁伯撰,《贺南外知宗启》,见《五百家播芳大全文粹》卷二十一

（宋）洪适撰,《莱国墓志铭》,见《盘洲文集》卷七十七

（宋）洪适撰,《罗尚书墓志铭》,见《盘洲文集》卷七十七

（宋）洪天锡撰,《重建府学大成殿记》,见《闽书》卷三十三

（宋）洪咨夔撰,《黄朴改差知泉州制》,见《平斋文集》卷二十三

（宋）洪咨夔撰,《叶宰直华文阁知泉州制》,见《平斋文集》卷二十

（宋）胡寅撰,《陈桷直龙图阁知泉州》,见《斐然集》卷十三

（宋）黄仲元撰,《夏宣武将军墓志铭》,见《四如集》卷四

（宋）惠洪撰,《梦徐生序》,见《石门文字禅》卷二十三

（宋）惠洪撰,《无证庵记》,见《石门文字禅》卷二十二

（宋）江公望撰,《多暇亭记》,见《闽书》卷五十五

（宋）李复撰,《与乔叔彦通判》,见《潏水集》卷五

（宋）李纲撰,《论福建海寇札子》,见《梁溪集》卷八十二

（宋）李光撰,《论曾纡等札子》,见《庄简集》卷八

（宋）李昂英撰,《请谥李韶方大琮状》,见《文溪集》卷十

（宋）林光朝撰,《轮对札子》,见《历代名臣奏议》卷三百四十九

（宋）林希逸撰,《崇禧陈吏部墓志铭》,见《竹溪鬳斋十一稿续集》卷二十二

（宋）林希逸撰,《贺陈提刑兼泉州》,见《竹溪鬳斋十一稿续集》卷十四

（宋）林献可撰,《昭惠庙献马文》,见《安平志》卷八

（宋）林之奇撰,《到任谢宰执启》,见《拙斋文集》卷十一

（宋）林之奇撰,《故左奉议郎临安府府学教授周仁仲行状》,见《拙斋文集》卷十八

（宋）林之奇撰,《祈风舶司祭文》,见《拙斋文集》卷十九

（宋）林之奇撰,《祈风文》,见《拙斋文集》卷十九

（宋）林之奇撰,《泉州东坂葬蕃商记》,见《拙斋文集》卷十五

（宋）林之奇撰,《任福建市舶谢上表》,见《拙斋文集》卷四

（宋）林之奇撰,《通问汪成都》,见《拙斋文集》卷六

（宋）刘攽撰,《新差权发遣泉州,朱服可知婺州,朝散郎胡宗师可权发遣泉州制》,见《彭城集》卷二十一

（宋）刘光祖撰,《宋丞相忠定赵公墓志铭》,见《(同治)余干县志》卷十八

（宋）刘克庄撰,《丁给事神道碑》,见《后村先生大全集》卷一四一

（宋）刘克庄撰,《丁倩监舶墓志铭》,见《后村先生大全集》卷一五六

（宋）刘克庄撰,《方秘书蒙仲墓志铭》,见《后村先生大全集》卷一六二

（宋）刘克庄撰,《工部第》,见《后村先生大全集》卷一五三

（宋）刘克庄撰,《韩补福建舶制》,见《后村先生大全集》卷六十

（宋）刘克庄撰,《胡侁仍旧秘阁知泉州制》,见《后村先生大全集》卷六八

（宋）刘克庄撰,《郎伋翁宦为讲回易视舶司岁解八倍各转一官制》,见《后村先生大全集》卷六二

（宋）刘克庄撰,《秘阁东岩赵彦侯公行状》,见《后村先生大全集》卷一

六九

（宋）刘克庄撰，《泉州岁赐宗室度牒圣旨跋语（代西山作）》，见《后村先生大全集》卷一百

（宋）刘克庄撰，《水木清华诗序》，见《后村先生大全集》卷九四

（宋）刘克庄撰，《宋通判墓志铭》，见《后村先生大全集》卷一五九

（宋）刘克庄撰，《魏国太夫人墓志铭》，见《后村先生大全集》卷一五三

（宋）刘克庄撰，《吴洁知泉州制》，见《后村先生大全集》卷六二

（宋）刘克庄撰，《西山真文忠公行状》，见《后村先生大全集》卷一六八

（宋）刘克庄撰，《杂记》，见《后村先生大全集》卷一百十二

（宋）刘克庄撰，《赵孟传依旧秘阁修撰除提举福建市舶兼知泉州制》，见《后村先生大全集》卷六九

（宋）刘克庄撰，《知常州寺丞陈公墓志铭》，见《后村先生大全集》卷一五〇

（宋）刘宰撰，《杨提举行述》，见《漫塘集》卷三十三

（宋）楼钥撰，《跋扬州伯父耕织图》，见《攻愧集》卷七十六

（宋）楼钥撰，《承议郎孙君并太孺人张氏墓铭》，见《烛湖集附编》卷下

（宋）楼钥撰，《代谢除提举福建市舶启》，见《攻愧集》卷六十三

（宋）楼钥撰，《敷文阁学士宣奉大夫致仕赠特进汪公行状》，见《攻愧集》卷八十八

（宋）楼钥撰，《签书枢密院事赠资政殿大学士谥节愍王公神道碑》，见《攻愧集》卷九十五

（宋）楼钥撰，《泉州同安县灵护庙神封威惠侯》，见《攻愧集》卷三十四

（宋）楼钥撰，《侍御史左朝请大夫直秘阁致仕王公行状》，见《攻愧集》卷九十

（宋）楼钥撰，《送虞仲房赴潼川漕》，见《攻愧集》卷一

（宋）楼钥撰，《太孺人蒋氏墓志铭》，见《攻愧集》卷一百五

（宋）楼钥撰，《颜师鲁知泉州制》，见《攻愧集》卷三十五

（宋）楼钥撰，《知明州朱佺两易知泉州》，见《攻愧集》卷三十五

（宋）陆游撰，《陆郎中墓志铭》，见《渭南文集》卷三十四

（宋）吕颐浩撰，《论舟楫之利》，见《忠穆集》卷二

（宋）马廷鸾撰，《江万顷除福建市舶制》，见《碧梧玩芳集》卷六

（宋）庞元英撰，《高丽遣使入贡》，见《文昌杂录》卷五

（宋）彭乘撰，《海人》，见《续墨客挥犀》卷五

（宋）彭乘撰，《吉贝布》，见《续墨客挥犀》卷一
（宋）沈括撰，《杂志（二）》，见《梦溪笔谈》卷二十五
（宋）释道元撰，《玄讷禅师》，见《景德传灯录》卷十九
（宋）释赞宁撰，《梁泉州智宣传》，见《宋高僧传》卷三十
（宋）司马光撰，《泉州商人邵保》，见《涑水记闻》卷十二
（宋）苏轼撰，《论高丽进奉第二状》，见《苏轼全集》文集卷三十
（宋）苏轼撰，《论高丽进奉状》，见《苏轼全集》文集卷三十
（宋）苏轼撰，《论高丽买书利害札子》，见《苏轼全集》文集卷三十五
（宋）苏轼撰，《乞禁商旅过外国状》，见《苏轼全集》文集卷三十一
（宋）苏轼撰，《乞令高丽僧从泉州归国状》，见《苏轼全集》文集卷三十
（宋）苏轼撰，《与佺孙元老四首》，见《苏轼全集》文集卷六十
（宋）孙觌撰，《书泉山赠言后》，见《鸿庆居士集》卷三十三
（宋）孙觌撰，《宋显谟阁学士左太中大夫新安郡开国侯食邑一千五百户食实封一百户赠端明殿学士汪公（藻）墓志铭》，见《新安文献志》卷九十四上
（宋）孙正之撰，《贺提舶启》，见《五百家播芳大全文粹》卷十九
（宋）汪应辰撰，《显谟阁学士王公墓志铭》，见《文定集》卷二十三
（宋）汪藻撰，《泉州到任谢表》，见《新安文献志》卷四十
（宋）汪藻撰，《右中奉大夫直徽猷阁知潭州陈君墓志铭》，见《浮溪集》卷二十五
（宋）王国珍撰，《昭惠庙记》，见《安平志》卷八
（宋）王迈撰，《黄侍郎再知泉州启》，见《臞轩集》卷八
（宋）王迈撰，《祭赵东岩文》，见《臞轩集》卷十一
（宋）王迈撰，《泉守真公申请宗子给俸记》，见《臞轩集》卷五
（宋）王迈撰，《与刘舶启》，见《臞轩集》卷八
（宋）王迈撰，《真西山集后序》，见《臞轩集》卷五
（宋）王梅叔撰，《贺南外知宗启》，见《五百家播芳大全文粹》卷二十一
（宋）王辟之撰，《杂录》，见《渑水燕谈录》卷十
（宋）王十朋撰，《泉州到任谢表》，见《梅溪集》后集卷二十一
（宋）卫泾撰，《盖经行状》，见《后乐集》卷十七
（宋）卫泾撰，《应诏举真德秀章棪赵崇模充廉吏状》，见《后乐集》卷十三
（宋）卫泾撰，《奏举朱端常何松赵善悰张国均楼鐩乞加表用札》，见《后乐集》卷十三
（宋）魏岘撰，《四明重建乌金碣记》，见《四明它山水利备览》下卷

（宋）吴处厚撰,《刘昌言》,见《青箱杂记》卷六

（宋）吴潜撰,《孙守叔墓志铭》,见《履斋遗稿》卷三

（宋）谢采伯撰,《由泉舶除新安》,见《密斋笔记》卷五

（宋）许应龙撰,《刘炜叔知泉州制》,见《东涧集》卷六

（宋）杨绘撰,《上神宗论李宪讨交趾》,见《历代名臣奏议》卷二百七十二

（宋）叶梦得撰,《乞差人至高丽探报金人事宜状》,见《历代名臣奏议》卷三百四十八

（宋）叶适撰,《宝谟阁直学士赠光禄大夫刘公墓志铭》,见《水心集》卷二十

（宋）叶适撰,《故知枢密院事资政殿大学士施公墓志铭》,见《水心集》卷二十四

（宋）叶适撰,《刘夫人墓志铭》,见《水心集》卷十七

（宋）叶适撰,《宋故中散大夫提举武夷山冲佑观张公行状》,见《水心集》卷二十六

（宋）叶适撰,《札子三》,见《水心集》卷一

（宋）叶适撰,《中奉大夫直龙图阁司农卿林公墓志铭》,见《水心集》卷十八

（宋）叶廷珪撰,《叶氏香录序》,见《香乘》卷二十八

（宋）袁燮撰,《通判泉州石君墓志铭》,见《絜斋集》卷十八

（宋）岳珂撰,《番禺海獠》,见《桯史》卷十一

（宋）张读撰,《重建府学宫记》,见《闽书》卷三十三

（宋）张方平撰,《论钱禁铜法事》,见《乐全集》卷二十六

（宋）张纲撰,《连南夫知泉州》,见《华阳集》卷一

（宋）张羔撰,《仰韩阁记》,见《永乐大典》卷五千三百四十五

（宋）张世南撰,《龙涎香》,见《游宦纪闻》卷七

（宋）张世南撰,《犀角》,见《游宦纪闻》卷二

（宋）张栻撰,《少傅刘公墓志铭》,见《南轩集》卷三十七

（宋）张守撰,《枢密院检详文字鲁公墓志铭》,见《毗陵集》卷十二

（宋）张逊撰,《福建市舶到任谢表》,见《五百家播芳大全文粹》卷五下

（宋）章琰撰,《武翼郎差监泉州市舶务朱公（由义）墓志铭》,见《新安文献志》卷九十六上

（宋）赵孟奎撰,《便民札子》,见《永乐大典·常州府》六三一

（宋）赵汝适撰,《〈诸蕃志〉序》,见《诸蕃志》卷首

695

（宋）赵彦龙著撰，《福建市舶司》，见《云麓漫钞》卷五

（宋）赵彦龙著撰，《落迦山》，见《云麓漫钞》卷二

（宋）真德秀撰，《捕获海寇设醮青词》，见《西山文集》卷四十八

（宋）真德秀撰，《海神祝文》，见《西山文集》卷五十四

（宋）真德秀撰，《祈风祝文》，见《西山文集》卷五十四

（宋）真德秀撰，《泉州入宅设醮青词》，见《西山文集》卷四十九

（宋）真德秀撰，《泉州申枢密院乞推海盗赏状》，见《西山文集》卷八

（宋）真德秀撰，《上元设醮青词》，见《西山文集》卷四十八

（宋）真德秀撰，《申尚书省乞拨降度牒添助宗子请给》，见《西山文集》卷十五

（宋）真德秀撰，《申尚书省乞措置收捕海盗》，见《西山文集》卷十五

（宋）真德秀撰，《申枢密院措置沿海事宜状》，见《西山文集》卷八

（宋）真德秀撰，《申枢密院乞节制左翼军状》，见《西山文集》卷八

（宋）真德秀撰，《申枢密院乞修沿海军政》，见《西山文集》卷十五

（宋）真德秀撰，《申枢密院乞优恤王大寿状》，见《西山文集》卷八

（宋）真德秀撰，《圣妃宫祝文》，见《西山文集》卷五十四

（宋）真德秀撰，《圣妃祝文》，见《西山文集》卷五十四

（宋）真德秀撰，《石鼓挽章祭文后》，见《西山文集》卷三十四

（宋）真德秀撰，《提举吏部赵公墓志铭》，见《西山文集》卷四十二

（宋）真德秀撰，《通判和州叶氏墓志铭》，见《西山文集》卷四十六

（宋）真德秀撰，《通远王灵著王祝文》，见《西山文集》卷五十四

（宋）真德秀撰，《谕州县官僚文》，见《西山文集》卷四十

（宋）真德秀撰，《再申尚书省乞拨降度牒》，见《西山文集》卷十五

（宋）真德秀撰，《知泉州谢表》，见《西山文集》卷十七

（宋）真德秀撰，《忠孝祠记》，见《闽书》卷三十三

（宋）郑侠撰，《代太守谢泉州到任》，见《西塘集》卷七

（宋）郑侠撰，《代谢仆射相公》，见《西塘集》卷八

（宋）郑侠撰，《上泉守蒋大夫》，见《西塘集》卷六

（宋）周必大撰，《赐敷文阁直学士中大夫陈弥作辞免差遣知泉州恩命不允诏》，见《文忠集》卷一百九

（宋）周必大撰，《赐占城嗣国王邹亚娜进奉敕书》，见《文忠集》卷一百十一

（宋）周必大撰，《敷文阁学士宣奉大夫赠特进汪公（大猷）神道碑》，见

《文忠集》卷六十七

（宋）周必大撰，《广南提举市舶江公文叔墓志铭》，见《文忠集》卷七十二

（宋）周必大撰，《资政殿学士赠通奉大夫胡忠简公神道碑》，见《文忠集》卷三十

（宋）周密撰，《蔡陈市舶》，见《癸辛杂识》续集下

（宋）周密撰，《钿屏十事》，见《癸辛杂识》别集下

（宋）周密撰，《佛莲家资》，见《癸辛杂识》续集下

（宋）周密撰，《林乔》，见《癸辛杂识》别集上

（宋）周密撰，《图画碑帖》，见《志雅堂杂钞》

（宋）周密撰，《王积翁》，见《癸辛杂识》别集上

（宋）周紫芝撰，《食橄榄记客语》，见《太仓稊米集》卷三十七

（宋）周紫芝撰，《送叶泉州二首》，见《太仓稊米集》卷三十

（宋）朱熹撰，《跋方季申所校韩文》，见《晦庵集》卷八十三

（宋）朱熹撰，《朝奉大夫直秘阁主管建宁府武夷山冲佑观傅公行状》，见《晦庵集》卷九十八

（宋）朱熹撰，《陈君廉夫圹志》，见《晦庵集》卷九十四

（宋）朱熹撰，《答陈漕论盐法书》，见《晦庵集》卷二十四

（宋）朱熹撰，《论财》，见《朱子语类》卷一百一十一

（宋）朱熹撰，《外任》，见《朱子语类》卷一百六

（宋）朱熹撰，《谒蔡忠惠祠文》，见《（道光）晋江县志》卷十四

（宋）朱熹撰，《直秘阁赠朝议大夫范公神道碑》，见《晦庵集》卷八十九

（宋）朱彧撰，《广泉明杭州皆设市舶司》，见《萍洲可谈》卷二

（元）《阿老丁买花园山地税课给帖》，见《陈埭丁氏族谱》

（元）《坟山文契》，见《陈埭丁氏族谱》

（元）《禁下番人口等物》，见《大元圣政国朝典章》刑部卷之十九

（元）《麻含抹立账目》，见《陈埭丁氏族谱》

（元）《麻合抹告官给卖帖》，见《陈埭丁氏族谱》

（元）《麻合抹卖坟山文契》，见《陈埭丁氏族谱》

（元）《蒙古男女过海》，见《通制条格》卷二十七

（元）《平反冤狱》，见《通制条格》卷二十

（元）《蒲阿友告卖山地帖》，见《陈埭丁氏族谱》

（元）《蒲阿友立窦山地文契》，见《陈埭丁氏族谱》

（元）《蒲阿友立卖山地荔枝园文契》，见《陈埭丁氏族谱》

（元）《蒲阿友立账目》，见《陈埭丁氏族谱》

（元）《泉福物货单抽分》，见《大元圣政国朝典章》户部卷之八

（元）《市舶》，见《通制条格》卷十八

（元）《市舶则法二十三条》，见《大元圣政国朝典章》户部卷之八

（元）字术鲁翀撰，《左丞陈公墓表并铭》，见《重修原武县志》卷二

（元）程端礼撰，《监抽庆元市舶右丞资德约苏穆尔公去思碑》，见《畏斋集》卷五

（元）程文撰，《贞白先生郑公千龄行状》，见《新安文献志》卷八十六

（元）戴良撰，《元中顺大夫秘书监丞陈君墓志铭》，见《九灵山房集》卷二十三

（元）方回撰，《爱莲堂双莲赋（为泉州市舶唐提举伯荣赋）》，见《桐江续集》卷二十六

（元）方回撰，《论贾似道十罪可斩书》，见《新安文献志》卷六

（元）方回撰，《平爪哇露布》，见《桐江集》卷五

（元）方回撰，《乙亥前上书本末》，见《桐江集》卷六

（元）贡师泰撰，《福建道都元帅府奏差潘积中墓志铭》，见《玩斋集》卷十

（元）贡师泰撰，《四明慈济寺碑》，见《玩斋集》卷九

（元）黄溍撰，《元故正议大夫卫辉路总管兼本路诸军奥鲁总管管内劝农事知河防事卢公行状》，见《金华黄先生文集》卷二三

（元）黄溍撰，《中宪大夫淮东道宣尉副使致仕王公墓志铭》，见《黄文献集》卷九下

（元）李士瞻撰，《福建宪司题名记》，见《经济文集》卷五

（元）李士瞻撰，《与泉南左丞书》，见《经济文集》卷一

（元）李士瞻撰，《与泉州马总管书》，见《经济文集》卷二

（元）林蒙亨撰，《螺江风物赋》，见《（弘治）兴化府志》卷三十二

（元）刘敏中撰，《敕赐资德大夫中书右丞商议福建等处行中书省事赠荣禄大夫司空景义公布哈尔神道碑铭》，见《中庵集》卷十六

（元）唐元撰，《松江府判致仕吕公墓铭》，见《筠轩集》卷十二

（元）陶宗仪撰，《非程文》，见《南村辍耕录》卷二十八

（元）陶宗仪撰，《金果》，见《南村辍耕录》卷二十七

（元）陶宗仪撰，《圣铁》，见《南村辍耕录》卷二十三

（元）汪大渊撰，《岛夷志后序》，见《岛夷志略》

（元）王礼撰，《平阳王氏世次志》，见《麟原后集》卷十二

(元)王义山撰,《香山居士传》,见《稼村类稿》卷十三

(元)王恽撰,《大元故中顺大夫徽州路总管兼管内劝农事王公神道碑铭》,见《秋涧集》卷五十五

(元)吴澄撰,《送姜曼乡赴泉州路录事序》,见《吴文正集》卷二十八

(元)吴海撰,《故翰林直学士奉议大夫知制诰同修国史林公行状》,见《闻过斋集》卷五

(元)吴海撰,《琴赞》,见《闻过斋集》卷七

(元)吴海撰,《知止轩记》,见《闻过斋集》卷三

(元)姚燧撰,《高昌忠惠王神道碑》,见《牧庵集》卷十三

(元)姚燧撰,《荣禄大夫福建等处行中书省平章政事大司农史公神道碑》,见《牧庵集》卷十六

(元)姚桐寿撰,《市舶抽分》,见《乐郊私语》

(元)虞集撰,《大宗正府伊克扎尔固齐高昌王神道碑》,见《道园学古录》卷十六

(元)元明善撰,《藁城董氏家传》,见《清河集》卷七

(元)张绅撰,《跋泉州两义士传》,见《书画题跋记》卷九

(元)张养浩撰,《析津陈氏先茔碑铭(有序)》,见《张文忠公文集》卷十八

(元)赵世延等撰,《经世大典序录》,见《元文类》卷四十

(元)赵由撰,《濬源图谱序》,见《南外天源赵氏族谱》

(元)赵由馥撰,《南外宗孙由馥府君遗嘱》,见《南外天源赵氏族谱》

(元)庄弥邵撰,《罗城外壕记》,见《(乾隆)泉州府志》卷十一

(明)蔡清撰,《重修府学大成殿记》,见《闽书》卷三十三

(明)丁衍夏撰,《感纪旧闻》,见《陈埭丁氏族谱》

(明)龚用卿撰,《福建市舶提举司志序》,见《福建市舶提举司志》

(明)顾珀撰,《顺济桥记》,见《(道光)晋江县志》卷十一

(明)顾珀撰,《重修泉州天妃宫记》,见《(乾隆)泉州府志》卷十六

(明)杭济撰,《提督福建市舶题名记》,见《福建市舶提举司志》

(明)何乔远撰,《蕃薯颂》,见《闽书》卷一百五十

(明)何乔远撰,《洛阳万安桥赋》,见《(道光)晋江县志》卷七十六

(明)何乔远撰,《顺济桥记》,见《(道光)晋江县志》卷十一

(明)胡翰撰,《赠杨载序》,见《胡仲子集》卷五

(明)黄伯善撰,《改筑天妃庙功德疏》,见《安平志》卷八

(明)黄凤翔记撰,《石湖寨记略》,见《(道光)晋江县志》卷十

（明）黄凤翔撰,《开元寺记略》,见《(道光)晋江县志》卷六十九

（明）黄景昉撰,《泉俗》,见《温陵旧事》

（明）蒋德璟撰,《镜虹阁记》,见《(道光)晋江县志》卷十一

（明）蒋德璟撰,《双塔记略》,见《(道光)晋江县志》卷六十九

（明）金志行撰,《金氏族谱序》,见《清源金氏族谱》

（明）康朗撰,《万安桥记》,见《(道光)晋江县志》卷十一

（明）李墀撰,《元武略将军一庵金公传赞》,见《清源金氏族谱》

（明）李光缙撰,《处士陈斗岩公传》,见《景璧集》卷十四

（明）李光缙撰,《处士柯治宇先生传》,见《景璧集》卷十三

（明）李光缙撰,《二烈传》,见《景璧集》卷十四

（明）李光缙撰,《祭曾友泉文》,见《景璧集》卷十八

（明）李光缙撰,《柯烈妇传》,见《景璧集》卷十四

（明）李光缙撰,《史母沈孺人寿序》,见《景璧集》卷四

（明）李光缙撰,《寓西兄伯寿序》,见《景璧集》卷三

（明）李光缙撰,《赠隐君擢吾陈先生寿序》,见《景璧集》卷三

（明）李光缙撰,《中丞徐公去思碑》,见《景璧集》卷八

（明）李人龙撰,《刻张东海赠行罗一峰诗序》,见《福建市舶提举司志》

（明）林弼撰,《送孔叔原长泉山书院序》,见《林登州集》卷八

（明）林常撰,《泉州两义士传序》,见《赵氏铁网珊瑚》卷十

（明）林俊撰,《重修府学庙殿记》,见《闽书》卷三十三

（明）林批撰,《福建市舶提举司记》,见《福建市舶提举司志》

（明）林希元撰,《安海城记》,见《(道光)晋江县志》卷九

（明）陆仁撰,《金石交为孙陈二义士赋》,见《赵氏铁网珊瑚》卷十

（明）宋濂撰,《渤泥入贡记》,见《文宪集》卷四

（明）宋濂撰,《故江东佥宪郑君墓志铭》,见《文宪集》卷二十一

（明）苏琰撰,《朱蒨疏》,见《亦园脞牍》

（明）孙作撰,《赠笔生张蒙序》,见《沧螺集》卷二

（明）陶安撰,《故文林郎江北淮东道廉访司知事费君行状》,见《陶学士集》卷十九

（明）王命岳撰,《蔡忠惠祠记》,见《(道光)晋江县志》卷十四

（明）王慎中撰,《城东楼钟记》,见《遵岩集》卷八

（明）王慎中撰,《处士易直王翁墓志铭》,见《遵岩集》卷十二

（明）王慎中撰,《刻招魂章碑石》,见《遵岩集》卷十四

(明)王慎中撰,《修天妃宫记》,见《遵岩集》卷八
(明)王慎中撰,《重修明伦堂泮池桥记》,见《闽书》卷三十三
(明)王彝撰,《泉州两义士传》,见《王常宗集》卷四
(明)王彝撰,《送朱道山还京师序》,见《王常宗集》卷四
(明)王彝撰,《陈妇节义集叙》,见《赵氏铁网珊瑚》卷九
(明)吴德宪撰,《安海东北二敌楼记》,见《(道光)晋江县志》卷九
(明)徐一夔撰,《陈节妇叙赞》,见《始丰稿》卷四
(明)叶盛撰,《广轮疆里图》,见《水东日记》卷十七
(明)叶向高撰,《石湖砦记略》,见《(道光)晋江县志》卷十
(明)佚名撰,《丽史》,见《清源金氏族谱》
(明)殷奎撰,《元奉议大夫常州路宜兴州知州卢公行状》,见《强斋集》卷四
(明)张昱撰,《题泉州两义士传》,见《赵氏铁网珊瑚》卷十
(明)赵德敷撰,《南外赵氏天源续谱序》,见《南外天源赵氏族谱》
(明)赵允遴撰,《允遴溯始推末记》,见《南外天源赵氏族谱》
(明)周嘉胄撰,《沉水香考证一十九则》,见《香乘》卷一
(明)周嘉胄撰,《降真香考证八则》,见《香乘》卷四
(明)周嘉胄撰,《熏陆香即乳香考证十三则》,见《香乘》卷二
(明)朱梧撰,《二世祖元处士肃轩府君传赞》,见《清源金氏族谱》
(明)朱阳铸撰,《南外赵氏族谱序》,见《南外天源赵氏族谱》
(清)龚显曾撰,《万安桥记》,见《亦园脞牍》
(清)郭柏苍撰,《记海菜》,见《海错百一录》卷四
(清)郭柏苍撰,《记海鸟》,见《海错百一录》卷五
(清)怀荫布撰,《顺济桥记》,见《(道光)晋江县志》卷十一
(清)黄昌遇撰,《顺济桥记略》,见《(道光)晋江县志》卷十一
(清)黄仕癸撰,《重修安平桥记》,见《(道光)晋江县志》卷十一
(清)李阆山撰,《劝种蕃薯说》,见《亦园脞牍》
(清)万正色撰,《重修洛阳桥碑记》,见《(道光)晋江县志》卷十一
(清)王韬编撰,《仙人岛》,见《淞隐漫录》卷一
(清)王沄撰,《闽游》,见《漫游纪略》卷一
(清)吴良琨撰,《温陵安平星塔赵氏从姓吴氏谱序》,见《平安星塔吴氏族谱》
(清)萧汉杰撰,《顺济桥记》,见《(道光)晋江县志》卷十一

（清）徐汝澜撰，《重修安平桥记（嘉庆二十一年）》，见《（道光）晋江县志》卷十一

（清）徐汝澜撰，《重修安平桥记（嘉庆十三年）》，见《（道光）晋江县志》卷十一

（清）雅虎撰，《祭天后文》，见《（乾隆）泉州府志》卷十六

（清）杨滨海撰，《开元寺记》，见《（道光）晋江县志》卷六十九

（清）佚名撰，《郭氏年谱》，见《（咸丰丙辰年重修）乐安郭氏宗谱》卷一

（清）佚名撰，《火烧陈长五》，见《天妃显圣录》

（清）佚名撰，《历朝褒封致祭诏诰》，见《天妃显圣录》

（清）佚名撰，《拥浪济舟》，见《天妃显圣录》

（清）佚名撰，《拯兴泉饥》，见《天妃显圣录》

（清）玉德撰，《开元寺重修金刚殿碑记》，见《（道光）晋江县志》卷六十九

（清）周亮工撰，《犀香》，见《书影》卷四

（民国）《元镇国将军加九锡充马八儿国宣抚使贤公传志》，见《闽泉吴兴分派卿田尤氏族谱》

二、泉州海丝人物索引

（一）宋以前

拘罗那佗（梁、陈时天竺僧人），见《闽书》卷八；《八闽通志》卷七；《续高僧传》卷一；《修延福寺碑铭》

王国庆（隋泉州叛军首领），见《闽书》卷一百四十九；《读史方舆纪要》卷九十五

陈氏（唐泉州参军许元简之妻），见《许氏故陈夫人墓志铭》

呼禄法师（唐来泉州传播摩尼教的中亚僧人），见《闽书》卷七

姜公辅（日南人，唐德宗时同中书门下平章事，后贬泉州别驾），见《闽书》卷八；《八闽通志》卷三十七；《八闽通志》卷六十八；《（万历重修）泉州府志》卷十；《（乾隆）泉州府志》卷二十九；《唐相姜公墓碑记》；（越南）《安南志略》

李宽（唐寓居泉州的商人），见《（道光）晋江县志》卷五十九

林銮（唐泉州商人），见《西山杂志》之《花埭》《林銮宫》《林家石塔》《内

坑》

蒲诃粟(唐三佛齐国蕃长),见《唐会要》卷一百

三贤、四贤(唐武德间传伊斯兰教于泉州),见《闽书》卷七;《(乾隆)泉州府志》卷十七;《(道光重纂)福建通志》卷四十二;《重修温陵圣墓碑记》;《重修圣墓碑记》;《百奇郭氏族谱》

昙静(唐往来日本的泉州僧人),见(日本)《唐大和上东征传》

朝悟大师(五代十国时泉州开元寺僧人,西域人),见《(道光)晋江县志》卷六十

陈光嗣(五代十国时期南唐泉州司马、专客务兼御史大夫),见《开元寺陀罗尼经幢题刻》

陈洪进(五代十国时期泉州节度使),见《宋会要辑稿》蕃夷七

陈匡俊(五代十国时期南唐泉州军事左押卫、充海路都指挥使兼御史大夫),见《开元寺陀罗尼经幢题刻》

刘安仁(五代十国时期南汉太祖,迁居福建为商),见《八闽通志》卷八十六;《(道光重纂)福建通志》卷二百七十四

刘拯(五代十国时期南唐泉州榷利院使),见《开元寺陀罗尼经幢题刻》

留从效(五代十国时期泉州节度使),见《宋会要辑稿》蕃夷七;《西山杂志》之《市舶司》;《清源留氏族谱》

释智宣(五代十国时期泉州僧人,赴印度取经),见《宋高僧传》卷三十《梁泉州智宣传》

王审知(五代十国时期闽王),见《(道光重纂)福建通志》卷八十六;《(道光)晋江县志》卷六十;《十国春秋》卷九十

王延彬(五代十国时期泉州刺史),见《(乾隆)泉州府志》卷四十;《(道光)晋江县志》卷三十四;《(道光)晋江县志》卷七十五;《五国故事》卷下;《十国春秋》卷九十四

温仁俨(五代十国时期南唐泉州长史专客务兼御史大夫),见《开元寺陀罗尼经幢题刻》

知亮(又名智亮、祖膊和尚,五代十国时期泉州开元寺僧人,天竺人),见《(道光)晋江县志》卷六十

(二)宋 代

1.福建市舶提举[①]

鲍仔(一作鲍存),见《建炎以来系年要录》卷五十一、一百八十一

蔡楒(蔡襄曾孙,原名蔡桓,一作蔡桕),见《宋会要辑稿》职官四四、选举三三;《(道光)晋江县志》卷二十八(知州事条);《亦园脞牍》之《万安桥记》

曹格,见《宋会要辑稿》职官七四

曹泳,见《宋会要辑稿》职官四四;《建炎以来系年要录》卷一百五十四、一百五十六;《晦庵集》卷九十六《朝奉大夫直秘阁主管建宁府武夷山冲佑观傅公行状》

曾旼(元祐中以转运副使兼福建市舶提举),见《续资治通鉴长编》卷二百六十九

陈鼎(曾任提举市舶司干办公事),见《建炎以来系年要录》卷五十一、一百七十八;《(道光重纂)福建通志》卷九十

陈敦夫(泉州知州兼),见《淳熙三山志》卷八、二十六;《(乾隆)泉州府志》卷二十六;《(道光)晋江县志》卷二十八(知州事条作"陈慎夫",疑为陈敦

---

① 福建市舶提举、监市舶务和市舶司干办公事名单详见《福建市舶提举司志》之《官氏》;《闽书》卷四十三;《八闽通志》卷三十;《(乾隆)泉州府志》卷二十六;《(道光重纂)福建通志》卷九十六;《(道光)晋江县志》卷二十八。都有收录的名单有:鲍仔、蔡楒、曹格、曹泳、陈大猷、陈之渊、程祐之、傅庸、傅自修、郭晞宗、郭知训、韩康卿、何俌、胡长卿、黄朴、黄绩、黄缵、乐昭衍、李承遇、李韶、李庄、林之奇、刘克逊、刘炜叔、娄璹、鲁詹、陆沉、吕用中、马希言、潘冠英、彭椿年、钱景遹、上官厚、邵邦达、施械、施述、苏岘、王涣、王会龙、王权、王枢、韦寿成、魏岘、谢采伯、徐确、徐与可、许大年、许知新、严焕、杨瑾、叶元潮、叶宰、余茂实、虞似良、詹徽之、章炳文、张坚、张汝楫、张逊、张祐、张子华、赵不熄、赵崇度、赵亮夫、赵奇、赵汝彧、赵汝适、赵盛、赵师耕、赵士鹏、赵希橚、赵涯、郑宗、朱辅(74人);十六书都没有收录的有:曾旼、陈敦夫、陈郢、陈实、陈岘、陈兖、陈正同、杜圮、费锴、韩补、黄邦达、黄士宏、江万顷、李大有、李弥逊、李正邦、刘峤、陆祐、吕珊中、毛奎、丘琛、孙奕、汪应元、王楠、王裎、吴详、徐琛、徐大节、徐渭礼、杨樗年、叶廷珪、宇文师瑗、张戒、张穆、张修、张询、赵公达、赵隆孙、赵孟传、赵彦骙(?)、诸葛若;《(道光重纂)福建通志》有收,其他书未收的有:陈鼎(收在干办公事)、方蒙仲(即方澄孙)、蒲寿庚、石范、孙梦观、王淹、赵彦侯、郑震;《(乾隆)泉州府志》《(道光)晋江县志》有收,其他书未收的有:林逵、林孝渊、姚世举;《(道光重纂)福建通志》《(乾隆)泉州府志》《(道光)晋江县志》有收,其他书未收的有:赵汝谠(《(道光重纂)福建通志》收在监舶务);《闽书》《(道光重纂)福建通志》《(乾隆)泉州府志》《(道光)晋江县志》有收,其他书未收的有:陈可大、陈汝锡、何偶、张理;《闽书》《八闽通志》《(道光重纂)福建通志》《(乾隆)泉州府志》《(道光)晋江县志》有收,《福建市舶提举司志》未收的有:林劢、周需。

夫之误）

陈郛，见《八闽通志》卷六十四

陈实（一作陈寔，曾任市舶司干办公事），见《宋会要辑稿》职官七四；《复斋先生龙图陈公文集》卷二十三《奉直大夫福建路安抚司参议陈公行述》；《晦庵集》卷九十四《陈君廉夫圹志》

陈岘，见《宋史》卷一百八十三；《宋会要辑稿》食货二七

陈兖（未赴任），见《浮溪集》卷二十五《右中奉大夫直徽猷阁知潭州陈君墓志铭》

陈正同（福建提举茶盐兼），见《建炎以来系年要录》卷一百十二

陈之渊，见《建炎以来系年要录》卷一百七十六

程祐之（一作程佑之，误），见《宋会要辑稿》选举三四、蕃夷四；《程祐之等有关市舶石刻》

杜圮（以福建提举茶盐兼），见《南涧甲乙稿》卷二十《右通直郎知袁州万载县杜君墓志铭》

方澄孙（泉州知州兼，字蒙仲，以字行），见《（道光）晋江县志》卷二十八（市舶提举条、知州事条）、三十五；《后村先生大全集》卷一六二《方秘书蒙仲墓志铭》；《谢埴等祈风石刻》；《方澄孙等祈风石刻》

费错，见《秋崖集》卷四十《知县奉议费公墓志铭》

傅自修（曾任监泉州市舶务），见《宋史》卷一百五十八；《闽书》卷八十二；《（乾隆）泉州府志》卷四十六；《（道光重纂）福建通志》卷一百二十二；《（道光）晋江县志》卷四十

郭晞宗，见《嘉定赤城志》卷三十三；《（光绪）仙居志》卷十一、卷二十一《宋故琼管安抚提举郭公墓志铭》；《宋故迪功郎晋陵县主簿陈公济远墓铭并序》；浙江仙居《（咸丰丙辰年重修）乐安郭氏宗谱》卷一《郭氏年谱》

韩补，见《后村先生大全集》卷六十《韩补福建舶制》

韩康卿，见《（道光重纂）福建通志》卷二十一

胡长卿，见《八闽通志》卷五十九；《（道光）晋江县志》卷十四；《林枅等祈风石刻》

黄邦达，见《淳熙三山志》卷二十七

黄敏德，见《宋会要辑稿》职官七四

黄朴（泉州知州兼），见《淳熙三山志》卷三十二；《（道光）晋江县志》卷二十八（知州事条）；《平斋文集》卷二十三《黄朴改差知泉州制》；《矔轩集》卷八《黄侍郎再知泉州启》、卷十二《送黄成甫殿讲被召》《书怀奉简黄成甫史君》

黄士宏，见《宋会要辑稿》职官七四；《淳熙三山志》卷二十九

黄缜，见《宋进士杨公墓志铭》

江万顷，见《碧梧玩芳集》卷六《江万顷除福建市舶制》

李承迈（一作李承遇，误），见《建炎以来系年要录》卷七十一

李大有，见《淳熙三山志》卷三十一；《（万历）福州府志》卷四十六；《梁溪全集》附录

李弥逊（泉州知州兼），见《闽书》卷一百三十四

李韶（泉州知州兼），见《宋史》卷四百二十三；《姑苏志》卷五十；《（道光）晋江县志》卷二十八（知州事条）、卷三十四；《文溪集》卷十《请谥李韶方大琮状》

李正邦，见《（至顺）镇江志》卷十八

李庄，见《福建市舶提举司志》；《宋会要辑稿》职官四四；《建炎以来系年要录》卷一百六十二；《舆地纪胜》卷一三〇；《（道光）晋江县志》卷二十八

林迨，见《（道光重纂）福建通志》卷一百二十二；《（道光）晋江县志》卷三十五

林劭（一作林邵，误），见《司马伋等祈风石刻》

林孝渊，见《闽书》卷五十三；《八闽通志》卷三十七；《（弘治）兴化府志》卷三十七；《（道光重纂）福建通志》卷一百二十五；《（道光）晋江县志》卷三十五；《林遹等有关市舶石刻》

林之奇，见《宋史》卷四百三十三；《淳熙三山志》卷二十八；《诸蕃志》之《大食国》；《闽书》卷七十五；《八闽通志》卷六十二；《拙斋文集》卷四《任福建市舶谢上表》

刘克逊（先任市舶提举，后擢知泉州），见《（道光重纂）福建通志》卷一百八十；《两宋名贤小集》卷三百二《和后村明皇按乐图歌》；《后村先生大全集》卷一五三《工部第》；《臞轩集》卷八《与刘舶启》；《颜颐仲等祈风石刻》

刘峤（提刑使兼），见《淳熙三山志》卷二十五

刘炜叔（泉州知州兼），见《（道光）晋江县志》卷三十四；《东涧集》卷六《刘炜叔知泉州制》；《万安祝圣放生石刻》

楼璹（一作娄璹，误），见《宋会要辑稿》职官四四；《攻愧集》卷七十六《跋扬州伯父耕织图》、卷一百五《太孺人蒋氏墓志铭》

鲁詹，见《丹阳集》卷十三《右奉议郎致仕赐绯鱼袋鲁公墓志铭》；《毗陵集》卷十二《枢密院检详文字鲁公墓志铭》；《林遹等有关市舶石刻》

陆祐（福建提举茶盐兼），见《淳熙三山志》卷八；《闽书》卷七十五；《八闽

通志》卷三十六

陆沉,见《宋会要辑稿》刑法三;《渭南文集》卷三十四《陆郎中墓志铭》;《梅溪集》后集卷十七《祈雨未应提舶知宗道观焚香明日遂雨提舶有诗次韵》《提举延福祈风道中有作次韵》

吕弸中(福建提举茶盐兼),见《建炎以来系年要录》卷一百十九

吕用中(福建提举茶盐兼),见《建炎以来系年要录》卷一百三十三

马希言,见《梅溪集》后集卷十七《南宫揭榜温陵得人为盛提舶马寺丞有诗赞喜次韵》

毛奎(转运副使兼),见《建炎以来系年要录》卷九

潘冠英,见《宋会要辑稿》职官七二;《淳熙三山志》卷二十八;《(万历)福州府志》卷四十六

彭椿年,见《嘉定赤城志》卷三十三;《烛湖集》卷二十《送彭大老提舶泉南》

丘琛,见《姑苏志》卷五十

邵邦达(或作邵邦建),见《八闽通志》卷三十七;《(弘治)兴化府志》卷三十七;《(道光重纂)福建通志》卷一百二十五;《(道光)晋江县志》卷三十五

施槭(一作施械,误),见《水心集》卷二十四《故知枢密院事资政殿大学士施公墓志铭》

施述(一作施迷,误),见《文献通考》卷二十;《宋会要辑稿》职官四四

石范(曾任监泉州市舶务),见《絜斋集》卷十八《通判泉州石君墓志铭》

苏岘,见《宋会要辑稿》职官四四;《南涧甲乙稿》卷十六《书许昌唱和集后》、卷二十一《朝散郎秘阁修撰江南西路转运副使苏公墓志铭》;《京口耆旧传》卷七

孙梦观(泉州知州兼),见《宋史》卷四百二十四;《续通志》卷四百十五;《八闽通志》卷三十七;《(万历重修)泉州府志》卷十;《(道光)晋江县志》卷二十八(知州事条)、三十四;《履斋遗稿》卷三《孙守叔墓志铭》

孙奕(福建转运副使兼),见《(万历)福州府志》卷五十九

汪应元(泉州知州兼),见《(弘治)徽州府志》卷八;《新安文献志》卷八十三《故宋提刑汪公应元墓志铭》;江苏《(民国)汪氏族谱》卷三

王会龙(泉州知州兼),见《(道光)晋江县志》卷二十八、三十四

王楠,见《后村先生大全集》卷四十《送舶使王监丞》;《心泉学诗稿》卷二《上舶使监丞王会溪》;别集上《林乔》、别集下《钿屏十事》;《赵希侘等祈风石刻》

707

王淹,见《攻愧集》卷九十五《签书枢密院事赠资政殿大学士谥节愍王公神道碑》

王禋,见《建炎以来朝野杂记》乙集卷十五

魏岘,见《宝庆四明志》卷四;《四明它山水利备览》下卷《四明重建乌金碣记》;《章棫等祈风石刻》

吴详(福建提举茶盐兼),见《(道光重纂)福建通志》卷九十

谢采伯,见《嘉定赤城志》卷三十三;《密斋笔记》卷五《由泉舶除新安》

徐琛(福建提举茶盐兼),见《建炎以来系年要录》卷一百五十三

徐大节,见《宋会要辑稿》职官七四

徐渭礼(宋福建市舶提举,未赴任),见《徐渭礼文书》

杨槔年,见《宋会要辑稿》职官七四;《漫塘集》卷三十三《杨提举行述》

杨瑾,见《后村先生大全集》卷一百十二《杂记》

姚世举,见《八闽通志》卷五十五

叶廷珪(泉州知州兼),见《(道光)晋江县志》卷三十四;《香乘》卷二十八《叶氏香录序》

叶宰(泉州知州兼),见《平斋文集》卷二十《叶宰直华文阁知泉州制》

余茂实,见《倪思等祈风石刻》

虞似良,见《嘉定赤城志》卷三十四;《攻愧集》卷一《送虞仲房赴潼川漕》;《永乐大典》卷五千三百四十五《仰韩阁记》;《虞仲房等祈风石刻》

宇文师瑗,见《建炎以来系年要录》卷四十

张坚,见《宋会要辑稿》职官四四、选举三四、蕃夷四;《京口耆旧传》卷七;《复斋先生龙图陈公文集》卷二十三《奉直大夫福建路安抚司参议陈公行述》;《文忠集》卷一百十一《赐占城嗣国王邹亚娜进奉敕书》

张戒(福建提举茶盐兼),见《建炎以来系年要录》卷一百十二

张穆(转运副使兼),见《淳熙三山志》卷二十七;《毗陵集》卷十二

张修(转运副使兼),见《彭城集》卷十九《朝请郎、权发遣宣州周之纯可广东提刑,朝奉郎、新差福建运副张修可知宣州,朝请郎、权江西运副王祖道可福建运判,朝请郎、淮南西路提刑苏解可江南东路转运副使,朝请大夫、江东转运副使李荦可江南西路转运副使制》

张询(转运副使兼),见《彭城集》卷十九《新差知越州张询可福建转运副使,新除开封府推官田子谅可河北西路提刑,广东转运判官毛渐可湖北转运判官制》

张逊,见《夷坚志》夷坚三志己卷第六《王元懋巨恶》;《五百家播芳大全

文粹》卷五下《福建市舶到任谢表》

张祐(一作张佑,误),见《宋会要辑稿》职官六九、选举三三;《闽书》卷八;《庄简集》卷八《论曾纡等札子》

张子华,见《建炎以来系年要录》卷一百六十三、一百七十三

章炳文(一作章焕文,误),见《方正叔等有关市舶石刻》

赵不熄,见《宋会要辑稿》职官七五

赵崇度,见《闽书》卷三十九;《(道光重纂)福建通志》卷一百二十五;《(道光)晋江县志》卷三十五;《西山文集》卷三十四《石鼓挽章祭文后》、卷四十三《提举吏部赵公墓志铭》

赵公达,见《建炎以来系年要录》卷七十三

赵隆孙,见《宝庆会稽续志》卷二

赵孟传(泉州知州兼),见《后村先生大全集》卷六九《赵孟传依旧秘阁修撰除提举福建市舶兼知泉州制》;《佩韦斋集》卷五《次韵赵提举二首》《故舶使知泉州赵公挽词五首》

赵奇,见《泉州重建州学记》

赵汝谠(曾任监泉州市舶务),见《宋史》卷四百一十三;《续通志》卷四百四;《闽书》卷四十四

赵汝适,见《宝庆四明志》卷十;《〈诸蕃志〉序》;《宋赵汝适圹志》

赵师耕(泉州知州兼),见《赵师耕祈风石刻》

赵士鹏(一作赵士鸣,误),见《建炎以来系年要录》卷一百五十四

赵涯(泉州知州兼),见《闽书》卷五十三;《(乾隆)泉州府志》卷二十六;《铁庵集》卷十七《赵侍郎(涯)》;《臞轩集》卷十二《有客一首寄温陵史君赵侍郎涯》

赵彦侯,见《后村先生大全集》卷一六九《秘阁东岩赵彦侯公行状》;《臞轩集》卷十一《祭赵东岩文》

赵彦躾(宋福建市舶提举?淳熙七年卒于任上?),见《复斋先生龙图陈公文集》卷二十一《王氏夫人墓志铭》

郑震,见《宋会要辑稿》蕃夷四;《建炎以来系年要录》卷一百六十九、一百七十

诸葛若,见《嘉定赤城志》卷三十四

2.监泉州市舶务①、监市舶、主管市舶务

陈玠,见《闽书》卷一百十七

陈宿,见《后村先生大全集》卷一五〇《知常州寺丞陈公墓志铭》

陈毅,见《宋故富春县君孙氏墓志铭》

丁南叟,见《后村先生大全集》卷一四一《丁给事神道碑》、卷一五三《魏国太夫人墓志铭》、卷一五六《丁倩监舶墓志铭》

龚晟,见《复斋先生龙图陈公文集》卷二十二《中散大夫开国龚公圹铭》

关咏,见《宋史》卷三百三十;《闽书》卷五十三;《(道光)晋江县志》卷三十四

洪楹,见《盘洲文集》卷七十七《莱国墓志铭》

胡榘(一作胡筑,误),见《文忠集》卷三十《资政殿学士赠通奉大夫胡忠简公神道碑》

李宏模,见《谢埴等祈风石刻》;《方澄孙等祈风石刻》

刘诰,见《水心集》卷十七《刘夫人墓志铭》

罗颉,见《盘洲文集》卷七十七《罗尚书墓志铭》

宋应先,见《后村先生大全集》卷一五九《宋通判墓志铭》;

汪德辅,见《(同治)余干县志》卷十八《宋丞相忠定赵公墓志铭》

杨秀(宋监泉州市舶务,元德化县尹,曾出使暹罗),见《玩斋集》卷九《四明慈济寺碑》

赵善郭,见《克斋集》卷十二《向夫人墓志铭》

郑浦,见《复斋先生龙图陈公文集》卷二十一《参议郑侯墓志铭》

朱矩,见《宋故承议郎朱君墓志铭》

朱由义,见《(弘治)徽州府志》卷八;《新安文献志》卷九十六上《武翼郎差监泉州市舶务朱公(由义)墓志铭》

3.福建路提举市舶司干办公事②及其他属官

盖锐,见《后乐集》卷十七《盖经行状》

胡衍,见《复斋先生龙图陈公文集》卷十七《送胡提干衍》;《烛湖集附编》卷下《承议郎孙君并太孺人张氏墓铭》

---

① 陈毅、龚晟、关咏、洪楹、李宏模、刘诰、罗颉、汪德辅、杨秀、赵善郭、郑浦、朱矩、朱由义为《(道光重纂)福建通志》卷九十未收。

② 盖锐、胡衍、卢文郁、王浣、张燧、赵崇盅、赵若伉、赵寘为《(道光重纂)福建通志》卷九十未收。

卢文郁,见《谢埴等祈风石刻》
王浣,见《文定集》卷二十三《显谟阁学士王公墓志铭》
王有大,见《攻愧集》卷九十《侍御史左朝请大夫直秘阁致仕王公行状》
张燧,见《水心集》卷二十六《宋故中散大夫提举武夷山冲佑观张公行状》
赵崇峛,见《颜颐仲等祈风石刻》
赵若伉,见《(光绪)仙居志》卷十一
赵寅,见《宋会要辑稿》职官四四
周毅,见《拙斋文集》卷十八《故左奉议郎临安府府学教授周仁仲行状》
谢景英(宋福建市舶属官),见《晦庵集》卷八十三《跋方季申所校韩文》

4.其他官员

程大昌(泉州知军州事),见《崔舍人玉堂类稿》卷十《赐敷文阁直学士太中大夫知泉州军州事程大昌乞改畀一在外宫观差遣不允诏》
蔡襄(泉州知州),见《闽书》卷一百十三;《(万历重修)泉州府志》卷十;(琉球)《蔡氏祖源宗德总考》
陈俦(泉州知州),见《永乐大典》卷三千一百四十一《先君(陈俦)行述》;《闽书》卷一百二;《八闽通志》卷六十九;《(道光重纂)福建通志》卷一百二十三;《(道光)晋江县志》卷三十四;《洛阳桥记》;《邑侯复所宁公洛阳筑桥生祠碑记》;《重修万安桥记》;《泉州府修万安桥记》;《赠陇西李公俊育重修洛阳桥序》;《重修万安桥记》;《重修万安桥碑记》
陈桷(泉州知州),见《斐然集》卷十三
陈梦庚(泉州通判),见《竹溪鬳斋十一稿续集》卷二十二《崇禧陈吏部墓志铭》
陈弥作(泉州知州),见《文忠集》卷一百九《赐敷文阁直学士中大夫陈弥作辞免差遣知泉州恩命不允诏》
储用(知兴化军),见《闽书》卷八十二;《八闽通志》卷六十七;《(乾隆)泉州府志》卷四十六
杜纯(泉州司法参军),见《宋史》卷三百三十;《闽书》卷五十三;《八闽通志》卷三十七;《(道光重纂)福建通志》卷一百二十五;《(道光)晋江县志》卷三十五;《鸡肋集》卷六十二
范如圭(泉州知州),见《闽书》卷九十二;《晦庵集》卷八十九《直秘阁赠朝议大夫范公神道碑》
傅知柔(泉州佥判),见《闽书》卷一百十三;《八闽通志》卷七十二;《(道

光)晋江县志》卷三十五

傅自得(泉州通判),见《晦庵集》卷九十八《朝奉大夫直秘阁主管建宁府武夷山冲佑观傅公行状》;《永乐大典》卷一万三百五十九《谢乡官及士人献拆番楼诗启》

傅佇(晋江县知县),见《闽书》卷一百十三;《(康熙)南安县志》卷十;《(道光)晋江县志》卷三十五

何松(泉州通判),见《后乐集》卷十三《奏举朱端常何松赵善秾张国均楼鐩乞加表用札》

胡大正(泉州佥判),见《闽书》卷九十八;《八闽通志》卷六十四;《(道光重纂)福建通志》卷一百二十五;《(道光)晋江县志》卷三十五

黄彦辉(晋江县知县),见《闽书》卷一百六;《(弘治)兴化府志》卷四十七;《(道光)晋江县志》卷三十五

江公望(永春县知县),见《闽书》卷五十五

姜特立(兵马都监,剿灭海寇姜太獠),见《续资治通鉴》卷一百四十八;《闽书》卷六十七;《八闽通志》卷三十六;《(道光)晋江县志》卷三十六

连南夫(泉州知州),见《宋史》卷一百八十五;《建炎以来系年要录》,卷八十八;《(道光重纂)福建通志》卷一百二十五;《南涧甲乙稿》卷十九《连公墓碑》;《华阳集》卷一《连南夫知泉州》

林湜(晋江县知县),见《闽书》卷五十七、一百二十二;《(道光重纂)福建通志》卷一百二十五;《水心集》卷十八《中奉大夫直龙图阁司农卿林公墓志铭》

刘颖(泉州知州),见《水心集》卷二十《宝谟阁直学士赠光禄大夫刘公墓志铭》

刘子羽(泉州知州),见《南轩集》卷三十七《少傅刘公墓志铭》

罗拯(福建转运使),见《宋史》卷三百三十一、四百八十七;《宝庆四明志》卷六;《闽书》卷四十三;《八闽通志》卷三十六;《(道光重纂)福建通志》卷二百六十九

吕大奎(知漳州军),见《闽书》卷八十八;《(乾隆)泉州府志》卷四十一;《宋朝散中奉大夫吏部侍郎秘阁修撰知漳州军事兼管内河劝农使朴乡吕先生墓志铭》

倪思(泉州知州),见《闽书》卷五十

胡侁(泉州知州),见《后村先生大全集》卷六八《胡侁仍旧秘阁知泉州制》

江文叔(泉州通判),见《文忠集》卷七十二《广南提举市舶江公文叔墓志铭》

施师点(泉州知州),见《水心集》卷二十四《故知枢密院事资政殿大学士施公墓志铭》

司马伋(泉州知州),见《司马伋等祈风石刻》

汪大猷(泉州知州),见《闽书》卷五十三;《八闽通志》卷三十七;《八闽通志》卷三十七;《(道光重纂)福建通志》卷一百二十五;《(道光)晋江县志》卷三十四;《攻愧集》卷八十八《敷文阁学士宣奉大夫致仕赠特进汪公行状》;《文忠集》卷六十七《敷文阁学士宣奉大夫赠特进汪公(大猷)神道碑》

汪藻(泉州知州),见《新安文献志》卷四十《泉州到任谢表》、卷九十四上《宋显谟阁学士左太中大夫新安郡开国侯食邑一千五百户食实封一百户赠端明殿学士汪公(藻)墓志铭》;《鸿庆居士集》卷三十三《书泉山赠言后》

王大寿(泉州左翼队将,剿灭海盗王子清),见《闽书》卷一百二十二;《(道光)晋江县志》卷四十九;《西山文集》卷八《申枢密院乞优恤王大寿状》

王居安(知兴化军),见《闽书》卷五十;《八闽通志》卷三十九

王十朋(泉州知州),见《梅溪集》后集卷二十一《泉州到任谢表》

吴洁(泉州知州),见《后村先生大全集》卷六二《吴洁知泉州制》

夏璟(殿前左翼军统领),见《四如集》卷四《夏宣武将军墓志铭》

颜师鲁(泉州知州),见《八闽通志》卷三十七;《(道光)晋江县志》卷三十四;《攻愧集》卷三十五《颜师鲁知泉州制》

叶文炳(晋江县主簿),见《(道光)晋江县志》卷三十五;《西山文集》卷四十六《通判和州叶氏墓志铭》

赵必晔(赵宋宗室),见《闽书》卷四十四;《(乾隆)泉州府志》卷五十七

赵昺(宋怀宗)、赵昰(宋端宗),见《宋史》卷四十七;《西山杂志》之《风吹鼓》《刘五店》《许夫人起畲兵勤王》;《云麓禅寺暨三翁宫记》;《南外天源赵氏族谱》;《平安星塔吴氏族谱》;《清源金氏族谱》

赵令衿(泉州知州),见《茶山集》卷五《寄泉南守赵表之》;《晦庵集》卷九十八《朝奉大夫直秘阁主管建宁府武夷山冲佑观傅公行状》;《石井镇安平桥记》;《重修安平桥记》;《重修安平桥记》;《重修安平西桥碑记》

赵汝固(知兴化军、知南外宗正事),见《朣轩集》卷十三《送莘守赵孟坚汝固司舶温陵》

赵涯(泉州知州),见《闽书》卷五十三;《(道光)晋江县志》卷二十八;《朣轩集》卷十二《有客一首寄温陵史君赵侍郎涯》

赵士㟋(知南外宗正事),见《梅溪集》后集卷十七、十八、十九

章棪(泉州知州),见《(道光重纂)福建通志》卷一百二十五;《后乐集》卷十三《应诏举真德秀章棪赵崇模充廉吏状》;《章棪等祈风石刻》

真德秀(泉州知州),见《宋史》卷四百三十七;《续通志》卷五百四十九;《闽书》卷一百;《八闽通志》卷三十七;《(道光重纂)福建通志》卷一百二十三;《(道光)晋江县志》卷三十四;《复斋先生龙图陈公文集》卷六《送真右史守泉》;《后村先生大全集》卷一六八《西山真文忠公行状》;《䑃轩集》卷五《真西山集后序》、卷八《泉守真公申请宗子给俸记》;《后乐集》卷十三《应诏举真德秀章棪赵崇模充廉吏状》;《西山文集》卷十七《知泉州谢表》

朱松(监泉州石井镇税,朱熹之父),见《闽书》卷五十八

朱佺(泉州知州),见《攻愧集》卷三十五《知明州朱佺两易知泉州》

邹应龙(一作邹应隆,误,宋泉州知州),见《闽书》卷一百十六;《(乾隆)泉州府志》卷二十九;《复斋先生龙图陈公文集》卷十七《送邹给事》

5.泉州海商

蔡景芳(泉州蕃舶纲首),见《宋史》卷一百八十五;《宋会要辑稿》职官四四;《建炎以来系年要录》卷一百七;《(道光重纂)福建通志》卷二百七十;

陈应祥(贾贩占城的泉州蕃舶纲首),见《宋会要辑稿》蕃夷四、蕃夷七

都纲(泉州海商,贾贩高丽),见(朝鲜)《高丽史》卷五

傅旋(泉州海商,贾贩高丽),见《续资治通鉴长编》卷二百六十一;《文昌杂录》卷五

郭敌(泉州海商,贾贩高丽),见《续资治通鉴长编》卷三百五十

黄护(泉州安海商人),见《安平志》卷五

黄谨(泉州海商,史料中又作黄真、黄慎),见《宋史》卷三百三十一、四百八十七;《宝庆四明志》卷六;《闽书》卷四十三;《八闽通志》卷三十六;《(道光重纂)福建通志》卷二百六十九;《渑水燕谈录》卷十《杂录》;(朝鲜)《高丽史》卷八

黄师舜(泉州海商,贾贩高丽),见《历代名臣奏议》卷三百四十八

黄文景(泉州海商,贾贩高丽),见(朝鲜)《高丽史》卷七、八

李充(泉州纲首,贾贩日本),见《李充公凭》;(日本)《日本史记》

林蔼(泉州海商,贾贩高丽),见(朝鲜)《高丽史》卷五

林宁(泉州海商,贾贩高丽),见(朝鲜)《高丽史》卷九

林禧(泉州海商,贾贩高丽),见(朝鲜)《高丽史》卷六

柳悦(泉州海商,贾贩高丽),见《历代名臣奏议》卷三百四十八

泉州杨客（泉州海商），见《夷坚志》夷坚丁志卷第六

邵保（泉州海商，贾贩占城），见《续资治通鉴长编》卷一百三十七；《涑水记闻》卷十二

王易从（泉州海商，贾贩高丽），见（朝鲜）《高丽史》卷七

王应升（泉州海商，贾贩高丽），见《苏轼全集》文集卷三十一《乞禁商旅过外国状》

王元懋（泉州海商），见《夷坚志》夷坚三志己卷第六；《文忠集》卷七十二《广南提举市舶江公文叔墓志铭》

萧宗明（泉州海商，贾贩高丽），见（朝鲜）《高丽史》卷七、八

徐成（泉州纲首，贾贩高丽），见《苏轼全集》文集卷三十一《乞禁商旅过外国状》；（朝鲜）《高丽史》卷十

徐戬（泉州海商，贾贩高丽），见《苏轼全集》文集卷三十《论高丽进奉状》《论高丽进奉第二状》《乞令高丽僧从泉州归国状》、卷三十一《乞禁商旅过外国状》；（朝鲜）《高丽史》卷十

徐五叔（泉州海商），见《石门文字禅》卷二十三

昭庆禅师（泉州海商，僧人），见《闽书》卷一百三十六

朱纺（泉州纲首，贾贩三佛齐），见《有宋兴化军祥应庙记》

6.其他与海外交往的泉州人

李公蕴（泉州晋江安海人，安南李朝开国君主），见《梦溪笔谈》卷二十五《杂志（二）》；《西山杂志》之《李家港》；《李庄氽内李氏房谱》

陈日煚（泉州晋江安海人，安南陈朝开国君主），见《闽书》卷一百五十二；《西山杂志》之《陈厝坑》

陈文轨（与高丽交往的泉州人），见（朝鲜）《高丽史》卷四

怀贽（与高丽交往的泉州人），见（朝鲜）《高丽史》卷四

李颛（与高丽交往的泉州人），见（朝鲜）《高丽史》卷五

林仁福（与高丽交往的泉州人），见（朝鲜）《高丽史》卷四

卢遵（与高丽交往的泉州人），见（朝鲜）《高丽史》卷五

蔡仁范（移居高丽的泉州人），见（朝鲜）《蔡仁范墓志铭》

陈亿（移居高丽的泉州人），见（朝鲜）《高丽史》卷五

刘载（移居高丽的泉州人），见（朝鲜）《刘载墓志铭》；（朝鲜）《高丽史》卷九十七

欧阳征（移居高丽的泉州人），见（朝鲜）《高丽史》卷四

郑庆（往来日本的泉州人），见（日本）《参天台五台山记》

蒲宗闵？（移居文莱的泉州人），见（文莱）《有宋泉州判院蒲公之墓碑》

7.到访泉州的外国人

光金（高丽海商，贾贩泉州），见《建炎以来系年要录》卷七十八

元纳（或作玄讷、居讷，宋寓居泉州福清寺高丽僧人），见《（乾隆）泉州府志》卷十六；《（康熙）南安县志》卷二十；《景德传灯录》卷十九

蒲罗辛（又名啰辛、蒲啰辛，宋大食蕃客），见《宋史》卷一百八十五；《宋会要辑稿》蕃夷四、蕃夷七；《建炎以来系年要录》卷一百四；《（道光重纂）福建通志》卷二百七十

罗巴（南毗国蕃商，定居泉州），见《宋史》卷四百八十九

智力干（南毗国蕃商罗巴之子，定居泉州），见《宋史》卷四百八十九

雅各·德安科纳（宋末到过泉州的犹太商人），见（意大利）《光明之城》

（三）元　代

1.福建市舶官员

百家奴（海外诸蕃宣慰使兼福建市舶提举，又名伯嘉努），见《元史》卷一百二十九；《闽书》卷四十四；《八闽通志》卷三十六；《（道光重纂）福建通志》卷一百二十八；

马合马沙，见《八闽通志》卷三十七

买驴（福建市舶提举，高昌王月鲁哥之子亦称玛噜、买间），见《道园学古录》卷十六《大宗正府伊克扎尔固齐高昌王神道碑》

忙兀台（福建市舶提举，又名孟古岱、忙古觯，忙古带），见《元史》卷九十四、卷一百三十一；《钦定续文献通考》卷二十六；《（道光重纂）福建通志》卷二百七十；

那兀纳（福建市舶提举，又名阿巫那），见《新元史》卷二百十九；《闽书》卷一百二十四、一百二十五；《八闽通志》卷八十七；《龚氏族谱》

蒲师文（福建市舶提举，蒲寿庚之子），见《天妃显圣录》之《历朝褒封致祭诏诰》

蒲寿庚（宋、元福建市舶提举），见《宋史》卷四十七，《元史》卷九、十、十一、十三、一百五十六；《新元史》卷九、十、十一、一百四十一、一百七十七；《续通志》卷四十；《钦定续文献通考》卷二十六；《续资治通鉴》卷一百八十三；《资治通鉴后编》卷一百五十二；《泉南杂志》卷下；《闽书》卷八十八、卷一百五十二；《八闽通志》卷七十三、八十六；《藁城县志》卷八、卷九；《读史方舆纪要》要叙；《（乾隆）泉州府志》卷五十七；《（道光重纂）福建通志》卷二百七

十;《庐山集》卷四;《四如集》卷四《夏宣武将军墓志铭》;《桯史》卷十一《番禺海獠》;《志雅堂杂钞》之《图画碑帖》;《癸辛杂识》续集下《佛莲家资》、别集上《林乔》;《桐江集》卷六《乙亥前上书本末》;《清河集》卷七《藁城董氏家传》;《新安文献志》卷六《论贾似道十罪可斩书》;《西山杂志》之《风吹鼓》《统志》《许夫人起畲兵勤王》;《宋朝散中奉大夫吏部侍郎秘阁修撰知漳州军事兼管内河劝农使朴乡吕先生墓志铭》;《重建清源纯阳洞记》;《故竹所县尹王公墓志铭》;《云麓禅寺暨三翁宫记》;《南外天源赵氏族谱》;《平安星塔吴氏族谱》;《清源金氏族谱》之《丽史》;《达埔蒲氏族谱》

唐伯荣（福建市舶提举?），见《桐江续集》卷二十六《爱莲堂双莲赋》

杨天瑞（泉州路备市舶司提举），见《通制条格》卷二十

陈珆（福建市舶提举司吏目），见《九灵山房集》卷二十三《元中顺大夫秘书监丞陈君墓志铭》

王复（福建市舶库提领），见《麟原后集》卷十二《平阳王氏世次志》

赵孟伟（福建市舶税院库使），见《南外天源赵氏族谱》之《谱图·世系》

2.其他官吏

阿迷里丁（义兵万户,元末定居泉州的波斯人），见《新元史》卷二百十九;《闽书》卷一百二十四;《八闽通志》卷八十七

布哈尔（商议福建等处行中书省事，曾任马八儿国宰相，又称孛哈里，曾居泉州），见《中庵集》卷十六《敕赐资德大夫中书右丞商议福建等处行中书省事赠荣禄大夫司空景义公布哈尔神道碑铭》;（朝鲜）《高丽史》卷三十三

陈伯顺（兴化路同知），见《（嘉靖）惠安县志》卷十三;《（乾隆）泉州府志》卷五十七

陈端（湖广行省参知政事，至治二年（1322年）理算市舶于泉州），见《新元史》卷二百零三;《重修原武县志》卷二《左丞陈公墓表并铭》

陈駮（晋江县尹），见《（道光）晋江县志》卷三十五

陈有定（福建行省平章政事，一作陈友定），见《新元史》卷二百十九;《八闽通志》卷八十七;《友石山人遗稿（四库提要）》

答失蛮（忠惠王），见《牧庵集》卷十三《高昌忠惠王神道碑》

董文炳（藁城令），见《元史》卷十、卷一百五十六;《新元史》一百四十一;《藁城县志》卷八、卷九;《清河集》卷七《藁城董氏家传》

费诜（江北淮东道廉访司知事），见《陶学士集》卷十九《故文林郎江北淮东道廉访司知事费君行状》

高兴（福建行中书省平章政事），见《元史》卷十七、卷十九、卷一百六十

二、卷二百十;《新元史》卷一百八十一;《续资治通鉴》卷一百九十二;《闽书》卷四十四

龚名安(汕洲场司令),见《闽书》卷一百二十五;《(万历重修)泉州府志》卷十;《龚氏族谱》

金吉(左翼上千户),见《(道光)晋江县志》卷三十六

孔叔原(南胜邑教官),见《林登州集》卷八《送孔叔原长泉山书院序》

嶙嶙(又名库库,元秘书监丞,往核泉舶),见《元史》卷一百四十三;《续资治通鉴》卷二百六

林泉生(泉州经历),见《闽书》卷七十八;《八闽通志》卷六十二;《(道光)晋江县志》卷三十五;《闻过斋集》卷五《故翰林直学士奉议大夫知制诰同修国史林公行状》

刘益(晋江县尉),见《闽书》卷一百二十四;《(道光)晋江县志》卷三十五

卢琦(永春县知县),见《闽书》卷八十九;《(嘉靖)惠安县志》卷十三

卢僧孺(泉州路总管府判官),见《强斋集》卷四《元奉议大夫常州路宜兴州知州卢公行状》

卢世荣(中书右丞),见《元史》卷二百五;《新元史》卷二百二十三

吕良弼(浙东帅阃掾史),见《筠轩集》卷十二《松江府判致仕吕公墓铭》

潘世英(福建道都元帅府奏差),见《玩斋集》卷十《福建道都元帅府奏差潘积中墓志铭》

蒲寿晟(又名寿成、寿宬,蒲寿庚之兄),见《元史》卷九;《闽书》卷一百五十二;《心泉学诗稿》(目录提要);《重建清源纯阳洞记》;《故竹所县尹王公墓志铭》;《达埔蒲氏族谱》

阮鉴(兵部员外郎),见《元史》卷十六、卷二百十

赛甫丁(元末定居泉州的波斯人,义兵万户,又名赛富珠、赛补丁、赛富鼎),见《元史》卷四十六;《新元史》卷二百十九;《续通志》卷七十;《闽书》卷一百二十四;《八闽通志》卷八十七

僧格(平章政事,又名桑哥),见《元史》卷二百五

史弼(福建行中书省平章政事),见《元史》卷十七、卷一百六十二、卷二百十;《新元史》卷一百八十一;《续通志》卷四百七十六;《续资治通鉴》卷一百九十一

史燿(福建行省平章政事),见《牧庵集》卷十六《荣禄大夫福建等处行中书省平章政事大司农史公神道碑》

孙胜夫(宣慰使、行省参政和左丞),见《元史》卷十一;《重建清源纯阳洞

记》

孙天有(泉州万户,孙胜夫之孙),见《陶学士集》卷十九《故文林郎江北淮东道廉访司知事费君行状》

唆都(福建道宣慰使,行征南元帅府事,又名索多),见《元史》卷一百二十九、卷一百三十一;《新元史》卷一百八十;《续资治通鉴》卷一百八十三;《西山杂志》之《统志》

王道(泉州路总管兼府尹),见《秋涧集》卷五十五《大元故中顺大夫徽州路总管兼管内劝农事王公神道碑铭》

王艮(江浙行省掾史,从省官至泉州),见《元史》卷一百九十二;《黄文献集》卷九下《中宪大夫淮东道宣尉副使致仕王公墓志铭》

王积翁(福建道宣慰使),见《癸辛杂识》别集上《王积翁》

乌古孙泽(征南元帅府提控案牍,又名乌克逊泽),见《元史》卷一百六十三

吴志斗(礼部员外郎),见《元史》卷十六、卷二百十

许静山(兵部侍郎,奉使异域),见《先君侍郎许公墓志铭》

杨庭璧(广东招讨司达鲁花赤),见《元史》卷二百十;《新元史》卷二百五十三

杨祥(宣抚使),见《元史》卷十六、卷二百十

伊埒格(高昌王,一作月鲁哥),见《道园学古录》卷十六《大宗正府伊克扎尔固齐高昌王神道碑》

亦黑迷失(泉府太卿,又名伊克穆苏,航海家,长期居住泉州),见《元史》卷十七、卷一百三十一、卷二百十;《新元史》卷一百八十一;《盛柔善墓志铭》;《先君侍郎许公墓志铭》;《一百大寺看经记》

尤永贤(宣慰使,泉州永春人,出使马八儿国),见《元史》卷二百十;《闽泉吴兴分派卿田尤氏族谱》

张珪(中书平章政事),见《元史》卷一百七十五

张养浩(礼部侍郎,征舶泉南),见《张文忠公文集》卷十八《析津陈氏先茔碑铭(有序)》

郑千龄(泉州录事),见《新安文献志》卷八十六《贞白先生郑公千龄行状》

郑深(金江东建康道肃政廉访司事),见《文宪集》卷二十一《故江东金宪郑君墓志铭》

郑寿(宣武将军),见《闽书》卷一百二十四;《(乾隆)泉州府志》卷五十

七;《(道光)晋江县志》卷四十九

3. 泉州海商

陈思恭(泉州海商,妻庄氏,子陈宝生(陈彦廉)),见《泉南杂志》卷下;《闽书》卷一百四十一;《(道光)晋江县志》卷六十一;《大全集》卷八《泉州陈氏妇夫泛海溺死守志》;《始丰稿》卷四《陈节妇叙赞》;《赵氏铁网珊瑚》卷九《陈妇节义集叙》《陈节妇传并诗》《陈节妇词》;《檇李诗系》卷三十八《海盐陈母节义词》

佛莲(泉州大商,蒲寿庚女婿),见《癸辛杂识》续集下《佛莲家资》

合只铁即刺(又名哈苏台吉嚕、哈济特济格,元泉州大商),见《元史》卷二十二;《八闽通志》卷八十六;《(道光重纂)福建通志》卷二百六十九

马合马丹的(又名玛哈丹达尔,元泉州大商),见《元史》卷二十二;《续通志》卷六十三;《(道光重纂)福建通志》卷二百六十九

泉州两义士陈宝生(陈思恭子)、孙天富(元末明初泉州海商),见《王常宗集》卷四《泉州两义士传》;《书画题跋记》卷九《跋泉州两义士传》;《耕学斋诗集》卷七《岁寒图为孙惟善、陈彦廉赋》;《赵氏铁网珊瑚》卷十《泉州两义士传序》《金石交为孙陈二义士赋》《题泉州两义士传》《泉南两义士歌》《泉南义士行》

朱道山(元末明初泉州海商),见《王常宗集》卷四《送朱道山还京师序》;《耕学斋诗集》卷七《送朱道原归京师》

4. 其他

盛柔善(亦黑迷失之妻),见《盛柔善墓志铭》

安德烈·佩鲁贾(刺桐主教),见《致佩鲁贾修道院沃登神甫的信(1326年)》

鄂多立克(到过泉州的意大利旅行家),见(意大利)《鄂多立克东游录》

哈赞(伊利汗国的第七代汗,即合赞大王,旭烈兀曾孙),见《奉使波斯使者墓碑》

海地哲(定居泉州的波斯丞相赛尔屯之女),见《清净寺伊斯兰教碑2号墓碑》

加那日智和尚(爪哇人,泉州番佛寺建立者?),见《泰米尔文石碑》

贾德斯(定居泉州的波斯设拉子城商人),见《阿拉伯文纪年石刻》

麻合抹(泉州色目人),见《陈埭丁氏族谱》

马可·波罗(到过泉州的意大利旅行家),见(意大利)《马可波罗行纪》

帕莱格林(刺桐主教),见《寄回教廷的书信(1318年)》

蒲阿友(泉州色目人),见《陈埭丁氏族谱》

失里门(管领江南诸路明教、秦教等高级僧官,即 Silemun(西雷蒙)),见《管领江南诸路明教秦教的失里门主教墓碑》

吴咹哆呢唔(管领泉州路也里可温掌教官兼住持兴明寺),见《兴明寺也里可温石碑》

夏不鲁罕丁(定居泉州的伊斯兰经师,波斯人),见《闽书》卷七;《(道光)晋江县志》卷七十五;《重立清净寺碑记》;《重修清净寺碑记》

伊本·白图泰(到过泉州的摩洛哥旅行家),见(摩洛哥)《伊本·白图泰游记》

约翰·佛罗伦萨(刺桐总主教),见《方济各会纪事概要》

约翰·马黎诺里(到过泉州的罗马教皇使者),见(意大利)《约翰·马黎诺里游记》

兹喜鲁丁(又名纳只卜穆兹喜鲁丁,宋定居泉州的回回人,清净寺建筑者),见《(乾隆)泉州府志》卷十二;《(道光)晋江县志》卷六十九、七十五;《重立清净寺碑记》;《重修清净寺碑记》

(四)明 代

蔡崇(移居琉球的泉州人,蔡襄六世孙),见(琉球)《蔡氏祖源宗德总考》

陈慈尹(交趾宣化州文昌知县),见《(嘉靖)惠安县志》卷十二

黄萧养(海寇),见《西山杂志》之《南海黄萧养之乱明》

罗伦(福建市舶提举),见《福建市舶提举司志》;《闽书》卷四十九;《(道光重纂)福建通志》卷一百三十;《(道光)晋江县志》卷三十五

米里哈只(阿拉伯传教士),见《〈永乐敕谕〉碑》

王景弘(航海家,曾随郑和下西洋),见《西山杂志》之《三宝下西洋》

王瑞(安平海商),见《遵岩集》卷十二《处士易直王翁墓志铭》

张嶷(矿监税使),见《闽书》卷三十九

庄恭(交趾新安多翼知县),见《(嘉靖)惠安县志》卷十二

三、外来物种索引

安南稻,见《闽产录异》卷一;《安平志》卷二

芭蕉,见《(乾隆)泉州府志》卷十九

半年红(又名夹竹桃),见《闽书》卷一百五十

槟榔,见《八闽通志》卷二十六;《闽部疏》;《石屏诗集》卷一《久寓泉南待一故人消息桂隐诸葛如晦谓客舍不可住借一园亭安下即事凡有十首》;《石门文字禅》卷二十三《梦徐生序》;《侨吴集》卷四《送泉州蒙古学正》;《存悔斋稿》之《送钱仲昭任永春簿》

波罗蜜(又名多罗蜜、天波罗、佛头果),见《(乾隆)永春州志》卷七;《闽产录异》卷二;《(乾隆)德化县志》卷四

菠薐(又名颇棱、菠菱),见《淳熙三山志》卷四一;《闽书》卷一百五十;《(乾隆)永春州志》卷七;《闽产录异》卷二;《(乾隆)泉州府志》卷十九;《(康熙)南安县志》卷十九;《(乾隆)德化县志》卷四;《(道光)晋江县志》卷七十三

舶鸰,见《淳熙三山志》卷四二;《海错百一录》卷五《记海鸟》

刺桐,见《闽书》卷一百五十;《(弘治)兴化府志》卷十三;《闽产录异》卷三;《(乾隆)泉州府志》卷十九;《(道光)晋江县志》卷七十三;《太平广记》卷四百九;《梅溪集》后集卷十七《夏四月不雨守臣不职之罪也将有请于神雨忽大作陈贺州有诗赞喜次韵以酬》、卷二十《刺桐花》;《青箱杂记》卷六《刘昌言》

倒挂,见《闽部疏》

阇提(又名斜题、蛇蹄、阇提花春、麝茶),见《淳熙三山志》卷四一;《闽书》卷一百五十;《(乾隆)泉州府志》卷十九;《陈氏香谱》卷一;《扪虱新话》卷四《论南中花卉》;《闽产录异》卷四

番芥蓝,见《闽产录异》卷二;《(乾隆)泉州府志》卷十九

番匏,见《(乾隆)德化县志》卷四

番茄,见《闽产录异》卷二

番石榴,见《(乾隆)安溪县志》卷三

番苋,见《闽产录异》卷二

番鸭,见《闽产录异》卷五;《(乾隆)泉州府志》卷十九;《(道光)晋江县志》卷七十三;《(乾隆)安溪县志》卷三

蕃薯(又名番薯、金薯、朱薯、地瓜),见《闽书》卷一百五十;《(万历重修)

泉州府志》卷三;《(乾隆)永春州志》卷七;《闽产录异》卷二;《(乾隆)泉州府志》卷十九;《安平志》卷二;《(康熙)南安县志》卷十九;《(乾隆)德化县志》卷四;《(道光)晋江县志》卷七十三;《(乾隆)安溪县志》卷三;《亦园脞牍》之《朱蓣疏》《劝种蕃薯说》;《海错百一录》卷四《记海菜》

佛桑(又名扶桑),见《闽书》卷一百五十;《陈氏香谱》卷一

芙蕖,见《闽书》卷一百五十;《(道光)晋江县志》卷七十三

海鹤,见《海错百一录》卷五《记海鸟》

海芝,见《闽产录异》卷一

海珊瑚,见《闽产录异》卷一

荷兰豆,见《(乾隆)安溪县志》卷三

胡麻(又名脂麻),见《淳熙三山志》卷四一;《(康熙)南安县志》卷十九;《(乾隆)安溪县志》卷三

胡荽,见《(乾隆)永春州志》卷七

藿香,见《闽书》卷一百五十

吉贝(丝、木棉),见《闽书》卷一百五十;《八闽通志》卷二十六;《闽产录异》卷一;《(乾隆)泉州府志》卷十九;《安平志》卷二;《宋忠惠铁庵方公文集》卷三十三

加条,见《淳熙三山志》卷四二

俱那卫(又名俱那异),见《闽书》卷一百五十;《闽产录异》卷四(将俱那卫同于夹竹桃);

苦瓜,见《(乾隆)永春州志》卷七

腊梅,见《安平志》卷二

琉球鸡,见《闽产录异》卷五

茉莉(又名末丽、抹丽、木丽、抹历、没利、抹历、抹利、末利、番茉莉、发华花)《淳熙三山志》卷四一;《泉南杂志》卷上;《闽书》卷一百五十;《闽产录异》卷四;《(乾隆)泉州府志》卷十九;《安平志》卷二;《陈氏香谱》卷一;《扪虱新话》卷四《论南中花卉》;

南瓜(又名番瓜、番冬瓜),见《(乾隆)泉州府志》卷十九;《(道光)晋江县志》卷七十三;《(乾隆)安溪县志》卷三

秦吉了,见《闽部疏》

渠那香花,见《陈氏香谱》卷一

日本沙参,见《闽产录异》卷二

山茶(洋茶),见《(乾隆)永春州志》卷七;《闽产录异》卷四;《(乾隆)泉州

府志》卷十九;《(道光)晋江县志》卷七十三;《(乾隆)安溪县志》卷三

檨(芒果),见《闽产录异》卷二;《(乾隆)安溪县志》卷三

石榴,见《安平志》卷二

使君子,见《闽书》卷一百五十

树梅,见《安平志》卷二

水仙(椶衹),见《闽产录异》卷四

素馨(又名那悉茗、野悉蜜花、六月雪),见《淳熙三山志》卷四一;《闽书》卷一百五十;《(弘治)兴化府志》卷十三;《闽产录异》卷四;《(乾隆)泉州府志》卷十九;《(道光)晋江县志》卷七十三;《蔡襄集》卷二;《陈氏香谱》卷一;《扪虱新话》卷四《论南中花卉》;

蒜,见《(道光)晋江县志》卷七十三

台湾稳,见《(乾隆)德化县志》卷四

天竺桂,见《闽书》卷一百五十

铁蕉(又名番蕉、凤尾蕉),见《(乾隆)泉州府志》卷十九

莴苣(又名红莴菜、当归菜),见《淳熙三山志》卷四一;《诸蕃志》卷上木兰皮国条;《闽产录异》卷二

西瓜,见《(乾隆)永春州志》卷七;《(康熙)南安县志》卷十九;《(道光)晋江县志》卷七十三;《(乾隆)安溪县志》卷三

新罗人参,见《闽书》卷一百五十

烟草(又名薰、烟叶、淡巴菰、淡把姑),见《(乾隆)永春州志》卷七;《闽产录异》卷一;《(乾隆)泉州府志》卷十九;《(乾隆)德化县志》卷四;《(道光)晋江县志》卷七十三;《(乾隆)安溪县志》卷三;《物理小识》卷八

燕窝,见《泉南杂志》卷上;《闽书》卷一百五十;《闽中海错疏》卷下;《海错百一录》卷四《记海菜》

罂粟,见《闽产录异》卷四

鹦鹉,见《闽部疏》

雍菜(又名瓮菜),见《淳熙三山志》卷四一;《闽书》卷一百五十;《(万历重修)泉州府志》卷三;《(乾隆)永春州志》卷七;《闽产录异》卷二;《(乾隆)泉州府志》卷十九;《(康熙)南安县志》卷十九;《(乾隆)德化县志》卷四;《(道光)晋江县志》卷七十三;

优钵昙(百子莲),见《闽产录异》卷四

玉米(又名御米、番麦穗),见《(乾隆)安溪县志》卷三

占城稻,见《淳熙三山志》卷四一;《闽书》卷一百五十;《(万历重修)泉

府志》卷三;《(乾隆)永春州志》卷七;《闽产录异》卷一;《(乾隆)泉州府志》卷十九;《安平志》卷二;《(康熙)南安县志》卷十九;《(乾隆)德化县志》卷四

四、出口商品索引

茶,《(万历重修)泉州府志》卷三;《闽产录异》卷一;《(乾隆)泉州府志》卷十九

德化瓷器(磁器),《泉南杂志》卷上;《八闽通志》卷二十六;《(乾隆)永春州志》卷七《闽产录异》卷一;《(乾隆)泉州府志》卷十九;《安平志》卷二;《(乾隆)德化县志》卷四;《(道光)晋江县志》卷七十三;《物理小识》卷八

黄柑,《安平志》卷二

荔枝,《荔枝谱》

龙眼,《闽产录异》卷二

棉布(吉贝布),《闽产录异》卷一;《安平志》卷二;《(道光)晋江县志》卷七十三;《续墨客挥犀》卷一《吉贝布》;《叠山集》卷一《谢刘纯父惠木绵布》

铁(冶铁、铁课、铁器),《宋史》卷一百八十;《淳熙三山志》卷四一;《(万历重修)泉州府志》卷三、卷七;《(嘉靖)惠安县志》卷五、七;《(乾隆)永春州志》卷七;《闽产录异》卷一;《(乾隆)泉州府志》卷十九、二十一;《(乾隆)德化县志》卷四;《(乾隆)安溪县志》卷三;《物理小识》卷七

织画,《闽产录异》卷一

甓瓷(晋江磁灶),《(乾隆)泉州府志》卷十九;《西山杂志》之《赤店》

后　　记

本书是2020年中国申遗项目"泉州：宋元中国的世界海洋商贸中心"的一项文献基础性工作。泉州是10—14世纪世界海洋贸易网络中高度繁荣的商贸中心之一，作为宋元中国与世界的对话窗口，体现了中国完备的海洋贸易制度体系、发达的经济水平以及多元包容的文化态度。申遗的22处代表性古迹遗址包括九日山祈风石刻、市舶司遗址、德济门遗址、天后宫、真武庙、南外宗正司遗址、泉州府文庙、开元寺、老君岩造像、清净寺、伊斯兰教圣墓、草庵摩尼光佛造像、磁灶窑址、德化窑址、安溪青阳下草埔冶铁遗址、洛阳桥、安平桥、顺济桥遗址、江口码头、石湖码头、六胜塔、万寿塔。这些申遗点具有鲜明的海上贸易和东西方文明交融特征，见证了"刺桐"这座古代东方大港的历史地位。此次泉州申遗，在遗产价值、系列遗产的要素构成逻辑与整体关联，以及可持续的保护管理途径等方面进行了透彻地研究和完善，更能够多维度地支撑起"宋元中国的世界海洋商贸中心"这一价值主题。除了深入挖掘这些代表性物质文化遗存的价值外，完备的文献史料证据也是申遗能否最终取得成功的重要一环。本书即是围绕这一价值主题，进行系统的文献搜集与整理，以期为泉州申遗提供更为翔实、全面的文献佐证，使申报更具说服力。

除此之外，本书也可以为非专业读者提供一个了解泉州海上丝绸之路文献的窗口，以及为专业研究人员使用相关史料节省大量的查阅、检索时间。海上丝绸之路文献的特点是"散"，体现在同一类材料可以分散在同一个国家的不同典籍，也可以分散在不同语言、不同信仰、不同国家的不同典籍里面。由于缺乏专门的分类整理，造成了研究对象极广但是文献资料极其分散的情况，从中寻找参考资料有如海底捞针，对研究者的利用十分不利。为此，我们对泉州海上丝绸之路的中外历史文献进行了较为系统地挖掘与梳理，举凡正史、政书、方志、诗文集、谱牒、碑刻，及各种外国文献，予以分类辑录、注明出处，既可较清楚地勾勒出泉州海上丝绸之路的文献概貌，也可为研究人员查阅文献史料提供较大便利。为满足泉州申遗需要，今年主要出版涉及宋元时期泉州海上丝绸之路的文献史料，2021年拟整理出版

后　记

以明清史料为主的续编本,以完整呈现泉州海上丝绸之路的历史文献概貌。

本书分工如下:正史类、政书和诏令奏议类、地志类由陈冬珑负责编撰,笔记、诗文集类由黎明职业大学戴雪文副教授负责编撰,其余各类及附录等由陈彬强负责编撰,各副主编配合执行。书稿汇总后,陈彬强负责全书统稿及编制索引。在本书的编撰过程中,得到了林华东、苏黎明、王万盈、刘文波、吴绮云、李志伟、吴力群等诸位师长的大力支持,以及张妙霞、郑锦怀、通拉嘎、周颖斌、张惠萍、吴春浩、蔡晓君等同事的鼎力相助。由于工作量极大,我们还发动了黄宇坚、郭其熹、黄圣威、梁浪、温文山、池玮雄、廖定聪等诸位同学参与到资料的搜集整理,保证进度能够按时完成。本书收录的一些文献史料尚未出版点校本,这部分点校工作则由编者自行完成。吴巍巍、陈少丰、薛彦乔等诸位好友帮忙提供了不少史料及提出许多建设性意见,在此一并表示感谢!由于时间仓促,书中的疏漏之处在所难免,恳请同行专家和广大读者予以批评指正!

编　者

2020 年 10 月 18 日